国家哲学社会科学成果文库
NATIONAL ACHIEVEMENTS LIBRARY
OF PHILOSOPHY AND SOCIAL SCIENCES

古代东北民族
朝贡制度史

程妮娜 著

中华书局

程妮娜　辽宁沈阳人，1953年12月生。吉林大学毕业，获历史学硕士学位、法学博士学位。现任吉林大学匡亚明特聘教授、博士生导师，兼任《史学集刊》副主编，国家社会科学基金学科评审组专家、中国民族史学会副会长、辽金暨契丹女真史分会副会长。主要从事东北区域史、辽金史、中国边疆史研究。代表作有《金代政治制度研究》、《中国地方史论》（合著）、《东北史》（主编）、《中国地方史纲》（主编）、《汉唐东北亚封贡体制》（主著）。发表论文百余篇。

《国家哲学社会科学成果文库》
出版说明

为充分发挥哲学社会科学研究优秀成果和优秀人才的示范带动作用，促进我国哲学社会科学繁荣发展，全国哲学社会科学规划领导小组决定自 2010 年始，设立《国家哲学社会科学成果文库》，每年评审一次。入选成果经过了同行专家严格评审，代表当前相关领域学术研究的前沿水平，体现我国哲学社会科学界的学术创造力，按照"统一标识、统一封面、统一版式、统一标准"的总体要求组织出版。

全国哲学社会科学规划办公室
2011 年 3 月

目　　录

Contents

第一章

绪 论

朝贡制度是中国古代王朝统辖边疆少数民族的主要制度，同时也是王朝与周边国家外交关系的主要形式。因此，它既是中国古代王朝内部的政治统辖制度，又是以中国王朝为中心的东亚国际关系形态。东北地区是中国古代王朝边疆朝贡制度发展较为完善的地区之一，本书以东北边疆民族朝贡制度为研究对象，力图揭示朝贡制度在古代王朝统辖边疆过程中的政治作用，进而论证朝贡制度是我国古代王朝统辖边疆民族的地方政治制度中不可忽视的重要一环。

一 研究意义与时空范围

中国自夏商周以来始终是多民族国家，历史上见于记载的族称有几百个之多。上古时期，不同部落、古族、方国之间，迁徙、交流、战争、交融的现象十分普遍。经过千余年的发展历程，到春秋时期，黄河流域以夏、商、周三族为主体形成了华夏族，各地区也逐渐形成了大大小小的族群，大小族群交错而居，中原地区也是华夷比邻相处，各族群间既有交往、融合也有冲突。到战国中后期，戎秦、蛮楚逐步融入华夏族，齐、燕、魏、赵、韩、楚、秦等华夏诸侯国形成毗连之势，"内诸夏而外夷狄"的局面基本形成。公元前221年，秦朝完成了统一诸侯国的大业，建立起统一多民族的中央集权王朝。汉承秦制，400余年的集权统治，实行华夏（汉人）居中心行郡县制、四夷居边疆行朝贡制的统辖模式。此后近两千年间，随着各王朝地方制度的发展与变化，郡县制发展为行省制；朝贡制由郡县之外发展到行省之内，最后被具有民族特点的行政建置所取代，为近现代国家所继承。显然，朝贡制度是中国古代王朝地方政治制度的重要组成部分，是探讨古代多民族中央集权王朝对边疆民族地区统辖机制的核心问题，也是揭开古代中央集权王朝如何发展为现代单一制多民族国家的一把钥匙。

本书从中国古代东北边疆这一典型地区入手，采取宏观研究与微观研究相结合的方法，首先从历史上各时期东北各民族朝贡制度的细化研究入手，进行量化的统计，探讨古代东北民族朝贡制度的具体形式、内容，从中找出各民族和各时期朝贡制度的种种差异。其次将朝贡制度与同时代王朝统治东北民族的政策、方式、羁縻建置结合起来进行研究，注意在宏观上把握朝贡制度发展的阶段性，探讨各历史时期朝贡制度的特点和变化趋势，以及朝贡制度所体现的政治统辖关系，旨在探询作为中国古代王朝统辖边疆民族的重要制度——朝贡制度的实态。其意义与价值主要有如下方面：其一，从朝贡制度的角度认识我国古代边疆民族和民族政权的归属问题，对认识中国历代王朝疆域的形成与构成，具有重要学术价值和现实意义。其二，深入细致地研究东北民族朝贡制度在历代王朝的边疆统辖体系中的位置与特点，对认识中国古代朝贡制度中包括两个领域的政治制度与活动，一是历代王朝统辖边疆民族的羁縻制度，二是中国王朝与周边国家的外交制度，确立区别两种体制的标准，澄清国内外学者混淆两种朝贡制度的模糊认识，以及错误的学术观点，具有重要的学术价值。其三，从朝贡活动入手，梳理各时期东北民族与中原王朝（北方王朝）的关系，对认识我国自古以来就是多民族国家，了解中国古代多元一体的国家结构形式的发展历程，具有重要的学术价值和现实意义。最后，本研究可以从历代王朝对边疆民族统辖关系方面，为建构古代边疆理论添砖加瓦。

秦汉大一统中央集权王朝建立之后，开始在边疆地区构建朝贡制度，其后无论是统一王朝时期，还是分裂割据时期，边疆民族朝贡制度皆以各种不同形式延续下来，直到清朝初年，大约实行了2000年。

东北边疆民族与中原王朝发生政治关系大致可追溯到商周时期，《尚书·周官》载"成王既伐东夷，肃慎来贺，王俾荣伯作贿肃慎之命"。但是，朝贡制度作为一种统辖东北边疆民族的政治制度，则发端于秦朝建立大一统王朝之后，形成于西汉王朝时期。隋唐王朝在东北边疆地区普遍建立羁縻府州后，朝贡制度并没有被取代，而是在大部分边疆民族地区实行羁縻府州形式的朝贡制度。辽金北方王朝对边疆地区实行强力统治，随着羁縻性质的民族建置逐步向具有民族特点的行政建置过渡，朝贡制度实行范围逐渐缩小。元朝继续在边疆民族地区推进实行中央集权统治的进程，东北边疆仅限于黑龙江下游民族地区尚实行朝贡制度。然而，明朝统治者全面实行"内华夏，外夷狄"的边疆政策，东北边疆大部分民族地区再次回到羁縻建置状态，朝贡制度再次复兴，直至明朝末年。后金到清初，仍在东北边地族群地区实行朝贡制度，并开始设立各种类型的具有民族特点的行政建置，到康雍时期基本完成了以民族地区行政建置取代朝贡制度，全面实现对东北边疆民族地区的中央集权统治，朝贡制度完成了它的历史使命。因此，本书对于东北民族朝贡制度研究的时段，定为秦汉到清前期。

东北地区，古今所指的地域范围不尽相同。现代东北地区一是指东北部行政区划的范围，即指辽宁、吉林、黑龙江三省地区；二是指中国东北部的地理范围，即东三省与内蒙古的东部。古代东北的地理范围是指古代王朝的东北部边疆地区，历代王朝的东北部疆域有伸有缩，远远超过现代中国东北部的地理范围，如清朝最强盛时期，东北疆域南到山海关、古北口一线，北到外兴安岭以南地区，东达日本海，东北至黑龙江下游鄂霍次克海（包括库页岛），西至克鲁伦河上游、贝加尔湖以东地区，东南部到鸭绿江流域（汉唐时期可达朝鲜半岛的汉江以北地区）。本书研究的地理范围，是由古代王朝统辖下的东北各民族生活、生产活动的地区所构成，按照历史发展的线索，有伸有缩，大体包括今天的中国东北三省、内蒙古东部地区，俄罗斯西伯利亚的部分地区和东部滨海地区，蒙古人民共和国东部的部分地区，以及朝鲜半岛北部地区。

二　与"朝贡制度"相关的几个概念

"朝贡"一词，目前所见的史籍中，最早见于东汉人班固所做的《汉书》。班固在叙述西域民族的朝贡制度时云："都护是立，总督城郭，三十有六，修奉朝贡，各以其职。"[1] 这里记述了汉代西域都护府所辖的 36 个城

---

[1]《汉书》卷 100 下《叙传下》，中华书局，1962 年，第 4268 页。

邦小国，遣使至汉廷朝见天子，贡纳方物，谨守藩臣之职。其后，西晋人陈寿作《三国志》时，将"朝贡"一词用于叙述包括东北民族在内的边疆各族与汉朝及魏蜀王朝的政治关系，如"汉光武帝八年，高句丽王遣使朝贡，始见称王"。魏明帝"青龙中，帝图讨辽东，以俭有干策，徙为幽州刺史，加度辽将军，使持节，护乌丸校尉。率幽州诸军至襄平，屯辽隧。右北平乌丸单于寇娄敦、辽西乌丸都督率众王护留等，昔随袁尚奔辽东者，率众五千余人降。寇娄敦遣弟阿罗盘等诣阙朝贡，封其渠率二十余人为侯、王，赐舆马缯彩各有差"①。刘宋人范晔作《后汉书》，在纪、传、志中涉及边疆少数民族事迹时已常用"朝贡"一词。此后历代史家在叙述中央王朝统辖边疆民族与属国、属部，乃至与域外国家的关系时，"朝贡"之语不绝于史册。本书采用"朝贡制度"作为表述历代王朝统辖边疆少数民族的政治制度，一是本书以古代王朝东北边疆民族为研究对象，故承用我国历代史家的用语；二是历朝对边疆实行羁縻统治时期，边疆民族诣阙（或诣郡、州、府）朝贡与中央王朝赏赐封授，是中原王朝认同其政治隶属关系的基本形式；三是随着古代王朝对边疆治理的发展，尤其是北方民族建立的王朝，对边疆民族地区推行较为强力的统治，羁縻统治的成分在不断缩小，但在没有完全取消羁縻统治制度时期，"朝贡—赏赐"这一基本形式，不同程度地始终存在。

随着古代王朝对边疆民族统治的扩大和对外关系的发展，"朝贡制度"也由对边疆民族的统辖制度，推行到中国王朝与邻国的外交关系中，即以中国古代王朝为中心，建立起王朝与周边各国之间分上下等级的外交体系。早期中国王朝在边疆民族地区推行的朝贡制度，与在周邻国家中实行的朝贡制度之间的界限十分模糊，但随着中国王朝对边疆地区统辖的形式从以朝贡制度为主发展到以羁縻府州形式的朝贡制度，继而进入向具有民族特点的行政建置过渡时期，所实行的朝贡制度阶段，中国王朝统辖边疆民族的朝贡制度与外交关系实行的朝贡制度之间的区别也越来越清晰。但是，以往国内外的研究都未充分注意到，中国古代朝贡册封体制下这两种朝贡制度的区别，现有研究成果，不仅多数是从中外关系的角度研究朝贡制度，而且绝大多数都

---

① 《三国志》卷30《魏书·东夷传·高句丽》第844页、卷28《魏书·毌丘俭传》第762页，中华书局，1959年。

混淆了两种朝贡制度的区别。尤其是国外学界，通常认为中国古代王朝主要是汉人的王朝，其辖境仅限于郡县地区，这种状况直到清代才发生重大的转变。近代以来国内外学界在涉及这一领域的研究中，出现过诸多学术用语，如"中国的世界秩序""华夷秩序""册封体制""封贡体制（体系）""天朝礼治体系""中华朝贡贸易体系""宗藩体制（体系）""藩属体制"等等。

　　"中国的世界秩序"，是美国学者费正清提出的概念。20世纪40年代，美国学者费正清在《中国沿海的贸易与外交：1842—1854年通商口岸的开埠》中已有所涉及。其后费正清为《中国的世界秩序：中国传统的对外关系》一书作的序言及书中收录的论文，可谓开这一领域研究之先河，在欧美乃至亚洲学界颇有影响。费正清在讨论以中国为中心的、等级制的中国外交关系时，将与古代中国有"外交"关系的国家、民族划分了三个大圈。他认为第一个是汉字圈，由几个最邻近而文化相同的属国组成，即朝鲜、越南（它们的一部分在古代曾受中华帝国的统治），还有琉球群岛，日本在某些短暂时期内也属于此圈。第二个是内亚圈，由亚洲内陆游牧或半游牧民族等属国和从属部落构成，它们不仅种族和文化上异于中国，而且处于中国文化区以外或边缘，有时甚至进逼长城。第三个是外圈，一般由关山阻绝、远隔重洋的"外夷"组成，包括在贸易时应该进贡的国家和地区，如日本、东南亚和南亚其他国家，以及欧洲。所有这些中国以外的国家和民族，在理论上都应向"中央之国"的天子朝贡。但在事实上，这种理论往往不被遵守。中国的世界秩序只是中国一方的天下观念，只是一种标准，一种理想模式。由于费正清研究中国史的领域主要在清代和近代，对秦汉以来边疆史和对外关系史了解不多，更谈不上深入，因此也无法探究清楚他所说的"中国的世界秩序"，在中国两千年历史发展过程中"其实际功用究竟如何"[①]。

　　"华夷秩序"，是20世纪70年代日本出版的《日本外交史》提出的概念，中山治一在《序论》中指出亚洲最大的国家中国，把朝鲜、安南等邻国作为藩属，形成一个特殊的国际秩序，即"华夷秩序"。这个以明朝为中心的国际秩序，其范围之大，包括从苦夷（库页岛），经日本、琉球、吕宋

---

　　① ［美］费正清编：《中国的世界秩序：中国传统的对外关系》，杜继东译，中国社会科学出版社，2010年，第2、11页。

（菲律宾）、东南亚各国，直到印度洋周围各国，还有包括东北亚和中国的北方以及西方各地在内的广阔地区。这种东亚所特有的国际秩序，其总的关系就是以"中华帝国"为中心，周围夷狄各国接受册封（授予外交文书，承认其地位），后者向前者朝贡，前者羁縻（牵制）后者。这种关系，在渊源上是汉帝国内部皇帝与诸侯的上下关系在汉皇帝同夷狄君王之间关系上的投影，而且来自结合儒教王道思想而设想出来的独特的国际秩序观念。因此，它虽然是若干国家的联合体制，但其中各国相互之间并不发生直接关系，而是完全由对"中华帝国"的直接关系规定的一元化上下秩序构成的。秩序的扩大和缩小，完全取决于"中华帝国"皇帝"德化"力量的大小①。

"册封体制"，是日本学者西嶋定生提出的概念。20 世纪 60 年代以来，"东亚朝贡册封体制研究"逐渐成为日本历史学界一个重要的研究领域，西嶋定生在《中国古代国家和东亚社会》（1983 年）、《東アジア世界と册封体制》（2002 年）等著述中研究了 6—8 世纪东亚世界册封体制，指出以中国王朝为中心的册封体制，不仅是国际秩序，也是中国王朝的国内秩序，认为中国王朝与周边国家之间的册封体制，是中国国内秩序体制的外延部分，册封国与中国王朝具有君臣关系，但是中国皇帝对周边诸国没有统治权，因此这并不意味着中国王朝领有周边诸国。属于这类的册封国有高句丽、新罗、百济、渤海，以及 5 世纪末以前的倭国②。堀敏一进一步提出，以中国为中心，存在着规定东亚国际关系的一定的秩序形式，其表现形式之一就是册封体制。但是中国同东亚各国之间的关系不仅仅局限于册封，还包含从羁縻州到单纯的朝贡等多种形式，它们随着中国与各民族之间的实力关系的变化而呈现出多种形态，并因此而缔结了比较宽松的关系。它虽然不似欧洲那种紧密的关系，却也不是各国、各民族各行其是的存在。宽松的关系是东亚世界的特征③。中国王朝与周边国家的关系是一种多元的状况，有隶属性的

① ［日］信夫清三郎编：《日本外交史》上册《序论》，天津社会科学院日本问题研究所译，商务印书馆，1980 年（内部发行），第 10—13 页。该书为信夫清三郎、中山治一、藤村道生、毛利敏彦、冈本宏、安部博纯、谷川荣彦、石川捷治 8 人共同研究的成果。我国学者何川芳《"华夷秩序"论》（《北京大学学报》1998 年第 6 期）认为自汉代至晚清的"华夷秩序"，是以中华帝国为核心的古代类型的国际关系体系，在古代世界大大小小的国际关系格局中发展得最为完整的一个。

② ［日］西嶋定生：《西嶋定生東アジア史論集》第三卷《東アジア世界と册封體制》，岩波书店，2002 年，第 52—55 页。

③ ［日］堀敏一：《隋唐帝国与东亚》，韩昇、刘建英译，云南人民出版社，2002 年，第 12、2 页。

册封（如朝鲜）、对等的盟约（如吐蕃）、单纯的朝贡（如日本），还有羁縻关系①。

　　"天朝礼治体系"，是香港学者黄枝连提出的概念。黄先生著有《天朝礼制体系研究》上中下三卷②，在上卷的前言中对这一概念有明确阐述：以中国封建王朝（自称并被称为"天朝"）为中心，而以礼仪、礼义及礼治主义为其运作形式，对中国和它的周边国家（地区）之间、周边国家之间的双边和多边关系，起着维系与稳定的作用。礼治主义文明对外的作用，即在于推动民族之间、区域之间、国家之间、人与自然之间等等层面的秩序的建立。这一"秩序"的维持和发展，交由中国的封建王朝（天朝）来推进，即是"天朝礼制体系"。并进一步提出朱熹的学问是礼治主义体系及"天朝礼治体系"在东亚发展的一个主导性意识形态。

　　"中华朝贡贸易体系"，是日本滨下武志提出的概念。滨下在《近代中国的国际契机朝贡贸易体系与近代亚洲经济圈》一书中指出，亚洲区域内的各种关系，是在以中国为中心的朝贡关系、朝贡贸易关系中形成的，这种关系是历史上形成的连接亚洲各国、各地区的内在的纽带。他在另一部书中又论述到，中国基于华夷秩序认为周边分布着东夷、南蛮、西戎、北狄，通过皇帝的德治向四周推行教化，呈阶梯状，从中央出发，中华的影响扩展到地方、异民族、异地域，形成一个同心圆式的关系。依与中央关系的疏密程度可划分为州县区的"地方"、任用少数民族间接统治的"土司·土官"、理藩院管辖的异民族统治的"藩部"、存在松弛统治关系的"朝贡国"、最外围的"互市国"、体系之外教化不及的"化外之地"等类型③。滨下比较强

---

　　①　[日]堀敏一：《中國と古代東アジア——中華の世界と諸民族》，岩波书店，1993年。金子修一认为堀敏一将与中国王朝有密切关系的北亚细亚、中亚细亚，乃至吐蕃所在的西藏部分都包括在东亚世界中来考虑，便存在着将东亚世界扩展得过于宽泛的问题。参见氏《册封体制论与北亚细亚·中亚细亚》，杜文玉主编《唐史论丛》第10辑，三秦出版社，2008年。
　　②　黄枝连：《天朝礼治体系研究（上卷）亚洲的华夏秩序——中国与亚洲国家关系形态论》《天朝礼治体系研究（中卷）东亚的礼义世界——中国封建王朝与朝鲜半岛关系形态论》《天朝礼治体系研究（下卷）朝鲜的儒化情境构造——朝鲜王朝与满清王朝的关系形态论》，中国人民大学出版社，1992年、1994年、1995年。
　　③　[日]滨下武志：《近代中国的国际契机朝贡贸易体系与近代亚洲经济圈》，朱荫贵、欧阳菲译，虞和平校审，中国社会科学出版社，1999年。浜下武志：《朝贡システムと近代アジア》，岩波书店，1997年。

调地域经济圈的作用，其理论主要用于中华朝贡贸易体系解体东亚进入近代亚洲经济圈的研究。

"藩属体制"，"藩"与"属"的概念出现于先秦时期，最晚到秦汉时期"藩臣""属国"已具有指"蛮夷降者"的含义。明代以"藩属"指朝贡国，如明万历四十年（1612）七月己亥，"福建巡抚丁继嗣奏，琉球国夷使柏寿、陈华等执本国咨文，言王已归国，特遣修贡臣等，窃见琉球列在藩属固已有年……"① 现代学者有将古代王朝对边疆民族的统辖制度称为"藩属制度"的，如李大龙认为"藩属"是在中国古人夏、夷二元结构"天下观"基础上形成的特殊概念，同时也是自秦汉时期始，历代王朝处理与边疆民族乃至周边民族或政权关系的一种体制或方法。在"藩属"状态下边疆地区和中原地区的联系日益密切，到清代，云南、广西等边疆民族地区已经不再属于"藩属"涵盖的范围，在统治者的眼中已经称为王朝的直辖区域②。黄松筠认为藩属制度属于国家政体的范畴，主要包括汉代的藩国、属国，唐代的羁縻府州，明代的都司卫所与土司，以及清代的藩部，藩属制度是与中央政权直属的郡县（州、道、省）并列的另一类地方政权机关③。

"宗藩体制"，西周封建诸王，周王室与各诸侯国之间的关系被称为"宗藩"关系。秦汉以后，史籍中记载的"宗藩"，通常指皇帝分封的诸王，如《晋书·五行志中》载："后中原大乱，宗藩多绝，唯琅邪、汝南、西阳、南顿、彭城同至江东，而元帝嗣统矣。"即"宗室藩王"之意，直到明朝仍是如此。清代"宗藩"开始具有宗主国与藩属部、藩属国的含义。近年学界出现一些关于"宗藩体制"或"宗藩关系"的研究，其中大多数用于阐述清朝与朝鲜、琉球、缅甸、越南等东亚属国的关系。也有人把古代中央王朝与边疆政权的关系称为"宗藩关系"④。

本书以中国史籍中最常见的用语——"朝贡"，作为历代王朝统治边疆

---

① 《明神宗实录》卷497，万历四十年七月己亥，台湾"中央研究院"历史语言研究所校勘，上海书店，1982年，第9363—9364页。

② 刘志扬、李大龙：《"藩属"与"宗藩"辨析——中国古代疆域形成理论研究之四》，《中国边疆史地研究》2006年第3期；李大龙：《关于藩属体制的几个理论问题——对中国古代疆域理论发展的理论阐释》，《学习与探索》2007年第4期。

③ 黄松筠：《中国古代藩属制度研究》，吉林人民出版社，2008年，第209—210、11—12页。

④ 如陈金生《试论质子在加强宗藩关系中的作用》，《甘肃联合大学学报（社会科学版）》2010年第6期。

民族制度的用语，即"朝贡制度"。本书使用的"朝贡制度"概念，是指在秦汉以来，中原王朝对边疆民族地区实行羁縻统辖的框架下，以建立、维护和发展边疆民族与中原王朝的政治隶属关系为中心所进行的朝贡、册封、互市等活动，从事朝贡活动的东北边疆民族，有的分布在郡县以外地区，有的居住在边郡内外羁縻建置之内，二者的比例在不同王朝时期有所不同。"羁縻建置"，是指在不触动少数民族原有的社会组织与风俗文化的前提下设立的建置（不同王朝设置不同，如属国、都护府、都督府、州县、万户府、卫所等），对依照该族习惯法产生的头目、酋长授予官职或封号，官不入品阶，无俸禄；民不入王朝户籍，不按人头课税兵役。在朝贡制度下由该族酋长贡纳土产，王朝征兵时，助军众寡，各从其便。中原王朝为维系、规范和发展"朝贡活动"而制定的规则与制度，称为"朝贡制度"。

三 国内外学界相关研究综述

"朝贡制度"涉及古代王朝两个领域的政治制度与活动，一是历代王朝统辖边疆民族的羁縻制度，二是中国王朝与周边国家的外交制度。中外学术界对朝贡制度的认识存在明显差异，多数外国学者认为古代中国是汉人王朝，郡县之外是中国王朝统治以外地区，他们在研究中虽然看到在朝贡体制（华夷秩序、册封体制等）下中国王朝边疆各民族、民族政权与周边国家各自和中国王朝的政治关系有明显不同，并划分出不同的层次，但将不同层次的朝贡关系都视为国际关系（世界秩序）的这一基本立场没有变化。中国学界早期多是在通史类著作中涉及边疆与中原王朝关系时，或多或少地涉及一些朝贡制度。20世纪70年代，台湾学者较早开始对朝贡制度进行专题研究，如张存武《清韩封贡关系之制度性分析》（《食货》复刊卷1第4期，1971年）从中韩关系的角度探讨了这一制度。80年代，开始见到研究边疆民族朝贡活动的论文零星发表，如周积明《略论明代初、中期的"朝贡"与"赐赍"》（《武汉师范学院学报》1983年第5期）、何平立：《明初朝贡制度析论》（《学术界》1988年第4期）。到90年代中后期，尤其是21世纪以来，研究朝贡制度的文章大量涌现，一些学者受美国和日本学界的影响，多使用"华夷秩序""册封体制""国际体系"等概念。从已有的研究成果看，绝大多数是研究朝贡制度的第二个层面，即中国王朝与周边国家的外交关系，因此也有学者直接将所研究的朝贡制度称为"中国传统对外关系研究"。从本书研究角度出发，主要对朝贡制度的第一个层面，即研究中原王朝为治理边疆、统辖边疆民族而实行的朝贡制度的文章与著作进行评述。对学界仅从古代对外关系方面研究朝贡制度的文章和著作则不予评述。但值得注意的是目前所见到的国内外相关研究大都没有对两种朝贡制度加以严格区别，往往将部分边疆民族的朝贡制度混同于中外关系上的朝贡制度，因此我们对于以研究边疆民族朝贡制度为主，或在边疆民族朝贡制度研究方面有建树的论文与著作也加以评述。

1. 中国古代王朝的朝贡制度研究

美国、日本、韩国学界较早开始研究中国古代的朝贡制度，尽管他们的出发点是研究中国的国际关系，但对于朝贡制度的起源和早期朝贡制度的运作的研究，皆以中国王朝边疆民族为主要研究对象。我国学界早期仅在各种中国通史中对边疆民族朝贡制度有简要论述。90 年代以来，我国学者开始越来越多地关注朝贡制度这一研究领域，与中国古代王朝边疆民族朝贡制度研究相关的著作与文章，陆续出版和发表。2000 年以后研究成果明显增加，但对边疆民族朝贡制度的研究成果，无论是研究深度还是成果数量，都远不及从古代对外关系角度研究朝贡制度的学术成果，是一个研究薄弱有待于大力开发的领域，下面分别介绍之①。

关于中原王朝管理朝贡活动机构的研究。较早的著作有赵云田《中国边疆民族管理机构沿革史》（中国社会科学出版社 1993 年）一书，系统地梳理和论述了从商周到清朝，各王朝在中央与地方设立的管理边疆民族的机构设置和职掌，其中西汉到清前期该机构的重要职掌之一，即是管理边疆各民族的朝贡事务。黎虎所著《汉唐外交制度史》（兰州大学出版社 1998 年）将中原王朝与边疆少数民族、与外国的关系，都称为"外交关系"，显然与现代意义上的"外交关系"有所不同。汉至唐代诸王朝中央管理边疆民族和邻国事务基本是同一机构，因此该书也涉及中原王朝管理边疆民族朝贡事务的内容。李大龙《唐朝和边疆民族使者往来研究》（黑龙江教育出版社 2001 年）一书，将唐朝使者分为册封、吊祭和吊祭册立使者，安抚、宣慰

① 前一节已介绍的国内外相关研究成果，以及下面专题论述的朝贡制度起源相关成果，这里从略。

和招抚使者，和亲使者、宣谕使者以及其各种临时派出的使者；将边疆民族政权使者分为朝贡、朝见、和亲、求请、祝贺、告哀、互市、修好等使者（唐称为"蕃客"），并对各类使者和蕃客进行了分别研究，认为使者和蕃客是双方关系产生和发展的缔结者、维护者。王静著《中国古代中央客馆制度研究》（黑龙江教育出版社2002年）对古代中央客馆的萌芽、产生、发展、完善、衰落进行了系统研究，从中央接待周边四夷朝贡使节的馆待机构和馆待制度的角度，对古代内地与边疆关系、中央政府与少数民族关系进行了研究。白翠琴著文《曹魏治夷策考》（殷宪编《北朝史研究：中国魏晋南北朝史国际学术研讨会论文集》，商务印书馆2004年）认为曹魏在中央先后设置大鸿胪卿、客曹尚书管理民族事务，地方机构各系统都不同程度地管理民族事务，此外还设有统领边境和内地民族事务的专职官员，如护东夷、护乌桓、护鲜卑、护羌校尉等，负责接受来使、贡献，对外遣使，互通文书，接转使者，受理互市，缔结盟约，获取情报，派兵镇抚等职责。

关于古代朝贡制度的中长时段研究。我国第一部以古代朝贡制度为题的著作是李云泉的《朝贡制度史论——中国古代对外关系体制研究》（新华出版社2004年），尽管作者在前言中说"本书所说的朝贡制度，特指中外之间的朝贡制度"，但还是用了近五分之一的篇幅，叙述了朝贡制度的起源和汉代至元代，以边疆民族为主的朝贡制度，大致勾勒了朝贡制度的起源与发展线索，然作者重点研究的明清朝贡制度，是明清与周边国家的外交关系。李大龙《汉唐藩属体制研究》（中国社会科学出版社2006年）一书，通过对汉唐两个王朝不同的礼仪制度、各类行政建置、管理机构、管理形式等方面的考察，梳理出处于不同层次的藩属政权或部落，认为汉唐建构藩属体制的最终目的是利用边疆民族的力量保卫国土的安全，并提出藩属体系之下某些势力相对较大的边疆民族，也会构筑起自己的藩属体系，可称之为亚藩属体系。黄松筠《中国古代藩属制度研究》（吉林人民出版社2008年）将朝贡制度、土司制度、清代边疆各种民族地区建置都视为藩属制度，认为藩属制度的实质是国家政体说，先秦为形成阶段、汉代为确立阶段、唐代为创新阶段、元明为强化阶段、清代为完备阶段。黄木、吴克娅撰文《中国古代少数民族朝贡初探》（《青海民族研究》2001年第4期）认为朝贡与册封表明了双方间存在一种政治隶属关系，中原王朝采用"抚纳""怀柔"，抚遏相济的方法，通过少数民族的首领对该地区实行有效管理，该地区属于中央王朝的疆域。

关于朝贡制度的功能与作用的研究。薛小荣《华夷秩序与中国古代国防》（《人文杂志》2004 年第 3 期）认为华夷秩序下中国古代国防在安全构想上谋求居内驭外、中外平衡，以藩为屏，以夷制夷，并形成求和平、谋统一、尚义战、重防御的国防理念。陈志刚《关于封贡体系研究的几个理论问题》[《清华大学学报（哲学社会科学版）》2010 年第 6 期]认为古代中国的华夷观包括了中原王朝的世界观、国家观、民族观、中外观、边疆观、防务观，是一个融政治、经济、文化、军事防务为一体的综合观念体系。维护本国、本政权的军事安全的陆基国土防御观更在华夷观中居于核心地位，体现了中国古代封贡体系的核心功能。他的另一篇文章《对封贡体系内属国与藩部界定标准的探讨》（《东北师大学报（哲学社会科学版）》2009 年第 6 期）认为属国与藩部（属部）在封贡体制、边界意识与边务处理方式上均存在明显差异，邦交与主权可谓泾渭分明。应以"奉正朔、求册封、定名分"三者同时具备，作为判定藩部的实质性标准，而单纯的朝觐、进贡行为不论其是否具有持续性都不能作为有效的实施依据。

关于册封制度的研究。册封是朝贡制度的重要内容之一。李云泉《汉唐中外朝贡制度述论》（《东方论坛》2002 年第 6 期）认为中国统治者历来视朝贡为一种政治归顺的象征，东汉王朝授予朝贡国国王的印章与诸侯、宰相所用印章规格相同，为金印紫绶。管彦波《唐朝与边疆民族政治联系的两种主要途径：册封与和亲》（《黑龙江民族丛刊》2006 年第 2 期）认为自秦汉以来中央王朝利用册封方式确定边疆地方民族政权的从属关系，唐王朝藉册封以定"君臣之位"，受册封者作为王朝的屏藩，要恪守"藩臣之礼"，要服从唐天子的诏令，奉朝廷征调，或自愿赴国之难。韩昇《中国古代的外交实践及其基本原则》（《学术研究》2008 年第 8 期）认为中国古代王朝致力建构的以君臣关系为核心的体系，册封只是确定君臣关系的一种形式。在西南和东北地区，受册封国需协助中国王朝共同讨伐反叛，一些未被册封的部族被纳入"道""属国"的制度之中，受到中国古代王朝一定程度的控制。东晋南北朝时期，诸王朝对周边国家（包括边疆民族）的册封出现"内臣化"倾向。日本学者金子修一《册封体制论与北亚细亚·中亚细亚》（杜文玉主编《唐史论丛》第10辑，三秦出版社2008年）提出中国王朝对朝贡国进行册封时有两种形式，在各自国家的原来名称上附加王之称号，可称为"本国王"。授予朝贡国国王表示沐浴天朝之恩德的王号，如奉化王等，可称为"德化王"。"本国王"可传给子孙，"德化王"只限于一代不能继承。汉代向异民族君主授予印章，唐朝则一般不向异民族君主授予"年号册某印"，南诏是个特例。

关于**纳质制度的研究**。"纳质制度"同样是朝贡制度的重要组成部分。方铁《汉唐王朝的纳质制度》（《思想战线》1991年第2期）认为汉唐王朝的纳质制度，是沿袭边疆少数民族的习俗和前代中原诸侯国的做法而来，其实质是封建政府向与之建立宗藩关系的少数民族索受人质。边疆诸族纳遣的人质，除部分送至京城外，还有一些则留质于汉、唐在边疆统治机构的治所。纳质的边疆民族均奉汉或唐王朝为正朔，接受汉唐王朝的封授，为从属于中央政权的地方政权的性质十分明显。成琳《两汉时期民族关系中的"质子"现象》（《新疆大学学报》2007年第1期）认为两汉时期边疆民族与内地政权间"入侍为质"和"纳质为臣"的现象大量出现，"质子"逐渐被纳入朝贡制度，并成为维系宗属关系的工具之一。"纳质为臣"的现象客观上加强了边疆民族与中原地区的联系，巩固了王朝对边疆的统治。陈金生《试论质子在加强宗藩关系中的作用》［《甘肃联合大学学报（社会科学版）》2010年第6期］认为归国质子多能积极履行藩国应尽的义务，有些质子当政后，实施旨在汉化的政治改革，极大地促进了文化交流和民族融合的历史进程。

关于**和亲的研究**。崔德明多年来一直从事古代和亲问题研究，发表一系列论文后，又出版了《中国古代和亲史》（人民出版社2005年），对中原王朝与少数民族政权之间的和亲、少数民族政权之间的和亲、中原王朝与邻国（外国）间的和亲进行了系统研究。按照联姻的功能及性质分为安边型、结交军事同盟型、分化瓦解少数民族政权型、借兵及酬恩报德型、发展关系型、巩固盟好型、政治联盟型七种类型，并对各时期和亲的特点、和亲公主的身份与作用，和亲文化的形成、功能与影响进行了深入探讨。龚荫《唐代和亲政策述论》（《思想战线》2000年第1期）认为和亲政策最早始于汉代，是国家间在敌强我弱的特殊情况下采取的权宜之计，以有限的牺牲来换取整顿内政、休养生息、发展经济、积蓄力量的时间。到了唐朝，和亲政策进一步发展，成了广泛运用的安边政策。管彦波《唐朝与边疆民族政治联系的两种主要途径：册封与和亲》（《黑龙江民族丛刊》2006 年第 2 期）认为和亲作为中原王朝与周边各族之间为平衡政治关系而缔结的一种联姻，以汉代和唐代最为典型。唐朝和亲在整体上服从于唐朝的政治军事需要，大多数的和亲在一定程度上暂时缓和了民族矛盾和阶级矛盾。

关于**各断代边疆民族朝贡制度的研究**。这方面的研究主要集中在汉、唐、宋、明四朝。贾丛江《西汉属部朝贡制度》（《西域研究》2003 年第 4期）将"朝贡者"分为"纳质内属"者（属部）和"重译贡献"者两类，认为西汉对属部的界定已经上升到国家政治制度的层面，属部的政治义务有：纳质子，贡土物，出兵助战，为汉军提供军粮等，属部之间不得相互攻伐，不得向他国纳质纳贡等等。西汉有属部首领岁首朝觐天子的制度，西汉中后期表现为三岁一朝制度。李三谋《东汉王朝的边疆经略》（《中国边疆史地研究》1997 年第 3 期）认为东汉恢复和发展了西汉的贡纳制度，并在各边地成功地推行下去，对维持中央集权的多民族国家体制起到了一定的积极作用。梶山胜《漢魏晉代の蠻夷印の用法——西南夷の印を中心として》（大谷光男：《金印研究論文集成》，新人物往来社 1994 年）收集了汉魏晋时期蛮夷印 42 例，认为汉代对蛮夷印文没有严格规定，侯、长的印文用"归义"，君、邑长、仟长印文用"率善"，或用"归义"，或只称君、邑长、仟长。魏晋时期对蛮夷印文有了明确规定，王、侯印文限定用"归义"；邑君、邑长、仟长、百长的印文使用"率善"，说明魏晋时期确立了对蛮夷封爵的秩序。管彦波《论唐代内地与边疆的"互市"和"朝贡"贸易》（《黑龙江民族丛刊》2007 年第 4 期）认为唐代隶属羁縻都督府、州的少数民族首领定期到唐廷朝贡，接受赏赐。这种贡赐关系，是中原与边疆经济联系的一条重要途径，实际上是一种贡赐贸易关系。黄纯艳《宋代朝贡体系研究》（商务印书馆 2014 年）从羁縻区和藩属国多层次角度研究了宋、辽、金三朝的朝贡体系的构成和运作，认为到澶渊之盟，宋辽两大朝贡体系形成了稳定的对等并存、相互交错、彼此承认、制衡竞争的关系。到高丽转奉辽朝正朔，辽朝完成了周边诸多民族和藩属国的多层次朝贡体系的建构。南宋与金朝各自在自己的朝贡体系中规定了一元化的政治秩序，两大朝贡体系形成了二元并存的政治格局。在金朝的朝贡体系中，对关系密切的北方各族中臣服金朝的首领授予官职，羁縻而治；对鞑靼采取武力镇抚和经济贸易两种统治手段。美国学者亨利·赛瑞斯撰写《明蒙关系》三卷，其中《明蒙关系Ⅱ：朝贡和使团（1400—1600）》（Bruxelles，1967）探讨了蒙古鞑靼部、瓦剌部、兀良哈部与明朝的朝贡关系。王苗苗翻译了第三卷《明蒙关系Ⅲ——贸易关系：马市（1400—1600）》（中央民族大学出版社2011年），该书以时间为序，分地区论述了明代的马市以及马市以外的蒙汉贸易情况。

关于**古代王朝羁縻政策的研究**。龚荫《"羁縻政策"述论》（《贵州民族研究》1991年第3期）认为"羁縻政策"伊始于秦、汉，发展于三国、两晋、南北朝，盛行于唐、宋，广泛建立羁縻州、县。它对于民族地区的社会秩序稳定、经济文化发展，王朝统治的巩固，多民族国家的形成，都曾起到积极重大的作用。其后"羁縻政策"被新生的"土司制度"所取代。刘仲华《试论羁縻政策的思想基础》（《西北史地》1996年第1期）提出"羁縻政策"的思想基础有三，一是"贵中华，贱夷狄"；二是"德治"和"仁政"，同时主张"威服远方"，实行德惠和威服并举；三是与中国传统伦理政治有密切关系，把忠诚、孝义等道德观念运用在调节政治关系的手段上。彭建英《中国古代羁縻政策的演变》（中国社会科学出版社2004年）一书认为历代传统羁縻政策应包括三个层次，一是中央王朝采取贡赐、和亲、互市等措施与边疆民族保持一定联系；二是以夷治夷与以夷制夷，其核心内容是"因俗而治"；三是土流并治或土官的流官化。

关于**羁縻建置的研究**。目前学界研究成果主要集中在唐代的羁縻府州，较早的成果有程志《唐代羁縻州府简论》（《东北师大学报》1984年第1期）提出唐朝设置羁縻州府，是将统治内地的经验推广到民族地区，其机构分为本官制、监领制、汉官参治制、都护府直辖制等四种形式，政治上羁縻府州官员由中央任免；军事上中央对羁縻州府的军队有调遣和使用权；经济上羁縻州府对中央的"朝贡"具有赋税性质。林超民《羁縻府州与唐代民族关系》（《思想战线》1985年第5期）认为唐代羁縻府州是一种政权机构，羁縻都督、刺史臣属于王朝，恪守法令制度，同时又是部落酋长，有较大的自治权。王可《律和羁縻术是唐代调节民族关系的工具》（《中央民族学院学报》1990年第1期）提出羁縻府州是唐朝维系边疆少数民族的机关，唐律是调节民族关系的依据和工具，羁縻术则是调节民族关系的重要辅助工具。刘统《唐代羁縻府州研究》（西北大学出版社 1998 年）是第一部专门研究唐代羁縻府州的专著，对唐代羁縻府州的设置年代、统隶关系、地理方位、兴废沿革进行了全面的考订，认为唐代羁縻府州已达到将近 1000 个。作者还进一步探讨了羁縻府州的制度和管理、羁縻府州的兴废与唐朝疆域的伸缩关系，其中对羁縻府州制度下的册封、纳质和朝贡关系，进行了初步研究。原文静《唐代羁縻府州管理体制变迁的原因探析》［《鲁东大学学报（哲学社会科学版）》2007 年第 2 期］认为唐代对边疆羁縻府州地区的管理，前期实行以政治控制为主的都护府、都督府体制，后期转变成为以军事控制为主的军城节度使体制，其原因是朝廷势力的下降以及边疆形势的变化。王立霞《唐代羁縻府州内部结构及其相关问题》（《江西社会科学》2007 年第 12 期）指出唐代羁縻府州是唐仿内地行政制度而建，其结构多为府—州，府—州—县，州—县，县及县以下组织则较复杂，北方多侨治州府，而南方多本土置州县，体现了唐羁縻府州的等级性和羁縻统治的多样性。并探讨了汉人出任羁縻府州官员问题，对刘统提出羁縻府州很难设置固定的唐朝官吏的观点提出质疑。王立霞又与彭勃合作撰文《唐设羁縻府州的民族因素》（《求索》2007 年第 11 期）认为少数民族首领、家族、士兵参与了唐政权的建立、巩固，并发挥了重要作用，少数民族首领心存归化，纷纷举族内附，这是唐设立羁縻府州的民族因素。樊文礼先后撰文《唐代羁縻府州的类别划分及其与藩属国的区别》（《唐史论丛》第 8 辑，2006 年）、《唐代羁縻府州的南北差异》（《唐史论丛》第 12 辑，2010 年），前文将唐代羁縻府州分为本土羁縻府州和侨置羁縻府州两类，探讨了羁縻府州与一般藩属国的区别。后文认为唐代羁縻都督府南少北多，羁縻州设置时间南长北短，造成南北差异的主要原因是南北地理环境不同、南北民族历史发展不同和唐朝边疆边务体系变化对南北羁縻府州的影响程度不同。

　　关于其他朝代羁縻建置的研究成果不多，刘复生《宋代羁縻州"虚像"及其制度问题》（《中国边疆史地研究》2007 年第 4 期）指出宋代承袭唐代的羁縻州制度，但有许多羁縻州并未受官封，也不进贡，相反有许多不实行"羁縻州"制度地区的部族首领既受官封也进贡。羁縻统治形式的多元化是宋代边疆民族政策的一个特点。郭声波《试论宋朝的羁縻州管理》（《中国历史地理论丛》2000 年第 1 期）比较了唐宋两朝对羁縻州管理的同异，认为宋朝羁縻州的管理总体上趋向于灵活和宽松，其原因主要与宋朝一贯的文治政策有关。宽松的羁縻政策在客观上对稳定边疆社会、发展边疆经济有一定好处，但宽松过度，却又使宋朝丧失了沿边羁縻地区的边防藩篱作用。

综上，国内外学界发表了一些关于中国古代边疆民族朝贡制度和羁縻统治的学术著作和论文，为本书探讨的问题提供了必要的研究基础。然而，关于边疆民族朝贡制度研究还处于起步阶段，区域性边疆民族朝贡制度的贯通性研究尚未开展。近年来，随着国际学术交流活动加强，熟悉中国边疆史的学者们意识到，国外学界流行的"华夷国际秩序""东亚封贡体制"，错误地将边疆民族地区归入"国际秩序"，但如何区别边疆民族朝贡制度（国内制度）与邻国朝贡制度（外交制度），研究才刚刚开始，许多问题没有解决。我认为中国边疆东南西北有各自的特殊性，只有在对各个边疆地区进行系统地贯通性研究的基础上，才可能对中国古代朝贡制度的整体有准确的认识，提炼出符合中国国情的古代边疆理论。本书以古代东北民族朝贡制度为研究对象，正是为了实现这个研究目标所做的努力。

2. 古代东北民族朝贡制度研究

东北民族在中国历史发展进程中占有重要地位，自晚清以来，二百多年关于东北民族的研究成果可谓是汗牛充栋。20 世纪 30 年代，傅斯年等人撰《东北史纲》（商务印书馆 1933 年）只写到魏晋时期。40 年代金毓黻《东北通史》（初版于东北大学，后由重庆五十年代出版社再版）虽然写到元代，但其关于东北除汉人以外三大族系的划分，以及对东北民族政权和东北史的一些基本问题的研究，至今仍具有重要影响，被学界誉为东北通史的开山之作。其后东北通史著作中较为重要的，有张博泉《东北地方史稿》（吉林大学出版社 1985 年），佟冬主编《中国东北史》（吉林文史出版社 1998 年）等近十部。东北史各方面专题研究的著作有数十部以上，与本书研究相关的主要著作有张博泉、苏金源、董玉瑛《东北历代疆域史》（吉林人民出版社 1981 年），李健才、王绵厚《东北古代交通》（沈阳出版社 1990 年），贾敬颜《东北古代民族古代地理丛考》（中国社会科学出版社 1993 年），李健才《东北史地考略》与续集、第三集（吉林文史出版社 1986 年、1995 年、2001 年）等，对东北历史地理和东北古代交通线进行了细致的考证，对本书确定各时期东北民族居住地，探讨东北民族的朝贡道，具有较高的参考价值。20 世纪 90 年代以前，我国学界在东北民族与中原王朝关系的研究中，对东北民族的朝贡活动有所提及。90 年代后期以来，尤其是近几年，关于东北民族朝贡制度的研究成果日渐增多，但深入系统的研究成果还不多见，下面按照古代东北民族的族系，对学界相关研究成果分别介绍之。

（1）秽貊系民族朝贡研究

学界对于秽貊系民族朝贡研究取得一定成果，其中有关高句丽朝贡研究的成果略多，其次是夫余和卫氏朝鲜，对于沃沮、秽等小族群几乎没有涉及。

中原王朝统辖夫余、高句丽的研究。李大龙《从高句骊县到安东都护府——高句骊和历代中央王朝关系述论》（《民族研究》1998 年第 4 期）认为高句骊国由西汉玄菟郡和高句骊县直接管理，魏晋到北朝由东夷校尉管理。高句骊一度称雄东北边疆，但对各王朝称臣纳贡，接受册封，服从各王朝的诏令。隋唐王朝针对高句骊王屡次不听从诏令的情况，采取了武力征伐的措施。至唐王朝高宗时期，高句骊又重新回到安东都护府的管理之下。赵红梅先后发表《夫余与玄菟郡关系考略》（《满族研究》2009 年第 2 期）、《玄菟郡经略夫余微议》（《北方文物》2010 年第 2 期）对玄菟郡管理夫余朝贡事务有所论述。

护东夷校尉研究。护东夷校尉是魏晋北朝前期设在东北边郡管理东北民族朝贡制度的重要机构，金毓黻《东北通史》认为曹魏在公孙氏开置带方郡之后，设立平州，授公孙康以刺史之官，俾领辽东等五郡，且令兼领东夷校尉。日本学者池内宏《曹魏の東方經略》（《满鲜史研究》上世第一册，吉川弘文馆 1979 年）认为曹魏于 238 年灭公孙氏政权以后，便在襄平设置羁縻东夷诸部的机关护东夷校尉府。张国庆《西晋至北魏时期"护东夷校尉"初探》（《中央民族学院学报》1989 年第 3 期）认为西晋前期为有效地统辖和管理东北中、东部地区的"东夷"诸族，于辽东置设"护东夷校尉"，西晋（包括十六国）时期，护东夷校尉既为官号，又是一种地方官制建置。北魏时将护东夷校尉官号直接授给了高句丽王，不再专设"东夷府"，由高句丽代理朝廷管理"东夷"事务。三崎良章《東夷校尉考——その設置と"東夷"への授與》（《東アジア史の展開と日本》，山川出版社

2000 年）认为西晋武帝时期周边民族十分活跃，282—285 年晋设置东夷校尉以管辖东夷诸国，南北朝时只有北朝设置东夷校尉，与西戎校尉成为分别授予东西中心势力的称号，先将东夷校尉授予高句丽，565 年又授予了新罗。范兆飞、房奕《东夷校尉与汉晋东北亚国际秩序的变迁》（《社会科学战线》2009 年第 3 期）认为魏晋当局对统御东北亚地区周边民族的机构进行调整，东夷校尉的设立是其中最重要的组成部分。东夷校尉的设置初衷是中原政权治理周边地区、管理周边诸族，但在执行过程中随着中原政权与周边民族力量的消长发生一系列深刻的变化。

关于中原王朝对卫氏朝鲜、夫余的册封研究。日本学者荆木计男《衞満朝鮮冊封について——前漢帝國遼東郡からのアブロ—チ》（《朝鮮學報》第 115 辑，1985 年）讨论了西汉前期辽东郡代替朝廷册封卫满为朝鲜王的政治形势，认为西汉册封卫满的时间应在汉惠帝三年或四年（前 192 或 191）期间。大谷光男《中國から冊封された朝鮮の官印について——古代より清に至る》（《金印研究論文集成》，新人物往来社 1994 年）梳理了文献记载和出土的官印中，从西汉到清代中国王朝对朝鲜半岛民族、国家的封号与官印，讨论了汉魏晋对秽人、夫余、高句丽的册封与官印的印文与形制，认为东夷诸国中首先是高句丽王钊从前燕获得“征东大将军”封号，此后东晋和南朝相继册封高句丽大将军封号。王未想《内蒙古巴林左旗石房子村发现的夫余族官印》（《北方文物》1997 年第 3 期）报道了 1978 年发现的一枚铜质马纽“晋夫余率善佰长”印。该印大小与篆刻风格与以往报道的晋朝授给边陲少数民族官印基本相同。

关于中原王朝对高句丽册封研究。清代瞿中溶《集古官印考证》卷 12 收录了“晋高句骊率善仟长”“晋高句骊率善佰长”“晋高句骊率善邑长”三方晋高句丽官印。日本学者阪元义种《五世紀の日本と朝鮮——中国南朝の冊封と関連して——》（《史林》52 卷 5 号，1969 年）对南朝的册封制度进行了研究，认为诸国王得到册封“国王”称号，才取得国际认可的地位，但这种册封只限于一代，下一代王没有得到册封之前，不是正式的国王，被称为“行某某王”。南朝授予日本和朝鲜半岛政权的“大将军”“都督诸军事”代表军事权，“刺史”代表行政权。魏存成《中原、南方政权对高句丽的管辖册封及高句丽改称高丽时间考》（《史学集刊》2004 年第 1 期）认为据几方见于著录的西晋高句丽官印，说明高句丽王在前燕之前已接受晋朝的册封。东晋以来历代高句丽王接受中原政权和南方政权的册封连续不断，形成了一种惯例和制度。高句丽改称高丽的时间应是 5 世纪末。李淑英、耿铁华《两汉时期高句丽的封国地位》（《中国边疆史地研究》2004 年第 4 期）认为高句丽建国时已在汉玄菟郡下生活了 70 多年，建国后作为西汉边郡内封国，由玄菟郡高句丽县管理。王绵厚《高句丽建国初期的"卒本夫余"与"涓奴""桂娄"二部王族的兴衰递变》（《东北史地》2007 年第 5 期）认为"高句丽侯"与"高句丽侯国"的名称由来，应与西汉对句丽部族的册封有关。其后"高句丽"改为"高丽"，也应与中原王朝对"高丽王"的册命有关，"高丽"并不只是"高句丽"的简称。韩昇《论魏晋南北朝对高句丽的册封》（《东北史地》2008 年第 6 期）认为魏晋南北朝对高句丽的册封，出现了封号军事化和虚封国内州职的现象，这是当时外臣内臣化的普遍现象。周向峰《周隋之际对高句丽册封的改易与隋丽关系之走向》（《史林》2010 年第 5 期）认为北周册封高句丽为"辽东王"，表征着高句丽不再属于"四夷"，而成为了中华帝国"化内"的、专制方面的诸侯王之一。隋文帝将之"改封"为传统的"高丽王"，在一定意义上是对高句丽地位的黜退。

关于夫余朝贡活动研究。日本学者神崎胜《夫餘の歴史に関する覚書》（《立命館文學》542 号，1995 年；第 544 号，1996 年）认为西汉武帝时夫余是不受汉人统治的独立势力，到王莽时夫余已经被纳入汉王朝统治之下。东汉王朝通过玄菟郡承认了夫余作为秽貊族盟主的地位。3 世纪后半叶，夫余与其他东夷诸国频繁向晋朝贡，在遭到慕容鲜卑的二次打击下，夫余国衰落下去了。张芳、刘洪峰《夫余对外关系史略》（《黑龙江民族丛刊》2011 年第 3 期）认为汉至北魏，夫余对中原王朝的关系表现为朝贡、册封和军事斗争，在夫余强盛时期，收服了沃沮、挹娄。赵红梅《夫余与东汉王朝朝贡关系研究》（《社会科学战线》2011 年第 9 期）认为夫余与东汉王朝的朝贡关系，始于光武帝建武二十五年（49），止于灵帝熹平三年（174）。夫余朝贡东汉王朝，大致可分为前期、中期和后期三个阶段，夫余对东汉的朝贡活动最初受到东汉、匈奴、鲜卑三者相互关系的制约，之后主要受东汉与高句丽相互关系的影响。

关于高句丽朝贡活动的研究，韩昇《"魏伐百济"与南北朝时期东亚国际关系》(《历史研究》1995 年第 3 期）认为在刘宋以前，南北朝均以高句丽为首要朝贡国家。而从南齐至隋，则形成了北朝与高句丽、南朝与百济各自相对密切的外交格局。隋朝初唐，高句丽又成了中国关注的主要对象。李凭《魏燕战争前后北魏与高句丽的交往》[《上海师范大学学报（哲学社会科学版）》2002 年第 6 期] 指出北魏与高句丽建立正式关系后，便有了频繁的使节往来。北魏灭北燕后，因北燕国主冯弘流亡高句丽，北魏与高句丽的关系一度处于僵持状态。直到高句丽杀冯弘后，北魏与高句丽的关系才向着友好的方向发展，一直维持到北魏末年。房奕《高句丽向北魏遣使与相互关系的变迁》(《传统中国研究集刊》2006 年）根据高句丽向北魏遣使的情况，他认为主动权并不掌握在北魏手中，北魏只有依靠册封来保持名义上的上国地位。高句丽的外交政策是不过分倾向于南朝或北魏政权的任何一方，根据双方力量变化来转换自己的角色。刘文健先后撰文《高句丽与南北朝朝贡关系变化研究》(《东北史地》2010 年第 2 期）、《南北朝时期朝贡关系对高句丽的影响》(《北华大学学报（社会科学版）》2009 年第 5 期）认为高句丽根据自身安全的需要、外部环境的压力以及南北朝的实力对比情况，分别对南北朝进行朝贡，出现了不同时期对南北朝双方的朝贡次数、密度的差异，可分为均等的朝贡阶段、北多南少的朝贡阶段、起伏变化的朝贡阶段。朝贡往来使双方的经济、文化交流日益紧密，促进了高句丽政治、经济、文化诸方面的发展。张哲、何方媛《南北朝之前高句丽与中原王朝关系研究》(《东北史地》2010 年第 5 期）认为高句丽的朝贡活动有着很强的实用主义色彩，在中原王朝安定强大时，保持从一而终的朝贡关系；当中原处于分裂、战乱时，高句丽王会选择利己的王朝进行朝贡。战乱中朝贡的次数、频率要多于和平时期。

（2）肃慎系民族朝贡研究

从 20 世纪 40 年代以来，中外学者便开始涉猎肃慎系民族朝贡研究，尽管起步很早，但专门研究这一系民族朝贡制度的成果并不太多。

关于中原王朝管理渤海、女真朝贡事务研究。孙玉良《唐朝对渤海的经营与管辖》(《北方文物》1983 年第 4 期）指出唐朝对渤海国王的册命、排解纠纷等重要事务，往往遣官亲赴渤海，晓谕处理。日常事务则由边地府州官吏节度，渤海先后隶营州都督、幽州都督、平卢淄青诸州节度。其后孙先生又在《中国东北史》第2卷（佟冬主编，吉林文史出版社1998年）进一步系统论述，并梳理出自唐玄宗开元七年（719）到渤海灭亡，唐朝押渤海使33人；后梁到后唐押渤海使9人。

关于肃慎、挹娄、勿吉、靺鞨朝贡活动的研究。王承礼《中国东北的渤海国与东北亚》（吉林文史出版社2000年）统计了拂涅、铁利、越喜、虞娄、黑水等部向唐王朝入贡情况及其变化，认为741年至745年渤海吞并了拂涅、铁利、虞娄部；大仁秀时吞并了越喜、黑水部，探讨了各部对唐最后朝贡的时间。马一虹《8世纪中期以后黑水靺鞨与渤海关系考》（《文史哲》2001年第6期）认为8世纪中期以后，渤海日渐强大，黑水靺鞨可能一度役属渤海。9世纪初期以后，一些靺鞨部被渤海吞并，其民成为渤海国家的编户，黑水靺鞨虽臣属渤海但不曾被吞并，9世纪末重新独立。宋卿《唐代东北原始部落形式的羁縻府州朝贡述论》（《黑龙江民族丛刊》2007年第1期）认为唐王朝在黑水靺鞨地区设立黑水都督府后，靺鞨仍以原始部落的形式向唐廷朝贡，中央政权对该地区的统治明显得到强化。郭威、李忠芝《肃慎、挹娄与魏晋南北朝的朝贡关系》（《才智》2010年第17期）论述了在魏晋时期，肃慎分别对曹魏、两晋、后赵、前秦、刘宋、北齐七个不同的中原政权进行朝贡，但始终没有与中原王朝建立稳定、连续和制度化的朝贡关系。

关于唐对渤海国册封及其朝贡活动的研究。学界关于渤海国朝贡活动的研究起步早，研究成果也较多。金毓黻《东北通史》据史籍记载，统计制作出"渤海朝贡表"，指出渤海大祚荣始受唐风，为其属蕃，自此历世执礼颇恭，朝贡不绝。日本学者渡边谅《鸿胪井考》（《東洋學報》第51卷1期，1968年）认为唐朝派崔忻为使者册封大祚荣为渤海郡王，行至今辽宁旅顺提议打新井，完成使命再次路过这里，井已竣工，为纪念这两件事而在井边立碑。孙玉良《唐朝对渤海的经营与管辖》（《黑龙江文物丛刊》1983年第4期）认为唐朝册封渤海王为郡王或国王，可视其功过加封或削爵，并不具有独立的含义。渤海对唐朝承担宿卫和朝贡两项义务，历代渤海王子相继入朝宿卫，被皇帝视为近臣，唐代各少数民族中，渤海朝贡次数为最多者之一。魏国忠《渤海质子侍唐述略》（《求是学刊》1986年第1期）认为有明文记载渤海入唐质子共计12人，只限于高王、武王、文王和宣主等四王时期。渤海质子担任了品级和待遇较高的官职，他们在唐期间的处境较之其他诸族为好。但这不能改变质子身份并不自由的实质，非到期接替或经朝廷的被例恩准，他们不许擅自回国或离开长安，必须遵守朝廷的有关法令和制度。王承礼《中国东北的渤海国与东北亚》（吉林文史出版社 2000 年）认为唐朝对少数民族所执行的羁縻府州政策，表现形式为朝贡关系，渤海被纳入唐朝的册封体制之下，取得合法的政治地位，以朝贡的形式开展官方贸易、文化交流，认为渤海与唐是藩属国与宗主国、地方政府与中央政府的关系。宋卿《渤海忽汗州都督府朝贡唐王朝述论》（《史学集刊》2006 年第 5 期）认为唐代在渤海国设置的忽汗州都督府，以朝贡为纽带，与唐王朝保持着稳定的隶属关系。渤海朝贡分为三个阶段，具有政治、经济、文化等各方面的目的。马一虹《渤海与后东突厥汗国的关系——兼及渤海建国初期的周边环境》（《民族研究》2007 年第 1 期）认为渤海大武艺出兵征讨黑水靺鞨背后可能有突厥支持。当唐朝与突厥关系相对平稳时，渤海可能有过两属的短暂时期。745 年以前的渤海与突厥的关系是制衡渤海与唐朝关系的重要力量。

关于女真人朝贡活动的研究。日本学者日野开三郎《宋初女真の山東來航の大勢とその由來》（《朝鮮學報》第 33 辑，1964 年）认为渡海至山东与宋贸易的女真，是以咸兴平原的长白山三十部女真为主，契丹在鸭绿江口筑城阻止女真与宋往来后，女真又借道高丽继续至宋贸易，直到辽征服高丽，天禧三年（1018）女真交通贸易停止了。程民生《海上之盟前的宋朝与女真关系》（《社会科学战线》2012 年第 3 期）认为北宋的前三朝，女真与宋朝交往的主线是贡赐贸易，女真带来马匹等土特产，宋朝以赏赐形式支付价钱，双方互惠互利。宋朝将女真当作一个与高丽、西夏甚至辽国同等的国家来对待。宋朝一直重视女真的地位，前期有赖于其马匹，后期看重其向背的举足轻重，始终想将其拉拢并以之制约辽国。蒋秀松《明代女真的敕贡制》（《民族研究》1984 年第 4 期）是一篇专门研究明代女真朝贡制度的文章，蒋先生认为明代女真朝贡的次数频多，规模大，将女真敕贡制度分为三个时期，明朝在女真贡期、贡品、贡道、贡额、赏赐和手续方面，形成了一整套比较完备的制度。认为女真人的朝贡类型是"属夷"的朝贡，即国内少数民族的朝贡。柴营《明代安乐、自在州及女真人的生活》（《辽海文物学刊》

1988 年第 2 期）认为二州女真人朝贡是频繁的，贡物以马为主，兼有特产人参、貂鼠皮等物。明王朝大都给予厚重的回赐，根据官爵高低、职务大小而数量有别。二州的朝贡，自设立起到天顺八年（1464），五十余年约达 70 余次。蒋秀松《羁縻卫所和羁縻政策》（《黑龙江民族丛刊》1992 年第 4 期）指出明朝对东北女真和兀良哈蒙古等族进行招抚，设置众多的羁縻卫所，体现了明朝的羁縻政策。政治上采用"各立卫分""分地世官"的办法，让他们"自相统属"，在经济上，则通过赏赐和市易，给予少数民族一定的经济利益，以达到消弭边患的目的。栾凡《敕书、朝贡、马市——明代女真经济的发展契机》（《哈尔滨师范大学社会科学学报》2011 年第 2 期）认为明朝颁发给东北民族羁縻卫所官员的敕书，是证明其官职和等级以及进京朝贡和接受赏赐的凭证，也是作为其进入马市的凭证。明代女真的经济发展及民族崛起与敕书的关系密不可分，敕书不仅促进了女真社会的贸易经济，也为明代女真的崛起奠定了经济基础。

关于明代辽东马市研究，杨余练《明代后期的辽东马市与女真族的兴起》（《民族研究》1980 年第 5 期）利用辽宁省档案馆收藏的马市档案考察了明代后期马市的变化，马市对女真兴起的作用，认为辽东马市最初是为了购置军马而设，明后期已经变成汉、蒙、女真各族民间交易的重要场所。余同元《明代马市市场考》（《民族研究》1998 年第 1 期）认为辽东马市设立后，除开原城南市场外，开原城东及广宁市场皆时开时废，直到明中期才稳定下来。万历四年（1576）增设了清河、宽甸和暖阳三个民市市场，中后期又在义州、广宁、锦州、宁远、辽阳等地开设木市，木市属于马市中的民市，都是按月开放的马市市场。姚继荣《明代辽东马市述论》（《辽宁师范大学学报》1998 年第 4 期）认为明代辽东马市规模和实际影响非常有限，兀良哈三卫中的福余、朵颜相对辽远，只有泰宁近边临市，女真三部中的野人、建州相对辽远，只有海西近边临市。辽东马市旋设旋废，定点稀疏，时限严格，极大地限制了辽东地区汉族与少数民族间的互市贸易。

（3）东胡系民族朝贡研究

学界关于东胡系民族朝贡研究成果较少，主要在对历代为经营北疆、解决边事的研究中有所涉及。

关于护乌桓校尉等的研究。日本学者船木胜马《乌桓校尉·匈奴中郎将をめぐる諸問題》［《江上波夫教授古稀紀年論集・歴史篇》，山川出版社，昭和五十二年（1977）］认为乌桓校尉原是安抚内附乌桓，并有一定外交职能的官职。从东汉末到曹魏，转变为以幽州刺史兼乌桓校尉，仍担任保塞的职责，并统领各州的诸军事，这与乌桓大量迁入幽、并二州有密切关系。林幹《两汉时期"护乌桓校尉"略考》（《内蒙古社会科学》1987 年第 1 期）认为东汉时内附的乌桓人，绝大部分由护乌桓校尉管领。东汉中期以后，各郡乌桓自行发展，其中一部分强大起来后，脱离了护乌桓校尉的管领。魏晋以后，护乌桓校尉一官常与"度辽将军"或"都督幽州诸军事"的官衔联系在一起，除了督监和管理沿边诸郡的乌桓民族事务外，还负担着经略东北地区的军事任务。何天明《两汉皇朝解决北方民族事务的统治机构"护乌桓校尉"》（《内蒙古师大学报》1987 年第 1 期）不赞同将护乌桓校尉按照官职处理，认为它是两汉皇朝解决北方民族事务的特殊的、体制健全的统治机构，代表朝廷迎接乌桓、鲜卑使者，妥善办理有关事务。护乌桓校尉有"府""营"之类的办事场所和各级官员，护乌桓校尉对下属官员有直接任免权。张国庆《汉唐之间东北少数民族地区羁縻管理官职机构的变化》（《辽宁师范大学学报》1988 年第 6 期）分别论述了护乌桓校尉、辽东属国都尉、护鲜卑校尉、护东夷校尉的设置，认为民族羁縻管理官职机构的设置，对少数民族进行"因俗施治"，给以充分的自治、自主权利，按其种族繁衍的自然法则和其自身社会发展之规律，延续、发展、演进。保护了少数民族自身的延续和进步。佟柱臣《喜见中国出土的第一块乌丸石刻》（《辽海文物丛刊》1992 年第 2 期）对山东邹县发现的晋永康二年（301）《刘宝墓碑》进行研究，认为碑文中"侍中、使持节、安北大将军、领护乌丸校尉、都督幽并州诸军事"，可补《晋书・百官志》之缺，证实了乌桓人分布于幽并青等五郡内外的史实。李俊方、魏舶《汉晋护乌桓校尉职官性质演变探析》（《北方文物》2009 年第 4 期）认为汉晋时期，作为王朝管理少数民族事务的重要职官护乌桓校尉，经历了从承担羁縻使命，到军事职能明显增强，最后在魏晋时期成为幽州地方军政长官的固定兼职，形成一种虚职化的加官的过程。

　　关于中原王朝对乌桓、鲜卑、室韦册封及其朝贡活动的研究。李逸友《内蒙古出土古代官印的新资料》（《文物》1961 年第 9 期）报道了 1956 年内蒙古凉城出土了晋乌丸归义侯印、晋鲜卑归义侯印、晋鲜卑率善中郎将印。成永娜《略论乌桓与中原王朝的关系》(《烟台大学学报》2008 年第 4 期)认为在政治上，中原王朝对乌桓重在安抚，其中包括设置护乌桓校尉和册封乌桓首领，乌桓也以和亲的方式与袁绍结成过军事同盟，乌桓的兴盛和灭亡都与中原有着极其密切的关系。赵红梅《乌桓朝贡东汉王朝探微》(《社会科学辑刊》2011 年第 6 期)将东汉时期乌桓对东汉王朝的朝贡活动划分为三个阶段，第一阶段朝贡活动以辽西、辽东乌桓为主；第二阶段朝贡活动以乞降为主；第三阶段朝贡活动以三郡乌桓为主。认为乌桓对东汉朝贡活动受到东汉、匈奴、鲜卑三者相互关系的影响和制约。

孙进己《室韦及其先人和我国各族的关系》(《黑河学刊》1985 年第 4 期)认为乌洛侯与室韦同源，世祖真君四年(443)始向北魏朝贡，室韦入贡的过程中，形成了一条从和龙(今朝阳)到达室韦居住区(嫩江流域)的交通道路。突厥强盛，室韦为突厥所统治，通过突厥间接臣附于隋唐，后转而附唐。天宝初室韦正式接受唐官职，德宗以后更任其首领为都督，成为唐管辖下的一个地方政权。王德厚《东魏至唐时期室韦与中原皇朝及毗邻民族的关系》(《民族研究》1994 年第 3 期)认为室韦与中原皇朝的关系，最早始于东魏武定年间，唐朝除敕封室韦首领为都督和大都督外，还授予其他人员将军、郎将之职。此外室韦曾一度臣服于突厥、回纥。张久和《北朝至唐末五代室韦部落的构成和演替》(《内蒙古社会科学》1997 年第 5 期)认为乌洛侯属于室韦一部，《魏书》记载的室韦包括了乌洛侯。隋唐时期室韦包括了北朝时期的室韦与乌洛侯，室韦入贡时间即在北魏太平真君四年。

关于契丹、奚人朝贡活动的研究。孟广耀《回纥羁属下的奚族——兼释唐朝与奚族的关系》(《黑龙江民族丛刊》1983 年第 3 期)认为平卢节度使镇抚室韦、靺鞨，也经略奚、契丹。宝历元年(825)开始由幽州节度使经略奚、契丹。安史之乱后奚、契丹皆羁属于回纥，向其纳税贡，受其驱使。在奚族羁属于回纥的八十多年中，至少向唐朝贡 31 次，说明了奚族臣属于唐朝的关系依然存在。冯继钦《北朝时期的库莫奚族》(《求是学刊》1987 年第 5 期)认为北朝时期，奚与各政权基本上保持了朝贡、边民贸易等友好关系，发生战争是短暂的。此外奚还与柔然、突厥、地豆于、契丹等族发生关系。除了少部分库莫奚人被迫迁往内地与汉人杂居融合外，绝大部分人仍住在西拉木伦河和老哈河流域。任爱君《登国年间北魏与契丹史事探赜》

（《昭乌达蒙族师专学报》1990 年第 4 期）认为契丹、库莫奚诸部与北魏、北齐保持了朝贡关系。唐朝时，契丹和奚一面归附，一面与唐发生冲突和战争，这是内外因素多方面作用的结果。许辉《论唐玄宗朝对两蕃政策及其对幽州的影响》（《唐都学刊》2008 年第 6 期）认为玄宗朝对契丹、奚两蕃采取羁縻怀柔政策，通过册封建立其对唐王朝的归附关系。

关于唐与契丹、奚和亲与互市的研究。崔明德《唐与契丹、奚和亲公主考述》（《西北民族学院学报》1988 年第 3 期）认为唐玄宗与契丹、奚的和亲政策十分宽松，有求必应，这导致契丹和奚对唐隶属关系不稳定，忽叛忽降。契丹、奚则通过和亲得到财物，对其社会经济文化发展具有积极意义。李彦平《唐朝与东北少数民族契丹、奚的和亲》（《社会科学战线》1996 年第 3 期）指出唐代以公主身份出嫁给少数民族首领的皇室、贵族女儿达 23 位之多，其中嫁给契丹族首领的有 7 位。唐与契丹、奚两族的和亲是出于政治利益的需要，但客观上却缓和了民族矛盾，稳定了边疆局势。陈巍《论唐与奚、契丹的和亲》（《黑龙江民族丛刊》2007 年第 1 期）认为李彦平关于唐与奚、契丹的和亲作用评价有过褒之辞，唐王朝对两蕃的和亲政策在政治方面，总的来看是归于失败的，使两者又陷入了累年相攻之中。孙彩红《唐、五代时期中原与契丹、奚的互市贸易》［《河北师范大学学报（哲学社会科学版）》1998 年第 4 期］认为唐、五代时期中原与契丹、奚的互市贸易发展很快，唐代互市主要集中在缘边城市如营州、幽州、易州等地及长安进行。五代时期契丹的势力渐强，成为中原王朝的主要贸易伙伴，互市的主要地点转到边境的云州与内地的汴京等处。

关于金与蒙古诸部朝贡关系的研究。贾敬颜《从金朝的北征、界壕、榷场和宴赐看蒙古的兴起》（《元史及北方民族史研究集刊》第 9 期，1985 年）一文对史籍记载模糊不清的金朝前中期宗磐、宗弼、海陵、世宗的北征事迹进行考论，探讨了金初修界壕和章宗时期北边战事和开壕之役、金中期对蒙古诸部开榷场和赐宴，目的是为了对蒙古、鞑靼早期历史的了解有所帮助，然同时也在一定程度上揭示了金朝与蒙古诸部的朝贡关系。

综上所述，学界关于东北民族朝贡制度研究取得了一定的研究成果，但尚存在许多学术盲点，从东北各个历史时期朝贡制度的研究看，存在若干缺环，对东北朝贡制度发展进程的阶段性与特点不很清楚，对制约朝贡制度发展、转变的各种原因的认识也是模糊不清，关于朝贡制度对建构东北边疆的历史作用、历代王朝经营东北民族朝贡制度的思想与政策等等，都有待于展开深入研究。因此，可以说古代东北民族朝贡制度的研究还处于起步阶段，研究领域存在大片的处女地有待于开发。

四　朝贡制度的起源

中外学者一般认为中国古代王朝的朝贡制度形成于秦汉时期，然而关于朝贡制度的渊源与建构，学界则有不同看法。费正清认为："中国人与其周围地区，以及与一般'非中国人'的关系，都带有中国中心主义和中国优越的色彩。中国人往往认为，外交关系就是将中国国内体现于政治秩序和社会秩序的同一原则向外示范。因此，中国的外交关系也像中国社会一样，是等级制的和不平等的。久而久之，便在东亚形成了一个大致相当于欧洲国际秩序的中外关系网。"① 西嶋定生认为，册封体制源于周代封建制的册封王侯制度，政治思想方面是基于分中华与夷狄的华夷思想，中华帝王的"德治"不仅实施于国内人民，而且扩展到夷狄。秦汉王朝与周边诸国之间册封体制的形成，需要具备两方面条件，一是中国王朝完成了中国统一，并对周边民族具有政治权威；二是中国的周边民族已脱离了原始形态，形成了一定程度的政治社会，并且确立了政治权威；或者出现不同权力间的相互抗争，具有寻求与中国王朝权威结合的要求，这个册封体制是在汉代完成的②。韩国学者全海宗对"普遍认为中国历代对外朝贡关系是先秦时代的天子与诸侯间朝贡关系的发展，或'外延的扩大'的见解持怀疑态度"，他认为"秦汉以后的朝贡制度与其说是先秦时代朝贡制度的使用或发展，毋宁说是秦汉统一以后作为统一国家的中国，在完善其对外关系过程之中逐渐形成的一种制度"③。中国学者何芳川称汉唐封贡体制为"华夷秩序"，他认为"华夷"秩序是一种古代类型的国际关系体系，在汉代尚处于雏形阶段④。熊义民认为华夷秩序的历史渊源可追溯到先秦畿服制，它首先形成于唐罗宗藩关系，

---

① 陶文钊选编：《费正清集》，天津人民出版社，1992年，第5页。
② ［日］西嶋定生：《西嶋定生東アジア史論集》第三卷《東アジア世界と冊封體制》，第120—121页。
③ ［韩］全海宗：《中韩关系史论集》，全善姬译，中国社会科学出版社，1997年，第129页。
④ 何芳川：《"华夷秩序"论》，《北京大学学报》1998年第6期。

到明初就扩展到整个东亚世界①。李云泉则认为朝贡制度源自先秦的华夏中心意识、大一统理念和"事大字小"的交邻之道，由先秦诸侯与天子之间的朝聘制度发展演变而来，是中国历代王朝处理民族关系和对外关系的主要模式之一②。

学界关于秦汉大一统王朝所建构的朝贡制度，是源于西周时期周天子对诸侯国的政治统辖体制的认识，我是赞同的。随着西周封建制的瓦解，原有的朝贡制度在春秋战国时期逐渐解体，但是在华夏文化与其他民族文化的冲突过程中"华夷之辨""尊华攘夷"的观念则得以确立，形成了"春秋大一统"的政治理念。孔子云："四海之内皆兄弟也。"③ 四海所居为蛮夷戎狄。《孟子·梁惠王》曰："欲辟土地，朝秦楚，莅中国，而抚四夷也。"中国的概念在春秋战国时为诸夏国。《荀子·儒效篇第八》进一步阐述到："此君义信乎人矣，通于四海，则天下应之如讙。是何也？则贵名白而天下治也。故近者歌讴而乐之，远者竭蹶而趋之。四海之内若一家，通达之属，莫不从服，夫是之谓人师。诗曰：'自西自东，自南自北，无思不服。'此之谓也。"在荀子看来"天子"居中国与四海之中心，"天下从之如一体，如四肢（肢）之从心，夫是之谓大形"④。中国与四海，即中原与边疆是"一体"之关系，天子则是人体之心脏，无论躯干还是四肢皆从之。战国时，中央集权政治体制已见雏形，时人从"华夷有序"的原则出发，描绘出同服不同制的大一统蓝图，先秦史籍记载有"五服制""六服制""九服制"之说，现分列如下：

五服制说为：甸服、侯服、绥服（宾服）、要服、荒服。《尚书·禹贡》⑤ 曰：

任土作贡。……五百里甸服：百里赋纳总，二百里纳铚，三百里纳

① 熊义民：《略论先秦畿服制与华夷秩序的形成》，《东南亚纵横》2002 年 Z1 期。
② 李云泉：《朝贡制度的理论渊源与时代特征》，《中国边疆史地研究》2006 年第 3 期。
③ 《论语注疏》卷 12《颜渊》，《十三经注疏》下册，中华书局，1980 年影印本，第 2503 页。
④ ［清］王先谦：《荀子集解》卷 8《君道篇第十二》，《诸子集成》第二册，中华书局，1954 年，第 185 页。
⑤ 顾颉刚提出《尚书·禹贡》为战国人的作品。见顾颉刚编著《古史辩》第一册，上海古籍出版社，1982 年，第 206—207 页。

秸服，四百里粟，五百里米。五百里侯服：百里采，二百里男邦，三百里诸侯。五百里绥服：三百里揆文教，二百里奋武卫。五百里要服：三百里夷，二百里蔡。五百里荒服：三百里蛮，二百里流。

《荀子·正论篇第十八》曰：

诸夏之国同服同仪，蛮夷戎狄之国同服不同制，封内甸服，封外侯服，侯、卫宾服，蛮夷要服，戎狄荒服。甸服者祭，侯服者祀，宾服者享，要服者贡，荒服者王。日祭，月祀，时享，岁贡，终王，夫是之谓视形执而制械用，称远近而等贡献，是王者之至（制）也。

六服制说为：侯服、甸服、男服、采服、卫服、要服，服事制度之外为"蕃国"。《周礼·秋官司寇·大行人》曰：

邦畿方千里，其外方五百里，谓之侯服，岁一见，其贡祀物。又其外方五百里，谓之甸服，二岁一见，其贡嫔物。又其外方五百里，谓之男服，三岁一见，其贡器物。又其外方五百里，谓之采服，四岁一见，其贡服物。又其外方五百里，谓之卫服，五岁一见，其贡材物。又其外方五百里，谓之要服，六岁一见，其贡货物。九州之外，谓之蕃国，世一见，各以其所贵宝为挚。

九服制说为：侯服、甸服、男服、采服、卫服、蛮服、夷服、镇服、藩服。《周礼·夏官司马·职方氏》曰：

职方氏掌天下之图，以掌天下之地，辨其邦国、都、鄙、四夷、八蛮、七闽、九貉、五戎、六狄之人民。……九服之邦国，方千里曰王畿，其外方五百里曰侯服，又其外方五百里曰甸服，又其外方五百里曰男服，又其外方五百里曰采服，又其外方五百里曰卫服，又其外方五百里曰蛮服，又其外方五百里曰夷服，又其外方五百里曰镇服，又其外方五百里曰藩服。凡邦国，千里封公。以方五百里则四公，方四百里则六侯，方三百里则七伯，方二百里则二十五子，方百里则百男，以周知天下。凡邦国，小大相维。王设其牧，制其职，各以其所能。制其贡，各以其所有。王将巡守，则戒于四方，曰各修平乃守，考乃职事，无敢不敬戒。

荀子所云"诸夏之国同服同仪，蛮、夷、戎、狄之国同服不同制"是这种政治模式的主要特点，其核心思想是华夷有别，华夷有序，华夏居中心，夷狄处四方，虽制不同而服相同，"称远近而等贡献"。《国语·周语》云："有不祭则修意，有不祀则修言，有不享则修文，有不贡则修名，有不王则修德，序成而有不至则修刑。"[1] 对"要服"者不贡，"荒服"者不王者，"修名""修德"仍不至，"则修刑"，进而实现"溥天之下，莫非王土；率土之滨，莫非王臣"的大一统格局。战国人从中央集权政治体制出发，提出的这一政治理想，是将西周时期天子与诸侯间的统辖关系——朝贡关系发展到华夷关系。当秦始皇完成天下统一战争，建立了中央集权的大一统王朝之后，"春秋大一统"的思想开始被付诸边疆民族统治的政治实践中。秦始皇时期已经出现在夷狄地区设置特殊行政区，与边疆部族、小国建立宗藩关系。汉承秦制，西汉时期中央集权国家不断巩固发展，汉儒们进一步阐释大一统的政治思想，《礼记·礼运》曰："大道之行也，天下为公。"董仲舒认为："故王者爱及四夷，霸者爱及诸侯，安者爱及封内，危者爱及旁侧，亡者爱及独身。独身者，虽立天子诸侯之位，一夫之人耳，无臣民之用矣。……故曰仁者爱人，不在爱我，此其法也。"[2] 大一统王朝的君主要将四夷所居的四海（边疆）纳入辖区，"王者"建构统辖的方法是"仁爱"。具有"柔远""招徕"特点的朝贡制度，正是儒家"大一统"政治思想实践的产物。

五　古代东北民族的繁衍、发展与融合

东北地区自旧石器时代起，已有原始人类群落生活的足迹，当进入人类氏族社会历史时期，在不同的自然环境下，人们形成了不同的经济生活，创

---

[1] 《国语》卷1《周语上》，上海古籍出版社，1978年，第4页。
[2] ［汉］董仲舒：《春秋繁露》卷8《仁义法第二十九》，中华书局，1975年，第309—310页。

造了各具特色的文化习俗。东部和北部主要是山地、森林、盆地、山谷地带，西部是草地、丛林、高原地带，南部和中部主要是平原地带。三种特色的自然环境养育了渔猎采集、游牧狩猎、农耕三种社会经济类型的族群。早在新石器时代，东北各地文化面貌已呈现出地区性差异，发展程度日趋不平衡。中原进入国家之后，东北各地发展不平衡的特征越发明显。东北的西南部地区几乎与中原同步进入文明社会，成为先秦时期华夏人（汉人）的一部分。东北其他地区的族群，在先秦时期一直处在原始社会的不同发展阶段，东北气候越往北越加寒冷，受人类征服自然能力的限制，越北地区的居民原始文化发展速度也越缓慢，各族群社会发展水平呈现出由南向北递减的趋势。

先秦时期，东北各地土著居民在不同的自然环境下生产与生活，按地域逐渐形成了四个不同经济生活类型的族群集团，即南部是较先进的以农业经济为主的汉族先民集团、中部和东南部是以原始农业经济为主的秽貊集团、东北部是以渔猎经济为主的肃慎集团、西部是以原始畜牧狩猎经济为主的东胡集团。这一分布格局到唐朝前期才出现重大变化，秽貊集团逐渐融入其他民族，从历史舞台消失，肃慎集团分布于东部，东胡集团分布于西部。直到清朝中期，东北始终是以少数民族为主的地区。现将汉族以外东北各民族的分衍、发展和融合的基本线索叙述如下。

1. 秽貊系族群的发展与融合

东北的中部与东南部地带，今松花江中上游、长白山与狼林山脉地区、辽东半岛、鸭绿江与大同江流域，在平原、山地、盆地、河谷间生活着以原始农业为主的土著民秽人，在数千年的分衍、迁徙、交融的过程中，吸纳了由南部和西部迁入的殷人遗民[①]与貊人族群，形成了地域相连、经济生活相近、语言习俗大同小异的族群文化圈，汉朝人称之为"秽貊"[②]。

汉魏时期，秽貊系族群可分为四支，即夫余、高句丽、沃沮、秽。西汉

---

① 商末周初，殷贵族箕子东迁至东北南部地区，西周初年，箕子受周分封为箕侯国（后改称朝鲜侯国），［清］王闿运补注：《尚书大传补注》卷5记载："箕子不忍周之释，走之朝鲜。武王闻之，因以朝鲜封之。箕子既受周之封，不得无臣礼，故于十三祀来朝，周武王因其朝而问洪范。"其后代逐渐与当地土著融合，最终成为秽貊人的一部分（中华书局，1991年，第34页）。

② 《汉书》卷24下《食货志下》记载：汉武帝时，派遣"彭吴穿秽貊、朝鲜，置沧海郡，则燕齐之间靡然发动"。第1157页。

时期，分布在松嫩平原上的夫余人首先发展起来，汉武帝时期，建立了夫余政权，王城在今吉林省吉林市一带，以松花江上游地区为中心，发展为两汉时期最为强大的东北地方政权。在两汉之际，夫余东南的高句丽人日益壮大，公元前37年建立了高句丽政权，初都于纥升骨城（辽宁省桓仁县境内），后迁于国内城——丸都城（吉林省集安市高句丽古城）。魏晋南北朝时期，高句丽由弱变强，不仅吞并了沃沮人（朝鲜半岛东北部到长白山地区）和秽人（朝鲜半岛狼林山与飞虎岭以东滨海地区），还占领了辽河以东燕秦以来的郡县地区。南北朝时期，427年高句丽迁都平壤（今朝鲜平壤），进入全面发展时期，不断向朝鲜半岛南部和长白山以北扩大势力范围。曾经强大的夫余政权在东汉后期开始衰落，魏晋以后相继受到南面高句丽、慕容鲜卑和东北面勿吉人的侵袭蚕食，国力日渐衰落，人口锐减，最后无法立国。北魏孝文帝太和十八年（494）立国长达六个世纪的夫余政权灭亡，夫余王室投奔高句丽政权①。北朝后期高句丽发展达到顶峰，这一政权在我国正史中《晋书》及以前均称为"高句丽"，南北朝的各史书中开始出现以"高丽"称"高句丽"，二个名称同时混用，隋唐时，各史书普遍称其为"高丽"②。

隋及唐前期，高丽是东北地区最强大的地方政权，不仅汉魏晋时期秽貊族系的夫余、沃沮、秽人的主体部分先后被其所吞并，而且邻近高丽（高句丽）政权东北部的一部分靺鞨人部落，也成为其属部。隋唐王朝建立后，中央王朝要求周边少数民族政权尽守臣礼，岁时朝贡，藩屏边疆，不得违抗中央命令兼并侵扰其他朝贡制度成员，扰乱边疆统治秩序。高丽面对空前强大的中央王朝，虽颇感自危，但高丽王及高丽权臣为了自身的发展，先后公然违抗隋唐天子之命，我行我素，结果促使隋唐两朝多次大规模讨伐高丽，唐高宗总章元年（668），高丽政权灭亡。高丽王室与大贵族家族近30万人被

---

① 关于夫余亡国的时间有不同看法：金毓黻根据朝鲜史书《三国史记》卷19记载："高句骊文咨王三年（493）二月，扶余王及妻孥以国来降。"吉林大学出版社，2015年，第232页。参照《魏书·高句骊传》的记载，认为夫余国灭亡在魏孝文帝太和十七年（493）。参见金氏《东北通史》，五十年代出版社，1944年，第169页。然金毓黻将高句骊的纪年与西历纪年的对照弄错一年，即高句骊文咨王三年当为494年，魏孝文帝太和十八年。贾敬颜则认为《三国史记》的记载有推算上的错误，他根据《魏书·高句丽传》的记载推定，夫余国灭亡的时间可能在正始元年或二年（504或505）。参见贾氏《东北古代民族古代地理丛考》，中国社会科学出版社，1993年，第20页。

② 《隋书》、新旧《唐书》皆为《高丽传》。

唐朝迁往中原各地。之后，高丽遗民四散，投奔、被掠、并入新罗的高丽人约 10 万人，投归渤海政权的高丽人有 10 万人以上，散奔突厥的高丽人有万人左右①，其余几十万高丽遗民散居于辽东半岛。晚唐以后，高丽不再作为一个独立民族活动于历史舞台上，秽貊系各族也逐渐成了东北历史上消亡的民族②。

2. 肃慎系各族群的分衍与发展

东北长白山以北，松花江下游、乌苏里江流域、黑龙江中下游包括库页岛地区，在河谷、森林、山谷地带分布着以渔猎经济为主的土著民，学界通常称这一文化圈的古代族群及其后裔为肃慎族系。由于这一地区气候十分寒冷，当地氏族部落生产力低下，社会文化发展速度十分缓慢，为适应在寒冷地带生存，形成了具有独特地域特征的文化特征。早在西周时期，肃慎人已与中原王朝发生朝贡关系。《尚书》《左传》《国语》《山海经》都有关于肃慎人的记载，居地在不咸山（长白山）之北，贡楛矢石砮。到汉魏晋时期，史籍见"挹娄"族称，《后汉书》云"古肃慎之国也"，其地"土气极寒"，"不知其北所极"③。然《三国志》《晋书》又见"肃慎"，与"挹娄"并称，挹娄和肃慎是邻族与中原人对同一地域文化族群的不同称谓。南北朝时期，史籍又见"勿吉"族称，《魏书》云：勿吉，"旧肃慎国也"④。勿吉为鲜卑人对这一地域文化族群的称谓。勿吉人南下占领了原沃沮和夫余的北部地区后，加快了社会发展的步伐，中原王朝也开始对这一文化圈内各原始族群有了一定的了解。北朝后期，史籍中"勿吉"与"靺鞨"并见，《北史》云：勿吉，"一曰靺鞨"⑤。"靺鞨"（初为靺羯）为汉人对"勿吉"族名的同音异写。自先秦到唐朝前期，肃慎、挹娄、勿吉与靺鞨始终处于分散的氏族部落发展阶段，邑落各自有长，不相总一。

北魏后期勿吉人大举南下，先后占领了沃沮、夫余的部分地区，一部分勿吉——靺鞨人生活的自然环境发生了变化，在吸收当地民族文化的基础

① 杨保隆：《高句骊族族源与高句骊人流向》，《民族研究》1998 年第 4 期。
② 668 年高句丽政权灭亡后，约有 10 万遗民流入新罗国，其人数仅占新罗人口的很少一部分，不足以改变新罗人口的基本成分。经数百年光阴，流入新罗的原高句丽人已经融入新罗人之中。
③ 《后汉书》卷 85《东夷传·挹娄》，中华书局，1965 年，第 2812 页。
④ 《魏书》卷 100《勿吉传》，中华书局，1974 年，第 2219 页。
⑤ 《北史》卷 94《勿吉传》，中华书局，1974 年，第 3123 页。

上，文化面貌呈现出一定的区域性差异，形成勿吉——靺鞨七部。随着南部靺鞨与中原王朝的朝贡关系日益紧密，唐朝靺鞨诸部逐渐形成了两大部落集团，南部以粟末靺鞨为主，北部以黑水靺鞨为主，南部靺鞨社会发展程度明显高于北部靺鞨。唐武则天圣历元年（698），粟末靺鞨人大祚荣率领南部靺鞨集团，联合部分高丽遗民和汉人，建立了肃慎族系历史上第一个政权，初称"震国"（又作振国），以东牟山城（今吉林省敦化市境内）为国都。712年，国主大祚荣受唐朝册封为"左骁卫员外大将军、渤海郡王，仍以其所统为忽汗州，加授忽汗州都督"①。从此，大祚荣去"震国"号，专称"渤海"②。8世纪末，渤海定都于上京龙泉府（今黑龙江省宁安县）后，进入全面发展时期。唐末，渤海走向衰落。926年渤海国被契丹人所灭，辽太祖于其地建立东丹国。原渤海政权边缘地带的部族纷纷脱离渤海国的统治，一些渤海遗民一度建立了安定国、乌舍国（兀惹），据守在浑江、鸭绿江及松花江上游一带。

北部黑水靺鞨集团诸部落社会发展较为缓慢，在隋唐时期始终处于原始社会末期阶段。黑水靺鞨分为16部，部落各有酋长，不相总一。渤海政权强盛时期，吞并了黑水靺鞨大部分地区，黑水靺鞨残余部分退缩到黑龙江下游地区。唐末，渤海政权衰落，曾被渤海政权役属的黑水靺鞨诸部，脱离了渤海政权的统治。五代时期，以"女真"族名见于史籍。辽天显三年（928）太宗将东丹国——渤海人举族迁往辽东半岛。于是，趁渤海故地空虚之机，东北面的女真人开始南移，逐渐占据了松花江、牡丹江地区，并又沿东部山海之地继续东南移，分布在朝鲜半岛北部山地，还有少部分女真人进入高丽国③辖区。1115年，女真人建立了金朝。进入肃慎族系第二个大发展时期。

辽代在女真人之北，大约自今黑龙江省依兰县以北直到黑龙江下游地区，分布着五个较大的原始氏族部落集团，即剖阿里、盆奴里、奥里米、越

① 《旧唐书》卷199下《渤海靺鞨传》，中华书局，1975年，第5360页。
② 《新唐书》卷219《渤海传》，中华书局，1975年，第6180页。
③ 918年朝鲜半岛南部的新罗人王建改其国号"泰封"为"高丽"，936年统一原新罗疆域，史称王建所建立的高丽国为"王氏高丽"，与唐高宗时期亡国的"高氏高丽"无承袭关系，前者为新罗后裔，后者为高句丽的改称。到明朝初年王氏高丽为李氏朝鲜所取代，即今朝鲜民族的先世。

里笃、越里吉①，称为"五国部"。金代称黑龙江下游地区分布的诸原始族群为吉里迷、乌底改人。元代在黑龙江下游驻兵、屯田，开始比较详细地记载这一地区族群分布状况，有乞烈迷、吉里迷、乌底改、兀者（又作吾者野人）、骨嵬（苦兀）、亦里于、野人女真等原始族群，分布于松花江下游以北、乌苏里江东西，直至整个黑龙江下游包括库页岛地区。

金元时期留居东北部较偏远地区一直没有完全放弃传统的狩猎采集经济，并保持原有文化风俗的女真人，在元代仍称为"女真"，其分布地区从黑龙江、乌苏里江流域向南可达到朝鲜半岛的北部。长期在州县地区与汉人杂居，汉化程度较高的女真人、渤海人则被蒙古统治者视为北方汉人，后来逐渐融于汉人之中。

明代东北的东部与东北部地区的居民，仍然以女真各部为主，明中期，将其分为建州女真、海西女真、野人女真三大部分。建州女真在东，海西女真在其北，野人女真成分较杂，包括东部滨海地区及黑龙江下游、库页岛的族群，其人"非重译莫晓其言"②。明末，建州女真努尔哈赤统一了建州、海西女真各部，1616 年建立后金政权，1635 年皇太极改女真族名为满洲，1636 年改国号为清。1644 年清朝入关，成为统一全国的王朝。清代黑龙江中下游地区分布着费雅喀、赫哲、鄂伦春、库页等许多原始族群。近现代我国境内属于这一族系的民族有满族和赫哲族。

3. 东胡系各族群的分衍与发展

东北的西部地带，东蒙古草原、西辽河松漠之地、大兴安岭地区，在草地、丛林、高原地带分布着以畜牧业为主的土著民。商周及春秋时期比较活跃的是兼有农牧业的山戎人，公元前 4 世纪至公元前 3 世纪，匈奴开始在蒙古草原上称雄，大约在这个时期，北方的山戎开始走向衰落，东胡人取代山戎，成为活跃在这一地区的游牧民族。西汉初年，东胡联盟在匈奴人的打击下分崩离析，其遗部在分衍、发展及与其他族群交往融合的过程中，在不同历史时期出现了不同的族称，学界通常称之为"东胡族系"。

两汉到三国时期，东北西部草原地区主要分布着东胡遗部乌桓人和鲜卑

---

① 《辽史》卷 33《营卫志下》，中华书局，1974 年，第 392 页。
② 《重建永宁寺记》，丛佩远、赵鸣岐编：《曹廷杰集》上册，中华书局，1985 年，第 209 页。

人。西汉初年驻牧狩猎于肯特山（乌桓山）① 一带的乌桓人，受匈奴左贤王的统辖。汉武帝元狩四年（前119），骠骑将军霍去病击破匈奴左地，因徙乌桓于上谷、渔阳、右北平、辽西、辽东五郡塞外，南迁后的乌桓人主要分布在西拉木伦河南北地区。西汉后期，乌桓人由西拉木伦河流域向南迁，进入大小凌河流域，到东汉时期大部分乌桓人已经成为塞内民族。西汉后期在大兴安岭北段（鲜卑山）游牧狩猎的鲜卑人，紧随乌桓之后逐步南迁，东汉初年，鲜卑人已迁到汉朝东北部塞外之地，与留在塞外的乌桓人杂居相处。东汉和帝永元年间（89—105），北匈奴在汉朝的沉重打击下，远遁西亚，鲜卑乘机西迁南下尽占匈奴故地，"匈奴余种留者尚有十余万落，皆自号鲜卑，鲜卑由此渐盛"②。东汉末年，鲜卑诸部曾一度结成横跨蒙古草原的檀石槐军事部落大联盟，取代匈奴成为北方强大的游牧民族。3 至 4 世纪在东北地区活跃的是东部鲜卑三部，即段部、宇文部、慕容部。4 世纪 30年代，慕容鲜卑先后吞并段部与宇文部，相继建立了前燕、后燕、北燕（国主为鲜卑化汉人）政权。436 年，北魏灭亡北燕。

北魏时期，大兴安岭及以北地区一些原始游牧、狩猎族群相继南下，与残留在西辽河流域的东部鲜卑人彼此融合，又不断分化、重组，形成了新的原始族群。这一时期分布在东北西部草原与森林地区的原始族群主要有：库莫奚、契丹、室韦、豆末娄、地豆于、乌洛侯等。

库莫奚与契丹人分布在西辽河流域，以松岭山脉为界，库莫奚在西，契丹在东。北朝末年库莫奚人已形成部落联盟。经隋入唐，契丹建立了大贺氏部落联盟，到唐玄宗年间，契丹大贺氏部落联盟内部发生动乱，遥辇氏家族取代大贺氏家族，建立了遥辇氏部落联盟。916 年契丹人建立了辽朝。

室韦人主要分布在外兴安岭以南到大、小兴安岭地区。北朝末到隋朝时期，室韦形成地域文化面貌相近的五个部落群，即南室韦、北室韦、钵室韦、深末怛室韦、大室韦。唐朝，随着对室韦统辖的加强，唐人开始较为详细地知晓室韦各部分布状况，其"分部凡二十余"，诸部小或千户，大则数千户，"不相臣制"③。

---

① 张博泉：《乌桓的起源地与赤山》，《黑龙江文物丛刊》1984 年第 2 期。
② 《后汉书》卷 90《乌桓鲜卑传》，第 2986 页。
③ 《新唐书》卷 219《室韦传》，中华书局，1975 年，第 6176 页。

9 世纪中期，北方草原上回鹘政权崩溃后，回鹘人大批西迁南移，一些室韦部落乘机由东北向西南迁徙，在迁徙中不仅室韦各部之间发生了变动、重新组合，而且室韦部落与蒙古高原上原突厥语族诸游牧部落之间发生了融合。到了 10 世纪前后，室韦人原有的一些部落名称有的保存下来，有的消失了，代之出现了一些新的部落称号。主要有黑车子室韦、黄头室韦、蒙兀室韦、乌古（羽厥）、敌烈等游牧部落，成为辽朝统治下的居民。辽朝北部及西北部的蒙古高原上还分布着称为"阻卜"的游牧部落，关于阻卜的民族成分说法不一。亦邻真认为阻卜是契丹人对蒙古高原各部的总称①。余大钧认为是契丹人对分布在今蒙古人民共和国的中、南部及内蒙古锡盟、乌盟广大草原上的室韦系蒙古语族游牧部落的泛称②。

金代，蒙古草原上众多的游牧民族部落又出现了新的分化和重组，辽时一些部族名称消失了，出现了一些新的部落名称。原辽朝阻卜人中只有一小部分保持原族称，《金史》作"阻𩽾"，宋人称作"鞑靼"。王国维《鞑靼考》云："至见于《金史》之阻𩽾、若北阻𩽾，则略当唐时之'东鞑靼'，亦即蒙古人所谓'塔塔儿'。"③ 阻𩽾是否即是金朝后期的塔塔儿部（分布在今呼伦湖一带），学界有不同意见④。金时，以唐辽时期的蒙兀室韦为核心形成了蒙古部，其分布地在今鄂嫩河上源地区。在蒙古与阻𩽾之间又有合底忻部、山只崑等部。1206 年蒙古部在成吉思汗的率领下建立了蒙古汗国，1271 年建立元朝。

自元经明、清直到近现代，东北西部草原地带始终是蒙古族的分布地。此外还有几个属于这一族系的近现代民族，即锡伯、达斡尔、鄂温克、鄂伦春族。锡伯族原分布在嫩江流域，清朝满族统治者将锡伯人南迁到吉林、奉天地区，乾隆年间又将一部分锡伯人西迁到新疆伊犁地区。达斡尔、鄂温

---

① 亦邻真：《中国北方民族与蒙古族族源》，《内蒙古大学学报（哲学社会科学版）》1979 年第 2 期。

② 余大钧：《阻卜考》，内蒙古大学学报丛刊《蒙古史论文选集》第 1 卷，1983 年。

③ 王国维：《观堂集林》卷 14《鞑靼考》，见彭林整理《观堂集林（外二种）》，河北教育出版社，2001 年，第 404 页。

④ 孟广耀认为金朝初年留在原地没有东迁的乌古敌烈人，在金代被称为塔塔儿（《辽代乌古敌烈部初探》，《中国蒙古史学会成立大会纪念集刊》，内蒙古人民出版社，1979 年）；孙秀仁等人则认为塔塔儿部主要是辽代的敌烈部，活动在大兴安岭以西地区（《室韦史研究》，北方文物杂志社，1985 年，第 115 页）。

克、鄂伦春主要分布在黑龙江上游和中游、大小兴安岭之间，还有部分鄂伦春人分布于黑龙江下游地区。随着沙俄侵占我国黑龙江以北大片土地，达斡尔、鄂温克、鄂伦春族人口骤减，其分布范围也缩小到大小兴安岭地区。

因自然环境不同，除南部汉族外，东北各地民族形成了不同的经济生活和文化习俗①，在数千年的繁衍变化的过程中，各地族群传承和发展了先民创造的地域文化。隋唐以前，秽貊、肃慎、东胡三系各族群繁衍、发展，一部分族群率先脱离了原始氏族部落社会，先后建立了大小不等的政权，推进了东北历史的发展。唐中后期随着高丽政权的灭亡，秽貊族系这个曾经在东北历史上雄居各少数民族社会发展进步之首的民族，最后成为历史上消亡的民族。唐以后，东部肃慎族系与西部东胡族系的族群相继勃兴、争雄，各族所建立的政权不仅交替称霸东北，而且从东北走进中原，从北方王朝发展到全国统一王朝，在中国历史上占有十分重要的地位。

---

① 因本书主要研究东北少数民族问题，这里省略了东北南部汉族的形成与发展。

第二章

秦汉王朝东北民族朝贡制度

先秦时期，东北民族已开始与中原王朝发生朝贡关系。秦汉大一统中央集权王朝建立后，首先在中原地区确立了郡县制，随后在东北边疆民族地区推行朝贡制度，由近及远，从东到西，形成中央与地方双重管理的朝贡统辖关系。秦汉时期是东北边疆民族朝贡制度的初创期。

第一节　先秦时期东北民族的朝贡活动

东北地区是中华文明的发源地之一，这已为考古学文化所证实。夏商王朝建立之后到秦朝建立之前，学界多笼统地认为东北地区古国、古族与中原王朝保持着朝贡关系，然对春秋战国诸侯国林立纷争时期，东北民族的朝贡活动是否持续进行，又怎样开展等问题，一直存在着模糊不清的认识。尽管史料极为匮乏，但仍可追寻其发展线索，探讨中国古代国家形成初期，东北边疆民族与中原王朝、诸侯国的关系。

一　箕侯国—朝鲜国与周朝的朝贡关系

夏商王朝虽然已经进入国家形态，但国家结构尚未成熟，基层社会还保持着氏族部落组织，处于早期国家发展阶段。夏朝的国家结构形式因史籍无载，目前还不得而知。商朝的国家结构形式，林沄认为是以商本土为核心的方国联盟，商王作为军事联盟盟主与各方国间关系是相对平等的①。西周王朝建立后，实行分邦建国的分封制，诸侯国与周王之间的政治联系即是朝贡制度。周朝的朝贡制度已经较为完善，不同时间的朝贡活动都惯有特定的名称，《周礼·春官宗伯》云："以宾礼亲邦国，春见曰朝，夏见曰宗，秋见曰觐，冬见曰遇，时见曰会，殷见曰同，时聘曰问，殷眺曰视。"前来朝贡的不仅有诸侯国，还有"四方之使者"，其中包括分布于诸侯国周围的"四夷、八蛮、七闽、九貉、五戎、六狄"②。周朝设官专掌蛮夷戎狄朝贡之事，《周礼·秋官司寇》记载："象胥掌蛮夷闽貉戎狄之国，使掌传王之言而谕说焉。以和亲之，若以时入宾，则协其礼与其辞言传之。凡其出入送逆之礼，节币帛辞令而宾相之。"在四方蛮夷戎狄朝贡使者当中，即有东北古国、古族的朝贡者。

早在夏商时期，东北南部原始族群与先商古族就有着密切的关系。商末，殷贵族箕子率族人东迁，建立箕侯国，后改称朝鲜。《周易》曰："箕子之明夷。"③ 张博泉先生认为"明夷"，源之于貉夷之族称，也是地域名称，即朝鲜④。1973 年在辽宁省喀左县北洞村发现刻有"箕侯亚矢"铭文的铜器⑤，证明箕子东迁曾在这里居住。学界通常认为箕子朝鲜位于朝鲜半岛大同江流域。张博泉先生作"箕子事略稽实"一文，将散见古籍的箕子事迹与考古材料相印证加以考辨，认为箕子适朝鲜，地在辽西，箕子本人从未到过乐浪郡地（今朝鲜平壤）。朝鲜国是在战国中期燕昭王时期秦开打朝鲜之后，才从辽河流域迁到乐浪郡（大同江流域）之地的⑥。大约在西周后期，箕侯国改称朝鲜国。从史籍中零散的记载看朝鲜国与周朝或诸侯国可能存在朝贡关系。《三国志·魏书·东夷传》裴注引鱼豢《魏略》记载：

　　昔箕子之后朝鲜侯，见周衰，燕自尊为王，欲东略地，朝鲜侯亦自称为王，欲兴兵逆击燕以尊周室。其大夫礼谏之，乃止。使礼西说燕，

---

①　林沄：《甲骨文中的商代方国联盟》，《吉林大学学报》1986 年第 6 期。
②　《周礼注疏》卷 33《职方氏》，《十三经注疏》上册，中华书局，1980 年，第 861 页。
③　王弼注：《周易正义》卷 4，《十三经注疏》上册，中华书局，1980 年，第 50 页。
④　张博泉：《箕子与朝鲜论集》，吉林文史出版社，1994 年，第 37 页。
⑤　北洞文物发掘小组：《辽宁喀左县北洞村出土的殷周铜器》，《考古》1974 年第 6 期。
⑥　张博泉：《箕子与朝鲜论集》，第 53—77 页。

燕止之，不攻。后子孙稍骄虐，燕乃遣将秦开攻其西方，取地二千余里，至满番汗为界。①

从朝鲜国欲兴兵击燕以尊周室的行为看，朝鲜国早已有尊周的观念，尊周王为天子，按照当时的君臣关系，朝鲜国要向周王室朝贡。燕国称王，已是战国中期燕易王时期（前332），朝鲜国与周朝建立君臣关系当在西周时期，这种尊周的观念和朝贡关系一直保持到春秋、战国时期。

虽然学界关于初期箕侯国的地点有不同看法，但对西周后期朝鲜国据有辽东则无异议。春秋中原诸侯争霸，朝鲜国与邻近的诸侯国之间也存在朝贡关系。《管子》载：

> 桓公问管子曰："吾闻海内玉币有七筴，可得而闻乎？"管子对曰："阴山之礝碅，一筴也，燕之紫山白金，一筴也；发、朝鲜之文皮，一筴也。"②

> 桓公曰："四夷不服，恐其逆政，游于天下，而伤寡人，寡人之行为此有道乎？"管子对曰："吴越不朝，珠象而以为币乎？发、朝鲜不朝，请文皮毲服而以为币乎？"③

从齐桓公与管子的对话看，地处辽东半岛的朝鲜国，也经常向山东半岛的齐国朝贡纳"文皮"（美丽纹饰的兽皮），具有一定的政治经济往来。

二 肃慎古族与周朝的朝贡关系

先秦时期，最早见于史籍与中原王朝发生关系的东北古族，是西周初年的肃慎人。肃慎，又作息慎、稷慎，《山海经·大荒北经》记载："东北海之外……大荒之中，有山名曰不咸，有肃慎氏之国。"不咸山，即今长白山。《尚书注疏》卷17载："成王既伐东夷……肃慎氏来贺，王俾荣伯，作《贿

---

① 《三国志》卷30《魏书·东夷传》，第850页。
② 《管子校正》卷23《揆度第七十八》，《诸子集成》本，中华书局，1954年，第387页。
③ 《管子校正》卷23《轻重甲第八十》，第395页。

肃慎之命》。"肃慎人的来服，使周王认为："肃慎、燕、亳，吾北土也。"①
汉人所作《大戴礼记·少闲》云：自虞舜、夏禹到商、周，"民明教通于四
海，海之外肃慎、北发、渠搜、氐、羌来服"。虞舜、夏禹之时肃慎是否来
朝，已无从考察。殷商与东北古族当有关系，不然箕子不会到东北建国。肃
慎朝周则史有明载，应无异议。

西周之后，春秋战国之时，肃慎人是否仍与北方诸侯国保持往来关系，
史无明载，但《国语》记载的一则故事却可透露些信息。《国语·鲁语下》
记载：

> 仲尼在陈，有隼集于陈侯之庭而死，楛矢贯之，石砮，其长尺有
> 咫。陈惠公使人以隼如仲尼之馆，问之，仲尼曰："隼之来也远矣！此
> 肃慎氏之矢也。昔武王克商，通道于九夷百蛮，使各以其方贿来贡，使
> 无忘职业。于是肃慎氏贡楛矢石砮，其长尺有咫。先王欲昭其令德之致
> 远也，以示后人，使永监焉。故铭其栝曰：'肃慎氏之贡矢'。以分大
> 姬，配虞胡公而封诸陈。古者分同姓以珍玉，展亲也。分异姓以远方之
> 职贡，使无忘服也，故分陈以肃慎氏之贡。"

肃慎人善射猎，以当地的植物与石料制作的楛矢石砮②，不仅是肃慎人
使用的狩猎工具，也是肃慎人向中原朝贡时所献纳的方物。春秋时期，周王
室衰微，诸侯争霸，肃慎等东北古族很难继续向周王室朝贡，此时中原诸侯
国已很少有人知道肃慎事迹，只有像孔子这样博古通今的人物才能知晓。然
一只被楛矢石砮射中的鹰落到陈侯的王庭，陈国位于今河南地区，无法想象
一只受伤的鹰，能从东北飞到数千里以外的黄河流域。极有可能是与肃慎有
往来关系的北方诸侯国得到肃慎贡物，这样楛矢石砮才有可能出现在中原地
区。因此，春秋时期，肃慎人可能仍与中原诸侯国存在一定的朝贡关系。

---

① ［周］左丘明撰：《春秋左传正义》卷45，昭公九年，《十三经注疏》下册，中华书局，1980
年，第2056页。
② ［清］吴振臣：《宁古塔纪略》云："近混同江（松花江下游与黑龙江下游），江中出石砮……
坚过于铁，土人用以砺刃……即古肃慎氏所贡楛矢石砮是也。"见杨宾等撰《龙江三纪》，黑龙江人民出
版社，1985年，第239—240页。

三 秽貊等古族与周朝的朝贡关系

西周以后,史籍中关于东北古族的记载逐渐增多。东北东南部、中部古族有秽人、良夷、高夷、北发、貊人、俞人等。《逸周书·王会》记载:

> 西面者正北方,稷慎大麈。秽人前兒,前兒若狝猴立行,声似小儿,良夷在子,在子币身人首,脂其腹,炙之藿则鸣曰在子。扬州禺,禺,鱼名,解隃冠。发人麃,麃者,若鹿迅走。俞人虽马。青丘狐九尾。……北方台正东,高夷嗛羊,嗛羊者,羊而四角。独鹿邛邛,邛邛善走者也。孤竹距虚。不令支玄模。不屠何青熊。东胡黄罴。山戎戎菽。

秽人,学界一般认为在肃慎之南,《诗经·大雅·韩奕》:"溥彼韩城,燕师所完。以先祖受命,因时百蛮。王锡韩侯,其追(秽)其貊。奄受北国,因以其伯。实墉实壑,实亩实藉。献其貔皮,赤豹黄罴。"秽地近燕,分布于第二松花江流域的西团山文化是秽人遗存。

貊人,又作貉人。先秦文献中多见,如《孟子·告子》:"夫貉,五谷不生,惟黍生之。"上举《诗经》云:貊地近燕,有农耕。林沄认为大小凌河地区的十二台营子类型文化,可能是"貉文化"[1]。王绵厚则认为貊是从东夷中分化出来的,至少三千年前已开始定居东北南部,以鸭绿江、浑江、太子河和浑河流域为中心,含朝鲜半岛北部、长白山和龙冈山脉以南地区。在考古学上,是以东北南部的大石棚、积石墓和石盖墓、石棺墓为主要特征的文化分布区[2]。

发,又作北发,《大戴礼记·五帝德》曰:"北山戎、发、息慎。"《管子》则将发与朝鲜连称。可见发与朝鲜、山戎不远,有学者认为发在今沈阳一带[3]。

---

① 林沄:《东胡与山戎的考古探索》,《林沄学术文集》,中国大百科全书出版社,1998年,第387—396页。

② 王绵厚:《关于汉以前东北"貊"族考古学文化的考察》,《文物春秋》1994年第1期。

③ 孙进己、王绵厚主编:《东北历史地理》第1卷,黑龙江人民出版社,1989年,第194—195页。

高夷，学界大都认为是汉代高句丽人的先世，分布于浑江流域。

良夷，晋人孔晁注《逸周书》曰："良夷，乐浪之夷也。"然春秋战国时期乐浪之地为箕氏朝鲜国的中心地区，故良夷可能处于朝鲜国之北的鸭绿江流域。

青丘、俞人，孔晁注曰："青丘，海东地名。""俞，东北夷。"辽东半岛南端富有地域特色的青铜时代文化，或许即是这两个古族的文化遗迹。

西周王室举行朝会时，秽人贡前儿，"前儿若弥猴立行，声似小儿"；良夷贡在子，"在子币身人首，脂其腹，炙之霍则鸣曰在子"；发人贡麃，"麃者，若鹿迅走"；俞人贡虽马；青丘贡狐九尾（明董斯张《广博物志》云："其状如狐而九尾，其音如婴儿，能食人，食者不蛊。"）；高夷贡嗛羊，"嗛羊者，羊而四角"。其中多为奇异野兽，类似传说中的动物。尽管有不实之词，但可以反映出周边民族与周王室之间的往来关系。

在中原与边疆联系比较疏松的先秦时代，中原人对认识不甚清晰的周边族群，通常以其文化风俗特征为标准，按地域进行划分，有的以当地某部落的名称来指代一方族群，如前面论及的肃慎与秽；有的是中原人赋予一方族群以名称，如貊与后面要论及的东胡。这一时期，东北绝大部分地区还处于原始社会的不同发展阶段，在适应各地自然环境的生产、生活过程中，形成了具有地域特色的文化风俗，在相近的自然环境下，越是原始文化发展缓慢的地区，在当时中原人看来其文化面貌的差异越小。虽然众多分散的氏族部落有各自的名称，外族人却很难分辨，这便是在史籍记载中早期东北地区的族群名称，主要是泛指一方族群的缘故。春秋战国时期，中原诸侯争霸，有实力的诸侯国努力发展自己的势力范围，其中也包括向边疆民族地区扩张。燕、齐国势力向东北扩展，尤其是燕昭王时期在辽河流域设置了辽东、辽西、右北平三郡之后，中原人对东北古族的分布状况有了进一步的了解。同时，边疆民族在与邻近诸侯国的交往中，也加速了自身社会发展的速度，在发展中形成了特色鲜明的族群文化。这应是春秋战国时期中原文献中出现一些具体族群名称的原因。

四 山戎、东胡等古族与周朝的朝贡关系

先秦时期，东北西部古族见于记载的主要有山戎、孤竹、不令支、不屠

何、东胡等。《管子·小匡第二十》："桓公曰：'余乘车之会三，兵车之会
六，九合诸侯，一匡天下，北至于孤竹、山戎、秽、貉……'"《山海经·
海内西经》："东胡在大泽东，夷人在东胡东，貊国在汉水东北，地近于燕，
灭之。"其中东胡是中原人对匈奴以东的北方草原游牧民族的泛称①；山戎、
孤竹、不令支、不屠何等则是具体的族群名称。

　　山戎，当为戎人的一种，分布在努鲁儿虎山以西的老哈河和西拉木伦河
流域，活跃于西周春秋时期，春秋中期以后迅速衰落，取而代之的是东胡
人。这一地区的夏家店上层文化（西周中至春秋），靳枫毅认为是东胡文
化②。林沄认为是山戎文化③。夏家店上层文化是一种定居的亦农亦牧文化，
与东胡人游牧经济文化特点不吻合④，我赞同夏家店上层文化为山戎文
化说。

　　东胡，春秋后期到西汉初年活跃于东北西部地区，2002—2003年考古
工作者在内蒙古林西县井沟子发掘了一处春秋晚期到战国前期的遗址和墓
葬，发掘者将其命名为"井沟子类型"文化，这一类型文化主要分布于西
拉木伦河流域，所反映的经济生活以畜牧业为主，并有一定比重的狩猎业，
墓葬殉牲以马为主，其次是牛和羊，狗较少，不见猪。年代、地域和经济形
态皆与文献记载的东胡人十分契合，应当是东胡人的遗存⑤。人类学研究表
明，井沟子墓葬人骨材料具有明显的北亚蒙古人种性状，与已知的鲜卑、契
丹的人种特征十分接近，这是目前确定年代最早的一批西伯利亚类型的居
民⑥。宿白认为呼伦贝尔草原的完工、扎赉诺尔遗存是鲜卑文化⑦。汉代鲜
卑出自东胡，东胡的成分比较复杂，先秦时期分布在大兴安岭南部的东北土

---

　　① 《史记》卷110《匈奴列传》索隐引东汉人服虔云："东胡，乌丸之先，后为鲜卑。在匈奴东，
故曰东胡。"（中华书局，1959年，第2885页）

　　② 靳枫毅：《夏家店上层文化及其族属问题》，《考古学报》1987年第2期。

　　③ 林沄：《东胡与山戎的考古探索》，《林沄学术文集》，中国大百科全书出版社，1998年，第
389—396页。

　　④ 《三国志》卷30《魏书·乌桓鲜卑传》，裴松之注引王沈《魏书》："乌桓者，东胡也。……俗
善骑射，随水草放牧，居无常处，以穹庐为宅，皆东向。"（中华书局，1959年，第832页）

　　⑤ 王立新、塔拉、朱永刚主编：《林西井沟子——晚期青铜时代墓地的发掘与综合研究》，科学出
版社，2010年，第323、329页。

　　⑥ 朱泓、张全超、李法军：《内蒙古林西县井沟子遗址西区墓地人骨研究》，《人类学学报》2007
年第2期。

　　⑦ 宿白：《东北、内蒙古地区的鲜卑遗迹》，《文物》1977年第5期。

著民，很可能是东胡先民的一支，居山戎之北。

孤竹、不令支、不屠何亦是分布在东北西部的族群。孤竹、不令支（又作令支），在山戎之南，《管子·大匡第十八》曰："桓公乃北伐令支，下凫之山，斩孤竹，遇山戎。"其地大约在今河北卢龙、迁安一带地区。不屠何，又作屠何，《管子·小匡第二十》载齐桓公："救晋公，禽狄王，败胡貉，破屠何。"孔晁注《逸周书》时曰："不屠何，东北夷。"① 这或可说明屠何是春秋时期活动于燕山南北戎人的一支。

《逸周书·王会》记载，山戎贡戎菽；孤竹贡距虚（孔注：距虚，驴骡属）；不令支贡玄模（孔注：玄模，黑狐也）；不屠何贡青熊；东胡贡黄罴。戎菽当为山戎地所产与中原不同的豆类，鹿、熊、马、狐皆为北方动物。可见西部各族与其他东北各族一样是以当地特产作为向中原政权贡纳的物品。

周王朝时四夷朝贡各按所居方位而立，《王会篇》记载在周王室朝贡典礼时东北民族所处的大体方位是，东边北为肃慎，其南为秽人、貊人；西边北为东胡，其南是山戎，与东北民族的实际分布情况基本吻合。春秋以来周王室衰微，诸侯争霸，强大的诸侯国设有管理朝贡事务的官员，如齐国设有"主客"之官，《史记·淳于髡列传》记载：齐威王时"以（淳于）髡为诸侯主客"。唐张守节《正义》曰："今鸿胪卿也。"唐鸿胪卿掌宾客及凶仪、四方夷狄君长朝见之事②。故《管子·轻重甲第八十》曰："发、朝鲜不朝，请文皮毤服而以为币乎？……一豹之皮容金而金也，然后八千里之发、朝鲜可得而朝也。……故物无主，事无接，远近无以相因，则四夷不得而朝矣。"战国时期，诸侯国在扩张势力的过程中与东北边疆族群间的关系日益紧密，如"燕有贤将秦开为质于胡，胡甚信之，归而袭破走东胡，东胡却千余里"③。这反映了东胡与燕国间的政治关系。

经夏商发展，到西周确立分封制，朝贡活动成为诸侯国与周王室之间政治联系的主要方式之一。在这种国家结构形势下，散在诸侯国之间和分布在边疆地区的族群，与周王室和邻近的诸侯国之间也保持着一定的朝贡关系。

---

① ［唐］房玄龄注《管子》时曰："屠何，东胡之先也。"（［明］刘绩：《管子补注》卷8，文渊阁《四库全书》第729册，台湾：商务印书馆，1986年影印本，第364页。）然春秋前期东胡的势力并没有达到这一地区，如果说到战国时期屠何为东胡兼并，成为东胡的一部也未可知。

② 《旧唐书》卷44《职官志》，中华书局，1975年，第1885页。

③ 《史记》卷100《匈奴列传》，第2885—2886页。

进入东周以后，礼崩乐坏，诸侯国与周王室之间的朝贡制度迅速破坏，但诸侯国在经营自己与周边非华夏人族群、方国之间的政治关系时，在一定程度上仍延续着西周以来的朝贡关系。

第二节 秦汉王朝管理东北民族朝贡事务的机构与职能

公元前 221 年秦始皇完成了统一六国大业，建立了中国历史上第一个中央集权的大一统王朝。然而，秦朝的国祚仅仅延续了 16 年，便改朝换代为刘氏建立的汉王朝。汉朝不仅保持和巩固了秦朝开创的大一统王朝，且在基本承用秦制的基础上，进一步丰富和发展了秦朝没有来得及建立或完善的制度，其中一项重要制度即是边疆民族的朝贡制度。秦汉王朝在中央和地方设有管理或兼管边疆民族与周边属国朝贡册封事务的机构与职官。

一 中央管理朝贡事务的机构与职能

秦朝结束了诸侯纷争的局面，建立了空前强大的统一王朝，其疆域"地东至海暨朝鲜，西至临洮、羌中，南至北向户，北据河为塞，并阴山至辽东"①。始皇称帝后，翌年，便开始西巡陇西、北地，东行登泰山立封禅，直至砥石（今辽宁），四处刻石，"颂秦德，明得意"，其在琅琊台石刻中曰：

> 六合之内，皇帝之土。西涉流沙，南尽北户。东有东海，北过大夏。人迹所至，无不臣者。功盖五帝，泽及牛马。莫不受德，各安其宇。②

秦朝统一诸国之后，整合各国原有的郡县制度，"分天下以为三十六郡"③，确立了郡县二级地方行政建制。为扩大郡县辖区，始皇三十三年（前214），"发诸尝逋亡人、赘婿、贾人略取陆梁地，为桂林、象郡、南海，

---

① 《史记》卷6《秦始皇本纪》，第239页。
② 《史记》卷6《秦始皇本纪》，第245页。
③ 《史记》卷6《秦始皇本纪》，第239页。

以适遣戍。西北斥逐匈奴。自榆中并河以东，属之阴山，以为三十四县，城河上为塞。又使蒙恬渡河取高阙、陶山、北假中，筑亭障以逐戎人。徙谪，实之初县"①。对于郡县以外边疆少数民族地区，大部分地区因袭了先秦时期诸侯国与四夷的政治关系，但还没有来得及全面规划和整顿，秦朝就灭亡了。汉朝建立后，继续经营对边疆民族地区的政治统治，经过汉朝400多年的发展，巩固了多民族中央集权王朝的结构模式，初步建立起边疆民族的朝贡制度。

秦汉王朝均设有管理边疆民族事务的官署机构，中央管理边疆民族朝贡活动的机构主要为典属国、典客、大鸿胪。

1. 典客与典属国

典客，《汉书》曰："典客，秦官，掌诸归义蛮夷，有丞。"

典属国，同书曰："典属国，秦官，掌蛮夷降者。"②

这两个机构，一个是掌降服的蛮夷，一个是掌主动归附的蛮夷。职掌如此相近为何分别设置两个机构？《史记·吕太后本纪》记载吕后时有典客刘揭，协助太尉周勃谋灭吕氏诸王，夺赵王吕禄印，关殿门拒吕产等入，共尊立孝文帝。刘宋人裴骃《集解》云："典客，秦官也，掌诸侯、归义蛮夷也。"查《史记》《汉书》，任典客一职的有5人，其中有事迹可查的只有吕后时的刘揭和文帝朝的冯敬，而两人的事迹均与诸侯有关，可见裴骃所云是正确的。汉景帝中元六年（前144）更典客为大行③，周代有大行人一职，其职"掌大宾之礼，及大客之仪，以亲诸侯"④；"以九仪别诸侯之命等诸臣之爵，以同域国之礼而行"⑤ 待其宾客。汉代大行为礼官，司马迁曾任此职，太史公曰："余至大行礼官，观三代损益，乃知缘人情而制礼，依人性而作仪，其所由来尚矣。"⑥ 典客主要掌诸侯之事，而且典客所掌偏重礼仪。

典属国，秦官，掌蛮夷之事。西汉承用，属官有九译令。汉武帝时典属

① 《史记》卷6《秦始皇本纪》，第253页。
② 《汉书》卷19上《百官公卿表第七上》，第730、735页。
③ 《史记》卷11《孝景帝纪》，第446页。
④ 《周礼注疏》卷37《秋官司寇》，《十三经注疏》上册，中华书局，1980年影印本，第890页。
⑤ ［汉］戴德撰，［北周］卢辩注：《大戴礼记》卷12《朝事第七十七》，张元济等编《四部丛刊》初编，第49册，商务印书馆，1929年影印本。
⑥ 《史记》卷23《礼书》，第1157页。

国又增掌属国都尉。属国都尉设于边地，始设于武帝元狩二年（前121），《汉书·武帝纪》载，这年"秋，匈奴昆邪王杀休屠王，并将其众合四万余人来降，置五属国以处之"。师古曰："凡言属国者，存其国号而属汉朝，故曰属国。"[①] 汉成帝河平元年（公元前28）"罢典属国并大鸿胪"[②]。从儒家"大一统"观念出发，对于臣服汉朝的边疆蛮夷国王，秦汉帝王视其为处于"四海"的属国（诸侯国）。在秦朝与西汉绝大部分时期，掌管少数民族事务的主要机构为典属国。

秦朝典属国的事迹未见记载。西汉典属国一职主要由熟悉边疆民族事务的人担任，如苏武，汉昭帝始元六年（前81）从匈奴返回汉朝，昭帝赏识苏武"前使匈奴，留单于庭十九岁乃还，奉使全节，以武为典属国，赐钱百万"。魏人如淳注曰："以其久在外国，知边事，故令典主诸属国。"[③] 苏武之后继任典属国的是曾随从苏武被扣留匈奴的常惠，"常惠，太原人也。少时家贫，自奋应募，随栘中监苏武使匈奴，并见拘留十余年，昭帝时乃还。汉嘉其勤劳，拜为光禄大夫"，又"以惠为校尉，持节护乌孙兵"，驻守西域。后常惠"代苏武为典属国，明习外国事，勤劳数有功"[④]。常惠之后继任典属国的是冯奉世，汉宣帝时，"汉数出使西域，多辱命不称，或贪污，为外国所苦。是时乌孙大有击匈奴之功，而西域诸国新辑，汉方善遇，欲以安之，选可使外国者。前将军增举（冯）奉世以卫候使持节送大宛诸国客"。冯奉世到西域正遇莎车国反叛，"遂以节谕告诸国王，因发其兵，南北道合万五千人进击莎车，攻拔其城。莎车王自杀，传其首诣长安。诸国悉平，威振西域"。元帝时，典属国常惠薨，以冯奉世代之[⑤]。从这三任典属国的官员看，都明习边疆民族事务，有勇有谋，并有出使邻国、镇守边疆、不辱朝廷使命的经历。

典属国作为掌管蛮夷事务的机构，其官员可对边疆事务建言，也可参与

---

① 《汉书》卷19上《百官公卿表第七上》云："武帝元狩三年昆邪王降，复增属国，置都尉、丞、候、千人。"又同书卷73《韦玄成传》云："北攘匈奴，降昆邪十万之众，置五属国，起朔方，以夺其肥饶之地。"此两处一是时间为元狩三年（前120），一是匈奴降众数量为10万，与本纪相异，当以本纪为准。第735、3126页。

② 《汉书》卷10《成帝纪》，第309页。

③ 《汉书》卷7《昭帝纪》，第224页。

④ 《汉书》卷70《常惠传》，第3003—3005页。

⑤ 《汉书》卷79《冯奉世传》，第3294—3296页。

平定边疆叛乱。汉景帝初年，李广任上谷太守，"匈奴日以合战。典属国公孙昆邪为上泣曰：'李广才气天下无双，自负其能，数与虏敌战，恐亡之。'于是乃徙为上郡太守"①。出于对边地安全的考虑，典属国可以对边地太守的任用提出建言。有时典属国长官也兼任军职，如常惠任典属国时，汉宣帝"甘露中，后将军赵充国薨，天子遂以惠为右将军，典属国如故"②。赵充国为常年督兵镇守西陲的大将，"通知四夷事"，在武、昭、宣三帝朝率军击匈奴、定西羌，战功赫赫③。宣帝以典属国常惠兼右将军，赋予其边疆领军镇守的职责。任立的事迹也证明了典属国有时负有带兵平定边疆叛乱的职责，汉元帝永光二年（前42）秋，陇西羌乡姐旁种反，元帝"遣（冯）奉世将万二千人骑，以将屯为名。典属国任立、护军都尉韩昌为偏裨，到陇西，分屯三处。典属国为右军，屯白石；护军都尉为前军，屯临洮；奉世为中军，屯首阳西极上。前军到降同阪，先遣校尉在前与羌争地利，又别遣校尉救民于广阳谷，……羌虏大破，斩首数千级，余皆走出塞"④。由于史籍中相关记载极少，对于典属国如何运行其管理边疆民族朝贡等事务的职能还不是十分清楚。

2. 大鸿胪

大鸿胪是汉代九卿之一，设置于汉景帝时期，是具有掌管诸侯、礼仪、四夷宾客、治狱等多种职能的重要机构。

《汉书·百官公卿表第七上》记载："典客，秦官，掌诸归义蛮夷，有丞。景帝中六年更名大行令，武帝太初元年更名大鸿胪。属官有行人、译官、别火、三令丞及郡邸长丞。武帝太初元年更名行人为大行令，初置别火。王莽改大鸿胪曰典乐。初，置郡国邸属少府，中属中尉，后属大鸿胪。"

《汉书·景帝纪》记载："（中元）二年春二月，令诸侯王薨、列侯初封及之国，大鸿胪奏谥、诔、策。列侯薨及诸侯太傅初除之官，大行

① 《史记》卷109《李将军列传》，第2868页。
② 《汉书》卷70《常惠传》，第3005页。
③ 《汉书》卷69《赵充国传》，第2971—2973页。
④ 《汉书》卷79《冯奉世传》，第3297—3299页。

奏谥、诔、策。"

《汉书·成帝纪》记载:"(河平元年)六月,罢典属国并大鸿胪。"

上述关于大鸿胪的记载有矛盾之处,汉晋以来诸家注释《汉书》对此多有考证,晋人臣瓒曰:"景帝此年已置大鸿胪,而《百官表》云,武帝太初元年更以大行为大鸿胪,与此错。"唐人颜师古曰:"大鸿胪者,本名典客,后改曰大鸿胪。大行令者,本名行人,即典客之属官也,后改曰大行令。故事之尊重者遣大鸿胪,而轻贱者遣大行也。"① 景帝中元六年(前144)更典客为大行,出自于《史记》,其可信度高于《汉书》。然《史记》未载这年设置大鸿胪。韦昭云:"大行,官名,秦时云典客,景帝初改云大行,后更名大鸿胪,武帝因而不改,故《汉书·景帝纪》有大鸿胪。"② 从时间上看,《汉书》在景帝中元二年(前148)已有大鸿胪官职,与韦昭所云亦不合,或《汉书》在时间上有错误。另外,如典客更名为大行,大行又更名为大鸿胪,不应大鸿胪与大行同时存在。我以为,韦昭关于大鸿胪设置于景帝朝的推论或可成立,但不是大行后更名为大鸿胪,而是大鸿胪设置后,大行并入大鸿胪,故景帝时大鸿胪与大行同时存在,大鸿胪是长官,大行次之,如师古所言。《汉书》关于景帝中元二年春之事的记载,在时间上有错误,此事不应早于中元六年。汉成帝河平元年(前28)典属国并入大鸿胪之后,大鸿胪成为汉朝管理边疆民族事务的主要机构。《后汉书·百官志二》大鸿胪条下记载:

> 大鸿胪,卿一人,中二千石。本注曰:掌诸侯及四方归义蛮夷。其郊庙行礼,赞导,请行事,既可,以命群司。诸王入朝,当郊迎,典其礼仪。及郡国上计,匡四方来,亦属焉。皇子拜王,赞授印绶。及拜诸侯、诸侯嗣子及四方夷狄封者,台下鸿胪召拜之。王薨则使吊之,及拜王嗣。丞一人,比千石。
>
> 大行令一人,六百石。本注曰:主诸郎。丞一人。治礼郎四十七人。

---

① 《汉书》卷5《景帝纪》注引,第145页。
② 《史记》卷11《孝景本纪》索隐引,第447页。

右属大鸿胪。本注曰：承秦有典属国，别主四方夷狄朝贡侍子，成帝时省并大鸿胪。中兴省驿官、别火二令、丞，及郡邸长、丞，但令郎治郡邸。

上述记载关于大鸿胪机构主要官职的职掌并不完全，如《汉书·宣帝纪》注释中师古曰："据《汉旧仪》，郡邸狱治天下郡国上计者，属大鸿胪。"本书重点讨论大鸿胪掌管四方蛮夷朝贡侍子册封以及属国事务的职能，故对大鸿胪的其他职掌略之。

首先，大鸿胪主要官员参议朝廷关于少数民族事务的对策。汉宣帝元康二年（前64），乌孙昆弥因惠上书："愿以汉外孙元贵靡为嗣，得令复尚汉公主，结婚重亲，畔绝匈奴，愿聘马骡各千匹。"宣帝诏下公卿议，大鸿胪萧望之以为"乌孙绝域，变故难保，不可许"。但宣帝美乌孙新立大功，又重绝故业，决定遣使者至乌孙，先迎娶聘①。在汉帝与公卿讨论边疆民族事务时，大行令也有资格发表自己的意见，武帝元光二年（前133）春，武帝就匈奴之事诏问公卿曰："朕饰子女以配单于，金币文绣赂之甚厚，单于待命加嫚，侵盗亡已。边境被害，朕甚闵之。今欲举兵攻之，何如？"大行王恢建议宜击。武帝采纳了大行王恢的意见②。

其二，大鸿胪掌四方蛮夷朝贡侍子册封之事。司马贞《史记索隐》云："鸿胪，掌九宾之仪也。"③包括掌接待四方蛮夷国王、首领与使者的礼仪。汉廷举行重大典礼，四方蛮夷也要遣使参加，东汉明帝永平二年（59）春正月辛未，"宗祀光武皇帝于明堂，帝及公卿列侯始服冠冕、衣裳、玉佩、绚履以行事。礼毕，登灵台。使尚书令持节诏骠骑将军、三公曰：'今令月吉日，宗祀光武皇帝于明堂，以配五帝。礼备法物，乐和八音，咏祉福，舞功德，其班时令，敕群后。事毕，升灵台，望元气，吹时律，观物变。群僚藩辅，宗室子孙，众郡奉计，百蛮贡职，乌桓、濊貊咸来助祭，单于侍子、骨都侯亦皆陪位。斯固圣祖功德之所致也。朕以暗陋，奉承大业，亲执珪

---

① 《汉书》卷96《西域下》，第3905页。
② 《汉书》卷6《武帝纪》，第162页。
③ 《史记》卷23《礼书》注，第1157页。

璧，恭祀天地。……'"①　大鸿胪、大行令即为主持礼仪的官员。

最晚从汉武帝时期开始，汉廷对前来朝贡的国王、部族大人（有时还包括藩国嗣子、贵戚、官吏，部族首领等）实行册封，授以印绶，以确定被册封者为汉朝外臣（或曰藩臣）的身份。日本学者梶山胜据出土资料统计得汉代蛮夷印 19 枚，据明代文献记载统计得汉代蛮夷印 7 枚，共 26 枚，现兹录于下：②

西汉	新莽	东汉	汉（西汉与东汉不详）
夫租薉君	越贸阳君	汉匈奴归义亲汉长	汉归义羌长
汉归义羌长	越青邑君	汉匈奴恶适尸逐王	汉归义羌长
归义賨邑侯	新越三阳君	汉匈奴栗借温禺鞮	汉率善羌长
滇王之印		汉匈奴为鞮台耆且渠	汉率众长
		汉夷邑君	汉归义胡师长
		汉归义賨邑侯	汉叟邑长
		汉叟邑长	汉夷邑长
		汉叟仟长	汉青羌邑长
		汉委奴国王	汉仟长印

此外，史籍中还有很多关于对前来朝贡的国王、部族大人实行册封的记载，包括对东北边疆的夫余、乌桓、鲜卑、三韩等王与酋长的册封。关于夫余国，《后汉书·东夷传·夫余》：东汉安帝永宁元年（120），夫余王"乃遣嗣子尉仇台诣阙贡献，天子赐尉仇台印绶金綵"。但印文内容已不得而知了。关于乌桓人，光武帝建武二十五年（49），"乌丸大人郝旦等九千余人帅众诣阙，封其渠帅为侯王者八十余人，使居塞内"。安帝时（107—125），"乌丸稍复亲附，拜其大人戎末廆为都尉。至顺帝时（126—144），戎末廆率将王侯咄归、去延等从乌丸校尉耿晔出塞击鲜卑有功，还皆拜为率众王，

---

① 《后汉书》卷 2《明帝纪》，第 100 页。
② ［日］梶山胜：《漢魏晋代の蛮夷印の用法——西南夷の印を中心として》，大谷光男编著：《金印研究論文集成》，新人物往来社，1994 年。

赐束帛"①。关于鲜卑人，光武帝建武三十年（54），"鲜卑大人于仇贲、满头等率种人诣阙朝贺，慕义内属。帝封于仇贲为王，满头为侯"。永宁元年（120），"辽西鲜卑大人乌伦、其至鞬率众诣邓遵降，奉贡献。诏封乌伦为率众王，其至鞬为率众侯，赐綵缯各有差"。安帝永初中（107—113），"鲜卑大人燕荔阳诣阙朝贺，邓太后赐燕荔阳王印绶、赤车参驾"②。关于韩人，光武帝建武二十年（44），"韩人廉斯人苏马諟等诣乐浪贡献。光武封苏马諟为汉廉斯邑君"③。按汉朝朝贡制度所实行的惯例，这类册封一般都授以印绶，如同上面所列举的各类印章。汉朝颁发给朝贡制度成员的印绶与内地各级官员的印绶有所不同，内地官员的官印多为龟钮和鼻钮，朝贡制度外臣的官印多为驼钮和羊钮，此外还有蛇、兽、兔、鸟钮；内地官员的印文最后有"玺"字（诸侯王）、"章"字（比二千石以上官）、"印"字（一千石以下官），外臣的印文一般是冠以"王朝名"，接着是民族名，最后是所封授的官称，很少见"玺、章、印"字④。大鸿胪便是掌管对四方蛮夷之国王与部族酋长行册封之礼、制作相关印章的机构。

其三，大鸿胪属官负责接待四方蛮夷前来朝贡者。大鸿胪的下级属官主要有译官、别火、三令丞、郡邸长丞等。中原人与边疆各族语言不通，甚至有重译才可交流者，译者是负责语言翻译的官吏。边疆各族饮食习惯不同，别火一职，《汉仪注》云"主治改火之事"⑤。有学者认为即是负责另外开火做饭以满足朝贡者饮食需求的官吏⑥。前来朝贡的各属国国王、部落酋长及使团在京师的下榻处，是按照各自所属郡设客官，称为诸郡之邸，由郡邸长丞掌管⑦。三令丞所掌之事不明，推测可能是掌管海外直接到汉廷朝贡者的官舍。

其四，大鸿胪负有维护边地稳定，乃至率兵平定边地反叛事件的职责。汉朝为了使大鸿胪明习边疆民族事务，将赐予大鸿胪的食邑封到边疆地区，

① 《三国志》卷30《魏书·乌丸鲜卑传》，裴松之注引王沈《魏书》，第833页。
② 《后汉书》卷90《乌桓鲜卑传》，第2985—2987页。
③ 《后汉书》卷85《东夷传·韩》，第2820页。
④ ［日］片冈一忠：《中国官印制度研究》，东方书店，2008年，第44—50页。
⑤ 《汉书》卷19《百官公卿表上》如淳注引，第730页。
⑥ 安作璋、熊铁基：《秦汉官制史稿》上册，齐鲁书社，1984年，第164页。
⑦ 《汉书》卷19《百官公卿表上》典客条师古注曰："主诸郡之邸在京师者也。"第730页。

《汉律·金布令》记载："皇帝斋宿，亲帅群臣承祠宗庙，群臣宜分奉请。诸侯、列侯各以民口数，率千口奉金四两，奇不满千口至五百口亦四两，皆会酎，少府受。又大鸿胪食邑九真、交阯、日南者，用犀角长九寸以上若瑇瑁甲一，郁林用象牙长三尺以上若翡翠各二十，准以当金。"① 当边疆地区发生动乱，有时也派遣大鸿胪属下官员率军平叛，汉武帝建元六年（前135）"闽越王郢攻南越。遣大行王恢将兵出豫章，大司农韩安国出会稽，击之"②。这年"大行王恢击东粤，东粤杀王郢以报"。昭帝始元元年（前86），益州廉头、姑缯民反，杀长吏，牂柯、谈指、同并等二十四邑，凡三万余人皆反。"后三岁，姑缯、叶榆复反，遣水衡都尉吕辟胡将郡兵击之。辟胡不进，蛮夷遂杀益州太守，乘胜与辟胡战，士战及溺死者四千余人。明年，复遣军正王平与大鸿胪田广明等并进，大破益州，斩首捕虏五万余级，获畜产十余万"。大鸿胪田广明因战功被赐爵关内侯③。边疆平叛胜利后，汉军往往将反叛势力头领的首级"传送京师，县（悬）蛮夷邸（即鸿胪客馆）"④，以警示反叛者，彰显天朝威严。

汉代除了前期的典属国和中后期的大鸿胪以外，西汉成帝以后掌管边疆民族事务的中央机构还有主客曹尚书，东汉称客曹尚书，下分南主客曹和北主客曹，"主外国夷狄事"，"主治羌胡事"⑤。由于史籍不见记载任职者的事迹，故无法考察其在掌管边疆民族事务方面具体职掌及其与大鸿胪的分工。

二 地方管理东北民族朝贡事务的机构与职能

秦汉王朝管理边疆民族朝贡活动的地方机构主要有三种形式，一是以边地普通州郡机构进行管理；二是以边地民族地方建置机构进行管理；三是以设在边地的管理边疆民族事务机构进行管理。由于边疆各个地区对边疆民族朝贡活动管理的形式不尽相同，本书以东北边疆民族朝贡活动管理机构为主要研究对象，对其他边疆地区仅根据论述的需要简要提及而已。

---

① 《后汉书》卷 94《礼仪上》注引，第 3104 页。
② 《汉书》卷 6《武帝纪》，第 160 页。
③ 以上引文见《汉书》卷 95《西南夷传》，第 3839、3843 页。
④ 《后汉书》卷 88《西域传》，第 2928 页。
⑤ 《后汉书》志 26《百官三》，第 3597—3598 页。

1. 边地普通郡县机构

秦汉王朝在汉人边地设置的郡县前后略有变化,西汉昭帝以前东北地区设有辽东郡、辽西郡、右北平郡,昭帝时原设在边疆民族地区的玄菟郡内迁,很快转变为汉人地区的普通郡县。东北边地郡级机构是秦汉王朝管理边疆民族朝贡活动的主要机构,随着秦汉王朝东北边疆民族朝贡制度的创立和对东北民族统辖方式的发展与多样化,郡级机构管理边疆民族朝贡活动的形式也有一定的变化,主要有两种形式:

一是管理塞外臣服的边疆民族事务,辽东郡(郡治在今辽宁辽阳)先后掌管朝鲜国、乌桓、鲜卑、夫余等的朝贡活动,《史记·朝鲜列传》记载:朝鲜国“秦灭燕,属辽东外徼。……会孝惠、高后时天下初定,辽东太守即约满为外臣,保塞外蛮夷,无使盗边;诸蛮夷君长欲入见天子,勿得禁止”。东汉初年,鲜卑开始与汉朝发生关系,祭肜时任辽东太守,“鲜卑大人皆来归附,并诣辽东受赏赐,青徐二州给钱岁二亿七千万为常。明章二世,保塞无事”[1]。东汉末年,夫余国王“求属辽东云”[2]。玄菟郡(郡治在今辽宁抚顺)[3] 先后掌管夫余国、高句丽国的朝贡活动,夫余国“其王葬用玉匣。汉朝常豫以玉匣付玄菟郡,王死则迎取以葬焉”[4]。高句丽国“汉时赐鼓吹技人,常从玄菟郡受朝服衣帻,高句丽令主其名籍。后稍骄恣,不复诣郡,于东界筑小城,置朝服衣帻其中,岁时来取之,今胡犹名此城为帻沟溇,沟溇者,句丽名城也”[5]。文中“高句丽令”指玄菟郡郡治所在高句丽县的县令。边地郡县代表朝廷管理边疆民族的朝贡活动,对来朝的边疆民族实施赏赐,其中不乏得到边疆民族信任和崇敬的郡太守,如辽东太守祭肜,他去世后,“乌桓、鲜卑追思肜无已,每朝贺京师,常过冢拜谒,仰天号泣乃去”[6]。

二是管理迁入边地郡县地区的少数民族事务。东汉光武帝建武二十五年

---

① 《后汉书》卷90《乌桓鲜卑传》,第2986页。

② 《后汉书》卷85《东夷传·夫余》,第2812页。

③ 玄菟郡,初设在沃沮、高句丽人地区,位于今朝鲜半岛东北至浑江流域以北地区。汉昭帝五年(前82)玄菟郡开始内迁,东汉安帝永初元年(107)迁入原辽东郡境内的汉人地区,转变为汉人地区郡县建置。

④ 《后汉书》卷85《东夷传·夫余》,第2811页

⑤ 《三国志》卷30《魏书·高句丽传》,第843页。

⑥ 《后汉书》卷20《祭肜传》,第746页。

(49)，乌桓大人郝旦等九百余人率众归附汉，"使居塞内，布列辽东属国、辽西、右北平、渔阳、广阳、上谷、代郡、雁门、太原、朔方诸郡界"。到东汉后期，入居东北边地郡县的乌桓、鲜卑人已有相当的数量，汉灵帝初年（168），"辽西乌丸大人丘力居，众五千余落，上谷乌丸大人难楼，众九千余落，各称王，而辽东属国乌丸大人苏仆延，众千余落，自称峭王，右北平乌丸大人乌延，众八百余落，自称汗鲁王，皆有计策勇健"①。汉朝对于入居郡县的少数民族采取因俗而治的羁縻统治形式，辽东、辽西、右北平、上谷等郡②都负有管理郡县区内各少数民族朝贡等事务的职责。

2. 边疆民族地方建置机构

边疆民族地方建置是指秦汉王朝设在征服或归附的少数民族地区的建置。汉武帝时征南越，开九郡，"得越地以为南海、苍梧、郁林、合浦、交趾、九真、日南、珠崖、儋耳郡也"③。元封三年（前108），又北灭朝鲜，设四郡，"以其地为乐浪、临屯、玄菟、真番郡"④。但到汉昭帝时期，东北边疆民族地方设置的4郡，经合并内迁，仅存乐浪一郡建置，但辖区大体囊括了原临屯、真番二郡与玄菟郡的部分地区⑤。

乐浪郡，郡治设在朝鲜县，即原朝鲜王城，在今朝鲜平壤南大同江西南的古城洞古城。统辖地区初为原朝鲜国统治的中心地区，合并后朝鲜半岛北部地区都在乐浪郡辖境内。由于统辖区域广大，汉朝在单单大岭（今朝鲜半岛北大峰山脉与阿虎飞岭山脉）之东沃沮、秽人地区，分置东部都尉，实行因俗而治的羁縻朝贡统治形式，由乐浪郡的东部都尉管理其朝贡事务。东汉光武帝建武六年（30），汉罢乐浪郡东部都尉官，"悉封其渠帅为县侯"⑥。

---

① 以上引文均见《三国志》卷30《魏书·乌丸鲜卑传》裴松之注引王沈《魏书》，第833—834页。另外，辽东属国乌丸大人苏仆延，《后汉书》卷90《乌桓鲜卑传》作："辽东苏仆延。"误。第2984页。

② 辽东郡治两汉时期在今辽宁省辽阳市；辽西郡治西汉时在今辽宁省朝阳市附近，东汉时在辽宁省义县西南；右北平郡治西汉时在今河北省平泉县附近，东汉时在河北省丰润县附近（郡治今地参见张博泉、苏金源、董玉英《东北历代疆域史》，吉林人民出版社，1981年，45—49页）；上谷郡治西汉时在今辽宁省朝阳市附近，东汉时在辽宁省义县西南（谭其骧主编：《中国历史地图集》第二册，中国地图出版社，1982年，第27—28、61—62页）。

③ 《汉书》卷27中之下《五行志》师古注，第1431页。

④ 《汉书》卷6《武帝纪》，第194页。

⑤ 程妮娜：《古代中国东北民族地区建置史》，中华书局，2011年，第37—43页。

⑥ 《后汉书》卷85《东夷传·涉》，第2817页。

由原来的乐浪郡下羁縻统治的朝贡关系，转变为郡县外的朝贡统辖关系，汉廷仍以乐浪郡管理其朝贡事务。对于其他分布在乐浪郡附近，归附汉朝的民族政权和氏族部落的朝贡事务也由乐浪郡管理，乐浪郡之北的高句丽，光武帝二十三（47）冬，"句骊蚕支落大加戴升等万余口诣乐浪内属"①。从这年开始到安帝永初五年（111）期间，高句丽政权的朝贡事务一直由乐浪郡管理。又如乐浪郡之南的韩人，"建武二十年（44），韩人廉斯人苏马諟等诣乐浪贡献。光武封苏马諟为汉廉斯邑君，使属乐浪郡，四时朝谒"②。

自汉武帝时期将乌桓人大批迁至五郡塞外之后，便不断有乌桓等部族人口由塞外迁入汉人郡县地区，在乌桓北面的鲜卑人也随之南下。到东汉初年，东北的辽西郡和辽东郡内，已经居住了许多乌桓人部落和少量的鲜卑人部落。裴松之注《三国志》引《魏书》记载：东汉初光武帝建武二十五年（49），乌丸大人郝旦等九千余人率众归附汉，"使居塞内，布列辽东属国、辽西、右北平、渔阳、广阳、上谷、代郡、雁门、太原、朔方诸郡界"。关于归附的乌桓大人数量，《后汉书·乌桓鲜卑传》曰九百二十二人③。以乌桓社会发展的状况看，当以九百多人为是。为了统辖这部分乌桓、鲜卑人，汉朝设置了辽东属国。关于辽东属国设置的时间，《后汉书·郡国志》辽东属国条下曰："故邯乡，西部都尉，安帝时以为属国都尉，别领六城。"这与前引《三国志》的史料有所不同，学界一般认为辽东属国设置于东汉安帝（107—125）时期。但我认为尚不能轻易排除在汉光武帝时期曾设置辽东属国的可能性。《后汉书·百官志》记载："中兴建武六年，省诸郡都尉，并职太守，无都试之役。省关都尉，唯边郡往往置都尉及属国都尉，稍有分县，治民比郡。"建武二十五年（49）乌桓大人九百多人率众附汉，归附汉朝的部落数量相当可观。以光武帝实行"边郡往往置都尉及属国都尉"的统辖政策看，此时设置辽东属国也是有可能的。但关于光武帝时期是否确实设置过辽东属国④，尚待更多的史料来证实。

---

① 《后汉书》卷85《东夷传·高句骊》，第2814页。
② 《后汉书》卷85《东夷传·韩》，第2820页。
③ 《三国志》卷30《魏书·乌丸鲜卑传》，第833页。《后汉书》卷90《乌桓鲜卑传》，第2982页。
④ 从《三国志·魏书·乌丸鲜卑传》裴松之注引《魏书》的行文看，此处"辽东属国"亦有可能是"辽东郡"之误写。

"属国"之制，始于西汉武帝时期，"置属国都尉，以主蛮夷降者"①。东汉"每属国置都尉一人，比二千石，丞一人"②。可知属国的长官为属国都尉，其下设有"丞、候、千人。属官，九译令"③。又据《后汉书·公孙瓒传》记载，公孙瓒"举孝廉，除辽东属国长史"。说明属国还设有长史之官。属国都尉，官职相当于郡守，虽然史书没有明确记载其具体职掌，但是从光武帝赐窦融的玺书中可得知一二："制诏行河西五郡大将军事、属国都尉：劳镇守边五郡，兵马精强，仓库有蓄，民庶殷富，外则折挫羌胡，内则百姓蒙福。"④ 可见属国都尉主要有治民与守边两大职掌，一是管理安抚归附的少数民族，因俗而治，以达到"仓库有蓄，民庶殷富"；二是统领主要由少数民族突骑组成的属国军队，平定边疆少数民族寇抄、掳掠郡县地区的叛乱行为，属国长史即是属国都尉之下"职统戎马"的武官⑤。辽东属国是以统辖内附的乌桓、鲜卑人为主，汉代乌桓、鲜卑人还处于原始社会末期阶段，中央王朝虽然将其纳入郡县的直接统治之下，但仍无法实施汉人式编户齐民的交纳赋税制度，故采用因俗而治的统治政策，保留乌桓、鲜卑人原有的基层社会组织——邑落制，以少数民族首领为其社会基层组织的长官⑥，实行朝贡制度的管理形式。

3. 设在边地管理边疆民族事务的机构

两汉时期设在东北边地管理边疆民族事务的机构，主要是护乌桓校尉府。汉武帝时期为解决边患问题多次出兵攻打匈奴，元狩年间（前122—前117），"武帝遣骠骑将军霍去病击破匈奴左地，因徙乌桓于上谷、渔阳、右北平、辽西、辽东五郡塞外，为汉侦察匈奴动静。其大人岁一朝见，于是始置护乌桓校尉，秩二千石，拥节监领之，使不得与匈奴交通"。汉武帝设置护乌桓校尉府之后，王莽时因乌桓叛一度罢护乌桓校尉府。东汉光武帝时，

---

① 《后汉书》志23《郡国志》，第3521页。
② 《后汉书》志28《百官志五》，第3621页。
③ 《汉书》卷19《百官公卿表》，第735页。
④ 《后汉书》卷23《窦融传》，第799页。
⑤ 《后汉书》卷73《公孙瓒传》，第2358页。
⑥ 《汉书》卷19上《百官公卿表七上》记载：武帝元狩三年（前120）以归附匈奴设置五属国时，其下层官员有"千人（长）"。第735页。辽东属国之下亦应保留乌桓（鲜卑）原有的邑落组织。

"始复置校尉于上谷宁城,开营府,并领鲜卑、赏赐质子,岁时互市焉"①。护乌桓校尉之下设有"长史一人,司马二人,皆六百石"②。东汉护乌桓校尉府设在上谷郡宁城县,在今河北张家口西北③。西汉时期护乌桓校尉任职者不见记载,东汉时期护乌桓校尉任职者见于史籍记载的为14人,见下表:

东汉时期护乌桓校尉任职者一览表

任职时期	官职	任职者	史料出处
明帝永平十五年(72)	护乌桓校尉	文穆	《后汉书》卷53
章帝建初六年(81)	护乌桓校尉	邓训	《后汉书》卷46
和帝永元六年(94)	护乌桓校尉	任尚	《后汉书》卷4
安帝永初初年(107)	护乌桓校尉	吴祉	《后汉书》卷5
安帝永初六年(112)	护乌桓校尉	邓遵	《后汉书》卷119
安帝建光年间(121)	护乌桓校尉	徐常	《后汉书》卷49
顺帝永建元年(126)	护乌桓校尉	耿晔	《后汉书》卷6
桓帝年间(147—167)	护乌桓校尉	李膺	《后汉书》卷87
灵帝熹平六年(177)	护乌桓校尉	夏育	《后汉书》卷8
灵帝中平二年(185)	护乌桓校尉	王元	《后汉书》卷78
灵帝中平四年(187)	护乌桓校尉	公綦稠	《后汉书》卷8
献帝初平年间(190—193)	护乌桓校尉	邢举	《后汉书》卷120
献帝年间(189—220)	护乌桓校尉	令狐某(名佚)	《三国志》卷16,注33引《魏略》
献帝建安四年(199)	护乌桓校尉	阎柔	《后汉书》卷103

护乌桓校尉府设置之初,是专门管理塞外归附汉朝的乌桓部落事务的机构。东汉复置的护乌桓校尉府,是管理迁居郡县内的乌桓、鲜卑部落与塞外归附汉朝的乌桓、鲜卑部落的机构。护乌桓校尉的职掌主要有如下方面:

其一,负责监领归附王朝的乌桓、鲜卑部落,使其"为汉侦候,助击匈

---

① 以上引文见《后汉书》卷90《乌桓鲜卑列传》,第2981—2982页。
② 《后汉书》志28《百官五》注引应劭《汉官仪》,第3626页。
③ 谭其骧主编:《中国历史地图集》第二册,中国地图出版社,1982年,第61—62页;田余庆:《拓跋史探》认为在"今河北万全境"。三联书店,2003年,第132页。

奴、鲜卑"①，这是设置护乌桓校尉的首要任务。东汉初年大批乌桓（部分鲜卑）部落迁居郡县之内以后，护乌桓校尉不仅令其为朝廷侦察侵扰边地郡县的匈奴和鲜卑的动静，而且率领郡内乌桓、鲜卑突骑参加朝廷对匈奴的大规模军事行动，永元六年（94），新降匈奴15部20余万人皆反叛，"遣行车骑将军邓鸿、越骑校尉冯柱、行度辽将军朱徽将左右羽林、北军五校士及郡国积射、缘边兵，乌桓校尉任尚将乌桓、鲜卑，合四万人讨之"②。并经常率领乌桓、鲜卑部落兵，打击反叛的乌桓、鲜卑部落，"和帝时，鲜卑大都护校尉厖帅部众从乌丸校尉任尚击叛者，封校尉厖为率众王"。阳嘉元年（132），"乌桓校尉耿晔使乌桓亲汉都尉戎末瘣等出塞，钞鲜卑，斩首，获生口财物"③。还有护乌桓校尉率领归附的南匈奴铁骑，打击反叛朝廷的鲜卑人的记载，"护乌桓校尉耿晔率南单于击鲜卑，破之"④。尤其在东汉末年，鲜卑诸部频繁寇抄郡县，护乌桓校尉率领乌桓、鲜卑兵出塞，打击反叛朝廷的鲜卑、乌桓、匈奴人的记载，不绝于史册。

其二，掌管乌桓、鲜卑大人朝见天子、纳贡、质子等事项。护乌桓校尉府建立之初就规定乌桓"大人岁一朝见"⑤。新近归附的乌桓、鲜卑部落往往通过护乌桓校尉向中央王朝表示臣附。乌桓、鲜卑为了表示归附中央王朝的诚意，自愿派遣部落大人的兄弟子侄到护乌桓校尉府"留质子"，在上谷宁城护乌桓校尉府处"筑南北两部质官，受邑落质者（百）二十部"⑥。以安置乌桓、鲜卑送到护乌桓校尉府的质子。

其三，掌管郡县地区官民与乌桓、鲜卑进行互市贸易等事务。自东汉光武帝时期起，在护乌桓校尉官府的治所宁城一带，"岁时互市"⑦。乌桓、鲜卑的社会经济具有较为单一的游牧经济特点，迫切需要对外进行经济交往，经济上的驱动力，促使他们积极与中原王朝建立朝贡关系。

---

① 《后汉书》卷90《乌桓鲜卑列传》，第2982页。
② 《后汉书》卷89《南匈奴列传》，第2956页。
③ 《三国志》卷30《魏书·乌丸鲜卑传》裴松之注引《魏书》，第837页；《后汉书》志21《天文中》，第3244页。
④ 《后汉书》卷6《顺帝纪》，第254页。
⑤ 《后汉书》卷90《乌桓鲜卑列传》，第2981页。
⑥ 《三国志》卷30《魏书·乌丸鲜卑传》裴松之注引《魏书》，第837页。
⑦ 《后汉书》卷90《乌桓鲜卑列传》，第2982页。

随着越来越多的乌桓、鲜卑部落迁入郡县，边地郡县居民中乌桓、鲜卑人的比重也日益加大，仅仅一个护乌桓校尉已无力管辖全部入居郡县内的乌桓、鲜卑人事务，于是乌桓、鲜卑部落所居郡县的地方官也负有掌管辖区内乌桓、鲜卑事务的职责。

第三节　东中部民族朝贡制度的建构与运作

秦汉王朝建立后，以"君临天下"的政治理念经营边疆统治，在东北边疆地区创建以中原王朝为中心的朝贡制度。这一时期，东北各族分布格局与先秦时期相比没有发生根本性的变化，汉代各族社会发展进入了一个新的历史阶段，东部与中部的秽貊族系率先发展起来，相继建立了夫余、高句丽政权；西部东胡族系的乌桓、鲜卑人建立了强大的军事部落联盟；东北部的肃慎族系则发展缓慢，仍处于分散的氏族部落社会阶段。两汉时期，随着东北边疆朝贡制度的建构与发展，朝贡成员不断增加，到东汉前期已基本囊括了东北边疆中南部所有较为发展的族群与政权。

建构边疆民族朝贡体制，是秦汉中央集权王朝在边疆民族地区建立政治统治关系的需要。秦汉统治集团以"尊华攘夷"为特征的"春秋大一统"思想为指导思想，对郡县之外社会经济发展相对落后、文化风俗迥异的边疆民族地区，实行羁縻统辖的朝贡制度，以建构天下独尊、华夷共主的政治体制。然而，秦汉时期是大一统王朝的初期阶段，中原王朝在东北边疆民族地区逐步建构起来的朝贡制度，尚处于草创时期。

日本学者西嶋定生认为册封体制的出现须具备一定的条件，首先是中国王朝的统一及对周边民族形成了政治权威，在华夷之辨的政治思想层面上，中华帝王将德治推及夷狄。其次是周边民族已经脱离了原始社会形态，政治社会发展到了一定程度，已确立了政治权威；或者出现了政治权力间的相互抗争，在这种背景下，周边民族便产生了与中国王朝权威结合的要求①。从汉朝建构整个东亚封贡体制的角度看，西嶋的观点大致不错。但从东北边疆地区朝贡体制建构的背景看，在某些方面与西嶋的看法存在一定的差异。

---

① ［日］西嶋定生：《西嶋定生東アジア史論集》第3卷《東アジア世界と册封體制》，岩波书店，2002年，第120—121页。

秦汉时期东北边疆有的族群的确已经脱离了原始社会，如朝鲜、夫余、高句丽等国；但有的族群仍处于原始社会阶段，如乌桓、鲜卑、沃沮、秽、挹娄等。在汉朝营建东北朝贡体制的几个主要时段内，史籍并不见记载各民族政治势力之间有相互激烈抗争、为寻求汉朝武力支持或保护而加入朝贡体制的现象，却有汉朝以武力迁徙乌桓使之纳入朝贡体制，打击那些阻止其他民族朝贡的朝贡国，以及打击反叛朝廷的朝贡成员的现象。汉朝东北民族朝贡的建构与运作，具有因俗而治、因地制宜、形式多样的特征。东北民族最早被纳入朝贡体制的是东部的朝鲜、真番。

一　卫氏朝鲜国朝贡制度的建构与运作

秦及西汉前期，被纳入王朝边疆朝贡体制下的东北东部民族，主要是先秦以来与中原王朝、诸侯国发生着各种政治关系的政权和部落，也就是《周礼》说的"四夷、八蛮、七闽、九貉、五戎、六狄之人民"①；荀子所说"同服不同制"的"蛮、夷、戎、狄之国"②。秦朝灭燕后，继承了燕国对边疆民族的宗主国地位，《魏略》云："及秦并天下，使蒙恬筑长城，到辽东。时朝鲜王否立，畏秦袭之，略服属秦，不肯朝会。"③ 朝鲜国是当时东北边疆唯一的地方政权，其社会发展水平与中原边地小诸侯国大致相同。朝鲜国王箕否虽表示服属秦朝，却因畏惧，不敢离开本国赴秦廷朝见始皇。对于朝鲜国与秦朝的臣属关系，西汉文帝时陈武等曾说："南越、朝鲜，自全秦时内属为臣子，后且拥兵阻阨，选蠕观望。"④ 从秦帝对朝鲜王"不肯朝会""拥兵阻阨"的行为听之任之看，朝鲜国与秦朝之间的朝贡关系比较疏松。

秦亡汉立，经楚汉之争后，至孝惠、高后时，天下初定，始令边郡长官代表朝廷招抚东北边疆民族。汉朝首先招谕的目标便是朝鲜国。西汉初年，朝鲜国曾发生政变，《史记·朝鲜列传》记载：

> 朝鲜王满者，故燕人也。自始全燕时尝略属真番、朝鲜，为置吏，

① 《周礼注疏》卷33《夏官司马·职方氏》，《十三经注疏》上册，第861页。
② ［清］王先谦：《荀子集解》卷12《正论篇第十八》，《诸子集成》第二册，第220页。
③ 《三国志》卷30《魏书·乌丸鲜卑东夷传》裴松之注引《魏略》，第850页。
④ 《史记》卷25《律书第三》，第1242页。

筑鄣塞。秦灭燕，属辽东外徼。汉兴，为其远难守，复修辽东故塞，至
测水为界，属燕。燕王卢绾反，入匈奴，满亡命，聚党千余人，魋结蛮
夷服而东走出塞，渡测水，居秦故空地上下鄣，稍役属真番、朝鲜、蛮
夷及故燕、齐亡命者王之，都王险。

燕人卫满推翻了传承一千多年的箕氏王国，取得了政权，国号仍称朝鲜，王
都王险城在今朝鲜平壤，史称"卫氏朝鲜"。日本学者三上次男认为卫满将
移住民和土著民纳入自己的势力之下，称朝鲜王的时间是在汉惠帝时期，即
公元前 2 世纪 90 年代①。朝鲜国与辽东郡相隔一水（测水，今朝鲜半岛的
清川江），辽东太守秉承朝廷旨意与朝鲜国建立了朝贡关系。《史记·朝鲜
列传》记载：

> 辽东太守即约满为外臣，保塞外蛮夷，无使盗边；诸蛮夷君长欲入
> 见天子，勿得禁止。以闻，上许之，以故满得兵威财物侵降其旁小邑，
> 真番、临屯皆来服属，方数千里。
> 传子至孙右渠，所诱汉亡人滋多，又未尝入见。真番旁众国欲上书
> 见天子，又拥阏不通。元封二年，汉使涉何谯谕右渠，终不肯奉诏。何
> 去至界上，临测水，使御刺杀送何者朝鲜裨王长，即渡，驰入塞，遂归
> 报天子曰"杀朝鲜将"。上为其名美，即不诘，拜何为辽东东部都尉。
> 朝鲜怨何，发兵袭攻杀何。

日本学者荆木计男认为西汉册封卫满的时间应在汉惠帝三年或四年（前
192 或前 191）期间②。从辽东太守与朝鲜国王卫满约定的内容，以及后来
汉朝责让朝鲜王卫右渠不遵守朝贡制度的内容看，汉朝东北民族朝贡制度的
成员应奉行的规则至少有如下 4 条：一是保塞安边，不得盗寇边郡；二是不
得阻止、妨碍其他朝贡成员的朝贡活动；三是不得诱留边郡汉民人口；四是
国王应适时诣阙朝贡。这次辽东太守招谕的对象还有辽东郡东北缘边被称为

---

①　［日］三上次男：《古代の西北朝鮮と衞氏朝鮮國の政治·社會的性格》，《古代東北アジア史研
究》，吉川弘文館，1966 年，3—22 页。
②　［日］荆木计男：《衞満朝鮮冊封について》，《朝鮮學報》第 115 辑，1985 年。

"诸蛮夷"的真番等族群,真番的分布地,丁谦认为"在今兴京(辽宁新宾)之南佟家江(浑江)之左右"①。随后,辽东太守将与朝鲜、真番等约定的条款上报朝廷,得到汉帝的批准后,双方建立了政治隶属关系,由辽东郡负责管理朝鲜、真番等族的朝贡事务。汉朝在东部边疆民族地区建立起最初的政治统辖关系。

朝鲜、真番、临屯等秽貊系族群相继成为朝贡制度成员后,作为朝贡成员的朝鲜国也从中获益,史称朝鲜王"得兵威财物",即依仗汉朝天威和通过朝贡活动获得的财物,很快强大起来,吞并"其旁小邑",甚至开始觊觎边郡的人口财物。孝文帝时期,将军陈武等议曰:

> 南越、朝鲜自全秦时内属为臣子,后且拥兵阻阸,选蠕观望。高祖时天下新定,人民小安,未可复兴兵。今陛下仁惠抚百姓,恩泽加海内,宜及士民乐用,征讨逆党,以一封疆。②

孝文帝以"匈奴内侵,军吏无功,边民父子荷兵日久","愿且坚边设候,结和通使,休宁北陲,为功多矣。且无议军"③。到武帝时,朝鲜国王不仅不肯诣阙朝贡,而且"诱汉亡人滋多","真番旁众国欲上书见天子,又拥阏不通"。于是发生了汉朝使臣与朝鲜国之间的冲突,引发了汉朝出兵灭朝鲜国。从上引史料看,朝鲜国与汉朝之间的朝贡关系是由辽东郡代为管理,遇有重要事件,则由中央派出官员出面处理,"元封二年,汉使涉何谯谕右渠"④。涉何是武帝派出的使者,后出任辽东郡东部都尉,专门负责管理东部边地事务,朝鲜因前怨出兵杀涉何,结果引来灭国之灾。

汉武帝元封三年(前108),汉出兵灭朝鲜国,"以其地为乐浪、临屯、玄菟、真番郡"⑤。朝鲜国与汉朝的朝贡关系也随之终结。

① 丁谦:《大韩疆域考》,转引自金毓黻《东北通史》,第70页。
② 《史记》卷25《律书》,第1242页。
③ 《史记》卷25《律书》,第1242页。
④ 《史记》卷115《朝鲜列传》,第2986页。
⑤ 《汉书》卷6《武帝纪》,第194页。

二　夫余国朝贡制度的建构与运作

夫余国是两汉时期东北边疆较大的地方政权。夫余国于何时建国？中外学界看法不一。关于夫余建国的年代，中国史书中没有明确记载，但在 13 世纪成书的朝鲜史书《三国遗事》卷 1《北夫余》引《古记》中记载："《前汉书》宣帝神爵三年壬戌（前 59）四月八日，天帝降于讫升骨城，乘五龙车，立都称王，国号北夫余。"因该书成书年代较晚，中国学界大多并不采用夫余建国于公元前 59 年一说。东汉王充的《论衡》记载了一则关于夫余建国的传说：

> 北夷橐离国王侍婢有娠，王欲杀之。婢对曰："有气大如鸡子，从天而下，我故有娠。"后产子，捐于猪溷中，猪以口气嘘之，不死。复徙置马栏中，欲使马藉杀之，马复以口气嘘之，不死。王疑以为天子，令其母收取奴畜之，名东明，令牧牛马。东明善射，王恐夺其国也，欲杀之。东明走，南至掩淲水，以弓击水，鱼鳖浮为桥。东明得渡，鱼鳖解散，追兵不得渡，因都王夫余，故北夷有夫余国焉。[①]

《三国志·魏书·东夷传·夫余》记载：

> 夫余，在长城之北，去玄菟千里，南与高句丽，东与挹娄，西与鲜卑接，北有弱水，方可二千里。户八万，其民土著，有宫室、仓库、牢狱。多山陵、广泽，于东夷之域最平敞。土地宜五谷，不生五果。……国之耆老自说古之亡人。作城栅皆员，有似牢狱。……其印文言"濊王之印"，国有故城名濊城，盖本濊貊之地，而夫余王其中，自谓"亡人"，抑有以也。

---

① 王充：《论衡》卷 2《吉验》，中华书局，1985 年，第 19 页。

前一则史料云：北夷橐离王子东明南走，渡掩淲水，建夫余国①。后一则史料又云：夫余国者老自说古之亡人，国有故城名濊城，夫余王于其中，并有"濊王之印"。由此为我们认识夫余国的由来、族属、地望提供了重要的信息。

"夫余"首次见于中国史籍记载是《史记·货殖列传》："上谷至辽东，地踔远，人民希，数被寇，大与赵、代俗相类，而民雕捍少虑，有鱼盐枣栗之饶。北邻乌桓、夫余，东绾秽貉、朝鲜、真番之利。"这里夫余与乌桓并提，乌桓原为匈奴属部，武帝元狩四年（前119），"武帝遣骠骑将军霍去病击破匈奴左地，因徙乌桓于上谷、渔阳、右北平、辽西、辽东五郡塞外，为汉侦察匈奴动静"②。显然汉武帝时期长城之北已有夫余国。上面所引《论衡》与《三国志》的记载描绘了橐离王子至秽貉之地建立夫余国的过程，国有故城名"濊城"，夫余王于其中，并有"濊王之印"。夫余王所持有的"濊王之印"应是汉朝册封赐予的，但查遍史书不见汉朝册封夫余王为"濊王"的记载，而且按照当时的惯例，汉帝册封边疆民族政权王时，通常是以其国号进行册封，即汉朝应册封夫余国王为"夫余王"，而不是"濊王"。如果不是汉朝册封的，夫余王所持之印来自何处？《汉书·武帝纪》记载：武帝元朔元年（前128）"东夷薉君南闾等口二十八万人降，为苍海郡。"师古曰："南闾者，薉君之名。"《后汉书》记载此事更为详细，"濊君南闾等畔右渠，率二十八万口诣辽东内属，武帝以其地为苍海郡，数年乃罢"③。日本学者栗原朋信推定"濊王之印"是汉武帝设置苍海郡是授给濊君南闾的，认为这时夫余的势力可能扩大到鸭绿江方面濊人地区④。神崎胜认为这一推测若能成立，获得濊王印的夫余将其王城称为濊城，拥有对濊人的宗主权⑤。我赞同"濊王之印"是汉武帝时授予濊君南闾的印。《汉书·地理志》

---

① 李新全：《高句丽建国传说史料辨析》认为王充在《论衡·吉验篇》中为了阐明"吉人自有天相，并能得到天助"这一宿命论的观点，叙述了东北地区的这一传说，但他把夫余国王的侍婢误成了北夷橐离王侍婢，把卒本夫余同汉魏夫余混为一谈。这则传说实际上是高句丽始祖东明（朱蒙、邹牟）的建国传说。后世一些史家和学者把本是高句丽的建国传说误认为是夫余的建国传说，历史上并不存在北夷橐离国。参见《东北史地》2010年第5期。这一看法否定了学界的传统观点，可备一说。

② 《后汉书》卷90《乌桓鲜卑列传》，第2981页。

③ 《后汉书》卷85《东夷传·濊》，第2817页。

④ ［日］栗原朋信：《文献にあらわれたる秦漢璽印の研究》，《秦漢史研究》，吉川弘文馆，1960年。

⑤ ［日］神崎胜：《夫餘の歴史に関する覺書》上，《立命館文學》542号，1995年。

记载，西汉辽东郡有人口"户五万五千九百七十二，口二十七万二千五百三十九"。辽东郡是汉朝东北大郡，南闾所率 28 万人与辽东郡人口大体相当，这在当时是一个相当可观的人口数字，在武帝接受沙君归附设立苍海郡时，很可能赐沙君以王印。若比照同时期受册封的滇王事例，授其印文为"沙王之印"，可以讲得通。

但此时夫余刚刚建国，东南有强大的卫氏朝鲜国，夫余向外扩张征服沙君南闾的可能性不大，我认为可能是朝鲜王依仗兵威役属邻近弱小部族，武帝元朔元年（前 128）南闾是为了脱离朝鲜王的控制率众诣辽东内属。沙人是东北地区土著，主要分布在东北的东部地区，自先秦以来第二松花江流域的土著民即是沙人，沙君南闾所统领 28 万沙人部众与第二松花江流域的沙人是否有关系，有何关系，已无从得知。东汉人服虔曰："秽貊在辰韩之北，高句丽沃沮之南，东穷于大海。"[1] 然服虔所云为东汉朝鲜半岛东部沿海之沙人，与西汉时期沙人分布状况已有很大变化。武帝于南闾之地设置苍海郡，大约因"苍海"之名有人认为苍海郡应邻近大海。但从历史上看，靺鞨人大祚荣据守东牟山建震国，唐朝册封其为渤海郡王，其地远离大海。因此，苍海郡未必一定在海边。汉朝于武帝元朔三年（前 126）春，"罢苍海郡"[2]。估计在汉朝撤销苍海郡后，乌桓迁到五郡塞外之前，即公元前 126—120 年左右，橐离王子至沙人之地建立了夫余国。推测其后沙君因不堪朝鲜王的役属投靠了夫余王，将"沙王之印"献给了夫余王。"沙王"当为汉朝授给沙君南闾的封号，后为夫余王所承用，故夫余王持有"沙王之印"。这只是一个假设，希望今后能有出土材料揭开夫余王所持"沙王之印"的来历之谜。

夫余王出自北夷橐离国，王族有"古之亡人"之说。南朝刘宋人范晔作《后汉书·东夷传·夫余》时也收入了《论衡》记载的夫余国建国传说。那么橐离国在今何地？学界有各种不同看法，张博泉先生认为在黑龙江与松花江合流处以北，博朗湖以西，布列亚河以东地区[3]。干志耿认为橐离在今嫩江下游和松花江中游以北地，约当今呼嫩平原，为嫩江、松花江及呼兰

---

①　《汉书》卷 6《武帝纪》服注，第 169 页。

②　《汉书》卷 6《武帝纪》，第 171 页。

③　张博泉：《〈魏书·豆莫娄传〉中的几个问题》，《黑龙江文物丛刊》1982 年第 2 期。

河、乌裕尔河流域之广阔平野，嫩江流域的白金宝文化即是橐离文化①。王绵厚认为黑龙江宾县庆华古城是橐离王城，其地域在拉林河和东流松花江之间松江平原东部，张广才岭以西地区②。李延铁、于建华支持王绵厚关于橐离国地域的看法，但指出根据考古发掘情况看，庆华古城压在遗址之上，古城的年代可能已晚至东汉初或更晚，将其定为索离（即橐离）国王城是不妥当的③。由于史书没有关于橐离国地理环境的记载，学者们一般是依据对夫余国地理及考古学文化的认识来推论橐离国的所在地。

那么北夷橐离国王子东明渡掩淲水所建的夫余国在今何地？《三国志·魏书·东夷传·夫余》记载："夫余，在长城之北，去玄菟千里，南与高句丽、东与挹娄、西与鲜卑接，北有弱水，方可二千里，户八万。"关于这条史料的解读学界主要有两种观点，一是以张博泉先生为代表，认为夫余国南界距玄菟郡千里，以松嫩平原为中心，南到拉林河，西至大兴安岭东麓，北抵"弱水"指黑龙江④。二是以李健才为代表，认为夫余王城据玄菟郡千里，以第二松花江流域为中心，南至辉发河上游分水岭一带，北抵"弱水"指东流松花江，在今黑龙江境内通河以西的东流松花江西段，东至张广才岭，西到今吉林省白城地区⑤。后一种观点为多数学者所采纳。虽然两汉时期第二松花江流域地区考古学文化是夫余文化已为学界所认同，但是由于这一时期相关地区已发表的考古发掘材料有限，松嫩平原考古学文化面貌还不十分清晰，如上引文云夫余国"作城栅皆员，有似牢狱"⑥。在拉林河以北发现一些圆形城址，北自乌裕尔河流域南到东流松花江两岸地区之间，发现

① 干志耿：《古代橐离研究》，《民族研究》1984年第2期。王禹浪支持这一观点，认为黑龙江巴彦王脖子山遗址可能是橐离国王都（王禹浪、李彦君：《北夷"索离"国及其夫余初期王城新考》，《黑龙江民族丛刊》2003年第1期）。其后又修正了他此前的看法，认为今黑龙江克东县城西北乌裕尔河左岸金代蒲峪路故城，极有可能是橐离王城（王禹浪：《乌裕尔河流域的历史与文化——以北安市为中心》，《哈尔滨学院学报》2011年第7期）。
② 王绵厚：《东北古代夫余部的兴衰及王城变迁》，《辽海文物学刊》1990年第2期。
③ 李延铁、于建华：《从索离沟的考古发现看古索离国的地望》，《北方文物》2010年第2期。
④ 张博泉：《夫余史地丛说》，《社会科学辑刊》1981年第6期。
⑤ 李健才：《夫余的疆域和王城》，《社会科学战线》1982年第4期。李健才推定夫余王城在今吉林省吉林市附近的龙潭山古城或东团山古城及其南麓的南城子古城。武国勋进一步提出吉林市东团山"南城子"古城是夫余王城，经实地勘测证实南城子古城是一座圆形古城，符合夫余城的"圆栅"之制。参见是氏《夫余王城新考——前期夫余王城的发现》，《黑龙江文物丛刊》1983年第4期。
⑥ 《三国志》卷30《魏书·东夷传·夫余》，第841页。

了系列性的大小不等的多处椭圆形古城或聚落堡寨遗址，如前面提及的庆华古城等①。目前学界多将其划入橐离文化圈，认为夫余人建城形制是源于橐离人。然而这些都是考古调查材料，并没有进行科学考古发掘，对上述遗址的年代还没有清楚的认识，夫余文化是否存在区域性？在对夫余文化的考古学内涵和分布地域得出清晰认识之前，还不能完全将松嫩平原排除夫余文化范围。因此，关于夫余国的地域还不能完全否定第一种观点。

夫余国大约建立于汉武帝时期，其国民以涉人为主，社会发展水平已进入早期国家形态，《三国志·魏书·东夷传·夫余》记载：

> 国有君王，皆以六畜名官，有马加、牛加、猪加、狗加、大使、大使者、使者。邑落有豪民，名下户皆为奴仆。诸加别主四出，道大者主数千家，小者数百家。食饮皆用俎豆。会同、拜爵、洗爵，揖让升降。以殷正月祭天，国中大会，连日饮食歌舞，名曰迎鼓，于是时断刑狱，解囚徒。……用刑严急，杀人者死，没其家人为奴婢。窃盗一责十二。……有军事亦祭天，杀牛观蹄以占吉凶，蹄解者为凶，合者为吉。有敌，诸加自战，下户俱担粮饮食之。

汉时，夫余国公共权力已经形成，有君王、官吏、刑狱、军队、礼仪，社会基层组织为邑落，社会分层鲜明，形成大人、豪民、下户、奴婢不同等级，具有富有特色的风俗文化。

从《史记·货殖列传》的记载看，夫余国最晚在汉武帝时期已经与汉朝发生关系，但是否已成为东北边疆民族朝贡体制中的成员，尚不能确定。《汉书·王莽中》记载："莽策命曰：'普天之下，迄于四表，靡所不至。'其东出者，至玄菟、乐浪、高句骊、夫余。"这表明最晚王莽时期夫余已成为东北民族朝贡制度成员。

两汉时期，夫余国是继朝鲜国后东北各族中社会发展最为先进的地方政权，在东北朝贡成员中谨守朝贡制度规则，与汉朝的关系最为密切，汉朝也给予夫余王以较高规格的待遇。《三国志·魏书·东夷传·夫余》记载：

---

① 王禹浪：《乌裕尔河流域的历史与文化——以北安市为中心》，《哈尔滨学院学报》2011年第7期。

> 汉时，夫余王葬用玉匣，常豫以付玄菟郡，王死则迎取以葬。公孙
> 渊伏诛，玄菟库犹有玉匣一具。今夫余库有玉璧、圭、瓒数代之物，传
> 世以为宝，耆老言先代之所赐也。其印文言"濊王之印"。

所谓"玉匣"即汉朝诸侯王去世时所用的葬服，已为现代考古发现所证明，如河北满城西汉中山靖王刘胜墓出土的"金缕玉衣"①，江苏徐州西汉楚王刘和墓出土的"银缕玉衣"②，广州南越王墓出土的"丝缕玉衣"③，现代人所说的"玉衣"即为汉代人所说的"玉匣"。夫余王作为藩属诸侯从汉朝领受的玉匣，当与南越王同，即为"丝缕玉衣（匣）"。夫余国库所存玉璧、圭、瓒等数代之物，如夫余耆老所言为中原王朝所赐，其中当不乏汉帝所赐之物，其中"濊王之印"如前面所考或为汉朝赐予濊君南闾，后为夫余王所得，汉朝因之册封其为"濊王"。

两汉时期，夫余国朝贡事务由玄菟郡掌管，夫余岁时遣使诣郡朝贡。按照汉朝边疆民族朝贡制度的规定，夫余国王应适时诣阙朝贡。西汉时期不见关于夫余国遣使诣阙朝贡的记载④，东汉顺帝时，夫余王本人曾亲自诣阙朝贡，"永和元年（136），其（夫余）王来朝京师，帝作黄门鼓吹、角抵戏以遣之"。从汉朝接待夫余王的隆重仪式上，可看出汉帝对夫余王朝贡比较重视，这应与夫余国能够谨守朝贡制度的规则有一定关系。早在夫余王赴京朝贡之前，曾派遣嗣子诣阙朝贡，"永宁元年（120），（夫余王）乃遣嗣子尉仇台诣阙贡献，天子赐尉仇台印绶金綵"⑤。汉安帝赐予夫余王嗣子什么官号？印文为何？恐怕只能寄希望于将来的考古发现了。据史籍记载统计，夫余王曾4次遣使到京师朝贡，分别是光武帝建武二十五年（49）、安帝延光元年（122）、桓帝延熹四年（161）、灵帝熹平三年（174）⑥。夫余人诣京朝贡次数不多，这与汉朝对夫余国实行诣边郡朝贡为主的规定有关。

---

① 中国社会科学院考古研究所、河北省文物管理处编：《满城汉墓发掘报告》，文物出版社，1980年。

② 李银德：《徐州发现西汉早期银缕玉衣》，《东南文化》2000年第2期。

③ 卢兆荫：《南越王墓玉器与满城汉墓玉器比较研究》，《考古与文物》1998年第1期。

④ 《史记》《汉书》中几乎不见关于藩属诣阙朝贡的记载，这或与史家不记或少记这类事迹有关。

⑤ 上述引文见《后汉书》卷85《东夷传·夫余》，第2812页。

⑥ 《后汉书》卷1下《光武帝纪》第77页、卷5《安帝纪》第234页、卷7《桓帝纪》第309页、卷85《东夷传·夫余传》第2812页。

　　从考古学文化研究成果看，夫余国纳入朝贡制度以后汉文化传播到夫余地区，并产生了强烈影响，以吉林市为中心，南到通化地区北部，夫余文化明显吸纳了较多的汉文化因素，如在榆树老河深二期文化出土了汉式铁制的生产工具镬、锸、凿；四乳四蟠纹镜、四乳八鸟纹镜、四神规矩镜、七乳七兽纹镜、鎏金铜带钩和错银铜带钩，以及五铢钱等①；吉林市冒儿山夫余墓葬中曾出土精美的漆奁盒、耳杯、勺和丝织品等②。在夫余国的中心地今吉林市地区，甚至发现单纯的汉文化遗存，李文信认为出土于龙潭山车站至东团山子间之铁道两侧的汉族文化遗物，种类多，出土范围广，此绝非东北土著民所有，为汉人移住此地颇久，人数甚多，毫无容疑③。若如李文信所言在夫余地区出现了汉人聚居点，说明夫余与宗主国之间的关系是很密切的。

　　安帝建光元年（121）秋，高句丽王宫"率马韩、涉貊数千骑围玄菟。夫余王遣子尉仇台将二万余人，与州郡并力讨破之，斩首五百余级"④。夫余建国早于高句丽，国力也比高句丽强大，夫余王主动出兵与州郡兵合力击败反叛寇边的高句丽人，为保塞安边尽到了朝贡成员的责任。

　　然夫余国也并非没有反叛行为，两汉时期夫余寇边郡事件，见于记载有二次：

　　　　安帝永初五年（111），夫余王始将步骑七八千人寇抄乐浪，杀伤吏民，后复归附。
　　　　（桓帝）永康元年（167），（夫余）王夫台将二万余人寇玄菟，玄菟太守公孙域击破之，斩首千余级。⑤

　　两代夫余王起兵寇抄乐浪、玄菟郡的原因不详，但从出兵数量看，不是小规模的抢掠财物、人口，而是较大规模的冲突，这或许与民族矛盾、政治歧视有关。

---

　　①　吉林省文物考古研究所：《榆树老河深》，文物出版社，1987年。
　　②　吉林省文物考古研究所：《田野考古集萃——吉林省文物考古所成立二十五周年纪年》，文物出版社，2008年，第6—7页。
　　③　李文信：《吉林市附近之史迹及遗物》，《历史与考古》沈阳博物馆专刊第1期，1946年10月。
　　④　《后汉书》卷85《东夷传·高句骊》，第2715页。
　　⑤　《后汉书》卷85《东夷传·夫余》第2812页、卷7《桓帝纪》第319页。

夫余本属玄菟郡管辖，献帝时，夫余王求改属辽东郡。其中原因如《三国志》所云："夫余本属玄菟。汉末，公孙度雄张海东，威服外夷，夫余王尉仇台更属辽东。"献帝时，公孙度割据辽东，籍田、治兵，"东伐高句骊，西击乌丸，威行海外"，"自立为辽东侯、平州牧"①。夫余投靠公孙氏，以求得到保护。但陈寿所记此时夫余王为尉仇台，这与《后汉书》记载安帝永宁元年（120）夫余王嗣子尉仇台同名，从一年后尉仇台率二万人与州郡兵合力击破高句丽军的记载看，这时的尉仇台至少也是一个20多岁的青年人。公孙度割据辽东的时间是献帝初年到建安九年卒（189—204），如果两个尉仇台是一人，这时的尉仇台已经是百岁老人了，这显然是不可能的。因此，《后汉书》与《三国志》的记载除非是两人重名，否则必有一误。

夫余国的北面，分布着肃慎族系的挹娄人。两汉时期，挹娄人始终臣属于夫余国，《三国志·魏书·东夷传·挹娄》记载：

> 挹娄……古之肃慎氏之国也。善射，射人皆入目。矢施毒，人中皆死。出赤玉、好貂，今所谓挹娄貂是也。自汉已来，臣属夫余，夫余责其租赋重，以黄初中叛之。夫余数伐之，其人众虽少，所在山险，邻国人畏其弓矢，卒不能服也。其国便乘船寇盗，邻国患之。东夷饮食类皆用俎豆，唯挹娄不，法俗最无纲纪也。

夫余国向挹娄人责取"租税"，挹娄人向夫余国贡纳"赤玉好貂"。夫余国作为汉朝的朝贡制度成员，又有自己的藩属部落，这种现象在汉朝边疆朝贡体系内并不鲜见。李大龙在研究汉唐藩属体制时已经注意到这种现象，他指出汉唐王朝宗藩体制内，一些边疆民族政权往往有自己的藩属体系，可称为"亚藩属体制"。两种藩属体制不属于一个层次，后者从属于前者②。

三 高句丽国朝贡制度的建构与运作

"高句丽"又作"高句骊"，其名始见于西汉。汉武帝灭朝鲜侯国之后，

---

① 《三国志》卷30《魏书·东夷传·夫余》第842页、卷8《魏书·公孙度传》第252页。
② 李大龙：《汉唐藩属体制研究》，中国社会科学出版社，2006年，第534—535页。

"以其地为乐浪、临屯、玄菟、真番郡"①。玄菟郡初治沃沮城，日本学者稻叶岩吉认为在今朝鲜咸镜北道的镜城，金毓黻赞同之；《中国历史地图集》认为在今朝鲜咸镜南道的咸兴②。汉昭帝正始五年（前82），"罢临屯、真番，以并乐浪、玄菟。玄菟复徙居句骊"③。《汉书·地理志》曰：玄菟郡下设高句骊、上殷台、西盖马三县，"户四万五千六，口二十二万一千八百四十五"，所辖人户多"句骊蛮夷"。"高句丽"始以县名见著于史籍，以所辖土著民多"句骊"人而命名。西汉玄菟郡的辖区在吉林省哈达岭以南地区，通化县赤柏松汉代山城地处今吉林与辽宁东部的通化、新宾、桓仁三县交通要冲，应是玄菟郡属县治所④。从玄菟郡仅设三县，所辖人口达22万之多，说明这里统辖机制与内地郡县不同，应是保留当地土著民原有的社会组织和风俗文化实行羁縻统辖形式。

西汉末年，松花江中上游的夫余人朱蒙率人进入汉玄菟郡内较为偏僻的山谷间——句骊夷聚居地，征服了当地的部落，元帝建昭二年（前37），建立王国，以玄菟郡治高句丽县名为国名，号称"高句丽国"，其王城在今辽宁桓仁县境内。西汉王朝允许边郡地区存在土著民的王国，如西南的滇国、夜郎国等，由边郡进行羁縻统辖。汉朝以玄菟郡统辖管理高句丽事务，"赐鼓吹技人，常从玄菟郡受朝服衣帻，高句丽令主其名籍。后稍骄恣，不复诣郡，于东界筑小城，置朝服衣帻其中，岁时来取之，今胡犹名此城为帻沟溇。沟溇者，句丽名城也"⑤。关于高句丽县令管理的高句丽是不是朱蒙建立的高句丽国，西汉王朝是否对高句丽国主进行册封，封号是什么，学界有较大的分歧，不可不辨。

首先，关于高句丽县令所辖高句丽与高句丽国是什么关系，主要有二种看法：一是认为二者分别是两个高句丽国。丁谦是这一看法的提出者，他认为玄菟郡所辖的是古高句丽国，朱蒙建立的高句丽国在今朝鲜平安道东界万

① 《汉书》卷6《武帝纪》，第194页。
② 金毓黻：《东北通史》，第69、70、73页；谭其骧主编：《中国历史地图集》第二册，中国地图出版社，1982年，27—28页。
③ 《后汉书》卷85《东夷传·东沃沮》，第2817页。
④ 吉林省文物考古研究所：《田野考古集萃——吉林省文物考古研究所成立二十五周年纪念》，文物出版社，2008年，第6、41页。
⑤ 《三国志》卷30《魏书·东夷传·高句丽》，第843页。

山之中①。后有学者赞成之，近年朴灿奎进一步论证玄菟郡高句丽县所辖的高句丽侯国，即是朝鲜史书《三国史记》中的沸流国，塞外朱蒙另建立一个独立的高句丽国②。二是认为二者是同一个高句丽国。这是目前中国学界的通说，朱蒙以玄菟郡内的句骊人建国，受汉朝册封，由高句丽县管理。张博泉先生认为高句丽国与高句丽族是两个概念，在高句丽国建立之前，高句丽人分布在玄菟郡内不同地区，高句丽县所在地的句丽即是先秦的高夷（后来的消奴部），又有大水（浑江中下游）的句丽是朱蒙建国的句丽部落，此外还有小水的句丽。朱蒙建国后第二年征服沸流水高句丽部落，高句丽五部始形成③。张先生认为高句丽有不同部，但高句丽国只有一个。我赞同后一种观点，高句丽建国前，玄菟郡各县管理分散的句丽部落朝贡事务，高句丽国建立后由玄菟郡所在地高句丽县管理高句丽国"名籍"与朝贡事务，赐给高句丽国主"鼓吹技人"，令其"从玄菟郡受朝服衣帻"。即使在高句丽国主"骄恣"不肯诣郡朝贡时，还在"东界筑小城，置朝服衣帻其中，岁时来取之"。

　　其次，西汉王朝是否对高句丽国主进行册封，封号是什么？《汉书·王莽传》有一段重要记载：

　　　　先是，莽发高句骊兵，当伐胡，不欲行，郡强迫之，皆亡出塞，因犯法为寇。辽西大尹田谭追击之，为所杀。州郡归咎于高句骊侯驺。严尤奏言："貉人犯法，不从驺起，正有它心，宜令州郡且尉安之。今猥被以大罪，恐其遂畔，夫余之属必有和者。匈奴未克，夫余、秽貉复起，此大忧也。"莽不尉安，秽貉遂反，诏尤击之。尤诱高句骊侯驺至而斩焉，传首长安。莽大说，下书曰："……其更名高句骊为下句骊，布告天下，令咸知焉。"于是貉人愈犯边，东北与西南夷皆乱云。

――――――――――

　　① 丁谦：《后汉书东夷传地理考证·附高句骊国有二考》，《蓬莱轩地理学丛书》，浙江图书馆刊行，民国四年（1915），第7页。

　　② 朴灿奎：《王莽朝高句丽记事的诸史料辨析——王莽朝高句丽记事与高句丽侯驺考（上）》，《延边大学学报（社会科学版）》2000年第3期。

　　③ 张博泉：《夫余与高句丽论集》，吉林文史出版社，2011年，第116—117、121、139页。

　　朝鲜史书《三国史记》将此事系于琉璃明王三十一年（12），但将"高句丽侯骀"改为"将延丕"①。关于高句丽侯骀是不是高句丽国主，是哪个高句丽国主，学界多有论述，李大龙对此有所梳理，他根据宋人曾巩《元丰类稿》和《续资治通鉴长编》记载高句丽王世系中有"骀"（此据高丽使者上表所提供），认为高句丽侯骀是高句丽王，《三国史记》删掉骀的事迹，是为了掩盖高句丽王被杀的事实②。我赞同骀是高句丽国主的看法，但不赞同学界普遍认为西汉王朝册封高句丽国主为"王"到王莽时改为"侯"的看法。据《三国史记》记载高句丽国自建立（前37）直到太武大王二十二年（74）用了百余年的时间才完成对高句丽、貊（貉）各部的统一，高句丽建国初年仅是玄菟郡境内一个弱小的部落联盟体，西汉王朝对高句丽国主的册封是"高句丽侯"，而不是"高句丽王"。《汉书·王莽中》记载派使者四出改四夷称王者为侯时，并无改高句丽王为侯的事迹，陈寿注意到这一点，故《三国志·高句丽传》云：高句丽"当此时为侯国"。其后王莽所改的是高句丽国号，"更名高句骊为下句骊"，而不是高句丽国主的封号。

　　那么骀是高句丽的第几位国主？据曾巩《元丰类稿》所载骀是高句丽的第四位国主③，《三国史记》记载高句丽国主无"骀"名，但将《汉书》所记高句丽侯骀的事迹系于第二代国主琉璃明王时期。从前举史料记载看，高句丽侯骀与下一代国主交替时期，正是高句丽国由塞内封国转为塞外政权时期。在高句丽侯骀及其以前的时代，高句丽国由玄菟郡高句丽县令主其"名籍"，汉朝赐予高句丽国主"朝服衣帻"，遇战事郡长官"发高句骊兵"，若高句丽兵"不欲行，郡强迫之"，高句丽军队出现叛乱，"州郡归咎于高句骊侯骀"，这都展现了高句丽国作为塞内边地封国，受当地郡县管理的统辖关系。而当王莽将严尤诱斩高句骊侯骀之后，高句丽人皆亡出塞，这正与《三国史记》记载高句丽国迁王城之事契合。因此我认为如果《三国史记》记载琉璃王二十二年（3），"迁都于国内，筑尉那岩城"④的时间无误的话，

---

　　① ［高丽］金富轼撰：《三国史记》卷13《高句丽本纪第一·琉璃明王》，杨军校勘，吉林大学出版社，2015年，第182页。
　　② 李大龙：《关于高句丽侯骀的几个问题》，《学习与探索》2003年第5期。但文中关于张博泉先生认为有两个高句丽国的叙述有误。
　　③ ［宋］曾巩：《元丰类稿》卷31，上海商务印书馆，民国二十六年（1937），第347页。
　　④ ［高丽］金富轼撰：《三国史记》卷13《高句丽本纪第一·琉璃明王》，杨军校勘，第179页。

琉璃明王迁都（新王城在今吉林集安境内）以前事迹当为高句丽侯驹在位时期的事迹，那么驹可能是高句丽国第二位国主。当然《元丰类稿》记载高句丽国主的世系也可能无误，《三国史记》记载琉璃明王在位时间或高句丽迁王城的时间有误。高句丽出塞后，愈加犯边，造成东北高句丽与西南夷叛乱相呼应的局面。

光武帝重建汉王朝后，建武八年（32），高句丽国主遣使朝贡。《三国志·魏书·高句丽传》云"始见称王"；《后汉书·高句骊传》云"光武复其王号"。朴灿奎据《三国志》记载认为汉朝并不知高句丽的最高统治者已经称王，而只是通过朝贡得知了这一点①。我赞成高句丽王自行称王的看法，高句丽出塞之后，国主在对外交往时不再使用汉朝册封的封号"高句丽侯"，而自行称"王"，光武帝因之册封高句丽国主为"高句丽王"，这一封号高于西汉王朝所授的"侯"，以示特别恩宠与怀柔。光武所复王号，当是由"下句骊"恢复为"高句骊"。东汉时期，东北民族朝贡的地点与西汉时期相同仍以边郡为主，朝廷只要求朝贡国的国主要适时诣阙朝贡，通常朝贡成员遇有大事才诣阙朝贡。塞外的高句丽仍岁时诣玄菟郡（曾一度诣辽东郡）朝贡。由于高句丽失去了在郡县内居住的优遇条件，其生活环境多大山深谷，无原泽良田，虽力佃作，不足以实口腹，为了解决物质需求，高句丽王往往是一面遣使朝贡，一面派兵寇掠边郡。现将高句丽对汉朝贡与对汉战争列表如下：

高句丽对东汉王朝朝贡与战争一览表

汉帝	高句丽王	汉朝纪年	西历	朝贡	战争	史料出处
光武帝	大武神王	建武八年	32	遣使朝贡，光武复其王号。		《后汉书》卷85
光武帝	闵中王	建武二十三年	47	句骊蚕支落大加戴升等万余口诣乐浪内属。		《后汉书》卷85
光武帝	慕本王	建武二十五年	49	高句丽上貂裘好马，帝辄倍其赏赐。	句骊寇右北平、渔阳、上谷、太原，辽东太守祭肜以恩信招之，皆复款塞。	《后汉书》卷20、卷85

① 朴灿奎：《王莽朝高句丽记事的诸史料辨析——王莽朝高句丽记事与高句丽侯驹考（上）》，《延边大学学报（社会科学版）》2000年第3期。

续表

汉帝	高句丽王	汉朝纪年	西历	朝贡	战争	史料出处
和帝	太祖大王宫	元兴元年	105		高句骊寇辽东郡，掠六县。	《后汉书》卷4
殇、安帝之间	太祖大王宫	延平元年永初元年	106 107		数寇辽东	
安帝	太祖大王宫	永初三年	109	遣使贡献。		《后汉书》卷5
安帝	太祖大王宫	永初五年	111	宫遣使贡献，求属玄菟。		《后汉书》卷85
安帝	太祖大王宫	元初五年	118		王与猇貊袭汉玄菟。焚烧候城，入辽隧。	《三国志》卷30
安帝	太祖大王宫	建光元年	121		高句骊、马韩、秽貊围玄菟城，夫余王遣子与州郡并力讨破之。	《后汉书》卷85
安帝	次大王遂成	延光元年	122	遣使贡献。		《后汉书》卷5
安帝	次大王遂成	延光三年	124	遣使入汉朝贡。		《三国史记》卷15①
顺、桓帝之间	新大王伯固	建康元年—建和元年	144—147		袭汉辽东西安平县，杀带方令，掠得乐浪太守妻子。	《三国志》卷30②
桓帝末	新大王伯固	永康元年	167		鲜卑、南匈奴及高句骊王伯固并叛，为寇钞。③	《后汉书》卷51

---

① ［高丽］金富轼撰：《三国史记》卷15《高句丽本纪三》将此事系于太祖大王七十二年（124），第194页；《后汉书·东夷传·高句骊》云：建光元年，"是岁宫死，子遂成立"。《后汉书》成书于刘宋时期，《三国史记》成书于南宋时期，当以《后汉书》记载为是。

② ［高丽］金富轼撰：《三国史记》卷15《高句丽本纪三》将此事系于太祖大王九十四年（146），第196页；卷16《高句丽本纪》记载新大王伯固继位时间为汉桓帝延熹八年（165），第199页，与《三国志·魏书·高句丽传》记载时间不合，《三国志》成书于西晋，年代早于《三国史记》近千年，当以《三国志》记载为是。

③ "高句骊王伯固"，《后汉书》卷51《桥玄传》原作："高句骊嗣子伯固。"据本书卷85《东夷传·高句骊》记载：顺帝阳嘉元年（132）以前，伯固已经继任高句丽王。并参照《三国志》此时伯固当为高句丽王，改正之。

续表

汉帝	高句丽王	汉朝纪年	西历	朝贡	战争	史料出处
灵帝	新大王伯固	建宁元年	168		鲜卑及秽貊寇幽并二州	《后汉书》卷8
灵帝	新大王伯固	建宁二年	169	玄菟太守耿临讨之，斩首虏数百级，伯固降，属辽东。		《三国志》卷30
灵帝	新大王伯固	熹平中	172—177	伯固乞属玄菟。		《三国志》卷30
献帝	新大王伯固	建安中	196—203	伯固遣大加优居、主簿然人等助公孙度击富山贼，破之。	伯固数寇辽东，又受亡胡五百余家。	《三国志》卷30
献帝	山上王伊夷模	建安中	205—219		公孙康出军击之，破其国，焚烧邑落。	《三国志》卷30

据上表统计，东汉时期高句丽曾 7 次遣使诣阙朝贡，有 6 次是在反叛之后重新归附汉朝之时，如建武二十五年（49），"句骊寇右北平、渔阳、上谷、太原，而辽东太守祭肜以恩信招之，皆复款塞"，高句丽"上貂裘好马，帝辄倍其赏赐"①。可知高句丽向汉朝贡纳的物品主要是貂裘、马匹。高句丽王本人并没有遵守适时诣阙朝贡的规定，是东汉王朝东北朝贡体制下不太安分的成员之一。

汉朝出于传统的"天下观"和营建华夷大一统王朝的政治理念，建构东亚朝贡体制，采取怀远招徕政策经营着边疆朝贡制度，对于朝贡成员叛服无常表现出十分宽容的态度，只要反叛者重新愿意归附，汉朝都给予接纳，并给予册封和赏赐。安帝元初五年（118）高句丽出兵袭玄菟，焚烧、抄掠辽东郡的候城、辽隧县，连年数寇二郡。汉朝以"（高句丽王）宫为二郡害，兴师伐之"②，辽东、玄菟二郡与朝贡成员夫余国合兵大败高句丽③。这年，高句丽王宫卒。翌年，新继位的高句丽王遂成诣玄菟降，还汉生口，并

---

① 《后汉书》卷 85《东夷传·高句骊》第 2814 页、卷 20《祭肜传》第 745 页。

② 《三国志》卷 30《魏书·东夷传·高句丽》，第 844—845 页。

③ 《后汉书》卷 85《东夷传·高句骊》，第 2814 页。

遣使赴京朝贡，安帝诏曰：

> 遂成等桀逆无状，当斩断菹醢，以示百姓，幸会赦令，乞罪请降。鲜卑、秽貊连年寇钞，驱略小民，动以千数，而裁送数十百人，非向化之心也。自今已后，不与县官战斗而自以亲附送生口者，皆与赎直，缣人四十匹，小口半之。①

安帝此次下诏是采纳了尚书陈忠的建议，对高句丽王"责让前罪，赦不加诛"，以缣帛赎买被高句丽掠夺的人口，前提是"不与县官战斗"，做安分守己的朝贡成员。汉朝对其实行以安抚为主的政策，目的是为了"取其后善"②，维护边郡安宁。之后，二十余年高句丽保塞无事。

东汉中期以后，高句丽逐渐强盛，不断出兵征服周边弱小的族群，其东邻沃沮人"遂臣属句丽。句丽复置其中大人为使者，使相主领，又使大加统责其租税，貊布、鱼、盐、海中食物，千里担负致之，又送其美女以为婢妾，遇之如奴仆"。到东汉末，朝鲜半岛东部的秽人也"更属句丽"③。可见，在东汉中后期，高句丽也形成了自己的朝贡体系，因高句丽为汉朝的朝贡成员，可视为从属于汉朝朝贡制度的亚朝贡体系。在汉代高句丽无论弱小还是强盛，即便是不断寇钞边郡时期，都没有脱离汉王朝东北朝贡体制。这除了汉朝积极经营朝贡制度之外，还要从高句丽自身利益寻找原因，首先在周边各族都是汉王朝朝贡成员的环境下，高句丽王只有得到汉朝的册封，才能得到周边民族的认可和本国贵族大姓的拥护，巩固其统治地位。其次只有加强与经济发达地区人们进行交往和贸易，才能发展本国经济与文化，汉人郡县是这一地区最为发展的地区，加上汉朝厚往薄来的边疆政策，朝贡活动是最为有效的交往活动，寇边也是为了获得更多的物质利益，这应是高句丽始终保持与汉朝朝贡关系的主要动力。

---

① 《后汉书》卷85《东夷传·高句骊》，第2815页。
② 以上引文均见《后汉书》卷85《东夷传·高句骊》，第2815页。
③ 以上引文均见《三国志》卷30《魏书·东夷传》，第846、848页。

四　秽、沃沮等族群朝贡制度的建构与运作

秦汉时期，秽、沃沮人的分布范围广泛，从东北中部第二松花江流域到朝鲜半岛的东部，其社会尚处于原始社会发展阶段。

汉武帝时期国力强盛，开始大规模经营边疆民族地区统治，史载其时武帝遣"严助、朱买臣等招徕东瓯，事两粤，江淮之间萧然烦费矣。唐蒙、司马相如始开西南夷，凿山通道千余里，以广巴蜀，巴蜀之民罢焉。彭吴穿秽貊、朝鲜，置沧海郡，则燕齐之间靡然发动"[1]。可见此时东北与东南、西南同为武帝朝建构朝贡体制的重点地区。武帝派往秽貊地区的彭吴为何官职，史无记载。但武帝时与彭吴同时在周边地区经营朝贡体制的其他官员，严助、朱买臣为中大夫，司马相如为郎，俱为侍中，在武帝左右[2]；唐蒙为郎中将[3]，亦为朝中官。比对这几位官员的身份，推测彭吴[4]也应是中央派出接受涉君南闾归附的官员。

《汉书·武帝纪》记载，元朔元年（前128），"东夷薉君南闾等口二十八万人降，为苍海郡"。汉朝以置苍海郡的形式，将大片秽人地区纳入朝贡制度统辖之下。苍海郡在今何地，学界意见不一。早年日本学者有人认为在今鸭绿江、浑江流域；有人认为在今朝鲜半岛江原道一带。近年王绵厚论证苍海郡位置大体在今朝鲜半岛大同江和狼林山以东、以北的近海之地[5]。其时朝鲜半岛大同江流域是卫氏朝鲜的中心地区，汉朝不可能越过朝鲜侯国设置苍海郡，因此江原道一说不能成立。如前所论苍海郡未必一定在近海处，其地大约在今吉林省东部地区。苍海郡的设置使"燕齐之间靡然发动"[6]，在当时曾引起很大的反响。汉朝通过设置苍海郡将东部秽人地区纳入朝贡体制。尽管苍海郡仅设置二年，"（元朔）三年春，罢苍海郡"[7]。但从20年

① 《汉书》卷24下《食货志下》，第1157页。

② 《汉书》卷64上《严助传》第2775页、《朱买臣传》第2791页；《史记》卷117《司马相如传》，第2999页。

③ 《汉书》卷95《西南夷传》，第3839页。

④ 《史记》卷30《平準书第八》记载："彭吴贾灭朝鲜，置沧海之郡。"[唐]司马贞《索隐》曰："彭吴贾，人姓名，始开其道而灭之。朝鲜，番名。"这里"彭吴"又作"彭吴贾"，第1421页。

⑤ 王绵厚：《秦汉东北史》，辽宁人民出版社，1994年，第70—71页。

⑥ 《汉书》卷24下《食货志》，第1157页。

⑦ 《汉书》卷6《武帝纪》，第175页。

后，汉武帝出兵灭朝鲜的理由之一是"真番旁众国欲上书见天子，又拥阏不通"① 看，"旁众国"中当包括曾设立苍海郡地区的秽人。因此，苍海郡虽然撤销了，但东部地区的秽人仍然是汉朝东北边疆朝贡制度下的成员。

西汉中期以后，史书记载的沃沮、秽人主要分布在朝鲜半岛的东中部地区。《三国志·东夷传》记载：

> 东沃沮在高句丽盖马大山之东，滨大海而居②。其地形东北狭，西南长，可千里，北与挹娄、夫余，南与秽貊接。户五千，无大君王，世世邑落，各有长帅。其言语与句丽大同，时时小异。……其土地肥美，背山向海，宜五谷，善田种。人性质直强勇，少牛马，便持矛步战。食饮居处，衣服礼节，有似句丽。

> 北沃沮一名置沟娄，去南沃沮八百余里，其俗南北皆同，与挹娄接。挹娄喜乘船寇钞，北沃沮畏之，夏月恒在山岩深穴中为守备，冬月冰冻，船道不通，乃下居村落。

> 秽南与辰韩，北与高句丽、沃沮接，东穷大海，今朝鲜之东皆其地也。户二万。……无大君长，自汉已来，其官有侯邑君、三老，统主下户。其耆老旧自谓与句丽同种。其人性愿悫，少嗜欲，有廉耻，不请匄。言语法俗大抵与句丽同。……有麻布，蚕桑作绵。……乐浪檀弓出其地。其海出班鱼皮，土地饶文豹，又出果下马，汉桓时献之。

汉武帝灭朝鲜国设四郡后，秽人主要在临屯郡统辖下，沃沮人主要在玄菟郡统辖下。昭帝始元五年（前82），"罢临屯、真番，以并乐浪、玄菟。玄菟复徙居句丽。自单单大领已东，沃沮、秽貊悉属乐浪"③。汉于乐浪郡单单大岭以东设东部都尉管辖沃沮、秽人的朝贡活动。在边郡内设有羁縻建置，或羁縻统辖机构，是汉代东北民族地区统辖制度的特点之一。少数民族酋长（或王）以朝贡的形式，贡纳方物，表示臣服，并要服从中央或地方官府对其进行的某些征调，如征兵、征物。可以说乐浪郡下设置东部都尉这

---

① 《史记》卷115《朝鲜列传》，第2986页。
② 盖马大山，即今长白山及狼林山脉，大海指今日本海。
③ 《后汉书》卷85《东夷传·涉》，第2817页。

一羁縻建置的同时，也建构了这一地区的朝贡制度。史载秽人"其俗重山川，山川各有部分，不得妄相涉入"①。各部酋长岁时对东部都尉进行朝贡，进方物，以表示臣服，故"乐浪檀弓出其地（秽地）"②。1958年在朝鲜平城市贞柏里西汉土圹木椁墓中出土了一枚驼钮银印，印文曰"夫租薉君"③，应是西汉王朝授予乐浪郡东部都尉统辖的沃沮部族首领的印。这种羁縻朝贡统治形式一直延续到西汉末年，汉朝在这一地区保持了较为平稳的政治统治秩序。

东汉光武帝建武六年（30），省罢乐浪郡东部都尉，沃沮、秽人转为塞外居民，汉因其原来羁縻建置的县名册封其酋长为县侯，《三国志》云："皆以其县中渠帅为县侯，不耐、华丽、沃沮诸县皆为侯国。"④《后汉书》亦云"（沃沮）皆以封其渠帅，为沃沮侯"；"（秽）悉封其渠帅为县侯，皆岁时朝贺"⑤。汉朝册封沃沮、秽人的封号有"沃沮侯""不耐侯""华丽侯"等，岁时诣乐浪郡朝贡，贡纳檀弓、班鱼皮、文豹、果下马等方物。从秽人奉方物"汉桓时献之"的记载看，汉桓帝时（147—167）秽人可能曾诣阙朝贡。

东汉后期，高句丽政权逐渐强大，沃沮人"遂臣属句丽"，秽人也"更属句丽"⑥。其朝贡对象从汉朝的乐浪郡转为高句丽，从而中断了与汉朝的朝贡关系，由汉朝东北边疆朝贡制度成员降为亚朝贡体系的成员。

此外，汉武帝在朝鲜半岛设置郡县以后，开始与朝鲜半岛南端诸族发生联系。东汉时期，朝鲜半岛南端的韩人也与汉朝建立了朝贡关系，"建武二十年，韩人廉斯人苏马諟等诣乐浪贡献。光武封苏马諟为汉廉斯邑君，使属乐浪郡，四时朝谒"⑦。可见，最晚在东汉初年光武帝时期，这部分韩人已成为东北民族朝贡体制中的成员。

---

① 《三国志》卷30《魏书·东夷传·秽》，第848—849页。
② 《三国志》卷30《魏书·东夷传》，第849页。
③ ［日］梶山胜：《漢魏晋代の蛮夷印の用法——西南夷の印を中心として》，大谷光男编著：《金印研究論文集成》，新人物往来社，1994年。
④ 《三国志》卷30《东夷传·东沃沮》，第846页。
⑤ 《后汉书》卷85《东夷传·东沃沮》《东夷传·秽》，第2816—2817页。
⑥ 以上引文均见《三国志》卷30《东夷传》，第846、848—849页。
⑦ 《后汉书》卷85《东夷传·韩》，第2820页。

第四节　塞内外游牧民族朝贡制度的建构与运作

秦汉时期蒙古草原东部主要游牧民的成分发生了重大变化，从秦及西汉初年的匈奴与东胡、西汉时期的乌桓与匈奴，到东汉中后期鲜卑成为蒙古草原上最强大的游牧民。秦汉王朝在经营北部边疆的过程中，汉武帝时期乌桓人首先成为塞外游牧民朝贡制度成员，到西汉末东汉初，朝贡成员又增加了匈奴人①和鲜卑人，初步建构起塞外蒙古草原东部游牧民地区的朝贡制度。东汉随着塞外游牧民族的内迁，又建构了塞内东北民族朝贡制度，与塞外游牧民族朝贡制度同时并行。

一　乌桓朝贡制度的建构与运作

"乌桓"之族名，首见于《史记·货殖列传》："上谷至辽东，地踔远，人民希，数被寇，大与赵、代俗相类，而民雕捍少虑。有鱼盐枣栗之饶。北邻乌桓、夫余，东绾秽貉、朝鲜、真番之利。"《史记》大约成书于武帝征和二年（前91）左右，文中提到"朝鲜"，说明在武帝元封三年（前108）灭朝鲜设乐浪等四郡之前，在上谷至辽东五郡之北已有乌桓人分布。关于乌桓的族源和早期社会形态、经济类型、文化风俗最早见于西晋的陈寿《三国志》、王沈《魏书》和司马彪《续汉书》，称"乌丸者，东胡也。汉初，匈奴冒顿灭其国，余类保乌丸山，因以为号焉。俗善骑射，随水草放牧，居无常处，以穹庐为宅，皆东向。日弋猎禽兽，食肉饮酪，以毛毳为衣"②。至于汉武帝时期设官建构朝贡制度统辖乌桓事迹，则始见于南朝刘宋范晔所撰《后汉书》："乌桓自为冒顿所破，众遂孤弱，常臣伏匈奴，岁输牛马羊皮，过时不具，辄没其妻子。及武帝遣骠骑将军霍去病击破匈奴左地，因徙乌桓于上谷、渔阳、右北平、辽西、辽东五郡塞外，为汉侦察匈奴动静。其大人岁一朝见，于是始置护乌桓校尉，秩二千石，拥节监领之，使不得与匈奴交

---

① 虽然匈奴活动范围已达到东北西部草原地区，但其活动的中心地区在北方草原地带，故本书没有将匈奴纳入研究范围。

② 《三国志》卷30《魏书·乌丸鲜卑传》裴松之注引王沈《魏书》，第832页。

通。"① 有学者对西晋以来史家关于乌桓早期历史记载的真实性提出质疑，认为这很可能是史家从两汉时期文献中推导并加上自己的主观认识而撰写出来的②。但是，陈寿撰写《三国志·乌丸传》时云："乌丸、鲜卑即古所谓东胡也。其习俗、前事，撰汉记者已录而载之矣。故但举汉末魏初以来，以备四夷之变云。"此"撰汉记者"必在陈寿之前，当是流传的史籍中已有关于乌桓"习俗、前事"的记载，那么范晔《后汉书》关于汉武帝时期霍去病将乌桓迁至五郡塞外，汉设护乌桓校尉建构朝贡制度以统辖乌桓的记载，一是范晔很有可能看到了相关的文献记载；二是正史首次撰写《乌桓传》，就体例而言需要系统记述乌桓历史，故采用了前人没有用的史料，尚不能轻易否定其真实性。

1. 塞外乌桓朝贡制度建构发展时期

骠骑将军霍去病击破匈奴左地之事，《史记·卫将军骠骑列传》系于元狩四年（前119），自这年始，乌桓人离开原住地乌桓山③迁至五郡塞外，南迁后乌桓人分布的地理位置，可依据汉代长城走向来考察，西汉初年承用燕秦北方长城，燕秦长城东北段的走向大致为：西起今河北沽源，经内蒙古、河北和辽宁的多伦、丰宁、围场、喀喇沁旗、赤峰、建平、敖汉、北票、阜新、彰武、法库、宽甸，向东南进入朝鲜半岛，直抵清川江入海口④。五郡塞外（长城以北）之地，即今西拉木伦河南北地区。为监领众多的乌桓部落，汉朝始置护乌桓校尉⑤，秩二千石，拥节监领之，令乌桓人"为汉侦察匈奴动静。其大人岁一朝见"，"不得与匈奴交通"，开始以朝贡制度统辖南迁的乌桓人。

王沈《魏书》曰：乌桓"邑落各有小帅，不世继也"⑥。日本学者船木

---

① 以上引文均见《后汉书》卷90《乌桓鲜卑传》，第2981页。
② 潘玲：《西汉时期乌桓历史辨析》，《史学集刊》2011年第1期。
③ 关于乌桓山的所在地学界有不同看法，本文支持张博泉先生的观点，乌桓山即今蒙古国境内的肯特山。参见张博泉《乌桓的起源地与赤山》，《黑龙江文物丛刊》1984年第2期。
④ 项春松《昭乌达盟燕秦长城遗址调查报告》、郑绍宗《河北省战国、秦、汉时期古长城和城障遗址》，均载于《中国长城遗迹调查报告集》，文物出版社，1981年。孙守道：《汉代辽东长城列燧遗迹考》，《辽海文物学刊》1992年第2期。
⑤ 田余庆《代北地区拓跋与乌桓的共生关系（上）——〈魏书·序纪〉有关史实解析》认为："西汉护乌桓校尉驻蓟城或其周边地区。"但未言其依据为何（《中国史研究》2000年第3期）。
⑥ 《三国志》卷30《魏书·乌丸鲜卑传》裴松之注引王沈《魏书》，第832页。

胜马认为"乌桓大人"即是统领邑落的小帅①。西汉时期分布在五郡塞外的乌桓有多少邑落，尚不清楚，史籍中也没有见到有关西汉时期乌桓人朝贡的记载。对于这种现象，推测有两种可能：一、从汉代东北边疆的夫余、高句丽、鲜卑等族朝贡的主要地点在边郡看②，众多乌桓邑落大人"岁一朝见"的朝贡地点，可能也主要是边郡，不是京师。二、不排除曾有少数几位乌桓大人赴京师朝贡，但因乌桓并未形成强大的部落联盟组织，没有产生"王"一类的人物，入京朝贡的乌桓大人，未能获得朝见天子的资格，故不为史官所记载。汉朝为管理众多的乌桓部落朝贡活动，专门设置护乌桓校尉，从"秩二千石"看，其官地位相当于郡守，并且"拥节监领之"。林幹指出"拥节"是代表皇帝行使权力和传达皇帝意旨的一种标志，西汉时护乌桓校尉的等级虽与郡太守相当，但权力和地位却比郡太守要高③。这足以说明朝廷对监管塞外乌桓朝贡制度十分重视。汉朝通过朝贡制度，将乌桓与东北各族群有序地纳入地方统治体系，因其故俗，实行羁縻统辖，这对汉朝东北边疆地区的经营、安边固土具有重要意义。

汉代边疆朝贡制度的一个重要功能是守边御敌，西汉王朝不仅要求乌桓不得与匈奴交通，而且要求乌桓为汉朝侦查匈奴动静，通过朝贡制度在汉朝东北西部边地建构一道防备匈奴的藩屏。武帝时乌桓保塞无事，汉昭帝时开始见到乌桓人犯塞的记载，昭帝始元中（前86—前81）"兵诛乌桓"④。元凤三年（前78）冬，"辽东乌桓反，以中郎将范明友为度辽将军，将北边七郡郡二千骑击之"⑤。六年，度辽将军范明友再击乌桓，《汉书·匈奴传上》记载：

> 汉复得匈奴降者，言乌桓尝发先单于冢，匈奴怨之，方发二万骑击

---

① ［日］船木胜马：《关于匈奴、乌桓、鲜卑的"大人"》，古清尧摘译，《民族译丛》1984年第3期。

② 《三国志》卷30《魏书·东夷传》记载，西汉时，高句丽"常从玄菟郡受朝服衣帻"，"汉时，夫余王葬用玉匣，常豫以付玄菟郡，王死则迎取以葬"。第843、842页。《后汉书》卷90《乌桓鲜卑传》记载：东汉明帝时，"鲜卑大人皆来归附，并诣辽东受赏赐"。第2986页。

③ 林幹：《两汉时期"护乌桓校尉"略考》，《内蒙古社会科学》1987年第1期。

④ 《汉书》卷26《天文志第六》，第1307页。

⑤ 《汉书》卷7《昭帝纪》，第229页。

乌桓。大将军霍光欲发兵邀击之，以问护军都尉赵充国。充国以为"乌桓间数犯塞，今匈奴击之，于汉便。又匈奴希寇盗，北边幸无事。蛮夷自相攻击，而发兵要之，招寇生事，非计也"。光更问中郎将范明友，明友言可击。于是拜明友为度辽将军，将二万骑出辽东。匈奴闻汉兵至，引去。初，光诫明友："兵不空出，即后匈奴，遂击乌桓。"乌桓时新中匈奴兵，明友既后匈奴，因乘乌桓敝，击之，斩首六千余级，获三王首，还，封为平陵侯。

乌桓与匈奴之间相攻，既有本族与匈奴间的积怨，也有身为汉朝外臣，与汉朝宿敌作战的因素。汉朝大将军霍光以"乌桓间数犯塞"①，令范明友如未能邀击匈奴，可出兵打乌桓。范明友便在乌桓新被匈奴所败时，"乘人之危"击败之，这显然胜之不武，不利于招抚乌桓。这件事导致乌桓愈加频繁地寇抄边地郡县，直到宣帝元康三年（前63）才重新归附汉朝②。

宣帝甘露年间（前53—前50）匈奴呼韩邪单于归附汉朝，成为西汉朝贡制度成员。之后，匈奴与包括乌桓在内的其他朝贡成员的关系变得复杂起来，并出现了彼此役属的现象，这直接影响了汉朝中央的利益，导致汉朝在游牧民地区建立的朝贡制度不很稳定，这使西汉君臣认为"匈奴不可不备，乌桓不可不忧"③。哀帝时，对于西域和北方游牧民族各朝贡成员之间的关系进行了新的规定，《汉书·匈奴传下》记载：

（汉朝）乃造设四条：中国人亡入匈奴者，乌孙亡降匈奴者，西域诸国佩中国印绶降匈奴者，乌桓降匈奴者，皆不得受。遣中郎将王骏、王昌、副校尉甄阜、王寻使匈奴，班四条与单于，杂函封，付单于，令奉行。

汉既班四条，后护乌桓使者告乌桓民，毋得复与匈奴皮布税。匈奴以故事遣使者责乌桓税，匈奴人民妇女欲贾贩者皆随往焉。乌桓距曰："奉天子诏条，不当予匈奴税。"匈奴使怒，收乌桓酋豪，缚到悬之。

---

① 《汉书》卷94上《匈奴传》，第3784页。
② 《汉书》卷69《赵充国传》，第2972页。
③ 《汉书》卷69《赵充国传》，第2990页。

酋豪昆弟怒，共杀匈奴使及其官属，收略妇女马牛。单于闻之，遣使发左贤王兵入乌桓责杀使者，因攻击之。乌桓分散，或走上山，或东保塞。匈奴颇杀人民，驱妇女弱小且千人去，置左地，告乌桓曰："持马畜皮布来赎之。"乌桓见略者亲属二千余人，持财畜往赎，匈奴受，留不遣。

汉朝规定匈奴不得接受私自逃入匈奴的汉人和其他朝贡成员，不得役属其他朝贡成员，不得向其他朝贡成员征税，这应是同样适用于边疆各族朝贡制度的规则。匈奴依仗自己的实力，并不严格遵守汉朝的规定，乌桓奉天子诏条抵制匈奴的要求，遭到匈奴使者的责打，相对弱小的乌桓人之所以敢于反抗，正是因为他们是汉朝的朝贡成员，可以依仗汉朝的保护。在这种形势下，为了逃避匈奴人的骚扰，一部分乌桓人请求内迁，汉朝出于保护朝贡成员的责任，允许部分乌桓邑落迁入边郡地区。王莽时，欲击匈奴，兴十二部军，"使东域将严尤领乌桓、丁令兵屯代郡，皆质其妻子于郡县。乌桓不便水土，惧久屯不休，数求谒去。莽不肯遣，遂自亡叛，还为抄盗，而诸郡尽杀其质，由是结怨于莽"①。从"诸郡尽杀其质"看，入居郡县地区的乌桓部落已有一定数量。王莽与诸郡的做法导致一些乌桓人亡出边塞，匈奴因诱乌桓豪帅为吏。两汉之际，匈奴、乌桓屡寇边郡。

2. 由塞外转为塞内乌桓朝贡制度为主时期

东汉初年，汉光武帝不仅重新恢复了西汉武帝以来在塞外乌桓地区建立的朝贡制度，而且根据乌桓大批内迁的形势，在边郡地区增设塞内乌桓朝贡制度，两者并行。2 世纪中叶以后，乌桓主体部分已迁入北方诸郡，乌桓朝贡制度由塞外转变为以塞内为主。查阅史籍东汉一朝乌桓人大规模迁入或迁出郡县，主要有如下诸次：

第一次乌桓大规模归附东汉王朝迁入缘边郡县的时间是汉光武帝建武二十五年（49）。东汉初，光武帝稳定了国内统治后，一面命大将率师出塞打击反叛的乌桓，一面派官以币帛赂乌桓，加上匈奴发生内乱，乌桓乘机击破之，乌桓与匈奴再次反目。于是，在建武二十五年，乌桓大规模诣阙归附，

---

① 《后汉书》卷90《乌桓鲜卑传》，第2981页。

王沈《魏书》记载①:

> 建武二十五年, 乌丸大人郝旦等九千余人率众诣阙, 封其渠帅为侯王者八十余人, 使居塞内, 布列辽东属国、辽西、右北平、渔阳、广阳、上谷、代郡、雁门、太原、朔方诸郡界, 招来种人, 给其衣食, 置校尉以领护之, 遂为汉侦备, 击匈奴、鲜卑。

《后汉书·乌桓鲜卑传》记载:

> 二十五年, 辽西乌桓大人郝旦等九百二十二人率众向化, 诣阙朝贡, 献奴婢牛马及弓虎豹貂皮。是时四夷朝贺, 络驿而至, 天子乃命大会劳飨, 赐以珍宝。乌桓或愿留宿卫, 于是封其渠帅为侯王君长者八十一人, 皆居塞内, 布于缘边诸郡, 令招来种人, 给其衣食, 遂为汉侦候, 助击匈奴、鲜卑。

这在乌桓的历史上是一个重大的事件, 两处记载有差异, 这涉及乌桓内迁人数与归附前乌桓人的分布地, 不可不辨。

其一, 内附乌桓大人的人数, 《三国志》曰 9000 多人, 《后汉书》则云 922 人。王沈《魏书》曰: 乌桓"邑落各有小帅, 不世继也。数百千落自为一部"②。"落"是乌桓社会基本单位, "邑落"是"落"之上的社会组织。莫任南梳理了学界关于乌桓、匈奴"落"的研究, 认为"落"应即户③。那么一"落"有几口? 日本学者内田吟风认为匈奴和鲜卑每帐户为七口④。与鲜卑社会经济、社会组织相同的乌桓人, 可能也是七口一"落"。据马长寿估算, 乌桓每邑落当为二三十户 (落)⑤。若以每邑落 25 帐户计, 大约为 170 口左右。9000 多邑落其人口高达 150 万以上; 922 个邑落人口则为 15 万

---

① 《三国志》卷 30《魏书·乌丸鲜卑传》, 第 833 页。
② 《三国志》卷 30《魏书·乌丸鲜卑传》裴松之注引王沈《魏书》, 第 832 页。
③ 莫任南:《匈奴、乌桓的"落"究竟指什么?》, 《民族研究》1994 年第 1 期。
④ [日] 内田吟风:《烏桓族に関する研究——上代蒙古史の一部として》, 《満蒙史論叢》第四, 昭和十八年 (1943)。
⑤ 马长寿:《乌桓与鲜卑》, 广西师范大学出版社, 2006 年, 第 113 页。

以上。西汉迁到五郡塞外的乌桓部落，经百年人口繁衍有可能近百万，但这次乌桓内迁只是其中一部分，另外从汉朝后册封乌桓"渠帅为侯王君长者八十一人"看，此次率众归附的乌桓渠帅为 922 人似乎更近是。

其次，"乌桓大人郝旦"，《后汉书》比《三国志》增加了"辽西"二字，郝旦是归附前已迁入辽西郡？还是居住在辽西塞外？容易引起歧义。王莽时期分布在边郡地区的乌桓人为反抗新莽征兵"自亡叛"，"诸郡尽杀其质，由是结怨于莽"，"匈奴因诱其豪帅以为吏，余者皆羁縻属之"①。在这种情况下边郡内乌桓当所剩无几，乌桓大人郝旦作为这次乌桓大规模归汉行动的率领者，当是塞外乌桓诸部中享有很高声望的乌桓大人，应是他们其中的一员。如果《后汉书》所记"辽西"二字不是衍字，很可能是郝旦内附前其部落分布在辽西塞外。当然也有可能他在内附后居住在辽西郡内，范晔据所见文献记载郝旦内附后居地，而冠之"辽西乌桓"。

光武帝建武二十五年（49）这次乌桓大规模内迁，从上文有"令招来种人，给其衣食"之语看，还延续了一段时期，之后又有一定数量的塞外乌桓人陆陆续续迁入塞内。汉朝将这些内迁的乌桓邑落安置于辽东属国②、辽西、右北平、渔阳、广阳、上谷、代郡、雁门、太原、朔方缘边诸郡，自此从辽河之畔到代北一线，分布着十几万口乌桓人的邑落，开始了百年来乌桓主体由塞外迁入塞内的进程。

第二次乌桓较多人口内迁是在和帝永元四年（92）。和帝永元初年，汉军连续几年出兵攻打北匈奴，三年（91）冬，南匈奴单于与塞外乌桓大人趁乱俱反，和帝"以大司农何熙行车骑将军事，中郎将庞雄为副，将羽林五校营士，及发缘边十郡兵二万余人，又辽东太守耿夔率将鲜卑种众共击之，诏（梁）慬行度辽将军事。……明年正月，慬将八千余人驰往赴之，至属国故城，与匈奴左将军、乌桓大人战，破斩其渠帅，杀三千余人，虏其妻子，获财物甚众"③。从汉朝发兵二万余又有鲜卑种众助军看，这次讨伐反叛的南匈奴和乌桓的规模较大，永元四年（92）度辽将军梁慬又率军八千

① 《后汉书》卷 90《乌桓鲜卑传》，第 2981 页。
② 《后汉书》志 23《郡国五》辽东属国条下曰："安帝时以为属国都尉，别领六城。"第 3530 页。学界一般认为"辽东属国"是"辽东"之误。但我认为不能轻易排除在汉光武帝时期曾设置辽东属国的可能性（《古代中国东北民族地区建置史》，中华书局，2011 年，第 52—53 页）。
③ 《后汉书》卷 47《梁慬传》，第 1592—1593 页。

破斩匈奴、乌桓渠帅，"杀三千余人，虏其妻子，获财物甚众"。按游牧民族的习俗，部落男子出战时，其随行家小通常驻在距离战场不远处，当战败军队溃逃时，其家人牲畜财物很容易被战胜方获得。这次汉军俘获乌桓妇女、儿童、老人当在万人以上，被强行迁入缘边郡县。

然而，汉安帝时期曾发生一次大批塞内乌桓逃回塞外的事件，永初三年（109）"渔阳、右北平、雁门乌丸率众王无何等复与鲜卑、匈奴合，钞略代郡、上谷、涿郡、五原。乃以大司农何熙行车骑将军，左右羽林五营士，发缘边七郡黎阳营兵合二万人击之。匈奴降，鲜卑、乌丸各还塞外"。是后，又有部分乌桓在大人戎末廆的率领下稍复亲附，汉帝拜戎末廆为都尉①。

第三次乌桓大规模内迁是在顺帝建康元年（144）。顺帝时，南匈奴发生大规模叛乱，永和五年（140）南匈奴左部句龙吾斯等立句龙王车纽为单于，"东引乌桓，西收羌戎及诸胡等数万人，攻破京兆虎牙营，杀上郡都尉及军司马，遂寇掠并、凉、幽、冀四州"。顺帝遣匈奴中郎将张耽"将幽州乌桓诸郡营兵，击叛虏车纽等，战于马邑，斩首三千级，获生口及兵器牛羊甚众。车纽等将诸豪帅骨都侯乞降，而吾斯犹率其部曲与乌桓寇钞"。六年春，张耽率军"绳索相悬，上通天山，大破乌桓，悉斩其渠帅，还得汉民，获其畜生财物"。汉安二年（143）使匈奴中郎将马实（寔）募刺杀句龙吾斯，送首洛阳。建康元年（144），马实率军"进击余党，斩首千二百级。乌桓七十万余口皆诣寔降，车重牛羊不可胜数"②。这次以南匈奴左部为首联合东部乌桓、西部羌人以及塞外诸胡，为时四年的叛乱中，塞外乌桓的大部分邑落参与其中，汉军平定叛乱后，"乌桓七十万余口"内附，这是史籍记载内附乌桓人数最多的一次，这之后估计塞内乌桓人口已远远超过了塞外乌桓的人口。

第四次乌桓大规模内迁是在桓帝延熹九年（166）。桓帝时塞外鲜卑势力日益强大，延熹九年夏，鲜卑"招结南匈奴、乌桓数道入塞，或五六千骑，或三四千骑，寇掠缘边九郡，杀略百姓。秋，鲜卑复率八九千骑入塞，诱引东羌与共盟诅。于是上郡沈氏、安定先零诸种共寇武威、张掖，缘边大被其毒"。桓帝再次以在塞外诸族享有很高威望的张奂任护匈奴中郎将，"以九卿秩督幽、并、凉三州及度辽、乌桓二营，兼察刺史、二千石能否，

_____

① 《三国志》卷30《魏书·乌丸鲜卑传》裴松之注引《魏书》，第833页。
② 《后汉书》卷89《南匈奴传》，第2961—2963页。马实，《后汉书》卷6《顺帝纪》作"马寔"。

赏赐甚厚。匈奴、乌桓闻奂至,因相率还降,凡二十万口。奂但诛其首恶,余皆慰纳之。唯鲜卑出塞去"①。这次汉军平定以鲜卑人为首的叛乱后,"唯鲜卑出塞去",乌桓与南匈奴相率归附,内迁 20 万口中当有众多的乌桓邑落。

经过几次大规模的迁徙,加上其他时期乌桓人小规模的内附,灵帝初年(167)迁入缘边郡县的乌桓人当在百万余口,塞外乌桓所剩无几。东部缘边郡县内分布的乌桓邑落,据史载上谷乌桓有九千余落,辽西乌桓有五千余落,辽东属国乌桓有千余落,右北平乌桓有八百余落②,共计约有 16000 余落(帐户),人数达十余万口。

东汉时期,由于北方游牧民族的侵扰,北方诸郡边塞普遍内移,陈得芝通过对比《汉书·地理志》和《续汉书·郡国志》所记户数,得出东汉北疆诸郡的属县及户口数比西汉大为减少的结论,现将两汉东北部五郡户数比较情况转录如下:

郡	西汉		东汉	
	县数	户数	县数	户数
辽东	18	55972	11	64158
辽西	14	72654	5	14150
右北平	16	66689	4	9170
渔阳	12	68802	9	68456
上谷	15	36008	8	10352

陈先生认为《续汉志》所载户口系指汉民,不包括南匈奴与乌桓部众,在许多边郡里,匈奴、乌桓居民数量显然超过了汉人,诸边郡有了两种管辖体制:一是郡县,管百姓(汉民);一是藩属,包括南单于所统匈奴诸部和诸郡乌桓大人所管各自的部众③。东汉建武二十五年(49)光武帝对于第一次大规模内迁的乌桓邑落,采取因俗而治的统辖政策,将其安置在边郡适宜

---

① 《后汉书》卷 65《张奂传》,第 2139—2140 页。

② 《三国志》卷 30《魏书·乌丸鲜卑传》,第 834 页。"辽东属国",《后汉书》卷 90《乌桓鲜卑传》,第 2984 页,作"辽东"。从史籍关于乌桓事迹的记载,其分布主要范围东边到辽东属国,并未有大量乌桓人进入辽东郡。

③ 陈得芝:《秦汉时期的北疆》,《元史及民族与边疆研究集刊》第 21 辑,上海古籍出版社,2009 年。

亦牧亦耕的地区，保持其原有的社会经济形态和文化习俗，建构起郡县地区乌桓朝贡制度。为管理塞内外乌桓、鲜卑朝贡制度，光武帝采纳班彪的建议，重新恢复了一度废止的护乌桓校尉府①，《后汉书·乌桓鲜卑传》记载："时司徒掾班彪上言：'乌桓天性轻黠，好为寇贼，若久放纵而无总领者，必复侵掠居人，但委主降掾史，恐非所能制。臣愚以为宜复置乌桓校尉，诚有益于附集，省国家之边虑。'帝从之。于是始复置校尉于上谷宁城，开营府，并领鲜卑，赏赐、质子，岁时互市焉。"护乌桓校尉于上谷宁城（今河北万全县）"开营府"，营为屯营，驻兵之处；府为衙署，官府所在之地。掌管塞内外乌桓、鲜卑人的"赏赐、质子、岁时互市"三大朝贡事务。内蒙古和林格尔发掘一座东汉时期的护乌桓校尉壁画墓，护乌桓校尉端坐在校尉府正堂中央，正堂阶下跪拜着前来朝贡的乌桓、鲜卑大人、渠帅②，再现了乌桓人朝贡时的情景。东汉前期内迁分布于缘边十郡的乌桓人主要由护乌桓校尉统领，除了管理朝贡事务外，护乌桓校尉时常统领各郡乌桓出战，如汉明帝永平年间，汉军大举攻打匈奴，其中一路军即是由骑都尉来苗、护乌桓校尉文穆"将太原、雁门、代郡、上谷、渔阳、右北平、定襄郡兵及乌桓、鲜卑万一千骑出平城塞"③。

东汉中期尤其是顺帝时期塞外乌桓大举内迁后，分布于缘边十郡的乌桓人数量猛增，设在北部边郡地区的使匈奴中郎将、度辽将军和各郡官员的职责也增加了对乌桓人的兼领和管辖。东汉使匈奴中郎将设置于光武帝建武二十六年（50），以监领内附的南匈奴，其府衙治于西河美稷（今内蒙古准格尔旗一带），"设官府、从事、掾史。令西河长史岁将骑二千，弛刑五百人，助中郎将卫护单于，冬屯夏罢。自后以为常"④。李大龙认为其职权范围虽然主要是南匈奴，但不仅限于此，还涉及对东至乌桓、鲜卑，北及北匈奴，西到西羌的统辖与防范⑤。东汉中后期史籍中常见使匈奴中郎将征讨和统辖乌桓的记载，如上文所引使匈奴中郎将马实、张奂的典型事例。度辽将军在西汉昭帝时已见这一官职，但作为统辖边郡内外少数民族官府则设置于东汉

① 阚骃《十三州志》认为西汉时护乌桓校尉曾并于匈奴中郎将。中华书局，1985年，第1页。
② 盖山林：《和林格尔汉墓壁画》，书后附图七"宁城图"，内蒙古人民出版社，1978年。
③ 《后汉书》卷23《窦融传》，第810页。可参见本章第二节。
④ 《后汉书》卷89《南匈奴传》，第2945页。
⑤ 李大龙：《东汉王朝使匈奴中郎将略论》，《中国边疆史的研究》1994年第4期。

明帝永平八年（65），"初置度辽将军，屯五原曼柏"①，"以中郎将吴棠行度辽将军事，副校尉来苗、左校尉阎章、右校尉张国将黎阳虎牙营士"②。应劭《汉官仪》曰：度辽将军"银印青绶，秩二千石。长史、司马六百石"③。据何天明研究，东汉年间度辽将军除了统有度辽营兵外，对黎阳、虎牙营兵也有一定指挥权，固定兵员可能达8千左右。其职责是配合使匈奴中郎将、北方各郡和有关机构，加强对北方各民族地区的政治统治和军事控制④。其中"有关机构"当包括护乌桓校尉，其统领的军队中有乌桓突骑，如汉安帝建光元年（121）"虔人种羌与上郡胡反，攻谷罗城，度辽将军耿夔将诸郡兵及乌桓骑赴击破之"⑤。然东北部边郡内的乌桓邑落还是主要受护乌桓校尉统辖。

此外内迁的乌桓邑落还受所在州郡地方官管理，史籍中记载东部诸郡乌桓的活动常常被冠有郡名，如辽东属国乌桓、辽西乌桓、右北平乌桓、上谷乌桓、渔阳乌桓等。东汉后期幽州刺史已有管辖塞内外东北民族（包括乌桓在内）朝贡制度的职责，如汉灵帝时期，刘虞任幽州刺史期间，"民夷感其德化，自鲜卑、乌桓、夫余、秽貊之辈，皆随时朝贡，无敢扰边者，百姓歌悦之"⑥。到曹魏明帝青龙年间，开始以幽州刺史兼任护乌桓校尉，这是由于幽州所辖郡县之内已分布着大量的乌桓、鲜卑邑落，故管理和安抚郡县内外乌桓、鲜卑事务已成为幽州重要的地方行政事务⑦。护乌桓校尉府的治所也当与幽州治所同在一地。

根据史籍关于东汉乌桓人活动的记载统计，有具体时间记载的乌桓人朝贡（内附）活动为18次，随护乌桓校尉（或度辽将军、使匈奴中郎将等）出战平叛有17次，寇抄边郡的行动有10次⑧。朝贡活动最多，随军出战次之，寇抄边郡最少。此外，还有一些没有确切年份，而是一段时期乌桓事迹

---

① 《后汉书》卷2《明帝纪》，第110页。东汉五原曼柏，据谭其骧主编《中国历史地图集》第二册，在今内蒙古鄂尔多斯东北。第59—60页。

② 《后汉书》卷89《南匈奴传》，第2949页。

③ 《后汉书》卷114《百官一》唐李贤注引，第3565页。

④ 何天明：《两汉北方重要建制"度辽将军"探讨》，《北方文物》1988年第3期。

⑤ 《后汉书》卷87《西羌传》，第2892页。

⑥ 《后汉书》卷73《刘虞传》，第2353页。

⑦ 参见程妮娜《古代中国东北民族地区建置史》，第61—62页。

⑧ 参见本书后附表一"乌桓对东汉王朝朝贡与战争表"。

的记载，如光武帝后期"边无寇警，鲜卑、乌桓并入朝贡"；乌桓"及明、章、和三世，皆保塞无事"；灵帝时"自鲜卑、乌桓、夫余、秽貊之辈，皆随时朝贡，无敢扰边者，百姓歌悦之"①，等等。因此，在朝贡制度下，按时朝贡是乌桓人的常态活动，随军出战是乌桓人的义务，寇抄边郡则是乌桓人的反叛行为。乌桓人的朝贡地点始终以边郡为主，偶见诣阙朝贡记载。《后汉书·明帝纪》记载："宗祀光武皇帝于明堂，帝及公卿列侯始服冠冕、衣裳、玉佩、绚履以行事。……乌桓、秽貊咸来助祭，单于侍子、骨都侯亦皆陪位。"同书《班固传》亦曰："今乌桓就阙，稽首译官。"赴京朝贡的既有塞外乌桓也有塞内乌桓，其中关于乌桓大人亲自诣阙朝贡的确切记载只见两条，一是光武帝建武二十五年（49）辽西乌桓大人郝旦率922位邑落大人诣阙朝贡，当时他们的身份为塞外乌桓；二是汉献帝建安二十一年（216）"代郡乌丸行单于普富卢与其侯王来朝。天子命王女为公主，食汤沐邑"②。此为塞内乌桓的朝贡活动。一则为东汉初，一则为东汉末，中间乌桓大人诣阙朝贡的具体事迹则缺载。汉帝对于诣阙朝贡的乌桓大人和保塞有功的乌桓大小渠帅进行册封，以嘉奖其对汉朝的臣属和忠心，如建武二十五年，汉帝一次册封81位乌桓大人为"侯王君长"。顺帝时，"乌桓豪人扶漱官勇健，每与鲜卑战，辄陷敌，诏赐号'率众君'"。"乌桓亲汉都尉戎朱庬、率众王侯咄归等，出塞抄击鲜卑，大斩获而还，赐咄归等已下为率众王、侯、长，赐綵缯各有差"③。汉朝册封乌桓大人的封号主要有率众王、率众侯、率众君、率众长，以及乌桓亲汉都尉等官号。从出土的汉代蛮夷印和明代著录的汉代蛮夷印看，汉代授予边疆朝贡体制下少数民族首领的印章有"滇王之印""越青邑君""汉归义賨邑侯""汉匈奴归义亲汉长""汉率善羌长"等④，汉朝册封乌桓大人"侯王君长"名号的同时也授予印绶，如"汉保塞乌桓率众长"之印等⑤。

---

① 《后汉书》卷20《祭肜传》第745页、卷90《乌桓鲜卑传》第2983页、卷73《刘虞传》第2353页。
② 《三国志》卷1《魏书·武帝纪》，第47页。
③ 《后汉书》卷90《乌桓鲜卑传》，第2988页。
④ ［日］梶山胜：《漢魏晋代の蛮夷印の用法——西南夷の印を中心として》，大谷光男编著：《金印研究論文集成》，新人物往来社，1994年。
⑤ 瞿中溶：《集古官印考证》卷9，东方学会，1924年，第14页。

乌桓人大批迁入边郡后，汉朝仍以朝贡制度对乌桓邑落进行羁縻统辖，但地方各级政府、专设机构对其统辖力度明显加强，以渐变的形式使其适应新的统治环境，这使乌桓社会不可避免地开始发生深刻的变化。

二 鲜卑朝贡制度的建构与运作

西汉时，鲜卑"未常通中国焉"。大约在西汉中后期，随着乌桓人的南迁，一部分鲜卑人越过大兴安岭山脉，向东南进入西拉木伦河流域，东汉"光武初，匈奴强盛，率鲜卑与乌桓寇抄北边，杀略吏人，无有宁岁"[1]。鲜卑人以跟随匈奴寇抄边郡，始见于中国史籍的记载。众多的鲜卑邑落进入东北塞外之地后，频繁寇抄边郡，汉朝边郡守臣们在平定边乱、整治边疆秩序的过程中，很快将一部分鲜卑部落纳入东北游牧民族朝贡制度之下。《后汉书·祭肜传》记载：

> （建武）二十一年秋，鲜卑万余骑寇辽东，（祭）肜率数千人迎击之，自被甲陷陈，虏大奔，投水死者过半，遂穷追出塞，虏急，皆弃兵裸身散走，斩首三千余级，获马数千匹。自是后鲜卑震怖，畏肜不敢复窥塞。肜以三虏连和，卒为边害，二十五年，乃使招呼鲜卑，示以财利。其大都护偏何遣使奉献，愿得归化，肜慰纳赏赐，稍复亲附。……其后，偏何邑落诸豪并归义，愿自效。肜曰："审欲立功，当归击匈奴，斩送头首乃信耳。"偏何等皆仰天指心曰："必自效！"即击匈奴左伊眥部，斩首二千余级，持头诣郡。其后岁岁相攻，辄送首级受赏赐。

汉朝与鲜卑的关系从边地战争开始，在汉朝强大的军事力量威慑下，鲜卑大人从肆意寇抄到产生敬畏心理，以辽东太守祭肜为代表的汉朝东北边地郡县官员们采取"恩威并行""以夷制夷"的政策，切断鲜卑与匈奴的联合，向鲜卑示以恩义与财利，致使"大都护偏何遣使奉献，愿得归化"，"邑落诸豪并归义，愿自效"。建武二十五年（49），"鲜卑始通驿使"[2]。汉朝在东北塞外鲜卑地区初步建立起朝贡制度，"自是匈奴衰弱，边无寇警，

---

① 以上引文见《后汉书》卷90《乌桓鲜卑传》，第2985页。
② 《后汉书》卷90《乌桓鲜卑传》，第2985页。

鲜卑、乌桓并入朝贡"①。

东汉时期东北边疆各族朝贡制度实行以诣边郡朝贡为主的形式，塞外鲜卑部落往往诣辽东郡朝贡。明帝永平元年（58），"鲜卑大人皆来归附，并诣辽东受赏赐，青徐二州给钱岁二亿七千万为常。明章二世，保塞无事"②。汉朝一年赏赐鲜卑人的钱达到二亿七千万，据汉和帝时司徒袁安所云："汉故事，供给南单于费直岁一亿九十余万，西域岁七千四百八十万。"③ 汉朝赏赐匈奴南单于和西域各国金额的总数尚不及二亿，可见汉朝对鲜卑的赏赐远超过对其他边疆地区朝贡成员的赏赐。美国学者巴菲尔德认为由于鲜卑人没有形成政治中心，汉朝用于赏赐分散状态的鲜卑人所花费的金额远超过匈奴人④。

按照汉朝的规定，朝贡成员除了一般诣边郡的常贡之外，王或大酋应适时诣阙朝贡。东汉时期，见于史籍有明确纪年的鲜卑大人诣阙朝贡只有二次，一次在光武帝建武三十年（54），"鲜卑大人于仇贲、满头等率种人诣阙朝贺，慕义内属。帝封于仇贲为王，满头为侯"。从光武帝册封鲜卑大人为王、侯看，于仇贲、满头是具有相当的政治势力的鲜卑大人，按汉制册封少数民族首领为王、侯时，通常要授予印绶。另一次是在安帝永初中（107—113），"鲜卑大人燕荔阳诣阙朝贺，邓太后赐燕荔阳王印绶，赤车参驾"⑤。这次汉朝对鲜卑大人的册封规格高于第一次，在对燕荔阳封王授印后，还赐予赤车参驾。然而实际上鲜卑大人入京朝贡的次数远不止这两次，如《后汉书·祭肜传》记载：辽东太守祭肜去世后，"乌桓、鲜卑追思（祭）肜无已，每朝贺京师，常过冢拜谒，仰天号泣乃去"。祭肜，颍川颍阳人，明帝永平十六年（73）卒，归葬故里。东汉颍川为今河南禹县，乌桓、鲜卑诣京朝贡时常去祭肜墓地祭拜。这从侧面说明东汉时鲜卑大人多能遵守朝贡制度的规则适时赴京朝贡。

汉朝对于鲜卑的记载，通常冠上郡名，如"辽东鲜卑""辽西鲜卑"

---

① 《后汉书》卷20《祭肜传》，第745页。
② 《后汉书》卷90《乌桓鲜卑传》，第2986页。
③ 《后汉书》卷45《袁安传》，第1521页。
④ ［美］巴菲尔德：《危险的边疆——游牧帝国与中国》，袁剑译，江苏人民出版社，2011年，第108页。
⑤ 《后汉书》卷90《乌桓鲜卑传》，第2986页。

"代郡鲜卑""雁门鲜卑"等，这些鲜卑是居住在塞内的鲜卑还是分布在塞外的鲜卑，需要加以辨别。最晚汉明帝时期已有鲜卑人入居边地郡县，明帝永平十五年（72）"骑都尉来苗、护乌桓校尉文穆将太原、雁门、代郡、上谷、渔阳、右北平、定襄郡兵及乌桓、鲜卑万一千骑出平城塞"，与其他各路汉军共同打击匈奴呼衍王，"斩首千余级"①。这些随护乌桓校尉出塞打击匈奴的鲜卑兵，应是分布在塞内郡县地区的鲜卑人②。东汉时鲜卑人主要分布在塞外地区，入居塞内的鲜卑人数量不多。以安帝时期塞内外鲜卑部落为例，"元初二年秋，辽东鲜卑围无虑县，州郡合兵固保清野，鲜卑无所得。复攻扶黎营，杀长吏"③。无虑县属辽东郡，县治在今辽宁北镇大亮甲村汉城址；扶黎（又作昌黎）为属辽东属国首县，县治在今大凌河下游锦县北之汉魏古城址④。无虑与扶黎两城邻近，皆距汉边塞较远，这应是辽东郡内鲜卑反叛行为。然而，元初四年（117），"辽西鲜卑连休等遂烧塞门，寇百姓"。五年（118）秋，"代郡鲜卑万余骑遂穿塞入寇，分攻城邑，烧官寺，杀长吏而去"。烧塞门寇百姓的辽西鲜卑与穿塞入寇的代郡鲜卑应是分布在塞外的鲜卑。显然，冠以郡名的鲜卑，有的是居住在该郡的鲜卑人，有的则是分布在邻近该郡塞外，受该郡管辖的鲜卑人。从史书记载塞内鲜卑邑落往往有部落军的行动，这是鲜卑仍保持传统社会组织和经济活动的表现，说明汉朝对塞内鲜卑部落同样采取朝贡制度进行统辖⑤。

纳入朝贡制度的鲜卑部落最初是由边地诸郡管理，随着归附的鲜卑邑落不断增加，朝廷便以护乌桓校尉、度辽将军与诸郡共同管理鲜卑朝贡制度。安帝永初中（107—113），鲜卑大人燕荔阳诣阙朝贡时，安帝"令止乌桓校尉所居宁城下，通胡市，因筑南北两部质馆。鲜卑邑落百二十部，各遣入质"⑥。燕荔阳所率120部邑落是新归附不久的鲜卑部落，因其人数众多，内附规模较大，由朝廷直接受理，将其纳入朝贡制度后，由护乌桓校尉管

---

① 《后汉书》卷23《窦固传》，第870页。

② 《后汉书》卷90《乌桓鲜卑传》记载：光武帝建武三十年（54），"鲜卑大人于仇贲、满头等率种人诣阙朝贺，慕义内属"。第2985页。所谓"内属"既有归附之意，也有内迁入塞的含义，不见汉朝将这批鲜卑人安置于郡县的记载，因此尚不能确定这批鲜卑人内迁。

③ 《后汉书》卷90《乌桓鲜卑传》，第2986页。

④ 王绵厚：《秦汉东北史》，辽宁人民出版社，1994年，第43、133页。

⑤ 参见书后附表二"鲜卑对东汉王朝朝贡与战争表"。

⑥ 《后汉书》卷90《乌桓鲜卑列传》，第2986页。

辖，在宁城筑南北两部质馆，令 120 部各遣质子入居①，设胡市岁时贸易。以政治控制和经济安抚恩威并行的手段对鲜卑朝贡成员进行统治。关于汉朝册封鲜卑大人的封号主要有"率众王""率众侯""亲汉王"等，首次诣阙朝贡的鲜卑大人无疑会得到汉朝的册封。同时，也有鲜卑首领虽未诣阙朝贡，却通过度辽将军、护乌桓校尉得到册封的事例。据史籍记载：

> （安帝）永宁元年，辽西鲜卑大人乌伦、其至鞬率众诣（度辽将军）邓遵降，奉贡献。诏封乌伦为率众王，其至鞬为率众侯，赐彩缯各有差。②

> 素利、弥加、厥机皆为大人，在辽西、右北平、渔阳塞外，道远初不为边患，然其种众多于比能。建安中，因（护乌桓校尉）阎柔上贡献，通市，太祖皆表宠以为王。厥机死，又立其子沙末汗为亲汉王。延康初，又各遣使献马。③

被纳入朝贡制度下的鲜卑部落有义务随从护乌桓校尉、度辽将军和各郡长官出征，参与平叛战争，如和帝永元六年（94）"九月，行车骑将军事邓鸿、越骑校尉冯柱发左右羽林、北军五校士及八郡迹射、乌桓、鲜卑，合四万骑，与度辽将军朱征、护乌桓校尉任尚、中郎将杜崇征叛胡"④。这八郡乌桓、鲜卑，应是塞内朝贡成员。六年"冬十一月，护乌桓校尉任尚率乌桓、鲜卑，大破逢侯（南匈奴单于）"⑤。这次护乌桓校尉任尚所率乌桓、鲜卑，则有可能是塞外朝贡成员。

在东汉近 200 年的历史上，塞外鲜卑朝贡制度曾二次遭到较大破坏，甚至一度瓦解。一次是在鲜卑大人其至鞬反叛时期，另一次是鲜卑大人檀石槐建立鲜卑部落大联盟时期。

汉和帝时在汉朝和北方民族的打击下，北匈奴衰耗西迁，"匈奴及北单

---

① 其时护乌桓校尉管辖乌桓与鲜卑二族朝贡制度，南北两部质馆，可能南馆安置乌桓质子，北馆安置鲜卑质子。

② 《后汉书》卷 90《乌桓鲜卑传》，第 2987 页。

③ 《三国志》卷 30《魏书·乌丸鲜卑传》，第 840 页。

④ 《后汉书》卷 101《天文中》，第 3235 页。

⑤ 《后汉书》卷 4《孝和帝纪》，第 179 页。

于遁逃后，余种十余万落，诣辽东杂处，皆自号鲜卑兵"①。此后，鲜卑逐渐强盛起来。安帝元初年间（114—119）鲜卑连年寇抄边郡，永宁元年（120），"鲜卑八九千骑穿代郡及马城塞入害长吏，汉遣度辽将军邓遵、中郎将马续出塞追破之"。汉军胜利后，辽西鲜卑大人其至鞬诣度辽将军邓遵降，汉朝册封其至鞬为"率众侯"。然第二年，其至鞬便率众叛汉出塞，从安帝建光元年（121）到顺帝阳嘉二年（133），十几年间鲜卑连年寇抄边郡，先后攻掠代郡、云中、雁门、定襄、太原、朔方、渔阳、辽东、玄菟，杀云中太守成严、代郡太守李超，围护乌桓校尉徐常于马城。期间护乌桓校尉耿晔率领乌桓、南匈奴与郡兵出塞讨击，于顺帝永建元年（126）、阳嘉元年（132）两次大破鲜卑，"斩首，获生口财物"，然更使"鲜卑怨恨，钞辽东、代郡，杀伤吏民"。直到阳嘉二年其至鞬卒，"鲜卑抄盗差稀"②，才又恢复正常的塞外鲜卑朝贡秩序。

东汉末桓帝时期，鲜卑中又出现一位勇猛善战、有智谋方略的人物檀石槐，王沈《魏书》记载："檀石槐既立，乃为庭于高柳北三百余里弹汗山啜仇水上，东西部大人皆归焉。兵马甚盛，南钞汉边，北拒丁令，东却夫余，西击乌孙，尽据匈奴故地，东西万二千余里，南北七千余里，网罗山川、水泽、盐池甚广。汉患之，桓帝时使匈奴中郎将张奂征之，不克。乃更遣使者赍印绶，即封檀石槐为王，欲与和亲。檀石槐拒不肯受，寇钞滋甚。"③ 高柳，在今山西省阳高县。桓帝遣使欲册封檀石槐的时间在延熹九年（166）④，大约在这一年，檀石槐分其地为中东西三部，建立起从辽东到敦煌，横跨蒙古高原的鲜卑部落联盟。这年以前，鲜卑寇抄边郡主要是各部单独行动，寇盗某郡。这之后，鲜卑各部协同出兵，连年寇盗并州、幽州、凉州，尤其是幽、并二州无岁不被鲜卑寇抄，被杀略的官民不可胜数。灵帝熹平六年（177）夏，"鲜卑寇三边。秋，夏育上言：'鲜卑寇边，自春以来，三十余发，请征幽州诸郡兵出塞击之，一冬二春，必能禽灭。'朝廷未

---

① 《三国志》卷30《魏书·乌丸鲜卑传》裴松之注引王沈《魏书》，第837页。
② 《后汉书》志11《天文志中》第3244页、卷90《乌桓鲜卑传》第2989页。
③ 《三国志》卷30《魏书·乌丸鲜卑传》裴松之注引《魏书》，第837页。
④ 《后汉书》卷90《乌桓鲜卑传》，第2989页。

许"①。直到灵帝光和五年（182）前后檀石槐卒，其子和连继任联盟首领。和连贪淫无能，众叛亲离，不久和连被杀，鲜卑部落联盟随之瓦解②。

趁此机会，汉朝积极招抚各部鲜卑，重建塞外鲜卑朝贡制度，时刘虞任幽州刺史，加强边备，"鲜卑、乌桓、夫余、秽貊之辈，皆随时朝贡，无敢扰边者，百姓歌悦之"③。边郡才又恢复安宁。此后，直到东汉灭亡，鲜卑部落鲜有寇边郡者。

三　辽东属国所辖部民的朝贡活动

东汉于东北边郡之地设置辽东属国，《后汉书·郡国志》记载："辽东属国（故邯乡，西部都尉，安帝时以为属国都尉，别领六城。洛阳东北三千二百六十里），昌辽，故天辽，属辽西。宾徒，故属辽西。徒河，故属辽西。无虑，有医无虑山。险渎。房。"其大致方位在今辽宁锦县、北镇一带。辽东属国设置之初主要是为了安置迁入郡县内的乌桓人，其后又有一定数量的鲜卑人入居其中。东汉中后期，乌桓人的分布地由塞外转为以塞内为主之后，辽东属国应是乌桓人较为集中的地区。

辽东属国不同于普通郡县的民族地区建置，辽东属国的长官由汉人担任，属国下不设县，而是以乌桓、鲜卑大人统领邑落组织，具有很强的自治特点，实行朝贡制度的统辖形式。查阅史籍仅得辽东属国都尉任职者有3人，即庞奋、段颎、公沙穆，辽东属国长史1人，为公孙瓒。4人皆为汉官，或是出生于边地郡县，了解少数民族社会生活；或是善于管理少数民族事务，这与属国都尉"主蛮夷降者"的职掌有关。乌桓、鲜卑人是畜牧狩猎民族，辽东属国位于辽河以西医巫闾山一带地区，自然环境适于畜牧狩猎经济生产。辽宁锦县发掘一座汉魏时期的石椁墓，墓葬制度特殊，墓甬道中有4具儿童骨架，南棺室为一老一少2具男性骨架，北棺室为一老一少2具女性骨架，而且2具老年骨架均葬在棺内并有随葬品，两具青年骨架均没有

---

①　《后汉书》卷90《乌桓鲜卑传》，第2990页。

②　《后汉书》卷90《乌桓鲜卑传》云："光和中，檀石槐死。"第2994页。查同书卷8《灵帝纪》，光和四年（181）"冬十月，鲜卑寇幽、并二州"。中平二年（185），"十一月鲜卑寇幽、并二州"。第346、352页。中间有3年无鲜卑寇郡的记载。估计檀石槐卒于灵帝光和五年（182）前后。

③　《后汉书》卷73《刘虞传》，第2353页。

木棺和随葬品。这与汉末魏晋时期辽南地区盛行的家族合葬不同。郑君雷认为这种埋葬制度只能理解为人殉，而且出土的随葬品陶器具有鲜明的民族文化特点，可能是辽东属国内安置的乌桓或鲜卑人的墓葬①。尽管史籍中关于辽东属国的记载极少，但从零星记载中仍可考知汉朝辽东属国对所属乌桓、鲜卑邑落的主要统辖方式。《三国志·公孙瓒传》记载：

> 光和中，凉州贼起，发幽州突骑三千人，假瓒都督行事传，使将之。军到蓟中，渔阳张纯诱辽西乌丸丘力居等叛，劫略蓟中，自号将军。略吏民攻右北平、辽西、属国诸城，所至残破。瓒将所领，追讨纯等，有功，迁骑都尉。属国乌丸贪至王率种人诣瓒降。

《三国志·乌桓鲜卑传》记载：

> 汉末，辽西乌丸大人丘力居，众五千余落，上谷乌丸大人难楼，众九千余落，各称王，而辽东属国乌丸大人苏仆延，众千余落，自称峭王，右北平乌丸大人乌延，众八百余落，自称汗鲁王，皆有计策勇健。

《英雄记》记载：

> （袁）绍遣使即拜乌丸三王为单于，皆安车、华盖、羽旄、黄屋、左纛。版文曰："使持节大将军督幽、青、并领冀州牧阮乡侯绍，承制诏辽东属国率众王颁下、乌丸辽西率众王蹋顿、右北平率众王汗卢维：乃祖慕义迁善，款塞内附，北捍猃狁，东拒秽貊，世守北陲，为百姓保障，虽时侵犯王略，命将徂征厥罪，率不旋时，悔悉变改，方之外夷，最又聪慧者也。始有千夫长、百夫长以相统领，用能悉乃心，克有勋力于国家，稍受王侯之命……"②

上述史料，一是汉灵帝光和年间（178—183）属国乌丸贪至王率种人参

①　郑君雷：《辽宁锦县昌盛石椁墓与辽东属国》，《北方文物》1997年第2期。
②　《三国志》卷30《魏书·乌丸鲜卑传》裴松之注引，第834页。

与叛乱，后率众复降辽东属国长史公孙瓒；二是汉末辽东属国乌丸诸部形成了以乌丸大人苏仆延所统领的政治组织，众千余落，苏仆延自称峭王①；三是汉末北方诸割据势力角逐中原时期，袁绍承制授辽东属国乌丸大人率众王颁下以单于称号，乌桓社会组织由千夫长、百夫长统领部民。虽然记载的是东汉后期到汉魏之际辽东属国内乌桓社会组织的情况，却可以说明汉朝辽东属国对乌桓、鲜卑人始终实行因俗而治的政策，保持其本族传统的社会组织"邑落"，并由乌桓大人统领"种人"。这种羁縻统治的形式是通过朝贡制度进行管理，乌桓大人因军功或其他原因受汉朝册封，因朝贡得到赏赐，因互市得到物质利益，久而久之邑落间出现差别，人口多而富庶的邑落大人逐渐居于诸部之上，成为"众千余落"之长，又被汉朝、地方割据势力封王，更加巩固了乌桓大人的地位。到东汉末，乌桓社会组织出现千夫长、百夫长之类的基层官员，这说明乌桓社会可能已经迈入文明社会的门槛。可见朝贡制度对于扶持少数民族首领，促进少数民族社会政治势力的发展具有重要作用。

　　东汉时缘边十郡都有乌桓、鲜卑人居住，他们虽世守北陲，却也时有抄掠郡县的叛行。查阅史籍辽东属国统辖的乌桓、鲜卑与其他郡县所辖的乌桓、鲜卑相比，反叛行为极少，这可能与辽东属国的统辖机制比较适合乌桓、鲜卑社会发展水平有关。在民族地区建置内实行的朝贡制度，只是秦汉时期东北民族朝贡制度的一个补充形式，所占比例很小。

　　汉朝以多种形式建构的东北民族朝贡体制具有不同层次，第一层次，为塞外民族地区实行的朝贡制度，从西汉初期到东汉末，由东到西，或早或晚，或整族、或部分地推行于郡县以外的朝鲜、夫余、高句丽、沃沮、秽、乌桓、鲜卑人地区，是汉代东北民族朝贡制度的主要形式。第二层次，为民族地区建置内实行的朝贡制度，西汉时期主要推行于东北东南部与朝鲜半岛东北部的乐浪、玄菟郡，以统辖郡内的沃沮、秽、高句丽为主；东汉时期则主要推行于辽东属国所统辖的乌桓和鲜卑人。第三层次，为缘边郡县地区实行的朝贡制度，出现于东汉初年，到东汉末年所占比重越来越大，主要统辖大量迁入郡县地区的乌桓人和部分鲜卑人。值得注意的是，在朝贡体制内部

---

① 《后汉书》卷90《乌桓鲜卑传》作："辽东苏仆延，众千余落，自称峭王。"此处辽东应为辽东属国之误。第2984页。

不同层次之间不是一成不变的，变化最为显著的是朝贡体制下靠近郡县地区的部分。变化的原因是复杂的，一方面受汉王朝国家实力、政治形势变化的影响；另一方面受朝贡体制成员自身政治实力和所处政治环境变化的影响。因此，对其进行动态考察和研究，才能了解汉代东北民族朝贡制度的实态。

第三章

魏晋南北朝东北民族朝贡制度

东汉献帝建安十三年（208）赤壁大战之后，"吴有长江之险，蜀有崇山之阻"①，"天下"三分的形势已经形成。220年，曹操卒，子曹丕继任丞相，同年10月，曹丕称帝，国号魏，从此统一王朝转入三国鼎立时期。从220年到581年隋朝再次建立大一统王朝，360余年间，只是西晋王朝（266—316）时曾出现短暂的统一，其余310多年即三国、东晋十六国、南北朝时期都处于分裂状态。

分裂时期的各王朝、政权仍然实行着中央集权的国家体制，各王朝、政权都力图谋求重建大一统王朝，因此作为中央集权王朝统辖边疆地区的朝贡制度，在魏晋南北朝时期非但没有废止，反而进一步发展，成为比较规范的边疆政治统辖制度。

第一节　魏晋南北朝管理东北民族朝贡事务的机构与职能

魏晋南北朝时期，东北边疆民族朝贡制度进一步发展和完善，各王朝与政权在继承前朝制度的基础上，中央与地方管辖边疆民族朝贡制度的机构进一步健全，在管理东北民族朝贡事务方面，发挥了重要作用。

一　魏晋王朝管理东北民族朝贡事务的机构与职能

三国时期，曹魏政权在东北边疆地区继续营建朝贡制度，孙吴政权虽远

---

① 《三国志》卷1《魏志·武帝纪》裴松之注引《九州岛春秋》，第43页。

在江南，但为了实现一统梦，千方百计招诱东北边疆民族，力图把东北民族纳入吴国的朝贡体制。经西晋短暂统一后，王朝再次陷入多民族纷争的时代，东晋王朝与北方各政权仍努力经营东北边疆民族朝贡制度。

（一）中央管理朝贡事务的机构与职能

三国两晋王朝的百官制度有承袭前朝制度者，也有因时务而迁革者。魏晋时期，尚书台成为独立的行政机构，中央管理朝贡制度的主要机构为客曹尚书、尚书主客郎、大鸿胪。《晋书·职官志》记载：

> （成帝建始四年）置尚书五人，一人为仆射，而四人分为四曹，通掌图书秘记章奏之事，各有其任。其一曰常侍曹，主丞相御史公卿事。其二曰二千石曹，主刺史郡国事。其三曰民曹，主吏民上书事。其四曰主客曹，主外国夷狄事。……后汉光武以三公曹主岁尽考课诸州郡事，改常侍曹为吏部曹，主选举祠祀事，民曹主缮修功作盐池园苑事，客曹主护驾羌胡朝贺事，二千石曹主辞讼事，中都官曹主水火盗贼事，合为六曹。并令仆二人，谓之八座。……及魏改选部为吏部，主选部事，又有左民、客曹、五兵、度支，凡五曹尚书、二仆射、一令为八座。及晋置吏部、三公、客曹、驾部、屯田、度支六曹，而无五兵。咸宁二年，省驾部尚书。四年，省一仆射，又置驾部尚书。太康中，有吏部、殿中及五兵、田曹、度支、左民为六曹尚书，又无驾部、三公、客曹。
>
> 尚书郎，西汉旧置四人，以分掌尚书。其一人主匈奴单于营部，一人主羌夷吏民，一人主户口垦田，一人主财帛委输。……至魏，尚书郎有殿中、吏部、驾部、金部、虞曹、比部、南主客、祠部、度支、库部、农部、水部、仪曹、三公、仓部、民曹、二千石、中兵、外兵、都兵、别兵、考功、定课，凡二十三郎。……及晋受命，武帝罢农部、定课，置直事、殿中、祠部、仪曹、吏部、三公、比部、金部、仓部、度支、都官、二千石、左民、右民、虞曹、屯田、起部、水部、左右主客、驾部、车部、库部、左右中兵、左右外兵、别兵、都兵、骑兵、左右士、北主客、南主客，为三十四曹郎。后又置运曹，凡三十五曹，置郎二十三人，更相统摄。及江左，无直事、右民、屯田、车部、别兵、都兵、骑兵、左右士、运曹十曹郎。康穆以后，又无虞曹、二千石二

郎，但有殿中、祠部、吏部、仪曹、三公、比部、金部、仓部、度支、都官、左民、起部、水部、主客、驾部、库部、中兵、外兵十八曹郎。后又省主客、起部、水部，余十五曹云。

　　大鸿胪，统大行、典客、园池、华林园、钩盾等令，又有青宫列丞、邺玄武苑丞。及江左，有事则权置，无事则省。

　　东汉"客曹尚书"，主护驾羌胡朝贺事的职能，魏及晋初因之不变，武帝太康年间（280—289）省之。"尚书主客郎"，汉朝曰尚书郎，以二人分主匈奴、羌夷事。魏置"尚书南主客郎"，西晋置"左右南北"四个尚书主客郎，东晋仅置"尚书主客郎"，后又省之。"大鸿胪"，魏与西晋承汉制置之，东晋则有事权置，无事则省。可见，三国与西晋初年，主管朝贡事务的机构是客曹尚书。西晋时期，主管朝贡事务的机构是尚书主客郎。大鸿胪则是客曹尚书和尚书主客郎之下具体管理朝贡事务的机构。东晋时期，在省置尚书主客郎之后，管理朝贡事务的机构为大鸿胪。

　　史籍中不见关于魏晋时期任客曹尚书和尚书主客郎官员事迹的记载，但对大鸿胪的事迹则多有记载，其中不乏大鸿胪执掌管理朝贡制度事迹。《三国志·崔林传》记载：

　　（崔林）迁大鸿胪。龟兹王遣侍子来朝，朝廷嘉其远至，褒赏其王甚厚。余国各遣子来朝，间使连属，林恐所遣或非真的，权取疏属贾胡，因通使命，利得印绶，而道路护送，所损滋多。劳所养之民，资无益之事，为夷狄所笑，此曩时之所患也。乃移书炖煌喻指，并录前世待遇诸国丰约故事，使有恒常。

《十六国春秋·前燕录》记载：

　　成帝使兼大鸿胪郭悕（一作希）持节拜皝使持节、侍中、大将军、大都督河北诸军事、幽州牧、大单于、燕王，备物典策，皆从殊礼。又以世子儁为假节安北将军、东夷校尉、左贤王，赐军资器械以千万计，又封诸功臣百余人。

　　前一条史料记载大鸿胪掌四方蛮夷朝贡、侍子、册封之事。后一条史料则是大鸿胪奉帝命持节到东北边疆册封鲜卑政权首领慕容皝为燕王的事迹。前一职掌与汉朝大致相同，后一职掌首见于晋朝，直到隋唐王朝仍可见大鸿胪亲自到边疆民族地区对蕃王、蕃酋行册封的记载。

　　魏晋王朝对册封的属国国王、部族大人、属国嗣子、贵戚、部族首领等，授以印绶，以确定被册封者为王朝的藩属身份，另一方面得到册封的蕃王、蕃酋们，在朝贡体制内，也得到各朝贡国对其身份的认可。日本学者梶山胜据出土资料统计得魏晋时期蛮夷印 23 枚，又据明代文献记载统计得魏晋时期蛮夷印 22 枚，共 45 枚，现兹录于下[①]：

出土资料		明代文献资料	
魏	晋	魏	晋
魏丁零率善佰长	晋匈奴归义王	魏率善胡仟长	晋归义夷王
魏率善韩佰长	晋匈奴率善佰长	魏乌丸率善佰长	晋归义羌王
魏率善氏仟长	晋鲜卑归义侯	魏屠各率善佰长	晋蛮夷率善邑君
魏率善氏仟长	晋鲜卑率善中郎将	魏率善叟仟长	今率善羌邑长
魏率善氏佰长	晋乌丸归义侯	魏率善氏佰长	晋高句丽率善邑侯
	晋率善秽佰长	魏率善羌佰长	晋乌丸率善邑长
	晋归义胡王	魏率善胡佰长	晋鲜卑率善邑长
	晋率善胡佰长		晋率善氏邑长
	晋屠各率善佰长		晋率善胡邑长
	晋蛮夷率善邑长		晋率善胡仟长
	晋蛮夷率善邑长		晋屠各率善仟长
	晋蛮夷率善邑长		晋蛮夷率善仟长
	晋蛮夷率善邑长		晋率善羌佰长
	晋率善氏王		晋率善氏佰长
	晋率善氏邑长		晋匈奴率善佰长

---

　　① ［日］梶山胜：《漢魏晋代の蛮夷印の用法——西南夷の印を中心として》，大谷光男编著：《金印研究論文集成》，新人物往来社，1994 年。

续表

出土资料		明代文献资料	
魏	晋	魏	晋
	晋归义羌王		
	晋归义羌侯		
	晋率善羌邑长		

从表中所收入的印文看，魏晋时期授予边疆各族的封号大致相同，册封王、侯时，一般为"归义王""归义侯"，并授以金印；册封贵戚、一般首领时，多为"率善"仟长、佰长、邑长等，授以铜印。晋时册封新出现了汉官号，如"中郎将"，授以银印①。西晋末、东晋十六国时期，还出现册封朝贡成员以地方郡公、地方官号的现象，如对东北民族的册封有"辽西郡公""辽东郡公""渤海公""广宁公""抚军大将军""骠骑将军"等，详见后文。

大鸿胪的属官"大行、典客"，是协助大鸿胪管理边疆民族朝贡事务的主要官员，《通典·职官典八·鸿胪卿》记载："鸿胪属官有大行令、丞。魏改大行令为客馆令，晋改为典客。"据此，晋朝不应有"大行令"这一官职，但查《晋书》中则有关于大行令在"元会仪"上协助大鸿胪行礼仪的事迹②。显然《通典》记载有误，晋时，大行令仍是大鸿胪的副职。关于典客，《晋书·孔坦传》记载："时典客令万默领诸胡，胡人相诬，朝廷疑默有所偏助，将加大辟。坦独不署，由是被谴，遂弃官归会稽。"可见典客令作为大鸿胪的属官，是管理边疆民族朝贡具体事务的官员。

"八王之乱"导致西晋灭亡，晋室渡江南迁，北方再度陷于战乱。匈奴、鲜卑、羯、氐、羌以及汉人等各族先后建立了20多个政权，史称五胡十六国时期。值得注意的是在北族政权的官署机构中，仍可见到大鸿胪的设置。史籍记载：

（汉国主刘聪）使兼大鸿胪李弘拜（刘）殷二女英娥为左右贵嫔，

---

① 李逸友：《内蒙古出土古代官印的新资料》，《文物》1961年第9期。
② 《晋书》卷21《礼志下》，中华书局，1974年，第649页。

位在昭仪上。①

（前秦国主苻坚）遣大鸿胪拜张天锡为大将军、凉州牧、西平公。②

（前赵国主）刘曜遣鸿胪拜（张）茂太师、凉王。③

（前燕国主慕容暐）遣其大鸿胪温统署真为使持节、散骑常侍、都督淮南诸军事、征南大将军、领护南蛮校尉、扬州刺史，封宣城公。④

（后燕国主慕容宝）遣御史中丞兼鸿胪鲁遂持节受（授）司空范阳王德丞相、冀州牧。⑤

（后秦国主姚兴）遣其兼大鸿胪梁斐，以新平张构为副，拜秃发傉檀车骑将军、广武公，沮渠蒙逊镇西将军、沙州刺史、西海侯，李玄盛安西将军、高昌侯。⑥

据上述史料记载汉、前秦、前赵、前燕、后燕、后秦等国皆设有大鸿胪，可推知这一时期北方民族较大的政权在承用汉官制时，大多设有大鸿胪机构，其主要职掌与经营本国的朝贡制度有密切关系。

（二）地方管理东北民族朝贡事务的机构

魏晋时期在继承汉朝管理东北边疆民族朝贡的三种地方机构的基础上，又有所变化和增加，其中常以地方行政长官兼任设在边地管理民族事务机构的长官，在一定程度上使两种地方机构合二为一，是这一时期地方管理东北边疆民族朝贡机制的最显著的变化。

1. 边地州郡机构

魏晋时期，地方行政建置承东汉的州郡县三级制，东北地区行政建置在东汉的基础上有一定的变化。

东汉末，公孙度及其后人割据辽河以东地区，史称公孙氏政权（189—

---

① ［北魏］崔鸿：《十六国春秋》卷2《前赵录》，文渊阁《四库全书》第463册，台湾：商务印书馆影印本，第328页。

② ［北魏］崔鸿：《十六国春秋》卷36《前秦录》，第596页。

③ ［北魏］崔鸿：《别本十六国春秋》卷7《前凉录》，文渊阁《四库全书》第463册，台湾：商务印书馆影印本，第1147页。

④ 《晋书》卷111《慕容暐载记》，第2854页。

⑤ ［北魏］崔鸿：《别本十六国春秋》卷11《后燕录》，第1159页。

⑥ 《晋书》卷117《姚兴载记上》，第2983页。

238）。公孙度重整辽东郡县，"分辽东郡为辽西、中辽郡，置太守"。在辽东、辽西、中辽、玄菟郡之上设置平州（治襄平，今辽宁省辽阳市），"自立为辽东侯、平州牧"①。随后向朝鲜半岛扩张势力，占据了乐浪郡，并于乐浪郡之南秽貊人之地设置了带方郡。

曹魏景初二年（238），太尉司马懿率大军讨灭公孙氏政权，尽占其地。于是曹魏"分辽东、昌黎、玄菟、带方、乐浪五郡为平州，后还合为幽州。及文懿灭后，有护东夷校尉，居襄平。咸宁二年十月，分昌黎、辽东、玄菟、带方、乐浪等郡国五置平州"②。公孙氏设置的平州在魏初一度被保留，但不久魏撤销平州，郡县并入幽州（治蓟县，今北京市）。曹魏幽州所辖郡县与东北有关者为：辽东、辽西、昌黎（原辽东属国）、玄菟、乐浪、带方。

西晋初年东北地区均属幽州，晋武帝泰始十年（274）"分幽州五郡置平州"③。平州辖五郡：辽东、昌黎、玄菟、乐浪、带方。幽州仅辽西郡属东北地区，其他郡县与东北无关。

平州、幽州是曹魏、西晋王朝统辖东北边疆的重镇，也是管理东北民族朝贡事务的主要机构。如《三国志·明帝纪》记载：太和五年（231）"四月，鲜卑附义王轲比能率其种人及丁零大人儿禅诣幽州贡名马"。青龙四年（236）"高句骊王宫斩送孙权使胡卫等首，诣幽州"。公孙氏设置平州后，"辽东太守公孙康自称平州牧，遣使韩忠赍单于印绶往假峭王"④。魏晋时往往以幽州刺史兼领护乌桓校尉，以平州刺史兼领护东夷校尉（详见后），这表明幽州和平州也是管理东北边疆民族事务的重要机构。二州之下统领的诸郡中，辽东郡掌夫余、挹娄朝贡事务，《三国志·魏书·东夷传·夫余》记载：公孙氏时"夫余王尉仇台更属辽东"。曹魏时挹娄（肃慎）脱离了夫余的控制，诣辽东郡朝贡，如景元三年（262）"辽东郡言肃慎国遣使重译入贡"。乐浪郡掌秽、韩人朝贡事务，如景元二年（261）"乐浪外夷韩、涉貊

① 《三国志》卷8《魏书·公孙度传》，第253页。
② 《晋书》卷14《地理志上》，第427页。
③ 《晋书》卷3《世祖武帝纪》，第63页。同书卷14《地理志》云：咸宁二年（276）"置平州"，第427页。与此异，当从本纪。
④ 《三国志》卷26《牵招传》，第730页。

各率其属来朝贡"①。

东晋十六国时期，东北民族朝贡地点由边郡改为王朝、政权的都城，边地郡县主要为前来朝贡的边疆民族提供交通工具和安排食宿，不再管理具体的贡纳、封赏等事务。

2. 边疆民族地方建置机构

魏晋时期东北民族地方建置有辽东属国与带方郡。汉代辽东属国在曹魏初年已撤销，魏齐王年间为安置内附鲜卑部落又重新设置。史载：

> 正始五年（244）"九月，鲜卑内附，置辽东属国，立昌黎县以居之"。（《三国志·三少帝纪第四》）
>
> 平州，"昌黎郡汉属辽东属国都尉，魏置郡。统县二，户九百"。（《晋书·地理志》）

曹魏以来内附的鲜卑部落逐渐增多，魏比照汉朝旧制，采取集中安置鲜卑部落进行羁縻统辖的形式，重新于昌黎（今辽宁锦县）② 设置辽东属国，辽东属国对鲜卑部落的统辖方式应与汉代辽东属国的统辖机制相同，实行朝贡制度。大约到西晋重整东北郡县设置时，撤销辽东属国，设昌黎郡。

带方郡，如前所言是公孙氏割据辽东时期设置的，"建安中，公孙康分屯有县以南荒地为带方郡。遣公孙模、张敞等收集遗民，兴兵伐韩秽，旧民稍出，是后倭、韩遂属带方"③。带方郡的方位在乐浪郡之南，郡下领 7 县，即"带方、列口、南新、长岑、提奚、含资、海冥"④。日本学者谷井在朝鲜黄海道凤山发现了"带方太守"张氏墓葬，并认为凤山郡古"唐城"（在"带方太守"墓的西南）是带方郡治所在地⑤。带方郡所辖居民以秽貊一系为主，从秽貊古族社会发展程度看，郡内县以下应实行羁縻性质的朝贡制度。魏晋时期，带方郡还掌管郡外倭、韩人朝贡事务，如景初中（237—

---

① 《三国志》卷 4《魏书·三少帝纪》，第 148 页。

② 魏晋昌黎今地参见韩宝兴《辽东属国考——兼论昌黎移地》，《辽海文物学刊》1992 年第 2 期。

③ 《三国志》卷 30《东夷传·韩传》，第 851 页。

④ 《晋书》卷 14《地理志上》，第 427 页。

⑤ 《朝鲜史大系》第二卷《朝鲜总督府古迹调查报告》，转引自王绵厚《秦汉东北史》，辽宁人民出版社，1994 年，第 311 页。

239）"诸韩国臣智加赐邑君印绶，其次与邑长。……下户诣郡朝谒"①。景初二年（238）"（倭）女王遣使至带方朝见，其后贡聘不绝"②。西晋末，愍帝建兴年间（313—316），占据乐浪、带方二郡的张统率民户迁往辽西后③，乐浪郡、带方郡很快为高句丽、百济所占领。

3. 设在边地管理东北民族事务机构

魏晋时期设在边郡管理东北民族事务的专门机构主要有护乌桓校尉、护鲜卑校尉、护东夷校尉。

魏晋两朝仍设有护乌桓校尉，但护鲜卑校尉的设置仅见于魏初。《三国志》记载：

> 文帝践阼（220），田豫为乌丸校尉，持节并护鲜卑，屯昌平。④
> 文帝初，北狄强盛，侵扰边塞，乃使豫持节护乌丸校尉，牵招、解儁并护鲜卑。⑤
> 文帝践阼，拜招使持节护鲜卑校尉，屯昌平。⑥

魏文帝初期设"护乌丸校尉"一职并护鲜卑，不久另设"护鲜卑校尉"，两校尉府都治于昌平（今北京昌平西南）。从所见史料看，只有这一时期见关于护鲜卑校尉的记载，估计护鲜卑校尉只是一时设置，很快就撤销了。魏明帝太和年间（227—232）护乌桓校尉的设置出现了新的变化，《三国志·乌桓鲜卑传》记载：明帝太和年间，"幽州刺史王雄并领校尉，抚以恩信。（轲）比能数款塞，诣州奉贡献"。自王雄以后，护乌桓校尉往往由幽州长官兼任（见下表），如魏明帝青龙年间（233—236）"帝图讨辽东，以（毌丘）俭有干策，徙为幽州刺史，加度辽将军，使持节，护乌丸校尉。

---

① 《三国志》卷30《东夷传·韩传》，第851页。
② 《晋书》卷97《四夷传·倭人》，第2536页。
③ ［北魏］崔鸿：《十六国春秋》卷23《前燕录》记载："辽东张统据乐浪、带方二城与高句骊王乙弗利相攻，连年不解。乐浪王遵说统帅其民千余家归廆，廆为之置乐浪郡，以统为太守，遵参军事。"第500页。
④ 《三国志》卷30《魏书·乌丸鲜卑传》，第836页。
⑤ 《三国志》卷26《魏书·田豫传》，第727页。
⑥ 《三国志》卷26《魏书·牵招传》，第731页。

率幽州诸军至襄平，屯辽隧"。西晋武帝时，张华"为持节、都督幽州诸军事、领护乌桓校尉、安北将军。抚纳新旧，戎夏怀之"①。护乌桓校尉的职掌成为地方州官的主要职掌之一。并由此可推知，这一时期护乌桓校尉府已由昌平迁到幽州治所（今北京市）。直到东晋初年晋元帝建武元年（317），尚见有领护乌丸校尉、镇北将军刘翰的事迹②。东晋初年王朝南迁，不久护乌桓校尉府也随之撤销。十六国前秦苻坚时，又见设官掌管鲜卑、乌桓事务，晋太元四年、前秦建元十五年（379）"分幽州置平州，以石越为平州刺史，领护鲜卑中郎将，镇龙城；大鸿胪韩胤领护赤沙中郎将，移乌丸府于代郡之平城"。龙城在今辽宁朝阳，平城在今山西大同。鲜卑中郎将主掌鲜卑；乌丸府的长官可能是护乌丸校尉，主掌乌桓。从二官府所在地区看，西晋末年十六国时期，东北地区分布的主要是鲜卑人，乌桓人则主要分布在代北和散居中原各地。

魏晋护乌桓校尉任职者一览表

朝代	任职时期	官职	任职者	史料出处
三国·魏	献帝建安十二年 魏文帝黄初元年	护乌丸校尉 使持节护乌丸校尉	牵招	《三国志》卷26
	魏文帝黄初年间 至明帝太和年间	使持节护乌丸校尉	田豫	《三国志》卷26
	明帝太和年间	幽州刺史、护乌桓校尉	王雄	《三国志》卷30
	明帝青龙年间	幽州刺史、度辽将军、使持节、护乌丸校尉	毌丘俭	《三国志》卷28
	齐王正始年间	幽州刺史、使持节、护乌丸校尉	杜恕	《三国志》卷16
西晋	武帝泰始初年	幽州刺史、护乌丸校尉	卫瓘	《晋书》卷36
	武帝年间	都督幽州诸军事、领护乌丸校尉	张华	《晋书》卷36
	武帝年间	监幽州诸军事、使持节、领护乌丸校尉、右将军	唐彬	《晋书》卷42
		侍中、使持节、安北大将军、领护乌丸校尉、都督幽并州诸军事	刘宝	《刘宝墓碑》③

① 《三国志》卷28《魏书·毌丘俭传》，第762页；《晋书》卷36《张华传》，第1070—1071页。
② 《晋书》卷6《元帝纪》，第145页。
③ 1974年山东邹县郭里镇晋墓出土《刘宝墓碑》，佟柱臣：《喜见中国出土的第一块乌丸石刻》，《辽海文物学刊》1996年第2期。

朝代	任职时期	官职	任职者	史料出处
	惠帝年间	监幽州诸军事，假节、领护乌丸校尉	刘弘	《晋书》卷 66
	怀帝永嘉元年	幽州刺史、领乌丸校尉	王浚	《晋书》卷 29
东晋	建武元年（317）	领护乌丸校尉、镇北将军	刘翰	《晋书》卷 6
前秦苻坚	建元十五年(379)	移乌丸府于代郡之平城，乌丸府长官可能是护乌丸校尉	佚名	《晋书》卷 113

　　魏晋时期护乌桓校尉的职掌没有明显变化，其一，掌管东北西部塞内外游牧民族的朝贡、互市事务。《晋书·唐彬传》记载："北虏侵掠北平，以彬为使持节、监幽州诸军事、领护乌丸校尉、右将军。彬既至镇，训卒利兵，广农重稼，震威耀武，宣喻国命，示以恩信。于是鲜卑二部大莫庑、摛何等并遣侍子入贡。"魏文帝黄初三年（222），鲜卑大人柯比能"帅部落大人小子代郡乌丸修武卢等三千余骑，驱牛马七万余口交市"[1]。其二，防范塞外朝贡成员寇抄边郡，如《三国志·魏书·田豫传》载："文帝初，北狄强盛，侵扰边塞，乃使豫持节护乌丸校尉，……为校尉九年，其御夷狄，恒摧抑兼并，乖散强猾。凡逋亡奸宄，为胡作计不利官者，豫皆构刺搅离，使凶邪之谋不遂，聚居之类不安。"魏晋时期护乌桓校尉率军平定乌桓、鲜卑叛乱的事迹不绝于史册。前秦设置的领护鲜卑中郎将和乌丸府应是分掌鲜卑与乌桓的事务。

　　魏晋时期，东北东部边疆的高句丽政权逐渐强大起来，频繁寇抄边郡。曹魏政权新设护东夷校尉一职以加强对东部地区民族的统辖。

　　护东夷校尉，或称东夷校尉，设于曹魏哪一年，史书没有明确记载。《晋书·地理志》中记载："魏置东夷校尉，居襄平，而分辽东、昌黎、玄菟、带方、乐浪五郡为平州，后还合为幽州。及文懿灭后，有护东夷校尉，居襄平。"文懿，即公孙氏政权的最后统治者公孙渊，曹魏大军于238年灭公孙氏政权，收复辽河以东郡县地区，金毓黻根据这条史料认为："盖魏于公孙氏开置带方郡之后，因立平州，授（公孙）康以刺史之官，俾领辽东

---

① 《三国志》卷 30《魏书·乌丸鲜卑传》，第 838—839 页。

等五郡，且令兼领东夷校尉。"① 日本学者池内宏则认为曹魏于 238 年灭公孙氏政权以后，便在襄平（今辽宁省辽阳市）设置羁縻东夷诸部的机构护东夷校尉府②。但正史中未见到关于曹魏时期护东夷校尉任职者的记载，曹魏正始六、七年（245、246）幽州刺史毌丘俭攻打高句丽时，随行的官员有玄菟、乐浪、带方太守③，亦唯独不见护东夷校尉，张国庆据此认为设置护东夷校尉的年代不在曹魏时期，而是在西晋武帝太康元年（280）④。日本学者三崎良章认为护东夷校尉设置的年代应在太康三年至五年（282—285）之间⑤。

公孙氏政权灭亡后，曹魏政权立刻面临着接替公孙氏政权、统辖东北东部少数民族政权和诸部的问题，由于平州撤销，辽东、玄菟、带方、乐浪诸郡合入幽州统辖，此时东北东部的高句丽政权正处于上升时期，寇抄边郡的事件时有发生，幽州地远，对统辖、控制东北东部边疆少数民族确实有些鞭长莫及，为此在襄平设置统辖、管理东北东部各族朝贡制度的机构护东夷校尉府是顺理成章的。幽州刺史毌丘俭攻打高句丽的随行官员中不见护东夷校尉，这的确是个问题。然而史书中记载随行的郡守只见乐浪、带方两郡太守⑥，参战的玄菟太守则是王国维根据《毌丘俭丸都山纪功石刻》的残文考证而得出的，该碑残存的 7 行文字中有两行"威寇将军都亭侯"、"□裨将军"是不完整的官职，而且碑文也绝不仅仅是 7 行，其中或许就有护东夷校尉。因此我以为池内宏的观点比较近是，在没有十分确凿的史料证明之前，还不能轻易否定上述《晋书·地理志》的记载。

西晋王朝恢复了平州设置后，在平州设置了护东夷校尉府。西晋武帝太康年间，文俶"太康中为东夷校尉、假节。当之职，入辞武帝，帝见而恶之，托以他事免俶官"⑦。

---

① 金毓黻：《东北通史》，第 125 页。

② ［日］池内宏：《曹魏の東方經略》，《満鮮史研究》上世第一册，吉川弘文馆，1979 年。

③ 王国维：《观堂集林》卷 20《魏毌邱俭丸都山纪功石刻跋》，河北教育出版社，2001 年，第 611—612 页。

④ 张国庆：《西晋至北魏时期"护东夷校尉"初探》，《中央民族学院学报》1989 年第 3 期。

⑤ ［日］三崎良章：《東夷校尉考——その設置と"東夷"への授与》，《東アジア史の展開と日本》，山川出版社，2000 年。

⑥ 《三国志》卷 30《魏书·东夷传·秽》，第 840 页。

⑦ 《三国志》卷 28《诸葛诞传》裴松之注引《晋诸公赞》，第 774—775 页。

东晋初年仍可见到关于护东夷校尉的记载，其时鲜卑慕容部酋长慕容廆"刑政修明，虚怀引纳，流亡士庶多襁负归之"，对中原流民因俗而治，设郡县以安置之，并"推举贤才，委以庶政"①。慕容鲜卑部逐渐由弱转强。"时平州刺史、东夷校尉崔毖自以为南州士望，意存怀集，而流亡者莫有赴之。毖意廆拘留，乃阴结高句丽及宇文、段国等，谋灭廆以分其地"。慕容廆用计粉碎了三部联军的围攻，晋平州刺史、护东夷校尉崔毖，"与数十骑弃家室奔于高句丽"②。时为东晋元帝大兴二年（319），崔毖是西晋王朝任命的最后一位护东夷校尉。

慕容鲜卑击破高句丽、宇文、段氏鲜卑等三部之后，迅速壮大起来，很快占领了辽东郡，控制了辽河东西地区。东晋建立后，太兴四年（321）元帝遣使"以慕容廆为持节、都督幽平二州东夷诸军事、平州牧，封辽东郡公"③。《晋书·慕容廆载记》记载：

> 帝遣使者拜廆监平州诸军事、安北将军、平州刺史，增邑二千户。寻加使持节、都督幽州东夷诸军事、车骑将军、平州牧，进封辽东郡公，邑一万户，常侍、单于并如故；丹书铁券，承制海东，命备官司，置平州守宰。

于是，慕容廆作为东晋王朝的地方官自行任命东夷校尉，如阳耽"仕廆，官至东夷校尉"④。代表晋朝管理东北东部少数民族。337年慕容鲜卑建立燕国后，燕王慕容皝，"拜（慕容）儁假节、安北将军、东夷校尉、左贤王、燕王世子"⑤。慕容儁为燕王世子，是王位的继承人，前燕以王位继承者兼任东夷校尉之职，足见前燕政权把统辖东部诸族之事视为重要的国政之一。前燕到北魏之间，史书中不见关于护东夷校尉的记载，但后燕承前燕之制，北燕又承后燕制度。而且，这一时期东北边疆民族相继兴起，彼此争雄，民族矛盾十分激烈，掌管民族事务的官员责任重大，后燕国主慕容垂在

---

① 《晋书》卷108《慕容廆载记》，第2806页。
② 《晋书》卷108《慕容廆载记》，第2807页。
③ 《晋书》卷6《元帝纪》，第155页。
④ 《晋书》卷111《阳鹜传》，第2860页。
⑤ 《晋书》卷110《慕容儁载记》，第2831页。

前燕时曾任过护东夷校尉。据此推测，在这个时期，没有撤销护东夷校尉府，只是由于慕容垂曾任护东夷校尉而将这一官职虚位而已。前燕以后，护东夷校尉府当随同平州治所迁移，到后燕慕容熙时期，其驻地已由辽东迁到辽河以西。

魏晋时期护东夷校尉任职者一览表

朝代	任职时期	官职	任职者	史料出处
西晋	晋武帝太康六年（285）以前	护东夷校尉	鲜于婴	《晋书》卷97
	晋武帝太康六年	护东夷校尉	何龛	《晋书》卷97
	晋武帝太康年间至惠帝永平元年（291）	护东夷校尉	文俶	《三国志》卷28裴注，《晋书》卷4
	晋怀帝永嘉初年	护东夷校尉	李臻	《晋书》卷108
	晋怀帝永嘉年间	护东夷校尉	封释	《晋书》卷108，《魏书》卷32
西晋末至东晋	晋怀帝永嘉末至元帝大兴二年（319）	平州刺史、护东夷校尉	崔毖	《晋书》卷36、卷6
前燕	慕容廆时期	护东夷校尉	封抽	《晋书》卷108
	慕容廆时期	护东夷校尉	阳耽	《晋书》卷111
	慕容皝时期	假节、都督平州诸军事、领护东夷校尉、平州刺史	慕容隽	《晋书》卷110
	慕容隽时期	护东夷校尉、平州刺史	慕容垂	《十六国春秋》卷27

从现有的史料看，东晋王朝开始以平州刺史兼任护东夷校尉，前燕政权也多以平州刺史兼任护东夷校尉，说明这个时期管理塞外朝贡制度是重要的地方政务之一。

护东夷校尉的职掌与护乌桓校尉的职掌基本相同，只是管理的对象有所不同。曹魏西晋时期，护东夷校尉的主要职掌是管理东部少数民族事务。东晋初年撤销护乌桓校尉以后，东北边疆少数民族事务皆由护东夷校尉管理，具体表现在如下诸方面：

其一，掌管朝贡成员的归附、封册、贡献、贸易等事务。晋初武帝泰始三年（267），"各遣小部献其方物。至太熙初，复有牟奴国帅逸芝惟离、模卢国帅沙支臣芝、于离末利国帅加牟臣芝、蒲都国帅因末、绳余国帅马路、沙楼国帅钐加，各遣正副使诣东夷校尉何龛归化"①。惠帝永平元年（291），"是岁，东夷十七国、南夷二十四部并诣校尉内附"②。受朝廷册封的东北少数民族首领要到护东夷校尉府致谢，如自曹魏初年入居辽西，西晋时迁到辽东郡之北的慕容鲜卑部，慕容廆任部落酋长时，晋武帝"拜为鲜卑都督。廆致敬于东夷府，巾衣诣门，抗士大夫之礼。何龛严兵引见，廆乃改服戎衣而入。人问其故，廆曰：'主人不以礼，宾复何为哉！'龛闻而惭之，弥加敬惮"③。护东夷校尉对朝贡制度下东北各族采取羁縻统治的方式，注重维护政治上的隶属关系。

其二，有权调集塞外朝贡成员的军队举行军事行动。东晋初年，平州刺史、东夷校尉崔毖"阴结高句丽及（鲜卑）宇文、段国等，谋灭（慕容）廆以分其地"④。从三部遣使向慕容廆请和时所说："非我本意也，崔平州教我耳。"⑤ 可看出平州一带塞内外少数民族要听从平州刺史、护东夷校尉的指使。

其三，保护受侵害的朝贡成员，打击骚扰、掳掠边郡的反叛势力。晋武帝太康六年（285）夫余国"为慕容廆所袭破，其王依虑自杀，子弟走保沃沮。帝为下诏曰：'夫余王世守忠孝，为恶虏所灭，甚愍念之。若其遗类足以复国者，当为之方计，使得存立。'有司奏护东夷校尉鲜于婴不救夫余，失于机略。诏免婴，以何龛代之。明年，夫余后王依罗遣诣龛，求率见人还复旧国，仍请援。龛上列，遣督邮（护）贾沈以兵送之。廆又要之于路，沈与战，大败之，廆众退，罗得复国"⑥。对中原王朝一贯谨守臣礼的夫余国，被东部鲜卑慕容廆所袭破，夫余王依虑自杀，子弟走保沃沮。而护东夷校尉鲜于婴没有对其尽到保护和扶持的职责，不能出兵救助夫余，失于机略。为此晋武帝下诏罢免鲜于婴，任命何龛为护东夷校尉，并依夫余人所请，出兵助其复国。

---

① 《晋书》卷 97《东夷传》，第 2536—2537 页。
② 《晋书》卷 4《惠帝纪》，第 91 页。
③ 《晋书》卷 108《慕容廆载记》，第 2804 页。
④ 《晋书》卷 108《慕容廆载记》，第 2806 页。
⑤ 《晋书》卷 108《慕容廆载记》，第 2807 页。
⑥ 《晋书》卷 97《夫余国传》，第 2532 页。

二　南北朝管理东北民族朝贡事务的机构与职能

420 年刘裕取代晋恭帝即帝位，建立宋朝，其后经齐、梁、陈三朝更迭，至 589 年被隋朝灭亡，史称南朝。439 年拓跋魏灭北凉，最后统一北方，后分裂为东、西魏，又更为北齐、北周，北周灭北齐，581 年杨坚取代北周静帝即帝位，北周灭亡，史称北朝。南北朝时期，各朝为确立自身的正统地位，发展势力，都努力经营朝贡制度。

（一）中央管理朝贡事务的机构与职能

南北朝时期，中央管理边疆民族朝贡事务的机构主要是尚书主客郎、大鸿胪（鸿胪卿）、主客令、谒者台、典客监、客馆令，在具体运作过程中，南北二朝有一定的差别。

1. 南朝

《宋书·百官志》记载：

> 尚书令，任总机衡。仆射、尚书，分领诸曹。左仆射领殿中、主客二曹。
>
> 宋高祖初，加置骑兵、主客、起部、水部四曹郎，合为十九曹。[①]太祖元嘉十年，又省仪曹、主客、比部、骑兵四曹郎。十一年，又并置。
>
> 大鸿胪，掌赞导拜授诸王。

查阅史籍，关于南朝尚书主客郎掌管对外交往、边疆民族朝贡的记载不多，仅见的几条记载皆与接待北朝使者有关，如齐武帝时，"上以融才辩，十一年（493），使兼主客，接虏使房景高、宋弁"[②]。梁武帝时，"（范）胥有口辩，大同中，常兼主客郎，对接北使"[③]。大鸿胪一职，在宋齐二朝"有事权置兼官，毕乃省"[④]。此时大鸿胪的记载，多是"掌赞导、拜授诸

[①]《宋书》卷 39《百官志上》："（东晋）后又省主客、起部、水部，余十五曹。"故宋初复置主客等机构。中华书局，1974 年，第 1237 页。

[②]《南齐书》卷 47《王融传》，中华书局，1972 年，第 821 页。

[③]《梁书》卷 48《范缜传》，中华书局，1973 年，第 671 页。

[④]《南齐书》卷 16《百官志》，第 318 页。

王""持节护丧事"等事迹。梁朝武帝天监七年（508），"五月己亥，诏复置宗正、太仆、大匠、鸿胪，又增太府、太舟，仍先为十二卿"。复置的"鸿胪"，"除大字，但曰鸿胪卿，位视尚书左丞"①。《梁书·陈庆之传》记载："第五子昕，字君章。七岁能骑射。十二随父入洛，于路遇疾，还京师。诣鸿胪卿朱异，异访北间形势，昕聚土画地，指麾分别，异甚奇之。"陈昕随父出使北魏，回京师后诣鸿胪卿朱异，朱异询问北朝形势，可见梁朝与北魏交往之事也属鸿胪卿的职掌范围。

　　谒者台、客馆令是南朝管理边疆民族朝贡事务的具体部门。刘宋大明三年（459）"置谒者仆射官"②。齐置"谒者仆射一人，谒者十人，谒者台，掌朝觐宾飨"；"客馆令，掌四方宾客"③。谒者台掌边疆民族的册封事务，客馆令掌管边疆民族的朝贡事务。《南史·夷貊下》记载④：

　　　（宋）少帝景平二年，（高句丽王）琏遣长史马娄等来献方物，遣谒者朱邵伯、王邵子等慰劳之。
　　　少帝景平二年，（百济王）映遣长史张威诣阙贡献。元嘉二年，文帝诏兼谒者闾丘恩子、兼副谒者丁敬子等往宣旨慰劳，其后每岁遣使奉献方物。

《南齐书·东南夷传》记载：

　　　使兼谒者仆射孙副策命大袭亡祖父牟都为百济王。曰："於戏！惟尔世袭忠勤，诚著遐表，沧路肃澄，要贡无替。式循彝典，用纂显命。往钦哉！其敬膺休业，可不慎欤！制诏行都督百济诸军事、镇东大将军百济王牟大今以大袭祖父牟都为百济王，即位章绶等玉铜虎竹符四。（王）其拜受，不亦休乎！"

---

① ［唐］杜佑：《通典》卷26《职官典八·鸿胪卿》，中华书局，1988年，第724页。
② 《宋书》卷6《孝武帝纪》，中华书局，1974年，第125页。
③ 《南齐书》卷16《百官志》，第324—325、319页。
④ 《宋书》卷97《夷蛮传》记载更为详细，"王邵子"为副谒者，第2392页。

宋派遣谒者、副谒者，齐派遣谒者仆射赴东北边疆民族地区，对朝贡成员高句丽、百济国主行册封之事。梁、陈是否遣使赴边疆地区行册封之事，史无记载。到南朝来朝贡的边疆民族使团当由客馆令接待。据《隋书·百官志上》记载：梁朝设有"北馆、典客馆等令丞"。北馆由客馆令掌管，主要接待北朝使团。典客馆隶属鸿胪卿，主要接待包括边疆民族在内的朝贡使团。客馆令、谒者台与尚书主客郎、鸿胪卿的隶属关系，没有明确记载。估计在宋、齐王朝时期，在大鸿胪省置时，客馆令、谒者台由尚书主客郎掌管。梁、陈王朝恢复鸿胪卿为常置机构后，客馆令、谒者台是分别隶属于尚书主客郎、鸿胪卿，还是皆隶属鸿胪卿尚不清楚。

2. 北朝

北朝掌北方边疆诸族朝贡事务的机构主要是大鸿胪（鸿胪卿）与主客曹。大鸿胪又被称为鸿胪卿，为掌管诸侯、礼仪、四夷宾客的主要官署。据《魏书·官氏志》载：大鸿胪属六卿之一，孝文帝太和年间定官品为正二品上，宣武帝是重新修订官品，为正三品。朝廷对边疆民族政权首领进行重大册封之事常由大鸿胪主持，如：

> 始光四年（427），世祖遣大鸿胪公孙轨拜玄为征南大将军、都督、梁州刺史、南秦王，玄上表请比内藩，许之。①
>
> （崔颐）为大鸿胪，持节策拜杨难当为南秦王。奉使数返，光扬朝命，世祖善之。②
>
> （延和二年，433）二月庚午，诏兼鸿胪卿李继，持节假冯崇车骑大将军、辽西王，承制听置尚书已下，赐崇功臣爵秩各有差。③
>
> （太平真君）二年（441）春，世祖遣兼鸿胪持节策拜无讳为征西大将军、凉州牧、酒泉王。④
>
> 太和十五年（491），琏死，年百余岁。高祖举哀于东郊，遣谒者仆射李安上策赠车骑大将军、太傅、辽东郡开国公、高句丽王，谥曰

---

① 《魏书》卷101《氐传》，中华书局，1974年，第2229页。
② 《魏书》卷32《崔逞传》，第758—759页。
③ 《魏书》卷4上《世祖太武帝纪》，第82页。
④ 《魏书》卷99《卢水胡沮渠蒙逊传》，第2209页。

康。又遣大鸿胪拜琏孙云使持节、都督辽海诸军事、征东将军、领护东夷中郎将、辽东郡开国公、高句丽王，赐衣冠服物车旗之饰。①

神龟中（518—519），（刘永）兼大鸿胪卿，持策拜高丽王安。还，除范阳太守。②

高祖遣鸿胪刘归、谒者张察拜弥机征南大将军、西戎校尉、梁益二州牧、河南公、宕昌王。后朝于京师，殊无风礼。③

上列举史料中杨玄、杨难当是氐人仇池政权首领；冯崇是北燕政权废太子；沮渠无讳是卢水胡北凉国主；高琏、高云、高安是高句丽国主；梁弥机是宕昌国主。可见北魏一朝，大鸿胪在掌管边疆民族朝贡册封事务中占有十分重要的地位。此外，北魏朝廷还临时委派官吏出使边疆民族地区，如太武帝时曾派遣员外散骑侍郎李敖、散骑常侍封赴高句丽国④。

主客曹，长官初为主客给事中、主客令，其职掌没有明文记载，但据《魏书·李孝伯传》所载献文帝时期主客令李安世的事迹中可考知一二：

天安初（466），拜中散，以温敏敬慎，显祖亲爱之。累迁主客令。萧赜使刘缵朝贡，安世美容貌，善举止，缵等自相谓曰："不有君子，其能国乎？"缵等呼安世为典客，安世曰："三代不共礼，五帝各异乐，安足以亡秦之官，称于上国。"缵曰："世异之号，凡有几也？"安世曰："周谓掌客，秦改典客，汉名鸿胪，今曰主客。君等不欲影响文武，而殷勤亡秦。"缵又指方山曰："此山去燕然远近？"安世曰："亦由石头之于番禺耳。"国家有江南使至，多出藏内珍物，令都下富室好容服者货之，令使任情交易。使至金玉肆问价，缵曰："北方金玉大贱，当是山川所出？"安世曰："圣朝不贵金玉，所以贱同瓦砾。又皇上德通神明，山不爱宝，故无川无金，无山无玉。"缵初将大市，得安世言，惭而罢。迁主客给事中。

---

① 《魏书》卷100《高句丽传》，第2216页。
② 《魏书》卷55《刘芳传》，第1231页。
③ 《魏书》卷101《宕昌传》，第2242页。
④ 《魏书》卷100《高句丽传》，第2214页。

这段记载里北魏主客令李安世对南齐使刘缵说："周谓掌客，秦改典客，汉名鸿胪，今曰主客。"① 说明魏的主客相当于汉代鸿胪，实际上北魏的主客与鸿胪在官品地位上大致相当，在涉及对外交往与朝贡事务的职掌中，主客主掌本朝与南朝交往诸事，鸿胪主掌边疆民族册封、朝会事务。北魏另设有典客监，是具体管理边疆民族朝贡、与邻国交往事务的下级机构。孝文帝以后，主客曹的长官为尚书主客郎。《魏书·官氏志》记载：

> （太和十五年）十二月，置侍中、黄门各四人，又置散骑常侍、侍郎，员各四人；通直散骑常侍、侍郎，员外散骑常侍、侍郎各六人。又置司空、主客、太仓、库部、都牧、太乐、虞曹、宫舆、覆育少卿官。又置光爵、骁游、五校、中大夫、散员士官。又置侍官一百二十人。

查《魏书》可知，大致以孝文帝太和年间为限，之前北魏接待南朝使者为主客令，之后接待南朝使者为尚书主客郎。孝文帝太和年间列曹尚书位于大鸿胪之下，定官品为正二品中；宣武帝时重新修订官品，列曹尚书位于大鸿胪之上，同为正三品②。北朝尚书主客郎分为南主客郎与北主客郎两员，如魏孝明帝时有"北主客郎中源子恭，南主客郎中游思进"③。南主客郎主掌与南朝交往诸事④；北主客郎主掌北方边疆诸族朝贡事务。

北朝设有典客监，属官有典客令、典客舍人、典客参军，《魏书·成淹传》记载："淹小心畏法，典客十年，四方贡聘，皆有私遗，毫厘不纳，乃至衣食不充。"《北齐书·薛琡传》记载："为典客令，每引客见，仪望甚美。"在洛阳设有诸国使邸，于边疆民族朝贡道的途中设有客馆。《洛阳伽蓝记》记载洛阳设有"四夷馆"，吴人投国者处金陵馆，北夷来附者处燕然馆，东夷来附者处扶桑馆，西夷来附者处崦嵫馆⑤。《南齐书·东南夷传》亦曰："虏置诸国使邸，齐使第一，高丽次之。"为管理客馆，魏设有"监

---

① 《魏书》卷53《李孝伯传》，第1175页。
② 《魏书》卷113《官氏志》，第2976页。
③ 《魏书》卷108《礼志四》，第2816页。
④ 《魏书》卷49《李灵传》，第1100页。
⑤ ［北魏］杨衒之：《洛阳伽蓝记》，北京燕山出版社，1998年，第110、111页。

馆"一职,《北史》载:"(房)彦询少时为监馆,尝接陈使江总。"① 綦母怀文"昔在晋阳为监馆,馆中有一蠕蠕客,同馆胡沙门指语怀文云:'此人别有异算术。'"② 黎虎认为典客监为鸿胪下设机构③。

(二)地方管理东北民族朝贡事务的机构与职能

南北朝时期,因地缘关系只有北朝存在管理东北边疆朝贡制度的地方机构。北朝时期,东北边疆形势发生很大变化,高句丽政权趁中原战乱,迅速发展起来,4世纪上半叶占据了汉魏以来设置在朝鲜半岛的乐浪郡、带方郡,接着又向辽河流域拓展,到5世纪初,占领了辽河以东郡县地区④。北朝时期东北边地郡县区明显缩小,平州迁至肥如,即今河北卢龙之北。北魏继承了慕容鲜卑后燕政权设置的营州(治所在今辽宁朝阳)⑤,营州取代平州成为统辖东北边疆的重镇。

北朝时期,前朝设在东北边疆民族地区的建置,或为高句丽政权所占据,或已经废止。管理东北边疆民族朝贡事务的地方机构主要是营州和护东夷校尉。

1. 营州

十六国时期,营州与幽州一带涌入大量北方民族,各民族杂居现象十分普遍。北朝时期,仍有塞外民族内附迁入郡县地区的现象,如孝文帝"太和三年,高句丽窃与蠕蠕谋,欲取地豆于以分之。契丹惧其侵轶,其莫弗贺勿于率其部落车三千乘、众万余口,驱徙杂畜,求入内附,止于白狼水东。自此岁常朝贡"⑥。营州刺史的重要职掌之一即是安抚塞内外少数民族,打击反叛势力,维护北魏东北边疆民族的朝贡制度,掌管塞内外朝贡成员的贡献与互市事务。《北齐书·王峻传》记载了宣武帝时营州刺史王峻的治边

① 《北史》卷39《薛安都传》,中华书局,1974年,第1416页。

② 《北史》卷89《綦母怀文》,第2940页。

③ 黎虎:《汉唐外交制度史》,兰州大学出版社,1998年,202页。另黎虎认为典客监后改为主客令。查史籍,我仅见一条史料,《北史·潘徽传》:"释褐新蔡王国侍郎,选为客馆令。隋遣魏澹聘于陈,陈人使徽接对之。"虽然《北史》为潘徽立传,但从其事迹看,又是陈人。不知黎虎据何史料所言,姑且存疑。

④ 金毓黻:《东北通史》,150页。

⑤ 《晋书》卷14《地理志》:"慕容熙以幽州刺史镇令支,青州刺史镇新城,并州刺史镇凡城,营州刺史镇宿军,冀州刺史镇肥如。"北魏营州治和龙,今辽宁省朝阳市。中华书局,1974年,第428页。

⑥ 《魏书》卷100《契丹传》,第2223—2224页。

事迹：

> 营州地接边城，贼数为民患。峻至州，远设斥候，广置疑兵，每有贼发，常出其不意要击之，贼不敢发，合境获安。先是刺史陆士茂诈杀失韦八百余人，因此朝贡遂绝。至是，峻分命将士。要其行路，失韦果至，大破之，虏其首帅而还。因厚加恩礼，放遣之。失韦遂献诚款，朝贡不绝，峻有力焉。

营州刺史在维护边郡安全的同时，还要保证塞外民族朝贡制度的正常运行。恩威并行，是北魏时期边州地方官经常采用的策略，太和年间，安丰王拓跋猛任和龙镇都大将、营州刺史时，"猛宽仁雄毅，甚有威略，戎夷畏爱之"①。营州刺史同样有权调集朝贡制度成员的部落兵（或军队）平定边疆叛乱。在王朝、政权更替时，营州刺史带领听从其调动的少数民族军队参加内地的战争，《北齐书·高宝宁传》记载：

> 高宝宁，代人也，不知其所从来。武平末（575），为营州刺史，镇黄龙，夷夏重其威信。周师将至邺，幽州行台潘子晃征黄龙兵，保宁率骁锐并契丹、靺羯万余骑将赴救。至北平，知子晃已发蓟，又闻邺都不守，便归营。周帝遣使招慰，不受敕书。范阳王绍义在突厥中，上表劝进，范阳署保宁为丞相。及卢昌期据范阳城起兵，保宁引绍义集夷夏兵数万骑来救之。至潞河，知周将宇文神举已屠范阳，还据黄龙，竟不臣周。

营州的北面分布着契丹、奚、室韦、地豆于等许多游牧民族，开设互市是朝廷笼络塞外游牧民朝贡成员的重要手段，对于叛而复降，要求互市的塞外族群，鲜卑皇帝一般采取安抚为主的政策，世宗曾诏曰②：

> 库莫奚去太和二十一年以前，与安营二州边民参居，交易往来，并

---

① 《魏书》卷20《安丰王猛传》，第529页。
② 《魏书》卷100《库莫奚传》，第2223页。

无疑贰。至二十二年叛逆以来，遂尔远窜。今虽款附，犹在塞表，每请入塞与民交易。若抑而不许，乖其归向之心；听而不虞，或有万一之警。不容依先任其交易，事宜限节，交市之日，州遣上佐监之。

在开互市的日子，营州派上佐在市场内监督，以保证贸易双方进行正常的交易。契丹等遇有饥年，朝廷也曾"听其入关市籴"。北魏后期，契丹、奚等东北群狄，"皆得交市于和龙、密云之间，贡献不绝"①。

2. 护东夷校尉府

北魏时期孝文帝以前置"护匈奴、羌、戎、夷、蛮、越中郎将；护羌、戎、夷、蛮、越校尉"，为正三品中。宣武帝以后，罢诸中郎将，仍置"四方郎将、护羌、戎、夷、蛮、越校尉"，为从第三品。魏晋时期设置的护乌桓校尉，此时已经撤销，东北各地的少数民族事务皆由护东夷校尉掌领。在灭亡北燕之前，北魏已经设置护东夷校尉，如拓跋婴文，"世祖践阼，拜护东夷校尉，进爵建德公，镇辽西"②。太武帝（世祖）始光十三年（436）灭亡北燕，占领辽河以西地区后，一般以镇守东北地区的地方要官兼任护东夷校尉，即以营州刺史，或和龙镇将兼任护东夷校尉，如以拓跋思誉"出为使持节、镇东大将军、和龙镇都大将、营州刺史，加领护东夷校尉"③。但《魏书》记载，南平王拓跋浑"假节、都督平州诸军事、领护东夷校尉、镇东大将军、仪同三司、平州刺史，镇和龙"④。和龙（今辽宁省朝阳市）是营州治所的所在地，平州治所在肥如，即今河北卢龙之北。以平州刺史拓跋浑"镇和龙"，显然有违于北魏地方建置制度，这里的"平州"是否为营州之误，姑且存疑。北魏时护东夷校尉府治所主要在和龙⑤。

---

① 《魏书》卷100《库莫奚传》《契丹传》，第2223页。
② 《魏书》卷14《拓跋婴文传》，第345页。
③ 《魏书》卷19下《乐陵王传》，第516页。
④ 《魏书》卷16《广平王传》，第400页。
⑤ 《魏书》卷33《公孙表》记载，被封为"襄平伯"的公孙邃，"出为使持节、安东将军、青州刺史"，"加镇东将军，领东夷校尉，刺史如故"。北魏的青州在山东半岛，一直由东北地方官兼任的护东夷校尉官职，忽然授给了山东的地方官员，这让人感到疑惑。而且，公孙邃的封爵和官职中的"襄平"与"安东"，似乎又意味着其与东北有密切关系。第786页。

北魏护东夷校尉任职者一览表

任职时期	官职	任职者	史料出处
太武帝始光元年（424）	护东夷校尉	拓跋婴文	《魏书》卷 14
太武帝年间（424—451）	假节、都督平州诸军事、领护东夷校尉、平州刺史，镇和龙	拓跋浑	《魏书》卷 16
孝文帝初年（471!）	使持节、侍中、都督诸军事、征东大将军、领护东夷校尉、和龙镇将	拓跋休	《魏书》卷 19 下
孝文帝年间（471—499）	使持节、镇东大将军、和龙镇都大将、营州刺史，加领护东夷校尉	拓跋思誉	《魏书》卷 19 下
孝文帝年间（471—499）	镇东将军、青州刺史、领护东夷校尉	公孙邃	《魏书》卷 33

此外，北燕末年，国主冯弘子冯崇归降北魏，"世祖遣兼鸿胪李继持节拜崇假节、侍中、都督幽平二州东夷诸军事、车骑大将军、领护东夷校尉、幽平二州牧，封辽西王，录其国尚书事，食辽西十郡，承制，假授文官尚书、刺史，武官征虏已下"①。此"领护东夷校尉"为拓跋鲜卑统治者为笼络北燕归降的贵族，所实行的权宜之计，授予的官号与北魏政权一般官职不同。在世祖时还有类似的事例，高句丽王高琏遣使"奉表贡方物"，世祖"遣员外散骑侍郎李敖拜琏为都督辽海诸军事、征东将军、领护东夷中郎将、辽东郡开国公、高句丽王"②。"护东夷中郎将"同样是北魏统治者为笼络高句丽王所授的官号，并没有实际职掌和统辖权力。

北魏末年，国力衰微，鲜卑统治者不再任命护东夷校尉。孝明帝神龟年间（518—520）为笼络强大的高句丽政权统治者，将护东夷校尉的官称授予高句丽王高安，册封其为"安东将军、领护东夷校尉、辽东郡开国公、高句丽王"③。此后，直到隋唐王朝建立以前，护东夷校尉成为北朝授予东北高句丽、新罗政权统治者的官号④。孝明帝废止了护东夷校尉以后，营州在管理东北边疆民族朝贡事务中的重要地位也越来越突出了。

魏晋南北朝时期是东北边疆民族朝贡制度的发展时期，各王朝与政权对

---

① 《魏书》卷 97《海夷冯跋传》，第 2127 页。
② 《魏书》卷 100《高句丽传》，第 2215 页。
③ 《魏书》卷 100《高句丽传》，第 2216 页。
④ 《北齐书》卷 7《武帝纪》：河清四年（565）二月，"诏以新罗国王金真兴为使持节、东夷校尉、乐浪郡公、新罗王"，中华书局，1972 年，第 94 页。

东北各族朝贡地点的规定发生了明显变化。曹魏与西晋时期，基本承用两汉王朝的朝贡制度，东北诸族以诣州郡朝贡为主。东晋十六国与南北朝时期，东北民族朝贡地点则由边地州郡改为王朝的京师或北族政权的王都。为了适应这种变化，东晋十六国与南北朝设在中央管理朝贡制度的机构有所增加，分工职掌也较为明确具体，中央官员在管理边疆地区朝贡制度方面发挥了较为重要的作用。

第二节 西部民族朝贡制度的运作

魏晋南北朝时期，各王朝、政权都积极努力地经营各自的朝贡体系。与秦汉时期相比，被纳入朝贡制度的东北边疆民族的范围明显扩大，有的民族既是北方王朝、政权朝贡制度的成员，又是南方王朝朝贡制度的成员，双向朝贡成为这一时期东北民族朝贡制度的新特点。

这一时期，西部地区的乌桓、鲜卑人逐步由原始社会迈入文明社会。分布在州县地区的乌桓人逐渐由朝贡制度成员转变为普通州县的编户齐民，而继乌桓之后大量迁入塞内的鲜卑人，则由朝贡成员发展为建立政权的统治者，并营建了自身的朝贡体系。

一 乌桓朝贡制度的运作

汉末，存续了400年的王朝已经濒临灭亡，中原群雄割据，汉朝已无能力经营朝贡制度。各郡乌桓大人趁机发展势力，将若干邑落组成联盟，大人的含义也由普通的邑落渠帅，转变为具有较强政治势力的大酋长，乌桓出现了"王""单于"的称呼，"汉末，辽西乌丸大人丘力居，众五千余落，上谷乌丸大人难楼，众九千余落，各称王，而辽东属国乌丸大人苏仆延，众千余落，自称峭王，右北平乌丸大人乌延，众八百余落，自称汗鲁王，皆有计策勇健"[1]。献帝建安二十一年（216）"代郡乌丸行单于普富卢与其侯王来朝。天子命王女为公主，食汤沐邑"[2]。汉末逐鹿中原的各方势力，都努力争取原汉朝的朝贡成员为自己效力。在此背景下，东部各郡乌桓结成了更大

---

① 《三国志》卷30《魏书·乌丸鲜卑传》，第834页。
② 《三国志》卷1《魏书·武帝纪》，第47页。

规模的部落联盟。汉灵帝中平年间"四方兵起"，"车骑将军张温讨贼边章等，发幽州乌桓三千突骑，而牢禀逋悬，皆畔还本国"。前中山相张纯谓前太山太守张举曰："今乌桓既畔，皆愿为乱，凉州贼起，朝廷不能禁。……子若与吾共率乌桓之众以起兵，庶几可定大业。"中平四年（187），张纯等"遂与乌桓大人共连盟，攻蓟下，燔烧城郭，虏略百姓，杀护乌桓校尉箕稠、右北平太守刘政、辽东太守阳终等，众至十余万，屯肥如"①。关于此事《三国志·魏书·乌丸鲜卑传》记载：

> 中山太守张纯叛入丘力居众中，自号弥天安定王，为三郡乌丸元帅，寇略青、徐、幽、冀四州，杀略吏民。灵帝末，以刘虞为幽州牧，募胡斩纯首，北州乃定。后丘力居死，子楼班年小，从子蹋顿有武略，代立，总摄三王部，众皆从其教令。

丘力居为辽西郡乌桓大人，张纯等人以辽西郡为据点与诸部乌桓大人联盟，幽州牧刘虞平定张纯乱后，辽西郡乌桓大人仍总摄乌桓三王部。这表明，张纯帮助辽西乌桓大人丘力居在东部诸郡乌桓中确立了首领地位，在张纯败亡"为其客王政所杀"② 后，乌桓联盟并没有解体，仍以辽西乌桓大人为乌桓联盟首领，丘力居死后侄子蹋顿代立"总摄三郡，众皆从其号令"③。那么"三郡"是指哪三郡？是不是乌桓联盟只有三郡乌桓？

比对《三国志·乌丸鲜卑传》与《后汉书·乌桓鲜卑传》的记载，可发现二者记载有差异，《三国志》多处称三郡乌丸，除上述记载外，又有"会袁绍兼河北，乃抚有三郡乌丸，宠其名王而收其精骑"；"（袁）绍矫制赐蹋顿、（难）峭王、汗鲁王印绶，皆以为单于"。裴注引《英雄记》亦曰："绍遣使即拜乌丸三王为单于，皆安车、华盖、羽覆、黄屋、左纛。版文曰：'使持节大将军督幽、青、并领冀州牧阮乡侯绍，承制诏辽东属国率众王颁下、乌丸辽西率众王蹋顿、右北平率众王汗卢维：乃祖慕义迁善，款塞内附，北捍猃狁，东拒涉貊，世守北陲，为百姓保障……三王奋气裔土，忿奸

---

① 《后汉书》卷73《刘虞传》，第2353页。
② 《三国志》卷8《魏书·公孙瓒传》，第240页。
③ 《后汉书》卷90《乌桓鲜卑传》，第2948页。

忧国，控弦与汉兵为表里，诚甚忠孝，朝所嘉焉……乌桓单于都护部众，左右单于受其节度，他如故事。'"据此三郡当指辽西、辽东属国、右北平，"乌桓单于都护部众"的单于指辽西乌桓率众王蹋顿，左右单于则指辽东属国乌桓率众王颂下（苏仆延）与右北平乌桓率众王汗卢（乌延）。《三国志》又曰："后楼班大，峭王率其部众奉楼班为单于，蹋顿为王。"① 但《后汉书》则记载为："绍矫制赐蹋顿、难楼、苏仆延、乌延等，皆以单于印绶。后难楼、苏仆延率其部众奉楼班为单于，蹋顿为王。"② 难楼为上谷郡乌桓大人，据此乌桓联盟当为四郡，即辽西、上谷、辽东属国、右北平。上引《三国志》记载中"峭王"之前有一"难"字，是衍字？还是"难"后脱一"楼"字？若据《英雄记》当是衍字，据今人研究《英雄记》为东汉末作品，但部分内容很有可能在流传过程中出现讹误，或经过后人改写加工③。若据《后汉书》当是脱一"楼"字，《资治通鉴》亦取四郡说，云："从子蹋顿有武略，代立，总摄上谷大人难楼、辽东大人苏仆延、右北平大人乌延等。袁绍攻公孙瓒，蹋顿以乌桓助之。瓒灭，绍承制皆赐蹋顿、难楼、苏仆延、乌延等单于印绶。"④《三国志》仅记载了北方十郡中辽西、上谷、辽东属国、右北平四郡乌桓的邑落数，这可能是张纯为诸郡乌桓元帅时期，曾记下各郡乌桓大人报上的邑落数，故得以流传下来。马长寿认为上谷乌桓是在蹋顿为王时加入乌桓联合阵线⑤。显然，乌桓联盟极有可能是四郡，而且可能在丘力居时期就是四郡。后来曹操出兵征服的则确是三郡乌桓，详见下文。

北方兴起的各方势力中袁绍、公孙康等都想将乌桓力量收为己用，《三国志·魏书·牵招传》记载了一段曹操的使者与公孙康的使者在招抚东部乌桓大人时的争斗：

> 太祖将讨袁谭，而柳城乌丸欲出骑助谭。太祖以招尝领乌丸，遣诣

---

① 《三国志》卷30《魏书·乌丸鲜卑传》，第835页。

② 《后汉书》卷90《乌桓鲜卑传》，第2984页。

③ 刘志伟：《中国历史上第一部"英雄"传记——试论王粲〈英雄记〉》，《兰州大学学报》2002年第3期。

④ 《资治通鉴》卷63，孝献皇帝戊建安四年，中华书局，1956年，第2013页。

⑤ 马长寿：《乌桓与鲜卑》，第139页。

柳城。到，值峭王严，以五千骑当遣诣谭。又辽东太守公孙康自称平州牧，遣使韩忠赍单于印绶往假峭王。峭王大会群长，忠亦在坐。峭王问招："昔袁公言受天子之命，假我为单于；今曹公复言当更白天子，假我真单于；辽东复持印绶来。如此，谁当为正？"招答曰："昔袁公承制，得有所拜假；中间违错，天子命曹公代之，言当白天子，更假真单于，是也。辽东下郡，何得擅称拜假也？"忠曰："我辽东在沧海之东，拥兵百万，又有扶余、涉貊之用；当今之势，强者为右，曹操独何得为是也？"

　　从北方割据势力收买乌桓大人皆用册封其为单于的方法看，此时东部各郡乌桓已脱离护乌桓校尉和郡县政府的控制，具有很大的独立自主权。直到建安十二年（207）曹操亲征袁绍残余势力与东部乌桓，"临陈斩蹋顿首，死者被野。速附丸（苏仆延）、楼班、乌延等走辽东，辽东悉斩，传送其首。其余遗进皆降。及幽州、并州柔所统乌丸万余落，悉徙其族居中国"[1]。在曹操班师回朝的途中"至易水，代郡乌丸行单于普富卢、上郡乌丸行单于那楼将其名王来贺"[2]。马长寿认为此处"上郡"为"上谷郡"之误，"那楼"即是"难楼"[3]。曹操所破为辽西、辽东属国、右北平三郡乌桓，上谷郡乌桓未参与此战。曹操将所俘获三郡乌桓人与阎柔所领幽、并乌桓人，共万余落迁居中原内地。应注意到阎柔所领幽、并乌桓人并不包括代郡乌丸行单于普富卢、上谷郡乌丸行单于那楼所领乌桓邑落。而且，公孙康虽将苏仆延、楼班、乌延斩首交付曹操，却将跟随三郡乌桓大人逃入辽东的乌桓邑落留下。直到魏明帝青龙年间（233—236），魏出兵讨灭公孙氏政权前夕，这部分乌桓人才归附曹魏，《三国志·魏书·毌丘俭传》记载：

　　　青龙中，帝图讨辽东，以俭有干策，徙为幽州刺史，加度辽将军，使持节，护乌丸校尉。率幽州诸军至襄平，屯辽隧。右北平乌丸单于寇娄敦、辽西乌丸都督率众王护留等，昔随袁尚奔辽东者，率众五千余人

---

① 《三国志》卷30《魏书·乌丸鲜卑传》，第835页。
② 《三国志》卷1《魏书·武帝纪》，第30页。
③ 马长寿：《乌桓与鲜卑》，第143页。

降。寇娄敦遣弟阿罗槃等诣阙朝贡，封其渠率二十余人为侯、王，赐舆马缯绛各有差。

　　这部分乌桓人应与之前内迁的乌桓邑落一样，主要被安置在幽州辖区内。之前曹操命内迁的乌桓"帅从其侯王大人种众与征伐"①，此次右北平乌丸单于寇娄敦遣弟阿罗槃率使团诣阙朝贡，魏明帝封其渠帅二十余人为侯、王，"赐舆马缯绛各有差"，说明魏仍对内迁的乌桓邑落采取聚族而居、因俗而治的羁縻统辖方式，以乌桓大人统领本邑落，并具有较大自主权，由幽州等地方政府进行管理。据《毌丘俭记功碑》残石所存铭文记载，正始五年（244）随从幽州刺史毌丘俭参加讨伐高句丽战争的将领中，有一位"讨寇将军魏乌丸单于"。王国维认为此人即右北平乌丸单于寇娄敦②。1990年在河北滦县塔坨村发现一处墓地，发掘者认为是东汉末年的鲜卑墓地③。郑君雷通过对墓地随葬品的分析，认为塔坨墓地确有相当文化因素与早期鲜卑遗存相同，但是塔坨墓地出土的 A 型罐、B 型罐上堆塑小耳，Ⅰ式、Ⅱ式把杯则不见于早期鲜卑墓地，又与早期鲜卑陶器存在一些差别，从墓地出土的一面"位至三公"的铜镜看，其年代在东汉末到西晋。他认为滦县一带约当辽西郡西部地，正在乌桓活动区域，这座墓可能是曹魏时期乌桓人的遗存。同时代的河北玉田县大李庄汉墓④，墓葬的结构布局和随葬品与汉墓无差别，但有这两件陶壶是典型的东部鲜卑器物，而且墓地普遍出现铁兵器，埋葬方式草率。郑君雷认为曹操北征三郡乌桓后，将被掠去的汉人和乌桓迁入内地，大李庄墓的墓主或有可能属于这类居民⑤。

　　魏晋时期，迁入内地的东部乌桓人与中西部乌桓人一样走上了与其他民族融合之路，与代北乌桓多与拓跋鲜卑交融不同⑥，东部乌桓主要是与北方汉人和东部鲜卑相融合，融合的途径与魏晋南北朝的世兵制密切相关。魏晋

①　《三国志》卷 30《魏书·乌丸鲜卑传》，第 834 页。
②　王国维：《观堂集林》卷 20《魏毌丘俭丸都山记功石刻跋》，第 611 页。
③　唐山市文物管理处等：《滦县塔坨鲜卑墓群清理简报》，《文物春秋》1994 年第 3 期。
④　唐山市文物管理所等：《河北玉田县大李庄村汉墓清理简报》，《文物春秋》1991 年第 1 期。发掘者认为是汉墓。
⑤　郑君雷：《乌桓遗存的新线索》，《文物春秋》1999 年第 2 期。
⑥　田余庆：《代北地区拓跋与乌桓的共生关系——〈魏书·序纪〉有关史实解析》（上、下），《中国史研究》2000 年第 3、4 期。

时内迁的乌桓人仍然是同族聚居，这使东部乌桓人在很长一段时期内仍保持骁勇善战的传统，通常由乌桓大人统领本部作战，乌桓骑兵骁锐善战，劲速如风云。西晋末年爆发"八王之乱"，北方再次陷入战乱，乌桓突骑成为各族割据势力军队的重要组成部分。诸如幽州乌桓助王浚当上幽州刺史，在石勒、苻坚、慕容鲜卑逐鹿中原、建立政权的过程中，乌桓的向背发挥了重要作用等，学界已有详细论述①。这期间乌桓人作为各族割据势力地方军队的成员，是以什么形式从军？各割据势力和政权对乌桓人的统辖方式是否发生变化？东部乌桓社会又发生了怎样的转变？尽管相关史料稀少且零散，但仔细梳理尚可窥见一二。

据马长寿研究，东汉时期幽、冀二州皆有一支乌桓突骑，每州额数三千余骑②。曹操征三郡乌桓后将万余落乌桓人内迁，陈国灿认为迁徙的具体地点在幽、并二州州治附近③。史称"由是三郡乌丸为天下名骑"④。当遇到战事，州郡或朝廷临时从聚居在州治附近的乌桓部落征调"突骑"成员，通常是以乌桓大人率军从征，战事结束再返回原住地。若从征的乌桓突骑和乌桓军队出现变故，邑落住地的妻、子便成为州郡官府要挟乌桓突骑和乌桓军队的砝码。曹操迁乌桓与内地后，曾发生乌桓将领不愿留驻某地私自逃回的事件。如建安二十二年（217），"太祖拔汉中，诸军还到长安，因留骑督太原乌丸王鲁昔，使屯池阳，以备卢水。昔有爱妻，住在晋阳。昔既思之，又恐遂不得归，乃以其部五百骑叛还并州，留其余骑置山谷间，而单骑独入晋阳，盗取其妻"，并州官吏募鲜卑将鲁昔射杀⑤。曹操攻占邺城后开始出现世兵制的萌芽⑥，并州刺史梁习在曹军占领邺城后，以"吏兵已去之后，稍移其家，前后送邺，凡数万口；其不从命者，兴兵致讨，斩首千数，降附者万计。单于恭顺，名王稽颡，部曲服事供职，同于编户"⑦。攻打邺城的

①　马长寿：《乌桓与鲜卑》，第 150—154 页。

②　马长寿：《乌桓与鲜卑》，第 142 页。

③　陈国灿：《魏晋间的乌丸与"护乌丸校尉"》，《魏晋南北朝隋唐史资料》第一期，武汉大学出版社，1979 年。

④　《三国志》卷 30《魏书·乌丸鲜卑传》，第 835 页。

⑤　《三国志》卷 15《魏书·梁习传》引《魏略》，第 470 页。

⑥　黄今言：《东汉末季之家兵与世兵制的初步形成》，《南昌大学学报（人文社会科学版）》2008 年第 5 期。

⑦　《三国志》卷 15《魏书·梁习传》，第 469 页。

曹军先锋无疑有乌桓突骑，梁习送往邺城的数万口军队家属中也当有乌桓人，"单于恭顺，名王稽颡，部曲服事供职，同于编户"，即是指安置包括乌桓人在内的北族人口。随着世兵制的确立，魏晋时期各州乌桓突骑很可能也被纳入世兵制体系。

西晋末年北方再次陷于分裂，各族势力角逐中原，勇武善战的乌桓人参与到各族混战的争斗中，乌桓人也成为各方势力争夺的人口。史籍记载：后赵石勒时，"乌丸薄盛执渤海太守刘既，率户五千降于勒"。"乌丸审广、渐裳、郝袭背王浚，密遣使降于勒，勒厚加抚纳。司、冀渐宁，人始租赋。立太学，简明经，善书史署为文学掾，选将佐子弟三百人教之"。"徙平原乌丸展广、刘哆等部落三万余户于襄国"①。前秦苻坚时，"乌桓独孤部、鲜卑没奕干各帅众数万降秦，秦王坚处之塞南"。"秦王坚徙关东豪杰及杂夷十五万户于关中，处乌桓于冯翊、北地，丁零翟斌于新安、渑池"②。可见进入 4 世纪初，史籍记载的乌桓人数量单位与汉魏时期已有明显区别，虽还有"部落"之称，但一些乌桓人的社会基本单位出现了"户"，如上文"户五千""三万余户"等。"司、冀渐宁，人始租赋"，当包括安置在司、冀之地的乌桓人户，对其按户征收租赋。

淝水之战后，慕容垂乘机脱离前秦在建立后燕政权的过程中，乌桓人成为慕容鲜卑重点招抚的对象，后燕安置归附的乌桓人户形式，为了解当时乌桓社会状况提供了重要信息。《资治通鉴》卷 105，烈宗孝武皇帝太元九年（384）条下记载：

> （正月）慕容农之奔列人也，止于乌桓鲁利家，……农乃诣乌桓张骧，说之曰："家王已举大事，翟斌等咸相推奉，远近响应，故来相告耳。"骧再拜曰："得旧主而奉之，敢不尽死！"于是农驱列人居民为士卒，斩桑榆为兵，裂襦裳为旗，使赵秋说屠各毕聪。聪与屠各卜胜、张延、李白、郭超及东夷余和、敕勃、易阳乌桓刘大各帅部众数千赴之。农假张骧辅国将军，刘大安远将军，鲁利建威将军。

---

① 《晋书》卷 104《石勒载记上》，第 2719—2720、2725 页。
② 《资治通鉴》卷 101，孝宗穆皇帝升平四年十月，第 3183 页；卷 103，太宗简文皇帝咸安元年正月，第 3243 页。

东胡王晏据馆陶，为邺中声援，鲜卑、乌桓及郡县民据坞壁不从燕者尚众；燕王垂遣太原王楷与镇南将军陈留王绍讨之。楷谓绍曰："鲜卑、乌桓及冀州之民，本皆燕臣，今大业始尔，人心未洽，所以小异；唯宜绥之以德，不可震之以威。吾当止一处，为军声之本，汝巡抚民夷，示以大义，彼必当听从。"楷乃屯于辟阳。绍帅骑数百往说王晏，为陈祸福，晏随绍诣楷降，于是鲜卑、乌桓及坞民降者数十万口。楷留其老弱，置守宰以抚之，发其丁壮十余万，与王晏诣邺。

综合这两条史料，可得出如下认识，一是当地乌桓人户与汉人民户杂居，太原王楷与陈留王绍到冀州时，乌桓人与郡县民皆据坞壁而居，在二人招抚鲜卑、乌桓及坞民降者数十万口后，"置守宰以抚之"，不再以"随大人居"的羁縻统辖方式统辖乌桓人。二是以一家一户为单位的乌桓人，不再是"氏姓无常"①，而是各有姓氏。仅上面列举的史料中乌桓人的姓氏就有刘、张、郝、薄、鲁等。三是对当地乌桓人实行兵户制度，慕容垂之子慕容农到列人（今河北肥乡东北）招抚原隶属于前燕的乌桓大人鲁利、张骧、刘大后，"驱列人居民为士卒，斩桑榆为兵，裂襜裳为旗"。太原王楷等招抚冀州乌桓、鲜卑、坞民组成军队，留其老弱，"发其丁壮十余万"，其中当以善战的乌桓、鲜卑人为主。四是北族政权统治集团授予乌桓领兵者，已不是传统的"归义侯""率众王"之类的称号②，而是武官职，如慕容农"假张骧辅国将军，刘大安远将军，鲁利建威将军"。

自曹魏以来到十六国时期，迁入幽冀地区的东部乌桓人成为地方军队的重要组成部分，被纳入世兵制体系下的乌桓人，逐步脱离了原有的邑落社会制度，相继确立了兵户身份。高敏系统地研究了魏晋南北朝时期的世兵制，他在论述十六国时期一种部落兵类型时说："他们大都随其本部落豪酋由塞外迁入内地，又往往随其酋帅由甲地徙于乙地，长期流动、转战，而兵将间的从属关系不绝，基于部落兵而来的亦兵亦民的性质及全部落成员皆为兵等特征就更为明显，其服役的终身性甚至世袭性就不言而喻了。"并指出这种

---

① 《三国志》卷30《魏书·乌丸鲜卑传》，第832页。

② 如1956年内蒙古凉城出土驼纽金质的"晋乌丸归义侯印"。李逸友：《内蒙古出土古代官印的新资料》，《文物》1961年第9期。

部落兵也是世兵制的一种形式①。东部乌桓人早在东汉时期就基本完成了由塞外迁入内地的过程，魏晋时期应有部分东部乌桓人，如各州乌桓突骑先行被纳入世兵制，一部分乌桓人的社会基本单位出现以"户"取代"落"的现象，但仍有乌桓人的社会基本单位为"落"，如"燕主垂立刘显弟可泥为乌桓王，以抚其众，徙八千余落于中山"②。进入十六国时期后，尚保持部落组织的东部乌桓人与后迁入郡县地区的鲜卑、氐族一起成为北族政权的部落兵。高敏指出在后赵、前燕、前秦、后燕都存在世袭性的兵户制度，但并非兵民分籍，而是合兵、民之籍于一体的户籍，是被控制于军镇、堡、壁与军营之民户，同时也是兵士，既是一种军事组织形式，也是一种政治统治形式③。魏晋十六国乃至北朝的世兵制促进东部乌桓逐渐由朝贡制度的部落民转变为兵户，成为国家的编户齐民。

北朝时期，乌桓（乌丸）不再是一个特指的民族，《魏书·官氏志》云："其诸方杂人来附者，总谓之'乌丸'，各以多少称酋、庶长，分为南北部，复置二部大人以统摄之。"唐长孺认为魏晋以后的乌桓已是"杂人""杂类"的泛称④。这些入居郡县地区的北方各族人到隋唐时期基本融入北方汉人之中。

二　鲜卑朝贡制度的发展与运作

汉末，曹操控制了北方，东北边塞内外鲜卑部落纷纷投靠曹操势力。《三国志·乌桓鲜卑传》记载："太祖（曹操）定幽州，步度根与轲比能等因乌丸校尉阎柔上贡献"；"素利、弥加、厥机皆为大人，在辽西、右北平、渔阳塞外，道远初不为边患，然其种众多于比能。建安中，因（护乌桓校尉）阎柔上贡献，通市，太祖皆表宠以为王。厥机死，又立其子沙末汗为亲汉王。延康初，又各遣使献马。"步度根（檀石槐孙）、轲比能、素利、弥加、厥机皆是汉末魏初著名的鲜卑大人，曹操对他们实行笼络安抚政策。东汉王朝灭亡后，鲜卑朝贡制度在三国时期继续得以运作和发展。

---

① 高敏：《魏晋南北朝兵制研究》，大象出版社，1998年，第182—183、191—210页。
② 《资治通鉴》卷107，烈宗孝武皇帝中之下，太元十二年八月条，第3379页。
③ 高敏：《魏晋南北朝兵制研究》，大象出版社，1998年，第191—210页。
④ 唐长孺：《魏晋杂胡考》，《魏晋南北朝史论丛》，三联书店，1955年，第431页。

魏晋十六国时期，东北鲜卑地区朝贡制度发展变化可分为三个阶段，一是曹魏时期以塞外鲜卑朝贡制度为主时期；二是西晋由塞外转为塞内鲜卑朝贡制度为主时期；三是鲜卑诸燕政权营建亚朝贡体系时期。

1. 以塞外鲜卑朝贡制度为主时期

曹魏时期，东北地区的鲜卑人主要分布在郡县以外地区。文帝时"自高柳以东，涉貊以西，鲜卑数十部，比能、弥加、素利割地统御，各有分界；乃共要誓，皆不得以马与中国市"①。涉貊，指高句丽。鲜卑数十部的分布地从今辽宁北部向西绵延至山西东北部。从西向东的三位鲜卑大人，比能，即轲比能，其部势力较大，主要分布在上谷郡以北地区，"延康初，比能遣使献马，文帝亦立比能为附义王"②。素利、弥加为鲜卑东部大人，二部居地在右北平、辽西郡塞外。三部各有分界，但为共同的经济利益结成了联盟。朝贡成员结成联盟是不符合朝贡制度规定的，这个联盟的约定损害了曹魏的利益，对曹魏边疆统治构成一定程度的威胁，管理鲜卑朝贡制度的地方官员，在化解边疆危机方面做出了重要贡献。

护乌丸校尉田豫为打破鲜卑联盟，实行的"以夷制夷"的政策，间离东西部鲜卑的关系，使之相互攻伐，如轲比能所说："我与素利为仇，往年攻击之，而田校尉助素利。"③田豫又设法使东部大人"素利违盟，出马千匹与官，为比能所攻"，瓦解了鲜卑各部不与中原贸易马匹的盟誓，加深了素利与轲比能的矛盾，却缓解了边疆危机。田豫任护乌桓校尉的九年间，"其御夷狄，恒摧抑兼并，乖散强猾。凡逋亡奸宄，为胡作计不利官者，豫皆构刺搅离，使凶邪之谋不遂，聚居之类不安"④。取得了一定的稳定边疆的效果，但在管理塞外鲜卑朝贡制度方面也产生了一些负面影响，轲比能在给辅国将军鲜于辅的书中曰："我与素利为仇，往年攻击之，而田校尉助素利。我临陈使琐奴往，闻使君来，即便引军退。步度根数数钞盗，又杀我弟，而诬我以钞盗。我夷狄虽不知礼义，兄弟子孙受天子印绶，牛马尚知美水草，况我有人心邪！将军当保明我于天子。"⑤

---

① 《三国志》卷26《魏书·田豫传》，第727页。
② 《三国志》卷30《魏书·乌丸鲜卑传》，第838页。
③ 《三国志》卷30《魏书·乌丸鲜卑传》，第839页。
④ 以上引文均见《三国志》卷26《魏书·田豫传》，第727页。
⑤ 《三国志》卷30《魏书·乌丸鲜卑传》，第839页。

时任护鲜卑校尉的牵招，在管理塞外鲜卑朝贡制度时，采取"恩威兼行"的政策，《三国志·牵招传》记载：

> 文帝践阼，拜招使持节护鲜卑校尉，屯昌平。是时，边民流散山泽，又亡叛在鲜卑中者，处有千数。招广布恩信，招诱降附。建义中郎将公孙集等，率将部曲，咸各归命，使还本郡。又怀来鲜卑素利、弥加等十余万落，皆令款塞。

牵招一面"广布恩信，招诱降附"，"怀来鲜卑素利、弥加等十余万落，皆令款塞"；一面对反叛寇边者给予严厉打击，"虏每犯塞，勒兵逆击，来辄摧破，于是吏民胆气日锐，荒野无虞。又构间离散，使虏更相猜疑。鲜卑大人步度根、泄归泥等与轲比能为隙，将部落三万余家诣郡附塞。敕令还击比能，杀比能弟苴罗侯，及叛乌丸归义侯王同、王寄等，大结怨仇。是以招自出，率将归泥等讨比能于云中故郡，大破之"。与此同时，"置屯戍以镇内外，夷虏大小，莫不归心，诸亡叛虽亲戚不敢藏匿，咸悉收送。于是野居晏闭，寇贼静息"①。

明帝即位后，务欲绥和戎狄，以息征伐。以幽州刺史王雄兼领护乌桓校尉，王雄对鲜卑、乌桓等朝贡成员，抚以恩信，轲比能数款塞，诣幽州奉贡献。如太和五年（231），"四月，鲜卑附义王轲比能率其种人及丁零大人儿禅诣幽州贡名马"②。然而，不久轲比能再次反叛，明帝青龙年间（233—236），"比能诱步度根深结和亲，于是步度根将泄归泥及部众悉保比能，寇钞并州，杀略吏民。帝遣骁骑将军秦朗征之，归泥叛比能，将其部众降，拜归义王，赐幢麾、曲盖、鼓吹"。王雄"遣勇士韩龙刺杀比能，更立其弟"。"然后种落离散，互相侵伐，强者远遁，弱者请服。由是边陲差安，漠南少事，虽时颇钞盗，不能复相扇动矣"③。

经过十几年的经营，东北塞外鲜卑朝贡制度基本稳定下来。由于中原战事较多，这个时期鲜卑大人通常诣护乌桓校尉，或诣幽州刺史（兼任护乌桓校尉）朝贡，朝廷对鲜卑大人的册封也多因护乌桓校尉或幽州刺史的奏报而实行，如鲜卑大人轲比能给魏文帝的上书中所说"故（护乌桓）校尉阎柔保我于天子"，文帝立轲比能为"附义王"。其后文帝立"素利、弥加为归义王"也是因护乌桓校尉田豫的奏报而行册封。受到册封的鲜卑大人除了部落最高首领外，其兄弟子侄也可获得一定的封号，给予印绶，如轲比能所云："兄弟子孙受天子印绶。"有时还赐予"幢麾、曲盖、鼓吹"，以及丰厚的物品。关于鲜卑大人诣阙朝贡的记载极少，仅见"黄初五年（224），步度根诣阙贡献，厚加赏赐，是后一心守边，不为寇害"①。从"厚加赏赐"看，魏时仍鼓励鲜卑大人适时诣阙朝贡。魏册封鲜卑大人的封号主要是"归义王""附义王"等。

作为朝贡成员的鲜卑各部，对朝廷应奉行的义务与汉朝相同，如当魏遇有战事，鲜卑有义务出兵随从护乌桓校尉征战，魏景初元年（237），明帝"遣幽州刺史毌丘俭率诸军及鲜卑、乌丸屯辽东南界，玺书征公孙渊。渊发兵反，俭进军讨之"②。当发生朝贡成员反叛事件时，即便是鲜卑同族人反叛，鲜卑朝贡成员也服从护乌桓校尉、护鲜卑校尉的调遣，攻打反叛的鲜卑部落，文帝时，"山贼高艾，众数千人，寇钞，为幽、冀害"，田豫"使鲜卑素利部斩艾，传首京都"③。文帝册封"素利、弥加为归义王"。又如，鲜卑大人步度根、泄归泥奉护鲜卑校尉牵招之命出击轲比能部，"杀比能弟苴罗侯，及叛乌丸归义侯王同、王寄等"④。鲜卑朝贡成员遭到反叛势力的攻击时，护乌桓校尉、护鲜卑校尉有责任保护朝贡成员鲜卑部落的安全。同时，魏仍然在边郡开互市与塞外鲜卑朝贡制度成员进行贸易。

2. 由塞外转为塞内鲜卑朝贡制度为主的时期

西晋时期，迁入塞内的鲜卑部落越来越多，到西晋后期，幽、平二州之地的鲜卑部落逐渐形成三个较强大的势力集团，即段氏鲜卑、宇文氏鲜卑、慕容氏鲜卑。

---

① 以上引文均见《三国志》卷30《魏书·乌丸鲜卑传》，第836页。
② 《三国志》卷3《魏书·明帝纪》，第109页。
③ 《三国志》卷26《魏书·田豫传》，第727页。
④ 《三国志》卷26《魏书·牵招传》，第732页。

段氏鲜卑是在辽西郡发展起来的以鲜卑人为主的势力集团①,《魏书·徒何段就六眷传》记载:

> 徒何段就六眷,本出于辽西。其伯祖日陆眷,因乱被卖为渔阳乌丸大库辱官家奴。……其后渔阳大饥,库辱官以日陆眷为健,使将之诣辽西逐食,招诱亡叛,遂至强盛。日陆眷死,弟乞珍代立,乞珍死,子务目尘代立,即就陆眷父也,据有辽西之地,而臣于晋。

段氏鲜卑从始祖日陆眷到务勿尘(务目尘),为二世三人,务勿尘主要事迹在晋惠帝时期(290—306),此时务勿尘的儿子已成年,以每代人25年、三代人为75年推算,段日陆眷由渔阳郡进入辽西郡的时间大约在曹魏初期②。务勿尘与子疾陆眷(又作就六眷、就陆眷)、匹磾、文鸯,弟涉复辰、侄末波(又作末杯),都是骁勇善战的猛将。段部鲜卑以辽西为居地,在晋朝贡制度下发展成为一支较强大的势力。晋惠帝时期爆发"八王之乱"以后,都督幽州诸军事王浚为自安之计,"结好夷狄,以女妻鲜卑务勿尘,又以一女妻苏恕延"。同时整修兵械,"召务勿尘,率胡晋合二万人",进军讨伐成都王司马颖,击败之。于是,王浚乘胜攻克邺城,还蓟。"惠帝旋洛阳,转(王)浚骠骑大将军、都督东夷河北诸军事,领幽州刺史,以燕国增博陵之封。怀帝即位,以浚为司空,领乌丸校尉,务勿尘为大单于。浚又表封务勿尘辽西郡公,其别部大飘滑及其弟渴末别部大屠瓮等皆为亲晋王"③。务勿尘跟随都督幽州诸军事王浚在八王之乱的战争中战绩显赫,王浚因军事胜利晋升为幽州刺史、护乌桓校尉。在王浚的举荐下,太安二年

---

① 辛迪:《段氏鲜卑起源考》(《内蒙古社会科学》2005年第1期)认为,段氏鲜卑是由鲜卑族的段氏家族招集多个少数民族组成的地域集团,它可以被称作段部、段国,却不是鲜卑族的民族共同体。我认为从日陆眷之辽西后"招诱亡叛"看,其统属的部众族属不会很单纯,但史籍称其为鲜卑,应是依据其部众的主要民族而记载,日陆眷本人也可能是受渔阳乌丸大人役属的鲜卑人。

② 马长寿推测段氏鲜卑之人入辽西当在东汉的中叶,即公元130年至150年左右,显然与人的一般寿命不符。参见氏《乌桓与鲜卑》,广西师范大学出版社,2006年,第188页。

③ 《晋书》卷39《王浚传》第1147页。同书卷63《段匹磾传》则载:"父务勿尘,遣军助东海王越征讨有功,王浚表为亲晋王。封辽西公,嫁女与务勿尘,以结邻援。怀帝即位,以务勿尘为大单于。"第1710页与《王浚传》记载相异,此处将东海王越为成都王颖之误,有明显错误,故以《王浚传》为是。中华书局,1974年。

（303），晋帝册封务勿尘为大单于、辽西郡公①。

随着西晋政权的分崩离析，段氏鲜卑参与到北方各个割据势力的纷争之中。晋怀帝永嘉年间务勿尘卒，子疾陆眷袭其封号。疾陆眷为从羯人石勒手中赎出被俘获的从弟末波，违背王浚的命令与石勒结盟。晋愍帝建兴二年（314），幽州刺史王浚死后，匹磾在蓟自立为幽州刺史，坚持臣服晋朝的立场，于是段氏鲜卑分为两部分。一是段氏鲜卑单于疾陆眷统领的部分，与石勒结盟；另一是以幽州刺史匹磾统领的部分，以晋朝官员自居。段匹磾数次遣使诣都督并冀幽三州诸军事刘琨，"欲与同奖王室。琨由是率众赴之，从飞狐入蓟。匹磾见之，甚相崇重，与琨结婚，约为兄弟"。

在政治局势混乱的形势下，疾陆眷为了自身利益，在晋朝与北方民族政权之间摇摆不定。当疾陆眷从石勒手中赎回末波之后，又向晋朝表示臣服。《晋书·中宗元帝纪》记载建武元年（317）六月，幽州刺史、左贤王、渤海公段匹磾、单于、广宁公段辰（涉复辰）②、辽西公段眷（疾陆眷）与刘琨等180人上书劝司马睿即帝位，表明了他们臣服东晋的政治立场。这年，疾陆眷病死。末波诬称前来奔丧的匹磾欲篡段氏鲜卑单于之位，出兵击败匹磾，杀害其叔涉复辰及其子弟党与二百余人，自立为单于。

段匹磾受人离间怀疑刘琨，又惧怕刘琨害己，遂将刘琨拘杀之③。其后，匹磾被石季龙所败，在后赵王城襄国，匹磾始终著晋朝的朝服、持节，以晋朝官员自居。东晋元帝太兴四年（321）匹磾与弟文鸯同被石勒所害④。《晋书·段匹磾传》最后有一段文字记载：

> 自务勿尘已后，值晋丧乱，自称位号，据有辽西之地，而臣御晋人。其地西尽幽州，东界辽水。然所统胡晋可三万余家，控弦可四五万骑，而与石季龙递相侵掠，连兵不息，竟为季龙所破，徙其遗黎数万家

---

① 《晋书》卷4《孝惠帝纪》载：太安二年（303），"封鲜卑段勿尘为辽西公"。第102页。同书卷39《王浚传》载：怀帝即位（307）后，封务勿尘为"辽西郡公"。第1147页。二处记载的时间相异，按惯例以《本纪》记载的时间为是。

② 《晋书》卷6《中宗元帝纪》，第145页。这条记载有误，当时段部的单于是疾陆眷，不是涉复辰。

③ 《晋书》卷62《刘琨传》，第1686页。

④ 《晋书》卷6《中宗元帝纪》，第154页。

于司雍之地。其子兰复聚兵①，与季龙为患久之。及石氏之亡，末波之子勤鸠集胡羯得万余人，保枉人山，自称赵王，附于慕容儁。

这段记述模糊，需要辨析，段氏鲜卑最强大的时期，是段匹磾为幽州刺史的时期，段氏鲜卑单于疾陆眷所占据的辽西郡虽属幽州辖郡，但如前所述，疾陆眷并不听从段匹磾的调动。若将匹磾与疾陆眷控制的地区合在一处，称其地西尽幽州并不错，但东界辽水（今辽河）则有些夸大，因在段氏鲜卑的东北，平州地区分布着慕容氏鲜卑。段氏鲜卑的势力并没有超出幽州郡县地区。张博泉先生认为"辽水"当指今大凌河②。指明幽州的辽西郡、北平郡的东北部到达大凌河上游。大凌河以东为平州辖区，段氏鲜卑最强大时控制的地区东到大凌河，即是仅幽州一地。文中"所统胡晋可三万余家，控弦可四五万骑"，当指段匹磾所控制的人口和军队的规模③。后赵石季龙破匹磾后，"徙其遗黎数万家于司、雍之地"，这极大地削弱了段氏鲜卑的势力。剩下的段氏鲜卑是以末波统领的部分为主，东晋明帝太宁三年（325）末波死，弟牙立。牙死，单于位归还疾陆眷孙段辽。东晋成帝咸和六年（331），偏居江南的晋廷"以幽州刺史、大单于段辽为骠骑将军"④，这个幽州刺史只是一个名号而已了。在段辽时期，段氏鲜卑又分二个相对独立的部分，一是匹磾子段兰，拥众数万；二是末波子段勤，集胡羯万余人。《晋书·慕容皝载记》记载"（慕容）皝率诸军攻（段）辽令支以北诸城，辽遣其将段兰来距（拒）"。由此可知段兰受段辽的统领，其后段辽被慕容皝所灭。段兰子段龛，"因冉闵之乱，拥众东屯广固，自号齐王，称藩于建邺，遣书抗中表之仪，非（慕容）儁正位。儁遣慕容恪、慕容尘讨之。……恪遂克广固，以龛为伏顺将军，徙鲜卑胡羯三千余户于蓟"⑤。至此，慕容鲜卑建立的前燕政权最后吞并了段氏鲜卑。

---

① 《晋书》卷106《石季龙载记上》曰："镇北宇文归执送段辽之子兰降于季龙，献骏马万匹。"第2774页。称段兰为段辽子，与此异。

② 张博泉、苏金源、董玉瑛：《东北历代疆域史》，吉林人民出版社，1981年，第66页。

③ 《晋书》卷14《地理志》记载："幽州统郡国七，县三十四，户五万九千二十。"第425页。羁縻统辖的朝贡制度成员的人口不著户籍。段匹磾控制了幽州大部分地区的民户。

④ 《晋书》卷7《显宗成帝纪》，第176页。

⑤ 《晋书》卷110《慕容儁载记》，第2837页。

　　曹魏时，在辽西郡逐渐形成的段氏鲜卑到务勿尘时逐渐强盛，从都督幽州诸军事王浚以女妻务勿尘来看，段氏鲜卑早已成为晋塞内鲜卑朝贡制度成员。务勿尘因随从王浚出征立战功，被晋帝册封为"大单于""辽西郡公"，此后段氏鲜卑大人皆袭此封号。与之同时，晋帝还授予别部大人大飘滑、渴末、大屠瓮等以"亲晋王"的封号。另外，"怀帝即位，以务勿尘为大单于，匹碑为左贤王，率众助国征讨，假抚军大将军"①。建武元年（317），刘琨等180人上书劝进中有"幽州刺史、左贤王、渤海公段匹碑""单于广宁公段辰""辽西公段眷"。东晋时以段辽为"骠骑将军"等。从上述封号看，这一时期中原王朝册封朝贡成员的封号发生了一定的变化，"大单于""左贤王"具有匈奴官号的特色；"辽西郡公""渤海公""广宁公""抚军大将军""骠骑将军"则具有汉官爵的特色，郡公的封号表示对其地位的认可，将军则是武职官号，有使其为朝廷出军助战的意义。只有"亲晋王"仍是汉魏以来册封鲜卑等北方民族首领封号的特点。

　　段匹碑自立为幽州刺史，在得到晋廷的认可后，他的身份已经从朝贡成员转变为晋朝的官员，他所统领的胡晋民户，也是晋朝的编户齐民。但疾陆眷——末波——段牙——段辽——段龛这一系，统领的段氏鲜卑部众则是具有很大自治权的朝贡成员，只是处于十六国时期，所依附的宗主国时有变换，如疾陆眷是曾一度臣服于后赵。段匹碑死后，太宁元年（323），晋元帝"以尚书陈眕为都督幽平二州诸军事、幽州刺史"。其后又见太宁三年（325），"幽州刺史段末波卒，以弟牙嗣"。咸和六年（331）"二月己丑，以幽州刺史、大单于段辽为骠骑将军"②。这当是段匹碑死后，段氏鲜卑单于袭用了段匹碑的幽州刺史官号，实际并非是晋的命官，却表现了段氏鲜卑对东晋的臣服。段氏鲜卑单于是否遣使向东晋朝贡，不见记载。但后来段龛"自号齐王，称藩于建邺"，即向东晋遣使朝贡③，表现出段氏鲜卑对晋朝的政治认同。

　　宇文鲜卑原是汉代辽东塞外鲜卑朝贡制度成员，《魏书·匈奴宇文莫槐传》记载："匈奴宇文莫槐，出于辽东塞外，其先南单于远属也，世为东部

----

① 《晋书》卷63《段匹碑传》，第1710页。
② 《晋书》卷6《肃宗明帝纪》，第160、163页；卷7《显宗成帝纪》，第176页。
③ 《晋书》卷110《慕容儁载记》，第2837页。

大人。……莫槐虐用其民，为部人所杀，更立其弟普拨为大人。普拨死，子丘不勤立，尚平文女。丘不勤死，子莫廆立，本名犯太祖讳。莫廆遣弟屈云攻慕容廆，廆击破之；又遣别部素延伐慕容廆于棘城，复为慕容廆所破。时莫廆部众强盛，自称单于，塞外诸部咸畏惮之。"宇文鲜卑在宇文莫槐时期已经基本形成，是由南匈奴远属部落与辽东塞外鲜卑人融合而成。从宇文莫槐到莫廆为3世4位大人，以1世25年计，为75年左右。从上文看，宇文莫廆与慕容廆相攻伐，慕容廆活动于晋武帝年间，如太康二年（281）"冬十月，鲜卑慕容廆寇昌黎"①。以太康二年为时间坐标，上溯75年，宇文鲜卑形成时期当在东汉末年。田立坤认为内蒙古哲里木盟六家子鲜卑墓地可能是宇文氏的遗存，时代约为东汉晚期②。

宇文鲜卑的居地在辽东塞外，《资治通鉴》卷97胡三省注曰："宇文国，都辽西紫蒙川。"《十六国春秋》云："昔高辛氏游于海滨，留少子厌次以君北夷，遂世居辽左，邑于紫濛之野，号曰东胡。"③可见紫蒙川为东胡故地。《新唐书·地理志》平州北平郡条下，有"紫蒙、白狼、昌黎、辽西等十二戍"。又宇文莫廆时，拓跋鲜卑"昭皇帝讳禄官立，始祖之子也。分国为三部：帝自以一部居东，在上谷北，濡源之西，东接宇文部"。说明宇文部在今滦河上游以东。《魏书·库莫奚传》云："库莫奚国之先，东部宇文之别种也。初为慕容元真所破，遗落者窜匿松漠之间。"库莫奚的分布地在今老哈河流域，这里应为宇文鲜卑辖区的北部边地。故宇文鲜卑分布地区在滦河以东，晋幽州北平郡（今河北省遵化市）之北、平州昌黎郡（今辽宁省义县）之西北。庾信《周上柱国齐王宪碑文》载，宇文氏于太康之世据有黄龙（今辽宁省朝阳市）④。这表明太康年间宇文鲜卑的分布地向东南扩展进入平州昌黎郡的部分地区，成为人数众多的跨塞内外分布的鲜卑部落集团。

西晋时，从慕容鲜卑大人慕容廆上表晋武帝，请求攻打宇文鲜卑，"武帝弗许"⑤中，可以证实宇文鲜卑是晋朝的朝贡成员。《晋书·慕容廆载记》

---

① 《晋书》卷3《世祖武帝纪》，第73页。
② 田立坤：《三燕文化遗存的初步研究》，《辽海文物学刊》1991年第1期。
③ ［北魏］崔鸿：《十六国春秋》卷23《前燕录一·慕容廆》，第498页。
④ ［清］和珅等修：《热河志》卷57，台湾：文海出版社，1966年，第2170—2171页。
⑤ 《晋书》卷108《慕容廆载记》，第2804页。

记载的平州刺史、护东夷校尉崔毖唯恐慕容鲜卑势力坐大，于是调集塞宇文鲜卑、段氏鲜卑和高句丽，合力攻打慕容廆之事，说明宇文鲜卑受平州刺史、护东夷校尉统领。十六国时期，东北地区处于北方各族势力争夺之中，宇文鲜卑一度成为后赵政权的朝贡成员。

后赵石勒于330年"改元曰建平，自襄国都临漳"。这年"高句丽、肃慎致其楛矢，宇文屋孤并献名马于勒"①，宇文鲜卑成为后赵政权朝贡制度成员。其后，石勒遣使与慕容廆通和，慕容廆拒之，将后赵的使者送到东晋都城建康。石勒大怒，"遣宇文乞得龟击廆，廆遣就距之。以裴嶷为右部都督，率索头为右翼，命其少子仁自平郭趣柏林为左翼，攻乞得龟，克之，悉虏其众。乘胜拔其国城，收其资用亿计，徙其人数万户以归"。② 宇文鲜卑服从后赵国主的命令出兵，遭到慕容鲜卑的沉重打击，尽管损失惨重，宇文鲜卑仍依附于后赵。石季龙时期，"镇北宇文归执送段辽之子兰降于季龙，献骏马万匹"③。宇文归即宇文逸豆归，镇北，即镇北将军，当是后赵给宇文鲜卑大人的封号。宇文鲜卑与段辽部关系很好，此段兰非段辽之子，而为段匹磾之子，《晋书·段匹磾传》曰："其子兰复聚兵，与季龙为患久之。"宇文逸豆归为后赵俘获段兰，消灭了石季龙的心腹之患。晋康帝建元二年（344）慕容皝亲征宇文鲜卑，"尽俘其众，归（宇文逸豆归）远遁漠北。皝开地千余里，徙其部人五万余落于昌黎"④。宇文鲜卑与后赵的朝贡关系随之结束。

宇文鲜卑的西面是拓跋鲜卑，两部间有通婚关系，《魏书·序纪》载：平皇帝拓跋绰时，"匈奴宇文部大人莫槐为其下所杀，更立莫槐弟普拨为大人。帝以女妻拨子丘不勤"。丘不勤是普拨之后的宇文部大人。昭皇帝拓跋禄官时，"宇文莫廆之子逊昵延朝贡。帝嘉其诚款，以长女妻焉"。逊昵延是莫廆之后的宇文部大人。两次通婚都是宇文鲜卑大人的儿子娶拓跋鲜卑大人的女儿，此时两部鲜卑的地位无高下之分，拓跋鲜卑大人因部落内部矛盾纠纷，也曾避难于宇文鲜卑，如拓跋纥那"出居于宇文部"⑤。两部之间并

---

① 《晋书》卷105《石勒载记下》，第2746—2747页。
② 《晋书》卷108《慕容廆载记》，第2808页。
③ 《晋书》卷106《石季龙载记上》，第2774页。
④ 以上引文均见《晋书》卷109《慕容皝载记》，第2822页。
⑤ 《魏书》卷1《序纪》，第5—6页。

没有朝贡关系，其后拓跋鲜卑建立了政权，在追述先祖历史时将通使关系写成了朝贡关系，应加以辨别。

慕容鲜卑在东汉中后期，居于北方塞外草原地带，汉桓帝时檀石槐鲜卑部落联盟"从右北平以西至上谷为中部，十余邑，其大人曰柯最、阙居、慕容等，为大帅"①。原始氏族部落以大人名为部落名的事例并不鲜见，慕容部或即如此。曹魏初年，慕容部东迁入塞，成为曹魏塞内鲜卑朝贡制度成员，在辽河以西地区逐渐发展起来。《十六国春秋·前燕录一·慕容廆》记载："曾祖莫护跋，魏初帅诸部落大人自塞外入居辽西，从司马懿讨公孙渊有功，拜率义王，始建王府于棘城之北。……祖木延，左贤王，从毌丘俭征高骊有功，加号大都督、左贤王。父涉归，一名奕落韩，以全柳城之勋，进拜鲜卑单于，迁邑辽东北，于是渐变胡风。……元康四年，廆以辽东僻远，徙于徒河之青山。后又以大棘城即帝颛顼之墟，所谓紫蒙之邑也。复移居之，乃教以农桑，法制同于上国。"

曹魏时，慕容鲜卑部大人多次得到魏帝的册封，如慕容鲜卑大人莫护跋因军功为魏明帝册封为"率义王"，其子木延被封为"左贤王"。木延继任慕容部大人后，又因军功为魏齐王加封为"大都督、左贤王"。其子涉归继任慕容部大人后，同样是因军功被魏帝或晋帝晋封为"鲜卑单于"。晋武帝太康十年（289），慕容部大人慕容廆叛而复降，"帝嘉之，拜鲜卑都督"。作为塞内朝贡制度成员的慕容部，与魏晋东北地方官府和官员之间有着怎样的关系，可从慕容廆的事迹中得知一二。《十六国春秋·前燕录一》记载：

> 廆幼而魁岸美姿貌，身长八尺，雄杰有大度，晋安北将军张华雅有知人之鉴，廆童卯时往谒之，华甚叹异，谓曰："君长必为命世之器，定难济时者也。"因以所服冠簪遗之，以结殷勤。……太康四年，涉归卒，弟耐篡立，将谋杀廆。廆年十五出避难，追者急乃走匿于辽东徐郁家，入其屋以席自障，追者入屋发视竟无所见，遂得免难。太康五年，国人杀耐，迎廆立之，代领部落。……太康十年夏四月，廆谋于众曰：

① 《三国志》卷30《魏书·乌桓鲜卑传》裴松之注引王沈《魏书》，第838页。

"吾先公以来世奉中国，且华夷理殊，强弱固别，岂宜与晋国竞乎，何为不和以害吾百姓。"乃遣使诣晋乞降，帝嘉之，拜鲜卑都督。五月，廆谒见东夷校尉何龛，抗士大夫礼，巾衣诣门，龛严军以见之。廆乃改服戎衣而入，人问其故，廆曰："主人不以礼待客，客何为哉？"龛闻之，甚惭，弥加敬惮。

　　慕容廆少年时，当随其父慕容部酋长涉归去拜谒安北将军张华，张华此时的官职是"持节、都督幽州诸军事、领护乌桓校尉、安北将军"①。可见居棘城之北时②，慕容部大人通常拜见的是晋持节、都督幽州诸军事、护乌桓校尉。太康四年（283），慕容廆为逃避叔父慕容耐的追杀，躲到辽东郡徐郁家，查阅史籍徐郁仅存名，其他事迹不详。此时慕容部分布于辽东之北，慕容部大人通常拜见的应是驻平州的护东夷校尉，故与辽东郡官员熟识，徐郁或为护东夷校尉府的下级官吏。太康十年（289）慕容廆被册封为鲜卑都督后，到护东夷校尉府拜谒校尉何龛，慕容廆行为举止遵循晋朝礼仪，一方面说明慕容部大人得到册封后，要到护东夷校尉处谢皇恩；另一方面说明慕容鲜卑自涉归时"渐变胡风"的记载属实。

　　"八王之乱"以后，北方逐渐陷入战乱，慕容廆始终尊奉晋朝，晋惠帝永宁元年（301），燕地大水灾，慕容廆开仓放粮，幽州百姓方获赈济，"天子闻而嘉之，褒赐命服"③。怀帝永嘉初年（307），廆自称鲜卑大单于，此为慕容廆唯一一次自封称号。永嘉五年（311），前赵攻入洛阳，晋怀帝蒙难，被囚禁于平阳，一时天下无主，幽州刺史王浚为发展自己的势力，承制以慕容廆为散骑常侍冠军将军、前锋大都督大单于，慕容廆以非晋帝所授，拒而不受。愍帝时册封慕容廆为镇军将军、昌黎辽东二郡公。此后，慕容廆又受东晋元帝、明帝、成帝的多次册封。慕容廆一生共受晋室册封9次，现据《十六国春秋·前燕录一》记载，整理如下：

---

① 《晋书》卷36《张华传》，第1070页。
② 棘城，又作棘城，属昌黎郡，金毓黻、马长寿等人根据《通典》记载将棘城推定在锦州附近，为学界普遍采用。田立坤：《棘城新考》（《辽海文物学刊》1996年第2期）提出棘城在辽宁北票三官营子村古城址。棘城之北当在今辽宁北票、阜新一带地区，西与宇文鲜卑相邻。
③ ［北魏］崔鸿：《十六国春秋》卷23《前燕录一·慕容廆》，第499页。

序号	帝王	时间	西历	封号	备注
1	西晋武帝	太康十年	289	鲜卑都督	
2	愍帝	建兴年间	315 或 316	镇军将军、昌黎辽东二郡公	
3	东晋元帝	建武元年	317	假节散骑常侍、都督辽左杂夷流民诸军事、龙骧将军、大单于、昌黎公	辞公爵不受
4	元帝	太兴元年	318	龙骧将军、大单于、昌黎公	辞公爵不受
5	元帝	太兴三年	320	监平州诸军事、安北将军、平州刺史，增邑一千户	
6	元帝	太兴四年	321	加使持节都督幽平二州东夷诸军事、车骑将军、平州牧，进封辽东郡公、邑一万户，侍中、单于并如故，授印绶、丹书、铁券，承制海东，命备官司，置平州守宰	
7	明帝	太宁二年	324	加邑五千户	
8	成帝	咸和元年	326	拜侍中、位特进，余悉如故	
	成帝	咸和二年	327	遣使诣建康固辞爵位，优诏不许	固辞爵位
9	成帝	咸和五年	330	加开府仪同三司	固辞不受

　　晋朝第一次对慕容廆的册封属于对朝贡成员的常规性册封。第二次册封则发生了重大变化，晋愍帝建兴二年（314），幽州刺史王浚被石勒所杀，幽州丧乱，"流民归廆者数万家"，为笼络慕容廆，愍帝遣使拜慕容廆为镇军将军、昌黎辽东二郡公，这次册封具有承认慕容廆在辽东、昌黎二郡占有重要地位的意义，慕容廆欣然接受。第三次和第四次册封，一是在司马睿即帝位之前，一是在其承制之后，对于这两次的册封，慕容廆皆接受晋册封的官号，却"固辞公爵不受"。这是因为此前愍帝已册封慕容廆为"昌黎辽东二郡公"，元帝两次册封则仅为"昌黎公"，低于之前的公爵，慕容廆自然拒绝接受。太兴二年（319），慕容廆派遣裴嶷将打败宇文悉独官时所获皇帝玉玺三纽献于江东晋室，这让东晋君臣对慕容廆刮目相看，太兴三年、四年连续两次遣使册封慕容廆，不仅封其为"持节都督幽平二州东夷诸军事"，而且委以"平州刺史、车骑将军，承制海东，命备官司，置平州守

宰"，这应是慕容廆最满意的册封，于是廆"备置僚属，立子皝为世子，作东楼"①。后三次东晋的册封，慕容廆又有两次"固辞爵位"，此时的慕容廆已不满足"特进""开府仪同三司"的勋爵，他采取以退为进的策略，希望东晋册封他为"燕王"。

咸和六年（331），慕容廆的僚属宋诙等议，"以廆立功一隅，位卑任重，等差无别，不足以镇华夷，共表请进廆官爵"②。于是，慕容廆遣使越海赴晋，不想使者遭风没海。慕容廆更写前笺，派遣东夷校尉封抽、行辽东相韩矫等三十余人，疏上晋太尉陶侃，笺中曰：

> 车骑将军慕容廆，自弱冠莅国，忠于王室，明允恭肃，志在立勋……廆辅翼王室，有匡伯之功，而位卑爵轻，九命未加，非所以宠异藩翰，敦奖殊勋者也。……进封廆为燕王，行大将军事，上以总统诸部，下以割损贼境，使冀州之民，望风向化。廆得祇承诏命，率合诸国，奉辞夷逆，以成桓文之功，苟利社稷，专之可也。而廆固执谦光，守节弥高，每诏所加，让动积年，非将佐等所能敦逼。今区区所陈，不欲苟相崇重，而愚情至心，实为国计。③

此时，慕容廆对晋朝不可谓不忠，太宁三年（325），后赵石勒曾遣使与慕容廆通和，廆拒之，并送其使于建康。咸和七年（332），后赵石勒再遣使复修前好，慕容廆仍拒而不纳。然东晋亦恐慕容廆势力坐大不臣服天朝，搪塞推诿，没有如其所愿。咸和八年（333）夏五月，慕容廆卒。

综上，西晋以来，东北塞外鲜卑部落大批内迁，到西晋后期东北地区形成三个较大的鲜卑部落集团，与晋朝保持着较为稳定的朝贡关系。及至西晋末、东晋初，随着中原政治形势的剧烈变化，三部鲜卑的势力及其与中原王朝的朝贡关系也发生了变化。段氏鲜卑以辽西为据地，最强盛时，段部贵族自立为幽州刺史，控制了幽州的大部分地区。慕容鲜卑以昌黎郡北部为据地，势力日益强大，控制了昌黎郡大部和辽东的部分地区。宇文鲜卑则跨塞

---

① ［北魏］崔鸿：《十六国春秋》卷23《前燕录一·慕容廆》，第502—503页。
② ［北魏］崔鸿：《十六国春秋》卷23《前燕录一·慕容廆》，第504页。
③ 以上引文均见［北魏］崔鸿《十六国春秋》卷23《前燕录一·慕容廆》，第505—506页。

内外地区，强大时部众达几十万人，但在与慕容部的争战中迅速衰落下来。段部、慕容部始终与晋王室保持着朝贡关系，尤其是慕容部，晋室南渡之后，仍然表现出对晋廷的臣服与忠心。宇文部则在晋室南渡之后，转而与北方羯人建立的后赵政权建立了朝贡关系。

3. 鲜卑诸燕政权营建的亚朝贡体系与独立朝贡体系

337年慕容皝自称燕王，学界一般以此作为前燕政权建立的标志。前燕政权建立后仍称臣于东晋王朝，慕容皝后期开始在东北边疆民族地区，积极构建以燕为中心的朝贡体系。由于这个时期前燕是东晋王朝的朝贡成员，前燕的朝贡体系属于东晋朝贡体系之下的亚朝贡体系。东晋永和八年（352），燕王慕容儁称帝，建元元玺，不再向东晋称臣。脱离了东晋朝贡体系之后，前燕与其后建立的后燕、北燕政权所经营的朝贡体系，则是以诸燕为中心的独立的朝贡体系。

东晋咸和八年（333）慕容廆去世后，世子慕容皝继位，以平北将军行平州刺史，督摄部内。慕容皝为世子时，已多次得到晋朝的册封，东晋元帝建武元年（317），晋朝册封其父慕容廆时，同时授予慕容皝为"冠军将军"的官号。永昌初（322），晋加封他为"左贤王、望平侯"。晋明帝太宁末年（325），又进封他为"平北将军、朝鲜公"①。慕容皝继燕王位之初，发生诸弟之乱，皝杀弟昭，弟仁尽据"辽左之地，自称车骑将军、平州刺史、辽东公。宇文归、段辽及鲜卑诸部并为之援"②。咸和九年（334）晋成帝"遣侍御史王济祭辽东公廆。又遣谒者徐孟闾、丘幸等持节拜皝镇军大将军、平州刺史、大单于、辽东公、持节、都督。承制封拜一如廆故事。船下马石津。皆为仁所留"。咸康元年（335），"冬十月，慕容仁遣王齐等南还，齐等自海道趣棘城，遇风不至。十二月，齐等至棘城，皝始拜朝命"③。这一年，慕容皝平定内乱，杀弟慕容仁。其后，相继吞并段氏鲜卑和宇文鲜卑，前燕政权的势力日益强大。

咸康三年（337），慕容皝自称燕王，"起文昌殿，乘金根车，驾六马，

---

① ［北魏］崔鸿：《十六国春秋》卷24《前燕录二·慕容皝上》，第507页。
② 《晋书》卷109《慕容皝载记》，第2816页。
③ ［北魏］崔鸿：《十六国春秋》卷24《前燕录二·慕容皝上》，第509页。

出入称警跸。以其妻段氏为王后，世子儁为太子，皆如魏武、晋文辅政故事"①。皝自称燕王后，认为没有得到晋朝的册封，名不正言不顺。于是，咸康七年（341）派遣长史刘翔渡海赴建康，请求晋成帝加封慕容皝"大将军，假燕王章玺"。东晋"朝议以为故事，大将军不处边，自汉魏以来不封异姓为王，所求不可许"。为完成使命，刘翔在建康斡旋了一年有余，反复向东晋重臣们强调慕容皝对晋室的忠心，以及慕容鲜卑对东晋收复中原失地的重要性，他说：

> 石虎苞八州之地，带甲百万，志吞江汉，自索头宇文暨诸小国，无不臣服，惟慕容镇军翼戴天子，精贯白日，而更不获殊礼之命，窃恐天下移心解体，无复南向者矣。……今慕容镇军屡摧贼锋，威振秦陇，虎比遣重使甘言厚币，欲授以曜威大将军、辽西王，慕容镇军恶其非正，却而不受。今朝廷乃矜惜虚名，沮抑忠顺，岂社稷之长计乎？后虽悔之恐无及已。

最后，刘翔终于说服了东晋君臣，咸康七年（341）"成帝使兼大鸿胪郭悕持节，拜皝使持节、侍中、大将军、大都督河北诸军事、幽州牧、大单于、燕王，备物典策，皆从殊礼。又以世子儁为假节安北将军、东夷校尉、左贤王，赐军资器械以千万计。又封诸功臣百余人"②。这是一次十分隆重的册封仪式，由晋大鸿胪亲自主持。这年，慕容皝迁都龙城（今辽宁省朝阳市）。晋册立慕容皝为燕王之后，前燕仍与东晋保持着朝贡关系，晋康帝建元二年（344）晋拜慕容皝的世子儁"使持节镇军将军"。但晋穆帝即位后，永和元年（345），慕容皝"以古者诸侯即位各称元年，于是始不用晋年号，自称十二年"③。十五年（348），慕容皝卒。翌年（349）正月，慕容儁即燕王位。七月，"晋穆帝使谒者陈沉拜儁为使持节侍中、大都督、都督河北诸军事、幽冀并平四州牧、大将军、大单于、燕王，承制封拜一如廆皝故

① 《晋书》卷109《慕容皝载记》，第2818页。
② 以上引文见［北魏］崔鸿：《十六国春秋》卷25《前燕录三·慕容皝下》，第516页。
③ ［北魏］崔鸿：《十六国春秋》卷25《前燕录三·慕容皝下》，第520页。

事"①。慕容儁受之，以确认他继承燕王位的合法性，这也说明此时前燕仍是东晋朝贡体系中的一员。

东晋永和八年（352），慕容儁建元称帝，国号大燕，郊祀天地。时正遇晋遣使诣儁，慕容儁谓之曰："汝还白汝天子，我承人乏为中国所推，已为天子矣。"② 从此前燕断绝了与东晋的朝贡关系。370 年前秦苻坚灭前燕。淝水之战后，慕容垂复国，384 年建立后燕政权。407 年，后燕发生政变，高云被奉为国主，是为北燕，436 年拓跋魏灭北燕。

慕容皝在被东晋册封为燕王之后，便积极扩张势力，努力营建以前燕为中心的朝贡体系，东北民族朝贡成员主要有高句丽、夫余。以 352 年前燕不臣东晋为界限，之前燕国经营的朝贡体系是东晋朝贡体系之下的亚朝贡体系。之后前燕与后燕、北燕政权经营的朝贡制度是独立的朝贡体系，北燕政权时东北民族朝贡成员又增加了契丹与库莫奚等。

1. 高句丽国

东晋初年，东北地区的州郡一级地方行政建置已经为各族割据势力所占据。高句丽政权占据乐浪、带方二郡之后，努力向辽东地区扩展势力范围，这与以昌黎郡为中心控制了辽东、玄菟郡大部分地区的慕容鲜卑势力发生冲突，《十六国春秋》记载：慕容廆以子慕容翰"为建威将军，镇辽东，高句骊不敢为寇"③。咸康五年（339），"皝伐高句骊兵及新城，高句骊王钊乞盟，乃还"④。六年，"春正月高句骊王钊遣世子来朝"。七年，"九月皝以恪为渡辽将军，镇平郭。……抚旧怀新，屡破高句骊兵，句骊畏之不敢入寇"⑤。在慕容燕与高句丽之间争夺辽东郡的拉锯战中，前燕开始营建以自己为中心的亚朝贡体系。

咸康七年，慕容皝得到东晋册封为燕王后，翌年，便以"燕王"之尊，行大将军之事，亲征高句丽。《十六国春秋·前燕录·慕容皝下》记载：咸康八年（342）十一月，"皝亲帅劲卒四万，入自南陕，以伐宇文、高句骊，

---

① ［北魏］崔鸿：《十六国春秋》卷 26《前燕录四·慕容儁上》，第 522 页。
② ［北魏］崔鸿：《十六国春秋》卷 26《前燕录四·慕容儁上》，第 528 页。
③ ［北魏］崔鸿：《十六国春秋》卷 30《前燕录八·慕容翰》，第 553 页。
④ ［北魏］崔鸿：《十六国春秋》卷 24《前燕录二·慕容皝上》，第 512 页。
⑤ ［北魏］崔鸿：《十六国春秋》卷 25《前燕录三·慕容皝下》，第 513、516 页。

使建威将军翰及平狄将军霸为前锋，别遣长史王寓等勒众万五千，从北道而进。……句骊大败。左长史韩寿斩其将阿佛和度加，诸军乘胜追之，遂入丸都。（高句骊王）钊单马遁走，轻车将军慕舆埿追获其母周氏及妻而还。……掘钊父乙弗利墓，载其尸并其母妻，收其府库累世珍宝，掠男女五万余口，焚其宫室，毁丸都城，而还。"翌年春二月，"高句骊王钊遣其弟称臣于皝，贡方物以千数，乃还其父尸，犹留其母为质"①。慕容皝以军事征服的手段，使高句丽成为前燕的第一个朝贡国。慕容儁继任燕王的元年，"高句骊王钊送前东夷护军宋晃于儁，儁赦之，更名曰活，拜为中尉"②。

慕容儁称帝之后，开始模仿晋朝册封高句丽王，元玺四年（355），"十二月，高句骊王钊遣使诣儁，纳质修贡，以请其母，许之。遣殿中将军刁龛送钊母周氏归国。钊复遣使谢恩，贡其方物。以钊为录营（州）诸军事、征东大将军、营州刺史，封乐浪公，王如故"③。此后诸燕政权皆以独立的宗主国身份，对朝贡国进行册封。

后燕建立之初，高句丽趁其新立国未稳之际，出兵与燕争夺辽东之地。后燕慕容垂燕元二年（385），"六月，高句骊寇辽东。垂平北将军佐遣司马郝景帅众救之，为句骊所败，辽东、玄菟尽没"。十一月，燕将慕容农"进伐高句骊，复辽东、玄菟二郡"④。后燕基本稳定了对辽东的统治后，重新恢复了与高句丽的朝贡关系，长乐元年（399）"高句骊王安遣使贡方物"，燕王慕容宝册封"句丽王安为平州牧，封辽东、带方二国王"⑤。二年，"高句骊王安事燕，礼慢"，燕王慕容盛"率众三万伐之，以骠骑大将军熙为前锋，袭其新城、南苏二城，皆克之。开境七百余里，散其积聚，徙五千余户于辽西"⑥。

高句丽好太王是一位有谋略、骁勇善战的国王，他在位期间，脱离了后

① ［北魏］崔鸿：《十六国春秋》卷25《前燕录三·慕容皝下》，第516—517页。
② ［北魏］崔鸿：《十六国春秋》卷26《前燕录四·慕容儁上》，第522—523页。
③ ［北魏］崔鸿：《十六国春秋》卷27《前燕录五·慕容儁下》，这是史籍中首次见到对高句丽王册封内容的明确记载，第532页。
④ ［北魏］崔鸿：《十六国春秋》卷44《后燕录二·慕容垂中》，第704、705页。
⑤ 《北史》卷94《高丽传》，中华书局，1974年，第3112页。
⑥ ［北魏］崔鸿：《十六国春秋》卷47《后燕录五·慕容盛》，第733页。

燕的朝贡体系，后燕光始二年（402）五月，"高句骊攻宿军，平州刺史归弃城走"。四年十二月，"高句骊寇燕郡，杀掠百余人"①，攻占了辽东、玄菟二郡。并四出征伐，驱逐倭国，使夫余、百济、新罗臣服高句丽，营建了以高句丽为中心的朝贡体系。好太王去世后，高句丽与北燕政权之间是否恢复了朝贡关系，史无明载，但北燕与高句丽的交往中明显居优势地位。《十六国春秋·北燕录·冯弘》记载：北燕王冯弘"素侮高丽，政刑赏罚，犹如其国"。在北魏大兵压境，政权濒于灭亡之际，"弘迫急复遣使求迎于高丽，高丽王琏遣大将葛居卢、孟光等率众数万，随阳伊至和龙来迎"。"世祖遣散骑常侍封拨使高丽，谕令送弘。秋九月，高丽不送弘于魏"。另外，在北燕灭亡的前一年，"太兴五年（435）春正月，弘数为魏所攻，遣使诣建康，称藩奉贡于宋。癸酉，宋封弘为燕王，江南谓之黄龙国。……夏四月，弘遣右卫将军孙德乞师于建康"。然刘宋没有回应冯弘的请兵要求。北燕国亡，冯弘逃到高句丽后，高句丽王虽拒绝北魏的要求，没有将冯弘交给拓跋鲜卑，但也不再将其奉为宗主国的国君，"高丽王夺其侍人，取其太子王仁为质。弘忿怒之，遣使上表求迎于建康。诏遣使者王白驹等迎之，并令高丽资遣，高丽王不欲弘南来，遣别将孙漱高仇等杀弘于北丰，子孙同时死者十余人"。从种种迹象看，北燕与高句丽之间可能存在朝贡关系，而且一直维系到北燕末年。

2. 夫余国

十六国时期，夫余国南有强大的慕容鲜卑，东有正在崛起的高句丽，北面挹娄（肃慎）、勿吉也开始南下发展，夫余国在几方面势力的挤压下日益衰落。慕容皝不奉东晋正朔的第二年（346），"遣世子儁及广威军渡辽（将军）恪、折冲慕舆根三将军，率骑万七千袭扶余，儁居中指授，军事皆以任恪，遂拔扶余，虏其王玄及部众五万余口而还。皝署玄为镇军将军，以女妻之"②。这次前燕军虽俘获了夫余王，却并没有灭亡夫余国，五万夫余人被强行迁至辽西，考古工作者在辽宁省北票喇嘛洞墓地清理了属于三燕时期的

---

① ［北魏］崔鸿：《十六国春秋》卷48《后燕录六·慕容熙》，第735、736页。
② ［北魏］崔鸿：《十六国春秋》卷25《前燕录三·慕容皝下》，第520页。

419 座墓葬，关于墓主人的族属，学界有"鲜卑说"① 和"夫余说"② 二种不同看法。然人类学研究表明喇嘛洞三燕文化居民的主体很难与鲜卑人直接联系起来，研究者认为他们或许确实是来自第二松花江流域的夫余人，此外还混杂了一部分辽西地区早期土著居民的后裔以及个别的鲜卑人③。这次打击后，夫余一蹶不振，燕王皝以夫余王玄为镇军将军，并以女妻之，使其成为前燕的附属国，纳质子，建立朝贡关系。到前燕末年，仍可见到夫余、高句丽质子在前燕京城的记载，如慕容暐建熙十一年（370），十一月，秦王苻坚自帅精锐十万攻打前燕，秦军至邺城，"散骑侍郎余蔚等率扶余、高句骊及上党质子五百余人，夜开邺北门，以纳秦兵"④。很快前燕灭亡。

其后，关于夫余的记载极少，到后燕时又见夫余王事迹，但记载有些混乱。《十六国春秋·后燕录二·慕容垂》记载：慕容垂复国之初，"遣建威将军王腾起浮桥于石门，故扶余王荥阳太守余蔚及昌黎鲜卑卫驹，各帅其众来降。（慕容）农西招库傉官伟于上党，东引乞特归于东阿，各帅众数万赴之，众至十余万"。慕容垂"封河南王翟檀为柱国大将军，封弘农王余蔚为征东大将军、统府左长史，仍封扶余王卫驹为鹰扬将军，凤为建策将军，帅众二十余万，自石门济河长驱向邺"。前面曰故夫余王余蔚，昌黎鲜卑卫驹；后又言扶余王卫驹。同书《后燕录四·慕容宝》载：慕容宝时，"以太尉安定王库傉官伟为太师，扶余王余蔚为太傅，左光禄大夫段崇为太保，其余拜授各有差"。如与此条记载相印证，夫余王当为余蔚。但是，这里的夫余王地位很高，似为慕容垂的亲信，率军随从慕容垂攻打邺城，这又与朝贡国的国王身份不符，《晋书》作者做《慕容垂载记》时不取有关夫余王的记载，可能也有疑问，姑且存疑。

后燕末年，高句丽好太王时期夫余曾一度成为高句丽的附属国，由后燕

---

① 辽宁省文物考古研究所等：《辽宁北票喇嘛洞墓地 1998 年发掘报告》，《考古学报》2004 年第 2 期。

② 田立坤：《关于北票喇嘛洞三燕文化墓地的几个问题》，《辽宁考古文集》，辽宁人民出版社，2003 年，第 263—268 页。

③ 朱泓、曾雯、张全超、陈山、周慧：《喇嘛洞三燕文化居民族属问题的生物考古学考察》，《吉林大学社会科学学报》2012 年第 1 期。

④ ［北魏］崔鸿：《十六国春秋》卷 29《前燕录七·慕容暐下》，第 550 页。又，散骑侍郎余蔚，《晋书》卷 111《慕容暐载记》作散骑侍郎徐蔚，第 2858 页。与此异。

朝贡成员转为高句丽朝贡成员。或许在北燕强大时，再次成为北燕的朝贡成员，直到北魏灭北燕。

3. 契丹、库莫奚

4世纪末，在北方各族的争战中，西拉木伦河流域的库莫奚、契丹人开始崭露头角。后燕慕容宝时期，始见出兵讨伐库莫奚、契丹，永康三年（398），"辽西王农言于宝曰：'今迁都尚新，未可南征，宜因成师，袭库莫奚，取其牛马，以充军资，更审虚实。'"慕容盛长乐三年（401），"秋七月，盛讨库莫奚，大虏获而还"。慕容熙光始四年（404），"九月，熙北袭契丹，大破之"①。最晚到北燕时，库莫奚与契丹已成为北燕朝贡制度的成员之一，如北燕王冯跋时，"库莫奚虞出库真率三千余落请交市，献马千匹，许之"②。又，"契丹、库莫奚来奔，署其大人为归善王"③。北魏灭北燕后，库莫奚、契丹与高句丽、夫余都成为北魏东北边疆朝贡制度的成员。

综上所述，东部鲜卑自东汉初年开始与中原王朝发生朝贡关系，在汉魏晋各王朝在鲜卑地区建构的朝贡制度运作下，大批东部鲜卑部落由塞外之地逐步迁入北方诸郡，在各王朝、政权奉行的"因俗而治"政策的统辖下，虽然散居各地州郡东部鲜卑人的社会生活，逐步由游牧经济向半农半牧经济转化，但大部分鲜卑邑落始终保持朝贡成员的身份，直到慕容鲜卑建立政权，才完成由朝贡成员向编户齐民的身份转化。在中原政治制度影响下，诸燕政权在东北边疆地区营建了以其为中心的朝贡制度，并为北魏政权所继承，承晋启魏，成为东北边疆地区朝贡制度发展史中重要的一环。

三　契丹、库莫奚、室韦朝贡制度的建构与运作

魏晋时大批乌桓、鲜卑的南迁入塞，尤其是曾称雄东北塞外的宇文鲜卑被前燕消灭后，北部一些原来依附宇文部的鲜卑别部四散，东北西部草原地带原始族群出现了新一轮的迁徙、分化组合，形成了若干个较大的原始族群。加上北魏对东北的西北部原始族群经略范围的扩大，北朝时期这一地区

---

① ［北魏］崔鸿：《十六国春秋》卷46《后燕录四·慕容宝》，第725—726页，卷47《后燕录五·慕容盛》，第733页，卷48《后燕录六·慕容熙》，第736页。

② 《晋书》卷125《冯跋传》，第3129页。

③ ［北魏］崔鸿：《十六国春秋》卷98《北燕录一·冯跋》，第1092页。

被纳入塞外朝贡制度的成员，主要有库莫奚、契丹、地豆于、室韦、乌落侯、豆莫娄等族群。

1. 契丹、库莫奚人朝贡制度的建构与运作

契丹与库莫奚属东胡族系，是驻牧于西拉木伦河与老哈河流域较为落后的原始游牧狩猎部落，西晋时为宇文鲜卑属部，《魏书·库莫奚传》记载：

> 库莫奚国之先，东部宇文之别种也。初为慕容元真所破，遗落者窜匿松漠之间。其民不洁净，而善射猎，好为寇钞。登国三年，太祖亲自出讨，至弱洛水南，大破之，获其四部落，马牛羊豕十余万。……十数年间，诸种与库莫奚亦皆滋盛。及开辽海，置戍和龙，诸夷震惧，各献方物。高宗、显祖世，库莫奚岁致名马文皮。

同书同卷《契丹传》记载：

> 契丹国，在库莫奚东，异种同类，俱窜于松漠之间。登国中，国军大破之，遂逃迸，与库莫奚分背。经数十年，稍滋蔓，有部落，于和龙之北数百里，多为寇盗。真君以来，求朝献，岁贡名马。

魏晋时，宇文鲜卑分布地西起濡（滦河）东，东至柳城（今辽宁朝阳），凡西拉木伦河及老哈河一带地方尽在其中，宇文鲜卑最初建牙帐的地点在老哈河上源一带[1]。345年前燕王慕容皝（慕容元真）破宇文鲜卑后，将其主要人口迁往昌黎（今辽宁朝阳），留下一些处于宇文鲜卑边缘地区较为原始的畜牧狩猎部落，在松漠之间繁衍生息，号称"库莫奚"。库莫奚人好寇抄，登国三年（东晋太元十三年，388）拓跋珪率军北征库莫奚，"六月，大破之，获其四部杂畜十余万。渡弱落水，班赏将士，各有差。秋七月庚申，库莫部帅鸠集遗散，夜犯行宫，纵骑扑讨，尽杀之"[2]。这是史籍中首次见到关于"库莫奚"的记载。这次沉重的打击使库莫奚分裂为东西两部，一部留在老哈河流域生息繁衍，仍称"库莫奚"；另一部向东北迁至西

---

① 马长寿：《乌桓与鲜卑》，第192—193页。
② 《魏书》卷2《太祖道武帝纪》，第22页。

拉木伦河中下游的山林草原地带游牧狩猎，号称"契丹"。后燕国主慕容盛于长乐元年（399），出兵征契丹、高句丽①。这是史籍中首次见到关于"契丹"的记载。

后燕迁都和龙（辽宁朝阳市）之后，已无力向南角逐中原，于是不断出兵向北袭讨弱小的契丹、库莫奚，掠取牛马，以充国力。如慕容盛长乐三年（401）"秋七月，盛讨库莫奚，大虏获，而还"②。慕容熙光始四年（404）"九月，熙北袭契丹，大破之"。五年（405）"十二月，熙袭契丹"③。到北燕时，冯跋悉除前朝苛政，轻徭薄赋，与民休息，整顿吏治。治理边疆政策也以和好、招抚为主，如北燕王室与柔然通婚，"抚纳契丹等诸落，颇来附之"④。北燕太平三年（411）"库莫奚虞出库真率三千余落请交市，献马千匹，许之，处之于营丘"。六年（414）"契丹、库莫奚来奔，署其大人为归善王"⑤。被授予归善王封号的契丹、库莫奚部落大人，在北燕朝贡制度下往来朝贡，贡纳马匹，进行互市。

北魏太武帝太延二年（436）出兵灭北燕。翌年，"高丽、契丹国并遣使朝献"⑥，契丹由北燕政权的朝贡成员转为北魏王朝的朝贡成员。高宗即位后，当年（452）十二月，"库莫奚、契丹、厨宾等十余国各遣使朝贡"⑦。库莫奚人随同契丹人首次向北魏朝贡，或许是由于登国年间拓跋鲜卑对库莫奚的打击让库莫奚人刻骨铭心，但面对强大的北魏王朝不得不前来朝贡，库莫奚人朝贡比契丹整整晚了16年。《魏书·契丹传》记载：

> 显祖时，使莫弗纥何辰奉献，得班飨于诸国之末。归而相谓，言国家之美，心皆忻慕，于是东北群狄闻之，莫不思服。悉万丹部、何大何部、伏弗郁部、羽陵部、日连部、匹絜部、黎部、吐六于部等，各以其名马文皮入献天府，遂求为常。皆得交市于和龙、密云之间，贡献不

①　[北魏] 崔鸿：《十六国春秋》卷48《后燕录六·慕容熙》，第734页。
②　[北魏] 崔鸿：《十六国春秋》卷47《后燕录五·慕容盛》，第733页。
③　[北魏] 崔鸿：《十六国春秋》卷48《后燕录六·慕容熙》，第736页。
④　《魏书》卷97《海夷冯跋传》，第2126页。
⑤　[北魏] 崔鸿：《十六国春秋》卷98《北燕录一·冯跋》，第1092页。
⑥　《魏书》卷4上《世祖太武帝纪》，第87页。
⑦　《魏书》卷5《高宗文成帝纪》，第113页。

绝。太和三年，高句丽窃与蠕蠕谋，欲取地豆于以分之。契丹惧其侵轶，其莫弗贺勿于率其部落车三千乘、众万余口，驱徙杂畜，求入内附，止于白狼水东。自此岁常朝贡。后告饥，高祖矜之，听其入关市籴。及世宗、肃宗时，恒遣使贡方物。熙平中，契丹使人祖真等三十人还，灵太后以其俗嫁娶之际，以青毡为上服，人给青毡两匹，赏其诚款之心，余依旧式。朝贡至齐受禅常不绝。

《魏书·库莫奚传》记载：

　　高宗、显祖世，库莫奚岁致名马文皮。高祖初，遣使朝贡。太和四年，辄入塞内，辞以畏地豆于钞掠，诏书切责之。二十二年，入寇安州，营、燕、幽三州兵数千人击走之。后复款附，每求入塞，与民交易。世宗诏曰："库莫奚去太和二十一年以前，与安营二州边民参居，交易往来，并无疑贰。至二十二年叛逆以来，遂尔远窜。今虽款附，犹在塞表，每请入塞与民交易。若抑而不许，乖其归向之心；听而不虞，或有万一之警。不容依先任其交易，事宜限节，交市之日，州遣上佐监之。"自是已后，岁常朝献，至于武定末不绝。

　　上述记载可提供几方面信息，首先，契丹、库莫奚在献文帝（显祖）时开始诣京师朝贡，"得班飨于诸国之末"，之后"遂求为常"，"贡献不绝"。孝明帝时以契丹对北魏有"诚款之心"，得到灵太后的赏赐。其次，契丹、库莫奚朝贡使团的规模可能在30人左右，所贡献物品为名马、文皮。其三，北魏在和龙、密云一带开设互市，与契丹、库莫奚等塞外朝贡制度成员进行贸易，这是契丹、库莫奚人最向往的事情。世宗时开始对二族互市有所限节，"交市之日，州遣上佐监之"。其四，太和三年（479），北边契丹部落惧怕柔然、高句丽的侵扰，莫弗贺勿于率万余口契丹部民，驱徙杂畜，南迁居于白狼水（大凌河）东，即营州境内。这是契丹人一次较大规模的内迁，自此岁常朝贡，遇有灾年，经特许可"入关市籴"。其五，塞外契丹人尚处于分散的氏族部落阶段，对照《辽史·营卫志》的记载，上文中"悉万丹部、何大何部、伏弗郁部、羽陵部、日连部、匹絜部、黎部、吐六于部",是契丹古八部的名称。但《魏书》作者称其为"东北群狄",似乎并不十分清楚契丹族名与契丹各部名称的关系,如该书《魏书·献文帝纪》记载皇兴二年（468）四月,"高丽、库莫奚、契丹、具伏弗、郁羽陵、日连、匹黎尔、叱六手、悉万丹、阿大何、羽真侯、于阗、波斯国各遣使朝献"①。将契丹与契丹各部分开并列,显然是错误的。孝文帝以后,本纪中不再见有这类错误,估计是随着契丹朝贡日渐频繁,拓跋鲜卑统治集团逐渐了解了契丹内部情况。

　　南北朝时期正史记载有明确纪年的契丹、库莫奚二族群朝贡活动,总体次数差不多②,而且,大约有一半左右的朝贡活动是二族同行。契丹向北魏朝贡 29 次,向东魏朝贡 2 次,向北齐朝贡 6 次。库莫奚人向北魏朝贡 30次,对北齐朝贡 6 次,没有对东魏朝贡的记载。实际上契丹、库莫奚人的朝贡次数要多于这个统计数字,如《魏书·契丹传》云:契丹"真君以来,求朝献,岁贡名马"。然太平真君年间（440—450）并没有见到契丹朝贡的具体记载,显然不能认为这一时期契丹没有朝贡。《魏书·库莫奚传》云:"高宗、显祖世,库莫奚岁致名马文皮。"然而,在高宗朝见于记载库莫奚人朝贡只有 2 次:兴安二年（453）十二月,"库莫奚、契丹、罽宾等十余国各遣使朝贡"。兴光元年（454）"库莫奚国献名马,有一角,状如麟"③。之后二族皆间隔了十余年,到显祖即位后,皇兴二年（468）"高丽、库莫奚、契丹、具伏弗、郁羽陵、日连、匹黎尔、叱六手、悉万丹、阿大何、羽真侯、于阗、波斯国各遣使朝献"④。契丹与库莫奚同时朝贡。这十余年二族是停止朝贡了,还是史书没有记载?若比照世祖、高宗朝,很可能是后者,或许显宗以前,北魏对契丹、库莫奚人主要实行诣边州朝贡的形式进行统辖,故鲜见于记载。

　　显宗即位后,契丹、库莫奚人开始诣阙朝贡。从皇兴元年（467）"高丽、库莫奚、具伏弗、郁羽陵、日连、匹黎尔、于阗诸国,各遣使朝贡"⑤。到孝义帝太和三年（479）"高丽、吐谷浑、地豆于、契丹、库莫奚、龟兹

---

① 《魏书》卷 6《献文帝纪》,第 28 页。
② 参见书后附表三"契丹对北朝朝贡表"、附表四"奚人对北朝朝贡表"。
③ 引文皆见《魏书》卷 5《高宗文成帝纪》,第 113 页。
④ 《魏书》卷 6《显祖献文帝纪》,第 128 页。
⑤ 《魏书》卷 6《显祖献文帝纪》,第 127—128 页。

诸国各遣使朝献"①。这期间契丹、库莫奚几乎是每岁朝贡，而且孝文帝太和元年（477）二族朝贡三次。太和三年（479）以后，二族突然停止了朝贡活动，这与柔然和高句丽欲联合向西拉木伦河以北地区扩张有关。契丹东邻高句丽，契丹与库莫奚东西相邻，二族北邻地豆于（洮儿河与西拉木伦河之间②）。《魏书·蠕蠕传》记载：柔然"东则朝鲜之地"。《通典·蠕蠕》则载：柔然"东则朝鲜故地之西"。周伟洲认为《通典》记载更加符合当时的历史事实，据《魏书》记载契丹、库莫奚、地豆于并没有臣属柔然，柔然在诸族之西③。确切地说柔然在库莫奚、地豆于之西。太和三年，高句丽与柔然相谋"欲取地豆于以分之"，北部契丹风闻此事，莫弗贺勿于率其部至营州请求内附。此后直到魏宣武帝正始年间，近30年间，只在太和十七年（493）见契丹、库莫奚人"并遣使朝献"一次④。显然柔然、高句丽的扩张行为干扰了契丹、库莫奚人的朝贡活动。《魏书·契丹传》云：莫弗贺勿于率其部内附，"止于白狼水东。自此岁常朝贡"，是指入居营州境内白狼水（今辽西大凌河）东的契丹部"岁常朝贡"。塞外契丹、库莫奚人的朝贡活动一度停止。

506年柔然他汗可汗伏图立，为了集中力量对付高车，伏图开始遣使向北魏示好⑤，宣武帝"正始三年，伏图遣使纥奚勿六跋朝献，请求通和"。在这种形势下，正始四年（507）八月"辛卯，契丹国遣使朝献"。"庚子，库莫奚、宕昌、吐谷浑诸国，遣使朝献"。契丹首先遣使朝贡，几天后库莫奚人与西北诸国一同遣使朝贡，此后岁岁朝贡。契丹、库莫奚人与北魏的朝贡关系能够正常发展，与6世纪以后，柔然逐渐衰落不无关系。北魏末年，政局不稳，契丹、库莫奚虽不是每年遣使朝贡，却也没有中断与北魏的朝贡关系。

总体看，契丹与库莫奚对北魏各个时期朝贡的频率、疏密时段基本一致。但是，库莫奚与北朝之间经常有摩擦，如魏文成帝时期，"库莫奚侵扰，

---

①　《魏书》卷7上《高祖孝文帝纪》，第147页。

②　张博泉、苏金源、董玉瑛：《东北历代疆域史》，第71页。

③　周伟洲：《敕勒与柔然》，上海人民出版社，1983年，第123页。

④　《魏书》卷7下《高祖孝文帝纪》，第168页。

⑤　周伟洲：《敕勒与柔然》，第145页。

诏新成率众讨之。新成乃多为毒酒，贼既渐逼，便弃营而去。贼至，喜而竞饮，聊无所备。遂简轻骑，因醉纵击，俘馘甚多"①。孝文帝初，"库莫奚寇边，以休为使持节、侍中、都督诸军事、征东大将军、领护东夷校尉、仪同三司、和龙镇将。休抚防有方，贼乃款附"②。太和十四年（490）"五月己酉，库莫奚犯塞，安州都将楼龙儿击走之"③。太和二十二年（498）又爆发一次库莫奚较大规模的反叛。契丹虽然也有零星小规模掳掠边州人口的事件④，但并没有发生大规模寇抄事件，基本上谨守臣礼，这与库莫奚和北魏之间虽保持着朝贡关系，却寇边不止有明显区别。

东魏时期，只见契丹分别于孝静帝天平二年（535）、武定八年（550）遣使朝贡⑤，不见库莫奚朝贡的记载。北齐代东魏之初，契丹、库莫奚时而遣使朝贡，时而出兵寇边。为控制北部边疆的统治秩序，也为增加本国的人口财畜，北齐先后发动了三次较大规模讨伐库莫奚与契丹的战争：

> 文宣帝天保三年（552）"春正月丙申，帝亲讨库莫奚于代郡，大破之，获杂畜十余万，分赉将士各有差。以奚口付山东为民"。
>
> 天保四年（553）"九月，契丹犯塞。壬午，帝北巡冀、定、幽、安，仍北讨契丹。冬十月丁酉，帝至平州，遂从西道趣长堑。诏司徒潘相乐率精骑五千自东道趣青山。辛丑，至白狼城。壬寅，经昌黎城。复诏安德王韩轨率精骑四千东趣，断契丹走路。癸卯，至阳师水，倍道兼行，掩袭契丹。甲辰，帝亲踰山岭，为士卒先，指麾奋击，大破之，虏获十万余口、杂畜数十万头。乐又于青山大破契丹别部。所虏生口皆分置诸州"⑥。
>
> 孝昭帝皇建元年（560）十一月，"帝亲戎北讨库莫奚，出长城，虏奔遁，分兵致讨，大获牛马，括总入晋阳宫"⑦。

---

① 《魏书》卷19上《济阴王小新成传》，第447页。
② 《魏书》卷19下《安定王休传》，第517页。
③ 《魏书》卷7下《高祖孝文帝纪》，第166页。
④ 《魏书》卷32《封懿传》记载：太和中，员外散骑常侍封轨出使高句丽，"先是，契丹虏掠边民六十余口，又为高丽拥掠东归。轨具闻其状，移书征之，云悉资给遣还"。第765页。
⑤ 《魏书》卷12《孝静帝纪》，第299页。
⑥ 二条史料均见《北齐书》卷4《文宣帝纪》，中华书局，1972年，第56页，第57页。
⑦ 《北齐书》卷6《孝昭帝纪》，第82页。

北齐对契丹、库莫奚的战争达到了预期目的，三次讨伐战争后，契丹、库莫奚皆遣使称臣朝贡。作为战利品，北齐从契丹人那里获10万余民口，10万头杂畜，迁入塞内，分置诸州。从库莫奚那里获"杂畜十余万""大获牛马"，但未记载所获人口，大约与契丹略同，"付山东为民"。齐武成帝河清二年（563）"室韦、库莫奚、靺羯、契丹并遣使朝贡"①。从史籍记载看，这是库莫奚与契丹最后一次一同向北朝朝贡，也是库莫奚人的最后一次朝贡活动。齐后主天统四年（568）"高丽、契丹、靺鞨并遣使朝贡"②。这是契丹最后一次向北朝朝贡。

2. 乌洛侯、地豆于、豆末娄、室韦诸族群的朝贡活动

乌洛侯、地豆于、豆末娄、室韦等族是居住在蒙古高原东部的原始族群。

乌落侯，分布在室韦之西，地豆于之北，去北魏代都四千五百余里，约在今大兴安岭东麓，绰尔河下游地区③。《魏书·乌落侯传》记载：

> 其土下湿，多雾气而寒，民冬则穿地为室，夏则随原阜畜牧。多豕，有谷麦。无大君长，部落莫弗皆世为之。其俗绳发，皮服，以珠为饰。民尚勇，不为奸窃，故慢藏野积而无寇盗。好猎射。乐有箜篌，木槽革面而施九弦。其国西北有完水，东北流合于难水，其地小水皆注于难，东入于海。又西北二十日行有于巳尼大水，所谓北海也。世祖真君四年来朝，称其国西北有国家先帝旧墟，石室南北九十步，东西四十步，高七十尺，室有神灵，民多祈请。世祖遣中书侍郎李敞告祭焉，刊祝文于室之壁而还。

乌落侯人于太武帝太平真君四年（443）首次向魏朝贡，乌落侯人所说的拓跋鲜卑先世旧墟石室，已经为考古调查所证实，在今内蒙古鄂伦春自治旗阿里河镇西北9公里处嘎仙洞④，山洞东壁上发现了北魏太平真君四年

---

① 《北齐书》卷7《武成帝纪》，第91页。
② 《北齐书》卷8《后主纪》，第97页。
③ 孙进己、冯永谦主编：《东北历史地理》第二卷，黑龙江人民出版社，1989年，第157页。
④ 米文平：《鲜卑石室的发现与初步研究》，《文物》1981年第2期。

（443）中书侍郎李敞祭奠拓跋鲜卑"先帝旧墟石室"时所留下的石刻祝文，与《魏书·礼志》所记载的李敞到石室祭祀拓跋鲜卑祖先的祝文内容相差无几。现将《魏书》记载的祝文抄录如下：

> 其岁，遣中书侍郎李敞诣石室，告祭天地，以皇祖先妣配。祝曰："天子焘谨遣敞等用骏足、一元大武敢昭告于皇天之灵。自启辟之初，祐我皇祖，于彼土田。历载亿年，聿来南迁。惟祖惟父，光宅中原。克翦凶丑，拓定四边。冲人纂业，德声弗彰。岂谓幽退，稽首来王。具知旧庙，弗毁弗亡。悠悠之怀，希仰余光。王业之兴，起自皇祖。绵绵瓜瓞，时惟多祐。敢以丕功，配飨于天。子子孙孙，福禄永延。"敞等既祭，斩桦木立之，以置牲体而还。

我曾两次到嘎仙洞考察，在当地鄂伦春族博物馆的馆长指引下，我们在宽敞的石洞内看到石洞顶部有一些人工打凿的痕迹，似乎当年鲜卑人想要在石洞内进行一些装饰工程，但刚开工就放弃了。虽然这是史书中记载的唯一一次乌落侯朝贡活动，但这使拓跋鲜卑皇帝搞清楚了祖先的发源地。北魏官员的乌落侯之行，留在山洞的文字，又使今天的学者搞清楚了汉代鲜卑山的地点，古今意义都十分重大。

地豆于，又作地豆干，其地在乌落侯之南，据丁谦《魏书·外国传考证》认为在今内蒙古乌珠穆沁旗一带。冯家昇经考证认为在西拉木伦河与归流河之间。地豆于与契丹、库莫奚同为游牧民族，其地"在失（室）韦西千余里。多牛羊，出名马，皮为衣服，无五谷，惟食肉酪"①。魏孝文帝初年，地豆于开始遣使向北魏朝贡，《魏书·高祖孝文帝纪》记载：延兴二年（472）八月，"地豆于、库莫奚国遣使朝贡"。地豆于首次朝贡与库莫奚同行，或由库莫奚引见向北魏朝贡。直到太和六年（482），地豆于共遣使朝贡6次。太和十四年（490）夏四月，"地豆于频犯塞，甲戌，征西大将军、阳平王颐击走之"②。此后大约有40多年不见地豆于朝贡的记载，到孝明帝

---

① 《魏书》卷100《地豆于传》，第2222页。
② 《魏书》卷7下《高祖孝文帝纪》，第166页。

正光五年（524），"嚈哒、契丹、地豆于、库莫奚诸国，并遣使朝贡"①。此后，再次见到地豆于前来朝贡，已是东魏武定年间了。《北史·地豆于传》云："自后朝京师，迄武定末，贡使不绝。及齐受禅，亦来朝贡。"地豆于在东魏孝静帝武定年间，曾 4 次遣使朝贡。北齐文宣帝天保五年（554），"地豆于、契丹等国并遣使朝贡"②。这是史书记载的地豆于最后一次向中原王朝朝贡。

豆莫娄，又作大莫娄、大莫卢。《魏书》作者将《三国志·魏志·夫余传》的部分内容转录于《魏书·豆莫娄传》：

> 在勿吉国北千里，去洛六千里，旧北扶余也。在失韦之东，东至于海，方二千里。其人土著，有宫室仓库。多山陵广泽，于东夷之域最为平敞。地宜五谷，不生五果。其人长大，性强勇，谨厚，不寇抄。其君长皆以六畜名官，邑落有豪帅。饮食亦用俎豆。有麻布，衣制类高丽而幅大，其国大人，以金银饰之。用刑严急，杀人者死，没其家人为奴婢。俗淫，尤恶妒妇，妒者杀之，尸其国南山上至腐。女家欲得，输牛马乃与之。或言本秽貊之地也。

冯家昇经考证认为夫余被高句丽、勿吉所灭之时，有遗裔渡那河（今嫩江）因居之，谓之豆莫娄。豆莫娄居地在今黑龙江省嫩江县③。张博泉先生则认为汉代北夷橐离、晋时寇漫汗即是后魏的豆莫娄，《魏书·豆莫娄传》将《三国志》的内容纳入其中，因而使人误认为夫余灭亡后为豆莫娄。北朝时期豆莫娄在今呼嫩平原地区④。还有学者认为豆莫娄地在今黑龙江省呼兰河一带⑤。豆莫娄当属秽貊族系。《魏书·勿吉传》云：勿吉"其傍有大莫卢国，……前后各遣使朝献"，时间系于孝文帝太和十二年（488）以前。说明在魏孝文帝时期，豆莫娄已成为北魏朝贡制度的成员。

---

① 《魏书》卷9《肃宗孝明帝纪》，第227页。
② 《北齐书》卷4《文宣帝纪》，中华书局，1972年，第58页。
③ 冯家昇：《豆莫娄国考》，《禹贡》半月刊，1937年第7卷，第1、2、3合期。
④ 参见张博泉、苏金源、董玉瑛《东北历代疆域史》，第75页。
⑤ 孙进己、冯永谦：《东北历史地理》第2卷，第149页。

北齐时，后主天统三年（567）大莫娄"遣使朝贡"①。"五年二月，大莫娄国遣使朝贡"②。此后不见朝贡记载，然《北史》卷94末史论曰："豆莫娄、地豆干、乌洛侯，历齐周及隋，朝贡遂绝，其事故莫显云。"这或可说明，自魏孝文帝时期豆莫娄开始遣使朝贡，宣武帝、孝明帝时期笼统地被归入诸东夷"小国"之中，其朝贡活动一直延续到隋朝建立之前。

室韦，又作失韦。《魏书·失韦传》云："失韦国，在勿吉北千里，去洛六千里。路出和龙北千余里，入契丹国。……国土下湿。语与库莫奚、契丹、豆莫娄国同。"居地在契丹之北，其地"有大水从北而来，广四里余，名榇水"。榇水，即今嫩江，室韦分布在嫩江两岸大小兴安岭、呼伦贝尔草原地区。位于呼伦贝尔市海拉尔区的谢尔塔拉墓地，是一处室韦人的遗存，研究者认为谢尔塔拉墓葬与这一地区东汉时期鲜卑墓葬之间，既有区别又有联系③。证之史载室韦人语与库莫奚、契丹同，表明室韦属东胡族系。《魏书·室韦传》又载：

> 颇有粟麦及穄，唯食猪鱼，养牛马，俗又无羊。夏则城居，冬逐水草。亦多貂皮。丈夫索发。用角弓，其箭尤长。女妇束发，作叉手髻。其国少窃盗，盗一徵三，杀人者责马三百匹。……父母死，男女众哭三年，尸则置于林树之上。

室韦的社会发展水平较为原始，对外交往能力也较低，东魏武定二年（544）四月，室韦"始遣使张焉豆伐等献其方物，迄武定末，贡使相寻"④。东魏时室韦才成为东北边疆民族朝贡制度成员⑤，是魏晋南北朝时期最晚纳

① 《北齐书》卷7《武成帝纪》第93页、卷8《后主纪》第100页。
② ［宋］王钦若等撰：《册府元龟》卷969《外臣部·朝贡第二》，周勋初等校对，凤凰出版社，2006年，第11224页。
③ 刘国祥、白劲松：《论谢尔塔拉文化及相关问题》，中国社会科学院考古研究所、呼伦贝尔民族博物馆、海拉尔区文物管理所：《海拉尔谢尔塔拉墓地》，科学出版社，2006年。
④ 《魏书》卷100《失韦传》，第2221页。
⑤ 孙进己、张久和等认为乌洛侯是室韦之一部，室韦向中原王朝朝贡的时间可上推到北魏太武帝太平真君四年。可备一说。参见孙进己《室韦及其先人和我国各族的关系》，《黑河学刊》1985年第4期；张久和《北朝至唐末五代室韦部落的构成和演替》，《内蒙古社会科学（文史哲版）》1997年第5期。关于乌洛侯问题学界有多种看法，还有待进一步深入研究。

入中原王朝朝贡制度的成员之一。《魏书》与《北史》的《室韦传》记载：

> 武定二年四月，始遣使张乌豆伐等献其方物。迄武定末，贡使相寻。①
>
> 及齐受东魏禅，亦岁时朝聘。
>
> 其后分为五部，不相总一，所谓南室韦、北室韦、钵室韦、深末怛室韦、大室韦，并无君长。人贫弱，突厥以三吐屯总领之。……北室韦时遣使贡献，余无至者。②

自东魏武定二年（544）室韦首次遣使朝贡以来，到北齐天保三年（552），九年间室韦共朝贡6次，可谓"贡使相寻"。552年蒙古草原游牧帝国发生汗国更替，突厥汗土门灭柔然，建立突厥汗国，土门自称伊利可汗，在伊利可汗横扫柔然残余势力，建立、巩固突厥统治的过程中，草原地区不会很平静，这直接影响了室韦人的朝贡活动。从553年到562年，室韦一度停止了对中原王朝的朝贡活动。突厥控制了室韦的部分地区，"以三吐屯总领之"，唯绕吐纥山（今小兴安岭）而居的"北室韦时遣使贡献，余无至者"③。北齐武成帝河清二年（563）三月，"室韦国遣使朝贡"。后主天统三年（567）"突厥、大莫娄、室韦、百济、靺鞨等国各遣使朝贡"④。这是见于史书记载的室韦最后一次向北朝朝贡。

第三节　东中部民族朝贡活动由单向到多向的嬗变

魏晋南北朝时期，东北东中部夫余国与高句丽国经历了不同的发展道路，夫余国由盛转衰，到北魏中期国亡。高句丽国几经周折，由弱转强，到北朝中后期进入到发展鼎盛阶段。在这个王朝、政权频繁更替，动荡多变的时代，高句丽与夫余面对两个或多个王朝、政权的朝贡体系，各自采取了不

---

① 《魏书》卷100《室韦传》，第2221页。

② 《北史》卷94《室韦传》，第3129页。

③ 北朝末年，室韦五部"无君长"，处于分散的氏族部落时期，五部即为五个以地域划分、风俗习惯略有不同的五个部落群。

④ 《北齐书》卷7《武成帝纪》第91页、卷8《后主纪》第100页。

同的政治态度，结果也有所不同。

一 高句丽国单向—多向—双向朝贡活动的变化与运作

魏晋南北朝时期，在各王朝、政权积极经营边疆朝贡制度的政治形势下，高句丽从自身发展的立场出发，积极开展朝贡活动，表现出对外发展的强烈欲望。尽管高句丽的朝贡活动受到自身与外界多方面因素的制约，它仍然能够在活跃的朝贡活动中走向强大。

1. 魏晋时期高句丽的单向朝贡活动

魏晋时期中原王朝或忙于统一战争，如曹魏对吴蜀之战；或困于内部战乱频出，如西晋八王之乱，无暇顾及东北边疆朝贡制度成员是否适时诣阙朝贡。关于地方州郡、护东夷校尉管理的高句丽等东部民族朝贡活动的事迹，史书多不载，只是边疆有重大事件才见于记载，但还是为我们提供了些许在幽州和护东夷校尉管理下高句丽的活动信息。

东汉末年公孙氏割据辽东，高句丽成为公孙氏政权的朝贡成员，如高句丽王伯固"遣大加优居、主簿然人等助公孙度击富山贼，破之"①。高句丽与孙吴发生朝贡关系，实起于公孙氏政权通吴之举。孙吴嘉禾二年（233），孙权派遣册封公孙渊的使者张弥、许晏等人到辽东襄平后，公孙渊将吴使团中的秦旦、张群、杜德、黄强等扣留于玄菟郡40天之久，秦旦等人由玄菟郡逃往高句丽。《吴书》记载：

> （秦）旦、（黄）强别数日，得达句骊王宫，因宣诏于句骊王宫及其主簿，诏言有赐为辽东所攻夺。宫等大喜，即受诏，命使人随旦还迎群、德。其年，宫遣皂衣二十五人送旦等还，奉表称臣，贡貂皮千枚，鹖鸡皮十具。旦等见权，悲喜不能自胜。权义之，皆拜校尉。间一年，遣使者谢宏、中书陈恂拜宫为单于，加赐衣物珍宝。恂等到安平口，先遣校尉陈奉前见宫，而宫受魏幽州刺史讽旨，令以吴使自效。奉闻之，倒还。宫遣主簿笮咨、带固等出安平，与宏相见。宏即缚得三十余人质之，宫于是谢罪，上马数百匹。宏乃遣咨、固奉诏书赐物与宫。是时宏

---

① 《三国志》卷30《魏书·高句丽传》，第845页。

船小，载马八十匹而还。①

　　高句丽王遣使向孙吴政权朝贡，"奉表称臣，贡貂皮千枚，鹖鸡皮十具"。两年后，嘉禾四年（235）孙权派遣使者谢宏、中书陈恂，拜高句丽王宫为单于，加赐衣物珍宝。此时曹魏对高句丽与孙吴的关系似有耳闻，幽州刺史示意高句丽王高宫不得臣属孙吴，"令以吴使自效"②。高宫则因主簿笮咨、带固等30余人被吴使扣留，遣使贡纳数百匹马以示谢罪，并接受了孙吴的册封。但第二年（236）"春二月，吴王孙权遣使者胡卫通和，王留其使"③。"七月，高句骊王宫斩送孙权使胡卫等首，诣幽州"④。此后，高句丽不再与孙吴通使朝贡。在这次高句丽与孙吴交往的过程中，我们可以看到幽州刺史及时掌握了高句丽与孙吴交往的动向，令其"以吴使自效"。因吴使陈奉的警觉，高句丽王未能按照幽州刺史的指令办。但当孙吴再次遣使到高句丽时，高句丽王便将其斩首送至幽州，将功折罪。说明幽州还是能够掌握高句丽王对外交往的一些动向。

　　238年曹魏灭公孙氏政权以后，在襄平（今辽宁省辽阳市）设护东夷校尉府⑤，西晋魏晋时期高句丽主要诣襄平（平州）朝贡。这一时期，高句丽处于早期国家阶段，呈现出对外扩张、频繁四处掠夺的特点，公孙氏政权的公孙康时期，高句丽王伯固"数寇辽东，又受亡胡五百余家。建安中，公孙康出军击之，破其国，焚烧邑落"⑥。曹魏正始中，高句丽王位宫频繁寇抄边郡，幽州刺史毌丘俭"以高句骊数侵叛，督诸军步骑万人出玄菟，从诸道讨之。句骊王宫将步骑二万人，进军沸流水上，大战梁口，宫连破走。俭遂束马县车，以登丸都，屠句骊所都，斩获首虏以千数。……刻石纪功，刊丸都之山，铭不耐之城。诸所诛纳八千余口，论功受赏，侯者百余人"⑦。清光绪三十年（1904），辑安县（今吉林集安）板岔岭发现一块残碑，正是当

① 《三国志》卷47《吴书·孙权传》裴松之注引《吴书》，第1139—1140页。
② 上述引文见《三国志》卷47《吴书·孙权传》，第1140页。
③ ［高丽］金富轼撰：《三国史记》卷17《高句丽本纪五》，杨军校勘，第208页。
④ 《三国志》卷3《魏书·明帝纪》，第107页。
⑤ ［日］池内宏：《曹魏の东方经略》，《满鲜史研究》上世第一册，吉川弘文馆，1979年。
⑥ 《三国志》卷30《魏书·高句丽传》，第845页。
⑦ 《三国志》卷28《魏书·毌丘俭传》，第762页。

年毌丘俭于丸都山留下的《记功碑》。残碑仅存 7 行 48 字，王国维对这块残碑进行了补正，提出毌丘俭征讨高句丽"实以四年会师，五年出兵，六年旋师"的看法①。但学界还有另一种看法，认为毌丘俭征讨高句丽是二次，即五年、六年各出兵一次②。毌丘俭征讨高句丽无论是一次还是两次，这场战争前后持续了二年，攻入高句丽王城，"屠其所都"，王与诸加（贵族大臣）流亡于沃沮，毌丘俭诛杀与迁走的高句丽人口达 8000 多人，这场战争十分惨烈，高句丽几乎亡国。可见在举行大规模讨伐高句丽战争时，是由幽州刺史统领邻近高句丽的玄菟、乐浪、带方三郡军队出征③。很快高句丽再次恢复了与曹魏的朝贡关系。

西晋时关于高句丽的记载极少，西晋末年，政局不稳，包括汉族官吏在内的各族割据势力之间战事频繁。幽州刺史王浚承制以妻舅崔毖为平州刺史、护东夷校尉④，管辖包括高句丽在内东北民族的朝贡事务。《晋书·慕容廆载记》记载：

> 时平州刺史、东夷校尉崔毖自以为南州士望，意存怀集，而流亡者莫有赴之。毖意廆拘留，乃阴结高句丽及宇文、段国等，谋灭廆以分其地。太兴初（318），三国伐廆。……会三国使亦至请和，曰："非我本意也，崔平州教我耳。"廆将（崔）焘示以攻围之处，临之以兵……毖与数十骑弃家室奔于高句丽。

从高句丽王听从护东夷校尉崔毖的调遣，与宇文鲜卑、段氏鲜卑合兵攻打慕容鲜卑，到当崔毖兵败后，与数十骑弃家室奔于高句丽，其中透露了高句丽与护东夷校尉的政治关系。高句丽与魏晋王朝的关系是高句丽与汉朝朝贡关系的延续，晋朝对高句丽保持了原有的统治形式和机制。

2. 东晋十六国时期高句丽的多向朝贡活动

西晋短暂的统一崩溃后，东晋偏安江南，北方地区各族纷纷建立政权，

---

① 王国维：《魏毌邱俭丸都山记功石刻跋》卷 20《观堂集林》，第 611 页。
② 张博泉：《东北地方史稿》，吉林大学出版社，1985 年，第 103 页。
③ 其中"玄菟太守"是根据王国维的考证。《毌丘俭丸都山纪功石刻》残存 7 行文字，遗失部分或许有护东夷校尉。
④ 《晋书》卷 39《王浚传》，第 1148 页。

此起彼伏，激烈地角逐中原，偏居东北一隅的高句丽也表现出强烈的对外发展欲望，尽管遇到慕容鲜卑诸燕政权的阻住，但高句丽仍然能够在开展多向朝贡活动中逐步走向强大。

永嘉战乱爆发后，"辽东张统据乐浪、带方二城与高句骊王乙弗利相攻，连年不解。乐浪王遵说统帅其民千余家归廆，廆为之置乐浪郡，以统为太守，遵参军事"①。《十六国春秋》将此事系于晋愍帝建兴年间（313—316），大约在这个时期，高句丽占据了汉魏以来建立在朝鲜半岛北部的乐浪郡、带方郡②。趁中原陷于战乱，各族政权分立，高句丽力图向辽河流域发展，遇到的最大的对手便是慕容鲜卑。东晋元帝于太兴三年（320）册封慕容廆为"监平州诸军事、安北将军、平州刺史，增邑二千户"③。这个"平州刺史"已经不是晋朝的地方官吏，而是朝贡制度成员的封号。《北史·高丽传》记载："晋永嘉之乱，鲜卑慕容廆据昌黎大棘城，元帝授平州刺史。位宫玄孙乙弗利频寇辽东，廆不能制。"可见高句丽并没有将慕容廆视为中原王朝的官员，而是看作与自己同样身份的朝贡国。为了寻求中原政权的支持，高句丽积极开展对中原北族政权和南方东晋王朝的朝贡活动。

在北方，高句丽遣使向势力强大的后赵朝贡。石勒建平元年（330），"高句丽、肃慎致其楛矢"，高句丽成为后赵的朝贡成员。石季龙时因攻打段辽之事与慕容皝发生矛盾，"季龙谋伐昌黎，遣渡辽曹伏将青州之众渡海，戍蹋顿城，无水而还。因戍于海岛，运谷三百万斛以给之。又以船三百艘，运谷三十万斛诣高句丽"④。然而，在后赵与慕容鲜卑的角逐中，慕容鲜卑多占上风，高句丽向后赵朝贡的目的落空。于是高句丽又遣使向东晋朝贡。晋成帝咸康二年（336），"高句骊遣使贡方物"。晋康帝建元元年（343），"高句骊遣使朝献"⑤。此时慕容鲜卑也是东晋的朝贡成员，东晋出于恢复王朝旧土的愿望，更重视实力较强的慕容鲜卑，高句丽的朝贡活动同样没有达到目的。

晋成帝咸康三年（337）慕容皝自称燕王，七年（341）慕容皝得到东

① ［北魏］崔鸿：《十六国春秋》卷23《前燕录一·慕容廆》，第500页。
② 此后中国史籍记载的乐浪郡、带方郡，一般是指侨置于辽西地区的二郡。
③ 《晋书》卷108《慕容廆载记》，第2807页。
④ 《晋书》卷105《石勒载记下》第2747页、卷106《石季龙载记上》第2768页。
⑤ 《晋书》卷7《显宗成帝、康帝纪》，第180、186页。

晋成帝的册封,"拜皝使持节、侍中、大将军、大都督河北诸军事、幽州牧、大单于、燕王"①。翌年,慕容皝便以"燕王"之尊,行大将军事,亲征高句丽。燕四万大军攻破高句丽都城,在前燕的军事征服之下,高句丽被迫成为前燕政权朝贡制度的成员,接受前燕的册封。如前节所述,经后燕到北燕,高句丽与诸燕政权之间的朝贡关系,大体一直维系到北燕末年。

高句丽在成为诸燕政权朝贡体系成员期间,仍利用各种机会寻求发展,积极向南北中原政权遣使朝贡。在前燕已灭亡,后燕尚未建立期间,高句丽小兽林王遣使向前秦朝贡,《三国史记·高句丽本纪六》记载:小兽林王二年(372),"秦王苻坚遣使及浮屠顺道,送佛像、经文。王遣使回谢,以贡方物"。前秦苻坚建元十三年(377),"高句骊、新罗、西南夷皆遣使入朝"②。北燕取代后燕后,高句丽趁北燕政权初立未稳之际,连续两年向南燕遣使朝贡,南燕慕容超太上三年(407),"高句骊遣使献千里马、生熊皮、障泥于超,超大悦,答以水牛、能言鸟"。太上四年(408),"高句骊复遣使至,献千里人十人,千里马一匹"③。北燕时拓跋魏国势日益强大,是北燕时刻防范的对象,这在客观上也切断了高句丽与北方王朝联系的通道。于是高句丽转而越海向南方政权朝贡,晋安帝义熙九年(413),"是岁,高句丽、倭国及西南夷铜头大师并献方物"④。宋少帝景平元年(423),"高丽国遣使朝贡";景平二年(424)"高丽国遣使贡献"⑤。

高句丽在与诸燕政权存在朝贡关系的同时,并未停止与诸燕政权争夺辽东郡县地区的拉锯战,后燕光始二年(402)五月,"高句骊攻宿军,平州刺史归弃城走"。四年,十二月,"高句骊寇燕郡,杀掠百余人"⑥,《资治通鉴》卷113,安帝元兴三年十二月条曰:"高句丽侵燕。"金毓黻考证高句丽于元兴三年(404)占领了辽东。时当高句丽好太王时期,据《好太王碑》记载,这一时期好太王还四出征伐,驱逐倭国,使夫余、百济、新罗臣服高

---

① [北魏]崔鸿:《十六国春秋》卷25《前燕录三·慕容皝下》,第516页。
② [北魏]崔鸿:《十六国春秋》卷37《前秦录五·苻坚中》,第616页。
③ [北魏]崔鸿:《十六国春秋》卷64《南燕录二·慕容超》,第851、853页。
④ 《晋书》卷10《安帝纪》,第264页。
⑤ 《宋书》卷4《少帝纪》,第65页。
⑥ [北魏]崔鸿:《十六国春秋》卷48《后燕录六·慕容熙》,第736页。

句丽①，营建了以高句丽为中心的朝贡体系。

5世纪初年高句丽占领辽河以东州县地区之后，将发展的战略目标转向朝鲜半岛，427年高句丽长寿王将王城由丸都城（吉林集安）迁到平壤（今朝鲜平壤），高句丽与朝鲜半岛的百济之间的争斗日益增多。与之同时，在拓跋鲜卑的强大攻势下北燕国势岌岌可危，北魏发动灭亡北燕战争之前，太延二年（436）二月，世祖"遣使者十余辈诣高丽、东夷诸国，诏谕之"②。但高句丽并未听从北魏的诏令，而是出兵迎接北燕亡主冯文通，跟随冯文通迁往高句丽的北燕人户和多携带物质"前后八十余里"③，大大增强了高句丽的国力④。

公元前37年高句丽建国便被纳入汉朝东北朝贡体制，直到436年北魏灭北燕统一东北之前，高句丽曾先后遣使向西汉、东汉、曹魏、孙吴、西晋、东晋、前燕、后赵、前秦、后燕、南燕、北燕、刘宋朝贡。东晋十六国时期，高句丽与诸燕政权的朝贡册封关系相对稳定，对其他政权的朝贡活动多为二三次，但这种多向朝贡活动实际可能要比史籍记载的多一些。高句丽对前燕政权"贡方物以千数"，估计为马匹、貂皮之类物品，以示臣服，这和高句丽与汉魏晋的朝贡关系相似。高句丽向其他政权朝贡时，"献千里人十人，千里马一匹""生熊皮、障泥"等少量奇异珍物，这表明高句丽与这些政权的朝贡关系主要是一种外交关系。4世纪以来，高句丽抓住各族割据政权纷纷兴起角逐中原的时机，尽力向郡县地区发展势力，虽几次遭到沉重打击，在恢复国力后仍不懈努力对外扩张，尤其在控制东北地区的各政权出现交替或呈衰落之势时，高句丽对南北政权朝贡活动表现得最为活跃。这表明高句丽的朝贡活动具有明显的政治目的，希望在中原政权中寻找到强大的政治势力做靠山，以增强他的东北各族中的竞争力，尤其是助其在与诸燕政权的竞争中取胜。开展经济交往和引进吸收先进文化也应是高句丽进行朝贡活动的主要内容之一，以致最后得到北燕亡国后都城人口和物质。上述种种

---

① 王健群：《好太王碑研究》，吉林人民出版社，1984年，第147—171页。

② 《魏书》卷4上《世祖太武帝纪上》，第866页。

③ ［北魏］崔鸿：《十六国春秋》卷99《北燕录二·冯弘》，第1099页。

④ 《魏书》卷100《百济传》载百济人在给北魏上表中曾说："自冯氏数终，余烬奔窜，丑类渐盛。"第2217页。

都是高句丽由弱变强并在东北民族中发展壮大最快的原因。

　　3. 南北朝时期高句丽的双向朝贡活动

　　420 年刘宋建立，学界以这年为南北朝时期的开端，但东北地区还在北燕政权的控制下，直到 436 年，北魏灭北燕才统一了东北辽河以西地区。

　　北朝时期，高句丽已发展成为东北边疆地区首屈一指的大国。5 世纪初年高句丽占领辽河以东州县地区，之后将发展的战略目标转向朝鲜半岛，427 年高句丽长寿王将王城迁到平壤（今朝鲜平壤）。4 世纪以来，朝鲜半岛南部诸部族逐渐形成两个大的政治势力，即百济国与新罗国。东晋简文帝咸安二年（372）"春正月辛丑，百济、林邑王各遣师贡方物"。"六月，遣使拜百济王余句为镇东将军，领乐浪太守"。这是中国正史首次见到关于百济的记载。前秦苻坚建元十三年（377），"高句骊、新罗、西南夷皆遣使入朝"[1]。这是中国史书首次见到关于新罗的记载。北朝时期，高句丽与百济、新罗之间的战争日渐频繁，战争的规模也不断升级。北魏孝文帝延兴二年（472），"八月丙辰，百济国遣使奉表请师伐高丽"[2]。百济首次向北魏朝贡的目的就是请求北魏出兵讨伐高句丽，《北史·百济传》有较详细的记载：

　　　魏延兴二年，其王余庆始遣其冠军将军驸马都尉弗斯侯、长史余礼、龙骧将军带方太守司马张茂等上表自通，云："臣与高丽，源出夫余，先世之时，笃崇旧款。其祖钊，轻废邻好，陵践臣境。臣祖须，整旅电迈，枭斩钊首。自尔以来，莫敢南顾。自冯氏数终，余烬奔窜，丑类渐盛，遂见陵逼，构怨连祸，三十余载。若天慈曲矜，远及无外，速遣一将，来救臣国。当奉送鄙女，执扫后宫，并遣子弟，牧围外厩，尺壤匹夫，不敢自有。去庚辰年后，臣西界海中，见尸十余，并得衣器鞍勒。看之，非高丽之物。后闻乃是王人来降臣国，长蛇隔路，以阻于海。今上所得鞍一，以为实矫。"献（孝）文以其僻远，冒险入献，礼遇优厚，遣使者邵安与其使俱还。诏曰："得表闻之无恙。卿与高丽不睦，致被陵犯，苟能顺义，守之以仁，亦何忧于寇雠也。前所遣使，浮海以抚荒外之国，从来积年，往而不反，存亡达否，未能审悉。卿所送

　　① ［北魏］崔鸿：《十六国春秋》卷 37《前秦录五·苻坚中》，第 616 页。
　　② 《魏书》卷 7 上《高祖孝文帝纪》，第 137 页。

鞍，比校旧乘，非中国之物。不可以疑似之事，以生必然之过。经略权要，已具别旨。"又诏曰："高丽称藩先朝，供职日久，于彼虽有自昔之衅，于国未有犯令之愆。卿使命始通，便求致伐，寻讨事会，理亦未周。所献锦布海物，虽不悉达，明卿至心。今赐杂物如别。"又诏琏护送安等。至高丽，琏称昔与余庆有雠，不令东过。安等于是皆还，乃下诏切责之。

据此可知，高句丽与百济之间的矛盾由来已久，高句丽王高钊（331—371）在与百济的战争中"为流矢所中"而死[1]。然而，两国矛盾升级则是在北燕灭亡之后，高句丽将发展的目标转向朝鲜半岛以来。北魏时期，新罗还很弱小，到北朝后期才逐渐发展起来，6世纪以后开始与梁朝和北齐发生朝贡关系。高句丽与百济、新罗的争战已超出本书的范围，故从略。

北朝时期，与高句丽发生各种战和关系的东北边疆民族主要有夫余、勿吉、契丹、库莫奚、地豆于，以及北方柔然等。这些部族、政权，除了夫余与高句丽是汉朝以来有悠久历史的政权，其他都是两晋以来新形成的部族、政权，各自在对外发展的过程中，有争斗，有联合，如《北史·勿吉传》记载："太和初，……自云其国先破高句丽十落，密共百济谋，从水道并力取高丽，遣乙力支奉使大国，谋其可否。诏敕：'三国同是藩附，宜共和顺，勿相侵扰。'"《魏书·契丹传》记载："太和三年，高句丽窃与蠕蠕谋，欲取地豆于以分之。"在这种强者生存、弱者消亡的形势下，依靠大国的庇护，以中原王朝册封的王位、官号为合法的政治身份，"专制海外"，名正言顺地讨伐弱小民族，"九夷黠虏，实得征之"[2]，积极扩张自己的势力，这是高句丽积极向南、北王朝进行朝贡的主要动力。

北魏灭北燕的前一年（435），高句丽开始向北魏朝贡。《魏书·高句丽传》记载：

世祖时，钊曾孙琏始遣使者安东奉表贡方物，并请国讳。世祖嘉其诚款，诏下帝系名讳于其国，遣员外散骑侍郎李敖拜琏为都督辽海诸军

---

[1]　［高丽］金富轼撰：《三国史记》卷18《高句丽本纪第六·故国原王》，杨军校勘，第221页。
[2]　《魏书》卷100《高句丽传》，第2216页。

事、征东将军、领护东夷中郎将、辽东郡开国公、高句丽王。敕至其所居平壤城，访其方事，云：辽东南一千余里，东至栅城，南至小海，北至旧夫余，民户参倍于前。魏时，其地东西二千里，南北一千余里。民皆土著，随山谷而居……后贡使相寻，岁致黄金二百斤，白银四百斤。

此时高句丽对北魏与北燕孰强孰弱，尚不十分清楚，这次遣使实际上是高句丽对北魏试探性的朝贡。拓跋鲜卑统治者对高句丽的首次朝贡十分重视，专门派员外散骑侍郎李敖到高句丽都城，册封高句丽王高琏为"都督辽海诸军事、征东将军、领护东夷中郎将、辽东郡开国公、高句丽王"。高琏继王位时，高句丽已经占据了汉魏以来的辽东郡、玄菟郡、乐浪郡和带方郡。李敖至高句丽王城平壤城行册封之时，访其方事，了解了高句丽国的范围、人口、制度、经济、礼仪、风俗。北魏灭北燕后，高句丽继续向北魏朝贡，"岁致黄金二百斤，白银四百斤"。然到440年高句丽突然停止了对北魏的朝贡活动，这是由于高句丽没有遵从北魏太武帝的旨意，拒绝将逃往高句丽的北燕亡君冯文通送到北魏，太武帝大怒，欲出兵征讨高句丽，《魏书·刘洁传》记载："世祖将发陇右骑卒东伐高丽，洁进曰：'陇土新民，始染大化，宜赐优复以饶实之。兵马足食，然后可用。'"乐平王拓跋丕亦上疏："以为和龙新定，宜优复之，使广修农殖，以饶军实，然后进图，可一举而灭。"① 然而，由于"世祖经略四方，内颇虚耗。既而国衅时艰，朝野楚楚"②。新占据的西北和东北之地尚统治未稳，加上兵力与军资不足，世祖调不出足够的鲜卑军队去攻打高句丽，只好作罢。北魏与高句丽一度停止了朝贡关系。

魏文成帝即位后，"静以镇之，养威布德，怀缉中外"。文成帝和平三年（462）三月"高丽、莅王、契啮、思厌于师、疏勒、石那、悉居半、渴槃陁诸国各遣使朝献"，高句丽重新恢复了与北魏的朝贡关系。六年（465）二月，文帝"行幸楼烦宫。高丽、莅王、对曼诸国各遣使朝献"③。这年五月，文成帝卒，献文帝（显宗）即位。高句丽为了拉近与北魏皇室的关系，

---

① 《魏书》卷17《乐平王传》，第414页。
② 《魏书》卷5《高宗孝武帝纪》，第123页。
③ 以上引文均见《魏书》卷5《高宗孝武帝纪》，第122页。

提出要与北魏和亲，《魏书·高句丽传》记载：

> 文明太后以显祖六官未备，敕琏令荐其女。琏奉表，云女已出嫁，求以弟女应旨，朝廷许焉，乃遣安乐王真、尚书李敷等至境送币。琏惑其左右之说，云朝廷昔与冯氏婚姻，未几而灭其国，殷鉴不远，宜以方便辞之。琏遂上书妄称女死。朝廷疑其矫诈，又遣假散骑常侍程骏切责之，若女审死者，听更选宗淑。琏云："若天子恕其前愆，谨当奉诏。"会显祖崩，乃止。

《魏书·程骏传》记载：

> 高丽王琏求纳女于掖庭，显祖许之。假骏散骑常侍，赐爵安丰男，加伏波将军，持节如高丽迎女，赐布帛百匹。骏至平壤城。或劝琏曰："魏昔与燕婚，既而伐之，由行人具其夷险故也。今若送女，恐不异于冯氏。"琏遂谬言女丧。骏与琏往复经年，责琏以义方，琏不胜其忿，遂断骏从者酒食。琏欲逼辱之，惮而不敢害。会显祖崩，乃还，拜秘书令。

《魏书》这两处记载有不一致之处，北魏与高句丽的和亲，到底是由哪一方先提出？从当时情形看，高句丽刚刚恢复与北魏的朝贡关系，在众多朝贡国中并没有引起北魏的特别注意。主动方应是高句丽，即以《程骏传》记载为是。拓跋鲜卑历来重视和亲之事，文明太后亲自过问此事，所派遣迎亲的使者应是地位较高的贵族、官员，此以《高句丽传》记载为是。高句丽王因有人将魏燕婚姻与燕亡国联系起来而后悔了，这导致北魏第一次派遣安乐王拓跋真、尚书李敷作为迎亲大使，无果而返。第二次派遣假骏散骑常侍程骏持节责让高句丽王悔婚，同时也有"迎女"的任务，"若女审死者，听更选宗淑"。结果直到献文帝去世，和亲之事也未能实行。尽管这件事高句丽做得很不光彩，但为了减少拓跋鲜卑皇室的不满，高句丽频繁遣使朝贡，尤其在孝文帝时期，经常每年朝贡二三次，从而建立了十分稳定的朝贡关系。我们以《魏书》本纪为主，辅以《三国史记》（4次）、《册府元龟》

（1 次），统计了南北朝时期高句丽的朝贡活动，其中从魏太武帝太延元年（435）到魏孝武帝永熙三年（534）北魏分裂为东、西魏为止，一百年间高句丽向北魏朝贡 85 次（其中一度停止了 22 年）①。实际上，高句丽对北魏朝贡次数要多于 85 次，如孝明帝神龟二年（519）到安定王中兴元年（531）这 12 年间，《魏书》本纪中没有关于高句丽朝贡的记载，仅《三国史记》记载安臧王五年（523）十一月，"遣使朝魏，进良马十匹"②。查阅《魏书》的传记，可发现这一时期，高句丽并没有停止对北魏的朝贡，如刘永"神龟中，兼大鸿胪卿，持策拜高丽王安"；孙绍"正光初，兼中书侍郎，使高丽"；崔庠，"初除侍御史、员外散骑侍郎、给事中。频使高丽，转步兵校尉"，时间在孝庄帝之前③。北魏频繁遣使至高句丽，应是对高句丽朝贡活动的回应，显然史籍关于高句丽一方朝贡活动的记载有所缺失。因此，自文成帝和平三年（462）以来，高句丽始终与北魏保持着稳定的朝贡关系。北魏分裂后，东魏、北齐与高句丽接壤，东魏立国 17 年，高句丽朝贡 15 次，几乎每年都来朝贡。北齐代东魏后，高句丽朝贡 6 次。北周灭亡北齐当年，高句丽向北周朝贡 1 次。可见二者之间的朝贡关系也是相当稳定的④。北齐初年，高句丽还连续两年来朝贡，之后越来越少，间隔时间最长达 10 年⑤。到隋朝时，高句丽又恢复了对中原王朝频繁的朝贡活动。

高句丽对北朝贡纳的物品有黄金、白银、马匹，初期"岁致黄金二百斤，白银四百斤"。孝文帝时，高句丽王"琏贡献倍前，其报赐亦稍加焉"⑥。宣武帝（世宗）正始中（504—507），"世祖（宗）于东堂引见其使芮悉弗，悉弗进曰：'高丽系诚天极，累叶纯诚，地产土毛，无愆王贡。但黄金出自夫余，珂则涉罗所产。今夫余为勿吉所逐，涉罗为百济所并，国王臣云惟继绝之义，悉迁于境内。珂则涉罗所产。今夫余为勿吉所逐，涉罗为百济所并，国王臣云惟继绝之义，悉迁于境内。二品所以不登王府，实两贼是为。'世宗曰：'高丽世荷上将，专制海外，九夷黠虏，实得征之。瓶罄

---

① 参见书后附表五"高句丽对南北朝朝贡表"。
② ［高丽］金富轼撰：《三国史记》卷19《高句丽本纪第七·安臧王》，杨军校勘，第235页。
③ 《魏书》卷55《刘芳传》第1231页、卷78《孙绍传》第1725页、卷67《崔光传》第1506页。
④ 参加书后附表五"高句丽对南北朝朝贡表"。
⑤ 这里不排除有史书缺载的现象。
⑥ 《北史》94《高丽传》，第3113页。

垒耻，谁之咎也？昔方贡之愆，责在连率。卿宜宣朕旨于卿主，务尽威怀之略，揣披害群，辑宁东裔，使二邑还复旧墟，土毛无失常贡也。'"① 北魏要求高句丽按时贡纳物品，为保证常贡，要高句丽"务尽威怀之略，揣披害群，辑宁东裔"，可见北魏对高句丽的贡纳物品还是很重视的。至于北魏的回赐物品，史籍未见记载，不得而知。

北朝经常向高句丽遣使，查阅史籍可得 21 次遣使中 17 位使者姓名。因出使的任务不同，使者的官职也有所不同。北朝时期派官出使高句丽主要有如下事项：

其一，册封高句丽王，这是北朝使者最主要的任务。北朝一共册封高句丽王 9 次（具体封号见后文），第一次在魏太武帝太延元年（435），"使员外散骑侍郎李敖拜琏为都督辽海诸军事、征东将军、领东夷中郎将、辽东郡公、高句丽王"。此后，可查到的行册封的使者有两位，一是孝文帝太和十五年（491），"大鸿胪拜琏孙云使持节、都督辽海诸军事、征东将军、领护东夷中郎将、辽东郡公、高句丽王。赐衣冠服物车旗之饰"。另一是孝明帝神龟中，刘永"兼大鸿胪卿，持策拜高丽王安"。后两次官职都是大鸿胪卿，这应是北魏与高句丽朝贡关系正常化以后，对高句丽王行册封使者的官职。对去世老王行追赠封号的使者，仅见一人有明确官职，即太和十五年高句丽琏卒，"遣谒者仆射李安上策赠车骑大将军、太傅、辽东郡开国公、高句丽王，谥曰康"②。或可以说明这类使者的官职为谒者仆射。

其二，与高句丽王室和亲，这在高句丽与北朝之间仅有一次，详细过程前面已述，担当这次任务的使者身份较高贵，魏帝"遣安乐王真、尚书李敷等至境送币"③。亲王，魏制"皇子及异姓元功上勋者封王"；尚书，为从一品官员，"神麚元年三月，置左右仆射、左右丞、诸曹尚书十余人，各居别寺"④。足见北魏对与高句丽和亲的重视。

其三，指责或纠正高句丽违反朝贡制度的某些行为及一般性通使。北魏禁止高句丽同时向南朝朝贡，但高句丽一直我行我素，孝文帝时"光州于海

---

① 《魏书》卷 100《高句丽传》，第 2216 页。
② 《北史》94《高丽传》，第 3113—3114 页；《魏书》卷 55《刘芳传》第 1231 页、卷 100《高句丽传》第 2216 页。
③ 《魏书》卷 100《高句丽》，第 2215 页。
④ 《魏书》卷 113《官氏志》，第 2973、2975 页。

中得琏遣诣齐使余奴等，送阙。孝文诏责曰：'道成亲杀其君，窃号江左，朕方欲兴灭国于旧邦，继绝世于刘氏。而卿越境外乡，交通篡贼，岂是藩臣守节之义？今不以一过掩旧款，即送还藩。其感恕思愆，祗承明宪，辑宁所部，动静以闻。'"想必魏会派使者将这份诏书送至高句丽。又如北齐天保三年（552），"文宣至营州，使博陵崔柳使于高丽，求魏末流人。敕柳曰：'若不从者，以便宜从事。'及至，不见许。柳张目叱之，拳击成坠于床下，成左右雀息不敢动，乃谢服，柳以五千户反命"①。这类使者，一般都是员外散骑侍郎、员外散骑常侍、散骑常侍等官职。

北朝使者们在出使中出色完成任务后，会得到魏帝的褒奖和升迁，反之，则要受到处罚。以太和中两位使者为例，封轨"兼员外散骑常侍，衔命高丽。高丽王云恃其偏远，称疾不亲受诏。轨正色诘之，喻以大义，云乃北面受诏。先是，契丹虏掠边民十余口，又为高丽拥掠东归。轨具闻其状，移书征之，云悉资给遣还。有司奏轨远使绝域，不辱朝命，权宜晓慰，边民来苏，宜加爵赏。世宗诏曰：'权宜征口，使人常体，但光扬有称，宜赏一阶。'转考功郎中，除本郡中正"②。房亮"兼员外常侍，使高丽。高丽王托疾不拜。以亮辱命，坐白衣守郎中"③。

北魏对于能够岁岁遣使朝贡的高句丽王褒奖有加，尽管高句丽王高云对于北魏使者，时常托疾不拜，甚至称疾不亲受诏，却岁岁遣使朝贡北魏。神龟二年（519）高句丽王云卒，"灵太后为举哀于东堂"④。获此殊荣的还有高云的祖父高句丽长寿王高琏，太和十五年（491），高琏死，年百余岁。"帝为高丽王琏举哀于城东行宫"⑤，十二月诏曰："高丽王琏守蕃东隅，累朝贡职，年踰期颐，勤德弥著。今既不幸，其赴使垂至，将为之举哀。而古者同姓哭庙，异姓随其方，皆有服制。今既久废，不可卒为之衰，且欲素委貌、白布深衣，于城东为尽一哀，以见其使也。朕虽不尝识此人，甚悼惜之。有司可申敕备办。"⑥高句丽王高琏同样是以"累朝贡职"得到魏帝的

---

① 《北史》卷94《高丽传》，第3113、3115页。
② 《魏书》卷32《封懿传》，第764—765页。
③ 《魏书》卷72《房亮传》，第1621页。
④ 《北史》卷94《高丽传》，第3114页。
⑤ 《魏书》卷7下《孝文帝纪》，第169页。
⑥ 《魏书》卷108之3《礼志三》，第2789—2790页。

褒奖。南北朝时，高句丽王从未诣阙朝贡，孝文帝说"不尝识此人"，仍"甚悼惜之"。可见北魏也不要求高句丽王适时诣阙朝贡。

在中原分裂时期，高句丽是多方朝贡，当中原基本形成南北对峙局面后，高句丽便采取双向朝贡的国策。东晋成帝咸康二年（336）"高句骊遣使贡方物"①。此时高句丽已经占据晋乐浪郡和带方郡，从朝鲜半岛到东晋的海路畅通无阻，作为西晋朝的贡制度成员，在晋王室南渡之后，又追随晋室到江南朝贡，晋康帝即位时，建元元年（343）"十二月，高句骊遣使朝献"②。但"海行无常，风波难免，倏忽之间，人船异势"③，海路航行风险较大，加上北方战事频繁，此后很长时间不见高句丽向东晋朝贡的记载。直到高句丽长寿王高琏即位，在高句丽停止向东晋朝贡70年后，东晋安帝义熙九年（413）重新遣使向东晋朝贡。《宋书·东夷高句骊国传》记载：

> 高句骊王高琏，晋安帝义熙九年，遣长史高翼奉表献赭白马。以琏为使持节、都督营州诸军事、征东将军、高句骊王、乐浪公。高祖践阼，诏曰："使持节、都督营州诸军事、征东将军、高句骊王、乐浪公琏，使持节、督百济诸军事、镇东将军、百济王映，并执义海外，远修贡职。惟新告始，宜荷国休，琏可征东大将军，映可镇东大将军。持节、都督、王、公如故。"三年，加琏散骑常侍，增督平州诸军事。少帝景平二年，琏遣长史马娄等诣阙献方物，遣使慰劳之，曰："皇帝问使持节、散骑常侍、都督营平二州诸军事、征东大将军、高句骊王、乐浪公，纂戎东服，庸绩继轨，厥惠既彰，款诚亦著，逾辽越海，纳贡本朝。朕以不德，忝承鸿绪，永怀先踪，思覃遗泽。今遣谒者朱邵伯、副谒者王邵子等，宣旨慰劳。其茂康惠政，永隆厥功，式昭往命，称朕意焉。

刘宋代晋之后，继承了东晋对高句丽的宗主国地位。南朝宋、齐、梁、陈四朝建立之初，高句丽都遣使朝贡，如宋少帝景平元年（423）"高丽国

---

① 《晋书》卷7《显宗成帝纪》，第180页。
② 《晋书》卷7《康帝纪》，第186页。
③ 《三国志》卷53《吴书·薛综传》，第1253页。

遣使朝贡"①；齐高帝建元二年（480）"夏四月丙寅，进高丽王乐浪公高琏号骠骑大将军"②；梁武帝天监元年（502）"车骑将军高句骊王高云进号车骑大将军"③；陈文帝天嘉二年（561）"十一月乙卯，高骊国遣使献方物"④。高句丽长寿王时期与南朝建立了比较稳定的朝贡关系，成为东晋与南朝各政权朝贡制度的成员。

刘宋时期，北魏灭北燕，高句丽一度停止向北魏朝贡，在此期间高句丽对刘宋的朝贡活动比较频繁。435 年以前，高句丽仅向刘宋朝贡 2 次，436 年以后，到 478 年刘宋灭亡，42 年间朝贡 21 次，其中除了宋元嘉二十一年到二十七年（444 至 450）有长达 7 年没来朝贡之外，或岁岁来朝，或间岁来朝，偶尔也有三年一朝。《宋书·东夷高句骊国传》记载："（高句丽王）琏每岁遣使。十六年，太祖欲北讨，诏琏送马，琏献马八百匹。"高句丽从海路赴南朝，一路艰险，随时会遭遇海难，如此执着地进行朝贡，主要是出于欲依靠刘宋以防范北魏的考虑。刚刚统一北方的魏朝，对高句丽形成很大的威胁，能与北魏抗衡的只有刘宋，高句丽与刘宋建立密切关系，北魏要想对高句丽动武，不能不投鼠忌器。魏太武帝当年没有出兵征讨高句丽，或许也有这方面的因素。另一方面，高句丽从汉代就成为中原王朝的朝贡成员，受儒家传统文化的熏染，传统的华夷观念对高句丽也有一定的影响，北魏前期是胡风很盛的国家，南朝是儒家文化国家，以南朝为正统也是高句丽不畏艰险前来朝贡的动力。

高句丽与北魏建立稳定的朝贡关系后，对南朝的朝贡活动明显减少，高句丽对齐朝贡 3 次，对梁朝贡 9 次，对陈朝贡 6 次⑤。在北魏孝文帝太和年间和宣武帝朝，高句丽对北魏朝贡最为频繁的时期，也没有停止对南朝的朝贡，但朝贡次数大幅减少。北朝后期，国势衰落，又分裂为二部，这时高句丽对南朝的朝贡活动又有所增加。可见，高句丽对南朝的朝贡具有很强的政治目的。

---

① 《宋书》卷 4《少帝纪》，中华书局，1974 年，第 64 页。

② 《南齐书》卷 2《高帝纪》，中华书局，1972 年，第 36 页。

③ 《梁书》卷 2《武帝纪》，中华书局，1973 年，第 36 页。

④ 《陈书》卷 3《世祖纪》，中华书局，1972 年，第 54 页。

⑤ 关于高句丽对宋齐梁陈四朝的朝贡次数，参见书后附表五"高句丽对南北朝朝贡表"。

4. 南北朝对高句丽王的册封与高句丽改称高丽

南北朝时期，高句丽对双方的朝贡地点，都是诣京师朝贡。在本章第一节论及北朝京师设有诸国使邸。《南齐书·东南夷传》曰："虏置诸国使邸，齐使第一，高丽次之。"南朝京师设有典客馆，接待包括高句丽在内的各属国、属部朝贡使团。《南齐书·刘怀珍传》记载齐明帝时，青州（治所在今江苏连云港）发生叛乱，"伪东莱太守鞠延僧数百人据城，劫留高丽献使。怀珍又遣宁朔将军明庆符与广之击降延僧，遣高丽使诣京师"。高丽朝贡使由海路到今连云港一带登岸，然后取道至建康朝贡。

南北朝各政权，皆以正统王朝自居，朝贡制度是体现正统地位的重要标志，因此双方都努力经营自身的朝贡体系。高句丽是当时东北地区最大的地方政权，也是南北王朝十分重视的朝贡国。对于北朝来说，高句丽谨守臣礼，岁时朝贡，是东北边疆稳定的重要保证。对于南朝来说，将高句丽纳入朝贡体系，不仅体现王朝皇恩远播，而且具有收复北方实现统一的战略意义。南北朝对高句丽王的册封体现了各自的政治意图。

南北朝册封高句丽王一览表

北朝			南朝		
北魏太武帝太延元年（435）	拜高琏为都督辽海诸军事、征东将军、领护东夷中郎将、辽东郡开国公、高句丽王。	《魏书》卷100	东晋安帝义熙九年（413）	以琏为使持节、都督营州诸军事、征东将军、高句骊王、乐浪公。	《宋书》卷97
孝文帝太和十五年（491）	帝为高丽王琏举哀于城东行宫。 追封高琏策赠车骑大将军、太傅、辽东郡开国公、高句丽王，谥曰康。	《魏书》卷7、卷100	宋武帝永初元年（420）	征东将军高句骊王高琏进号征东大将军。	《宋书》卷3
孝文帝太和十六年（492）	以高丽王琏孙云为其国王。 册封高云使持节、都督辽海诸军事、征东将军、领护东夷中郎将、辽东郡开国公、高句丽王；赐衣冠服物车旗之饰。	《魏书》卷7、卷100	宋武帝永初三年（422）	加高句骊高琏散骑常侍，增督平州诸军事。	《宋书》卷97

续表

北朝			南朝		
孝明帝神龟二年（519）	高丽王云死，以世子安为其国王。策赠高云车骑大将军、领护东夷校尉、辽东郡开国公、高句丽王。	《魏书》卷9、卷100	孝武帝大明七年（463）	征东大将军高丽王高琏进号车骑大将军、开府仪同三司。	《宋书》卷6
孝明帝神龟三年（520）	册封高安为安东将军、领护东夷校尉、辽东郡开国公、高句丽王。	《魏书》卷100	齐高帝建元元年（479）	进高丽王乐浪公高琏号骠骑大将军。	《南齐书》卷2
孝武帝初（532）	诏加高延使持节、散骑常侍、车骑大将军、领护东夷校尉、辽东郡公、高句丽王。	《北史》94	齐郁林王隆昌元年（494）	以高丽王、乐浪公高云为使持节、散骑常侍、都督营平二州诸军事、征东大将军。	《南齐书》卷58
东魏孝静帝天平中（534—537）	诏加高延侍中、骠骑大将军，余悉如故。	《魏书》卷100	梁武帝天监元年（502）	车骑将军高句骊王高云进号车骑大将军。	《梁书》卷2
北齐文宣帝天保元年（550）	以散骑常侍、车骑将军、领东夷校尉、辽东郡开国公、高丽王成为使持节、侍中、骠骑大将军、领护东夷校尉，王、公如故。	《北齐书》卷4	梁武帝天监七年（509）	以车骑大将军高丽王高云为抚东大将军、开府仪同三司，持节、常侍、都督、王并如故。	《梁书》卷2、卷54
北齐废帝乾明元年（560）	以高丽王世子汤为使持节、领东夷校尉、辽东郡公、高丽王。	《北齐书》卷5	梁武帝普通元年（520）	以高丽王世子安袭封爵，持节、督营平二州诸军事、宁东将军。	《梁书》卷3、卷54
北周建德六年（577）	册封高汤为上开府仪同大将军、辽东郡开国公、辽东王（高丽王）。	《周书》卷49	梁武帝普通七年（526）	安卒，了延立，遣使贡献，诏以延袭爵。	《梁书》卷54
			梁武帝太清二年（548）	抚东将军高丽王高延卒，以其息为宁东将军、高丽王、乐浪公。	《梁书》卷3

续表

北朝			南朝		
			陈文帝天嘉二年（561）	高丽国遣使献方物	《陈书》卷3
			陈文帝天嘉三年（562）	以高句骊王高汤为宁东将军。	《陈书》卷3

　　南北朝对高句丽王的册封，从时间上看，南朝早于北朝，刘宋是承东晋对高句丽王进行册封。北朝晚于南朝结束对高句丽王的册封，这与南朝的国势日益衰微有关。册封活动的核心是规定双方为宗主国与藩属国的关系，韩昇认为在魏晋南北朝时代，对高句丽的册封出现了封号军事化和虚封国内州职的现象，这是当时外臣内臣化的普遍现象①。从册封的内容上看，北朝对高句丽王的册封，前后略有差别，前期主要是持节、都督辽海诸军事、征东将军，领护东夷中郎将，辽东郡开国公、高句丽王。后期则为安东将军（骠骑将军、车骑将军），领护东夷校尉，辽东郡开国公、高丽王。"都督辽海诸军事"与"安东将军"等封号表示北魏统治者赋予高句丽王对东北东部边疆民族有军事镇抚权，"领护东夷中郎将"和"领护东夷校尉"是赋予高句丽王对东北边疆东部民族以统领权，这从前面引用的魏世宗一段话中可以得到证实："高丽世荷上将，专制海外，九夷黠虏，实得征之。……务尽威怀之略，揣披害群，辑宁东裔，使二邑还复旧墟，土毛无失常贡也。"②"辽东郡开国公"是承认高句丽占据辽河以东郡县的事实，"高句丽王"是承认在位者的国王地位。孝明帝神龟二年（519），北魏将由营州地方官兼任的护东夷校尉一职册封给了高句丽王，使之具有一定的管理边疆族群的权力，显然，北朝对高句丽王的册封并不是完全虚封，而是有一定的实际意义。南朝对高句丽王的册封，前期主要是使持节、都督营平州诸军事、征东将军、高丽王、乐浪公。后期只册封为宁东将军、高丽王、乐浪公。"都督营平州诸军事""征东将军"，表现了南朝希望高句丽为其收复营州与平州的愿望，

---

① 韩昇：《论魏晋南北朝对高句丽的册封》，《东北史地》2008年第6期。
② 《魏书》卷100《高句丽传》，第2216页。

"高丽王"与"乐浪公"的含义与北朝略同，南朝对高句丽王册封属于虚封，并且军事色彩更浓一些。梁武帝太清二年（548），梁对高句丽王的册封没有了"都督营平州诸军事"，这表明南朝已经失去收复北方的信心，安于苟全在江南。

南北朝对高句丽王进行册封时，对其国号的称呼出现变化，将"高句丽"改称为"高丽"。金毓黻认为北齐废帝乾明元年（560）封高阳为高丽王，始去"句"字，又改"骊"为"丽"①。1963 年在韩国庆尚南道出土的一尊镀金铜如来像上的铭文："延嘉七年，岁在己未，高丽国……" 1979 年在忠清北道中原郡发现的高丽碑，其碑文中曰："五月中，高丽大王祖王公……十二月廿三月甲寅……"李殿福和孙进己将中国史籍的记载与韩国出土的这两件碑文和铭文相结合进行讨论，李先生认为改用"高丽"是在南梁，梁武帝普通元年（520）册封高安为"宁东将军高丽王"时，始将国名易为"高丽"。指出《日本书纪》记载安藏王以后的高句丽均以高丽国字样而代替，也是一个旁证②。孙先生据《魏书·冯文通传》记载，认为 435 年以前高句丽已称高丽，并赞同徐光辉关于中原碑凿刻时间是在高句丽文咨明王时期（475）的看法，认为高句骊改称高丽的时间应在高句丽迁都平壤（427）前后③。杨保隆认为高丽为高句丽的简称，4 世纪末已经出现，至迟在 5 世纪初，6 世纪初高句丽人也使用高丽简称了。高丽简称出现后，与高句丽（骊）全称交替出现于史籍百多年，隋唐时期完全取代了全称④。魏存成最初认为改称高丽的时间是在 6 世纪初，即 504—508 年之间，后来通过对史料的梳理，认为出现"高丽"名称的诏册原文，时间最早的是《魏书·礼志》的记载 491 年，因此修正以前的看法，认为改称高丽应是 5 世纪末，之后经过一段时间的并用，至隋唐不再见高句丽的名称了⑤。值得注意的是，除了杨保隆认为高丽是高句丽的简称之外，其余人都认为高丽是高句

---

①　金毓黻：《东北通史》，第 179—180 页。

②　李殿福：《高句骊金铜、石雕佛造像及中原郡碑——兼谈高句骊易名高丽之始》，《考古》1993 年第 8 期。

③　孙进己：《东北民族史研究》（一），中州古籍出版社，1994 年，第 274—276 页。

④　马大正、杨保隆等：《古代中国高句丽历史论丛》，黑龙江教育出版社，2001 年，第 22—30 页。

⑤　魏存成：《高句丽考古》，吉林大学出版社，1994 年；《中原、南方政权对高句丽的管辖册封及高句丽改称高丽时间考》，《史学集刊》2004 年第 1 期。

丽的易名，孙先生未言易名的原因，金、李、魏三位先生均认为是因中原王朝的册封，高句丽改称为高丽。我赞同后一种观点。

从史籍关于南北王朝对高句丽王册封内容的记载看，最早使用"高丽"名称的是在刘宋孝武帝大明七年（463），"七月乙亥，征东大将军高丽王高琏进号车骑大将军、开府仪同三司"①。479年齐代陈后，对高句丽王的册封均采用高丽名称。查阅这一时期南北朝各部正史，《宋书》《梁书》《魏书》作"高句骊（丽）传"，《南齐书》《周书》作"高丽传"，《陈书》《北齐书》无少数民族传记。然而，除了《宋书》和《梁书·高句骊》《魏书·高句丽传》之外，《梁书》《魏书》的其他部分与南北各朝正史记载该国事迹时，几乎都采用"高丽"，不用"高句丽"。《宋书》中记载该国朝贡活动时，有时也采用"高丽"名称。这种很有规律的做法，表明是当时史家有意而为之，《宋书》《南齐书》成书于梁朝，《魏书》成书于北齐，其他诸书皆成书于唐朝。梁人萧子显撰《南齐书》时，距南齐亡国时间较短，所撰齐王朝册封高丽的事迹比较可信，因此最晚南齐时高句丽已经改称为高丽。沈约撰《宋书》时该国的朝贡活动都使用"高丽"名称，其他事迹则基本使用"高句丽"名称，可能与他的正统观念有关，记载朝贡国事迹时统一用梁朝时朝贡国的名称，以显示高丽国很早就是南朝的朝贡国。《魏书》《梁书》作高句丽传时，仍使用这一民族国家的传统名称，以表示与汉魏以来的高句丽具有继承性。我推测最早册封高句丽为高丽的是南齐，于是高句丽因南齐的册封而改国号为高丽，这为前面提及的韩国出土的两件5世纪末的碑文和铭文所证实，在向北魏朝贡时高丽使臣奉上国书自称高丽，北魏亦因之册封其国主为高丽王。当然也可能是相反，北魏先册封高句丽为高丽，南齐因之。总之，高句丽改称高丽的时间当在南齐建国前后，改称的原因是中原王朝的册封。

魏晋南北朝时期高句丽对中原王朝的朝贡活动，随着中原政治形势的变化而变化，中原王朝对高句丽朝贡制度的管理也逐渐加强。到北朝时期，高句丽朝贡制度已经比较完善。在朝贡制度下高句丽政权得到充分发展，进入鼎盛之期。值得注意的是高句丽与北朝没有发生一次战争，这在高句丽历史

---

① 《宋书》卷6《孝武帝纪》，第132页。

上是罕见的。这也表明北朝对高句丽朝贡制度的管理是成功的，边疆地区的
稳定不论对边地郡县人们的生活，还是对高句丽政权的发展，以及北朝政权
的发展都是有益的。最后，北方统一了南方，这与北朝有效的边疆治理不无
关系。

二 夫余国朝贡制度的运作

汉末魏初，夫余国仍以第二松花江流域为中心，东接高句丽，西邻鲜
卑。在东北边疆各族中夫余还是拥有较强实力的政权。《三国志·魏书·夫
余传》记载：

> 汉末，公孙度雄张海东，威服外夷，夫余王尉仇台更属辽东。时句
> 丽、鲜卑强，度以夫余在二虏之间，妻以宗女。尉仇台死，简位居立。
> 无适子，有孽子麻余。位居死，诸加共立麻余。牛加兄子名位居，为大
> 使，轻财善施，国人附之，岁岁遣使诣京都贡献。正始中，幽州刺史毌
> 丘俭讨句丽，遣玄菟太守王顾诣夫余，位居遣大加郊迎，供军粮。

公孙度割据辽河流域及其以东地区后，在名义上还是汉、曹魏的辽东太
守，实际上已经成为割据一方的政权，其"立汉二祖庙，承制设坛埠于襄平
城南，郊祀天地，籍田，治兵，乘鸾路，九旒，旄头羽骑"①，并着手经营
自己的朝贡体系。"公孙度雄张海东，威服外夷，夫余王尉仇台更属辽东。
时句丽、鲜卑强，度以夫余在二虏之间，妻以宗女"②。公孙度为控制东北
边疆各族，选择地处东北塞外中间区域、又拥有较强实力的夫余国作为拉拢
对象，送宗女与夫余王尉仇台联姻。夫余王请求由过去属玄菟郡改为诣辽东
郡朝贡，名义上是汉王朝的朝贡国，实际上则是公孙氏政权的朝贡者。《三
国志·魏书·牵招传》记载："辽东太守公孙康自称平州牧，遣使韩忠赍单
于印绶往假峭王。峭王大会群长，忠亦在坐。峭王问招：'昔袁公言受天子
命，假我为单于；今曹公复言当更白天子，假我真单于；辽东复持印绶来。
如此，谁当为正？'……忠曰：'我辽东在沧海之东，拥兵百万，又有扶余、

---

① 《三国志》卷 8《魏书·公孙度传》第 252 页。
② 《三国志》卷 30《魏书·东夷传》，第 842 页。

涉貊之用；当今之势，强者为右，曹操独何得为是也？'"

魏文帝代汉自立，原在公孙氏政权朝贡制度下的夫余和高句丽、秽貊等东北民族马上便转向对曹魏政权遣使朝贡，黄初元年（220）三月，"秽貊、扶余单于、焉耆、于阗王皆各遣使奉献"①。夫余王麻余时，大使位居把持国政，"岁岁遣使诣京都贡献"，此时公孙氏政权或已被曹魏所灭。魏齐王正始五年（244）幽州刺史、护乌桓校尉毌丘俭率军讨伐高句丽，"遣玄菟太守王颀诣夫余，位居遣犬加郊迎，供军粮"。夫余以六畜名官，犬加、牛加皆为官名。夫余为魏提供军粮，是朝贡成员对宗主国应尽的义务。

西晋武帝朝，夫余国"频来朝贡"②。太康六年（285）夫余遭到南面慕容鲜卑的袭击，一度失国，成为夫余国由盛转衰的转折点。《十六国春秋·前燕录一》记载：

> 初，涉归与宇文鲜卑素有隙，廆将修先君之怨，表请讨之。武帝弗许。廆怒，入寇辽西，杀略甚众。帝遣幽州诸军讨之，战于肥如，廆众大败。自后，复掠昌黎，每岁不绝。太康六年，又率众东伐扶余，扶余王依虑自杀，子弟走保沃沮，廆夷其国城，驱掠万余人而还。太康七年，廆寇辽东，故扶余王依虑子依罗求率见人还复旧国，请援于东夷校尉何龛，龛遣督护贾沉将兵救之，廆遣其将孙丁率骑邀之于路，沉力战斩丁，遂复扶余国。尔后，廆每掠其种人卖于中国，帝又以官物赎还，禁市扶余之口。

《晋书·夫余传》记载：

> （夫余）太康六年，为慕容廆所袭破，其王依虑自杀，子弟走保沃沮。帝为下诏曰："夫余王世守忠孝，为恶虏所灭，甚愍念之。若其遗类足以复国者，当为之方计，使得存立。"有司奏护东夷校尉鲜于婴不救夫余，失于机略。诏免婴，以何龛代之。明年，夫余后王依罗遣诣龛，求率见人还复旧国，仍请援。……

---

①《三国志》卷2《文帝纪》，秽貊即高句丽，第58页。

②《晋书》卷97《东夷·夫余传》，第2532页。

慕容鲜卑出兵攻掠夫余，起因是慕容廆向晋朝提出攻打宇文鲜卑的请求没有得到批准，于是迁怒于对晋朝"世守忠孝"的朝贡国夫余。大约因为夫余国没有任何防备，在慕容廆的突然袭击下，王城沦陷，夫余王依虑自杀，王室子弟逃往沃沮地避难。在慕容廆攻打夫余时，晋护东夷校尉鲜于婴没有及时出兵援助夫余，造成夫余国破王死，并被慕容部掠走万余人。晋朝罢免了失职的鲜于婴，翌年在新任护东夷校尉何龛的帮助下，夫余复国。但慕容廆仍然经常掠夺夫余人口，转卖于中原，直到太康十年（289）慕容廆归降晋朝才罢手。尽管晋帝甚愍念夫余，以官物为夫余赎还被转卖的人口，然夫余历经国破与连年的骚扰，国力逐渐衰落下来。

不久，中原爆发"八王之乱"。晋室内乱，夫余失去了强大的依靠，估计此时夫余仅能维持诣护东夷校尉朝贡而已。东晋初年，晋朝最后一位平州刺史、护东夷校尉崔毖兵败逃往高句丽之后，辽东、昌黎大部分地区为慕容鲜卑占有。晋室南迁，中原无主，世守忠孝的夫余王不会主动向"夷狄"小国朝贡，夫余位于内陆，又无法越海向东晋朝贡，故一直不见有关夫余朝贡的记载。再次见到有关夫余的记载，已是东晋穆帝永和二年（346），时为前燕王慕容皝不奉晋朔的第二年，前燕为营建自己的朝贡体系，出兵征服夫余国①。《十六国春秋·前燕录三·慕容皝下》记载：

> 皝遣世子儁及广威军渡辽恪、折冲慕舆根三将军率骑万七千袭扶余，儁居中指授，军事皆以任恪，遂拔扶余，虏其王玄及部众五万余口，而还。皝署玄为镇军将军，以女妻之。

这次战争之后，夫余国转为前燕政权朝贡体系的成员。5世纪前后，夫余国的东邻高句丽国逐渐强大起来，在与后燕反复较量、争夺之后，东晋安

---

① 《资治通鉴》卷97《晋纪十九·显宗成皇帝下》永和二年（346）春正月条下记载："初夫余居于鹿山，为百济所侵，部落衰散，西徙近燕，而不设备。"第3069页。这条记载存在问题，首先，百济为朝鲜半岛南部刚刚建立的政权，与夫余并不接壤，且二者中间为高句丽，百济不可能攻打夫余。其次，夫余位于辽东郡塞外，此时前燕已占据辽东郡，两者已是比邻，夫余不迁就在"近燕"之地。其三，如前所述，夫余与前燕关系不好，夫余没有不设备的理由。《通鉴》所记不知有何依据。以往学界曾对这条史料进行考辨，认为"百济"当为"高句丽"，并对"西徙近燕"的夫余居地进行考证。我认为这条史料所言之事疑点太多，故不取。

帝元兴三年（404）高句丽好太王占据了辽东①。不久，又向北征服了夫余国，据《好太王碑》记载：

> 廿年庚戌，东夫余旧是邹牟王属民，中叛不贡。王躬率往讨，军到余城，而余举国骇服。献出□□□□□。王恩普覆，于是旋还。②

高句丽好太王二十年（410），即东晋安帝义熙六年，北燕冯跋太平二年。从"中叛不贡"看，此前夫余已成为高句丽的朝贡国。然二者朝贡关系建立时间不长，夫余叛而不贡，导致好太王出兵讨伐，其结果自然是夫余恢复向高句丽朝贡。

北魏灭北燕后，占领了辽河以西地区，辽河以东地区依然是高句丽的辖区。此时夫余国已经十分弱小，《魏书·高宗文成帝纪》记载：文成帝太安三年（457），"于阗、扶余等五十余国各遣使朝献"。这是夫余首次向北魏朝贡，也是最后一次向中原王朝朝贡。《三国史记·高句丽本纪七》记载：文咨明王三年（494），"扶余王及妻孥，以国来降"。时为北魏孝文帝太和十八年。据高句丽朝贡北魏的使臣所说，夫余亡国的原因是"为勿吉所逐"③。北朝时北面勿吉势力进入第二松花江流域，这对夫余国的确是很大的威胁，但真正使夫余人无法立国的除了勿吉的蚕食，还有东面高句丽国的侵吞。最后，夫余王只得携妻孥以国降高句丽。显然弱小的夫余国几乎无力与北魏建立朝贡关系，因而《魏书》不为夫余国立传，可以说，夫余还称不上是北魏东北边疆朝贡制度成员。

魏晋时期夫余朝贡活动由魏晋王朝的幽州、护东夷校尉府管辖。在东北朝贡成员之间发生战争时，世守忠孝的夫余国得到晋朝的扶持和保护，但当晋朝内乱、自顾不暇时，夫余国失去了中央王朝的保护，迅速衰落，最后亡国。

---

① 高句丽占据辽东的时间参见金毓黻《东北通史》，第 150 页。
② 王健群：《好太王碑研究》，吉林人民出版社，1984 年，第 222 页。
③ 《魏书》卷 100《高句丽传》，第 2216 页。

三 秽及东夷小国的朝贡活动

东北东部地区的秽人，在曹魏年间曾一度脱离高句丽的控制，成为魏东北朝贡制度成员。《三国志·魏书·东夷传·秽》记载：

> 正始六年，乐浪太守刘茂、带方太守弓遵以领东秽属句丽，兴师伐之，不耐侯等举邑降。其八年，诣阙朝贡，诏更拜不耐秽王。居处杂在民间，四时诣郡朝谒。二郡有军征赋调，供给役使，遇之如民。

魏军重创高句丽政权后，将高句丽控制下的秽人重新纳入曹魏的朝贡体系下，由乐浪、带方二郡掌管秽人的朝贡事务。1966 年在韩国庆尚北道迎日郡古墓中出土一枚兽纽铜印"晋率善秽伯长"[1]，证明晋时朝鲜半岛东南沿海的秽人仍在中原王朝边疆朝贡制度的统辖之下。

随着中原王朝与东北边疆族群的政治关系逐渐加强，一些弱小的氏族部落开始遣使至边地州郡朝贡。西晋到北魏，史籍中关于东夷诸国"朝献""归化""内附""贡方物"的记载不绝于史册，现将史籍的相关记载摘录于下：

时间	东夷朝贡	史料出处
西晋武帝泰始三年（267）	各遣小部献其方物。	《晋书》卷 97
咸宁二年（276）	二月，东夷八国归化。七月，东夷十七国内附。	《晋书》卷 3
咸宁三年（277）	是岁，西北杂虏及鲜卑、匈奴、五溪蛮夷、东夷三国前后十余辈，各帅种人部落内附。	《晋书》卷 3
咸宁四年（278）	三月，东夷六国来献。是岁，东夷九国内附。	《晋书》卷 3
太康元年（280）	六月，甲申，东夷十国归化。七月，东夷二十国朝献。	《晋书》卷 3
太康二年（281）	三月，东夷五国朝献。六月，东夷五国内附。	《晋书》卷 3
太康三年（282）	九月，东夷二十九国归化，献其方物。	《晋书》卷 3
太康七年（286）	八月，东夷十一国内附。是岁，扶南等二十一国、马韩等十一国遣使来献。	《晋书》卷 3

---

① [日]梅原末治：《晋率善穢伯长铜印》，《考古美術》8 卷第 1 号，1967 年。

续表

时间	东夷朝贡	史料出处
太康八年（287）	八月，东夷二国内附。	《晋书》卷3
太康九年（288）	九月，东夷七国诣校尉内附。	《晋书》卷3
太康十年（289）	五月，东夷十一国内附。是岁，东夷绝远三十余国、西南夷二十余国来献。	《晋书》卷3
惠帝 太熙元年（290）	二月辛丑，东夷七国朝贡。	《晋书》卷3
永平元年（291）	是岁，东夷十七国、南夷二十四部，并诣校尉内附。	《晋书》卷4
东晋孝武帝 太元七年（382）	九月，东夷五国遣使来贡方物。	《晋书》卷9
北魏太武帝 太延二年（436）	二月，遣使者十余辈诣高丽、东夷诸国，诏谕之。	《魏书》卷4上
宣武帝 正始四年（507）	是岁，西域、东夷四十余国并遣使朝贡。	《北史》卷4
永平元年（508）	是岁，北狄、东夷、西域十八国并遣使朝贡。	《北史》卷4
永平二年（509）	是岁，西域、东夷二十四国并遣使朝贡。	《北史》卷4
永平三年（510）	是岁，西域、东夷、北狄十六国并遣使朝贡。	《北史》卷4
永平四年（511）	是岁，西域、东夷、北狄二十九国并遣使朝贡。	《北史》卷4
延昌元年（512）	是岁，西域、东夷十国并遣使朝贡。	《北史》卷4
延昌二年（513）	是岁，东夷、西域十余国并遣使朝贡。	《北史》卷4
延昌三年（514）	是岁，东夷、西域八国并遣使朝贡。	《北史》卷4
延昌四年（515）	是岁，东夷、西域、北狄十八国并遣使朝贡。	《北史》卷4
孝明帝 熙平二年（517）	是岁，东夷、西域、氐、羌等十一国并遣使朝贡。	《北史》卷4
神龟元年（518）	是岁，东夷、西域、北狄十一国并遣使朝贡。	《北史》卷4

从上表看，东夷"小国"前来朝贡较多的年份主要在西晋时期，多时有 30 余国、20 余国、10 余国不等。其中晋武帝太康七年八月，"东夷十一国内附"，可确认是"马韩等十一国遣使来献"①。惠帝太熙元年二月，"东夷七国朝贡"。此七国名称，据《晋书·东夷传》载："至太熙初，复有牟

———————

① 《晋书》卷3《世祖武帝纪》，第77页。

奴国帅逸芝惟离、模卢国帅沙支臣芝、于离末利国帅加牟臣芝、蒲都国帅因末、绳余国帅马路、沙楼国帅钐加，各遣正副使诣东夷校尉何龛归化。"这里记载了牟奴国、模卢国、于离末利国、蒲都国、绳余国、沙楼国等6国，应是有一国佚名。由此也可推知永平元年（291）"东夷十七国、南夷二十四部，并诣校尉内附"①。校尉即指护东夷校尉。西晋时，朝鲜半岛南端百济、新罗二国正在形成中，一些尚未纳入二国统辖之下的氏族部落，独自遣使向晋朝进行朝贡。东北的东北部地区由于东流松花江以北的族群南下，引起三江平原及其以南地区原始族群的争战，一些族群为寻求保护也纷纷南下朝贡。这是西晋时前来朝贡的东夷"小国"较多的原因。西晋时东夷"小国"皆诣平州（今辽宁辽阳）至护东夷校尉府朝贡。

东晋、北魏时期，东夷诸国皆诣京师朝贡。渡海赴建康（今南京）向东晋朝贡的东夷五国，应是沿海居住的氏族部落，估计也是朝鲜半岛的居民。北魏时期百济、新罗已兼并了朝鲜半岛大多数部落，而且百济、新罗以向南朝诸政权朝贡为主，估计向北魏朝贡的东夷小国中朝鲜半岛部落不多。北朝时期没有记载前来朝贡的东夷"小国"的具体数目，估计要少于西晋时期。《北史·勿吉传》记载："（勿吉）其傍有大莫卢国、覆钟国、莫多回国、库娄国、素和国、具弗伏国、匹黎尔国、拔大何国、郁羽陵国、库伏真国、鲁娄国、羽真侯国，前后各遣使朝献。"其中具弗伏国、匹黎尔国、拔大何国、郁羽陵国、羽真侯国是契丹部落名称。大莫卢国，即大莫娄、豆莫娄，学界一般认为是夫余遗民形成的古国，冯家升认为其中心地区在今黑龙江省嫩江县②。覆钟国、莫多回国、库娄国、素和国、库伏真国、鲁娄国或为东夷小国。

魏晋南北朝时期，不仅南北分裂，而且北方还一度处于分裂状态，各政权、各王朝之间存在着复杂的关系，各王朝、政权对东北边疆的经营也因地域的远近有所不同。在这种政治形势下，东北边疆民族形成了多向、多层次的朝贡制度，折射出中国古代王朝分裂时期，边疆与中原地区政治关系的时代特征。

---

① 《晋书》卷4《惠帝纪》，第91页。
② 冯家升：《豆莫娄国考》，《禹贡》半月刊，1937年第7卷，第1、2、3合期。

第四节　东北部民族多向的朝贡活动

曹魏时，东北部肃慎一系族群开始直接向中原王朝进行朝贡。魏晋南北朝时期，东北部挹娄（肃慎）、勿吉、靺鞨各族群社会发展仍然较为缓慢，但随着与中原王朝朝贡关系的发展，到北朝末年，东北部族群社会发展水平已有显著提高，成为中原王朝东北民族朝贡制度中重要的一员。

一　魏晋时期挹娄（肃慎）及其朝贡活动

挹娄为汉代东北古族，初臣服于夫余国，曹魏时始脱离夫余控制，单独遣使至中原朝贡。曹魏人鱼豢所撰《魏略》曰："挹娄一名肃慎氏。"① 晋人陈寿所撰《三国志》亦曰：挹娄"古之肃慎氏之国也"②。如果说肃慎之名来自西周人的记述，那么挹娄之名来自于谁？魏晋人为何将肃慎与挹娄联系起来？魏晋史籍中挹娄与肃慎并行，是同一族群的不同名称？还是在挹娄部之外，另有肃慎部？这些问题曾引起学界热议，至今仍无定论。当我们今天再次讨论这些具有内在联系的问题时，以相关史料与不断积累的考古学材料相印证，可看到历史事实远比史书记载的复杂，然而古人关于这一族群的认识并不是混乱不清。

汉代挹娄臣属于夫余，夫余朝贡汉朝，汉人由夫余得知挹娄。《三国志·东夷·挹娄传》记载："（挹娄）自汉已来，臣属夫余，夫余责其租赋重，以黄初中叛之。夫余数伐之，其人众虽少，所在山险，邻国人畏其弓矢，卒不能服也。"曹魏时，挹娄人脱离夫余控制后，文帝黄初年间（220—226）开始自主遣使向魏朝贡，鄄城侯曹植作哀祭魏文帝的诔文中有"肃慎纳贡"之语③。《三国志》记载魏明帝青龙四年（236），挹娄人朝贡，因语言不通，需"重译入贡"④。直到两晋、南北朝初年，中原人与前来朝贡的挹娄人进行交流，皆需要通晓挹娄人语言的夫余、沃沮、高句丽人的转

---

① 《魏略》久佚，［唐］李贤等注《后汉书》卷70《孔融传》时引《魏略》此句，第2272页。
② 《三国志》卷30《魏书·东夷·挹娄传》，第848页。
③ 《三国志》卷2《魏书·文帝纪》裴松之注引，第87页。
④ 《三国志》卷3《魏书·明帝纪》第107页、卷4《魏书·陈留王奂纪》第149页。

译才能对话①。挹娄之名极有可能来自夫余人，日本学者日野开三郎认为挹娄之名是夫余、沃沮或寇漫汗人在交往中，将该族群中一部的名称作为族名并传至中原②。这可备一说。然"挹娄"之名是夫余人转译的挹娄人自称，还是夫余人对这一族群的称呼，还有待考察。但可以肯定"挹娄"并非是该族群的自称，而是秽貊族系之人对这一族群的称呼，即是他称。

中原人对挹娄人的了解十分有限，魏晋人陈寿撰《三国志》首次为挹娄立传，是《东夷传》各族传记中字数最少的一个。南朝宋人裴松之注《三国志》时，对《挹娄传》也未能补充只言片语，可见魏晋中原汉人对该族群的了解不多。那么魏晋人依据什么认定挹娄人是古肃慎之后？我认为他们主要是依据挹娄人独特的交往习俗。魏景元三年（262）四月，"辽东郡言肃慎（挹娄）国遣使重译入贡，献其国弓三十张，长三尺五寸，楛矢长一尺八寸，石弩三百枚，皮骨铁杂铠二十领，貂皮四百枚"③。楛矢石砮是一种木杆石箭头的箭，在东北新石器时代和青铜时代文化遗址中普遍发现石镞，但史籍记载东北古族彼此交往时，以献上弓与以木石为材的箭，以表示友好、结盟或臣服的古族则十分少见。先秦肃慎人朝周时，贡献楛矢石砮，《国语·鲁语下》记下其形制："长尺有咫。"挹娄人朝魏，同样贡楛矢石砮，"其弓长四尺，力如弩，矢用楛，长尺八寸，青石为镞"④。在考古学界认定是挹娄文化的黑龙江蜿蜒河类型文化中出土了铁箭头和少量铁器⑤。但挹娄人仍以石木制的"楛矢石砮"作为贡物，这应出自这一族群特有的习俗。挹娄人与先秦肃慎人都有这种习俗，二者所贡的楛矢石砮形制大体相同。魏人鱼豢据此认定"挹娄"即"肃慎"，魏末晋初人陈寿同样也据此认为挹娄是古肃慎。南北朝时期拓跋鲜卑人认定勿吉是挹娄、肃慎，也是依据这一古老的习俗。

---

① 《宋书》卷6《孝武帝》：大明三年（459）十一月，"高丽国遣使献方物。肃慎国重译献楛矢石砮"。第125页。［北魏］崔鸿：《十六国春秋》卷16《后赵录六》，第449页，"挹娄国（一名肃慎氏）遣使通贡，虎召其使而问之，答曰：每候牛马向西南眠者三年矣，是知有大国所在，故重译来云"。夫余、高句丽、沃沮人先后皆与挹娄比邻。

② ［日］日野开三郎：《東北アジア民族史》（上），三一书房，1988年，第463—475页。

③ 《三国志》卷4《魏书·陈留王奂纪》，第149页。

④ 《三国志》卷30《魏书·东夷传·挹娄》，第848页。

⑤ 黑龙江省文物考古研究所：《黑龙江省双鸭山市滚兔岭遗址发掘报告》，《北方文物》1997年第2期。

关于魏晋时期史籍中挹娄、肃慎二族名同时出现的现象，池内宏认为魏晋人出于对"肃慎来朝"的传统认识，有意将古肃慎比附在挹娄身上①。林沄认为当时人相信挹娄就是古之肃慎，故以肃慎为挹娄之雅称②。吉本道雅认为这是中原人"圣天子受命瑞象说"的表现，"肃慎"成为观察正统论的历史发展脉络的一份史料③。王乐文认为"肃慎来贡"被中原帝王作为体现威德及于四海的重要指标，贡纳楛矢石砮的挹娄被史家贴上了"肃慎"的标签④。这些看法从不同侧面探讨了魏晋人以肃慎指代挹娄的现象。要搞清楚为什么会出现这种现象，我认为理清史籍中如何使用这两个族名是至关重要的。在《三国志》中陈寿仅在《东夷传》中使用"挹娄"族称，《挹娄传》记述了挹娄人的地理、风俗、物产，及其与邻族的关系。在《夫余传》《沃沮传》中记述夫余、沃沮与挹娄有关的事迹时，同样使用挹娄族称。但是，在帝纪和人物传中，凡涉及挹娄人的事迹，尤其是朝贡活动，全部以"肃慎"指代"挹娄"。陈寿在一部书中记述同一个族群的事迹，在不同地方没有丝毫错乱地分别使用"挹娄"和"肃慎"两个族名，无疑有其特别的用意。

先秦时期，"肃慎来朝"已被时人视为蛮荒之人服事天子的典型事例，《国语》曰："武王克商，通道于九夷百蛮。使各以其方贿来贡，使无忘职业。于是肃慎氏贡楛矢石砮。"《左传》云："肃慎、燕、亳，吾北土也。"⑤秦汉时期，文人们仍念念不忘先秦肃慎朝贡之事，以此颂扬三代圣王功德，烘托诸侯的霸业，如汉武帝元光元年（前134）的"诏贤良书"、西汉刘安的《淮南子》⑥中都可以见到对先秦肃慎来朝的追述，其政治意义不言而喻。三国鼎立时期，诸国皆争正统，远夷朝贡称藩被视为拥有正统地位的重

---

①　［日］池内宏：《肃慎考》，《满鲜地理歷史研究報告》第十三，东京帝国大学文学部，昭和七年（1932）。

②　林沄：《肃慎、挹娄和沃沮》，《林沄学术文集》，中国大百科全书出版社，1998年，第421页。

③　［日］吉本道雅：《肃慎考》，《满语研究》2006年第2期。

④　王乐文：《"肃慎族系"略论》，《历史教学》2008年第2期。

⑤　《国语》卷5《鲁语下》，第215页；［周］左丘明：《春秋左传正义》卷45，昭公九年，《十三经注疏》下册，第2056页。

⑥　《汉书》卷6《武帝纪》："周之成康，刑错不用，德及鸟兽，教通四海。海外肃眘（慎），北发渠搜，氐羌徕服。"中华书局，第160页。《淮南子》卷1《原道训》："（舜）夫能理三苗，朝羽民，徙裸国，纳肃慎。"莲池书社，民国辛酉年（1921）。

要标志。对于谙熟儒家经典知晓肃慎氏贡楛矢石砮之事的士大夫来说，当东北挹娄人朝贡时又贡纳楛矢石砮时，自然会将二者联系起来。陈寿虽是私人撰史，却持有以魏为正统的观念，他关于"挹娄"与"肃慎"名称的使用，一方面出于魏晋人对该族群的认识，另一方面则出于他的正统观。《三国志·挹娄传》曰挹娄地"出赤玉、好貂"。前举史料记载挹娄人朝魏进纳的贡品中有貂皮、皮骨铁杂铠甲和楛矢石砮。无疑貂皮最为贵重，铠甲次之。然而，魏朝最看重的恰恰是经济价值最低的楛矢石砮，显然楛矢石砮承载着更为重要的政治含义，陈寿撰《三国志》时有意加深了挹娄是古肃慎的政治用意。魏文帝去世时，祭奠他的诔文中有曰："肃慎纳贡，越裳效珍，条支绝域，侍子内宾。"[1] 魏元帝景元四年（263）钟会在对蜀檄文中称"（魏）布政垂惠而万邦协和，施德百蛮而肃慎致贡"[2]。魏晋士大夫将"挹娄"称为"肃慎"，记述"肃慎"朝贡及其贡纳的"楛矢石砮"，用以证明魏朝拥有正统地位。陈寿的《三国志》对后世文人、史家的影响很大，南朝宋人范晔撰《后汉书·挹娄传》基本是转录了《三国志》的内容，并开篇直言："挹娄，古肃慎之国也。"两晋时有人撰《肃慎国记》，可惜该书已佚。宋人李昉等撰《太平御览》中保存了《肃慎国记》的部分内容[3]，《晋书》取材于《肃慎国记》，而且弃"挹娄"之名作《肃慎传》，于开篇曰："肃慎氏，一名挹娄。"晋承魏立国，肃慎朝贡在晋朝被视为皇恩远播、九夷称藩的体现，在朝廷举行盛大礼乐的歌词中有"肃慎率职，楛矢来陈"[4]。《晋书》除《肃慎传》的首句之外，全书只言肃慎，不提挹娄。

秦汉王朝在东北民族地区初建朝贡制度时期，臣服于夫余的挹娄人未能与汉朝直接发生朝贡关系。魏晋时期，挹娄人开始向中原王朝（政权）朝贡，曹魏和西晋时，挹娄人主要诣辽东郡、护东夷校尉府（治所在辽东郡，今辽宁辽阳）朝贡[5]。因其朝贡地点主要在边郡，偶尔至京师，故王朝史官关于挹娄人朝贡活动的记载极少，近百年间仅有4次，3次朝魏，1次朝西

---

① 《三国志》卷2《魏书·文帝纪》裴松之注引鄄城侯植诔文。第87页。
② 《三国志》卷28《钟会传》，第788页。
③ ［宋］李昉等撰：《太平御览》卷784《东夷五·肃慎》，台湾：国泰文化事业有限公司，1980年，第3472页。
④ 《晋书》卷22《乐志》，第690页。
⑤ 程妮娜：《古代中国东北民族地方建置史》，第80—83页。

晋，若能将诣边郡朝贡统计在内，挹娄人朝贡次数要远远超过这几次。晋室南渡，北方陷于分裂，挹娄人才开始至各政权的都城，即诣阙朝贡。但时值战乱，目前所见史籍中关于挹娄朝贡活动的记载仍然不多，1 次朝东晋，2 次朝后赵，2 次朝前秦。

肃慎对魏晋朝贡一览表

帝王	王朝纪年	朝贡活动	史料出处
曹魏文帝	黄初年间（220—226）	肃慎纳贡。	《三国志》卷2裴注
曹魏明帝	青龙四年（236）	丁巳，肃慎氏献楛矢。	《三国志》卷3《明帝纪》
曹魏陈留王	景元三年（262）	辽东郡言肃慎遣使重译入贡，献其国弓三十张，长三尺五寸，楛矢长一尺八寸，石弩三百枚，皮骨铁杂铠二十领，貂皮四百枚。	《三国志》卷4《陈留王奂纪》
西晋武帝	咸宁五年（279）	肃慎来献楛矢石砮。	《晋书》卷3《世祖武帝纪》
东晋元帝	大兴二年（319）	肃慎献楛矢石砮。	《晋书》卷6《中宗元帝纪》
后赵石勒	建平元年（330）	高句丽、肃慎致其楛矢，宇文屋孤并献名马。	《十六国春秋》卷13
后赵石虎	建武六年（340）	挹娄国遣使通贡。	《十六国春秋》卷16
前秦符生	寿光二年（356）	致肃慎楛矢，通九夷之珍。	《十六国春秋》卷35
前秦苻坚	建元十七年（381）	肃慎贡楛矢……凡六十有二王，皆遣使贡其方物。	《十六国春秋》卷37

从上表统计看，所见史籍记载几乎都是"肃慎"朝贡，唯有北魏人崔鸿《十六国春秋》记载为"挹娄"通贡，后赵石虎建武六年（340）冬十月，"挹娄国（一名肃慎氏）遣使通贡，虎召其使而问之，答曰：每候牛马向西南眠者三年矣，是知有大国所在，故重译来云。初，李寿将李闳自晋来奔……中书监王波议曰：'……寿既号并日月跨僭一方，今以制诏与之，彼必酬反取诮戎裔。不若直书答之，因请以挹娄国所献楛矢石弩遗寿，曰使其

知我能服遐荒也.'虎从之"①。此事又见于《晋书》和《资治通鉴》,《晋书·肃慎传》将"挹娄"改为"肃慎",然《资治通鉴》仍记为挹娄朝贡,两书记载均较之《十六国春秋》简略,当取材于后者②。这也说明在魏晋时期,中原人始终使用肃慎和挹娄这两个名称来称呼这个族群。如前所言,史籍记载王朝事迹时通常使用肃慎之名,十六国时期北方民族纷纷在中原建立政权,史家记载边疆民族事迹似乎不像以前那么严格地使用肃慎之名,于是史籍中偶见用"挹娄"之名记载该族朝贡活动。然唐人撰《晋书》还是依据晋朝史官的习惯,将该族群朝贡活动一并记为肃慎人。

《三国志》和《后汉书》撰写《挹娄传》,其他史籍中也时见挹娄之族名,说明魏晋时期中原人也称这一族群为挹娄,那么在什么场合使用"挹娄"之名呢?《三国志·挹娄传》曰:其地"出赤玉好貂,今所谓挹娄貂是也"。郭义恭《广志》曰:"貂出扶余、挹娄。"③ 挹娄地盛产名贵貂皮,如上所言魏景元三年(262)"肃慎"朝贡,一次贡献貂皮400枚。具有很高经济价值的"挹娄貂",深受中原人的喜爱。对于尚处于前国家形态的挹娄人来说,朝贡活动的政治意义不如经济交往更具有吸引力,他们在进行朝贡活动时,积极开展物物交换的贸易交流。曹魏与西晋时挹娄人主要到位于辽东半岛的辽东郡、护东夷校尉府进行朝贡和贸易。东晋十六国时期,挹娄人的朝贡地点改为各政权的都城,他们经海路到中原和江南进行朝贡和贸易。"挹娄貂"不仅在中原闻名,而且也是江南人喜爱的名贵物品,如南朝梁元帝作《谢东宫赉貂蝉启》有"挹娄之毳,曲降鸿恩"之句;陈人江总作《华貂赋》曰:"贵丰貂于挹娄,饰惠文而见求。"④ 显然挹娄之名为当时人所知晓。

显然,魏晋时期"肃慎"与"挹娄"两个族名在不同领域并行不悖。在中原王朝(政权)史籍记述该族群朝贡活动时,以士大夫们的判断基本都使用"肃慎"之名,强调其贡纳的"楛矢石砮"。在中原人记述该族群物

---

① [北魏]崔鸿:《十六国春秋》卷16《后赵录六》,第449页。
② 《资治通鉴》卷96《晋纪十八·显宗成皇帝中之下》咸康六年三月条,第3041页。
③ [宋]罗愿:《尔雅翼》卷21《释兽四·貂》引,文渊阁《钦定四库全书》,乾隆四十二年(1777)。王利华考定郭义恭为北魏前期人(《〈广志〉成书年代考》,《古今农业》1995年第2期)。
④ [明]张溥辑:《汉魏六朝百三名家集》,第4册《梁元帝集》第314页、第5册《江令君集》第227页,江苏古籍出版社,2002年。

产时，则使用其最初通中原的"挹娄"之名。正因为当时各种史书中同时出现"肃慎"与"挹娄"名称，丁谦作《晋书四夷传地理考证》时提出肃慎、挹娄，实为二部，挹娄者不过是肃慎中一部族，因生齿繁衍，分布各方，肃慎日久衰替，不足以制驭之，其人遂居地自擅，互相雄长。肃慎至晋实未尝亡也①。这一观点对后世影响很大，而且后人从现代民族学与人类学对原始族群研究出发，基于对原始社会尚未形成部落联盟时期，各个分散的氏族部落往往独立对外交往的一般认识，加上东北的东北部地区存在多种并存的考古学文化类型，许多学者认为中原史籍记载的"挹娄"和"肃慎"，很有可能是同一族群的不同部落②。然而，当细致考察关于魏晋时期挹娄与肃慎的记载时，找不出任何材料可以直接或间接地说明二者是不同原始部落的名称，即史籍中并不存在同一时期不同部落或称肃慎、或称挹娄前来朝贡的记载。解读史籍的记载，应从当时人的认识出发，而不应从现代人的认识出发。因此，在魏晋时期挹娄与肃慎是一个原始族群各部落的统称，即"挹娄一名肃慎"，或"肃慎一名挹娄"。

　　汉魏晋时期中原人对于东北边远地区原始族群的认识还很模糊，长期处于地域族群文化认识的程度。关于挹娄人的地理方位他们记载如下："挹娄在夫余东北千余里，滨大海，南与北沃沮接，未知其北所极。其土地多山险"③。南与沃沮大约在今牡丹江中游一带相接，西至张广才岭与夫余为邻，东濒大海为日本海，北不知所极。分布在如此广大地区的挹娄人在这一时期经历了原始社会末期族群迁徙、社会动荡与发展变化，然史籍中记载极少，更多地需要运用考古学研究成果来解读。目前考古学界比较一致地认为分布于黑龙江中下游地区的蜿蜒河类型文化（俄罗斯境内称为波尔采文化）为汉代挹娄文化；分布于绥芬河流域的团结文化（俄罗斯境内称为克罗乌诺夫卡文化）为沃沮文化。对两种文化之间，即东流松花江以南、张广才岭以东、三江平原南部和牡丹江中下流域的滚兔岭文化、东康类型文化的族属是否为挹娄人则有争议。据《三国志》记载曹魏人曾到过挹娄之地，魏正始

---

① 丁谦：《晋书四夷传地理考证》，《蓬莱轩地理学丛书》，浙江图书馆丛书第一集，浙江图书馆出版，民国四年（1915）刻本。

② 冯家昇：《述肃慎系之民族》，《禹贡》半月刊，1935 年第 3 卷，第 7 期。我过去也曾赞同这一观点。

③ 《三国志》卷 30《魏书·东夷传》，第 847 页。《后汉书》卷 85《东夷传》第 2812 同。

六年（245）幽州刺史毌丘俭率军征讨高句丽，高句丽王宫"遂奔买沟。俭遣玄菟太守王颀追之，过沃沮千有余里，至肃慎氏南界，刻石记功"①。此处记载的"肃慎"即挹娄。汉代沃沮人的居地，根据团结文化的分布范围，在图们江流域、绥芬河流域、穆棱河上游，以及这一带的沿海地区②。玄菟太守王颀率领军队由沃沮北界进入"肃慎（挹娄）南界"，说明二者地域紧邻。那么挹娄南界在今何地？魏晋史籍记载挹娄"土地多山险"，"处山林之间"③。这与三江平原的蜿蜒河—波尔采文化分布地区的自然环境差别较大，却与团结文化之北的滚兔岭文化分布区的自然环境有些相似。滚兔岭遗址的绝对年代据碳14测定距今1955±70年和距今2140±70年，相当于两汉时期④。史籍中没有关于魏军渡大河（东流松花江）至肃慎南界的记载，高句丽王宫和魏军也不大可能深入到三江平原的腹地。据《三国志·挹娄传》云："未知其北所极。"有学者进一步提出："挹娄系统的物质遗存应包括波尔采—蜿蜒河文化和滚兔岭文化，而文献中所记的挹娄，当主要指滚兔岭文化的居民。"⑤ 这种观点应给予充分重视，或可以称蜿蜒河类型文化拥有者为北部挹娄，滚兔岭文化拥有者为南部挹娄。

三国时期，挹娄人正处于原始社会末期发展阶段，频繁寇抄掠夺邻族，"挹娄喜乘船寇钞，北沃沮畏之，夏月恒在山岩深穴中为守备，冬月冰冻，船道不通，乃下居村落"。"夫余数伐之，其人众虽少，所在山险，邻国人畏其弓矢，卒不能服也。其国便乘船寇盗，邻国患之"⑥。挹娄人对外扩张和掠夺行为，导致邻近族群之间出现文化碰撞、交流和融合。这一历史现象被考古学文化记录下来，在黑龙江完达山西端与三江平原衔接地带、乌苏里江的支流七星河流域，即与滚兔岭文化分布大致相当的地域，分布着一种晚于滚兔岭文化的"堡寨群"遗存，被命名为"凤林文化"。自20世纪80年代到2004年，共发现400多处遗址，其中城址113处，遗址313处。城址有

---

① 《三国志》卷28《魏书·毌丘俭传》，第762页。
② 林沄：《论团结文化》，《北方文物》1985年第1期。
③ 《三国志》卷30《魏书·东夷传·挹娄》，第847页。
④ 黑龙江省文物考古研究所：《黑龙江省双鸭山市滚兔岭遗址发掘报告》，《北方文物》1997年第2期。
⑤ 贾伟明、魏国忠：《论挹娄的考古学文化》，《北方文物》1989年第3期。
⑥ 《三国志》卷30《东夷传》第848、847页，《后汉书》卷85《东夷传》第2812页，多同。

单垣、双垣、三垣与四垣之分，按照城址的功能，又可分为防御址（83处）、瞭望址（4 处）、要塞址（18 处）、祭祀址（8 处），表现出很强的军事色彩。聚落址大小不等，一处遗址可见的地表坑（一般为房址）少则几个、十几个，多则几十个、几百个①。最大的城址位于黑龙江省友谊县境内的凤林古城，面积约 114 万平方米，城址呈不规则形，经对取自城墙底部第 19 层草木炭标本的碳 14 测定，年代为公元 215 年士 89 年②。但进行考古发掘的古城遗址仅有 4 处，不及全部遗址的百分之一，整体文化面貌尚未揭开。此外，凤林文化分布的边缘以及年代持续的下限还不清楚。对于已发掘的遗址研究成果认为：凤林文化是在继承滚兔岭文化的基础上，"向南、向北分别吸取周邻地区团结文化、蜿蜒河类型的因素，同时又发生了明显改进与擅变，而发展成为一种内涵广阔、面貌复杂的新的文化遗存"③。

如此密集又保存完好的遗址，是哪个族群的文化？这引起学界的极大兴趣，有人认为是挹娄—勿吉文化④；有人认为是沃沮文化⑤；有人认为是寇漫汗—豆莫娄文化⑥；还有人认为是挹娄、勿吉与北夫余、豆莫娄错居杂处的多族文化⑦。关于一种考古学文化族属的认定，不仅需要对该文化内涵、时代、谱系源流有较全面系统的认识和研究，而且还要与史籍相关记载相互印证。高丽金富轼《三国史记》载：高句丽西川王十一年（280），"冬十月，肃慎来侵，屠害边民"，王遣弟达买往伐之，"达买出奇掩击，拔檀卢

---

① 许永杰：《黑龙江七星河流域汉魏遗址群聚落考古计划》，《考古》2000 年第 11 期。许永杰、赵永军：《七星河流域汉魏遗址群聚落考古的理论与实践》，吉林大学边疆考古研究中心编《庆祝张忠培先生七十岁论文集》，科学出版社，2004 年。

② 黑龙江省文物管理委员会：《黑龙江友谊县凤林古城址的发掘》，《考古》2004 年第 12 期。

③ 赵永军：《黑龙江东部地区汉魏时期文化遗存研究》，《边疆考古研究》第 3 辑，科学出版社，2004 年。

④ 靳维柏、王学良、黄星坤：《黑龙江省友谊县凤林古城调查》，《北方文物》1999 年第 3 期。魏存成：《靺鞨族起源发展的考古学观察》，《史学集刊》2007 年第 4 期。

⑤ 许永杰、赵永军：《七星河流域汉魏遗址群聚落考古的理论与实践》，吉林大学边疆考古研究中心编《庆祝张忠培先生七十岁论文集》，科学出版社，2004 年。

⑥ 张碧波、庄鸿雁：《关于黑龙江流域文明研究的几个问题的思考——从凤林古城址族属说起》，《北方文物》2010 年第 1 期。

⑦ 干志耿：《三江平原汉魏城址和聚落址的若干问题——黑龙江考古千里行随笔》，《北方文物》1999 年第 3 期。

城，杀酋长，迁六百余家于扶余南乌川，降部落六七所，以为附庸"①。时
为西晋武帝太康元年（280），高句丽按照当时晋朝廷的惯例称挹娄为"肃
慎"。此时团结文化的主人沃沮已很弱小，成为高句丽的附庸，挹娄所屠害
的很可能是归附高句丽的沃沮人。西晋时期，史籍中出现诸多东夷小国频繁
朝贡的记载，如前节所述，自晋武帝泰始三年（267）到晋惠帝永平十二年
（291），24 年间东夷小国朝贡、内附达 17 次之多。以每次记载为单位，一
次朝贡 10 余国以上的为 9 次，最多时达 30 余国、29 国；少则为 2 国、5 国。
《晋书·东夷传》记载了 10 个东夷小国的名称："裨离国在肃慎西北，马行
可二百日，领户二万。养云国去裨离马行又五十日，领户二万。寇莫汗国去
养云国又百日行，领户五万余。一群国去莫汗又百五十日，计去肃慎五万余
里。其风俗土壤并未详。泰始三年，各遣小部献其方物。至太熙初，复有牟
奴国帅逸芝惟离、模卢国帅沙支臣芝、于离末利国帅加牟臣芝、蒲都国帅因
末、绳余国帅马路、沙楼国帅钐加，各遣正副使诣东夷校尉何龛归化。"其
中裨离、养云、寇莫汗（又作寇漫汗）、一群在东北部，与肃慎（挹娄）邻
近；牟奴、模卢等可能是分布在朝鲜半岛南部的三韩小国②。然西晋时期前
来朝贡的东夷小国远不止上述 10 国。考古调查者将凤林文化数百处遗址大
体划分为 16 个群，认为各个小的区域文化面貌或稍有差异，或存在明显差
异③。不同遗址群具有一定差异，城堡林立，军事防御色彩浓重，它所体现
的是一个各种势力并立争长的时代。那么是南北挹娄诸部的纷争？还是挹娄
与邻族之间的纷争？我以为极有可能是二者兼而有之，从已有的迹象看，该
文化的时间断限可能不仅限于魏晋时期。经五胡十六国到南北朝前期，这一
地区一直处于各族群或氏族部落间争长状态，最终南下的蜿蜒河类型文化拥
有者北部挹娄人（后称为勿吉人）成为这一地区的主要居民。

---

① ［高丽］金富轼撰：《三国史记》卷 17《高句丽本纪第五》西川王十一年（280），杨军校勘，
第 213 页。

② 《三国志》卷 30《魏书·东夷传·韩》记载三韩小国名称有"牟水国""莫卢国""牟卢卑离"
等，第 849—850 页，与牟奴、模卢、于离末利等国名相似。又《晋书》卷 3《武帝纪》载：太康七年
（286）"马韩等十一国遣使来献"。第 77 页。据此推测牟奴、模卢等可能是分布在朝鲜半岛南端的氏族
部落。

③ 许永杰、赵永军：《七星河流域汉魏遗址群聚落考古的理论与实践》，吉林大学边疆考古研究中
心编《庆祝张忠培先生七十岁论文集》，科学出版社，2004 年。

二 南北朝时期勿吉及其朝贡活动

5世纪初，拓跋鲜卑逐步吞并了北方各割据势力，中国进入南北朝时期，史籍中"挹娄"或"肃慎"之称，为"勿吉"之名所取代。学界关于勿吉的讨论从未得到共识，例如勿吉的族称来源、居地范围，勿吉是挹娄人的后裔，还是夫余人的后裔？是多族的集合体，还是一个包含多个具有亲缘关系部落群的古族？诸多问题皆众说纷纭①。

勿吉之名最早见于拓跋鲜卑首领郁律（平文皇帝）时期，《魏书·帝纪·序纪》载，平文帝二年（317）："西兼乌孙故地，东吞勿吉以西，控弦上马将有百万。"这应是拓拔鲜卑人首次与东流松花江流域，或张广才岭以东的族群接触。张博泉先生指出："勿吉是拓跋鲜卑对其称呼"②。此说极是。都兴智认为勿吉的族称应与马纪岭（即张广才岭）有关③，可备一说。在拓跋鲜卑人初用"勿吉"族称之时，东晋和北方政权仍以"肃慎"或"挹娄"称呼该族群。显然"勿吉"并非是"肃慎"或"挹娄"的改称或音转，而是拓跋鲜卑语言对这一族群名称的记述。

大约在5世纪到6世纪初，勿吉（北部挹娄）人由原居地黑龙江中游南北、三江平原北部对外武力扩张，东南越过牡丹江流域，进入绥芬河流域和长白山地区，并溯东流松花江进入第二松花江流域，成为分布地域广阔的族群。《魏书·勿吉传》记载勿吉人初次向北魏朝贡的时间在孝文帝朝，"延兴中，遣使乙力支朝献。太和初，又贡马五百匹"。《册府元龟·外臣部·朝贡二》将此事系于延兴五年（475）。三年后乙力支再次朝贡，"乙力支称，初发其国，乘船溯难河西上，至太沵河，沉船于水，南出陆行，渡洛孤水，从契丹西界达和龙"。魏人不仅记下了勿吉人的朝贡路线，而且很快搞清楚了由营州（和龙）到勿吉地的里程，"勿吉国，在高句丽北……去洛五

---

① 日本学者津田左右吉首先撰文《勿吉考》，《满鲜地理历史研究报告》第一，东京帝国大学文科大学，大正四年（1915）十二月；其后池内宏、日野开三郎又分别作《勿吉考》。三篇专文观点虽有继承又有所不同。我国学者早期有冯家升《述肃慎系之民族》、金毓黻的《东北通史》、张博泉《东北地方史稿》、李健才《东北史地考略》、杨保隆《勿吉地域西南部边至考》等几十部关于东北民族与历史的著作与论文都有论及。

② 张甫白：《肃慎·挹娄·女真考辨》，《史学集刊》1992年第1期。

③ 都兴智：《略论东北古代族名与山水之名的关系》，《社会科学战线》2001年第1期。

千里。自和龙北二百余里有善玉山，山北行十三日至祁黎山；又北行七日至
如洛环水，水广里余；又北行十五日至太鲁水；又东北行十八日到其国"。
接着又曰："国有大水，阔三里余，名速末水"①。实际上《魏书·勿吉传》
关于粟末水的记载，与乙力支朝贡路线无关，勿吉进入粟末水流域（即第二
松花江）是在5世纪末6世纪初灭亡夫余国之后。但中外学界往往忽视了这
一点，误将速末水与勿吉早期居地联系起来，引起关于勿吉前期居地的争
论，津田左右吉认为难河即今嫩江；速末水即北流松花江（第二流松花
江），并认为魏人所记东北行十八日，应为"东行"之误，勿吉地西到北流
松花江，东到五常附近。池内宏则认为没有特别的理由不能否认魏人所记的
行程方向，从太鲁水（洮儿河）东北行十八日到达勿吉的中心地，即今哈
尔滨一带，"速末水"是第二松花江与东流松花江的全称。杨保隆与池内的
观点同，孙秀仁、干志耿与津田的观点略同②。关于难河，我赞同李健才的
看法，指今嫩江、第一松花江（东流松花江）和黑龙江下游③。乙力支自东
流松花江（难河）登船率使团朝贡北魏，这时勿吉的居地在东流松花江流
域及其以东地区。

勿吉人为谋求对外发展主动向北魏朝贡，魏孝文帝太和二年（478）乙
力支第二次朝贡时，"贡马五百匹"，"自云其国先破高句丽十落，密共百济
谋从水道并力取高句丽，遣乙力支奉使大国，请其可否"。此时高句丽是东
北最强大的地方政权，勿吉不仅出兵攻破高句丽十落，还要与百济合谋进一
步攻取高句丽之地，可见勿吉已是拥有较强实力的族群。由于高句丽同是北
魏朝贡制度的成员，故魏帝"诏敕三国同是藩附，宜共和顺，勿相侵扰"④。
勿吉的请求没有得到魏孝文帝的允许，加上百济文周王出猎时被臣下弑杀，
新君三斤王只有13岁⑤，勿吉人的扩张企图只好暂时作罢。自太和九年
（485），勿吉"复遣使侯尼支朝献"⑥，到太和十七年，九年间勿吉共遣使朝

① 《魏书》卷100《勿吉传》，第2219—2220页。
② 杨保隆：《勿吉地域西南部边至考》，《北方文物》1985年第4期。孙秀仁、甘志耿：《黑龙江古代民族史纲》，黑龙江人民出版社，1987年，第208页。
③ 李健才：《勿吉、豆莫娄、乌落侯、失韦的地理位置和朝贡路线》，收入是氏著《东北史地考略》第三集，吉林文史出版社，2001年，第183—187页。
④ 以上引文见《魏书》卷100《勿吉传》，第2220页。
⑤ ［高丽］金富轼撰：《三国史记》卷26《百济本纪第四》，杨军校勘，第308页。
⑥ 《魏书》卷100《勿吉传》，第2220页。

贡 5 次，与北魏建立起比较稳定的朝贡关系，其中太和十二年（488）、十三年勿吉人贡纳"楛矢石砮"；另外 3 次，不记贡纳物，或许与乙力支一样贡纳马匹。此时勿吉人"邑落各自有长，不相总一"①，各部单独遣使朝贡，贡物不同说明朝贡者来自不同地区。贡献楛矢石砮的勿吉部应来自张广才岭以东、汉魏以来的挹娄故地②，贡纳马匹的勿吉部可能来自偏西北地区。太和十七年（493），勿吉朝贡使"婆非等五百余人朝献"③。如此庞大的使团应是勿吉各部朝贡使臣结伴而行，表明勿吉各部之间有着各种联系，若干部联合起来对外进行军事扩张行动也是极有可能的。

魏孝文帝太和十八年到宣武帝景明三年（494—502），九年间勿吉一度停止向北魏朝贡。这期间勿吉人大举南下，一支向西南进入第二松花江流域夫余国领地，迫使国势衰落的夫余王携家眷投奔高句丽④；另一支向东南发展，进入长白山地区。故《魏书·勿吉传》记载："（勿吉）国有大水，阔三里余，名速末水。……国南有徒太山，魏言'大白'。"速末水隋唐时为粟末水，即第二流松花江；徒太山即今长白山。勿吉分布地区向南扩展后，对北魏的朝贡活动日益频繁起来，从宣武帝景明四年（503）到孝明帝正光二年（521），19 年间勿吉各部遣使朝贡 17 次，其中有四年（514—515、516—517）一年二次朝贡。魏人记载勿吉贡纳方物有 6 次，均为"贡楛矢"；另 11 次没有记载贡何物。勿吉人最后一次"贡楛矢"是在孝明帝熙平二年（516）十月⑤，这也是这一族群朝贡史上最后一次贡纳楛矢，其原因可能与这一族群内部的部落迁徙、社会文化变迁有关（详见下文）。东魏时，勿吉又恢复了朝贡活动，自孝静帝天平三年（536）到武定五年（547），12 年间朝贡 6 次，多则间隔三四年，少则间隔一二年⑥。随着拓跋鲜卑皇室的统治地位被他族所取代，勿吉这一族称也很快被靺羯（靺鞨）所取代。

----

① 《魏书》卷 100《勿吉传》，第 2219 页。

② 《北史》卷 94《勿吉传》载："自拂涅以东，矢皆石镞，即古肃慎氏也。"中华书局，1974 年，第 3124 页。学界一般认为拂涅部在张广才岭以东。

③ 《魏书》卷 100《勿吉传》，第 2221 页。

④ 《魏书》卷 100《高句丽传》记载：魏宣武帝正始年间，高句丽朝贡使芮悉弗曰："今夫余为勿吉所逐。"第 2216 页。［高丽］金富轼撰：《三国史记》卷 19《高句丽本纪第七》文咨明王三年（494）二月，"扶余王及妻孥以国来降"。杨军校勘，第 232 页。

⑤ 《魏书》卷 9《肃宗孝明帝纪》，第 226 页。

⑥ 参见书后附表六"勿吉对北朝朝贡表"。

拓跋魏王朝对勿吉的认识，如《魏书·勿吉传》所云："勿吉国，在高句丽北，旧肃慎国也。"旧肃慎，即挹娄。现代学者基于勿吉先后占据其他族群和政权的地域，对勿吉的构成提出不同看法，归纳起来可分为二种：一是认为勿吉是肃慎、挹娄之后裔。由于学者们对挹娄与肃慎的关系没有达成一致看法，具体观点又有区别；二是认为勿吉诸部是由挹娄后裔、沃沮、夫余等不同族系的人群所构成。我认为应该分为两个层次来认识这个问题，一是北朝人的认识，这一时期中原人对边疆族群的认识仍然很模糊，主要从朝贡者口中获得各种信息，如居住地域、语言、风俗、社会文化发展程度。从北朝人没有记载各部名称，只是笼统地称为勿吉，说明他们对勿吉的认识更多地停留在地域族群文化的层面，并没有达到从族属传承的角度去考察勿吉来源的程度。二是现代史学与考古学研究所揭示的勿吉族源和构成，从考古学文化研究成果看勿吉文化在主体上源于北部挹娄文化，随着勿吉南下扩张，又融入了不同地区的族群文化，这与史籍记载勿吉南下进入第二松花江与长白山地区相吻合。北朝人的认识与现代考古学研究成果都指向勿吉与挹娄有族源关系，勿吉是一个文化面貌既有一定地域差异，又彼此存在内在亲缘关系的族群。

东北部地区相当于南北朝时期的勿吉文化遗址，分布范围北越黑龙江，南抵第二松花江流域，西跨过东流松花江，东至日本海，分布之广远超过汉魏晋时期的挹娄文化。各地勿吉文化遗存既有同一性也有差异性，所谓同一性表现在最具有代表性的器物"靺鞨罐"上①，这种标志勿吉-靺鞨文化的典型器物最早出现于黑龙江中游地区，南北朝时期开始由北向南迅速地大幅度扩展，与这种文化现象相伴的应是大规模族群迁徙、流动。勿吉人由东流松花江流域南下迁入各地后，是勿吉文化融入当地民族文化，还是相反？以吉长地区为例，董万伦认为："不是先进的夫余同化了落后的肃慎族系各支系，而是人数众多，性'凶悍'，文化落后的肃慎族系各支系，同化了人数

———————

① 俄罗斯学者将黑龙江流域与东部滨海地区继波尔采文化（下限进入魏晋时期）之后的考古学文化命名为靺鞨文化。我国学者在黑龙江、松花江、牡丹江等流域发掘了4—7世纪文化面貌有一定亲缘关系又有地域性差异的考古学文化，也将其认定为靺鞨文化，"靺鞨罐"是靺鞨文化的典型器物。靺鞨为勿吉的同名异称，两者在文化上具有连续性。据史籍记载靺鞨（初为靺羯）之名初见于北齐武成帝河清二年（563），在靺鞨名称没有出现之前，该文化称为"勿吉文化"更为妥当。

稀少，性‘谨厚’，文化先进的夫余族。"① 从考古学文化反映的情况看，大约同样的现象发生于勿吉人南下的各个地区，南迁进入新地区的勿吉部落，在兼并当地人口的同时也吸收了当地的文化，致使勿吉文化出现了地区性差异。乔梁将现已发掘的靺鞨（勿吉）文化分为三区，一是黑龙江中游地区，与当地的挹娄文化（波尔采文化）之间有直接的承袭关系，没有发生明显的文化变异现象。二是牡丹江中、下游地区，靺鞨（勿吉）文化（河口四期遗存）之下的河口三期遗存，其族属目前尚不清楚。三是第二松花江一带的吉长地区，靺鞨（勿吉）文化之下是夫余文化。三个地区早期遗存时代皆可早到南北朝时期（421—581），并延续到 8 世纪初渤海建国时期，黑龙江中游靺鞨文化可延续到五代时期，与女真文化相衔接②。据已知的考古学材料可大体做如下推断：4 世纪后期，分布在黑龙江中游南北的族群由于自身社会发展的需求，开始逐渐向南扩展，他们越过东流松花江进入三江平原南部后，遭到七星河流域凤林文化拥有者的激烈反抗，徐永杰、赵永军根据凤林古城内房址所存留的遗物推测该城址毁于战乱，进而推测七星河流域当时发生了一场涉及全流域的战事，七星河流域的居民因此而背井离乡③。在东流松花江南、北的挹娄部落的冲突中，最终是南下的部落取得了胜利。胜利者们继续向南进入牡丹江、绥芬河流域，然而强大的高句丽国阻止了勿吉人（即挹娄）南下的脚步，于是他们的南端停留在长白山地区。另外一支由原住地向西南方向扩张，如魏存成所言他们溯东流松花江南下，经阿什河、拉林河流域到达第二松花江中游地区④，于 5 世纪末 6 世纪初定居在吉长地区。北朝后期形成勿吉七部，各部都保持了以"靺鞨罐"为代表的传统文化，使之具有一定的同一性。也正是这种同一性表明了勿吉各部是一个具有文化亲缘关系的族群，不是一个多族群的混合体。

唐人李延寿在参加撰写《隋书》之后，又撰写了《北史》，他将《隋书·靺鞨传》中的"靺鞨七部"的内容，抄入《北史·勿吉传》，改为"勿

---

① 董万伦：《关于粟末靺鞨几个问题的探讨——兼与靺鞨新说商榷》，《黑河学刊》1989 年第 1 期。

② 乔梁：《靺鞨陶器分期初探》，《北方文物》1994 年第 2 期；乔梁：《靺鞨陶器的分区、分期及相关问题研究》，《边疆考古研究》第 9 辑，科学出版社，2010 年。

③ 许永杰、赵永军：《七星河流域汉魏遗址群聚落考古的理论与实践》，吉林大学边疆考古研究中心编《庆祝张忠培先生七十岁论文集》，科学出版社，2004 年。

④ 魏存成：《靺鞨族起源发展的考古学观察》，《史学集刊》2007 年第 4 期。

吉七部",即粟末部、白山部、伯咄部、安车骨部、拂涅部、号室部、黑水部。虽然后人对此多有微词,但从考古学研究成果看,6世纪初或稍晚些勿吉七部已经基本形成,李延寿采取这种做法或许有一定依据。《隋书·靺鞨传》云:"自拂涅以东,矢皆石镞,即古之肃慎氏也。"学界一般认为张广才岭以东的牡丹江中下游地区为拂涅部,我以为拂涅部可能主要分布在三江平原的南部,自魏晋以来那里的挹娄人很长时期保持着向中原王朝贡纳"楛矢石砮"的古老习俗,勿吉拂涅部形成后仍保持这种习俗,从北魏孝文帝太和十二年(488)到孝明帝熙平二年(517),勿吉8次向北魏朝廷贡纳楛矢①。值得注意的是南朝宋武帝大明三年(459),"肃慎国重译献楛矢、石砮"②。肃慎即魏晋之挹娄,这可能是三江平原南部挹娄(勿吉)人在尚未被江北部落征服之前,最后一次从海路向南朝刘宋朝贡。熙平二年之后不再见勿吉人贡纳楛矢石砮的记载,其原因是因为南部强大的高句丽国阻断了拂涅部的朝贡道,还是勿吉人摈弃了当地这一古老传统?如是前者,熙平二年之后朝贡的勿吉部当以粟末部及其北边的部落为主。北朝末年政局不稳,社会动荡,政权一再易主,勿吉人也停止了朝贡活动。

北齐建立后,在朝贡者中再次出现"肃慎"之名。《北齐书·文宣帝纪》载:天保五年(554),"肃慎遣使朝贡"。此时文宣帝登基不久,勿吉人来朝,史官认为勿吉,"旧肃慎国也",依照魏晋体例将其记载为"肃慎"来朝,意在突出北齐的正统地位③。十年后,勿吉再次遣使朝贡,北齐史官则开始以"靺鞨"之名记录之④,《北齐书》记载:武成帝河清二年(563)"是岁,室韦、库莫奚、靺鞨、契丹并遣使朝贡"⑤。勿吉与靺鞨的关系,如隋文帝时靺鞨朝贡使在说明其族属时所言:靺鞨"即勿吉也"⑥。《旧唐书·靺鞨传》亦曰:"靺鞨,盖肃慎之地,后魏谓之勿吉。""靺鞨"与"勿吉"音近,为同一语词在不同时期的异写。但在《北齐书》中"靺鞨"

---

① 据《魏书》卷7、8、9的记载所统计。
② 《宋书》卷6《孝武帝纪》,第125页。
③ 《魏书》作者魏收为北齐史官,在卷100《勿吉传》中云:"勿吉国,在高句丽北,旧肃慎国也。"第2219页,勿吉即是古之肃慎,当是北齐士大夫的认识。
④ 目前所见的史籍中,靺鞨(靺羯)之名最早见于隋《北蕃风俗记》。参见李玲、东青《也谈"靺鞨"名称之始见》,《北方文物》1997年第2期。
⑤ 《北齐书》卷7《武成帝纪》,第92页。
⑥ [唐]杜佑:《通典》卷186《边防二·勿吉》,第5023页。

又常写作"靺鞨",如后主天统元年（565）,"高丽、契丹、靺鞨并遣使朝贡"①。靺羯与靺鞨字形近。范恩实通过对史籍版本的考察,发现唐代史籍中还主要写作"靺羯",但也有若干使用"靺鞨"的例证,宋代以后才统一为"靺鞨"②。《北齐书》在北宋以后渐散佚,《钦定四库全书提要》云:"今所行本,盖后人杂取《北史》等书以补亡,非旧帙矣。"后人补入时改写为"靺鞨",却未注意前后用字统一。然而不仅《北齐书》如此,在隋唐史籍中也可见到这种现象。

北齐时,靺鞨诸部各自遣使朝贡,据史籍记载统计从河清二年到北齐后主武平六年（563—575）,12年间靺鞨朝贡10次③,其中与契丹、库莫奚、室韦等西部族群同来朝贡的有2次,契丹、库莫奚在西辽河流域,室韦在嫩江大兴安岭地区,皆在靺鞨诸部之西,与西邻各族同来朝贡的靺鞨人,很可能是位于西南部的粟末靺鞨部。与东南部高丽人同来朝贡的有3次,可能是白山靺鞨部。与突厥人同来朝贡的有3次④,可能为靠西部的粟末靺鞨部或伯咄靺鞨部。靺鞨单独朝贡有2次,除受高丽控制较为严密的白山部以外,其他靺鞨诸部皆有可能⑤。

曹魏至南北朝末年,挹娄（肃慎）、勿吉、靺鞨名称的出现,具有复杂的历史背景,"挹娄""勿吉"分别出于夫余、拓跋鲜卑人对该地域族群的称呼;"肃慎"是魏晋中原人出于"春秋大一统"的政治观念将该地区族群与先秦古族的比附而出现的名称;"靺鞨"则是改朝换代后北齐人将"勿吉"改写音近字的结果。从考古学材料看,在族群名称变换的背后,该族群内部发生了重大变化,一是族群内南北势力的消长,最后的胜利者是黑龙江流域（三江平原北部）的族群,形成以"靺鞨罐"文化为重要标志的庞大族群;二是该族群的分布地域由三江平原南下到第二松花江和长白山南北,融入了沃沮、夫余、豆莫娄的部分人口以及一些东夷小国（部落）,族群内部形成了多种区域性特征。这一变化大约在 5 至 6 世纪，即勿吉人时期基本完成。这一时期中原人对该族群的认识比较模糊，长期停留在族群地域文化的认识程度上。自曹魏初年开始，挹娄（后肃慎）开始向中原王朝进行朝贡，魏晋时期主要诣边郡朝贡，东晋十六国开始到北朝末年挹娄（后肃慎）、勿吉、靺鞨等族群皆主要诣阙朝贡，从长时段看该族群一直保持了与中原王朝的朝贡关系，与中原王朝的联系日益加强。

第四章

隋唐王朝东北民族朝贡制度

隋朝结束了南北朝分裂局面，重建统一多民族中央集权王朝。唐承隋进一步发展，中国古代王朝进入了前所未有的繁荣昌盛时期。隋唐王朝对东北民族的统辖方式由一般朝贡制度向以羁縻府州形式的朝贡制度转变，这使隋唐时期东北民族朝贡制度进入一个新的发展阶段。

第一节　隋唐王朝管理东北民族朝贡事务的机构与职能

隋唐重建大一统王朝，"天下晏然"，经过数年的恢复养息，国富民强，边疆各族、周边属国乃至远自欧洲的国家皆纷纷遣使朝贡，如唐高祖所云"蛮夷率服，古未尝有"[1]。及至"贞观、开元之盛，来朝者多也"[2]。隋唐两朝国家制度在前朝的基础上进一步完善，中央确立了三省六部制度，王朝管理边疆与周边属国、属部朝贡制度的机构健全，分工职掌明确，形成了比较成熟的管理体系。

一　中央管理朝贡事务的机构与职能

隋朝建立后，为了加强中央集权，对王朝中央政务体制进行重大调整和改革，中央确立三省六部制。唐承隋制，三省六部制进一步完善，《旧唐

---

[1]　《旧唐书》卷1《唐高祖纪》，中华书局，1975年，第30页。

[2]　《旧唐书》卷197《南蛮西南蛮传》，第5286页。

书·职官志》记载：

> 武德七年定令：以太尉、司徒、司空为三公；尚书、门下、中书、秘书、殿中、内侍为六省；次御史台；次太常、光禄、卫尉、宗正、太仆、大理、鸿胪、司农、太府为九寺；次将作监；次国子学；次天策上将府。

在三省六部的体制下，六部"分曹以主众务""庶务皆会决焉"①；寺监掌管具体事务，与六部职掌有部分重合又各有侧重。六部长官品阶（正三品）略高于侍监长官（从三品），二者基本是平行的政务机构。涉及边疆民族朝贡制度事务的机构，六部有礼部、兵部、户部，寺监中以鸿胪寺为主管部门，此外还有内侍省、少府等。

礼部"掌礼仪、祭享、贡举之政。其属有四：一曰礼部，二曰祠部，三曰膳部，四曰主客"。其中主客司职掌"诸蕃朝见之事"②，与鸿胪寺的职掌有交集又各有所重。《新唐书·百官志》记载：

> 主客郎中、员外郎各一人，掌二王后、诸蕃朝见之事。二王后子孙视正三品，酅公岁赐绢三百，米粟亦如之，介公减三之一。殊俗入朝者，始至之州给牒，覆其人数，谓之边牒。蕃州都督、刺史朝集日，视品给以衣冠、袴褶。乘传者日四驿，乘驿者六驿。供客食料，以四时输鸿胪，季终句会之。客初至及辞设会，第一等视三品，第二等视四品，第三等视五品。蕃望非高者，视散官而减半，参日设食。路由大海者，给祈羊豕皆一。西南蕃使还者，给入海程粮；西北诸蕃，则给度碛程粮。蕃客请宿卫者，奏状貌年齿。突厥使置市坊，有贸易，录奏，为质其轻重，太府丞一人涖之。蕃王首领死，子孙袭初授官，兄弟子降一品；兄弟子代摄者，嫡年十五还以政。使绝域者还，上闻见及风俗之宜、供馈赠贶之数。

---

① 《新唐书》卷46《百官志》，中华书局，1975年，第1183、1185页。
② 《新唐书》卷46《百官一》，第1194、1195页。

隋朝曾"改主客郎为司蕃郎"①，唐朝复为主客郎。主客司掌管朝贡者入州县后的行、宿、食安排，著录朝贡国纳质宿卫人员的相貌年龄，管理边疆"藩王"承袭中所受封王、官号的内容等事宜，并掌管向帝王上奏从"绝域"回来的使者所记录的当地见闻与风俗，以及赏赐朝贡者的馈赠物品数量等。

鸿胪寺管理包括边疆民族在内的四方属部、属国、邻国、远方国家朝贡的具体事务，隋朝"鸿胪寺统典客、司仪、崇玄三署。各置令"，后又"改典客署为典蕃署"②。唐朝鸿胪寺"掌宾客及凶仪之事，领典客、司仪二署"③。《隋书·百官志》记载：

> 鸿胪寺改典客署为典蕃署。初炀帝置四方馆于建国门外，以待四方使者，后罢之，有事则置，名隶鸿胪寺，量事繁简，临时损益。东方曰东夷使者，南方曰南蛮使者，西方曰西戎使者，北方曰北狄使者，各一人，掌其方国及互市事。每使者署，典护录事、叙职、叙仪、监府、监置、互市监及副、参军各一人。录事主纲纪。叙职掌其贵贱立功合叙者。叙仪掌小大次序。监府掌其贡献财货。监置掌安置其驼马船车，并纠察非违。互市监及副，掌互市。参军事出入交易。

隋炀帝时鸿胪寺之下设有四方馆，四方馆依照东、南、西、北设4个使者署，长官为使者，下设"典护录事、叙职、叙仪、监府、监置、互市监及副、参军各一人"，分掌东、南、西、北各方面包括边疆民族在内的朝贡者的诸种事务，如著录朝贡者身份贵贱与立功大小；安排朝贡仪式中朝贡者的次序；收纳朝贡者贡献的方物；备置朝贡者所乘用的驼马车船；纠察朝贡活动中出现的违法现象；掌管朝贡者进行的互市贸易活动，等等。

唐朝时，四方馆改属中书省，职掌也有很大变化，如隶属于四方馆的通事舍人"掌朝见引纳及辞谢者，于殿廷通奏。凡近臣入侍，文武就列，引以进退，而告其拜起出入之节。凡四方通表，华夷纳贡，皆受而进之。凡军旅

---

① 《隋书》卷27《百官志下》，中华书局，1973年，第794页。
② 《隋书》卷27《百官志下》，第777、798页。
③ 《旧唐书》卷44《职官志三》，第1185页。

之出，则命受慰劳而遣之"。涉及四夷朝贡之事，仅存"四方通表，华夷纳贡，皆受而进之"①，包括华夷各族的上表和贡纳由其进呈皇上。隋朝四方馆管理朝贡事宜的职掌仍留在鸿胪寺的各部门职掌中。《新唐书·百官志》记载：

> 鸿胪寺　卿一人，从三品；少卿二人，从四品上；丞二人，从六品上，掌宾客及凶仪之事。领典客、司仪二署。凡四夷君长，以蕃望高下为簿，朝见辨其等位，第三等居武官三品之下，第四等居五品之下，第五等居六品之下，有官者居本班。御史察食料。二王后、夷狄君长袭官爵者，辨嫡庶。诸蕃封命，则受册而往。海外诸蕃朝贺进贡使有下从，留其半于境；繇海路朝者，广州择首领一人、左右二人入朝；所献之物，先上其数于鸿胪。凡客还，鸿胪籍衣、斋赐物多少以报主客，给过所。蕃客奏事，具至日月及所奏之宜，方别为状，月一奏，为簿，以副藏鸿胪。献马，则殿中、太仆寺涖阅，良者入殿中，驽病入太仆。献药者，鸿胪寺验覆，少府监定价之高下。鹰、鹘、狗、豹无估，则鸿胪定所报轻重。凡献物，皆客执以见，驼马则陈于朝堂，不足进者州县留之。……
>
> 典客署令一人，从七品下；丞三人，从八品下，掌二王后介公、酅公之版籍及四夷归化在藩者，朝贡、宴享、送迎皆预焉。酋渠首领朝见者，给廪食；病，则遣医给汤药；丧，则给以所须；还蕃赐物，则佐其受领，教拜谢之节。有典客十三人，府四人，史八人，掌固二人。

鸿胪寺掌宾客及凶仪之事。领典客、司仪二署。四夷朝贡之事由典客署掌管，凶仪之事由司仪署掌管。从上述记载看，鸿胪寺对管理四夷朝贡事宜有具体细致的规定：1. 将四夷君长的地位高低登记在册，确定位次的排序；2. 规定诸蕃诣阙朝贡的人数；3. 登记诸蕃朝贡献纳的物品，提出赏赐品的种类和数量报送礼部主客司；4. 将诸蕃奏事写明日期，整理为簿，每月上奏一次，并在鸿胪寺存副本；5. 对各种贡纳物依高下等级，分别送与不同

---

① 《旧唐书》卷43《职官志二》，第1851页。

部门。

典客署是具体执行部门，在朝贡、宴享、送迎各个环节中，从教授诸蕃酋渠首领各种礼仪，佐其领受赐物，到生病送药、死亡送丧，都在典客署的职掌范围。

此外，鸿胪卿还有二项重要的职掌，一是"凡蕃客至，鸿胪讯其国山川、风土，为图奏之，副上于职方"[①]。职方，指兵部职方司。二是"诸蕃封命，则受而往"，即鸿胪卿或以他官临时摄鸿胪卿之职到诸蕃之地行册封之礼，如唐玄宗开元七年（719）"六月丁卯，靺鞨渤海郡王大祚荣卒，赠特进，赐物五百段，遣左监门率上柱国吴思谦摄鸿胪卿，持节充使吊祭"[②]。但到唐朝中后期，往往派内侍省的内侍、内常侍到东北边疆地方政权对其国王行册封礼，如德宗贞元十一年（795）"二月，令内常侍殷志瞻将册书往渤海，册大嵩璘为渤海王、忽汗州都督"[③]。

兵部"掌武选、地图、车马、甲械之政。其属有四：一曰兵部，二曰职方，三曰驾部，四曰库部"[④]。其中职方司的职掌与管理边疆民族朝贡事务有关，《新唐书·百官志》记载：

> 职方郎中员外郎，各一人，掌地图、城隍、镇戍、烽候、防人道路之远近及四夷归化之事。凡图经，非州县增废，五年乃修，岁与版籍偕上。凡蕃客至，鸿胪讯其国山川、风土，为图奏之，副上于职方。殊俗入朝者，图其容状、衣服以闻。

职方司掌管鸿胪寺报上来的边疆少数民族地区的山川地势图与风土习俗图的副本。对于一些中原人不知晓的特殊风俗地区的朝贡者，职方司还要将其容貌、服饰绘成图呈报皇上。兵部职方司保存鸿胪寺上报的边疆地区图记，是为日后可能以军事经略边疆地区而准备。如隋炀帝"大业初，西域诸蕃款张掖塞与中国互市，炀帝遣矩监其事。矩知帝方勤远略，欲吞并夷狄，

① 《新唐书》卷46《百官志一》，第1198页。
② ［宋］王钦若等撰：《册府元龟》卷974《外臣部·褒异第一》，周勋初等校对，第11278页。
③ ［宋］王钦若等撰：《册府元龟》卷965《外臣部·封册三》，周勋初等校对，第11181页。
④ 《新唐书》卷46《百官志一》，第1196页。

乃访西域风俗及山川险易、君长姓族、物产服章，撰《西域图记》三卷，入朝奏之。帝大悦，赐物五百段"①。

隋朝四方馆下属的互市监，唐朝改属少府监，"少府，监一人，从三品；少监二人，从四品下，掌百工技巧之政。总中尚、左尚、右尚、织染、掌冶五署及诸冶、铸钱、互市等监"。唐初称交市监，唐太宗贞观六年（632），改交市监曰互市监。武后垂拱元年（685）曰通市监。其后又复称互市监。"互市监，每监，监一人，从六品下；丞一人，正八品下，掌蕃国交易之事"②。唐朝同时还以户部的金部郎中"掌天下库藏出纳、权衡度量之数，两京市、互市、和市、宫市交易之事，百官、军镇、蕃客之赐"③。

隋唐中央管理边疆民族朝贡事务的主要机构是礼部主客司与鸿胪寺，重要事务由主客司主掌，具体事务由鸿胪寺主掌，如朝贡活动中朝廷对朝贡者的册封（袭封号）、赏赐物品的数额，由主客司奏请皇上批准。再由鸿胪寺具体执行，鸿胪卿常常亲赴边疆朝贡国对国王行册封礼。唐后期宦官得到唐帝信任，内侍省官员往往被派去朝贡国举行册封礼。边疆民族、邻国、远方国家到隋唐王朝进行朝贡的过程中与经济贸易有关的活动由少府监、户部掌管，与边疆经略有关的事宜，要在兵部备案。可见，管理边疆民族朝贡事务已经是隋唐王朝的重要政务。

二 地方管理东北民族朝贡事务的机构与职能

隋唐王朝以边地府州（郡）管理东北边疆民族朝贡事务，先后以营州总管府、营州都督府、平卢节度使、幽州都督府、范阳节度使、淄青平卢节度使管理东北边疆民族朝贡事务。

隋朝初年，东北地区辽河以东为高丽政权辖区，辽河以西为郡县区。文帝开皇元年（581）调整北朝建置，于营州（今辽宁朝阳）置总管府，"唯留建德一郡，龙城一县，其余并废。寻又废郡，改县为龙山，十八年改为柳城"。大业初，营州总管府废，置辽西郡。统县一，户七百五十一④。大业

---

① 《旧唐书》卷63《裴矩传》，第2406页。
② 《新唐书》卷45《百官志三》，第1168页；《旧唐书》卷44《职官志三》则称为诸互市监，曰："诸互市：监各一人，丞一人。诸互市监掌诸蕃交易马驼驴牛之事。"第1895页。
③ 《新唐书》卷46《百官志一》，第1193页。
④ 《隋书》卷30《地理志》，第859页。

八年（612），辽西郡改名为柳城郡。唐朝初年承隋朝，地方州县建置仍仅设在辽河以西地区。《旧唐书·地理志》记载："高祖受命之初，改郡为州，太守并称刺史。其缘边镇守及襟带之地，置总管府，以统军戎。至武德七年，改总管府为都督府。""营州上都督府，隋柳城郡。"① 据此可知，唐初高祖武德元年（618），在改隋郡制为州制之际，东北地区改隋柳城郡为营州。按唐制，营州以地处东北边疆，武德元年（618）设总管府，"以统军戎"。七年（624）改为都督府，治所仍设在柳城（今辽宁朝阳）。营州都督府之下仅营州、柳城县为正州县，其他是为安置内属的靺鞨、契丹、奚、突厥、新罗、室韦等族而设置的羁縻州县。隋朝及唐朝前期，以营州总领东北边疆民族朝贡事务。唐高宗总章元年（668），唐朝灭亡高丽政权以后，于其地设置安东都护府，以统辖原高丽政权统治下的各族人民。安东都护府初隶营州都督府，武则天初年以幽州都督兼安东都护，长安四年（704）以幽、营州都督兼安东都护②。幽州是隋唐王朝在北方统治的重镇，《旧唐书·地理志》幽州条下记载："隋为涿郡。武德元年，为幽州总管府，管幽、易、平、檀、燕、北燕、营、辽等八州。……六年，改总管为大总管，管三十九州。七年，改为大都督府。"幽州大都督府所节制的诸州中有营州，表明幽州是营州的上级机关。因此，唐朝前期幽州是间接管理东北边疆民族事务的地方行政机构。

唐玄宗时期，开始在幽州、营州地区设置节度使，玄宗开元二年（714），"置幽州节度、诸州军管内经略、镇守大使，领幽、易、平、檀、妫、燕六州，治幽州。置营平镇守，治太平州"。开元二十年（732）以幽州节度使兼领安东都护及平卢节度使。天宝元年（742），更幽州节度使为范阳节度使，平卢节度使从中划出。以"范阳节度使，临制奚、契丹，统经略、威武、清夷、静塞、恒阳、北平、高阳、唐兴、横海等九军"。宝应元年（762），范阳节度使复为幽州节度使，及平卢陷，又兼卢龙节度使③。

开元五年，"营州置平卢军使。七年升平卢军使为平卢军节度，经略河北支度管内诸蕃及营田等使，兼领安东都护及营、辽、燕三州"。开元二十

① 《旧唐书》卷38《地理志》第1384页、卷39《地理志》第1520页。
② 《旧唐书》卷93《薛讷传》《唐休璟传》，第2983、2979页。
③ 《新唐书》卷66《方镇表》第1840页、《旧唐书》卷38《地理志》第1387页。

八年（740），以"平卢军节度使兼押两蕃、渤海、黑水四府经略处置使"。到天宝初年，平卢节度使已逐渐取代营州都督府统辖东北的军、政地位。以"平卢军节度使，镇抚室韦、靺鞨，统平卢、卢龙二军，榆关守捉，安东都护府"①。天宝元年（742）改营州为柳城郡，肃宗乾元元年（758），复为营州，取消都督府之号。肃宗上元二年（761）营州失陷，平卢节度移居青州（今山东青州市），改称平卢淄青节度。安史之乱平定之后，营州不再设都督府，为一般正州。

唐朝前期曾一度设置东夷都护，以营州都督兼之。东夷都护初为东夷校尉，唐太宗时期为加强边地都督府管理东北边疆各族事务的职责，置东夷校尉，以营州都督兼任之。《旧唐书》记载驸马都尉薛万彻之兄薛万淑，有战功，"贞观初，至营州都督，检校东夷校尉，封梁郡公"②。第二任营州都督、东夷校尉是张俭，他在任期间，"太宗将征辽东，遣俭率蕃兵先行抄掠。……拜行军总管，兼领诸蕃骑卒，为六军前锋。时有获高丽候者，称莫离支将至辽东，诏俭率兵自新城路邀击之，莫离支竟不敢出。俭因进兵渡辽，趋建安城，贼徒大溃，斩首数千级。以功累封皖城郡公，赏赐甚厚。其后，改东夷校尉为东夷都护，仍以俭为之。永徽初，加金紫光禄大夫。四年，卒于官"③。从这段记载看唐朝改东夷校尉为东夷都护是在太宗朝，这可能与贞观二十二年（648）唐于契丹地设置松漠都督府、于奚地设置饶乐都督府有关。《新唐书·奚传》记载："复置东夷都护府于营州，兼统松漠、饶乐地。"唐制：以都护府管辖羁縻都督府。《新唐书·百官志》曰："都护，掌统诸蕃，抚慰、征讨、叙功、罚过，总判府事。"唐朝为管辖新设置的松漠、饶乐二羁縻都督府，将东夷校尉改为东夷都护。最后一任东夷都护是程务挺，"永徽六年（655），累除营州都督，兼东夷都护。又率兵破高丽于贵端水，焚其新城，杀获甚众。后历晋、蒲二州刺史。龙朔二年卒"④。此后不再见有东夷都护的任职者，也不见东夷都护的事迹。这可能与高宗总章元年（668）唐灭高丽之后设置安东都护府有直接关系。东夷都护（东夷

---

① 《新唐书》卷66《方镇表》，第1882—1883页；《旧唐书》卷38《地理志》，第1387页。
② 《旧唐书》卷69《薛万彻传》，第2519页。
③ 《旧唐书》卷83《张俭传》，第2276页。
④ 《旧唐书》卷83《程务挺传》，第2784页。

都尉）设置于太宗贞观初年，约废止于高宗总章元年（668）前后，存在40余年。

隋朝已经开始在东北州县地区设置羁縻州县，以安置归附的少数民族部落。《北蕃风俗记》："初，开皇中，粟末靺鞨与高丽战，不胜。有厥稽部渠长突地稽者率忽使来部、窟突始部、悦稽蒙部、越羽部、步护赖部、破奚部、步步括利部，凡八部，胜兵数千人，自夫余城西北，举部落向关内附，处之柳城，乃燕郡之北。炀帝大业八年（612）为置辽西郡，并辽西、怀远、泸河三县以统之。"① 唐朝建立后，继续在营州地区以内附的少数民族设置羁縻州县，到武则天朝达到17个羁縻州之多。从《旧唐书·地理志》记载营州内诸羁縻州县的户口数看，羁縻州县的户口是上报户部在籍的。同时，唐朝允许这部分少数民族保留原有的部落旧制，以原有酋长任州官，并以汉官参治，实行羁縻统辖的方式，如辽州（后更为归诚州），唐高祖时设置，任契丹内稽部酋长孙敖曹为辽州总管，历时60余年，到武则天时期将辽州改为归诚州，此时的归诚州刺史是孙敖曹的曾孙孙万荣②。隋唐在边州境内设置的羁縻州县相继由营州总管府、辽西郡、营州都督府等机构统辖。

自唐太宗时期首次在州县之外的东北少数民族地区设置羁縻府州，太宗贞观二十二年（648）在契丹、奚人地区设置松漠、饶乐都督府以来，高宗显庆五年（660），在西部霫人地区设置了居延都督府，总章元年（668）在原高丽政权辖区设置了安东都护府；玄宗开元元年（713）在渤海政权辖区设置了忽汗州都督府，开元十六年（728）在黑水靺鞨人地区设置了黑水都督府。最晚在唐德宗贞元八年（792）以前，在室韦人地区设置了室韦都督府③。到唐德宗时期，东北各少数民族地区已经普遍设置羁縻府州。从东北边疆羁縻府州设置地区的发展顺序看，最初在边地营州境内设置羁縻州，其后在邻近营州的民族地区由西向东设置羁縻府州，最后在北部地区由东向西

① ［宋］乐史：《太平寰宇记》卷71引《北蕃风俗记》，中华书局，2007年，第1436—1437页。
② 《旧唐书》卷199下《契丹传》，第5350页。
③ 此外唐高宗显庆五年（660）在朝鲜半岛的原百济政权辖区设置了熊津都督府，龙朔三年（663）在新罗政权辖区设置了鸡林州都督府。8世纪初熊津都督府渐为新罗与渤海所分，百济之种遂绝。参见《旧唐书》卷199上《百济传》，第5334页。关于新罗政权与唐朝的关系，国内外学界有不同看法，有的认为新罗是唐朝的藩属国，有的则认为新罗是唐朝的隶属政权，即被纳入唐朝的统辖范围之内。我认为在设置羁縻府州的前期，新罗属于唐朝统辖范围内，唐玄宗之后鸡林州都督府名存实亡，逐渐转变为藩属国。

设置羁縻府州。从羁縻府州设置与存续的时间看，从隋初到唐末，都有羁縻府州存在，但整个东北边疆地区普遍存在羁縻府州的时间并不长，大约在8世纪后半叶9世纪初。如果不考虑室韦都督府地区的话，东北大部分地区设置羁縻府州的时间在7世纪后半叶到9世纪上半叶，大约150年左右。

对州县以外少数民族地区的羁縻府州朝贡事务的管理，太宗时设东夷都护，以营州都督兼任，管理松漠、饶乐二都督府。高宗时设置安东都护府后，废止了东夷都护府。松漠都督府、饶乐都督府、安东都护府皆由营州都督掌管。黑水都督府设置之初，"中国置长史，就其部落监领之。……仍以幽州都督为其押使，自此朝贡不绝"①。唐玄宗设置节度使后，以平卢节度使府的官员掌管东北羁縻府州事务，兼领少数民族事务的官员通常加有"押某经略使""押某使"，如唐玄宗开元二十九年（741）以"安禄山为营州刺史，充平卢军节度副使，押两番、渤海、黑水四府经略使"②。两番即契丹与奚人。德宗兴元元年（784）八月，"淄青节度使承前带陆海运、押新罗渤海两蕃等使，宜令李纳兼之"③。孙玉良梳理出唐朝兼任押渤海使的官员有33人④。天宝年间以来，以幽州（范阳节度使）、营州（平卢节度使）分领东北少数民族地区羁縻府州，如以范阳节度使，临制奚、契丹；以平卢军节度使，镇抚室韦、靺鞨、安东都护府⑤。靺鞨指忽汗州都督府、黑水都督府。安史之乱期间，唐朝在营州、幽州的统治遭到极大的破坏，唐肃宗上元二年（761），安东都护府废止⑥；平卢节度移居青州，改称平卢淄青节度。此后，东北边疆羁縻府州主要有幽州都督府掌管，淄青平卢节度使也掌管东部忽汗州都督府等部分朝贡事务。隋唐东北边地行政机构管理朝贡制度事务的职能主要有如下方面：

其一，管理东北边疆各民族政权、氏族部落、羁縻府州的朝贡活动。隋唐王朝建立后，东北边疆各民族先后遣使朝贡，如《隋书·高祖纪上》：开

---

① 《旧唐书》卷199下《靺鞨传》，第5359页。
② 《旧唐书》卷9《玄宗纪下》，第213页。
③ 《旧唐书》卷12《德宗纪上》，第345页。
④ 佟冬主编，孙玉良著：《中国东北史》第2卷，吉林文史出版社，1998年，第179—180页。
⑤ 《旧唐书》卷38《地理志一》，第1837页；金毓黻《东北通史》认为，以范阳节度使掌管松漠、饶乐都督府应在肃宗上元二年（761）平卢节度使移据青州之后。第248—249页。
⑥ 参见金毓黻《东北通史》，第246-247页。

皇元年（581），七月，"庚午，靺鞨酋长贡方物"。十二月"壬寅，高丽王高阳遣使朝贡，授阳大将军、辽东郡公"。四年五月，"契丹主莫贺弗遣使请降，拜大将军"。同书卷2《高祖纪下》记载：开皇十三年，"契丹、奚、霫、室韦并遣使贡方物"。最晚到隋文帝开皇十三年，东北边疆主要民族几乎都已遣使朝贡。文帝时营州总管韦艺"容貌瑰伟，每夷狄参谒，必整仪卫，盛服以见之，独坐满一榻。番人畏惧，莫敢仰视"。这里描绘了东北边疆民族朝贡至营州，拜见营州总管的景象。开皇十五年（595）韦艺卒于营州总管的任上。其后，韦艺弟韦冲又出任营州总管，"冲容貌都雅，宽厚得众心。怀抚靺鞨、契丹，皆能致其死力。奚、霫畏惧，朝贡相续"①。由隋入唐，各族仍朝贡不断，唐设营州都督府管理之。唐太宗时为了加强营州都督管理东北边疆事务的职责，以其兼任东夷校尉。《旧唐书·张俭传》记载："俭前在朔州，属李靖平突厥之后，有思结部落，贫穷离散，俭招慰安集之。其不来者，或居碛北，既亲属分住，私相往还，俭并不拘责，但存纲纪，羁縻而已。及俭移任，州司谓其将叛，遽以奏闻。朝廷议发兵进讨，仍起俭为使，就观动静。俭单马推诚，入其部落，召诸首领，布以腹心，咸匍匐启颡而至，便移就代州。即令检校代州都督。俭遂劝其营田，每年丰熟。虑其私蓄富实，易生骄侈，表请和籴，拟充贮备，蕃人喜悦，边军大收其利。迁营州都督，兼护东夷校尉。"由于张俭在朔州招慰安集突厥部落时，以宽厚坦诚的态度对待突厥首领，消除了边事隐患；在代州蕃部行营田时，以和籴之法，使蕃人喜悦，边军收利，可谓对边疆治理有方，于是太宗擢任张俭为营州都督，兼护东夷校尉，即期望他在管理东北边疆朝贡制度成员时也能羁縻有度，治理有方。唐朝对羁縻府州的统辖与内地州县不同，羁縻府州不交纳定额的赋税，"虽贡赋版籍，多不上户部"，但是以朝贡的形式将一定数量土贡（土特产）中珍稀物品诣阙贡献给朝廷，另一部分"不足进者州县留之"，即贡纳到边州都督府或节度使官府。按唐制：诸蕃朝贺进贡使有下从，留其半于边地府州②。如唐肃宗至德年间（757—758）以后松漠、饶乐二都督府，"每岁朝贺，常各遣数百人至幽州，则选其豪长三五十

①《隋书》卷47《韦艺传》《韦冲传》，第1269、1270页。
②《新唐书》卷48《百官志三》，第1257页。

人赴阙，引见于麟德殿，赐以金帛遣还，余皆驻而馆之，率以为常"①。留在幽州的朝贡人员，由边地府州负责安置，等待进京朝贡人员回来后，一起返回原住地。

其二，开设互市，管理与东北边疆各民族政权、氏族部落、羁縻府州的互市贸易。《隋书·韦艺传》记载：韦艺任营州总管期间，"大治产业，与北夷贸易，家资巨万，颇为清论所讥"。说明营州设有与边疆民族的互市，而且互市具有一定规模，在与州县以外北夷贸易中，营州总管积累家资巨万，这为当时政界所讥讽。《唐六典》记载："诸互市监各掌诸蕃交易之事；丞为之贰。凡互市所得马、驼、驴、牛等，各别其色，具齿岁、肤第，以言于所隶州、府，州、府为申闻。……其营州管内蕃马出货，选其少壮者，官为市之。"② 营州柳城粟特人安禄山与同乡里的突厥种史思明，"通六蕃语"，曾同为"互市郎"③。《清边郡王杨燕奇碑文》载，杨燕奇，"烈考文海，天宝中实为平卢衙前兵马使，位至特进检校太子宾客，封弘农郡开国伯，世掌诸蕃互市，恩信著明，夷人慕之"④。开元五年（717），契丹叛乱平定后，复置营州于旧城，新任营州都督宋庆礼"招辑商胡，为立店肆"⑤。很快恢复了营州的往日繁荣，"二十年内，部落不耸，安农互商，金帛山积"⑥。东北边疆民族交易的产品主要是"蕃马"、貂鼠皮等各类土产，在互市中换取唐朝的绢帛、手工业品和药材等，用以补充和改善边疆民族一些日常生活所需物品不足且单调的部分。唐后期，东北边疆东部民族往往由海路到唐廷朝贡，位于胶东半岛的平卢淄青节度负责掌管与其互市的事务，如唐代宗大历年间（766—779），平卢淄青节度观察运押新罗、渤海两蕃等使李正己，"市渤海名马，岁不绝"⑦。唐文宗开成元年（836）淄青节度使奏："新罗、

① ［宋］王溥：《唐会要》卷96《奚》，中华书局，1955年，第1720页。

② ［唐］李林甫等撰，陈仲夫点校：《唐六典》卷22《诸互市监》，中华书局，2014年，第580页。

③ 《新唐书》卷225上《安禄山传》，第6411页。

④ ［唐］韩愈：《昌黎先生集》卷24，张元济等编《四部丛刊》（初编）第682册，商务印书馆，1929年，第10页。

⑤ 《旧唐书》卷185下《宋庆礼传》，第4814页。

⑥ ［清］董诰等：《全唐文》卷352，樊衡《为幽州长史薛楚玉破契丹露布》，上海古籍出版社，1990年，第1578页。

⑦ 《新唐书》卷213《李正己传》，第5990页。

渤海将到熟铜，请不禁断。"① 边州开设互市是唐朝在经济上控制朝贡成员的一个重要手段。

其三，边地府州与羁縻府州朝贡成员之间时常互相遣使聘问，如《张建章的墓志铭》记载：文宗大和六年（832）"渤海国王大彝震遣司宾卿贺守谦来聘。府选报复，议先会主假瀛洲司马朱衣使行。癸丑秋，方舟而东，海涛万里。明年秋杪，达忽汗州，州即挹娄故地。（渤海王）彝震重礼留之，岁换而返。□王大会，以丰货、宝器、名马、文革以饯之。九年仲秋复命。凡所笺、启、赋、诗，盈溢缃帐。又著《渤海记》，备尽岛夷风俗、宫殿、官品，当代传之"②。先是忽汗州都督、渤海王大彝震遣使来聘，翌年幽州都督遣使复聘。这反映了唐朝羁縻都督府朝贡体系下边地府州与朝贡者之间平日的政治往来关系。玄宗时契丹叛唐之后再次归附，对于新归附的松漠都督府所辖各部的分布地，唐廷要求松漠都督及其牙官与幽州节度使共同商议安置，玄宗在《敕契丹王据埒、可突于等书》中曰："部落初归，应须安置，可与守珪审定，务依蕃部所欲。"③ 守珪，即幽州节度张守珪。其时，松漠、饶乐二都督由幽州节度统辖。在商议过程中，幽州节度使与契丹松漠都督双方必互派使者往来，力求使诸部都能满意，"无令下人有所不惬也"④。然而，有一些唐朝边地官员不能谨守职责，引起羁縻府州官民的不满，严重的甚至会导致羁縻府州发生叛乱。如武则天时期，营州都督赵文翙失政，对"契丹饥不加赈给，视酋长如奴仆"⑤。结果酿成长达 20 年的契丹边患，唐朝在东北地区的统治受到极大的破坏。

其四，负责监领东北边疆朝贡成员安守边疆，平定动乱。自秦汉王朝以来，边疆朝贡制度成员就有为王朝安边、守边的义务，到隋唐时期仍是如此。唐朝于边疆广泛设置羁縻府州的宗旨是"全其部落，顺其土俗，以实空虚之地，使为中国扞蔽"⑥。为唐朝防御、打击各种侵扰边地州县的势力，

① ［宋］王钦若等撰：《册府元龟》卷 999《外臣部·互市》，周勋初等校对，凤凰出版社，2006年，第 11562 页。

② 《张建章的墓志铭》，见孙玉良编著《渤海史料全编》，吉林文史出版社，1992 年，第 420 页。

③ ［清］董诰等：《全唐文》卷 285《张九龄三》，第 1277 页。

④ ［清］董诰等：《全唐文》卷 285《张九龄三》，第 1277 页。

⑤ 《资治通鉴》卷 205《唐纪二十一》，万岁通天元年，第 6505 页。

⑥ 《资治通鉴》卷 193《唐纪九》，唐太宗贞观四年，第 6076 页。

是羁縻府州朝贡成员的主要职责之一。因此无论是否设置羁縻府州的朝贡成员，都有义务服从上级地方行政机构长官的调遣，参加平定边疆叛乱的战争。如唐太宗时期高丽莫离支盖苏文弑君擅权，在与新罗关系方面，不服从中央的指令，太宗决定出兵讨伐高丽，《命张俭等征高丽诏》令营州都督兼护东夷校尉张俭"率幽、营二都督府兵马及契丹、奚、靺鞨，往辽东问罪"①。开始太宗以张俭"率蕃兵先行抄掠"，其后又任张俭为"行军总管，兼领诸蕃骑卒，为六军前锋"②。所谓的"蕃兵""诸蕃骑卒"，即是契丹、奚、靺鞨兵，这些"蕃兵"除了迁居到营州境内的羁縻州县的兵力之外，当有一部分是塞外羁縻都督府的部落兵。又，玄宗时，忽汗州都督、渤海国王大武艺一度叛唐，出兵攻袭唐朝州县，韩愈《乌氏庙碑铭》曰："渤海扰海上，至马都山，吏民逃徙失业，尚书领所部兵，塞其道，壍原累石，绵四百里，深高皆三丈，寇不得进，民还其居，岁罢运钱三千万余，黑水、室韦以骑五千来属麾下，边威益张。"③黑水都督府与尚未设置羁縻府州的室韦人派骑兵五千助唐，打退了渤海对唐朝的进攻。此外，朝贡成员还随从边地府州官员从事讨伐突厥、回纥等叛唐的北方草原民族的一些军事行动，如唐玄宗时，突厥屡次侵扰边地州县，玄宗在《敕松漠都督泥礼书》中曰："突厥此来也，其心毒害……卿之忠诚，加以义勇，以顺讨逆。自然必胜。朕所悬爵秩，惟赏有功，况卿赤心，复加戎捷。然狂贼自远投于死地，今其伤败，必更有谋，可须防之，重不可失。乌知义在彼，宜与临事筹之，若须邀截，亦与之计会。"④乌知义，时为平卢使，其职掌主要是安辑、节制"二蕃"，掌管松漠、饶乐二都督府的军事。玄宗命松漠都督府的都督涅礼（泥礼），与平卢节度使乌知义一起筹划邀击反叛的突厥人。

隋唐时期中央管理边疆民族朝贡制度的政务机关日益完善，三省之下部、寺、府、监多个部门都将管理边疆民族事务纳入日常政务之中，这表明隋唐王朝边疆民族朝贡制度较之前朝进一步完善和发展。东北边疆民族朝贡制度已由前朝的一般性朝贡制度，发展为以羁縻府州形式的朝贡制度为主，

---

① ［清］董诰等：《全唐文》卷7《太宗四》，第31页。
② 《旧唐书》卷83《张俭传》，第2776页。
③ ［唐］韩愈撰：《昌黎先生集》卷24，张元济等编《四部丛刊》（初编）第682册，第47页。
④ ［清］董诰等：《全唐文》卷285《敕松漠都督泥礼书》，第1277页。

边地府州在管理东北边疆民族各种形式的朝贡制度中发挥了越来越重要的行政管理作用，从而使东北边疆民族由随意性较大的朝贡制度逐渐向比较规范的朝贡制度发展。

第二节　东南部高丽国朝贡制度及其运作

隋唐重建大一统王朝后，继承了南北朝对边疆属国、属部的宗主国地位，重建规模更大的边疆朝贡体系。雄踞东北东南部地区的高丽政权，在中原改朝换代时期，出于自身政治利益考虑，一面遵循历史传统向新建立的王朝遣使朝贡，一面千方百计寻求在新形势下的发展空间。这与隋唐王朝在经营东北民族朝贡制度过程中，加强对边疆朝贡成员的控制，保持彼此之间的势力平衡与相互牵制，从而达到稳定边疆统治的基本国策相冲突。高丽统治者几次拒不执行隋唐皇帝的敕命，导致隋唐中央王朝多次出兵讨伐高丽，直至灭亡。然而，双方虽然爆发几次大规模的战争，却没有隔断高丽对隋唐王朝的朝贡关系，高丽的朝贡活动一直延续到其亡国的前一年。

一　隋朝重建高丽国朝贡制度

杨坚通过宫廷政变获取北周帝位，改周为隋。隋文帝即位之初，遭到朝廷内外一些忠于北周朝廷的大臣反对，原臣属北朝的北方边疆民族突厥、高丽、契丹、奚、靺鞨等，有的马上归附隋朝，有的处于观望状态，有的则随从反隋势力征战。高丽持何种立场，学界有不同说法，有人认为高丽很快就与隋朝建立朝贡关系，有人认为高丽采取主动进取的姿态调动属部攻打隋朝，以发展自己的势力范围。要搞清真相需要厘清当时东北与北方各种势力和族群与高丽的关系。

营州是中原王朝管理北方民族事务的重镇，北周时原北齐营州刺史高宝宁（又作高保宁）据营州不受周命，隋代周之后，高宝宁继续与隋为敌。《北齐书·高保宁传》记载：

> 高保宁，代人也，不知其所从来。武平末，为营州刺史，镇黄龙，夷夏重其威信。周师将至邺，幽州行台潘子晃征黄龙兵，保宁率骁锐并

契丹、靺鞨万余骑将赴救。至北平，知子晃已发蓟，又闻邺都不守，便归营。周帝遣使招慰，不受敕书。范阳王绍义在突厥中，上表劝进，范阳署保宁为丞相。及卢昌期据范阳城起兵，保宁引绍义集夷夏兵数万骑来救之。至潞河，知周将宇文神举已屠范阳，还据黄龙，竟不臣周。

范阳王高绍义为北齐文宣王第三子，北周灭北齐时逃亡突厥，高宝宁据黄龙（即营州）欲拥范阳王绍义为帝不成，始终不臣北周。几年后隋代周，高宝宁仍以隋朝为敌。《隋书·阴寿传》记载：

> 时有高宝宁者，齐氏之疏属也，为人桀黠，有筹算，在齐久镇黄龙。及齐灭，周武帝拜为营州刺史，甚得华夷之心。高祖为丞相，遂连结契丹、靺鞨举兵反。高祖以中原多故，未遑进讨，以书喻之而不得。开皇初，又引突厥攻围北平。至是，令寿率步骑数万，出卢龙塞以讨之。宝宁求救于突厥。时卫王爽等诸将数道北征，突厥不能援。宝宁弃城奔于碛北，黄龙诸县悉平。寿班师，留开府成道昂镇之。宝宁遣其子僧伽率轻骑掠城下而去。寻引契丹、靺鞨之众来攻，道昂苦战连日乃退。寿患之，于是重购宝宁，又遣人阴间其所亲任者赵世模、王威等。月余，世模率其众降，宝宁复走契丹，为其麾下赵修罗所杀，北边遂安。

《隋书》言周灭齐后，周武王拜高宝宁为营州刺史，不言宝宁不受敕书，似乎高宝宁受命成为北周的营州刺史，显然有误导之嫌。实际上北周建立后，高宝宁仍忠于北齐王室，率"契丹、靺鞨万余骑""夷夏兵数万骑"与北周战，"还据黄龙，竟不臣周"[①]。隋初，高宝宁继续反隋，如上引文所言，其"引突厥攻围北平"；"引契丹、靺鞨之众来攻"，终被隋军所败，最后在契丹地被属下所杀。高宝宁的军队中有数量众多的靺鞨、契丹人，这些靺鞨、契丹人是受高丽指使跟随高宝宁出战的，还是高宝宁自己统属的蕃兵，这关系到高宝宁一系列抗周反隋活动是否受高丽指使，也关系到高丽政权如何对待新建立的隋王朝这一争论，需要考辨清楚。

---

① 《北齐书》卷41《高宝宁传》，第547—548页。黄龙，为今辽宁省朝阳市。

隋朝初年，靺鞨人尚处于氏族部落阶段，所谓靺鞨七部的划分并非是靺鞨人形成了七个部落联盟，而是当时人以地域文化的特点将靺鞨人分为七个部分，每部靺鞨都是由若干氏族部落组成。处于分散状态的靺鞨部落往往受强大的邻族所控制，如东南部白山靺鞨人受高丽所役属，西部靺鞨人受突厥所控制①，靠近营州的靺鞨人不仅频繁向中原朝贡，而且也受管理其朝贡事务的营州刺史所调遣，高宝宁所统领的靺鞨人可能是以不受高丽控制的粟末靺鞨人为主②。

这一时期的契丹人同样处于分散的氏族部落阶段，其东南邻高丽，西北邻突厥，南为中原王朝之营州，弱小的契丹各部成为高丽和突厥争夺的对象，致使一些契丹部落投附中原王朝以求得庇护，如契丹"后魏时，为高丽所侵，部落万余口求内附，止于白狼河。其后为突厥所逼，又以万家寄于高丽"。隋文帝时"契丹别部出伏等背高丽，率众内附"，"开皇末，其别部四千余家背突厥来降"③。从上述记载看，的确有一部分契丹人受高丽控制，也有一部分契丹人受突厥控制，同时，还有部分契丹人内附中原王朝，这部分契丹人主要由营州统辖。因此营州刺史高宝宁统领的契丹人同样不是受高丽控制的契丹人，而是北魏以来内附中原王朝的契丹人。

隋初，高宝宁割据势力与辽河以东强大的高丽政权、西面同样强大的突厥政权，是三个互无统属关系的政治势力。现有史籍中没有见到高丽与高宝宁直接发生关系的任何记载，倒是见到一些高宝宁间接或直接与突厥有联系的记载。由于北齐王室范阳王高绍义流亡突厥，高宝宁与突厥有一定关系。隋文帝开皇元年（581）八月，"突厥阿波可汗遣使贡方物"；九月"突厥沙钵略可汗遣使贡方物"。然因文帝"待之甚薄，北夷大怨，会营州刺史高宝宁作乱，沙钵略与之合军，攻陷临渝镇"④。前引《隋书·阴寿传》云："开

---

① 学界普遍认为受高丽所役属的为白山靺鞨；受突厥控制的可能是伯咄靺鞨，或许还有更北的其他部靺鞨人。

② ［宋］乐史：《太平寰宇记》卷71"燕州"条引《北蕃风俗记》载："开皇中，粟末靺鞨与高丽战，不胜。……凡八部，胜兵数千人，自扶余城西北，举部落向关内附。"第1436—1437页。说明粟末靺鞨并没有受高丽所控制，投附隋朝表明其与中原王朝关系较为密切，这种关系可以上溯到北朝时期。

③ 《隋书》卷84《北狄·契丹传》，第1881—1882页。

④ 《隋书》卷1《高祖纪》第15页、卷84《北狄·突厥传》第1865页。崔瑞德编《剑桥中国隋唐史（589—906）》对隋文帝生性吝啬有所论述。中国社会科学出版社，1990年，第62—63页。

皇初，（高宝宁）又引突厥攻围北平。"① 隋初高宝宁与突厥联手反隋，前者出于复国的愿望，后者则因物质需求没有得到满足。而且，开皇二年（582）高宝宁出兵攻打隋北平时，高丽已于前一年遣使向隋朝贡了。从现有的资料看，高宝宁与高丽政权之间没有明显的政治联系，高宝宁反隋活动无法说明高丽对隋朝的立场。

北朝末到隋初，高丽对北齐、北周与隋朝相继遣使朝贡。显然，对于新建立的隋朝，在高丽君臣看来与历史上中原王朝多次改朝换代别无二致。581 年 2 月隋文帝登基，当年十二月"高丽王高阳遣使朝贡，授阳大将军、辽东郡公"②。高丽王得到隋帝的册封，并没有因隋朝的回赐较少而放弃朝贡活动，而是很快与新建立的隋朝建立了朝贡关系，开始频繁遣使至隋京师长安朝贡③，如开皇二年两次、三年（583）三次遣使朝贡。四年（584）隋朝廷"宴突厥、高丽、吐谷浑使者于大兴殿"④。

之后，高丽一度停止对隋朝朝贡，直到开皇十一年（591）才再见到高丽遣使朝贡。这期间发生两件事，一是原依附高丽的契丹部落转而附隋，北朝时契丹"为突厥所逼，又以万家寄于高丽"。到隋文帝开皇六年以后，这部分契丹人中"别部出伏等背高丽，率众内附。高祖纳之，安置于渴奚那颉之北"⑤。这件事无疑会引起高丽王的不满，由原来积极朝贡转为消极怠慢。二是文帝开皇七年（587），隋征服后梁（原北周的附庸国）；九年（589）隋灭亡了以建康为根据地的陈，完成了全国的统一。面对空前强大的隋朝，高丽作为割据一方的政权，不能不为自己的未来担心和筹划。然而，开皇十年（590）高丽王高阳病卒，子高元继位⑥。新继位的高丽王作为朝贡制度成员若没有得到隋廷的册封，无论在隋朝中央还是在高丽国内，乃至邻国，都得不到认可。于是高元遣使朝贡，告知老王去世，新王继位，请求册封，"高祖使使拜元为上开府、仪同三司，袭爵辽东郡公，赐衣一袭"。十一年

---

① 《隋书》卷1《高祖纪》：开皇二年五月，"高宝宁寇平州，突厥入长城"。第17页。
② 《隋书》卷1《高祖纪》，第16页。同书卷81《东夷·高丽传》云高丽王高汤，第1814页，与此异。
③ 参见本书附表八"高丽对隋唐王朝朝贡表"。
④ 《隋书》卷1《高祖纪》，第21页。
⑤ 《隋书》卷84《北狄·契丹传》，第1881页。
⑥ 关于高丽王元即位年代《隋书》有不同记载，详考见后文。

正月，元奉表谢恩，"并贺祥瑞，因请封王。高祖优册元为王"①。五月，
"高丽遣使贡方物"②，此次遣使朝贡当为谢恩封王。高丽恢复了对隋的朝
贡，十二年（592）正月，"帝在仁寿宫，突厥、高丽、契丹并遣使献方
物"③。这是高丽按照朝贡制度规定遣使至长安，与其他朝贡成员一同向隋
帝贺正的情景。

　　高元地位稳固后，危机感并没有消失，便积极"治兵积谷，为守拒之
策"④，开皇十二年（592）正月以后，直到十七年（597）五月以前不见高
丽朝贡记载，这期间高丽不仅不守臣职，而且屡次出兵骚扰隋边郡。隋文帝
在责让高丽王元的玺书中曰：

　　　　朕受天命，爱育率土，委王海隅，宣扬朝化，欲使圆首方足各遂其
　　心。王每遣使人，岁常朝贡，虽称藩附，诚节未尽。王既人臣，须同朕
　　德，而乃驱逼靺鞨，固禁契丹。诸藩顿颡，为我臣妾，忿善人之慕义，
　　何毒害之情深乎？太府工人，其数不少，王必须之，自可闻奏。昔年潜
　　行财货，利动小人，私将弩手逃窜下国。岂非修理兵器，意欲不臧，恐
　　有外闻，故为盗窃？时命使者，抚慰王藩，本欲问彼人情，教彼政术。
　　王乃坐之空馆，严加防守，使其闭目塞耳，永无闻见。有何阴恶，弗欲
　　人知，禁制官司，畏其访察？又数遣马骑，杀害边人，屡骋奸谋，动作
　　邪说，心在不宾。

　　　　朕于苍生悉如赤子，赐王土宇，授王官爵，深恩殊泽，彰著遐迩。
　　王专怀不信，恒自猜疑，常遣使人密觇消息，纯臣之义岂若是也？盖当
　　由朕训导不明，王之愆违，一已宽恕，今日以后，必须改革。守藩臣之
　　节，奉朝正之典，自化尔藩，勿忤他国，则长享富贵，实称朕心。彼之
　　一方，虽地狭人少，然普天之下，皆为朕臣。今若黜王，不可虚置，终
　　须更选官属，就彼安抚。王若洒心易行，率由宪章，即是朕之良臣，何

　　①　《隋书》卷81《东夷·高丽传》，原文系于开皇十七年，误。第1816页。
　　②　《隋书》卷2《高祖纪下》，第36页。
　　③　[宋] 王钦若等撰：《册府元龟》卷970《外臣部·朝贡第三》，周勋初等校对，第1126页。
　　④　《隋书》卷81《东夷·高丽传》："开皇初，频有使入朝。及平陈之后，汤大惧，治兵积谷，为
守拒之策。"高汤时频有使入朝，隋平陈的第二年高汤卒，"治兵积谷，为守拒之策"者，当为高汤的后
继者高元。第1815页。

劳别遣才彦也？昔帝王作法，仁信为先，有善必赏，有恶必罚，四海之内，具闻朕旨。王若无罪，朕忽加兵，自余藩国谓朕何也！王必虚心纳朕此意，慎勿疑惑，更怀异图。……殷勤晓示，许王自新耳。宜得朕怀，自求多福。①

玺书中指责高丽王不守朝贡成员的臣职之罪有五条，一是"驱逼靺鞨，固禁契丹"，破坏朝贡制度的秩序；二是"潜行财货，利动小人，私将弩手逃窜下国"，"修理兵器，意欲不臧"；三是对于隋廷派去的使者，使其"坐之空馆，严加防守，使其闭目塞耳，永无闻见"，唯恐使者查访暴露其恶谋；四是"数遣马骑，杀害边人"；五是"屡骋奸谋，动作邪说，心在不宾"。文帝令高丽王："今日以后，必须改革。守藩臣之节，奉朝正之典，自化尔藩，勿忤他国，则长享富贵，实称朕心。"同时又安慰高丽王，隋朝不会无故对高丽用兵，"王若无罪，朕忽加兵，自余藩国谓朕何也！王必虚心纳朕此意，慎勿疑惑，更怀异图"。

然高丽王元得隋帝玺书后并未有悔改之意，翌年，亲率靺鞨之众万余骑寇辽西，营州总管韦冲击走之。文帝闻而大怒，"下诏黜高丽王高元官爵"，命汉王谅为元帅，总水陆大军讨之。及次辽水，高丽王遣使谢罪，上表称"辽东粪土臣元"云云。文帝于是罢兵，高丽恢复岁遣使朝贡②。

炀帝嗣位后，天下全盛，高昌王、突厥启民可汗并亲诣阙贡献，然高丽王却从不赴京朝贡。大业三年（607），炀帝巡视塞北，至东突厥启民可汗大帐，遇到高丽使者在此。按朝贡制度的规则，朝贡成员之间不得因政治军事联合之事私自通使，启民可汗不敢隐瞒高丽使者在东突厥之事，向隋炀帝禀报了此事。《隋书·裴矩传》记载：

> 从帝巡于塞北，幸启民帐。时高丽遣使先通于突厥，启民不敢隐，引之见帝。矩因奏状曰："高丽之地，本孤竹国也。周代以之封于箕子，汉世分为三郡，晋氏亦统辽东。今乃不臣，别为外域，故先帝疾焉，欲

---

① 《隋书》卷81《东夷·高丽传》："上赐汤玺书曰。"然此时高丽王汤已卒，在位的是高丽王元，此处"汤"应为"元"。第1815页。
② 引文见《隋书》卷81《东夷·高丽传》，第1816页。

征之久矣。但以杨谅不肖，师出无功。当陛下之时，安得不事，使此冠带之境，仍为蛮貊之乡乎？今其使者朝于突厥，亲见启民，合国从化，必惧皇灵之远畅，虑后伏之先亡。胁令入朝，当可致也。"帝曰："如何？"矩曰："请面诏其使，放还本国，遣语其王，令速朝觐。不然者，当率突厥，即日诛之。"帝纳焉。高元不用命，始建征辽之策。

同书卷84《突厥传》载炀帝赐高丽王的敕命：

> 朕以启民诚心奉国，故亲至其所。明年当往涿郡。尔还日，语高丽王知，宜早来朝，勿自疑惧。存育之礼，当同于启民。如或不朝，必将启民巡行彼土。

炀帝接受裴矩的意见，欲以命高丽王诣阙朝贡为由，拉紧与高丽的政治统属关系，进而使高丽国由"蛮貊之乡"转变为"冠带之境"。高丽王接到炀帝敕书大惧，马上遣使至长安朝贡。大业五年（609）高丽又遣使朝贡[①]。但炀帝是要求高丽王亲自诣阙朝贡，并声称"如或不朝，必将启民巡行彼土"。但高丽王唯恐隋朝借朝贡之际将其扣留，拒不服从炀帝的旨意，从后来的事态发展看，高丽王无论如何都拒绝诣阙朝贡，这让隋炀帝下决心动用全国兵力，以武力迫使高丽王就范，同时向周边各藩属国展示天朝武威，以巩固东北边疆朝贡制度乃至东亚封贡体系。大业八年（612）、九年（613）、十年（614）隋朝三次倾全国兵力征讨高丽，第一次炀帝亲征，"诸军相次继进，大战于东岸，高丽兵大败，死者万计，诸军乘胜进围辽东城"[②]。然"帝令诸军攻之，又敕诸将：'高丽若降者，即宜抚纳，不得纵兵。'城将陷，贼辄言请降，诸将奉旨不敢赴机，先令驰奏。比报至，贼守御亦备，随出拒战。如此者再三，帝不悟。由是食尽师老，转输不继，诸军多败绩，于是班师"；第二次因隋内地发生杨玄感叛乱，炀帝班师。第三次隋军"至辽水，高丽亦困弊，遣使乞降，因送斛斯政（逃亡高丽的隋兵部侍郎）以赎罪。帝许之"。炀帝回到京师后，"以高丽使者亲告于太庙，因拘留之"。仍

---

① ［宋］王钦若等撰：《册府元龟》卷970《外臣部·朝贡第三》，周勋初等校对，第11227页。
② 《资治通鉴》卷181《隋纪五》，隋炀帝大业八年二月，第5662页。

征高丽王元入朝，"元竟不至。帝敕诸军严装，更图后举，会天下大乱，遂不克复行"①。直到隋亡，高丽王仍不肯诣阙朝贡。

从隋征高丽战争的实际情况看，炀帝并没有打算灭亡高丽，虽有收回辽东重置郡县之意②，但其主要目的是要高丽王遵守朝贡制度的规则，谨守臣礼，不得擅自违背朝廷旨意。从炀帝亲征时又"引曷萨那可汗及高昌王伯雅观战处以慑惮之"③看，征讨高丽又有警示其他朝贡成员的意义。韩昇认为隋炀帝远征高丽，政治意义要高于军事意义，这是一场炫耀国力军威的政治战，实是以军事形式进行的政治威慑行动④。所言甚是。

二 唐朝高丽国朝贡制度及其运作

618 年唐朝建立之年，高丽王高元卒，其弟高建武嗣位⑤。高丽政权虽经隋炀帝几次大规模讨伐，仍保持较强的国力，《旧唐书·高丽传》记载其国四至"东渡海至于新罗，西北渡辽水至于营州，南渡海至于百济，北至靺鞨。东西三千一百里，南北二千里"。与《隋书·高丽传》记载："其国东西二千里，南北千余里"（1814）相比，唐代高丽辖区非但没有缩小，反而东西、南北皆拓展了千里⑥。国家制度日臻完善，中央官有十二级，"外置州县六十余城。大城置傉萨一，比都督。诸城置道使，比刺史。其下各有僚佐，分掌曹事"。社会经济以农业为主，"种田养蚕，略同中国"。上层文化已呈现中原化趋向，其人习汉字，读儒家经典，吟汉人诗赋，"俗爱书籍，至于衡门厮养之家，各于街衢造大屋，谓之扃堂，子弟未婚之前，昼夜于此读书习射。其书有《五经》及《史记》《汉书》、范晔《后汉书》、《三国志》、孙盛《晋春秋》、《玉篇》《字统》《字林》；又有《文选》，尤爱重

---

① 引文均见《隋书》卷81《东夷·高丽传》，第1817页。

② 《资治通鉴》卷181《隋纪五》，隋炀帝大业八年二月，炀帝"下诏赦天下。命刑部尚书卫文昇、尚书右丞刘士龙抚辽左之民，给复十年，建置郡县，以相统摄"。第5662页。

③ 《资治通鉴》卷181《隋纪五》，隋炀帝大业八年二月，第5662页。

④ 韩昇：《隋炀帝伐高丽之谜》，《漳州师院学报》1996年第1期。

⑤ 关于高丽王的名讳，《旧唐书》中记载有不同，卷1《高祖纪》作"高武"、卷199《东夷·高丽传》作"高建武"。第14、5320页。此外，《新唐书》《册府元龟》《三国史记》皆作"高建武"。故疑《旧唐书·高祖纪》有脱文，"高建武"为是。

⑥ 高丽与隋唐皆以辽河为界，唐代高丽主要向东南新罗、百济与北部靺鞨地拓土。

之"①。

隋炀帝的几次亲征，对高丽人产生了很大的威慑作用，新继位的高丽王高建武汲取前代对抗隋朝几乎亡国的教训，对唐采取谨守臣礼的政治方针，遵守朝贡制度岁时遣使朝贡，唐高祖武德二年（619），遣使来朝，四年又遣使朝贡。武德五年（622），高祖以隋末在高丽战争中有许多隋兵陷于其地，欲高丽王将这些将士返还中土，赐高建武书曰：

> 朕恭膺宝命，君临率土，祗顺三灵，绥柔万国。普天之下，情均抚字，日月所照，咸使乂安。王既统摄辽左，世居藩服，思禀正朔，远循职贡。故遣使者，跋涉山川，申布诚恳，朕甚嘉焉。方今六合宁晏，四海清平，玉帛既通，道路无壅。方申辑睦，永敦聘好，各保疆场，岂非盛美。但隋氏季年，连兵构难，攻战之所，各失其民。遂使骨肉乖离，室家分析，多历年岁，怨旷不申。今二国通和，义无阻异，在此所有高丽人等，已令追括，寻即遣送；彼处有此国人者，王可放还，务尽抚育之方，共弘仁恕之道。②

接到敕命，高丽王悉搜括隋末陷于高丽的隋朝战士，"以礼宾送，前后至者万数，高祖大喜"③。尽管高丽恢复了对中原王朝的朝贡关系，但隋末对高丽战争的教训也给唐高祖李渊留下了深刻印象，他一度产生欲放弃高丽为朝贡国的想法，《旧唐书·温彦博传》载：

> 时高丽遣使贡方物，高祖谓群臣曰："名实之间，理须相副。高丽称臣于隋，终拒炀帝，此亦何臣之有？朕敬于万物，不欲骄贵，但据土宇，务共安人，何必令其称臣以自尊大？可即为诏，述朕此怀也。"彦博进曰："辽东之地，周为箕子之国，汉家之玄菟郡耳。魏、晋已前，近在提封之内，不可许以不臣。若与高丽抗礼，则四夷何以瞻仰？且中国之于夷狄，犹太阳之比列星，理无降尊，俯同夷貊。"高祖乃止。

---

① 以上引文均见《旧唐书》卷199上《东夷·高丽》，第5319—5320页。
② 《旧唐书》卷199上《高丽传》，第5320—5321页。
③ 《旧唐书》卷199上《东夷·高丽传》，第5321页。

中书侍郎温彦博及侍中裴矩等大臣们认为高丽之地原为前朝领属之地，"不可许以不臣"。与高丽依仗唐朝的册封国而"以自尊大"相比，维护唐朝在边疆四夷中的君主地位更为重要，不可降尊，更不能令四夷轻视唐廷。高祖打消了原有念头，武德七年（624），"春正月己酉，封高丽王高武为辽东郡王"①。将高丽王的封爵由辽东郡公提高为辽东郡王，以安抚笼络之。但高丽并未因此安分守己地遵守朝贡国的臣礼，而是发展自己的势力，企图控制朝鲜半岛的朝贡道。武德九年（626），新罗、百济遣使朝唐，"讼高丽王建武关其道路，不得入朝，又相与有隙，屡相侵掠。诏员外散骑侍郎朱子奢往和解之，建武奉表谢罪，请与新罗对使会盟"②。摄于唐朝的威力，高丽王上表谢罪，但高丽一心向朝鲜半岛发展势力的企图并未打消，这成为后来唐灭高丽的直接原因。

唐太宗时期，加强了对边疆地区的经略。贞观元年（627），太宗击退了突厥颉利可汗十万大军的进攻。二年，"高丽王建武遣使奉贺破突厥颉利可汗，并上封域图"③。表现出对唐朝的敬畏臣服。五年（622），太宗"诏遣广州都督府司马长孙师往收瘗隋时战亡骸骨，毁高丽所立京观。建武惧伐其国，乃筑长城，东北自扶余城，西南至海，千有余里"。当年高丽打退隋炀帝三次攻伐，众多隋朝将士战死疆场④，高丽收集隋军将士尸首，封土筑京观，以炫耀胜利。太宗遣使至高丽毁京观，祭奠并重新埋葬隋军将士尸骨，这对高丽是一个警示。这事令高丽王建武十分害怕，唯恐唐为报前朝之仇出兵灭其国。于是在辽河以东处开始修建千里长城，以防范唐朝的武力进攻。这条长城从贞观五年动工到贞观二十年（646）完工，用时16年⑤。据李建才考证长城的东北起点扶余城在今吉林省德惠市第二松花江南岸，沿农

---

① 《旧唐书》卷1《高祖纪》，第14页。

② ［宋］王钦若等撰：《册府元龟》卷1000《外臣部·强盛》，周勋初等校对，第11571页。

③ ［宋］王钦若等撰：《册府元龟》卷970《外臣部·朝贡第三》，周勋初等校对，第11228页。

④ 如大业八年（612）隋炀帝第一次出兵征伐高丽，据《隋书》卷4《炀帝纪》记载，这次隋军"总一百一十三万三千八百，号二百万，其馈运者倍之。癸未，第一军发，终四十日，引师乃尽，旌旗亘千里。近古出师之盛，未之有也"。正月出兵，到七月"九军并陷，将帅奔还亡者二千余骑。癸卯，班师"，第81—83页。

⑤ ［高丽］金富轼撰：《三国史记》卷20《高丽本纪八》："荣留王十四年春二月、王动众筑长城、东北自扶余城、东南至海、千有余里，凡一十六年毕功。"第251页。

安东 20 公里向南延伸，进入辽宁省境，西南至渤海湾①。大约这件事影响了高丽对唐朝的朝贡活动，连续 7 年不见高丽前来朝贡的记载。贞观十三年（639）才又见高丽遣使朝贡。贞观十四年（640），高丽王遣其太子桓权来朝，并贡方物。这是隋朝以来高丽王子首次诣阙朝贡，太宗十分重视，赏赐丰厚，并"诏使者陈大德持节答劳，且观衅。大德入其国，厚饷官守，悉得其纤曲。见华人流客者，为道亲戚存亡，人人垂涕，故所至士女夹道观。建武盛陈兵见使者。大德还奏，帝悦。大德又言：'闻高昌灭，其大对卢三至馆，有加礼焉。'"② 其中陈大德在高丽所遇见的华人流客，《三国史记》称其为隋末从军没留者③。可见尽管唐高祖时已有万人返回中土，但仍有大量隋人滞留在高丽国。

贞观十六年（642）高丽国发生政变，"高丽大臣盖苏文弑其君高武，而立武兄子藏为王"④。"帝闻建武为下所杀，恻然遣使者持节吊祭，或劝帝可遂讨之，帝不欲因丧伐罪，乃拜藏为辽东郡王、高丽王"。然其时新罗国遣使上书云高丽与百济联兵欲攻新罗，请求唐朝保护。朝贡国之间相互兼并，这是违反朝贡制度规则的。于是，太宗"遣司农丞相里玄奖以玺书让高丽，且使止勿攻。使未至，而盖苏文已取新罗二城，玄奖谕帝旨，答曰：'往隋见侵，新罗乘衅夺我地五百里，今非尽反地，兵不止。'玄奖曰：'往事乌足论邪？辽东故中国郡县，天子且不取，高丽焉得违诏？'不从。玄奖还奏"⑤。高丽权臣拒不从命，这让太宗十分恼火。太宗再次遣使晓谕高丽抗旨的利害，高丽竟然扣留了唐使，《新唐书·蒋俨传》记载："太宗将伐高丽，募为使者，人皆惮行，俨奋曰：'以天子雄武，四夷畏威，蕞尔国敢图王人？有如不幸，固吾死所也。'遂请行。为莫离支所囚，以兵胁之，不屈，内窟室中。高丽平，乃得归。如果说之前高丽国内权臣擅政，弑君易主，尚可容忍，这次盖苏文公然抗拒天朝敕命，而且又扣留唐朝使者，则不可饶恕。于是贞观十八年（644），太宗以"辽东故中国地""盖苏文弑君，

---

① 李健才：《唐代高丽长城和扶余城》，《东北史地考略》续集，吉林文史出版社，1995 年。
② 《新唐书》卷 220《东夷·高丽传》，第 6187 页。
③ ［高丽］金富轼撰：《三国史记》卷 20《高丽本纪八》，杨军校勘，第 251 页。
④ 《旧唐书》卷 3《太宗纪下》，第 54 页。
⑤ 引文均见《新唐书》卷 220《东夷·高丽传》，第 6188—6189 页。

又戮大臣以逞，一国之人延颈待救"为名，"发天下甲士，召募十万，并趣平壤，以伐高丽"①。

这场战争持续了两年，唐朝虽未能全面征服高丽，但对高丽的打击很大，高丽北部傉萨高延寿、南部傉萨高惠贞"率十五万六千八百人请降，太宗引入辕门。延寿等膝行而前，拜手请命。太宗简傉萨以下酋长三千五百人，授以戎秩，迁之内地。收靺鞨三千三百，尽坑之，余众放还平壤。获马三万匹、牛五万头、明光甲五千领，他器械称是"②。唐朝也有较大的损失，"始行，士十万，马万匹；逮还，物故裁千余，马死十八。船师七万，物故亦数百。诏集战骸葬柳城，祭以太牢，帝临哭，从臣皆流涕"③。

尽管唐朝出兵打高丽，高丽臣服唐朝的立场并没有改变。二十年（646）春，高丽王藏遣使朝贡上方物，且谢罪，献二姝口。"帝敕还之，谓使者曰：'色者人所重，然愍其去亲戚以伤乃心，我不取也。'初，师还，帝以弓服赐盖苏文，受之，不遣使者谢，于是下诏削弃朝贡"。对于盖苏文受赏不谢，不守朝贡成员臣礼的行为，太宗削去高丽为朝贡国的资格，并再次出兵教训高丽，小胜则还。二十一年（647），高丽王藏"遣子莫离支高任武来朝，因谢罪"。太宗驾崩，高丽王藏"遣使者奉慰"④。高丽国表现出认罪改过的姿态，高宗即位之初，停止对高丽用兵，恢复了高丽的朝贡国身份，高宗永徽三年（652），高丽遣使朝贡⑤。

然而，高丽国并没有停止对外扩张的战争，654年，高丽王遣靺鞨兵攻打契丹；655年，高丽军与靺鞨兵攻占了新罗36城。这不仅使唐高宗再次出兵攻打高丽，而且决意灭亡高丽。从655年到662年，唐朝连年出兵，攻城拔寨，一度打到高丽都城平壤城下，但在高丽军队的顽强抗击下，唐军很快就班师了。值得注意的是这期间，高丽并没有完全停止对唐朝的朝贡，显庆元年（656），"高丽王高藏遣使奉表贺册皇太子"⑥。乾封元年（666），高丽王藏"遣子男福从天子封泰山"。这年，高丽权臣盖苏文死，"子男生代

① 《新唐书》卷220《东夷·高丽传》第6187页、《旧唐书》卷3《太宗纪下》第57页。
② 《旧唐书》卷199上《东夷·高丽传》，第5325页。
③ 《新唐书》卷220《东夷·高丽传》，第6194页。
④ 以上引文见《新唐书》卷220《东夷·高丽传》，第6194、6195页。
⑤ ［宋］王钦若等撰：《册府元龟》卷970《外臣部·朝贡第三》，周勋初等校对，第11232页。
⑥ ［宋］王钦若等撰：《册府元龟》卷970《外臣部·朝贡第三》，周勋初等校对，第11232页。

为莫离支，有弟男建、男产相怨。男生据国内城，遣子献诚入朝求救，盖苏文弟净土亦请割地降"。应高丽莫离支男生的请求，唐高宗"诏令左骁卫大将军契苾何力率兵应接之。男生脱身来奔，诏授特进、辽东大都督兼平壤道安抚大使，封玄菟郡公。十一月，命司空、英国公李勣为辽东道行军大总管，率裨将郭待封等以征高丽"。唐军历时两年，在投附的高丽人的协助下，于总章元年（668）十一月，"拔平壤城，房高藏、男建等。十二月，至京师，献俘于含元宫。诏以高藏政不由己，授司平太常伯；男产先降，授司宰少卿；男建配流黔州；男生以乡导有功，授右卫大将军，封汴国公，特进如故"①。高丽国灭亡。

从唐与高丽的朝贡关系看，只有在唐太宗贞观六年到十二年（632—638）、唐高宗显庆二年到麟德元年（657—664）一度停止朝贡活动，其他时期基本保持了正常的朝贡活动，即使在唐太宗出兵攻打高丽时期，高丽几乎每年来朝贡、谢罪。高丽对唐朝的朝贡活动一直持续到唐高宗灭高丽战争之前（666）。

三　隋唐王朝的使者活动与对高丽王的册封

隋唐王朝在经营东北民族地区朝贡制度的过程中，多次派遣使者到朝贡国，其使命主要有四类：

一是在高丽王去世，新王继位时，隋唐王朝要遣使者至其国持节吊祭，并对新王行册封之礼。如唐太宗贞观十六年（642），高丽大臣盖苏文弑君另立新主，"帝闻建武为下所杀，恻然遣使者持节吊祭……乃拜藏为辽东郡王、高丽王"②。《册府元龟》记载了唐太宗贞观十七年（643）对高丽王高藏的册命诏文：

> 十七年闰六月诏曰：怀远之规，前王令典。继世之义，列代旧章。高丽王嗣子藏，器怀韶敏，识宇详正。早习礼教，德义有闻。肇承藩业，诚款先著。宜加爵命，允兹故实，可上柱国，封辽东郡王、高丽

① 以上引文见《新唐书》卷220《东夷·高丽传》第6196页、《旧唐书》卷199上《东夷·高丽传》第5327页。
② 《隋书》卷81《东夷·高丽传》，第1816页；《新唐书》卷220《东夷·高丽传》，第6188页。

王。遣使持节册命。①

另外，据《旧唐书·高丽传》记载，武德七年（624）"遣前刑部尚书
沈叔安往册建武为上柱国、辽东郡王、高丽王"。可知隋唐王朝在对高丽王
进行加封时，也会遣使赴高丽行册封礼。

二是布告、抚慰、答劳高丽君臣。唐高祖即位后，下镇抚四夷诏："今
既历远初基，追革前弊，要荒藩服，宜与和亲。其吐谷浑已修职贡，高丽远
送诚款，契丹、靺鞨，咸求内附。因而镇抚，允合机宜，分命行人，就申好
睦，静乱息氓，于此乎在。布告天下，明知朕意。"② 当有行人至高丽国告
布新王朝的建立。平时也有遣使至高丽行抚慰之事，如隋文帝在给高丽王的
诏书中说："时命使者，抚慰王藩，本欲问彼人情，教彼政术。"③ 唐太宗贞
观十四年（640），"（高丽）太子桓权入朝献方物，帝厚赐赉，诏使者陈大
德持节答劳，且观衅。大德入其国，厚饷官守，悉得其纤曲"④。职方郎中
陈大德出使高丽的时间在贞观十五年，大德到高丽后，"欲知山川风俗，所
至城邑，以绫绮遗其守者，曰：'吾雅好山水，此有胜处，吾欲观之。'守
者喜，导之游历，无所不至"⑤。显然，大德出使高丽的目的并不单纯，有
学者认为他名义上是"持节答劳"，实际上是奉旨"觇国虚实"，为唐朝出
兵高丽做准备⑥。实际上，了解朝贡国的山川道路，是历代中原王朝使臣的
基本任务之一。在双方关系出现不和谐状况下，便具有为可能出现的军事行
动搜集情报的目的了。

三是调节高丽与其他朝贡国之间的矛盾。隋唐时期，高丽与新罗、百济
在朝鲜半岛的争夺愈演愈烈，为保持朝鲜半岛朝贡国之间的制衡关系，唐朝
几次遣使从中调停，如唐高祖武德九年（625），"新罗、百济遣使讼建武，
云闭其道路，不得入朝。又相与有隙，屡相侵掠。诏员外散骑侍郎朱子奢往
和解之。建武奉表谢罪，请与新罗对使会盟"。太宗贞观十七年（643），新

---

① ［宋］王钦若等撰：《册府元龟》卷 964《外臣部·封册第二》，周勋初等校对，第 11169 页。
② ［唐］许敬宗：《文馆词林》卷 664《武德中镇抚四夷诏》，中华书局，1985 年，第 110 页。
③ 《隋书》卷 81《东夷·高丽传》，第 1815 页。
④ 《新唐书》卷 220《东夷·高丽传》，第 6187 页。
⑤ 《资治通鉴》卷 196《唐纪十二》，唐太宗贞观十五年五月，第 6169 页。
⑥ 李德山：《试论唐朝初年的唐丽关系》，《北华大学学报》2006 年第 6 期。

罗遣使者上书言："高丽、百济联和，将见讨。谨归命天子。"太宗"遣司
农丞相里玄奖赍斋玺书往说谕高丽，令勿攻新罗。……苏文竟不从"①。这
成为太宗出兵讨伐高丽的导火索。

四是因某事临时遣使至高丽，如太宗贞观五年（631），"遣广州都督府
司马长孙师往收瘗隋时战亡骸骨，毁高丽所立京观"。此事一度引起高丽君
臣的恐慌。其后，太宗将伐高丽，募使者往高丽，右屯卫兵曹参军蒋俨请
行，到高丽后"为莫离支所囚，以兵胁之，不屈，内窟室中。高丽平，乃得
归。帝奇其节，授朝散大夫"②。高宗时又遣使招慰有谋反之意的高丽君臣，
永徽年间派遣"将军辛文陵招慰高丽，次吐护真水，为虏所袭"③。

从隋文帝首次册封高丽王高阳，到唐太宗最后一次册封高丽王高藏，隋
唐王朝或前后 6 次遣使，对 4 位高丽王实行册封，所册官号封爵见下表：

唐帝王	时间	高丽王	封号	文献出处
隋文帝	开皇元年（581）	高阳	授高丽王阳大将军、辽东郡公。	《隋书》卷 1
	开皇十年（590）	高元	高阳（汤）卒，拜其子元为上开府仪同三司，袭爵辽东郡公，赐衣一袭。	《隋书》卷 2、卷 81
	开皇十一年（591）		元奉表谢恩，并贺祥瑞，因请封王，高祖优诏策元为王。	《隋书》卷 81
唐高祖	武德二年（619）	高建武	高丽王建武遣使来朝。（按惯例，唐朝对高丽王应有册封）	《册府元龟》卷 970
	武德七年（624）		遣前刑部尚书沈叔安往册建武为上柱国、辽东郡王、高丽王。	《旧唐书》卷 199 上
唐太宗	贞观十七年（643）	高藏	唐遣使者持节吊祭，册封高藏为上柱国、辽东郡王、高丽王。	《新唐书》卷 220

关于隋朝册封的高丽王，史籍中有不同记载，《隋书·高丽传》记载：
"在周遣使朝贡，武帝拜汤上开府、辽东郡公、辽东王。高祖受禅，汤复遣
使诣阙，进授大将军，改封高丽王。""（开皇）十七年，上赐汤玺书……汤
得书惶恐，将奉表陈谢，会病卒。子元嗣立。"然《隋书·高祖纪》则载：

---

① 《新唐书》卷 220《东夷·高丽传》，第 6188 页；《旧唐书》卷 199 上《东夷·高丽传》，第
5322 页。

② 《旧唐书》卷 199 上《东夷·高丽传》，第 5321 页；《新唐书》卷 100《蒋俨传》，第 3943 页。

③ 《新唐书》卷 98《韦待价传》，第 3904 页。

开皇十年秋七月辛亥，"高丽辽东郡公高阳卒"。《三国史记·高丽本纪第八》同样记载：开皇十年（590），平原王高阳成卒，长子高元继位，"隋文帝遣使，拜王为上开府仪同三司，袭爵辽东郡公，赐衣一袭"。从上述史籍记载看有二处不同，一是关于由北朝入隋的高丽王名字的记载不同，《隋书·高丽传》中高丽王名"高汤"，在《高祖纪》记载为"高阳"，《三国史记》载为"高阳成"；二是关于高丽王高阳卒年的记载不同，《高丽传》记载高汤卒于开皇十七年（597），其他两处记载高阳（成）卒于开皇十年（590）。查《册府元龟》两种记载都有。如将三处史料记载综合考察，有两种可能，一是高阳卒于开皇十年，《隋书·高丽传》的记载有误。开皇十七年隋文帝赐玺书的对象是高丽王高元，不是高汤（阳）。《高丽传》所云"汤得书惶恐，将奉表陈谢，会病卒"为史家不辨史料有误的附会之言。《册府元龟》不辨《隋书》前后记载有矛盾，照抄下来。目前学界都以开皇十年为高阳（或阳成、汤）的卒年。二是由北朝入隋的高丽王于开皇十年卒，继位的高丽王又于十七年卒，子高元继位。这样高丽王的世系中又多了一代王。《北齐书·废帝纪》载：乾明元年，"以高丽王世子汤为使持节、领东夷校尉、辽东郡公、高丽王"。《隋书·高丽传》载："琏六世孙汤，在周遣使朝贡，武帝拜汤上开府、辽东郡公、辽东王。高祖受禅，汤复遣使诣关，进授大将军，改封高丽王。"说明北齐末、北周时高丽王为高汤。而《隋书》帝纪与《三国史记》则称其为高阳，明确记载高阳卒于开皇十年。如此看来，高汤即是高阳。如果在高阳之后，高元之前还存在一代高丽，不仅其名失载，而且其继位受册封之事也失载。加上孤证无力，姑且采用学界通说。

关于隋唐王朝赐予高丽王的封号，与北朝时期相比有一定变化，北齐册封高汤为"使持节、领东夷校尉、辽东郡公、高丽王"，北周册封高汤为"上开府仪同大将军、辽东郡开国公、辽东王"[1]，隋文帝册封高汤（阳）为"大将军、辽东郡公""高丽王"。大将军为隋散官第四等，正三品[2]，隋承前朝册高丽王封号"辽东郡公、高丽王"不变。开皇十一年（591），新即位的高丽王元"因请封王，高祖优诏策元为王"。此次高祖优诏策高元为

---

① 《周书》卷49《异域上·高丽传》，中华书局，1971年，第885页。北周册封高丽王汤为"辽东郡开国公、辽东王"，两封号皆为"辽东"似有误，颇疑"辽东王"为"高丽王"之误。

② 《隋书》卷28《百官志下》，第785页。

王，当是由"辽东郡公"晋升为"辽东郡王"。然在唐高祖时因高丽王建武奉唐命搜括隋末战争时陷于高丽的华人，"以礼宾送，前后至者万数，高祖大喜"。武德七年（624）正月，"封高丽王高（建）武为辽东郡王"①。这暗示唐高祖武德二年（619）高丽王高建武初次朝唐时，唐朝赐予他的封号可能是"辽东郡公、高丽王"。其后，唐朝对高丽王的册封官号有所提升，上柱国为勋官，正二品②，爵位仍为辽东郡王。

四　高丽国亚朝贡体制的解体与高丽国朝贡制度的终结

北朝后期到隋唐时期，高丽是东北地区最大的地方政权，邻近其东北部的靺鞨人和西北部的契丹人皆有一些氏族部落臣服之，形成了以高丽为中心的亚朝贡体系。

唐朝以前，契丹一直处于较为分散的氏族部落发展阶段。《隋书·契丹传》记载：北朝末，契丹"为突厥所逼，又以万家寄于高丽"。所谓"寄于"高丽，当是归附高丽，接受高丽的政治保护，归附人口达到"万家"的规模，足以说明归附高丽的契丹部落数量之多。尽管隋文帝时期有契丹别部出伏等背高丽，率众内附，仍有一定数量的契丹部落受高丽控制。在开皇十七年（597）隋文帝赐高丽王高元的诏书中有"驱逼靺鞨，固禁契丹"之语。直到高丽末年仍可见到契丹人受高丽控制的记载③。

直到高丽国灭亡之前，靺鞨人在东北各族中始终是社会发展水平较低的族群。《旧唐书·靺鞨传》记载，靺鞨七部中的白山部"素附于高丽"。《新唐书·渤海传》云："渤海，本粟末靺鞨附高丽者，姓大氏。"隋唐时期，受高丽役使的靺鞨部主要为南部白山部和粟末部的一部分。《大唐右领军赠右骁卫大将军李他仁墓志》记载，高丽"栅州都督兼总兵马，管一十二州高丽，统在三十七部靺鞨"④。拜根兴认为栅州可能即是高丽的栅城⑤，地处

①　《旧唐书》卷1《高祖纪》，第14页。
②　《旧唐书》卷42《职官志一》，第1791页。
③　《新唐书》卷110《泉男生传》，第4123—4124页。
④　《大唐右领军赠右骁卫大将军李他仁墓志》，引自孙铁山《唐李他仁墓志铭考释》，陕西省考古研究所编《远望集》，陕西人民美术出版社，1998年，第736页。
⑤　拜根兴：《唐李他仁墓志研究中的几个问题》，《陕西师范大学学报》2010年第1期。拜根兴认为李他仁出任的是高丽栅州都督兼总兵马，是。本文采纳这一观点。

高丽北界，李健才认为其地在今吉林省珲春市东北沙齐城①。高丽栅州都督兼总兵马李他仁所统37部靺鞨应以白山靺鞨诸部为主②。《旧唐书·靺鞨传》云："汨咄、安居骨、号室等部，亦因高丽破后奔散微弱，后无闻焉。"表明伯咄部、安居骨部、号室部与高丽也有一定的关系。在高丽对外战争中经常见到驱使靺鞨兵作战的记载，如隋文帝时，高丽王元曾"率靺鞨之众万余骑寇辽西"③；贞观十九年（645）唐太宗亲征高丽，"高丽北部傉萨高延寿、南部耨（傉）萨高惠贞率高丽、靺鞨之众十五万来援安市城"④。唐高宗永徽五年（654），"（高丽王）藏以靺鞨兵攻契丹……六年，新罗诉高丽、靺鞨夺三十六城"⑤；乾封元年（666），"高丽有众十五万，屯于辽水，又引靺鞨数万据南苏城"⑥。足见高丽对靺鞨部落的控制是很紧密的。

高丽的亚朝贡体系一直维持到高丽末年，《新唐书·泉男生传》记载，唐高宗灭亡高丽的战争中，"男生走保国内城，率其众与契丹、靺鞨兵内附，遣子献诚诉诸朝"。高丽国灭亡后，这个亚朝贡体系也随之瓦解。

高宗总章元年（668），唐朝灭亡高丽政权以后，于其地设置安东都护府，以统辖原高丽政权统治下的各族人民。《旧唐书·高丽传》记载：

> 高丽国旧分为五部，有城百七十六，户六十九万七千；乃分其地置都督府九、州四十二、县一百，又置安东都护府以统之。擢其酋渠有功者授都督、刺史及县令，与华人参理百姓。乃遣左武卫将军薛仁贵总兵镇之。

唐灭高丽政权收遗民"户六十九万七千"，杨保隆推测其中高丽人有15万户，其他50多万户应是以汉人为主⑦。由于安东都护府统辖的人口以高

---

① 李健才：《东北史地考略》，吉林文史出版社，1986年，第73页。
② 孙铁山《唐李他仁墓志铭考释》认为，李他仁出任的是唐朝栅州都督兼总兵马，误。
③ 《隋书》卷81《高丽传》，第1816页。
④ 以上引文见《新唐书》卷219《黑水靺鞨传》，第6187页；《旧唐书》卷199上《高丽传》，第5324页。
⑤ 《新唐书》卷220《东夷·高丽传》，第6195页。
⑥ 《旧唐书》卷109《契苾何力传》，第3293页。
⑦ 杨保隆：《高句骊族族源与高句骊人流向》，《民族研究》1998年第4期。

丽人和汉人为多数，此外还有靺鞨、夫余、沃沮、秽等各族人。因此唐朝在安东都护府辖区采取"华夷参治"的政策，最高一级政府机构都护府的官员，就目前所见到的史籍记载看，从长官到一般官吏都是汉人。都督府及以下各级地方机构，实行擢任原高丽贵族官吏中对唐朝有功者，委以都督、刺史及县令官职，与汉人官吏共同参理百姓。尽管安东都护府属于羁縻府州系统，但唐朝并没有对安东都护府实行朝贡制度的统辖方式，而且实行以直接行政统辖为主，保留一定羁縻特点的特殊方式。到唐玄宗中后期，安东都护府之下的羁縻府州逐渐转为一般州县制度。金毓黻指出："安东都护之职掌，不过为平卢节度之一部，其地位渐卑，异于初置。"① 因此，安东都护府的设置，标志着唐朝高丽朝贡制度的终结。

隋唐时期，高丽被纳入东北边疆朝贡制度后，除了隋文帝时期高丽曾大举寇抄辽西地区以外，几乎没有主动出兵寇抄边郡的行动。但隋唐时期爆发了几次中央王朝大规模讨伐高丽的战争，其中主要原因有四：一是高丽王拒绝奉诏诣阙朝贡，不遵守朝贡国的臣礼；二是高丽在向朝鲜半岛扩张势力的过程中，拒绝听从唐帝诏令，唐朝为保护受侵犯的朝贡国的安全，维护朝鲜半岛三方的正常秩序和制衡关系；三是隋唐君臣认为辽东地区自西周箕子封国，燕秦汉设置郡县，直至魏晋皆"在提封之内"。在大一统王朝日益强盛的形势下，收复辽东、乐浪成为隋唐君臣的政治愿望；四是应高丽国内势力的请求，发仁义之师，平定其内乱，并借此机会于高丽地区设立安东都护府。唐高宗最后完成了隋唐几代帝王的夙愿，将羁縻府州推行于高丽国地区，进而恢复了辽东地区的州县，变朝贡国为冠带之地。唐肃宗以后，安东都护府废止，东北东南部高丽等秽貊一系民族逐渐融入其他民族之中。

第三节　东北部族群与羁縻府州朝贡制度的发展与运作

隋唐时期，是东北部肃慎系族群重要的发展时期，以南部靺鞨为主建立了这一族系历史上第一个政权渤海国。唐玄宗时期在渤海国与靺鞨族群地区相继建立忽汗州都督府和黑水都督府，在羁縻府州形式的朝贡制度之下，东

_____

① 金毓黻：《东北通史》，第249页。

北部民族进入全面发展时期，尤其是渤海国迅速发展壮大，唐后期成为东北亚地区有影响的"海东盛国"。到唐中后期，随着唐朝逐渐走向衰落，一些羁縻府州相继废止，但忽汗州都督府的朝贡活动一直持续到唐末。

一 靺鞨地区朝贡制度及其运作

6世纪下半叶，东亚与北亚地区的政治形势都发生了重大变化。原居住在金山（阿尔泰山）之阳的突厥人崛起，西魏废帝元年（552）正月，土门率突厥兵击柔然，大破之，"土门遂自号伊利可汗，犹古之单于也"。到木汗可汗俟斤时（553—572），"西破嚈哒，东走契丹，北并契骨，威服塞外诸国。其地东自辽海以西，西至西海万里，南自沙漠以北，北至北海五六千里，皆属焉"①。突厥成为横跨蒙古高原的大汗国。隋唐王朝对靺鞨诸部的统治日益加强，东部高丽政权和西部突厥汗国也极力向靺鞨地区发展势力，这使靺鞨诸部发生了明显的变化，形成分别依附于隋唐中央王朝、高句丽政权和突厥汗国的局面。8世纪，唐朝在北部靺鞨地区建立了黑水都督府。

1. 隋到唐前期靺鞨及其朝贡活动

隋朝，中原人对靺鞨的了解还基本限于北朝后期形成的勿吉七部的认识，《隋书·靺鞨传》载：

> 靺鞨，在高丽之北，邑落俱有酋长，不相总一。凡有七种：其一号粟末部，与高丽相接，胜兵数千，多骁武，每寇高丽中。其二曰伯咄部，在粟末之北，胜兵七千。其三曰安车骨部，在伯咄东北。其四曰拂涅部，在伯咄东。其五曰号室部，在拂涅东。其六曰黑水部，在安车骨西北。其七曰白山部，在粟末东南。

关于七部的居地，黑水部、粟末部、拂涅部前章已有叙述，学界无大争议。伯咄部在粟末部之北，号室部在最东部，白山部在粟末部东南长白山地区，基本方位也无大争议。只是对安车骨部的方位学界有较大争议，《吉林

---

① 《周书》卷50《突厥传》，第909页。

通志》推定"安车骨部，今阿勒楚喀，五常厅境"①。阿勒楚喀即今哈尔滨市阿城区，以安车骨与金代按出虎水（今阿城附近的阿什河）发音相近而推定。津田左右吉也认同此说②。这一看法对后世影响很大，但与上文记载安车骨部在黑水部东南的方位不符。也有学者从史书记载的方位来推定安车骨部的地点，张博泉先生认为在乌苏里江下游③；王承礼认为在牡丹江中下游地区④。

　　隋朝靺鞨社会始终处于分散的氏族部落阶段，《隋书·靺鞨传》亦曰：靺鞨"邑落俱有酋长，不相总一"。在靺鞨社会中还没有出现高居各氏族部落之上的政治权威，靺鞨七部是总体文化面貌具有一定的亲缘关系、又各自具有地域文化特征的七个靺鞨族群，并没有形成七个部落联盟。隋文帝开皇元年（581）七月，"庚午，靺鞨酋长贡方物"⑤。《隋书·靺鞨传》云："开皇初，相率遣使贡献。高祖诏其使曰：'朕闻彼土人庶多能勇捷，今来相见，实副朕怀。朕视尔等如子，尔等宜敬朕如父。'对曰：'臣等僻处一方，道路悠远，闻内国有圣人，故来朝拜。既蒙劳赐，亲奉圣颜，下情不胜欢喜，愿得长为奴仆也。'"这年八月，"突厥阿波可汗遣使贡方物"；九月，"突厥沙钵略可汗遣使贡方物"；十二月，"高丽王高阳遣使朝贡"⑥。可见靺鞨朝贡活动既早于突厥，也早于高丽。据《隋书·高祖文帝纪》记载，开皇元年到四年，靺鞨4次遣使朝贡。从"相率遣使贡献"看，当是一些靺鞨部落遣使同行前来朝贡。前来朝贡的是哪部靺鞨？《隋书·靺鞨传》曰："其国西北与契丹相接，每相劫掠。后因其使来，高祖诫之曰：'我怜念契丹与尔无异，宜各守土境，岂不安乐？何为辄相攻击，甚乖我意！'使者谢罪。高祖因厚劳之，令宴饮于前。使者与其徒皆起舞，其曲折多战斗之容。上顾谓侍臣曰：'天地间乃有此物，常作用兵意，何其甚也！'然其国与隋悬隔，

---

① ［清］长顺修，李桂林撰：《吉林通志》卷10《沿革志一》，吉林文史出版社，1986年，第175页。

② ［日］津田左右吉：《勿吉考》，《满鲜地理历史研究报告》第一，东京帝国大学文科大学，大正四年（1215）。

③ 张博泉：《东北地方史稿》，吉林大学出版社，1985年，第146页。

④ 王承礼：《中国东北的渤海国与东北亚》，吉林文史出版社，2000年，第11页。

⑤ 《隋书》卷1《高祖纪上》，第15页。

⑥ 《隋书》卷1《高祖纪上》，第15、16页。

唯粟末、白山为近。"其时,白山部为高丽国所控制,粟末部有较大独立性,其西北与契丹接,隋朝初年率先对中央政府朝贡的靺鞨人,极有可能是邻近郡县地区的粟末靺鞨各部派遣的使臣。

隋朝忙于统一南方时期,高丽也加紧了征服邻近粟末靺鞨的步伐,隋《北蕃风俗记》① 记载:

> 开皇中,粟末靺鞨与高丽战,不胜。有厥稽部渠长突地稽首者率忽赐来部、窟突始部、悦稽蒙部、越羽部、步护赖部、破奚部、步步括利部,凡八部,胜兵数千人,自扶余城西北,举部落向关内附,处之柳城,柳城乃燕郡之北。

夫余城,据李建才考证,大约是在高句丽好太王时期占据了夫余国前期王城后所建立的,即今吉林市龙潭山山城②。分布于高丽夫余城之北的粟末靺鞨八部在与高丽的战败之后,投附隋朝。这次内附的粟末靺鞨人口,据《旧唐书·靺鞨传》云:酋帅突地稽"率其部千余家内属",以一家五口计,当在5000人以上。这次战争后,高丽并没有占据粟末部的全部地区,吉林省永吉杨屯大海猛靺鞨遗址、永吉查里巴靺鞨墓地以及榆树老河深靺鞨遗址一直延续到渤海建国前,说明这里一直有粟末靺鞨人生活。但高丽对粟末靺鞨的控制加强了,开皇五年到十年(585—590)靺鞨一度停止朝贡活动。十一年到十三年,靺鞨连续三年遣使对隋朝朝贡之后,再次停止了朝贡活动,其原因可能是受到高丽人的阻止。之后仅在炀帝大业十一年(615)贺正之日,见到靺鞨朝贡的记载:"春正月甲午朔,大宴百僚。突厥、新罗、靺鞨、毕大辞、讹咄、传越、乌那曷、波腊、吐火罗、俱虑建、忽论、靺鞨、讹多、沛汗、龟兹、疏勒、于阗、安国、曹国、何国、穆国、毕、衣密、失范延、伽折、契丹等国并遣使朝贡。"③ 上述朝贡的属国、属部主要是北部和西北部民族,此时高丽尚未恢复对隋朝的朝贡,因此前来朝贡的靺鞨部有可

---

① [宋]乐史:《太平寰宇记》卷71引《北蕃风俗记》,第1436—1437页。《隋书》卷81《靺鞨传》将突地稽率部内属之事,系于隋炀帝时期,误。

② 李健才:《东北史地考略》续集,吉林文史出版社,1995年,第88—98页。

③ 《隋书》卷4《炀帝纪下》,第88页。文中两处记"靺鞨",后一处当为衍文。

能是北部邻近西部草原地区，受高丽影响较弱或不及的伯咄等靺鞨部落。

隋末唐初，趁中原战乱，突厥势力东进，高丽势力西进，东北边疆各族多受二族控制。靺鞨诸部"或附于高丽，或臣于突厥"①。东突厥颉利可汗时期（620—630）②，兵强马壮，"以突利可汗主契丹、靺鞨部，树牙南直幽州，东方之众皆属焉"。颉利可汗按突厥"妻后母，报寡嫂"的习俗，妻其兄前可汗之可敦，即隋朝的义成公主③。受义成公主的挑唆，颉利可汗与唐朝为敌，岁岁寇边，高祖武德三年（620）十一月"突利可汗与奚、霫、契丹、靺鞨入自幽州"④。受突厥人控制的靺鞨人当是居地靠近西北的靺鞨诸部。太宗贞观四年（630），唐灭东突厥。原依附于突厥的靺鞨诸部才开始独立向唐遣使朝贡，五年（631）"室韦、倭、黑水靺鞨并遣使朝贡"。这是首次见到冠有具体部落名称的靺鞨部落朝贡。《旧唐书·靺鞨传》曰："黑水靺鞨最处北方，尤称劲健，每恃其勇，恒为邻境之患。"大概因黑水部是当时唐人已知最北边的靺鞨部，便明确记下部落名称，其他朝贡部落的名称直到唐玄宗朝才有明确记载。黑水部分布在靺鞨诸部的东北部，距离唐朝最远，黑水部的朝贡暗示靺鞨西面的朝贡道已经通畅，越来越多的靺鞨部落开始遣使朝唐。《唐会要》载贞观十四年（640），"黑水靺鞨遣使朝贡，以其地为黑水州。自后或酋长自来，或遣使朝贡，每岁不绝"⑤。然而，北方草原上继突厥之后薛延陀兴起，贞观十五年，"薛延陀尽其甲骑并发同罗、仆骨、回纥、靺鞨、霫等众，合二十万，卒一人马四匹，度漠，屯白道川，据善阳岭，以击思摩之部"⑥。西部一些靺鞨部落受到薛延陀的控制，这必然影响靺鞨诸部的朝唐活动，查阅史籍，在贞观十四年以后，只有十九年（645）正月"靺鞨、霫等遣使来贺各贡方物"。此后相隔60多年，直到唐

---

①　《旧唐书》卷199下《靺鞨传》，第5358页。

②　583年突厥分裂为东、西两部，靺鞨等东北民族主要与东突厥发生各种关系。

③　隋文帝时以宗女义成公主妻东突厥启民可汗，启民可汗去世后，按照突厥人收继婚的习俗，义成公主先后给始毕可汗、处罗可汗、颉利可汗。参见《隋书》卷84《突厥传》第1873页、《旧唐书》卷194上《突厥传》第5153—5155页。

④　《资治通鉴》卷188《唐纪四》，武德三年十一月，第5895页。

⑤　［宋］王溥：《唐会要》卷96《靺鞨》，第1723页。

⑥　［宋］王钦若等撰：《册府元龟》卷985《外臣部·征讨第四》，周勋初等校对，第11403页。

睿宗景云二年（711）十一月，才再见到"靺鞨、室韦遣使献方物"①。《唐会要》曰黑水州设置之后靺鞨部"或豪长自来，或遣使朝贡，每岁不绝"显然夸大其词，实际上黑水州设置后不久便有名无实，并未起到加强唐朝对靺鞨地区羁縻统治的作用。

东面的高丽政权于唐高祖武德二年（619）开始连年向唐遣使朝贡。五年（622）"十一月靺鞨渠帅阿固郎来朝"②。二年后，又见"靺鞨渠帅阿固郎来朝"③。阿固郎两次赴唐朝贡，却没有留下此人属于哪部靺鞨的记载④。学界有各种推测，史载"白山部，素附于高丽"⑤，阿固郎紧随高丽之后来朝唐，为白山部也在情理之中。这以后，武德九年（624）到贞观三年（629）靺鞨部4次向唐遣使朝贡。此时突厥与唐朝交恶，朝贡者当是依附于高丽的靺鞨部。

贞观五年（631），高丽与唐朝关系发生变化，因太宗"诏遣广州都督府司马长孙师往收瘗隋时战亡骸骨，毁高丽所立京观。建武惧伐其国，乃筑长城，东北自扶余城，西南至海，千有余里"⑥。《三国史记》记载：荣留王十四年（631）"春二月，王动众筑长城，东北自扶余城，东南至海，千有余里，凡一十六年毕功"⑦。据李健才等经实地考察，确认高丽修筑的千里长城自高丽扶余城（今吉林龙潭山山城）向西南直到今辽宁营口入海处，至今仍有遗迹可寻⑧。自贞观五年以后，前来朝贡的靺鞨部落都是与西邻室韦、霤等族群结伴而来。这表明由于高丽加强了对唐朝的防备，不再允许它

---

① ［宋］王钦若等撰：《册府元龟》卷970《外臣部·朝贡第三》，周勋初等校对，第11230、11235页。

② ［宋］王钦若等撰：《册府元龟》卷970《外臣部·朝贡第三》，周勋初等校对，第11228页。

③ ［宋］王钦若等撰：《册府元龟》卷970《外臣部·朝贡第三》，周勋初等校对，第11228页。

④ 《新唐书》卷219《北狄·黑水靺鞨传》："（阿固郎）太宗贞观二年，乃臣附，所献有常，以其地为燕州。帝伐高丽，其北部反，与高丽合。"第6178页。然《旧唐书》卷199下《靺鞨传》载：原归附隋朝的粟末靺鞨酋长突地稽"武德初，遣间使朝贡。以其部落置燕州，仍以突地稽为总管"。第5359页。《旧唐书》所记不误。《新唐书》"太宗……燕州"一段文字当为衍文。后面文字是指北部靺鞨伯咄、安居骨、号室等部与高丽合兵对抗唐朝。因此唐丽战场上有数量众多的靺鞨兵，当唐灭高丽后，伯咄、安居骨、号室等部"皆奔散，寖微无闻焉"。

⑤ 《旧唐书》卷199下《靺鞨传》，第5359页。

⑥ 《旧唐书》卷199上《高丽传》，第5321页。

⑦ ［高丽］金富轼撰：《三国史记》卷20《高丽本纪八》，杨军校勘，第251页。

⑧ 李健才：《东北史地考略》续集，第88—98页。

所控制的靺鞨部向唐朝进行朝贡。

贞观十八年（644）唐太宗征讨高丽以来，辽东战事断断续续一直持续到高宗后期。在这期间李他仁出任高丽"栅州都督兼总兵马，管一十二州高丽，统在三十七部靺鞨"①。栅州，拜根兴认为可能即是高丽的栅城②，李健才认为栅城在今吉林省珲春市东北沙齐城③。栅州地处高句丽北界，其北当为白山靺鞨的分布地，高丽栅州都督兼总兵马李他仁所统 37 部靺鞨应以白山靺鞨诸部为主。在唐朝与高丽的战争中，靺鞨白山部民和部分粟末部民受高丽驱使与唐军作战，北部伯咄、安居骨、号室等部亦与高丽合兵对抗唐朝，"每战，靺鞨常居前"。贞观十九年（645）唐太宗亲征高丽，"高丽北部傉萨高延寿、南部耨（傉）萨高惠贞率高丽、靺鞨之众十五万来援安市城"，在唐军的打击下，延寿、惠真请降，"太宗简傉萨以下酋长三千五百人，授以戎秩，迁之内地。收靺鞨三千三百，尽坑之"④。高宗总章元年（668）唐灭高丽国，受高丽驱使的靺鞨部众多被迁入郡县地区。之后唐朝又用了十年左右的时间才基本平息了高丽遗民的复国反抗斗争。接着唐将靺鞨人李多祚又率军"讨黑水靺鞨，诱其渠长，置酒高会，因醉斩之，击破其众"⑤。打击了靺鞨部中具有反唐倾向的势力，加强了唐朝对靺鞨部的影响⑥。

在靺鞨停止向唐朝朝贡期间（646—710），北方草原的突厥再次兴起。高宗永淳元年（682），阿史那骨咄禄重建突厥汗国，史称"后突厥"。突厥默啜可汗时，武则天万岁通天元年（696），营州地区爆发了契丹松漠都督李尽忠率契丹部民反抗唐朝营州都督赵文翙虐政的斗争，契丹军很快攻陷营

① 《大唐右领军赠右骁卫大将军李他仁墓志》，引自孙铁山《唐李他仁墓志铭考释》，陕西省考古研究所编：《远望集》，陕西人民美术出版社，1998 年，第 736—739 页。孙铁山认为李他仁出任的是唐朝栅州都督兼总兵马，似误。

② 拜根兴：《唐李他仁墓志研究中的几个问题》，《陕西师范大学学报》2010 年第 1 期。拜根兴认为李他仁出任的是高丽栅州都督兼总兵马，是。本文采纳这一观点。

③ 李健才：《东北史地考略》，吉林文史出版社，1986 年，第 73 页。

④ 以上引文见《新唐书》卷 219《黑水靺鞨传》，第 6178 页；《旧唐书》卷 199 上《高丽传》，第 5324—5325 页。

⑤ 《新唐书》卷 110《李多祚传》，第 4125 页。

⑥ 魏国忠、孙正甲《唐与黑水靺鞨之战》认为李多祚打击黑水靺鞨的时间大致在 691 年至 692 年之间。《社会科学战线》1985 年第 3 期。

州，东北通往内地的朝贡道被阻断。默啜遣使赴唐上言："请还河西降户，即率部落兵马为国家讨击契丹。"武则天许之。神功元年（697），"默啜遂攻讨契丹，部众大溃，尽获其家口，默啜自此兵众渐盛。则天寻遣使册立默啜为特进、颉跌利施大单于、立功报国可汗"。"契丹及奚自神功之后，常受其征役，其地东西万余里，控弦四十万，自颉利之后最为强盛"①。698 年居住在营州的靺鞨人，在粟末靺鞨舍利乞乞仲象和酋长乞四比羽的带领下，趁机脱离了营州的统治，返回靺鞨故地建立政权②。靺鞨诸部再次附于突厥，渤海王大武艺曾与属下说：黑水靺鞨"旧请突厥吐屯，皆先告我同去"③。可见，这次归附突厥，黑水靺鞨是与渤海国（时称震国）同往，并请求突厥于其地设吐屯，以表示臣服。突厥对诸属部"遣吐屯一人监统之，督其征赋"④。黑龙江中游北面结雅河流域今俄罗斯阿穆尔州特罗伊茨基墓地，是目前发现最大的靺鞨墓地，有近千座墓葬，前后发掘了 200 多座墓葬，出土陶器、串珠、马具、腰带牌饰、铁镞、铁刀等多种随葬品。研究者们认为墓葬年代应在唐代中期到辽初。出土的陶器中盘口陶罐与同仁一期的十分相似，陶器底折角基本是锐角或直角的风格，表现出受粟末靺鞨文化的影响；陶器纹饰却与贝加尔湖、叶尼塞河中游的陶器风格非常接近，在各种牌饰中方形、半圆形、椭圆形蹀躞带具承继了突厥带具的形式，种种现象表明特罗伊茨基墓地文化面貌具有多元文化因素。人类学研究的成果同样表明居住在黑龙江中下游两岸的黑水靺鞨居民，受到了来自贝加尔湖草原地带文化的影响和挤压，同时也导致了在人群上的迁徙与融合⑤。这支从贝加尔湖地带迁来的人群与突厥派遣吐屯是否有关系，还有待于新材料的发现，但它表明黑水靺鞨曾经与突厥发生过密切关系。黑龙江流域、乌苏里江以东沿海地区出土具有突厥文化色彩的带铐、牌饰、马镫等遗物，有人认为这是突厥对靺鞨政治统治的体现，我觉得有些言过其

---

① 《旧唐书》卷 194 上《突厥传》，第 5168、5172 页。
② 粟末靺鞨人大祚荣建立的政权，初名"震国"，后因唐朝册封改名"渤海国"。
③ 《旧唐书》卷 199 下《渤海靺鞨传》，第 5361 页。
④ 《旧唐书》卷 194 下《突厥传》，第 5181 页。
⑤ 冯恩学：《特罗伊茨基靺鞨墓地的陶器来源》，《北方文物》2006 年第 4 期。黑龙江省文物考古研究所、中国社会科学院考古研究所：《黑龙江绥滨同仁遗址发掘报告》，《考古学报》2006 年第 1 期。冯恩学：《黑水靺鞨的装饰品及渊源》，《华夏考古》2011 年第 1 期。张全超、冯恩学、朱泓：《俄罗斯远东地区特罗伊茨基靺鞨墓地人骨研究》，《人类学学报》2008 年第 2 期。

实，突厥发展的重点始终是北方和西北，虽对黑龙江流域有一定的经营，但由于室韦、黑水靺鞨尚处于分散的原始氏族部落阶段，很难建立起较为集中的统治，因此突厥文化对黑龙江下游及滨海地区的影响应视为经济贸易与文化传播的结果。

继南北朝之后，隋唐时期东北各族亦皆诣阙朝贡，中央三省六部之下管理边疆民族朝贡事务的机构日益健全，地方以边地府州（郡）管理边疆民族朝贡事务①。隋唐王朝先后以营州总管府、营州都督府、平卢节度使、卢龙节度使、幽州都督府（节度使）管理靺鞨诸部的朝贡事务②。随着中央王朝对靺鞨诸部朝贡事务的管理逐渐规范化，中原人对靺鞨族群的了解也从比较模糊到日益清晰。

《旧唐书·靺鞨传》记载："靺鞨，盖肃慎之地，后魏谓之勿吉，在京师东北六千余里。东至于海，西接突厥，南界高丽，北邻室韦。其国凡为数十部，各有酋帅。"自粟末靺鞨突地稽归附隋朝之后，中原人从他们那里了解到一些靺鞨社会内部的状况，随着隋唐王朝对靺鞨朝贡活动管理的加强，唐初中原人对靺鞨的认识已从地域文化意义上的族群，发展为对其族群内部各较大部落的认识，故曰"凡为数十部"。翻查史籍可发现唐朝关于靺鞨的记载，除了黑水、拂涅两部还沿用北朝末年以来的名称外，粟末、白山两部在唐灭高丽前后偶有提到，其他只有在追述前朝事迹时才出现。这可能与唐朝人已经认识到靺鞨有众多不相统属的部落有关，而"黑水部"和"拂涅部"因同时又是具体的部落名称，故仍见于史册。

唐睿宗时东北政治局势已经稳定，唐朝重整一度陷于瘫痪状态的东北边疆朝贡制度，靺鞨又开始遣使朝贡，睿宗景云二年（711），"靺鞨、室韦遣使献方物"③。随着唐朝进入鼎盛时期，唐朝再次在靺鞨地区设置羁縻府州，靺鞨诸部的朝贡活动也进入全面发展时期。

2. 黑水都督府下靺鞨部落及其朝贡活动

唐灭高丽政权时，受高丽驱使的靺鞨白山部和粟末部的部民多被迁入郡

① 参见本章第一节。

② 《旧唐书》卷38《地理志》，第1387、1391页；卷39《地理志》，第1520—1521页；《新唐书》卷39《地理志》第1019、1023页，卷43下《地理志》第1125、1127页。并参见后文关于黑水都督府隶属关系的论述。

③ ［宋］王钦若等撰：《册府元龟》卷970《外臣部·朝贡第三》，周勋初等校对，第11235页。

县地区，"汩咄、安居骨、号室等部，亦因高丽破后奔散微弱，后无闻焉，纵有遗人，并为渤海编户"①。渤海国建立后，原靺鞨七部之地的南部纳入渤海，北部仍为靺鞨之地，唐人统称为黑水靺鞨。《新唐书》作《黑水靺鞨传》曰："其地南距渤海，北、东际于海，西抵室韦，南北袤二千里，东西千里。""分十六落，以南北称，盖其居最北方者也"。黑水靺鞨东到日本海，北抵鄂霍次克海，西达大小兴安岭一带与室韦为邻，9 世纪初南至德里府之北与渤海国相接，《新唐书·地理志》载贞元年间（785—804）宰相贾耽《道里记》云，营州入安东道，"至渤海王城，城临忽汗海，其西南三十里有古肃慎城，其北经德理镇，至南黑水靺鞨千里"。德理镇之北为黑水靺鞨，佟柱臣认为德理镇在今黑龙江依兰②，学界多承用此说。王承礼认为渤海国强盛时，黑水靺鞨南界退至黑龙江省鹤岗、萝北、同江及其迤东一带③。8 世纪时黑水靺鞨在东西千里、南北二千里的范围内，分布 16 个较大的部落。《新唐书·黑水靺鞨传》记载："初，黑水西北又有思慕部，益北行十日得郡利部，东北行十日得窟说部，亦号屈设，稍东南行十日得莫曳皆部，又有拂涅、虞娄、越喜、铁利等部。其地南距渤海，北、东际于海，西抵室韦，南北袤二千里，东西千里。拂涅、铁利、虞娄、越喜时时通中国，而郡利，屈设、莫曳皆不能自通。"这里记载了九部的名称、方位和里程，除黑水部外，黑水部之南有四部：拂涅部在三江平原南部；铁利部大约在今牡丹江与松花江合流一带地区。虞娄部或在张广才岭之西。越喜部在铁利部之东近海处，《通典》载安东府"东至越喜部落二千五百里"④。马一虹据此认为越喜在兴凯湖、密山以北一带。黑水部之北四部的分布地，马一虹在吸收日、中学界前贤研究成果的基础上又提出了自己的看法：思慕部在结雅河、布列亚河与黑龙江汇合处之间；郡利部在今黑龙江下游沿江；窟说部在今库页岛的北部；关于莫曳皆部，她不同意白鸟库吉认为在滨海地区"东岸"的土姆宁河流域，以及和田清等认为在日本北海道的观点，认为在库页

① 《旧唐书》卷 199 下《靺鞨传》，第 5359 页。
② 佟柱臣：《我国历史上对黑龙江流域的管辖和其他》，《文物》1976 年第 7 期。
③ 王承礼：《中国东北的渤海国与东北亚》，第 156 页。
④ ［唐］杜佑：《通典》卷 180《州郡十·安东府》，第 4776 页。

岛的南部①。另有七部的名称与居地不详。"其酋曰大莫拂瞞咄，世相承为长"②，从各部单独遣使朝贡看，黑水靺鞨诸部并未形成部落联盟。

唐玄宗开元十年（722）黑水靺鞨酋长倪属利稽入唐朝贡，请求归属，玄宗于其地设置勃利州，以倪属利稽为刺史③。张博泉先生认为勃利州在今俄罗斯哈巴罗夫斯克④，虽然建置规模不大，但这是唐朝在黑水靺鞨地区建立有效的羁縻统治之始，这也暗示黑水靺鞨与突厥关系转弱，或脱离了突厥的控制。开元十三年（725），"安东都护薛泰请于黑水靺鞨内置黑水军。续更以最大部落为黑水府，仍以其首领为都督，诸部刺史隶属焉。中国置长史，就其部落监领之。十六年，其都督赐姓李氏，名献诚，授云麾将军兼黑水经略使，仍以幽州都督为其押使，自此朝贡不绝"⑤。唐玄宗开元年间先后设置了勃利州、黑水军，最后以黑水靺鞨诸部中最大的部落黑水部设置黑水都督府。因靺鞨诸部不相统属，唐廷只能以黑水部酋长为黑水都督府的都督，赐其姓名为"李献诚"，授其官号为"云麾将军兼黑水经略使"，这是史籍关于黑水都督府建立及对黑水都督任命、册封的唯一记载。黑水都督府的所在地，张博泉先生认为在黑龙江下游俄罗斯境内阿纽依河口附近⑥。孙进己认为在今俄罗斯哈巴罗夫斯克（伯力）附近⑦。

唐朝设立黑水都督府后，强化了靺鞨地区的朝贡制度。黑水部以北四部因路途遥远且艰难，不能各自单独遣使朝贡，是否有随黑水部前来朝贡者已不得而知。南面四部与黑水部自开元年间以来，频繁遣使朝贡，《新唐书·黑水靺鞨传》记载：黑水部"朝献者十五，大历世凡七，贞元一来，元和中再"。"拂涅，亦称大拂涅。开元、天宝间八来，献鲸睛、貂鼠、白兔皮；铁利，开元中六来；越喜，七来，贞元中一来；虞娄，贞观间再来，贞元一

① 马一虹：《靺鞨部族分布地域考述》，《中国文化研究》2004 年第 2 期。张亚红、鲁延召：《唐代黑水靺鞨地区思慕诸部地望新考》认为思慕部在俄罗斯犹太自治州比罗比詹市；郡利部在俄罗斯哈巴罗夫斯克边疆区阿穆尔斯克市；莫曳皆部在同区的苏维埃港市；窟说部在今俄罗斯萨哈林州奥哈市波吉比镇。可备一新说。《中国历史地理论丛》2010 年第 1 期。
② 《新唐书》卷 219《黑水靺鞨传》，第 6178 页。
③ 《新唐书》卷 219《黑水靺鞨传》，第 6178 页。
④ 张博泉：《东北地方史稿》，第 203-204 页。
⑤ 《旧唐书》卷 199 下《靺鞨传》，第 5359 页。
⑥ 张博泉：《东北地方史稿》，第 209 页。
⑦ 孙进己、冯永谦主编：《东北历史地理》第二卷，黑龙江人民出版社，1989 年，第 302 页。

来。后渤海盛，靺鞨皆役属之，不复与王会矣”。实际上靺鞨各部的朝贡活动要多于这条史料的记载（详见后文）。

唐玄宗开元年间，史官比较详细地记载了前来朝贡的靺鞨部落名称、使者姓名，以及封授的官号与赏赐物品，现将开元年间诸部朝贡活动统计列表如下：

年号	朝贡部落、册封官号、贡品与赏赐品	文献出处
开元二年（714）	二月拂涅靺鞨首领失异蒙、越喜大首领乌施可蒙、铁利部落大首领闼许离等来朝。十二月，拂涅来朝。	《册府元龟》卷971
开元四年（716）	闰十二月，东蕃远蕃靺鞨部落、（拂）涅部落皆遣大首领来朝，并赐物三十段，放还蕃。	《册府元龟》卷974
开元五年（717）	三月，拂涅靺鞨遣使献方物。五月，靺鞨遣使来朝并献方物。	《册府元龟》卷971
开元六年（718）	二月戊午，靺鞨钱（铁）利、鞨（拂）涅并遣使来朝，各授守中郎将，（放）还蕃。	《册府元龟》卷974
开元七年（719）	正月，拂涅靺鞨、铁利靺鞨、越嘉（喜）靺鞨并遣使来朝，各赐帛五十匹。二月，拂涅靺鞨遣使献方物。八月，大拂涅靺鞨遣使献鲸、鲵、鱼睛、貂鼠皮、白兎、猫皮。	《册府元龟》卷971、974
开元九年（721）	十一月己酉，铁利大首领、拂涅大首领俱来朝，并拜折冲，放还蕃。	《册府元龟》卷971
开元十年（722）	闰五月癸巳，黑水酋长亲属利稽来朝，授勃州刺史，放还蕃。九月己巳，大拂涅靺如价及铁利大拂涅（首领）① 买取利等六十八人来朝，并授折冲，放还蕃。 十月己亥，铁利靺鞨可娄计来朝，授郎将，放还蕃。越嘉（喜）遣首领茂利蒙来朝并献方物。	《册府元龟》卷975、971
开元十一年（723）	十一月甲戌，越喜靺鞨勃施计、拂涅靺鞨朱施蒙、铁利靺鞨倪处梨俱来朝，并授郎将，放还蕃。	《册府元龟》卷975
开元十二年（724）	二月丙申，铁利靺鞨涙池蒙来朝，授将军，放还（蕃）。越喜靺鞨奴布利等十二人来朝，并授郎将，放还蕃。拂涅靺鞨大首领鱼可蒙来朝，授郎将，放还蕃。丙辰，黑水靺鞨大首领屋作箇来朝，达莫娄大首领诺皆诸来朝，并授折冲，放还蕃。五月乙酉，铁利来朝，并授折冲，放还蕃。十二月，越喜靺鞨遣使破支蒙来贺正并献方物。	《册府元龟》卷971、975

① 此处从上下文义看，“大拂涅”当为“大首领”之误。另，表中括号内文字，有的是脱字；有的是误字，如“钱利”为“铁利”之误，“鞨涅”为“拂涅”之误，“越嘉”为“越喜”之误。

续表

年号	朝贡部落、册封官号、贡品与赏赐品	文献出处
开元十三年（725）	正月辛丑，黑水靺鞨遣其将五郎子来贺正，且献方物，授将军，赐紫袍金带、鱼袋，放还蕃。三月丙午，铁利靺鞨大首领封阿利等一十七人来朝，越喜靺鞨芯利施来朝，黑水靺鞨大首领乌素可蒙来朝，拂涅靺鞨薛利蒙来朝，并授折冲，放还蕃。四月甲子，黑水靺鞨诺箇蒙来朝，并授果毅，放还蕃。五月黑水部落职纽蒙等二人来朝，授中郎将，赐紫袍银带、金鱼袋，放还蕃。	《册府元龟》卷 975
开元十四年（726）	黑水靺鞨遣使来朝，诏以其地为黑水都督府，仍置长史，遣使镇押。①	《旧唐书》卷 199 下
开元十五年（727）	二月辛亥，铁利靺鞨米象来朝，授郎将，放还蕃。十一月丙辰，铁利靺鞨首领失伊蒙来朝，授果毅，放还蕃。	《册府元龟》卷 975
开元十六年（728）	唐帝给予黑水都督赐姓李氏，名献诚，授云麾将军兼黑水经略使。	《旧唐书》卷 199 下
开元十八年（730）	正月壬子，大拂涅靺鞨兀异来朝，献马四十匹，授左武卫折冲，赐帛三十段，留宿卫。五月壬午，黑水靺鞨遣使阿布思利来朝，献方物，赐帛，放还蕃。六月戊午，黑水靺鞨大首领倪属利稽等十人来朝，并授中郎将，放还蕃。	《册府元龟》卷 975
开元二十三年（735）	八月，铁利部落、拂涅部落、越喜部落俱遣使来朝，献方物。	《册府元龟》卷 971
开元二十四年（736）	九月，越喜靺鞨遣（使）献方物。	《册府元龟》卷 971
开元二十五年（737）	正月甲午，大拂涅靺鞨首领九异来朝，授中郎将，放还蕃。	《册府元龟》卷 975
开元二十七年（739）	二月，拂涅靺鞨遣使献方物。	《册府元龟》卷 971

① 《旧唐书》卷 199 下《渤海靺鞨传》记载为："（开元）十四年，黑水靺鞨遣使来朝，诏以其地为黑水州，仍置长史，遣使镇押。"第 5361 页。然同卷《靺鞨传》则云："开元十三年，安东都护薛泰请于黑水靺鞨内置黑水军。续更以最大部落为黑水府，仍以其首领为都督，诸部刺史隶属焉。中国置长史，就其部落监领之。"第 5359 页。又［宋］王溥《唐会要》卷 96《靺鞨》曰：贞观十四年（640）"黑水靺鞨遣使朝贡，以其地为黑水州"。第 1723 页。唐太宗朝已经设立黑水州，玄宗不会重复设置，当以《靺鞨传》记载为是，即此时设置的是黑水府，即黑水都督府，或将原设置的黑水州升为黑水府。《渤海靺鞨传》所载"黑水州"当为"黑水府"之误。

年号	朝贡部落、册封官号、贡品与赏赐品	文献出处
开元二十八年 （740）	二月，越喜靺鞨（遣）其臣野古利来献方物，铁利靺鞨遣其臣绵度户来献方物。	《册府元龟》 卷971
开元二十九年 （741）	二月乙巳，越喜靺鞨遣其部落乌舍利来贺正，黑水靺鞨遣其臣阿布利稽来贺正，皆授郎将，放还蕃。三月，拂涅靺鞨遣首领那弃来朝贺正具献方物。	《册府元龟》 卷971、975

从表中内容看，开元年间前来朝贡的靺鞨部落为黑水、拂涅（大拂涅）、越喜、铁利等四部，几乎每年都有靺鞨朝贡使赴唐，并且常常是几部使者相伴而来。靺鞨诸部朝贡时所献方物有马匹、鲸、鲵、鱼睛、貂鼠皮、白兔、猫皮，以及其他土特产。唐朝圣历三年（698）三月六日，武则天敕："东至高丽国；南至真腊国；西至波斯、吐蕃，及坚昆都督府。北至契丹、突厥、靺鞨。并为人番。以外为绝域。其使应给料各依式。"开元四年（716）正月九日，玄宗敕："靺鞨、新罗、吐蕃，先无里数。每遣使给赐。宜准七千里以上给付也。"① 唐廷赏赐靺鞨朝贡者的物品主要是绢帛，并时常封授前来朝贡的靺鞨首领、使者以官爵号。唐对靺鞨人的封授是表明双方臣属关系的重要标志，归纳起来唐玄宗时期对上述四部朝贡首领、使者的封授内容如下：

黑水部酋长倪属利稽授勃（利）州刺史；大首领屋作箇、乌素可蒙分别授折冲；大首领倪属利稽授中郎将；黑水部将五郎子授将军，赐紫袍金带、鱼袋；使臣诺箇蒙授果毅；使臣职纥蒙等二人授中郎将，赐紫袍银带、金鱼袋；使臣阿布利稽授郎将②。

拂涅部大首领（佚名）授折冲；大首领鱼可蒙授郎将；首领九异授中郎将；使臣靺如价、薛利蒙授折冲；使臣朱施蒙授郎将；使臣（佚名）授守中郎将；使臣兀异授左武卫折冲，赐帛三十段，留宿卫。

越喜部使臣苾利施授折冲；使臣勃施计、乌舍利及奴布利等十二人并授郎将。

铁利部大首领（佚名、买取利、封阿利）并拜折冲；首领失伊蒙授果

---

① ［宋］王溥：《唐会要》卷100《杂录》，第1798页。
② 被唐朝封授为黑水都督的黑水部长并没有赴唐朝贡。

毅；使臣滇池蒙授将军；使臣（佚名）受折冲；使臣（佚名）授守中郎将；使臣可娄计、倪处梨、米象并授郎将。

黑水部长（佚名）被唐朝封授为黑水都督，后赐名李献诚，加授云麾将军兼黑水经略使，但他并没有赴唐朝贡。

从上述唐廷对前来朝贡的靺鞨首领、使臣授予的官爵号看，除倪属利稽一人为羁縻州刺史外，有的授予武官官号，如折冲、果毅；有的授予武散官和勋官的官爵号，如将军、中郎将、郎将，军事色彩较浓，这应与唐朝在靺鞨地区设置黑水军有关。俄罗斯特罗伊茨基墓地 M84 出土一组 4 件长方形铁带銙，其中有一个铁带銙的表面有 9 个浅浮雕菱形块纹；M45 出土 3 个棱形铁带銙，素面，其中 1 件在中腰部边缘作上下对称的凹形。冯恩学认为这种带銙和该墓地出土的玉环、玉璧为唐文化特色的装饰品①。《新唐书·车服志》记载："黄为流外官及庶人之服，铜铁带銙七。"据此推测特罗伊茨基墓地出土的带銙、玉环、玉璧极有可能是唐朝在授予黑水靺鞨首领官爵号的同时赐予官服上的佩饰。

黑水都督府与其他地区羁縻府州一样具有出兵协助唐朝征战的义务，黑水都督府一旦出兵助唐征战，这些被授予官号的首领便是率军作战的将领。732 年，渤海王大武艺出兵攻袭唐朝州县。韩愈《乌氏庙碑铭》曰："渤海扰海上，至马都山，吏民逃徙失业，尚书领所部兵，塞其道，堑原累石，绵四百里，深高皆三丈，寇不得进，民还其居，岁罢运钱三千万余，黑水、室韦以骑三千来属麾下，边威益张。"② 黑水靺鞨与室韦派骑兵五千助唐，打退了渤海对唐朝的进攻，在战争中，应有被唐廷封授的靺鞨将领率军作战。

从上表统计的内容看，常见同一靺鞨部一年多次遣使朝贡的现象，如开元七年（719），拂涅部于正月、二月、八月三次遣使朝贡；开元十二年，铁利部于二月、五月，越喜部于二月、十二月，分别两次遣使朝贡；开元十三年，黑水部于正月、三月、四月、五月四次遣使朝贡。这反映了靺鞨地区始终没有形成统一的政治中心，黑水都督府建立后，各部仍是单独遣使朝贡，而且各部内也没有形成较强的政治势力，各部下各氏族部落往往单独遣

---

① 冯恩学：《黑水靺鞨的装饰品及渊源》，《华夏考古》2011 年第 1 期。
② ［唐］韩愈：《昌黎先生集》卷 26《乌氏庙碑铭》，张元济等编《四部丛刊》（初编）第 682 册，第 46 页。

使朝贡。唐朝授予黑水都督的官职中有"黑水经略使"一职，富有使黑水都督尽快在黑水靺鞨诸部中建立起统辖关系的用意。为了加强黑水都督对黑水诸部的管理，唐王朝曾派遣长史到黑水都督府，"就其部落监领之"，协助黑水都督建立起唐朝对这一地区的统治，但效果并不明显。开元十八年，"正月壬子，大拂涅靺鞨兀异来朝，献马四十匹，授左武卫折冲，赐帛三十段，留宿卫"①。这是唯一一例黑水都督府辖区靺鞨部遣使留宿卫的记载，从记载上看，这一行为似乎并不是代表黑水都督，而是代表大拂涅部，这也表明拂涅部具有很强的独立性和一定的实力。

根据《唐会要》、新旧《唐书》、《册府元龟》关于黑水靺鞨各部朝贡的记载统计，各部朝贡的次数为：拂涅部在玄宗开元年间17次，有明确纪年的最后一次朝贡是在开元二十七年（739）。铁利部在开元年间14次，有明确纪年的最后一次朝贡是在开元二十八年（740）。但《唐会要·靺鞨传》云："拂涅、铁利等诸部落，自国初至天宝末，亦尝朝贡，或随渤海使而来。"但天宝年间未见二部朝贡的明确记载。越喜部在开元年间11次，德宗贞元十八年（802）1次，也是最后一次，共12次。虞娄部在太宗贞观年间2次，德宗贞元十八年（802）1次，同样是最后一次，共3次。黑水部在太宗贞观年间2次，玄宗开元年间11次，天宝年间5次，代宗永泰年间1次，大历年间6次，德宗贞元八年1次，宪宗元和十年（815）1次，也是最后一次，共27次②。

靺鞨诸部最后向唐朝贡时间表

部名	拂涅	铁利	越喜	虞娄	黑水
时间	天宝末（755）	天宝末（755）	德宗贞元十八年（802）	德宗贞元十八年（802）	宪宗元和十年（815）

靺鞨各部停止朝贡活动与其南部渤海政权向北拓展势力范围有直接关系，据史籍记载渤海有两次较大规模的对外拓土时期，第一次在武王大武艺

---

① ［宋］王钦若等撰：《册府元龟》卷975《外臣部·褒异第三》，周勋初等校对，第11284页。

② 靺鞨各部朝贡次数参考宋卿《唐代羁縻府州朝贡制度研究》（吉林大学硕士学位论文，2002年）又有所补充。另外，需说明的是玄宗以后，史籍记载靺鞨朝贡除个别记载具体部名外，一般只记"靺鞨"，本文将这类记载都归入黑水部，其中不排除有其他靺鞨部的朝贡活动。参见书后附表九"靺鞨对隋唐王朝朝贡表"。

时期（719—736），"斥大土宇，东北诸夷畏臣之"。但大武艺向北拓土的欲望，被唐朝在靺鞨地区设置黑水都督府所遏制，这引发了渤海与唐朝之间唯一的一次战争（732—733）①，如上所述这次战争中靺鞨出兵助唐军，最终大武艺向唐上表谢罪称臣②。第二次在大仁秀时期（818—829）"仁秀颇能讨伐海北诸部，开大境宇"③，《唐会要·靺鞨传》："惟郡利、莫曳皆三两部未至。及渤海浸强，黑水亦为其所属。"马一虹认为《旧唐书·地理志》记载："平卢军节度使，镇抚室韦、靺鞨，统平卢、卢龙二军，榆关守捉，安东都护府。"其中"靺鞨"是指渤海，黑水靺鞨已不在其中。《旧唐书》没有明确年代，《资治通鉴》将"分平卢别为节度"系于唐玄宗天宝元年（742）④。马一虹由此断定8世纪中叶以后唐王朝放弃了对黑水靺鞨的羁縻政策，黑水靺鞨诸部对唐朝贡是尾随渤海，即作为渤海的附属而来。这一推论明显存在问题。首先，唐朝接受黑水靺鞨部落朝贡，即表明唐朝认为他们是黑水都督府下的部落成员，按照唐朝的朝贡制度规则，朝贡成员之间禁止建立隶属关系，渤海事唐甚谨，不大可能明目张胆地挑战天朝权威。其次，马一虹在论述其观点时提出安史之乱后，平卢节度使南迁山东重组为淄青平卢节度使押领渤海、新罗；幽州卢龙节度使押领契丹、奚，唯独黑水靺鞨去向不明。实际上还有"室韦"也属于其所言"去向不明"之列，查阅史籍可看到自唐初室韦便开始向唐朝贡，安史之乱之后，大约在代宗朝后期唐朝设置了室韦都督府⑤，室韦对唐朝贡一直持续到唐懿宗咸通元年（860）⑥。《册府元龟》记载会昌二年（842），武宗以幽州卢龙军节度副大使、押奚契丹两蕃张仲武"兼充东面招抚回鹘使，其当道行营兵马使及契丹、室韦等并自指挥"⑦。由此可推知史籍所言"平卢军节度使，镇抚室韦、靺鞨"的

---

① 《旧唐书·玄宗纪》记载，开元二十年九月，"渤海靺鞨寇登州，杀刺史韦俊，命左领军将军盖福顺发兵讨之"。第198页。

② ［唐］韩愈：《昌黎先生集》卷26《乌氏庙碑铭》，张元济等编《四部丛刊》（初编）第682册，第46页。

③ 《新唐书》卷219《渤海传》，第6181页。

④ 《资治通鉴》卷215，唐玄宗天宝元年春正月，第6847页；《旧唐书》卷38《地理志》，第1387页。

⑤ 程妮娜：《古代中国东北民族地区建置史》，第167—171页。

⑥ 《旧唐书》卷19上《懿宗纪》："咸通元年春正月，上御紫宸殿受朝，对室韦使。"第650页。

⑦ ［宋］王钦若等撰：《册府元龟》卷994《外臣部·备御第七》，周勋初等校对，第11508页。

"靺鞨"包括渤海与黑水靺鞨,在平卢节度使南迁后,直到宪宗元和十年(815),前来朝贡的黑水靺鞨与室韦同由幽州卢龙节度使押领。再次,黑水靺鞨诸部先后在不同时间停止向唐朝贡(如前表所示),对此马一虹解释说这是由于渤海在各部地区设立建置(其又称为吞并)的时间不同,黑水部又一度独立于渤海所致。然而从前表统计结果看,紧邻渤海国的铁利、拂涅二部,与地近滨海地区的越喜、虞娄二部,停止朝唐的时间竟相隔了几十年①,这与古代政权设立建置的一般规律不符。综上,马一虹认为《新唐书·黑水靺鞨传》关于"后渤海盛,靺鞨皆役属之,不复与王会矣"的记载不能成立②。我认为《新唐书》所言无误,黑水靺鞨诸部停止对唐朝贡时期便是开始被渤海国役属时期,黑水部停止向唐朝贡之时,即是黑水都督府最后撤销时期。大约在渤海王大仁秀时于铁利部之地设铁利府,拂涅部之地设东平府,越喜部之地设怀远、安远二府,虞娄部之地设定理、安边二府③。渤海在黑水靺鞨诸部地区设置的府州属于羁縻性质,保留了靺鞨各部原有的社会组织和习俗,实行自治特点的统治。目前在黑龙江依兰以北三江平原地区很少发现渤海文化的遗物,渤海末年国势衰落后,原黑水靺鞨部落又纷纷脱离渤海统治,独立与中原王朝发生朝贡关系,皆证明了这一点。

二 渤海国朝贡制度及其运作

7世纪末8世纪初,靺鞨人建立了肃慎族系历史上第一个政权。渤海建国之初曾一度依附突厥,不久摆脱突厥控制与唐朝建立起宗藩关系,很快渤海又与日本建立起稳定的交往关系,但渤海王室与南邻新罗的关系则长期处于一种若即若离的冷战状态。唐朝通过在渤海国地区建立忽汗州都督府推行朝贡制度,实现中央政权对东北边疆的控制。渤海国被纳入朝贡制度后,很快从东北边陲小国发展为东北亚地区举足轻重的大国,最后也伴随着唐朝衰

---

① 《續日本紀·後篇》卷35光仁天皇宝龟十年(779)九月庚辰条:"渤海及铁利三百五十九人慕化入朝。"吉川弘文馆,昭和四十七年(1972),第451页。据此马一虹认为779年以前铁利虽被渤海役属,但未被渤海吞并。

② 上述马一虹的观点,见是氏著《靺鞨、渤海与周边国家、部族关系史研究》,中国社会科学出版社,2011年,第93—104页。

③ 《新唐书》卷219《渤海传》,第6182页。但是,《新唐书·渤海传》将虞娄记为"挹娄"。金毓黻认为该传中"挹娄"为"虞娄"之误(金毓黻:《东北通史》,第281页)。所言甚是,从之。

落，渤海朝贡制度陷于瘫痪而走向衰亡。

1. 渤海国建立与唐朝建构忽汗州都督府朝贡制度

隋文帝时期已有粟末靺鞨内附入居营州，唐高宗灭高丽后，又将部分臣服于高丽的粟末靺鞨、白山靺鞨部落内迁，安置于营州。武则天时期，营州都督赵文翙，"契丹饥不加赈给，视酋长如奴仆"①，激起契丹部众的强烈不满与愤恨，万岁通天元年（696），营州地区爆发了契丹人的反抗斗争。这次契丹反唐声势浩大，纵兵四处掠夺，大败官军，阻断了唐朝与东北地区的陆路交通，东北重镇的营州被迫南迁。居住在营州的靺鞨人在乞乞仲象和乞四比羽的带领下，趁辽西陷于战乱之际，与部分高句丽遗民和汉人脱离了唐朝营州的统治，返回靺鞨故地建立政权。《新唐书·渤海传》记载：

> 渤海，本粟末靺鞨附高丽者，姓大氏。……万岁通天中，契丹尽忠杀营州都督赵翙反，有舍利乞乞仲象者，与靺鞨酋乞四比羽及高丽余种东走，度辽水，保太白山之东北，阻奥娄河，树壁自固。武后封乞四比羽为许国公，乞乞仲象为震国公，赦其罪。比羽不受命，后诏玉钤卫大将军李楷固、中郎将索仇击斩之。是时仲象已死，其子祚荣引残痍遁去，楷固穷蹑，度天门岭，祚荣因高丽、靺鞨兵拒楷固，楷固败还。于是契丹附突厥，王师道绝，不克讨。祚荣即并比羽之众，恃荒远，乃建国，自号震国王，遣使交突厥。

对于擅自脱离唐朝统辖的靺鞨人，武则天最初采取怀柔政策，封靺鞨首领乞四比羽为许国公，乞乞仲象为震国公，并赦免其罪，欲不战而使靺鞨部众重归唐朝统辖之下。但是，乞四比羽拒绝接受唐朝的册封，采取与朝廷敌对的政策，这为唐朝所不能容忍。于是，武则天派遣契丹降将大将军李楷固率兵进讨靺鞨部众，此时乞乞仲象已去世，乞四比羽战死，乞乞仲象之子大祚荣统领的靺鞨部众受到重创，退守天门岭，击退李楷固率领的唐军。《旧唐书·渤海传》记载：

①《资治通鉴》卷205《唐纪二十一》，万岁通天元年，第6505页。

契丹及奚尽降突厥，道路阻绝，则天不能讨，祚荣遂率其众东保桂娄之故地，据东牟山，筑城以居之。祚荣骁勇善用兵，靺鞨之众及高丽余烬，稍稍归之。圣历中，自立为振国王，遣使通于突厥。……中宗即位，遣侍御史张行岌往招慰之。祚荣遣子入侍，将加册立，会契丹与突厥连岁寇边，使命不达。

乞乞仲象之子大祚荣因武则天册封其父乞乞仲象的封号"震国公"而自号"震国王"。学界一般认为渤海建国初年的国号为"震国"①。

关于渤海国建国者的族属，《旧唐书·渤海靺鞨传》载："渤海靺鞨大祚荣者，本高丽别种也。"宋祁、欧阳修等撰《新唐书·渤海传》曰："渤海，本粟末靺鞨附高丽者，姓大氏。"对《旧唐书》所云"高丽别种"作了明确解释，其所依据的当是唐人张建章《渤海国记》②。渤海近邻新罗人也认为渤海建国者为粟末靺鞨，如唐昭宗时新罗人崔致远作《谢不许北国居上表》云："渤海之源流也，句丽未灭之时，本为疣赘部落，靺羯之属；实繁有徒，是名粟末小蕃。"③ 可见唐人和新罗人皆明言渤海建国者为粟末靺鞨。12世纪初源于黑水靺鞨的女真人起兵反辽之初，完颜阿骨打遣人招谕渤海人曰："女直、渤海本同一家。"即是出于渤海人与女真人皆源于靺鞨的共同认识。清代乾隆四十三年（1778）阿桂等人奉旨撰成《满洲源流考》，其中亦曰："渤海处黑水靺鞨之南，实靺鞨之粟末部也。"至此，唐朝以来历代史家对渤海国的族属并无异议。然而，几年后（乾隆四十九年，1784）李氏朝鲜文人柳得恭撰写的《渤海考》首次提出"（渤海）大氏者何人也，乃高句丽之人也。其所有之地何地也，乃高句丽之地也。"④ 尽管柳氏是在没有发现任何新材料的情况下提出的假说，这一观点却逐渐成为朝鲜半岛学

① 震国，又作振国。《旧唐书》卷199下《北狄·渤海靺鞨传》："自立为振国王。"第5360页。一般认为是"震"与"振"为同音异写。近年又有学者提出渤海建国初的国号为"靺鞨国"。参见王承礼《中国东北的渤海国与东北亚》，第32—36页。此后又有多位学者撰文论渤海初年国号为"靺鞨"，但尚未得到学界的普遍认同。
② 《新唐书》卷58《艺文二》著录"张建章《渤海国记》三卷"，第1508页。
③ ［朝鲜］徐居正编：《東文選》卷33《表笺》，《朝鲜群书大繋》续第9辑，汉城朝鲜古书刊行会，1994年，第174页。
④ ［朝鲜］柳得恭：《渤海考·序》，《朝鲜群书大繋》本，见孙玉良编著《渤海史料全编》，吉林文史出版社，1992年，第400页。

者的主要观点。20 世纪以来，各国学者在"靺鞨说"与"高句丽说"的争论中，"靺鞨说"中又出现不同的看法，1915 年日本学者津田左右吉在《渤海考》一文中提出大祚荣建国之地在太白山东北，这里应是白山靺鞨部的故地。白山靺鞨长期依附高句丽，与史籍所言"高丽别种"相契合，认为渤海建国者可能是白山靺鞨部人①。津田的观点得到我国学者董万仑、李健才等人的支持②。

正当中、朝、日、俄学者对渤海国族属问题争论不休之时，渤海考古研究取得了突破性进展，吉林市以北松花江右岸的榆树大坡老河深、永吉杨屯大海猛和查里巴几批重要的粟末靺鞨墓葬和渤海初期墓葬③，以及敦化六顶山渤海前期墓葬、和龙西古城（中京显德府）的发掘与研究④，为探讨渤海族属提供了实证资料。在古代人们日常生活普遍使用陶器的时代，陶器最能深刻地反映族群的文化属性，也是考古学文化研究的重点。胡秀杰、刘晓东的研究认为渤海建国前至渤海建国初期，最具代表性的陶器主要是靺鞨系重唇筒形罐和敞口鼓腹罐，尤其是粟末靺鞨系的典型器物重唇筒形罐贯穿于渤海国的各个时期。夫余、高句丽系横耳罐在粟末靺鞨遗址和渤海遗址中都有发现，还发现融入靺鞨文化元素的重唇横耳器。渤海中后期，中原色彩的陶器逐渐成为渤海陶器的主流⑤。郑永振同样认为渤海的重唇筒形罐，其渊源在粟末靺鞨重唇筒形罐中，而且贯穿于整个渤海时期，反映了渤海文化中粟末靺鞨文化因素的深刻程度。他指出高句丽陶器中常见到的横耳罐、鼓腹罐在渤海建国前粟末靺鞨遗存中数量不多，但在渤海时期的陶器中较普遍存

---

① ［日］津田左右吉：《渤海考》，《滿鮮地理歷史研究報告》第一，东京帝国大学文科大学，大正四年（1915）。

② 董万仑：《东北史纲要》，黑龙江人民出版社，1987 年，第 154 页。李健才：《唐代渤海王国的创建者大祚荣是白山靺鞨人》，《民族研究》2000 年第 6 期。

③ 刘振华：《永吉杨屯遗址试掘简报》，《文物》1973 年第 8 期；吉林市博物馆：《吉林永吉杨屯大海猛遗址》，《考古学集刊》第五集，中国社会科学出版社，1987 年；吉林省文物考古研究所：《榆树老河深》，文物出版社，1987 年；吉林省文物考古研究所：《吉林永吉查里巴靺鞨墓地》，《文物》1995 年第 9 期。

④ 王承礼、曹正榕：《吉林敦化六顶山渤海古墓》，《考古》1961 年第 6 期；中国社会科学院考古研究所：《六顶山与渤海镇》，中国大百科全书出版社，1997 年；吉林省文物考古研究所、延边朝鲜族自治州文化局、延边朝鲜族自治州博物馆、和龙市博物馆编著：《西古城——2000～2005 年度渤海国中京显德府故址田野发掘报告》，文物出版社，2007 年。

⑤ 胡秀杰、刘晓东：《渤海陶器类型学传承渊源的初步探索》，《北方文物》2001 年第 4 期。

在。渤海早期靺鞨文化因素和高句丽文化因素对等地表现出来，到了中后期靺鞨文化因素逐渐衰退，唐的文化因素明显增加①。考古学文化研究成果印证了中国古籍关于渤海族属的记载，即"渤海，本粟末靺鞨附高丽者"；建国之初"靺鞨之众及高丽余烬，稍稍归之"。渤海国是以靺鞨为主体，联合高丽、汉人共同建立，建国之初既是多民族政权。

关于渤海建国的时间，《旧唐书·渤海传》云：武则天圣历中，大祚荣"自立为振国王"。圣历为两年（698—699），黄维翰《渤海国记·自叙》曰：渤海"始唐武后圣历二年己亥，讫后唐明宗天成二年丁亥"。在下编《年表上》中则将"振国王、渤海太祖大祚荣天统元年"记为武后久视元年（700）庚子②。金毓黻认为黄氏之说前后抵牾，而且无论将圣历二年还是久视元年认定为渤海建国年份皆殊误③。他认为日本菅原道真等撰《类聚国史》卷193所载："文武天皇二年，大祚荣始建渤海国，和铜六年，受唐册立。"尤为可信，该书成于唐昭宗景福元年（892），是日本径自渤海得来的极其珍贵之史料，文武天皇二年即圣历元年（698），和铜六年即玄宗开元元年（713）。此后学界皆以698年为渤海建国之年，金先生的观点几乎成定说。但赵评春在考察了大祚荣建国前后的历史事件之后，提出唐将李楷固度天门岭与大祚荣靺鞨兵作战的时间当在长安元年（701），震国立号年代应是703年，认为史籍中的"圣历中"当为"长安中"之误④。最近又有学者围绕渤海建国的时间展开讨论，并对于渤海建国者提出了新说，郑永振认为在天门岭战役以前，698年乞乞仲象在辽河流域建立震国，不久病故，大祚荣率部战胜唐军，东走至东牟山。因此后来的史书都记录渤海的建国者是大祚荣，但渤海人自己把开国之日定为698年，又通过渤海使臣传到日本被准确地记录下来。郑先生在渤海建国时间上赞成金先生的观点，却又提出渤海建国者是乞乞仲象，不是大祚荣的观点⑤。显然，震国建立的时间如在698年，建国的地点不大可能在东牟山。乞乞仲象死后大祚荣自承"震国公"

① 郑永振：《渤海文化考古学新探——以陶器为中心》，《东疆学刊》2008年第4期。

② 黄维翰：《渤海国记》，己巳年（1929）撰《自叙》，然1931年黄维翰去世时，该书尚未写定，后由友人鲍奉宽编辑成书。《渤海国志三种》，天津古籍出版社，1992年，第57、137页。

③ 金毓黻：《渤海国记校录》，《渤海国志三种》，天津古籍出版社，1992年，第172页。

④ 赵评春：《震国立号年代考》，《北方文物》1989年第4期。

⑤ 郑永振：《对渤海的建国年代和建国地的讨论》，《北方文物》2010年第2期。

封号建立震国的时间则有可能在 698 年，因此对于渤海建国者为乞乞仲象之说，在没有见到充分材料加以论证之前，我还是赞同传统观点：渤海的建国者是大祚荣。

震国建立之初，因抗拒唐军与朝廷交恶，急需与相邻政权建立关系。此时，突厥默啜可汗出兵助朝廷平定契丹李尽忠、孙万荣的叛乱之后，居功自傲，对朝廷的奖赏不满，圣历元年（698）默啜起兵欲取河北，入寇州县，"尽杀所掠赵、定等州男女万余人，自五回道去，所过，杀掠不可胜纪。……狄仁杰将兵十万追之，无所及。默啜还漠北，拥兵四十万，据地万里，西北诸夷皆附之"①。大祚荣一方面"遣使交突厥"，"请突厥吐屯"②，以示臣服。另一方面遣使新罗，《谢不许北国居上表》记载："初建邑居，来凭邻援，其酋长大祚荣，始授臣番第五品大阿餐之秩。"③ 在根基不稳时期，大祚荣采取这种形式以寻求邻国的政治保护。

705 年，唐中宗复位，对靺鞨人政权的政策由围剿转变为招抚，中宗派侍御史张行岌前往震国招慰大祚荣及靺鞨部众。大祚荣对此求之不得，立刻向唐朝称臣，并主动派遣其子大门艺随张行岌赴长安，充唐帝宿卫④。中宗虽欲马上对大祚荣进行正式册封，但由于契丹与突厥连年寇抄边郡，阻绝道路，致使册命无法送达。直到睿宗时，突厥向唐称臣，东北边地才逐渐恢复了与唐朝内地的正常交通。712 年，唐睿宗派遣郎将崔忻摄鸿胪卿，为敕节宣劳靺鞨使，由山东经辽东半岛到达震国都城，册封大祚荣为"左骁卫员外大将军、渤海郡王，仍以其所统为忽汗州，加授忽汗州都督"⑤。翌年，崔忻回国，途经辽东半岛时，在今旅顺黄金山脚下新凿的两口井旁刻石纪念⑥，"敕持节宣劳靺鞨使鸿胪卿崔忻，井两口，永为记验，开元二年五月

①　《资治通鉴》卷 206《唐纪二十二》，武则天圣历元年九月癸未，第 6535 页。

②　《旧唐书》卷 199 下《北狄·渤海靺鞨传》，第 5360、5361 页。

③　[新罗] 崔致远：《謝不許北國居上表》，徐居正编《東文選》卷 33《表箋》，《朝鲜群书大繫》续第 9 辑，第 174 页。

④　《新唐书》卷 219《北狄·渤海传》，第 6180 页。

⑤　《旧唐书》卷 199 下《北狄·渤海靺鞨传》，第 5360 页。

⑥　[日] 渡边谅著，姚义田译《鸿胪井考》（《辽海文物学刊》1991 年第 1 期）认为这两口井是崔忻初到辽东半岛时提议打新井，完成使命再次路过这里，井已竣工，为纪念这两件事而在井边立碑。

十八日"①。此刻石见于明代《辽东志》著录，现在日本东京皇宫内。大祚荣"自是始去靺鞨号，专称'渤海'"。"每岁遣使朝贡"②。

2. 渤海国（忽汗州都督府）朝贡制度的运作与发展变化

唐朝在渤海国地区建立忽汗州都督府之后，将渤海国纳入羁縻府州朝贡体系，要求受册封的渤海王、忽汗州都督"永为藩屏，长保忠信，效节本朝，作范殊俗"③。渤海王作为唐朝羁縻府州的长官应每年遣使朝贡，贡纳方物，以尽臣职。自唐玄宗开元元年（713）设立忽汗州都督府以来到唐朝灭亡（907）为止，近 200 年间，渤海国始终保持着与唐朝的朝贡关系。现据史籍记载，将渤海各王时期遣使朝唐的情况统计如下：

渤海国向中原王朝进行朝贡活动表（705—925）④

渤海王	高王 698—719	武王仁安 719—737	文王大兴 737—793	废王佚 793	成王中兴 794	康王正历 794—809	定王永德 809—812	僖王朱雀 812—818	简王太始 818	宣王建兴 818—830	佚佚 831—857	佚佚 858—871	佚佚 872—893	佚佚 894—906	佚佚 907—926
	大祚荣	大武艺	大钦茂	大元义	大元玝	大嵩璘	大元瑜	大言义	大明忠	大仁秀	大彝震	大虔晃	大玄锡	大玮瑎	大諲撰
朝贡次数	5	26	46	0	0	7	4	14	1	12	9	1	1	2	9

---

① 罗福颐辑校：《满洲金石志》卷 1《唐·井阑题名》，《历代碑志丛书》第 23 册，江苏古籍出版社，1998 年，第 16 页。

② 《新唐书》卷 219《北狄·渤海传》，第 6180 页；《旧唐书》卷 199 下《北狄·渤海靺鞨传》，第 5360 页。

③ ［宋］王钦若等撰：《册府元龟》卷 964《外臣部·册封第二》，周勋初等校对，第 11174 页。

④ 金毓黻：《渤海国志长编》卷 19《丛考》首次对渤海纪年进行详细考订，认为渤海诸嗣王纪年实行逾年改元（1934 年刊行，社会科学战线杂志社，1982 年翻印，第 479—480 页）。孙玉良：《渤海纪年补订》（《社会科学战线》1982 年第 1 期）根据出土的《贞孝公主墓志》中文王纪年考证认为大钦茂是继位当年改元，提出渤海纪年当为当年改元说。阎万章：《〈大彝震遣使聘日年代考〉商榷》（《北方文物》1992 年第 2 期）通过对《渤海中台省致日本太政官牒》的日期考证，发现大彝震是继位翌年改元。对此，刘晓东在《渤海纪年再考订》（《历史研究》1996 年第 4 期）一文中对渤海纪年进一步考订，认为渤海仿效唐朝嗣君改元法，前期起自武艺，止于仁秀，实行继位当年改元法，后期起自彝震，止于末王，实行继位翌年改元法。本表渤海纪年采用刘说。

渤海共 15 位王，其中废王大元义和成王大元屿在位时间极短，未及遣使朝唐，末王大諲撰继位后唐朝已灭亡①，其他 12 王在位期间皆遣使对唐廷朝贡。由于受各种政治因素、政治利益和政治事件的影响，渤海国对唐朝的朝贡活动前后发生一定变化，大致可划分为 4 个阶段：

第一阶段为渤海国朝贡制度初建期，从大祚荣十六年（713）到大钦茂十七年（754）。这一时期渤海国对朝贡活动呈现出很高的热情，41 年共遣使朝贡 45 次，虽有隔年朝贡的现象，也有一年朝贡 2 次或 3 次的时候，总体上平均每年朝贡 1 次。

震国时大祚荣就主动派遣质子入侍唐帝，忽汗州都督府建立后，渤海王积极遣使朝贡，不断派质子入京师留宿卫。唐玄宗开元八年，大武艺仁安二年（720）九月，玄宗"遣左骁卫郎将摄郎中张越使于靺鞨，以奚及契丹背恩义讨之也"②。忽汗州都督当遵从唐朝的调遣出兵助战，奉行羁縻府州朝贡成员的职责。

然而，开元十三年（725）唐朝于渤海北面黑水靺鞨地区设置黑水都督府，遏止了渤海北拓疆土的计划。对此大武艺认为："黑水途经我境，始与唐家相通。旧请突厥吐屯，皆先告我同去。今不计会，即请汉官，必是与唐家通谋，腹背攻我也。"③ 欲以弟大门艺为将出兵攻打黑水靺鞨。大门艺在大祚荣时曾为质子居唐都，他认为："黑水请吏于唐，而我以其故击之，是叛唐也。"④ 决意不从，并弃众逃至唐朝。大武艺多次向唐朝索取门艺遭到拒绝，于是，开元二十年（732）九月，大武艺出兵攻袭唐朝州县，遭到唐朝的有力回击⑤。不久，大武艺上表谢罪，请求宽恕。唐张九龄《曲江集》中收录四份玄宗给大武艺的敕书，从中可以看到大武艺为了与唐朝重修旧好，接连遣使朝贡，将俘获的水手、没落人送归唐朝，并上表报告"突厥遣使求合，拟打两蕃"⑥ 的情报。玄宗并未追究渤海王的过错，敕书曰："卿

---

①　表中统计大諲撰时期的朝贡次数，是渤海对后梁、后唐的朝贡活动。详见书后附表十"渤海国（忽汗州都督府）对中原王朝朝贡表"。

②　［宋］王钦若等撰：《册府元龟》卷 986《外臣部·征讨第五》，周勋初等校对，第 11416 页。

③　《旧唐书》卷 199 下《北狄·渤海靺鞨传》，第 5361 页。

④　《资治通鉴》卷 213，开元十四年，第 6774 页。

⑤　［唐］韩愈：《昌黎先生集》卷 26《乌氏庙碑铭》，张元济等编《四部丛刊》（初编）第 682 册，第 46 页。

⑥　两蕃指奚与契丹。

往者误计，几于祸成，而失道未遥，闻义能徙，何其智也。朕弃人之过，收物之诚，表卿洗心，良以慰意。计卿既尽诚节，永固东蕃，子孙百代，复何忧也。"① 此后，历代渤海统治者一直谨守臣礼，岁时朝贡，未再发生叛乱。

渤海臣属唐朝后，按照唐朝对朝贡成员的要求，渤海应脱离了突厥的控制，在渤海反唐期间突厥曾遣使与渤海交通，希望渤海出兵与之合击脱离突厥归附唐朝的两蕃（契丹、奚）。大武艺拒绝了突厥的请求，并将这一情报上表唐廷，对此玄宗的敕书曰："知卿忠赤，动必以闻，永保此诚！"② 这也表明渤海与突厥之间不再存在隶属关系，而且直到突厥灭亡，史籍中也不见关于渤海与突厥有任何关系的记载③。

渤海国纳入唐朝羁縻府州的朝贡体系之后，仍具有较大的自主权。《新唐书·渤海传》载："武艺立，斥大土宇，东北诸夷畏臣之，私改年曰仁安。"渤海自第二代王大武艺时开始自立年号④，而且自主开拓疆土。渤海东南邻新罗国，新罗圣德王二十年（721）"秋七月，征何瑟罗道丁夫二千，筑长城于北境"⑤。表明此时渤海势力已经扩张到朝鲜半岛东北部，魏国忠认为此时渤海南疆已抵达泥河（今朝鲜德源、永兴一带的龙兴江）并接近浿江（大同江）⑥。从新罗筑长城防御渤海看，双方间曾发生战争。开元二十年（732）渤海与唐战争期间，新罗奉唐命出兵十万攻打渤海，一是出于服从宗主国的命令，二是出于本国的利益。结果新罗兵败，未能向北拓展一步。开元二十三年（735）唐玄宗"赐浿江以南地境"与新罗⑦，以牵制渤海。新罗占领浿江以南土地后，渤海与新罗的关系更加敌对，直到两国亡国也没有得到明显的改善。

然而，渤海与日本之间则是以大武艺欲对抗唐朝为契机开始建立往来关

---

① ［唐］张九龄：《曲江集》卷9《敕书》，《四库唐人文集丛刊》本，上海古籍出版社，1992年，第66页。
② ［唐］张九龄：《曲江集》卷9《敕书》，第66页。
③ 马一虹认为"渤海似乎始终未与突厥真正脱离过关系"。不知其所据史料为何。参见是氏《渤海与后东突厥汗国的关系——兼及渤海建国初期的周边环境》，《民族研究》2007年第1期。
④ 大武艺—仁安、大钦茂—大兴、大嵩璘—正历、大元瑜—永德、大言义—朱雀、大明忠—太始、大仁秀—建兴、大彝震—咸和。后四王的年号佚。
⑤ ［高丽］金富轼撰：《三国史记》卷8《新罗本纪·圣德王》，杨军校勘，第116页。
⑥ 魏国忠：《渤海疆域变迁考略》，《求是学刊》1984年第6期。
⑦ ［高丽］金富轼撰：《三国史记》卷8《新罗本纪·圣德王》，杨军校勘，第120页。

系，唐开元十五年（727），日本圣武天皇神龟四年，渤海仁安八年，大武艺"遣宁远将军、郎将高仁义、游（击）将军、果毅都尉德周、别将舍航等廿四人赍状，并附貂皮三百张奉送"。这是渤海首次向日本遣使，大武艺在国书中明确表示与日本交聘的目的是"亲仁结援"，"永敦邻好"①。随着渤海与唐朝之间恢复了朝贡关系，并且向日益紧密友好的方向发展，到大钦茂时期渤海与日本交往的目的便由以政治为主转向以经济为主，为此后 200 年双方的友好交往关系打下了很好的基础。

第二阶段为渤海地区朝贡制度波折期，从大钦茂十八年（755）到大嵩璘九年（803）。在这近半个世纪的时期内，中原爆发了"安史之乱"，渤海国内也出现了权力之争。由于政治事件和政治因素的影响，这期间渤海对唐朝贡活动出现波折，既存在长达 8 年或 5 年不来朝贡的现象，也存在连续几年一年中朝贡 4—5 次的现象。48 年中有 16 年遣使朝贡，总计 34 次。

唐玄宗天宝十四年（755）爆发了"安史之乱"，唐玄宗仓皇逃往四川，叛军先后占领洛阳、长安，中原陷入战乱，渤海国的朝贡活动也被迫停止。宝应元年（762）春玄宗（太上皇）和肃宗几乎同时晏驾，太子李豫即位为代宗，借回纥兵收复洛阳，平定了安史之乱。这年唐朝"诏以渤海为国，钦茂王之，进检校太尉"②。渤海本应遣使谢恩，但广德元年（763）吐蕃兵又一度打进长安。二年（764）初代宗才返回长安，这一年渤海遣使朝贡谢恩。安史之乱之后，渤海朝贡使皆从海路取道登州赴长安，淄青幕府韩翃作《送王诞渤海使赴李太守行营》诗记下了安史之乱后渤海的首次朝贡活动③，此距渤海前次朝唐已经过去了 9 年。重新恢复朝贡活动后，大约是出于渤海国内的需求，渤海朝贡活动出现了一个高潮，除一年一次的年份外，767 年 5 次，769 年 2 次，773 年 5 次，774 年 2 次，775 年 4 次，777 年 4 次。不仅献上渤海地方土产，还将与日本交往时得到的日本国舞女 11 人献给唐帝④。

但是，渤海恢复对唐朝贡后，朝贡活动并不稳定，仍然存在间隔 3 年、

---

① 以上引文皆见《續日本紀·前篇》卷第十，圣武天皇神龟五年春正月，吉川弘文馆，昭和六十三年（1988），第 111—112 页。

② 《新唐书》卷 219《北狄·渤海传》，第 6181 页。

③ 金毓黻《渤海国志长编》卷 19《丛考》考证了韩翃作这首诗的时间，将其系于广德二年（764），第 491 页。

④ 《旧唐书》卷 199 下《渤海靺鞨传》，第 5361 页。

5 年，甚至 8 年才来朝贡的现象。值得注意的是在大钦茂四十六年，即唐德宗建中三年（782）渤海朝贡后停止了 8 年，到德宗贞元七年（791）才又遣使朝贡。而且这次恢复朝贡后，渤海派遣的使者基本都是身份地位较高的王室、贵族，这暗示着渤海国内曾出现政治权力斗争。两年后，唐贞元九年（793），渤海大兴五十七年四月，大钦茂卒，渤海内部出现争夺王位的内乱。《新唐书·渤海传》记载："钦茂死，私谥文王。子宏临早死，族弟元义立一岁，猜虐，国人杀之，推宏临子华玙为王，复还上京，改年中兴。死，谥曰成王。钦茂少子嵩邻立，改年正历。"大钦茂的长子早卒，但还有其他儿孙，然王位继承者却是其族弟大元义，显然元义是采取非正常手段攫取了王位。一年后钦茂子孙再次夺回王位，由钦茂的嫡长孙大华玙继承王位，华玙在位时间虽短却做了件大事，将王都由东京龙原府（吉林珲春）迁回上京龙泉府（今黑龙江宁安），迁都可能与脱离大元义势力干扰有关，此后渤海一直以上京为都。大华玙死后，由钦茂少子大嵩璘（一作邻）继王位，并得到唐朝的册封（详见后文）。这次变故之后，渤海国经过几年的调整，国务走上正轨，对唐朝贡活动也进入了新的发展时期。

在安史之乱期间，渤海与日本的交聘关系进一步发展，日本出于小中华的观念，从大钦茂十六年（753）开始，多次要求渤海对其称臣。但这违背唐朝朝贡制度的基本原则，大钦茂采取回避态度委婉地拒绝了日本。由于渤海作为日本在大陆上的政治、经济伙伴，对日本具有重要作用，到大钦茂末年，日本天皇在与渤海往来的国书中恢复了"渤海国王"的称谓，此后不再提让渤海称臣之事了[1]。渤海与新罗的关系仍不见好转，大钦茂时期疆域已越过清川江流域，并进一步向浿江（大同江）一线推移[2]。新罗宣德王二年（781），"发使，安抚浿江南州郡"。三年"二月，王巡幸汉山州，移民户于浿江镇"[3]。应是其防范渤海势力南下的举动。新罗元圣王时期，曾一度寻求与渤海改善关系，于六年（790）"三月，以一吉餐伯鱼使北国"[4]。但不见渤海遣使回聘的记载。

① 程尼娜：《渤海与日本交聘中"高丽国"的辨析》，《吉林大学社会科学学报》2001 年第 4 期。
② 魏国忠：《渤海疆域变迁考略》，《求是学刊》1984 年第 6 期。
③ ［高丽］金富轼撰：《三国史记》卷 9《新罗本纪·宣德王》，杨军校勘，第 131 页。
④ ［高丽］金富轼撰：《三国史记》卷 10《新罗本纪·元圣王》，杨军校勘，第 135 页。

另外，这个时期也是渤海向北部靺鞨地区扩张的时期。安史之乱爆发后，靺鞨各部的朝贡活动也被迫停止。当各部重新恢复对唐朝贡活动时，靠近渤海北部的铁利靺鞨与拂涅靺鞨没有再出现于靺鞨人的朝贡队伍中。铁利、拂涅二部最后一次朝唐时间在天宝末年（755）①，这表明，在安史之乱期间，大钦茂时征服了这两部靺鞨。其后，大嵩璘时期，又征服了渤海东部的越喜靺鞨与虞娄靺鞨，两部停止向唐朝贡的时间在德宗贞元十八年（802）②。渤海对新征服的北部靺鞨部落采取因其氏族部落组织形式进行羁縻统辖的方式。

第三阶段为渤海地区朝贡制度平稳运行期，从大嵩璘十年（804）到大彝震九年（839）。在这期间，渤海政权政治稳定，经济发展，渤海对唐朝贡活动呈现出制度化状态，35 年共遣使朝贡 44 次。

大嵩璘后期政权稳定发展，从德宗贞元二十二年（804）开始，大元瑜、大言义、大明忠、大仁秀等诸王，直到大彝震九年（839），皆每年遣使朝贡，朝贡时间基本在年末或年初，一般是每年朝贡一次。只有僖王大言义时期出现每年朝贡三四次的现象，如果按渤海王在位时间和朝贡次数的平均数计算，大言义在位期间平均每年二次朝贡，是渤海史上朝贡活动最为频繁的时期。其后宣王大仁秀时渤海进入鼎盛时期，礼仪制度全面唐化，"颇能讨伐海北诸部"，征服了黑水靺鞨部，并在所征服的靺鞨各部地区开置府州。从渤海遗迹最北端到达牡丹江入松花江口的今依兰县以南，向东则以穆棱河为界，而三江平原地区则未有发现渤海文化的遗物看③，渤海在新征服的靺鞨地区推行府州形式下的羁縻统治。随着其国势蒸蒸日上，"至是遂为海东盛国"④。

这一阶段渤海与日本、新罗的交往关系与前期相比没有明显的变化。新罗宪德王四年（812）"九月，遣级餐崇正使北国"⑤。新罗这次遣使，仍未

---

① ［宋］王溥：《唐会要》卷 96《靺鞨》记载："拂涅、铁利等诸部落，自国初至天宝末，亦尝朝贡，或随渤海使而来。"第 1724 页。
② ［宋］王钦若等撰：《册府元龟》卷 972《外臣部·朝贡第五》记载，唐德宗贞元十八年（802）正月"虞娄、越喜等首（领）钦见"。周勋初等校对，第 11250 页。
③ 姜玉珂、赵永军：《渤海国北界的考古学观察》，《北方文物》2008 年第 2 期。
④ 《新唐书》卷 219《北狄·渤海传》，第 6182 页。
⑤ ［高丽］金富轼撰：《三国史记》卷 10《新罗本纪·宪德王》，杨军校勘，第 140 页。

见到渤海的回应。但是唐贾耽《古今郡国志》云："渤海国南海、鸭渌、扶余、栅城四府，并是高句丽旧地也。自新罗泉井郡至栅城府，凡三十九驿。"① 栅城府即渤海东京，今吉林珲春八连城。《新唐书·渤海传》亦云渤海有"南海，新罗道也"。渤海南海鸭渌府在今何地？早年就有在今朝鲜咸兴、镜城、北青的不同看法②，至今三说仍各执一词。既然存在渤海通往新罗的驿道，说明渤海与新罗之间存在交往，双方不见持续的政治交聘关系，只能说明彼此存在着较为频繁的民间贸易关系。

第四阶段为渤海地区朝贡制度衰落期，从大彝震十年（840）到大玮瑎十三年（906）。由于唐朝局势动荡，政治统治逐渐分崩离析，渤海的朝贡活动几乎处于停顿状态，66 年仅来朝贡 5 次。

唐末，北方藩镇割据，国内政局不稳。9 世纪中叶以后，继江淮地区裴甫为首的反唐势力被剿灭后，黄河流域又爆发了王仙芝、黄巢领导的大规模反唐斗争。朝廷内外宦官、大臣、地方藩镇各种势力交织在一起，相互倾轧，中原地区战乱不已。在这种形势下，渤海的朝唐活动锐减，大彝震后期仅于武宗会昌六年（846）遣"渤海王子大之萼入朝"③。其余 4 次朝贡分别在 858、872、894、906 四个年份，均为老王去世、新王继位之际。在这种形势下，渤海王仍遵循朝贡制度的规则，遣使告哀，请求朝廷对新继位者进行册封，以取得合法的地位。906 年渤海国相乌炤度至洛阳朝贡④，唐帝诏曰："渤海外国远戎，奔程以致新都入贡，不亏于旧典。"⑤ 渤海朝唐活动一直延续到唐朝灭亡。

渤海减少了对唐朝贡活动后，日本成为渤海进行贸易活动的唯一对象。然 9 世纪初以来，日本国内经济衰退，开始实行锁国政策，淳和天皇天长元年（824）正月，"渤海入朝定以一纪"⑥。迫使渤海与日本的交往由经济贸易为主，转向以文化交流为主，或者说在文化交流的旗号下进行经济贸易。

---

① ［高丽］金富轼撰：《三国史记》卷 37《杂志第六》引，杨军校勘，第 534 页。
② 金毓黻：《渤海国志长编》卷 14《地理考》，第 294 页。
③ 《旧唐书》卷 18 上《武宗纪》，第 609 页。
④ 904 年藩镇朱温将唐昭宗迁到其控制的东都洛阳，不久弑君另昭宗子李柷为帝，即唐朝最后一个君主——哀帝。
⑤ ［宋］王钦若等撰：《册府元龟》卷 65《帝王部·发号令第四》，周勋初等校对，第 691 页。
⑥ 《日本逸史》卷 34 引《类史》卷 194《文征》，转引自金毓黻《渤海国志长编》卷二《总略下》，第 116 页。

这一阶段，渤海 9 次遣使日本，并没有严格遵守日本方面要求 12 年交聘一次的限制，日本没再遣使渤海，显然渤海与日本的交聘关系受到一定影响。

渤海对唐朝的朝贡活动锐减，直接影响了渤海社会经济、文化的发展，随着唐朝的没落，渤海也逐渐衰落下来。907 年唐朝灭亡，中原进入五代时期，朱温建立梁朝，以开封为都，中原出现短暂的相对稳定时期，新继位的渤海末代王大諲撰开始积极遣使向中原王朝朝贡，朝贡活动一直持续到亡国的前夜，907—912 年，渤海遣使朝后梁 5 次；924—925 年，渤海遣使朝后唐 4 次。926 年初，契丹灭亡渤海国①。

3. 唐王朝对渤海君臣封授

713 年渤海被纳入羁縻府州体系的朝贡制度之后，除特殊情况外，历任渤海王都得到唐朝的册封，前往唐廷朝贡的使臣，留宿卫的质子许多也得到唐朝封授，下面分别考察之。

渤海共 15 代王，其中废王大元义、成王大华屿、简王大明忠三王在位时间极短，大元义仅数月，大华屿与大明忠只有一年，唐朝未及册封，王已卒。末代王大諲譔于 907 年继位，这年唐朝灭亡。其余 11 代王只有大玄锡（871—894 年在位）未见唐朝册封，其他 10 代王均得到唐廷的册封。现将唐朝册封历代渤海王的内容统计如下：②

唐朝对渤海王、嗣子册封一览表

渤海王	唐朝纪年	渤海纪年	唐朝册封使者	册封内容
高王 大祚荣	高宗神龙元年（705）	大祚荣八年	侍御史张行岌	招慰。
	玄宗开元元年（713）	十六年	郎将摄鸿胪卿崔忻	册封大祚荣为左骁卫员外大将军、渤海郡王、忽汗州都督。以其嫡子大武艺为桂娄郡王。

---

① ［宋］王钦若等撰《册府元龟》卷 972《外臣部·朝贡第五》记载：后唐明宗天成元年（926）"四月，渤海国王大諲譔遣使大陈林等一百一十六人朝贡进儿口女口各三人人参昆布白附子及虎皮等"。"七月，渤海使人大昭佐等六人朝贡"。此时渤海已经亡国，这两批"朝贡使"有可能是从渤海逃到中原投附后唐的难民。周勋初等校对，第 11254 页。

② 此表根据《新唐书》《旧唐书》《唐会要》《册府元龟》《资治通鉴》记载，并参用金毓黻《东北通史》中的《渤海朝贡表（唐敕使附）》，第 271—278 页；王承礼：《中国东北的渤海国与东北亚》中的《渤海与唐王朝遣使往来表》，第 180—191 页。

续表

渤海王	唐朝纪年	渤海纪年	唐朝册封使者	册封内容
武王 大武艺	开元七年 （719）	仁安元年	左监门率上 柱国吴恩谦	吊祭。册封大武艺为左骁卫大将军、渤海郡王、忽汗州都督。
	开元八年 （720）	二年		册封大武艺嫡子大都利为桂娄郡王。
文王 大钦茂	开元二十六 年（738）	大兴二年	内侍段守简	册封大钦茂为渤海郡王、左骁卫大将军、忽汗州都督
	天宝十三年 （754）	十八年		加大钦茂特进、太子詹事，又进太子宾客。
	肃宗宝应元 年（762）	二十六年		进封大钦茂为渤海国王、检校太尉。
	代宗广德元 年（763）	二十七年	内侍韩朝彩	至渤海对大钦茂行册封之礼。
	大历元年 （766）	三十年		加册大钦茂司空兼太尉。
大嵩璘	德宗贞元十 一年（795）	正历二年	内侍殷志瞻	册封大嵩璘为右骁卫大将军、渤海郡王。
	贞元十四年 （798）	五年	遣使	加封大嵩璘银青光禄大夫、检校司空，进封渤海郡王、忽汗州都督。
	顺宗永贞元 年（805）	十二年	遣使	加封大嵩璘金紫光禄大夫、检校司徒。
	宪宗元和元 年（806）	十三年	遣使	加封大嵩璘检校太尉。
大元瑜	元和四年 （809）	永德元年	中官元文政	吊祭。册封大元瑜为银青光禄大夫、检校秘书监、渤海国王、忽汗州都督。
大言义	元和八年 （813）	朱雀二年	内侍李重旻	册封大言义为银青光禄大夫、检校秘书监、渤海国王、忽汗州都督。
大仁秀	元和十三年 （818）	建兴元年	遣使	册封大仁秀为银青光禄大夫、检校秘书监、渤海国王、忽汗州都督。
	元和十五年 （820）	三年	遣使	加封大仁秀金紫光禄大夫、检校司空。
大彝震	文宗太和五 年（831）	咸和元年	内侍王宗禹	册封大彝震为银青光禄大夫、检校秘书监、渤海国王、忽汗州都督。
大虔晃	宣宗大中十 二年（858）	大虔晃元年	遣使	册封大虔晃为银青光禄大夫、检校秘书监、渤海国王、忽汗州都督。
大玮瑎	昭宗乾宁二 年（895）	大玮瑎二年	？	唐册封渤海王，封号不载，或与前代相同。

　　从上表内容看，唐朝通常是在新王继位之初，遣使至渤海国行册封之礼，只是在大钦茂和大嵩璘时期对渤海王多次加封。大钦茂时期，唐二次遣使至渤海，后一次是安史之乱后，代宗遣韩朝彩至渤海国加封大钦茂为渤海国王，另外2次加封并未遣使，应由渤海朝贡使带回唐帝的敕命。比较特殊的是大嵩璘时期，唐朝4次遣使至渤海对其册封和加封，此时正是渤海朝贡活动由不稳定向稳定转变时期。

　　有唐一代授予历代渤海王为忽汗州都督一职没有任何变化。册拜渤海王的封号则前后有不同，安史之乱以前，唐朝册封渤海王为"渤海郡王"，安史之乱以后唐朝晋封渤海王为"渤海国王"。唐朝授予渤海王的官号前后也有变化，德宗贞元十四年（798）以前，唐授予渤海王的官号以武官、武散官为主，如左、右骁卫大将军、左金吾大将军、左骁卫员外大将军①、检校太尉；这年以后则以文散官为主，如金紫光禄大夫、银青光禄大夫、检校秘书监、检校司空、检校司徒等。此外，在渤海前期，唐朝还曾册封渤海王的储嗣，如大祚荣嫡子大武艺、大武艺嫡子大都利为桂娄郡王。唐朝派遣赴渤海国行册封礼的官员，只有首次对大祚荣进行册封的官员崔忻摄鸿胪卿之职，其他唐朝官员基本都是内侍宦官。

　　对于渤海朝贡使臣中身份地位较高的王室贵族、大姓、官宦，唐朝通常要赐予官号（渤海王弟、子、侄详见后文）以示皇恩浩荡。唐朝对渤海使臣皆授予武官、武散官的官号，如左武卫将军、右武卫将军、折冲、果毅、大将军、将军、游击将军、中郎将、郎将、卫尉卿、同正等，其用意大约在于令他们为唐朝护边、守边。此外，偶尔还可以见到"赐紫袍金带""赐绯袍银带""赐锦袍金鱼袋"的现象，如开元二十五年（737），大钦茂遣"渤海靺鞨大首领多蒙固来朝，授左武卫将军，赐紫袍金带及帛一百匹，放还蕃"②。这位多蒙固至少已是第二次朝唐，在大武艺反唐又臣服后，曾派"多蒙固所送水手及承前没落人等来"，奉表输诚，"无所不尽"③。四年后多蒙固再次率朝贡使团入京，受到玄宗的特别赏赐。到唐后期，出现赐渤海朝贡使以"官告"的记载，如宪宗元和七年（812）"赐渤海使官告三十五通，

---

① 某员外大将军之类的官号，是唐朝专门授予少数民族首领的官号。
② ［宋］王钦若等撰：《册府元龟》卷975《外臣部·褒异第二》，周勋初等校对，第11287页。
③ ［唐］张九龄：《曲江集》卷9《敕书》，第67页。

衣各一袭"①。这或许说明唐朝后期出现了根据渤海使臣所持官告进行赏赐的现象，这种推测还需今后发现新材料加以证明。

《宁安县志》卷3金石条记载："民国元年，有王十老者在镜泊湖城墙砬子古城内掘土，发现铜印一颗，狮柄，大如碗，并有人见印有朱文，曰：勿汗州兼三王大都督十数字。按此为渤海遗物，惜不知尚保存否。"② 20世纪30年代，金毓黻听说"吉林有陆军团长徐清泉，为水竹村人之族弟。民国十一年驻防东京城，购得一印，文曰渤海大王四字"。这两方印，后来均没人见到，但多部渤海史资料汇编类书籍都有著录。金毓黻认为《宁安县志》所记印文必有讹误，"余疑引文当为渤海国王兼忽汗州都督印十一字也"③。而金先生耳闻的"渤海大王"印，后来他搞清楚了是当时人将一方金代"省弹压印"误传成了"渤海大王"印④。金先生推测的印文与《宁安县志》记载的印文相差太大，《宁安县志》记载的官印是否也是误传？渤海王印的真实情况还寄希望于今后渤海王陵的发现。

4. 朝贡体制下的渤海王室、质子

渤海国十分重视对唐朝的朝贡活动，近二百年间见于记载的朝贡活动达137次。为了向唐朝表示诚意，渤海国派遣朝唐的众多使者中身份为王子、王弟、王侄的达29人次，其中王子18人，王叔1人，王弟7人，王侄3人。详见下表：

忽汗州都督府渤海王弟与王子朝贡表⑤

唐帝	年号	朝贡活动
中宗	神龙元年（705）	大祚荣遣子大门艺至京师入侍。
玄宗	开元元年（713）	靺鞨王子来朝，奏曰："臣请就市交易，入寺礼拜。"许之。
	开元六年（718）	二月，渤海王子大述艺来朝，授怀化大将军、左卫大将军，留宿卫。中郎将授官还蕃。

① ［宋］王钦若等撰：《册府元龟》卷976《外臣部·褒异第三》，周勋初等校对，第11296页。

② 王世选监修、梅文昭总纂：《宁安县志》卷3金石条，刊行于1924年，台湾：成文出版社，1952年影印本。

③ 上引文同见金毓黻《渤海国志长编》卷20《余录·金石古迹》。

④ 张韬：《略考同渤海历史与考古有关的两方官印》，《北方文物》2008年第3期。

⑤ 此表据《新唐书》《旧唐书》《唐会要》《册府元龟》《资治通鉴》记载统计。

续表

唐帝	年号	朝贡活动
玄宗	开元十三年（725）	五月，渤海王大武艺之弟大昌勃价来朝，授左威卫员外将军，赐紫袍金带、鱼袋，留宿卫。
	开元十四年（726）	四月，渤海靺鞨王子大都利行来朝，授左武卫大将军、员外，置留宿卫。 十一月，渤海靺鞨王遣其子义信来朝，并献方物。
	开元十五年（727）	八月，渤海王遣其弟大宝方来朝。
	开元十七年（729）	二月，渤海靺鞨王大武艺使其弟大胡雅来朝，授游记将军，赐紫袍金带，留宿卫。 八月，渤海靺鞨王遣其弟大琳来朝，授折冲郎将，留宿卫。
	开元十八年（730）	正月，靺鞨（王）遣其弟大郎雅来朝，贺正，献方物。
	开元二十三年（735）	三月，渤海靺鞨王遣其弟大蕃来朝，授太子舍人、员外，赐帛三十匹，放还蕃。
	开元二十七年（739）	二月，渤海王弟大勖进来朝，宴于内殿，授左武卫大将军，员外置同正，赐紫袍金带及帛一百匹，留宿卫。
	天宝二年（743）	七月，渤海王遣其弟（叔）大蕃来朝，授左领军卫员外大将军，留宿卫。
代宗	大历九年（774）	二月，渤海质子大英俊还蕃引辞于延英殿。①
德宗	贞元七年（791）	八月，渤海王遣其子大贞翰来朝，请备宿卫。
	贞元十年（794）	二月，以来朝渤海王子大清允为右卫将军同正，其下拜官三十余人。
	贞元十四年（798）	十一月，以渤海国王大嵩邻侄能信为左骁骑卫中郎将。
宪宗	元和五年（810）	十一月，渤海遣子大延真等来献方物。
	元和八年（813）	十二月，渤海王子章文德等九十七人来朝。
	元和十年（815）	七月，渤海王子大延俊等一百一人来朝贡。
	长庆元年（821）	遣慎能至、王侄大公则朝唐，授金吾将军，放还蕃。
	长庆三年（823）	遣大宝顺、王侄大多英朝唐，授诸卫将军，放还藩。
穆宗	长庆四年（824）	渤海送备宿卫大聪叡等五十人入朝。
文宗	太和六年（832）	二月，唐廷于麟德殿对入朝渤海王子大俊明等六人②，宴赐有差。

---

① 从渤海质子的身份非王弟即王子，大英俊也应属于这种身份，但其入朝时期不见记载。

② 大俊明，《唐会要》作"大俊明"，《册府元龟》作"大明俊"，本书从《唐会要》作"大俊明"。

续表

唐帝	年号	朝贡活动
文宗	太和七年（833）	二月，唐廷于麟德殿对渤海王子大光晟等六人，宴赐有差。
	太和中	渤海王大彝震子大昌辉等自省表陈贺并进奉事。
	开成二年（837）	正月，上御麟德殿，对贺正渤海王子大俊明等一十人，宴赐有差。
	开成四年（839）	十二月，渤海王子大延广来朝贡。
武宗	会昌六年（846）	正月，渤海王子大之尊入朝。

对于藩属政权和较大地方政治势力实行纳质制度，以此作为中原王朝控制归附的少数民族的统治手段，在我国古代王朝的政治统治中由来已久，唐朝统治者同样将纳质制度作为羁縻统治的辅助手段之一。早在渤海建国前，唐太宗贞观四年（630）灭东突厥后，太宗诏群臣议如何统治突厥降户，温彦博建言曰："全其部落，顺其土俗，以实空虚之地，使为中国扞蔽。""授以生业，教之礼义，数年之后，悉为吾民。选其酋长，使入宿卫，畏威怀德，何后患之有！"太宗用其策①。渤海归附唐朝后，也主动奉行纳质制度，以表示对唐朝的诚心归附。前来朝贡的渤海（震）王子或王弟中有 11 人明确记载作为质子留在京师，称为"留宿卫"。早在震国时期，唐中宗即位初年（705），唐朝"遣侍御史张行岌往招慰之。祚荣遣子入侍"②。首位质子是大祚荣之子大门艺③。见于记载的最后一位质子是唐穆宗长庆四年（824），渤海王大仁秀"送备宿卫大聪叡等五十人入朝"④。另外，大祚荣时期派遣 2 位质子皆为王子：大门艺、大述艺；大武艺时期派遣 4 位质子，其中 4 位王弟，1 位王子：弟大冒勃价、子大都利行、弟大胡雅、弟大琳。大钦茂时也派遣 4 位质子，1 位王子，1 位王弟，1 位王叔，1 位是王子还是王

---

① 《资治通鉴》卷 193，唐太宗贞观四年四月，第 6076 页。

② 《旧唐书》卷 199 下《渤海靺鞨传》，第 5360 页。

③ 魏国忠《渤海质子侍唐述略》认为这年中宗复位，武后去世，唐朝内部矛盾激烈，无暇顾及震国之事，大祚荣首次遣子入侍的时间应在 707 年（《求是学刊》1986 年第 1 期）。

④ 《旧唐书》卷 17《敬宗纪》，第 507 页。然同书卷 199 下《渤海靺鞨传》则载，长庆四年（824）"大叡等五人来朝，请备宿卫"。第 5363 页。当以纪为是。

弟不详：弟大勖进、叔大蕃①、大英俊、子大贞翰。之后6位渤海王时期均未见纳质留宿卫的记载，直到大仁秀建兴七年（824）才见派遣大聪叡入宿卫，而且没有明确记载大聪叡的身份，估计其非王子，即王弟。

实际上渤海入唐的质子数量要超过11人，如大武艺时期，玄宗开元十八（730）正月，"靺鞨（王）遣其弟大郎雅来朝贺正，献方物"②。并未言大朗雅留宿卫。但唐张九龄《曲江集》卷9收录了《敕渤海王大武艺书》中云："近使至，具知款曲，兼请宿卫及替，亦已依行。大朗雅等先犯国章，窜逐南鄙，亦皆舍罪，仍放归蕃。"此敕书是大武艺反叛后，再次臣服唐朝遣使上表谢罪时，唐玄宗赐给大武艺的敕书，时为开元二十年，此时大朗雅作为质子在唐都长安因犯罪被流放南疆，由此推之开元十八年大朗雅朝唐时就作为质子留在了长安③。另外，敕书中云："兼请宿卫及替，亦已依行。"显然这年大武艺又派来新质子替换大朗雅，这说明在大武艺时至少派遣了6位质子入长安。由此推测，前来朝贡的王子、王弟、王侄，没有明确记载"放归蕃"者有15人，其中可能有作为质子留宿卫者。

渤海派遣质子入唐的时间主要在前三王时期，尤其是大武艺时期，可考的13位质子中有6位在大武艺时期。从质子入朝时间看，大祚荣和大钦茂时期，大约是新质子到京师了，原来留宿卫的质子"放还蕃"，或者前一个质子回渤海，后一个质子入朝。但在大武艺时期，存在两个质子同在京师的现象，如《册府元龟·外臣部》记载：开元十三年（725），"五月，渤海王大武毅（艺）之弟大昌勃价来朝，授左威卫员外将军，赐紫袍金带、鱼袋，留宿卫"。十四年，"四月乙丑，渤海靺鞨王（子）大都利（行）来朝，授左武卫大将军员外、置留宿卫"。十五年，"四月丁未，敕曰：渤海宿卫王子大昌勃价及首领等久留宿卫，宜放还蕃。庚申，封大昌勃价襄平县开国男、赐帛五十匹，首领已下各有差"。渤海弟大昌勃价于开元十三年到十五

---

① ［宋］王钦若等撰：《册府元龟》卷975记载，天宝二年（743）七月，"渤海王遣其弟蕃来朝，授左领军卫员外大将军，留宿卫。"时为大钦茂大兴七年。大蕃是大武艺之弟，大钦茂是大武艺之子，到大钦茂时期，大蕃的身份已从王弟转变为王叔，但唐朝史官仍记为"王弟"。周勋初等校对，第11289页。

② ［宋］王钦若等撰：《册府元龟》975《外臣部·褒异第二》，周勋初等校对，第11285页。

③ 魏国忠据此推论渤海入唐质子共计12人，并认为其他前来朝贡的王室子弟中必有留宿卫者。见是氏《渤海质子侍唐述略》，《求是学刊》1986年第1期。

年入唐为质子，王子大都利行于开元十四年入唐为质子，十六年卒于长安，曾有一年时间渤海有两位质子在长安。大都利行为大武艺嫡子，为渤海储嗣，开元八年（720）唐朝册封其为"桂娄郡王"，是诸渤海质子中唯一一位渤海储嗣，开元十六年四月，"癸未，渤海王子留宿卫大都利行卒，赠特进兼鸿胪卿，赐绢三百匹，粟三百石，命有司吊祭，官造灵轝归蕃"①。同时两位渤海质子在长安，而且渤海派遣储嗣为质子入朝，与当时渤海与唐朝关系出现不和谐状况有关，此时正是大武艺因唐朝设置黑水都督府派遣大门艺出兵攻打黑水靺鞨，大门艺不从，逃亡唐朝内地时期。武艺出兵攻打同是羁縻府州朝贡成员的黑水靺鞨，是违反唐朝规定的行为。此时武艺遣嗣子入唐为质子，是向唐朝表明渤海出兵打黑水靺鞨并不是要反唐，一再遣人向玄宗索取大门艺也是家事。开元十五年（727）唐玄宗以"先是渤海王大武艺遣男利行来朝，并献貂鼠，至是乃降书与武艺慰劳之，赐綵练一百匹"②。敕书中劝导大武艺："卿地虽海曲，常习华风，至如兄友弟悌，岂待训习，骨肉情深，自所不忍"。并曰："观其表状，亦有忠诚，可熟思之，不容易耳。"③可见大武艺的目的达到了，这也显示了在古代羁縻统辖关系中，尤其是非常时期质子的作用十分重要，这也是大武艺时期频繁遣质子入朝的原因所在。

大钦茂以后，只有大仁秀时遣1位质子入朝，而且入朝时间是在渤海朝贡制度运行最平稳时期。这令人怀疑是否其他质子入朝之事失载。据史籍记载，大嵩璘继王位后（794）到大彝震时期，除大仁秀派遣的质子大聪叡以外，前后有10位渤海王子，1位王侄入唐朝贡，且没有"放归蕃"的记载。从前面质子入朝和放归的记载看，每位质子在长安居住的时间大多为两年，查从794—839年期间，渤海10位王子④、王侄入唐朝贡的时间，大多也是间隔2年左右，是否可以此推测这10人也是质子呢？如果推测成立，渤海地区朝贡制度运行的前三个阶段质子的人数可达23人。

① ［宋］王钦若等撰：《册府元龟》卷975《外臣部·褒异第二》，周勋初等校对，第11284页。
② ［宋］王钦若等撰：《册府元龟》卷975《外臣部·褒异第二》，周勋初等校对，第11283页。
③ ［唐］张九龄：《曲江集》卷9，第66页。
④ 唐武宗会昌六年（846）正月，大彝震遣王子大之尊入朝。此时受中原政治形势影响，渤海朝贡活动骤然减少，几乎处于停顿状态，此时渤海也不会再派遣质子居长安。因此这位渤海王子大之尊不大可能是质子。

　　唐朝允许渤海王以王子、王弟等充宿卫，除了以其作为人质牵制渤海王廷，使其恪守藩礼之外，还具有培养渤海王族中亲唐势力的作用。如渤海第二代王大武艺欲起兵攻打黑水靺鞨时，曾在唐朝做过质子的大门艺坚决反对，曰："黑水请唐家官吏，即欲击之，是背唐也。唐国人众兵强，万倍于我，一朝结怨，但自取灭亡。"① 唐朝对于居住在京师的渤海质子和前来朝贡的渤海王子、王弟、王侄等很重视，开元十三年（725）十一月，玄宗封禅泰山，"壬辰，玄宗御朝觐之帐殿，大备陈布。文武百僚……戎狄夷蛮羌胡朝献之国……靺鞨之侍子及使……咸在位"②。这些渤海王室贵族有人不仅一次诣阙朝贡，如大武艺"遣其弟蕃来朝，授太子舍人、员外，赐帛三十匹，放还蕃"。到大钦茂继位后，再次派遣大蕃朝贡，唐廷"授左领军卫员外大将军，留宿卫"③。大彝震时期，王子大俊明五年内两次诣阙朝贡。文宗时，常在麟德殿亲自召见身为王族的渤海使臣，并封官、回赏、赐宴。唐廷封授渤海王子、王弟同样以武官、武散官等官称为主，如左武卫大将军、左威卫员外将军、折冲郎将、右卫将军同正、游记（击）将军、左领军卫员外大将军、员外④等。偶尔也有授予文官的官称，如太子舍人。玄宗开元年间还曾赐给三位质子以"紫袍金带"。今吉林省和龙县河南屯渤海墓地，即邻近渤海中京显德府的一座渤海贵族墓葬中，曾出土一条唐代风格的金带饰，由1件金带扣、15件方形金带銙、2件束腰形金带銙、1件椭圆形金带銙、2件金铊尾共同组成，金带上镶嵌水晶和绿松石珠，金带上还附有40个金质饰件，有方环14件、小带扣8件、吊环9件和鞍形饰9件。这条金灿灿、做工精美细致的金带，表示了墓主人的高贵身份⑤。然考古学界一般认为这座墓葬的年代是唐朝后期⑥，显然金带不会是当年唐玄宗赐予某位质子的，但可能是唐后期朝廷赐给渤海质子或重要使臣的物品。

　　朝廷对作为质子和朝贡使的渤海王公贵族们的期待反映在唐帝的敕书

　　① 《旧唐书》卷199下《渤海靺鞨传》，第5361页。

　　② 《旧唐书》卷23《礼仪志三》，990页。

　　③ ［宋］王钦若等撰：《册府元龟》卷975《外臣部·褒异第二》，周勋初等校对，第11289页。

　　④ "员外"，唐朝官职一般为某员外郎，《册府元龟》中单称"员外"者，可能脱"郎"字，全称为"员外郎"。

　　⑤ 郭文魁：《和龙渤海古墓出土的几件金饰》，《文物》1973年第8期。

　　⑥ 魏存成：《渤海考古》，文物出版社，2008年，第261页。

中，目前所能见到的只有三份唐穆宗长庆年间（821—824）赐予渤海使的敕书，兹录于下：

《青州道渤海慎能至王侄大公则等授金吾将军放还蕃制》：

> 敕慎能至、王侄大公则等：洲东之国，知义之道，与华夏同风者，尔辈是也。冒越深阻，和会于庭。予嘉乃诚，命以崇秩。用奋威卫，保尔恩荣。无怠无违，永作藩服。

《青州道渤海大定顺王侄大多英等授诸卫将军放还蕃》：

> 敕大定顺、王侄大多英等：我十有二卫将军以率其属，皆匡备左右，为吾近臣，自非勋庸，不以轻授。以汝各赞琛贽，劳于梯航，俾耀远人，宜示恩宠。归抚尔类，知吾劝来。①

《渤海王子加官制》：

> 敕渤海王子：举国内属，遣子来朝。祗命奉章，礼无违者。夫入修贡职，出锡爵秩，兹惟旧典，举而行之。②

长庆年间正是渤海鼎盛时期，唐人称其"知义之道，与华夏同风"。这些往来于渤海与长安的渤海王子、王弟们，通常是主持渤海军政的重臣，在唐朝制度和文化的熏陶下，培养了与唐朝的亲近感和认同感，他们在全面模仿唐制改革、建设渤海的各种礼仪制度的过程中发挥了重要作用。同时他们对渤海政权奉行臣服唐朝的国策，遵守羁縻府州的职责起到推动作用。这也应是唐朝能在渤海国地区长期保持羁縻府州朝贡制度的重要原因之一。

4. 渤海朝贡活动与朝贡道

渤海向唐遣使朝贡进行贺正、告哀、祈请、谢恩、送质子、通报边情、

---

① 以上二引文见唐元稹《元氏长庆集》卷49《制诰》，上海古籍出版社，1994年，第245页。
② [唐]白居易：《白氏长庆集》卷52《中书制诰五》，《摛藻堂四库全书荟要》本，台北：世界书局，1988年，第365页。

遣学生入太学、互市等活动。从史籍记载渤海使臣前来朝贡的月份看，以冬春二季为多，尤其是在渤海朝贡制度运行稳定时期（第三阶段），这种现象最为突出，"贺正"是渤海朝贡最为重要的内容。《松漠纪闻》卷下载录一则《渤海贺正表》：

> 渤海贺正表曰：三阳应律，载肇于岁华，万寿称觞，欣逢于元会。恭惟受天之祜，如日之升。布治惟新，顺夏时而谨始。卜年方永，迈周历而垂休。臣幸际明昌，良深抃颂，远驰信币，用申祝圣之诚，仰冀清躬，茂集履端之庆。

羁縻府州朝贡成员每年遣使至唐京师"贺正"，是向朝廷表示"永作藩服"的一种形式。当老王去世、新王继位之时，渤海必遣使诣阙告哀，同时请求朝廷进对新王进行的册封。当朝廷遣使至渤海吊祭、行册封礼之后，渤海也要遣使谢恩。通报边情，与服从朝廷征调出兵助战一样都是朝贡成员的职责，前文列举了大武艺时期遣使向唐朝通报了突厥的动向，尽管这类记载不多，但从朝贡制度本身具有经营边疆、守卫边疆的功能上看，通报边情有其特殊的意义。

学习唐文化是渤海朝贡活动的重要内容之一，大钦茂继位第二年便命朝贡使向唐朝请求抄录汉文典籍，《唐会要·诸蕃请经史》记载："（开元）二十六年（738）六月二十七日。渤海遣使求写《唐礼》及《三国志》《晋书》《三十六国春秋》，许之。"此后，诸渤海王"数遣诸生诣京师太学，习识古今制度"[1]。如文宗太和七年（833）正月，渤海王大彝震奏："遣学士解楚卿、赵孝明、刘宝俊三人，附谢恩使同中书右平章事高赏英赴上都学问，先遣学生李居正、朱承朝，高寿海等三人，事业稍成，请准例递乘归本国。许之。"[2] 在唐的渤海学生还有人参加唐朝宾贡中举，如渤海宾贡高元固[3]。这些学有所成的渤海学子们，成为唐文化在渤海的传播者和实践者，渤海虽远在北疆，却发展成为与唐朝"华夷同风"的海东盛国。

---

① 《新唐书》卷219《渤海传》，第6182页。
② ［宋］王钦若等撰：《册府元龟》卷999《外臣部·请求》，周勋初等校对，第11560页。
③ 《全唐诗》卷709，徐黄《赠渤海宾贡高元固》，中华书局，1960年，第8162页。

渤海遣使进行各种朝贡活动的同时积极开展与唐互市贸易，这对渤海而言具有支撑本国社会经济发展的重要作用。渤海朝贡使主要在两个地点进行互市贸易活动，一是在管辖其朝贡事务的边地府州进行，如代宗大历年间，平卢淄青节度观察运押新罗、渤海两蕃等使李正己，"市渤海名马，岁不绝"①。文宗开成年间，渤海运熟铜来货易，淄青节度使奏报朝廷"请不禁断"②。开成四年（839）八月，日本圆仁和尚在青山浦见到"有渤海交关船同泊彼浦"③。这应是随渤海朝贡使到青州一带进行贸易的渤海贸易船。另一是在朝贡地点京师长安进行，如开元元年（713）大祚荣遣子朝唐，"请就市交易，入寺礼拜"④。唐中期安史之乱期间与唐末战乱不止期间，受客观环境的制约渤海无法每岁遣使朝贡，这对渤海政权发展造成了很大的负面影响。

渤海朝唐使团的规模史无明确记载，从日本史籍记载渤海派往日本的使团规模看，一般在百人左右。渤海朝唐使团规模不会小于赴日使团，但从史籍记载仅有的 8 个数据看，到达京师的渤海使团人数一般为 30—50 人左右（5 次），王子或王弟朝贡使团可达到百人左右（3 次）。唐帝在麟德殿召见、赐宴渤海使者则仅有几人到十几人。这可能是渤海朝贡使团的大部分人留在边地府州，即营州、幽州或登州、青州，如唐朝对契丹、奚人朝贡入京人数就有规定，"每岁朝贺，常各遣数百人，至幽州，则选其酋渠三五十人赴阙，引见于麟德殿，锡以金帛遣还，余皆驻而馆之，率以为常也"⑤。唐朝这种规定也适用于渤海朝贡使团，如文宗开成二年（837）三月，"渤海国随贺正王子大俊明并入朝学生共一十六人，敕渤海所请生徒习学，宜令青州观察使放六人到上都，余十人勒回"⑥。因而，在唐登州都督府城南街，东有渤海馆⑦，朝贡使团的大部分人留在这里，一面等入京朝贡者回来，一面在这里进行互市贸易。

---

① 《新唐书》卷 213《李正己传》，第 5990 页。
② ［宋］王钦若等撰：《册府元龟》卷 999《外臣部·互市》，周勋初等校对，第 11562 页。
③ ［日］圆仁：《入唐求法巡礼行记》，上海古籍出版社，1986 年，第 67 页。
④ ［宋］王钦若等撰：《册府元龟》卷 971《外臣部·朝贡第四》，周勋初等校对，第 11237 页。
⑤ 《旧唐书》卷 199 下《奚传》，第 5356 页。
⑥ ［宋］王溥：《唐会要》卷 36《附学读书》，第 668 页。
⑦ ［日］圆仁：《入唐求法巡礼行记》，第 86 页。

忽汗州都督府以朝贡的形式向唐朝交纳土贡，唐朝对渤海所纳物品的种类和数量一般没有明确规定，每次渤海贡纳的物品或多或少，无一定数，有马匹、貂鼠皮、海豹皮、虎皮、鹰鹘、人参、昆布、鱼产品、工艺品、人口等，如开元十八年（730），"渤海靺鞨遣使乌那达利来朝，献海豹皮五张，貂鼠皮三张，玛瑙杯一，马三十匹"①。二十六年，"渤海靺鞨遣使献貂鼠皮一千张，乾文鱼一百口"②。大历十二年（777），"渤海使献日本国舞女十一人"③。大历十四年（779）五月德宗即位后，诏令"天下州府及新罗、渤海，岁贡鹰鹘者皆罢，既来者所在放之"④。由此来看，唐朝曾一度命渤海国每岁纳鹰鹘。唐朝鸿胪寺等部门接待前来朝贡的渤海使臣具有定例，开元四年（716）正月，"敕靺鞨、新国、吐蕃，先无里数，每遣使给赐，宜准七千里以上给付也"⑤。朝廷赏赐渤海朝贡使臣的物品主要是绢帛类丝织品，如开元十八年，"渤海靺鞨遣使智蒙来朝，且献方物，马三十匹，授中郎将，赐绢二十匹，绯袍银带，放还蕃"。二十五年，"渤海靺鞨大首领多蒙固来朝，授左武卫将军，赐紫袍金带及帛一百匹，放还蕃"⑥。

唐朝地方管理渤海朝贡活动的部门前后有变化，安史之乱以前忽汗州都督府先后由平卢节度使营州都督府、幽州都督府、平卢节度使管辖。安史之乱爆发后，唐肃宗上元二年（761）平卢节度使迁到青州，改称为平卢淄青节度使⑦。唐一般以都督府、节度府的官员兼任押渤海使，掌领渤海朝贡事宜。如唐玄宗开元二十九年（741）以"安禄山为营州刺史，充平卢军节度副使，押两番、渤海、黑水四府经略使"⑧。孙玉良统计自719年到907年唐朝节度或押领渤海使有33人⑨。然而，在以平卢淄青节度使押领渤海期间，幽州仍负有一定的统辖渤海的职责，如代宗大历八年（773），幽州张光祚

① ［宋］王钦若等撰：《册府元龟》卷975《外臣部·褒异第二》，周勋初等校对，第11285页。
② ［宋］王钦若等撰：《册府元龟》卷971《外臣部·朝贡第四》，周勋初等校对，第11242页。
③ 《旧唐书》卷11《代宗纪》，第310页。
④ ［宋］王钦若等撰：《册府元龟》卷168《帝王部·却贡献》，周勋初等校对，第1868页。
⑤ ［宋］王溥：《唐会要》卷100《杂录》，第1798页。
⑥ ［宋］王钦若等撰：《册府元龟》卷975《外臣部·褒异第二》，周勋初等校对，第11285页。
⑦ 《新唐书》卷144《侯希逸传》，第4703页。
⑧ 《旧唐书》卷9《玄宗纪下》，第213—214页。
⑨ 佟冬主编，孙玉良著：《中国东北史》第2卷，第179—180页。

往聘渤海①；文宗太和七年（833）幽州节度府遣行军司马张建章往聘渤海②。

以 761 年为时间断限，这年之前渤海朝贡使、唐朝对渤海册封使、谕旨使③、征兵使④是经由营州（今辽宁朝阳）、幽州（今北京）往来于渤海与唐京师之间的。这年之后，则改道经由登州、青州往来于渤海王城与京师长安之间。渤海王城曾几次迁徙，初立都于东牟山城，称为"旧国"（今吉林敦化境内），唐玄宗天宝年间（742—754），文王大钦茂迁都于中京显德府（今吉林和龙西古城），天宝末年（755 左右），大钦茂又将王城迁至上京龙泉府（今黑龙江宁安渤海镇），唐德宗贞元前期（785—792），大钦茂第三次迁都于东京龙原府（今吉林珲春东八连城），贞元十年（794）成王大华玙即位，当年还都于上京，从此定都于上京龙泉府。

渤海前期朝唐使先后从旧国、中京、上京、东京出发，经由营州、幽州前往长安。《新唐书·地理志》引贾耽《道里记》记载了唐使出营州入渤海、靺鞨的道路：

> 营州东百八十里至燕郡城。又经汝罗守捉，渡辽水至安东都护府五百里。府故汉襄平城也。东南至平壤城八百里；西南至都里海口六百里；西至建安城三百里，故中郭县也；南至鸭渌江北泊灴城七百里，故安平县也。自都护府东北经古盖牟、新城，又经渤海长岭府，千五百里至渤海王城，城临忽汗海，其西南三十里有古肃慎城；其北经德理镇，至南黑水靺鞨千里。

唐朝使者从营州（今辽宁朝阳市）出发，经过燕郡城（今辽宁义县南七里河乡开州城村古城）、汝罗守捉（今义县南开州城村以东大凌河西岸的

---

① 《唐张光祚墓志》，王承礼、张中澍点校：《渤海国志三种》附录，天津古籍出版社，1992 年。

② 《唐张建章墓志》，王承礼、张中澍点校：《渤海国志三种》附录，天津古籍出版社，1992 年。

③ 唐玄宗时，大门艺反对大武艺对黑水靺鞨部用兵逃亡唐朝。大武艺遣使上表玄宗请求处死大门艺。为此，玄宗派遣"鸿胪少卿李道邃、源复谕旨"，以化解大武艺对大门艺的仇恨（《新唐书》卷 219《北狄·渤海传》，第 6180 页）。

④ ［宋］王钦若等撰：《册府元龟》卷 986《外臣部·征讨五》，唐玄宗开元八年九月，"遣左骁卫郎将摄郎中张越使于靺鞨（渤海），以奚及契丹背恩议讨之也"。周勋初等校对，第 11416 页。

老君堡一带），东渡辽河，至安东都护府（今辽宁辽阳市）。由此可有两条路去渤海王城①，这也是渤海前期朝贡使入唐的朝贡道：

一条路是从安东都护府东北行经古盖牟城（今沈阳陈相屯塔山山城）、新城（今抚顺高尔山城），逆浑河东北而上，过南北水系分水岭，进入辉发河流域，入渤海境，至长岭府（吉林桦甸市苏密城），再沿牡丹江东北行，经旧国（吉林敦化市境内），顺江北上，到渤海王城上京龙泉府②。

另一条路是由安东都护府东南至鸭绿江北泊汋城（辽宁宽甸县虎山山城），由此乘船，由水路到渤海南京鸭绿府，再取道去渤海王城。

另外，唐朝使者赴渤海北面的黑水都督府，或者说黑水靺鞨诸部向唐朝朝贡也经由渤海境内，渤海王大武艺曾说："黑水途经我境，始与唐家相通。"③ 由渤海上京北行，经德理镇（今黑龙江牡丹江市北南城子古城），便进入黑水靺鞨南部地区。

安史之乱以后，唐以淄青平卢节度使管理渤海国朝贡、互市事务，渤海朝贡使主要走海路入唐朝贡。《新唐书·地理志》引贾耽《道里记》记载了唐使由海路入渤海的路线：

> 登州东北海行，过大谢岛、龟歆岛、末岛、乌湖岛三百里。北渡乌湖海，至马石山东之都里镇二百里。东傍海壖，过青泥浦、桃花浦、杏花浦、石人汪、橐驼湾、乌骨江八百里。……自鸭渌江口舟行百余里，乃小舫溯流东北三十里至泊汋口，得渤海之境。又溯流五百里至丸都县城，故高丽王都。又东北溯流二百里，至神州。又陆行四百里至显州，天宝中王所都。又正北如东六百里，至渤海王城。

---

① 关于渤海的交通线学界多有研究，下文主要参用 ［清］ 吴承志：《唐贾耽记边州入四夷道里考实》卷 2，文海出版社，1968 年。王绵厚、李健才：《东北古代交通》，沈阳出版社，1990 年，第 141—144、167 页；孙秀仁、朱国忱：《渤海国上京京畿南北交通道与德理镇》，《黑龙江民族丛刊》1994 年第 3 期；魏存成：《渤海政权的对外交通及其遗迹发现》，《中国边疆史地研究》2007 年第 3 期。

② 在这条朝贡道上和通往新罗的驿道上，今吉林省境内和朝鲜咸镜北道发现的二十四块石遗址，有人认为是渤海时期在主要交通要道上建筑的驿站。参见延边博物馆编《延边文物简编》，延边人民出版社，1988 年，第 69 页。李健才《二十四块石考》，《北方文物》1992 年第 2 期。但近年考古工作者在对二十四块石进行考察时，发现一些金代文物，却不见渤海文物，因此对其年代和用途提出质疑。

③ 《旧唐书》卷 199 下《渤海靺鞨传》，第 5361 页。

这同样是渤海使臣后期的朝贡道,从渤海王城上京龙泉府出发,至显州(即中京显德府)。再至神州(即渤海西京鸭绿府,今吉林临江)。由此乘船行于乌骨江(今瑷河)二百里至原高丽王城丸都县城(今吉林省集安市)。又行五百里到泊汋口,出渤海境进入唐朝州县地区。又行三十里至乌骨江口换乘大船,行于鸭绿江百里,出鸭绿江口沿辽东半岛海岸西行,经橐驼湾(今大鹿岛与大洋河河口之间海域)、石人汪(今石城岛之北庄河口附近)、杏花浦(碧流河口东北侧)、桃花浦(今清水河口东北侧)、青泥浦(今大连市),至马石山(辽宁旅顺老铁山)东之都里镇(旅顺),南渡乌湖海(今渤海海峡),经过乌湖岛、末岛、龟歆岛、大榭岛,皆属今庙岛群岛,抵达登州(今山东蓬莱),由登州取道至长安。这条朝贡道在渤海对唐朝贡史上,时期使用时间最长,发挥作用最大,《新唐书·渤海传》在分述渤海各条交通线时,称其为"朝贡道也"。

自渤海首次遣质子入唐(705),到渤海灭亡(926),二百多年间,共向中原王朝遣使朝贡137次。如果自唐建立忽汗州都督府算起,再去掉唐末60年,渤海地区朝贡制度正常运作了127年,这期间渤海共向唐遣使朝贡123次。担任忽汗州都督的渤海王,既是地方政权的统治者,又是唐朝边疆羁縻建置的长官,在羁縻府州体系下渤海朝贡制度的运作比较稳定,渤海朝贡使臣们、质子们、学生们成为唐文化的传播者和实践者,渤海国文化由初年浓郁的靺鞨文化、高丽文化风格逐渐转变为以唐文化为主,"华夷同风"为大量的渤海考古遗存所证实[①]。渤海直辖区的原靺鞨人、原高丽人、原汉人逐渐融合为一个新的民族共同体,即渤海人。在辽灭渤海国后,渤海人作为一个民族仍然活跃于辽金时期,在东北各民族中,渤海人的社会发展程度最接近北方汉人,因此辽朝中后期和金朝都以汉制统辖渤海人,直到元代,渤海人才最后消亡。

第四节　西部族群与羁縻府州朝贡制度的发展与运作

隋唐时期,东北西部草原丛林地带的契丹、奚、霫、室韦是隋唐东北民

---

① 魏存成:《渤海考古》,文物出版社,2008年,第41、295页。

族朝贡制度成员，在唐朝设置羁縻府州之后，对契丹、奚实行和亲政策、纳质制度，使其朝贡制度日益规范成熟。但是因受北方草原强大的游牧民族政权的影响和干扰，加上唐期契丹人的崛起，致使这一地区朝贡制度始终存在不稳定性。

一　契丹、奚人朝贡制度及其运作

隋唐时期，契丹、奚人仍游牧狩猎于老哈河与西拉木伦河中下游地区，《旧唐书》记载："契丹，居潢水之南，黄龙之北，鲜卑之故地，在京城东北五千三百里。东与高丽邻，西与奚国接。南至营州，北至室韦。冷陉山在其国南，与奚西山相崎。"奚人"在京师东北四千余里，东接契丹，西至突厥，南拒白狼河"①。奚，即南北朝时期的库莫奚。《隋书·奚传》与《周书·库莫奚传》中有一段内容基本相同的记载：

> 善射猎，好为寇钞。初臣于突厥，后稍强盛，分为五部：一曰辱纥王，二曰莫贺弗，三曰契个，四曰木昆，五曰室得。每部俟斤一人为其帅。随逐水草，颇同突厥。有阿会氏，五部中为盛，诸部皆归之。每与契丹相攻击，虏获财畜，因而得赏。死者以苇薄裹尸，悬之树上。

唐太宗朝修前朝史时，以魏征主持修《隋书》，以令狐德棻主持修《周书》，二史同时修撰，同时收入这段记载，说明唐人认为在北周时奚人已经形成五部，并在五部之上形成了阿会氏部落联盟，由周入隋，奚人社会没有明显变化。契丹社会发展与奚人相比略微缓慢一些，直到隋朝，契丹还始终处于分散的氏族部落阶段，刚刚出现临时性的部落联盟。《隋书·契丹传》记载：

> 部落渐众，遂北徙逐水草，当辽西正北二百里，依托纥臣水而居。东西亘五百里，南北三百里，分为十部。兵多者三千，少者千余，逐寒暑，随水草畜牧。有征伐，则酋帅相与议之，兴兵动众合符契。

① 《旧唐书》卷199上《契丹传》第5349—5350页、《奚传》第5354页。

契丹诸部往往自相攻击,在与相邻的奚人发生冲突时,多处劣势地位。北朝末,552年,突厥酋长阿史那土门率兵大破柔然,柔然主自杀,土门自称伊利可汗建立突厥汗国。到木杆可汗俟斤时"西破嚈哒,东走契丹,北并契骨,威服塞外诸国。其地东自辽海以西,西至西海万里,南自沙漠以北,北至北海五六千里,皆属焉"①。契丹、奚人皆在突厥控制之下。直到隋文帝开皇四年(584)才开始向隋称臣朝贡。

1. 隋唐时期契丹、奚氏族部落的朝贡活动

隋朝初年,处于分散状态的契丹诸部,西部邻近突厥的部落至少有四千余户为突厥所役属,在契丹地区"突厥沙钵略可汗遣吐屯潘垤统之"②。南部靠近营州的契丹部落,随原北齐营州刺史高宝宁与隋朝对抗,直到高宝宁兵败走契丹,"为其麾下赵修罗所杀"③,契丹才停止寇边④。奚人居地与突厥比邻,受突厥控制比契丹更紧密。随着突厥与隋朝关系由冲突转向归附,突厥控制下的北方各族与隋朝的关系也发生了转变。

开皇四年(584)二月,"突厥可汗阿史那玷率其属来降"。四月,隋文帝"宴突厥、高丽、吐谷浑使者于大兴殿"。继突厥之后,五月"契丹主莫贺弗遣使请降,拜大将军"。九月,又有"契丹内附"。五年四月,"契丹主多弥遣使贡方物"⑤。接着契丹各部"悉其众款塞,高祖纳之,听居其故地"⑥。奚人自"突厥称藩之后,亦遣使入朝"⑦。隋朝开始在契丹、奚人地区营建朝贡制度。

奚人的朝贡活动在很大程度上受突厥影响,如"大业三年,炀帝幸榆林,欲出塞外,陈兵耀武,经突厥中,指于涿郡。仍恐染干惊惧,先遣晟往喻旨,称述帝意。染干听之,因召所部诸国,奚、霫、室韦等种落数十酋长咸萃"。显然突厥在奚、霫、室韦等族中具有很强的号召力,受其影响,奚人对隋朝的朝贡活动"或通或绝,最为无信。大业时,岁遣使贡方物"⑧。

---

① 《周书》卷50《突厥传》,第909页。
② 《隋书》卷84《北狄·契丹传》,第1882页。
③ 以上引文均见《隋书》卷39《阴寿传》,第1148页。
④ 参见本章第二节。
⑤ 以上引文均见《隋书》卷1《高祖纪上》,第21—22页。
⑥ 《隋书》卷84《北狄·契丹传》,第1881页。
⑦ 《隋书》卷84《北狄·奚传》,第1881页。
⑧ 《隋书》卷84《北狄·奚传》,第1881页。

直到炀帝大业年间，奚人才逐渐与隋朝建立起比较稳定的朝贡关系。

契丹与隋朝建立朝贡关系后，以往受突厥、高丽役使的契丹部落，转而归附隋朝，如隋文帝开皇六年（586），北朝时投附高丽的契丹"别部出伏等背高丽，率众内附。高祖纳之，安置于渴奚那颉之北。开皇末，其别部四千余家背突厥来降。上方与突厥和好，重失远人之心，悉令给粮还本，敕突厥抚纳之。固辞不去。部落渐众，遂北徙逐水草，当辽西正北二百里，依托纥臣水而居"①。托纥臣水即今西拉木伦河，这部分契丹部落回到原住地逐水草游牧。唐朝初期，契丹社会步入氏族部落联盟发展阶段，《旧唐书·契丹传》记载：契丹"地方二千里，逐猎往来，居无常处。其君长姓大贺氏。胜兵四万三千人，分为八部，若有征发，诸部皆须议合，不得独举。猎则别部，战则同行"。契丹部落联盟以大贺氏家族世为联盟长，史称契丹大贺氏部落联盟。到唐玄宗年间，契丹内部发生动乱，遥辇氏家族取代大贺氏家族，取得了部落联盟长的世选特权，此后史称契丹遥辇氏部落联盟。

唐初，突厥与唐朝交好，契丹、奚人也随之向唐朝遣使朝贡，唐高祖武德二年（619）二月，契丹"遣使贡名马、丰貂"②。四年（621），契丹大酋孙敖曹遣人来朝，请求内附，"诏令于营州城傍安置，授云麾将军，行辽州总管"。六年（623），契丹"君长咄罗遣使贡名马丰貂"。武德中，奚人亦"遣使朝贡"③。契丹、奚人频繁向唐遣使朝贡，促使唐朝开始逐步恢复隋朝以来契丹、奚人地区的朝贡制度。

太宗贞观二年（628），契丹大贺氏首领摩会脱离突厥人的控制，归附唐朝。这使突厥颉利可汗很恼火，因摩会部受到唐朝的保护，只得上书唐朝，企图夺回叛离的契丹部落，《新唐书》记载："突厥颉利可汗不欲外夷与唐合，乃请以梁师都易契丹。太宗曰：'契丹、突厥不同类，今已降我，尚可索邪？师都，唐编户，盗我州部，突厥辄为助，我将禽之，谊不可易降者。'明年，摩会复入朝，赐鼓纛，由是有常贡。"④ 太宗拒绝了突厥颉利可汗的要求，明确告知突厥，契丹不是突厥的同族人，他们已脱离突厥属部的

---

① 《隋书》卷84《北狄·契丹传》，第1882页。
② ［宋］王溥：《唐会要》卷96《契丹》，第1717页。
③ 《旧唐书》卷199上《契丹传》第5350页、《奚传》第5354页。
④ 《新唐书》卷219《契丹传》，第6168页。

身份改投附朝廷，突厥无权索要。贞观三年（629），太宗赐给契丹大贺氏首领摩会以象征身份地位的旗鼓，一是确认契丹与唐朝的隶属关系；二是表示唐朝承认摩会在契丹部落联盟中的首领地位。于是，契丹开始"有常贡"。这年，奚人也开始遣使朝唐，到贞观十七年（643），"凡四朝贡"①。贞观十八年（644），太宗亲征高句丽，"悉发酋长与奚首领从军"，"大酋苏支从战有功"②。"七月甲午，营州都督张俭率幽、营兵及契丹、奚以伐高丽"。太宗班师回朝时，"过营州，尽召（契丹）其长窟哥及老人，差赐缯采，以窟哥为左武卫将军"③。奚大酋苏支从战有功，也当得到相应的封赏。

唐代奚与契丹的东西两面一直存在着强大的地方政权，西面是庞大的游牧民族政权，突厥之后为回纥（回鹘），东面是社会发展程度较高的农业政权，高丽国灭亡之后为渤海国，在夹缝中生存的契丹与奚常互为表里，一同进退，唐人称之为"两蕃"。

2. 松漠、饶乐都督府的朝贡活动

太宗灭亡东突厥后，开始在边疆属部、属国地区广泛设置羁縻府州。贞观二十二年（648），唐开始在东北边疆设置羁縻府州，首先在契丹部落联盟地区设置松漠都督府，在奚部落联盟地区设置饶乐都督府，《新唐书·契丹传》记载：

> 窟哥举部内属，乃置松漠都督府，以窟哥为使持节十州诸军事、松漠都督，封无极男，赐氏李；以达稽部为峭落州，纥便部为弹汗州，独活部为无逢州，芬问部为羽陵州，突便部为日连州，芮奚部为徒河州，坠斤部为万丹州，伏部为匹黎、赤山二州，俱隶松漠府，即以辱纥主为之刺史。

同书同卷《奚传》记载：

> 其长可度者内附，帝为置饶乐都督府，拜可度者使持节六州诸军

---

① 《新唐书》卷 219《契丹传》第 6168 页、《奚传》第 6173 页。
② 《新唐书》卷 219《奚传》，第 6173 页
③ 《新唐书》卷 2《太宗纪》第 43 页、卷 219《契丹传》第 6168 页。

事、饶乐都督，封楼烦县公，赐李氏。以阿会部为弱水州，处和部为祁黎州，奥失部为洛瓌州，度稽部为太鲁州，元俟折部为渴野州，各以酋领辱纥主为刺史，隶饶乐府。复置东夷都护府于营州，兼统松漠、饶乐地，置东夷校尉。

二都督府设置之后，唐朝为了加强对松漠、饶乐①都督府的管辖，将贞观初年设在营州的东夷校尉府提升为东夷都护府②，仍以营州都督兼任东夷都护，契丹、奚部以羁縻府州的形式进行朝贡。高宗即位后，为完成太宗的遗愿，尽早收复被高丽占领的前朝辽东郡县地区，加强对东北边疆的经略。高宗永徽五年（654），契丹大贺氏首领窟哥任松漠都督时，曾击败高丽向唐朝报捷，《册府元龟·外臣部·交侵》记载：

> 十月，高丽遣其将安固率高丽、靺鞨兵侵契丹，松漠都督李窟哥发骑御之，战于新城。适会大风，高丽放箭，风吹并回，因而阵乱，契丹乘之，斩首五百级，获马七百余匹。高丽败走，草干风劲，契丹又纵火迫之，飚焰飞起，烧杀人马甚众，契丹聚其尸筑为京观，遣使来告捷，帝使宣其露布于朝，以示百僚。

这次战役的地点是高丽的新城（今辽宁抚顺境内），契丹反击高丽侵扰，打进高丽境内，战于新城，这场反击战契丹大获全胜，斩首高丽将士五百级，获马七百余匹，又烧杀人马甚众，在客观上配合了唐朝对高丽的攻势，得到高宗的赞赏，"宣其露布于朝，以示百僚"。

高宗显庆年间，首任松漠都督窟哥与饶乐都督可度者先后去世，新任饶乐都督匹帝（又作匹帝禿）叛唐，松漠都督阿卜固随之响应，奚与契丹的反叛破坏了唐朝在东北边疆的羁縻府州朝贡制度。于是，显庆五年（660）五月，高宗以"以定襄都督阿史德枢宾、左武侯将军延陀梯真、居延州都督

---

①　开元十四年（726），唐一度将饶乐州都督府更名为奉诚都督府。天宝初年（742左右），再次将奉诚都督府恢复原名饶乐都督府。

②　《旧唐书》卷69《薛万彻传》：薛万彻兄万淑"贞观初，至营州都督，检校东夷校尉"。第2519页；卷83《张俭传》：贞观二十二年，"改东夷校尉为东夷都护"。第2276页。

李合珠并为冷陉道行军总管，各领本蕃兵以讨叛奚，仍令尚书左丞崔余庆充使总护三蕃，寻而奚遣使降附。改枢宾等为沙砖道行军总管以讨契丹松漠都督阿卜固，送之东都，并擒叛奚谋主匹帝秃帝，斩之而还"①。唐朝这次出兵讨伐奚与契丹，是调用北方边疆游牧民族的军队出战，主帅阿史德枢宾为突厥首领，延陀梯真为薛延陀首领，李含珠为霤首领，他们各自率领本部人马出征，突厥、薛延陀、霤与契丹、奚都是游牧民族，这次战争的结果是叛乱者匹帝与阿卜固被杀②。随后并没有见到唐朝马上重新任命新的松漠都督与饶乐都督，也没有见到契丹、奚很快遣使朝贡的记载。

这之后奚、契丹在突厥的煽动下寇抄唐朝边地州县，有两次较大的反叛行为，一是高宗调露元年（679），《册府元龟·幕府部·武功》记载："单于突厥背叛诱扇奚、契丹侵掠州县，其后奚羯胡又与桑乾突厥同反，都督周道务遣（唐）休璟将兵击破之，于独护山斩获甚众，超拜丰州司马。"奚人居地在契丹之西南，地域上与突厥比邻，双方关系更为密切，奚人受突厥影响，反叛行为也更为频繁些。二是武则天万岁通天年间契丹反叛事件，其规模之大，竟使唐朝对东北边疆的统辖一度陷于瘫痪。由于营州都督赵文翙视契丹酋长如奴仆，屡次侵侮之，加上契丹饥荒，边府不予赈给，激起契丹部众的强烈不满与愤恨。万岁通天元年（696）五月，"契丹首领松漠都督李尽忠、归诚州刺史孙万荣陷营州，杀都督赵文翙"③。李尽忠号称"无上可汗"，孙万荣为大将，前锋略地，所向皆下，旬日兵至数万，据营州、逼檀州、攻崇州、入幽州，杀略人吏，大败官军，阻断唐朝与东北地区的陆路交通，唐朝东北重镇营州被迫南迁。武则天下令，"募天下人奴有勇者，官界主直，悉发以击虏"。以河内王武懿宗为大总管"率兵三十万以讨之"。李尽忠病死，孙万荣代领其众，陷冀州，杀刺史陆宝积，屠官吏子女数千人。在唐军的围剿追逼下，孙万荣被家奴所杀，契丹人以失败告终④。从万岁通

---

① ［宋］王钦若等撰：《册府元龟》卷986《外臣部·征讨第五》，周勋初等校对，第11411页。

② 《新唐书》卷219《奚传》记载："奚惧乞降，斩其王匹帝。"第6174页。与《册府元龟》记载"并擒叛奚谋主匹帝秃，帝斩之"不同。第11411页。

③ 《新唐书》卷4《则天顺圣武皇后纪》，第96页；《旧唐书》卷199下《契丹传》载：李尽忠"即窟哥之胤，历位右武卫大将军兼松漠都督"。第5350页。唐朝册命李尽忠为松漠都督的时间是在显庆五年（660）之后，还是在调露元年（679），史籍无载。

④ 《新唐书》卷219《契丹传》，第6169页；《旧唐书》卷199上《契丹传》，第5351页。

天元年（696）到久视元年（700），唐朝军队前后用了4年时间才最后平定了这场契丹叛乱。于是，"契丹不能立，遂附突厥"。契丹反，奚亦叛，与突厥相表里①。

玄宗开元二年（714），因突厥政衰，契丹、奚脱离了突厥控制，重新归附唐朝。《新唐书·契丹传》记载：

> 开元二年，尽忠从父弟都督失活以默啜政衰，率部落与颉利发伊健啜来归，玄宗赐丹书铁券。后二年，与奚长李大酺皆来，诏复置松漠府，以失活为都督，封松漠郡王，授左金吾卫大将军；仍其府置静析军，以失活为经略大使，所统八部皆擢其酋为刺史。诏将军薛泰为押蕃落使，督军镇抚。帝以东平王外孙杨元嗣女为永乐公主，妻失活。

同书《奚传》记载：

> 玄宗开元二年，使奥苏悔落丐降，封饶乐郡王，左金吾卫大将军、饶乐都督。诏宗室出女辛为固安公主，妻大酺。②

这次契丹、奚同时遣使来朝，向唐朝表示臣服，玄宗赐丹书铁券以表示接纳其归附。开元四年（716），唐恢复松漠、饶乐二都督府的建置，授契丹大贺氏部落联盟酋长失活、奚部落联盟长大酺（又作大辅）分别为松漠、饶乐二府都督、并分别封为松漠、饶乐郡王，授左金吾卫大将军、经略大使等。玄宗鉴于契丹叛乱的教训，设押蕃落使专领二番，并主动与二府都督和亲，以控制和安抚并行之策，强化对契丹、奚人的统治。这次重新恢复松漠、饶乐二羁縻都督府建置后，唐开始在契丹、奚人朝贡制度内推行和亲、质子制度（详见后文），从开元二年（714）到开元十九年（731），契丹、奚每年遣使朝贡，并出现一年遣使朝贡三四次的现象。

---

① 《新唐书》卷219《契丹传》第6170页、《奚传》第6174页。
② 《新唐书》卷219《奚传》第6174页，虽没有明确记载恢复饶乐都督府的时间，但据下文记载：大酺"明年，身入朝成昏"。[唐]杜佑《通典》卷200《库莫奚》记载：开元五年二月，"奚首领李大辅入朝，封从外甥女辛氏为固安公主以妻之"。第5485页。由此推之，可知《新唐书·契丹传》记载不误，玄宗恢复松漠、饶乐都督府的时间都是在开元四年。

在这期间，松漠都督府内部发生了静析军副使、军事首长可突于擅权作乱事件，《旧唐书·契丹传》记载：开元六年（718）松漠都督娑固因可突于骁勇善战，颇得众心欲除之，"可突于反攻娑固，娑固奔营州。都督许钦澹令薛泰帅骁勇五百人，又征奚王李大辅者及娑固合众以讨可突于。官军不利，娑固、大辅临阵皆为可突于所杀，生拘薛泰。营府震恐，许钦澹移军西入渝关。可突于立娑固从父弟郁于为主，俄又遣使请罪，上乃令册立郁于，令袭娑固官爵，仍赦可突于之罪"。这次事件很快就平息下去了，在这一事件的过程中，反映了羁縻府州朝贡成员与上级地方统辖机构的政治关系。松漠都督遇难时请求上一级地方政府营州都督府（后为平卢节度使）的保护，营州都督派兵援助，但出师不利，羁縻府州内部以弒旧主、更立新主的形式解决了政治矛盾。在新任联盟长向唐遣使请罪，请求册封时，唐朝不再追究以往问题，表示接受既成事实。这虽然符合唐朝奉行的羁縻政策，但对羁縻府州内部的强酋势力却是一种纵容，这也埋下了后来破坏契丹朝贡制度的隐患。

开元十五年（727）松漠都督李邵固派可突于入朝，贡方物，"中书侍郎李元宏不礼焉，可突于怏怏而去。左丞相张说谓人曰：'两蕃必叛。可突于人面兽心，唯利是视，执其国政，人心附之，若不优礼縻之，必不来矣。'十八年，可突于杀邵固，率部落并胁奚众降于突厥，东华公主走投平卢军"。二十年（732）唐军"出塞击破之，俘获甚众。可突于率其麾下远遁，奚众尽降"。然明年，可突于又来抄掠。唐军精骑万人，"并领降奚之众追击之。军至渝关都山之下，可突于领突厥兵以拒官军。奚众遂持两端，散走保险。官军大败"①。玄宗以张守珪为幽州长史兼御史丞以经略之，"守珪既善将，可突于恐，阳请臣而稍趋西北倚突厥。其衙官李过折与可突于内不平，守珪使客王悔阴邀之，以兵围可突于，过折即夜斩可突于、屈烈及支党数十人，自归。守珪使过折统其部，函可突于等首传东都"②。二十二年，玄宗以契丹衙官李过折杀可突于为唐朝除去心腹大患，立过折"为契丹王"③，"（封）北平郡王，授特进，检校松漠州都督，赐锦衣一副、银器十事、绢

---

① 以上引文均见《旧唐书》卷199下《契丹传》，第5352—5353页。
② 《新唐书》卷219《契丹传》，第6171页。
③ 《旧唐书》卷8《玄宗纪上》，第203页。

绿三千匹"①。二十三年（735），"过折为可突于余党泥礼所杀，并其诸子，唯一子刺乾走投安东得免，拜左骁卫将军"②。2001年在西安发现了李过折的墓葬，墓中出土了"唐故特进、松漠府都督兼同幽州节度副使、北平郡王"李过折的墓志铭③。这是投奔安东都护府的李过折的儿子刺乾，于代宗永泰二年（766）四月为亡父所建的墓葬。据墓志记载刺乾后改名李忠诚。葛承雍认为李忠诚模仿汉人风俗，为其父李过折树立衣冠冢，以追念父母④。墓志中"幽州节度副使"可补两《唐书》记载缺失的部分。

可突于反唐事件最后导致契丹联盟长的权利由大贺氏转到遥辇氏手中，"天宝四载，契丹大酋李怀秀降，拜松漠都督，封崇顺王，以宗室出女独孤为静乐公主妻之"⑤。李怀秀是首位遥辇氏部落联盟长阻午可汗，唐朝仍承认契丹内部的权力更替，册封李怀秀为松漠都督，并与其和亲。然而，天宝四年（745）李怀秀受唐册封的当年，"杀公主叛去"。奚饶乐都督亦响应，杀公主以叛⑥。时安禄山任平卢、范阳节度使，"禄山方幸，表讨契丹以向帝意。发幽州、云中、平卢、河东兵十余万，以奚为乡导，大战潢水南，禄山败，死者数千，自是禄山与相侵掠未尝解，至其反乃已"⑦。"前后十余度欺诱契丹，宴设酒中著莨菪子，预掘一坑，待其昏醉，斩首埋之，皆不觉死，每度数十人"⑧。数与奚人鏖斗，"诛其君李日越，料所俘骁壮戍云南"⑨。此后直至天宝十四年（755）安禄山反唐，契丹仅天宝九年、十二年来朝，奚仅天宝八年来贺正。由于安禄山一味对契丹、奚实行军事打击，以向玄宗邀功，至使契丹、奚人地区的朝贡制度几乎处于瘫痪状态。安史之乱后，平卢节度使迁往山东，以范阳节度使为押奚、契丹使，"自至德后，藩

---

① 《旧唐书》卷199下《契丹传》，第5353页。
② 《旧唐书》卷199下《契丹传》，第5353页。
③ 葛承雍：《对西安市东郊唐墓出土契丹王墓志的解读》，《考古》2003年第9期。
④ 葛承雍：《对西安市东郊唐墓出土契丹王墓志的解读》，《考古》2003年第9期。
⑤ 《新唐书》卷219《契丹传》，第6172页。
⑥ 《旧唐书》卷9《玄宗纪》载：天宝四载，"九月，契丹及奚酋长各杀公主，举部落叛"。第219页。
⑦ 《新唐书》卷219《契丹传》，第6172页。
⑧ 《旧唐书》卷200上《安禄山传》，第5369页。
⑨ 《新唐书》卷219《奚传》，第6175页。

镇擅地务自安，郭戍斥候益谨，不生事于边，奚、契丹亦鲜入寇"①。

8世纪中叶，北方草原上回纥强盛起来，玄宗于天宝三年（744）册封回纥骨力裴罗为怀仁可汗，回纥汗国建立（809年改称回鹘）②。745年回纥攻杀突厥白眉可汗，取代突厥成为横跨北方草原的游牧大汗国。怀仁可汗时"斥地愈广，东极室韦，西金山，南控大漠，尽得古匈奴地"③。地处蒙古草原东部的奚、契丹地区，大约也在回纥汗国的经略范围。玄宗天宝后期到肃宗朝，契丹、奚虽鲜入寇，也极少朝贡，可能这一时期二族受新兴起的回纥人控制，不能自行对外行动。代宗朝，契丹、奚才恢复了对唐朝贡。德宗朝，契丹时而寇边，时而朝贡，如"贞元四年，（契丹）与奚众同寇我振武，大掠人畜而去。九年、十年，复遣使来朝，大首领悔落曳何已下，各授官放还"。奚人于德宗贞元四年（788）反叛后，十一年四月，再次大规模寇边，"幽州奏却奚六万余众"。直到宪宗朝才与契丹同来朝贡。9世纪前半叶，大约40年间，二族地区朝贡制度比较稳定地运行，仅文宗太和四年（830）奚人有一次寇边行为，四月，卢龙李载义上言："今月三日发兵入奚界，杀奚贼五千余人，生擒刺史、县令、大将、首领等二百七十三人。""五月己卯，载义上言，'先发兵深入奚部，至四月十七日，就其帐擒奚帅茹羯'。"为奖励李载义守边有功，"文宗赐冠带，授右骁卫将军"④。从唐俘获奚人刺史、县令、大将、首领等273人看，这不是一次小规模的寇边行为，文宗对奚人采取宽容的态度，授"奚王茹羯为右骁卫将军同正"⑤。奚人再次恢复了朝贡活动。

大约文宗末年武宗初年，奚、契丹又一度投附回鹘，武宗会昌二年（842），"回鹘破，契丹酋屈戍始复内附"⑥。《旧唐书·张仲武传》记载：

---

① 《新唐书》卷219《契丹传》，第6172页。
② 《旧唐书》卷195《回纥传》："元和四年，蔼曷里禄没弭施合密毗迦可汗遣使改为回鹘，义取回旋轻捷如鹘也。"第5210页。
③ 《新唐书》卷217上《回鹘传》，第6115页。
④ ［宋］王钦若等撰：《册府元龟》卷359《将帅部·立功第十二》，周勋初等校对，第4056页。
⑤ 《旧唐书》卷17下《文宗纪下》："以投来奚王茹羯为右骁卫将军同正。"其他史料皆载俘获奚王茹羯，仅此载"投来"，不确。第538页。
⑥ 《新唐书》卷219《契丹传》，第6172页。

> 时回鹘有将勒那颉啜拥赤心宰相一族七千帐，东逼渔阳。仲武遣其弟仲至与裨将游奉寰、王如清等，率锐兵三万人大破之。前后收其侯王贵族千余人，降三万人，获牛马、橐驼、旗纛、罽幕不可胜计。遣从事李周瞳、牙门将国从玘相次献捷。诏加检校兵部尚书，兼东面招抚回鹘使。先是，奚、契丹皆有回鹘监护使，督以岁贡，且为汉谍。至是，遣裨将石公绪等谕意两部，凡戮八百余人。

武宗会昌初年，回鹘在奚、契丹皆设有监护使，“督以岁贡，且为汉谍”。然在此三年前，文宗开成四年（839）奚、契丹都遣使入唐朝贡①，如果说回鹘在奚、契丹仅设一二年监护使，驻在奚、契丹的人数就达到 800 多人，似乎不太可能。那么合理的解释应是，至少有一段时间奚、契丹是两属唐中央和回鹘，一面向回鹘交纳岁贡，“且为汉谍”；一面向唐中央遣使朝贡。这是违反朝贡制度规则的行为，因此《新唐书·契丹传》云：“天子恶其外附回鹘，不复官爵渠长。”此当指唐不再授予契丹联盟长以松漠都督等官爵。武宗敕曰：“契丹新立王屈戍，可云麾将军，守右武卫将军员外置同正员。”幽州节度使张仲武上言：“屈戍等云，契丹旧用回纥印，今恳请闻奏，乞国家赐印。”许之，以“奉国契丹之印”为文②。唐太宗贞观二十二年（648）设立契丹松漠、奚饶乐都督府以来，几经废止又恢复，到武宗会昌二年（842）撤销，前后 196 年。

《新唐书》记载了自唐玄宗到懿宗时期契丹、奚的朝贡活动，《契丹传》云：开元、天宝间，使朝献者无虑二十。至德、宝应时再朝献。大历中十三，贞元间三，元和中七，大和、开成间凡四。会昌二年契丹酋屈戍来朝，咸通中，其王习尔之再遣使者入朝③。《奚传》云：终玄宗世，凡八朝献，至德、大历间十二。德宗时，两朝献。元和元年，君梅落身入朝，抵宪宗世四朝献。太和九年，大首领匿舍朗来朝。咸通九年，其王突董苏使大都督萨葛入朝④。搜检史籍关于契丹、奚朝贡活动的记载，二族朝贡的次数远超过

① ［宋］王溥：《唐会要》卷 96《契丹》，第 1719 页；［宋］王钦若等撰：《册府元龟》卷 987《外臣部·征讨第六》，周勋初等校对，第 11425 页。

② 《旧唐书》卷 199 下《契丹传》，第 5354 页。

③ 《新唐书》卷 219《契丹传》，第 6172 页。

④ 《新唐书》卷 219《奚传》，第 6175 页。

《新唐书》的记载，如下表所示①。

契丹、奚人入唐朝贡次数统计表

唐帝	高祖	太宗	高宗	武则天	中宗	睿宗	玄宗	肃宗	代宗	德宗	顺宗	宪宗	穆宗	敬宗	文宗	武宗	宣宗	懿宗
在位	9年	23年	34年	21年	5年	3年	43年	7年	17年	25年	1年	15年	4年	2年	14年	6年	13年	14年
契丹	3	9	1	0	1	0	40	1	13	4	0	8	3	1	10	2	0	1
奚	1	5	1	0	1	1	27	2	11	2	0	11	2	1	8	0	0	1
同来	0	4	0	0	0	0	12	1	9	0	0	3	2	1	6	0	0	0

契丹与奚往往联合行动，同时遣使朝贡，结伴而行，一方反叛，另一方随即呼应。总体看来，各个时期契丹、奚二族的朝贡活动，频繁和减少的走势是一致的。但具体而言，契丹人朝贡次数明显多于奚人，而奚人寇边次数则多于契丹人，而且规模也较大②。这与奚人先后比邻突厥、回鹘政权，与其关系比较密切有关，武宗会昌年间，回鹘政权在黠戛斯的打击下四分五裂，回鹘人"复有众五千以上，其食用粮羊皆取给于奚王石舍朗。大中元年春，张仲武大破奚众，其回鹘无所取给，日有耗散"③。总之，隋唐时期，奚、契丹二族的朝贡活动在很大程度上受北方游牧政权的制约。从上表统计情况看，有唐一代，契丹、奚的朝贡活动有三个时期比较稳定，一是玄宗开元年间（天宝十四年间，契丹人仅朝贡4次，奚人仅朝贡3次）；二是代宗大历年间；三是宪宗到文宗时期。

隋唐时期，契丹、奚人的朝贡地点是京师。唐朝前期，朝廷对契丹、奚朝贡使团的人数没有特别的限制，赴阙朝贡人数经常是300多人，如开元八年（720），"契丹遣蕃中郎将张少免俱等三百五十四人来朝，并授游击将

---

① 详细情况参见书后附表十一"契丹（松漠都督府）对隋唐王朝朝贡表"，附表十二"奚（饶乐都督府）对隋唐王朝朝贡表"。

② 《新唐书》卷219《奚传》记载："大中元年，北部诸山奚悉叛，卢龙张仲武禽酋渠，烧帐落二十万，取其刺史以下面耳三百，羊牛七万，辐贮五百乘，献京师。"第6175页。

③ 《旧唐书》卷195《回纥传》，第5210页。

军、果毅都尉，赐绯袍银带物各二千段，放还蕃"①。契丹与奚同时赴京朝
贡时，共同组成的使团也在 300 人左右，如玄宗天宝二年（743）"正月丁
卯，契丹刺史匐从之等一百二十人，奚刺史达利胡等一百八十人，并来朝，
册勋皆授中郎将，赐紫袍金钿带金鱼袋，放还蕃"②。安史之乱以后，唐朝
国力逐衰，朝廷对少数民族朝贡使团的人数，开始有了具体规定，《旧唐
书·奚传》记载肃宗时期契丹、奚人朝贡活动时云："每岁朝贺，常各遣数
百人至幽州，则选其酋渠三五十人赴阙，引见于麟德殿，赐以金帛遣还，
余皆驻而馆之，率为常也。"《新唐书·契丹传》记载与之略同：契丹、
奚"岁选酋豪数十入长安朝会，每引见，赐与有秩，其下率数百皆驻馆幽
州"。唐后期契丹、奚的朝贡使团虽然仍有数百人，但多数人留在靠近边
地管理契丹、奚朝贡制度的地方政府幽州（今北京）③，"选其酋长三五十
人赴阙"。

　　9 世纪后半叶，唐朝逐渐没落，契丹则日益崛起，契丹、奚人与唐朝之
间仍保持一定的朝贡关系，如懿宗咸通年间（860—874），契丹"其王习尔
之再遣使者入朝"。咸通九年（868）奚"其王突董苏使大都督萨葛入
朝"④。光启年间（885—887），方天下盗兴，北疆多故，契丹"乃钞奚、室
韦，小小部种皆役服之"；"契丹方强，奚不敢亢，而举部役属"⑤。直到唐
朝末年，幽州地方官中仍设有统领契丹、奚人的官员，如乾宁二年（895）
八月"以幽州兵马留后刘仁恭检校司空，兼幽州大都督府长史，充幽州卢龙
军节度、押奚、契丹等使"⑥。尽管，唐末契丹开始与北方割据势力角逐燕
山以北地区，其与唐朝的政治关系却未尝割断。

　　3. 隋唐王朝对契丹、奚酋长与使臣的封授
　　在唐朝设置羁縻都督府以前，二族是以部落（隋时契丹）、部落联盟的

---

　　① ［宋］王钦若等撰：《册府元龟》卷 974《外臣部·褒异第一》，周勋初等校对，第 11278 页。
　　② ［宋］王钦若等撰：《册府元龟》卷 975《外臣部·褒异第二》，周勋初等校对，第 11289 页。
　　③ 直到唐朝末年，幽州地方官中仍设有统领契丹、奚人的官员，如《旧唐书》卷 20 上《昭宗纪》
记载：乾宁二年（895）八月"以幽州兵马留后刘仁恭检校司空，兼幽州大都督府长史，充幽州卢龙军
节度、押奚、契丹等使"。第 756 页。
　　④ 《新唐书》卷 219《契丹传》第 6172 页、《奚传》第 6175 页。
　　⑤ 《新唐书》卷 219《契丹传》第 6172 页、《奚传》第 6175 页。
　　⑥ 《旧唐书》卷 20 上《昭宗纪》，第 756 页。

形式进行朝贡，设置松漠、饶乐都督府后，是以羁縻府州的形式进行朝贡。契丹、奚部落联盟长继位时，需得到唐朝的册封，才能获得羁縻都督府都督的合法地位。另外，唐朝对于诣阙朝贡的契丹、奚首领也多授予官号。

隋朝对契丹、奚酋长封授的记载极少，仅见开皇四年（584）"五月癸酉，契丹主莫贺弗遣使请降，拜大将军"①。唐朝，契丹、奚联盟长诣阙（或朝见唐帝）朝贡的记载并不罕见，如太宗贞观三年（629）契丹大贺氏联盟长摩会入朝；玄宗开元四年（716），松漠都督李失活与饶乐都督李大辅一同诣阙朝贡；五年（717），松漠都督又赴京迎娶公主；七年（719），松漠都督李娑固与公主俱来朝；十年（722），松漠都督郁于入朝请婚；十一年（723），饶乐都督鲁苏入朝；十三年（725），契丹王邵固来朝；宪宗元和元年（806），饶乐都督梅落来朝。先后有5位契丹联盟长、3位奚联盟长诣阙朝贡。现将史籍关于隋唐王朝封授契丹、奚部落联盟长的官爵封号统计如下：②

唐王朝封授契丹、奚部落联盟长一览表

时间	契丹		奚	
	姓名	封号	姓名	封号
太宗贞观十九年（645）	窟哥	左武卫将军		
贞观二十二年（648）	窟哥	松漠都督、持节十州诸军事、左领军将军、无极县男	可度者	饶乐都督、使持节六州诸军事、右领军将军、楼烦县公
高宗显庆元年（656）	窟哥	加授左监门大将军	可度者	加授右监门大将军
显庆五年（660）	阿卜固	松漠都督		
武则天年间	李尽忠	松漠都督、右武卫大将军		
玄宗开元四年（716）	李失活	松漠都督、左金吾卫大将军、静析军经略大使、松漠郡王	李大辅	饶乐都督、左金吾卫大将军、饶乐郡王
开元六年（718）	李娑固	松漠都督、左金吾卫员外大将军、静析军经略大使、松漠郡王		

① 《隋书》卷1《高祖纪上》，第21页。
② 此表依据《旧唐书》《新唐书》《册府元龟》记载所统计。

续表

时间	契丹		奚	
	姓名	封号	姓名	封号
开元十年（722）	郁于	松漠都督、左金吾卫员外大将军、静析军经略大使、松漠郡王	鲁苏	饶乐都督、右金吾卫员外大将军，兼保塞军经略大使、奉诚郡王
	吐于	松漠都督、左金吾卫员外大将军、静析军经略大使、辽阳郡王		
开元十四年（726）	邵固	松漠都督、左羽林军员外大将军、静析军经略大使、广化郡王	鲁苏	饶乐都督、奉诚王、右羽林军员外将军
开元二十年（732）			李诗	归义州都督、左羽林军大将军同正、归义王兼特进
开元二十三年（735）	李过折	松漠都督、北平郡王、特进、同幽州节度副大使		
天宝四年（745）	李怀秀	松漠都督、崇顺王	延宠	饶乐都督、怀信王
天宝五年（746）	李楷落	松漠都督、恭仁王	婆固	饶乐都督、昭信王
宪宗元和元年（806）			梅落	饶乐都督、检校司空、归诚王
武宗会昌二年（842）	屈戍	云麾将军、守右武卫将军。赐予"奉国契丹之印"		

从唐朝对契丹、奚联盟长封授的时段看，从太宗贞观二十二年（648）到宪宗元和元年（806），是在设置松漠、饶乐二羁縻都督府期间所实行的封授，绝大多数是对新继任联盟长的封授，另有二次是加封，一是高宗显庆元年（656）对松漠都督窟哥和饶乐都督可突于的加封，二是玄宗开元十四年（726）对饶乐都督鲁苏的加封。从封授内容看，前期有三项内容，一是授予羁縻都督府的都督一职；二是武官的官号；三是封爵。关于武官的官号，太宗时授某将军（从三品），高宗到玄宗开元四年授某大将军（正三品），开元六年到开元末授某员外大将军，这种官号主要授予少数民族首领。后期只有第一、三项内容，玄宗天宝年间开始，唐帝封授的内容中不再有武官号了，但封爵则从开元年间的某郡王，升为某王。值得注意的是，唐朝人

虽然称契丹、奚联盟长为"契丹王""奚王",但唐帝从未册封契丹、奚联盟长为契丹王、奚王,封王的名称除了地名外,更多的则是表达了唐帝对契丹、奚联盟长的期望。

据史籍记载统计,唐朝契丹朝贡近百次,奚人朝贡60余次,贡纳的方物主要是马匹、麝香等。隋唐朝廷根据鸿胪寺拟定的对契丹、奚朝贡者的封授官号、赏赐物品的数额,对契丹、奚朝贡使团成员进行封授和赏赐数量可观的绢帛和一些金帛锦绣的衣服、银器等。从唐王朝对契丹、奚使团成员的封授情况看,一般是根据其身份、羁縻府州官职、在本部落的地位等授予各种武官、武散官和勋官的官号。有两种身份的人通常被唐廷授予较高官号,一是松漠、饶乐都督的兄弟子侄身份的契丹贵族,如开元十年七月,奚饶乐都督"遣其兄奴默俱及聋锁高来朝,皆授将军,赐紫袍银钿带金鱼袋";十四年"正月,丙午,奚御史(奉诚)郡王(即饶乐都督鲁苏)父李缀进位右武卫员外大将军";十六年,契丹松漠都督广化王李邵固"遣其子诺括来朝,授大将军,赐紫袍金带,放还蕃"。所受的官号多为大将军、将军。二是任二羁縻都督府重要官职的契丹贵族,如开元十四年,"奚弱水州刺史李高进阶镇军,大首领曰走等二百余人并授郎将。及契丹衙官执苏进阶镇军大将军,契丹县令属固蒙进位右领军员外大将军,契丹部落冤离等百余人并授郎将,各赐紫袍,放还蕃。以陪位泰山,修行赏之典也"。十七年"契丹遣衙前将军粹来朝,授怀化大将军,赐紫袍金带,放还蕃"[1]。镇军大将军,为武散官从二品;怀化大将军,武散官正三品;右领军员外大将军,为唐朝专授少数民族首领的官号。一般契丹、奚的首领则授予郎将。此外,唐朝授予契丹、奚朝贡使团成员的官号还有果毅都尉、折冲、游击将军、中郎将等。唐后期,唐廷将官号作为赏赐品的一种,如宪宗元和十二年(817)"契丹首领介落等朝贡,以告身一十九通赐其贵人"[2]。文宗开成二年(837)"二月癸卯,赐奚丹、室韦等告身八十九通"[3]。这些告身由朝贡者带回去,交给契丹、奚都督自行发放给部落贵族。唐朝向契丹、奚部落酋长、贵族、

---

① 以上引文见〔宋〕王钦若等撰《册府元龟》卷975《外臣部·褒异第二》,周勋初等校对,第11281—11284页。

② 〔宋〕王溥:《唐会要》卷96《契丹》,第1719页。

③ 〔宋〕王钦若等撰:《册府元龟》卷976《外臣部·褒异第三》,周勋初等校对,第11298页。

羁縻府州官员封授官号是为了强化契丹、奚对唐朝的隶属关系，契丹、奚人得到唐朝封授的官号，可以提高其在本族中的地位。

4. 唐朝与契丹、奚和亲及二府质子

唐玄宗开元初在契丹、奚地区重新恢复松漠、饶乐二羁縻都督府时，鉴于武则天万岁通天元年（696）爆发的大规模契丹反叛行动的教训，开始对契丹、奚实行和亲政策和质子制度，以强化对松漠、饶乐都督府的统辖。

和亲，在古代是一个内涵复杂多样的社会行为，对于中国王朝的帝王之家来说主要是一种政治行为。隋唐王朝与边疆民族政治势力进行和亲，主要从安边、治边的立场出发，《贞观政要》记载：

> 贞观十六年，太宗谓侍臣曰："北狄世为寇乱，今延陀倔强，须早为之所。朕熟思之，惟有二策：选徒十万，击而虏之，涤除凶丑，百年无患，此一策也。若遂其来请，与之为婚媾。朕为苍生父母，苟可利之，岂惜一女！北狄风俗，多由内政，亦既生子，则我外孙，不侵中国，断可知矣。以此而言，边境足得三十年来无事。举此二策，何者为先？"司空房玄龄对曰："遭隋室大乱之后，户口太半未复，兵凶战危，圣人所慎，和亲之策，实天下幸甚。"①

唐太宗欲通过和亲以浓郁的家族观念和亲族感情笼络薛延陀统治者，使其认识到双方已是一家人，认为一次通婚至少可以换来边境三十年的安定，这其中道出唐王朝与边疆民族和亲的主要目的，也是唐玄宗与契丹、奚进行和亲的初衷。

作为隋唐朝贡制度成员的边疆民族政治势力，积极与宗主国进行和亲，不仅是表示政治上的归附，其主要目的是希望得到宗主国在政治上的保护，提高在边疆各族中的地位，如开元十三年（725），唐使摄鸿胪卿袁振赴突厥时与毗伽可汗有一番对话：

> 小杀（毗伽可汗的番号）与其妻及阙特勒、暾欲谷等环坐帐中设

---

① ［唐］吴兢：《贞观政要》卷9《征伐第三十五》，上海古籍出版社，1978年，第263页。

宴，谓振曰："吐蕃狗种，唐国与之为婚；奚及契丹旧是突厥之奴，亦
尚唐家公主；突厥前后请结和亲，独不蒙许，何也？"袁振曰："可汗
既与皇帝为子，父岂合为婚姻？"小杀等曰："两蕃亦蒙赐姓，犹得
尚主，但依此例，有何不可？且闻入蕃公主，皆非天子之女，今之所
求，岂问真假，频请不得，实亦羞见诸蕃。"①

从突厥毗伽可汗的话语中可以看出，能与天朝皇室和亲是很荣耀的事
情。事实上，与天朝和亲的边疆各族，既可以依靠天威，发展壮大自己的势
力，还可以得到丰厚的经济利益。契丹、奚与唐朝和亲之议起于开元四年
（716）。这一年，契丹松漠都督李失活与奚饶乐都督李大辅同时请求与唐和
亲，得到玄宗的应允，以东平王李续的外孙杨元嗣之女为永乐公主，下嫁松
漠都督李失活；封从外甥女辛氏为固安公主，下嫁饶乐都督李大辅，希望他
们"永为藩臣"②。《册府元龟·外臣部·和亲》记载：玄宗开元年间

（四年）十二月诏曰："固安县主取来年二月五日出适奚都督李大
酺，须早支料造作。宜令河东少尹慕容珣充男家礼会使，洛阳令薛曦为
副，少监李尚隐充女家礼会使，河南县令郑璇为副。"
（五年）八月诏曰："故东平王外孙正议大夫复州司马杨元嗣第七
女，誉叶才明，体光柔顺，葭莩懿戚，敦睦有伦，薜华靡颜，德容兼
茂。属贤王慕义，于以赐亲，纳女问名，滋焉迨吉，宜升外馆之宠，俾
耀边城之地，可封永乐公主，出降契丹松漠郡王李失活。婚之夜，遣诸
亲高品及两蕃大首领观花烛。"

奚饶乐都督李大辅到洛阳迎娶固安公主，唐朝以河东少尹慕容珣充男家
礼会使，洛阳令薛曦为副，少监李尚隐充女家礼会使，河南县令郑璇为副，
在洛阳举行婚礼后，玄宗"赐物一千五百匹，遣右领军将军李济持节送还
蕃"③。松漠都督李失活到长安迎娶永乐公主，大婚之夜，诸亲高品和两番

① 《旧唐书》卷 194 上《突厥传》，第 5175 页。
② ［宋］王钦若等撰：《册府元龟》卷 974《外臣部·褒异第一》，周勋初等校对，第 11277 页。
③ 《旧唐书》卷 199 下《奚传》，第 5355 页。

大首领到场祝贺。六年正月，"李失活、永乐公主还蕃，命有司加等祖饯其私觌物六千段"①。从开元五年（717）到天宝四年（745），先后有四位唐朝公主下嫁契丹松漠都督；有三位公主下嫁奚饶乐都督，现列表如下：

时间	契丹与唐朝和亲		奚与唐朝和亲	
	公主	松漠都督	公主	饶乐都督
开元五年（717）	永乐公主	李失活	固安公主	李大辅
开元七年（719）	永乐公主	李娑固		
开元八年（720）			固安公主	李鲁苏
开元十年（722）	燕郡公主	李郁于	东光公主	李鲁苏
开元十二年（724）	燕郡公主	李吐于		
开元十三年（725）	东华公主	李邵固		
天宝四年（745）	静乐公主	李怀秀	宜芳公主	李延宠

在唐朝与松漠都督进行和亲期间，正是契丹军事首长、静析军经略副使可突于擅权，契丹部落联盟内部争权夺利的斗争愈演愈烈的时期。开元六年，李失活卒，从父弟娑固继任大贺氏联盟长，唐册立其为松漠都督，按照契丹的"妻后母，抱寡嫂"的收继婚俗，永乐公主成为李娑固的妻子。七年，"十一月壬申，松漠郡王李娑固宴与公主俱来朝，命有司借宅给食。己未，宴于内殿，赐物一千五百段，锦袍钿带鱼袋七事"②。李娑固与公主返回契丹地的第二年，松漠都督府发生内乱，可突于攻娑固，娑固奔营州。都督许钦澹令薛泰帅骁勇五百人，又征奚王李大辅者及娑固合众以讨可突于。结果官军不利，娑固、大辅临阵为可突于所杀③。这是唐朝与契丹、奚和亲后第一次军事冲突，起因是契丹内部的权利之争，二都督在战争中丧生，这之后永乐公主的去向史无记载。崔明德认为在李娑固奔营州时，永乐公主也跟随到营州，李娑固死后，由营州都督将公主送回长安④。

可突于杀了李娑固后，"立娑固从父弟郁于为主，俄又遣使请罪，上乃

---

① ［宋］王钦若等撰：《册府元龟》卷974《外臣部·褒异第一》，周勋初等校对，第11277页。
② ［宋］王钦若等撰：《册府元龟》卷974《外臣部·褒异第一》，周勋初等校对，第11278页。
③ 《旧唐书》卷199下《契丹传》，第5352页。
④ 崔明德：《中国古代和亲史》，人民出版社，2005年，第311页。

令册立郁于，令袭娑固官爵，仍赦可突于之罪。十年，郁于入朝请婚。上又封从妹夫率更令慕容嘉宾女为燕郡公主以妻之，仍封郁于为松漠郡王，授左金吾卫员外大将军兼静析军经略大使，赐物千段。郁于还蕃"①。玄宗承认了可突于所立的契丹联盟长郁于，给予册封，并继续实行和亲政策。开元十年，玄宗封从外甥女慕容氏为燕郡公主下嫁松漠都督李郁于。然一年后，郁于病卒，弟吐于继任联盟长，袭松漠都督等官爵，亦收继燕郡公主为妻。"吐于与可突于复相猜阻。十三年，携公主来奔，便不敢还，改封辽阳郡王，因留宿卫"②。李吐于携燕郡公主逃到长安后，便以留宿卫的名义住在长安，可突于另立李尽忠弟邵固为联盟长，李吐于没有再回契丹地。

开元十三年（725），契丹松漠都督李邵固来朝，随从玄宗至泰山封禅，玄宗诏加封李邵固为"左羽林大将军，改封广化郡王"，并"封皇从外生女陈氏，为东华公主以妻之"。制曰："李邵固等，输忠保塞，乃诚奉国，属外中干，天无远而不届，华裔靡隔，等数有加，宣锡休名，俾承庆泽。"③东华公主陈氏是下嫁契丹大贺氏联盟长的最后一位公主。十八年（730），可突于叛唐，杀其主李邵固，率部落降于突厥。奚部落亦随而叛，奚王李鲁苏来奔，"召（邵）固妻东华公主陈氏及鲁苏妻东光公主韦氏并奔投平卢军"④。东华公主由平卢军送回长安。

在与唐朝和亲期间，饶乐都督府内部比较平稳，但奚与契丹地域相连，关系密切，契丹内部的动乱与叛唐行为，直接对奚产生影响。开元八年（720），李大辅在随唐军出兵救助李娑固的战争中被可突于所杀。"其弟鲁苏嗣立。十年（722），入朝，诏令袭其兄饶乐郡王、右金吾员外大将军兼保塞军经略大使，赐物一千段，仍以固安公主为妻"。奚与契丹社会发展水平相当，同样流行收继婚习俗，固安公主成为他的妻子。"时鲁苏牙官塞默羯谋害鲁苏，翻归突厥。公主密知之，遂设宴诱执而杀之。上嘉其功，赏赐累万。公主嫡母妒主荣宠，乃上书主是庶女，此实欺罔称嫡，请更以所生女

① 《旧唐书》卷199下《契丹传》，第5352页。
② 《旧唐书》卷199下《契丹传》，第5352页。
③ ［宋］王钦若等撰：《册府元龟》，周勋初等校对，卷999《外臣部·入觐》第11555页、卷979《外臣部·和亲》第11333页。
④ ［宋］王钦若等撰：《册府元龟》卷986《外臣部·征讨第五》，周勋初等校对，第11417页。

嫁与鲁苏。上怒，令与鲁苏离婚，又封成安公主女姎氏为东光公主，以妻鲁苏"①。固安公主的行为说明唐朝公主下嫁边疆少数民族首领，除去笼络的目的外，还有监视羁縻府州上层，维护唐朝对其统治的作用。因唐朝缘故固安公主与饶乐都督李鲁苏离婚，虽然唐朝另选东光公主"以妻鲁苏"，为安抚奚、契丹二都督，开元十二年（724）玄宗又遣使赏绢锦八万段，分赐奚及契丹，诏曰：

> 公主出降蕃王，本拟安养部落，请入朝谒，深虑劳烦。朕固割恩，抑而未许，因加殊惠，以慰远心。奚有五部落，宜赐物三万段，先给征行游奕兵及百姓，余一万段与东光公主、饶乐王、衙官、刺史、县令，契丹有八部落，宜赐物五万段，其中取四万段先给征行有游奕兵士及百姓，余一万段与燕郡公主、松漠王、衙官、刺史、县令，其物杂以绢布务令均平给讫奏闻。②

契丹内部大贺氏与遥辇氏经过几年的较量，天宝四年（745）遥辇氏阻午可汗李怀秀立，遣使朝唐，玄宗拜其为松漠都督，封崇顺王。这年三月，唐玄宗"封外孙女独孤氏为静乐公主，降松漠都督崇顺王李怀节（秀），封外甥女杨氏为宜芳公主，出降饶乐都督怀信王李延宠。九月，奚及契丹酋长各杀公主举部以叛"③。李怀秀主动遣使朝唐，并得到与唐和亲的殊荣，然仅过半年就举兵反唐，而且奚人也积极响应，松漠、饶乐二都督各杀公主举部以叛，这在中国古代和亲史上是少见的④，其中必有原因。司马光云："安禄山欲以边功市宠，数侵掠奚、契丹；奚、契丹各杀公主以叛，禄山讨破之。"⑤但查史籍，安禄山出兵打契丹、奚都是在天宝四年（745）以后，况且，唐朝刚刚与二族和亲，即便是安禄山为谋个人私利，逼迫契丹、奚人造反，也要迎合玄宗的意愿。因此，我认为松漠、饶乐二都督杀静乐、宜芳

① ［唐］杜佑：《通典》卷200《边防十六·北狄七·库莫奚》，第5485页。
② ［宋］王钦若等撰：《册府元龟》卷979《外臣部·和亲》，周勋初等校对，第11332页。
③ ［宋］王钦若等撰：《册府元龟》卷979《外臣部·和亲》，周勋初等校对，第11355页。
④ 崔明德：《中国古代和亲史》，第321页。
⑤ 《资治通鉴》卷215《唐纪三十一》，唐玄宗天宝四载九月条，第6868页。

二位公主反唐，极有可能与回纥经略东蒙古草原地区有直接关系。唐朝与契丹、奚的和亲到此终结。

唐玄宗一朝，和亲公主共有 9 人，其中有 7 位公主与契丹、奚和亲，而且占整个唐朝 23 位和亲公主总数的 1/3 弱。然如学者所言唐朝下嫁给契丹和奚的 7 位公主，无一人是皇帝的女儿，也不是宗室之女，她们实际是皇室戚属贵族之女。那么唐朝与二族和亲的效果如何呢？崔德明认为唐玄宗与契丹、奚的和亲政策十分宽松，有求必应，这导致契丹和奚对唐隶属关系不稳定，忽叛忽降。李彦平则认为唐与二族和亲，缓和了民族矛盾，稳定了边疆局势，促进了双方经济、文化的交流，有利于社会进步、民族融合以及多民族统一国家的形成。陈巍认为从和蕃公主及其夫婿多舛的命运来看，唐王朝下嫁公主给两蕃无甚实权的首领，其象征意义大于其实际作用，终于可突于杀其主而反，唐王朝对两蕃和亲政策是失败的①。玄宗鉴于前朝契丹反叛对东北边疆统治秩序破坏严重的教训，对归附的契丹、奚人实行和亲政策，着力对二族加以怀柔安抚。从和亲的效果看，松漠、饶乐二都督府的长官都督，臣服唐朝并无二心，但这一时期掌握契丹联盟军事实力的可突于，往往违背松漠都督的意愿自行其是，以可突于身份不可能成为唐朝和亲的对象，因此和亲政策对可突于并无多大影响，在这种情况下唐朝的和亲政策对契丹的政治作用实则大打折扣。契丹内乱导致两位和亲公主随流亡的松漠都督回到内地，首位下嫁奚饶乐都督的固安公主因娘家的缘故被迫离婚返回内地。天宝四年，正是北方草原上回纥取代突厥，对外扩张势力之时，当契丹、奚再次主动归附时，玄宗仍采取和亲政策，也有牵制回纥的用意。不想竟导致最后二位和亲公主命丧黄泉，成为政治牺牲品。和亲公主的悲惨结局也说明了边疆朝贡成员在面对强大势力威胁时，往往选择对自己最有利的途径保存实力，在这种情况下和亲政策已无任何效力了。因此，对于唐朝与契丹、奚和亲政策不能简单地予以否定，也不宜过度地褒扬。

玄宗开元年间是契丹、奚朝贡活动最为频繁的时期，也是松漠、饶乐二都督府送质子至京师留宿卫的时期。玄宗以前，契丹曾派侍子入朝，《新唐

① 崔明德：《唐与契丹、奚和亲公主考述》，《西北民族大学学报（哲学社会科学版）》1988 年第 2 期；李彦平：《唐朝与东北少数民族契丹、奚的和亲》，《社会科学战线》1996 年第 3 期；陈巍：《论唐与奚、契丹的和亲》，《黑龙江民族丛刊》2007 年第 1 期。

书·契丹传》记载:"(孙)万荣本以侍子入朝,知中国险易。"孙万荣是隋朝时内附的契丹大酋孙敖曹的曾孙,孙敖曹"仕隋为金紫光禄大夫。武德四年,与靺鞨酋长突地稽俱遣使内附,诏令于营州城旁安置,授云麾将军,行辽州总管。至曾孙万荣,垂拱初累授右玉钤卫将军、归诚州刺史,封永乐县公"①。孙万荣的家族是居住在营州境内的城傍羁縻州人,孙万荣应是城傍羁縻州派到京师的侍子。由塞外契丹居住地送质子至京师,当始于玄宗开元年间。玄宗开元二年(714)契丹、奚人重新归附唐朝。玄宗下诏曰:

> 今外蕃侍子久在京国,虽威惠之及,自远毕归,而羁旅之志,重迁斯在。宜命所司,勘会诸蕃充质宿卫子弟等,量放还国。契丹及奚延通质子,并即停追。前令还蕃首领等,至幽州且住,交替者即旋去。朕欲以鸟兽咸若,华戎俱泰,来则纳其朝谒之礼,去则随其生育之心。推我至诚,崇彼大顺,含弘之施德莫厚焉。②

从诏书的内容看,在契丹、奚重新归附时,唐朝即要求二番送质子到京师,但契丹、奚未马上派质子入京。由于唐朝停止催追二番送质子,直到开元五年(717)才见到契丹松漠都督李失活遣子入侍。现将史籍记载契丹、奚质子留宿卫的事迹统计如下:

契丹、奚质子留宿卫一览表

纪年	契丹质子	奚质子	文献出处
开元五年(717)	契丹松漠郡王李失活遣子入侍。		《册府元龟·外臣部·备御第五》
开元六年(718)	契丹部落孙骨纳等十八人内属,并授游击将军、赐绯袍银带,留宿卫。		《册府元龟·外臣部·降附》
开元十年(722)		奚遣其兄奴默俱及耸锁高来朝,皆授将军,赐紫袍银钿带金鱼袋,留宿卫。	《册府元龟·外臣部·褒异第三》

① 《旧唐书》卷199下《契丹传》,第5350页。
② [宋]王钦若等撰:《册府元龟》卷996《外臣部·纳质》,周勋初等校对,第11529页。

纪年	契丹质子	奚质子	文献出处
开元十一年（723）		奚首领李日越等来朝，授员外折冲，留宿卫。	《册府元龟·外臣部·褒异第三》
开元十三年（725）	吐于携公主来奔，便不敢还，改封辽阳郡王，因留宿卫。		《新唐书·契丹传》
开元十四年（726）	契丹遣大首领李阔池等六人来朝，皆授折冲，留宿卫。		《册府元龟·外臣部·褒异第三》
开元十五年（727）	契丹遣首领诺括来送质子，并献方物，授郎将，放还蕃。		《册府元龟·外臣部·褒异第三》
开元十六年（728）		奚质子右领军卫将军李如越卒，制赠左骁卫大将军，官造灵轝，给迎还奚。	《册府元龟·外臣部·褒异第三》
开元二十一年（733）		奚首领属鹘留来朝，授果毅，赐绢四十匹，留宿卫。	《册府元龟·外臣部·褒异第三》
开元二十三年（735）	契丹遣使渴胡等来朝，授果毅，留宿卫。		《册府元龟·外臣部·朝贡》

从表中内容看，契丹、奚质子留宿卫的时间仅限于玄宗开元年间。松漠都督共五次派遣质子入京留宿卫，其中有二次派遣的是松漠都督之子，一是开元五年入侍的李失活之子；二是开元十五年契丹首领诺括送来的质子，即是《新唐书·契丹传》中记载的李邵固之子；另三次是部落贵族酋长。开元十三年入京留宿卫的李吐于是契丹内部权力之争的失败者前松漠都督，只是一个名义上的留宿卫者。饶乐都督四次派遣入京留宿卫，一是饶乐都督之兄奴默俱及耷锁高；二是卒于唐京师的质子李如越，从其被赐姓李来看，他很可能是饶乐都督之子，其何时入京的则不得而知；另二次位部落贵族酋长。若将契丹、奚质子与渤海质子相比较，渤海留宿卫制度实行的时间较长，而且留宿卫的人通常是国王的子侄兄弟。而契丹、奚留宿卫的人至少一半是部落贵族首领，显然契丹、奚人的质子制度并不完善，对二都督府首脑所起的制约作用也不会很大。

隋唐王朝在契丹、奚地区建构的朝贡制度，经历了氏族部落、部落联盟朝贡制度与羁縻府州朝贡制度的两个发展阶段，松漠、饶乐二都督府的建立，对稳定契丹、奚地区朝贡制度和维护东北边疆的统治秩序发挥了一定的作用，同时对契丹、奚社会发展起到了重要的推动作用，尤其是促进了契丹社会具有家族特点的政治势力的发展和壮大，且在唐朝末年契丹已由原始社会向文明社会迈进。

二　室韦、霫等族群朝贡制度及其运作

隋朝与唐朝前期，室韦受突厥、回纥政权的控制较强，与隋唐王朝的交往不多。到唐中宗时期，唐朝才逐渐在室韦地区建立起朝贡制度。随着室韦都督府的建立，室韦被纳入羁縻府州朝贡体系。盛唐时期东北极边远地区的古族也开始向唐朝遣使朝贡，唐朝对东北边疆地区的统辖达到前所未有的规模和程度。

1. 室韦朝贡制度及其运作

室韦，史籍记载北朝后期到隋朝分为五部，即南室韦、北室韦、钵室韦、深末怛室韦、大室韦。室韦五部与靺鞨七部一样都是属于各具一定文化特征的氏族部落群，每部又有若干部落，部落各有酋长，不相总一。中原人只是与室韦五部中的南室韦、北室韦有些交往，大约从前来朝贡的室韦人那里得知在南、北室韦二部之北与西北还有钵室韦、深末怛室韦、大室韦，除了知晓名称和大致方位以外，其他则知之不多。《隋书·室韦传》记载：

> 室韦，契丹之类也。其南者为契丹，在北者号室韦……并无君长，人民贫弱，突厥常以三吐屯总领之。
>
> 南室韦在契丹北三千里，土地卑湿，至夏则移向西北贷勃、欠对二山，多草木，饶禽兽，又多蚊蚋，人皆巢居，以避其患。渐分为二十五部，每部有余莫弗瞒咄，犹酋长也。死则子弟代立，嗣绝则择贤豪而立之。其俗丈夫皆被发，妇人盘发，衣服与契丹同。……气候多寒，田收甚薄，无羊，少马，多猪牛。造酒食啖，与靺鞨同俗。……其国无铁，取给于高丽。多貂。
>
> 南室韦北行十一日至北室韦，分为九部落，绕吐纥山而居。其部落渠帅号乞引莫贺咄，每部有莫何弗三人以贰之。气候最寒，雪深没马。

冬则入山，居土穴中，牛畜多冻死。饶獐鹿，射猎为务，食肉衣皮。凿
冰，没水中而网射鱼鳖。地多积雪，惧陷坑井，骑木而行。俗皆捕貂为
业，冠以狐狢，衣以鱼皮。

南室韦在契丹北，多湿地，大约在今嫩江中下游地区。共有 25 部，部
落酋长号称余莫弗瞒咄，已经脱离公选制发展为世选制。社会经济既有原始
畜牧业，"无羊，少马，多猪牛"；也有一定的原始农业，"田收甚薄"，还
有原始渔猎业，"多草木，饶禽兽"，"多貂"。与邻近高丽国有贸易往来，
"其国无铁，取给于高丽"。北室韦绕吐纥山（今小兴安岭）而居，共有 9
个部落，部落渠帅号乞引莫贺咄，每部又有莫何弗三人以贰之。其地酷寒，
社会经济以原始渔猎业为主，地饶獐鹿、貂狐、鱼鳖，冬季"雪深没马"，
"骑木而行"。

关于室韦与隋朝、突厥的关系，《隋书·室韦传》云："北室韦时遣使
贡献，余无至者。"不确。南室韦在地域上比北室韦更接近唐州县地区，无
论社会发展水平还是对外交往能力，南室韦都高于北室韦，而且《隋书》
关于南室韦的记载也比北室韦详细，因此这里当有脱字，应是"南、北室韦
时遣使贡献，余无至者"。隋朝初年，"突厥常以三吐屯总领之"[1]。突厥归
附隋朝后，室韦才开始遣使向隋廷朝贡。

查阅史籍关于室韦对隋朝朝贡的记载只有两条，一是开皇十三年
（593）春正月，"契丹、奚、霫、室韦并遣使贡方物"。二是大业六年
（610）"六月辛卯，室韦、赤土并遣使贡方物"[2]。这可能与室韦受突厥控制
有关，《隋书·长孙晟传》记载："大业三年，炀帝幸榆林，欲出塞外，陈
兵耀武，经突厥中，指于涿郡。仍恐染干惊惧，先遣晟往喻旨，称述帝意。
染干听之，因召所部诸国，奚、霫、室韦等种落数十酋长咸萃。"这时的室
韦仍是突厥"所部诸国之一"，突厥可汗对室韦酋长是招之即来。到突厥始
毕可汗咄吉时，时为炀帝大业年间，"值天下大乱，中国人奔之者众。其族
强盛，东自契丹、室韦，西尽吐谷浑、高昌诸国，皆臣属焉。控弦百余万，

---

① 《隋书》卷 84《室韦传》，第 1882 页。
② 《隋书》卷 2《高祖纪下》第 37—38 页、卷 3《炀帝纪上》第 75 页。

北狄之盛，未之有也"①。在突厥的控制下，室韦并不能完全自主地进行朝贡活动。

唐朝，随着室韦与中原王朝和北方草原政权的联系日益增多，人们对室韦的了解越来越详细，《新唐书·室韦传》记载：

> 直京师东北七千里，东黑水靺鞨，西突厥，南契丹，北濒海。其国无君长，惟大酋，皆号"莫贺咄"，摄管其部而附于突厥。小或千户，大数千户，滨散川谷，逐水草而处，不税敛。
>
> 分部凡二十余。曰岭西部、山北部、黄头部，强部也；大如者部、小如者部、婆萵部、讷北部、骆丹部：悉处柳城东北，近者三千，远六千里而赢。最西有乌素固部，与回纥接，当俱伦泊之西南。自泊而东有移塞没部；稍东有塞曷支部，最强部也，居啜河之阴，亦曰燕支河；益东有和解部、乌罗护部、那礼部、岭西部，直北曰讷比支部。北有大山，山外曰大室韦，濒于室建河。河出俱伦，迤而东，河南有蒙瓦部，其北落坦部；水东合那河、忽汗河，又东贯黑水靺鞨，故靺鞨跨水有南北部，而东注于海。猛越河东南亦与那河合，其北有东室韦，盖乌丸东南鄙余人也。

《旧唐书·室韦传》记载：

> 其国无君长，有大首领十七人，并号"莫贺弗"，世管摄之，而附于突厥。兵器有角弓楛矢，尤善射，时聚弋猎，事毕而散。其人土著，无赋敛。或为小室，以皮覆上，相聚而居，至数十百家。刳木为犁，不加金刃，人牵以种，不解用牛。……武德中，献方物。贞观三年，遣使贡丰貂，自此朝贡不绝。

上述记载，当是中原人依据室韦人的自述而记录下来的。室韦分布地大致东至今小兴安岭南北、嫩江流域以东，与靺鞨诸部相邻；南部到洮儿河流

---

① 《旧唐书》卷194上《突厥传上》，第5153页。

域，与契丹相接；西部至呼伦湖之西南，与突厥、回纥相接，北部至外兴安岭一带地区。

唐代室韦仍处于分散的氏族部落发展时期，尚未形成部落联盟，虽有大酋，每弋猎即相啸聚，事毕去，不相统属。诸部各自遣使前来朝贡，史籍中只是玄宗朝有记载前来朝贡的部落名称，如岭西室韦 2 次、黄头室韦 4 次、和解室韦 2 次、如者室韦 2 次、赂丹室韦 2 次，其余时期（包括玄宗的一些年份）只是笼统记载室韦遣使朝贡。故无从了解是否二十余部室韦都曾遣使朝贡，也无法统计前来朝贡部落的频率。从现有的数据看，黄头室韦朝贡次数最多，《新唐书》称其"强部也"①。其余部落可能有经常前来朝贡的部落，也有偶尔来朝贡的部落。

室韦入唐朝贡次数统计表

唐帝	高祖	太宗	高宗	武则天	中宗	睿宗	玄宗	肃宗	代宗	德宗	顺宗	宪宗	穆宗	敬宗	文宗	武宗	宣宗	懿宗
在位	9 年	23 年	34 年	21 年	5 年	3 年	43 年	7 年	17 年	25 年	1 年	15 年	4 年	2 年	14 年	6 年	13 年	14 年
室韦	1	6	0	0	2	1	11	1	12	3	0	0	0	1	13	5	1	1

据统计②，从唐高宗武德八年（625）到太宗贞观九年（635）十年间，室韦朝贡 7 次，1 次在高祖武德九年，其他 6 次在太宗贞观三年至九年间，如《旧唐书·室韦传》所云："贞观三年，遣使贡丰貂，自此朝贡不绝。"贞观十年（636），室韦突然停止了朝贡活动，直到中宗景龙元年（707）才又恢复对唐朝的朝贡活动。室韦朝贡活动停止了 70 年，其中原因是多方面的。首先是来自突厥的干扰，突厥虽已臣服唐朝，但并不肯放弃对原有属部的控制，如《新唐书·契丹传》记载："突厥颉利可汗不欲外夷与唐合，乃请以梁师都易契丹。"遭到太宗的拒绝。室韦远在唐京师东北七千里外，且处于分散弱小的氏族部落阶段，无力与突厥抗衡，在突厥的阻止下，便停止了朝唐活动。其次，自太宗贞观十八年（644）征讨高丽以来，东北边疆地

---

① 《新唐书》卷 219《室韦传》，第 6167 页。
② 参见书后附表十三"室韦（室韦都督府）对隋唐王朝朝贡表"。

区的政局一直不够稳定，唐灭高丽，以及平定高丽遗民的复国活动后不久，又爆发了契丹人大规模的反唐斗争，这也直接影响了室韦的朝贡活动。直到8世纪初，突厥衰落、契丹重新归附唐朝，东北边疆恢复平静之后，室韦又开始遣使朝唐了。

8世纪初，东北地区的政治形势与7世纪前半叶相比，已发生了很大的变化。中宗时期恢复了在契丹、奚人地区设立的松漠、饶乐都督府，玄宗时期又先后在渤海地区建立了忽汗州都督府，在黑水靺鞨地区建立黑水都督府，诸羁縻都督府的建立稳定和加强了东北边疆的朝贡制度，各条朝贡道上各族朝贡使团络绎不绝。在这种形势下，室韦再次遣使朝唐，中宗朝二来，睿宗朝一来，《旧唐书·室韦传》记载："开元、天宝间，比年或间岁入贡。大历中，亦频遣使来贡。贞元八年闰十二月，室韦都督和解热素等一十人来朝。大和五年至八年，凡三遣使来。九年十二月，室韦大都督阿成等三十人来朝。开成、会昌中，亦遣使来朝贡不绝。"从统计的情况看，从中宗到德宗，室韦朝贡活动虽有十余年不见朝贡的现象，也有岁岁遣使与一年二次朝贡的现象，可见中宗朝以后，唐朝在室韦地区确立了朝贡制度。据《册府元龟》记载，唐德宗贞元八年（792），"室韦都督和解热素等来朝"；九年（793）"室韦大都督阿朱等三十人来朝贡"[1]。这说明最晚在唐德宗贞元八年以前，唐朝在室韦地区已经设置了室韦都督府。室韦都督府的治所在今何地，史无明载。《新唐书·地理志》蓟州渔阳郡条下记载："自古卢龙北经九荆岭、受米城、张洪隘度石岭至奚王帐六百里。又东北行傍吐护真河五百里至奚、契丹衙帐。又北百里至室韦帐。"吐护真河，即今辽西老哈河。室韦帐在契丹牙帐北百里，当在西拉木伦河以北地区。室韦帐或许即是室韦都督府所在地。唐代室韦社会还处于分散的原始族群阶段，如上述推测无误的话，室韦都督府是建立在南部室韦地区。唐朝仅是因室韦较大部落设置羁縻都督府，室韦都督府并没有控制整个室韦地区。

德宗后期到敬宗时期，有30多年不见室韦遣使朝贡，应是受回鹘人的干扰所致。这一时期可见室韦随回鹘寇边郡的记载，宪宗元和五年（810）六月，"奚、回纥、室韦寇振武"[2]。如前文所述穆宗、敬宗时期由于同样的

---

① ［宋］王钦若等撰：《册府元龟》卷972《外臣部·朝贡第五》，周勋初等校对，第11249页。
② 《旧唐书》卷15《宪宗纪》，第431页。

原因契丹、奚人的朝贡活动明显减少。文宗与武宗时期是室韦人朝贡活动比较频繁的时期，室韦都督也亲自入唐朝贡，《册府元龟》记载：

> 文宗太和九年（835）"室韦大都督阿朱等三十人、奚大首领匿郎等并三十人来朝"。
>
> 开成元年（836）"室韦大都督阿朱等来朝"。
>
> 开成四年（839）"室韦大都督秩虫等朝贡"。[1]

同时也有室韦"首领""大酋"等前来朝贡，如会昌二年（842）"上御麟德殿，见室韦首领督热论等十五人"。咸通（860—874）时，"大酋怛烈与奚皆遣使至京师"[2]。

室韦向唐朝进行朝贡时，贡纳本土方物，如天宝七年（748）三月，"黄头室韦、和解室韦、如者室韦、赂丹室韦，并遣臣献金银及六十综布、鱼牙绸、朝霞绸、牛黄、头发、人参"[3]。唐朝根据前来朝贡使者的身份分别授予将军、郎将等官号，赏赐绢帛，如开元十九年（731）"二月辛丑，室韦遣使贺正，授将军，放还蕃"。十月，"领（岭）西室韦遣使来朝，赐帛五十匹，放还蕃"[4]。室韦在与唐朝互市中获得铁器等手工业产品，在呼伦贝尔草原的海拉尔谢尔塔拉墓地发掘 10 座室韦人的墓葬中，出土铁镞 70 多枚，铁矛头 7 件[5]。说明室韦人已经使用铁制生产工具了。

在隋唐东北边疆各族朝贡制度中，室韦地区的朝贡制度受北方成员游牧民族的影响较大，虽然突厥和回鹘也在唐朝北方草原朝贡制度之下，但他们时常破坏朝贡制度的规则，自行发展势力，处于蒙古草原东端的室韦人往往是他们羁属的对象，在游牧民族政权衰落时，室韦又成为他们依靠的对象。如 9 世纪中叶，回鹘衰落，遭到黠戛斯的攻击时，回鹘乌介可汗"嫁妹与室韦，托附之"。宣宗时，回鹘"唯存名王贵臣五百人已下，依室韦"。"室韦

---

① ［宋］王钦若等撰：《册府元龟》卷 972《外臣部·朝贡第五》，周勋初等校对，第 11252 页。

② 《旧唐书》卷 18《武宗纪》，第 592 页；《新唐书》卷 219《室韦传》，第 6177 页。

③ ［宋］王钦若等撰：《册府元龟》卷 971《外臣部·朝贡第四》，周勋初等校对，第 11244 页。

④ ［宋］王钦若等撰：《册府元龟》卷 975《外臣部·褒异第三》，周勋初等校对，第 11285 页。

⑤ 中国社会科学院考古研究所、呼伦贝尔民族博物馆、海拉尔区文物管理所：《海拉尔谢尔塔拉墓地》，第 39—41 页。

分回鹘余众为七分，七姓室韦占一分。经三宿，黠戛斯相阿播领诸蕃兵称七万，从西南天德北界来取遏捻及诸回鹘，大败室韦。回鹘在室韦者，阿播皆收归碛北"①。在黠戛斯的攻杀下，室韦也遭到很大打击。

唐朝后期，中原政局不稳，各种反唐势力的斗争此起彼伏，室韦南面的契丹人日益强大，阻断了室韦与中原的交通，室韦的朝贡活动也随之停止。

2. 霫、达莫娄、流鬼等族群朝贡活动

霫人，隋朝时始见史籍记载，常与契丹、奚、室韦一起活动，其居地在奚、契丹之西北，与突厥相邻。突厥强盛时，霫与奚、契丹等族同臣服于突厥。《隋书·李崇传》记载："开皇三年，除幽州总管。突厥犯塞，崇辄破之。奚、霫、契丹等慑其威略，争来内附。其后突厥大为寇掠，崇率步骑三千拒之，转战十余日，师人多死，遂保于砂城。突厥围之。"突厥臣属隋朝后，隋朝文帝开皇十三年（593），"契丹、奚、霫、室韦并遣使贡方物"②。霫与契丹等族并遣使朝贡，成为隋朝东北朝贡制度成员。霫人分布于东蒙古草原地带，面对强邻突厥政权，霫人与室韦、奚人同样受其羁属，如隋炀帝大业三年（607），突厥染干可汗"召所部诸国，奚、霫、室韦等种落数十酋长咸萃"③。

唐朝关于霫人的了解，较之前朝略详细些，《旧唐书·霫传》记载：

> 霫，匈奴之别种也，居于潢水北，亦鲜卑之故地，其国在京师东北五千里。东接靺鞨，西至突厥，南至契丹，北与乌罗浑接。地周二千里，四面有山，环绕其境。人多善射猎，好以赤皮为衣缘，妇人贵铜钏，衣襟上下悬小铜铃，风俗略与契丹同。有都伦纥斤部落四万户，胜兵万余人。贞观三年，其君长遣使贡方物。

《新唐书·北狄传·霫》记载：

> 其部有三：曰居延，曰无若没，曰潢水。其君长臣突厥颉利可汗为

---

① 《旧唐书》卷195《回纥传》，第5214—5215页。
② 《隋书》卷2《高祖纪下》，第37—38页。
③ 《隋书》卷51《长孙晟传》，第1336页。

俟斤。贞观中再来朝，后列其地为寘颜州，以别部为居延州，即用俟斤为刺史。显庆五年，授酋长李含珠为居延都督，含珠死，弟厥都继之。后无闻焉。

雷为匈奴之别种，善射猎，风俗略与契丹同。部落四万户，胜兵万余人，分为三部。其君长为俟斤。唐朝将其归为铁勒——薛延陀部。唐太宗贞观三年（629），雷人"其君长遣使贡方物"①。唐贞观十五年（641）"薛延陀以同罗、仆骨、回纥、靺鞨、雷之众度漠，屯于白道川"②。突厥大破薛延陀之后，贞观二十年（646），唐开始于雷地设置羁縻州：寘颜州、居延州，以部落俟斤为刺史。高宗显庆五年（660）在羁縻州上又设置了居延都督府，以酋长李含珠为居延都督。这年五月，高宗任居延州都督李合珠（又作李含浦）、定襄都督阿史德枢宾、左武侯将军延陀梯真并为冷陉道行军总管，"各领本蕃兵以讨叛奚"③。含珠死后，"弟厥都继之。后无闻焉"④。8世纪以后，雷不再见于史籍记载，大约为草原其他游牧民族所吞并。

达末娄（达莫娄、豆莫娄）人，自北朝遣使朝贡后，直到唐朝开元年间，才见其遣使朝贡的记载，如《新唐书·北狄传》云：

> 开元十一年，又有达末娄、达姤二部首领朝贡。达末娄自言北扶余之裔，高丽灭其国，遗人度那河，因居之，或曰他漏河，东北流入黑水。达姤，室韦种也，在那河阴，冻末河之东，西接黄头室韦，东北距达末娄云。

那河，即指嫩江与东流松花江，达莫娄即北朝时期的豆莫娄，居地仍在东流松花江之西北，西、南与室韦为邻，东、北与靺鞨相接。达莫娄对唐朝的朝贡是北朝以来对中原王朝朝贡的继续。开元以后不再见于记载，大约为室韦或靺鞨所吞并。

---

① 《旧唐书》卷199下《北狄·雷》，第5363页。
② 《旧唐书》卷3《太宗下》，第53页。
③ ［宋］王钦若等撰：《册府元龟》卷986《外臣部·征讨第五》，周勋初等校对，第11411页。
④ 《新唐书》卷217下《回鹘传下》，第6145页。

流鬼，地处东北极为边远的黑龙江下游及库页岛地区，唐太宗贞观年间遣使朝贡。《通典》记载：

> 流鬼在北海之北，北至夜叉国，余三面皆抵大海。南去莫设靺羯，船行十五日。无城郭，依海岛，散居，掘地深数尺，两边斜竖木，构为屋。人皆皮服，又狗毛杂麻为布而衣之，妇人冬衣豕鹿皮，夏衣鱼皮，制与獠同。多沮泽，有盐鱼之利，地气冱寒，早霜雪，每坚冰之后，以木广六寸，长七尺，施系其上，以践层冰，逐及奔兽，俗多狗。胜兵万余，人无相敬之礼，官僚之法，不识四时节序，有他盗入境，乃相呼召，弓长四尺余，箭与中国同，以骨石为镞。乐有歌舞，死解封树哭之，三年无余服制。靺羯有乘海至其国货易，陈国家之盛业，于是其君长孟蚌遣其子可也余志，以唐贞观十四年，三译而来朝贡。初至靺羯，不解乘马，上即颠坠。其长老人传言，其国北一月行，有夜叉人，皆豕牙，翘出啖人，莫有涉其界，未尝通聘。①

流鬼在黑水靺鞨之北，因靺鞨至其地进行贸易，听靺鞨人"陈国家之盛业"，开始有了向唐朝朝贡的愿望。太宗贞观十四年（640）流鬼酋长孟蚌派遣其子可也余志诣长安朝贡。《新唐书·百官志》曰："凡蕃客至，鸿胪讯其国山川、风土，为图奏之，副上于职方。殊俗入朝者，图其容状、衣服以闻。"经三重翻译鸿胪寺官员才能明白流鬼使臣所说的内容：其地酷寒，以渔猎经济为主，俗多狗，寒冬时节乘雪橇追逐野兽。人皆穴居，冬衣猪、鹿皮，夏衣鱼皮。这些习俗特征，在黑龙江下游直到近现代仍在一定程度上保存着。尽管流鬼遣使朝贡的记载极少，但这对考察隋唐王朝在东北边疆的影响力，认识黑龙江下游与库页岛族群纳入古代王朝东北民族朝贡制度的发端，具有重要意义。

此外东北边远地区见于记载的族群还有驱度寐、拔悉弥人：

> 驱度寐隋时闻焉，在室韦之北，其人甚长，而衣短，不索发，皆裹

---

① ［唐］杜佑：《通典》卷200《边防十六·北狄七·流鬼》，第5491页。

头，居土窟中，唯有猪，更无诸畜，人轻捷，一跳三丈余，又能立浮，卧浮，履冰没腰，与陆走不别，数乘大船至北室韦抄掠，无甲胄，以石为矢镞。

拔悉弥一名弊利国，隋时闻焉，在北庭、北海南，结骨东南，依山散居，去燉煌九千余里，有渠帅，无王号，户二千余，其人雄健，能射猎，国多雪，恒以木为马，雪上逐鹿，其状似楯，而头高其下，以马皮顺毛衣之，令毛著雪而滑，如著屐屐缚之足下，若下阪走过，奔鹿若平地，履雪即以杖刺地而走，如船焉，上阪即手持之而登，每获得鹿，将家室就而食之，尽更移处，其所居，即以桦皮为舍，丈夫剪发，桦皮为帽。①

驱度寐人分布地大约在外兴安岭南北，拔悉弥人分布地在北海（今贝加尔湖）以南地带。因史无记载驱度寐、拔悉弥人遣使朝贡，或许唐朝从室韦人那里得知驱度寐、拔悉弥人的信息。

隋唐时期，东北边疆民族地区广泛设置羁縻府州，朝贡制度由以原始部落、地方政权形式的朝贡制度，向以羁縻府州形式的朝贡制度发展，这不仅扩大了东北边疆民族朝贡制度实施的范围，而且也促使过去普遍松散的边疆朝贡制度，逐步向规范的朝贡制度发展，扩大了边疆民族朝贡制度与邻国朝贡制度之间在制度上的区别，加强和深化了羁縻府州地区各民族与中央王朝的政治隶属关系，强化了朝贡成员对中央王朝的政治认同，为发展和巩固隋唐王朝的东北边疆发挥了重要作用。同时，东北羁縻府州朝贡成员在较为稳定的朝贡关系下，不断吸收中原的政治、经济与文化，边疆各民族社会进入一个空前发展时期，为后来的中央集权王朝在东北边疆民族地区推行以新的统辖制度取代朝贡制度奠定了初步基础。

---

① ［唐］杜佑：《通典》卷 200《边防十六·北狄七·驱度寐、拔悉弥》，第 5489—5490 页。

第五章

辽宋金元王朝东北民族朝贡制度

10 世纪，中国王朝再度陷于分裂状态。经过五代十国半个多世纪的纷乱更替，宋朝统一了中原与南方，与 10 世纪初契丹人建立的辽朝南北对峙。从此，中国王朝进入了以南北朝对峙为主的多王朝、多政权时代。直到 13 世纪 70 年代末，元朝重建大一统中央集权王朝。从 10 世纪初到 14 世纪中叶，由辽入金到元，东北地区始终在北方民族王朝的统治范围内。由于辽金元北方民族统治者奉行强力统治的边疆民族政策，东北边疆地区统辖制度逐渐由朝贡制度向民族地区建置转变，到元朝时期，东北边疆民族朝贡制度仅作为残存的旧制存留在东北部很小的范围之内。

第一节　辽宋金元王朝管理东北民族朝贡事务的机构与职能

辽宋金元各朝由不同的民族所建立，虽然各王朝都传承了中原王朝传统的政治制度，但又都融入了本民族的特点或时代的特征，这使辽宋金元王朝政治制度各具特色。这一时期东北边疆民族朝贡制度发生了重大变化，处于由旧制向新制（民族地区建置）转变的过程中。因此，辽宋金元各朝管理东北民族朝贡制度的机构先后有明显的变化。

一　辽朝管理东北民族朝贡事务的机构与职能

916 年，契丹人建立了中央集权制的辽王朝，其下统辖契丹、奚、汉、渤海、女真、乌古、敌烈、室韦等众多民族，王朝实行具有蕃汉分治特点的南北面官制，《辽史·百官志》记载：

> 契丹旧俗，事简职专，官制朴实，不以名乱之，其兴也勃焉。太祖神册六年，诏正班爵。至于太宗，兼制中国，官分南、北，以国制治契丹，以汉制待汉人。国制简朴，汉制则沿名之风固存也。辽国官制，分北、南院。北面治官帐、部族、属国之政，南面治汉人州县、租赋、军马之事。因俗而治，得其宜矣。

其中北面官所统辖的"属国"，即是实行朝贡制度的羁縻统辖地区。辽朝继唐朝之后，很快在边疆民族地区普遍设置属国、属部制度，先后有属国78个，属部70个，其中大部8个，一般部62个①。从属国、属部名称上看，能够确定与东北民族有关的属国、属部有36个，实行以属国、属部形式的朝贡制度。辽朝最高一级地方建置是道，全国划分为五京道，实行羁縻统辖的属国、属部与一般行政建置的州县制（辖汉、渤海等农业民族）和部族制（辖契丹、奚等游牧民族）共同置于道之下。在中国王朝历史上，契丹统治者首次将边疆民族地区整体纳入王朝的一般地方行政区划之中。

辽朝皇帝实行捺钵制度，"四时各有行在之所，谓之'捺钵'"②。契丹皇帝与大臣们一年四季按照春夏秋冬周转于四时捺钵（即行在）之间，边疆民族诣四时捺钵进行朝贡。《辽史·天祚帝纪》记载：

> （天祚帝天庆）二年（1112）春正月己未朔，如鸭子河。丁丑，五国部长来贡。二月丁酉，如春州，幸混同江钩鱼，界外生女直酋长在千里内者，以故事皆来朝。适遇"头鱼宴"，酒半酣，上临轩，命诸酋次第起舞；独阿骨打辞以不能。谕之再三，终不从。他日，上密谓枢密使萧奉先曰："前日之燕，阿骨打意气雄豪，顾视不常，可托以边事诛之。否则，必贻后患。"奉先曰："粗人不知礼义，无大过而杀之，恐伤向化之心。假有异志，又何能为？"

① 《辽史》卷46《百官志》，第756—766页。
② 《辽史》卷32《营卫志中》，第373页。

这段记载描述了属国、属部大人诣春捺钵朝贡的景象。辽朝后期春捺钵驻地主要在鸭子河（嫩江与松花江河流处上下一段）、鱼儿泺（今吉林省查干湖到月亮泡）一带，每年春季，辽帝到春捺钵钩鱼、捕天鹅，届时千里之内属国、属部大人要到春捺钵朝见辽帝。由随从辽帝周转于四时捺钵的北面官管理各属国、属部的朝贡制度，但具体是哪个部门，史籍却不见记载。《辽史·百官志》载：

> 凡辽朝官，北枢密视兵部、南枢密视吏部，北南二王视户部，夷离毕视刑部，宣徽视工部，敌烈麻都视礼部，北、南府宰相总之。惕隐治宗族，林牙修文告，于越坐而论议以象公师。朝廷之上，事简职专，此辽所以兴也。

其中敌烈麻都司视礼部，"总知朝廷礼仪"①，边疆民族在捺钵朝见契丹帝王之事，当由敌烈麻都司的官员掌管。辽朝要求各属国、属部的朝贡者交纳数量不菲的贡品，"诸蕃岁贡方物充于国"②，"累朝军国经费多所仰给"③。北南二王视户部，当由北、南大王府管理属国、属部朝贡所纳物品。

辽朝在地方府州设置专门的管辖属国、属部的机构，如为管辖女真各属国、属部，"于长春路置东北统军司，黄龙府置兵马都部署司，咸州置详稳司，分隶之"④。又以东京府州管理熟女真属国属部朝贡事务。先后设置乌古部详稳司、乌古部节度使司、乌古敌烈都详稳司、乌古敌烈部都统军司等，管辖乌古、敌烈属部的朝贡事务。以五国部节度使与黄龙府都部署司管辖五国部地区属国的朝贡事务，以伯斯鼻骨德部族节度使司管辖鼻骨德地区属国的朝贡事务。以西南、西北二招讨司兼管阻卜各属国属部的朝贡事务⑤。为加强对属国、属部朝贡制度地区的统治，辽朝从鄂尔浑河东至大兴

---

① 《辽史》卷45《百官志》，第696页。
② 《辽史》卷85《萧挞凛传》，第1314页。
③ 《辽史》卷60《食货志下》，第932页。
④ ［宋］叶隆礼撰：《契丹国志》卷26《诸蕃记·女真国》，贾敬颜、林荣贵点校，上海古籍出版社，1985年，第246页。
⑤ 参见程妮娜《古代中国东北民族地区建置史》，第224—262页。

安岭设 11 座"边防城"州，"因屯戍而立，务据形胜，不资丁赋"①。《辽史·萧挞凛传》记载，圣宗统和十五年（997），在平定了八部敌烈叛乱后，"挞凛以诸部叛服不常，上表乞建三城以绝边患，从之"。所建三城为河董城、静边城、皮被河城②。《辽史·地理志》上京道下记载：

> 河董城。本回鹘可敦城，语讹为河董城。久废，辽人完之以防边患。高州界女直常为盗，劫掠行旅，迁其族于此。东南至上京一千七百里。
>
> 静边城。本契丹二十部族水草地。北邻羽厥，每入为盗，建城，置兵千余骑防之。东南至上京一千五百里。
>
> 皮被河城。地控北边，置兵五百于此防托。皮被河出回纥北，东南经羽厥，入胪朐河，沿河董城北，东流合沱滤河，入于海。南至上京一千五百里。

与镇守东北边疆属国、属部地区有关的还有塔懒主城，"大康九年（1083）置，在胪朐河"③。巨母古城和胪朐河流域城等④，开泰四年（1015），耶律世良率军平定乌古、敌烈叛乱后，"获其辎重及所诱于厥之众，并迁迪烈得所获辖麦里部民，城胪朐河上以居之"⑤。辽朝在边防城屯军驻守，如静边城置兵千余骑，皮被河城置兵五百，《辽史·萧迂鲁传》记载，辽道宗咸雍九年（1073），"敌烈叛，都监耶律独迭以兵少不战，屯胪朐河。敌烈合边人掠居民，迂鲁率精骑四百力战，败之，尽获其辎重"。边防城在控制镇抚北边属国、属部方面发挥了重要作用。

辽朝中央和地方经常派官员到属国、属部之地，如《辽史·耶律世良

---

① 《辽史》卷 37《地理志》上京道"边防城"，第 450 页。
② 冯永谦：《辽代边防城考》认为，河董城在今蒙古人民共和国克鲁伦河中游北岸的祖·赫雷姆古城址。静边城在今蒙古人民共和国巴尔斯浩特古城址（《北方史地研究》，中州古籍出版社，1994 年）。皮被河，即今石勒喀河。
③ 《辽史》卷 37《地理志》，第 451 页。
④ 胪朐河，即今额尔古纳河及克鲁伦河。巨母古城，谭其骧主编《中国历史地图集》第六册认为在今内蒙古满洲里市东南，呼伦池北（中国地图出版社，1982 年，第 6—7 页）。冯永谦：《辽代边防城考》认为在今内蒙古新巴尔虎右旗扎和庙古城址（《北方史地研究》，中州古籍出版社，1994 年）。
⑤ 《辽史》卷 15《圣宗纪》，第 176—177 页。

传》记载，圣宗开泰三年（1014），北院枢密使耶律世良奉命"选马驼于乌古部"。《三朝北盟会编》记载：

> 海东青者出五国，五国之东接大海，自海东而来者谓之海东青，小而俊健，爪白者尤以为异，必求之女真。每岁遣外鹰坊子弟趣女真，发甲马千余人入五国界，即海东巢穴取之，与五国战斗而后得。其后女真不胜其扰，加之沿边诸帅如东京留守、黄龙府尹等，每到官各管女真部族依例科敛，拜奉礼物各有等差，所司嬖幸邀求百出。又有使者号"天使"，佩银牌，每至其国，必欲荐枕者，则其国旧轮中下户作止宿处，以未出室女侍之，后使者络绎，恃大国使命，惟择美好妇人，不问其有夫及阀阅高者。女真浸忿，由是诸部皆怨叛，潜附阿骨打，咸欲称兵以拒之。①

文中的"外鹰坊子弟"属北面鹰坊官员，每年到生女真地区收取土贡猎鹰"海东青"。从"沿边诸帅如东京留守、黄龙府尹等"，"邀求百出"看，地方政府派往女真属国、属部索取贡物的官员也比较频繁。至于佩戴银牌号称"天使"的辽使者，可能既有中央官员，也有地方官员。另外，若属国、属部内部出现部落纷争，契丹统治者还要派使者前去干预、平息争端，以维持边疆地方的稳定。如在完颜部攻打阿疎部时，阿疎诉于辽，"辽遣奚节度使乙烈来"，命生女真部族节度使盈歌"凡攻城所获，存者复与之，不存者备偿"，且征马数百匹②。

辽朝政治制度颇具民族特色，尽管史家称其"事简职专"，然其在管理边疆民族地区属国、属部朝贡制度方面，机构健全，职掌明确，由上而下各级机构之间隶属关系紧密。辽朝对东北边疆民族朝贡制度的管理，其有效程度远远超过了唐朝。

二　宋朝管理东北民族朝贡事务的机构与职能

宋朝与辽朝南北对峙，东北民族地区与宋朝不接壤。但是，在北宋前期

---

① ［宋］徐梦莘：《三朝北盟会编》卷3，上海古籍出版社，1987年，第20—21页。
② 《金史》卷1《世纪》，中华书局，1975年，第14页。

太祖、太宗、真宗三朝（961—1019），半个多世纪时间，东北东部民族越海至宋朝贡。宋承唐制，中央管理朝贡制度的主要机构是礼部、鸿胪寺。《宋史·职官志三》记载：

> 礼部 主客郎中 员外郎 掌以宾礼待四夷之朝贡。凡郊劳、授馆、宴设、赐予，辨其等而以式颁之。至则图其衣冠，书其山川风俗。有封爵礼命，则承诏颁付。

同书卷165《职官志五》记载：

> 鸿胪寺 旧置判寺事一人，以朝官以上充。元丰官制行，置卿一人，少卿一人，丞、主簿各一人。卿掌四夷朝贡、宴劳、给赐、送迎之事，及国之凶仪、中都祠庙、道释籍帐除附之禁令，少卿为之贰，丞参领之。凡四夷君长、使价朝见，辨其等位，以宾礼待之，授以馆舍而颁其见辞、赐予、宴设之式，戒有司先期办具；有贡物，则具其数报四方馆，引见以进。诸蕃封册，即行其礼命。……礼宾院，掌回鹘、吐蕃、党项、女真等国朝贡馆设，及互市译语之事。

从两个机构的相关职掌看，宋朝与唐朝大致相同，重要事务由主客司主掌，具体事务由鸿胪寺主掌。但从上文看，在神宗元丰官制以前，鸿胪寺仅置判寺事一人。《文献通考》云："宋鸿胪寺判寺事一人，以朝官以上充。凡四夷朝贡、宴享、送迎之事，分隶往来国信所、都亭怀远驿、礼宾院。本寺但掌祭祀、朝会、前资致仕、蕃客进奉位，享拜周六庙三陵；公王、妃主以下丧葬，差官监护，给其所用卤簿；文武官薨卒之事。"① 明确指出元丰官制以前，鸿胪寺只掌祭祀、朝会等事，不涉及管理朝贡事务。但《续资治通鉴长编》记载，大中祥符八年（1015）九月，"庚申，权判鸿胪寺、刑部郎中、直史馆张复上言，请纂集大中祥符八年已前朝贡诸国，缋画其冠服，

---

① ［元］马端临：《文献通考》卷56《职官考十》，中华书局，2011年，第1652页。

采录其风俗，为大宋四裔述职图，上以表圣主之怀柔，下以备史臣之广记。从之"①。又，景佑四年（1037）三月，"判鸿胪寺宋郊言，请自今外夷朝贡，并令询问国邑风俗、道途远近及图画衣冠人物两本，一进内，一送史馆，从之"②。权判鸿胪寺张复和判鸿胪寺宋郊的事迹显然与《文献通考》记载不符，说明元丰官制之前，鸿胪寺也是主管朝贡事务的重要部门。

东北民族是由海路向宋朝进行朝贡，登陆地点在登州。朝贡初期，宋朝以登州官署管理女真人的朝贡贸易活动，如宋太宗太平兴国四年（979）十二月，"庚申，诏自今登州有女真贡马，其随行物色仰给牒，所在勘验，牒外物并没入之"③。真宗时期，辽朝在鸭绿江口切断了东北民族通往宋朝的朝贡道，朝贡者便绕道朝鲜半岛的高丽国向宋朝贡，大中祥符八年（1015）二月，"令登州于八角镇海口治官署，以待高丽、女真使者"④。不久，契丹军队以武力征服了高丽国，高丽与宋断交，向辽称藩。宋真宗天禧三年（1019）以后，东北民族停止了对宋朝的朝贡活动。

三　金元朝管理东北民族朝贡事务的机构与职能

金元王朝时期，在东北边疆实行朝贡制度的地区越来越小，对东北边疆民族的管辖方式已转为以民族地区设置为主，朝贡制度为辅。因此，金元时期，主要以边地政府兼管东北边疆民族朝贡事务。

1. 金朝管理东北民族朝贡事务的机构与职能

直到11世纪上半叶，女真人还是东北边疆民族中发展较为缓慢的原始族群。11世纪下半叶，女真人由东北边隅落后弱小的民族迅速发展起来，1115年女真人在反辽战争中建立了金朝。随后仅用十余年的时间先后灭亡了辽和北宋，国土由东北一隅扩展到黄河流域，与南宋划淮而治，成为中国北方强大的王朝。

金朝的建立标志着女真人完成了由原始社会向文明社会的飞跃，有金一

---

① ［宋］李焘：《续资治通鉴长编》卷85，宋真宗大中祥符八年九月庚申，中华书局，2004年，第1951页。

② ［宋］李焘：《续资治通鉴长编》卷120，宋仁宗景佑四年三月戊戌，第2825页。

③ ［宋］李焘：《续资治通鉴长编》卷20，宋太宗太平兴国四年十二月庚申，第466页。

④ ［宋］李焘：《续资治通鉴长编》卷84，宋真宗大中祥符八年二月甲戌，第1918页。

朝在女真族（包括部分与女真社会形态相近的部族）地区设置具有本民族特点的猛安谋克制度①，这使金朝东北大部分地区置于一般行政区划统辖之下，只有极边远的黑龙江下游原始氏族部落地区和西北草原游牧部落地区实行羁縻统治，以朝贡制度维系着较为疏松的政治统辖关系。

自金初到金中期，女真统治集团断断续续地在西北部草原地带修筑了一道长达数千公里的界壕，界壕以西阻䪁、蒙古等游牧部落分布区实行朝贡制度，以东北、西北、西南三招讨司兼管游牧民的朝贡制度，如《建炎以来朝野杂记》记载："金人盛时，（鞑靼）岁时入贡，金人置东北招讨使以统隶之。"② 东北路招讨司治所在泰州，章宗年间为了打击侵扰北边的游牧民族，又增设分司。《金史·宗浩传》记载："初，朝廷置东北路招讨司泰州，去境三百里，每敌入，比出兵追袭，敌已遁去。至是，宗浩奏徙之金山，以据要害，设副招讨二员，分置左右，由是敌不敢犯。"金山，在今黑龙江省龙江县以西，靠近界壕之地。金朝在边地设"贡场"，接受北方诸游牧部落的朝贡，"每岁其王自至金界贡场，亲行进奉，金人亦量行答赐，不使入其境也"③。主持贡赐之事的部门是招讨司，如李愈曾上表言："诸部所贡之马，止可委招讨司受于界上，量给回赐，务省费以广边储。"对于前来朝贡的诸部酋长、使者，金朝给予回赐。三招讨司各设一处与所辖区域的北方游牧民互市的榷场，"岁遗牛羊米豆绵绢之属"④。金朝还定期设宴款待之，如章宗时明昌二年（1191）规定，对北部朝贡酋长、使者"五年一宴赐"。曹王完颜永升曾"奉命宴赐北部"⑤。

金以上京路兼管黑龙江下游族群朝贡事务，采取"彼来则听之，不来则勿强其来"⑥ 的方针，对前来朝贡者安抚之，对以武力骚扰者防御之。金朝中央各机构均无管理边疆民族朝贡制度的职能。

---

① 猛安谋克是金代女真族的地方基层社会组织，具有政治、军事、生产多种职能。谋克长官相当于县令，猛安长官相当于州节度使。

② ［宋］李心传：《建炎以来朝野杂记》乙集卷19《边防二》，中华书局，1985年，第590页。

③ ［宋］李心传：《建炎以来朝野杂记》乙集卷19《边防二·鞑靼款塞》，第848页。

④ ［宋］李心传：《建炎以来系年要录》卷156，绍兴十七年三月，中华书局，1988年，第2529页。

⑤ 上述引文皆见《金史》卷96《李愈传》，中华书局，1975年，第2129页。

⑥ 《金史》卷8《世宗纪》，第201页。

2. 元朝管理东北民族朝贡事务的机构与职能

蒙古人建立的元朝结束了南北中国分立的局面，再度建立起大一统中央集权王朝。蒙古统治者从中央集权制国家利益出发，在金朝原有的基础上对东北各民族地区，广泛设置因俗而治的民族地区建置，使中央对东北边疆民族的政治统治与行政管理日趋强化。

元朝东北地区除西部为蒙古东道诸王的封地外，其他地区都属于辽阳行省辖区。元朝征服黑龙江下游各民族地区后设置女真水达达路，并在黑龙江入海口附近设立征东招讨司（后曾一度升为元帅府），驻兵镇守女真水达达地区。女真水达达路之下基层行政机构为万户府和千户所，《元史·地理志》记载：

> 合兰府水达达等路，土地旷阔，人民散居。元初设军民万户府五，抚镇北边。一曰桃温，距上都四千里。一曰胡里改，距上都四千二百里、大都三千八百里。有胡里改江并混同江，又有合兰河流入于海。一曰斡朵怜。一曰脱斡怜。一曰孛苦江。各有司存，分领混同江南北之地。其居民皆水达达、女直之人，各仍旧俗，无市井城郭，逐水草为居，以射猎为业。故设官牧民，随俗而治，有合兰府水达达等路，以相统摄焉。有俊禽曰海东青，由海外飞来，至奴儿干，土人罗之，以为土贡。至顺钱粮户数二万九百六。

这里"合兰府水达达路"当为"女真水达达路"之误，合兰府与女真水达达路分别隶属于辽阳行省，对此前人已多有论述①。然女真水达达路之下所统辖的万户府并非仅有桃温、胡里改、斡朵怜、脱斡怜、孛苦江五个军民万户府，见于记载的还有兀者吉烈迷万户府、吾者野人乞列迷万户府、失宝赤万户府、塔海万户府。诸万户府中只有兀者吉烈迷万户府、吾者野人乞列迷万户府统辖的吉里迷、乞烈迷、兀者、骨嵬、野人女真等族群还在行朝贡制度，其他万户府已处于行政建置与羁縻建置之间的统治形态，不再实行朝贡制度。《元文类》记载：大德二年（1298）"三月五日，吉烈迷百户兀

---

① 谭其骧：《元代的水达达路和开元路》，《历史地理》1981 年创刊号。

观吉等来归，给鱼粮网扇存恤位坐，移文管兀者吉烈迷万户府收管"①。《元史·顺帝纪》记载，至正十五年（1355）八月，"立吾者野人乞列迷等处诸军万户府于哈儿分之地"。哈儿分在今俄罗斯境内阿钮依河入黑龙江处附近。元朝每年由辽阳行省派遣通事前去"问征赋，乃约以明年某月某日，到来此山中林间相会，随所出产将来"②。元人所说的"征赋"，实际上是收纳贡物。应是辽阳行省与二万户府共同管理黑龙江下游族群的朝贡活动。

辽宋金元时期，辽与北宋王朝在中央与地方均设有管理边疆民族朝贡制度的机构。到金元时期，随着东北边疆民族地区的统辖制度由朝贡制度向民族地区建置转变，朝贡制度逐渐退出中央机关的管辖范围，仅由边地军政机关管辖。在蒙古统治集团强力统治边疆的政策下，东北边疆实行朝贡制度的民族地区也越来越小。

第二节　辽朝东北民族朝贡制度的建构与运作

在中国历史上，契丹王朝首次将各民族居住地全部纳入王朝行政区划五京道之内，东北边疆各族主要有西部的乌古（羽厥）、敌烈、室韦、萌古、阻卜；东部的女真、兀惹、鼻骨德、五国部等，分别由上京道与东京道统辖。在契丹统治者"因俗而治"的治国方针指导下，辽朝在继承唐朝东北边疆羁縻建置形式的朝贡制度的基础上，又有新的发展。

一　上京道乌古、敌烈、萌古朝贡制度及其运作

辽朝上京道治所在临潢府（今内蒙古巴林左旗），"神册三年城之，名曰皇都。天显十三年，更名上京，府曰临潢"，"户三万六千五百，辖军、府、州、城二十五，统县十"③。上京道辖区十分广大，东起外兴安岭以南，石勒喀河与额尔古纳河汇合处，西到鄂毕河流域，东与东京道相接，南为中京道和西京道。契丹内地在上京道的东南，契丹内地之北，属于本书研究地域范围内分布的是乌古、敌烈、萌古地区的属国、属部。

---

① 苏天爵编：《元文类》卷41《经世大典序录·招捕·辽阳鬼骨》，商务印书馆，1958年，第590页。
② ［元］熊梦祥：《析津志辑佚·物产》，北京古籍出版社，1983年，第1138页。
③ 《辽史》卷37《地理志》，第438、439页。

1. 乌古（于厥）地区属国属部的朝贡活动

乌古，又作"乌古里""乌虎里"①。"乌古"之族名始见于契丹建国前鲜质可汗时期，挞马狘沙里耶律阿保机"伐越兀及乌古、六奚、比沙狘诸部，克之"②。"于厥"之族名见于史籍略晚于"乌古"，"唐天复元年，岁辛酉，痕德堇可汗立，以太祖为本部夷离堇，专征讨，连破室韦、于厥及奚帅辖剌哥，俘获甚众"。《辽史》记载于厥部的用字多有不同，"于厥"见12次，"于骨里"见4次，"羽厥"与"于厥里"各见3次。此外，《契丹国志》收录《胡峤陷北记》作"妪厥律"③；《续资治通鉴长编》作"尉厥里"④。《辽史》中时见将"乌古"与"于厥"二者互用的现象。圣宗统和年间设立乌古敌烈都详稳司，先后有多人出任乌古敌烈都详稳，《辽史·兴宗纪》则记载，景福元年（1031）七月，"以耶律郑留为于厥迪烈都详稳"。这里的于厥即为乌古。又《辽史·太祖纪下》记载太祖神册四年（919）九月，"征乌古部"，"俘获生口万四千二百"。《辽史·兵卫志上》则载太祖神册四年九月，"亲征于骨里国，俘获一万四千二百口"。显然两处记载为同一件事，乌古部即为于骨里国。日本学者津田左右吉早在20世纪初年就提出《辽史》的乌古又作于骨里、于厥里、羽厥，两者实为一族⑤。金毓黻赞同津田的观点，也认为于厥为乌古之异译⑥。孟广耀从音韵学的角度论证了于厥是乌古的另一汉语记音，以说明两部实为一部⑦。然而，《辽史》中还时见乌古与于厥同时并列的现象，如《部族表》记载，太宗会同四年（941）二月"乌古来贡。于厥里来贡"。五年七月，"鼻骨德、乌古来贡。术不姑、鼻骨德、于厥里来贡"。据此，孙秀仁认为乌古与于厥是两个部，

①　《辽史》《金史》中多数记载为"乌古"，个别处如《辽史》卷69《部族表》作"乌古里"，第1123页；《金史》卷3《太宗纪》作"乌虎里"，第50页。

②　《辽史》卷1《太祖纪》，第1页。

③　［宋］叶隆礼撰：《契丹国志》卷25《胡峤陷北记》，贾敬颜、林荣贵点校，第239页。

④　［宋］李焘：《续资治通鉴长编》卷27，太宗雍熙三年正月条，第605页。

⑤　［日］津田左右吉：《辽代乌古敌烈考》，《满鲜地理历史研究报告》第二，东京帝国大学文科大学，大正五年（1916）。

⑥　金毓黻：《金史所纪部族详稳群牧考》，《东北集刊》第4期，1942年。

⑦　孟广耀：《辽代乌古敌烈部初探》，《中国蒙古史学会成立大会纪念集刊》，内蒙古人民出版社，1979年。同文中提出乌古部是以唐代室韦乌素固部为主体发展形成的。

但乌古有时用来统称与乌古部同种同语的诸部①。

　　查阅《辽史》，发现"乌古"名称从辽建国前到辽灭亡后始终可见，"于厥"名称则比较集中地见于辽朝建国前后、太祖朝与圣宗朝，太宗朝只见于《部族表》，其他时期几乎不见。于厥名称频繁见于记载的时期，正是契丹王朝多次出兵黑龙江中上游地区的时期，对该地区部落记载较为详细。仅据辽诸帝《本纪》记载，辽前期不见将"乌古"与"于厥"名称混用的现象，到辽中期则可见二者混用的现象，如《圣宗纪》记载开泰四年（1015）四月"壬申，耶律世良讨乌古，破之。甲戌，遣使赏有功将校。……时于厥既平，朝廷议内徙其众，于厥安土重迁，遂叛。世良惩创"。辽军讨平乌古部与于厥既平复叛、再惩创之，皆由北枢密使耶律世良为主帅，显然此处史官记事将"乌古"与"于厥"二者混用。又如前举兴宗即位之初景福元年（1031）七月，史官将"乌古敌烈都详稳"官名记为"于厥迪烈都详稳"②。可见，到辽中期契丹君臣已将乌古与于厥视为一族，这也是《辽史》志、表中存在二者混用现象的原因。据此，我推测分布在洮儿河上游以北，海拉尔河、额尔古纳河、克鲁伦河、石勒喀河一带畜牧狩猎族群总体上统称为乌古人③，其内部诸氏族部落，在辽前期又可分为乌古部、于厥部等，辽中后期于厥之名逐渐不再使用，皆被称为乌古部。

　　自9世纪末契丹便不断发动征服乌古人的战争，其中较大规模的讨伐有三次，一是辽建国前，唐天复元年（901），夷离堇耶律阿保机"连破室韦、于厥及奚帅辖剌哥，俘获其众"④。二是建国后，神册四年（919），太祖亲征乌古部，"俘获生口万四千二百，牛马、车乘、庐帐、器物二十余万。自

---

　　①　孙秀仁等：《室韦史研究》，北方文物杂志社，1985年，第104页。该书认为于厥里与乌古是两个部，分别源于室韦的不同部。因于厥里部与乌古部地域相连，族源相同，社会经济与文化相近，辽代又称其为三河乌古。

　　②　《辽史》卷18《兴宗纪》，第212页。

　　③　关于乌古人的居地，津田左右吉认为在今蒙古高原的东部喀尔喀河流域，其北至海拉尔河与额尔古纳河上游一带。孟广耀认为是以海拉尔河和克鲁伦河下游为中心，东面至嫩江流域，南抵洮儿河上游，北面到额尔古纳河流域。孙秀仁等认为乌古部与羽厥部是两个部，乌古在南，羽厥在北。乌古部的活动范围在海拉尔河之南，西达呼伦池和贝尔池一带，南至今霍林河以北，其南即是契丹人的聚居区。羽厥部在乌古部之北的三河地区，三河指今诸里河（即今加集木尔河）、胪朐河（即今额尔古纳河及克鲁伦河）及皮被河（即今石勒喀河）。参见前引诸氏的论著。

　　④　《辽史》卷1《太祖纪上》，第1—2页。

是举部来附"①。三是太宗天显三年（928），"命林牙突吕不讨乌古部"，这次战争持续了两年，三年九月、四年六月突吕不两次"献讨乌古俘"②。这场旷日持久的战争之后，辽朝才在乌古人地区建立起较为稳定的统治。乌古人对契丹的朝贡活动最早见于太祖八年（914），"于骨里部人特离敏执逆党怖胡、亚里只等十七人来献"③。然直到太宗全面征服乌古人之后才确立较为稳定的朝贡制度，天显五年（930）"乌古来贡"④。此后，乌古部遣使朝贡不绝。现将见于《辽史》记载的乌古人朝贡活动统计如下：⑤

辽帝	太祖	太宗	世宗	穆宗	景宗	圣宗	兴宗	道宗	天祚帝
朝贡次数	1	13	0	1	0	3	2	0	1

如前所言，辽代乌古人分布地区广泛，契丹统治者在征服乌古人的过程中设置了不同形式的建置，前来朝贡的乌古人属于哪部，需要进一步考察。太祖朝曾以俘获的乌古人设置部族，据《辽史·营卫志下》记载，太祖时设有"乌古涅剌部，亦曰涅离部。太祖取于骨里户六千，神册六年，析为乌古涅剌及图鲁二部。俱隶北府，节度使属西南路招讨司。图鲁部。节度使属东北路统军司"。此6000户乌古人，应是辽朝于910年、919年及其他几次小规模征讨乌古部所俘获人口的总数，若以每户5口计，可达3万人。太祖分乌古降户设置两部族，乌古涅剌部隶属西南路招讨司；图鲁部隶属东北路统军司。辽西南路招讨司治所在今内蒙古呼和浩特之东⑥，东北路统军司治所《辽史》无载，其所辖地区主要在今吉林省北部与黑龙江省南部及相邻的内蒙古草原一带地区。乌古涅剌部与图鲁部是设在辽朝直辖区的部族，以内迁的乌古户为部民，是与契丹部族相同的行政建置，不属于实行朝贡制度的羁縻统辖建置。太祖朝前来朝贡的乌古、于厥部是分布在该族群原居地的氏族部落。

①　《辽史》卷2《太祖下》，第15页。
②　《辽史》卷3《太宗上》，第29—30页。
③　《辽史》卷1《太祖上》，第9页。
④　参见《辽史》卷3《太宗纪上》第32页、卷75《耶律铎臻附突吕不传》第1241页。
⑤　详细朝贡活动参见书后附表十四"乌古部对辽朝贡表"。
⑥　参见谭其骧主编《中国历史地图集》第六册，第10—11页。

太宗朝是乌古人朝贡活动最为频繁的时期，也是辽朝开始在乌古人地区设立羁縻性质的属国、属部时期。据《辽史·百官志二》记载乌古人地区的属国属部有：于厥国王府、乌隈于厥部大王府、于厥里部族大王府、乌古部、隈乌古部、三河乌古部。上表统计太宗朝乌古人朝贡 13 次，其中有三年为一年来二次，即天显十一年（936）七月，"辛卯，乌古来贡。壬辰，蒲割领公主率三河乌古来朝"①。会同四年（941）二月，"乌古来贡。于厥里来贡"②。五年（942）七月"鼻骨德、乌古来贡"③。其他为一年一次，均记载为"乌古部来贡"。据此，前来朝贡的有乌古部、三河乌古部、于厥里部族大王府。

然《辽史》阙略、讹误甚多是学界周知的，关于乌古人朝贡之事的记载也存在部名混乱的现象，如《辽史·太宗纪》载太宗会同三年（940）二月，"庚子，乌古遣使献伏鹿国俘，赐其部夷离堇旗鼓以旌其功"。但在同书《百官志二》记载，"于厥里部族大王府。太宗会同三年，赐旗鼓"。两处记载显然是一件事，会同三年太宗赐旗鼓的对象，是乌古部的夷离堇，还是于厥里部族大王府的夷离堇，仅靠这两条史料无法定夺。又如，查遍《辽史》不见于厥国王府朝贡的记载，仅《百官志二》北面属国官条下载其名，此外不见任何记载。太祖朝以后单独提及于厥之名，只有两处，一是《刑法志上》记载，太宗会同四年（941），"皇族舍利郎君谋毒通事解里等，已中者二人，命重杖之，及其妻流于厥拔离弥河，族造药者"④。二是《食货志下》载："铁离、靺鞨、于厥等部以蛤珠、青鼠、貂鼠、胶鱼之皮、牛羊驼马、毳罽等物，来易于辽者，道路橐属。"⑤ 二处"于厥"有可能是于厥国王府或于厥里部族大王府的简称，也有可能是"乌古"的别称。因此，《辽史·百官志》所记"于厥国王府"与"于厥里部族大王府"极有可能是同一地区氏族部落的羁縻建置。

《辽史》关于乌古各部朝贡活动的记载同样有缺漏，如关于隗乌古部的记载不仅缺漏很多，而且部名用字也不统一，《辽史》共有 13 处记载，8 处

① 《辽史》卷 3《太宗纪上》，第 38 页。
② 《辽史》卷 69《部族表》，第 1083 页。
③ 《辽史》卷 4《太宗纪下》，第 52 页。
④ 《辽史》卷 61《刑法志上》，第 937 页。
⑤ 《辽史》卷 60《食货志下》，第 929 页。

作"隈乌古"，5处作"隈乌古"，卷69《部族表》有4处记载，每种写法各有2处。《营卫志下》记载"辽国外十部"中有"隈古部"，疑为"隈乌古部"之误。史官曰："右十部不能成国，附庸于辽，时叛时服，各有职贡，犹唐人之有羁縻州也。"① 隈乌古部当属羁縻统辖区，太祖时有突举部，"阻午可汗分营置部。隶南府，戍于隈乌古部"；圣宗时，有北敌烈部，"圣宗以敌烈户置，戍隈乌古部"②。可见在太祖时期，已有隈乌古部，直到圣宗时期仍是辽朝重点统辖的地区。兴宗重熙年间，彰愍宫使萧韩家奴在论及北部边防时曾提到："今宜徙可敦城于近地，与西南副都部署乌古敌烈、隈乌古等部声援相接。"③ 道宗咸雍九年（1073），敌烈部叛，"诏隈乌古部军分道击之"④。辽朝前期，同是"外十部"的乌古部朝贡活动频繁，但隈乌古部却不见有向辽廷朝贡的记载，显然是史官疏漏所致。因此，我认为在辽圣宗以前隈乌古部已经开始向辽廷朝贡。

为加强对乌古人地区属国属部的统治，辽太宗全面征服乌古地区两年后，天显七年（932）设置了三河乌古部都详稳司，以契丹人任都详稳，《辽史·耶律朔古传》记载："授三河乌古部都详稳。平易近民，民安之，以故久其任。"十一年（936）七月，蒲割领公主率三河乌古来朝，蒲割领公主《辽史》仅一见，应为契丹公主，与耶律朔古是何关系不详，公主率三河乌古部酋长们诣辽帝捺钵朝贡，这表明尽管由契丹人任属部长官，该属部仍实行朝贡制度。三河指于谐里河（今加集木尔河）、胪朐河（今额尔古纳河及克鲁伦河）、海勒水（今海拉尔河），是乌古人的腹地。为了加强对这一地区乌古人的控制，太宗于会同二、三年又将一部分契丹部民迁至这一地区进行畜牧、屯垦，以监视乌古部动静⑤。

辽世宗一朝（947—950）不见包括乌古地区在内的任何属国、属部朝贡活动的记载，应是史籍缺漏。穆宗即位后，直到应历十三年（963）以前，契丹在乌古地区的统治比较稳定，但仅见一次朝贡记载，三年（953）八

① 《辽史》卷33《志第三》，第393页。
② 《辽史》卷33《营卫志下》，第387、391页。
③ 《辽史》卷103《萧韩家奴传》，第1448页。
④ 《辽史》卷23《道宗纪》，第275页。
⑤ 《辽史》卷33《营卫志下》记载："（五院部）瓯昆石烈。太宗会同二年，以乌古之地水草丰美，命居之。三年，益以海勒水之地为农田。"第384页。

月，"三河乌古、吐蕃、吐谷浑、鼻骨德皆遣使来贡"①。是何原因不详。

应历十四年（964）乌古地区爆发了一次大规模的反叛战争，十二月，"乌古叛，掠民财畜。详稳僧隐与战，败绩，僧隐及乙实等死之。十五年春正月己卯，以枢密使雅里斯为行军都统，虎军详稳楚思为行军都监，益以突吕不部军三百，合诸部兵讨之。乌古夷离堇子勃勒底独不叛，诏褒之"。二月，"乌古杀其长窣离底，余众降，复叛"。到三、四月间，戍守在泰州东北的大、小黄室韦也加入叛乱，"五坊人四十户叛入乌古"。七月，"乌古掠上京北榆林峪居民"。契丹平叛军队出师不利，败多胜少，用了三年时间才最后平定了这场叛乱，"十七年春正月庚寅朔，林牙萧斡、郎君耶律贤适讨乌古还，帝执其手，赐卮酒，授贤适右皮室详稳。雅里斯、楚思、霞里三人赐醨酒以辱之。乙卯，夷离毕骨欲献乌古俘"②。这次叛乱中乌古部一度打到上京附近，这在辽朝属国叛乱的历史上是不多见的。

辽平定乌古部叛乱后，将原乌古部的属部建置改为乌古部详稳司，改由契丹人担任长官，如耶律盆奴"景宗时，为乌古部详稳，政尚严急，民苦之。有司以闻，诏曰：'盆奴任方面寄，以细故究问，恐损威望。'"③ 景宗朝对乌古地区的统辖明显加强了，却不见乌古部朝贡的记载，我推测乌古部改制后，其下统领的乌古氏族部落长们将每年贡纳的物品交到详稳司，不再由大酋率领诣捺钵朝贡了，这使乌古部开始进入由羁縻制向行政建置统辖的过渡状态。圣宗即位后，进一步推进这一过渡进程，将乌古部详稳司升为乌古部节度使司，《耶律延宁墓志》记载："今上皇帝（圣宗）念此忠赤，特宠章临。超授保义奉节功臣、羽厥里节度使、特进、检校太尉、同政事门下平章事、上柱国、漆水县开国伯，食邑七百户。"耶律延宁"以统和三年十二月三十日于羽厥里疮疾而薨"④。又于乌隈于厥部地区设置五国乌隈于厥节度使司，同样以契丹人任长官，如统和二年（984）二月，"五国乌隈于厥节度使耶律隗洼以所辖诸部难治，乞赐诏给剑，便宜行事"⑤。这种设在

---

① 《辽史》卷6《穆宗上》，第70页。
② 以上引文均见《辽史》卷七《穆宗纪》，第82、83、84页。
③ 《辽史》卷88《耶律盆奴传》，第1340页。
④ 《耶律延宁墓志》，向南：《辽代石刻文编》，河北教育出版社，1995年，第85—86页。
⑤ 《辽史》卷10《圣宗纪一》，第113页。

乌古地区以契丹人任长官的属部，内部仍实行纳土贡制度，如属部有重要或特殊事情，仍需诣捺钵朝见辽帝，如统和六年（988）闰五月，"乌隈于厥部以岁贡貂鼠、青鼠皮非土产，皆于他处贸易以献，乞改贡。诏自今止进牛马"①。统和二十一年、二十三年乌古部也当属于有要事先后两次诣捺钵朝贡。

大约在圣宗时期完成了对乌古地区各属国属部的整合，统和末年以后，只见乌古部事迹②，再出现的"于厥"之名即为"乌古"的别称。以契丹人任节度使的乌古属部，对属下乌古氏族部落的统辖越来越严密，这也意味着契丹人对乌古人的盘剥日益加重。开泰年间，乌古人联合西邻敌烈人发动了一次大规模的叛乱行动，开泰二年（1013）正月，"乌古、敌烈叛，右皮室详稳延寿率兵讨之"，辽暂时平息了叛乱。三年，乌古、敌烈再次叛乱，四月"乌古叛"，九月，"八部敌烈杀其详稳稍瓦，皆叛"③。四年，圣宗接连派军征讨之，史载：

> （四月）枢密使贯宁奏大破八部迪烈得，诏侍御撒剌奖谕，代行执手之礼。……壬申，耶律世良讨乌古，破之。甲戌，遣使赏有功将校。世良讨迪烈得至清泥埚。时于厥既平，朝廷议内徙其众，于厥安土重迁，遂叛。世良惩创，既破迪烈得，辄歼其丁壮。勒兵渡曷剌河，进击余党，斥候不谨，其将勃括聚兵稠林中，击辽军不备。辽军小却，结阵河曲。勃括是夜来袭。翌日，辽后军至，勃括诱于厥之众皆遁，世良追之，军至险院。勃括方阻险少休，辽军侦知其所，世良亟掩之，勃括轻骑遁去。获其辎重及所诱于厥之众，并迁迪烈得所获辖麦里部民，城庐朐河上以居之。④

---

① 《辽史》卷12《圣宗纪三》，第130页。《辽史》卷46《百官志二》北面属国官条下有"乌隈于厥部大王府"。第762页。这或说明在圣宗朝设置五国乌隈于厥节度使之前，乌隈于厥部地区曾设有大王府。史籍中虽不见乌隈于厥部大王府任何活动记载，但从统和六年乌隈于厥部请求改变每岁贡物看，乌隈于厥部大王府时期已与辽朝建立了稳定的朝贡关系。

② 参见程妮娜《辽朝乌古敌烈地区属国、属部研究》，《中国史研究》2007年第2期。

③ 《辽史》卷15《圣宗纪》，第172、175页。

④ 《辽史》卷15《圣宗纪》，第176—177页。同书卷94《耶律世良传》记载："（开泰）三年，命选马驼于乌古部。会敌烈部人夷剌杀其酋长稍瓦而叛，邻部皆应，攻陷巨母古城。世良率兵压境，遣人招之，降数部，各复故地。"第1386页。与《圣宗纪》记载相异，当以《世宗纪》记载为准，《耶律世良传》或透漏了这次乌古部反叛，与契丹过度征取乌古部马驼有关。

在这次平定乌古敌烈部叛乱的过程中，契丹统治者设置了乌古敌烈部都详稳司，以原北院大王耶律的琭出任乌古敌烈部都详稳、耶律韩留任乌古敌烈部都监①，以加强对乌古、敌烈地区的统辖。道宗咸雍四年（1068）七月，又"置乌古敌烈部都统军司"②，到大康年间才以统军司完全取代都详稳司。兴宗朝以后，史籍中仍偶尔可见乌古部朝贡记载，如重熙十八年"乌古遣使送款"；③二十二年"乌古来贡"④。说明乌古部朝贡活动并没有完全取消，遇有特殊事情仍然要诣捺钵朝见辽帝。重熙二十一年（1052）七月，兴宗"遣使诣五国及鼻骨德、乌古、敌烈四部捕海东青鹘"⑤。二十二年乌古朝贡当是奉朝廷之命贡纳海东青。

按辽制，属国属部有向朝廷贡纳物品与助兵的义务。乌古属国属部无论是前期以诣捺钵朝贡为主时，还是中后期由羁縻朝贡制度向行政建置制度过渡时期，乌古属国属部都向朝廷贡纳一定数额的物品，其中既有常贡，也有特贡。常贡，即为每岁按定额贡纳的土产，如乌隗于厥部，初岁贡貂鼠、青鼠皮，圣宗时在乌隗于厥部的请求下，改贡牛马。乌古部所纳物品为马牛驼⑥。特贡，是指朝廷临时征求的土产，如前所言辽朝遣使诣乌古部，令其捕海东青鹘入贡。此外，辽朝还在边地州县置互市与乌古属国属部进行贸易，《辽史·食货志下》记载："铁离、靺鞨、于厥等部以蛤珠、青鼠、貂鼠、胶鱼之皮、牛羊驼马、毳罽等物，来易于辽者，道路繦属。"其中牛羊、驼马、毳罽等物当是乌古人与其他民族进行贸易的土产。遗憾的是辽朝册封乌古部酋长的官号多失载，仅见有于越⑦、夷离堇。

辽中后期，随着辽朝对乌古地区统辖关系越来越紧密，乌古属国属部为朝廷出兵作战的事迹明显多于辽朝前期。遇到战事，契丹皇帝下诏征兵，乌

---

① 《辽史》卷88《耶律的琭传》第1347页、卷89《耶律韩留传》第1352页。

② 《辽史》卷22《道宗纪》，第268页。

③ 《辽史》卷20《兴宗纪》，第240页。

④ 《辽史》卷20《兴宗纪》，第246页。

⑤ 《辽史》卷69《部族表》，第1108—1109页。

⑥ 乌古部贡纳的物品没有明确记载，然据《辽史》卷94《耶律世良传》记载：圣宗开泰三年（1014），耶律世良奉命"选马驼于乌古部"。第1386页。可推知乌古部贡纳物为马、驼。乌古部居住的东蒙古草原地带，一直出产牛，故推测牛也是其贡纳物之一。

⑦ 《辽史》卷8《景宗纪上》记载，保宁三年（971），"十一月庚子，胪朐河于越延尼里等率户四百五十来附"。胪朐河下游是乌古人的居地，胪朐河于越，可能是于厥里部族大王府的于越。第92页。

古部民组成的属国军随契丹将领出征，统和十二年（994）"八月庚辰朔，诏皇太妃领西北路乌古等部兵及永兴宫分军，抚定西边"①。当邻部发生叛乱，乌古属部军受命出击平定叛乱，道宗咸雍九年（1073）七月，"乌古敌烈统军言，八石烈敌烈人杀其节度使以叛。己酉，诏隗乌古部军分道击之"②。寿昌六年（1100）五月，"乌古部讨茶扎剌（部），破之"③。辽朝还迁徙部分乌古部民为其守边，寿昌二年，"九月丙午，徙乌古敌烈部于乌纳水，以扼北边之冲"④。

辽廷与乌古属部间政治关系加强，还表现在契丹统治者加大对乌古属部安抚、赈济的力度，如道宗朝多次赈济乌古部，大安三年（1087），"赐隗乌古部贫民帛"。九年（1093）"诏以马三千给乌古部"。寿昌二年（1096），"市牛给乌古、敌烈、隗乌古部贫民"⑤。尽管辽后期乌古人也曾出现反叛行为，但总体看，乌古部与契丹统治集团间的政治关系日益紧密。

天祚帝天庆五年（1115）女真反辽，建立金朝。天祚帝在金兵追击下四处逃命，天保四年（1124）正月，穷途末路的天祚帝曾一度逃到乌古敌烈部，乌古部仍然尊奉辽帝。翌年，天祚帝被俘，辽朝灭亡，一部分乌古部才归附金朝。

2. 敌烈地区属部的朝贡活动

敌烈，《辽史》中又作敌烈德、迪烈、敌烈得、迭烈德；《金史》作迪烈底等。学界一般认为敌烈与乌古出自不同的族系，孟广耀认为敌烈是以唐代铁勒的拔野古部为主体发展起来的；孙秀仁等则认为敌烈部与北魏时期的大室韦有密切关系，而大室韦则是柔然的一部。敌烈部的分布地在乌古部之西，津田左右吉认为在安真河下游的乌理顺河、呼伦泊一带地区。孙秀仁认为在克鲁伦河流域⑥。契丹王朝在征服乌古地区后才开始与敌烈部发生关系，辽太宗天显五年（930）六月，"敌烈德来贡"⑦。这是《辽史》首次见

① 《辽史》卷13《圣宗纪》，第145页。
② 《辽史》卷23《道宗纪》，第275页。
③ 《辽史》卷26《道宗纪》，第313页。
④ 《辽史》卷26《道宗纪六》，第309页。
⑤ 《辽史》卷25、26《道宗纪》，第295、302、308页。
⑥ 见前引三位先生论著。
⑦ 《辽史》卷3《太宗纪上》，第32页。

到关于敌烈部的记载，与乌古部不同的是，契丹与敌烈部的关系起于朝贡关系，但在敌烈部与辽朝建立朝贡关系之后，反叛行为时有发生。现将见于《辽史》记载的敌烈部朝贡活动与反叛行动统计如下：

辽帝	太祖	太宗	世宗	穆宗	景宗	圣宗	兴宗	道宗	天祚帝
朝贡次数	0	3	0	2	1	2	0	1	0
反叛次数	0	0	0	1	1	4	0	3	2

从《辽史》本纪的记载看，太宗朝均为"敌烈德来贡"；此后则均为"敌烈来贡""敌烈来降"。敌烈德可能是敌烈的异写，也可能是辽朝在敌烈人地区设置的迪烈德国王府；敌烈即敌烈部，契丹又称之为八石烈敌烈部，是由八部敌烈结成的部落集团①。迪烈德国王府设于太宗朝，大约因敌烈部时叛时降，迪烈德国王府很快就名存实亡，敌烈部则一直活跃到辽末。最晚在圣宗统和年间已设敌烈部详稳司②，以敌烈部酋长任详稳，如圣宗开泰初年敌烈部酋长稍瓦任详稳③。开泰四年（1015），平定乌古敌烈部叛乱之后，辽设置乌古敌烈都详稳司以加强对这一地区的统辖，并将敌烈部详稳司升为敌烈部节度使司，以契丹人任节度使，开泰九年（1020）十月，"迭烈德部言节度使韩留有惠政，今当代，请留"④。此外，圣宗时，又以平叛之后内迁的敌烈部民设置二部族，"迭鲁敌烈部，圣宗以敌烈户置。隶北府，节度使属乌古敌烈统军司"；"北敌烈部。圣宗以敌烈户置。戍隗乌古部"⑤。二部族虽然军事隶属于乌古敌烈统军司，但不是羁縻建置，也不实行朝贡制度。

---

① 《辽史》卷 46《百官志》记载，辽朝在敌烈地区设置的属国属部有迪烈德国王府、敌烈部、八石烈敌烈部。第 759、763、764 页。但从《辽史》关于敌烈部事迹的记载看，敌烈部与八石烈敌烈部应是同属部建置的不同称呼。

② 《辽史》卷 13《圣宗纪》载：统和十五年（997）五月，"敌烈八部杀详稳以叛，萧挞凛追击，获部族之半"。第 149 页。

③ 《辽史》卷 15《圣宗纪》记载：开泰三年（1014）九月"丁酉，八部敌烈杀其详稳稍瓦，皆叛，诏南府宰相耶律吾刺葛招抚之"。第 175 页。《辽史》卷 94《耶律世良传》记载，这一年"敌烈部人夷刺杀其酋长稍瓦而叛，邻部皆应，攻陷巨母古城"。第 1386 页。说明敌烈部详稳稍瓦的身份是敌烈部酋长。

④ 《辽史》卷 16《圣宗纪》，第 188 页。

⑤ 《辽史》卷 33《营卫志》，第 391 页。

自辽初到辽中期敌烈地区属国属部的建置发生了很大的变化，由国王府到详稳司最后升为节度使司，属国属部长官由敌烈酋长转为契丹官员，属国属部的朝贡活动是否还在持续？尽管史籍相关记载很少，然仍可考察其发展的大致线索。《辽史·萧挞凛传》记载：

> （统和）十五年，敌烈部人杀详稳而叛，遁于西北荒，挞凛将轻骑逐之，因讨阻卜之未服者，诸蕃岁贡方物充于国，自后往来若一家焉。上赐诗嘉奖，仍命林牙耶律昭作赋，以述其功。挞凛以诸部叛服不常，上表乞建三城以绝边患，从之。

圣宗统和十五年（997）时，已经设立敌烈部详稳司，萧挞凛率军平定敌烈部叛乱后，恢复了以往正常的朝贡制度，"诸蕃岁贡方物充于国"，说明在正常的统治秩序下，敌烈部每岁贡纳方物，《辽史》记载敌烈部朝贡活动甚少，应与记载缺漏有关。为防止再发生边患，辽朝在北部边疆修筑了三座边防城，即《辽史·地理志》所记载的河董城、静边城、皮被河城①，重点统辖这一地区的敌烈部与阻卜部。开泰年间设置敌烈部节度使司之后，敌烈部仍保持一定程度的朝贡活动，圣宗太平元年（1021）十月，"敌烈酋长颇白来贡马、驼"②。兴宗重熙二十一年（1052）七月，辽廷"遣使诣五国及鼻骨德、乌古、敌烈四部捕海东青鹘"③。敌烈部贡纳品主要是马、驼、鹰等。

在辽朝诸属国属部中敌烈部的叛乱最为频繁，据前表统计，《辽史》记载敌烈部反叛行为多于敌烈部朝贡活动，这反映辽朝对敌烈部的统辖不很稳定。敌烈部的反叛活动直到辽末仍可见到，前后有5次较大规模反叛，一是圣宗统和十五年（997），敌烈八部杀详稳以叛；二是开泰二年到四年

---

① 皮被河，即今石勒喀河。冯永谦《辽代边防城考》认为，河董城在今蒙古人民共和国克鲁伦河中游北岸的祖·赫雷姆古城址。静边城在今蒙古人民共和国巴尔斯浩特古城址（《北方史地研究》，中州古籍出版社，1994年）。

② 《辽史》卷16《圣宗纪》，第189页。

③ 《辽史》卷69《部族表》，第1108—1109页。

（1013—1015）敌烈部与乌古部联手反叛，杀详稳稍瓦，攻陷巨母古城①；三是道宗咸雍九年（1073），八石烈敌烈人杀契丹敌烈节度使以叛；四是道宗大安十年（1094），叛军一度击败乌古敌烈统军司的军队，使辽军损兵折将；五是天祚帝保大二年（1122），敌烈部五千叛军攻打辽地方官属②。

敌烈人反叛不断，这是否说明辽朝在敌烈部地区的统辖一直很疏松？事实上，尽管敌烈部地处偏远，且社会发展较为落后，契丹统治者一直力图加强对敌烈部地区的政治控制。圣宗后期开始任命契丹人出任敌烈部节度使，对敌烈部实行与乌古部同样的统辖制度。敌烈部节度使司设立后，在保护敌烈部不受邻部侵扰，赈济、抚恤贫困部民方面发挥了一定作用，如道宗清宁九年（1063），"时敌烈部数为邻部侵扰，民多困弊，命乌野为敌烈部节度使，恤困穷，省徭役，不数月，部人以安"。寿昌二年（1096），"市牛给乌古、敌烈、隗乌古部贫民"③。但同时，辽朝对敌烈部的盘剥也加重了，每年敌烈部民向朝廷贡纳的物品数额史籍无载，目前还无从知晓。但从记载看敌烈部民为辽朝守边、出兵助战的负担明显加重，道宗寿昌二年（1096）九月，"徙乌古敌烈部于乌纳水，以扼北边之冲"④。遇北方边地出战事，辽征调敌烈部属国军随契丹将领出战，《辽史·萧迁鲁传》记载："会北部兵起，迁鲁将乌古敌烈兵击败之。"敌烈部社会经济发展水平不及乌古部，辽朝不顾两部的差别，一味追求政治统治的最大化，敌烈部尚不能适应由羁縻朝贡制度向行政建置过渡的统辖形式，这恐怕是敌烈部叛乱不止的主要原因。敌烈部与乌古部同样直到辽朝灭亡，才结束与辽朝的臣属关系。

3. 萌古部的朝贡活动

萌古部，又作蒙古里，学界一般认为是以蒙兀室韦为核心而形成的，分布在敌烈部的西北斡难河（今鄂嫩河）流域。《史集》中称为尼伦（纯洁）蒙古的十余个部落是由蒙兀室韦发展形成的；称为迭儿列勒（普通）蒙古

---

① 巨母古城，谭其骧主编《中国历史地图集》第六册认为在今内蒙古满洲里市东南，呼伦池北。冯永谦《辽代边防城考》认为在今内蒙古新巴尔虎右旗扎和庙古城址（《北方史地研究》，中州古籍出版社，1994年）。

② 参见《辽史》诸帝本纪，卷85《萧挞凛传》第1314页、卷94《耶律世良传》第1386页、卷93《萧迁鲁传》第1376页、卷100《耶律棠古传》第1428页。

③ 《辽史》卷92《萧乌野传》第1370页、卷26《道宗纪》第308页。

④ 《辽史》卷26《道宗纪》，第309页。

部落的诸部，大致也多出自室韦①。《契丹国志》记载："正北至蒙古里国，无君长所管，亦无耕种，以弋猎为业，不常其居，每四季出行，惟逐水草，所食惟肉酪而已。不与契丹争战，惟以牛、羊、驼、马、皮、毦之物与契丹为交易。南至上京四千余里。"又云：于厥（乌古）"凡事并与蒙古里国同"②。

史籍关于辽朝与萌古部的关系记载极少，只是在太康十年（1084）见到二条记载："二月庚午朔，萌古国遣使来聘。三月戊申，远萌古国遣使来聘。"③ 这里称"来聘"，不是"来朝"，两次非一部萌古，前者称"萌古国"，后者称"远萌古国"，大约路途遥远，又间隔着频繁叛乱的敌烈部，辽朝与萌古部的联系较少。然《契丹国志》记载，蒙古里国，"不与契丹争战，惟以牛、羊、驼、马、皮、毦之物与契丹为交易"④。这说明萌古部曾一度与辽朝有互市关系，这在古代亦可视为是一种十分疏松的朝贡关系。

此外，需要提及的还有室韦与阻卜人。室韦，由唐入辽后，各部室韦发生了较大的分化重组。辽代东北西部各族群多从室韦中分化出来，出现了一些新的族名。辽代仍然称为室韦的族群，有黑车子室韦、黄室韦、小黄室韦、大黄室韦、室韦部、突吕不室韦部、七火室韦部、黄皮室韦部等⑤。这些室韦部落多迁离原住地，如黑车子室韦，唐宋中原人称为黑车子达怛，张久和认为黑车子达怛是由今霍林河流域以北迁徙来的诸室韦部落，主要是室韦和解部、塞曷支部、乌罗护部、那礼部，9世纪中期这些部落南迁到幽州塞外今锡林郭勒草原，被称为黑车子达怛（室韦）⑥。辽太宗会同元年（938）九月"黑车子室韦贡名马"，之后频繁遣使朝贡，辽设黑车子室韦王国府统辖之⑦。辽朝黑车子室韦分布地区已不在本书研究范围。

耶律阿保机称帝前后多次征伐室韦，并将一部分征服的室韦部落内迁，编入部族制。《辽史·营卫志下》记载：

---

① 孙秀仁等：《室韦史研究》，北方文物杂志社，1985年，第91页。

② ［宋］叶隆礼撰：《契丹国志》卷22《四至邻国地里远近》，贾敬颜、林荣贵点校，第214页。

③ 《辽史》卷24《道宗纪》，第289页。

④ ［宋］叶隆礼撰：《契丹国志》卷22《四至邻国地里远近》，贾敬颜、林荣贵点校，第214页。

⑤ 《辽史》卷46《百官志二》，第728、729、738、749页。然同书卷37《兵卫志》曰"属国六十"，第438页。两处相异。

⑥ 张久和：《原蒙古人的历史——室韦-达怛研究》，高等教育出版社，1998年，第157—158页。

⑦ 《辽史》卷4《太宗纪下》第44页、卷46《百官志二》第758页。

突吕不室韦部。本名大、小二黄室韦户。太祖为达马狘沙里，以计降之，乃置为二部。隶北府，节度使属东北路统军司，戍泰州东北。

涅剌拏古部。与突吕不室韦部同。节度使戍泰州东。

涅剌越兀部。以涅剌室韦户置。隶北府，节度使属西南面招讨司，戍黑山北。

室韦部。圣宗以室韦户置。隶北府，节度使属西北路招讨司。

据此，大、小二黄室韦已被契丹统治者迁离原住地，初编为两部，后又析出一部，属于辽朝一般行政建置的部族。室韦部，圣宗时设节度使，隶属西北路招讨司统辖，辽西北路招讨司治镇州（今蒙古乌兰巴托以西），可能这个室韦部也已西迁至蒙古高原的腹地，其分布地已不在东北。

关于黄室韦（又称黄头达怛）的居地，经张久和考证认为在柴达木盆地东缘一带，西连黄头回纥，东邻吐蕃。此外，《辽史》中还记有七火室韦部、黄皮室韦部、室韦国王府之名，却不见任何事迹。

因此，我认为辽代室韦一部分西迁，留在东北的室韦部落大都改称其他族名，如乌古、敌烈、萌古、阻卜等。如果说辽初东北边疆还有室韦部落，但随着契丹对室韦的征服，这部分室韦先后成为一般行政建制部族制统辖的居民。因此，史籍中关于室韦朝贡活动的记载，均为北部和西北地区的室韦部落。辽代室韦已不再是东北民族朝贡制度的主要成员，故略之。

阻卜，辽上京道西北地区分布着众多分散的游牧部族，辽朝统称之为阻卜，宋朝称之为鞑靼。辽太祖天赞三年（924）六月，"大举征吐浑、党项、阻卜等部"。"太祖西征，至于流沙，阻卜望风悉降，西域诸国皆愿入贡"①。此后，"阻卜来贡"的记载不绝于史册。

《辽史·百官志二》记载，辽朝曾设有：阻卜国大王府、阻卜扎剌部节度使司、阻卜诸部节度使司（圣宗统和二十九年置）、阻卜别部节度使司、西阻卜国大王府、北阻卜国大王府、西北阻卜国大王府。冯承钧认为阻卜扎剌部、阻卜诸部、阻卜别部三部分布在克鲁伦河下游与呼伦贝尔湖一带地

---

① 《辽史》卷2《太祖纪下》第19—20页、卷103《萧韩家奴传》第1447页。

区，可称为"东阻卜"，辽于三部各设节度使，隶属于阻卜国大王府①。然而，从辽朝对女真地区设置属国、属部的情况看，通常设某部族节度使和某国大王府是并行的建置，二者之间并无隶属关系。若如上文学界关于乌古部与敌烈部居地的讨论属实的话，诸阻卜部的分布地区只能在乌古、敌烈部之西，即阻卜人分布地区已经超出古代东北的范围。而且，从现有的史料看，尽管关于阻卜人活动的记载不少，但多为西北地区阻卜人的事迹，而且在过于简略的记载中很难考察出来哪部分是属于东部阻卜朝贡活动的记载，故本书对阻卜人的朝贡活动略之。

二　东京道女真朝贡制度及其运作

辽朝东京道治所在东京辽阳府（今辽宁省辽阳市），"户四万六百四。辖州、府、军、城八十七。统县九"②。其辖区东滨日本海，东南到朝鲜半岛北部，东北至黑龙江下游，西北达外兴安岭以南，由石勒喀河与额尔古纳河汇合处南下，沿嫩江，再向南到东西辽河汇合处，又西南到辽西大凌河流域。东京道之西为上京道，西南为中京道。东京道的西南部沿辽河一线到辽东半岛为州县地区，东部长白山及其余脉与拉林河以北，包括松花江中下游与整个黑龙江流域的广大地区。总体看，靠近州县地区与东部山区分布的主要是各女真属国、属部；牡丹江上游及其以东山区分布着以渤海遗民为主形成的兀惹等属部；松花江下游到黑龙江下游是五国部属部地区；黑龙江中游是鼻骨德属国地区。

"女真"之名始见于唐末五代初。《辽史·太祖纪》记载：唐天复三年（903）"春，伐女直，下之，获其户三百"。关于女真人的族属，宋人洪浩《松漠纪闻》云："女真即古肃慎国也，东汉谓之挹娄，元魏谓之勿吉，隋唐谓之靺鞨……五代时始称女真。"女真人对于其先祖的记忆更为具体，《金史·世纪》曰："金之先，出靺鞨氏。……五代时，契丹尽取渤海地，而黑水靺鞨附属于契丹。其在南者籍契丹，号熟女直；其在北者不在契丹籍，号生女直。"从这一系族群名称肃慎、挹娄、勿吉、靺鞨变化的规律看，

① 冯承钧：《辽金北边部族考》，《西域南海史地考证论著汇辑》，中华书局，1957年，第188—199页。
② 《辽史》卷38《地理志二》，第457页。

女真极有可能原为黑水靺鞨中的某一部分，这部分黑水靺鞨在契丹人建国前已与契丹发生关系，据《三朝北盟会编》卷3记载：

> 阿保机乘唐衰乱，开国北方，并吞诸番三十有六，女真其一焉。阿保机虑女真为患，乃诱其强宗大姓数千户，移至辽阳之南，以分其势，使不得相通。迁入辽阳著籍者名曰合苏款，所谓熟女真者是也。自咸州之东北分界，入山谷，至于粟沫江，中间所居，隶属咸州兵马司者，许与本国往来，非熟女真亦非生女真也。居粟沫之北宁江之东北者，地方千余里，户口十余万，散居山谷间，依旧界外野处，自推雄豪为酋长，小者千户，大者数千户，则谓之生女真。又有极边远而近东海者，则谓之东海女真。①

辽代将女真人分为熟女真部、生女真部、介于两者之间的女真部和东海女真四部，并先后在女真各地建立了属国、属部制度。辽朝采取朝贡制度统辖管理各地区女真人属国、属部②，但管理形式不仅因地因部有所不同，而且辽朝前期和后期也有重要变化。

1. 熟女真属国、属部的朝贡活动

熟女真居住在辽东半岛与辽河流域，其分布范围南至渤海海峡（今旅顺口一带），东到鸭绿江东西，北达今开原一带，西抵辽河流域。这部分女真人户在辽朝各州县著籍，被称为"系辽籍女真"，又称为"熟女真"。主要有曷苏馆女真，鸭绿江女真，南、北女真等。

曷苏馆女真，是耶律阿保机最早征服并迁到辽东半岛，初在今盖州，后迁至今金州一带的女真人③。前引史料曰，阿保机"虑女真为患，乃诱其强宗大姓数千户，移至辽阳之南"。可知辽建国前就已经有数千户女真人居住在辽东半岛，其后人口繁衍，成为辽代熟女真中人数较多、社会发展程度较高的部分，辽朝设有曷苏馆女真国大王府。查阅史籍，仅辽中期38年间曷苏馆女真有8次朝贡，现统计如下：

---

① ［宋］徐梦莘：《三朝北盟会编》卷3，第16页。
② 参见书后附表十五"女真对辽朝朝贡表"。
③ 今地参见张博泉、苏金源、董玉瑛《东北历代疆域史》，吉林人民出版社，1981年，第139页。

曷苏馆女真对辽朝贡活动一览表

帝王	年份	月份	辽帝捺钵地点	朝贡活动	文献出处
圣宗	开泰元年（1012）	正月	庚寅，祠木叶山	辛卯，曷苏馆大王曷里喜来朝	《辽史》卷 15
	开泰四年（1015）	四月	戊辰，驻沿柳湖	丙辰，曷苏馆部请括女直王殊只你户旧无籍者，会其丁入赋役，从之	《辽史》卷 15
	开泰八年（1019）	五月	猎于桦山、浅岭山等秋山	曷苏馆惕隐阿不葛、宰相赛剌来贡	《辽史》卷 16
		九月	壬午，驻土河川	庚辰曷苏馆惕隐阿不割来贡	《辽史》卷 16
	太平六年（1026）	十月	驻辽河浒	曷苏馆诸部长来朝	《辽史》卷 17
		十二月	庚子，驻辽河	曷苏馆部乞建旗鼓，许之	《辽史》卷 17
兴宗	重熙十年（1041）	十月	九月猎于马盂山；十月甲午，幸中京	庚寅，以女直太师台押为苏曷馆都大王	《辽史》卷 19
	重熙十九年（1050）	六月	庆州	曷苏馆、蒲卢毛朵部各遣使贡马	《辽史》卷 20

　　从上表内容看，圣宗开泰四年（1015），"曷苏馆部请括女直王殊只你户旧无籍者，会其丁入赋役，从之"①。这表明此时的曷苏馆女真人对辽朝承担一定赋税，《契丹国志》曰熟女真"耕凿与渤海人同，无出租赋"②。曷苏馆女真较一般熟女真社会发展水平则更为进步一些，按丁入赋役，这表明自辽建国前迁到辽东半岛的曷苏馆女真经过百年发展已经处于文明社会的边缘，或已迈入文明社会的门槛。辽前期不见曷苏馆部女真朝贡活动的记载，这可能与辽朝前期以东京辽阳府管辖境内曷苏馆部女真朝贡事务有关，即曷苏馆女真可能诣辽阳府朝贡，随着曷苏馆女真社会逐渐脱离原始形态，曷苏馆女真国大王府主要由管理诸熟女真大王府事务的地方官署——女真详稳司管辖，朝贡只是一个辅助的统辖形式。

　　圣宗开泰元年（1012），曷苏馆女真诣捺钵朝见契丹皇帝实属事出有因。统和二十八年（1010），高丽国发生西京留守康肇弑君易主事件，《辽

---

① 《辽史》卷 15《圣宗纪六》，第 176 页。

② ［宋］叶隆礼撰：《契丹国志》卷 22《四至邻国地理远近》，贾敬颜、林荣贵点校，第 212 页。

史·高丽传》记载：

> 五月，高丽西京留守康肇弑其主诵，擅立诵从兄询。八月，圣宗自将伐高丽，报宋，遣引进使韩杞宣问询。询奉表乞罢师，不许。十一月，大军渡鸭渌江，康肇拒战于铜州，败之。……驻跸于城西佛寺。高丽礼部郎中渤海陀失来降。遣排押、盆奴攻开京，遇敌于京西，败之。询弃城遁走，遂焚开京，至清江而还。二十九年正月，班师。

圣宗亲征高丽之事，对居地邻近高丽的女真各部影响很大。开泰元年（1012）正月，"癸未，长白山三十部女直酋长来贡，乞授爵秩。甲申，驻跸王子院。丙戌，望祠木叶山。丁亥，女直太保蒲捻等来朝。戊子，猎于买曷鲁林。庚寅，祠木叶山。辛卯，曷苏馆大王曷里喜来朝"。女真各部首领亲自至捺钵朝贡，这可能与契丹皇帝的要求有关。这年圣宗诏高丽王询来朝，但"高丽王询遣田拱之奉表称病不能朝，诏复取六州地"①。于是又围绕辽朝索要鸭绿江以东六州之地问题，辽再次对高丽开战。开泰五年至八年，辽军连年出兵征讨高丽，直到开泰八年（1019）十二月"高丽王询遣使乞贡方物诏纳之"②。辽与高丽的关系才得以缓和，重新恢复良好的关系。这期间，曷苏馆女真三次遣使朝贡，其中在辽出大军讨高丽的开泰八年，曷苏馆女真惕隐阿不葛先后两次至捺钵朝贡。

圣宗太平六年（1026）十月，契丹皇帝游幸至辽河，曷苏馆诸部酋长皆往捺钵朝见。十二月，"曷苏馆部乞建旗鼓，许之"③。重熙十年（1041）十月曷苏馆首领的朝贡，与属国长官的任命有关，"庚寅，以女直太师台押为苏曷馆都大王"。这应是一次比较特殊的任命，辽朝以少数民族担任的属国、属部官员一般是世袭制，这次另外任命女直太师台押为曷苏馆女真国大王府的都大王，应有非同一般的原因，然史籍无载。曷苏馆女真一直臣服辽朝，谨守臣礼。直到辽末，女真起兵反辽，建立金朝后，在同族人的号召下曷苏馆女真叛辽，天祚帝天庆六年（1116）十一月，"东面行军副统马哥等

---

① 以上引文皆见《辽史》卷15《圣宗纪六》，第170、171页。
② 《辽史》卷16《圣宗纪七》，第187页。
③ 《辽史》卷46《百官志二》第756页、卷17《圣宗纪》第200页。

攻曷苏馆，败绩"①。从此，曷苏馆女真结束了对辽朝二百年的臣服。

另外，从表中内容看，辽朝册封熟女真属国、属部官员的称号主要有：大王、都大王、惕隐、太师等。大王、都大王，为属国长官名号，惕隐为契丹官号，太师则为汉人官号。

鸭绿江女真，分布在鸭绿江中下游东西地区，包括今辽宁丹东和吉林通化的东部地区、朝鲜平安道和慈江道的西北部地区。高丽国称之为"西女真""西北女真"。辽太宗会同三年（940）二月，"乙卯，鸭渌江女直遣使来觐"。翌年，再次遣使朝贡②。大约辽于这年设置鸭绿江女真大王府。此后便不见鸭绿江女真朝贡活动的记载，这或许与其同时又向北宋进行朝贡活动有关，圣宗统和年间辽朝连续几次出兵征讨东部女真，这期间，辽于统和九年（991）二月在鸭绿江女真人地区"建威寇、振化、来远三城，屯戍卒"③。三城修建在今辽宁丹东九连城东鸭绿江中黔定岛上及江口一带，兵事隶属东京统军司④。统和十年十二月以东京留守萧恒德等伐高丽。翌年正月，高丽王王治遣朴良柔奉表请罪，圣宗"诏取女直鸭渌江东数百里地赐之"⑤。鸭绿江女真的事迹，便不再见于《辽史》记载。但鸭绿江女真之东，朝鲜半岛东北部濒海地区的长白山三十部女真，于圣宗太平元年（1021）尚遣使朝贡，由此看来，鸭绿江女真的朝贡活动可能淹没在史籍中没有记载部名的女真朝贡活动中了。

南、北女真主要在圣宗时形成，这一时期除了归附辽朝的女真部落，圣宗几次大规模讨伐女真，俘获大量的女真民户，将其安置到东京道下属的各州县区划之内，分南北两部分设官建制统辖之。南女真，分布在卢州（今辽宁盖州熊岳城）、归州（今辽宁盖州熊岳城西南）、苏州（今辽宁金州）、复州（今辽宁复州），辽设南女真国大王府，兵事隶属于南女真汤河司。北女真，分布在韩州（今辽宁昌图八面城东南古城址）、肃州（今辽宁昌图）、安州（今辽宁昌图四面城古城）、咸州（今辽宁开原老城）、同州（今辽宁

---

① 《辽史》卷28《天祚皇帝二》，第335页。
② 《辽史》卷4《太宗纪》，第47页。
③ 《辽史》卷13《圣宗纪》，第141页。
④ 《辽史》卷38《地理志》，第158页。
⑤ 《辽史》卷13《圣宗纪》，第143页。

开原南中固镇)、银州(今辽宁铁岭市)、双州(今辽宁铁岭西 60 里古城子村)、辽州(今辽宁新民东北 58 里辽滨塔村),辽设北女真国大王府,兵事隶属于设在辽州的北女真兵马司①。南、北女真国大王府几乎没有朝贡活动,仅圣宗统和八年(993)有"北女直四部请内附"的记载,此时正是圣宗征服反叛女真的战争期间。从辽朝设置"南女真汤河司""北女真兵马司"对南、北女真进行统辖看②,这部分女真不向辽廷朝贡,是因为辽朝对其统治较为严密,属国统辖机制已经处于由羁縻制向直接统辖的过渡阶段。

2. 非熟女真亦非生女真属国、属部与辽朝的朝贡关系

这部分女真人居住在鸭绿江上游、图们江上游、粟沫江(第二松花江)和辉发河流域,其分布范围在咸州(今辽宁开原)东北,北达拉林河以南,东到长白山,西到今吉林中部。尽管这部分女真人基本不在州县区内居住,但亦著辽籍,被视为"非熟女真亦非生女真",主要有铁骊女真、黄龙府女真、达卢古部女真、回跋女真、顺化女真等。

铁骊女真,即唐代的铁利靺鞨部,入辽后,靺鞨改称为女真。在这一地区女真诸部中铁骊部最早向契丹王朝朝贡,926 年初,在契丹建国十年后,太祖耶律阿保机亲率大军东征灭亡了渤海国。二月,"丁未,高丽、涉貊、铁骊靺鞨来贡"③。其时辽太祖阿保机正在忽汗城(渤海上京),居渤海国之北的铁骊靺鞨,在渤海灭亡后的第一时间,便赶来向辽太祖表示臣服。渤海国灭亡后,打通了北部和东部沿海地区女真部落与辽朝之间的通道,辽太祖天显元年(926)以后,铁骊对辽的朝贡活动一直延续至辽末④。

铁骊女真归附辽太祖时,其居地大约在今牡丹江下游之东,今黑龙江勃利县一带地区。契丹灭渤海后,于其地建东丹国。两年后,辽太宗天显三年(928)将东丹国民整体迁徙到辽东半岛。由于渤海遗民举族南迁,牡丹江流域出现大片无人地带,于是东北的东部地区居民出现了从北向南的迁徙浪潮。东北面的女真人逐渐占据了牡丹江地区,又有一部分女真人沿东部山海

① 以上均参见《辽史》卷 38《地理志二》,第 455—477 页。今地参见《中国历史地图集》中央民族学院编辑组《〈中国历史地图集〉东北地区资料汇编》,内部发行,1979 年。以下文中今地未出注者均参见该书。

② 《辽史》卷 46《百官志二》,第 745、750 页。

③ 《辽史》卷 2《太祖纪下》,第 22 页。

④ 954 年至 991 年,铁骊女真曾一度停止对辽朝贡活动。

之地继续东南移，分布在朝鲜半岛北部山地。铁骊女真南下之后，其原住地成为五国部的居地。南迁后的铁骊女真大约分布在今吉林敦化或偏西一带地区。铁骊女真对辽朝的朝贡活动可以分为前后两个时期，前期从辽太祖天显元年（926）到辽穆宗应历三年（953）。在这一时期，铁骊对辽朝贡活动频繁且较有规律，说明铁骊女真是到捺钵向契丹皇帝朝贡，体现了辽朝这一时期由中央管理属国、属部事务的政治统治形式。

927—953 年铁骊女真与辽朝朝贡关系表①

	年	月	辽帝所在地	朝贡活动	备注
太祖	天显元年（927）	二月	渤海上京	高丽、秒貂、铁骊、靺鞨来贡	
太宗	天显六年（931）	十月	八月障鹰于近山	铁骊来贡	
	天显八年（933）	七月	沿柳湖	铁骊、女直、阻卜来贡	
	天显十二年（937）	九月	七月幸怀州	癸亥，术不姑、女直来贡。辛未，遣使高丽、铁骊	
		十一月	?	铁骊来贡	《表》记载为10月
	会同元年（938）	二月	猎松山	铁骊来贡	
	会同二年（939）	十一月	十二月钩鱼于土河	铁骊来贡	
	会同四年（941）	二月	去岁冬驻跸伞淀	铁骊来贡	
	会同五年（942）	四月	驻跸阳门	铁骊来贡，以其物分赐群臣	
	会同六年（943）	六月	八月如奉圣州	铁骊来贡	
		十一月	十二月如南京	铁骊来贡	
	会同八年（945）	十一月	上京一带	女直、铁骊来贡	

---

① 此表根据《辽史》本纪、卷68《游幸表》、卷70《属国表》统计。

续表

	年	月	辽帝所在地	朝贡活动	备注
穆宗	应历元年（951）	十二月	南京	铁骊来贡	
	应历二年（952）	四月	？	铁骊进鹰鹘	《表》记载为3月
	应历三年（953）	四月	三月如应州	铁骊来贡	《表》记载为3月

在忽汗城铁骊第一次朝见辽太祖的 4 年之后，太宗天显六年（931）铁骊首次到辽朝内地朝贡。从辽太祖天显元年（926）到辽穆宗应历三年（953），共 27 年，在此期间铁骊向辽政权朝贡 14 次，辽朝遣使至铁骊仅 1 次，即辽太宗天显十二年（937）九月，"遣使高丽、铁骊"①。在铁骊与辽朝建立臣属关系的初期，铁骊的朝贡活动还不规律，到太宗天显十二年（937）辽朝遣使至铁骊之后，铁骊对辽的朝贡活动开始频繁而有规律，多数时间为每年遣使向辽朝贡一次。显然，辽朝使者到铁骊部曾有某种事情发生。据《辽史·百官志》北面属国官条下记载，辽设有"铁骊国王府"。推测这年辽遣使至铁骊女真部设置了铁骊国王府，将铁骊女真纳入辽朝的属国、属部的羁縻统治体系之下，于是铁骊开始每年对辽朝进行朝贡②，贡纳马匹、貂鼠皮、鹰鹘等方物。

辽穆宗应历四年（954）铁骊突然停止了对辽朝的朝贡活动，38 年之后，才又恢复对辽朝的朝贡。日本学者日野开三郎认为这是由于这一时期铁骊受兀惹部（渤海遗民）阻止的原因③。然而，此时的兀惹还是一个很弱小的部族，宋朝一方的史料于宋太宗太平兴国六年（981）④、辽朝一方的史料于圣宗统和十年（992）以后⑤，才开始见到关于兀惹的记载。因此我尚不能认同日野的观点。那么，铁骊女真突然停止朝贡当另有原因。穆宗在位

---

① 《辽史》卷 3《太宗纪上》，第 41 页。

② 947 至 950 年是辽世宗朝，《辽史》对世宗朝的记载有缺失，不仅铁骊朝贡活动没有记载，而且其他部族、属国与辽朝的往来、朝贡活动均没有记载。

③ ［日］日野开三郎：《東北アジア民族史》（下），三一书房，1990 年，第 70—72 页。

④ ［元］马端临：《文献通考》卷 326《渤海》，第 8989 页。

⑤ 《辽史》卷 13《圣宗纪》，第 141 页。

时，"畋猎好饮酒，不恤国事，每酣饮，自夜至旦，昼则常睡，国人谓之'睡王'"①。而且，穆宗为人多疑，性情残暴，嗜饮酗酒，"数以细故杀人"，视人犹草芥，如"有监雉者因伤雉而亡，获之欲诛，夷腊葛谏曰：'是罪不应死。'帝竟杀之"②。面对如此暴虐的君王，铁骊人在朝贡活动中极有可能受到伤害，这或许是铁骊一度停止对辽朝贡的原因。

从铁骊女真自行停止对辽朝贡，辽朝无任何举措进行制止看，尽管这个时期铁骊对辽朝贡活动频繁且有规律，但辽朝对铁骊女真的统治仍较疏松。

辽穆宗应历十年（960），宋朝建立。翌年，女真人便开始了对宋朝的朝贡活动。铁骊部地处原渤海国初年的王城"旧国"一带（今吉林敦化一带地区），当女真人开始从原渤海国的朝贡道（鸭江道）频繁地展开对宋朝贡活动时，铁骊女真也加入其中（详见后文）。直到辽圣宗统和九年（991）二月，为了阻止女真对宋朝朝贡，辽朝在鸭绿江下游入海口一带"建威寇、振化、来远三城，屯戍卒"③。切断了女真人向宋朝贡的路线。

圣宗统和十年（992），铁骊女真重新恢复了对辽朝的朝贡活动，这一年铁骊连续派遣了三批朝贡使臣，重新恢复了与辽朝的臣属关系。从辽圣宗统和十年（992）到天祚帝天庆四年（1114）是铁骊女真对辽朝进行朝贡活动的后期。这一时期又可分为两个阶段，圣宗统和十年（992）到太平二年（1022）为第一阶段；圣宗太平三年（1023）到辽末（1114）为第二阶段。参见下表：

992—1114 年铁骊女真与辽朝朝贡关系表④

	年	月	辽帝所在地	朝贡活动
圣宗	统和十年（992）	三月	由台湖如炭山	铁骊来贡
		七月	？	铁骊来贡
		十月	9月幸五台山	铁骊来贡

---

① 《新五代史》卷73《四夷附录二》，中华书局，1974年，第904页。
② 《辽史》卷78《耶律夷腊葛传》，第1265页。
③ 《辽史》卷13《圣宗纪》，第141页。
④ 此表根据《辽史》本纪、卷68《游幸表》、卷70《属国表》统计。

续表

	年	月	辽帝所在地	朝贡活动
圣宗	统和十二年（994）	十一月	10 月猎可汗州之西山	铁骊来贡
	统和十三年（995）	七月	是夏清暑炭山	乙巳朔，女直遣使来贡。丁巳，兀惹乌昭度、渤海燕颇等侵铁骊，遣奚王和朔奴等讨之
		十二月	9 月在延芳淀	铁骊遣使来贡鹰、马
	统和十四年（996）	六月	如炭山清暑	铁骊来贡
	统和十五年（997）	六月	4 月如炭山清暑	铁骊来贡
	统和十六年（998）	五月	祠木叶山	铁骊来贡
	统和二十年（1002）	四月	三月驻跸鸳鸯泺	铁骊来贡
	统和二十一年（1003）	三月	正月如鸳鸯泺	铁骊来贡
	统和二十三年（1005）	四月	正月还次南京	乙未，铁骊来贡
	开泰元年（1012）	八月	6 月驻跸上京	铁骊那沙等送兀惹百余户至宾州，赐丝绢。是日，那沙乞赐佛像、儒书，诏赐护国仁王佛像一，《易》《诗》《书》《春秋》《礼记》各一部
	开泰三年（1014）	正月	乙未如浑河；丙午畋潢河	丁酉，女直及铁骊各遣使来贡
	开泰八年（1019）	正月	中京	铁骊来贡
	开泰太平二年（1022）	五月	4 月如缅山清暑	铁骊遣使献兀惹十六户
兴宗	重熙十六年（1047）	十月	幸中京谒祖庙	铁骊仙门来朝，以始入贡，加右监门卫大将军
道宗	大康八年（1082）	正月	混同江	铁骊、五国诸长各贡方物
	寿隆六年（1095）	十二月	9 月驻藕丝淀	庚申，铁骊来贡

续表

	年	月	辽帝所在地	朝贡活动
天祚帝	乾统元年（1101）	七月	6月如庆州	铁骊来贡
	天庆四年（1114）	十二月	铁骊、兀惹叛入女直	铁骊、兀惹叛入反直

第一阶段从圣宗统和十年到开泰八年（992—1019）的 27 年间，铁骊部遣使朝贡 15 次，保持着比较规律的朝贡活动，之后几次间隔时间略长。辽圣宗时期，对新征服的各族人户进行重新编制，加强在周边各部族地区设置各种类型的属国、属部建置，并且逐步调整对属国、属部的统治形式，将一部分统治关系较为稳定的女真属国、属部纳入地方统辖体系，仍然采取因俗而治的羁縻统治方式，由地方府州管理这些属国、属部的事务。这种对女真诸部族统治形式的转变过程，大约到道宗时期基本完成。第二阶段从圣宗太平三年（1023）以后，铁骊女真对辽朝的朝贡次数明显减少，间隔时间变长，圣宗太平三年到辽末的 90 余年中，铁骊向契丹皇帝共朝贡 4 次，第一次间隔 25 年，第二次间隔 35 年，第三次间隔 13 年，第四次间隔 6 年。这表明铁骊国王府转入地方统辖体系，其朝贡事务主要由地方政府管辖，不必每年（或几年）向契丹皇帝朝贡的缘故。《辽史·兴宗纪》记载，兴宗重熙六年（1047），"铁骊仙门来朝，以始如贡，加右监门卫大将军"。右监门卫大将军，在《辽史·百官志》中不见记载，而且《辽史》记载中只是授予仙门一人。这里的"始如贡"，向我们透露了铁骊为何间隔如此长时间来朝贡一次的信息，极有可能是在铁骊国王府长官去世新任铁骊国王继任时，要到内地向契丹皇帝朝贡，或继任者本人来，或遣使来。

在辽朝属国、属部的朝贡制度下，铁骊女真在受到邻近部族侵扰时受到辽朝的政治保护，如统和十三年（995）七月，"兀惹乌昭度、渤海燕颇等侵铁骊，遣奚王和朔奴等讨之"①。在与辽朝的朝贡活动中，铁骊女真不仅得到丝绢之类的物品，而且带回佛像、儒书，《辽史·圣宗纪》记载，开泰元年（1012）八月，"铁骊那沙等送兀惹百余户至宾州，赐丝绢。是日，那沙乞赐佛像、儒书，诏赐护国仁王佛像一，《易》《诗》《书》《春秋》《礼

---

① 《辽史》卷 13《圣宗纪》，第 146 页。

记》各一部"。儒学、佛教在铁骊地区的传播，对铁骊女真社会发展起着重要的作用。圣宗朝对铁骊女真统治方式转变后，由黄龙府管理铁骊国王府的朝贡事务，铁骊对辽朝贡纳方物、出兵助战等义务并没有变，如兴宗重熙九年（1040），"十一月甲子，女直侵边，发黄龙府铁骊军拒之"。这里的"铁骊军"即是由铁骊人组成的"属国军"，服从辽朝的调遣。因此，后期铁骊到辽内地朝贡次数锐减，并不是辽朝对铁骊统辖减弱，反而是由于辽朝将铁骊纳入地方统治体系，对铁骊统治更加强化了。

在那沙为铁骊国王府长官时期，还向东发展与高丽国的联系，据《高丽史》记载，从1014年至1033年，铁骊遣使至高丽国8次，高丽国遣使至铁骊2次。（参见下表）

铁骊女真与高丽国通聘一览表

高丽纪年	辽朝纪年	月份	事迹	文献出处
显宗五年（1014）	开泰三年	二月	铁利国主那沙使女真万豆来献马及貂鼠、青鼠皮	《高丽史》卷4
显宗十年（1019）	开泰八年	三月	铁利国主那沙使阿卢太来献土马。遣使如铁骊国，报聘	同上
		五月	遣使如铁利国报聘	同上
显宗十二年（1021）	太平元年	三月	铁利国遣使表请归附如旧	同上
显宗十三年（1022）	太平二年	八月	铁利国首领那沙遣黑水阿夫间来献方物	《高丽史》卷5
显宗二十一年（1030）	太平十年	四月	铁利国主那沙遣女真计阤汉等来献貂鼠皮，请历日，许之	同上
显宗二十二年（1031）	景福元年	六月	铁利国主武那沙遣若吾者等来献貂鼠皮	同上
德宗元年（1032）	重熙元年	二月	铁利国遣使修好	同上
德宗二年（1033）	重熙二年	正月	铁利国遣使献良马、貂鼠皮。王嘉之，回赐甚优	同上

铁骊女真用马匹、貂鼠、青鼠皮等与高丽国进行贸易，以获取所需的手工业制品；同时也与高丽进行文化交流，获取高丽"历日"。可见此时的铁骊女真已经是较为发展的女真部族。另外，铁骊女真与高丽国的交往也反映了辽朝统治下的属国、属部具有很大的自治权利，可以与邻国自由进行贸易往来。

黄龙府女真和达卢古部女真同时开始向辽廷进行朝贡，《辽史·太宗纪上》记载，天显三年（928），"黄龙府罗涅河女直、达卢古来贡"。这一年辽朝将东丹国由牡丹江地区迁往辽东半岛，北面的女真各部开始与辽朝接触，于是契丹统治集团开始大规模经略女真地区，故而女真各部纷纷归属辽朝。顺化女真与回跋女真归附辽朝的时间也应在此前后，《辽史》记载太宗朝女真各部朝贡活动十分频繁，可惜大多没有明确记载是哪个部，此二部当在其中。史籍明确记载顺化女真与回跋女真朝贡的时间是在景宗、圣宗朝，《辽史·百官志二》北面属国官条下记载："女直国顺化王府，景宗保宁九年，女直来请宰相、夷离堇之职，以次授者二十一人。"圣宗统和八年（989），"女直宰相阿海来贡，封顺化王"。《辽史·圣宗纪》记载开泰八年（1019），"回跋部太师踏剌葛来贡"。从初次记载顺化女真与回跋女真的事迹时，辽朝已经在其地建立王府，女真首领出任太师、宰相、夷离堇等官职，也间接说明两部归附辽朝的时间要早于景宗朝和圣宗朝。

辽朝在这一地区设置的属国、属部有铁骊国王府、黄龙府女真部大王府、达卢古国王府、女直国顺化王府、回跋部节度使等，契丹皇帝册封各属国、属部女真首领的官号有太师、太保、宰相、右监门卫大将军、都监、夷离堇、详稳等①。据《辽史·道宗纪》：太康八年（1082）"三月庚戌，黄龙府女直部长术乃率民内附，予官，赐印绶"。由此推测辽朝在封授女真属国、属部官员时，可能授以印绶。然而史籍记载只见此一例赐印绶，因此也有另一种可能，黄龙府女直部长术乃率民内附，不再为属国、属部官员，而是转为一般地方行政官员。

辽朝末年，这一地区是完颜氏生女真部落联盟势力扩张的地区。天祚帝乾统三年（1103）十二月铁骊女真叛归生女真完颜阿骨打。其后，在完颜阿骨打起兵反辽的前夜，达卢古部也叛归生女真，"达鲁古部实里馆来告曰：'闻举兵伐辽，我部谁从？'太祖曰：'吾兵虽少，旧国也，与汝邻境，固当从我。若畏辽人，自往就之。'"② 黄龙府是辽朝北方重镇，在其控制比较严密地区的黄龙府女真和辉发河流域的回跋女真、顺化女真，或在阿骨打军队攻占了这一地区后才归附金朝。

---

① 《辽史》卷16《圣宗纪》第185—187页，卷19、20《兴宗纪》第229、238页。

② 《金史》卷2《太祖纪》，第24页。

3. 东海女真属国、属部与辽朝的朝贡关系

东海女真,又曰濒海女真,分布范围南抵高丽国北境,东至日本海,北到今俄罗斯的滨海南部地区,西至清川江一带。主要有长白山三十部女真、蒲卢毛朵部女真、濒海女真。

长白山三十部女真,高丽国称之为"东女真",或"东北女真"。分布在长白山以东,高丽国东北的咸兴平野一带,地处东部沿海的长白山三十部女真地区,距离辽朝内地甚远,且地多山阻隔,辽朝建立后,长白山三十部女真何时开始遣使朝贡,无明确记载。然太宗天显三年(928)将牡丹江流域的渤海人整族迁到辽东半岛,这在当时是很大的事件,对朝鲜半岛上的女真部落不能不产生较大的影响,太宗时期众多遣使朝贡的女真部落中,可能有长白山以南濒海地区的女真部落,从辽朝前期并未在长白山三十部女真地区设置属国或属部看,这一地区的女真人与辽朝的朝贡关系比较疏松。查阅《辽史》有辽一代始终有不冠部名前来朝贡的女真部落,因此即便是没有明确记载长白山三十部女真前来朝贡,也不能确定该部在辽前期没有遣使朝贡。另外,该部女真与辽朝关系较为疏松的另一个原因是,自宋朝建立后,长白山三十部女真一直积极由海路向北宋朝贡。直到辽圣宗时期,为了切断女真人与宋朝的联系,出兵东征女真,开泰元年(1012),"长白山三十部女直酋长来贡,乞授爵秩"[1]。辽朝于其地设置长白山女真国大王府,将其纳入属国统治体系,标志辽朝对这一地区女真部落统辖加强。圣宗太平元年(1021)"东京留守奏,女直三十部酋长请各以其子诣阙祇候。诏与其父俱来受约"[2]。这里提供了两个信息,一是长白山女真国大王府由东京留守司统辖。二是开泰年间辽与高丽之间关于鸭绿江以东六州地之争,导致辽连年出兵讨伐高丽。在平息争端之后,辽朝对与高丽比邻而居的长白山三十部女真与高丽的关系十分重视,"女直三十部酋长请各以其子诣阙祇候",是为了向契丹皇帝表明臣服与忠心,但圣宗仍要求酋长们"俱来受约"。之后,史籍不见冠有"长白山三十部女真"或"长白山女真国大王府"前来朝贡的记载,推测该属国可能诣东京朝贡,或史籍缺载其名。

蒲卢毛朵部女真,分布地在长白山三十部女真之北,图们江支流海兰河

---

① 《辽史》卷15《圣宗纪》,第170页。
② 《辽史》卷16《圣宗纪》,第189页。

流域直到东部濒海处。圣宗统和十四年（996），萧恒德"为行军都部署，伐蒲卢毛朵部"①。辽朝这次出兵后，估计在蒲卢毛朵部地区建立了朝贡制度，或许此时于其地设蒲卢毛朵大王府。《辽史》中再见蒲卢毛朵部已是圣宗太平六年（1026），"蒲卢毛朵部多兀惹户，诏索之"。这是辽朝处理朝贡成员间人口问题的事件，即属部不得收留或掠夺其他属部的人口，蒲卢毛朵部中有许多兀惹户，无论是什么理由都要交出来。大约是为这件事，第二年正月，圣宗至混同江（松花江与嫩江合流处）春捺钵时，"蒲卢毛朵部遣使来贡"。三月，辽廷命"蒲卢毛朵部送（兀惹人户）来州收管"②。此后，这类事件还有发生，兴宗重熙十年（1041），"诏蒲卢毛朵部归曷苏馆户之没入者使复业"。从上面讨论蒲卢毛朵部朝贡活动看，该部似乎并不是以诣捺钵朝贡为主，但《辽史·兴宗纪》载：重熙十二年五月，"斡鲁、蒲卢毛朵部二使来贡失期，宥而遣还"。这又表明蒲卢毛朵部要遵守规定的朝贡时间，从史书记载看该部朝贡活动在兴宗朝略多些，有4次，之前圣宗朝1次，之后道宗朝2次。因此，这里所说的"失期"，当是辽帝因特殊事情召见蒲卢毛朵部，使者没有按照规定时间到达捺钵（其时辽帝在南京，今北京市）。第二年，兴宗"遣东京留守耶律侯哂、知黄龙府事耶律欧里斯，将兵攻蒲卢毛朵部"。接着，重熙十五年（1046）二月，"蒲卢毛朵界曷懒河户来附，诏抚之"。四月，"蒲卢毛朵曷懒河百八十户来附"③。这些事件应有一定关联。辽道宗时期，北部的生女真日益兴起，并不断向东部发展势力，《金史·世纪》记载："景祖稍役属诸部，自白山、耶悔、统门、耶懒、土骨论之属，以至五国之长，皆听命。"道宗寿隆三年（1092）八月，"蒲卢毛朵部长率其民来归"。可能在生女真攻势下，蒲卢毛朵部酋长率领部分部民投附辽朝州县地区。同年十月，"蒲卢毛朵部来贡"④。这是蒲卢毛朵部的最后一次朝贡。

此外，濒海女真，史书中记载极少，具体分布地点不详。辽圣宗初年，连年出兵讨伐东部地区女真各部，统和四年（986）辽大军"讨女直所获生口十余万，马二十余万及诸物"⑤。两年后，濒海女真开始向辽廷进行朝贡。

---

① 《辽史》卷88《萧恒德传》，第1343页。
② 《辽史》卷69《部族表》，第1102页。
③ 《辽史》卷19《兴宗纪》，第233页。
④ 《辽史》卷26《道宗纪》，第310页。
⑤ 《辽史》卷11《圣宗纪》，第119页。

《辽史·圣宗纪》记载，统和六年（988）八月，"濒海女直遣使速鲁里来朝"。辽朝设置濒海女直国大王府，隶属咸州兵马司。

大约在道宗后期，完颜氏生女真部落联盟已控制了图们江以东以北的濒海地区，这一地区女真属国、属部与辽朝的朝贡关系也随之中断了。

4. 生女真属部与辽朝的朝贡关系

生女真分布在粟沫江之北和宁江州（今吉林松原）东北，南到拉林河，东到今俄罗斯的滨海地区，北到今黑龙江依兰一带，西至松嫩平原。"地方数千里，户口十余万，无大君长，立首领，分主部落。地饶山林，田宜麻谷，土产人参、蜜蜡、北珠、生金、细布、松实、白附子，禽有鹰、鹘、海东青之类，兽多牛、马、麋、鹿、野狗、白兔、青鼠、貂鼠"[1]。这一地区的女真部落不著辽籍，谓之"生女真"。

辽朝中期以前，生女真一直处于分散的氏族部落阶段，各部互不统属。辽圣宗时期，以阿什河流域（黑龙江省哈尔滨阿城区一带）为中心的生女真完颜部逐渐发展起来，完颜部酋长完颜石鲁"稍以条教为治，部落寖强。辽以惕隐官之"[2]。得到辽朝的封赐后，完颜石鲁借辽威，"耀武致于青岭、白山，顺者抚之，不从者讨伐之，入于苏滨、耶懒之地，所制克捷"[3]。青岭，为今张广才岭；苏滨，为今绥芬河地区；耶懒，在吉林东南，东滨日本海之地[4]。到其子完颜乌古乃继任完颜部酋长后，"稍役属诸部，自白山、耶悔、统门、耶懒、土骨论之属，以至五国之长，皆听命"[5]。统门，为今图们江流域；五国，为今黑龙江依兰一带。辽道宗时期，完颜乌古乃初步建立起以完颜部为中心的生女真军事部落大联盟。辽道宗咸雍年间（1065—1071），辽朝以生女真部落联盟长完颜乌古乃为生女真部族节度使。《金史·世纪》记载：

> 五国蒲聂部节度使拔乙门畔辽，鹰路不通。……景祖（乌古乃）阳与拔乙门为好，而以妻子为质，袭而擒之，献于辽主。辽主召见于寝殿，

---

① ［宋］叶隆礼撰：《契丹国志》卷26《诸蕃国杂记·女真国》，贾敬颜、林荣贵点校，第246页。
② 《金史》卷1《世纪》，第4页。
③ 《金史》卷1《世纪》，第4页。
④ 参见张博泉等《金史论稿》第1卷，吉林文史出版社，1986年，第61—62页。
⑤ 《金史》卷1《世纪》，第4页。

燕赐加等，以为生女直部族节度使。辽人呼节度使为太师，金人称"都太师"者自此始。辽主将刻印与之。景祖不肯系辽籍，辞曰："请俟他日。"辽主终欲与之，遣使来。景祖诡使部人扬言曰："主公若受印系籍，部人必杀之。"用是以拒之，辽使乃还。既为节度使，有官属，纪纲渐立矣。

辽设置生女真部族节度使后，生女真对辽朝的朝贡活动当以生女真部族节度使所辖生女真诸部为主。辽朝中期已经比较清楚了女真各部的名称，故我认为辽道宗以后，《辽史》中没有冠具体部名的记载，如"女真遣使来贡""女真贡良马"，主要是指生女真部族节度使辖部的朝贡活动。现将这部分女真朝贡活动统计如下：

《辽史》记载生女真属部对辽朝贡活动一览表

辽帝	纪年	月	辽帝行踪	女真朝贡	文献出处
道宗	咸雍七年（1071）	二月	正月如鸭子河	女直进马	《辽史》卷22
	大康六年（1080）	六月	驻纳葛泺	女直遣使来贡	《辽史》卷24
	大康七年（1081）	正月	混同江	女直贡良马	《辽史》卷24
	大康十年（1084）	四月	正月如山榆淀，五月驻散水原	女直贡良马	《辽史》卷24
	大康大安二年(1086)	三月	二月驻山榆淀	女直贡良马	《辽史》卷24
	大康三年（1087）	三月	正月如鱼儿泺，四月如凉陉	女直贡良马	《辽史》卷25
	大康六年（1090）	三月	二月驻双山	女直国来贡	《辽史》卷70
	寿隆元年（1095）	四月	二月驻鱼儿泺	女直遣使来贡	《辽史》卷26
		十一月	十月驻藕丝淀	女直遣使进马	《辽史》卷26
	寿隆六年（1100）	十二月	九月驻藕丝淀	女直遣使来贡	《辽史》卷26
天祚帝	乾统三年（1103）	正月	朔如混同江	女直函萧海里首，遣使来献	《辽史》卷27
	天庆二年（1112）	二月	如春州，幸混同江	生女直酋长在千里内者以故事皆来朝	《辽史》卷27
	天庆四年（1114）	正月	如春州	女直遣使来索阿苏，不发	《辽史》卷27

《金史》记载生女真属部对辽朝贡与辽使赴生女真一览表

	生女真完颜部朝贡	生女真其他部朝贡	辽朝使者	文献出处
辽道宗朝 （金昭祖）	部落渐强，辽以惕隐官之。			《金史》卷1
咸雍中 （1065—　） （金景祖）			辽以兵徙铁勒、乌惹之民，铁勒、乌惹多不肯徙，亦逃而来归。辽使曷鲁林牙将兵来索逋逃之民。乌古乃止其军，与曷鲁自行索之。	《金史》卷1
咸雍中	景祖以乌林答部石显阻绝海东路请于辽告于辽主。	乌林答部石显乃遣其子婆诸刊入朝见辽主于春搜。	辽主遣使责让石显："汝何敢阻绝鹰路？审无他意，遣其酋长来。"	《金史》卷1、67
咸雍中		明年石显入见于春搜，流石显于边地。		《金史》卷67
咸雍中	景祖擒拔乙门，献于辽主。辽主召见于寝殿，燕赐加等，以为生女直部族节度使。		五国蒲聂部节度使拔乙门畔辽，鹰路不通。辽人将讨之，先遣同干来谕旨。景祖与同干袭取之。	《金史》卷1、63
咸雍八年 （1072）	五国没撚部谢野勃堇畔辽，鹰路不通，景祖伐之。即往见辽边将达鲁骨，行次来流水，疾作而复。			《金史》卷1
大安七年 （1091） （金世祖）	桓赧、散达大会诸部来攻，世祖遣肃宗求援于辽。		一日，辽使坐府中，顾见太祖手持弓矢，使射群乌，连三发皆中。	《金史》卷1、2
	斡勒部人盉乃结乌春、窝谋罕举兵。使肃宗与战，败之，获盉乃，世祖献之于辽。			《金史》卷1

续表

	生女真完颜部朝贡	生女真其他部朝贡	辽朝使者	文献出处
大安七年 （1091） （金世祖）	活剌浑水纥石烈部腊醅、麻产起兵，世祖克其军，麻产遁去，擒腊醅及婆诸刊，献于辽主，并言乌春助兵之状，仍以不修鹰道罪之。既已，复请之，辽人与之，并以前后所献罪人归之。		辽主使人至乌春问状，乌春惧，乃为谰言以告曰："未尝与腊醅为助也。德邻石之北，姑里甸之民，所管不及此。"	《金史》卷1、65、67
	太祖亲获麻产，献馘于辽。辽命太祖为详稳，仍命穆宗、辞不失、欢都皆为详稳。			《金史》卷2
大安八年 （1092）	世祖时肃宗大败乌春，复获杯乃，献于辽。	是时，乌春已前死，窝谋罕请于辽，愿和解。	城始破，议渠长生杀，众皆长跪，辽使者在坐。	《金史》卷1、67
	世祖寝疾。太祖以事如辽统军司。太祖往见曷鲁骚古统军，既毕事。			《金史》卷2
（金肃宗） 1092—1094	世宗时肃宗尤能知辽人国政人情。凡有辽事，一切委之肃宗专心焉。			《金史》卷1
寿隆二年 （1096） （金穆宗）	欢都及系案女直阿鲁太弯、阿鲁不太弯等七人，以衣裾相结，与阿注阿俱行，至辽境，乃释欢都。	纥石烈阿疏初闻穆宗来伐，乃自诉于辽。	陶温水、徒笼古水纥石烈部阿阁版及石鲁阻五国鹰路，执杀辽捕鹰使者。辽诏穆宗讨之，数日，入其城，出辽使存者数人，俾之归。	《金史》卷1、68
		太祖攻破留可城，留可已先往辽矣，尽杀其城中渠长。		《金史》卷2、67

续表

	生女真完颜部朝贡	生女真其他部朝贡	辽朝使者	文献出处
寿隆六年 （1100）			阿疏犹在辽，复诉于辽。辽遣奚节度使乙烈来罢兵。穆宗至来流水兴和村，见乙烈。	《金史》卷1
辽天祚帝朝乾统元年 （1101）			辽使使持赐物来赏平鹰路之有功者。	《金史》卷1
乾统二年 （1102）	辽命穆宗捕讨海里，杀海里使阿离合懑献首于辽。穆宗执斡达剌，朝辽主于渔所，大被嘉赏，授以使相，锡予加等。		辽追海里兵数千人，攻之不能克。穆宗谓辽将曰："退尔军，我当独取海里。"辽将许之。大破其军。	《金史》卷1
乾统三年 （1103）	二月，穆宗还。十月，卒。		辽使使授从破海里者官赏。	《金史》卷1
（金康宗） 1103—1113			辽每岁遣使市名鹰"海东青"于海上，道出境内，使者贪纵，征索无艺，公私厌苦之。康宗尝以不遣阿疏为言，稍拒其使者。	《金史》卷2
天庆三年 （1113） （金太祖）	太祖嗣位，使蒲家奴如辽取阿疏，事久不决，乃使习古廼、银术可继往。		康宗即世，辽使阿息保来，曰："何以不告丧？"他日，阿息保复来，径骑至康宗殡所，阅赠马，欲取之。	《金史》卷2、72
天庆四年 （1114）	复遣宗室习古廼、完颜银术可往索阿疏。		六月，辽使使来致袭节度之命。辽统军司闻女真有反辽之意，使节度使捏哥来问状。辽复遣阿息保来诘之。	《金史》卷2

将二表综合起来看，记载重合的朝贡活动有2次，其中《辽史·天祚帝纪》记载乾统三年"女直函萧海里首，遣使来献"。在《金史·世纪》记载

为乾统二年，穆宗使阿离合懑献萧海里首于辽，并亲自"朝辽主于渔所，大被嘉赏，授以使相，锡予加等"。渔所，即辽朝的春捺钵。《金史》又记载穆宗于明年二月还生女真部，十月卒。从《金史》记载穆宗朝贡事项与往返时间都比较明确看，应是《辽史》记载有误。除此2次之外，《辽史》记载女真朝贡还有11次，《金史》记载完颜部朝贡13次，其他生女真部朝贡5次，总计31次。

《辽史·天祚帝纪》载："（天庆）二年春正月己未朔，如鸭子河。丁丑，五国部长来贡。二月丁酉，如春州，幸混同江钩鱼。界外生女直酋长在千里内者，以故事皆来朝。适遇'头鱼宴'，酒半酣，上临轩，命诸酋次第起舞，独阿骨打辞以不能。谕之再三，终不从。"这里明确说明当契丹皇帝到春捺钵时，生女直酋长在千里内者都要来朝贡。所谓"故事"，说明至少辽朝后期已经形成这种制度。查《辽史》，辽后期契丹皇帝活动的春捺钵主要在混同江流域。从《辽史》记载女真朝贡时间看，多是在冬春时节。从上面二表统计内容看，女真朝贡以到春捺钵朝见契丹皇帝为多，《金史》记载中女真朝贡有2次与辽边将、统军司有关。还有一次未能成行的朝贡，道宗咸雍八年（1072），五国没撚部谢野勃堇畔辽，鹰路不通，景祖伐之，击败没撚部军后，景祖"即往见辽边将达鲁骨，自陈败谢野功。行次来流水，未见达鲁骨，疾作而复，卒于家"[1]。据此或可以说明生女真部几乎每年都向辽廷朝贡，遇有特别事件，如大安七年（1091）女真内部发生纷争，完颜部生女真部族节度使遣使朝贡达5次之多。

生女真部族节度使向辽朝纳贡的物品主要是马匹、土产，为契丹皇帝围猎提供猎人。契丹皇帝每岁至秋捺钵，入秋山，"女真常从，呼鹿、射虎、搏熊，皆其职也。辛苦则在前，逸乐则不与"[2]。生女真部族节度使完颜阿骨打"其弟吴乞买、粘罕、胡舍等尝从猎，能呼鹿、刺虎、搏熊。上喜，辄加官爵"[3]。生女真之北五国部地区出产"小而俊健，能擒鹅鹜"的海东青，契丹皇帝与贵族酷爱之，生女真景祖乌古乃因为辽擒获反叛的五国蒲聂部节

---

① 《金史》卷1《世纪》，第6页。
② ［宋］宇文懋昭撰：《大金国志校证》附录1《女真传》，崔文印校正，中华书局，1986年，第588页。
③ 《辽史》卷27《天祚皇帝纪一》，第326页。

度使拔乙门，打通了鹰路，"献于辽主。辽主召见于寝殿，燕赐加等，以为生女直部族节度使"①。从此为辽朝维护鹰路畅通成为生女直部族节度使一项重要的职责，如前引史料所言，景祖最后也是在维护辽朝鹰路的战场上"被重铠，率众力战"，疾作而卒。

据上表辽朝向生女真地区遣使16次，其中与维护鹰路有关6次，与追讨叛民和叛将有关3次，与调停生女真内部纷争1次，任命生女真部族节度使1次，指责生女真不当行为4次，还有一次目的不详。但史籍记载辽朝实际遣使到生女真地区的次数远超过16次，由于五国部对辽时附时叛，契丹人"岁岁求之女真，女真至五国，战斗而后得，女真不胜其扰"②。辽朝"岁遣使者，称天使，佩银牌自别，每至女真国，遇夕，必欲美姬艳女荐之枕席。女真旧例，率输中下之户作待国使处，未出适女待之，或有盛色而适人者，逼而取之，甚至近贵阀阅高者，亦恣其丑污，屏息不敢言"。这些辽朝廷派来的官员在生女真部落"需求无厌"，"多方贪婪，女真浸忿之"③。及天祚嗣位，责贡尤苛。"天使所至，百般需索于部落，稍不奉命，召其长加杖，甚者诛之，诸部怨叛"④。由此可见，属国、属部地区即便是设生女真部族节度使这类羁縻朝贡制度地区，契丹统治集团也是百般索取。

生女真地区多山林，物产丰富，其中珍品如北珠、人参等为契丹贵族所珍爱。女真人携采集而来的各种物产到辽朝在边州开设的榷场，换取粮食、布帛和生活中需要的手工业制品。《契丹国志·天祚皇帝上》记载：

> （宁江）州有榷场，女真以北珠、人参、生金、松实、白附子、蜜蜡、麻布之类为市，州人低其直，且拘辱之，谓之"打女真"。

应该说，榷场贸易与生女真人的社会生活密切相关，它也是吸引生女真归附辽朝，进行朝贡活动的一个重要原因。辽朝统治集团在与生女真人之间的榷场贸易中的"打女真"行径，极大地伤害了生女真人，促使女真人与

---

① 《金史》卷1《世纪》，第5页。
② ［宋］叶隆礼撰：《契丹国志》卷10《天祚皇帝上》，贾敬颜、林荣贵点校，第102页。
③ ［宋］叶隆礼撰：《契丹国志》卷9《道宗天福皇帝》，贾敬颜、林荣贵点校，第96页。
④ ［宋］叶隆礼撰：《契丹国志》卷10《天祚皇帝上》，贾敬颜、林荣贵点校，第102页。

辽朝统治集团之间民族矛盾日益加深。

生女真部族节度使有较大的自治权。辽天祚帝乾统二年（1096），萧海里叛，"啸聚为盗，未旬日间，有众二千余，攻陷干、显等数州。诸道发兵捕讨，累战不胜，潜率众奔生女真界，就结杨割太师谋叛。诸军追袭至境上，不敢进，具以闻。北枢密院寻降宣箚子付杨割一面图之。杨割迁延数月，独斩贼魁解里首级，遣长子阿骨打献辽，余悉不遣，绐云：'已诛绝矣。'随行妇女、鞍马、器甲、财物，给散有功之人充赏。辽不得已，反进杨割父子官爵"①。可见辽朝军队不能随意进入生女真部族辖地，虽朝廷重犯进入生女真地，也必须由女真人去捕捉。但辽朝为维持地方稳定，有权干预、平息生女真属部内部的部落纷争。如在完颜部攻打阿疎部时，阿疎诉于辽，"辽遣奚节度使乙烈来"，命生女真部族节度使盈歌"凡攻城所获，存者复与之，不存者备偿"，且征马数百匹②。对于辽朝统治者来说，维护地区稳定的统治秩序是最为重要的事，若生女真部族平定了本地区发生的骚乱，也会受到辽朝的嘉奖。如生女真部族节度使劾里钵平定了辖区内麻产等女真部落的叛乱，擒获麻产，"献馘于辽"，辽授生女真部族贵族盈歌、阿骨打、辞不失、欢都等人以"详稳"官职③。

生女真部族节度使在诣捺钵朝贡的同时，也受地方政府管辖。南宋人史愿《亡辽录》记载："长春路则黄龙府兵马都部署司、咸州兵马详稳司、东北路都统军司。镇抚女真、室韦。诸部所在分布诸番与汉军，咸以爪牙相制。"④ 生女真属部事务主要由咸州详稳司管辖。辽"沿边诸帅如东京留守、黄龙府尹等，每到官，各管女真部族依例科敛，拜奉礼物各有等差"⑤。辽朝时常派官到生女真地通问，生女真部落贵族也经常到咸州官府言事，如完颜颇剌淑、阿骨打在继任生女真部族节度使之前，都曾多次到辽朝府州官衙。《金史·世纪》曰：劾里钵任生女真部族节度使时，"凡有辽事，一切

---

① ［宋］叶隆礼撰：《契丹国志》卷9《道宗天福皇帝》，将此事系于寿昌（隆）二年，（贾敬颜、林荣贵点校，第92—93页），误。杨割太师即生女真部族节度使完颜盈歌。阿骨打父亲是第二任生女真部族节度使完颜劾里钵，劾里钵是盈歌的兄长，因此盈歌与阿骨打是叔侄关系，非父子关系。而且，《金史》卷1《世纪》记载，杀海里（解里）之后，盈哥派遣阿离合懑献首于辽，并非是阿骨打。

② 《金史》卷1《世纪》，第14页。

③ 《金史》卷2《太祖纪》，第20页。

④ ［宋］徐梦莘：《三朝北盟会编》卷21，第153页。

⑤ ［宋］徐梦莘：《三朝北盟会编》卷3，第21页。

委之肃宗（颇刺淑）专心焉。凡白事于辽官，皆令远跪陈辞，译者传致之，往往为译者错乱。肃宗欲得自前委曲言之……以草木瓦石为筹，枚数其事而陈之……所诉无不如意"①。生女真部族内部有人对节度使不满，亦可到咸州详稳司申诉。如阿骨打任生女真部族节度使时，"并吞诸邻近部族，有赵三、阿鹘产大王者，拒之不从，阿骨打掳其家。二人来诉于咸州详稳司，送北枢密院"。阿骨打得知后，天庆三年（1113）三月，"带五百余骑，径赴咸州详稳司，吏民惊骇。明日，拥骑赴衙引问，与告人赵三、阿鹘产等并跪问于厅下，阿骨打隐讳不伏供，祈送所司取状。一夕，领从骑归去，遣人持状赴详稳司云：'意欲杀我，故不敢留。'自是追呼不复至，第节次申北枢密院，辽国亦无如之何"②。由此可知，咸州详稳司对生女真部族内部诉讼事务有裁判权，若有重大争议须申报到辽朝最高军政权力机关——北枢密院裁决。上面列举的是辽末之事，此时阿骨打已经决意反辽，才敢率人骑马闯入咸州，后来又不辞而别，追呼不至。金末，东北路都统军司对生女真属部亦有军事监管职责，世祖时生女真内部纷争不断，"太祖以事如辽统军司"③，当是去汇报平定腊醅、麻产、乌春诸部纷争之事宜。天祚帝天庆元年（1111），东北路统军使萧兀纳就上书建议："臣治与女直接境，观其所为，其志非小。宜先其未发，举兵图之。"④ 在生女真完颜阿骨打起兵反辽前后，东北路统军司具有防御生女真反叛的军事职能⑤。

女真人与辽朝的朝贡关系始于辽太祖天显元年（926），一直保持至辽末天祚帝天庆四年（1114）。辽朝对前来朝贡的女真部落酋长授官号、赐赏物，进而建立属国、属部建置。辽朝对各种属国、属部统辖关系有所不同，居住在辽东半岛与辽河流域的熟女真属国、属部，自金初便被纳入地方府州统辖体系，其他地区的女真属国、属部从圣宗时期开始逐步被纳入地方府州统辖体系，或由中央与地方双重管辖。辽初女真朝贡活动十分频繁，女真各部绝大部分皆至契丹皇帝所在的捺钵进行朝贡，随着辽朝逐步将管理女真属国、属部朝贡活动的职责移交地方府州，史籍中关于女真朝贡活动的记载逐

---

① 《金史》卷1《世纪》，第11页。
② ［宋］叶隆礼撰：《契丹国志》卷10《天祚皇帝上》，贾敬颜、林荣贵点校，第101—102页。
③ 《金史》卷1《世纪》，第20页。
④ 《辽史》卷98《萧兀纳传》，第1414页。
⑤ 王雪萍、吴树国：《辽代东北路统军司考论》，《中国边疆史地研究》2014年第1期。

渐减少。分布在州县地区的各女真属国、属部主要由地方政府统辖，不再诣捺钵行朝贡，如果辽朝对其还是实行羁縻统治，或许是诣府州朝贡。州县之外地区的生女真部和分布在州县边缘地区的铁骊女真部一直诣捺钵朝贡，同时亦受地方府州、统军司管辖节制。道宗咸雍五年（1069）辽规定女真岁贡马万匹。并言："以故群牧滋繁，数至百有余万，诸司牧官以次进阶。"①这似乎暗示辽朝对女真人的统治比较稳定。因此，在史籍记载女真人朝贡活动频繁的时期，并不是辽朝对女真人统治严密的反映，而是女真部落处于分散状态、各自为政的反映。同样，道宗、天祚帝朝大部分女真不再朝贡的现象，也不是辽朝对女真人统治疏松的反映，而是辽朝对女真统治的形式由羁縻统辖体制向一般行政建置管理体制转变的反映。

三　东京道鼻骨德、兀惹、五国部朝贡制度及其运作

鼻骨德、五国部是黑龙江流域的族群，兀惹是渤海遗民形成的族群，三者都是在辽朝灭亡渤海国之后才开始与辽朝发生关系的。尽管史籍中关于鼻骨德、兀惹、五国部事迹记载较少，与前朝相比，辽朝对黑龙江流域族群朝贡活动的管理有明显的进步。

1. 鼻古德属部的朝贡活动

鼻骨德，《辽史》又作鼻古德、鼻国德。《金史》作鳖故德、鳖古。其分布地在黑龙江与松花江合流处之北，今俄罗斯比占河流域②。926 年契丹灭亡渤海国之后，渤海国周围诸原始族群纷纷遣使向契丹王朝朝贡，《辽史·太宗纪》记载，天显三年（928）十一月，"鼻骨德来贡"。自此鼻骨德部与辽朝建立了朝贡关系，现将见于《辽史》记载的鼻骨德部朝贡活动统计如下：③

辽帝	太祖	太宗	世宗	穆宗	景宗	圣宗	兴宗	道宗	天祚帝
朝贡次数	0	12	0	5	4	6	1	0	1

---

① 《辽史》卷 60《食货志下》，第 932 页。

② 《中国历史地图集》中央民族学院编辑组：《〈中国历史地图集〉东北地区资料汇编》，内部发行，1979 年，第 158 页。

③ 详细朝贡活动参见书后附表十六"鼻骨德对辽朝朝贡表"。

太宗天显年间（928—937）鼻骨德部每隔三年或二年便遣使朝贡一次，这期间辽朝于其地设置了鼻国德国王府。会同三年（940）八月，"鼻骨德使乞赐爵，以其国相授之"①。此当为设置鼻骨德国王府后，太宗应朝贡使臣的请求，封授其为国相。前面我推测世宗朝不见各属国属部朝贡是因记载缺失，若此不误，自太宗会同三年（940）到穆宗应历七年（957），鼻骨德国王府几乎每年遣使朝贡，其中会同五年和八年，一年遣使朝贡二次。可见，辽朝在鼻骨德地区建立了稳定的朝贡制度。会同九年（946）二月，"鼻骨德奏军籍"②。这与当时正在进行的辽对后晋战争有关，这年八月，太宗"自将南伐"③，鼻骨德属国军成为辽朝大军的组成部分。

穆宗应历八年（958）以后，鼻骨德部一度停止朝贡活动，这与穆宗暴虐统治有关。史载穆宗后期"穷东盛夏，不废驰骋"④；"畋猎好饮酒，不恤国事，每酣饮，自夜至旦"⑤；经常"以细故杀人"，迁怒无辜，甚至"加炮烙铁梳之刑"⑥。朝廷上下人人自危。这一时期包括鼻骨德部在内的各属国属部的朝贡活动几乎全部停止。景宗即位后，鼻骨德部又恢复了朝贡活动，保宁三、四、五、八年（976）连续4次遣使朝贡，之后突然停止了朝贡活动，直到圣宗统和九年（991）九月才又见"鼻骨德来贡"⑦。这期间未见任何与鼻骨德部有关的记载，但《辽史·圣宗纪》记载，统和二年（984）二月"五国乌隈于厥节度使耶律隗洼以所辖诸部难治，乞赐诏给剑，便宜行事"。五国部在鼻骨德之东，乌隈于厥部在鼻骨德之西，五国乌隈于厥节度使所辖诸部当包括中间的鼻骨德部，耶律隗洼所言"诸部难治"，或指诸部不遵循朝廷规定按时朝贡。此时辽朝正忙于出兵高丽，加上南部宋朝出兵攻辽以求收复燕云，契丹统治者无暇顾及黑龙江流域属国属部的朝贡活动。《辽史·营卫志》记载："达马鼻骨德部，圣宗以鼻骨德户置。隶南府，节度使属东北路统军司。"这些内迁的鼻骨德部民，极有可能是辽朝以武力征

---

① 《辽史》卷4《太宗纪下》，第48页。
② 《辽史》卷4《太宗纪下》，第57页。
③ 《辽史》卷4《太宗纪下》，第57页。
④ ［宋］叶隆礼撰：《契丹国志》卷5《穆宗顺天皇帝纪》，贾敬颜、林荣贵点校，第54页。
⑤ 《新五代史》卷73《四裔附录二》，第904页。
⑥ 《辽史》卷78《耶律夷腊葛传》，第1265页；卷61《刑法志上》，第938页。
⑦ 《辽史》卷69《部族表》，第1094页。

讨鼻骨德部所获得的俘虏。在辽朝的军威下，圣宗统和九年（991）鼻骨德部又恢复了对辽廷的朝贡活动。

圣宗开泰五年（1016）以后，鼻骨德部几乎不再诣捺钵朝贡，这应与圣宗时期重新整编部族，调整属国、属部的统辖机构有关。《辽史·营卫志》"圣宗三十四部"条下记载："伯斯鼻骨德部，本鼻骨德户。初隶诸宫，圣宗以户口蕃息置部。隶北府，节度使属东北路统军司，戍境内，居境外。"①伯斯鼻骨德部族节度使所居"境外"之地，当在州县区以外的鼻骨德部地区，行政统辖隶属北枢密院之北府，军事统辖隶属东北路统军司。伯斯鼻骨德部族节度使设置后，大约由其掌管整个鼻骨德部地区向朝廷贡纳之事。

辽圣宗统和二十二年（1004），辽宋缔结了"澶渊之盟"，南北进入和平发展时期。辽帝四时迁徙的春捺钵基本固定在鸭子河、鱼儿泺，即今松花江与嫩江合流处一带。契丹帝王在春捺钵期间，巡视东北边疆，召见属国属部朝者，处理政务之余，在春捺钵钓鱼放鹰捕鹅，所放之鹰即是产于黑龙江流域的俊鹰海东青，深受契丹帝王和贵族的喜爱。兴宗重熙二十一年（1053）七月，辽廷"遣使诣五国及鼻骨德、乌古、敌烈四部捕海东青鹘"②。海东青出产于黑龙江流域各部，尤其盛产于黑龙江下游的五国部地区。11世纪中叶以前辽还没有在生女真地区确立稳定的朝贡制度，鼻骨德部是契丹内地通往五国部的唯一通道。辽设立生女真部族节度使后，便由生女真部族节度使经营通往五国部的鹰路。《金史·世纪》载：生女真部族节度使完颜盈哥"令主隈、秃答两水之民阳为阻绝鹰路，复使鳖故德部节度使言于辽曰：'欲开鹰路，非生女直节度使不可。'辽不知其为穆宗（盈哥）谋也，信之，命穆宗讨阻绝鹰路者"。鳖故德部节度使即鼻骨德部节度使，正因为鼻骨德部节度使向辽朝说明生女真节度使对开鹰路具有不可替代的作用，契丹统治者才会深信不疑。天祚帝乾统四年（1104）"鼻骨德遣使来贡"，或许正是与鹰路之事有关③。生女真起兵反辽后，切断了鼻骨德部与辽朝的政治关系。

---

① 《辽史》卷33《营卫志下》，第392页。
② 《辽史》卷69《部族表》，第1108—1109页。
③ 《辽史》卷27《天祚帝纪一》，第321页。

2. 兀惹属部的朝贡活动

兀惹部，又作乌惹、嗢热，为渤海遗民。926年辽太祖灭渤海国后，与其地建东丹国。辽太宗天显三年（928）将东丹国迁往辽东半岛时，"其民或亡入新罗、女直"①。这些不愿离开故地的渤海遗民，与当地女真人结合形成了一些新的社会政治组织，兀惹部即是其中之一。兀惹的分布地日本学者池内宏认为在原渤海国上京（今黑龙江省宁安市）②；李学智认为可能在今黑龙江省通河县附近③。《辽史·奚和朔奴传》记载："（统和）十三年秋，迁都部署，伐乌惹。驻于铁骊，秣马数月，进至乌惹城。"讨伐兀惹的契丹军队由西向东出发，先至铁骊女真部，由此可知兀惹在铁骊之东。我认为铁骊女真居地在今吉林敦化一带，兀惹部应在原渤海上京之南。

兀惹部首次见于史籍是景宗保宁七年（975），"秋七月，黄龙府卫将燕颇杀都监张琚以叛，遣敌史耶律曷里必讨之。九月，败燕颇于治河，遣其弟安抟追之。燕颇走保兀惹城，安抟乃还，以余党千余户城通州"④。黄龙府卫将燕颇是渤海族人，叛辽后，逃亡本族人聚居的兀惹部。辽圣宗统和十年（992）二月，"兀惹来贡"⑤，为首见兀惹朝贡的记载。渤海国被契丹所灭，渤海遗民自然不会主动地心甘情愿地向辽称臣纳贡。圣宗即位后，连年出兵讨伐女真各部，统和四年（986）辽大军"讨女直所获生口十余万，马二十余万及诸物"⑥。直到统和六年八月，"东路林牙萧勤德及统军石老以击败女直兵，献俘"⑦。才停止对女真各部的征讨。持续了八年的战争，对女真各部包括居住女真地区的兀惹部的震撼是可想而知的，为了保全自己，兀惹开始向辽遣使朝贡。辽于兀惹部地区设兀惹部节度使，但仅过两年，兀惹就起兵叛辽。统和十二年（994）十二月，"女直以宋人俘海赂本国及兀惹叛来告"。十三年（995）七月，"兀惹乌昭度、渤海燕颇等侵铁骊，遣奚王和朔

---

① 《辽史》卷3《太宗纪上》，第30页。
② ［日］池内宏：《鐵利考》，《滿鮮地理歷史研究報告》第三，东京帝国大学文科大学，大正五年（1916）。
③ 李学智：《辽代之兀惹城及曷苏馆考》，《大陆杂志》1960年第20卷，第8、9期。
④ 《辽史》卷8《景宗纪上》，第94—95页。
⑤ 《辽史》卷13《圣宗纪四》，第142页。
⑥ 《辽史》卷11《圣宗纪二》，第119页。
⑦ 《辽史》卷12《圣宗纪三》，第131页。

奴等讨之"①。《辽史·耶律斡腊传》记载：

> 统和十三年秋，为行军都监，从都部署奚王和朔奴伐兀惹乌昭度，
> 数月至其城。昭度请降。和朔奴利其俘掠，令四面急攻。昭度率众死
> 守，随方捍御。依埤堄虚构战棚，诱我军登陴，俄撤枝柱，登者尽覆。
> 和朔奴知不能下，欲退。萧恒德谓师久无功，何以藉口，若深入大掠，
> 犹胜空返。斡腊曰："深入恐所得不偿所损。"恒德不从，略地东南，
> 循高丽北鄙还。道远粮绝，人马多死。诏夺诸将官，惟斡腊以前议
> 得免。

辽朝讨伐兀惹之战，无功而返。但统和十五年（997）正月，"兀惹长
武周来降"②，重新恢复了双方的朝贡关系，三月，"兀惹乌昭度以地远乞岁
时免进鹰、马、貂皮。诏以生辰、正旦贡如旧，余免"③。由此可知，兀惹
部每年要岁时纳贡，所纳物品为鹰、马、貂皮，这年之后，仅正旦与契丹皇
帝生辰纳贡，所纳物品不变。圣宗统和十七年（999）乌昭度亲自诣阙朝
贡，这与圣宗大规模迁徙兀惹民户有关，《辽史·地理志二》东京道条下
记载：

> 宾州，怀化军。节度。本渤海城。统和十七年，迁兀惹户，置刺史
> 于鸭子、混同二水之间，后升。兵事隶黄龙府都部署司。

可见契丹统治者对渤海遗民有较强的防范心理，这也表现在圣宗纵容铁
骊部掠夺兀惹部人口，开泰元年（1012），"铁骊那沙等送兀惹百余户至宾
州，赐丝绢以赏之"④。太平二年（1022），"铁骊遣使献兀惹十六户"⑤。朝
贡制度下的属国、属部之间不得相互掠夺人口，但铁骊掠夺兀惹人户，献给

---

① 《辽史》卷13《圣宗纪四》，第146页。
② 《辽史》卷13《圣宗纪四》，第149页。
③ 《辽史》卷13《圣宗纪四》，第149页。
④ 《辽史》卷70《属国表》，第1152—1153页。
⑤ 《辽史》卷16《圣宗纪七》，第190页。

朝廷，却受到奖赏。统和十七年以后，既不见有关兀惹朝贡的记载①，也不见兀惹反叛的记载。直到辽末，天祚帝天庆四年（1114）十二月，"铁骊、兀惹皆叛入女直"②。

3. 五国部属部的朝贡活动

五国部是指五个较大的原始族群，《辽史》记载五国部的名称往往不一致，《营卫志》作："剖阿里国、盆奴里国、奥里米国、越里笃国、越里吉国。"《圣宗纪》前后记载 3 次五国部名称均不完全相同，统和二十一年（1003）条下为"兀惹、渤海、奥里米、越里笃、越里古"。二十二年（1004）条下为"兀惹、蒲奴里、剖阿里、越里笃、奥里米"。开泰七年（1018）条下为"越里笃、剖阿里、奥里米、蒲奴里、铁骊"③。蒲奴里即盆奴里的异写；兀惹为渤海遗民部落名称，前后二处先为剖阿里部、后为越里吉部的误写；铁骊为女真部落名称，这里为越里吉的误写。此外，越里吉又作越棘，蒲奴里在《金史》中又作蒲聂。《三朝北盟会编》卷 3 载："海东青者出五国，五国之东接大海，自海东而来者，谓之海东青。"④ 关于辽代五国部的分布史家多有考证，清人曹廷杰《东三省舆地图说》曰：

> 按五国之说不一，或谓宁古塔东松花、黑龙二江合流之处有土城焉；或以为在朝鲜北境近宁古塔有故城在山上；或以为去燕京三千八百里，西至黄龙府二千一百里；或谓宁古塔相近抢头街有旧城址五，疑即是也。此皆影响之谈，毫无实据。……五国自当分居五地，必非一处。可知今自三姓至乌苏里江口，松花江两岸共有城基九处……五国故址不外三姓下九城也。……三姓当为五国头城，自此而东，乃四国分据也。⑤

---

① 《辽史》卷 14《圣宗纪五》记载：统和二十一年，"兀惹、渤海、奥里米、越里笃、越里古等五部遣使来贡"。第 158 页。《辽史》卷 14《圣宗纪五》记载：二十二年，"兀惹、蒲奴里、剖阿里、越里笃、奥里米等部来贡"。第 159 页。这两处记载都应是将五国部的部名误记为"兀惹"。

② 《辽史》卷 27《天祚帝纪一》，第 329 页。

③ 《辽史》卷 16《圣宗纪七》，第 183 页。

④ ［宋］徐梦莘：《三朝北盟会编》卷 3，第 20 页。

⑤ ［清］曹廷杰：《东三省舆图说·五国城考》，见金毓黻辑《辽海丛书》第四册，辽沈书社，1986 年，第 2252 页。关于五国部的几种看法，可参见［清］杨宾《柳边纪略》卷 1，中华书局，1985年，第 1—22 页。

五国头城，即进入五国部地区第一城。曹氏认为五国头城在三姓（今黑龙江依兰），学界多从曹说。然五国部各居何处，学界看法尚未统一。蒲奴里城，屠寄认为在固木讷城，即今黑龙江汤原县大有屯古城；张博泉先生则认为在依兰东北。越里笃城，屠寄认为在宛里城，古城在今黑龙江桦川县境内。奥里米城，屠寄认为在松花江与黑龙江合流处附近，古城在今黑龙江绥滨县西9公里处；越里吉，张博泉先生认为在伯力（今俄罗斯哈巴罗夫斯克）；《中国历史地图集》编写者认为在依兰县城。部阿里，丁谦认为在依兰城东桦川县境普利斯幼普城；张博泉师认为在黑龙江下游阿纽依河口附近；《中国历史地图集》编写者认为在伯力①。尽管众说不一，但五国部的总体范围是明确的，在鼻骨德部之东、生女真部之东北直到黑龙江下游地区。

五国部之名，始见于圣宗统和二年（984）二月，"五国乌隈于厥节度使耶律隗洼以所辖诸部难治，乞赐诏给剑，便宜行事，从之"②。这至少说明此时辽朝开始经略五国部地区。统和二十一年（1003）四月，"兀惹、渤海、奥里米、越里笃、越里古等五部遣使来贡"。这是五国部使臣首次至辽帝捺钵朝贡③。此后，随着辽朝对五国部地区的统治不断加强，五国部的朝贡活动也逐渐增多。现将见于《辽史》记载的五国部朝贡活动统计如下：④

辽帝	太祖	太宗	世宗	穆宗	景宗	圣宗	兴宗	道宗	天祚帝
朝贡次数	0	0	0	0	0	4	2	13	4

上表统计圣宗朝五国部朝贡4次，然《辽史·圣宗纪》记载，开泰七年（1018）三月，"命东北越里笃、剖阿里、奥里米、蒲奴里、铁骊等五部岁贡貂皮六万五千，马三百"⑤。据此五国部不仅每岁朝贡，而且需按照朝廷要求每年贡纳65000张貂皮、300匹马，如记载无误，这一数额是相当可观的。显然史籍关于五国部朝贡活动的记载有缺漏。《辽史·营卫志》记载：

---

① 参见张博泉等《金史论稿》第1卷，吉林文史出版社，1986年第77—79页；《中国历史地图集》中央民族学院编辑组：《〈中国历史地图集〉东北地区资料汇编》，内部发行，1979年，第158—160页。

② 《辽史》卷10《圣宗纪一》，第113页。

③ 《辽史》卷14《圣宗纪五》，第158页。

④ 详细朝贡活动参见书后附表十七"五国部对辽朝朝贡表"。

⑤ 《辽史》卷16《圣宗纪七》，第183页。

五国部"圣宗时来附，命居本土，以镇东北境，属黄龙府都部署司"。圣宗时可能通过册封五国部各部酋帅以确定臣属关系，令其镇守东北境，隶属于黄龙府都部署司（治所在今吉林农安）。兴宗重熙六年（1037）八月，"北枢密院言越棘部民苦其酋帅坤长不法，多流亡。诏罢越棘等五国酋帅，以契丹节度使一员领之"①。关于越里吉酋帅不法之事，《辽史·营卫志》曰："越里吉国人尚海等诉酋帅浑敞贪污。"这或许与部民交纳的朝贡物品有关。重熙六年（1037）辽朝始在五国部地区设置属部建置，即五国部节度使司，以契丹官员担任节度使。张博泉先生认为越里吉城（今俄罗斯哈巴罗夫斯克）是辽五国部节度使治所的所在地②。

辽朝罢免五国部酋帅的官职，以契丹官员任五国部节度使统一掌领这一地区各部朝贡活动，这必定会引起五国部酋长们的不满，兴宗重熙十七年（1048）爆发了以蒲奴里酋长为首的反叛行动，这年八月，兴宗"以殿前都点检耶律义先为行军都部署，忠顺军节度使夏行美副部署，东北面详稳耶律术者为监军，伐蒲奴里酋陶得里"，五国部节度使耶律仙童率部参加了平叛战争。翌年正月，辽军平定了蒲奴里叛乱，"多所招降，获其酋长陶得里以归"，"率其酋长来朝"③。恢复了辽朝在五国部的统治秩序。

自澶渊之盟以后，辽帝春捺钵多在混同江（即鸭子河）一带，契丹帝王与贵族对海东青的需求量不断增加，《三朝北盟会编》载："有俊鹘号海东青者，能击天鹅，人既以俊鹘而得天鹅，则于其嗉得珠焉。海东青者出五国，五国之东接大海，自海东而来者，谓之海东青。小而俊健，爪白者尤以为异，必求之女真。每岁遣外鹰坊子弟趣女真，发甲马千余人入五国界，即海东巢穴取之。"④ 辽帝频繁遣使索取海东青，令五国部不堪其扰。道宗咸雍五年（1059），"五国剖阿里部叛"。咸雍七年（1071）五国部又发生叛乱，参加这次平叛的五国节度使萧陶苏斡因军功被授予静江军节度使⑤，萧陶苏斡是史籍记载最后一位五国部节度使。估计为缓和与五国部酋帅间的矛

① 《辽史》卷18《兴宗纪一》，第219页。
② 张博泉等：《金史论稿》第1卷，吉林文史出版社，1986年，第77页。
③ 《辽史》卷20《兴宗纪三》第239页、卷90《耶律义先传》第1356页、卷95《耶律仙童传》《萧素飒传》第1392页。
④ ［宋］徐梦莘：《三朝北盟会编》卷3，第20—21页。
⑤ 《辽史》卷22《道宗纪二》，第269页。

盾，在这次平定五国部叛乱后，辽朝分别封授五国部酋帅为节度使。其后又有"五国蒲聂部节度使拔乙门畔辽，鹰路不通"，辽朝依靠生女真酋长完颜乌古乃才打通鹰路①。

据前表统计，兴宗朝五国部来朝贡2次，一次在兴宗即位之年，另一次是在重熙二十二年（1053）平定五国部叛乱后，契丹军将率五国部酋长前来朝贡。道宗即位后，清宁、咸雍共20年间五国部朝贡3次。可见，在以契丹人任五国部节度使期间，五国部朝贡次数极少。当道宗太康年不再以契丹人担任五国部节度使之后，五国部朝贡活动反而增加，从道宗太康元年（1075）到天祚帝天庆二年（1112）五国部最后一次朝贡，36年间五国部朝贡13次，道宗朝9次，天祚帝朝4次。这种现象说明以契丹官员任节度使时期，五国部是诣地方府州朝贡，朝贡地点可能是黄龙府都部署司。以五国部酋长任节度使后是诣辽帝捺钵朝贡，如天祚帝天庆元年"春正月，钩鱼于鸭子河。二月，如春州。三月乙亥，五国部长来贡"。"二年春正月己未朔，如鸭子河。丁丑，五国部长来贡"②。天庆四年（1114），生女真起兵反辽，五国部与辽朝的朝贡关系终结。

东北各族向辽遣使朝贡的时间早晚不一，最晚到圣宗朝，皆已成为朝贡成员。辽朝在征服、招抚东北各族群将其纳入朝贡制度之后，很快于其地建立起属国或属部。在朝贡制度建立的初期，各属国、属部朝贡活动比较频繁，朝贡的地点是契丹皇帝所在的捺钵。辽中期建立起管理属国、属部的地方机构，或以契丹人担任属部长官后，各部朝贡活动骤然减少，只是在当地或邻近地区发生特殊事件或较大的战争时，契丹统治者才要求其诣捺钵朝贡，这时属部长官也会主动派遣酋长（或是辽朝授予官号的部落渠帅）前来朝贡。当恢复以当地部落酋长任属部长官时，属部诣捺钵朝贡活动明显增加且较为规律。因此，考察辽朝东北族群朝贡活动时不能简单地认为朝贡次数多，即表明辽朝对其统辖紧密。事实上，朝贡次数少的乌古敌烈部恰恰是处于辽朝以行政统辖取代朝贡制度的发展过程中，而辽后期朝贡活动较为频繁、规律的五国部则处于朝贡制度之下，辽朝对前者的政治统辖远比后者紧密。

① 《金史》卷1《世纪》，第5页。其中"蒲聂部"即蒲奴里部。
② 《辽史》卷27《天祚帝纪一》，第325、326页。

第三节　宋朝与东北民族的朝贡关系

　　10世纪后半叶至11世纪前期，生活在东北地区白山黑水之间的女真人，在自身发展的需求和传统的政治臣属理念的驱动下，在与北方契丹王朝建立朝贡关系的同时，又与南部北宋王朝建立了朝贡关系。随同女真人向北宋朝贡的还有渤海国的遗裔定安国。由于这一时期古代中国处于分裂状态，女真人、定安国在对北宋进行朝贡的过程中，受到种种制约，但女真对北宋的朝贡活动仍然持续了近六十年之久。

一　女真族群与宋朝的朝贡关系

　　早在宋朝建立之前，女真人已遣使向中原政权朝贡，《册府元龟》记载后唐庄宗同光三年（925）五月，"黑水胡独鹿女贞等使朝贡"。后周世宗显德六年（959）正月，"女贞国遣使阿辨等来贡方物"①。宋朝建立后的第二年，太祖建隆二年（961），"女真国遣使嗢突剌来贡名马"②。从此开始了女真人对宋朝近60年的朝贡活动。

女真对北宋的朝贡表③

宋帝	年	月	女真朝贡	材料出处
太祖	建隆二年（961）	八月	女真国遣使嗢突剌来贡名马。	《续资治通鉴长编》卷2
		十二月	（女真国）遣使使拽鹿猪泛海来贡方物。	《宋会要·蕃夷》第3
	建隆三年（962）	正月	女真国遣使济骨尔来修贡。	《续资治通鉴长编》卷3
		三月	女真遣使来贡方物。	《续资治通鉴长编》卷3
	乾德元年（963）	正月	女真国遣使来贡方物。	《续资治通鉴长编》卷4

---

　　①　［宋］王钦若等撰：《册府元龟》卷972《外臣部》，周勋初等校对，第11254、11258页。
　　②　［宋］李焘：《续资治通鉴长编》卷2，宋太祖建隆二年八月辛亥，第52页。
　　③　［日］日野开三郎《宋初女真の山東来航の大勢とその由來》一文中有"女真山東来航表"，《朝鮮學報》第33辑，1964年。本文参考了此表但与之略有不同。

续表

宋帝	年	月	女真朝贡	材料出处
太祖	乾德元年（963）	八月	女真国遣使来贡名马，蠲登州沙门岛民税，令专治船渡马。	《续资治通鉴长编》卷4；《宋史》卷1《太祖纪》
		九月	女直国遣使贡名马56匹、海东青名鹰。	《宋会要·蕃夷》第三；《宋史》卷1《太祖纪》
	乾德二年（964）		（女真国）首领悉达理并侄阿黑哥、首领马撒鞋并妻梅伦，并遣使，献马及貂皮。	《宋会要·蕃夷》第三
	开宝三年（970）	九月	定安国王烈万华，因女真遣使入贡，乃附表贡献方物。	《续资治通鉴长编》卷11；《宋史》卷491《定安国传》
	开宝五年（972）		马撒鞋及首领所姑来贡马。	《宋会要·蕃夷》第三
		六月	先是，女真侵白沙寨略官马3匹民128口，既而遣使以马来贡。诏止之。于是首领渤海那等三人复来贡。	《续资治通鉴长编》卷13
	开宝六年（973）	十二月	女真首领祈达渤来贡马，又有铁利王子5户并母及子弟连没六、温迪门没勿罗，附其使贡马、布、腽肭脐、紫青貂鼠皮。	《宋会要·蕃夷》第三；《文献通考》卷327《女真》
太宗	太平兴国六年（981）	十一月	女真遣使朝贡，道出定安国，乌元明托使者附表来上。	《续资治通鉴长编》卷22
	雍熙二年（985）	十二月	女真表请伐契丹，诏不许。	《宋史》卷5《太宗纪》
	雍熙四年（987）		契丹以书招女真，女真首领遣国人阿纳尔持其书至登州以闻。	《文献通考》卷327《女真》；《宋会要·蕃夷》第三
	端拱二年（989）		定安国王子因女真使附献马、雕羽、鸣镝。	《文献通考》卷327《定安国》
	淳化二年（991）	十二月	女真首领伊勒锦等上言，契丹绝其朝贡之路，于是航海入朝，求发兵与三十首领共平三栅。宋帝但降诏抚谕，不为出师。定安国王子大元因女真使上表。	《续资治通鉴长编》卷32；《宋会要·蕃夷》第三；《文献通考》卷327《定安国》

续表

宋帝	年	月	女真朝贡	材料出处
真宗	大中祥符二年（1009）	三月	登州言，女真国人锡喇卜等遇风飘船至州，诏给其资粮，候风便遣还。	《续资治通鉴长编》卷71；《文献通考》卷327《女真》记为"三年"
	大中祥符七年（1014）	十二月	高丽使尹证古及女真将军塔沁坚以下78人入贡，馆饩宴赐之，礼并与高丽使同。塔沁坚自称，父兄曾入朝，其兄留弗归，兹行遂往寻访。	《续资治通鉴长编》卷83；《宋会要·蕃夷》第三
	大中祥符八年（1015）	十一月	高丽进奉告奏，使御事民官使郎郭元与东女真首领阿噜台来贡。	《续资治通鉴长编》卷85
	天禧元年（1017）	十一月	高丽使徐讷率女真首领梅询，奉表来献方物，入对崇政殿。	《续资治通鉴长编》卷90；《宋史》卷8《真宗纪》
		十二月	初女真国人辉和尔珠尔、罕鄂伦自本国来贡，及还道逢渤海战攻，复来归。至是命高丽徐讷领还，仍给装钱。	《续资治通鉴长编》卷90
	天禧三年（1018）	十一月	高丽崔元信率东西女真首领入见。女真首领又言，各以本土马来进贡，中途皆失。诏特给其直。	《续资治通鉴长编》卷94
仁宗	天圣九年（1031）	二月	登州言，女真国晏端等184人内附，送濠州给田处之。	《续资治通鉴长编》卷110

从上表统计来看，直到真宗天禧三年十二月，女真向北宋王朝的朝贡活动，有明确纪年的共 25 次（1 次只知大致的时间），其中太祖开宝五年（972）六月，"先是，女真侵白沙寨，略官马三匹民百二十八口，既而遣使以马来贡，诏止之。于是，首领渤海那等三人复来贡，言已令部落送先所掠白沙寨民及马，诏切责其前侵略之罪，而嘉其效顺之意，放还贡马使者"[1]。这里记载的为 2 次，一次遭到宋朝的拒绝，但使者被留下，"不令还"[2]；另一次得到宋朝的接纳。又，真宗大中祥符七年十二月，"权知高丽国事王询

---

① ［宋］李焘：《续资治通鉴长编》卷 13，宋太祖开宝五年六月戊申，第 285 页。
② ［清］徐松辑：《宋会要辑稿》第八册《蕃夷三》，中华书局，1957 年，第 7712 页。

遣奏告使尹证古及女真将军太千机已下凡七十八人以方物来贡，询表言：契丹阻其道路，故久不得通请，降皇帝尊号正朔，诏从其请。询又言：太千机自称父兄曾入觐，其兄留弗归，兹行遂往寻访"①。女真将军塔沁坚自称其父兄此前入宋朝贡，在这次之前有记载的女真朝贡是在 5 年前，而且仅到登州便返回，太千机的父兄"曾入觐"，似乎不是此次入贡，而是在那年之后入宋朝贡，其兄留下未返，但这次女真朝贡没有留下记载。因此这年关于女真朝贡的记事，还提到了漏记的一次女真朝贡。

真宗天禧三年（1019）十二月以后，女真人停止向宋朝朝贡。《续资治通鉴长编》卷 110 记载，天圣九年（1031），"登州言，女真国晏端等百八十四人内附。诏送濠州，给田处之"。内附与朝贡是有区别的，前者留下成为宋朝直接统治的臣民，后者返回故乡，只是与宋朝有间接的政治、经济关系。其后，宋神宗元丰年间（1078—1084），"尝降诏高丽，令女真驱马来市，亦无至者"②。北宋末年，女真再次与北宋发生关系，则是宋徽宗重和元年（1118）"遣武义大夫马政由海道使女真约夹攻辽"③。与女真人的朝贡活动已无关系了。

辽朝境内女真人分布广泛，与北宋建立朝贡关系的是哪部分女真人，日本学界认为主要以长白山三十部女真（高丽国称为"东女真"）为主④。但对于长白山三十部女真的认识存在不同意见，池内宏认为是分布在朝鲜咸兴平野的女真部落⑤；津田左右吉认为是分布在朝鲜咸镜北道北青附近的女真部落⑥；小川裕人认为是分布在从咸兴到间岛（到今吉林省海兰河流域）这一广大地区的女真部落，其后这部分女真部落西迁至阿什河流域，辽末勃兴，建立了金国⑦。笔者赞同池内宏的观点，但不赞同池内认为蒲卢毛朵部是长白山三十部女真不同称谓的看法，认为长白山三十部女真与蒲卢毛朵部

①　[宋] 李焘：《续资治通鉴长编》卷 83，宋真宗大中祥符七年十二月丁卯，第 1906 页。

②　[宋] 陈均：《九朝编年备要》卷 26，文渊阁《四库全书》本。

③　《宋史》卷 21《徽宗纪》，中华书局，1977 年，第 399 页。

④　[日] 日野开三郎：《宋初女真の山東来航の大勢とその由来》，《朝鮮學報》第 33 辑，1964 年。

⑤　[日] 池内宏：《朝鮮高麗朝に於ける女真の海寇》，《滿鮮地理歷史研究報告》第八，东京帝国大学文学部，大正十年（1921）。

⑥　[日] 津田左右吉：《尹瓘征略考》，《津田左右吉全集》第 11 卷，《滿鮮歷史地理研究——朝鮮歷史地理》一，岩波书店，昭和三十九年（1964）。

⑦　[日] 小川裕人：《三十部女真に就いて》，《东洋學報》第 24 卷第 4 号，昭和十二年（1937）。

是居住地比邻的两个不同的女真部落，即蒲卢毛朵部是分布在曷懒水（今吉林省海兰河）流域的女真部落①。另外，认为与北宋建立朝贡关系的女真部落前后有一定变化，前期以鸭绿江流域的女真部落为主，后期以长白山三十部女真为主。

女真人对北宋朝贡活动可以分为前后两期，前期从宋太祖建隆二年（961）到太宗淳化二年（991）；后期从真宗大中祥符二年（1009）到真宗天禧三年（1019）。

对宋朝进行朝贡的女真人，前期主要是来自鸭绿江流域的女真部落。辽朝前期对东部沿海地区和东部山区的女真部落控制不很严密，地处更远的东北部女真部落，辽朝与其的关系还处于招徕安抚、朝贡与否任其自便的状态。因此，前期女真诸部对宋朝进行朝贡活动涉及的范围很广，而地处女真对宋朝贡路线上的鸭绿江流域女真部落，即是这个时期朝贡宋朝的女真主体部分。

女真部落向宋朝贡的路线，据《武经总要》记载，从宋地登州出发到女真地，即"登州，古东牟郡，汉黄县也。唐建州于蓬莱镇，即今治所也。东西北三面距大海各五里，一路至女真界，扬帆一日一夜，至马石山。按《皇华四达记》，北渡海至马石山，五百里旧女真国，今契丹界"②。这条路线正是唐代渤海国向唐朝朝贡的路线，《新唐书·渤海传》记载得更为详细："登州东北海行，过大谢岛、龟歆岛、末岛、乌湖岛三百里。北渡乌湖海，至马石山东之都里镇二百里。东傍海壖，过青泥浦、桃花浦、杏花浦、石人汪、橐驼湾、乌骨江八百里……自鸭绿江口舟行百余里，乃小舫沂流东北三十里至泊汋口，得渤海之境。"乌湖海，即今渤海湾。马石山，即今辽宁旅顺老铁山。渤海之境是指渤海西京鸭绿府的辖地，西京鸭绿府在今吉林省临江市渤海古城。女真人最初向宋朝贡就是因循这条古道，出鸭绿江口，沿辽东半岛的东南海岸至马石山，渡过渤海湾到达登州。

前期女真入宋朝贡有明确记载的共18次，其中定安国1次遣使随女真

---

① 参见《中国历史地图集》中央民族学院编辑组《〈中国历史地图集〉东北资料汇编》，内部发行，1979年，第157页。

② ［宋］曾公亮、丁度：《武经总要》前集卷16上，《四库全书》，台湾：商务印书馆，1986年影印本。

朝贡，3次托女真使者上表或贡纳物品；铁利1次遣使随同女真朝贡。女真部落中见到有明确部落名称的有3次，一次是太祖开宝五年（972），宋朝因女真掳掠宋白沙寨人口、马匹之事，令三十部女真部落送还之①。二次是开宝六年，铁利（骊）王子五户与母亲、子弟前来朝贡。三次是太宗淳化元年（990）辽朝在鸭绿江口建城屯兵阻绝女真对宋朝的朝贡道。翌年，女真首领伊勒锦等上言宋朝，请求宋发兵与三十首领共平辽朝所筑的戍守城。三十部女真即长白山三十部女真，如前所言其分布在朝鲜半岛的咸兴平原。关于铁骊女真的居地，学界看法不同，大致在松花江与黑龙江流域。其他女真部落的名称则不见记载。

宋太宗淳化二年（辽圣宗统和九年，991）以后，女真人对宋朝的朝贡活动停止了17年。考察这段时期的历史，可以发现女真对宋朝贡活动受到辽与宋和辽与高丽的关系的制约。

宋朝灭亡北汉政权后，便积极准备收复燕云地区，朝鲜半岛的高丽国是宋朝努力争取的盟友。982年高丽新王王治继位，请求宋朝的册封，对宋朝持友好态度。翌年，宋遣使册封王治为高丽国王②。这年，辽景宗病逝，子耶律隆绪即位，即辽圣宗。对于高丽国向宋朝称臣，并受其册封的关系，辽朝十分不满，圣宗即位当年，就开始打算征讨高丽③。在准备出兵高丽的同时，辽连年讨伐鸭绿江流域的女真部落，正统二年（984）二月，"丙申，东路行军、宣徽使耶律蒲宁奏讨女直捷，遣使执手奖谕"。三年八月，"命枢密使耶律斜轸为都统，驸马都尉萧恳德为监军，以兵讨女直"。四年正月，"丙子枢密使耶律斜轸、林牙勤德等上讨女直所获生口十余万，马二十余万及诸物"④。在辽朝征讨女真的这几年中，女真人并没有停止对宋朝的朝贡活动，宋太宗雍熙二年（985），"女真表请伐契丹，诏不许"⑤。三年（986），宋朝发动了"雍熙北伐"，但以失败告终。四年，契丹以书招女真，

_____

① ［清］徐松辑：《宋会要辑稿》第8册《蕃夷三》，第7712页。
② ［朝鲜］《高麗史》卷3《成宗世家》，朝鲜人民共和国科学院，1957年，第35—36页。
③ 《辽史》卷10《圣宗纪》：统和元年十月，"上将征高丽，亲阅东京留守耶律末只所总兵马"。第112页。
④ 《辽史》卷10、11《圣宗纪》，第113、115、119页。
⑤ 《宋史》卷5《太宗纪》，第88页。

"（女真）首领遣国人阿那乃持其书至登州以闻。诏嘉答之"①。

为了阻止女真对宋朝朝贡，辽圣宗统和九年（991）二月，在鸭绿江下游入海口一带建三城，切断了女真人向宋朝贡的路线。当年女真人仍寻路至宋朝朝贡，"女真首领野里鸡等上言，契丹怒其朝贡中国，去海岸四百里立三栅，栅置兵三千，绝其朝贡之路，于是航海入朝。求发兵与三十首领共平三栅，若得师期，即先赴本国，愿聚兵以俟。上但降诏抚谕，而不为出师"②。宋朝再没有出兵讨伐辽朝，令女真人很失望。然而，辽朝在鸭绿江女真地区设置了鸭绿江女真大王府，强化了对这一地区女真部落的统辖。

辽朝征讨女真的行动对高丽国起到了震慑作用，986年宋朝发动"雍熙北伐"时，高丽没有出兵助战。但高丽也没有停止与宋朝的交往活动③。于是，993年8月，辽出兵高丽④。是年闰十月，辽东京留守萧逊宁（恒德）率军攻破高丽蓬山郡，高丽王遣徐熙请和，"逊宁罢兵"⑤。994年，高丽王遣使向辽奉表请罪，辽圣宗"诏取女直鸭绿江东数百里地赐之"。从此，高丽国"始行契丹统和年号"⑥。

辽圣宗统和十二年（994）二月，辽东京留守萧逊宁致书高丽王，其中有一段内容："拟于鸭江西里创筑五城，取三月初拟到筑城处下手修筑。伏请大王预先指挥，从安北府至鸭江东计二百八十里，踏行稳便田地，酌量地理远近，并令筑城，发遣役夫，同时下手，其合筑城数早与回报。"⑦ 由此得知，这次辽朝将鸭绿江以东280里鸭绿江女真人的居地划给了高丽国。而且，辽朝在江西筑城5座。高丽国驱逐江东女真人，先后建立了兴州、铁州、通州、龙州、龟州、郭州等六城⑧。从此，阻绝了女真人往来30年朝贡

---

① ［元］马端临：《文献通考》卷327《女真》，第9005页。
② ［宋］李焘：《续资治通鉴长编》卷32，宋太宗淳化二年十二月辛卯，第728页；《九朝编年备要》卷4：淳化二年（991）十二月"女真请依契丹，诏却之。女真言契丹以兵隔其朝贡之路，请击之，不许。自是遂属契丹"。文渊阁《四库全书》本。
③ 参见《宋史》卷487《高丽传》第14038页、［朝鲜］《高麗史》卷3《成宗世家》第38—39页。
④ 参见［朝鲜］《高麗史》卷3《成宗世家》，第45页。但《辽史》卷13《圣宗纪》，辽征高丽在统和十年（992）十二月，十一年正月，取鸭绿江女真地赐高丽（第143页）。与《高麗史》的记载相差一年。本文从《高麗史》记载。
⑤ ［朝鲜］《高麗史》卷3《成宗世家》，第45页。
⑥ 《辽史》卷13《圣宗纪》第143页、［朝鲜］《高麗史》卷3《成宗世家》第45页。
⑦ ［朝鲜］《高麗史》卷3《成宗世家》，第45页。
⑧ ［宋］李焘：《续资治通鉴长编》卷74，宋真宗大中祥符三年十一月壬辰，第1695页。

宋朝的交通道。

时隔 17 年以后，宋真宗大中祥符二年（1009），女真人再次恢复对宋朝贡时，因新开辟的海路不熟，历尽艰辛飘至登州，这年"登州言，女真国人锡喇卜等遇风飘船至州，诏给其资粮，候风便遣还"①。女真重新恢复对宋朝贡后，前期向宋朝贡的一部分女真部落，由于道路不通"后亦不复至"。

后期，对宋朝贡的女真部落主要是以长白山三十部女真为主，即居住在朝鲜半岛东北部咸兴平原上的女真部落。由于途径鸭绿江口的朝贡道被阻绝，女真人只有经过高丽国，从朝鲜半岛登船由海路赴登州，这是当时最近而且最安全的路线。《武经总要》记载由宋到高丽国的路线：由登州"一路往三韩，海行，东北历大谢、鼍歌、乌湖等岛，约三百里，又傍海岸，历青泥铺、桃花铺、杏花铺、骆驼湾，约八百里，自其江口，即新罗界，东控高丽诸国"②。女真向宋朝朝贡的路线也应走这条路线，即从高丽出江口，乘海船渡过黄海，至骆驼湾，沿东北海岸行，又经乌湖诸岛至登州。

后期女真朝贡宋朝有明确记载的共 7 次，除第一次是另辟海路飘到登州的之外，其余 6 次朝贡的女真人都是经由高丽国，随高丽国使者一同至登州。后期朝贡的女真人被冠以名称的为东女真或西女真，东女真、西女真是高丽国对朝鲜半岛北部分布的女真部落的称呼，东女真即是分布在咸兴平原的长白山三十部女真，长白山三十部是一个较大的女真部落集团的名称，不是指 30 个分散的女真部落。前来宋朝朝贡的东女真首领阿噜台（在《高丽史》中作阿卢太），是长白山三十部女真著名的酋长，在高丽显宗九年到靖宗初年（1018–1037），是女真与高丽国交往中十分活跃的人物③。西女真是分布在朝鲜半岛西北部的女真部落，即鸭绿江女真，经辽朝打击后，鸭绿江女真的实力被明显削弱。从《高丽史》记载的女真事迹看，这一时期东女真比西女真的实力强大，而且有时东女真的首领又称为东西女真酋长，如高丽显宗十二年（1021）十月，"东西女真酋长阿卢太、阿盖登来朝"④。而且，日野开三郎认为，宋真宗天禧三年（1019），随同高丽使臣入贡宋朝的

---

① ［宋］李焘：《续资治通鉴长编》卷 71，宋真宗大中祥符二年三月丙辰，第 1597 页。
② 曾公亮、丁度：《武经总要》前集卷 16 上，文渊阁《四库全书》本。
③ ［朝鲜］《高麗史》卷 4、5《顯宗世家》，卷 6《靖宗世家》，第 61—84 页。
④ ［朝鲜］《高麗史》卷 4《顯宗世家》，第 65 页。

东西女真首领汝渤达也是长白山三十部女真的巨酋①。因此，后期女真对宋朝贡活动是以长白山三十部女真为主的观点是可信的。

由于女真对宋朝贡的路线必须经过高丽国，女真能否对宋朝贡取决于高丽与辽、宋的关系。如前面所言994年高丽臣属辽朝，奉辽正朔。直到1009年高丽国发生政变，辽朝以"问罪逆臣弑君"为名，1010年出兵攻打高丽。其后辽又向高丽索要江东6城，即994年辽赐给高丽的鸭绿江东之地②。为此从1009年到1019年辽与高丽一直处于战争状态，高丽为了寻求宋朝的支持，又开始向宋朝贡。高丽显宗五年（1014）八月，"甲子，遣内史舍人尹徵古如宋"③。高丽王询奉表言："契丹阻其道路，故久不得通，请降皇帝尊号正朔。"④ 请归附如旧。从高丽寻求恢复与宋朝关系第一次来朝贡，女真人便随同来朝，直到1019年，每次高丽入宋朝贡，女真人几乎都随之同来。1020年，高丽王王询向辽朝"表请称藩纳贡"，双方由战转和。1022年，高丽再次"复行契丹年号"，高丽与宋朝随之断交。高丽向辽称藩后，1020年，遣"金梦如宋"；1021年6月"遣韩祚如宋谢恩"⑤。这两次高丽使如宋，皆没带女真同行。

由此可见，后期女真对宋朝贡活动的开始与结束都是取决于高丽与宋是否存在朝贡关系，而高丽与宋的关系又取决于辽与高丽的关系。《文献通考》云：女真"自天圣后没属契丹，不复入贡"⑥。

女真与宋朝建立朝贡关系后，无论是朝贡一方的女真人，还是接受朝贡一方的宋王朝，活动的主要内容有二：一是进行贸易交往；二是寻求政治利益。

11-12世纪时期，女真社会处于原始社会发展的末期，出于社会生活需求和经济发展的需要，各个女真部落积极寻求对外进行贸易交往，换取自己不能生产或产量很低的物品。女真社会经济属于原始农业、畜牧业、渔猎业共存的复合经济类型，其中畜牧业以养马、猪为主，女真对外输出的物品主

---

① ［日］日野开三郎：《宋初女真の山東来航の大勢とその由来》，《朝鲜学报》第33辑，1964年。
② ［宋］李焘：《续资治通鉴长编》卷74，宋真宗大中祥符三年十一月壬辰，第1695页。
③ ［朝鲜］《高丽史》卷4《显宗世家》，第57页。
④ ［宋］李焘：《续资治通鉴长编》卷83，宋真宗大中祥符七年十二月丁卯，第1906页。
⑤ ［朝鲜］《高丽史》卷4《显宗世家》，第64页。
⑥ ［元］马端临：《文献通考》卷327《女真》，第9006页。

要是马匹、貂皮、山珍、鹰（海东青）等。

宋朝前期，即本文讨论问题所涉及的时代，为宋太祖、太宗、真宗时期，是宋辽关系由战转和的重要时期。宋太祖发动了"先南后北"的统一战争，但太宗在收复燕云的战争中遇到挫折，导致辽朝频频南攻，在两次北伐失败后，宋对辽政策由主动出击转向全面防御，真宗景德元年（1004）宋辽缔结了"澶渊之盟"，南北进入和平时期。

在宋太祖登基的第二年女真人开始向宋朝贡，次年太祖便发动了统一战争，女真贡纳的良马正是宋朝需求的物品。乾德元年（963）八月，宋太祖"诏蠲登州沙门岛居民租赋，令专治舟渡女真所贡马"①。在女真对宋朝贡活动最兴盛时期，岁贡马不下万匹②。前来朝贡的女真人，一部分到登州后再由陆路到宋京师汴梁朝贡，朝廷鸿胪寺下设有礼宾院，"掌回鹘、吐蕃、党项、女真等国朝贡、馆设及互市、译语之事"③。前面列表中有明确纪年的女真朝贡，主要是到宋京城朝贡的女真使团，他们曾带去了定安国王、王子给宋朝皇帝的上表和贡物，宋帝也托他们带回给定安国王的诏书。另一部分前来朝贡的女真人只到登州进行朝贡贸易之后，就返回故乡。如雍熙四年（987），契丹以书招女真，女真首领"遣国人阿那乃持其书至登州以闻"④。后者的朝贡频率和人数都应超过前者，否则无法达到岁贡马万匹的规模。无论是到京师还是只到登州朝贡的女真人，都可以得到宋朝给予的丰厚回赐，以朝贡-回赐的形式进行女真与宋官方的贸易。

女真朝贡贸易活动，除了贡纳给宋皇帝、官府的物品外，还带来一些物品与宋民间贸易。宋朝在登州曾设立了专门的官署管理女真人的朝贡贸易活动，如太宗太平兴国四年（979）十二月，"庚申，诏自今登州有女真贡马，其随行物色仰给牒所，在勘验牒外，物并没入之"⑤。后期真宗朝女真再次随高丽对宋进行朝贡时，宋廷于大中祥符八年（1015）二月"甲戌，令登

① ［宋］李焘：《续资治通鉴长编》卷4，宋太祖乾德元年八月丁未，第104页。
② ［宋］李焘：《续资治通鉴长编》卷51，真宗咸平五年三月癸亥，张齐贤上书中有曰："旧日女真卖卖马，岁不下万匹，今已为契丹所隔。"第1122页。
③ 《宋史》卷165《职官志》，第3903页。
④ ［元］马端临：《文献通考》卷327《女真》，第9005页。
⑤ ［宋］李焘：《续资治通鉴长编》卷20，宋太宗太平兴国四年十二月庚申，第466页。

州于八角镇海口治官署，以待高丽、女真使者"①。从上面的史料看，宋朝对女真贸易的物品有一定的限制，这也是古代各王朝与边疆民族、属国进行贸易的惯例。

女真与宋朝之间进行的朝贡贸易，对双方都是有利的，从女真人不畏路途遥远，海路艰险，在遇到辽朝的阻止，又取道高丽，千方百计前来朝贡宋朝的热情来推测，宋朝给予女真人的回赐相当丰厚。实际上，女真人在对宋朝贡之前，927年就开始与辽朝发生了朝贡关系，而且在对宋朝贡的同时，仍有一些女真部落同时向辽朝贡。也有的女真人在向宋朝贡时，停止了向辽朝贡。如铁骊女真，据《辽史》记载统计，927年铁骊开始向辽朝贡，但在女真对宋朝贡的954—990年期间（前期），铁骊停止了对辽朝贡。991年辽朝在鸭绿江口修建3座戍防城，切断了女真对宋的朝贡道之后，铁骊又开始向辽朝贡了。虽然在女真对宋朝贡的记载中只在太祖开宝六年（973）见到"铁利王子5户并母及子弟连没、六温、迪门、没勿罗附其使贡马、布、腽肭脐、紫青貂、鼠皮"②。但这种时间上的巧合应不是完全偶然的，推测是关于铁骊向宋朝贡的活动没有留下记载。

宋朝在与女真朝贡贸易活动中得到了大批良马，补充了宋朝马匹不足的问题。当女真停止向宋进行朝贡之后，宋曾想再招女真来贡马，如神宗元丰五年（1082）春正月，"诏：在先朝时，女真常至登州卖马。后闻女真马行道径已属高丽隔绝，岁久不至。今朝廷与高丽遣使往还，可降诏国王谕旨：女真如愿以马与中国为市，宜许假道。后女真卒不至"③。可见女真人对宋贡纳马匹的数量不少，可在一定程度上补充宋朝军队或其他部门的用马。

女真与宋朝的朝贡关系建立后，彼此之间便建立了政治关系。从宋朝的角度来说，一方面是继承了汉唐以来形成的东亚封贡体系，对边疆民族的朝贡加恩报礼优待之。另一方面，在宋辽战争期间，宋朝希望能利用处在东北的女真人削弱辽在对宋战场上的兵力。

女真朝贡于宋，首先是出于臣属中原王朝的传统政治理念，远的朝代不谈，唐朝以来东北地区各民族包括靺鞨、渤海人都在羁縻府州的统辖之下，

---

① ［宋］李焘：《续资治通鉴长编》卷84，宋真宗大中祥符八年二月甲戌，第1918页。
② ［元］马端临：《文献通考》卷327《女真》，第9005页。
③ ［宋］李焘：《续资治通鉴长编》卷322，宋神宗元丰五年正月丙午，第7768页。

与唐王朝建立了稳定的朝贡关系。在中原王朝改朝换代以后，宋初，女真人便因循唐时的朝贡道越海前来朝贡。其次女真亦有寻求宋朝对其实行政治保护的意图。《宋史·高丽传》记载："先是，契丹伐女真国，路由高丽之界，女真意高丽诱导构祸，因贡马来诉于朝，且言高丽与契丹结好，倚为势援，剽略其民，不复放还。泊高丽使韩遂龄入贡，太宗因出女真所上告急木契以示遂龄，仍令归白本国，还其所俘之民。"高丽王治闻之忧惧，宋监察御使韩国华出使高丽时，高丽国王遣人对宋使说明此事时曰：女真曾经在高丽国"杀略吏民，驱掠丁壮，没为奴隶，转徙他方。以其岁贡中朝，不敢发兵报怨"①。这件事说明宋朝在一定程度上尽了对朝贡国实行保护的责任。而从高丽王对于女真的态度看，虽高丽遭到女真的掳掠，但由于女真人"岁贡中朝，不敢发兵报怨"。这可以从一个侧面反映女真与宋朝建立朝贡关系后，使之成为宋朝保护的对象，即便是朝鲜半岛上较为强大的高丽国对待女真的态度，也要考虑到女真与宋朝的朝贡关系，不敢轻举妄动。

二　定安国与宋朝的朝贡关系

定安国，《辽史》中不见任何记载，《宋史》有《定安国传》：

> 定安国本马韩之种，为契丹所攻破，其酋帅纠合余众，保于西鄙，建国改元，自称定安国。开宝三年，其国王烈万华因女真遣使入贡，乃附表贡献方物。太平兴国中，太宗方经营远略，讨击契丹，因降诏其国，令张犄角之势，其国亦怨寇仇侵悔不已，闻中国用兵北讨，欲依王师以抒宿愤，得诏大喜。②

关于定安国的族属，史籍记载有不同，《续资治通鉴长编》曰："定安国，本马韩之种，为契丹所攻破，其首帅纠合余众保于西鄙，自称定安国公。"③ 称定安国为朝鲜半岛南端的马韩之种。《文献通考》保存了一则宋太宗太平兴国六年（981）定安国主乌玄明因女真朝贡使给宋朝皇帝的上表，

---

① 《宋史》卷487《高丽传》，第14039页。
② 《宋史》卷491《定安国传》，第14128页。
③ ［宋］李焘撰：《续资治通鉴长编》卷11，宋太祖开宝三年九月丙辰，第249页。

其中云：

> 定安国王臣乌玄明言，臣本以高丽旧壤，渤海遗黎，保据方隅，涉历星纪，仰覆露鸿均之德，被渐渍无外之泽，各得其所，以遂物性。而顷岁契丹恃其强暴，入寇境土，攻破城寨，俘掠人民，臣祖考守节不降，与众避地，仅存生聚，以迄于今。①

据定安国王乌玄明（一作元明）所言，定安国是居住在原高丽国故土的"渤海遗黎"。在契丹灭渤海国之时，乌玄明的先祖"与众避地"，"保于西鄙"。所谓"西鄙"，日本学者和田清考证认为是在鸭绿江、佟家江流域，原渤海国西京鸭绿府（今吉林临江）故地②。此说甚是，定安国为渤海遗民所建，非马韩之种。

定安国，不见《辽史》记载，可见其势力不大，对辽朝没有构成任何威胁，虽称为"国"，尚不如东北边疆民族的一个人多势众的大部，其首领初自称定安国公，后称定安国王。在定安国的周围分布着众多的女真部落，包括居住在牡丹江上游的铁骊女真。这些部落前往宋朝贡时，有的部落要途经定安国，于是便发生了定安国托付女真使者上表，或随从女真人朝贡的事情。

宋太祖开宝三年（970），"女真国遣使入朝，定安国王烈万华附表贡方物"③。定安国王与部民为渤海遗民的身份，受到宋朝君臣的重视，渤海亡国之民对契丹的仇恨，对一心要收复被契丹占领燕云十六州的宋朝君臣来说是有利的。宋太宗太平兴国六年（981）定安国主乌元明因女真朝贡使给宋朝皇帝的上表，其中也表达了以契丹为敌的情绪④：

> 定安国王臣乌玄明言……顷岁契丹恃其强暴，入寇境土，攻破城寨，俘掠人民，臣祖考守节不降，与众避地，仅存生聚，以迄于今。而

---

① ［元］马端临：《文献通考》卷327《定安》，第9010—9011页。
② ［日］和田清：《关于安定国》，《东亚史研究·满洲篇》。转引自佟冬主编，孙玉良著《中国东北史》第2卷，第479页。
③ ［宋］李焘：《续资治通鉴长编》卷11，宋太祖开宝三年九月丙辰，第249页。
④ ［元］马端临：《文献通考》卷327《定安》，第9010—9011页。

又夫余府昨背契丹，并归本国，灾祸将至，无大于此，所宜受天朝之密画，率胜兵而助讨，必欲报敌，不敢违命。臣玄明诚恳诚愿，顿首顿首。其末题云，元兴六年十月日，定安国王臣乌玄明表上圣皇帝殿前。

据乌玄明的表文，"夫余府昨背契丹，并归本国"。是指辽景宗保宁七年（975）秋七月，黄龙府卫将渤海人燕颇杀都监张琚以叛。九月，燕颇败，走保兀惹城①。乌元明所说夫余府并归本国，不应是夫余府地区②，而是燕颇的封号，全称为"乌舍城浮渝（夫余）府渤海琰府王"③。在宋朝看来，女真尚处于分散的原始部落状态，对辽朝不能构成很大的威胁，但女真朝贡使带来了定安国王乌玄明的上表，使宋太宗得知时有辽将反叛，据乌舍（乌惹）城称夫余府渤海琰王，并投靠了定安国，辽朝定要出兵讨伐。乌玄明以为"灾祸将至，无大于此，所宜受天朝之密画，率胜兵而助讨，必欲报敌，不敢违命"。此时，宋朝在筹备北伐，力图收复燕云地区，于是太宗马上做出积极的回应，分别给定安国王乌玄明和乌舍城夫余府渤海琰王各一道诏书，给乌玄明的诏书中曰：

> 敕定安国王乌玄明。女真使至，得所上表，以朕尝赐手诏谕旨，且陈感激。卿远国豪帅，名王茂绪，奄有马韩之地，介于鲸海之表，强敌吞并，失其故土，沉冤未报，积愤奚伸。矧彼獯戎，尚摇蛊毒，出师以薄伐，乘夫天灾之流行，败衅相寻，灭亡可待。今国家已于边郡广屯重兵，只俟严冬，即申天讨。卿若能追念累世之耻，宿戒举国之师，当予伐罪之秋，展尔复仇之志，朔漠底定，爵赏有加，宜思永图，无失良便。而况渤海愿归于朝化，扶余已背于贼庭，励乃宿心，纠其协力，克期同举，必集大勋。尚阻重溟，未遑遣使，倚注之切，鉴寐宁忘。④

宋太宗给乌舍城夫余府渤海琰王的诏书中曰：

---

① 《辽史》卷8《景宗纪上》，第94—95页。
② 夫余府，为渤海国时的西部重镇，辽朝改称黄龙府，在今吉林农安，是辽朝东北方面统辖女真等族的重镇，从未被定安国占据。
③ ［元］马端临：《文献通考》卷326《渤海》，第8989页。
④ 《宋史》卷491《定安国传》，第14128—14129页。

当灵旗破虏之际，是邻邦雪愤之日，所宜尽出族帐，佐予兵锋，俟其剪灭，沛然封赏，幽蓟土宇复归中朝，朔漠之外悉以相与，勖乃协力，朕不食言。①

两通诏书由女真使者带回交给定安国王。然而，太宗雍熙三年（986）宋朝发动的"雍熙北伐"，很快就以失败告终。太宗端拱二年（989）"其（定安国）王子因女真使附献马、雕羽、鸣镝"。两年后"淳化二年（991），其（定安国）王子大元因女真使上表"②。这里值得注意的是定安国第一次遣使向宋朝贡时国王为烈（列）氏，太平兴国六年上表的定安国王已易为乌氏③。此时王子为大姓，这说明至少在991年定安国王又易姓为大氏。这之后，定安国不再向宋朝贡。当女真人朝贡活动受到辽朝的阻止，请求宋朝出兵打通朝贡道时，宋朝已不想再与辽朝发生冲突，没有出兵。但宋朝却"以渤海不通朝贡，诏女真发兵攻之，凡斩一级，赐绢五匹为赏"④。显然是由于此前在宋北伐辽时，定安国与夫余府渤海琰王都没有任何军事行动，宋朝皇帝极为不满，找个借口令女真人为其出气。

综上所述，女真人与宋朝贡关系，始于宋太祖建隆二年（961），止于宋真宗天禧三年（1019）。前期朝贡的女真人可蔓延到东北内地的松花江、牡丹江流域各女真部落、渤海遗民兀惹、定安国，其主要部分是鸭绿江女真。后期朝贡的女真人以咸兴平原的长白山三十部女真为主，并随同高丽国入宋朝贡。女真对宋朝贡的初始，是出于传统的政治臣属理念和自身发展的需要，在朝贡关系建立后，双方主要活动是经济贸易⑤。因处于辽宋南北对峙时期，女真人对宋朝贡活动受辽宋关系的制约，表现出中国南北分裂时期边疆民族朝贡活动的特点。

---

① ［元］马端临：《文献通考》卷326《渤海》，第8989页。
② ［元］马端临：《文献通考》卷327《定安》，第9011页。
③ 日本学者日野开三郎认为列、乌易姓是在宋太平兴国四年（979）［《東北アジア民族史》下，第274页］。但是从乌元明表文后属"元兴六年"，元兴当为其年号，由此推断列、乌易姓应在976年。
④ ［宋］李焘：《续资治通鉴长编》卷32，宋太宗淳化三年十二月辛卯，第728页。
⑤ 程民生：《海上之盟前的宋朝与女真关系》，《社会科学战线》2012年第3期。

第四节　金元朝东北民族朝贡制度的建构与运作

金元时期是东北民族大发展时期，随着女真人和蒙古人先后建立金、元二朝，东北边疆绝大多数民族地区脱离了原始社会形态。进入文明社会发展阶段后，金元统治集团将本族发祥地视为内地，通常采用设置具有统治民族特点的地方行政建制，如金朝的猛安谋克制度、元朝的蒙古王公封地王府制度，给予本族人种种优遇政策。金元统治者对东北边疆其他少数民族实行最大限度的直接统治方针，凡已经脱离原始形态的民族地区，设置具有民族特点的行政建制，与州县制并行，形成双重（或多重）行政统辖系统，纳入中央集权的地方政治制度中。女真、蒙古统治者只对尚处于原始社会发展阶段的族群实行朝贡制度，朝贡制度实行的范围越来越小，朝贡制度成员也越来越少，朝贡制度几乎被民族地区建置所取代。

一　金朝东北民族朝贡制度与运作

女真人建立金朝后，迅速由东北一隅发展为与南宋划淮而治的北方王朝。金熙宗天眷元年（1138），金朝主体政治制度实现了自下而上的变革，中央确立三省六部制度，地方形成别具特色的路、州（府）、县制度与猛安谋克制、部族与乣制多种制度并行的地方政治制度。在金朝统辖的绝大部分地区实现了中央集权的直接统治，只有黑龙江下游和界壕以外的草原地带实行较为松弛的朝贡制度。

1. 蒙古高原游牧族群的朝贡活动

由辽入金，北方草原地带分布着众多的游牧部落，活跃于金前期和中期的主要有阻𨚍、萌古（蒙古）等部。唐宋史籍所见的鞑靼，据王国维考证分为东、西、南三部，他认为"《辽史》所记阻卜，其分布区域乃各与此三部鞑靼相当"，"见于《金史》之阻𨚍若北阻𨚍，则略当唐时之'东鞑靼'，亦即蒙古人所谓'塔塔儿'"①。《元朝秘史》记载塔塔儿部居住在捕鱼儿

---

① 王国维：《观堂集林》卷14《鞑靼考》，第641页。北阻𨚍是否即是金朝后期的塔塔儿部，学界有不同意见。冯承钧《辽金北边部族考》认为，金之阻𨚍为塔塔儿，北阻𨚍为克烈、主儿勤、乞颜（《西域南海史地考证论著汇辑》，中华书局，1957年，第188—199页）。周良霄《鞑靼杂考》则认为，《金史》阻𨚍与北阻𨚍实为一部，即塔塔儿（《文史》第8辑，中华书局，1980年）。

海子（今贝尔湖）、阔连海子（今呼伦湖）一带地区①。然南宋人所说的鞑
靼，较金人所说的阻䪁分布范围更广，应包括唐宋时期东、西、南三部鞑靼
的后裔。萌古，金代又作蒙古②，南宋李心传撰《建炎以来朝野杂记》乙集
卷19《边防二·鞑靼款塞》记载：

> 鞑靼者……其人皆勇悍善战，近汉地者，能种秫稷，以平底瓦釜煮
> 而食之。远者止以射猎为生，无器甲，矢用骨镞而已，盖以地不产铁故
> 也。契丹虽通其和市，而铁禁甚严。及金人得河东，废夹锡钱，执刘
> 豫，又废铁钱，由是秦晋铁钱皆归之，遂大作军器，而国以益强。
>
> 又有蒙国者，在女真之东北，唐谓之蒙兀部，金人谓之蒙兀，亦谓
> 之萌骨。人不火食，夜中能视，以鲛鱼皮为甲，可捍流矢。

　　《金史》所见蒙古部名称有广吉剌、合底忻部、山只昆部，"合底忻者，
与山只昆皆北方别部，恃强中立，无所羁属，往来阻䪁、广吉剌间，连岁扰
边"③。广吉剌，即是元代的弘吉剌部，屠寄《蒙兀尔史记》、日本学者箭内
亘考证在额尔古纳河与特勒布儿河合流处的苦烈业尔山④。合底忻、山只
昆，冯承钧认为合底忻即是哈答斤，山只昆即是散只兀（撒勒只兀惕）⑤。
两部分布的地区大致在今呼伦贝尔草原的伊敏河、辉河一带⑥。原居住在海
拉尔河、额尔古纳河、克鲁伦河流域的乌古部、敌烈部，曾是辽朝统辖下的
人数较多、势力强大的北方游牧部族。金太宗天会二年（辽天祚帝天保四
年，1124）正月，在金军的追赶下，穷途末路的天祚帝"弃营北遁"一度
至乌古、敌烈部以避女真兵锋⑦，很快天祚帝带残部又逃往他处。乌古、敌

---

　　① 《元朝秘史》（校勘本）卷1，乌兰校勘，中华书局，2012年，第17页。
　　② 韩儒林：《蒙古的名称》中考证，"蒙古"二字作为部落名，最早见于宋人徐梦莘撰《三朝北盟
会编》卷243引《炀王江上录》，文献中辽金两代蒙古名称的异译约20多种，"蒙古"是其中之一。参
见是氏《穹庐集》，河北教育出版社，2000年。
　　③ 《金史》卷93《宗浩传》，第2073页。
　　④ 屠寄：《蒙兀尔史记》卷2《成吉思汗纪》，中国书店，1984年，第36页。［日］箭内亘：《元
代の東蒙古》，《滿鮮地理歷史研究報告》第六，东京帝国大学文学部，大正九年（1920）。
　　⑤ 冯承钧：《辽金北边部族考》，《西域南海史地考证论著汇辑》，中华书局，1957年。
　　⑥ 干志耿、孙秀仁：《黑龙江古代民族史纲》，黑龙江人民出版社，1987年，第421页。
　　⑦ 《辽史》卷29《天祚帝纪》，第347页。

烈人见辽朝大势已去，一部分部落投附女真王朝，《金史·太宗纪》记载：天会二年闰三月，"己丑，乌虎里、迪烈底两部来降"。三年（1125）二月，"丁卯，以庞葛城地分授所徙乌虎里、迪烈底二部及契丹民"①。留在原处的乌古、敌烈部则与其他游牧部族相融合，金代乌古、敌烈成为金直辖区的部族名称。

金初，女真的势力范围曾伸展到北方草原鄂嫩河以南地区，自大兴安岭以北根河支流库力河西岸起，向西经额尔古纳河，延伸至克鲁伦河与乌勒吉河之间的草原上，直至肯特山东南、鄂嫩河之南、乌勒吉河以西有一道全长约1400里的长城。1852年俄国人克鲁泡特金首先发现这道长城，他称其为"成吉思汗边墙"②，今考古学界称为"岭北长城"。清光绪二十三年（1897）在屠寄的主持下详细测绘了这道长城，"凡车马可通之地，则步步详测，虽车马难通，而人迹犹可至者，莫不穷幽凿险而探绘之"③。清人认识到是金朝修建的，称其为"金源边墙"。我国考古工作者于20世纪70、80年代对位于我国境内的长城（界壕）部分进行了多次调查。学界关于这道长城（界壕）修建的年代有不同看法，孙秀仁认为是辽朝为防御属部羽厥、室韦、北阻卜等族窜犯而修筑的防御工程，修筑于辽代中期以后④。米文平、冯永谦则认为是金朝初年为防御北方草原游牧民族而修建的⑤。金灭辽后，在女真强大的军事威力下，草原地带一些游牧民族部落开始向金朝称臣纳贡。天会三年（1125），出使宋朝的金人乌歇说："沙漠之间系是鞑靼、蒯古子地分，此两国君长并已降拜了本国。"⑥ 此时为金灭辽的当年。

金朝女真统治集团如何经营对蒙古草原东部阻䪁、蒙古部落的羁縻统辖关系？中外史籍中相关记载极少，王国维认为这是由于元人修史时已不知鞑靼（阻卜）与蒙古之别，误以鞑靼为蒙古之先，讳言蒙古与鞑靼对辽金称

① 《金史》卷3《太宗纪》，第50页。
② 克鲁泡特金探险调查材料原稿现存于黑龙江省博物馆，转引自冯永谦《金长城修筑年代辨》，《东北史地》2008年第3期。1934年俄国人包诺索夫也曾调查过这道长城，见包诺索夫《成吉思汗边墙初步调查》，胡秀杰译，《大陆科学院通报》第5卷第1期，1942年。载于吴文衔主编《黑龙江考古民族资料译文集》第1辑，北方文物杂志社，1991年。
③ 屠寄：《黑龙江舆图》第5册，光绪二十五年（1899），版石印套色本，第7—9页。
④ 孙秀仁：《黑龙江历史考古述论》（上），《社会科学战线》1979年第1期。
⑤ 米文平、冯永谦：《岭北长城考》，《辽海文物学刊》1990年第1期。
⑥ ［宋］徐梦莘：《三朝北盟会编》卷9引《燕云奉使录》，第63页。

臣纳贡，有意删去二者事迹①。目前史籍关于金朝与北方草原游牧民族关系
的记载，主要见于宋人撰写的《松漠纪闻》《建炎以来朝野杂记》《建炎以
来系年要录》《三朝北盟会编》《大金国志》等。王国维对于南宋人所撰蒙
古史料进行了考辨，指出除《松漠纪闻》之外，诸书的史料主要源于王大
观《行程录》和李大谅《征蒙记》，认为二书为同时之作，往往互为表里，
细考之"乃与史实不合，盖宋南渡初叶人所伪作而托之金人者"，造作蒙古
寇金事，"自无史学上之价值"，断定蒙古之信史当自成吉思汗始②。日本学
者外山军治对王氏看法提出质疑，根据金人王彦潜所撰《大金故尚书左丞相
金源郡贞宪王完颜公神道碑》③ 与《金史》纪传所载相关史料的考察，他认
为王大观《行程录》和李大谅《征蒙记》二书，虽然存在一些谬误和夸大
其词的部分，但并非捏造史实，其中存在一些近乎历史真相的记载④。学界
多赞同外山的看法。因此，诸书保留的《行程录》与《征蒙记》相关记载，
与史家在《金史》中保存不多的史料和以隐晦的笔法所记载的事迹⑤，以及
金宋时期私人撰写的史书和出土的碑刻，为我们探讨金朝管理草原游牧部落
朝贡活动提供了重要信息。

　　金太祖时期，女真很快从反辽转入灭辽战争，相继攻占辽东京、上京、
中京，这对蒙古草原上的游牧民族不能不产生重要影响，太祖天辅六年
（1122）五月，"谋葛失遣其子菹泥刮失贡方物"⑥。据王国维考证"谋葛
失"为蒙古之部名⑦。这是史籍所见草原游牧民第一次向金朝朝贡。太宗天
会二年（1124），在女真军队的强大攻势下，辽天祚帝逃亡沙漠之间鞑靼、
蒙古地分，金军"袭之于沙漠，掩其不备而及之。辽主惊遁，惟一二臣从

---

　　① 王国维：《观堂集林》卷 14《鞑靼考》，第 643—645 页。相似的现象也出现于清人修《明史》
时，史臣同样讳言女真对明称臣纳贡，尽量删除相关事迹。
　　② 王国维：《观堂集林》卷 15《南宋人所传蒙古史料考》，第 739、757 页。
　　③ 长顺修，李桂林纂：《吉林通志》卷 120《金石志·金完颜希尹碑》，吉林文史出版社，1986 年
影印本，第 1771 页。
　　④ ［日］外山军治：《金朝史研究》，李东源译，黑龙江朝鲜民族出版社，1988 年，第 298—
309 页。
　　⑤ 前引贾敬颜《从金朝的北征、界壕、榷场和宴赐看蒙古的兴起》中认为，《金史》中多以"北
部""北鄙""边部""邻国""敌国""东北部""西北诸部"等指代蒙古、阻卜等北方游牧部落。对蒙
古、阻卜的战争含混地称为"北巡""北征""巡边""经略北边"等。
　　⑥ 《金史》卷 2《太祖纪》，第 37 页。
　　⑦ 王国维：《观堂集林》卷 15《萌古考》，第 694 页。

去。获其八宝、妃嫔、公主及群侍与诸部族之人"①。天会三年（1125）三月，金将完颜斡鲁献传国宝，"以谋葛失来附，请授印绶"②。故乌歇对宋人说："此两国君长并已降拜了本国。"

然而，金朝与北方草原游牧部落的羁縻统辖关系并不稳固，《松漠纪闻》载："盲骨子，其人长七八尺，捕生麋鹿食之。金人尝获数辈至燕，其目能视数十里，秋毫皆见，盖不食烟火，故眼明。与金人隔一江，常渡江之南为寇，御之则返，无如之何。"③ 金熙宗时期，草原游牧部落接连寇边不断。天会十三年（1135），"萌古斯扰边"，太师宗磐与左丞相完颜希尹"奉诏往征之，□□其□落俘□□□□□以□□□入朝奏捷。初陛辞日，太傅王曰：'若获畜牧，当留备边用。'王谓是，诏意遵之。宗磐悉以所获□赏军士"④。从金军统帅的身份看，这应是一次较大规模的征讨行动，然金军虽大败蒙古部，却未能征服之，蒙古部仍扰边不断。宋人李心传《建炎以来系年要录》记载：

> （宋绍兴九年十二月）女真万户呼沙呼北攻蒙古部，粮尽而还，蒙古追袭之，至上京之西北，大败其众于海岭。
>
> （绍兴十六年八月）金都元帅宗弼……自将中原所教神臂弓弩手八万人讨蒙古，因连年不能克，是月，领汴京行台尚书省事萧博硕诺与蒙古议和，割西平河以北二十七团寨与之。岁遗牛羊米豆，且命册其酋鄂伦贝勒为蒙古国王，蒙人不肯。
>
> （宋绍兴十七年三月）金人用兵连年，卒不能讨，但遣精兵分据要害而还。⑤

综上，熙宗时至少有三次北征，一是天会十三年，金军主帅是完颜宗磐

---

① 长顺修，李桂林纂：《吉林通志》卷120《金石志·金完颜希尹碑》，第1772页。
② 《金史》卷3《太宗纪》，第52页。
③ 洪皓：《松漠纪闻》卷上，《辽海丛书》，辽沈书社，1985年影印本，第207页。
④ 王彦潜：《大金故尚书左丞相金源郡贞宪王完颜公神道碑》，李澍田主编《金碑汇释》，吉林文史出版社，1989年，第81页。
⑤ ［宋］李心传：《建炎以来系年要录》卷133，绍兴九年十二月，第2142—2143页；卷155，绍兴十六年八月，第2514页；卷156，绍兴十七年三月，第2529页。

与完颜希尹；二是天眷二年，即宋高宗绍兴九年（1139），金军主帅是呼沙呼；三是皇统六年，即绍兴十六年（1146），金军主帅是完颜宗弼。后一次宗弼北征，《金史》列传记载中有所反映，如乌林答晖"从宗弼北征，迁广威将军，赏以金币、尚厩击球马"①，中京留守耶律怀义"从宗弼过乌纳水，还中京"②，完颜撒改"从军泰州路，军帅以撒改为万户，领银术可等猛安，戍北边，数有战功"③。宗弼北征虽未能以武力征服北方草原游牧部落，但以割西平河以北二十七团寨为条件，双方最后达成和议，《读史方舆纪要》云："胪朐河，或曰即西平河也。"④ 即今克鲁伦河。然上述《要录》记事有错讹之处，需要辨析。首先，皇统年间领汴京行台尚书省事官职一直由都元帅宗弼兼任⑤，并非他人。其次，与蒙古议和的是何人？金以通蒙古语言的契丹或奚族官员出使议和应不误，宋金史籍记载熙宗朝担任汴京行台宰执有三位萧姓官员，一是天会十五年（1137）首任行台右丞相契丹人萧博硕诺⑥；二是天眷二年（1139）出任行台平章政事的奚人萧宝；三是皇统八年（1148）六月到八月出任行台左丞相的契丹人萧仲恭⑦。王国维认为宋人所记契丹人萧博硕诺（保寿奴）与金人所记奚人萧宝是一人，天眷二年萧宝（保寿奴）由右丞相降为平章政事，皇统七年十月"平章行台尚书省事奚宝薨"⑧，奚宝即萧宝。如有和议之事，是行台平章政事萧宝，还是行台左丞相萧仲恭？我认为后者的可能性更大。三是议和时间，从上述记事看，似应金军回师分据要害之后，再遣使与蒙古和议更为合理。因此，宗弼遣使与蒙古议和的时间应在皇统八年（1148）的六至八月间，萧仲恭任行台左丞相后马上奉命前往蒙古议和，因其议和成功，解除北部边警，维护了对草原地区的羁縻统辖，仅任行台左丞相两个月后，就被擢任为中央尚书右丞相⑨。

---

① 《金史》卷120《乌林答晖传》，第2620页。
② 《金史》卷81《耶律怀义传》，第1827页。
③ 《金史》卷91《完颜撒改传》，第2011页。
④ ［清］顾祖禹：《读史方舆纪要》卷45《山西七·外夷附考》，商务印书馆，1937年。
⑤ 《金史》卷4《熙宗纪》，第75页。
⑥ ［宋］李心传：《建炎以来系年要录》卷117，绍兴七年十一月，第1884页。［宋］徐梦莘：《三朝北盟会编》卷182，作"萧保寿奴"，第1318页。
⑦ 《金史》卷4《熙宗纪》，第74、84页。
⑧ 《金史》卷4《熙宗纪》，第83页。
⑨ 《金史》卷4《熙宗纪》，第84页。

早在太宗天会三年（1125）金朝已对蒙古酋长行册封、"授印绶"①。此次金廷又欲册封蒙古大酋鄂伦贝勒为蒙古国王，"鄂伦"为何人？法国学者雷纳·格鲁塞说："金主赐野蛮人的首领以熬罗孛极烈的贵号并封为蒙兀国王，伯希格曾建议将这个汉字对音还原为蒙古文，但是还不能将这个名字和《秘史》以及《拉施特书》所记载的、前于成吉思汗时期的这些英雄们的名字对照符合。"② 尽管如此，这件事说明在金前期对蒙古草原上拥有较强政治势力的朝贡成员有行册封之举，这是经营朝贡关系的一项重要内容。

海陵王迁都燕京后，贞元元年（1153）闰十二月，海陵"命西京路统军挞懒、西北路招讨萧怀忠、临潢府总管马和尚、乌古迪烈司招讨斜野等北巡"③。贾敬颜认为，北巡即北征，从东北乌古迪烈招讨司到西北路招讨司，四路出兵，反映了战争规模的巨大和战争程度的激烈④。所言甚是。其后虽无大的战争，但边地摩擦不断，如正隆年间北边契丹人所言"西北路接近邻国，世世征伐，相为仇怨"⑤。

金中期以后，北方草原游牧部落兴起，世宗朝一度出现草原游牧部落频繁寇边的现象。金末南宋人赵珙《蒙鞑备录》云："大定间，燕京及契丹地有谣言云：'鞑靼来，鞑靼去，赶得官家没去处。'葛酋雍宛转闻之，惊曰：'必是鞑人，为我国患。'乃下令极其穷荒，出兵剿之，每三岁前并向北剿杀，谓之灭丁。"贾敬颜认为"三年灭丁"之说，未必如赵珙所言之甚，世宗朝北征，则几乎是三年一次进行⑥。然搜检史籍世宗朝与北方游牧部落发生战事，主要集中在大定七年到十一年之间（1167—1171）。据《金史·世宗纪》记载：大定七年闰七月，"甲戌，诏遣秘书监移剌子敬经略北边"。八年十二月，"戊子朔，遣武定军节度使移剌按等招谕阻鞑"。宋人楼钥出使金朝时听人说："为年（大定九年）时被蒙古国炒。……蒙古国作梗，太

---

① 《金史》卷3《太宗纪》，第52页。

② ［法］雷纳·格鲁塞：《蒙古帝国史》，商务印书馆，2005年，第36页。文中"熬罗孛极烈""蒙兀国王"出自《续通鉴纲目》。《秘史》指《元朝秘史》，《拉施特书》指拉施特的《史集》。

③ 《金史》卷5《海陵纪》，第101—102页。

④ 贾敬颜：《从金朝的北征、界壕、榷场和宴赐看蒙古的兴起》，《元史及北方民族史研究集刊》第9期，1985年。

⑤ 《金史》卷133《移剌窝斡传》，第2849页。

⑥ 贾敬颜：《从金朝的北征、界壕、榷场和宴赐看蒙古的兴起》，《元史及北方民族史研究集刊》第9期，1985年。

子自去边头议和，半年不决，又且归。"① 金与蒙古议和不成，十年（1170）
八月出兵，"壬申，遣参知政事宗叙北巡"②。十一年，纥石烈志宁"代宗叙
北征。既还，遣使者迎劳，赐以弓矢、玉吐鹘。入见，上慰劳良久"③。金
世宗即位后，一直忙于平定契丹叛乱和结束对宋战争，直到大定五年元月，
才与宋朝签订和议。在当时的形势下，金朝不大可能主动经略北方草原，大
约因游牧部落的扰边，世宗才派遣移剌子敬北巡，接着又派遣移剌按诏谕各
部，但这未能阻止草原游牧民的侵扰。大定九年（1169）北方游牧部落大
举寇抄边地，世宗遣参知政事完颜宗叙率军北征，大约出师不利。十一年，
世宗再派骁勇善战的右丞相纥石烈志宁代宗叙统军作战，大获全胜。于是，
大定十二年四月，"阻𩫡来贡"④。

　　金朝通常不允许朝贡成员诣阙朝贡（详见后文），这次特例，或可说明
这次战争规模较大，归降者是草原上有影响的部落酋长。《史集》记载，成
吉思汗的三世祖合不勒汗因勇敢和能干而名扬草原，金人闻知后，派使者招
他入朝，金帝宴请合不勒汗时，他的食量过人，令金人甚为惊奇。合不勒汗
回去时金人赏赐他一些金子、珠宝和衣服⑤。然合不勒汗属蒙古部，非阻𩫡
（塔塔儿）人，合不勒汗入朝诣阙是否在这年？现有资料尚不能确定，只是
一种可能。

　　世宗末章宗初，草原游牧部落彼此争长愈演愈烈，并经常入塞掠夺。
《金史·移剌益传》载："时北边有警，诏百官集尚书省议之，太尉克宁锐
意用兵，益言天时未利，宜俟后图。"徒单克宁任太尉的时间为世宗大定二
十六年（1186）到章宗明昌二年（1191）初，这期间金朝没有北征行动。
然而，"北部广吉剌者尤桀骜，屡胁诸部入塞"。又有"合底忻者，与山只
昆皆北方别部，恃强中立，无所羁属，往来阻𩫡、广吉剌间，连岁扰边，皆

　　① ［宋］楼钥：《北行日录》，《全宋文》卷5974《楼钥七五》第265册，上海辞书出版社、安徽
教育出版社，2006年，第101页。
　　② 《金史》卷6《世宗纪》，第147页。
　　③ 《金史》卷87《纥石烈志宁传》，第1934页。
　　④ 《金史》卷7《世宗纪》，第156页。
　　⑤ ［波斯］拉施特：《史集》第1卷第2分册，余大钧、周建奇译，商务印书馆，1983年，第42—
44页。

二部为之也"①。明昌四年（1193），董师中上言："今边鄙不驯，反侧无定，必里哥孛瓦贪暴强悍，深可为虑。"又言："南北两属部数十年捍边者，今为必里哥孛瓦诱胁，倾族随去，边境荡摇。"② 必里哥孛瓦，是合底忻部酋长③，在他的胁诱下为金朝捍边数十年的南北两属部叛金而去。

　　为打击入塞骚扰边地的游牧部落，章宗朝从明昌六年到承安二年（1195—1197），为时三年，金军两次深入大漠北征，主帅先后有左丞相夹谷清臣、右丞相完颜襄、同判大睦亲府事（后任枢密使）完颜宗浩、西南路招讨使仆散揆、西北路招讨副使完颜安国、东北路招讨副使瑶里孛迭等。明昌六年（1195）六月，金军取得斡里札河之战大捷，大败蒙古诸部④，完颜襄"遂勒勋九峰石壁"⑤。翌年（承安元年）七月，章宗"御紫宸殿，受诸王、百官贺，赐诸王、宰执酒。敕有司，以酒万尊置通衢，赐民纵饮"。十二月"遣提点太医近侍局使李仁惠劳赐北边将士，授官者万一千人，授赏者几二万人，凡用银二十万两、绢五万匹、钱三十二万贯"⑥。足见这次战争规模之大，战绩之显赫。然不久，北方游牧民复叛。完颜襄认为"若攻破广吉剌，则阻䩽无东顾忧，不若留之，以牵其势"。宗浩则主张："国家以堂堂之势，不能扫灭小部，顾欲藉彼为捍乎？臣请先破广吉剌，然后提兵北灭阻䩽。"章宗采纳了宗浩的意见。承安三年（1198）金军再次进入草原深处，广吉剌部很快降金，"遂征其兵万四千骑"，与金军共同打击山只昆、合底忻、婆速火诸部，"斩首千二百级，俘生口车畜甚众"，"合底忻部长白古带、山只昆部长胡必剌及婆速火所遣和火者皆乞降。宗浩承诏，谕而释之"。对拒降的"婆速火九部斩首、溺水死者四千五百余人，获驼马牛羊不可胜计。军还，婆速火乞内属，并请置吏"⑦。于是，"并塞诸部降，谕使输贡如初"⑧。

---

① 《金史》卷93《宗浩传》，第2073页。
② 《金史》卷95《董师中传》，第2114页。
③ 佟冬主编，丛佩远著：《中国东北史》第3卷，吉林文史出版社，1998年，第5页。
④ 战争详细经过，参见《金史》卷10《章宗纪》，卷93、卷94上举宗浩、夹谷清臣等人列传。
⑤ 《金史》卷94《襄传》，第2089页。
⑥ 《金史》卷10《章宗纪》，承安元年，即明昌七年，是年十一月改元承安。第239—240页。
⑦ 《金史》卷93《宗浩传》，2073—2074页。
⑧ 《金史》卷94《完颜安国传》，第2094—2095页。

1986 年在蒙古国肯特省温都尔汗以南约 60 公里的巴彦呼塔格苏木（县），一座石山的山腰上，蒙古学者发现一处女真字摩崖石刻，高 2 米，宽 3 米，9 行，约 144 字。1991 年日本学者加藤晋平等人在女真文石刻东 20 米左右处，又发现一处汉文石刻，同样高 2 米，宽 3 米，9 行，共 86 字。之后日本学者多次去该处考察，对女真文和汉文石刻进行了细致研究，现将松田孝一所列三位学者识读汉文石刻和女真文石刻的成果①转录如下：

行	加藤晋平（汉文石刻）	白石典之（汉文石刻）	爱新觉罗乌拉熙春（女真文石刻）
1	大金国府仪同三司尚书右丞	大金开府仪同三司尚书右丞	大中央金国尚书右丞相
2	任国公□□宗室襄□	任国公　宗室襄奉	开府仪同国子监任国公同知宗室襄
3	帝命帅□□北□□背叛□	帝命帅师讨被尣孛背叛由	敕闻作恶的肆虐的北尣孛（复数）把
4	□刺胡□□罕□□□□□	阿刺胡麻乞罕赤勒裛幹礼	讨伐以据对夜至阿刺胡［戍］乞罕［赤］勒
5	□□□□□□里□□□	赖伯速讹　真到里马□□	［裛］幹礼赖伯速讹真［里］马［?］［?］打刺［速］
6	□刺□□□□□	打刺渡水至乌细局晨	等地方（复数）把乌里撒河的峰隘口
7	□□□□□□□	灭追半□□核□回□□	残余的捉拿河于获取军队
8	□□□明昌七年六月日	班师时明昌七年六月日	回是时明昌七年六月　日
9	□□□□□□	命□山名曰鹤或鴬	山把撒尔宾（语气助词）称作

两处石刻正是当年金军主帅完颜襄在九峰石壁上留下的记功石刻。石刻中的"北尣孛"，即是"北阻鞑"，发现记功石刻的地点当距离主战场不远。《蒙鞑备录》中记述了 1221 年（金宣宗兴定五年）赵珙在燕京的见闻："二十年（前）山东、河北谁家不买鞑人为小奴婢，皆诸军掠来者。今鞑人大臣当时多有虏掠住于金国者。且其国每朝贡则于塞外，受其礼币而遣之，亦不令入境。鞑人逃遁沙漠，怨入骨髓。"赵珙将此系于世宗朝，实误。此二

① ［日］松田孝一：《セルベン・ハールガ漢文銘文とオルジャ河の戦い》，《モンゴル国所在の金代碑文遺跡の研究》，平成 16—17 年度科学研究费补助金基盘研究（C）研究成果报告书，研究代表者白石典之，2006 年（平成 18）。

十年前，正当章宗明昌、承安北征大捷之时，金军俘获的大量蒙古、阻䍀部落民被沦为金人家奴。逃亡沙漠的游牧民更是"怨入骨髓"，埋下了复仇的种子。

在完颜襄北征过程中，得到蒙古铁木真部与脱斡邻部出兵助战，并杀了北阻䍀（塔塔儿部）的酋长，"金国的王京，知太祖与脱斡邻将塔塔儿寨子攻破，杀了蔑古真等，大欢喜了。与太祖札兀忽里的名分，脱斡邻王的名分。王京又对太祖说，杀了蔑古真等，好生得你济。我回去金国皇帝行奏知，再大的名分招讨官教你做者。说罢，自那里回去了"①。脱斡邻、铁木真得到金朝的封号后，在蒙古诸部中日益强大起来。铁木真在统一了蒙古主要部落之后，建立了蒙古汗国，1211 年蒙古南下，对金开战，得到在中原沦为奴婢的蒙古人的呼应。从此，金朝开始走上灭亡之路。

金朝女真统治集团对北方游牧部落采取羁縻统治，在金朝直辖区与游牧民羁縻统辖区之间有明确的界限，即是金朝初年以来不断修筑的界壕。最早见于记载的是金初"泰州婆卢火所浚界壕"②。据《金史·婆卢火传》记载：太祖天辅五年（1121），"摘取诸路猛安中万余家，屯田于泰州，婆卢火为都统，赐耕牛五十"，到熙宗天眷元年（1138），婆卢火卒。这期间婆卢火虽曾随太祖、太宗参加对辽宋战争，但他始终任泰州路都统③，修筑界壕的时间应在太宗年间。世宗大定十年（1170）正当女真军队与北方游牧部落作战期间，"参知政事宗叙请置沿边壕堑"④，因丞相纥石烈良弼等人认为："北俗无定居，出没不常，惟当以德柔之。若徒深堑，必当置戍，而塞北多风沙，曾未期年，堑已平矣。不可疲中国有用之力，为此无益。"议遂寝⑤。世宗后期，北方草原部落兴起，寇边事件时有发生，大定二十一年（1181）在北部旧设边堡的基础上，补缺设置，"列置边堡"，同时"开壕堑以备边"⑥。章宗即位后，明昌年间"自西南、西北路，沿临潢达泰州，开筑壕

①　《元朝秘史》（校勘本）卷 4，乌兰校勘，第 124 页。

②　《金史》卷 24《地理志》，第 549 页。

③　程妮娜：《金代政治制度研究》，吉林大学出版社，1999 年，第 162—163 页。

④　《金史》卷 88《纥石烈良弼传》，第 1952 页。

⑤　《金史》卷 86《李石传》，第 1915 页。

⑥　《金史》卷 24《地理志》，第 563—564 页。

堑以备大兵，役者三万人，连年未就"①。其后，在金军大规模北征前后，金朝一直在整修边壕，如孛术鲁德裕"明昌末，修北边壕堑，立堡塞，以劳进官三阶，授大理正"②。承安三年（1198）金军二次深入草原北征之后，"时惩北边不宁，议筑壕垒以备守戍……乃命宗浩行省事，以督其役。功毕，上赐诏褒赍甚厚"③。《金史·张炜传》将"大筑界墙"之事系于承安五年（1200），张炜任"行户工部牒主役事"。拉施特在《史集》中记述金界壕时曰：

> 乞台居民与这些［突厥蒙古］民族、与他们所在的地区，［总之］与他们的游牧地段毗邻而居，所以在乞台境内进行游牧的若干部落，经常杀死属于这些部落的某些部落的许多［人］，而他们［反过来］也去掠夺和破坏乞台地区。乞台君主由于时刻担心着这些蒙古游牧民，便在乞台国与这些部落之间筑起一道像亚历山大城墙那样的城墙（蒙古人称之为兀惕古黑，突厥语则作不忽儿合），表现了制驭他们的远大眼光与才干。这道城墙的一端起自哈剌沐涟河，哈剌沐涟河是一条极大的不可渡过的河；另一端直到女真地区边界的海边。④

乞台，指金朝。这道城墙近代以来经过多次考古调查，已经搞清楚其走向和基本结构，除了第一部分提到的"岭北长城"以外，在南部还发现线路多道、情况复杂的金界壕，被称为"岭南长城"。"岭南长城"主要有三道，最北一道由莫力达瓦旗后七家子起，进入蒙古国，止于贝尔湖（捕鱼儿海子）西南方，长约1500里；中间一道东起嫩江西岸的前七家子，东经今扎赉特旗额尔吐之北，向西南经东乌珠穆沁旗，进入蒙古国，复入我国阿巴嘎旗，止于今内蒙古武川县上庙沟。最南一道同样起于嫩江西岸的前七家子村，又分为外线和内线，外线皆在今内蒙古自治区境；内线除在内蒙古段外

---

① 《金史》卷95《张万公传》，第2104页。
② 《金史》卷101《孛术鲁德裕传》，第2237页。
③ 《金史》卷93《宗浩传》，第2074页。
④ ［波斯］拉施特：《史集》第1卷第2分册，余大钧、周建奇译，第3—4页。文中括号中的内容是译者所加。

还有部分在今河北省围场县、丰宁县境。章宗泰和二年（1202）李愈云："北部侵我旧疆千有余里。"① 这也是金界壕一再南移的原因。冯永谦认为岭北长城为金初修筑，岭南长城的北线是金太宗时期修筑的，中线推测是海陵朝修筑的，南线是世宗朝至章宗明昌、承安年间修筑②。从金初到金末，女真统治者始终以界壕作为直辖区与草原部族朝贡区的分界线。

互市是金朝管理北方草原游牧民朝贡活动的一项重要内容，女真统治集团在北部边地始设互市的时间，应在太宗天会三年（1125）灭辽朝之后。《金史·食货志·榷场》载："国初于西北招讨司之燕子城、北羊城之间尝置之，以易北方牧畜。"天会八年（宋高宗建炎四年，1130）十二月，"金左副元帅宗维命诸路州县同以是日大索南人，及拘之于路，至癸酉罢，藉客户拘之入宫。至次年春尽以铁索锁之云中，于耳上刺官字以志之，散养民间，既而立价卖之。余者驱之达靼、夏国以易马。亦有卖于蒙古、室韦、高丽之域者"③。左副元帅宗翰（宗维）以掠夺的中原人口与蒙古、阻𪏀易马。世宗大定二年（1162）"六月戊辰，命御史大夫白彦敬西北路市马"④，"得六千余匹"，以补充军队用马⑤。马匹是金朝与草原朝贡成员互市时主要换取的牲畜。蒙古、阻𪏀等部在互市上换取的主要是粮食、绵绢、铁器等物品。

金朝与北方游牧民互市的榷场有三处，一是在东北路招讨司辖区，临潢府庆州朔平（今内蒙古赤峰巴林左旗西北），"有榷场务"⑥。二是在西南路招讨司辖区，西京路净州天山县（今内蒙古乌兰察布市四王子旗西北），"旧为榷场"。三是在西北路招讨司辖区，前后有变动，初设在抚州柔远县（今内蒙古乌兰察布市兴和县）北羊城，"国言曰火唵榷场"⑦。又柔远县有蝦蟆山，章宗明昌元年（1190）七月"丁丑，诏罢西北路蝦蟆市场"⑧。一

---

① 《金史》卷96《李愈传》，第2130页。

② 冯永谦：《金长城的考古发现与研究》，《中国长城博物馆》2006年第4期。但是，史籍中未见有关海陵朝修筑界壕的记载。

③ ［宋］李心传：《建炎以来系年要录》卷40，建炎四年十二月辛未，第744页。

④ 《金史》卷6《世宗纪》，第127页。

⑤ 《金史》卷84《白敬彦传》，第1891页。

⑥ 《金史》卷24《地理志》，第562页。

⑦ 《金史》卷24《地理志》，第566页。

⑧ 《金史》卷9《章宗纪》，第215页。

县之地似不应设二市场，或火俺榷场即虾蟆市场。后改设在德兴府昌州宝山县（今内蒙古锡林郭勒盟太仆寺旗），"有狗泺，国言曰押恩尼要"①。章宗承安三年（1198），"九月，行枢密院奏，斜出等告开榷场，拟于辖里尼要安置，许自今年十一月贸易。寻定制，随路榷场若以见钱入外界、与外人交易者，徒五年，三斤以上死"②。即章宗明昌元年（1190）以前为设在抚州燕子城、北羊城之间的"火俺榷场"，或曰"虾蟆市场"；承安三年（1198）以后为设在"辖里尼要"的榷场。各招讨使有管理互市的职掌，如《建炎以来系年要录》记载，绍兴九年（金熙宗天眷二年，1139）冬，"金主宣以其叔呼喇美为招讨使，提点夏国、塔坦（鞑靼、阻𪗋）两国市场"③。从地理方位看，当是净州榷场。对于朝贡、互市的草原游牧民，金朝"岁遗牛羊米豆绵绢之属"④。在互市贸易时，金廷可能还行一定的赏赐。

金朝不允许北方草原游牧民入塞诣阙朝贡，朝贡活动通常在边地界壕处进行。设在界壕处的各个贡场，是金朝官员管理北方游牧部落朝贡活动的重要场所。遇有北方游牧部落较大规模的归附行动，金廷派朝中重臣到界壕贡场主持接受各部朝贡活动，如《乌古论元忠墓志铭》记载："（大定）十五年，达靼款□□献，诏公往领之。"⑤ 大定末年，平章政事完颜襄奉诏，"受北部进贡。使还，世宗问边事，具图以进，因上羁縻属部、镇服大石之策，诏悉行之"⑥。《蒙鞑备录》云，蒙古、阻𪗋"每朝贡则于塞外，受其礼币而遣之，亦不令入境"。章宗时，李愈上表言："诸部所贡之马，止可委招讨司受于界上，量给回赐，务省费以广边储。"⑦《建炎以来朝野杂记》记载："今特默津（铁木真）乃黑鞑靼也，皆臣属于金。每岁其王自至金界贡场，亲行进奉，金人亦量行答赐，不使入其境也"⑧。在朝贡关系正常运转的状

<hr>

① 《金史》卷24《地理志》，第567页。
② 《金史》卷50《食货志》，第1115页。"九月""辖里尼要"，卷11《章宗纪》作"十月""辖里袠"。第248页。
③ ［宋］李心传：《建炎以来系年要录》卷133，绍兴九年十二月，第2143页。
④ ［宋］李心传：《建炎以来系年要录》卷156，绍兴十七年三月，第2529页。
⑤ 《乌古论元忠墓志铭》，王新英编：《金代石刻辑校》，吉林人民出版社，2009年，第206页。
⑥ 《金史》卷94《襄传》，第2087页。
⑦ 《金史》卷96《李愈传》，第2129页。
⑧ ［宋］李心传：《建炎以来朝野杂记》乙集卷19《边防二·鞑靼款塞》，中华书局，2006年，第591页。

况下，北方游牧部落每岁至界壕边贡场朝贡，章宗末年，蒙古部的铁木真曾诣关朝贡，《元史·太祖纪》记载："初，帝贡岁币于金。金主使卫王允济受贡于静州。帝见允济不为礼。允济归，欲请兵攻之。会金主璟殂。"静州在今宁夏银川市以南。从蒙古部酋长贡"岁币"看，按金朝规定，蒙古草原朝贡成员应每年向金朝纳岁币，而且直到章宗末年北方草原游牧部羁縻统辖关系仍然存在。

上面述及太宗天会三年（1125）册封蒙古部谋葛失，并"授印绶"；熙宗皇统六年（1145），欲"命册其酋鄂伦贝勒为蒙古国王"；章宗明昌六年（1195），授予蒙古部铁木真"札兀忽里"名号，册封脱斡邻"王"的名号。这表明金朝对归附的游牧部落大小酋长实行册封。管理朝贡的官员代表朝廷对于前来朝贡的诸部酋长、使者给予回赐，适时举宴赐，以表示朝廷对前来朝贡的游牧部落首领的恩遇。海陵正隆年间，以礼部郎中移剌子敬"宴赐诸部，谕之曰：'凡受进，例遣宰臣，以汝前能称职，故特命汝。'使还，迁翰林待制"[1]。据《金史·地理志》记载，在抚州榷场附近有燕子城。贾敬颜认为"燕子城"殆"燕赐城"之讹误，即金人诗句中提到的"燕赐城"[2]，如赵秉文《抚州二首》诗云："燕赐城边春草生。"[3] 李纯甫《赠高仲常》诗云："荒寒燕赐城。"[4] 如此推测不误，金朝主要在这里宴赐前来朝贡的蒙古、阻鞑酋长。世宗大定"二十五年，左丞相守道赐宴北部"[5]。章宗明昌二年（1191）曹王"奉命宴赐北部"，这年章宗"命五年一宴赐，人以为便"[6]。此后见于记载有"监察御史蒲刺都劾奏守贞前宴赐北部有取受事"[7]；承安四年（1199），宗浩"宴赐东北部"等[8]。可见，至少自海陵朝

---

① 《金史》卷89《移剌子敬传》，第1988页。

② 贾敬颜：《从金朝的北征、界壕、榷场和宴赐看蒙古的兴起》，《元史及北方民族史研究集刊》第9期，1985年。

③ ［金］赵秉文：《闲闲老人滏水文集》卷8，《四部丛刊》（初编）集部，商务印书馆缩印，1937年，第108页。

④ ［金］元好问：《中州集》卷4，《钦定四库全书荟要》，吉林出版集团有限责任公司，2005年影印本，第147页。

⑤ 《金史》卷92《徒单克宁传》，第2048页。

⑥ 《金史》卷96《李愈传》，第2129页。

⑦ 《金史》卷73《守贞传》，第1688页。

⑧ 《金史》卷93《宗浩传》，第2074页。

以来，宴赐受册封的游牧部落酋长，逐渐成为金朝北方游牧民羁縻统辖的重要内容之一。

东北、西北、西南三路招讨使是管理北方游牧部落朝贡事务的主要官员，夏宇旭统计见于记载的金代招讨使共33人（41人次），其中女真27人（34人次），契丹5人（6人次），奚1人①，主要由女真人掌握塞外游牧部落朝贡活动的管理权。金朝沿界壕以南地区是契丹等游牧部落的世居地，女真统治者仍以辽朝原有的部族与乣制度，统辖契丹等族游牧民从事畜牧经济生产②。为了加强对这一地区的统治，太宗年间开始向这里迁徙女真猛安谋克。如完颜安国祖父祖斜婆，大约是天会年间"授西南路世袭合札谋克"，安国常年在西北边地生活，熟悉北部游牧民的风土民情，先后任东北路副招讨使、西北路副招讨使、招讨使，"诸部入贡，安国能一一呼其祖先弟侄名字以戒谕之，诸部皆震悚，甚为邻国所畏服"③。每当新任招讨使到官，塞外游牧部落朝贡成员要送贺礼，如世宗时，移剌道"改西北路招讨使，赐金带。故事，招讨使到官，诸部皆献驼马，多至数百，道皆却之，数月皆复贡职"④。章宗朝，完颜宗道除西北路招讨使，"诸部贺马八百余匹，宗道辞不受，诸部悦服，边鄙顺治"⑤。如此厚重的贺礼，对游牧部落来说是不小的负担。

金朝对于塞外朝贡成员具有保护的义务。世宗时，同知西京留守事曹望之上书论便宜事，其中曰："边部有讼，招讨司无得辄遣白身人征断，宜于省部有出身女直、契丹人及县令、丞、簿中择廉能者，因其风俗，略定科条，务为简易。征断羊马入官籍数，如边部遇饥馑，即以此赈给之。"⑥ 这里所言二事，当是招讨司与北部边地官员的职掌，一是边部遇饥馑赈给之，《金史·宗宁传》载，大定时，宗宁"镇临潢，邻国有警，宗宁闻知乏粮，即出仓粟，令以牛易之，敌知得粟，即遁去"。二是审理边部诉讼，大约金朝前期，曹望之所言"遣白身人征断"边部诉讼的现象较为常见，"诸部有

---

① 夏宇旭：《金代契丹人研究》，中国社会科学出版社，2014年，第73页。
② 程妮娜：《古代中国东北民族地区建置史》，第304—317页。
③ 《金史》卷94《完颜安国传》，第2094—2095页。
④ 《金史》卷88《移剌道传》，第1968页。
⑤ 《金史》卷73《宗道传》，第1678页。
⑥ 《金史》卷92《曹望之传》，第2038页。

狱讼，招讨司例遣胥吏按问，往往为奸利"。为改变这种状况，由西北路招讨使入朝晋升参知政事的移剌道"请专设一官，上（世宗）嘉纳之，招讨司设勘事官自此始"①。

金朝前中期，金蒙交往事务主要在界壕贡场商议，如前引宋人楼钥记载，大定九年（1169）金朝太子自去边头与蒙古议和，所谓"边头"即是界壕。金朝遣使到塞外游牧部落的事迹不多，大定中，右三部司正斡勒忠"练达边事，尝奉命使北，归致马四千余匹，诏褒谕之"②。章宗明昌元年（1190），"会大石部长有乞修岁贡者，朝廷许其请，诏安国往使之。至则率众远迓至帐，望阙罗拜，执礼无惰容。时北阻䪁迫近塞垣，邻部欲立功以夸雄上国，议邀安国俱行讨之。安国以未奉诏为辞。强之，不可。或以危言怵之，安国曰：'大丈夫岂以生死易节。暴骨边庭，不犹愈于病死牖下。'众壮其言，馈赆如礼"。贾敬颜认为"邻国"可能即是成吉思汗蒙古部③。完颜安国出使时官为仪鸾局使，"既还，以奉使称旨，升武卫军都指挥使"④。金朝前一次遣使的目的不详，后一次遣使是为了接受新的朝贡部落。按照当时双方的交往礼节，蒙古部要给予金使一定数量的馈赆（或以马匹为主）。

此外，金朝对游牧部落的朝贡成员有征调军队的权力，同时朝贡成员对金朝有出兵助战的义务。如明昌五年（1194）九月，章宗欲对反叛的游牧部落进行大规模讨伐，"命诸路并北阻䪁以六年夏会兵临潢"⑤。承安中，蒙古复叛，宗浩率军征服广吉剌部后，"遂征其兵万四千骑，驰报以待"⑥。金朝战前征调北阻䪁军队，战争过程中征用归降的广吉剌部14000骑兵。而且明昌六年，完颜襄率军攻打塔塔儿部时，蒙古铁木真部、脱斡邻部出兵助战。这些都体现了金朝与北方游牧民朝贡成员之间的羁縻统辖关系。

金朝后期，蒙古草原游牧民日益兴起，铁木真蒙古部迅速壮大，13世纪初开始了大规模的兼并草原游牧部族的战争。一直效忠金朝并为金守边的

①　《金史》卷88《移剌道传》，第1968页。
②　《金史》卷97《斡勒忠传》，第2144页。
③　贾敬颜：《从金朝的北征、界壕、榷场和宴赐看蒙古的兴起》，《元史及北方民族史研究集刊》第9期，1985年。
④　《金史》卷94《完颜安国传》，第2094页。
⑤　《金史》卷10《章宗纪》，第233页。
⑥　《金史》卷93《宗浩传》，第2073页。

汪古部也出现了反叛行为,《史集》记载:"乞台君主把汪古惕部视为自己的军队和真诚效忠的奴隶,[因此]将兀惕古黑城墙的大门托付给他们,这个部落便经常守卫着它。在成吉思汗时代,[有一个]名叫阿剌忽失的斤的[汪古惕]部长,与成吉思汗连通,将城墙的关口出卖给了他。"① 这样,成吉思汗出入金界壕已无障碍。金卫绍王大安三年(1211)蒙古叛金,成吉思汗率军南下,从此结束了草原游牧民族对金朝的朝贡活动。

金朝自太宗天会三年(1125)开始建立与北方草原游牧部落的朝贡关系,女真统治集团奉行"恩威并行"的政策,采取"剿抚结合"的手段经营对游牧民的羁縻统辖关系,尽管朝贡双方的贡品与赐物的品种、数量不见记载,但从朝贡者向招讨官员馈送数百驼马,战时征调大量部落兵,大军深入草原镇压反叛者,俘获大量人口、驼马牛羊不可胜计等方面看,金朝对草原游部落的羁縻统辖具有强力色彩。值得注意的是,金人通常在界壕贡场,对前来朝贡的游牧部酋长、使者进行回赐、互市,轻易不允许其诣阙朝贡,这在历代王朝经营东北民族朝贡活动中很少见。

2. 黑龙江下游渔猎族群的朝贡活动

金朝建立前后,分布于松花江流域与黑龙江流域的兀惹、铁骊、蒲卢毛朵、达卢古、鼻古德、五国部等众多的原始族群纷纷归附女真,如金建国前夕,"兀惹雏鹘室来降"②。建国后不久,金太祖收国二年(1116)正月戊子,诏曰:"自破辽兵,四方来降者众,宜加优恤。自今契丹、奚、汉、渤海、系辽籍女直、室韦、达鲁古、兀惹、铁骊诸部官民,已降或为军所俘获,逃遁而还者,勿以为罪,其酋长仍官之,且使从宜居处。"③ 女真统治者对于新征服和前来归附的东北偏远地区较为落后的原始部族,初期采取因俗而治的方针,保持其原有的社会组织与经济形态,任其酋长为勃董(即部落长),为金朝统辖其部民。天辅二年(1118),太祖诏达鲁古部勃董辞列:"凡降附新民,善为存抚。来者各令从便安居,给以官粮,毋辄动扰。"④ 到金太宗时期,金朝废止了勃董制度,以猛安谋克制度统辖新征服的东北边疆

① [波斯]拉施特:《史集》第1卷第2分册,余大钧、周建奇译,第4页。文中括号中的内容是译者所加。
② 《金史》卷2《太祖纪》,第26页。
③ 《金史》卷2《太祖纪》,第29页。
④ 《金史》卷2《太祖纪》,第31页。

部族，使这些部族与女真族的建置相同，加速了这些部族融入女真族的进程。金中期以后，史书中也不再见有关于铁骊、蒲卢毛朵、达卢古、兀惹、鼻古德等族事迹的记载。

女真东北部的五国部，在金朝分为几部分，靠近女真的部分被纳入女真族之中，如金朝的胡里改女真，金世宗在谈论胡里改女真人时说："其人皆勇悍，昔世祖与之邻，苦战累年，仅能克复。其后乍服乍叛，至穆、康时，始服声教。"[1] 在女真建国前这部分五国部人已被纳入女真部落联盟的势力范围内。金灭北宋以后，太宗天会八年（1130）七月，"徙昏德公、重昏侯于鹘里改路"[2]。即将北宋徽、钦二帝囚于胡里改城。《建炎以来系年要录》载："二帝自韩州移居五国城。"[3] 这说明胡里改城即辽代的五国城，在今黑龙江省依兰县。此外，有学者认为五国部中的没撚部加入了女真[4]。但是，分布在黑龙江下游地区的五国部人仍然是分散的原始部落。

《金史·地理志》曰："金之壤地封疆，东极吉里迷、兀的改诸野人之境，北自蒲与路之北三千余里，火鲁火疃谋克地为边。"吉里迷，又称吉烈迷；乌底改又称兀的改、乌的改。大约为辽代五国部的后裔，分布在黑龙江下游地区。日本学者鸟居龙藏在《东北亚搜访记》一书中叙述了在库页岛上发现的土城遗址，其构造与东部西伯利亚的土城酷似，认为是渤海或金朝的遗迹。金朝初年，吉里迷、乌底改归附女真，其地纳入金朝壤地封疆之内。

太宗天会初年，乌底改叛，太宗命完颜晏"督扈从诸军往讨之。至混同江，谕将士曰：'今叛众依山谷，地势险阻，林木深密，吾骑卒不得成列，未可以岁月破也。'乃具舟楫舣江，令诸军据高山，连木为栅，多张旗帜，示以持久计，声言俟大军毕集而发。乃潜以舟师浮江而下，直捣其营，遂大破之，据险之众不战而溃。月余，一境皆定"[5]。金朝征服乌底改地区后，并未推行猛安谋克制度，其中原因是女真统治集团认为"得其人不可用，有

---

① 《金史》卷8《世宗纪下》，第193页。
② 《金史》卷3《太宗纪》，第62页。
③ ［宋］李心传：《建炎以来系年要录》卷35，建炎四年七月乙卯条，第798页。
④ 孙进己等：《女真史》，吉林文史出版社，1987年，第87页。
⑤ 《金史》卷73《完颜晏传》，第1673页。

其地不可居"①。于是保留当地人的原始社会组织，实行朝贡制度，要求其不得侵扰边地居民，保持对金朝的臣服关系。至于乌底改等部落对金廷的朝贡，女真统治集团没有严格规定，采取"彼来则听之，不来则勿强其来"的方针②，重在维护边疆地区的安宁和统治秩序的稳定。

世宗大定二十六年（1186）发生乌底改侵扰女真地区的事件，金军讨平之。世宗谓宰臣曰："近闻乌底改有不顺服之意，若遣使责问，彼或抵捍不逊，则边境之事有不可已者。朕尝思之，招徕远人，于国家殊无所益。彼来则听之，不来则勿强其来，此前世羁縻之长策也。"③ 可见金朝对吉里迷、乌底改等族的统辖是十分疏松的。

金朝，朝贡成员地区不在行政区划之内，统治者也没有在朝贡成员地区设置羁縻建置，可能由于金朝处于与南宋划淮而治的政治形势下，没有更多的国力和军队去经营实行朝贡关系的边缘地带，又对草原游牧民具有较强的防备心理，故实行以防为主的管理办法。这使金朝与朝贡成员之间保持着一种十分疏松的统辖关系，朝贡成员的随意性较大，有时会游离于朝贡制度之外。

二　元朝东北民族朝贡制度的衰微

元朝结束了分裂割据的局面，建立起超越汉唐王朝疆域的大帝国。元帝国将边疆地区纳入行省的统辖体系，如《元史·地理志》所言："盖岭北、辽阳与甘肃、四川、云南、湖广之边，唐所谓羁縻之州，往往在是，今皆赋役之，比于内地。"东北地区西部是蒙古东道诸王的封地，中部和东部为辽阳行省辖区。虽然辽阳行省绝大部分地区实行路府州县制，或者是具有民族特点的万户府等行政建置，但在辽阳行省辖区的东北隅黑龙江下游原始族群地区还实行着羁縻朝贡制度。

元代分布在松花江下游以北、乌苏里江东西，黑龙江下游包括库页岛地区的原始族群主要有乞烈迷、吉里迷、乌底改、兀者（又作吾者野人）、骨嵬（苦兀）、亦里于、野人女真等，《寰宇通志》记载：

---

① 《金史》卷95《马惠迪传》，第2117页。
② 《金史》卷8《世宗纪下》，第201页。
③ 《金史》卷8《世宗纪下》，第201页。

乞列迷有四种，曰曩家儿、福里期、兀剌、纳衣。性柔刻贪狡，居草舍，捕鱼为食。不梳刷，着直筒衣，暑用鱼皮，寒用狗皮，腥秽不可近。以溺盥洗。父子不亲，夫妇无别，不知揖拜。不识五谷，六畜惟狗至多，乘则牵拽把犁，食则烹供口实。婚嫁娶其姊，则妹以下皆随为妾。死者刳腹焚之，以灰骨夹于木末植之。乞里迷去奴儿干三千余里。

一种曰女直野人，性刚而贪，文面椎髻，帽缀红缨，衣缘綵组，惟袴不裙。妇人帽垂珠珞，衣缀铜铃。射山为食。暑则野居，寒则室处。一种曰北山野人，乘鹿出入。又一种居北海之南，大江之西，住平土屋，屋脊开孔，以梯出入，卧以草铺，类狗窝。

苦兀在奴儿干海东，人身多毛，戴熊皮，衣花布。器械坚利。亲死刳去肠胃，曝干负之，饮食必祭，三年后弃之。

其邻有吉里迷，男少女多，女始生，先定以狗，十岁即娶，食惟腥鲜。①

有学者认为乞烈迷城即今黑龙江省抚远县之西秦得力古城，又称喜鲁林古城②。乞烈迷人分为四部，过着原始渔猎经济生活。野人女真主要分布在外兴安岭东段之南，黑龙江下游以西一带地区，分为三部，女真野人部、北山野人部及北海之南野人女真部，以捕鱼、狩猎为生。苦兀即骨嵬，奴儿干海即鄂霍茨克海，骨嵬人居住在海东的库页岛上。吉里迷分布比较分散，在黑龙江中下游直到入海口一带地区。

忽必烈继大汗位后，便开始经营黑龙江流域，中统四年（1263）"十一月，女直、水达达及乞烈宾地合签镇守军，命亦里不花签三千人，付塔匣来领之"③。乞烈宾即乞烈迷，此时已成为蒙古汗国的统辖区。继而，蒙古大军北上进入黑龙江下游地区吉里迷、乞烈迷、吾者、骨嵬人的聚居区。《元史》记载：至元元年（1264）十一月，"征骨嵬。先是，吉里迷内附，言其国东有骨嵬、亦里于两部，岁来侵疆，故往征之"④。可见在蒙古出兵前，

①　[明]陈循等撰：《寰宇通志》卷116《女直》，载郑振铎辑《玄览堂丛书续集》第79册，台湾："中央"图书馆，1947年影印本（无页码）。
②　佟冬主编，丛佩远著：《中国东北史》第3卷，第238页。
③　《元史》卷98《兵志一》，第2512页。
④　《元史》卷5《世祖纪二》，第100页。

已有部分吉里迷人归附蒙古汗国。蒙古这次出兵并未达到目的，到至元九年
（1272）元朝征东招讨使塔厘刺呈还没有到达骨嵬之地，但在奴尔干地，
"问得兀的哥（乌底改）人厌薛称，欲征嵬骨（即骨嵬），必聚兵，候冬月，
赛哥小海渡口结冻，冰上方可前去。先征觯因吉烈迷，方到嵬骨界云云。"①
赛哥小海，指今鞑靼海峡。渡过鞑靼海峡才能到达居住在库页岛上的骨嵬之
地。乌底改人为元朝征东招讨使出谋划策，或可说明居住在黑龙江入海口附
近奴尔干地区的乌底改已归附蒙古。至元二十一年（1284）元朝再次出兵
征讨骨嵬，十月，"征东招讨司以兵征骨嵬"②。二十二年十月，"诏征东招
讨使塔塔儿带、杨兀鲁带以万人往骨嵬，因授杨兀鲁带三珠虎符，为征东宣
慰使都元帅"③。二十三年，十月，"遣塔塔儿带、杨兀鲁带以兵万人、船千
艘征骨嵬"④。元朝连续三年征讨骨嵬其结果如何没有记载。成宗大德年间，
骨嵬仍时常作乱，如"大德元年（1297）五月，嵬骨贼瓦英乘吉烈迷所造
黄窝儿船过海，至只里马觜子作乱"。"九年（1305）六月，吉烈迷人甲古
报，嵬骨贼劫南水合等，官军追之不及，过拙墨河劫掠"。到武宗初年，才
见到骨嵬人归附的记载，"至大元年（1308），吉烈迷百户乞失乞乃言嵬骨
玉善奴欲降"⑤。

另外，从至元九年（1272）元朝征东招讨使塔厘刺呈率军欲征骨嵬之
事，可得知最晚在至元九年蒙古统治者已经设置了征东招讨司，《札剌尔公
神道碑》记载：

　　东征元帅府，道路险阻，崖石错立，盛夏水活，乃可行舟，冬则以
犬驾耙行冰上。地无禾黍，以鱼代食。乃为相山川形势，除道以通往
来，人以为便。斡拙（吾者部）、吉烈灭（吉里迷部）僻居海岛，不知
礼义，而镇守之者，抚御乖方，因以致寇。乃檄诸万户，列壁近地，据
其要冲。使谕之曰，朝廷为汝等远人，不霭教化自作弗靖，故遣使来切

① 以上引文均见苏天爵编《元文类》卷41《经世大典序录·招捕·辽阳嵬骨》，商务印书馆，1958年，第590页。
② 《元史》卷13《世祖纪十》，第269页。
③ 《元史》卷13《世祖纪十》，第280页。
④ 《元史》卷13《世祖纪十》，第280页；《元史》卷14《世祖纪十一》，第292页。
⑤ 苏天爵编：《元文类》卷41《经世大典序录·招捕·辽阳嵬骨》，第590页。

责有司，而存恤汝等，令安其生业。苟能改过迁善，则为圣世之良民，否则尽诛无赦。由是胁从者皆降，遁于岛中者则遣招之，第戮其渠魁，余无所问。①

碑文中的"东征元帅府"，在《新元史》曰"征东元帅府"②，从征东招讨司的名称看，似乎"征东元帅府"为是，但碑文为当时人所作，不可忽视，姑且存疑。至元二十九年（1292）征东（东征）元帅府再次复为征东招讨司，《元史·世祖纪》记载，至元二十九年三月，"枢密院臣言：'出征女直，纳里哥议于合思罕三千新附军内选拨千人。'诏先调五百人，行中书省具舟给粮，仍设征东招讨司"。这从前面列举的《元文类》的史料中也可以得到证实，元成宗大德年间设在黑龙江下游女真水达达地区的军事机构是征东招讨司，而不是征东（东征）元帅府。征东招讨司官府的驻地，从上述记载的地理环境看，是在黑龙江下游近海处的奴儿干地区，这已为学界所认同。元朝设置征东招讨司具有镇抚黑龙江下游奴儿干地区诸原始部落的职能。

在征服黑龙江下游原始族群的过程中，元朝以册封的形式，在各族群中建立了一些羁縻建置，如阿速古尔千户所（乌苏里江左右地）、吉里迷百户所、千户所（黑龙江下游地区）、鲸海千户所（黑龙江入海口的近海处）③，前期设兀者吉烈迷万户府掌管各部朝贡活动，成宗大德二年（1298）"辽阳省咨，三月五日，吉烈迷百户兀观吉等来归，给鱼粮网扇，存恤位坐，移文管兀者吉烈迷万户府收管"。元朝规定朝贡部落每年纳贡，"吉烈迷人多伸奴、亦吉奴来言，玉善、奴英等乞降，持刀甲与头目皮。先吉目言，每年贡其皮，以夏闲苔剌不鱼出时回还，云云"④。各部所纳物品皆为当地土产，英宗至治三年（1323）正月，"征东末吉地兀者户，以貂鼠、水獭、海狗皮

---

①　黄溍：《朝列大大金通政院事赠荣禄大夫河南江北等处行中书省乎章政事柱国追封鲁国公札剌尔公神道碑》，见李修生主编《全元文》第30册，卷968，凤凰出版社，2004年，第159页。

②　柯劭忞：《新元史》卷120《硕德传》，吉林人民出版社，1998年，第2227页。

③　《元史》卷33《文宗纪》、《元文类》卷41《招捕·辽阳嵬骨》。张博泉、苏金源、董玉瑛：《东北历代疆域史》，第241页。

④　以上引文均见苏天爵编《元文类》卷41《经世大典序录·招捕·辽阳嵬骨》，第590页。

来献，诏存恤三岁"①。对于极边远地区分散而迁徙不定的各原始部落也征收赋税，元朝每年由辽阳行省派遣通事前去"问征赋，乃约以明年某月某日，到来此山中林间相会，随所出产将来"。到纳税时，各部"以青鼠、银鼠皮诸色皮货，不以远近深浅，悉于此日来纳"②。

顺帝至正三年（1343），黑龙江下游的"吾者野人叛"。反叛原因无载，估计与元朝官吏的过多索取有关。六年（1340）四月，"辽阳为捕海东青烦扰，吾者野人及达达皆叛。……万户买住等讨吾者野人遇害，诏恤其家"。五月，"遣火儿忽答讨吾者野人"。七月，"以辽阳吾者野人等未靖，命太保伯撒里为辽阳行省左丞相镇之"。七年（1341），"以通政院使朵郎吉儿为辽阳行省参知政事，讨吾者野人"③。这次因辽阳行省官员在吾者地区征捕海东青鹰，过度烦扰该地居民，引发了吾者野人为时二年的反叛行动。元朝统治者在平叛之后，加强了对吾者野人地区的控制，至正十三年（1353）六月"辽东搠羊哈及乾帖困、术赤术等五十六名吾者野人以皮货来降。给搠羊哈等三人银牌一面，管领吾者野人"④。元授给吾者野人首领搠羊哈等三人一面银牌，相当于委任官职的印绶，令其代表元朝管理吾者野人。至正十五年（1355）八月，元朝又设吾者野人乞列迷等处诸军万户府，府治所在哈儿分之地（黑龙江下游阿纽依河口）⑤，重点管理吾者野人、乞列迷的朝贡活动，这是元朝在黑龙江下游最后设置的万户府。

元朝时期，东北边疆只有黑龙江下游原始族群地区实行朝贡制度，与前朝相比，实行朝贡制度的地域小，管辖的族群少。尽管如此，从元朝在黑龙江下游近海处的奴儿干地区设立征东招讨司（一度升为征东元帅府）驻兵镇守看，元朝对朝贡制度成员实行较为紧密的政治统辖。由辽入金到元，契丹、女真、蒙古三朝皆奉行强力统治边疆的政策，东北民族朝贡制度由属国、属部朝贡制度逐步向具有民族特点的行政建置转变，这种转变到元朝末年已接近尾声。

---

① 《元史》卷28《英宗纪二》，第628页。
② ［元］熊梦祥著，北京图书馆善本组辑：《析津志辑佚·物产》，北京古籍出版社，1983年，第238页。
③ 以上引文见《元史》卷41《顺帝纪四》，第867、874、875、875、877页。
④ 《元史》卷43《顺帝纪六》，第910页。
⑤ 《元史》卷44《顺帝纪七》，第926页。

第六章

明王朝东北民族朝贡制度

　　明朝是中国古代王朝东亚朝贡体制最繁盛的时期，其规模超过汉唐。元末已经处于转型末期的东北民族朝贡制度，在明朝统治时期再次恢复和发展起来，成为明朝东北边疆重要的政治制度。尽管明朝东北边疆统辖机制与元朝相比有所减弱，但在维系王朝的东北边疆统治仍发挥了重要作用。明末，后金政权统治时期，东北民族朝贡制度步入尾声阶段。清朝建立后，康雍时期对东北民族地区全面实行中央集权的统治，朝贡制度彻底退出了东北边疆政治舞台。

第一节　明朝管理东北民族朝贡事务的机构与职能

　　1368 年，明朝取代元朝统治中国。元顺帝带着后妃、太子和部分大臣逃回蒙古草原，国号仍为元，史称北元。有明一代，北方草原蒙古政治势力始终与明王朝相抗衡，虽然彼此有经济贸易、政治交往，并在俺达汗时期建立了朝贡关系，但明朝始终没有在蒙古草原地区建立起真正的政治统治，因此有学者认为，北元政权与明朝相始终①，或有第三次南北朝之说。正是由于明朝取代元朝后，故元政治势力始终存在于北方草原上，为了向周边民族

---

　　① 关于"北元"的起止年代，学界有不同看法，翁独健主编《中国民族关系史纲要》认为自 1369 年顺帝北徙，到五传坤帖木儿卒（1402），这一时期称为"北元"（中国社会科学出版社，2001 年，第 588 页）。达力扎布《明代漠南蒙古历史研究》认为自 1368 年元廷退处北方草原，至漠南蒙古林丹汗子额哲率部降清（1635），为"北元"，几乎与明朝相始终（内蒙古文化出版社，1997 年，第 149 页）。

与邻国广布明朝的正统地位，形成"万国来朝"的局面，自明朝建立以来，君臣都十分注意经营朝贡制度。尤其是明前期，派使者四处招抚原臣服元朝的边疆民族和通贡元朝的邻国，永乐时郑和七次下西洋，将这种招徕朝贡国的活动推向顶峰。因此，明朝的朝贡国众多，内外朝贡制度完善，从中央到地方各种管理朝贡制度的机构职掌明确。本书主要考察与管理东北民族朝贡制度有关的机构及其职能。

一　中央管理朝贡事务的机构与职能

明朝中央机构中涉及管理少数民族朝贡制度的部门较多，以礼部、兵部为管理朝贡事务的主要部门，又有鸿胪寺、光禄寺、四夷馆、会同馆、行人司、市舶司等管理具体朝贡事务的机构。其中市舶司主要管理海外国家朝贡事务与东北民族朝贡事务无关，故略之。

1. 礼部

明朝初年，太祖承用元制设中书省，置宰执，"以统领众职"。"洪武九年汰平章政事、参知政事。十三年正月诛丞相胡惟庸，遂罢中书省"。二十八年（1395）太祖敕谕群臣："国家罢丞相，设府、部、院、寺以分理庶务，立法至为详善。以后嗣君，其毋得议置丞相。臣下有奏请设立者，论以极刑。"自洪武十三年（1380）罢丞相不设，"析中书省之政归六部，以尚书任天下事，侍郎贰之"。六部成为国家最高军政机关，礼部是明朝中央主管朝贡事务的机构，礼部下设仪制、祠祭、主客、精膳四清吏司，各置郎中、员外郎、主事一人。四司中又以主客司为主管朝贡事务的部门，"弘治五年增设主客司主事一人，提督会同馆"①。《明史·职官志一》记载：

> 主客分掌诸蕃朝贡接待给赐之事。诸蕃朝贡，辨其贡道、贡使、贡物远近多寡丰约之数，以定王若使迎送、宴劳、庐帐、食料之等，赏赉之差。凡贡必省阅之，然后登内府，有附载物货，则给直。若蕃国请嗣封，则遣颁册于其国。使还，上其风土、方物之宜，赠遗礼文之节。诸蕃有保塞功，则授敕印封之。各国使人往来，有诰敕则验诰敕，有勘籍

① 以上引文均见《明史》卷72《职官志一》，第1733、1733、1733、1729、1746页。

则验勘籍，毋令阑入。土官朝贡，亦验勘籍。其返，则以镂金敕谕行之，必与铜符相比。凡审言语，译文字，送迎馆伴，考稽四夷馆译字生、通事之能否，而禁饬其交通漏泄。凡朝廷赐赍之典，各省土物之贡，咸掌之。

明朝实行各朝贡国、边疆少数民族诣阙朝贡制度。朝贡者入京之后，礼部主客司官员便开始介入接待、朝见、纳贡、封赐等朝贡活动的各个环节，重要事务皆由主客司经办。如"凡四夷归化人员及朝贡使客，初至会同馆，主客部官随即到彼，点视正从，定其高下，房舍铺陈一切处分安妥，仍加抚绥，使知朝廷恩泽"①。对前来朝贡者"有诰敕则验诰敕，有勘籍则验勘籍"②，"诸番国及四夷土官人等，或三年一朝，或每年朝贡者，所贡之物，会同馆呈报到部，主客部官赴馆点检见数"③，贡物经主客司省阅登记之后，纳入内府。明朝对边疆少数民族的赏赐通常是金银钞锭匹帛衣物之类，"金银请长随内官关领，匹帛系内承运库收贮，冠带、衣靴，系工科工部官收掌，钞锭系户部官收掌。主客部官分投关领其物，或于奉天门，或奉天殿丹陛，或华盖殿，用卓顿放，引受赐人朝北立，置物于前，受赐人叩头毕，以物授之"④。对于保塞有功的少数民族首领授以敕书印封。此外，朝廷派遣捧诏敕出使四夷行诏敕、赏赐、谕劳、赈济等事务的使者，以及送迎诸朝贡使团的馆伴，亦由主客司"官吏呈堂公同计议"决定人选⑤。

明廷规定，"凡诸番国及四夷使臣土官人等进贡，例有钦赐筵宴一次"⑥，此事由礼部精膳清吏司掌管。《明史·职官志一》记载："精膳分掌宴飨、牲豆、酒膳之事。凡御赐百官礼食，曰宴，曰酒饭，为上中下三等，视其品秩。蕃使、土官有宴，有下程，宴有一次，有二次，下程有常例，有

---

① 〔明〕徐溥等奉敕撰，李东阳等重修：《明会典》卷99《礼部五十八·朝贡四·诸司职掌》，文渊阁《四库全书》史部第617册，台湾：商务印书馆，1985年影印本，第909页。以下版本皆简称正德《明会典》。

② 《明史》卷72《职官志一》，第1749页。

③ 正德《明会典》卷96《礼部五十五·主客清吏司·诸司职掌》，第617册，第886页。

④ 正德《明会典》卷100《礼部五十九·给赐一》，第617册，第910页。

⑤ 〔明〕俞汝楫等编撰：《礼部志稿》卷99《统属备考·定行人差遣》，文渊阁《四库全书》第598册，台湾：商务印书馆，1985年影印本，第790页。

⑥ 正德《明会典》卷103《礼部六十二·精膳清吏司》，第617册，第941页。

钦赐，皆辨其等。""若管待诸番国朝贡等使客，并外夷来降土官人等，茶饭物料本部自行备办，其宴之日，赴会同馆管待，令教坊司供应，若奉旨管待之人俱于本部筵宴正官主席"①。具体由光禄寺备办于会同馆，光禄寺掌"大官供祭品宫膳、节令筵席、蕃使宴犒之事"，"凡诸蕃国朝贡等使客并四夷来降土官人等，管待茶饭物料支送下程，俱从礼部行本寺支送"②。明朝对番使宴犒之事很重视，"弘治十四年（1501），礼部复议锦衣卫千户牟斌所言丰厚外夷筵宴事，谓今后光禄寺但遇会同馆筵宴外夷人员，请令本寺堂上官一员亲至馆，督同各署官属依式设办，务令丰洁，以称朝廷柔远之意，仍令本部委官并侍班御史巡视其不谨者，从之"③。筵宴外夷关乎朝廷怀远招徕远近邻国与边疆少数民族之国策，不得有所疏忽，不仅食物要丰盛，光禄寺长官也要亲自到场。明后期，万历年间常以朝廷重臣筵宴女真使者，如万历二十九年（1601）"宴建州等卫贡夷奴儿哈赤等一百九十九名，侯陈良弼待"④。由此可见明朝君臣对朝贡制度的重视程度。

2. 兵部

兵部"掌天下武卫官军选授、简练之政令"。下设武选、职方、车驾、武库四清吏司，其中武选司"掌卫所土官选授、升调、袭替、功赏之事"⑤。明朝在东北边疆各族中普遍设置羁縻卫所，最多时达 400 余个⑥，羁縻卫所官员的袭替皆由兵部武选司掌管。《明史·职官志一》记载：

> 凡土司之官九级，自从三品至从七品，皆无岁禄。其子弟、族属、妻女、若婿及甥之袭替，胥从其俗。附塞之官，自都督至镇抚，凡十四等，皆以诰敕，辨其伪冒。赠官死于王事，加二等；死于战阵，加三等。

---

① 正德《明会典》卷 103《礼部六十二·精膳清吏司》，第 617 册，第 937 页。
② 《明史》卷 74《职官志三》，第 1798 页；正德《明会典》卷 171《光禄寺》，第 618 册，第 685 页。
③ ［明］俞汝楫等编撰：《礼部志稿》卷 93《筵宴备考·隆会同馆筵宴》，第 598 册，第 695 页。
④ 《明神宗实录》卷 366，万历二十九年十二月乙丑，台湾："中央研究院"历史语言研究所校勘，上海书店，1982 年，第 6844 页。
⑤ 《明史》卷 72《职官志一》，第 1751 页。
⑥ 《明史》卷 90《兵志二》第 2222、2226 页，载奴儿干都司下辖女真羁縻卫 384 个，羁縻所 24 个。

正德《明会典》关于"夷人袭替"有更为具体的记载：

> 洪武永乐年间，降附达官亡故者，子孙袭替降一级。正统间，令海西、建州等女直袭替授职二十五年升一级。成化间，令达官袭替免降级，新迁安插者许就卫所袭替，系流官者仍减袭，其海西等女直袭替乞升，不拘父子，但乞一次者不许再乞。弘治六年，令海西等处人告袭者，查原赍敕书除。天顺以前，升授职事俱仍旧，成化以后乞升者，都指挥行大通事勘明即与袭替，都督仍行镇巡等官勘奏定夺，其袭升诰敕人给一道，系总敕者悉与除销。①

兵部授予羁縻卫所官员的敕书，是羁縻卫所官员世袭官职的依据，也是其诣阙朝贡的凭证，由礼部主客司进行勘验，无误者才准许朝贡。如因故失去敕书，申明原因尚可朝贡，但不可参加宴飨，日后子弟不能袭替官职。明人马文升《抚安东夷记》中记载："正统十四年（1149），也先犯京师，脱脱卜花王犯辽东，阿乐出犯陕西，各边俱失利，而辽东被杀虏尤甚。以故朵颜三卫并海西、建州夷人处处蜂起，辽东为之弗靖者数年，至景泰后始克宁谧。而海西、野人女直之有名者率死于也先之乱，朝廷所赐玺书尽为也先所取，其子孙以无授官玺书可征，不复承袭，虽岁遣使入贡，第名曰舍人。以是在道不得乘传置，锡宴不得预上席，赏赉视昔又薄，皆忿怨思乱。"成化十二年（1476），兵部右侍郎马文升奉命整饬辽东边备时，"检其先授官子孙之失袭者，皆令来见，译审实，请兵部于内阁验授官玺书，依底籍明白，再遣辽东守臣勘实，令袭官者复十数人。夷愈感激。"②

职方司，掌舆图、军制、城隍、镇戍、简练、征讨之事。其职掌中与边疆少数民族有关的是"自都督府……土司，诸番都司卫所，各统其官军及其部落，以听征调、守卫、朝贡、保塞之令"③。明朝在东北边疆民族地区设置奴尔干都司后，奴尔干都司由职方司直辖。朝贡制度自秦汉形成时日起就具有的保塞、悍边的功能，在明朝边疆民族朝贡制度中仍是最为重要的政治

① 正德《明会典》卷106《兵部一》，第618册，第15页。
② ［明］马文升：《抚安东夷记》，中华书局，1991年，第4—5、13页。
③ 《明史》卷72《职官志一》，第1752—1753页。

功能之一，主要以兵部及其下辖的边地都指挥使司来掌管。

3. 鸿胪寺

明代鸿胪寺"掌朝会、宾客、吉凶仪礼之事"。该寺涉及管理朝贡事务的职掌已不多，其中由鸿胪寺长官掌管的只有"外吏朝觐，诸蕃入贡，与夫百官使臣之复命、谢恩，若见若辞者，并鸿胪引奏"①；"凡复命朝见人员缴敕进题本，及四夷朝贡人员进番字文书，俱本寺官接至西陛，授内官捧进"②。主要是在四夷朝贡人员拜见明帝时，鸿胪卿将朝贡者所进番字文书，递交给内官。

鸿胪寺下辖司仪、司宾二署，各置署丞一人，正九品，鸣赞四人，从九品，后增设五人，其官品阶很低，所掌也是一些具体细碎的事务。明朝规定朝贡者入住会同馆后，要先习仪几日，然后再择日朝见，"司宾典外国朝贡之使，辨其等而教其拜跪仪节。鸣赞典赞仪礼"③。此外，在礼部精膳清吏司办筵宴诸番国及四夷使臣土官时，"鸿胪寺令通事及鸣赞供事，仪制司领宴"④。正德《明会典》记载：鸿胪寺，"后又设外夷通事亦隶焉"⑤。明初，"洪武永乐以来，设立御前答应大通事，有都督、都指挥、指挥等官统属一十八处小通事，总理来贡四夷并来降夷人及走回人口，凡有一应夷情译审奏闻"⑥。

大通事在管理朝贡制度事务中具有较为重要的地位，不仅在京师参与管理朝贡人员事务，如弘治十三年（1500）二月规定，"大通事每五日一次到馆，戒谕夷人各令守分"⑦。而且，大通事还随从朝廷官员到边疆地区宣谕朝廷旨意，安抚朝贡成员，如成化十四年（1478），兵部左侍郎马文升奏："五月间臣至开原，又招出海西兀者等卫都督等官察安察等三百七十五人，亦以敕谕抚慰遣之。彼言海西二百余卫，若不得大通事遍历抚谕，亦不信服。"⑧《明武宗实录》记载：正德八年（1513）"兵部侍郎石玠至开原，遣

---

① 《明史》卷74《职官志三》，第1802页。
② 正德《明会典》卷172《鸿胪寺》，第618册，第696页。
③ 《明史》卷74《职官志三》，第1802页。
④ 正德《明会典》卷103《礼部六十二·精膳清吏司》，第617册，第941页。
⑤ 正德《明会典》卷172《鸿胪寺》，第618册，第693页。
⑥ 正德《明会典》卷102《礼部六十一·诸番四夷土官人等二》，第617册，第932页。
⑦ 《明孝宗实录》卷159，弘治十三年二月乙亥，第2858页。
⑧ 《明宪宗实录》卷179，成化十四年六月戊戌，第3219—3220页。

大通事马俊出境抚谕诸夷，兀央卫女直撒哈答等，先受约束，弗朵克、木里吉、速塔儿河、石门答兰城、哥吉等夷五百余人俱来贡马"①。可见，在东北边疆女真人心目中大通事地位很高，又精通女真语言，能够清楚地宣示朝廷的旨意，值得信任。因此，大通事处理朝贡制度事务中的作用是不可取代的。

明朝对通事的考选、补选、授官等都有具体规定。正德《明会典》记载：

> 成化五年，奏定小通事额数总不过六十名，遇有病故及为事等项，革去职役者，照缺选补，若事繁去处，丁忧有过三名者，量补一名，其新补通事，鸿胪寺不支米，办事三年无过，再支米，办事二年送部考验，如果通夷语无过者，照例奏送吏部定夺冠带，不谙夷语及有过误事者，发原籍为民。②

上文云小通事额数为60名，据《礼部志稿》记载"成化八年六月庚申朔，礼部言'鸿胪寺四夷各国通事，额设不过六十人'"③ 可知，小通事后隶属于鸿胪寺，大通事可从小通事中选拔，由礼部掌管。

4. 会同馆

会同馆是接待入京朝贡的诸番国及四夷使臣土官的机构，明太祖洪武初年已设会同馆，据正德《明会典》记载：

> 国初，改南京公馆为会同馆。永乐初设会同馆于北京。三年，并乌蛮驿入本馆。正统六年，定为南北二馆，设大使一员，副使二员，内副使一员，分管南馆。
>
> 各王府公差人员及辽东盖州、复州、海西等卫女直，朵颜三卫。以至土鲁番、赛玛尔堪、哈密、赤斤罕东等卫，回回、西番、法王、洮岷等处，云贵、四川、湖广土官番人等，俱于北馆安顿。凡迤北瓦剌、朝

---

① 《明武宗实录》卷101，正德八年六月辛亥，第2097页。
② 正德《明会典》卷102《礼部六十一·诸番四夷土官人等二》，第617册，第932页。
③ ［明］俞汝楫等编撰：《礼部志稿》卷92《朝贡备考·限通事滥进》，第598册，第682页。

鲜、日本、安南等国，进贡陪臣人等俱于南馆安顿。①

会同馆长官为大使一人，正九品；副使二人，从九品。隶属于兵部。《礼部志稿》记载：弘治五年（1492）"添设会同馆主事一员，专一在馆提督事务"②。《明史·职官志一》记载："弘治五年，增设主客司主事一人，提督会同馆。"这显然记载的同一件事，应是在礼部主客司增设提督会同馆主事一人，表明弘治五年会同馆由兵部改隶于礼部。

会同馆不仅是诸番国及四夷使臣土官的下榻之处，也是明朝为朝贡使臣开市贸易的场所，对于这种朝贡贸易，明朝对开市的时间、交易货物的种类等有严格规定和限制。万历《大明会典》记载：

> 各处夷人朝贡领赏之后，许于会同馆开市三日或五日，惟朝鲜、琉球不拘限期。俱主客司出给告示，于馆门首张挂，禁戢收史买及玄黄、紫皂、大花西番莲段匹，并一应违禁器物。
>
> 四裔使臣，除有例开市交易外，不许往来街市，交接闲人，违者将该管人员参送问罪。③

并且，明廷对与朝贡使臣进行交易的各铺行人、馆内外四邻军民有明确的禁令，违者问罪。正德《明会典》记载：

> 令夷人朝贡到京，会同馆开市五日，各铺行人等入馆两平交易，染作布绢等项立限交还，如赊买及故意拖延、骗勒夷人久候不得起程，并私相交易者问罪，仍于馆前枷号一个月，若各夷故违潜入入家交易者，私货入官未给赏者，量为递减，通行守边官员不许将曾经违犯夷人起送赴京。

---

① 正德《明会典》卷119《兵部十四·会同馆》，第618册，第167页。
② ［明］俞汝楫等编撰：《礼部志稿》卷36《宾客·会同馆》，第597册，第678页。
③ ［明］申时行等修：《大明会典》卷108《礼部·朝贡通例》（万历重修本），《续修四库全书》编纂委员会编《续修四库全书》第791册，上海古籍出版社，2001年，第111页。以下万历年间重修的《大明会典》，皆简称万历《大明会典》。

又令会同馆内外四邻军民人等，代替夷人收买违禁货物者问罪，枷号一个月，发边卫充军。①

明廷接待朝贡使臣的一些活动也在会同馆举行，如筵宴、习仪，"成化初，凡东北国及西番朝贡，以武职大臣待……设宴俱于会同馆"②。会同馆设馆夫四百名，分属南北二馆，专造饭食，以供使客。馆夫在馆供事者，俱要悬带官给火印木牌，照验出入，事毕赴本馆交收③。可见为保证朝贡使臣的安全和限制其与普通人的交往，明廷对会同馆实行了较为严格的管理。

5. 四夷馆

四夷馆又作四译馆，是专门翻译少数民族文字和朝贡国文字的机构。明朝十分重视对朝贡成员各类文书的翻译工作，如英宗所说："朝廷怀抚四彝，因其语言文字不通，所以授译字官，以达其情。"④ 明朝专设翻译机构，是以往王朝前所未有的。四夷馆设于永乐五年（1407），内分八馆为鞑靼、女真、西番、西天、回回、百夷、高昌、缅甸。《明史·职官志三》记载：

初设四夷馆隶翰林院，选国子监生习译。宣德元年兼选官民子弟，委官教肄，学士稽考程课。弘治七年始增设太常寺卿、少卿各一员为提督，遂改隶太常。嘉靖中，裁卿，止少卿一人。按太常寺卿在南京者，多由科目。北寺自永乐间用乐舞生，累资升至寺卿，甚或加礼部侍郎、尚书掌寺，后多沿袭。至隆庆初，乃重推科甲出身者补任。译字生，明初甚重。与考者，与乡、会试额科甲一体出身。后止为杂流。其在馆者，升转皆在鸿胪寺。

四夷馆设立之初，"礼部选国子监生蒋礼等三十八人，隶翰林院习译书"。宣德初（1426），宣宗以四夷朝贡时翻译表奏的人多年老，命尚书胡濙同少傅杨士奇、杨荣于北京国子监选年少监生，及选京师官民子弟有可教

---

① 正德《明会典》卷 102《礼部六十一·诸番四夷土官人等二》，第 617 册，第 933 页。

② 正德《明会典》卷 99《礼部五十八·朝贡四》，第 617 册，第 909 页。

③ 正德《明会典》卷 119《兵部十四·会同馆》，第 617 册，第页 167 页。

④ ［明］吕维祺辑：《四译馆增定馆则》卷首《敕谕》，见《续修四库全书》编纂委员会编《续修四库全书》第 749 册，上海古籍出版社，2001 年，第 515 页。

者，并至翰林院习学。这次选得"监生王瑄等及官民子弟马麟等各三十人以闻，命指挥李诚、丁全等教之，翰林院学士程督之，人月支米一石，光禄日给饭食，习一年能书者与冠带，惰者罚之，不通者黜之"。四夷馆的译字生可通过礼部的考试，一等生授冠带为译字官，逾年再试得中授职。这被时人视为入仕的捷径，"官员军民匠役之家子弟，往往私自投师习学番字，希入翰林院译馆"。成化二年（1466），"礼部奏四夷馆译字官并子弟见有一百五十四员，今教师马铭又违例私收子弟张睿等一百二十六名，教习番书，以希进用。欲尽逮问干系人众行请翰林院下四夷馆，不许私收教习漏泄夷情"。四夷馆初设时有译字生 38 人，正统二年（1437），"行在礼部尚书胡濙等奏，四夷馆旧习番字及新习者六十四人"①，到成化二年，馆内的译字生达到 154 人，还有一些私学番字生 126 人，可见当时习学番字之盛。弘治七年（1494），四夷馆改隶太常寺，译字生升转则由鸿胪寺考核，虽可入仕，但已不如明前期视同科举出身，"止为杂流"②。

6. 行人司

行人司，设置于洪武十三年（1380），长官初称"行人"，后改为"司正"，下辖行人 345 人，"官四十员，咸以进士为之。非奉旨，不得擅遣，行人之职始重。建文中，罢行人司，而以行人隶鸿胪寺。成祖复旧制"③。《明史·职官志三》记载：

> 行人司。司正一人，正七品，左、右司副各一人，从七品，行人三十七人，正八品。职专捧节、奉使之事。凡颁行诏赦，册封宗室，抚谕诸蕃，征聘贤才，与夫赏赐、慰问、赈济、军旅、祭祀，咸叙差焉。每岁朝审，则行人持节传旨法司，遣戍囚徒，送五府填精微册，批缴内府。

行人司与朝贡制度有关的职掌主要是出使朝贡国，行招谕、册封、赏

---

① 上述引文均见［明］俞汝楫等编撰《礼部志稿》卷 92《朝贡备考·译职》，第 598 册，第 681、682 页。

② 《明史》卷 74《职官志三》，第 1798 页。

③ 《明史》卷 74《职官志三》，第 1810 页。

赐、谕祭、禁约之事。成化年间开始，东北羁縻卫所人员朝贡完毕，离京返回故里时，行人司需派遣行人伴送其至辽东都司。成化三年（1467），建州女真董山与李古纳哈、纳郎哈等来京朝贡，辞归之时，鸿胪寺通事署丞王忠奏："（董）山等前以屡寇边，方已蒙朝廷宥其罪恶，今革面入贡，乃敢骂坐不敬，贪求无厌，且复扬言此还即纠合海西野人抢掠边境，语无忌惮，诚恐前路难于检制，乞遣官同臣防送至辽东都司发还，庶不贻患。"于是礼部奏遣行人送之①。这大约是行人司初次遣官伴送女真贡使。成化十二年（1476），将行人伴送东北诸夷入贡者出境，作为行人司的职掌被确定下来。《明实录》记载：

> 命行人伴送东北诸夷入贡者出境，并禁其市军器。兵部右侍郎马文升言，比年朝鲜陪臣及建州、海西、朵颜三卫夷人入贡，军民人等辄以弓材箭镞与凡铁器私相贸易，诚非中国之利，乞下所司禁约，且以行人带领通事伴送，沿途防禁之事，下礼部，请差行人著为例。②

从上文可知，以行人伴送女真等族入贡者出境，最初是为了防止入贡者在归途中有不轨行为，其后作为行人司的定制后，主要是监督禁止入贡者沿途购买军器、铁器等违禁物品。

明朝中央以礼部为总理朝贡制度的主要衙门，鸿胪寺、光禄寺、太常寺、翰林院从不同方面领辖会同馆、四夷馆、行人司、通事等具体办理朝贡制度事务的部门，然如《明史·职官志一》所云：礼部"凡审言语，译文字，送迎馆伴，考稽四夷馆译字生、通事之能否，而禁饬其交通漏泄。凡朝廷赐赉之典，各省土物之贡，咸掌之"。最后还是由礼部全面掌控朝贡制度的诸种事务。另由于明朝在东北边疆民族地区普遍设置羁縻卫所，羁縻卫所官职的袭替则由兵部掌管，因此，兵部也是管理东北民族朝贡制度的重要机构之一。

---

① 《明宪宗实录》卷42，成化三年五月癸巳，第867页。
② 《明宪宗实录》卷159，成化十二年十一月癸亥，第2915页。

二 地方管理东北民族朝贡活动的机构与职能

明初，东北地区故元几股势力拥兵割据，不相统属，其中纳哈出统领20余万兵马据守金山（吉林省怀德县附近）①，是故元势力中最强大的一支。洪武三年（1370），明太祖遣使诏谕辽阳等处官民②，对故元势力展开了招抚与军事打击的双重攻势。直到洪武二十年（1387）纳哈出降明，明朝才在东北地区建立起稳固统治。

洪武四年（1371）二月，明设辽东卫指挥使司③；七月，置定辽都卫指挥使司④；"八年十月诏各都卫并改为都指挥使司"，以"定辽都卫为辽东都司"⑤。明承元制在全国普遍设置行省，但以东北地处边疆，又是多民族的聚居区，"华夷杂糅之民，迫近胡俗，易动难安，非可以内地之治治之也"⑥，故"辽独划去州邑，并建卫所，而辖之都司"⑦，下辖 25 卫。《明史·职官志五》记载：

> 都司掌一方之军政，各率其卫所以隶于五府，而听于兵部。凡都司并流官，或得世官，岁抚、按察其贤否，五岁考选军政而废置之。都指挥使及同知佥事，常以一人统司事，曰掌印，一人练兵，一人屯田，曰佥书。巡捕、军器、漕运、京操、备御诸杂务，并选充之，否则曰带俸。凡备倭守备行都指挥事者，不得建牙、升公座。凡朝廷吉凶表笺，序衔布、按二司上。经历、都事，典文移。断事，理刑狱。

因东北地区没有单独建省，辽东都司虽所辖皆为军户，按卫所编制，但具军政合一的特征，军政隶于五都督府，听于兵部；民政则隶山东行省，下

---

① 金山之今地参见［日］和田清《明代蒙古史论集》，潘世宪译，商务印书馆，1984 年，第 98 页。
② ［明］毕恭：《辽东志》卷 8《杂志》，金毓黻辑《辽海丛书》第一册，辽沈书社，1985 年，第 464 页。
③ 《明太祖实录》卷 61，洪武四年二月壬午，第 1192 页。
④ 《明太祖实录》卷 67，洪武四年七月辛亥，第 1254 页。
⑤ 《明史》卷 76《职官志五》，第 1873 页。
⑥ ［明］王之诰：《全辽志·叙》，金毓黻辑《辽海丛书》第一册，辽沈书社，1985 年，第 496 页。
⑦ ［明］王之诰：《全辽志·叙》，第 496 页。

设户部分司、布政分司、按察分司等①。辽东都司是管理东北边疆民族朝贡制度的地方官府，治所在辽阳城（今辽宁省辽阳市）。明朝在"边方重地，即命内臣镇守，武臣充总兵官，又必命都御史巡抚或提督赞理军务"②。自洪武年间开始，明廷先后设置镇守辽东总兵官、镇守辽东太监、巡抚辽东督御史，驻于广宁（今辽宁省北镇市），明户部员外郎刘元《广宁新建镇东堂记》曰："广宁于辽东为都会，辽东为卫二十有五，其戎政悉听于监军、总兵、巡抚，而听政之堂曰镇东。"③ 成化初年又设副总兵驻辽阳④。镇守总兵官、镇守太监和辽东巡抚亦是管理东北边疆民族朝贡制度的最高长官。

洪武二十年（1387），明于辽西老哈河流域设置大宁都司，大宁都司前身是大宁卫，《明史·地理志一》记载："大宁卫，元大宁路，治大定县，属辽阳行省。洪武十三年为府，属北平布政司，寻废。二十年八月置卫。九月分置左、右、中三卫，寻又置前、后二卫。"洪武二十一年七月大宁都司更名为北平行都指挥使司，迁入关内。大宁都司在东北时，管辖设置在兀良哈蒙古地区的朵颜、泰宁、福余三个羁縻卫。大宁都司南迁后，原辖区的东北部分于明成祖永乐年间尽归兀良哈三卫居住，其原因如《明史·朵颜传》所曰："成祖从燕起靖难，患宁王蹑其后，自永平攻大宁，入之。谋胁宁王，因厚赂三卫说之来。成祖行，宁王饯诸郊，三卫从，一呼皆起，遂拥宁王西入关。成祖复选其三千人为奇兵，从战。天下既定，徙宁王南昌，徙行都司于保定，遂尽割大宁地界三卫，以偿前劳。"但丛佩远经考证后认为至少在永乐二十二年（1424）以前兀良哈三卫中的泰宁、朵颜仍驻牧于洮儿河之北及东北深处。三卫南迁是在这年之后⑤。奴尔干都司建立后，兀良哈三卫拨归奴尔干都司统领。

明成祖永乐七年（1409），明于辽东都司之北设立奴尔干都司。《明实录》记载："初，头目忽剌冬奴等来朝，已立卫。至是复奏，其地冲要，宜令立元帅府。故置都司，以东宁卫指挥康旺为都指挥同知，千户王肇舟等为

① ［明］毕恭：《辽东志》卷2《建置》，第369—386页。
② ［明］王之诰：《全辽志》卷5《艺文志上》，"广宁都察院题名记"，第647页。
③ ［明］王之诰：《全辽志》卷5《艺文志上》，第648页。
④ ［明］王之诰：《全辽志》卷3《职官志》，第584页。
⑤ 佟冬主编，丛佩远著：《中国东北史》第3卷，第665页。

都指挥金事，统属其众。岁贡海青等物，仍设狗站递送。"① 从女真头目忽剌冬奴的奏文内容看，显然是希望明朝能像元朝一样在奴儿干地区设立元帅府，设官驻兵镇守，庇护明朝设置的羁縻卫所。明于当年设置奴儿干都司，并且很快恢复了故元在黑龙江下游地区建立的驿站——狗站设施。奴儿干都司建立初期统辖 115 个诸羁縻卫②，到明英宗正统十二年（1447）奴儿干都司统辖的卫所达到 184 卫、20 所、58 个地面、城站。

奴尔干都司统辖的均为羁縻卫所，与一般的都指挥使司不同，因此不由五军都督府统辖，而是直接隶属于兵部职方司③。明朝建立奴儿干都司之初，虽已确定在奴儿干地区（黑龙江下游近入海口处）设立官府，但尚未修建官署。经过两年准备，永乐九年（1411）春，镇守辽东太监亦失哈、奴儿干都司都指挥同知康旺等率领官军 1000 余人，乘巨船 25 艘，前往奴儿干"开设奴儿干都司"，"依土立兴卫所，收集旧部人民，使之自相统属"④。十二年（1414）"命辽东都司以兵三百往奴儿干都司获印"⑤。这表明永乐九年明朝在奴儿干地区建立了都司衙门，曾有少量兵士驻守在那里。

然而，黑龙江下游路途遥远，气候寒冷，明官兵与当地人语言不通，如同《重建永宁寺记》中所言，奴儿干之地"道万余里，人有女直或野人、吉列迷、苦夷。非重译莫晓其言，非武威莫服其心，非乘舟难至其地，非□□难处其居"⑥。明朝要在官府衙门常年派驻各级官员，需要大量的人力和物力，仅造船运粮费用就十分巨大，显然并非一件易事。《明实录》记载宣德三年（1428）正月，明廷又命奴儿干都司"都指挥康旺、王肇舟、佟答剌哈往奴儿干之地，建立奴儿干都指挥使司，并赐都司银印一、经历司铜印一"⑦。再次建立奴儿干都司，这说明由于经济上的原因，奴儿干都司的

---

①　《明太宗实录》卷 91，永乐七年闰四月己西，第 1194 页。

②　［明］陈循：《寰宇通志》卷 116 六《女直》，见郑振铎辑《玄览堂丛书续集》第 79 册，"国立中央"图书馆，1947 年影印本（无页码）。

③　万历《大明会典》卷 124《兵部七》，第 791 册，第 246 页；万历《大明会典》卷 125《兵部八》，第 791 册，第 263—269 页。

④　《永宁寺记》碑文，见丛佩远、赵鸣岐编《曹廷杰集》上册，中华书局，1985 年，第 184 页。

⑤　《明太宗实录》卷 156，永乐十二年闰九月壬子，第 1795 页。

⑥　《重建永宁寺记》碑文，见丛佩远、赵鸣岐编《曹廷杰集》上册，第 209—210 页。

⑦　《明宣宗实录》卷 35，宣德三年正月庚寅，第 877 页。

官员没有常驻这里。奴儿干都司侨置于辽东都司内，职官到辽东都司各卫所寄俸带支，如佟答剌哈在"三万卫带支百户俸"①。他们间岁出巡奴儿干各地处理公务，直到奴儿干都司撤销。

明朝实行赴京朝贡制度，奴尔干都司所辖的羁縻卫所须经由辽东都司入京诣阙朝贡，朝贡者入关后，由奴尔干都司的官员将贡使送至辽东都司，"每年十月初一起至十一月终止，陆续起送建州左右、毛怜、海西等卫夷人到司督，令通事验审，发馆随行"②。明朝官员巡行羁縻卫所地区时，也是以辽东都司的长官为首，奴尔干都司的官员为副，从永乐九年（1411）至宣德七年（1432），明以镇守辽东太监亦失哈为首，率领奴儿干都司的官员多次巡视奴儿干地区③，《重建永宁寺记》记载：宣德七年，"上命太监亦失哈、同都指挥康政，率官军二千，巨舡五十再至"。巡行的目的主要是招谕、抚恤各羁縻卫所，宣示朝廷好生怀远之意，"斯民谒者，仍宴以酒，给以布物"。在明朝安抚招徕政策的感召下，"国人无远近，皆来顿首，谢曰：'我等臣服，永无疑矣。'"④

奴儿干都司撤销的时间，史书没有明确记载，但在宣宗临终前给辽东总兵官都督佥事、辽东都司都督佥事和镇守太监等人的谕旨说："凡采捕、造船、运粮等事，悉皆停止，凡带去物件，悉于辽东官库内寄收，其差去内外官员人等俱令回京，官军人等各回卫所着役。尔等宜用心抚恤军士，严加操练，备御边疆，以副朝廷委任之重。"⑤ 据此郑天挺认为奴儿干都司在宣宗末年撤销，1409—1435 年奴儿干都司活跃了 26 年⑥。丛佩远通过对明代官吏职衔的考察，认为直到成化中叶以后，才不再见有奴儿干都司机构的活动，其原官员也仅署有辽东都司官员的职衔，均不再兼署奴儿干都司的官

①　《明宣宗实录》卷 80，宣德六年六月癸丑，第 1858—1859 页。

②　[明] 王之诰：《全辽志》卷 4《夷人入贡》，第 631 页。

③　关于亦失哈巡视奴儿干都司的次数，学界有 9 次和 10 次的分歧，若按 9 次计，亦失哈到奴儿干分别为永乐九年（1411）、十一年（1413）、十三至十八年（1415—1420）之间有两次、洪熙元年（1425）、宣德元年（1426）、三年（1428）、五年（1430）、七年（1432），除永乐十三年到洪熙元年的 10 年间有些例外，其他基本上是每两年一次。

④　《重建永宁寺记》，丛佩远、赵鸣岐编：《曹廷杰集》上册，第 209—210 页。

⑤　《明宣宗实录》卷 115，宣德十年正月甲戌，第 2597 页。

⑥　郑天挺：《明代在东北黑龙江的地方行政组织奴儿干都司》，《史学集刊》1982 年第 3 期。

职，说明奴儿干都司机构已撤销①。显然他认为奴儿干都司机构存在了70年左右的时间。奴儿干都司撤销后，原奴儿干都司所属的羁縻卫所并未撤销，而且明朝仍然在女真地区继续设置羁縻卫所，到万历年间，女真地区设置增加到384卫、24所、7个地面、7个站、1个寨。新设置的羁縻卫所与原属奴儿干都司的卫所，皆由辽东都司统领。

辽东都司不仅负责管理羁縻卫所的朝贡事务，在羁縻卫所人户因某种原因发生家口粮食艰难时，辽东都司还"给粮接济"②。而且，从永乐年间开始便在辽东都司开设马市，明后期又设木市，定期与女真、兀良哈蒙古等朝贡成员进行贸易。《明史·食货志五·马市》记载：

> 永乐间，设马市三：一在开原南关，以待海西；一在开原城东五里，一在广宁，皆以待朵颜三卫。定直四等：上直绢八匹，布十二，次半之，下二等各以一递减。既而城东、广宁市皆废，惟开原南关马市独存。

明正统八年（1443）辽东都指挥使司佥事毕恭撰《辽东志》记载：

> 广宁马市一，永乐二年设于城北马市河之阴。成化十一年，改设塔儿山西南。十四年又改团山堡后。
> 开原马市二，女直马市，永乐初设城东屈换屯。成化间改设城南门外西。达达马市，城西，成化间添设于古城堡南，嘉靖三年改于庆云堡北。
> 抚顺所马市一，达达马市，城东门外一里。③

《明神宗实录》记载：

> 祖宗以来，嘉其慕义，许以互市，广宁设一关一市以待朵颜泰宁等

---

① 佟冬主编，丛佩远著：《中国东北史》第3卷，第606—607页。
② 《明英宗实录》卷71，正统五年九月己未，第1384页。
③ ［明］毕恭：《辽东志》卷2《建置》，第374、375—376、376页。

夷，开原设三关三市以待福余西北等夷，开原迤东至抚顺设一关市待建州等夷。①

综合上述记载，明永乐初年，辽东都司设有三处马市，广宁城设一、开原城设二；最晚到正统年间，于抚顺城增设一处马市，为4处马市；到万历年间，又于开原城增设一处马市，共为5处马市。女真、兀良哈蒙古按照明朝的规定分别到各处马市进行互市。万历二十三年（1595），又于"义州大康堡开木市，听各夷取木顺河运进买卖"②。明朝开设马市的着眼点主要不是经济而在于政治，互市是控制、安抚朝贡成员的手段。在明后期边防力量不够强大时，互市可以安抚朝贡成员中不安分者，使之减少或不再掳掠边民。当然，互市也有利于交易双方互通有无，可"有利于民，不费于官"③。

明朝在着力经营朝贡制度的过程中，为了很好地管理众多前来朝贡的国家与边疆少数民族，中央涉及管理朝贡制度的各机构之间建立了较为完善的管理机制，出现了专门的翻译机构。在明朝轰轰烈烈地营建规模宏大的海内外封贡体制的背景下，东北边疆民族地区重新回到羁縻建置（卫所）形式的朝贡制度，虽然地方政府能够有效地管理东北民族朝贡制度，但与金元王朝对东北民族的统辖机制相比，无疑是后退了一大步。

第二节　东部女真羁縻卫所朝贡制度的建构与运作

在明朝全力构建、发展东亚朝贡体制的大背景下，自成祖永乐元年到明神宗万历末，女真等民族朝贡制度持续运作了216年，从其发展历程看，前后有明显的变化，现将《明实录》记载的明代各朝女真的朝贡活动按照一年朝贡次数进行统计，以展现明朝女真朝贡的总体走向：

---

① 《明神宗实录》卷46，万历四年正月丁未，第1031页。
② 《明神宗实录》卷366，万历二十九年十二月辛未，第6847页。
③ 《明史》卷228《李化龙传》，第5983页。

明代女真朝贡活动统计表①

	在位	总计	0	1	2	3	4	5	6—10	11—15	16—20	21—25	26—30	46	年均
明成祖永乐	22年	220		2	1	1	2	0	8	2	3	2	1		10
明仁宗洪熙	1年	16									1				16
明宣宗宣德	10年	150					1		3	1	3	1		1	15
明英宗正统	14年	130				1	1	4	5	1		2			9.2
明代宗景泰	7年	22		2	2	1	1		1						3.1
明英宗天顺	8年	15		3	3	2									1.8
明宪宗成化	23年	84		2	6	5	5	1	4						3.6
明孝宗弘治	18年	60		2	3	4	6	3							3.3
明武宗正德	16年	77			1	2	3	5							4.8
明世宗嘉靖	45年	113	11	5	9	6	7	3	3	1					2.5
明穆宗隆庆	6年	14	4					1	1						2.3
明神宗万历	47年	138	15	8	6	5	1	3	6	3					2.9

　　东北东部女真朝贡制度一经建立便很快进入全面发展时期，明朝全力经营女真朝贡制度的主要目的，一是为营建"大一统"的国家规模；二是将女真朝贡制度纳入东北边疆的防御体系，防范和牵制北方蒙古部。明朝对女真朝贡形式、朝贡人数以及贡道、贡期、贡物都有明确而具体的规定，从女真朝贡制度运作过程看，政治功能占主导地位，经济活动居次要地位。有明一代，女真朝贡制度先后经历了建构、发展、整顿、破坏的过程，这期间还

---

　　①　明朝皇帝年号实行新帝继位当年不改年号的制度，为了对一年内女真朝贡次数有整体认识，本文采取按年号统计的方法，以免造成混乱。

出现了由女真羁縻卫所朝贡制度演变为敕书朝贡制度的重大变化。

一　女真羁縻卫所朝贡制度的建构与发展

　　明代东北地区的东部与东北部居民以女真各部为主，此外还有吉烈迷、赫真、苦夷等族群。《大明一统志》记载："女真，东濒海，西接兀良哈，南邻朝鲜，北至奴儿干、北海。"东濒海为日本海；兀良哈蒙古原住地在嫩江下游东西，后南下到西拉木伦河与大凌河流域；朝鲜国与明代女真居地的交界处在图们江西南朝鲜半岛北部地区；奴儿干在黑龙江下游地区，这里分布着吉烈迷、苦夷等族群；北海指贝加尔湖。此外，女真人分布地南至今辽宁开原以北地区与辽东都司交界。

　　太祖洪武初年，刚刚在东北南部立足的明军频频遭到故元势力的侵袭，直到洪武八年（1375）明军重创故元纳哈出势力后，才得以在东北站稳脚跟，开始有蒙古、女真人归附明朝。《辽东志》记载，洪武十三年（1380）明朝"置五千户所，曰东宁、女直、南京、海洋、草河，各领所部夷人"[①]。这是史籍中首次见到归附明朝的女真事迹，并以居住在浑江下游的女真人建立了千户所。洪武十四年（1381），"故元遗民六十九人自纳儿崖来归于女真千户所，诏以衣粮给之，遣归复州"[②]。复州在今辽宁省瓦房店市西北，从其投奔女真千户所，明又将其遣归复州看，这批元遗民可能是原居住在辽东半岛的女真人[③]。从东北部女真聚居地前来归附明朝的现象始见于洪武十五年（1382）二月：

　　　　故元鲸海千户速哥帖木儿、木答哈千户完者帖木儿、牙兰千户皂化自女真来归，言：辽阳至佛出浑之地三千四百里，自佛出浑至斡朵怜一千里，斡朵怜至托温万户府一百八十里，托温至佛思木隘口一百八十里，佛思木至胡里改一百九十里，胡里改至乐浪古隘口一百七十里，乐浪古隘口至乞列怜一百九十里，自佛出浑至乞列怜皆愿往旧所部之地，

[①]　［明］毕恭：《辽东志》卷1《地理志》，第353页。

[②]　《明太祖实录》卷140，洪武十四年十一月癸卯，第2203页。

[③]　元朝在辽东设有总管高丽女直汉军万户府。参见程妮娜《古代中国东北民族地区建置史》，第400—401页。

愿往谕其民，使之来归。诏许之，赐以织金文绮。①

这些归附的女真人首领都具有千户官职，应是故元女真地方官员。在今俄罗斯滨海地区、乌苏里江上游地区、牡丹江下游到松花江与黑龙江合流处附近，分布着众多的女真部落②。三个千户主动表示要为明朝招徕本族部民，自然得到明朝的赞许，"赐以织金文绮"。这之后，不断有前来归附的女真人，洪武十七年（1384）六月，"兀者野人酋长王忽、颜哥等十五人自辽东来归，赐绮帛布钞有差"③。十八年（1385），"女直高那日、捌秃、秃鲁不花三人诣辽东都指挥使司来归"④。这一时期，明朝主要是通过故元女真族官员开展招抚女真人的工作。

洪武二十年（1387）纳哈出降明后，明朝在东北地区的统治才逐渐稳固下来。明朝于斡朵里设置三万卫，以掌管招抚女真等族事务⑤。这年十二月，便有女真部族前来归附，"野人部将西阳哈等百三十四人自辽东来降，命赐衣各一袭，寻加赐白金千三百七十两"⑥。西阳哈是当时女真人中很有号召力的首领，明朝对其赏赐也格外丰厚。二十一年五月，明太祖"命俺得迷失等往辽东海西等处招抚夷民，各赐衣物"⑦。这次招抚的成果，在太祖朝未见记载。但从明成祖初年，女真部人络绎不绝前来朝贡的情况看，应与俺得迷失的招抚有关。

然而，明朝在东北营建女真朝贡制度⑧的过程并非一帆风顺，洪武二十七年（1394），已经归附明朝的女真首领西阳哈叛明，而且声势很大。二十八年正月，明太祖命都指挥使周兴为总兵官，同右军都督金事宋晟、刘真往

①　《明太祖实录》卷142，洪武十五年二月壬戌，第2235—2236页。
②　[日] 和田清：《明初の滿洲經略》（上），《滿鮮地理歷史研究報告》第十四，东京帝国大学文学部，昭和九年（1934）。
③　《明太祖实录》卷162，洪武十七年六月辛巳，第2518页。
④　《明太祖实录》卷175，洪武十八年九月甲申，第2661页。
⑤　关于斡朵里的地点，学界一般认为在今黑龙江依兰西马大屯，但李鸿彬认为斡朵里应在朝鲜境内的庆源、镜城或阿木河。参见是氏《简论三万卫》，《社会科学战线》1990年第1期。洪武二十一年三万卫迁到开元城（今辽宁开原）。
⑥　《明太祖实录》卷187，洪武二十年十二月癸亥，第2805页。
⑦　《明太祖实录》卷190，洪武二十一年五月壬辰，第2872—2873页。
⑧　黑龙江下游吉烈迷、苦夷等族群并不属于女真人，但明后期也将其划入野人女真范围。本节"女真"包括蒙古之外黑龙江流域及其以北各族群，虽然不够严谨，实在是为了行文方便。

三万卫等处，剿捕反叛的女真人，"获女真镇抚管三，并男女六百五十余人，马四百余匹"①。从战争的结果看，虽然明军取得了一些战绩，但并没有完全征服反叛的女真部族。之后，洪武末年与建文朝，史籍中几乎不见东北女真人朝贡事迹，这应与建文帝时期燕王朱棣发动靖难之役有关。总之，明太祖、惠帝时期，尚未在女真人地区建立起朝贡制度。

成祖即位后，积极经营对东北民族的政治统辖关系，永乐元年（1403）"遣行人邢枢偕知县张斌往谕奴儿干，至吉烈迷诸部落招抚之"②。当年便有四拨女真使团入京朝贡，当第三拨女真使团朝贡时，明成祖开始采用太祖时期在兀良哈蒙古地区建立羁縻卫所的政策，对初次来朝的女真酋长大多封授卫所官职，于其部设置羁縻卫所，进而确定其朝贡成员身份。《明太宗实录》记载：

> （十一月）女直野人头目呵（阿）哈出等来朝，设建州卫军民指挥使司，阿哈出为指挥使，余为千百户所镇抚，赐诰印冠带袭衣及钞币有差。
>
> （十二月）忽剌温等处女直野人头目西阳哈、锁失哈等来朝，贡马百三十匹，置尤（兀）者卫，以西阳哈为指挥使，锁失哈为指挥同知，吉里纳等六人为指挥佥事，余为卫镇抚千户百户所镇抚，赐诰印冠带袭衣及钞币有差。③

建州卫是明朝在辽东都司以外女真地区设置的第一个羁縻卫所，阿哈出部在女真各部中势力较大，居地在今图们江流域，其地南面邻近辽东都司辖区。然240多年以后，正是建州卫指挥使阿哈出后人建立的后金政权——清朝灭亡了明朝。兀者卫是明朝在海西女真地区建立的第一个卫，忽剌温④等

---

① 《明太祖实录》卷236，洪武二十八年正月甲子，第3446页；卷238，洪武二十八年五月癸卯，第3472页；卷239，洪武二十八年六月辛巳，第3476页。

② ［明］严从简：《殊域周咨录》（中外交通史籍丛刊）卷24《女直》，余思黎点校，中华书局，1993年，第733页。

③ 《明太宗实录》卷25，永乐元年十一月辛丑，第460页；卷26，永乐元年十二月辛巳，第501页。

④ 忽剌温，王锺翰《清史新考》认为明代泛指松花江流域与黑龙江下游地区。辽宁大学出版社，1997年，第15页。

处女真酋长西阳哈是海西地区势力最大的女真部首领之一，在明太祖时躲过了明军的兵锋，此时亲自前来朝贡，表示臣服。

建州卫设在东部女真地区，兀者卫设在北部女真地区，前来朝贡的女真大小首领被明廷封授为指挥使、指挥同知、指挥佥事、卫、千户、百户、镇抚等各级官职，授以诰印冠带，赐给袭衣及钞币。这在整个女真地区产生了很大影响，尽管东北距离明京师（今南京）路途遥远，女真各部大小头目仍争先恐后前往京师朝贡，以求获得封赏。明成祖一朝22年，女真各部朝贡共220次①，其中有的一次是一部女真前来朝贡，如永乐三年（1405）八月，"甲申，吉儿伐里女直野人头目买罕等来朝，命买罕等为福山卫指挥、千百户镇抚等官，赐袭衣及钞币有差"②。有的一次为多部女真同时朝贡，如永乐五年正月，"戊辰，女直野人头目土成哈等来朝，置喜乐温河、木阳河、哈兰城、可令河、兀的、阿古河、撒只剌河、依木河、亦文山、木兰河、阿资河、甫里河十二卫，得的河、奥石河二千户所，合土成哈等二百二十五人为各卫所指挥、千百户等，赐诰印冠带袭衣及钞币有差"③。从永乐三年到九年（1405—1411），这七年间，每年女真朝贡次数都在两位数以上，永乐四年（1406）达29次之多。据王锺翰考证，明成祖永乐年间共设置181卫④。现将永乐元年到十二年（1403—1414）所设置的部分处于边缘地带的卫所列表如下：

明永乐年间东北部分羁縻卫所一览表⑤

设置时间	卫所名称	今地
永乐二年	奴尔干	今黑龙江下游与阿姆贡河合流处对岸特林地方
永乐三年	毛怜	今吉林省嘎呀河以东地区
永乐四年	塔山	今黑龙江省呼兰河流域的木兰、巴彦、肇东、呼兰等地

---

① 朝贡次数统计是按照《明实录》记载的形式，一天内同时朝贡的女真人，无论是一部还是多部只记为一次。

② 《明太宗实录》卷45，永乐三年八月甲申，第706页。

③ 《明太宗实录》卷63，永乐五年春正月戊辰，第903页。

④ 王锺翰：《清史新考》，第22—31页。

⑤ 此表依据《〈中国历史地图集〉东北地区资料汇编》第243—294页、王锺翰《清史新考》第22—39页，综合而成。

续表

设置时间	卫所名称	今地
永乐四年	斡难河	今俄罗斯涅尔琴斯克（尼布楚）西南鄂嫩河流域
	双城	今俄罗斯滨海边区乌苏里斯克城
	脱木河	今俄罗斯境内结雅河支流托姆河流域
	木鲁罕山	今黑龙江中游北岸（俄罗斯境内）穆哩罕山地区
永乐五年	兀的河	今俄罗斯境内乌第河流域
	甫里河	今黑龙江下游奇集湖畔的胡伊里河流域
	哥吉河	今黑龙江口附近科奇河
	野木河	今俄罗斯境内黑龙江口北侧岳米河
	阿剌山	今黑龙江中游左侧阿剌尔山地区
	亦速里河	今乌苏里江流域
	卜鲁丹河	今黑龙江中游左侧俄罗斯境内波罗穆丹河
永乐六年	阮里河	今黑龙江省嫩江支流雅鲁河流域
	弗朵秃河	今黑龙江下游左侧的弗答哈河流域
	克默而河	今黑龙江下游奇集湖东南，斯特里卡湾以南克默尔河
	斡兰河	今俄罗斯滨海边区萨马尔加河流域
	乞塔河	今贝加尔湖东赤塔河流域
永乐七年	葛林	今黑龙江下游格林河流域
	古里河	今俄罗斯境内精奇里江上源之一吉柳伊河流域
永乐八年	亦麻河	今乌苏里江以东伊曼河流域
	兀列河	今库页岛东部纳比耳河（清图为奴列河）流域
	卜鲁兀	今黑龙江下游右岸博戈罗茨科耶附近
永乐九年	督罕河	今俄罗斯鄂霍次克海西岸土古尔（图呼勒）河流域
永乐十年	只儿蛮	今黑龙江省海拉尔市东威托海河流域
	囊哈儿	今库页岛西岸北部朗格里
	古鲁	今黑龙江中游左侧支流枯鲁河流域

续表

设置时间	卫所名称	今地
永乐十年	建州左	今图们江南岸朝鲜会宁①
永乐十二年	卜忽秃河	今吉林省延吉朝鲜族自治州境内布哈尔通河流域
	哈儿分	今黑龙江下游右侧阿纽依河口

　　据上表可知，在永乐帝积极营建东北民族朝贡制度的方针下，用很短的时间，在东北边疆广泛设置了羁縻卫所，其范围东北到黑龙江下游、乌第河、库页岛一带；北面越过黑龙江；西北到鄂嫩河、贝加尔湖以东地区；东部至日本海；东南到朝鲜半岛的东北部地区，几乎囊括了女真人分布的整个地区，奠定了明朝女真朝贡制度的基本规模。

　　明成祖于永乐十九年（1421）将京师由南京迁到北京。北京地近东北，为女真人开展朝贡活动提供了方便条件。仁宗在位仅一年，洪熙元年（1425）女真朝贡达到16次。宣宗即位时，女真羁縻卫所的官员们纷纷前来朝贡贺新君登基，宣德元年（1426）女真朝贡46次，掀起了新一轮朝贡活动的高潮。宣宗一朝共10年，女真朝贡达150次之多，其频率超过了永乐朝。宣德以后明朝不再大批设置羁縻卫所，前来朝贡的女真使者基本都具有卫所官职，估计这个时期女真人朝贡皆以明朝授予的诰印为朝贡受赏的凭证。

　　明成祖、仁宗、宣宗三朝33年间，海西地区朝贡比较活跃的是兀者诸卫，继永乐元年设兀者卫之后，二年二月，"兀者卫头目脱脱哈等五十三人来朝，别设兀者左卫，以脱脱哈为指挥同知，未合赤吉等为指挥佥事，余为千百户镇抚，赐诰印冠带袭衣及钞币有差"；十月，"凡（兀）者头目那海、义不扎尼等来朝，设凡（兀）者右卫，以那海为指挥同知。设兀者后卫，以义不扎尼为指挥同知，罗卜滩咩哥毡为指挥佥事，余各授官，赐诰印冠带及钞币衣服有差"②。两年间明廷先后设置了兀者卫、兀者右卫和兀者后卫，

---

　　① 建州左卫，《明一统志》《明会典》记载为永乐十年置。《明实录》未记载确切设置时间，但永乐十四年始有关于建州左卫事迹的记载。《〈中国历史地图集〉东北地区资料汇编》考证认为，建州左卫设置时间应在永乐三年十一月。

　　② 《明太宗实录》卷28，永乐二年二月丙戌，第508页；卷35，永乐二年十月辛未，第610页。

这期间各兀者卫所大小官员朝贡达 60 多次。东部图们江流域朝贡比较活跃的是建州诸卫,永乐元年设置建州卫之后,八年(1410),"升建州卫指挥使释家奴为都指挥佥事赐姓名李显忠"①;十年(1412)设立建州左卫②,以猛哥帖木儿为指挥使。这期间,建州诸卫大小官员前来朝贡达 70 多次,最多时一年朝贡达 7 次之多。另外,永乐九年(1411)九月,成祖因建州卫都指挥李显忠所举"命建州卫指挥佥事猛哥不花等十八人为毛怜等卫指挥使、千百户等官"③。毛怜卫于永乐三年(1405)建立,从永乐九年到正统十年(1445),一直由建州卫的官员掌领毛怜卫事,这期间朝贡近 30 次。与这些势力较大的女真卫所相比,一些分布在偏远地区的弱小的女真卫所朝贡活动则较为稀少,甚至有的卫仅见一次朝贡活动,如地处黑龙江下游库页岛的囊哈儿卫、鄂嫩河流域的斡难河卫等。

为管辖蓬勃发展的女真朝贡制度,永乐七年(1409)闰四月,"设奴儿干都指挥使司。初,头目忽剌冬奴等来朝,已立卫。至是复奏:其地冲要,宜令立元帅府。故置都司,以东宁卫指挥康旺为都指挥同知,千户王肇舟等为都指挥佥事,统属其众。岁贡海青等物,仍设狗站递送"④。永乐、洪熙、宣德年间,明朝不断派遣朝官和奴儿干都司的官员,带着朝廷赏赐的各种物资前往女真地区,如内官亦失哈,"本海西人"⑤,以其通晓女真语,明帝多次派他到黑龙江地区招谕女真部落、巡视羁縻卫所。《三万卫选簿》指挥佥事佟世臣条下载:"三辈佟住……原系兀里奚山卫女直,永乐五年蒙内官亦失哈前来诏谕,赴京授指挥佥事,回还。"⑥ 可见早在奴儿干都司设立之前,亦失哈就曾奉命至海西女真地区招谕女真诸部。根据文献、碑刻中相关记载统计奴儿干都司设前后,亦失哈 9 次率领奴儿干都司官员巡视女真羁縻卫所,每次都到达极东北处的黑龙江入海口附近的奴尔干地区。现将文献、碑刻中相关记载列表如下:

---

① 《明太宗实录》卷 107,永乐八年八月乙卯,第 1386 页。
② [清] 阿桂等撰:《满洲源流考》卷 7,辽宁民族出版社,1988 年,第 85 页。
③ 《明太宗实录》卷 118,永乐九年九月辛酉,第 1503 页。
④ 《明太宗实录》卷 91,永乐七年闰四月己酉,第 1194 页。
⑤ 《明英宗实录》卷 186,正统十四年十二月壬子,第 3717 页。
⑥ 中国第一历史档案馆、辽宁省档案馆编:《中国明朝档案总汇》第 55 册,《三万卫选簿》,广西师范大学出版社,2001 年,第 208 页。

	明帝	时间	亦失哈巡视女真地区的事迹	文献出处
1	成祖	永乐五年（1407）	内官亦失哈至女真地区诏谕。	《三万卫选簿》
2		永乐九年（1411）	春，特遣内官亦失哈等率官军一千余人，巨船二十五艘，复至其国。	《永宁寺记》①
3		永乐十年（1412）	冬，天子复命内官亦失哈等载至其国。	《永宁寺记》
4	仁宗	洪熙元年（1425）	十一月，敕辽东都司赐随内官亦失哈等往奴儿干官军一千五十人钞有差。	《明宣宗章皇帝实录》卷11
5	宣宗	宣德初（1426）	复遣太监亦失哈部众再至。	《重建永宁寺记》
6		宣德三年（1428）	正月，遣内官亦失哈、都指挥金声、白伦等赍敕及文绮表里往奴儿干都司及海西弗提等卫，赐劳头目达达奴丑秃及野人哥只苦阿等，嘉其遣人朝贡也。	《明宣宗章皇帝实录》卷35
7		宣德七年（1432）	上命太监亦失哈、同都指挥康政率官军二千，巨舡五十再至。	《重建永宁寺记》
8		宣德八年（1433）	八月，弗提卫女直指挥同知佛家奴等十七人，从中官亦失哈往奴儿干还，贡方物，赐之綵币表里绢布有差。	《明宣宗章皇帝实录》卷104
9		宣德九年（1434）	正月，兀者卫指挥佥事猛可秃等三人随内官亦失哈归自奴儿干，赐之綵币表里金织纻丝袭衣等物。	《明宣宗章皇帝实录》卷108

宣宗不仅时常派遣太监参与奴儿干都司的巡抚工作，还"敕都指挥康旺、王肇舟、佟答喇哈仍奴儿干都司抚恤军民；又敕谕奴儿干、海东囊、阿里、吉列迷、恨古河、黑龙江、松华江、阿速江等处野人头目哥奉、阿囊、哈奴等，令皆受节制"②。奴儿干都司的官员平时驻在辽东都司，"间岁相沿领军"③ 出巡羁縻卫所，其重点在极东北的黑龙江下游地区，直到奴儿干都

---

① 《永宁寺记》《重建永宁寺记》，为亦失哈于永乐十年、宣德七年至奴尔干时所立。见《曹廷杰集》上册，第209—201页。

② 《明宣宗实录》卷69，宣德五年八月庚午，第1615—1616页。

③ ［明］毕恭：《辽东志》卷9《外志》，第470页。

司撤销①。

在明朝的积极经营下，永乐朝女真朝贡制度一经确立便进入快速发展期，女真卫所的朝贡使络绎不绝于途，一年中各个月份都可见到女真入京朝贡的记载。朝贡使团的规模通常为几十人，时有百人以上，偶尔可以见到二三百人，最多一次是在永乐四年（1406）正月，"河速江、苏木河、失里绵等处头目福剌出、者不者等五百三十人来朝，赐钞币有差"②。永乐、宣德时期，明统治者对前来朝贡者"加意抚绥"，"有来朝者皆量授官职，赐赉遣还"，使其"各安尔土，朝贡往来，相通买卖，优游足给"③。在明朝怀柔远夷，厚往薄来的政策下，女真地区很快建构起羁縻卫所形式的朝贡制度，并使之得以稳固地迅速发展起来，这应与元朝在女真地区有很好的政治统治基础有关。

二　女真羁縻卫所朝贡制度的整顿与破坏

自英宗朝开始，明朝统治者对女真朝贡制度开始采取一定的限制政策，制定了各种规则，朝贡制度的运作越来越规范。然而，这也导致朝贡成员产生不满情绪和反抗行为，加上北方蒙古势力的介入，使得东北边疆的反叛、寇抄、抢掠等边事时有发生，甚至出现较大规模的战事。然而每年仍有女真羁縻卫所官员前来朝贡，女真朝贡制度在发展中虽有波动，却依旧发挥着治民、安边的作用。

英宗即位后改变了前朝积极招抚女真前来朝贡的政策，认为"帝王之待夷狄，来者不拒可也，何必招抚？"④ 对于耗资较大的属国、属部朝贡制度开始进行一定程度的限制。宣德十年（1435）三月，"行在礼部尚书胡淡等奏，比奉敕旨，上曰节一切冗费，以安养军民。今四夷使臣，动以百数，沿途疲于供给，宜敕诸路总兵官，并都、布、按三司，继今审其来者，量遣

---

①　关于奴儿干都司撤销的时间，学界有不同看法，郑天挺认为在宣宗末年撤销奴儿干都司（《明代在东北黑龙江的地方行政组织奴儿干都司》，《史学集刊》1982 年第 3 期）；丛佩远认为宪宗成化中叶以后撤销奴儿干都司（佟冬主编，丛佩远著：《中国东北史》第 3 卷，吉林文史出版社，1998 年，第 606—607 页）。

②　《明太宗实录》卷 50，永乐四年正月庚戌，第 755 页。

③　《明宣宗实录》卷 58，宣德四年九月丙午，第 1373 页。

④　《明英宗实录》卷 13，正统元年正月庚寅，第 243 页。

正、副使，从人一二十人赴京，余悉留彼处，如例给待，庶免往复供送之费。从之"①。女真朝贡制度虽然也在限制之中，但并没有立即实行。据八月辽东总兵官都督同知巫凯上奏："兀良哈三卫达子并海西野人女直等远来朝贡，近奉敕搏节，止许二三人，多不过二十人，其余从人，悉留关外。其间孳寇，蒙恩既久，一旦沮尼，必生疑惑。请自今外夷慕义，悉听来朝。"②然英宗正统二年（1437）十月，"行在兵部奏，兀良哈及鞑靼、女直人等来朝贡者，进马或三五匹，动辄三四十人。有回至中途复来者，多有不逞之徒，诡冒其间，引诱为非。俱无公文照验，道经城镇关隘，总兵镇守等官略不谁何，一概纵放。所过凌辱驿传，骚扰军民，需索剽夺，其害非一，乞禁止之"。明朝对女真朝贡活动的宽容，并没有减少一些朝贡者在途中恣意妄为骚扰军民事件的发生，这与英宗厉行节俭、安军养民的治政方针相连，于是英宗"敕辽东等处总兵等官，今后外夷以事来朝者，止许二三人或四五人，非有印信公文毋辄令入境"③。这里所说的"只许二三人或四五人"，这应是指女真每卫一次朝贡的人数，同时要求无印信公文不得入京朝贡。从《明实录》记载女真朝贡的次数看，正统元年和二年（1436 和 1437）分别是 24 次、23 次，三年便锐减到 5 次。

英宗正统四年（1439），明又进一步对女真朝贡活动进行规范和限制。《明英宗实录》记载这年四月：

> 都指挥佥事毕恭言也恭又奏，鞑子、海西野人女直归自京师，道过边境，辄以所得绶币或驽马市耕牛及铜铁器皿，臣以耕牛边人所恃以为生，而铜铁器外夷所资以为用，乞禁勿与市。上可其奏，谕总兵巡抚等官，禁之，敢有犯者，治罪不宥。④

---

① 《明英宗实录》卷 3，宣德十年三月丁西，第 77 页。宣宗于宣德十年正月去世，太子朱祁镇即位，即英宗。
② 《明英宗实录》卷 8，宣德十年八月己酉，第 192 页。
③ 《明英宗实录》卷 35，正统二年十月癸未，第 691—692 页。
④ 《明英宗实录》卷 54，正统四年四月己丑，第 1039 页。

明对入京朝贡回来的女真使者沿途贸易活动开始实行限制①。八月，明对女真的朝贡时间和朝贡次数进行了明确规定，英宗敕辽东总兵官都督佥事曹义等曰：

> 今辽东境外女直野人诸卫多指进贡为名，往往赴京营私。且当农务之时，劳扰军民供送。今因其使臣回卫，已遣敕谕之，如系边报，不拘时月听其来朝，其余进贡袭职等事，许其一年一朝或三年一朝。不必频数，具有市易生理，听于辽东开原交易，不必来京。如仍数遣使，尔等询察即令退回，脱有违碍仍奏定夺，庶几不扰军民，亦不失远人归向之意。②

明朝规定，女真一般"进贡袭职"，为"一年一朝或三年一朝"，朝贡时间在农闲之时；如果是报奏边地军情，可"不拘时月"随时来朝。平时贸易交往可在开原马市进行。并令从京师返回原住地的女真朝贡使臣代为敕谕各卫所，如果还有羁縻卫所不听诏令多次遣使朝贡，要求辽东都司的官员们仔细询查，令其返回。

从史籍记载看，正统五年（1440）以来，女真朝贡的时月皆在春冬之季1-3月与11-12月，年中前来朝贡者多与奏事、内附有关，如正统八年五月，"赐建州左卫指挥火儿孙钞绽币表里纻丝袭衣等物，以报海西声息也"③。由于朝廷明确规定了每卫朝贡的人数，《明实录》关于女真朝贡活动记载出现明显的变化，即不再记载人数，而是记载卫所的数量，如正统九年（1444）十二月，"野人女直葛林等十八卫指挥打里哈等，建州左右二卫都督同知董山、凡察，兀里奚山等十二卫指挥塔必兀的罕等，各来朝贡马及方

---

① 明朝禁止商、民向女真出售耕牛和铜铁器后，为满足农业经济发展的需求，女真转而以貂皮与朝鲜贸易耕牛和铁器。[韩]国史编纂委员会编《朝鲜王朝实录》记载：成宗二十年（1489）二月庚戌，"永安道五镇，贡貂鼠皮，贸于野人，以充其赋。所易之物，非农器釜鬵，则必耕牛也。由是我之耕牛、农器釜鬵，悉为彼有"（[韩]国史编纂委员会编《朝鲜王朝成宗实录》卷225，第11册，国史编纂委员会，1968年，第448页）。中宗九年（1514）十月壬寅，"吾民之牛铁，尽归于彼。牛以厚其农，铁以利其兵"（[韩]国史编纂委员会编《朝鲜王朝中宗实录》卷21，第15册，第34页）。

② 《明英宗实录》卷58，正统四年八月乙未，第1117页。

③ 《明英宗实录》卷104，正统八年五月癸亥，第2103页。

物，赐宴，并赐綵币等物有差"①。最多一次是正统十一年（1446）十二月女真60个卫一起朝贡②，若以每卫三四人计，可达200多人，与前一时期人数最多的一次朝贡相比，人数减少了一半。

女真人为了获得更多的敕书，争取朝贡机会，一些羁縻卫所官员请求分置新卫，如正统十一年十一月塔山卫都指挥佥事弗剌出请求增设卫所，英宗敕谕曰：

> 尔弗剌出世居边境，忠事朝廷，自我先朝洊膺官赏。比者，尔累奏所管人民颇多，或有声息驰报未便，请设卫给印以图补报。呕罕河卫都督同知你哈答又奏，保尔效力多年，善抚人民。辽东总兵等官亦审实以闻，今特准尔所请，设塔山左卫，给与印信，命尔掌印管事。尔宜深体朕恩，坚守臣节，遵守礼法，抚绥部属，或有远夷奸诈之徒蛊诱尔部属为恶者，即便擒治尔其钦哉。③

从塔山左卫的设置过程看，由羁縻卫所的长官提出申请，又有邻近羁縻卫长官为之奏保忠于朝廷，善于抚民，最后需要辽东总兵等官审核确凿，才可批准。这与永乐朝对女真"有来朝者皆量授官职，设置卫所"相比，明朝对新设置羁縻卫所表现出十分慎重。

此外，明朝为解决女真卫所内部的纷争，也从原有的羁縻卫中分出部众设置新卫。如正统七年（1442）二月，为解决建州卫凡察、董山争掌卫印的纷争，"分建州左卫设建州右卫，升都督佥事董山为都督同知，掌左卫事；都督佥事凡察为都督同知掌右卫事。董山收掌旧印，凡察给新印收掌"④。明朝以授予卫所官员的敕书为朝贡与赏赐的凭证，这也是女真卫所内部出现争夺卫印敕书的主要原因。《明史·兵志》记载永乐之后女真地区新设置200个卫，前后共设置了384个卫（其中包括兀良哈蒙古3个卫）、24个所、7个站、7个地面、1个寨。

① 《明英宗实录》卷124，正统九年十二月甲寅，第2472页。
② 《明英宗实录》卷148，正统十一年十二月戊午，第2916页。
③ 《明英宗实录》卷147，正统十一年十一月己卯，第2891—2892页。
④ 《明英宗实录》卷89，正统七年二月甲辰，第1789页。

正统年间北部蒙古瓦剌部势力逐渐强大，正统十四年（1449）瓦剌发动了对明朝的大举进攻，"土木堡之战"使明50万大军死伤过半，英宗北狩，明朝遇到建国以来最严重的危机。明朝一直把女真视为防御北部蒙古势力的藩屏，但在瓦剌对明开战之前，"瓦剌也先以追捕仇人为名，吞噬诸部，往者既自北而西，又自西而东，今又东极海滨，以侵女直"。而且，也先还派遣平章领人马驻于北山。在这种形势下，明英宗担心也先此举是"欲胁野人女直，使之归己"①，于正统十三年（1448）正月，敕谕建州卫都督同知李满住等75卫所大小头目，"敢有轻听所诱，私通夷虏，引寇为患，必调军马剿杀不宥"。十一月敕谕兀者等卫都督刺塔、别里格等，"严禁部属，毋疾虏往来，或虏侵犯尔境，尔等备御不及，驰报辽东总兵等官，为尔量度应援"。十二月"遣敕七十二道，分谕各卫管事、都指挥等官及大小头目人等，责其已往之失，勉其方来之忠"②。但是，当蒙古瓦剌脱脱不花汗大军进入东部女真地区后，胁迫一些女真卫所四处抢掠，如"建州等卫女直都督李满住、董山等，自正统十四年以来，乘间窃掠边境，辽东为之困敝"。"开原、沈阳等处达贼入境抢掠人畜，及攻围抚顺千户所城池，审知各贼乃建州、海西野人女直头目李满住、凡察、董山、刺塔为北虏迫胁领一万五千余人来寇"。直到代宗景泰二年（1451）诸女真卫所在明朝的招抚下，才"稍归所掠男女，而身自入朝，贡马谢罪"③。从《明实录》记载看，景泰二年（1451）到天顺初年，前来朝贡的主要是建州诸卫和兀者卫，尤其是建州诸卫不仅每年皆来朝贡，而且出现一年多贡的现象，如景泰三年（1452）建州卫三贡。海西女真中兀者诸卫的朝贡较为活跃，仅见一次海西女真较大的朝贡活动，景泰四年（1453）十二月，"海西亦儿古黑等四十四卫野人女直指挥苦女等来朝，贡方物，赐晏及绵币等物"④。此外有五六个海西女真卫各一次朝贡的记载。这种现象，是《实录》缺载，还是黑龙江流域的女

　　① 《明英宗实录》卷159，正统十二年冬十月辛酉，第3091页；卷160，正统十二年十一月乙巳，第3116页。

　　② 《明英宗实录》卷162，正统十三年正月乙巳，第3148；卷172，正统十三年十一月庚寅，第3306页；卷173，正统十三年十二月癸丑，第3321页。

　　③ 《明英宗实录》卷209，景泰二年十一月乙酉，第4500页；卷192，景泰元年五月癸丑，第3999页。

　　④ 《明英宗实录》卷236，景泰四年十二月甲午，第5145—5146页。

真卫所尚未从战乱中恢复过来，已不得而知。然建州等卫女真借机频繁朝贡，且人员众多，还是有迹可循的。

英宗复位后，女真卫所朝贡活动逐渐恢复正常秩序。从各卫所朝贡的时间看，仍遵守以往的规定，集中在 11 月到来年 3 月。但各卫的朝贡人数则有新的变化。《明宪宗实录》成化五年（1469）十二月己巳条记载：

> 礼部尚书邹干等奏：天顺年间因建州等卫野人女直来朝日众，供给浩繁，敕令一年一次来朝，其数不许过五十人。其后本部复会官议，建州、毛怜等四卫，每卫岁不过百人；海西兀者等卫，每卫岁不过四五十人。已经通行遵守。然今年自正月起至十二月止，海西等处女直人等进贡到者已有一千八百三十二员名，未到者尚多供给愈难，宜敕辽东镇守总兵等官照例验放，仍敕通事，都督同知武忠等，省谕夷人使知此意，从之。

礼部尚书邹干所说天顺年间定制，当指天顺八年（1464）英宗批准孙继宗等人的议奏，据《明实录》天顺八年冬十月乙巳，会昌侯孙继宗与吏部尚书王翱等议，女真朝贡"近年络绎不绝，动以千计"，"若不限其来数，中国劳费实多，限之太狭，则失其向化之心，合酌量事体，建州、毛怜等卫卫许百人，海西兀者等卫卫许三五人，不得重复冒名，审验然后入关。从之"①。建州诸卫朝贡人数原每卫不得超过 50 人，最高频率是一年一贡，此时升为 100 名。上引邹干云"海西兀者等卫，每卫岁不过四五十人"，显然有误，海西女真有二三百卫，若每卫朝贡数额十人，可达数千人之多，此处当是孙继宗所说的每卫三五人之误。天顺年间关于各卫朝贡数额的变化，应是明朝根据景泰年间女真卫所朝贡的现状进行修订的。成化五年（1469）仅海西女真各卫朝贡已达到 1832 人，这显然大大超过了明朝的规定。

宪宗即位当年又对建州女真的贡道做出了新规定："敕辽东镇守总兵等官，遇有建州等卫女直到边，须令从抚顺关口进入，仍于抚顺城往来交易，务在抚驭得宜，防闲周密以绝奸宄之谋，毋或生事阻当致失夷情，及纵令窥

---

① 《明宪宗实录》卷 10，天顺八年十月乙巳，第 225—226 页。

畔引起边患。"① 这是明朝对建州女真的贡道首次进行限制，从此建州女真朝贡、互市皆有抚顺关口出入。

明朝中期女真人随着社会经济的迅速发展，对物质需求的欲望也日益高涨，希望明朝增加朝贡人数。但明朝却不想在营建女真朝贡制度方面投入过多的经费开支，自英宗以来历朝一直贯彻有限制地运作朝贡制度的政策。这样明廷与女真双方的矛盾在朝贡制度运作过程中以各种形式表现出来，主要围绕着女真欲突破明朝种种限制与明朝力图将女真朝贡规矩在制度中而展开。

其一，女真各卫所官员为获取更多的赏赐，纷纷请求升职或增加朝贡人数。明朝对前来朝贡的女真卫所人员的赏赐，是依据朝廷颁发给卫所各级官员的敕书，依官职的高低赏赐的物品有多寡不同。为获得较多的赏赐，女真卫所官员们纷纷以各种理由请求升职。然而，早在成祖年间就已立下规矩，除了正常的叙年升迁外，女真官员无功不升迁，永乐十八年（1420）"建州、毛怜二卫都指挥李显忠、孟哥帖木儿等奏举各卫千百户请升除指挥等职。上以无功不许，仍赐敕戒谕而赐其来使者钞币遣还"②。宪宗以前，女真羁縻卫所官员请求升职的记载不很多见，自成化年间起请求升职的女真卫所官员越来越多，有的官员因请求得不到批准而心生怨气，甚至率众掠边。如成化元年（1465）著名的"董山事件"起因即是建州左卫都督董山等自陈出力防边，乞请升职。宪宗俱不允，仅加赐䌽段等物③。董山十分不满，《殊域周咨录》曰："董山复来朝贡，争席出不逊语，乘是激海西夷人寇边，一岁凡九十七，杀十余万人。"④ 这虽有些夸张，但女真人频繁掠边则是事实。成化三年（1467），明朝将董山扣在辽东广宁，斩首示众⑤。明总兵官赵辅率兵五万，分三路讨伐建州女真，都督李满住被杀，凡察下落不明。成化十四年（1478），建州三卫为报明廷诛董山之怨，纠合海西人数千余，乘虚入境大掠而去。巡抚辽东右副都御史陈钺率诸军袭未犯边的女真各寨，大

① 《明宪宗实录》卷4，天顺八年四月乙未，第102页。
② 《明太宗实录》卷221，永乐十八年闰正月甲戌，第2189页。
③ 《明宪宗实录》卷14，成化元年二月癸卯，第326页。
④ ［明］严从简：《殊域周咨录》卷24《女直》，第735页。
⑤ 《明宪宗实录》卷42，成化三年五月己丑，第865页；卷44，成化三年七月甲子，第897页；卷45，成化三年八月庚子，第928页。

肆杀戮，却向朝廷谎报击破入寇之建州女真，加剧了女真与明廷间的矛盾。兵部右侍郎马文升《抚安东夷记》记载，"被屠之家数百人，悉诉其方遣使入贡，无犯边状，而冒当杀戮，又果无劫掠人畜可证，今虽仰荷朝廷招来，实难于度日。予遂承诏各牛布给慰之，且令其酋长赴京"①。大约与此事件有关，为了安抚女真羁縻卫所官员，成化十四年（1478）七、八月间有多起女真卫所官员乞升职得以如愿，七月扎肥河等卫指挥使等官亦黑哈等十七人乞升职、弗思木等卫指挥使等官都鲁秃等十三人乞加升；八月朵林山等卫女真朝贡求升职者四十九人、建州等卫都指挥等官广失塔等入贡因乞官职、失里木卫指挥金事赛亦塔等八十四人乞升职，朝廷以诸夷皆因招抚而至，多给予升职。为此，兵部上言："自天顺四年至今及十八年者，准升一级，虽无敕印而有诏谕之功者，许袭旧职，其自成化十五年以后，非因抚安而来，有所求乞者，宜以二十五年为率，方许之。"宪宗"命如议"②。

尽管明朝再次明确女真羁縻卫所官员升职规定，但仍有朝贡者无视规定提出升职请求，如愿望落空，或虽升了职但没有达到要求，便率部为寇，掳掠人口财物，甚至阻止其他卫所的正常朝贡活动，如孝宗弘治十四年（1501）七月，海西兀者前卫指挥尚古"贡骆驼并归被虏人口，求升都督，不许，止升都指挥金事。尚古怒去，绝朝贡，时入为寇，仍率兵遮绝海西诸胡之入贡者，诸胡并怒之"③。还有的卫所官员作假冒功请升赏④，到嘉靖年间女真卫所官员通过朝贡请求升职的事情越来越少，而冒功请升赏的事情相对多了一些。

一些各卫所官员请求升职不成，转而请求明朝增加朝贡人数，弘治十四年（1501）正月，海西城讨温卫女真夷伍因住等，乞求入贡人数每卫增至十人；建州等卫都督察安察等请求每卫指挥人乞随带舍人一名。礼部议："建州等卫入贡人数有天顺八年及成化十年会议事例，行之已久，请令译者谕之，俾仍遵旧制。"帝从之⑤。不论是女真卫所官员的一般请求，还是找

---

① ［明］马文升：《抚安东夷记》，第 11 页。
② 上文参见《明宪宗实录》卷 185，成化十四年十二月癸丑，第 3327—3328 页。《明宪宗实录》卷 180，成化十四年七月癸亥，第 3232 页。
③ 《明孝宗实录》卷 176，弘治十四年七月壬子，第 3211 页。
④ 《明世宗实录》卷 28，嘉靖二年六月癸丑，第 771—772 页。
⑤ 《明孝宗实录》卷 170，弘治十四年正月丙辰，第 3081 页。

些理由请求增加朝贡人数，基本都没有得到明朝的批准。可见明朝限制女真朝贡人数的规定是比较严格的。

其二，一些女真卫所官员、头目假冒、洗改旧敕，或用各种手段获取其他卫所敕书，冒名、涂改前来朝贡。明朝规定各卫所朝贡人员以朝廷颁发的敕书为入关凭证，但明边关验证朝贡者的敕书时，往往是只认敕书不认人。在女真人请求升职、增加朝贡人数无果的情况下，明后期最常见的现象是一些女真卫所官员涂改原有的敕书，将低职改为高职，以获得更多的赏赐，例如：

> （正德十二年六月）辽东建州左等卫指挥使张家奴等来朝贡马，时诸夷洗改原敕职名，以觊厚赏。事觉，仍赏如例。①
>
> （嘉靖十年三月）先是，夷酋褚羊哈等听抚入贡，朝廷例外加赏。于是，海西夷兢相慕效，争以贡入，数溢其旧，几至一倍，甚有洗改敕书，易置别卫，概以听抚为名，混进徼赏者。②

又有儿孙冒用父祖的敕书前来朝贡的，如《明武宗实录》正德十四年（1519）二月辛巳条载：

> 海西诸冬河卫女直都指挥佥事松吉答等，冒其父祖故名来贡，及兀者左卫指挥同知也克赤原赐敕字磨灭不可辩。通事译奏其故，命礼、兵二部集议，请移文辽东镇巡官省谕各夷，父祖已故及衰老不任朝贡者，许其具奏袭替。从之。

明朝虽允许因衰老不能亲自来朝贡的女真卫所官员的子孙袭替其官职，以避免出现子孙冒名朝贡之事，但此类事件仍不断发生，直到世宗嘉靖年间还可以见到相关的记载，如明世宗嘉靖元年（1522）三月，女真通事王臣言：

---

① 《明武宗实录》卷150，正德十二年六月癸亥，第2919页。
② 《明世宗实录》卷123，嘉靖十年三月庚寅，第2948页。

夷人敕书多不系本名，或伊祖父，或借买他人，或损坏洗改，每费审驿，宜令边官审本敕亲子孙实名填注到京奏换。①

还有女真人借入京朝贡之际，通过汉民、汉官购买废敕，以此冒名朝贡，以获得赏赐。如《明宪宗实录》成化二十年（1484）二月辛丑条载：

> 兵部武选司吏樊忠、韩锡，大兴县民匠吴监、吴兴，皆以罪伏诛。先是，监、兴出入会同馆，与夷人相贸易。有建州卫夷人谋买旧敕，监言于忠，辄于本司盗出废敕十六道，同监至会同馆售之。锡亦盗敕二十一道，藏于家。托监、兴转售，俱获利。缉事官校发其事，下锦衣卫鞫实，左右侍郎阮勤、侯珊，郎中邹袭、朱绅，员外郎彭纲，主事高监、张日永、石巍、赵铭、苏章并吏役人等俱逮下狱，刑部各拟合坐者律。上以忠等交通夷人，盗卖敕书，大不畏法，命即诛之；袭等防范不谨，免赎罪，俱调外任；勤、珊亦调南京别部，余各坐罪有差。

此事东窗事发，当事汉人被诛，牵连兵部多名各级官员，购买废敕的女真人被如何处理则不见记载。从上述事例看，明朝从怀柔远夷的政策出发，对上述女真人各种违法行为的处理是比较宽松的，这也导致明朝后期朝贡制度日益混乱，明廷对朝贡成员的控制越来越松弛。

其三，一些女真卫所官员、部民以掠边剽夺辽东人口、财物，来宣泄对明朝限制朝贡获得的不满。"土木堡之变"以前，女真人寇边行为只是偶尔发生，景泰年间以来，随着明朝限制朝贡制度的政策日益严格，女真人寇掠边地的事件不仅越来越多，而且规模越来越大。为了防御女真的寇边，成化二年（1466），在辽阳副总兵韩斌的主持下，自开原以东"建东州、马根单、清河、咸场、瑗阳、凤凰、汤站、镇东、镇夷、草河十堡拒守，相属千里"②。筑边堡的同时修建了一道边墙，"自开原直抵鸭绿江，南北绵亘千有余里"③，与正统年间修建的由山海关到开原的西部边墙相接，形成了明朝

---

① 《明世宗实录》卷12，嘉靖元年三月乙卯，第425页。
② ［明］王之诰：《全辽志》卷4《人物志》，第626页。
③ 《明宪宗实录》卷191，成化十五年六月甲辰，第3401页。

对女真的防御线。但这仍无法解决女真掠边的问题，到明末，随着女真族的崛起，女真人频繁的掠边，已经不仅仅与明朝限制朝贡活动有关了。

此外，辽东边地官员利用手中的权力，在管理女真朝贡制度时，为谋私利，欺骗愚弄乃至擅杀无辜女真人的作为，也是促使女真人寇边的重要原因之一。马文升在《抚安东夷记》中记载，成化年间，"海西兀者前卫都指挥散赤哈上番书，言开原验放夷人管指挥者受其珍珠、豹皮，兵部移文辽东守臣勘之。管指挥者惧，乃因本卫都督产察系散赤侄入贡归，贿求产察，言管实无所受。散赤哈闻之，深怨产察，声言聚众犯边"。掌管验放夷人官员的行径可谓卑鄙，不仅激起女真人要寇边泄愤，也使女真人内部产生矛盾。不仅如此，辽东都司一些边官擅自诛杀朝贡成员以邀功的事件也时有发生，这极大地伤害了女真等朝贡成员。如孝宗弘治十二年（1499）六月，兵部覆奏："自今若有诱杀熟虏冒功，为首者以谋杀汉人律罪之，同行知情者俱调南方烟瘴卫分守、守备等官知情者降三级，镇巡官知情故纵者，奏请处分。"[1] 这说明辽东边臣的做法已经引起女真人激烈的反抗，使其由原来贪图财物的小规模寇掠，发展到一定规模的反叛行为，这严重影响了明朝对东北地区的统治。

值得注意的是，这一时期女真人社会内部开始发生显著变化，这对朝贡制度也产生了十分重要的影响。建州女真几经辗转迁徙，英宗正统五年（1440）建州三卫汇集到苏子河、婆猪江一带居住[2]，开始进入发展时期。"土木堡之变"后，为躲避蒙古部的侵扰，海西女真一些较大的卫所也开始南迁，这引起女真各卫所之间相互争长，逐渐形成一些较强的地方势力。如天顺六年（1462）三月，英宗"敕谕弗提等卫都督察安奴等曰，今遣都指挥佥事马鉴等赍敕并货物往尔处公干，尔宜省谕奴儿干、吉列迷、黑龙江各处人民照旧买卖者任从两平交易，不许争竞分扰，事完尔等用心护送回还，毋致疏虞，庶见尔等敬顺朝廷之意"[3]。明朝派遣官员到黑龙江下游巡抚女

---

① 《明孝宗实录》卷151，弘治十二年六月壬子，第2675—2676页。

② 《明英宗实录》卷71，正统五年九月己未条载："敕谕建州左卫都督凡察等曰，乡已敕尔等回朝鲜镜城居住，今总兵镇守官又奏尔等已离朝鲜镜城，同原叛土军马哈剌等四十家来至苏子河，家口粮食艰难，今已敕辽东总兵官曹义等安插尔等于三土河，及婆猪江迤西冬古河两界间同李满住居处，尔等若果粮食艰难，即将带回男妇口数从实与总兵镇守官，给粮接济。"第1382页。

③ 《明英宗实录》卷338，天顺六年三月乙卯，第6893页。

真各部要通过弗提卫都督察安奴省谕各处女真卫所，并命其将明派去的都指挥金事马鉴等人"周心护送回还"，这说明弗提卫在黑龙江下游地区具有很大势力。学界一般认为明中期海西女真部分南迁，塔山左卫、塔鲁木卫及弗提卫的一支不断发展壮大，于16世纪中叶，先后定居于辽河上游至松花江上游之间，与当地的女真部落相融合，形成了哈达与乌拉（以塔山左卫为主）、叶赫（以塔鲁木卫为主）、辉发（以弗提卫的一支为主）四部①。

在女真各卫所彼此争长中，势力强大的卫逐渐控制某一地区的朝贡道，如正德八年（1513）正月，海西塔鲁木卫都督竹孔革等屡犯边，"阻各夷朝贡"。八月，"兵部奏，海西卫夷人竹孔革等四人听抚入贡，辄求升袭，并给印与敕。从之则示弱，不从则兴怨"②。塔山左卫都督速黑忒"居松花江，距开原四百余里，为迤北江上诸夷入贡必由之路，人马强盛，诸部畏之，往年各夷疑阻，速黑忒独至"③。明朝也开始依靠这些强卫来维持地区朝贡制度的秩序，如嘉靖元年（1522）三月，女直通事王臣言："海西都督速黑忒，虽好强雄，颇畏法度，彼处头目示皆慑伏，宜降敕切责，及差廉干官一员，同往抚顺，节次犯边竹孔革等部落，如无效，将差去官并速黑忒治罪。"数年后，"女直左都督速黑忒自称有杀猛克功，乞蟒衣、玉带、金带、大帽等物，诏赐狮子绿币一袭，金带、大帽各一。猛克者，开原城外山贼也。常邀各夷归路，夺其赏，速黑忒杀之"④。明朝的扶持和赏赐又起到了强化这些称雄一方的女真大卫势力的作用。

明世宗嘉靖年间，一些势力强大的女真卫所为了从朝贡制度获得更多的赏赐，从控制贡道发展到抢夺敕书。早在正统末年，脱脱卜花王犯辽东时，"海西野人女直之有名者率死于也先之乱，朝廷所赐玺书尽为也先所取"⑤。发生了女真卫所官员的敕书被蒙古人所夺的事件。到明后期，女真人之间彼此掠抢敕书的事件越来越多，到世宗嘉靖年间已经形成大量敕书掌握在强大

---

① 参见丛佩远《扈伦四部形成概述》，《民族研究》1984年第2期。近年又有学者认为辉发部不是出于弗提卫的一支，而是出于肥河卫与呕罕河卫。参见张士尊、赵毅《明辉发部先世南迁考》，《明史研究》第8辑，黄山书社，2003年。

② 《明武宗实录》卷96，正德八年正月戊子，第2028页；卷103，正德八年八月乙亥，第2128页。

③ 《明世宗实录》卷123，嘉靖十年三月甲辰，第2967页。

④ 《明世宗实录》卷12，嘉靖元年三月乙卯，第425页；卷123，嘉靖十年三月甲辰，第2967页。

⑤ ［明］马文升：《抚安东夷记》，第5页。

的女真地方势力手中的局面，如《明世宗实录》嘉靖十九年（1540）三月己未条载：

> 王中先与海西夷兀允住抢杀者帖列山等卫夷把秃郎中等，夺其敕书三十五道，有把大者以兵为把秃等复仇。兀允住死，敕书留王中处，中因令其部落额克捏等冒敕中哈塔等名入贡耳。诏令镇、巡官明白宣谕，原抢敕书，查给哈塔等，额克捏等贡马已充官用，赏赐仍给之，把大升正千户，仍赏以银币。把秃郎中等部落从重赏劳，王中禁不许入贡，验收放指挥同知等官李钺、刘瀛、董云飞、陈善等有失觉察，各夺俸半年。

尽管明廷一再明令抢、冒、洗、改敕书是违法行为，令守关查验敕书的官员一旦发现敕书有假，"即省谕阻回"。但是各卫洗改敕书的事件仍频频发生，随着女真地方势力争夺敕书的斗争愈演愈烈，明朝政府不得不承认女真地方势力对敕书的拥有权，而且依靠女真地方势力来维护朝贡制度的运行，这使女真朝贡制度发生了重大变化。

三　女真羁縻卫所朝贡制向敕书朝贡制的转变

世祖朝，明朝已经步入由盛转衰时期，东北女真人则进入由弱变强时期。女真人从众多分散、弱小的部落发展为几个强大的部族，他们在彼此竞争、兼并的过程中，形成了更大的政治势力。在这一时期，明朝实行了160多年的羁縻卫所朝贡制度迅速瓦解。曾作为各羁縻卫所朝贡的重要凭证的敕书，在这一时期，被作为各女真政治势力对明廷进行朝贡获取赏赐的凭证。女真各势力之间争夺敕书与明朝以敕书控制女真人的朝贡活动，成为这一时期女真朝贡制度的一个鲜明特色。

嘉靖后期，在靠近辽东都司地区分布着女真人几个较大的政治势力，主要有以塔山左卫为主发展起来的哈达部，其首领为已故塔山左卫都督速黑忒之子都督佥事王中（又作王忠）；以塔鲁木卫为主发展起来的叶赫部，其首领为塔鲁木卫都督佥事竹孔革（又作祝孔革）；控制西部浑江上游建州女真的建州右卫指挥使王杲；控制东部婆猪江流域建州女真的建州卫大酋王兀

堂。其中，王中势力最为强大，《明世宗实录》嘉靖二十二年（1543）七月
辛酉条载：

> 升海西夷人都指挥金事王中为都督金事。先是辽东抚按官言中先年
> 冒贡害人，朝命绝其入贡，近中侦报虏情有功，乞许其入贡，仍加升
> 赏，以示激劝。诏升中都督金事，令约束部落入贡，并谕以旧罪朝廷业
> 已置之，宜益修忠顺，以图报效。

王中因嘉靖十九年（1540）杀帖列山卫把秃，夺其敕书三十五道，又
令部人冒名朝贡，被禁止朝贡。二十二年（1543）四月，王中事先得知蒙
古部欲出兵寇开原，预先传报明军，使明军有备而战，"斩虏首四百余
级"①。为此，明世宗"诏升中都督金事，令约束部落入贡"。王中升为都督
金事之后，对明朝十分恭顺，得到明朝的信任和扶持，王中的势力迅速发
展，《开原图说》记载：

> 王忠，初建寨于广顺关外，东夷诸种无不受其约束，无论近边各卫
> 站，岁修职贡，惟忠为政。即野人女直僻在江上，有来市易，靡不依忠
> 为停居主人。当是时，广顺关外夷络绎不绝。②
> （王忠时）兵力强盛，东夷自海西、建州一百八十二卫、二十所、
> 五十六站，皆听其约束。忠又甚恭顺，一时开（原）辽东边无一夷敢
> 犯居民者，皆忠之力也。③

王中建寨于开原广顺关外，又被称为南关。从嘉靖二十二年明命王中
约束部落入贡以来，直到三十一年（1552）前后，王中因部落内乱被杀为

---

① 《明世宗实录》卷273，嘉靖二十二年四月乙酉，第5363页。
② ［明］冯瑗辑：《九边图说·开原图说》卷上《靖安堡图论》，台湾：正中书局，1981年，第427页。
③ ［明］冯瑗辑：《九边图说·开原图说》卷下《海西夷南关枝派图说》，第451页。

止①，女真各部朝贡活动有序，很少有寇边行为。从《明实录》的记载看，这期间，海西卫所朝贡皆遵守明朝规定在 10 月到翌年 3 月之间，但建州各卫朝贡则几乎都在 5-7 月之间，而且，还发生了建州女真寇边事件，嘉靖二十四年（1545）八月，"建州右卫夷酋李撒赤哈纠众为乱，屡犯城堡，边人患之"②。可见，王中对建州女真的约束力是有限的。王中不仅约束海西女真诸部按照明朝规定进行朝贡，而且以武力制止作乱掠边的女真首领。如明人王在晋《三朝辽事实录》中记载："塔鲁木卫夷酋捏哈（即竹孔革）得敕三百道，建寨于开原东北镇北关外住牧，即所谓北关。"祝孔革为乱"阻朝贡"，被"王忠所戮，夺贡敕，并季勒寨"。竹孔革所持 300 道敕书被王中夺取③，将北关控制于南关之下。

嘉靖二十三年（1544）蒙古俺答汗出兵征讨兀良哈三卫，朵颜、福余、泰宁相继降服，俺答汗的声势日益强盛，接连向明请求互市，均遭到世宗的拒绝，于是俺答汗纵兵掳掠明边。蒙古军的寇掠从北边渐及辽西。直到穆宗隆庆四年（1570），明朝同意俺达汗通贡开市，建立封贡关系，双方才进入和平时期。在此期间，王中被杀，其侄王台成为哈达部主。明以王台袭都督职，仍为明朝约束诸部朝贡活动。嘉靖三十七年（1558）五月，"海西夷都督王台等执紫河堡盗边夷酋台出等及所掠来献，因为其部下求升赏。上嘉其忠顺许之"。嘉靖四十一年（1562）三月，"开原边外夷人忽失塔等盗边，为其都督王台部下哈乞纳所擒，守臣以闻，诏斩忽失塔等，王台、哈乞纳令抚臣犒赏"④。由于这一时期辽东战乱不断，直接影响了女真各部的朝贡活动，朝贡次数明显减少，甚至有的年份不见女真朝贡的记载，然一旦环境允许，女真人还是成群结队地前往京师朝贡，一起就有数百人，多时可达上千

① 关于王中被杀的时间，学界看法不一，李健才认为在嘉靖三十一年以后不久（《明代东北》，辽宁人民出版社，1986 年，150 页）；薛虹、李澍田主编《中国东北通史》认为在嘉靖二十七年（吉林文史出版社，1991 年，379 页）。

② 《明世宗实录》卷 302，嘉靖二十四年八月戊午，第 5740 页。

③ 关于王中从竹孔革手中夺取多少道敕书，薛虹、李澍田主编《中国东北通史》（第 378—380 页）认为王忠（中）杀竹孔革夺得敕书 700 道，海西等卫敕书 999 道，皆为王忠（中）所有。我认为竹孔革的势力原比王中的势力大，但尚不足以掌握海西女真大多数敕书，明人王在晋的记载比较可信。其后，王中虽可以约束海西诸卫朝贡活动，即便是夺取了孔竹革掌握的 300 道敕书，也未能掌握海西全部 999 道敕书。

④ 《明世宗实录》卷 457，嘉靖三十七年五月庚申，第 7765 页；卷 507，嘉靖四十一年三月已亥，8366 页。

人。为加强对女真朝贡队伍的管理，嘉靖四十三年（1564）对女真每一起入京朝贡队伍的人数进行了规定："诏自后三卫、海西诸夷入贡，令蓟辽督抚官分定起数。每起无过百人，各都司选委官舍押送。其所经由驿递，各先期委通判一员，催办车马廪粮，验批应付，回日仍依到馆起数先后，挨发辞朝，革伴送通事序班，以兵部听差指挥千户百户一员代之。"①

从《明实录》的记载看，自明英宗正统年间以来，明朝记载女真朝贡事迹皆以卫所为单位。但到明世宗即位后，又改回明永乐、宣德时期的形式，记载女真朝贡的人数。这可能与女真各卫所之间争夺敕书的现象有关，朝贡的卫所数量明显减少，但朝贡人数未必减少。然嘉靖二十三年（1544）以后到隆庆末年，王中、王台节制女真诸部朝贡期间，几乎不见关于朝贡具体人数的记载，各卫朝贡的次数也不多，从《明实录》记载看，女真朝贡的总体人数并没有明显减少。其原因可能是掌握敕书的女真大酋安排朝贡人员，人数以所发敕书的总数为准。海西女真有999道敕书，明朝仅以海西某一卫为代表记入档案即可，如嘉靖四十三年（1564）记载：四月，"乙亥，海西女直都督等官台失等各来朝贡马，宴赉如例"；"己亥，海西竹里河等卫女直都指挥同知把歹等各来朝贡马，宴赉如例"②。这年海西女真朝贡的人数一起就有400余人③。宪宗成化五年（1469）明朝规定"建州、毛怜等四卫，每卫岁不过百人，建州寄住毛怜达子、岁十二人"，由此可推知明朝授给建州三卫与毛怜卫敕书每卫100道，加上寄住毛怜卫的建州人12道，总计412道敕书。其后，随着敕书的争夺，建州、毛怜卫所持有的敕书也不断增加，如嘉靖三年（1524）二月，"建州右卫女直都督牙令哈等二百十三人来贡马，赐宴给赏有差"；四年二月，"毛怜等卫女直都指挥佥事刭刺答等二百九十人各来贡马，宴赉如例"④。若严格执行朝贡者一人一敕的规定，两卫所持有的敕书都超过原有数量的一倍以上。万历《大明会典》载："近年定海西每贡一千人，建州五百人，岁以十月初验放入关，十二月终止。如次年正月以后到边者，边臣奏请得旨，方准验放。"⑤ 规定建州女真所持敕

---

① 《明世宗实录》卷536，嘉靖四十三年七月戊申，第8695页。
② 《明世宗实录》卷533，嘉靖四十三年四月己亥，第8667页。
③ 《明世宗实录》卷536，嘉靖四十三年七月戊申，第8696页。
④ 《明世宗实录》卷36，嘉靖三年二月乙巳，第899页；卷48，嘉靖四年二月戊申，第1227页。
⑤ 万历《大明会典》卷107《礼部六十五·东北夷》，第791册，第92页。

书为500道。此外，明帝有时会以赏赐敕书作为安抚的手段，如万历十一年（1583），辽东总兵李成梁攻打建州女真古勒城时，误杀努尔哈赤的祖父叫场和父亲塔失。明廷为安抚努尔哈赤，"与敕书三十道，马三十匹，复给都督敕书"[①]。这样建州女真所持有的敕书超过了500道。估计万历年间曾进行一次旧敕换新敕，万历朝每年建州、海西女真朝贡的总人数都没有超过敕书总数。

明朝自王中时期确立扶持哈达部，约束女真各部朝贡活动的方针后，在王中、王台两代40年间，女真朝贡活动有序，掠边之事大为减少。尤其是哈达部位于蒙古与建州女真之间，可以阻隔和监视二者之间的联系，这对神宗朝的辽东边防尤为重要。因此明朝君臣认为"王台世居海西，统管夷众，明我耳目，受我要束。自收二奴，制建州，岐东夷，北房而二之，则海西为开原蕃卫，而开原倚海西为安"，"海西安则开原安，全辽亦安"[②]。这里所说的"海西"是指南关哈达部。二奴即仰家奴与逞家奴，为北关竹孔革的孙子，时为叶赫部二主。王台死后，二奴便向南关挑起敕书之争，而且争斗愈演愈烈，万历十六年（1588），在明朝的主持下，将海西999道敕书重新分配给二关首领。明人瞿九思《万历武功录》记载：

> 两关皆海西遗种，国初收为属夷，给敕书凡九百九十九道。南关凡六百九十九道，北关凡三百道。每一道验马一匹入贡，中间两关互有强弱，故敕书亦因之以多寡有异耳。初逞、仰兵力强盛，以故北关敕书独多，后王台盛，复大半归南关，而北关才得四之一耳。及台与虎儿罕赤死，延及歹商，势益衰落，而卜寨、那林孛罗强，先已得八十道，竟欲以百二为请，于是制置使欲均平，南关凡五百道，北关凡四百九十九道。[③]

　①　《满洲实录》卷1，癸未年二月，《清实录》第1册，中华书局，1985年影印本，第29页。据《建州私录》卷上记载："以祖、父故，予指挥职。"《明神宗实录》卷215，万历十七年九月，"乙卯，始命建州夷酋都指挥努儿哈赤为都督佥事"（第4028页）。可知明初授努尔哈赤的官职为都指挥使。

　②　《明神宗实录》卷190，万历十五年九月癸丑，第3570页。

　③　[明] 瞿九思：《万历武功录》卷11《东三边二》，薄音湖编辑点校，《明代蒙古汉籍史料汇编》第4辑，内蒙古大学出版社，2007年，第241页。

虽然南关仅比北关多一道敕书，却体现了明朝扶持南关，以哈达部制约其他各部女真的政策。由此也可以看出，敕书不仅是朝贡活动的凭证，敕书多少也是女真各势力强弱的体现。

这一时期，《明实录》照常记载建州三卫、毛怜卫以及海西女真若干羁縻卫所的朝贡活动，现将《明实录》关于万历一朝女真卫所朝贡活动的记载统计整理如下：

年号	月份	朝贡卫所	文献出处
万历元年（1573）	三、四、六、七、八月	者剌卫、建州右卫、女直进贡夷人（5次）宴赉如例，折绢银两。	《明神宗实录》卷11、12、14、15、16
万历二年（1574）	五、六、七月	者剌卫、塔鲁卫、古城卫、忽兰山卫、咬郎兀卫、秃赤卫朝贡，宴赏如例。	《明神宗实录》卷25、26、27
万历三年（1575）	二、三、十二月	毛怜卫（2次）、建州左卫（2次）、建州卫、建州右卫、古城卫、哈儿卫、者剌卫、海西女直等各赴京朝贡，宴待如例。	《明神宗实录》卷35、36、45
万历四年（1576）	正、二、三、四、五、七、八月	哈儿分卫、塔鲁卫、者剌卫、阿资河卫、弗秃卫、弗堤卫、建州右卫、毛怜卫（2次）、建州卫，贡马赏赉如例，仍给本色马价。	《明神宗实录》卷46、47、48、49、50、52、53
万历五年（1577）	七、八、十、十二月	古城卫、大阳河卫、肥河卫、哈儿分卫、建州右卫、毛怜卫、建州卫等朝贡宴赏如例。	《明神宗实录》卷64、65、68、70
万历六年（1578）	二月	建州左卫、建州右卫赴京朝贡，赏衣服如例。	《明神宗实录》卷72
万历七年（1579）	二、三、六、九月	者剌卫、肥河卫、古城卫、哈儿卫、平河卫、佛秃卫、建州右卫（2次）、建州左卫（2次）进贡，宴赏如例。	《明神宗实录》卷84、85、88、91
万历九年（1581）	正、二、三、四、五、六、七、八、九、十一月	者剌卫、古城卫、弗思木卫、哈儿卫、亦思察河卫、弗提卫、奴儿干卫、可令河卫、哈察卫、毛怜卫（2次）、建州卫（2次）、女真都督来朝贡，宴赉如例。	《明神宗实录》卷108、109、110、111、112、113、114、115、116、118
万历十一年（1583）	七、八、九月	者剌卫、弗思木卫、古城卫、脱伦兀卫、塔古河卫朝贡，宴赏如例。	《明神宗实录》卷139、140、141
万历十二年（1584）	正、五、七月	建州卫、建州右卫、毛怜卫朝贡，宴赏如例。	《明神宗实录》卷145、149、151

年号	月份	朝贡卫所	文献出处
万历十六年（1588）	十、十一、十二月	建州卫（2次）、思鲁卫、撒刺卫、弗秃卫、友帖卫、脱伦兀卫、顺剳扎卫朝贡方物，命赐宴如例。	《明神宗实录》卷204、205、206
万历十七年（1589）	五、九月	建州卫、建州夷酋都指挥努尔哈赤朝贡，宴赏如例。	《明神宗实录》卷211、215
万历十八年（1590）	四、五、七月	建州卫（2次）、建州左卫进贡到京，宴赏如例。	《明神宗实录》卷222、223、225
万历十九年（1591）	三、闰三、四、五、七、十月	友帖卫、忽里卫、弗思木卫、脱伦兀卫、安出卫、建州卫（2次）朝贡，宴赏如例。	《明神宗实录》卷233、234、235、238、241
万历二十年（1592）	八、十月	建州卫都督努尔哈赤等奏文四道；建州卫赴京进贡，赐宴如例。	《明神宗实录》卷251、253
万历二十一年（1593）	四、五、六、九、十、十一、十二月	忽鲁卫、纳剌河卫、忽把卫、安河卫、弗秃卫、弗思木卫、脱伦兀卫、毛怜卫赴京进贡，赐宴如例。	《明神宗实录》卷259、260、261、264、265、266、268
万历二十二年（1594）	正月	毛怜卫进贡到京，宴赏如例。	《明神宗实录》卷269
万历二十三年（1595）	九、十月	毛怜卫、建州左卫进贡到京，宴赏如例。	《明神宗实录》卷289、290
万历二十四年（1596）	五、七月	建州卫（2次）赴京进贡，赐宴如例。	《明神宗实录》卷310、312
万历二十六年（1598）	五、十月	老哈卫、建州卫来贡，宴赏如例。	《明神宗实录》卷322、327
万历二十九年（1601）	十二月	宴建州卫贡夷努尔哈赤等。	《明神宗实录》卷366
万历三十年（1602）	闰二、三、四、五、九、十月	宴脱伦兀卫、建州左卫、忽鲁卫、老哈卫、者剌卫、友贴卫进贡夷人。	《明神宗实录》卷368、370、371、372、376、377
万历三十二年（1604）	五、六、闰九、十月	建州、毛怜等卫夷人都督台失等进马二百匹，补二十二、二十三年分贡。 友贴等卫补进二十七年、二十八年分贡，马三百五十二匹。 宴者喇卫进贡夷人。	《明神宗实录》卷396、397、401、402
万历三十三年（1605）	三、五、七、十一月	宴（卜）颜卫、老哈河卫、渚冬河、弗思木卫、脱伦兀卫进贡夷人。	《明神宗实录》卷407、409、411、415

年号	月份	朝贡卫所	文献出处
万历三十四年（1606）	十一月	宴海西等卫夷人。	《明神宗实录》卷427
万历三十六年（1608）	十二月	颁给建州卫、建州右卫、弗思木等卫女直夷人贡赏如例。	《明神宗实录》卷453
万历三十七年（1609）	正月	忽鲁卫补进二十九、三十年分正贡，马百十匹。	《明神宗实录》卷454
万历三十九年（1611）	十月	颁给建州卫补贡夷人努尔哈赤等，各双赏绢匹银纱。	《明神宗实录》卷488
万历四十年（1612）	二月	宴海西夷人如例。	《明神宗实录》卷492
万历四十三年（1615）	二月	宴建州卫、海西夷人。	《明神宗实录》卷529
万历四十五年（1617）	十二月	宴海西进贡夷人。	《明神宗实录》卷564
万历四十六年（1618）	二月	北关金台木等六百三十六员补进三十五、三十六年分正贡，给赴京及留边各夷目双赏绢纱。	《明神宗实录》卷566

从上表统计的内容看，万历一朝海西女真前来朝贡的羁縻卫所共有 35 个，其中有 23 个卫仅见一次，5 个卫来朝二次，7 个卫来朝三次以上，其中哈儿卫、忽鲁卫朝贡三次；弗秃卫朝贡四次；弗思木卫朝贡五次，古城卫、脱伦兀卫朝贡六次；者刺（者喇）卫朝贡九次。万历三十七年（1609）最后一个朝贡的是忽鲁卫。以后《明实录》不再记载卫所名称，而是直接记"海西夷人"，最后一次关于女真朝贡的记载则记为"北关"，这也是仅见的一次。上述 35 个卫中哪个是万历年间海西扈伦四部的朝贡者，哪个是海西女真中势力强大十分活跃的南北关的朝贡者，除了最后一次之外，史无明载。史书记载比较明确的南关首领所出的塔山前卫，最后一次朝贡是在嘉靖七年（1528）[1]。北关首领所出的塔鲁木卫，最后一次朝贡是在嘉靖十年

---

[1] 《明世宗实录》卷84，嘉靖七年正月癸未，"海西塔山前等卫、建州左等卫女直都督金事速黑忒等，二百人来朝贡马，赐宴赏如例"。第1895页。学界一般认为乌拉部与哈达部同出一卫。

（1531）①。关于辉发部，若以学界已有的观点考察，弗提卫最后一次朝贡是在万历九年（1581），肥河卫最后一次朝贡是在万历五年（1577），呕罕河卫最后一次朝贡是在嘉靖十六（1537）②。显然扈伦四部的朝贡活动无法与上述卫简单对应。据《明实录》记载这期间有五次女真朝贡同时要补进以前没来朝贡年份的贡物，其中有两次是建州卫和毛怜卫，另三次是海西女真，即万历三十二年（1604）友贴等卫补进二十七年、二十八年份贡；三十七年（1609）忽鲁卫补进二十九、三十年份正贡；四十六年（1618）北关补进三十五、三十六年份正贡。这种补贡行为，应是南北关女真大酋的行为。南关哈达部在万历二十七年（1599）、辉发部在万历三十五年（1607）已先后被建州卫努尔哈赤所灭，敕书为努尔哈赤所持有。估计这几次海西女真补贡行为都是持有一半敕书的北关叶赫部所为，但明朝前后记载的卫名不同，可能此时羁縻卫已是空有虚名，明朝以某海西卫名指代北关或南关记入档案。

这一时期各部女真每岁朝贡人数有记载的年份不多，其中万历四年（1576）正月与二月三起海西女真卫朝贡人数总计为849人，即哈儿分等卫女真夷人都指挥等官你哈龙等282人、塔鲁等卫女真都指挥佥事笼卜等150人、者剌等卫女真夷人都督等官阿失卜等417人。十六年（1588）十一月到十二月海西女真卫朝贡人数总计951人，即思鲁等卫女真夷人都指挥羊孛罗等239人、撒剌等卫女真夷人都指挥使阿失卜卫178人、弗秃等卫女真夷人都指挥往吉奴等101人、友帖等卫女真夷人都指挥泊扯183人、脱伦兀等卫女真夷人都指挥几失等四起共145人、顺劄扎等卫女真夷人都指挥宿人害等105人。这是所见到记载海西朝贡人数最多的两个年份，总数皆在海西女真敕书总数之内。建州卫朝贡人数最多的一次是万历三十六年（1608）十二月，建州等卫女真夷人努尔哈赤等357人、建州右等卫女真夷人速儿哈赤

---

① 《明世宗实录校勘记》卷123，嘉靖十年（1531）三月，"海西夷克默儿河等卫都指挥使弗当哈等、肥河等卫右都督纳木章等、撒剌儿等卫都督佥事歹因卜鲁等、塔鲁木等卫都督金事竹孔革等四百七十七人，各来朝贡，赏赉如例"。第794页。

② 《明世宗实录》卷196，嘉靖十六年正月乙巳，"海西呕罕河等卫女直左都督褚养哈等，来朝贡马，宴赉如例"。第4150页。

（努尔哈赤之弟）等 140 人，共计 497 人。此时毛怜卫已被努尔哈赤所吞并[1]，建州卫朝贡人数亦皆在建州女真敕书总数之内。

万历九年（1581）有三起海西女真卫官在朝贡时请求袭替换敕，即四月丁酉，"海西奴儿干等卫都督金事等官汪撒等男孙阿儿吉纳等，各讨袭替改衔换敕，部覆如议"。五月丙寅，"海西可令河等卫都指挥金事等官脱脱等男孙掭手等十五名，求袭替换敕，兵部覆请。许之"。六月丙申，海西哈察等卫都指挥同知卜剌答求袭替换敕，许之"[2]。奴儿干卫在黑龙江下游，可令河卫在黑龙江流域[3]，哈察卫今地不详。这三卫应是海西南北关大酋所控敕书之外的羁縻卫，他们来朝贡时请求袭替更换新的敕书，说明直到明后期仍然有前期类型的羁縻卫所朝贡，只是万历年间前来朝贡的 35 个海西女真卫是否还有这类羁縻卫，已很难分辨。

万历十一年（1583），明朝任努尔哈赤为建州卫都指挥后，其势力迅速壮大。关于努尔哈赤统一女真、建立后金政权的过程，学界研究成果十分丰富，这里不再赘述。总之，在努尔哈赤统一建州女真、海西女真、东海女真各部的过程中，始终保持与明朝的朝贡关系，努尔哈赤本人赴京朝贡至少有 8 次，最后一次朝贡是在万历三十九年（1611）；建州卫最后一次朝贡是在万历四十三年（1615）。翌年，努尔哈赤建立后金政权，公开反明。三年后，后金灭亡叶赫部。在努尔哈赤基本完成统一女真大业的同时，明朝女真朝贡制度彻底瓦解了。

四　贡道、贡期、贡物、封敕、赏赐

女真羁縻卫所的贡道、贡期和贡物，从自由行事到有明确规定，经历了一个发展过程。然而，朝贡制度的核心内容封敕和赏赐，自明成祖初建女真朝贡制度之日起，就有明确的规定，作为基本制度一以贯之很少变化，但遇特殊情况也有按特例办之的现象。

---

① 毛怜卫最后一次朝贡是在万历二十三年（1595），参见《明神宗实录》卷 289，万历二十三年九月辛未，第 5348 页。

② 《明神宗实录》卷 111，万历九年四月丁酉，第 2119 页；卷 112，万历九年五月丙寅，第 2138 页；卷 113，万历九年六月丙申，第 2152 页。

③ 参见杨旸主编《明代东北疆域研究》，吉林人民出版社，2008 年，第 133 页。

1. 贡道

明朝对女真实行入京朝贡制度。明朝初年，以南京为都城。女真从东北到南京路途遥远，但女真朝贡使臣仍络绎不绝抵达南京，其中不乏黑龙江下游出海口一带的原始部族。永乐六年（1408）春三月，明成祖曾"敕辽东镇守保定侯孟善曰：阴阳家言，今岁海多暴风，自今鞑靼女直野人朝贡者，皆令遵陆路来"①。可见海路是当时女真人朝贡道之一。永乐十九年（1421）明迁都北京后，女真朝贡皆由陆路经辽东都司入山海关至京师。明朝"自京师达于四方，设有驿传。在京曰会同馆，在外曰水马驿，并递运所"②。明初东北地区的驿站道路主要沿用辽金以来的古道和元代驿站。《辽东志》记载辽东都司通往建州、毛怜、海西女真地区的道路主要有四条：一是"开原东陆路"，出开原城东行，经今吉林延吉，抵达朝鲜国界；二是"纳丹府东北陆路"，经今吉林桦甸、敦化，抵达今俄罗斯滨海地区；三是"开原北陆路"，经今辽宁昌图到吉林农安一带；四是"海西东水陆城站"，经今黑龙江双城、依兰、抚远，直达黑龙江下游近入海口处③。明中后期，辽东都司以外地区驿站废止，但一直是女真人的朝贡道。

明初对女真各卫朝贡入关的地点没有明确规定，大多从开原入关。宪宗即位后，令建州等卫女真朝贡从抚顺关口进入，"敕辽东镇守总兵等官，遇有建州等卫女直到边，须令从巡抚顺关口进入，仍于抚顺城往来交易，务在抚驭得宜，防闲周密以绝奸宄之谋，毋或生事阻当致失夷情，及纵令窥觇引起边患"④。此后建州、毛怜各卫女真皆由抚顺入关朝贡，于抚顺城互市交易，海西女真仍由开原入关朝贡。明朝开始明确要求女真羁縻卫所按照规定由不同的朝贡道入关，不得随意错乱。如成化十二年（1476），海西兀者前卫都指挥散赤哈奉辽东守臣之命来广宁面折，"率所部十数余人欲由抚顺关进赴广宁，时参将周俊等守开原，恐散赤哈至则真情毕露，乃遣使驰报广宁守臣诡云：'海西人素不由抚顺关进，恐熟知此道，启他日患。'守臣不虞

---

① 《明太宗实录》卷77，永乐六年春三月己巳，第1049页。
② 万历《大明会典》卷145《兵部二十八·驿传一》，第791册，第475页。
③ ［明］毕恭：《辽东志》卷9《外志》，第470—471页。各道所经今地，参见李健才《明代东北》，辽宁人民出版社，1986年，第107—117、122—133页。
④ 《明宪宗实录》卷4，天顺八年四月乙未，第102页。

其诈也，即召其使速阻之"①。到嘉靖中期以后，女真地方势力控制各朝贡道，开原关分别由海西女真哈达部与叶赫部掌控，二部又称南关、北关。

进入辽东都司境内，明朝设有通往各处的驿传，赴京朝贡的女真使臣可以利用驿传的车马。永乐五年（1407）正月，"上谕后军都督同知朱崇等曰：朕怀绥远人，凡鞑靼女直野人来朝者，皆赐赉之遣还，令所经郡县给廪馈厚待之。蛮夷不遵礼法，往往于经过之地，掠人孳畜财物，亦境内之人，窥其所赍而剽夺之。自今悉遣人护送出"②。成祖下旨要求军队派兵护送朝贡使臣在境内的往来通行。宣德二年（1427）三月，辽东总兵官都督佥事巫凯奏："自山海关外辽东所属凡二十四驿，其十八驿俱在极边。洪武中以谪戍等递送，今四十余年，逃亡者多，凡外夷朝贡使臣及公差往来，于各卫队伍中摘军协助递送。"③ 自山海抵辽东，一千余里驿站，明以军队协助递送朝贡者，一是防止朝贡者在境内掠夺居民的财物；二是防止内地的盗贼剽夺朝贡者携带的朝廷赐物。宪宗成化十二年（1476），明又规定"命行人伴送东北诸夷入贡者出境，并禁其市军器。兵部右侍郎马文升言，比年朝鲜陪臣及建州、海西、朵颜三卫夷人入贡，军民人等辄以弓材箭镞与凡铁器私相贸易，诚非中国之利，乞下所司禁约，且以行人带领通事伴送，沿途防禁之事，下礼部，请差行人著为例"④。以行人伴送女真朝贡使主要目的是禁止女真使臣沿途购买武器、铁器等违禁物品。为了严防女真贡使私买违禁器物出关，明廷还"分巡佥事于开原、抚顺等关，搜验放出。如有违禁器物，即追究所从来通行参问"⑤。到明后期，仍然不断在修订伴送女真朝贡使的规定，《明神宗实录》记载："会典一款，嘉靖三十八年题准。女直夷人贡回，还差通事、序班押送出境。又四十三年改行兵部差指挥等官伴送。又万历四年仍差通事序班押送。"⑥ 可见，女真朝贡路上时常发生风波，保证女真朝贡使一路平安，防止其携带违禁物品出入边关，成为明朝管理女真朝贡制度的重要事项之一。

---

① ［明］马文升：《抚安东夷记》，第7—8页。
② 《明太宗实录》卷63，永乐五年正月乙亥，第905—906页。
③ 《明宣宗实录》卷26，宣德二年三月丁未，第685页。
④ 《明宪宗实录》卷159，成化十二年癸亥，第2915页。
⑤ 《明宪宗实录》卷169，成化十三年八月戊午，第3068页。
⑥ 《明神宗实录》卷495，万历四十年五月壬寅，第9322页。

2. 贡期与贡物

明成祖、仁宗、德宗时期，女真朝贡制度处于全面发展时期，明朝对女真的朝贡时间没有任何规定，从据史籍关于这一时期女真朝贡活动的记载统计看，一年十二月中每个月份都有入京朝贡的女真人，其中有一年二贡、三贡、四贡者。英宗即位后，鉴于国库消耗过大，开始实行削减冗费、安养军民的方针，对自由发展的女真朝贡制度进行限制，开始规定贡期，正统四年（1439）八月英宗"敕辽东总兵官都督佥事曹义等曰，今辽东境外女直野人诸卫多指进贡为名，往往赴京营私。且当农务之时，劳扰军民供送。今因其使臣回卫，已遣敕谕之，如系边报，不拘时月听其来朝，其余进贡袭职等事，许其一年一朝或三年一朝。不必频数"①。明廷要求女真于农闲时朝贡，朝贡次数最多每年一次，亦可三年一次。《辽东志》记载："每年十月初一日起至十一月终止，陆续起送建州左右、毛怜、海西等卫夷人到司，督令通事验审发馆随行"②。正统五年开始，女真朝贡活动开始集中在十一月到翌年三月。女真朝贡使团十月开始入关，十一月便有女真贡使到达北京。十二月底入关的女真人，大约要到二月到达北京，直到万历年间也没变化。当女真朝贡出现入贡违期、人数超额的现象时，朝廷认为这是辽东都司官员失职行为，要给予责罚。如嘉靖四年（1525）三月，"女直建州卫都督等官童子哈的纳等入贡违期，人数亦浮常额。礼部请治辽东都指挥薛澄罪，仍敕各边镇巡官，自今诸夷来贡，违期过额，即抚谕遣还，其有奏更敕书及诸乞升袭者，并准朝贡，额数不得借名滥增，以滋冗费。得旨如议，而夺澄俸两月"③。万历朝海西女真仍遵守贡期进行朝贡，但建州女真往往不按贡期随意朝贡，反映了明朝对女真控制能力的减弱。

明成祖初建女真朝贡制度时，对于女真羁縻卫所的纳物品没有明确规定。据统计永乐一朝女真朝贡达221次，见于记载贡纳物品的只有42次，其中有36次贡马，3次贡马和方物，3次贡方物。朝贡者贡献方物，是古来有之的规矩，来朝不贡，这种现象令人不解，或许是因为女真人所贡纳的物品在明朝人看来不足以记入史册。当女真羁縻卫所朝贡制度稳固后，仁宗洪

① 《明英宗实录》卷58，正统四年八月乙未，第1117—1118页。
② ［明］王之诰：《全辽志》卷4《夷人入贡》，第631页。
③ 《明世宗实录》卷49，嘉靖四年三月辛巳，第1243—1244页。

熙年间开始每起朝贡的女真卫所人员皆贡马，而且大多数朝贡者在贡马的同时还贡方物。据正统二年（1437）十月，行在兵部奏："兀良哈及鞑靼女直人等来朝贡者，进马或三五匹，动辄三四十人。"① 每个女真羁縻卫贡纳马三五匹，大约是明朝规定贡纳额。正统年间以后，女真每卫贡马的数量大约与每卫朝贡的人数相当。各卫贡纳的方物以本地土产为主，《辽东志》记载：乞列迷贡物：海青、大鹰、皂雕、白兔、黑狐、貂鼠、呵胶、黑兔。北山野人贡物：海豹皮、海骡皮、海獺皮、殳角，即海象牙、鲂须好刺，即各色鹿。福余泰宁等达达卫所贡物：马失剌孙，即土豹、貂鼠皮、金钱豹皮。建州兀者等女直野人卫所贡物与达达同②。乞列迷、北山野人是分布在黑龙江中下游的部落，属于海西女真范围。女真进贡的方物中上乘之物为海青、貂皮、珍珠。女真朝贡入关时，边关官吏需要验方物记名数，《明宪宗实录》成化二年（1466）十月甲寅条记载：

> 整饬边备左都御史李秉言：建州、毛怜、海西等诸部落野人女直来朝贡，边臣以礼部定拟名数验其方物，貂皮纯黑，马肥大者，始令入贡，否则拒之，且貂产于黑龙江迤北，非建州、毛怜所有。臣闻中国之待夷狄来则嘉具慕义，而接之以礼，不计其物之厚薄也，若必责其厚薄，则虏性易离，而或以启衅，非圣朝怀远人厚往簿来之意。……自后夷人入贡验数放入，不得过为拣择，以起边衅。从之。

明朝对女真的贡品给予偿付，称为回赐。正德《明会典》载："回赐，自进并带进过马匹不分等第，每匹回赐绽段二表里，绢一匹。驼每只三表里，绢十匹。在卫都督、指挥每员加赐绽段一表里。"万历《大明会典》载："回赐，进过马每匹绽段二表里，折钞绢一匹。貂鼠皮每四个生绢一匹，零者每个布一匹。"③ 明后期，回赐以银折绢，《全边略记》记载：万历三十六年（1608），"海西、建州二夷不修贡事者久矣，顷补贡一千五百名，海

---

① 《明英宗实录》卷35，正统二年十月癸未，第692页。
② ［明］毕恭：《辽东志》卷9《外志》，第471页。
③ 正德《明会典》卷101《礼部六十·泰宁卫诸延卫福余卫》，第922页。万历《大明会典》卷111《礼部六十九·给赐二》，第791册，第133页。

车每八两五钱，马每四钱五分，建车每十五两，马每一两"①。

对于特殊的贡品，明朝给予特别的回赐。如正统元年（1436）十二月，"辽东野人女直进贡珍珠至京，每人赏䌽段一表里，绢五匹；珍珠每二颗赏绢一匹，此朝廷柔远人之盛意也"②。成化十九年（1483）正月，"成讨温卫女直都督佥事康尼，以两进海青乞升职，并赐蟒衣、玉带。上曰：'朕于远物，素所不宝，但念远夷效顺，故勉受之。康尼准升一级，视常赐外，加䌽段二表里，亦足以答其意矣。'"③

显然，在明朝怀柔远人、厚往簿来的政策下，明朝规定女真所纳贡品的数额不大，却给予丰厚的回赐。因此，自仁宗洪熙元年（1425）开始，各卫朝贡时必携带贡品，若因某种缘故未来朝贡，事后还要"补贡"，以图回赐。

3. 封敕、袭替与升迁

明朝先后在女真地区建立了 381 个卫、20 个所、7 个地面、1 个寨。明朝对前来朝贡的各部落"官其长，为都督、都指挥、指挥、千百户、镇抚等官"④，据《明实录》记载统计女真羁縻卫所的官职共有 13 级：都督—都督同知—都督佥事—都指挥使—都指挥同知—都指挥佥事—指挥使—指挥同知—指挥佥事—正千户—副千户—百户—镇抚，各级官职，有官无俸。无官职的女真部落贵族称为"舍人"。

明廷对羁縻卫所各级官员皆赐诰印冠带袭衣。诰，即敕书，官职的委任状；印，为卫所之印；冠带袭衣，即官服。敕书是朝贡活动各个环节的凭证，明廷依据敕书上写明的官职进行赏赐，故敕书为女真人最为重视。羁縻卫所的官职实行世袭制，随着前一代卫所官员的生老病死，其子弟经过朝廷批准可袭替其官职。如英宗正统二年（1437）二月己巳，"命故建州卫指挥同知木答兀子散秃野、木河卫指挥佥事吉扫兀弟撒撒禾、屯吉卫指挥佥事刭里哈子太平奴、克赤子勒者帖、列山卫指挥佥事刺不塔子答升加、沙笼哈子

---

① ［明］方孔炤：《全边略记》卷 10《辽东略》，见王雄编辑点校《明代蒙古汉籍史料汇编》第 3 辑，内蒙古大学出版社，2006 年，第 390 页。

② 《明英宗实录》卷 25，正统元年十二月癸未，第 504 页。

③ 《明宪宗实录》卷 236，成化十九年正月甲寅，第 4019 页。

④ 《明史》卷 90《兵志》，第 2222 页。

撒必哈、兀列河卫指挥佥事散赤哈子锁鲁忽、刢鲁哈子弗羊古阿、者速河卫指挥佥事桑果奴子公把奴、阿真河卫指挥佥事脱脱哈子法莽加、阿伦卫指挥佥事忽秃子哈当、加吉河卫指挥佥事恼令哈子刺令加，俱袭职"①。敕书是女真羁縻卫所官职袭替的依据，如"土木堡之变"前后，"海西野人女直之有名者率死于也先之乱，朝廷所赐玺书尽为也先所取。其子孙以无授官玺书可征不复承袭，虽岁遣使入贡，第名曰舍人。以是在道不得乘传置，锡宴不得预上席，赏赉视昔又薄"②。

明中期以后，明朝对女真朝贡制度的限制愈发严格，女真人掠边、寇边事件频发，而且规模越来越大，导致宪宗成化年间两次大规模征讨女真。孝宗弘治六年（1493）五月对女真羁縻卫所官职袭替做出新规定：

> 海西、建州三卫女直，成化以后陈乞升者，指挥以下仍旧承袭其都指挥，以上至都督，有故者，必审其部下无人犯边，子孙能继志者，许其承袭，否则革去求升之职，自左右都督以下至都指挥佥事，各递减一级，但曾求升一次者，更不许陈乞。间有能严辑部落，还我卤掠擒捕犯边夷人，并归我汉人之逋逃者，具奏升赏。③

上述规定中将袭职与升职结合起来，不仅考核其卫所官员本人的行为，而且部下有人犯边也会影响新任者的袭职和升迁。武宗正德十四年（1519）二月，明廷针对海西卫中冒用父祖之名前来朝贡的问题，经礼兵二部集议，规定各女真卫所官员衰老不任朝贡者，子弟许其具奏袭替④。

关于女真羁縻卫所官员的升迁有三类，第一类是永乐帝时定下无功不迁。女真卫所官员"立功升职"的原因主要有以下几种：一是随明军出征有战功者，或主动出兵援助明军平叛者，如永乐年间毛怜卫、建州卫的官员以"每有调发，能效勤劳"；"擒捕叛亡，累著劳绩"，皆升职⑤。宣德九年

---

① 《明英宗实录》卷27，正统二年二月己巳，第536—537页。
② ［明］马文升：《抚安东夷记》，第4—5页。
③ 《明孝宗实录》卷75，孝宗弘治六年五月乙亥，第1423页。
④ 《明武宗实录》卷171，正德十四年二月辛巳，第3297页。
⑤ 《明太宗实录》卷196，永乐十六年正月己未，第2054页；卷197，永乐十六年二月庚戌，第2064页。

（1434），明都指挥裴俊奉命往斡木河招谕，遇寇与战，而寡不敌众，建州左卫都指挥佥事凡察等"率众往援，杀贼有功"，超升"凡察为都督佥事，仍掌卫事，余升秩有差"①。二是为明朝招抚远夷，或拒绝与蒙古交通，或叛乱后听抚入贡者，如宣德七年（1432），建州左卫指挥佥事凡察，"以招抚远夷归附，升为都指挥佥事，且赐敕劳之"②。英宗朝，兀者卫、益实左卫官员，以"其拒绝虏使，恪守臣节"而升职。哥吉河卫、童宽山卫官员，以"时边尘未靖，而二人躬来朝贡，故特升之"③。三是归所虏人口、归汉人逋逃者、献擒犯边夷者，如英宗朝，肥河卫、呕罕河卫、益实卫、塔山左卫、朵林山卫、兀者右卫、建州卫官员以"能遵朝命，还所掠朝鲜人口，及远来朝贡"而升职④。还有女真官员欲居功请求超升官职者，孝宗弘治十四年（1501）"初海西兀者前卫都督都里吉次子尚古以舍人入贡，授指挥。后贡骆驼并归被虏人口，求升都督，不许，止升都指挥佥事"⑤。

第二类是根据年限按例升迁。随着女真羁縻卫所制度确立日久，明朝也将普通官吏迁转规则引入羁縻卫所，最晚英宗朝已有相应的规定，宪宗对其进一步修订，成化十四年（1478）十二月规定："视天顺间斟酌升袭年限事例。自天顺四年至今，及十八年者准升一级，虽无敕印而有招谕之功者，许袭旧职。其自成化十五年以后，非因抚安而来有所求乞者，宜以二十五年为率。"⑥ 此后，一般女真卫所官员皆以25年为率升职，如成化二十年，海西兀鲁罕河卫"都指挥佥事等官火秃等六十六员，已满二十五年之例，宜升一级"。建州卫"都指挥佥事和尼赤等二十有五人，以授职二十五年例进一级"⑦。

第三类是特殊情况下的升迁。当东北边地出现大规模动乱时，升迁官职成为明朝安抚女真羁縻卫所官员的手段。如宪宗成化十四年（1478），建州

　　① 《明宣宗实录》卷108，宣德九年二月癸酉，第2432页。

　　② 《明宣宗实录》卷88，宣德七年三月壬戌，第2025页。

　　③ 《明英宗实录》卷190，景泰元年三月壬子，第3903页；卷186，正统十四年十二月癸酉，第3764页。

　　④ 《明英宗实录》卷147，正统十一年十一月己卯，第2893页。

　　⑤ 《明孝宗实录》卷176，弘治十四年七月壬子，第3211页。

　　⑥ 《明宪宗实录》卷185，成化十四年十二月癸丑，第3328页。

　　⑦ 《明宪宗实录》卷249，成化二十年二月甲戌，第4222页；卷259，成化二十年十二月壬午，第4384页。

三卫为报诛董山之怨，纠合海西人数千余寇抄辽东都司辖地，女真地区民情不稳。明朝一面打击寇边者，一面安抚各部女真，劄肥河等卫指挥使等官亦黑哈等十七人乞升职，兵部以"今诸夷入贡本非常期，特广其自新之路，以释彼疑惧之意耳，其欲升职者宜各升一级，其欲袭职并敕书印记者宜各从所愿为便"。但对于乞升职的女真卫所官员，"别其善恶，顺从者如近例，特从所请，常犯边者以敕并印记等物，送付辽东守臣收之。侯岁余，果不背叛，时修职贡，方抚之出边给领，庶彼知惩劝。上是之"①。以非常时期的特例，对乞升职者，只要无犯边记录，皆可升一级。

此外，也有明朝皇帝沉湎于玩乐，女真羁縻卫所官员因贡献珍禽异物而获得加官晋级的，如成化十九年（1483），海西成讨温卫女真都督佥事康尼，"以两进海青乞升职"，宪宗"准升一级"。二十二年（1486），考郎兀卫都指挥使阿古哈以贡白海青，升为"都督佥事"②。

随着女真各地方势力的兴起，女真各部敕书之争愈演愈烈，为获得更多的赏赐，将原敕书低职改为高职，冒名朝贡的事件屡屡发生。嘉靖十二年（1533）三月，兵部议上海西、建州、毛怜等卫女真人升袭事例九条：

> 一女直夷人自都指挥有功讨升都督职事者，巡抚官译审正身及查勘功次，无抢冒等弊。例应升授，然后具由连人咨报。否则就彼省谕阻回，无滥送以滋縻贵。
>
> 一来贡夷人除正敕外，赍有年远旧敕者，该边巡抚官译审真正明白开写何等旧敕。例应换给，从实具由，连人咨报，以凭查议。其有那移仓夺不明情弊，径自阻回。
>
> 一夷人奏称援职二十五年之上例应升级者，巡抚官备查年数，是否及有无犯边情弊。果系应升，具由连人咨报，有碍者，径自阻回。
>
> 一各夷奏称原授职敕书，或被抢及水大无存者。审系招抚之数，方行巡抚查勘咨结。议请定夺，不系招抚之年，不许一概奏扰。
>
> 一夷人并缴敕书，审果同卫同族，尊幼绝嗣。并敕书真正别无抢冒

---

① 《明宪宗实录》卷180，成化十四年七月癸亥、丙子，第3232—3233、3238页。
② 《明宪宗实录》卷236，成化十九年正月甲寅，第4019页；卷276，成化二十二年三月癸丑，第4646页。

洗改情弊。即行该边巡抚勘报，覆行辨验，结查明白。不拘所缴敕书多寡，俱于原授职事上量升一级。其或当有前弊，希图升职者，止与原授职事。其并缴敕书译令赍回，交还本夷收领。

一都督系重职，其子孙袭替仍照旧例查勘奏请。

一夷人入关朝贡，必盘验明白，方许放进。其敕书内有洗改诈伪字样，即省谕阻回。守关人员朦胧验放者，治罪如例。

一夷人奏有总敕，欲行分给袭替者。俱行巡抚查勘，具由咨报以凭奏请分给。

一海西、建州、毛怜等卫朝贡夷人查有情犯内地者，宜于宣赏之后，礼、兵二部宣谕恩威，使之省戒。如无罪可指，不必每次申谕，自致轻亵。诏如议行。①

这份详细的规定，实际上并没有发挥多大作用。随着女真地方势力之间的兼并日益激烈，强吞弱，大并小，到嘉靖后期，海西女真扈伦四部与建州女真各部掌握了大部分卫所的敕书，控制了女真的朝贡活动。明朝虽不情愿，但也不得不承认女真地方势力所掌握敕书的合法性。

万历朝，在辽东边事日益紧张的情况下，明廷对女真羁縻卫所官员的升职往往是超特升迁，如万历三年（1575）八月，海西大酋王台将建州叛夷王杲献给明朝，明廷"以王台缚送首恶，忠顺可嘉，加授勋衔。二子俱升都督佥事，仍赏银币以示优奖"②。又如，建州左卫人努尔哈赤，万历十一年（1583）因祖、父故，明朝授予其为都指挥；十七年（1589），"始命建州夷酋都指挥奴儿哈赤为都督佥事"；二十年（1592），"建州卫都督奴儿哈赤等奏文四道，乞升赏职衔冠服敕书"③，授予都督。从努尔哈赤任都指挥使到升任都督，三级官职仅用了10年。可见，到女真朝贡制度瓦解的前夕，明朝对女真卫所官员的封敕已是有章不循了。

4. 赏赐

明朝奉行厚往薄来的政策，凡来朝贡者皆给予赏赐。明建立女真羁縻卫

① 《明世宗实录》卷148，嘉靖十二年三月壬子，第3413—3414页。
② 《明神宗实录》卷41，万历三年八月辛未，第929页。
③ 《明神宗实录》卷215，万历十七年九月乙卯，第4028页；卷251，万历二十年八月丁酉，第4678页。

所之后，对前来朝贡的卫所官员和部民，依官职的高低和身份的贵贱进行赏赐，称为正赏，赏赐的依据主要是朝廷颁发的敕书。万历《大明会典》记载：

> 东北夷女直进贡到京，都督每人赏采段四表里、折钞绢二匹；都指挥每人采段二表里、绢四匹、折钞绢一匹，各织金纻丝衣一套；指挥每人采段一表里、绢四匹、折钞绢一匹、素纻丝衣一套。以上靴袜各一双。千百户、镇抚、舍人、头目，每人折衣采段一表里，绢四匹、折钞绢一匹；奏事来者每人纻丝衣二件、采段一表里、折钞绢一匹、靴袜各一双。①

上述记载中不见钞币，查阅史籍，自明初洪武年间以来，各朝颁给女真朝贡者的赏赐中均有钞币，如洪武二十年（1387）十二月癸亥，"赐辽东女直所部阿苦义等六人，衣各一袭、钞五锭；野人部将西阳哈等百三十四人自辽东来降，命赐衣各一袭，寻加赐白金千三百七十两"。永乐元年（1403）十一月辛丑，"女直野人头目呵哈出等来朝，设建州卫军民指挥使司，阿哈出为指挥使，余为千百户所镇抚，赐诰印冠带袭衣及钞币有差"②。其后各朝皆大体相同。比较两个时期《明会典》记载的明朝颁给女真朝贡者的赏赐看，前后略有变化。前期的赏赐略多于后期，后期赏赐中出现折钞绢。大约在明世宗朝，因女真朝贡者的请求，开始将赏赐折银付给。如嘉靖元年（1522）三月，"改海西夷人速黑忒等赏赐折银，不为例，从其请也"③。此时折银还是特例。六年（1527），礼部言："诸番既以近例，愿给币直；而江西、湖广、河南三省不善织造，若折解价银，数足相当，诚令银币兼给，则夷人各得所欲，且可使三省之民无带征起解之费。上从之。"④ 明朝对女真的赏赐付给实物还是银币，可按照朝贡者的要求付给。十二年（1533）五月，"海西野而定河等卫女直都督羊卜鲁、额真哥等朝贡，援建州等卫女

---

① 万历《大明会典》卷111《礼部·给赐二》，第791册，第133页。

② 《明太祖实录》卷187，洪武二十年十二月癸亥，第2805页；《明太宗实录》卷25，永乐元年十一月辛丑，第460页。

③ 《明世宗实录》卷12，嘉靖元年三月甲寅，第425页。

④ 《明世宗实录》卷81，嘉靖六年十月丙辰，第1800页。

直都督锁鲁塔等例，愿折银赏赉，礼部覆请。从之"①。海西女真愿折银赏费还需礼部覆请，说明折银付给赏赐还不很普遍。十六年（1537）四月，世宗诏："赐海西女直都督歹童等金素纻丝衣三百四十八袭，暂准给价，从各夷请也。"② 可见赏赐的衣物也可折银付给。四十三年（1564），明正式规定"女直正赏䌽段绢匹俱准折给银两"③。万历元年（1573），"赏女直朝贡夷人金段衣服靴袜，仍折给马价并正赏银两"④。此时无论赏赐还是前面论及的回赐都折银付给了。蒋秀松认为明朝后期白银已是女真社会的主要财富之一，成为诸部权贵们追逐的目标。反映了女真社会商品货币经济的发展，与内地市场的联系进一步加强扩大了⑤。

　　除了正赏、回赐之外，明朝对于从明军出征有功、约束部落有功、招谕女真其他部落有功等女真卫所官员、部属等还给予额外的赏赐。如永乐二十年（1422）四月，"毛怜卫指挥猛哥不花等率子弟部属从征者俱至，赐弓矢裘马等物"⑥。嘉靖二年（1523）三月"女直撒剌卫都督佥事都鲁花乞大帽、金带，兵部言其约束部落有功，诏赐之"⑦。九年（1530）二月，"以女直都督土剌额真哥赍榜，抚谕海西诸夷有劳，诏加赏，纻丝二表里，折钞绢二匹"。十年（1531）三月，女直塔山前卫都督速黑忒自称杀开原城外山贼猛克有功，"乞蟒衣玉带金带大帽等物，诏赐狮子䌽币一袭，金带、大帽各一"⑧。

　　另外，明永乐八年（1410）八月，成祖曾对女真建州卫官员赐姓名。《明实录》记载："升建州卫指挥使释家奴为都指挥佥事赐姓名李显忠，千户咎卜为指挥佥事赐姓名张志义，赐百户阿剌失姓名李从善，可捏姓名郭以诚，俱为正千户"大约此前已赐建州卫首位长官阿哈出姓名李诚善⑨。但没

　　① 《明世宗实录》卷150，嘉靖十二年五月丙午，第3434页。
　　② 《明世宗实录》卷199，嘉靖十六年四月庚申，第4179页。
　　③ 万历《大明会典》卷111《礼部·给赐二》，第791册，第133页。
　　④ 《明神宗实录》卷15，万历元年七月戊子，第458页。
　　⑤ 蒋秀松：《明代女真的敕贡制》，《民族研究》1984年第4期。
　　⑥ 《明太宗实录》卷248，永乐二十年四月庚寅，第2317页。
　　⑦ 《明世宗实录》卷24，嘉靖二年三月戊申，第682页。
　　⑧ 《明世宗实录》卷110，嘉靖九年二月己丑，第2612页；卷123，嘉靖十年三月甲辰，2970页。
　　⑨ 《明太宗实录》卷107，永乐八年八月乙卯，第1386页；《明英宗实录》卷30，正统二年五月壬寅，第598页。

有记载明朝赐姓名的原因，估计是有功于明朝。蒋秀松认为对阿哈出家族赐姓李，可能源于唐朝对靺鞨人赐姓李的缘故①。以后明廷不再对女真人赐姓，原因不详。

五 马市贸易

辽东马市，是明朝东北民族朝贡制度的重要组成部分。辽东初设马市是因兀良哈蒙古欲来货马，故立市曰"马市"。《明太宗实录》记载：永乐四年（1406）三月甲午，"设辽东开原、广宁马市二所。初，外夷以马鬻于边，命有司善价易之，至是来者众，故设二市，命千户答纳失里等主之"②。第二年，成祖敕镇守辽东保定侯孟善曰："缘边靺鞨、女直野人来朝及互市者，悉听其便，但禁戢士卒勿扰之。"③ 这表明最晚永乐五年二月，前来朝贡的女真羁縻卫所人员也入市进行交易，交易的物品同样是马匹。

明成祖初设马市时，正逢"靖难之役"后明朝需要补充马匹之时，辽东马市购买的马匹对明朝补充战马起到一定作用，如仁宗洪熙元年（1425）三月，开原卫奏："马市所买马，请进京师，命给辽东诸卫军士。"四月，辽东总兵官武进伯朱荣奏闻："原马市官买到马二百匹，上命付辽东苑马寺以给诸卫。"七月，"辽东广宁马市官千户王咬纳等，进所买达官马四百六十五匹"④。然成祖"命有司善价易之"。则体现了怀柔远夷的政策。随着明朝经济的复苏与发展，马市成为东北民族朝贡制度的组成部分，如明人陈继儒《建州考》所云："文皇帝所创爵号市赏之例，而操纵与夺之，而渐以修补，斯要领得矣。""鹰有绦缧，则饥饱远近在我。马有衔辔，则张弛罄控在我。市赏者其鹰之绦，马之辔耶！"⑤ 明宣宗亦言："朝廷非无马牛，而与之为市，盖以其服用之物，皆赖中国，若绝之，彼必有怨心。皇祖许其互市，亦是怀远之仁。"⑥

---

① 蒋秀松：《明代建州女真兴起原因略探》，《东北史地》2008 年第 5 期。

② 《明太宗实录》卷 52，永乐四年三月甲午，第 776 页。

③ 《明太宗实录》卷 64，永乐五年二月己丑，第 910 页。

④ 《明仁宗实录》卷 8 上，洪熙元年三月壬午，第 255 页；《明仁宗实录》卷 9 下，四月壬戌，第 296 页；《明宣宗实录》卷 4，洪熙元年七月癸巳，第 117 页。

⑤ ［明］于燕芳撰：《建州考》，潘喆编《清入关前史料选辑》第 1 辑，中国人民大学出版社，1984 年，第 134 页。

⑥ 《明宣宗实录》卷 84，宣德六年冬十月乙亥，第 1948 页。

　　永乐四年（1406）明朝设置马市二所主要是待兀良哈蒙古三卫，其后大约应女真诸卫所请，永乐年间明于开原城东设马市一所，以待女真诸部①。随着朝贡制度的发展，明朝对女真各部所开的马市逐渐增加，宪宗即位后，于天顺八年（1464）四月，设抚顺马市，以待建州女真。此后，"建州等卫女直到边，须令从抚顺关口进入，仍于抚顺城往来交易"②。开原马市专待海西、野人女真。宪宗成化年间，明将设在开原城东的女真马市迁到城南关。十四年（1478）以后，又于开原北增设女真马市一所，以待海西女真。万历初年，海西女真"王台由广顺关入市，东果园离镇十五里。逞家奴等由镇北关入马市，堡离镇城二十里"③。王台所在的哈达部和逞家奴、仰家奴所在的叶赫部分别控制着女真诸部由广顺关（即南关）与镇北关入贡的朝贡道与互市贸易，故二部又被称为"南关"与"北关"。万历初年，因明辽东总兵李成梁于辽东边墙外修筑六堡，占据了建州女真大片地区，女真诸部请求增设互市，于是明朝再设三市，《建州私志》记载：万历元年（1573），"成梁筑宽奠等六堡，其地北界王杲，东邻兀堂，去瑷阳二百里。辽抚张学颜按视，数十酋环跪，愿质子所在易盐布。学颜疏请听市。自是开原而南，抚顺、清河、瑷阳、宽奠并市。属海西者王台主之，属建州者兀堂主之，颇遵约束"④。至此，明朝共设马市六所待女真，其中开原二市以待海西、野人女真；抚顺一市以待建州女真，清河、瑷阳、宽奠三市以待女真各部。

　　明朝为管理辽东马市，在开原城设有提督马市公署。弘治十二年（1499）"在开原者，委安乐州知州；在抚顺者，委备御官"，监管马市贸易⑤。自成化十四（1478）年起，开原马市每月初一日至初五日开市一次，

　　① 《明宪宗实录》卷176，成化十四年三月丙戌条载："永乐间辽求设马市三处，其一在开原城南关，以待海西女直。其一在城东五里，其一在广宁城，皆以待朵颜三卫夷人。"（第3183页）说明在永乐四年（1406）设置的二所马市之外，专对女真人设置一处马市。其时尚未专门对建州女真开设马市，故开原南关马市是对所有朝贡的女真人开设的。然《辽东志》卷2记载，开原"女直马市，永乐初设城东屈换屯，成化间改设城南门外西"（第375页）。说明开原女真马市原在城东，后迁到城南关。

　　② 《明宪宗实录》卷4，天顺八年四月乙未，第102页。

　　③ 《明神宗实录》卷46，万历四年正月丁未，第1032页。

　　④ ［清］佚名撰：《建州私志》，潘哲编《清入关前史料选辑》第1辑，中国人民大学出版社，1984年，第262—263页。

　　⑤ 《明孝宗实录》卷154，弘治十二年九月丁丑，第2746页。

"各夷将马匹物货赴官验放入市交易，不许通事人等将各夷侮弄、亏少马价，及偷盗货物，亦不许拨置夷人，以失物为由，诈骗财物。敢有擅放夷人入城，及纵容无货人入市，有货者在内过宿，规取小利，透漏边情，违者俱问，发两广烟瘴地面充军，遇赦不宥"[1]。从明朝的规定看，女真入关互市要经过边官验证，无货不得入市，有货入市交易后不得留宿关内。大约开设抚顺马市后，也实行与开原马市相同的规定。随着女真社会的发展，女真人要求互市的愿望越来越强烈，辽东马市开市的频率不断增加。据明代辽东马市档案记载，到嘉靖二十八年（1549），开原的关市交易大约每隔三四天一次。到万历初年，则是隔一二天一次，有时三四天连续互市。[2] 抚顺马市也大致如此。

在马市交易中，明朝奉行"怀柔远夷"的政策，以善价易女真的马匹与土产。永乐三年（1405）兵部定马价："上上等每马绢八匹、布十二匹，上等每马绢四匹、布六匹，中等马绢三匹、布五匹，下等每马绢二匹、布四匹，驹绢一匹、布三匹。"永乐十五年（1417）十月辽东总兵官都督刘江奏旧定马价甚高，"如悉依旧例，则边储空匮，宜令所司更议马直，撙节粮储，递增布绢中半市之，庶外夷蒙博施之恩，而边储无不给之患。上曰江所言是，命兵部定议行之"。十一月，"更定其价，上上马每匹米五石，绢布各五匹。上马米四石，绢布各四匹。中马米三石，绢布各三匹。下马米二石，绢布各二匹。驹米一石，布二匹"[3]。据杨余练的研究，辽东马市到明后期，已经变成汉、蒙、女真各族互通有无，进行民间交易的重要场所。交易的次数越来越频繁，每次交易的人数越来越多。女真人入市交易除了马匹之外，还出售大量的貂皮、人参、鱼鲜、松子、木耳、蘑菇、蜂蜜等采集渔猎产品，据嘉靖二十八年与二十九年（1549 与 1550）的"马市抽分档册"统计，从开原的广顺关与镇北关入市的海西女真部落共有 17 起交易，其产品有：鹿、貂、狍等兽皮，人参 851 园，参腊 8729 块，木耳 3202 斤，蘑菇 2111.5 斤，蜂蜜 1990 斤，松臻 325 斗，东珠 76 颗，马 22 匹。买进的物品

---

① ［明］毕恭：《辽东志》卷 3《兵食志·马市》，第 402 页。
② 杨余练：《明代后期的辽东马市与女真族的兴起》，《民族研究》1980 年第 5 期。
③ 《明太宗实录》卷 40，永乐三年三月甲寅，第 667 页；卷 193，永乐十五年十月丁未，第 2037—2038 页；卷 194，永乐十五年十一月乙卯，第 2039 页。

有：绢缎 21 匹，水靴 455 双，袄 327 件，以及小猪 106 只，牛 473 只，铁铧 275 件。万历六年（1578）四月七日至七月八日抚顺"马市抽分档册"中记载，在这三个月中，建州女真有 24 次互市交易，出售的主要产品，有人参、貂皮、狍皮、木耳、马匹、麻布、粮食等，在 24 次交易中，16 次有"麻布"，7 次有"粮食"。汉人出售给建州女真的主要是"猪牛等物"①。从海西女真购买铁铧、牛看，其农业生产已占有一定的比例。从建州女真出售粮食、麻布看，其农业生产已经比较发展。女真人在马市中购买大量的布匹、丝绸、陶瓷、铁锅等生活用品。1992 年考古工作者在吉林省扶余发掘 76 座明代墓葬，发掘者认为这是一处海西女真人的墓地，出土 1481 件随葬品中以瓷器为大宗，其中以南方景德镇青花瓷器和北方窑系粗胎黑釉或酱釉瓷器为主，个别白瓷有描金工艺，精美绝伦。器型主要有碗、盘、执壶、罐、杯、碟等②。这些瓷器应是在辽东马市上贸易而来，表明女真人的日常生活很大程度上依赖马市贸易。

此外，女真地区遇到灾年，或因迁徙影响生产而缺粮，可请求到互市贩贷粮食以解决生计问题。如永乐十年（1412）六月，"辽东建州卫指挥佥事李显忠奏，塔温新附人民缺食，乞赈贷之。上谓户部曰，薄海内外，皆吾赤子，远人归化，尤宜存恤。其即遣人发粟赈之，毋令失所"③。

马市对女真人的吸引力不仅是通过贸易可以获得所需物品，还有明朝在马市上发放的抚赏，又称"市赏"。明朝前期马市抚赏主要是犒赏酒肉，据《辽东志》记载：

> 按会典，一抚赏海西朝京都督，每名牛一只，大菓卓一张。都指挥每名羊一只，大菓卓一张。一供给海西买卖都督每名羊一只，每日卓面三张，酒三壶。都指挥每名羊一只，每日卓面一张，酒一壶。一部落每四名，猪肉一斤，酒一壶。④

① 转引自杨余练《明代后期的辽东马市与女真族的兴起》，《民族研究》1980 年第 5 期。

② 吉林省文物考古研究所编著，李东主编：《扶余明墓——吉林扶余油田砖厂明代墓地发掘报告》，文物出版社，2011 年，第 7、216、242 页。

③ 《明太宗实录》卷 129，永乐十年六月辛酉，第 1598—1599 页。

④ ［明］毕恭：《辽东志》卷 3《兵食志·马市》，第 402 页。

其后市赏又有一定数量的盐布、锅、牛,到明后期市赏数量越来越大。如《明神宗实录》记载:"先年酋首犒赏盐布,余止酒肉,今则通索盐布增至引匹。先年酋首间讨衣段锅牛视为异赏,今则指称常例,互为告讨。"① 市赏费用主要出自明朝对入马市交易的货物进行抽分,即如同今日之交易税,《辽东志》记载抽分货物:

> 骗马一匹银六钱。儿马一匹银五钱。骡马一匹银四钱。牛一只银二钱、缎一匹;银一钱,锅一口;银一分。羊一只银一分。貂皮一张银二分。豹皮一张银一钱。熊虎皮每张银三分。鹿皮一张银一分。狐狸睡貉皮每张一分。狍皮二张银一分。黄蜡十块抽一。人参十围抽一。榛松二十斤抽一斤。②

前期明朝用马市抽分进行抚赏绰绰有余,到明后期则入不敷出。如万历四年(1576)巡按辽东御史刘台所言:"先年马驼运载利归中国,抽分抚赏积有余羡,今则故用敝物,强求厚值,甚者徒手讨赏,至不可继,比比皆然。"③ 辽东马市档案中记载:万历四年七月至八月十二日,抚顺关"抚赏不敷银七十两四钱六分"④。而《清太祖实录》则载:努尔哈赤时期建州女真本地所产有"东珠、人参、紫貂、元狐、猞猁狲、诸珍异之物,足备服用。于抚顺、清河、宽奠、暖阳四关口,互市以通商贾,自此国富民殷"⑤。互市交易时明朝发放的市赏,被女真人视为与入京朝贡一样为获得财物的渠道。

明朝设立辽东马市后便明令边关将官不许侮弄各夷、亏少马价。但边官于马市压价勒索女真人的现象时有发生,如弘治十二年(1499)九月,辽东监察御史罗贤言:"广宁、开原、抚顺三马市,每遇夷人,持马、貂诸物来市,被镇守等官及势家,纵令头目仆从减价贱市,十偿三四,夷人受其挫

---

① 《明神宗实录》卷46,万历四年正月丁未,第1031页。
② [明]毕恭:《辽东志》卷3《兵食志·抽分货物》,第402页。
③ 《明神宗实录》卷46,万历四年正月丁未,第1032页。
④ 转引自杨余练《明代后期的辽东马市与女真族的兴起》,《民族研究》1980年第5期。
⑤ 《清太祖实录》卷2,戊子年四月甲寅,中华书局,1986年影印本,第35—36页。以下《清实录》皆中华书局版,分别为1985、1986、1987年影印本。

勒，折阅积久，怀怨殊深，往往犯边，多坐此故。"对此兵部奏请："申明旧例禁约，敢袭前弊者，捕送巡抚、巡按等官究治。计赃至二百贯以上者，头目、仆从人等发极边卫充军，职官调别边各卫带俸，遇赦不宥。若因而激变夷人，致引边衅，从重论。"孝宗从之①。然而，边官克减市赏、勒索女真的现象依然存在，如嘉靖二十五年（1546）七月，"辽东总兵张凤、巡抚于敖，令其中军都指挥陈守节搞马市诸夷。克减盐物，诸夷不服。守节以白凤凰令箠之，死者七人。夷遂以三千余骑攻镇虏台，杀十二人，焚六人。……既而（张）铎又劾敖等抚赏乖方，杖死夷酋之罪"②。明朝设立马市以善价进行交易，又颁发市赏，为的是安抚女真等民族，实现边疆稳定。而边官为谋私利，勒索侮辱甚至残害入市诸夷，导致边夷出兵复仇，造成边疆地区统治秩序不稳。

　　由于女真人在马市交易中可获得所需物品，又可以得到抚赏，入市交易的女真人数逐年增加，如弘治十三年（1500）十二月，"成讨温卫女直伍因住等百三十余人至开原马市求贡"③。嘉靖二十八年（1549）一次入市人数多时达709人，到万历初年一次入市人数竟达2237人④。长期的马市交易使女真人在经济上对明朝形成了一定的依赖性。因此，马市成为明朝控制女真人的一种手段，尤其是在明后期，明朝面对女真人频繁的掠边行为，时常以开关马市、革去市赏来约束女真人的行为，如隆庆年间，建州女真大酋王杲屡肆掠边，明"令杲送还所掠人口准其入市，如仍前执迷则调集重兵相机剿杀"⑤。万历四年（1576）正月，巡按辽东御史刘台条上辽东边事时言："约誓沿边备御官员，申以不易之期，示以一定之额，如期而至，查额而赏，序名而领，其听我约束，则循例敷恩。如动辄要求，则闭关谢绝。更令抚镇衙门，详细开载，某市月开几期，某市月用几数，某市大赏小赏几何，某市季羡岁羡几何。"⑥随着女真的发展壮大，掳掠获得的人口、财物超过朝贡与马市贸易时，女真人开始出现不来朝贡、互市的现象，如万历十六年

①　《明孝宗实录》卷154，弘治十二年九月丁丑，第2745—2746页。
②　《明世宗实录》卷316，嘉靖二十五年十月戊戌，第5907—5908页。
③　《明孝宗实录》卷169，弘治十三年十二月己酉，第3074页。
④　转引自杨余练《明代后期的辽东马市与女真族的兴起》，《民族研究》1980年第2期。
⑤　《明神宗实录》卷5，隆庆六年九月戊子，第192页。
⑥　《明神宗实录》卷46，万历四年正月丁未，第1033页。

（1588）正月，辽东顾养谦奏：海西属夷逞家奴、仰家奴"子那林孛罗、卜塞不复贡市者，五年于兹矣"①。此时，明朝以马市来约束女真人的行为已不能起到多大的作用了。

明朝建立、健全、发展乃至全力经营女真朝贡制度的主要目的有二：一是为营建"大一统"的国家规模，如明朝廷舞乐《抚安四夷》中所云："华夷一统，万国来同。献方物，修庭贡，远慕皇风，自南自北，自西自东。""大一统。四夷来贡，玉帛捧。文轨同，世际昌隆，共听舆人颂。"② 在"华夷之辨"的治国方针下，通过建立具有羁縻特点的女真朝贡制度，以实现明朝对东北边疆的政治统治。二是将女真朝贡制度纳入东北边疆的防御体系，为明朝防范、牵制北方蒙古部，如英宗所言"坚守臣节，遵守礼法，抚绥部属，或有远夷奸诈之徒蛊诱尔部属为恶者，即便擒治尔其钦哉"③。女真被明朝视为不可缺少的边防藩篱。

在明灭元取而代之后，女真人很快认同了明王朝的统治，女真人主动请求明朝在奴儿干地区设立官署驻兵，正是在女真各部的积极参与下，明朝迅速建立和稳固了女真朝贡制度。女真人向明朝进行朝贡的目的，首先是寻求明朝的政治保护，提高和保证自身政治地位。其次是仰慕中原富庶的生活，追求物质利益。女真朝贡制度作为明朝在东北边疆地区的政治制度，不仅具有较强的政治功能，同时还具有一定的经济功能，后者主要体现在马市贸易上。从女真朝贡制度的运作过程看，马市贸易并不是这一制度的主体部分，因此将女真朝贡活动简单地定位为女真朝贡贸易活动是不准确的。朝贡制度对女真社会经济文化发展具有推动作用，随着女真地方政治势力的形成，女真羁縻卫所的朝贡制度演变为敕书朝贡制度。明朝的衰落，为女真人的勃兴提供了机会，明末女真朝贡活动的目的也发生了重大变化，转变为借明朝势力发展壮大自身力量，进而获取更多的经济利益。最后，昔日的女真朝贡成员努尔哈赤建立了后金政权，后继者（清）推翻明朝取而代之。

---

① 《明神宗实录》卷 194，万历十六年正月己酉，第 3654 页。
② 《明史》卷 63《乐志三·乐章二》，第 1574 页。
③ 《明英宗实录》卷 147，正统十一年十一月己卯，第 2892 页。

第三节　西部兀良哈蒙古三卫朝贡制度的建构与运作

地处东北西部的兀良哈蒙古三卫，自明成祖初年纳入东北民族羁縻卫所朝贡制度后，成为明朝北疆边防最为重要的一环。但因受蒙古部的挟持和影响，兀良哈三卫往往是一面向明朝进行朝贡，一面又出兵寇抄明边。在明政府与北元的拉锯战中兀良哈蒙古逐渐衰落，到 16 世纪中叶以后，兀良哈蒙古诸部逐渐被并入东北西部其他蒙古部落之中。然而，为了获取经济利益，兀良哈蒙古仍用原来的卫名和职衔，每年入京朝贡，直到明熹宗末年。

一　兀良哈三卫朝贡制度的建构

兀良哈，《辽史》中作喂娘改或斡郎改，《元朝秘史》和《元史》作兀哴孩、兀哴罕、兀良哈等[1]。成吉思汗时期，兀良哈蒙古的折里麦部长等受封，从原住地斡难河源头迁到洮儿河上游的搠河河畔[2]。明建立后，太祖出兵经略东北，洪武二十年（1387），盘踞东北的故元势力纳哈出部降明，"得所部二十余万人，牛羊马驼辎重亘百余里"[3]。翌年，明朝再出兵击溃了北元小朝廷，元在东北的残余势力相继瓦解，兀良哈蒙古诸部相率归附明朝，洪武二十二年（1389）夏四月，明"置泰宁、朵颜、福余三卫指挥使司于兀良哈之地，以居降胡"[4]。这是明朝第一次设置羁縻性质的兀良哈蒙古三卫。

兀良哈三卫的名称来源，日本学者和田清认为朵颜卫之名出自"母亲朵颜山"的山名，在大兴安岭南麓。泰宁卫之名源于元代的泰宁路，在洮儿河畔洮南地方。福余卫之名与金代蒲与路有关，在今黑龙江齐齐哈尔以东瑚裕尔河流域[5]。泰宁卫指挥使阿扎失里在元朝时为辽王，是成吉思汗幼弟铁木

---

① ［日］箭内亘：《兀良哈三衞名稱考》，《東洋學報》第 4 卷第 1 号，大正三年（1914），第 77—99 页。

② ［日］和田清：《兀良哈三衞の本據について》，《史學雜誌》第 40 编第 6 号，昭和四年（1929），第 1—52 页。

③ 《明史》卷 129《冯胜传》，第 3798 页。

④ 《明太祖实录》卷 196，洪武二十二年四月辛卯，第 2946 页。

⑤ ［日］和田清：《兀良哈三衞の本據について》，《史学雜誌》第四十编第六号，史学会，昭和四年（1929），第 1—52 页。

哥斡赤斤的后裔，因其地位高贵，明太祖使其为三卫之长，并遣使赍敕往谕阿札失里等曰：

> 昔者二百年前，华夷异统，势分南北，奈何宋君失政，金主不仁，天择元君，起于草野，戡定朔方，抚有中夏，混一南北，逮其后嗣不君，于是天更元运以付于朕。自即位来今二十余年，尔阿札失里等知天命有归率众来附，朕甚嘉焉，朕每于故元来归臣民，悉加优待，况尔本元之亲属者乎，今特于泰宁等处立泰宁、福余、朵颜三卫，以阿札失里为泰宁卫指挥使，塔宾帖木儿为指挥同知，海撒男答溪为福余卫指挥同知，脱鲁忽察儿为朵颜卫指挥同知，各领所部，以安畜牧，自古胡人无城郭不屋居，行则车为室，止则毡为庐，顺水草便骑射为业，今一从本俗，俾遂其性，尔其安之。①

明太祖因兀良哈蒙古本俗设立泰宁、朵颜、福余三卫，任命各部大人分别为三卫的指挥同知，以故元辽王阿札失里为泰宁卫指挥使，协领三卫。对其实行羁縻统治。然而，仅过两年，兀良哈叛明，洪武二十四年（1391）三月，"元辽王阿扎失里寇边，命颍国公傅友德率列侯郭英等讨之。……六月，至黑岭鸦山等处洮儿河，获人口马匹"②。直到洪武末年，未见兀良哈三卫向明遣使朝贡，显然明朝对兀良哈蒙古卫所没有统辖之实。

明朝取代元朝统治之后，未能统一蒙古高原。兀良哈部虽是蒙古之一部，但其自然环境与北方草原地带有所不同，既有草原、湿地，又有森林、山谷，社会经济虽以畜牧业为主，亦有一定比重的农业、狩猎业，其部民中还混杂一部分从事狩猎和农业的女真人，他们与蒙古草原上典型的游牧民有所不同，具有较强的独立性。明成祖即位后，鉴于兀良哈部所处的地理位置对明朝防御和攻打北方蒙古部至关重要，于永乐元年（1403）五月、十一月两次遣使诏谕兀良哈蒙古各部，《明太宗实录》永乐元年条下记载：

> （五月）敕谕兀良哈官军人等曰：朕嗣位之初，已尝诏谕尔众，后

---

① 《明太祖实录》卷196，洪武二十二年四月癸巳，第2946—2947页。
② ［清］谷应泰：《明史纪事本末》卷10《故元遗兵》，中华书局，1977年，第146页。

辽东守臣言，尔等俱欲来朝，今遣指挥萧尚都镇抚刘忽鲁秃、百户和尚往谕朕意，但来朝者悉授以官，俾仍居本地，岁时贡献，经商市易，一从所便。前阿哥歹那、海帖木儿、纳哈出来寇，广宁守臣禽送至京，朕矜其远人妻各有父母妻子之思，曲宥其死，就令尚都等送还，并谕尔知之。①

（十一月）敕谕兀良哈部落曰：朕承天眷，君临天下，赏遣使赍诏谕尔，尔等闻命即遣人来朝，其诚可嘉，今仍旧制设泰宁、福余、朵颜三卫，俾尔等统属军民，镇守边境。旧尝授官者，列名以闻，咸复之。若头目人等前未授官，于今当授者，亦第其名来闻，朕即授之。俾世居本土，安其生业。②

明成祖许偌兀良哈蒙古部，若归附来朝，"仍旧制设泰宁、福余、朵颜三卫"，对"来朝者悉授以官，俾仍居本地，岁时贡献，经商市易，一从所便"。"俾尔等统属军民，镇守边境。旧尝授官者，列名以闻，咸复之。若头目人等前未授官，于今当授者，亦第其名来闻，朕即授之。俾世居本土，安其生业"③。在明朝的招抚下，永乐二年（1404）四月，"鞑靼头目脱儿火察、哈儿兀歹等二百九十四人随上都等来朝贡马，命脱儿火察为左军都督府都督佥事，哈儿歹为都指挥同知，掌朵颜卫事；安出及土不申俱为都指挥佥事，掌福余卫事；忽剌班胡为都指挥佥事掌泰宁卫事。余及所举未至者，总三百五十七人，各授指挥千百户等官，赐诰印、冠带及白金、钞币、袭衣。脱儿火察言，有马八百余匹留北京，愿易衣物。命北京行后军都督府及太仆寺，弟其马之高下给价偿之"④。明朝恢复兀良哈羁縻卫所，仍承用洪武年间设置的三卫名称。美国学者赛瑞斯认为在朵颜、泰宁、福余三部蒙古的首领接受明朝授予的卫所官职后，尽管明朝很少直接干涉部落的政治，兀良哈蒙古的领土和人民也已成为明朝的一部分⑤。

---

① 《明太宗实录》卷20下，永乐元年五月乙未，第369页。
② 《明太宗实录》卷25，永乐元年十一月辛卯，第454页。
③ 《明太宗实录》卷20下，永乐元年五月乙未，第369页；卷25，永乐元年十一月辛卯，第454页。
④ 《明太宗实录》卷30，永乐二年四月己丑，第550—551页。
⑤ ［美］Henry Serruys, *Sino-Mongol Relations During the Ming*，*II. the Tribute System and Diplomatic Missions*（1400—1600），Bruxelles，1967，p4-5.

　　明成祖授予兀良哈三卫之长的官职高于明太祖时期，原泰宁卫指挥使阿札失里因叛明已不知去向，泰宁卫的地位也随之下降。朵颜卫地位上升，脱儿火察为左军都督府都督佥事，与都指挥同知哈儿歹为共掌朵颜卫事。脱儿火察官居都督佥事高于泰宁卫掌卫都指挥佥事忽剌班胡和福余为掌卫都指挥佥事安出及土不申，居三卫之长。明成祖一次就封授朵颜卫、泰宁卫、福余卫大小头目达 357 人，对各级官员皆赐予诰印、冠带袭衣及白金钞币。而且又派遣"羽林前等卫指挥尚郁等五人赍敕往谕兀良哈等处，人赐钞五十锭"①。自此，兀良哈三卫开始每岁遣使朝贡，明朝对其所贡马匹皆给予马直，"上马每匹钞五十锭，中马四十锭，下马三十锭，每匹仍与绨币表里一"②。并且，明朝为了满足兀良哈三卫贸易的需求，于永乐四年（1406）三月，"设辽东开原、广宁马市二所。初外夷以马鬻于边，命有司善价易之。至是，来者众，故设二市，命千户答纳失里等主之"③。所谓"善价"即："上上马一匹米十五石，绢三匹；下马米八石，绢一匹"④。从对朝贡者授官、赐予诰印、官服钞币，到偿其贡马的"马直"与马市的设立，明朝已初步建构起兀良哈三卫朝贡制度。

　　永乐时期蒙古草原并不安静，鞑靼部与瓦剌部争斗不止，而且波及兀良哈三卫，这使刚刚建构起来的兀良哈三卫朝贡制度的运作出现波折。永乐七年（1049），鞑靼部重臣阿鲁台为瓦剌所败，率残部掩袭兀良哈三卫，这使部分兀良哈人降附阿鲁台，随蒙古军袭掠明边。永乐八年（1410）正月，明成祖率 50 万大军亲征蒙古。六月，成祖率军从广漠镇出发，渡河伏击蒙古军，生擒数十人，"讯所擒数十人皆兀良哈部下尝入朝授官矣，复叛附阿鲁台。上责之曰：'尔于朝廷何功，徒因来朝，辄予爵赏，今不思报，乃复为叛寇用命，悉斩之。'"⑤ 成祖班师回朝后，九年，遣指挥木答哈阿升哥赏敕谕福余、朵颜、泰宁三卫头目，责让其随从鞑靼部掠明边行为，令三卫"还所掠戍卒，仍纳马三千匹赎前罪，不然发兵诛叛，悔将难追！"① 翌年，"福余等三卫指挥使喃不花等如敕书遣人纳马，赎虏掠边卒之罪"。但这次三卫贡纳的马匹数量不多，没有达到成祖的要求。直到十二年（1414），三卫才贡纳赎罪的三千匹马，成祖曰："蛮夷之人服则赦之。"命辽东守臣"每马予绵布四匹"②。兀良哈三卫纳马赎罪，成祖又给其马直，恩威并行，意在令其心悦诚服地归附明朝。

永乐二十年（1422）春，鞑靼部阿鲁台率军寇兴和，成祖大怒，决意亲征。六月，成祖车驾次杀胡原，阿鲁台闻知甚为恐惧，"尽弃其马驼牛羊辎重于阔栾海之侧，与其家属直北走矣"。成祖得知阿鲁台远逃，召诸将曰："所以羽翼阿鲁台为悖逆者，兀良哈之寇，今阿鲁台狼狈远遁，而兀良哈之寇尚在，当还师蓟之。"③ 于是，明军分五道，步骑二万，进击兀良哈。然而永乐二十年之前，史籍中并未见到兀良哈随从阿鲁台掠边的记载，而且十九年（1421）正月，"泰宁卫都督阿只罕遣弟塔刺孩、子者赤等贡马。命塔刺孩为都指挥佥事，者赤为指挥使，赐诰命、冠带袭衣、钞币，遣还"④。明军袭击兀良哈的主要原因当是成祖此次出师讨伐阿鲁台无果，又不甘心空手而归，便以从前兀良哈曾随阿鲁台劫掠边戍为由袭击之。《明太宗实录》记载：永乐二十年六月，"壬申，兀良哈余寇溃散山谷，多来降者，命释之。……甲戌，兀良哈寇党老弱皆诣军门俯伏待罪，命释之"。八月，"戊午，车驾次玻璃谷，诸将先受命征兀良哈者奏云，已入寇穴，寇悉众来敌，大败之，斩首数千级，余众溃西而走，尽收其人口孳畜"⑤。兀良哈受到重创，直到永乐末年不见其遣使朝贡。仁宗仅在位一年便病卒。宣宗继位后，才又恢复了兀良哈三卫朝贡制度。

从成祖永乐二年（1404）到宣宗十年（1435）是兀良哈三卫朝贡制度建构与初期运作阶段，此时明廷对兀良哈三卫的朝贡活动没有任何约束，现据《明实录》记载将这一时期三卫的朝贡活动统计如下：

① 《明太宗实录》卷122，永乐九年十二月壬辰，第1536页。
② 《明太宗实录》卷149，永乐十二年三月甲申，第1738页。
③ 《明太宗实录》卷250，永乐二十年六月己未，第2332—2333页。
④ 《明太宗实录》卷233，永乐十九年正月乙酉，第2254—2255页。
⑤ 《明太宗实录》卷250，永乐二十年六月壬申、甲戌，八月戊午，第2336、2440页。

明帝	年号	在位年	泰宁朝贡	朵颜朝贡	福余朝贡
成祖	永乐	22	14	12	9
仁宗	洪熙	1	1		4
宣宗	宣德	10	22	12	38

明宣宗宣德初年，兀良哈人开始进入滦河两岸放牧，遭到边将的阻止，宣宗亦下敕谕禁止之。于是兀良哈人心生怨恨，宣德三年（1428）"兀良哈之寇万众侵边"。为严惩朝贡成员的反叛行为，宣宗亲自率军打击兀良哈叛军，在明军的攻势下，"虏人马死者大半，余悉溃走。上以数百骑直前，虏望见黄龙旗，知上亲在也，悉下马罗拜，请降，皆生缚之，遂获虏生口驼马牛羊辎重"。宣帝诏曰："斩馘虏首万余级，擒其酋长百余人，径捣其巢穴，尽获其人口、兵器、马匹、牛羊、辎重不可胜计，腥膻荡涤，边境肃清，即日班师。"① 这次战争使兀良哈三卫受到沉重打击，三卫大小酋渠多死于战争。宣德四年（1429）二月，"朵颜卫都指挥金事脱鲁火绰儿子完者帖木儿等来朝贡马"，表示谢罪。"上嘉其诚，宥其前过，凡家属被获者悉还之。升完者帖木儿为都指挥同知，余升秩有差，且赐敕戒之曰：'自今宜严吏部曲，毋为寇盗。庶几大军不出，尔等永享太平，苟或不遵，仍蹈前过，不有人祸，必有天殃，其敬慎之。'"② 十二月，受招抚的福余卫鞑靼阿路灰至京，明廷赐其"钞、綵币、表里金织纻丝等衣，及靴袜有差"③。这次战争之后，一直不见泰宁卫的踪影，直到宣德五年（1430）十二月，才见"泰宁卫指挥金事把秃不花等贡马"④。仁宗、宣宗时期，三卫中最弱小的福余卫朝贡活动十分活跃，如宣德五、六、八、九年间，每年遣使 4 次朝贡。从上面的统计表看，这期间福余卫朝贡的总次数远高于其他二卫，这在兀良哈三卫朝贡活动史上是仅有的。这可能与福余卫紧邻女真，部内又有一些女真部民，受此时女真羁縻卫所朝贡热潮影响有关。

宣德五、六年间，朵颜、泰宁卫很少朝贡，或不来朝贡，而且又开始进

---

① 《明宣宗实录》卷 47，宣德三年九月辛亥至甲子，第 1139、1141、1145 页。
② 《明宣宗实录》卷 51，宣德四年二月戊寅，第 1213 页；卷 52，宣德四年三月戊申，第 1241 页。
③ 《明宣宗实录》卷 60，宣德四年十二月壬午，第 1429 页。
④ 《明宣宗实录》卷 73，宣德五年十二月甲午，第 1716 页。

行掠边，福余卫则表现出与二卫不同的立场。宣德五年（1430）二月，"福余卫都指挥安山、猛古乃、歹都等奏云：'朵颜、泰宁二卫所部，近尝作过边境，臣等恐其贻累，故远避去。今蒙谕抚，皆已复业，然虑彼作过者，终将累良善，臣已遣人诘责劝诱使改过自新，如其不悛，臣等请自击之。'上嘉之，特赐敕奖谕之曰：'尔守法效忠，朕悉知之，彼若能改过，亦可宽宥，如稔恶不悛，听尔发兵剿之。'"① 但弱小的福余卫根本无力制约泰宁、朵颜卫的行为。六年春正月，宣宗敕谕三卫其大小头目曰：

> 朕恭膺天命主宰天下，四方万国之人，皆欲使之安乐得所。尔等受朝廷爵赏，不能约束下人，致其近年常入边境剽掠，边将屡请加兵。朕体上天好生之心，不允所言，盖虑大军一出，累及良善。兹特宥尔等罪，凡前者作过之人，听尔自行处治，其所掠之物，悉追究送还，仍令纳马赎罪，改过自新。若恃恶不悛，大军之来，不独尔等父母妻子受害，昆虫草木亦不得宁，勉思良图，毋贻后悔。②

明朝对兀良哈人的小规模掠边行为称之"剽掠"之罪，宣宗令其送还掠夺之物，并欲仿太宗朝纳马赎罪的办法，令其悔过自新。可是没有得到兀良哈人的积极回应，宣宗接连多次遣使至兀良哈地区招谕，如六年（1431）六月"遣锦衣卫指挥王息等赉敕谕"三卫；八月，"福余卫头目咬纳等五人自兀良哈招谕还"③；七年（1432）七月"遣指挥丁全、赵回来的等赉敕及金织绹币表里"至三卫；八年（1433）三月，"遣锦衣卫指挥同知赵灰来的等赉敕往抚泰宁、朵颜、福余三卫"；六月，"益实等卫女直指挥使木当加等三十五人奉命往福余等卫招抚"；"遣使赉敕赐泰宁卫都督佥事拙赤等"；九年（1434）四月，"命行在锦衣卫指挥佥事丁全、王息等赉敕往赐"三卫④。如此频繁密集地遣使招谕兀良哈三卫，表明兀良哈人的不贡和少贡引

① 《明宣宗实录》卷63，宣德五年二月癸未，第1481页。

② 《明宣宗实录》卷75，宣德六年春正月己丑，第1744页。

③ 福余卫也参加到明朝抚谕朵颜、泰宁卫的行动中。见《明宣宗实录》卷82，宣德六年八月癸丑，第1902页。

④ 《明宣宗实录》卷93，宣德七年七月丁巳，第2110页；卷100，宣德八年三月己巳，第2246页；卷103，宣德八年六月乙丑、丁丑，第2311、2317页；卷110，宣德九年四月己酉，第2461页。

起了明朝的警觉，担心兀良哈转向投附蒙古部会对明朝构成威胁。大约在宣宗频繁遣使招谕兀良哈三卫的同时，也放松了对兀良哈人南迁的限制，这在一定程度上稳定了兀良哈三卫朝贡制度，也促使兀良哈三卫的朝贡活动进入全面发展阶段。

二　兀良哈三卫朝贡制度的发展与整顿

英宗朝，兀良哈已逐渐由嫩江、洮儿河流域与大兴安岭南麓，迁至开原至喜峰口以西地区，如《明史·朵颜传》所载："自大宁前抵喜峰口，近宣府，曰朵颜；自锦、义历广宁至辽河，曰泰宁；自黄泥洼逾沈阳、铁岭至开原，曰福余。"明朝自建立兀良哈三卫时起，便有意识地确立一位三卫总长，如前所述太祖初建三卫时，以故元辽王阿札失里为泰宁卫指挥使，其他三卫长官的官职略低，皆为指挥同知，即以阿札失里为三卫之长。太宗重建三卫时，以朵颜卫脱儿火察为左军都督府都督佥事，其他三卫长官为都指挥佥事或同知，即以脱儿火察为三卫之长。永乐十一年（1413）以后不再见脱儿火察的事迹，可能由泰宁卫都督佥事阿只罕取代了脱儿火察为三卫总长。大约永乐二十年（1422）在成祖袭击兀良哈的战争中阿只罕被杀，仁宗洪熙元年（1425），阿只罕妻歪剌失里来朝贡马，仁宗升泰宁卫都指挥同知把儿歹为行在前都督府都督佥事，从此确立了泰宁卫都督为三卫总长的地位。把儿歹之后泰宁卫都督为脱火赤，宣宗宣德八年（1433）脱火赤卒，拙赤继任泰宁卫都督（宣德八年到正统末年），拙赤之后革干帖木儿任泰宁卫都督，天顺三年（1459）革干帖木儿卒。四年五月，明"命故泰宁卫左都督革干帖木儿子脱脱孛罗袭为都督佥事，仍旧管束三卫。初革干帖木儿死。其弟兀研帖木儿欲代总其众，三卫头目不服。朵颜卫都督朵罗干遣使奏保脱脱孛罗代父职，管理三卫。上从之，故有是命"①。从仁宗朝到英宗天顺末年，一直由泰宁卫都督为三卫之长，管束三卫朝贡之事。现据《明实录》记载将英、代两朝兀良哈三卫的朝贡活动统计如下：

①　《明英宗实录》卷315，天顺四年五月己亥，第6593页。

明帝	年号	在位年	泰宁朝贡	朵颜朝贡	福余朝贡
英宗	正统	14	55	67	47
代宗	景泰	7	21	23	10
英宗	天顺元—六年	6	10	14	3
总计		26	86	104	60

　　英宗正统初年，三卫朝贡活动进入高潮，几乎月月都可以在京师见到兀良哈三卫的朝贡队伍，一卫一年朝贡活动达5次或5次以上是常见现象，如英宗正统元年（1436），一年间朵颜卫朝贡8次，泰宁卫朝贡7次，福余卫朝贡5次；正统四年（1439），朵颜卫朝贡达到11次。尽管英宗即位后，实行节俭之国策，为节约国库开支，限制各朝贡国、属部的入京人员。英宗即位当年就提出对于东北边疆的兀良哈三卫与女真诸卫朝贡入关人员，应采取"止许二三人，多不过二十人，其余从人，悉留关外"的限制①。然在永乐朝，兀良哈一卫一次朝贡人数就有80-90人，多时达160人。宣宗朝仅见3个数据，福余卫110人（宣德三年），朵颜卫90人（宣德三年），泰宁卫97人（宣德六年）。如果执行这个规定，三卫朝贡人数与前朝相比，要大幅削减。这一规定遭到兀良哈人的抵制，正统二年（1437）十月，行在兵部奏曰："兀良哈及鞑靼、女直人等来朝贡者，进马或三五匹，动辄三四十人。有回至中途复来者，多有不逞之徒，诡冒其间，引诱为非。俱无公文照验，道经城镇关隘，总兵镇守等官略不谁何，一概纵放。"于是，英宗"敕辽东等处总兵等官，今后外夷以事来朝者，止许二三人或四五人，非有印信公文毋辄令入境"②。正统四年（1439）六月明朝进一步规定："凡遇时节、庆贺，许遣头目三五员，或有警急，虽非时节，亦许遣一二人来奏报，自余贡献，悉令罢免。今录三卫大头目职名示尔，此后使臣非经大头目差遣者，悉听勒回。"③明朝在朝贡人数上，规定每卫三五人；并针对三卫人有自行朝贡的现象，又进一步规定三卫人需要得到各卫大头目的差遣才能入京朝贡。在朝贡次数和时间上，这时仅笼统地规定在时节和庆贺日。按照明朝规定：

---

① 《明英宗实录》卷8，宣德十年八月己酉，第155页。
② 《明英宗实录》卷35，正统二年十月癸未，第692—693页。
③ 《明英宗实录》卷56，正统四年六月乙酉，第1069页。

"三卫每官酉贡使二人，都督大酉四人。"① 若兀良哈三卫每卫仅限定头目三五人朝贡，每次朝贡人数最多为十几人。

在朝贡过程中兀良哈人不严格遵守朝廷关于朝贡者须持敕书或盖卫印的奏状的规定,，三卫之间印信互用，如"有帖木儿者称泰宁卫使臣来贡，而所赍文字乃朵颜卫印，审验之，实福余卫头目，又尝为朵颜卫使臣及答孩等来贡，其奏状亦用朵颜卫印盖"，"其印每相借用，或一人而屡易其名"。面对如此乱象，正统三年（1438）十二月，英宗敕兀良哈三卫之长泰宁卫都督拙赤曰：

> 朝廷设置诸卫，锡以印章，所以关防奸伪，保境安民，为尔等长久计也。而尔等文移奏状印信互用，使臣来往差遣混淆杂乱，若斯将何准信，万一小人乘间生事，殆难别白。今后陈奏文字须用本卫印信，所遣使止许本卫人，庶事有归一，朝廷得有所稽，而尔等亦不至为小人所累，盖欲曲相保全，以永安靖，其听朕言，毋速尔戾。②

大约是受朝贡人数的限制，且朝廷并未明确规定每年朝贡次数，三卫便以各种名义频繁朝贡，正统四年到六年三卫朝贡活动十分密集，据《明实录》记载，这三年间，朵颜卫朝贡23次，泰宁卫朝贡18次，福余卫朝贡15次。为了进一步规范兀良哈三卫朝贡制度，正统八年（1443）七月，明朝明确规定兀良哈三卫的朝贡时间："每遇冬节或年节或朕生旦，遣头目三五人来朝，若奏边报则不拘时月，部属头目遇节欲进马者，许其附进。"③ 规定了兀良哈三卫一年三贡，入贡的时间为年节（正旦）、冬至以及当朝皇帝的生旦（又称万寿圣节）。

"土木堡之变"前后，在瓦剌也先的兵锋下，泰宁卫都督拙赤被杀。其后，脱脱不花出兵辽东，兀良哈头目多死于战火，福余卫人马逃奔恼温江（嫩江），泰宁、朵颜二卫降附瓦剌部，在其驱使下兀良哈军队对明作战。

---

① 《明穆宗实录》卷70，隆庆六年五月乙巳，第1686页。此条记载虽晚见于明穆宗朝，但在英宗朝限制兀良哈三卫朝贡人数时应有具体规定，因此这条规定极有可能是英宗朝制定。

② 上述引文皆见《明英宗实录》卷49，正统三年十二月辛未，第950页。

③ 《明英宗实录》卷106，正统八年七月甲寅，第2147页。

代宗即位后，瓦剌部遣使向明朝贡，兀良哈三卫才与明朝恢复朝贡关系。明朝在朝贡制度运行中奉行厚往薄来政策，优厚的经济利益对兀良哈人具有强烈的吸引力，代宗朝三卫仍无视明朝关于朝贡活动的规定，我行我素，如景泰六年（1455），朵颜卫朝贡 7 次，泰宁卫朝贡 5 次，唯福余卫朝贡 2 次。为此，景泰七年（1456）正月，代宗敕谕朵颜等卫大小头目人等曰：

> 朝廷建置尔等卫分，管束人民使各安生业，惟时节进贡及报紧急声息，许差人从永平地界入境。近者尔等差人每次有至一二百人，不由旧路四散进入。况今时节已过，犹络绎不绝，非但有违旧例，实妨尔等耕种生业。今后凡遇时节，量差数十人朝贡过节即止，若遇有紧急声息，止许差三五人奏报，俱从永平地界入境。已敕边将通知违者擒来处治，特谕尔等知之。①

从代宗的敕谕内容看，明朝对于兀良哈三卫朝贡违规现象不得不做出一定的让步，常贡人数由原来规定的三五人放宽到数十人，奏报边情入贡人数由一二人放宽到三五人，之前只许三五人进京的规定作废。命三卫朝贡者从永平地界入关，即指由喜峰口（属永平府管辖）入关。此后，明朝对兀良哈三卫朝贡的规定大致如此，到明英宗天顺七年（1463）以后才有所变化。

英宗、代宗朝，兀良哈朝贡制度进入了全面发展时期，值得注意的是，在三卫朝贡活动十分活跃的同时，又是三卫掠边活动最为频繁的时期。正统年间，从辽东到陕北，年年有兀良哈三卫剽掠的边情，或是三卫数来扰边，或是边军将士巡边与兀良哈人相遇交战。往往是兀良哈三卫朝贡使臣尚在京师，剽掠边地被擒获的兀良哈人也被送到京师，如：

> （正统三年）福余等卫酋长阿鲁歹等纠集五百余骑从莨州渡河肆掠，为官军所破，归至西凉亭，游击将军都指挥佥事杨洪遣将邀之，斩六人，生擒百户乞里麻等三人，夺所掠女子马驴骡衣服器械。上命集兀

① 《明英宗实录》卷 262，景泰七年正月辛卯，第 5600 页。

良哈使臣于市，戮乞里麻等以示之，仍枭首喜峰口外，女子给主，马驴骡等物就犒有功官军。①

（正统七年）兀良哈三卫贼孛台等肆掠辽东边境，总兵官都督曹义获之，械京。会三卫头目俱以朝贡来。上命戮孛台等于市，聚三卫头目观之，使知所戒。②

面对明朝的指责，兀良哈三卫头目往往一面谢罪，一面曲护其非，或云被杀亲属报复旧怨，或称远方部落不能管束。回去后，照样纵部掠边。

对明朝而言，兀良哈三卫位于明边缘地带，与北元蒙古部比邻，又与蒙古部同族，平时兀良哈三卫是明朝获取北元各种动向情报的渠道，前述英宗限制兀良哈朝贡次数时，便规定如有警急奏报"声息"，或平常传报"夷情"者，"虽非时节，亦许遣一二人来奏报"。以通报蒙古部情报为名的朝贡，明朝随时欢迎，这一规定直到明末亦未曾有变。当北元南下对明开战，兀良哈三卫往往最先遭遇蒙古兵锋，是明朝北方的第一道藩篱，"土木堡之变"前后兀良哈三卫的遭遇可充分说明其对明朝的重要性。但是兀良哈人的畜牧、狩猎经济比重较大，受自然气候的制约性强，社会经济脆弱，普通部民甚贫。明人云，"虏甚嗜中国货卤，掠则利归部落，求贡则归酋长"，一般部民"非钞掠则无从得也"③。现代游牧文化人类学者认为掠夺可视为牧猎民族的交换形式之一④。从史籍中的记载看，兀良哈人的掠边少则几人、十几人，多则数十人，很少有几百人的掠边行为，这在明朝看来不过是鼠窃狗盗的行为，对明朝的边防并不能构成威胁。但边地汉民不胜其扰，为防止兀良哈部的寇掠，正统二年（1437），辽东边官在明初修筑边堡的基础上，沿辽河东西开始修筑部分边墙⑤。七年（1442），修筑从山海关到开原的边墙，"开设迤西边堡墙壕，增置烽堠，兵威大振，虏人畏服"⑥。正统九年

---

① 《明英宗实录》卷38，正统三年正月丁酉，第376页。

② 《明英宗实录》卷99，正统七年十二月戊申，第2000页。

③ 《明世宗实录》卷371，嘉靖三十年三月壬辰，第6621—6622页；卷376，嘉靖三十年八月壬戌，第6689页。

④ 王明珂：《游牧者的抉择——面对汉帝国的北亚游牧部落》，广西师范大学出版社，2008年，第37页。

⑤ 《明孝宗实录》卷72，弘治六年二月辛亥，第1351—1352页。

⑥ ［明］王之诰：《全辽志》卷4《宦业志》，第617页。

（1444）正月，英宗以兀良哈屡寇辽东、延安边境，反复无常，决意出大军围剿兀良哈。《殊域周咨录》记载：

> 正统九年，兀良哈三卫夷人寇边。发兵二十万，分为四路讨之。成国公朱勇出喜峰口，由中路；左都督马谅出界岭口，由北路；兴安伯徐亨出刘家口，由南路；都督陈怀出古北口，由西路。渡柳河（常鄂公卒处），至全宁，遇福余夷人，逆战走之。收虎头山，遇大宁朵颜夷人，又击败之。①

兀良哈三卫再次受到重创，此后一段时期内，兀良哈人剽掠明边的事情明显减少，而将抄掠矛头转向东邻女真人。

兀良哈三卫东与海西女真相邻，尤其是福余卫与女真卫所比邻，卫中女真人较多，也有由女真担任的卫所官员。如永乐六年（1408）正月，"兀良哈野人头目乃答儿、哈哈缠等率男女八十人余来朝贡马。时福余卫指挥佥事安出等奏，乃答儿有才识，哈哈缠等一十四人善骑射，请授官职。从之，命乃答儿等为指挥、千百户，赐诰敕、冠带及袭衣、钞币有差"②。野人，即指女真人。兀良哈人与女真人之间常互为婚姻，如朵颜卫"速可台娶兀者卫都督刺塔妹为妻"③。正统九年（1444），受明军打击后的兀良哈人，开始东向劫掠女真人，女真肥河卫、塔山等十七卫接连上奏明朝，告被兀良哈三卫扰害之事，并且"亦儿古里等卫指挥佥事斡罗等来朝，因请率领人马往兀良哈地面复仇。上敕斡罗回还仍谕各卫管事头目，果曾被达贼侵扰，听其报复，但不许生事启衅，以害良善"④。明朝对女真人寻仇兀良哈人采取支持和鼓励态度，欲借女真之手进一步削弱兀良哈的势力。直到十年十月、十一月时，明朝才出面干涉两个朝贡成员间的仇杀，英宗敕谕福余卫都指挥同知安出、都指挥佥事歹都及大小管事头目人等曰：

---

① ［明］严从简：《殊域周咨录》卷23《北狄·兀良哈》，第723—724页。
② 《明太宗实录》卷75，永乐六年正月壬戌，第1030页。
③ 《明英宗实录》卷153，正统十二年闰四月戊寅，第2997页。
④ 《明英宗实录》卷121，正统九年九月壬寅，第2441页；卷126，正统十年二月乙卯，第2518页。

尔兀良哈与女直皆朝廷开设卫分，乃彼此交构报复，论法俱不可容，特念尔等远人无知，悉置不问。自今各宜谨守法度，毋作非为，与邻境和睦用图永久。仍宜戒饬部属，凡往来须远离边境，恐巡哨官军一概剿杀难辨。特谕知之。①

为了惩罚兀良哈人屡次掠边的行为，正统十四年（1449）明朝关闭了对兀良哈三卫开放的马市。这使兀良哈人不能通过贸易获取日常生活所必需的粮食、绢布、手工业品，尤其是遇到天灾，为了生存只得对外掠夺。当然，兀良哈人的抄掠行动中亦不乏性贪而势强的部落贵族、头目为了满足对财富的贪欲，对邻人进行的抢掠。

三　兀良哈三卫朝贡制度受蒙古诸势力的干扰

兀良哈三卫自设立之日起就被明朝视为东北部防御蒙古的第一道防线，蒙古部则因兀良哈三卫是明朝的朝贡成员，对其采取军事掠夺和屠杀的手段，以削弱明朝在北疆的势力。然而，明朝英宗天顺六年（1462），蒙古部对兀良哈三卫的政策发生了重要转变，孛来率大军万余骑侵入兀良哈地方后，没有实行以往大肆杀掠的做法，而是采取安抚拉拢的政策，使兀良哈人顺服蒙古部，同时允许兀良哈三卫仍然保持与明朝的朝贡关系，有时蒙古部携兀良哈三卫一同前往明京师朝贡。

英宗天顺七年（1463）冬，明朝官员发现在兀良哈三卫的朝贡队伍中夹杂着蒙古部人，为此英宗敕镇守蓟州永平山海等处右监丞龚荣等曰："兹特遣通事序班一员，往尔处专验其番字奏文，若非时进贡及非奏报声息者，毋令入境。"② 十二月，明朝官员又发现兀良哈三卫随同蒙古部孛来欲从大同入关朝贡，英宗敕镇守大同太监王春总兵官彰武伯杨信等曰："得奏朵颜三卫进贡使臣共四百余，俱至大同，然三卫往年皆从东路入，今乃随孛来使臣一路入，殊非常例，尔等其谕以此意，令其头目三40人赴京，其余俱留大同，仍须加意防闲，毋令漏泄事情。"③ 兀良哈三卫进贡使臣400余人欲

① 《明英宗实录》卷134，正统十年十月庚申，第2673页。
② 《明英宗实录》卷359，天顺七年十一月乙丑，第7141页。
③ 《明英宗实录》卷360，天顺七年十二月丁亥，第7153页。

与蒙古部贡使一路由大同入关朝贡，显然是欲借蒙古人的势力，增加入京朝贡人员，求得厚赏。但被大同边关官员查出，仍按规定只允许兀良哈三卫40人入关。入京后，开始兀良哈贡使没有住在以往所居的会同馆，而是随同蒙古部贡使一起居于乌蛮驿。通事都督同知季铎等发现后上报："（乌蛮驿）内有朵颜三卫使臣四十人，宜别处之会同馆。"① 于是兀良哈贡使又被送到会同馆。明朝面对兀良哈三卫与蒙古部同来朝贡的特殊现象，采取了按规定将其与蒙古部区别对待的办法，意在强调兀良哈三卫是明朝属卫。

但是，宪宗成化元年（1465）正月，兀良哈三卫使臣又同蒙古部使臣一同入贡，《明宪宗实录》成化元年二月乙酉条记载：

> 礼部奏，朵颜等三卫往来年进贡路由喜峰口，去年因附迤北，使臣来朝欲要厚赏，朝廷已洞知其奸，待以常礼，处之别馆，彼皆失望矣。故今岁来朝，孛来恐失朵颜等卫人心，乃代为奏求厚赏，乞敕晓谕之。乃敕孛来曰："我祖宗以来四方朝贡使臣管待赏赐，轻重厚薄俱有定例，不可增减。况朵颜等三卫曩时，无所依倚，我祖宗特加怜悯，设立卫分，授以官职，俾近边住牧。每年朝贡俱从东路进入，管待赏赐有例不缺。今都督朵罗干等不遵旧例，却差人与尔等同来，若朝廷不加分别，一例管待赏赐，不惟违我祖宗旧例，抑且不见朝廷厚待尔处使臣之意。因此只照旧例，难以更改，特谕尔知之。"

这次兀良哈三卫随同蒙古部一起朝贡，是孛来为笼络兀良哈三卫，欲要朝廷按照对蒙古部的规格，对三卫进行厚赏。而且，鉴于前两年兀良哈三卫虽随同蒙古部同来朝贡，明朝都对其"待以常礼，处之别馆"，孛来亲自出面请求朝廷给三卫与蒙古部相同的赏赐，但宪宗以"若朝廷不加分别，一例管待赏赐，不惟违我祖宗旧例，抑且不见朝廷厚待尔处使臣之意"，为理由加以拒绝，"只照旧例，难以更改"。这使孛来很是恼火，回去后，便与三卫一同出兵寇边，"迤北虏酋孛来构朵颜三卫若惟等九万骑入辽河，总兵官武安侯郑宏等率兵御之，生擒虏贼男妇十一人，斩首五级"②。

---

① 《明英宗实录》卷360，天顺七年十二月戊申，第7161—7162页。
② 《明宪宗实录》卷15，成化元年三月戊申，第331页。

这年，孛来杀了蒙古汗。不久，毛里孩又杀了孛来，毛里孩对兀良哈三部继续实行笼络控制政策。成化二年（1466），毛里孩遣使臣随同兀良哈三卫从喜峰口入贡，《明宪宗实录》成化二年十二月丁未条记载：

> 旧例迤北使臣入贡必由大同路，其赏赍宴劳比它夷为优。至是，哈三帖木儿等乃挟朵颜三卫人从喜峰口入，兵部预期以闻。上曰："迤北使臣既混同三卫来，只以三卫尝礼待之。"哈三帖木儿至见待之薄，意不平形于言，通事谕之故，始大悟，自上番书服罪。上曰："虏使既服罪，仍以本等礼待之，求讨官职者，并给以冠带，惟过分求讨，如蟒龙等物不与。"

之前兀良哈三卫随同蒙古部由大同路入关，明以旧例对待兀良哈。这次蒙古部随同兀良哈三卫由喜峰口路入关，明则以兀良哈例对待蒙古部。显然，明朝对蒙古部与兀良哈的关系十分不满，明确告知蒙古部使臣，兀良哈是"我朝设立属卫，彼之朝贡自有常例，今尔无故纠引而来，甚非所宜"①。在这期间，兀良哈每岁遣使向明朝朝贡，又接受蒙古部封授的"太尉""右丞""知院""平章"等官号，并依仗与蒙古部的关系，向明朝请求增加朝贡人数。成化二年（1466）九月，"朵颜卫右都督朵罗干遣使臣传报夷情，具奏求印信帐房等物，更乞差来使臣，不须限定五十人事"。宪宗敕曰："今尔等年年来朝，受赏赐升官职，谁与尔耶。今既改悔差人来朝，并奏报事情，特从宽贷仍赐表里，以答尔意并准尔所奏，岁时差人朝贡每卫许放百人，须以本卫印信文书为照。尔等今后宜以也先、孛来等作歹自取灭亡为戒，体念朝廷优待之意，不可仍听外人哄诱为非，须效尔前人所为，各守境土，防护边疆，勉于为善，竭诚报国，庶几享太平之福钦哉。"② 明朝满足了兀良哈三卫的请求，将朝贡人数由 50 人增加到 100 人，希望兀良哈人能够感恩明朝，远离蒙古部，为明朝防护边疆，竭诚报国。

此后，兀良哈三卫仍不断请求增加朝贡人数和赏赐，孝宗弘治二年（1489），泰宁卫都督撒因孛罗等上奏，"乞增进贡人数及赏赉。下礼部覆

---

① 《明宪宗实录》卷 37，成化二年十二月丁未，第 727 页。
② 《明宪宗实录》卷 34，成化二年九月戊寅，第 677—678 页。

奏，以旧有定制不敢擅易，宜令译者谕知此意。从之"①。这次兀良哈人的请求遭到了拒绝。武宗时，三卫中朵颜卫渐强，正德二年（1507）花当袭父阿儿乞蛮都督职，以朵颜地险而强，又与蒙古部小王子（汗）通婚。都督花当恃强向明朝提出增加朝贡人数，态度十分强硬，正德九年（1514）十一月，"蓟州镇巡等官复奏，朵颜三卫都督花当等必欲增人进贡，且云若限以旧数则不复贡矣"。明朝唯恐花当与蒙古联兵寇边只得应允，"朵颜泰宁福余三卫都督花当等遣头目影克卜等六百人各贡马，补贺万寿圣节，赐宴并给赏有差"②。十一年（1516）"海西福余卫虏酋那孩率众三千人款塞乞赏，且言欲由开元入贡"。明朝同样怕其"邀求不遂，必肆侵掠"，于是令其"释甲入市，照例赏犒"③。世宗嘉靖年间仍不断有兀良哈三卫请求添贡、补贡，嘉靖七年（1528）八月，"朵颜、泰宁、福余三卫先入贡后期，至是一千余人叩关求入补贡"④。世宗朝对于兀良哈人的请求多给予满足，若偶有拒绝，兀良哈人便表现出不满，如二十年六月，"朵颜卫都督革兰台率部落百余叩关，自称有捕虏功，乞增六百人进贡"⑤。遭到明廷拒绝后，到万寿圣节和时节贡期皆不入贡。明朝急忙招谕革兰台，允许其"遣头目土儿罕等三百人以马来补贡"，并"加赐革兰台织金纻绿衣一袭䌽币二表里，其在卫都督，各加䌽币一表里"⑥。明朝对兀良哈三卫一味容忍和宽容，主要害怕兀良哈人转投蒙古，再开边患。这反而纵容兀良哈人稍有不满就出兵掠边，导致边患日益严重。这一时期兀良哈三卫独立掠边行为略少，随同蒙古部一同寇边的行为较多，正如明人所说："往年朵颜三卫为我藩篱，今俱被满都鲁等服属，倘为被乡导，犯我边陲，则京师不得安枕。"⑦

从天顺七年（1463）到明世宗嘉靖二十五年（1546），80余年间，北方鞑靼部与瓦剌部争斗不止，此强彼弱，不断更替，这期间兀良哈部有时受到蒙古部控制，有时脱离蒙古部控制。现据《明实录》记载将这一时期兀良

① 《明孝宗实录》卷23，弘治二年二月壬辰，第521页。
② 《明武宗实录》卷118，正德九年十一月己巳、戊子，第2386、2398页。
③ 《明武宗实录》卷141，正德十一年九月丁酉，第2779页。
④ 《明世宗实录》卷91，嘉靖七年八月己巳，第2107页。
⑤ 《明世宗实录》卷250，嘉靖二十年六月己未，第5016页。
⑥ 《明世宗实录》卷253，嘉靖二十年九月戊子，第5017页。
⑦ 《明宪宗实录》卷155，成化十二年七月癸亥，第2833页。

哈三卫的朝贡活动统计如下：

明帝	年号	在位年	泰宁朝贡	朵颜朝贡	福余朝贡
	天顺七年后	2	5	4	2
宪宗	成化	23	40	28	5
孝宗	弘治	18	31	18	12
武宗	正德	16	29	7	3
世宗	嘉靖二十五年前	25	35	9	7
总计		83	140	66	29

从《明实录》相关记载看，这期间兀良哈三卫中泰宁卫的朝贡活动比较稳定，只有五六年没来朝贡，以每年朝贡 2 次居多。朵颜卫则很不稳定，有时连续十几年每年遣使朝贡，有时连续四五年不来朝贡，以每年朝贡 1 次居多，多时则一年朝贡 4 次。福余卫朝贡活动最少，时常间隔几年来朝贡 1 次，最长是间隔 9 年，朝贡年基本上是一年来一次，偶尔可见一年来二三次。从史籍记载看，这个时期兀良哈三卫一直积极争取明朝允许其增加朝贡人数和赏赍，这与前面统计三卫朝贡次数不多，尤其是福余卫往往不见来朝记载的现象相矛盾。是因《实录》缺载较多，还是史官记载三卫朝贡事时存在以一个卫指代三个卫的现象？如果是后者，80 余年间三卫只有 3 年没来朝贡，一年朝贡二三次最多，接近 60% 左右；其次是一年朝贡一次，占 27% 以上；一年朝贡 4 次以上，占 11%。这似乎比较接近兀良哈三卫朝贡活动的实际情况。

在孛来对兀良哈三卫实行安抚笼络政治时期，当蒙古部与明朝发生战争时，兀良哈三卫对明朝阳顺阴逆，一面向明朝贡，一面暗中为蒙古军队做向导，攻打明朝。但并不是所有的蒙古部大汗、权臣都奉行笼络兀良哈人的政策，在兀良哈三卫遭到蒙古部杀掠时，还要投靠明朝寻求保护，往往逃往边墙附近驻牧。如成化十四年（1478）六月，蒙古部满都鲁率人马东掠杀兀良哈三卫，宪宗命边将"照上年事例，许令将家口辎重近墙住牧，以避戕害，其贫甚者量给米物以结其心"①。武宗正德四年（1509）五月，"泰宁三

---

① 《明宪宗实录》卷 179，成化十四年六月癸卯，第 3222 页。

卫女直都指挥佥事满蛮率其部落男妇二万有余，欲附边墙筑土圈潜住以避北虏。守臣以闻且言，镇安等堡旧有土圈可容下"①。明朝一直视兀良哈三卫为东北边疆之藩篱，对请求庇护的兀良哈人实行抚慰保护政策，使其感激明朝救命之恩，日后衷心为明守候疆土。此外，在兀良哈人遇到灾害，或缺粮无盐时，也会时常到边墙外向明朝乞求盐米，明边将通常会给予救济，以结兀良哈民心。然而，有的兀良哈头目一年内多次到边关乞求，令明朝不胜其扰，如宪宗成化二十二年（1486）四月，"巡抚宣府右副都御史李岳等奏，朵颜卫虏众屡于沿边出没，称欲报事，并乞求盐米等物计，自今春以来已三十余次，干扰无厌"②。明朝边地军将为求升迁受赏，曾有借机诱杀兀良哈贫民以谎报军功的现象。孝宗弘治年间发生一起较大的诱杀兀良哈三卫人员事件，涉及辽东都司最高官员。《明孝宗实录》弘治十二年（1499）八月戊戌条载：

> 辽东守臣奏，正月中，虏众分道入寇，我军御之，连三捷先后斩首三百级，全胜而归。议者以为，辽东兵久不振，疑其诱杀。至是朵颜三卫来贡，朝廷遣大通事指挥使杨铭等审之，具云今年三月中，辽东鲁大人差通事诱泰宁、福余两卫头目脱火乃等男妇三百余人，到边互市，尽掩杀之，又领兵出境，烧其毡帐车辆，死者之亲属遂来复仇。又人自虏中还者云，朵颜三卫遣三百骑与北虏脱罗干等约和，谋入寇。

兵部认为辽东都司数十年来无大战功，这次重大战果极有可能是边地守臣诱杀属卫虚报军功。此事关系重大，孝宗命有司彻查，"都御史顾佐奉命勘事，还自辽东奏称，总兵官李杲、太监任良、都御史张玉令亲信总旗鲁麟等转督锦州义州备御官鲁勋、王玺计诱泰宁夷人入给盐米，因以醉取之，斩首二百六十九人。继又转督宁远守备官崔鉴、镇夷守备官鲁祥、镇静堡提调官钱英俱用鲁勋之策，斩首四十四人"③。孝宗以此事涉及官员众多，不想深究其责，只是将鲁勋等三人降职一级，对指使者降敕切责而已。之后，孝

---

①　《明武宗实录》卷50，正德四年五月戊戌，第1142页。
②　《明宪宗实录》卷277，成化二十二年四月辛丑，第4677页。
③　《明孝宗实录》卷158，弘治十三年正月戊辰，第2840页。

宗又"以辽东镇守太监任良、总兵官李杲、巡抚都御史张玉诱杀致寇，阅实明白，命杲、玉致仕，良取回别用"。对于孝宗的处理办法，兵部都给事中柴昇等人认为："止令致仕别用，是为恩礼之遇，非所以处有罪之人，不惟使三卫夷人闻之，积愤不平，而益怀反侧，抑恐朝廷威命自此不严，边臣坏事愈无忌惮矣。并乞明正其罪，以为边臣之戒。"监察御史邢义等人也认为："杲等罪大，罚薄，不足以惩恶。"然户部郎中王琼、辽东行太仆寺少卿张逵等人却谓李杲等有功当赏，不必勘明。孝宗只是维持原来的处理不变。明朝对边官的姑息放纵，必然会引起兀良哈人的怨怒，很快边地谍报至，"近日大同之警，朵颜卫都督阿（儿）乞蛮尝领兵与北虏讲好故也"①。可见明朝边官为政腐败也是致使兀良哈三卫出兵寇边的原因之一。

蒙古部达延汗以后，蒙古部再度分裂，其彼此争斗波及兀良哈三卫地区，兀良哈人与蒙古部之间既有矛盾、冲突也有联合。直到嘉靖二十五六年察哈尔部东迁以前，兀良哈三卫始终保持着自身的独立性。

四　兀良哈三卫并入蒙古诸部后的朝贡活动

16 世纪中叶，蒙古察哈尔部大举东迁，引起东北西部蒙古地区发生重大变化，兀良哈三部相继被南下的蒙古诸部吞并。关于察哈尔部东迁的具体时间，日本学者和田清经考证认为嘉靖二十六年（1547）七、八月间，察哈尔部十万人东迁，移牧于兴安岭东南半部，在蒙古内部引起了重大变化，并使明廷辽东大为疲敝，不久便形成了清朝兴起的基础②。明人郭造卿《卢龙塞略》、蒙文《阿勒坦汗传》有较详细的记载，达力扎布认为据明人的观察，察哈尔的南下活动可能始于嘉靖二十五年（1546）左右，但不是一次完成的，大致从嘉靖中期开始，首先是泰宁、福余二卫，最后是朵颜卫，到嘉靖末年完成③。特木勒认为世宗嘉靖二十九年（1550）"庚戌之变"以后，朵颜部被蒙古部收属，兀良哈三卫由明朝的羁縻卫变成了蒙古本部的阿勒巴图（纳贡者）④。

---

① 以上引文见《明孝宗实录》卷 164，弘治十三年七月庚申至己巳，第 2975、2976、2984 页。

② ［日］和田清：《察哈爾部の變遷（上）》，《東洋學報》第 41 卷第 1 号，昭和三十三年（1958），第 1—66 页。

③ 达力扎布：《明代漠南蒙古历史研究》，内蒙古文化出版社，1997 年，第 111、118 页。

④ 特木勒：《"庚戌之变"与朵颜卫的变迁》，《蒙古史研究》第 7 辑，2003 年。

兀良哈三卫被东西两翼蒙古诸部瓜分后，蒙古贵族为获得明朝绢布、粮食、手工业品，将兀良哈人原有的朝贡渠道保留下来。原三卫官员仍然持明朝授予的敕书印信，按照明朝的规定入关朝贡，进行马市贸易，并且千方百计地向明朝索取赏赐。此时，明朝君臣对兀良哈三卫这道东部藩篱已经完全坍塌却不明了，尽管他们清楚"三卫属夷，阳顺阴逆，弱者为东西二虏之耳目，强者为东西二虏之羽翼。自嘉靖庚戌以来，勾引骚扰，无岁无之"①。并且已经意识到"属夷即大虏矣"②。但又被兀良哈人偶尔奏报的边地情报所迷惑，认为兀良哈人还会重新成为明朝的藩屏，于是尽量满足兀良哈人的要求，不断增加对兀良哈人朝贡抚赏的费用，其结果如和田清所言这使明廷辽东大为疲敝。现据《明实录》记载将明世宗嘉靖二十六年到熹宗天启七年（1547—1627）所谓"兀良哈三卫"的朝贡活动统计如下：

明帝	年号	在位年	泰宁朝贡	朵颜朝贡	福余朝贡
世宗	嘉靖二十六年后	20	18	15	10
穆宗	隆庆	6	7	4	1
神宗	万历	47	48	75	17
光宗	泰昌	1	0	0	0
熹宗	天启	7	9	13	6
总计		80	75	107	34

上表统计看，自嘉靖二十六年以来，兀良哈人的朝贡活动比较稳定，尤其是在万历前期，朝贡次数明显增加，如万历十七年，朵颜朝贡8次、泰宁朝贡5次、福余朝贡2次。朵颜人几乎年年朝贡，是兀良哈人中朝贡最勤的一部。泰宁人仍保持以往较为稳定的朝贡活动，每年1到2次，偶尔有三四年不来朝贡的现象。福余人仍是三部中朝贡次数最少的一部。熹宗天启年间朵颜、泰宁、福余几乎年年朝贡，尤其是朵颜保持每年朝贡2次。直到明思宗崇祯元年（1628）开始，不再见兀良哈人朝贡的记载。

---

① ［明］刘效祖：《四镇三关志·兵部为申饬蓟昌防秋事宜疏》，《四库禁毁书丛刊》史部第10册，北京出版社，1977年，第322页。

② ［明］刘效祖：《四镇三关志·校核镇兵以稍裕军储疏略》，《四库禁毁书丛刊》史部第10册，第331页。

这一时期，已经成为蒙古部的兀良哈人，每年不仅按规定前来朝贡，而且经常叩关讨赏，还不时依仗蒙古势力到马市索赏，明朝每年用于对兀良哈人的各种赏赐费用不断增加，由于费用不足，守将甚至克扣军士的兵饷以满足兀良哈人的讨赏，边地不胜其扰。现将《明实录》中这方面的主要记载统计如下：

明帝	时间	兀良哈人索求赏赐事迹	文献出处
世宗	嘉靖二十七年三月甲申	近来朵颜诸夷自入贡外，往往扣关求赏，边臣习以为常，岁耗军粮以巨万计。	《明世宗实录》卷334
	嘉靖二十八年七月丁亥	蓟镇军额十减四五，皆縻抚赏三卫贡夷科索为累。往者入贡有时抚赏止喜峰口一路，所与不过米盐。今所在有不时之扰，益以牛羊筵币，岁用银万四千两有奇。关将无所措则取之军，军贫不胜求辄亡去。	《明世宗实录》卷350
	嘉靖三十一年五月戊戌	发太仓银二万五千两有奇，给赏朵颜三卫夷人，不为例。	《明世宗实录》卷385
	嘉靖三十二年六月辛巳	是时，虏势甚炽，朵颜诸夷挟以恐喝中国，不时索赏。	《明世宗实录》卷399
	嘉靖三十四年正月壬戌	更令厚抚朵颜诸部属夷，使为用，则虏情可得。	《明世宗实录》卷418
	嘉靖三十九年正月丙戌	福余卫夷人长宰罗等入开原马市索赏不遂，夜袭杀哨军遁出关。	《明世宗实录》卷480
	嘉靖三十九年十二月癸巳	泰宁卫果力个等众遂百余人往往挟虏邀赏，守臣不胜其求。	《明世宗实录》卷491
神宗	万历十六年九月戊寅	三卫属夷入贡……今日进贡，明日行抢，辞悖气慢狡诈百官，且如讨表里进马三匹，讨职级进马四匹，每虏一人岁费百金，年复一年，何时得息。又如长昂一酋，只喜峰一路岁二千斤。	《明神宗实录》卷203
	万历十九年八月戊午	朵颜海西进贡诸夷到馆起程，各有横索，一出都门，扰驿递，取瓜果，攘鸡豚，凌妇女，计五年共一万五千人。	《明神宗实录》卷238
	万历三十七年十一月庚午	福余卫属夷也灯、莽大各求讨加赏。也灯、莽大各加添三表里，衣服一套，随贡关领，以为夷人效顺之劝。	《明神宗实录》卷467
	万历四十年五月壬寅	三卫悍而纵肆无忌，女直诈而狡横百端，回夷行李多至千柜，少亦数百，恣买违禁货物，迁延旬月不回，宴赏廪车马之类费以数万。	《明神宗实录》卷495

续表

明帝	时间	兀良哈人索求赏赐事迹	文献出处
熹宗	天启三年 八月丁丑	朵颜诸卫岁岁入贡，皆积猾熟夷，名为纳贡，实则要挟，闻此项钱粮，每岁给发常累巨万，展转侵盗，莫可穷诘。	《明熹宗实录》卷37
	天启五年 十二月壬午	朵颜三卫贡夷原以款来，近者一入内地，任意咆哮，州县受其鱼肉，地方官奉如骄子。	《明熹宗实录》卷66

从表中内容可以看出，明朝君臣明知兀良哈人"名为纳贡，实则要挟"，却仍然尽量满足其要求，一是为"虏情可得"；二是唯恐兀良哈人求赏不遂，转为虏用，再起边端。然兀良哈人已成为蒙古各部之一部分，明朝最担心的事情已经成为事实，被蒙在鼓里的明朝君臣还在极力维持着想象中的兀良哈属卫朝贡制度。

明后期，为减少兀良哈贡使对州县的骚扰，再起削减兀良哈入京人数之议。熹宗天启六年（1626），"朵颜三卫夷人进贡，近奉旨着每起量送一二人进京，余俱在关领赏"。但马上就有官员上奏反对这种做法，认为这会引起"东西合谋""诸部哄起"①。于是明朝又恢复了原来的规定。明熹宗天启七年（1627）三月癸未，"宴朵颜等卫进贡夷人，遣侯梁世勋待"②。这是见于记载的兀良哈人最后一次朝贡。此时是后金皇太极天聪元年（1627），东蒙古诸部大多与后金建立了联盟关系，天聪三年（1629）春正月，皇太极遣使"敕谕于科尔沁、敖汉、奈曼、喀尔喀、喀喇沁五部落，令悉遵我朝制度"③。将蒙古诸部逐步纳入后金政权的统治体系之中，兀良哈人随着蒙古各部"皆服属于大清云"④。

五　贡道、贡期、贡物、封敕、赏赐

明朝对兀良哈三卫朝贡制度的管理，经历了一个自由发展到有明确规定的发展过程，下面分别对兀良哈三卫朝贡制度中的贡道、贡期、贡物、封敕、赏赐等进行具体考察，以求对兀良哈三卫朝贡制度有更为明晰的认识。

---

① 《明熹宗实录》卷70，天启六年四月戊子，第3365页；卷75，天启六年八月癸丑，第3365页。
② 《明熹宗实录》卷82，天启七年三月癸未，第3994页。
③ 《清太宗实录》卷5，天聪三年正月辛未条，中华书局，1985年影印本，第67页。
④ 《明史》卷328《朵颜传》，第8504页。

1. 贡道

明朝初年，兀良哈三卫分布在嫩江、洮儿河与大兴安岭南麓地区。自成祖永乐二年（1404）重建兀良哈三卫，朵颜卫、泰宁卫、福宁卫便开始遣使诣阙朝贡，三卫贡使由东北的西北一隅到明京师（今南京），路途十分遥远，由陆路入辽东都司境，再由明朝驿站送至京师。据《辽东志》记载，明初自辽东都司到兀良哈之地有两条交通线①：

一是"海西西陆路"：由肇州出发经龙头山、哈刺场渡过洮儿河至台州，再经尚山、札里麻、寒寒寨、哈塔山抵达兀良河。关于兀良河，日本学者箭内亘认为在今满洲里附近②；和田清认为在今归流河上游的乌兰古衣灰河（今乌兰河）③。我国学者李健才则认为兀良河是地名不是河流名，即是朵颜卫指挥使司所在地兀良哈秃城，在今乌兰浩特市东北前公主岭古城④。

二是"开原西陆路"：由庆云站出发，经熊山站、洪州站抵达懿州。关于懿州，箭内亘认为在今彰武县⑤。李健才则认为在阜新市东北塔营子古城⑥。

兀良河三卫在原居地时期，明朝对三卫的贡道没有明确规定。从永乐三年（1405）于开原、广宁开设二处马市与兀良哈人贸易看，这时三卫朝贡或由开原入关，或由广宁入关。兀良哈三卫南迁后，邻近辽西、河北一带边地，三卫皆由永平府所辖之喜峰口入贡。明朝为了防止三卫朝贡人员在明境内私贸铁器、武器及其他违禁物品，朝廷自成化十二年（1476）开始差行人带领通事，伴送兀良哈三卫贡使出境⑦。

代宗朝后，兀良哈三卫贡使多次不遵守贡道规定，私自从西面宣府（治所在今河北宣化）境入贡，如代宗景泰七年（1456）正月，"朵颜、泰宁等

---

① ［明］毕恭：《辽东志》卷9《外志》，第471页。
② ［日］箭内亘：《元明时代の满洲交通路》，《满洲历史地理》第2卷，南满洲铁道株式会社，大正二年（1913），第433—459页。
③ ［日］和田清：《兀良哈三卫の本据について》，《史学杂志》第四十编第六号，昭和四年（1929），第1—52页。
④ 王绵厚、李健才：《东北古代交通》，沈阳出版社，1990年，第289—293页。
⑤ ［日］箭内亘：《元明时代の满洲交通路》，《满洲历史地理》第2卷，南满洲铁道株式会社，大正二年（1913），第433—459页。
⑥ 王绵厚、李健才：《东北古代交通》，283—284页。
⑦ 《明宪宗实录》卷159，成化十二年十一月癸亥，第2915页。

卫达子远年进贡俱从喜峰口验入。近年始从独石，今年又从万全右卫，其实窥瞰虚实，宜禁止之"。独石、万全右卫皆在喜峰口之西，属宣府统辖。因受明朝禁止，兀良哈三卫很快又遵旧例由喜峰口入关赴京朝贡。宪宗成化二十年（1484）七月，"泰宁等卫夷人欲从辽东开原入贡兼报虏情，缘三卫入贡之路旧例俱从永平之喜峰口，无自开原入者，况今大同宣府屡报虏势东南，此地正其入寇之冲，难从请，宜令辽东镇守官谕之俾循旧例"①。可见自三卫由喜峰口入贡后，明朝不再允许其从开原入关，开原南北关皆为海西女真的入贡道。

2. 贡期与贡物

明初对兀良哈三卫朝贡时间无任何规定。英宗朝，兀良哈三卫朝贡活动进入高潮期，同时掠边行为也十分频繁，明朝君臣担心"兀良哈泰宁、朵颜、福余三卫与瓦剌脱欢等交通，累遣使臣朝贡，实欲觇我虚实"，于正统四年（1439）六月始规定三卫"凡遇时节庆贺，许遣头目三五员，或有警急，虽非时节，亦许遣一二人来奏报，自余贡献，悉令罢免"。具体是什么时节庆贺之日朝贡，却没有具体说明，到正统八年（1443）七月，才明确规定三卫"每遇冬节或年节或朕生旦，遣头目三五人来朝，若奏边报则不拘时月，部属头目遇节欲进马者，许其附进"②。贡期为一年三次，即正旦、万寿圣节、冬至入京朝贡，而且确定"三卫入贡每岁定于十月一日开关"③。

明孝宗、世宗时曾一度将兀良哈三卫的贡期由一年三贡改为一年二贡，《明孝宗实录》弘治十二年（1499）六月壬子条记载："三卫每年再贡。"《明世宗实录》嘉靖十一年（1532）七月癸丑条也载："故事三卫夷人朝贡岁二行，额三百员……兵部申明旧制，严谕边吏，以后夷人自岁二朝贡外，有违例乞赴京者，禁勿遣，如违重治"。据此，应为正旦与万寿节入京朝贡。到嘉靖十九年（1540）十一月见到兀良哈三卫冬至节朝贡，"辛丑，泰宁等卫右都督歹答儿等差头目升合儿进贡贺冬至节，赐宴给赏"④。显然最晚这年兀良哈又恢复了一年三贡，直到明末天启年间没有变化。

① 《明宪宗实录》卷254，成化二十年七月乙酉，第4287页。
② 《明英宗实录》卷56，正统四年六月乙酉，第1069页；卷106，正统八年七月甲寅，第2147页。
③ 《明宪宗实录》卷188，成化十五年三月癸未，第3359—3360页。
④ 《明世宗实录》卷243，嘉靖十九年十一月辛丑，第4897页。

　　兀良哈三卫向明朝贡纳的物品主要是马匹，其次是骆驼，明朝除了给朝贡使赏赐之外，对于他们的贡纳的马匹、骆驼给予"马直"。如明成祖永乐元年（1403）十一月，"兀良哈头目哈儿兀反遣其部属脱忽思等二百三十人来朝贡马，命礼部赐钞币袭衣，并偿其马直，上马每匹钞五十锭，中马四十锭，下马三十锭，每匹仍与绛币表里一"①。三卫前来朝贡的人员，有明朝授予的羁縻卫所官员，也有无官职的舍人，《明宪宗实录》成化五年（1469）十二月己未条载：来贡的兀良哈三卫人"内开指挥等官并带进马数多，舍人达子及自进马数少，缘指挥与舍人达子赏赐有轻重，自进与带进马回赐有厚薄，中间有无职事之人诈作指挥等官名色，并自进马诈作带进妄报入关，多图赏赐"。明朝对朝贡者有无官职、自进贡物还是带进贡物的回赐，有厚薄之分，但具体不详。明宪宗朝曾一度将兀良哈三卫贡马的回赐额减低了一些，《明宪宗实录》成化十四年（1478）十月乙巳条载："泰宁等卫都指挥可台遣头目党阿等各来朝贡马，赐宴并金织衣绛段等物有差。先是，可台以减进贡马价奏乞加赐，礼部按例以闻。上命如旧，仍敕通事往谕之。至是，党阿等复恳请不已。上念以夷人且近从招抚而来者，特加赐一表里。"在兀良哈人的请求下，很快又恢复了原有的进贡马价。到明后期有一定变化，见后文。

　　兀良哈三卫在英宗、代宗、宪宗时期朝贡活动比较活跃，贡纳的物品也较为多样，正统九年（1444）十二月，三卫都指挥各遣人"贡金银器皿及方物"；十三年（1448）十二月，福余卫"贡马驼、黄鹰、铁甲刀剑、貂鼠皮、佛像舍利等物"②。《辽东志》亦记载："福余泰宁等达达卫所贡物：马失剌孙（即土豹）、貂鼠皮、金钱豹皮。"

　　3. 封敕、袭替与升迁

　　明朝关于对兀良哈三卫官员的封授与袭替，大体与女真羁縻卫所相同，共有13级：都督—都督同知—都督佥事—都指挥使—都指挥同知—都指挥佥事—指挥使—指挥同知—指挥佥事—正千户—副千户—百户—镇抚，无官职的部落贵族称为"舍人"。由兵部掌管羁縻卫所官职的袭替之事。明宣宗

---

① 《明太宗实录》卷25，永乐元年十一月乙亥，第450页。
② 《明英宗实录》卷124，正统九年十二月壬申，第2488页；卷173，正统十三年十二月庚辰，第3340页。

曾说："轶官远人以官爵縻之，为中国藩篱耳。"① 这是明朝授予兀良哈蒙古和女真卫所头目官职的宗旨。

自明初到嘉靖二十九年（1550）"庚戌之变"为止，兀良哈三卫一直在明朝与蒙古部之间摇摆不定。一方面，以游牧经济为主的兀良哈人，不仅部落上层被明朝丰富的物质赏赐所吸引，而且部民的日常社会生活在很大程度上也依赖于明朝的马市贸易。另一方面，当面对蒙古部发动强大的军事攻势时，兀良哈人又无力抵抗，不得不屈服，在蒙古人的胁迫下时常剽掠明边。因此，有明一代，封敕兀良哈三卫官员最主要的条件是捍御北虏，忠顺朝廷，守边有功。如《明宪宗实录》成化二十一年（1485）五月戊午条记载：

> 巡抚辽东都御史马文昇等奏，泰宁卫都督脱脱孛罗之弟搜失得数年以来，屡能捍御北虏，有所俘斩，已而北虏诱之归附，复拒而不从，迹其忠顺，似亦可嘉，今宜因其求请量授一职，以羁縻之。兵部请如其奏。上曰："中国人有能敌忾自效者皆不吝爵赏，以酬其劳。搜失得，以夷人能敌杀北虏。一心内附，若褒赏不及，何以为效顺者劝乎，可授泰宁卫正千户使，藉朝廷之威，部署其下，以为东藩之助。"

三卫官员若杀虏有功，即使曾有掠边劣迹，能诚心悔过，也可升职任都督。如《明孝宗实录》弘治十八年（1505）三月壬辰条载：

> 泰宁卫酋长满蛮率众款塞自言，与北虏仇杀有功，请入贡，并通市如故，且乞升都督。镇巡官以闻，兵部议，满蛮自弘治十六年以来常入寇，兹乃归款悔过，宜略其既往之罪，示以怀柔之恩。命镇巡官遣通事谕令，赍上其父祖所受敕书，以俟处置，设与北虏相持未能离营，则令亲子或别遣头目代请。

此外，三卫官员还有因招谕远夷有功而升职者，如英宗"授福余卫头目哈儿古歹为副千户，以招谕远夷功也"。有送回被虏汉人而升职者，如世宗

---

① 《明宣宗实录》卷22，宣德元年十一月乙未，第593页。

以朵颜卫夷人把儿孙送回被虏人口,授为千户。有因奏边事有功而升职者,如神宗"以报事有功,升福余卫头目那颜字来为都指挥佥事"①。

嘉靖"庚戌之变"之后,兀良哈部逐渐被蒙古部所吞并,明朝虽不明真相,却也感到对兀良哈人控制无力,为了维持明人心目中的这道藩篱,明廷不再严格遵守前朝确立的封授规定。神宗、熹宗朝对兀良哈人无功也封授官职了,如《明神宗实录》万历四十三年(1615)四月戊寅条载:"兵部请将朵颜卫头目失林看、福余卫头目马哈喇等各升授都指挥佥事,颁给敕书,令其赍捧回卫管束部落,恪守职贡,如或北虏犯边就彼并力截杀,以效忠顺,若统驭无法,致扰地方,就将职级褫革,以示惩戒。"《明熹宗实录》天启元年(1621)闰二月戊戌条载:"加升朵颜卫头目克帖木、阿卜来俱都指挥佥事,各颁敕书,令之钤束部落,恪守职贡。"然而在当时的形势下,以封授官职笼络兀良哈人心,以求维持所谓的"藩篱",只能是明朝君臣一厢情愿的事情了。

4. 赏赐

明朝对兀良哈三卫朝贡制度成员的赏赐,有正赏、临时赏、抚赏、流赏、市赏(见后文)几种。

正赏,是朝廷对按例朝贡的三卫人员进行的赏赐,赏赐的依据主要是朝廷颁发的敕书,按照朝贡者官职的高低和身份的贵贱给予不同的赏赐。据万历《大明会典》记载:

> 朵颜、福余、泰宁三卫,差来并自来,都督赏绿段四表里、绢二匹。都指挥绿段三表里、绢二匹。指挥千百户所镇抚头目,每人绿段二表里、绢一匹。各织金纻丝衣一套,又各加绿段一表里。舍人每人绿段二表里、绢一匹、织金衣一套。达子每人绿段一表里、绢一匹、素纻丝衣一套。妇女有进贡者,每人一表里、绢一匹、纻丝女衣一套。随来妇女,一表里、绢一匹、绢女衣一套。以上靴袜各一双。奏事进贡,都指挥绢二匹、绿段三表里、织金衣一套。指挥每人绢一匹、绵布一匹、绿段表里、纻丝衣一套、靴袜各一双。舍人因事进贡者,每人绿段一表

---

① 《明英宗实录》卷13,正统元年春正月庚午,第229页;《明世宗实录》卷28,嘉靖二年六月癸丑,第771页;《明神宗实录》卷48,万历四年三月甲辰,第1097页。

里、织金衣一套、绢一匹、靴袜各一双。嘉靖二十四年，以朵颜都督能
钤束夷人，不扰边境，准与金带，及金顶大帽。

　　回赐，自进并带进马匹，不分等第，每匹绨段二表里、绢一匹。
驼，每只三表里、绢十匹。在卫都督都指挥、每员加赐绨段一表里。

　　求讨，请旨量与物件。到京者，照名给散。在卫者，请敕开付差来
人领去。①

　　兀良哈三卫官员有时不亲自入京朝贡，而是遣部人代其朝贡，这里规定
对"自进并带进马匹"进行同样的回赐，显然与宪宗成化年间的规定有所
不同。明朝除了对朝贡者进行赏赐外，有时还会对派人来朝贡的三卫长官进
行赏赐，令朝贡者带回朝廷赏赐给他们的物品，明朝称为"归赐"。如英宗
正统八年（1443）十一月，"福余卫都指挥安出遣头目古纳台，泰宁卫都指
挥讨勤遣使臣恼答儿等贡马，赐宴并赐绨段衣服靴袜，仍命赍敕及绨段归赐
安出及讨勤等"②。归赐属于正赏之例。

　　临时赏，是指一些不定期的赏赐。兀良哈部紧邻蒙古部，又是同族，明
朝十分重视兀良哈三卫传递的各种有关蒙古部动向的消息，对通报消息的兀
良哈人一律行赏，如明英宗敕兀良哈三卫大小头目等曰："倘北虏欲来犯边，
尔等风闻即先驰报沿边总兵等官隄备，或同心并力攻杀，有功一体升赏，尔
等其钦承之。"③ 到明后期还可以见到"泰宁、朵颜、福余三卫夷人都指挥
等官董庚等十五员各奏，称进送马匹，传报消息，在边效劳有功，乞各随贡
加添三表里衣服一袭"④。此外，明朝还时常遣使赍敕和物品至兀良哈三卫
之地进行安抚招谕性赏赐，如宣宗宣德七年（1432）七月，"遣指挥丁全、
赵回来的等赍敕及金织绨币表里赐泰宁卫掌卫事都督金事脱火赤等、朵颜卫
都指挥金事哈赤合孙等、福余卫都指挥金事安出等，以能绥抚其众，恭事朝
廷故也"⑤。

　　抚赏，是明朝每年在兀良哈三卫朝贡的入关处进行例赏。明前期，兀良

　　① 《大明会典》卷111《礼部·给赐二》，第791册，第132页。
　　② 《明英宗实录》卷110，正统八年十一月丁卯，第2221页。
　　③ 《明英宗实录》卷186，正统十四年十二月辛亥，第3716页。
　　④ 《明神宗实录》卷170，万历十四年正月己酉，第3069页。
　　⑤ 《明宣宗实录》卷93，宣德七年七月戊午，第2110页。

哈三卫每年朝贡二次时，"抚赏仅三四百金"。到嘉靖十年（1531），"喜峰口关岁抚赏三卫夷人费不下八九百金"。嘉靖二十八年（1549）"岁用银万四千两有奇"，"岁费无虑数十倍"。及至万历十九年（1591）"蓟镇三卫属夷领抚赏银两，每岁额该银五万九千九两"①。以往喜峰口的抚赏费主要来自山海关商税，后期主要取于夷马变价，及采办柴价煤课利息等项。然而，明朝抚赏越给越多，兀良哈人剽掠却越来越频繁，世宗朝巡关御史姚一元云："近来三卫诸夷沿边乞讨，乘隙杀掠甚，且阳顺阴逆勾引北虏，皆由诸关抚赏大褒，威防不立。"② 明朝的巨额抚赏并没有换来边地安宁。

流赏，是兀良哈部民遇到饥荒边关求助时，明朝地方政府给予的救助。明前期兀良哈三卫以畜牧狩猎经济为主，农业经济不发展，由于气候和战争的原因，时常出现饥荒，三卫部民便到边关乞讨盐米等物以渡过难关。明后期，兀良哈三卫地区农业经济有了一定发展，但三卫官民以各种理由到边关讨赏，以此作为获取财物的途径之一。到世宗朝，抚夷流赏数额越来越大，已影响到边地军士用粮。如嘉靖十四年（1535）二月，巡按山东御史常时平奏辽东事宜时提到："辽东孤悬东北，而朵颜、大（泰）宁、福余、海西、毛怜、建州诸夷时到边乞讨盐米等物，宜于广宁卫库给银置买，无得科扰军士。"但到嘉靖二十七年（1548）三月，御史吴相又言，"近来朵颜诸夷自入贡外，往往扣关求赏，边臣习以为常，岁耗军粮以巨万计"。可见广宁卫库银不足以支付流赏，边将便从军粮中支付。为了不影响边地守御，嘉靖三十一年（1552）五月，"发太仓银二万五千两有奇给赏朵颜三卫夷人，不为例"③。这应是当年对兀良哈三卫抚赏与流赏的总和。

明朝对兀良哈三卫的赏赐主要是布帛、衣物与粮食，明后期女真等朝贡成员请求将赏赐折银付给，但兀良哈三卫则仍欲得实物赏赐，如《明世宗实录》嘉靖十年（1531）三月己亥条载："夷人进贡给赏段匹，系祖宗成法。然而夷性不一，海西诸夷专欲折银，而朵颜等卫又欲段匹，是以本折相兼不可偏废。"《明熹宗实录》天启三年（1623）八月丁丑条记载了这年对入京朝贡

---

① 《明世宗实录》卷350，嘉靖二十八年七月丁亥，第6334—6335页；卷130，嘉靖十年九月壬子，第3083页；《明神宗实录》卷239，万历十九年八月庚申，第4448页。
② 《明世宗实录》卷350，嘉靖二十八年七月丁亥，第6335页。
③ 《明世宗实录》卷172，嘉靖十四年二月乙巳，第3738页；卷334，嘉靖二十七年三月甲申，第6116—6117页；卷385，嘉靖三十一年五月戊戌，第6798页。

的兀良哈人赏赐时的情景："颁赏三卫夷人近五百人，户工两部银数千两，衣段堆积，亦各数千，其赏有正有补，有正补加添，总计万有余金。"然四年后，北京城内再也见不到兀良哈贡使的身影，大明王朝也行将灭亡了。

六　马市、木市贸易

明朝在辽东地区初设马市，正是为了满足兀良哈三卫市马贸易的要求，马市、木市在兀良哈三卫朝贡制度中占有十分重要的地位。美国学者赛瑞斯认为明朝对朝贡者赏赐的丝织品和衣物大部分属于奢侈品，而棉布、食物、铁锅、农具等生活日常用品大部分来自贸易①。马市贸易关系到兀良哈蒙古部的基本经济生活。永乐三年（1405）三月，"福余卫指挥使喃不花等奏，其部属欲来货马。计两月始达京师，今天气向热，虏人畏夏，可遣人往辽东，谕保定侯孟善令就广宁、开原择水草便处立市，俟马至官给其直"。四年（1406）三月，"设辽东开原、广宁马市二所。初，外夷以马鬻于边，命有司善价易之，至是来者众，故设二市，命千户答纳失里等主之"②。开原、广宁马市"各去城四十里"③。开原马市，以待福宁卫，《辽东志》曰：开原马市有二，其一为达达马市，位于开原城西，"成化间添设于古城堡南，嘉靖三年改于庆云堡北"。广宁马市，以待泰宁、朵颜二卫，《辽东志》云："广宁马市一，永乐二年设于城北马市河之阴，成化十一年改设塔儿山西南，十四年又改团山堡后。"这里永乐二年误，当为四年。

英宗正统十四年（1449），蒙古瓦剌部大举进攻明朝，兀良哈三卫受蒙古部胁迫抄掠边地，为此明朝"革朵颜三卫互市"④，以对兀良哈三卫进行惩戒。失去马市贸易的兀良哈人只能寻求其他途径与明贸易，如成化元年（1465）、三年、四年、五年连续几年向明廷乞求"欲于边地市牛及农具鞍辔等物"，礼部"惟许市牛及农具"，"帐房鞍辔无例难许"⑤。这期间，兀

---

① ［美］亨利·赛瑞斯：《明蒙关系Ⅲ——贸易关系：马市（1400—1600）》，王苗苗译，中央民族大学出版社，2011年，第8页。

② 《明太宗实录》卷40，永乐三年三月癸卯，第663页；卷52，永乐四年三月甲午，第776页。

③ ［明］毕恭：《辽东志》卷3《兵食志·边略》，第401页。

④ ［明］毕恭：《辽东志》卷3《兵食志》，第402页。

⑤ 《明宪宗实录》卷49，成化三年十二月己未，第1011页；卷60，成化四年十一月壬戌，第1219页。

良哈三卫再四向明乞求重开辽东马市，都遭到明帝的拒绝。为能获得需要的物品，兀良哈三卫又通过市马于海西女真，转道获得明朝货物。成化十四年（1478），巡抚辽东都御史陈钺奏："今朵颜穷迫潜结海西转市于我，而海西藉彼马力数犯我边，甚为非便，若许复开，则有以收朵颜之心，撒海西之党而中国并受其利。"① 于是，关闭了 30 年的马市又重新对兀良哈三卫开放，直到明末。

兀良哈三卫在马市出售的主要是马匹和土产，洪熙元年（1425）七月，"辽东广宁马市官千户王咬纳等进所买达官马四百六十五匹"②。此时，兀良哈遭到永乐帝重创后刚刚恢复朝贡，465 匹马当为这年兀良哈三卫货马之数。到英宗即位前后，兀良哈三卫在马市货马的数量已达一定规模，如宣德十年（1435）五月，"行在兵部奏，辽东总兵官都督巫凯欲将广平、开原二处所市马匹，上等者送京师，中等、下等者给军士充战马，其不中者，给屯种军余牧养，种马送辽东苑马寺，乞如其请"③。明前期兀良哈三卫在辽东马市货马数大约在 2000 匹左右。

明朝开设马市，政治意义重于经济意义，如明宣宗所云："朝廷非无马牛而与之为市，盖以其服用之物皆赖中国，若绝之，彼必有怨心，皇祖许其互市，亦是怀远之仁。"④ 因此，马市上明朝与兀良哈三卫贸易皆以善价易之，现将《明实录》与《辽东志》记载的辽东马市之马价整理列表如下：

	上上等马	上等马	中等马	下等马	马驹
永乐三年	绢八匹，布十二匹	绢四匹，布六匹	绢三匹，布五匹	绢二匹，布四匹	绢一匹，布三匹
永乐四年	米十五石，绢三匹	米十二石，绢二匹	米十石，绢二匹	米八石，绢一匹	米五石，布一匹
永乐十五年	米五石，布、绢各五匹	米四石，布、绢各四匹⑤	米三石，布、绢各三匹	米二石，布、绢各二匹	米一石，布二匹

① 《明宪宗实录》卷 176，成化十四年三月丙戌，第 3183—3184 页。

② 《明宣宗实录》卷 4，洪熙元年七月癸巳，第 117 页。

③ 《明英宗实录》卷 5，宣德十年五月乙亥，第 99—100 页。

④ 《明宣宗实录》卷 84，宣德六年十一月乙亥，第 1948 页。

⑤ ［明］毕恭：《辽东志》卷 3《兵食志·边略》（第 402 页）记载了永乐十五年马价，但缺少上等马价，从上下等马价推测当，上等马价当为此数额。

永乐十五年（1417）十月辽东总兵官都督刘江奏旧定马价甚高，"如悉依旧例，则边储空匮，宜令所司更议马直，撙节粮储，递增布绢中半市之，庶外夷蒙博施之恩，而边储无不给之患。上曰江所言是，命兵部定议行之"①。此后，辽东马市皆以永乐十五年所定马价行之。成化十四年（1478）重开对兀良哈三卫的马市时，规定开原马市每月开一次，初一日至初五日；广宁马市每月开二次，初一日至初五日一次，十六日至二十日一次。按照明朝规定，兀良哈三卫人须携带交易物品才能入市，入市后，明朝对交易的马匹和各种货物进行抽分，交易后不得在关内留宿。《辽东志》曰："大抵辽土诸夷环落，性多贪愎，故我以不战为上兵，羁縻为奇计，朝贡、互市皆有抚赏，外又有沿边报事，及近边住牧，换盐米讨酒食，夷人旧规，守堡官量处抚待。"② 明朝对于入市的兀良哈三卫人亦实行市赏，《辽东志》载：

　　一抚赏三卫买卖达子大头儿，每名袄子一件，锅一口，靴袜一双，青红布三匹，米三斗，大菓卓面半张。
　　一零赏三卫达子，每名布一匹，米一斗，兀堵酥一双，靴一双，锅一口，每四名菓卓一张。③

自弘治十二年（1499）九月，广宁马市委按察司分巡官，开原马市委安乐州知州纠察马市贸易中违禁之事，如不得以低价贱市兀良哈三卫马匹、貂皮等；不得与蒙古部交通，其时，蒙古部"俺答名色遇其将来，出关候之，以其进贡上马低易，或赊马匹，约贡还分其所赐，马既不良随复倒死，骑操者乏良马之用，领送者有倍偿之害"。对此严设条禁，违者"按问各治以罪，遇赦不宥"④。

弘治后期，受蒙古达延汗势力影响，兀良哈三卫既降复叛，反复无常。为加强控制兀良哈三卫，十六年（1503）正月，吏科给事中邹文盛上言辽东边务，提出关闭或整顿辽东马市的建议：

① 《明太宗实录》，193，永乐十五年十月丁未，第2037—2038页。
② ［明］毕恭：《辽东志》卷3《兵食志·抚赏》，第402页。
③ ［明］毕恭：《辽东志》卷3《兵食志·马市》，第402页。
④ 《明孝宗实录》卷154，弘治十二年九月丁丑，第2747页。

辽东先年因三卫内附，东夷效顺，故于广宁、开原奏立马市交易。当时虏酋输款时，以马易盐米，彼得食用之物，我得攻战之具。近贼虏狡黠，不以堪用马匹货卖，特以入市者，惟榛松、貂鼠、瘦弱牛马而已。又有假此窥觇虚实者，中国罔利之徒与之交结，甚至窃卖兵器，泄漏军情，虽有监市分守等官，势不能禁。窃闻虏所易锅铧，出关后尽毁碎融液，所得豆料等以饲马，其志可知。又闻犯边之后，以所掠铜铙等物货卖东夷，诸酋以所掠男妇系絷至，诡言于三卫所得，邀致家属赎取。官军不惟不敢问，而且馈以酒食米盐之数，借寇兵而资盗粮，孰甚于此。乞革罢关市，以赏彼米盐给赐贫军，以馈彼酒食犒劳有功，必得其死力。如以设立既久，不欲变更，亦当严饬监市等官，于夷人入关止许易买盐米，不得私买铁器豆料，旧例许五人、十人共买一锅，今立年限或二年、三年许买锅铧一次。其进贡夷人回，有买锅铧者，亦照此例。若虏贼以所得人口器物不即投献，仍变卖求赎者，许分守等官擒捕枭。今中国之人有交通夷人盗卖军器、漏泄军情者，依律处决，则下不失利，上不失威，而虏亦莫我测矣。①

辽东镇巡等官奉旨议上给事中邹文盛所陈边务，兵部覆奏谓：

守臣当夷人互市之日，遣通事传谕其众，令今后宜远边墙百里之外住牧，如欲来市，须先期三日，令二三人传箭答话。欲传报夷情，亦先期一日，若非答话而擅入百里之内者，许官军袭踪扑杀……文盛又欲罢绝马市互易，守臣则恐罢绝之后，夷人怨嗟或构结为患，今宜不必禁约夷人，止严督我边方军民。监市官如遇开市之日，止许以布帛米盐等物入市交易，不得私带锅铧铁器，俟各夷后此有求买锅铧者，然后定为年限，许令三年一买。②

尽管明朝对兀良哈三卫入市贸易物品的规定愈加严格，兀良哈人仍极力从马市获取财物，"每来必带东虏之马入市"，"可得利一二倍，是以其利愈

---

① 《明孝宗实录》卷195，弘治十六年正月甲午，第3600—3602页。
② 《明孝宗实录》卷200，弘治十六年六月甲辰，第3704页。

厚，其马愈多，若少加阻拒，则忿然欲去以要我，边臣思以保全市事，惧激其变而开边隙，率迁就以从其欲”①。

到明后期于辽西义州又开木市，《明神宗实录》万历二十九年（1601）十二月记载：

> 命开复朵颜各夷马、木二市，并复宁前木市。初辽东马市许令海西并朵颜等三卫夷人买卖，开原每月一次，广宁每月二次，此成化十四年事也。百余年来，互市马货利在中国，又以互市之税即赏市夷，且夷贡调虏声息，即有大举，我得收保预备，其利多矣。万历二十三年，小歹青欲在义州大康堡开木市，听各夷取木顺河运进贡买卖。抚臣李化龙为请，亦以木税多寡抚赏市夷，然视马市报箭规格则有不同。二十六年，抚臣张思忠称土蛮之子撦扯臣憨纠合小歹青，每年既得市赏，又要比照宣大赏，时肆抢掠木马二市繇此议罢。自此以后，大举零窃，岁无虚时，阃镇皆苦之，而诸酋亦数来求市，歹青、扯臣憨等咸集近边愿准。②

据上文，明于万历二十三年（1595）于义州大康堡开设木市。但《明史·朵颜传》则曰嘉靖二十七年（1548）：“诏旧设三卫马市，并新设木市亦罢之。秋，三卫复导鞑靼寇辽州，入沙河堡，守将张景福战死。”《明世宗实录》记张景福战死沙河堡之事为嘉靖二十八年（1549）九月。如《明史》记载无误，嘉靖二十七、八年明曾于辽西开设木市，不久就关闭了。万历二十三年朵颜小歹青请开木市于义州，辽东巡抚李化龙上疏言开设木市有五利：“河西无木，皆在边外，叛乱以来，仰给河东，以边警又不时至。故河西木贵于玉，市通则材木不可胜用。利一。所疑于歹青者无信耳。彼重市为生路，当市时必不行掠。即今年市而明年掠，我已收今年不掠之利矣。利二。辽东马市，成祖所开，无他赏，本听商民与交易。木市与马市等，有利于民，不费于官。利三。大举之害酷而希，零窃之害轻而数。小歹青不掠锦、义，零窃少矣。又西不助长昂，东不助炒花，则敌势渐分。即宁前、广

① 《明神宗实录》卷 79，万历六年九月甲戌，第 1703 页。

② 《明神宗实录》卷 366，万历二十九年十二月辛未，第 6847—6848 页。

宁患亦渐减。且大举先报，又得预为备。利四。零窃既希，边人益得修备。利五。"① 二十六年（1598）罢。二十八年（1600），兀良哈人再次请求开木市，得到辽东总兵李成梁的首肯，蓟辽总督万世德上疏言"辽之二市，止可当他镇之民，市民以为利，故虏虽有顺有逆，终不为之绝市，且虏情不可知……疆场利害关系至重"②。于是于万历二十九年（1601）十二月"命开复朵颜各夷马、木二市，并复宁前木市"。可见此时，广宁有一处马市，二处木市。

明朝将马市、木市作为朝贡制度的一部分，其目的如明帝所云以"怀远之仁"使其"皆赖中国"，从而稳定和巩固对属卫、属夷的政治统辖。明后期，马市、木市又成为明朝获得蒙古部情报的重要渠道，故明人认为"夷贡调虏声息，即有大举，我得收保预备，其利多矣"。蓟辽总督万世德说"二市"与"疆场利害关系至重"。若从社会经济需求的角度看，开设马市、木市对兀良哈三卫和明朝都是有利的，在明朝厚往薄来的政策下，兀良哈三卫从马市、木市贸易中获利是毋庸置疑的，如《开原图说》云：兀良哈、女真"皆利我市赏，便我市易，我若闭关不与通，我布帛锅口田器等项彼夷日用所需，彼何从得，彼之牛马羊及参貂榛松等货又何所售"。另一方面，明朝从马市贸易中也获得利益，明朝官员们认为"百余年来，互市马货利在中国"，"彼得食用之物，我得攻战之具"③。而且，马市内的民间交易，也是双方互通有无，互利互惠，对促进边地社会经济发展无疑是有进步作用的。但是，明末战事不断，兀良哈等蒙古部落索求无度，如明人所说："然市本有限，而虏马无穷，或多方措处，或委曲那移，以应之。迄今则措处已极，而那移者无所施矣。"④ 随着明朝兀良哈三卫朝贡制度的瓦解，马市、木市贸易也随之终结。

七　明朝对兀良哈三卫内附人员的安置

兀良哈三卫朝贡制度确立后，并没有很快出现请求内居的兀良哈人。直

---

① 《明史》卷229《李化龙传》，第5983—5984页。
② 《明神宗实录》卷366，万历二十九年十二月辛未，第6848—6849页。
③ 《明神宗实录》卷366，万历二十九年十二月辛未，第6848页；《明孝宗实录》卷195，弘治十六年正月甲午，第3600页。
④ 《明神宗实录》卷79，万历六年九月甲戌，第1703页。

到成祖永乐十三年（1415）四月，"福余卫头目都赤并可牙秃、彻彻秃等来朝，奏愿居北京，俱命为镇抚，赐钞币牛羊"①。此时明朝京师尚在南京，这是兀良哈三卫首例请求内迁的人员，也是成祖朝唯一一例兀良哈三卫人员内迁之举，为福余卫头目和部民，如前所述福余卫内有较多的女真人，在东邻女真人大批迁入内地的影响下，请求内迁的这三人或许就是福余卫内的女真人。

　　宣宗朝到英宗正统元年（1436）是兀良哈三卫人员内迁的高潮时期，共有 18 次，其中福余卫 10 次，泰宁卫 7 次，朵颜卫 1 次，迁居地点全部是京师。

　　福余卫内迁人员中有一位指挥佥事，宣德八年（1433）九月，"福余卫指挥佥事完者秃等十一人来归，皆奏愿居京自效命……完者秃等为试所镇抚，各赐冠带金织袭衣、绹币银钞、绢布、鞍马有差，仍命有司给房屋、器物如例"②。通常明朝对请求内迁人员授予比其原有官职更高的官职，但这位指挥佥事完者秃却被授予试所镇抚，是卫所最低官职，其中必有缘故。此外还有一位镇抚，宣德八年五月，"福余卫镇抚暖朵儿率家属来归，奏愿居京自效，命为千户，赐金织袭衣、绹币银钞、绢布绵花、鞍马有差，仍命有司给房屋、器物如例"③。其余内迁人员均无官职，姑且认定为是一般部民（下同），其中 1 人授千户、2 人授试百户、1 人授所镇抚、3 人试所镇抚，还有一次没授官职。

　　泰宁卫内迁人员中也有一位指挥佥事，宣德元年（1426）十二月，"泰宁卫指挥佥事八里颜来朝，奏愿居京自效，赐金织袭衣，绹币银钞，绵布、鞍马，仍命有司给房屋、器皿等物如例"④。其官职既没升也没降，似乎也不符合常例。其后又有三位朵颜卫和泰宁卫的头目请求内迁，宣德二年（1427）十一月，"朵颜卫头目把孙伯颜、泰宁卫头目也先不花来朝，皆奏愿居京自效，命把孙为百户，也先不花、伯颜为试所镇抚，赐冠带、银钞、金织袭衣、绹币、鞍马，仍命有司给房屋、器皿等物如例"。宣德九年

①　《明太宗实录》卷 163，永乐十三年四月癸未，第 1845 页。
②　《明宣宗实录》卷 106，宣德八年九月己亥，第 2365 页。
③　《明宣宗实录》卷 102，宣德八年五月辛未，第 2384 页。
④　《明宣宗实录》卷 23，宣德元年十二月壬戌，第 605 页。

（1434）四月，"泰宁卫头目脱脱不花来朝，皆奏愿居京自效，命为千百户等官，赐冠带金织袭衣、綵币银纱、绢布绵花、鞍马，仍命有司给房屋、器物"①。此外宣德年间3次与正统元年1次内迁的都是部民，宣德年间分别授予都指挥同知、指挥、千户等官，但正统元年（1436）未见授官。值得注意的是，宣宗对内迁的一般部民所授的官职要高于头目，有的甚至高于内迁的官员。

正统元年（1436）以后，10年不见有兀良哈三卫人员内迁的记载。正统十一年（1446）到十四年（1449），4年间有9次内迁，其中朵颜卫5次，福余卫3次，泰宁卫1次，是兀良哈三卫人员内迁的又一个小高潮。这一时期，明朝将内迁的兀良哈三卫人员分别安置在不同地点，朵颜卫5次内迁，1次安置于京师，正统十二年（1447）十二月丙子，"朵颜卫达子塔挨马为也先所逼，挈其妻子七人来归，命为锦衣卫带俸百户，给冠带、房屋等物"②。1次安置于辽东广宁卫居住，另3次迁居南方，隶南京锦衣卫。福余卫3次内迁，皆安置在辽东广宁卫。泰宁卫仅1次内迁，安置于辽东自在州居住。这个时期三卫内迁人员不见有卫所官员，其中有1人授予百户，1人授予镇抚，5人授予头目，2人未授官职。

代宗景泰元年以后，兀良哈三卫仅有3次内迁，即景泰元年（1450）福余卫达子台出偕妻来归，明授予所镇抚；景泰六年（1455）、英宗天顺六年（1462）朵颜卫2次内迁，明授内迁者为头目。这3次内迁人员均安置于南方，隶南京锦衣卫③。

以英宗正统元年（1436）为限，兀良哈三卫内迁可分为前后两期，前期以福余卫内迁为多，这可能与福余卫内有一定数量的女真人有关，后期以朵颜卫为多。朵颜卫自先祖由蒙古内地迁至东北，始终以游牧经济为主，后期内迁次数突然增多，《明英宗实录》代宗景泰六年（1455）十一月壬午条记载："朵颜等三卫来朝贡者，往往有前此所掠中国人在内，既至多自诉愿留，命各以其所得赐物与其头目赎之。"后期朵颜卫请求内迁的人数增多，

---

① 《明宣宗实录》卷33，宣德二年十一月丙戌，第838页；卷110，宣德九年四月丙子，第2475页。

② 《明英宗实录》卷161，正统十二年十二月丙子，第3133页。

③ 以上数据均据《明实录》记载统计。

而且宣宗朝对泰宁卫内迁的一般部民授予较高官职，这些部民是否与永乐二十年（1422）与宣德三年（1428）明与兀良哈三卫战争中被俘虏的明朝军将有关，也未可知。"土木堡之变"后，明朝对兀良哈人的防范要强于对女真人的防范，英宗天顺六年（1462）以后，不再见有关于兀良哈三卫人员请求内迁的记载。

综上所述，有明一代，故元势力蒙古部（或曰北元政权）始终存在于北方，明朝将兀良哈三卫朝贡制度视为防范北部蒙古的首道藩篱，由中央礼部、兵部和地方辽东都司、永平府共同管理。明朝君臣在"贵华贱夷"的观念影响下，在建构和经营兀良哈三卫朝贡制度的过程中，始终认为兀良哈人"所贪得者宴赏之优厚"，"得利则朝，失利则寇"①，为守住这道藩篱，即便是花费大量钱财也在所不惜。然而由于地缘关系，兀良哈三卫朝贡制度在运行过程中不断受到北部蒙古部干扰，往往是朝贡与掠边交替进行，甚至两者同时并行。明前期实行"恩威并行"的政策，积极经营兀良哈三卫朝贡制度，使之在捍御蒙古维护边疆安全方面发挥了一定作用。但是明中后期消极应对东北边疆的社会问题，蒙古诸部吞并了兀良哈蒙古后，兀良哈三卫朝贡制度随之瓦解，成为蒙古部变相索取明朝财物的渠道，边疆危机日益深重。

第四节　辽东都司女真内迁与朝贡活动

明朝前期为在东北边疆建构和维护对蒙古防线，实行招抚笼络女真人政策。辽东都司境内以开原和辽阳为中心安置了大量内迁的女真人户。作为明朝优遇女真政策之一，内迁后的女真人户仍保持其在边外羁縻卫所时期的朝贡资格，入京朝贡以获得丰厚的赏赐。英宗正统年间开始对女真朝贡活动加以限制和管理，天顺初年停止内迁女真人，宪宗初年停止了辽东都司境内女真人的朝贡活动。

---

① 《明宪宗实录》卷10，天顺八年冬十月乙巳，第226页；卷173，成化十三年十二月乙巳，第3124页。

一　辽东都司女真人的迁入与分布

太祖洪武年间，明军攻入东北地区后，便开始招抚当地的少数民族，洪武十四年（1381），"故元遗民六十九人自纳儿崖来归于女真千户所，诏以衣粮给之，遣归复州"。十七年（1384），"兀者野人酋长王忽颜哥等十五人自辽东来归，赐绮帛布钞有差"。十八年，女真人高那日、捌秃、秃鲁不花等"诣辽东都指挥使司来归"，述说所部"皆为野人获而奴之，不胜困苦，辽东乐土也，愿居之。乞圣朝垂王恩，得以琉璃珠、弓弦、锡镴遗野人，则可赎八百余家，俱入辽东"①。洪武时已有归附明朝的女真人户迁入辽东地区。随着明成祖大规模招抚女真人，众建女真羁縻卫所，内迁辽东都司的女真人也越来越多。

明朝对于女真羁縻卫所实行诣阙朝贡制度，在络绎不绝的女真朝贡队伍中，不断有人提出愿居京师、辽东效力。如永乐六年（1408）三月，"喜乐温河钦真河等卫女直野人千户喜省奇等来朝，自陈愿居京师，赐袭衣綵币及牛羊、薪米、居宅"。从提出者的身份看，千户喜省奇是羁縻卫所的官员，显然他不是初次入京朝贡，内地先进的文明和富庶的生活对喜省奇们产生了强大的吸引力。当朝贡的女真人提出愿居内地的请求后，得到明帝的欢迎，并给予妥善的安置。四月乙酉，成祖朱棣下旨："朕即位以来，东北诸胡来朝多愿留居京师，以南方炎热，特命于开原置快活、自在二城居之。"几天后，戊子，"兀者右等卫指挥使、千百户贾你等奏愿居辽东三万等卫，从之。赐之钞币、袭衣、鞍马，其居室什器、薪米、牛羊，命所在官司给之。自后愿居边卫者，赐予准此例"②。为了很好地管理内迁辽东都司的女真人，这年五月，明成祖又"命于辽东自在、快活二城设自在、安乐二州，每州置知州一员、吏目一员"。六月，"添设辽东自在、安乐二州同知、判官各一员"③。二州皆设在开原城（今辽宁开原老城），专门安置请求内居的女真人户。然内迁的女真人若提出具体愿居某地，明朝一般都满足其要求，直到正

---

①《明太祖实录》卷140，洪武十四年十一月癸卯，第2203页；卷162，洪武十七年六月辛巳，第2581页；卷175，洪武十八年九月甲申，第2661页。

②《明太宗实录》卷78，永乐六年四月乙酉、戊子，第1053、1055页。

③《明太宗实录》卷79，永乐六年五月甲寅，第1062页；卷80，永乐六年六月乙酉，第1066页。

统年间才发生变化。

根据《明实录》的记载，从永乐初年开始，直到天顺初年，不断有女真人以"愿居""乞居""内附""来归""来降"等形式请求迁居内地，迁入内地的女真人被安置的情况见下表：①

明帝	内迁次数	明朝安置内迁女真的地点
成祖	36	京师（南京）4、北京3、快活城3、安乐州7、自在州5、三万卫3、开原城3、辽东3、东宁卫4、乐和卫1
宣宗	32	京师（北京）13、自在州8、安乐州4、东宁卫6、海州卫1
英宗（正统）	13	京师2、锦衣卫3、南京锦衣卫1、安乐州3、开原1、自在州3、东宁卫1
代宗	48	锦衣卫1、南京锦衣卫16、安乐州2、辽阳城1、自在州3、东宁卫1、辽阳定辽左卫1、海州卫7、盖州卫4、复州卫3、金州卫6、广宁中卫1、益州卫1、广宁左卫1
英宗（天顺）	1	锦衣卫1

据上表统计，从明成祖永乐六年（1408）到英宗天顺八年（1464），50余年间女真内迁131次。然女真实际内迁的次数要多于《明史录》的记载，现存明朝档案《三万卫选簿》中有关女真内迁的记载，有些不见《明实录》。以永乐年间为例，永乐八年（1410）亦伦河卫女真头目兀尝哈赴京升除兀鲁罕山卫正千户，"告愿安乐州住坐，三万卫带俸"。九年，海西女真头目康阿剌孙赴京进贡，"除万山卫指挥同知"，"造（告）愿自在州住坐，辽海卫带俸"②。十年，兀者地面女真头目乞猛奇赴京朝见，"升兀者右卫指挥同知，告愿安乐州住坐，三万卫带俸"③。十三年（1415），海西卫阿卜赴

---

① 此表据《明实录》记载统计，为了计算方便，以同一天内迁安置于同一地的女真人户（有的来自一卫或一地，有的来自二卫或多卫）为1次，明朝同一次安置于二处（如京师、自在州）的计为2次。另外，除表中所列卫所之外，辽东都司境内其他卫所也零散分布着入居的女真人户。

② 中国第一历史档案馆、辽宁省档案馆编：《三万卫选簿》，"高钦"条、"康永清"条，《中国明朝档案总汇》第55册，第212、137页。

③ 中国第一历史档案馆、辽宁省档案馆编：《三万卫选簿》，"李承芳"条，同时又载乞猛奇"除兀者卫指挥同知，自在州住坐，辽海卫带俸"。前后不同。因记录在《三万卫选簿》中，当以入居安乐州为是。第162页。

京，"除授本卫指挥佥事，告愿安乐州住坐，三万卫带俸"①。如加上这 4 次，永乐年间内迁的女真人至少有 40 次，安置于快活城、安乐州、自在州的女真人达 19 批，接近总数的一半。自永乐六年首批内迁的女真千户喜省奇请求留居京师以来，永乐朝安置于京师（南京）和北京的女真人户共有 7 次，占总数的六分之一强。关于女真一次迁入的人数，永乐朝仅见一个数据，即永乐九年（1411）冬十月，"木束河等卫指挥使把刺答哈等二十四人来朝，奏愿居辽东自在、安乐州"②。

永乐朝内迁的女真人来自 27 个卫 6 个地面，其中建州卫内迁 8 次，分别为 2 位指挥使、6 位千户所带领。海西女真 26 个卫和 6 个地面内迁 32 次，其中兀者右卫 2 次、兀者卫 1 次、肥河卫与木束河卫各 2 次、其他卫与地面各 1 次。其中有 9 位指挥使、4 位指挥佥事、9 位千户，其余为百户、镇抚、头目、舍人、部民。按照永乐六年四月的规定：对愿居边卫者"赐之钞币、袭衣、鞍马，其居室什器、薪米、牛羊"，由所在官府给之。内迁者原有羁縻卫所官职的一般保留不变，对原无羁縻卫所官职的女真头目、舍人、部民，明授以指挥同知、指挥佥事、千户、百户等职。入居后，依据他们的官职给予俸粮。在安乐州住坐者，于三万卫带俸；在自在州住坐者，于辽海卫带俸；在其他卫住坐者，于所在卫带俸。以后成为定制。

宣宗时期，女真内迁的数量进一步增长，宣德十年间至少迁入 32 批次，其中愿居京师的达 13 次之多，是历朝女真人户留居京师最多的时期。迁居辽东都司的女真人户仍以自在州与安乐州为主，其次是东宁卫，海州卫只有一次。洪熙元年（1425）十二月，"弗提等卫指挥同知察罕帖木儿等率妻子五百七十二人来归，奏愿居京自效，赐以纻丝䌷绢袭衣有差，仍命有司给房屋器物如例"③。这是我所见一次内迁女真人数最多的记载，宣宗朝女真内迁一次最少的为 2 人。

宣宗朝内迁女真人户来自 23 个卫，其中建州女真的建州卫、建州左卫、

---

① 中国第一历史档案馆、辽宁省档案馆编：《三万卫选簿》，"李孝忠"条，第 147 页。另外，《三万卫选簿》"王承祖"条记载，永乐二年（1404）亦马刺卫女真头目答剌赴京进贡，除指挥佥事，"告愿安乐州住坐，三万卫带俸"。然永乐二年，明朝尚未设立安乐、自在二州，显然记载有缺失，故不取。第 145 页。

② 《明太宗实录》卷 120，永乐九年十月丁巳，第 1521 页。

③ 《明宣宗实录》卷 12，洪熙元年十二月甲午，第 341 页。宣宗于洪熙元年六月即帝位。

毛怜卫内迁 9 次；海西女真的 20 卫中，朵儿必河卫 2 次、阿剌山卫 2 次、喜申卫 2 次、兀者左卫 1 次、兀者前卫 1 次，其余 15 卫各 1 次。带领者有 1 位指挥同知、18 位指挥佥事、2 位副千户，其余为百户、头目、舍人。众多的羁縻卫指挥佥事带领部民内迁令人注目。这时，明朝还允许已经安置的女真人户再迁往其他地方，如洪熙元年七月，奴儿干吉列迷千户速只哈奴，"自辽东来贡马，奏愿居京自效"，速只哈奴之前曾请求愿居辽东三万卫，这次入京朝贡"复愿居京"，宣宗"仍命有司给房屋、器皿、牛羊、月支薪米"①。

英宗即位后，厉行节俭，奉行安军养民的政策，他认为"帝王之待夷狄，来者不拒可也，何必招抚？"② 逐渐改变了前朝积极招抚女真等族的政策，正统 14 年间女真内迁共 13 次，元年到七年有 11 次③，八年以后女真内迁数量骤减。然此时却有一位女真都督自愿内迁，这在明朝历史上是绝无仅有的。毛怜卫都督李撒满答失里是首任建州卫指挥阿哈出（李诚善）的孙子，父莽哥不花累官至都督同知，继掌毛怜等卫。宣德四年（1429）莽哥不花卒，宣宗以"撒满答失里袭为都督佥事仍掌毛怜卫"，英宗即位后升其为都督同知，"以招谕远夷功也"④。正统二年（1437），"撒满答失里来朝，自陈世受国恩，欲居京自效。上嘉其忠诚，锡赉有加，以其世居塞外，部属相安，仍令抚绥其众，以捍边围。赐敕谕，遣之"⑤。但第二年发生了毛怜卫争印事件，"建州卫掌卫事都指挥李满住遣指挥赵歹因哈奏……故叔猛哥不花任都督同知曾掌毛怜卫事，其卫印被指挥阿里占藏不与，今猛哥不花男撒满答失里袭职仍掌卫事，乞给与印信，以便朝贡、奏事。阿里印信不许行用。事下行在礼部、兵部议，浑河水草便利，不近边城，可令居住，阿里见住毛怜卫，部下人众，宜与印信。撒满答失里住建州卫，与毛怜卫隔远，又

① 《明宣宗实录》卷 3，洪熙元年七月壬申，第 75 页。速只哈奴内迁至三万卫的时间当在永乐年间，这样永乐年间女真内迁达 41 次。

② 《明英宗实录》卷 13，正统元年正月己丑，第 243 页。

③ 其中一次是"辽东安乐州故达官所镇抚奴章子委黑来朝贡，愿居京自效，上命隶锦衣卫月支米二石给房屋器皿"。《明英宗实录》卷 69，正统五年七月丁未，第 1335 页。

④ 《明宣宗实录》卷 52，宣德四年三月壬子，第 1243 页；《明英宗实录》卷 5，宣德十年五月辛巳，第 103 页。

⑤ 《明英宗实录》卷 30，正统二年五月壬寅，第 598 页。

无部下，难与印信。其朝贡奏事，宜令李满住给与印信、文书为便。从之"①。尽管正统七年（1442）明朝又晋升李撒满答失里"为右都督仍掌卫事，以其守职来朝故也"②。但他虽为毛怜卫掌印都督却不住在毛怜卫，又无部下，毛怜卫的卫印被他人把持，朝贡奏事却要用建州卫的印信、文书，显然这个都督已是徒有虚名。李撒满答失里早年曾随父亲赴京朝贡，继任毛怜卫都督金事后，多次亲自赴京朝贡，向往明朝高度发展的文明社会生活，正统十年（1445）三月，"毛怜卫右都督李撒满答失里奏愿居京自效，上从之，赐名曰忠"③。成为明朝历史上唯一放弃原有官职迁居内地的女真都督。

正统朝内迁的女真人来自6个卫，其中建州女真的建州卫内迁2次、建州左卫和毛怜卫各1次；海西女真的玄城卫2次、吉河卫和嘉河卫各1次，另有2次海西女真的卫分不明，此外还有一次仅记载"女真来归"。内迁女真的官职主要是羁縻卫指挥和指挥金事，另有一位副千户。以往愿居京师的女真人户由顺天府安置，正统三年（1438）二月，"吉河卫女直失理哈愿居京自效，命隶锦衣卫给钞布饩廪居室什器"④。此后，愿居京师的女真人户改由锦衣卫安置⑤。七年（1442）又出现将内迁的女真人户交付南京锦衣卫安置的现象，十一月"海西女直阿克不花来归，命为南京锦衣卫带俸所镇抚给房舍等物"。这种不考虑女真人户的意愿，由明朝安排居住地点的形式，到代宗朝已成为安置内迁女真人的主要形式。

代宗景泰年间出现女真人户内迁的高潮，仅景泰三年（1452）一年间女真内迁达29次，7年间共迁入48批次，其中海西女真36次、建州女真12次。女真人此次大批内迁与"土木堡之变"有直接关系，正统十二年（1448）在瓦剌南下之前，"也先以追捕仇人为名，吞噬诸部，往者既自北而西，又自西而东，今又东极海滨，以侵女直"⑥。邻近蒙古的海西女真首当其冲遭到瓦剌军的残害，随后建州女真也陷入战乱。十四年（1449）"土

---

① 《明英宗实录》卷43，正统三年六月戊辰，第840—841页。
② 《明英宗实录》卷90，正统七年三月丁丑，第1819页。
③ 《明英宗实录》卷127，正统十年三月癸未，第2533页。
④ 《明英宗实录》卷39，正统三年二月丁丑，第761页
⑤ 毛怜卫右都督李撒满答失里因身份特殊，内迁京师时没由锦衣卫安置。
⑥ 《明英宗实录》卷159，正统十二年十月辛酉，第3092—3093页。

木堡之变"期间，"也先犯京师，脱脱卜花王犯辽东，阿乐出犯陕西，各边俱失利，而辽东被杀房尤甚。以故朵颜三卫并海西、建州夷人处处蜂起，辽东为之弗靖者数年，至景泰后始克宁谧。而海西野人女直之有名者率死于也先之乱"①。也先兵败北撤后，女真地区重新恢复了平静，在战乱中丧生的女真羁縻卫所官员的子孙们纷纷请求内迁，景泰二年（1451）"海西亦马剌卫故野人指挥金事阿兰哈子写称哥来归，命袭指挥金事，于辽东自在州安置支俸，赐钞绿币表里纻丝袭衣，给房屋器物"② 之后，海西女真已故的兀者卫 2 位指挥同知、2 位指挥金事、兀的河卫 2 位指挥金事的后人，以及已故的弗提卫、古木山卫、阿资河卫、兀者右卫、肥河卫、卜鲁兀卫、古里河卫、阿资河卫、右城卫、帖列山卫、葛林卫、友帖卫的 2 位指挥同知、9 位指挥金事和 1 位指挥的后人先后内迁。建州女真已故的建州卫 2 位指挥同知、1 位指挥金事，建州左卫 1 位指挥同知及毛怜卫 1 位指挥金事的后人也相继内迁。代宗接纳了一批又一批内附的女真人，正是因为他们大部分是在与蒙古人战斗中丧生的女真羁縻卫所官员的后人。笼络女真人，是为了维护明朝君臣眼中这条东北边疆防御蒙古的藩篱。然而"土木堡之变"期间，曾出现"辽东安插鞑人纠合谋叛出城，潜从房寇者，动至一二十"的现象③，明朝统治者对于如此众多的女真人不能不加以防范。

　　景泰年间安置内迁女真人户的形式和地点与永乐、宣德年间有明显的不同，明朝对于上述 23 位已故羁縻卫所官员的后人皆命其袭父祖职（子 19 人，孙 4 人），但内迁民的意愿不再受到重视，全部由明朝进行安排。自景泰三年（1452）正月以后，没有一批女真人被安置到安乐、自在二州，而是将其大批南迁由南京锦衣卫安置（占三分之一强批次），留居辽东都司的女真人户被散置于辽东半岛南部的海州、复州、金州等卫所和辽西卫所。《明英宗实录》景泰三年四月庚辰条记载，"海西忽里吉山卫女直哑哈、童宽山卫女直纳台温察，初为脱脱百花王所掳，至是来归"，兵部奏"哑哈等二名叛服不常难住辽东，宜升为头目，送南京锦衣卫安置，从之"。从这件事看，明朝对内迁的女真人户已有很强的防范意识，南京锦衣卫安置女真人

---

① ［明］马文升：《抚安东夷记》，第4—5页。
② 《明英宗实录》卷208，景泰二年九月戊戌，第4467—4468页。
③ ［明］严从简：《殊域周咨录》卷24《女直》，第734页。

户的地方，如成化年间兵部所言"旧例多发广东安置"①。明英宗复位后，天顺元年（1457）二月，有"女直忽失塔来降，命送锦衣卫拨房屋居住月给米二石"②。这是《明实录》记载最后一次女真内迁。

明宪宗时期，有允许边外女真妇女与居内地的丈夫团聚的现象。如成化十八年（1482）七月壬午条载："建州降夷宋款赤八初授头目，安置广州。至是，自陈昔在边塞传报有功，且尝授都指挥佥事之职，乞仍加升并给与妻子。兵部以请有旨，授正千户，安置辽东，妻子皆令完聚。"③ 同样的情况也有遭到拒绝的现象，如成化二十二年（1486）三月戊子，"建州卫都督完者秃等累上书，言建州左卫都督董重羊，忠顺效劳，实无反叛情罪，谪戍福建，乞宥之还。兵部言，成化十一年春，重羊之妻伯吉，尝入关，愿乞其夫同居内地，及建州头目人等，累以为请，情辞恳至，但一时招诱发遣者七十余众，非止重羊一人无累。有旨，不允"④。

从明初到英宗天顺初年，50 余年间东北边疆北自黑龙江下游奴儿干地区，南至邻近辽东都司的边外，60 多个羁縻卫⑤的女真人户迁入内地达 130 余次。若以单个羁縻卫内迁次数计算，邻近辽东都司的建州各卫内迁次数最多。海西女真虽单卫内迁次数不多，但其分布地域广大，羁縻卫所众多，内迁总次数很多，景泰年间几个较大的羁縻卫所，如兀者诸卫内迁次数明显增多。然而，在女真内迁达到高潮时却戛然停止，这与明朝对女真政策发生变化有密切关系。明朝始终以蒙古为主要防御对象，太祖、成祖以来，对女真实行安抚、笼络的政策，以优遇的条件吸引女真内迁，目的是加强和巩固对女真地区的统治，同时也可以在一定程度上解决辽东人口稀少、兵力不足的问题。"土木堡之变"使明朝国力受到严重削弱，朝廷对女真等族的防范意识明显加强，在"华夷有别""内华外夷"的思想作用下，曾被蒙古俘虏的英宗重新复位后，自天顺元年（1457）二月起不再允许羁縻卫所的女真人户迁入辽东都司。

---

① 《明宪宗实录》卷 271，成化二十一年十月丁酉，第 4580 页。
② 《明英宗实录》卷 275，天顺元年二月己未，第 5859 页。
③ 《明宪宗实录》卷 229，成化十八年七月壬午，第 3926 页。
④ 《明宪宗实录》卷 250，成化二十年三月戊子，第 4228 页。
⑤ 内迁海西、建州女真各羁縻卫所所在地可参见程妮娜《古代中国东北民族地区建置史》"明代东北羁縻卫所一览表"，第 447—452 页。

二　自在、安乐州的朝贡活动

明前期，辽东都司境内以开原和辽阳为中心安置了大量内迁的女真人户，对于这些女真人户明朝实行"量授以官，任其耕猎"①的优遇政策，无论他们在边外是否有羁縻卫所的官职，内迁后，有官职者保留之，无官职者授予之，"全俸优养，设立两州抚恤，许令任意牧猎，不许骚扰"②。大约因其每户都有带官职领俸之人，故称其为达官。明设安乐、自在二州后，知州皆由汉人文官担任③，然二州内居住的达官却都沿用羁縻卫所的官职，对此有学者认为二州实质上是军事单位④。但我认为二州实际上是边外羁縻卫所的移植，是具有较强羁縻特色的特殊建置，由于边外羁縻卫所具有为明朝出兵作战的义务，二州达官们也具有为明朝出兵役的义务。为了保证内迁女真人户的生计，不仅"全俸优养"，实行子孙世袭官职领俸制度⑤，而且在明前期还保留了他们原来为边外羁縻卫所官员时所具有的诣阙朝贡资格。

安乐、自在州是内迁女真人户最为集中的地区，现将《明实录》记载的自在、安乐二州女真达官朝贡活动统计如下：

	成祖	仁宗	宣宗	英宗	代宗	英宗
自在州	3	2	15	15	3	3
安乐州	2	1	11	15	2	6

明成祖设置自在、安乐二州后的第二年，女真人户便开始进行朝贡活动。永乐七年（1409）七月，"辽东自在、安乐二州鞑官指挥贾你等来朝贡方物，赐钞及袭衣，所贡物悉厚直酬之"⑥。从前表统计内容看，明成祖朝

---

① ［明］严从简：《殊域周咨录》卷24《女直》，第734页。

② 《某某都司经历司卫安乐州辨明诬枉"达官"等事呈文》，辽宁省档案馆、辽宁社会科学院历史研究所编《明代辽东档案汇编》下册，辽沈书社，1985年，第859页。

③ 奇文瑛：《论明朝内迁女真安置政策——以安乐、自在州为例》，《中央民族大学学报》2002年第2期。

④ 张士尊：《明初辽东吸引少数民族南下定居政策述略》，《鞍山师范学院学报》2002年第4期。

⑤ 《中国明朝档案总汇》第55册《三万卫选簿》中有明确记载，广西师范大学出版社，2001年。

⑥ 《明太宗实录》卷94，永乐七年七月癸巳，第1250页。

安乐、自在二州达官朝贡活动并不多,前二次(永乐七、十年)二州入京朝贡皆在自在州指挥贾你①的率领下同行,此后二州达官们或单独前往,或结伴而行。宣宗初年到英宗正统六年(1441),是自在、安乐二州朝贡活动最为频繁的时期,从二州朝贡者的身份看,有指挥同知、指挥佥事、千户、百户,也有舍人、已故官员的妻子,如"辽东安乐州故指挥佥事王阿里哥出妻子俺失可等来朝贡马"②。还有夫妻同来朝贡的,"辽东自在州指挥佥事木合兀、妻兀答等来朝,贡马及金银器皿方物"③。

辽东都司境内安乐、自在二州与各卫居住的女真达官都应具有入京朝贡的资格,如与二州同处于开原城的三万卫,卫内的女真人户首次朝贡见于明成祖永乐二十二年(1424)四月,"辽东三万卫千户王阿都赤等,安乐等故指挥哈失用妻王氏,各遣人贡马赐钞币有差"④。其后,宣宗宣德元年(1426)三月,三万卫达官又与安乐、自在二州及开原城内居住的达官一同入京朝贡,"辽东安乐、自在州鞑官舍人、开原奴奴失偅哥、三万卫头目郑舍奴、大嵩卫鞑官指挥佥事高阿得帖木儿等,进马及金银器皿方物"⑤。奴奴失偅哥是《明实录》中仅见的一位居住在开原城入京朝贡的达官。最后一次见三万卫达官朝贡是在宣德三年(1428)。宣德年间已不再向三万卫、开原城安置内迁的女真人了,这或可说明原来在三万卫和开原城居住的女真人户皆归入安乐、自在二州管理。

安乐、自在州与居住在开原一带的女真达官们,进京朝贡所贡物品以马匹为主,即文献中最常见的"贡马",其次是方物、貂鼠皮,有时还会献上金银器皿,如《明英宗实录》正统三年(1438)二月癸未条记载:"辽东自在等州住坐鞑官千户歹速等来朝,贡貂鼠皮等物,赐綵币等物有差。"从二州贡品以马匹为主,可推知二州所辖的女真人户并不都居住在开原城

---

① 《明太宗实录》卷94、卷127、卷136分别记载贾你三次朝贡时的官职有不同,永乐七年七月为指挥,十年四月为指挥佥事,十一年正月又为指挥。内迁女真达官的官职通常不会出现如此频繁的升降,当是史官记载有误。第1250、1587、1659页。

② 《明宣宗实录》卷30,宣德二年八月庚辰,第788页。

③ 《明宣宗实录》卷54,宣德四年五月甲寅,第1292页。

④ 《明仁宗实录》卷6,永乐二十二年十月癸丑,第114页。

⑤ 《明宣宗实录》卷15,宣德元年三月丁酉,第392页。

内①，而是分布在开原附近适合畜牧狩猎地区，明朝许令其"任意牧猎"，不许军民"骚扰"，并且"嘉其内附，概许免差"，不征赋税②。然而，开原地区并不出产貂鼠皮，明人珍视的貂鼠皮主要产于黑龙江流域，这应是内迁的女真人与边外的女真人贸易交换得来的。永乐十六年（1418）九月，永乐帝谕行在兵部臣曰："近辽东缘边官军多出境市马，以扰夷人，其禁戢之。今后非奉朝廷文书而私出境者，处以重刑，其守臣不严管束者，论罪如律。若安乐、自在等州女直野人鞑靼欲出境交易，不在此例。"③ 明朝允许内迁的女真人自由出入辽东都司境进行贸易，女真达官朝贡所献方物，多是与边外女真贸易而来的山珍奇货。

明朝一向奉行"厚往薄来"的方针，对前来朝贡者皆给予丰厚的赏赐，估计对辽东都司境内女真达官的赏赐与关外羁縻卫所朝贡者的赏赐基本相同，一是根据朝贡者所具有的官职"赐䌽币表里纻丝袭衣等物有差"；另一是对朝贡者献上的贡品给予抚赏，如"上马每匹钞五十锭，中马四十锭，下马三十锭，每匹仍与䌽币表里一"④。丰厚的赏赐令女真达官们热衷于朝贡活动，几乎年年安乐、自在二州都有入京朝贡者，他们入京的时间没有规律，从正月到十二月，京师内都可见到前来朝贡的女真达官。

英宗正统后期开始加强对女真朝贡活动的限制和管理，正统六年（1441）二月，"行在锦衣卫带俸都指挥佥事陈友等言，辽东东宁卫及安乐、自在二州寄住达官人等，累年进贡，不限时月，多带家人，贪图赏赐，所过劳扰军民，妨废农务。乞敕辽东镇守总兵等官，谕令今后皆候农隙之时进贡，毋容多带家人，仍踵前弊。从之"⑤。查正统五年（1440）安乐、自在二州达官的朝贡活动，如陈友所言在五月、九月、十月、十一月、十二月皆有朝贡者，而且此时二州朝贡达官不再结伴而行，而是各自行动，再加上东宁卫等其他卫所的达官们络绎不绝的朝贡活动，令朝贡道途径地区的汉族居

---

① 奇文瑛：《论明后期辽东安乐、自在州的变化——兼及辽东行政问题》（《中国边疆史地研究》2012 年第 3 期）认为安乐、自在二州所辖女真人户均聚居开原城内。我认为内迁女真人户仅靠支取俸粮很难维持正常生计，到英宗正统年间开始对二州达官支半俸，这也从侧面说明内迁的女真人户有本族的经济生产，内迁初期当保有女真传统的经济特色。

② 《明神宗实录》卷 458，万历三十七年五月辛巳，第 8633 页。

③ 《明太宗实录》卷 204，永乐十六年九月戊申，第 2103 页。

④ 《明太宗实录》卷 25，永乐元年十一月乙亥，第 450 页。

⑤ 《明英宗实录》卷 76，正统六年二月戊寅，第 1488—1489 页。

民们不堪其扰。明朝对二州及诸卫达官的朝贡活动限制后，自正统七年始，包括安乐、自在二州在内辽东境内的女真人朝贡活动皆在冬季，从十二月到翌年二月，尤以正月为多。

接着明朝又进一步整顿对辽东都司境内散居各卫的女真人户的管理工作，《明英宗实录》正统八年（1443）三月甲戌条载：

> 辽东总兵官都督佥事曹义奏，永乐间开原城设立安乐自在二州，每州额除官吏四员名，专令抚安三万、辽海二卫归降达官人等。其东宁卫归降达官人等原无衙门官员管属，乞并自在州达官人等于安乐州管属，其自在州官吏徙于辽东都司，在城设立衙门，抚安东宁卫并附近海州、沈阳中等卫归降达官人等，庶为两便。章下吏部，移文左副都御史李浚覆审，乞如义言，从之。

据前面统计女真内迁愿居地点看，辽东都司境内女真人户主要分布在两个地区，一是以开原城为中心，如曹义所言开原设立安乐、自在二州集中安置、管理内迁的女真人，官署机构健全，又以三万、辽海二卫掌领抚安之事。另一以辽阳城为中心，东宁卫在辽阳，辽阳附近的海州等卫亦有内迁的女真人户居住，东宁卫是多民族杂居的卫所，明朝对各族的统辖政策不同，在管理上容易出现问题。曹义建议将自在州迁到辽阳，专管辽东半岛女真达官事务，英宗纳之。《辽东志》记载："自在州，永乐七年置，治开原城内，所领新附夷人，后徙治于辽阳城内。"① 正统八年，自在州迁往辽阳城。据《明实录》记载，景泰二年（1451）八月"益实卫野人指挥同知苦女并故所镇抚兀顶哥阿都哈海三等以被也先掳掠率家属来归，命苦女仍原职，阿都哈海三袭所镇抚，于自在州居住，隶定辽中卫，暂支半俸赐，钞布绢段衣服房屋器皿等物"②。据此可推知，迁到辽阳后自在州的达官们到定辽中卫支俸。

明朝加强了对辽东半岛内迁女真的管理，这为"土木堡之变"后，代宗推行分散安置内迁女真人户的政策提供了必要的条件。景泰年间，当边外

---

① ［明］毕恭：《辽东志》卷1《地理志》，第353页。
② 《明英宗实录》卷207，景泰二年八月己巳，第4443页。

女真内迁掀起高潮时，明朝进一步控制减少辽东都司境女真人的朝贡活动，景泰年间安乐、自在二州仅有 5 次朝贡活动，其中有 3 次是达官后人入京袭职。英宗再次复位后，辽东都司境内女真人的朝贡活动又有所增加，一直持续到天顺末年。自在州最后一次朝贡是天顺七年（1463）十二月，"己酉辽东自在州住坐达官王贵等来朝，贡马及佛像貂鼠皮氆氇香赐绵币等物"。安乐州最后一次朝贡是在天顺八年（1464）正月，"丁卯，辽东安乐等州达官都指挥李政等……来朝，贡马及方物，赐绵币表里纻丝袭衣等物有差"①。宪宗朝以后不再见关于自在、安乐二州朝贡的记载。但《明宪宗实录》成化三年（1467）九月丁酉条记载："辽东自在、安乐二州，先年投降夷人升授指挥等官，遇有病故，故免其子弟赴京，就于都御史处袭替。后兵部必欲其应继之人赴京袭替，多有贫难经年旷职者，人心嗟怨，或因而漏泄边情，乞今后凡有应该袭之人，许于辽东都司，转行巡抚都御史处袭替，具由令本司年终通类造册奏缴，以备查考。"这说明宪宗初年，二州达官承袭官职仍需赴京。成化三年后，二州官员的子弟袭替官职也免于入京，于辽东都司巡抚都御史处办理，二州的朝贡活动也很快完全停止了。

三　东宁卫下女真人的朝贡活动

东宁卫是明前期辽东都司境内居住女真人户较多的卫所，该卫设置于明太祖洪武年间。明初，随着明军逐渐向东北腹地推入，故元统治下的各族军民纷纷归附明朝寻求保护。洪武十三年（1380）明朝"置五千户所，曰东宁、女直、南京、海洋、草河，各领所部夷人"②。从"各领所部夷人"看，这五个千户所之下统辖的是少数民族。东宁，是元朝府、路名，元东宁路（治于今朝鲜平壤）是元世祖至元年间设在高丽人地区的路制，存续的时间仅有 20 年（1270—1290）。至元二十七年（1290）元罢东宁路后，在辉发河流域高丽、女真人杂居地区又设有东宁府。南京，是金末女真人蒲鲜万奴建立的东夏国南京，在今吉林延吉一带。蒙古汗国灭亡东夏国后，南京成为开

---

①　《明英宗实录》卷 360，天顺七年十二月己酉，第 7162 页；卷 361，天顺八年正月丁卯，第 7170—7171 页。

②　[明] 毕恭：《辽东志》卷 1《地理志》，第 353 页。

原路下统辖东夏遗民女真人的地区。海洋，亦为地名，在今朝鲜咸镜北道的吉州①，这里也是高丽与女真人的杂居区。女真、草河二千户所，主要是女真人的聚居地。由此看来，五千户之下统辖的主要是高丽、女真人。洪武十九年（1386）置东宁卫，治所在今辽宁辽阳北城。"初，辽东都指挥使司以辽阳高丽、女直来归官民，每五丁以一丁编为军，立东宁、南京、海洋、草河、女直五千户所分隶焉。至是从左军都督耿忠之请改置东宁卫，立左右中前后五所，以汉军属中所，命定辽前卫指挥佥事芮恭领之"②。东宁卫统辖下的五个千户所，除中千户所为汉人军户之外，其他四个千户所都是朝鲜（初称高丽）、女真人户。

成祖、宣宗朝时常有女真人请求"愿居"东宁卫，英宗、代宗朝也曾将请求内附的女真人安置到东宁卫。现将《明实录》中有关记载统计如下：

明帝	时间	迁入东宁卫	文献出处
太宗	永乐七年（1409）六月丁未	敷答河千户所镇抚弗理出、忽儿海卫所镇抚火罗孙皆自陈愿居东宁卫，命礼部给赐如例。	《明太宗实录》卷 93
	永乐八年（1410）九月丁卯	古路庆之地女直头目不里哈等来朝，授千百户之职，乞于东宁卫居住，赐予如例。	《明太宗实录》卷 108
	永乐十年（1412）十一月丙戌	肥河卫指挥佥事木答哈奏，愿居辽东东宁卫，赐予如例。	《明太宗实录》卷 134
	永乐十三年（1415）十月壬辰	古里河卫女直牙失答奏，愿居辽东东宁卫命为指挥佥事，赐予如例。	《明太宗实录》卷 169
宣宗	宣德元年（1426）二月庚午	建州等卫指挥佥事连台等五人来朝，奏愿居辽东东宁等卫，赐予如例。	《明宣宗实录》卷 14
	宣德元年（1426）三月丁未	毛怜等卫指挥佥事亦令合等，亦马山卫试百户委剌来朝，皆奏愿居辽东东宁卫。	《明宣宗实录》卷 15
	宣德四年（1429）二月庚寅	建州等卫副千户咬纳来朝，奏愿居辽东东宁卫。	《明宣宗实录》卷 51
	宣德六年（1431）三月戊辰	毛怜卫所镇抚忽失剌来朝，奏愿居辽东东宁卫。	《明宣宗实录》卷 77
	宣德八年（1433）闰八月乙亥	奴儿干喜申卫吉列迷车卜来朝，奏愿居辽东东宁卫，命为百户。	《明宣宗实录》卷 105

① 蒋秀松：《东北民族史研究》三，中州古籍出版社，1994 年，第 199 页。
② 《明太祖实录》卷 178，洪武十九年七月癸亥，第 2699 页。

续表

明帝	时间	迁入东宁卫	文献出处
宣宗	宣德九年（1434）八月戊申	可令河卫指挥金事伯里哥秃来朝，奏愿居辽东东宁卫。	《明宣宗实录》卷112
英宗	正统七年（1442）七月丁卯	赐女直来归人都勒等各钞百锭布十匹纻丝衣一袭，送辽东东宁卫寄住，给与牛羊柴米房屋器皿。	《明英宗实录》卷94
代宗	景泰二年（1451）十月丙子	命海西来归故建州卫指挥金事童哈留孙歹英加袭职，歹英加隶东宁卫，俱给赐房屋器皿等物。	《明英宗实录》卷209

据《明实录》记载明朝前期女真人户迁入辽东都司有80余次（迁往中原南方为44次），其中安置到东宁卫12次，占内迁辽东都司女真人户次数的七分之一左右。尽管如此，东宁卫仍是自在、安乐二州以外，安置内迁女真人最多的卫。从上表统计看，女真人内迁东宁卫的时间主要在永乐、宣德年间，其中既有邻近的建州卫、毛怜卫女真人，也有较远的海西诸卫女真人，宣德八年（1433）迁入的奴儿干喜申卫吉列迷车卜来自黑龙江下游地区。

在东宁卫是个比较特殊的卫所，建立之初就有朝鲜人（初称高丽）、汉人和女真人。《朝鲜王朝實錄》记载："东宁卫所属高丽人，洪武年间三万余人，及永乐时漫散军亦四万余人。"[1] 明成祖于永乐元年（1403）派人到朝鲜国招谕在"靖难之役"期间，为避战乱逃回朝鲜的东宁卫人户，敕谕曰："都回来东宁卫里来住，官仍旧做官，军仍旧做军，民仍旧做民。打围种田，做生理，听从所便，休要害怕惊疑，若一向执迷漫散不来，恐久后悔时迟了。"[2] 显然东宁卫是以安置内迁朝鲜人为主[3]。《明神宗实录》万历三十五年（1607）十二月癸未条亦载："高丽国夷人归附总属东宁卫者，名曰土官。建州毛怜等卫夷人降附安置安乐自在二州者，名曰达官。"从史籍记载看，明朝前期东宁卫人户朝贡活动比较频繁，首次朝贡是在东宁卫建立当年，永乐十九年（1421）正月，"东宁卫鞑靼头目唛哈等来朝，各赐钞币及

---

① ［韩］国史编纂委员会编：《朝鲜王朝世祖實錄》卷34，世祖十年八月壬午，第7册，第642页。
② ［韩］国史编纂委员会编：《朝鲜王朝太宗實錄》卷5，太宗三年正月辛卯，第1册，第255页。
③ 参见程妮娜《古代中国东北民族地区建置史》，第470—478页。

文绮龙衣"①。此后,直到英宗正统七年(1442),东宁卫人入京朝贡不绝。据《明实录》记载东宁卫与辽东半岛安置内迁女真的各卫,入京朝贡情况统计如下:

	永乐年间	洪熙年间	宣德年间	正统年间	天顺年间
东宁卫	4	2	20	15	
海州卫		1		1	
辽阳(辽东)			1	1	
复州卫					2
定辽中等卫					2

辽东半岛安置内迁女真的卫所,除了东宁卫之外,还有海州卫、复州卫、盖州卫、金州卫、辽阳及定辽诸卫,其中盖州卫和金州卫未见朝贡记载,海州卫、复州卫、辽阳和定辽中卫仅见零星几次朝贡。唯有东宁卫朝贡活动比较频繁,前后共有 41 次,其朝贡的走势与自在、安乐州相同,宣德与正统前期为朝贡的高峰。那么东宁卫入京朝贡者的身份是朝鲜人还是女真人,是东宁卫所有女真人,还是仅限于新内迁的女真人,这关系到明朝对辽东都司境内各民族统辖政策的认识,需要辨析清楚。仔细考察《明实录》关于东宁卫朝贡活动的记载,可以发现如下现象:

其一,在 41 次朝贡活动中明确记载其族属为女直人的有 6 次,如宣德五年(1430)六月,"己卯,辽东东宁卫女直指挥佥事亦失哈等来朝贡马",丁酉,"赐东宁卫女直指挥佥事亦失哈等钞绖币表里袭衣有差"②。无朝贡者族属明确为朝鲜人的记载。

其二,明人称女真人为"达官"(鞑官),称朝鲜人为"土官"者。明确记载东宁卫朝贡者为达(鞑)官的有 15 次,如正统四年(1439)三月,"东宁卫鞑官指挥教化等俱来朝贡马及方物,赐绖币钞绢等物有差";六年三月,"丙寅,东宁卫达官千户歹出等来朝贡马,赐宴并赐钞绖段表里绢匹

① 《明太宗实录》卷 233,永乐十九年正月丁卯,第 2248 页。
② 《明宣宗实录》卷 67,宣德五年六月己卯,第 1577 页。

衣服靴袜有差"①。记载土官朝贡的有 2 次，即宣德二年（1427）十月，"东宁卫土官百户李耀等来朝贡马"。正统三年（1438），"辽东东宁卫故土官指挥李从善男敬等俱来朝贡马，赐綵币等物有差"②。

其三，女真人与朝鲜人的名字有明显不同，明初女真人无姓有名，如上面"女真迁入东宁卫表"中所列出的女真人名字：木答哈、牙失答、伯里哥秃等；朝鲜人则有姓有名，为三字或二字，与汉人相同，如李从善、金声等。从朝贡者的名字大致可考察出其族属，在众多东宁卫朝贡者中只见 3 位可能是朝鲜人，除了上面二位土官李耀、李敬之外，还有一位是金声。

因此，可以断定东宁卫的朝贡者绝大多数是该卫的女真人。然而，在边外女真人迁入东宁卫以前，东宁卫已有女真人居住，是否东宁卫所有女真人都具有朝贡资格呢？将新迁入东宁卫的女真人与前来朝贡的女真人对比，可发现他们是同一部分女真人，如永乐十年（1412）十一月，"肥河卫指挥佥事木答哈奏，原（愿）居辽东东宁卫……赐予如例"。宣德四年（1429）四月，"辽东东宁卫女直指挥佥事木答哈等来朝贡马"③。又如，宣德九年（1434）八月，"可令河卫指挥佥事伯里哥秃来朝，奏愿居辽东东宁卫"。正统十年（1445）二月，辽东东宁卫指挥佥事伯里哥秃孙的剌木来朝，命袭职④。可以进一步确定东宁卫的朝贡者是新迁入的女真人户，他们内迁后仍具有边外羁縻卫所的朝贡资格。

东宁卫的朝鲜人是否具有朝贡资格呢？考察金声、李耀、李敬的朝贡活动可发现东宁卫指挥使金声（后升为都指挥佥事）比较特别，他前后入京朝贡 4 次，而他的朝贡活动几乎都与女真人有关。金声首次朝贡在仁宗即位之初，永乐二十二年（1424）十二月，"东宁卫指挥使金声、建州左卫指挥使猛哥帖木儿来朝贡马赐綵币表里有差"。东宁卫指挥使与建州左卫指挥使

① 《明英宗实录》卷 53，正统四年三月壬申，第 1029 页；卷 77，正统六年三月丙寅，第 1529—1530 页。
② 《明宣宗实录》卷 32，宣德二年十月庚辰，第 829 页；《明英宗实录》卷 40，正统三年三月乙巳，第 1637 页。
③ 《明太宗实录》卷 134，永乐十年十一月丙戌，第 781 页；《明宣宗实录》卷 41，宣德三年四月癸丑，第 993 页。
④ 《明宣宗实录》卷 112，宣德九年八月戊申，第 2511 页；《明英宗实录》卷 126，正统十年二月甲寅，第 2516 页。

猛哥帖木儿同时入京朝贡，这绝不是巧合。洪熙元年（1425）二月，在仁宗对建州卫千户杨木答兀的敕谕中有曰："皇考太宗皇帝体上天好生之心遣指挥金声赍敕往谕，宽宥前过。……今再遣金声赍敕往谕，其体朕至意即同金声来朝，复尔等官职，仍回本土安其生业，永享太平。"① 据此可知，此次朝贡是东宁卫指挥使金声招谕建州卫女真，携其同来朝贡。之后，金声多次受命前往女真地区招谕，颇有成效。金声第二次朝贡是在洪熙元年（1425）十二月，"东宁卫指挥佥事金声等招谕建州左卫指挥佥事猛哥帖木儿木合等至京贡马"。宣德元年（1426）春正月，明廷"赐建州左卫土官都督佥事猛哥帖木儿及东宁卫指挥使金声等二百八十四人，钞绢绣币表里有差，仍命辽东都司给赐绵布"②。金声第三次朝贡是在宣德二年（1427）八月，"辽东都司都指挥同知康旺、考郎兀等卫指挥佥事克彻、屯河等卫指挥佥事不颜秃、辽东东宁卫指挥金声等来朝进马及方物"。这时金声是随从辽东都司都指挥同知康旺招谕海西女真，并到达黑龙江下游的奴儿干地区，宣宗"升辽东都指挥同知康旺为都指挥使，都指挥佥事王肇舟、佟答剌哈为都指挥同知，东宁卫指挥使金声为都指挥佥事，旺等累使奴儿干招谕，上念其劳，故有是命"③。金声最后一次朝贡是在宣德五年（1430）九月，"辽东都指挥佥事金声、野木河卫指挥同知朵多、大嵩卫鞑官指挥同知马撒盖、副千户脱台等来朝，贡马及方物"。此前，金声于宣德三年（1428）随同太监亦失哈"赍敕及文绮表里往奴儿干都司及海西弗提等卫"④，此次朝贡应是从奴儿干返回之后，与海西女真同来朝贡。由此可见，东宁卫人金声多次朝贡均与招谕女真羁縻卫所有关，并且每次都是与女真人同来朝贡⑤。辽东都司境内居住的朝鲜人与汉人同为农业民族，明朝对其征收较轻的赋税，并没有实行朝贡制度。至于另外两个朝鲜土官李耀、李敬各来朝贡1次，当有特殊原因，并非是东宁卫下朝鲜土官也实行朝贡制度。

自在州迁到辽东半岛后，最后一次朝贡是天顺七年（1463）十二月；

---

① 《明仁宗实录》卷7上，洪熙元年二月辛丑，第229页。

② 《明宣宗实录》卷12，洪熙元年十二月丁亥，第334页；卷13，宣德元年正月癸丑，第355页。

③ 《明宣宗实录》卷30，宣德二年八月庚申，第776页；卷31，宣德二年九月丁亥，第795页。

④ 《明宣宗实录》卷70，宣德五年九月癸丑，第1648页；卷35，宣德三年春正月壬辰，877页。

⑤ 蒋秀松根据金声的事迹认为他是女真人，但这仅是一种推测，可备一说。参见是氏《东北民族史研究》（三），中州古籍出版社，1994年，第211页。

定辽等卫最后一次朝贡是在天顺八年（1464）正月，"辽东定辽等卫达官指挥撒春等来朝，贡马赐宴并绥币表里等物"[1]；然东宁卫最后一次朝贡则在明英宗正统十四年（1449）二月，"东宁卫指挥佥事撒因加子阿里哈安乐州指挥佥事莽哥侄喃娘加袭职"[2]。东宁卫停止朝贡的时间似乎过早，或许"土木堡之变"以后，东宁卫达官朝贡由自在州管理，与之同行，不再单独记载。

　　明朝前期辽东都司境内安置大量内迁的女真人户，明朝政府对其实行种种特殊的优遇政策，其中一项即是内迁后仍保持其在边外羁縻卫所时期的朝贡资格。究其原因是这些内迁的女真人与边外女真人有着千丝万缕的亲情联系，为了笼络女真人，建构和维护东北边疆的防线，牵制防范明朝的心腹之患蒙古而采取的措施。明中期东北边疆政策发生变化，不再允许成批的女真人内迁，随之也停止了辽东都司境内女真人的朝贡活动。其后，随着内迁的女真人与汉人、朝鲜人杂居日久，生产、生活习俗逐渐接近，"煦濡浃深，礼乐文物，彬彬然矣"[3]。

第五节　后金到清前期东北民族朝贡制度的尾声与终结

　　1616 年努尔哈赤建立金政权，史称"后金"。后金（清）统治者在征服北部、东北部及东部沿海偏远地区原始牧猎族群之后，仿照明制建构朝贡制度。后金（清）统治者奉行"重威辅恩"的治边思想，在建构、经营东北边地族群朝贡制度的过程中，表现出对边疆民族"强力统治"的特征。清入关后，为了抗击沙俄入侵，满族统治者以具有民族特点的各种行政建置全面取代了朝贡制度。至此东北边疆民族地区实行了近 2000 年的朝贡制度最后废止。

一　后金建构东北边地族群的朝贡制度

　　明末分布在东部沿海、乌苏里江流域以及黑龙江流域的原始族群主要有

①　《明英宗实录》卷 361，天顺八年正月壬戌，第 7169 页。
②　《明英宗实录》卷 175，正统十四年二月丙寅，第 3371 页。
③　［明］毕恭：《辽东志》卷 1《地理志·风俗》，第 363 页。

虎尔哈部、瓦尔喀部、库尔喀部、索伦部、萨哈尔察部、兀扎喇部、费雅喀部、奇勒尔部、使鹿部、使犬部等。

早在后金建国前，努尔哈赤已经开始对东北部原始族群地区进行经营，最早归附建州女真的是东海渥集之地的虎尔哈部。虎尔哈又作呼尔哈、呼儿喀，分布广泛。据《清实录》记载有东海窝集虎尔哈部、长白山迤东滨海虎尔哈部、黑龙江地方虎尔哈部、闹雷地方虎尔哈部、元扎喇地方虎尔哈部等，从东部沿海到黑龙江流域皆有虎尔哈人居住。蒋秀松认为虎尔哈部有狭义和广义之分，狭义指呼尔哈流域（牡丹江）和松花江下游的女真人，广义的虎尔哈部分布北部可达黑龙江下游敦敦河口（今俄罗斯阿纽依河口）一带①。东海渥集之地的虎尔哈部应是虎尔哈人分布区靠近建州女真的部分。《清太祖实录》己亥年（明万历二十七年，1599）正月壬午条记载："东海渥集部之虎尔哈路长王格、张格率百人朝谒，贡黑白红三色狐皮、黑白二色貂皮。自此渥集部之虎尔哈路每岁朝谒，其长博济里首乞婚，上嘉其率先归附，因以大臣女六，配其六长。"归附努尔哈赤的虎尔哈部酋长们还与建州女真的上层人物建立了通婚关系。

继东海渥集的虎尔哈部之后，东海瓦尔喀部也很快与建州女真建立了政治关系。丁未年（明万历三十五年，1607）年初，"东海瓦尔喀部、蜚悠城长策穆特黑来朝。告上曰：吾等因地方遥阻附乌喇，乌喇贝勒布占泰、遇吾等虐甚，乞移家来附。上命弟贝勒舒尔哈齐、长子洪巴图鲁贝勒褚英、次子贝勒代善、一等大臣费英东、侍卫扈尔汉率兵三千，至蜚悠城徙之"②。董万仑认为东海瓦尔喀部是明末清初分布在图们江内外的女真人③。这部分瓦尔喀人因不堪海西女真乌拉部的暴虐，举部投奔建州女真，得到努尔哈赤的保护和安置。

后金政权建立的当年，九月征服东海萨哈连部，招抚了今松花江、黑龙江至乌苏里江下游一带的使犬路、诺洛路、石拉忻路部落④。天命三年（1618）二月，"上闻已附之使犬路、诺洛路、石拉忻路路长四十人率其妻

---

① 蒋秀松：《清初的呼尔哈部》，《社会科学战线》1981 年第 1 期。

② 《清太祖实录》卷3，丁未年正月乙丑，第 48 页。

③ 董万仑：《明末清初图们江内外瓦尔喀研究》，《民族研究》2003 年第 1 期。

④ 《清太祖实录》卷5，天命元年九月丁巳，第 66 页。三路今地，参见杨茂盛《赫哲族的源流、分布与变迁》，《黑龙江民族丛刊》1988 年第 2 期。

子、并部众百余户来归，上命以马百匹、及廪饩诸物迎之。是月，始至，路长各授官有差，其众俱给奴仆、牛马、田庐、衣服、器具。无室者并给以妻"①。这与建国前辛亥年（1611）"东海虎尔哈部内扎库塔地居人来附，上赐甲三十副"② 相比，后金建立后努尔哈赤对归附者"各授官有差，其众俱给奴仆、牛马、田庐、衣服、器具。无室者并给以妻"，赏赐前后有明显变化，"赐甲"还具有将其纳入部落联盟的色彩，"授官赏赐"则具有后金模仿明朝建构边地朝贡制度的意味。

皇太极即位后，进一步扩大对东北部及黑龙江流域原始族群的经略。在东部，天聪元年（1627），"长白山迤东滨海虎尔哈部落三人来朝，贡黑貂皮"。天聪三年（1629）七月"库尔喀部落九人来朝，贡海豹皮"③。库尔喀部，又称恰喀拉、库雅拉。据康熙年间杨宾《柳边纪略》记载："库牙喇，俗与窝稽同，产海豹、江獭皮，其地在土门江北岸，与南岸朝鲜庆远府城相对。"④ 其分布地在今图们江、珲春河流域。之后黑龙江地方虎尔哈部、闹雷地方虎尔哈部、元扎喇地方虎尔哈部都相继遣使朝贡。

在北部黑龙江中上游地区，索伦、萨哈尔察等部开始向后金朝贡。其时，索伦"雄于诸部"⑤，黑龙江中上游"人不问部族，概称索伦，黑龙江人居之不疑，亦雅喜以索伦自号"⑥。加上这一地区各族群交错杂居，故后金时期，索伦部几乎成为黑龙江中上游诸族群的泛称。萨哈尔察部，学界一般认为属于达斡尔人，分布在精奇里江及其与黑龙江汇合处的一带地区⑦。天聪元年（1627）十一月，"萨哈尔察部落六十人来朝。贡貂狐、猞狸狲皮"⑧。以索伦为名的部落首次朝贡是在皇太极天聪八年（1634），此后每年遣使朝贡。索伦部中的鄂伦春人游动性较大，分布极广，从黑龙江上游到下游都有分布，《黑龙江志稿》称，鄂伦春"一作俄伦春，又讹为俄乐春。元

① 《清太祖实录》卷5，天命三年二月辛卯，第68页。
② 《清太祖实录》卷3，辛亥年八月丙戌，第51页。
③ 《清太宗实录》卷5，天聪三年七月乙未，第72页。
④ ［清］杨宾：《柳边纪略》卷3，金毓黻辑：《辽海丛书》第1册，辽海书社，1985年，第251页。
⑤ 万福麟监修，张伯英总纂：《黑龙江志稿》卷11，黑龙江人民出版社，1992年，第512页。
⑥ ［清］西清：《黑龙江外记》卷3，黑龙江人民出版社，1984年，第28页。
⑦ ［日］吉田金一：《十七世纪中叶黑龙江流域的原住民》，古清尧摘译、邓锐龄校。认为是结雅河流域的达呼尔族及达呼尔化了的通古斯集团。《黑龙江文物丛刊》1982年第2期。
⑧ 《清太宗实录》卷3，天聪元年十一月辛巳，第54页。

时称为'林木中百姓',清初谓为'树中人'。其在鄂伦春之东部者,又呼为使鹿部。其在鄂伦春上游西部者,又呼为使马部。其在黑龙江下游之鄂伦春,又呼为使犬部"①。后金时期,还有一部分鄂伦春人称为"打牲部""使鹿部""使犬部"等。现将《清实录》有关后金建立前后东北边地族群朝贡活动记载统计如下:

后金时期东北边地族群朝贡活动一览表

时间	朝贡活动
己亥年（1599）正月	东海渥集部之虎尔哈路长王格、张格率百人朝谒,贡黑白红三色狐皮、黑白二色貂皮。自此渥集部之虎尔哈路每岁朝谒。
丁未年（1607）年初	东海瓦尔喀部、蕫悠城长策穆特黑来朝。
辛亥年（1611）八月	东海虎尔哈部内扎库塔地居人来附,上赐甲三十副。
天命三年（1618）二月	上闻已附之使犬路、诺洛路、石拉忻路路长四十人率其妻子、并部众百余户来归,上命以马百匹、及廪饩诸物迎之。是月,始至,路长各授官有差,其众俱给奴仆、牛马、田庐、衣服、器具。无室者并给以妻。
十月	东海虎尔哈部长纳喀答率民百户来归。
天聪元年（1627）十一月	萨哈尔察部落六十人来朝。贡貂狐、猞狸狲皮。
十二月	长白山迤东滨海虎尔哈部落三人来朝,贡黑貂皮。
天聪二年（1628）五月	长白山迤东滨海虎尔哈部落之头目里佛塔、布克善、喀秀、克伊克喇来朝,各赐鞍马、缎衣、并弓矢撒袋。
十二月	东方巴牙喇部落之头目伊尔彪、图尔哈、布韬、伊图喀率七人来朝,贡貂皮、狐皮。
天聪三年（1629）七月	库尔喀部落九人来朝,贡海豹皮。
天聪四年（1630）四月	虎尔哈部落二十一人来朝,贡貂皮。
五月	虎尔哈部落十一人来朝,贡貂皮。
天聪五年（1631）六月	黑龙江地方伊扎纳、萨克提、伽期纳、俄力喀、康柱等五头目来朝。
七月	黑龙江地方虎尔哈部落托思科羌图礼、恰克莫、撺球四头目来朝,贡貂狐、猞狸狲等皮。
	闹雷地方虎尔哈部落萨达兰、宜扣札济喇瓦尔禅四头目来朝,贡貂狐、猞狸狲、水獭皮。又有头目厄克星格携家来归。

① 万福麟监修,张伯英总纂:《黑龙江志稿》卷11,第513页。

续表

时间	朝贡活动
天聪七年（1633）六月 十月 十一月	东海使犬部落额驸僧格偕其妻率五十二人来朝，贡方物。 元扎喇地方虎尔哈名绰奇者率四人来朝，贡貂狐皮。 萨哈尔察部落之头目费扬古、满代率四十六人来朝，献貂皮千七百六十九张，赐布二千六百三十匹，赐以鞍马撒袋、蟒衣、帽、靴、银器、缎布等物有差。
天聪八年（1634）正月 五月 十月 十一月 十二月	黑龙江地方羌图里、嘛尔干率六姓六十七人来朝。贡貂皮六百六十八张。上以嘛尔干、羌图里、自归服以来。贡献不绝于道，赐嘛尔干鞍马一匹；羌图里妇人一口；又以伊济纳送喀住弟至，喀达送波济里弟至，各赐布匹等物。 其新附之蒙古、汉人、瓦尔喀、虎尔哈、卦尔察，以及旧满洲、汉人、蒙古等，凡贫穷者，则又给与妻室、奴仆、壮田、牛马、衣食赡养。……每年迎接新附之虎尔哈。于教场看守皮张。运送薪水。 黑龙江地方头目巴尔达齐率四十四人来朝，贡貂皮一千八百一十八张。 索伦部长京古齐、巴尔达齐、哈拜孔恰泰、吴都汉、讷赫彻、特白哈尔塔等率三十五人来朝，贡貂狐皮。 使犬部盖清屯僧格率五十人来朝。贡貂皮。 黑龙江地方杜莫讷、南地攸、贾尔机达、喀拜、郭尔敦率从者六十九人，松阿里地方摆牙喇氏僧格额驸、喇东格率从者五十人，来朝，贡貂皮。
天聪九年（1635）正月 四月	使犬部落索琐科来朝，贡黑狐、黄狐、貂鼠、水獭等皮，及狐裘、貂裘。 黑龙江索伦部落头目巴尔达齐率二十二人来朝，贡貂狐皮等物。上命礼部承政满达尔汉迎于五里外，设宴宴之。赐萨哈尔察部落来贡貂狐皮头目巴尔达齐、额内布、萨泰等三人，蟒缎朝服、衣帽、玲珑鞓带、鞍马、缎布有差。其从役六十三人各衣一袭。
天聪十年（1636）正月 三月 四月	黑龙江虎尔哈部落头目朝贡，行礼毕，大宴。 赐黑龙江地方进贡貂皮头目费扬古、卓嫩、吴墨特等九人，缎衣、帽、靴、缎布等物有差。 索伦部落萨哈尔察地方额驸巴尔达齐率十四人来朝，贡貂皮。

　　从上表内容看，东部沿海和黑龙江流域的原始族群大部分已与后金政权建立朝贡关系，皇太极时期，几乎每年都有前来朝贡的族群。朝贡者有时四五人，有时 40-70 人。尤其是天聪七年（1633）以后，黑龙江中上游的索伦部每年向后金遣使朝贡，如黑龙江索伦部落头目巴尔达齐于天聪八年朝贡

二次，九年、十年各一次。朝贡者向后金统治者贡纳貂皮、狐皮、猞狸狲皮、海獭皮、海豹皮，其中以貂皮为主。从贡纳貂皮的数量看，天聪七年（1633）十一月萨哈尔察部头目费扬古等贡貂皮1769张；八年正月，黑龙江地方羌图里等人贡貂皮668张。五月，索伦部头目巴尔达齐贡貂皮1818张，朝贡者的贡纳物，数量丰厚。后金对朝贡者主要赏赐布匹、衣帽等物，如赏赐费扬古等人"布二千六百三十匹，赐以鞍马撒袋、蟒衣、帽、靴、银器、缎布等物有差"。值得注意的是，天聪九年四月，"黑龙江索伦部落头目巴尔达齐率二十二人来朝，贡貂狐皮等物。上命礼部承政满达尔汉迎于五里外，设宴宴之。赐萨哈尔察部落来贡貂狐皮头目巴尔达齐、额内布、萨泰等三人，蟒缎朝服、衣帽、玲珑鞓带、鞍马、缎布有差。其从役六十三人各衣一袭"①。其中有两个重要信息：一是后金赏赐部落首领的物品中有"蟒缎朝服、衣帽、玲珑鞓带、鞍马"，这暗示最晚这时后金政权已经开始对朝贡部落的头目授予官职，从后来的记载看，这个时期授予朝贡头目的官职极有可能是牛录；二是以礼部官员迎迓朝贡者，说明天聪九年（1635）后金政权已以礼部管理东北民族的朝贡活动。接着，在天聪十年（1636）正月朔日朝贺大典上，首次见到东北边地朝贡者，《清太宗实录》卷27，天聪十年，春正月丁未朔条记载：

> 黎明，上率诸贝勒大臣出抚近门，谒堂子，还宫拜神。辰刻，御殿，大贝勒代善侍坐于右侧，和硕贝勒墨尔根戴青多尔衮率和硕贝勒额尔克楚虎尔多铎、和硕贝勒岳托、豪格、贝勒阿巴泰、阿济格等行朝贺礼；次外藩各部落，归附蒙古诸贝勒、满洲蒙古汉军各固山额真，率本旗官；阿禄喀尔喀部落进表使臣，黑龙江虎尔哈部落头目，行礼毕。大宴。申刻，上还宫。

此后，每年正月朝贺大典皆有东北边地朝贡者参加，位列朝贺诸贝勒大臣、蒙古诸贝勒、八旗固山额真之后，属部之末尾。这标志后金东北边地朝贡制度已确立。

---

① 《清太宗实录》卷16，天聪七年十一月壬辰，第215页；卷18，天聪八年五月丙戌，第240页。

后金建立后的第三年（1618），努尔哈赤以"七大恨"起兵反明，1619年萨尔浒大战之后，努尔哈赤出兵占领开原、铁岭，1621年攻取辽沈，进而与明朝争夺东北地区的统属权。在连年战争中，后金兵力损失严重，虽然在统一女真各部的过程中，人力物力有所补充，但面对庞大的明帝国，后金政权明显人少力单，军队急需补充兵源，社会生产也急需补充人力。后金统治者在建构经营东北边地朝贡制度时，采取"叛则声罪而讨，顺则加恩而抚"①的政策，对于前来归附的部落，后金统治者以优惠的物质条件，诱使其留下来，如《清太祖实录》天命元年（1616）十月条记载：

> 丙寅，东海虎尔哈部长纳喀答率民百户来归，遣二百人迎之。乙亥，始至，上御殿，虎尔哈部众朝见，赐宴，谕令挈家口愿留我国者为一行，未携家口而愿归者为一行，分别聚立。赐愿留为首八人，各男妇二十口、马十匹、牛十头，锦裘蟒服并四时之衣，田庐器用诸物毕具，部众大悦。其愿归之人感激，乞留甚众。乃因还者寄语曰："国之军士欲攻伐，以杀我等，俘掠我家产，而上以招徕安集为念，收我等为羽翼，恩出望外，吾乡兄弟诸人，其即相率而来，无晚也。"

从努尔哈赤的谕令看，东海虎尔哈部长纳喀答带领归附的百户虎尔哈人户中，有两部分人，一是携家口来归附，有意愿留在后金；一是只身一人来朝贡，仍要返回故地。努尔哈赤对愿留者，仿照明朝当年安置内迁辽东都司的女真人的办法，给其奴仆、牛马、衣服、田庐器用。其中给奴仆，以及配妻室②，则是后金优待内迁者政策的特色。后金以十分丰厚的赏赐和妥善的安置，表示其招徕远人之诚意。

后金建立前后，在经略东北部边远族群地区，建构朝贡制度的过程中，对抗拒归附的边地部落，实行军事征讨，大肆掠夺人口财物，如上举史料虎尔哈人所说"国之军士欲攻伐，以杀我等，俘掠我家产"。1615年，努尔哈赤"遣兵二千征东海渥集部东额黑库伦，至顾纳喀库伦，招之不服。遂布阵鸣螺，越壕三层，毁其栅，攻克其城，阵斩八百人，俘获万人，收抚其居民

---

① 《清太宗实录》卷65，崇德八年十月丁卯，第911页。
② 见前表"天聪八年正月"条。

编户口五百，乃班师"①。天聪八年（1634）十二月，皇太极命管步兵梅勒章京霸奇兰等人率兵二千五百人往征黑龙江地方，谕之曰：对于已经归附的三屯，"不可稍有侵扰，宜令留于本处。仍谕以因尔等输诚来归，故使复还故土，自后宜益修恭顺。倘往来稍间，必谴责立至矣。若所略不获如愿，则不必留此三屯，当尽携来。凡器用之属有资军实者，亦无使遗弃。军还，务令结队而行，不可分散。尔等其凛遵焉"②。据《清实录》记载统计，努尔哈赤建国前和后金时期对边远族群曾有 20 多次较大规模的用兵行动，具体统计如下：

后金建立前后对东北边地族群用兵一览表

丁未年（1607）	往征东海渥集部，取赫席黑、俄漠和苏鲁、佛讷赫拖克索三路。俘二千人而还。
己酉年（1609）	征东海渥集部所属滹野路，取之，收二千户而还。
庚戌年（1610）	往东海渥集部之那木都鲁、绥分、宁古塔、尼马察四路。招其路长康古礼喀克笃礼、昂古、明噶图、乌路喀、僧格、尼喀里、汤松噶、叶克书等，令其家口前行。回师至雅揽路，遂击取之，俘万余人而还。
辛亥年（1611）	七月，征东海渥集部之乌尔古宸、木伦二路，取之。 十二月，征渥集部之虎尔哈路，围扎库塔城，三日招之不下，遂攻克其城，斩首千余，俘二千人。其环近各路、尽招抚之。令土勒伸、额勒伸二人，卫其民五百户而还。
甲寅年（1614）	十二月，往东海渥集部之雅揽、西临二路，收降民二百户，俘千人而还。
乙卯年（1615）	征东海渥集部东额黑库伦城，至顾纳喀库伦，招之不服。遂布阵鸣螺。越壕三层。毁其珊。攻克其城。阵斩八百人。俘获万人、收抚其居民。编户口五百。乃班师。
天命元年（1616）	七月，征东海萨哈连部二臣奉上命、行至兀尔简河刳舟二百水陆并进取河南、河北诸寨凡三十有六。八月，遂取萨哈连部内十一寨。
天命二年（1617）	二月，明东海沿边，散居诸部，多未归附，上遣兵四百往取之，悉收散处之民。其岛居负险不服者，乘小舟，尽取之而还。
天命四年（1619）	正月，上命大臣穆哈连率兵千人，尽收东海虎尔哈部散处遗民。 六月，上命大臣穆哈连率兵至东海虎尔哈部，将所遗居民千户、丁壮二千以还。

---

① 《清太祖实录》卷4，乙卯十一月癸酉朔，中华书局，1986 年影印本，第 61 页。
② 《清太宗实录》卷 21，天聪八年十二月壬辰，第 280 页。

天命十年（1625）	三月，初，命喀尔达、富喀纳、塔羽引兵征东海瓦尔喀部，率降附之众三百三十人归。命族弟王善、副将达朱户、车尔格统兵一千五百人，征东海瓦尔喀部，俘获甚众。至是军还。 八月，征东海南路虎尔哈部，降其五百户而归。……征东海北路卦尔察，获其人二千以归。 十月，征东海北路虎尔哈部，分二路进兵，俘其众千五百人归。
天聪三年（1629）	往征瓦尔喀。上谕之曰："尔等行军，宜严纪律，毋妄杀，毋劫掠，归附之众，皆编为民户携还。其所产貂皮及一切诸物，毋得纤毫私取，若克建功绩，自加升赏。"
天聪五年（1631）	往征瓦尔喀，自宁古塔遣人奏俘获人数，男子千二百十九名、妇女千二百八十四口、幼丁六百三名，及人参皮张甚多。
天聪六年（1632）	出征兀扎喇，斩三百三十八人，获男妇幼稺七百名口，马三百七十三，牛一百有二，貂皮七十八，猞狸狲皮一十五，獭皮三十八，狐皮二十二，灰鼠皮八百，黄鼠、灰鼠、貉皮等裘共三十四。
天聪七年（1633）	正月，征兀扎喇，获人口五百六十五。 八月，于库勒讷林中造船八艘，即以所造船往征虎尔哈，克之而归。又随喀恺、钟果对往海滨造船四艘，取瓦尔喀海中九岛。 十一月，遣季思哈、吴区海率官八员，兵三百人，往征朝鲜接壤之虎尔哈部落。
天聪八年（1634）	五月，往征东海一路虎尔哈部落，季思哈、吴巴海遣人奏捷，俘男子五百五十人，妇女幼小共一千五百人。获有主马一百五十六，牛一百八十三，无主马三十八，牛二十一。貂、猞狸狲、狐、水獭、黄鼠、灰鼠、貉等裘，共一百六十有奇。貂、猞狸狲、狐、狼、水獭、黄鼠、灰鼠、虎、貉、海獭等皮，共二千二百五十有奇。貉褥二布一百二十，缎四，人参二驮。 九月，又征瓦尔喀部落，主将季思哈、吴巴海等，俘获虎尔哈部落男子五百六十六名，妇女幼稚九百二十四口，马牛一百五十一，犬三十九，貂、黄鼠、青鼠、猞狸狲、狐、貉、獭裘共一百六十三领。猞狸狲、虎、狼、狐、獭、水豹、貉、貂、青鼠、黄鼠等皮，共二千二百三十张。貉皮褥三，银三十六两，人参八十斤，布一百二十，缎四，缎衣二。俱寄留于宁古塔。 十二月，遣吴巴海、荆古尔代率每旗将领一员，每牛录甲士一名共四百人，往征瓦尔喀。 命管步兵梅勒章京霸奇兰、甲喇章京萨穆什喀、率章京四十一员，兵二千五百人，往征黑龙江地方。

天聪九年（1635）	四月，辛丑，往征黑龙江虎尔哈部落将士凯旋，招降二千四百八十三人，已分与新编牛录。此番招降虎尔哈内幼小甚多，每牛录给不入册之幼丁约二百人，共计户口七千三百有二。马八百五十六匹，牛五百四十三头，驴八头。俘获妇女幼穉一百一十六人。马二十四匹，牛十七头，貂、狼、狐、猞狸狲、水獭、黄鼠、青鼠、白兔等皮张，三千一百四十有奇，皮裘十五领。 甲辰，往征东海瓦尔喀吴巴海、荆古尔代自宁古塔遣噶尔珠报捷，奏称收抚壮丁五百六十人，妇女五百口，幼穉九十口。又俘获妇女六十六口。马六十匹，牛百头，貂、猞狸狲、虎、狐，并水獭、青鼠、黄鼠等皮，六百六十有奇，貂裘、貂镶灰鼠裘、猞狸狲裘、貉裘、黄鼠、灰鼠等裘，三十八领。 六月，吴巴海等再奏所得编户壮丁六百人，家口共一千三百八十。 六月，前征兀扎喇部落，俘获甚多。今又征阿库里尼满部落，收其人民，编为户口，携至。
天聪十年（1636）	三月，往征瓦尔喀吴什塔等遣人奏言，八旗俘获壮丁一千一百六十名，妇女一百四十口，共计户口一千三百，马二百三十七，牛百八十，所获貂、狐、猞狸狲等皮，及人参无算。 四月，庚辰，往征瓦尔喀部落胡辛泰何尔敦还，获壮丁一百十有五名，妇女幼小四百一十口，马牛共三十，元狐、貂、猞狸狲各色皮张甚多。 己丑，多济里、扈习往征瓦尔喀部落，获壮丁三百七十五名，妇女幼小共八百三十口，马牛共十七，貂皮百张，猞狸狲、狐狸、各种皮张，以还①。 辛丑，扎福尼、道兰往征瓦尔喀部落，获壮丁二百九十五人，妇女幼小共六百九十三口。牛马共二十九，貂、狐、猞狸狲等皮，以还。

从上表统计的内容看，后金建国前，出兵 7 次；建国后，努尔哈赤天命年间，出兵 6 次；皇太极天聪年间，出兵 12 次，俘获了东部边地虎尔哈、瓦尔喀、兀扎喇、萨哈连等部大量人口，据上表统计，有数字可查的为 50000 余人，5700 余户（以一户 5 人计，为 28500 人），两者相加为 78500人，若加上天命四年"尽收东海虎尔哈部散处遗民"、十年"征东海瓦尔喀部，俘获甚众"，至少在 8 万人以上。后金军队每次俘获边地族群人口的同时，还掠回大量的马牛和貂狐、猞狸狲、水獭等各种珍贵皮毛，以供国用。

后金掠夺边地族群人口的目的不是将其沦为奴隶，而是用于补充军队和

---

① 皇太极于天聪十年四月乙酉，改国号为"清"，改元崇德。但己丑、辛丑条记载的事迹当是之前改元之前出兵的战绩。

八旗人口。东北边地族群的语言大多与女真人相通，文化风俗相近，而且"勇不畏死，一人便能杀虎"，是补充兵源的理想人选。故后金国主要求女真将领善待俘获的人员，以便将其编入八旗。如天聪八年（1634）十二月，皇太极敕谕往征黑龙江虎尔哈部的后金将领曰：

> 俘获之人，须用善言抚慰，饮食甘苦一体共之，则人无疑畏，归附必众。且此地人民语音与我国同，携之而来皆可以为我用。攻略时宜语之曰：尔之先世本皆我一国之人，载籍甚明。尔等向未之知，是以甘于自外。我皇上久欲遣人详为开示，特时有未暇耳。今日之来，盖为尔等计也。如此谕之，彼有不翻然来归者乎。①

《清太宗实录》天聪九年（1635）六月壬午条记载了后金军队征讨黑龙江虎尔哈部回师后，安置所得人口的情况：

> 所得壮丁二千四百八十三人，已分与新编牛录。此番招降虎尔哈内幼小甚多，每牛录给不入册之幼丁约二百人。共计户口七千三百有二，马八百五十六匹、牛五百四十三头、驴八头。俘获妇女幼穉一百一十六人、马二十四匹、牛十七头。貂、狼、狐、猞狸狲、水獭、黄鼠、青鼠、白兔等皮张三千一百四十有奇，皮裘十五领。以上俘获诸物。皆分赐出征大臣。

后金通过战争获得大量边地族群人口，在一定程度上补充了兵力不足的问题。这些被纳入满洲八旗的边地部民，被称为"新满洲"，他们成为后金军队补充力量，受到统治者的重视。《清太宗实录》记载：天聪七年十一月，季思哈、吴巴海率军往征朝鲜接壤之虎尔哈部落，皇太极谕曰："兀扎喇部落编户人等，亦令随征。伊等有所俘获，任其自取。若无俘获，又无妻室者，尔等当给与妻室。其男子，分给尔等养之。"但由于以新满洲战士征讨同族人，在战争中对其也有一定防范，"随征新人，有兄弟亲戚者，勿令

---

① 《清太宗实录》卷21，天聪八年十二月壬辰，第280页。

独往，必遣兵同行"①。以防其乘机逃亡。

由此可见，女真人建立的后金政权在建构东北边远地区民族朝贡制度时，采取招抚与征伐并用的政策与手段，这与明朝在经营女真朝贡制度所实行的厚往薄来、招徕远人的政策有明显的不同，表现了北方民族实行"强力统治"的一贯政治传统。虽然后金政权时期从长白山以东滨海地区到黑龙江流域各地区原始部落皆遣使朝贡不绝，朝贡制度已形成一定规模，但在制度层面上还不够完善。

二　清初东北边地朝贡制度的完善与运作

1635 年，蒙古林丹汗在逃亡中病死，后金基本统一了漠南蒙古。1636 年 4 月，皇太极正式登基称帝，在皇太极受皇帝尊号的大典上，祝文曰："征服朝鲜，混一蒙古，更获玉玺，远拓边疆。今内外臣民谬推臣功，合称尊号，以副天心。臣以明人尚为敌国，尊号不可遽称，固辞弗获，勉徇群情，践天子位，建国号曰大清，改元为崇德元年。"② 此前一年（1635）后金已将女真族名改为满洲。皇太极称帝之后，清朝进一步加紧对黑龙江流域的经营，从东部濒海之地瓦尔喀部到松花江、黑龙江流域的虎尔哈、库尔喀、索伦诸部，时服时叛。皇太极刚刚举行了称帝典礼，五月便出兵征讨瓦尔喀，此后年年出兵平叛，直到顺治元年（1644）才实现对东北边地的稳固统治。现据《清实录》记载统计如下：

皇太极时期清朝对东北边地族群用兵一览表

崇德元年（1636）	五月，乙巳，阿赖达尔汉追毛明安下逃人，至使鹿部落喀木尼汉地方，获男子十八人，妇女十一口。来献。 丙午，往征瓦尔喀部落，俘获男子三百六十一，妇女三百六十二，幼稚一百四十七，马牛一百有二，人参、貂、猞狸狲、狐。
崇德二年（1637）	七月，分为四路往征瓦尔喀。十二月，获男子三十人，家口八十，马七十有三，貂、猞狸狲、狼、水獭、虎、貂、青鼠等皮，共一百四十一张，貉皮裘一领。……获男子二十八人，家口六十五，貂、水獭、猞狸狲、貉等皮，共五十六张。……获男子一百三十人，家口三百三十，马八十有七，貂、狐獭、狼、貉、青鼠、骚鼠等皮，共五百八十二张，貂狐、青鼠等裘，共七领。

---

① 《清太宗实录》卷16，天聪七年十一月戊申，第217页。
② 《清太宗实录》卷28，崇德元年四月乙酉，第361页。

续表

崇德三年（1638）	四月，甲午，师至萨哈尔察，俘获男子六百四十名，家口一千七百二十名。马一百五十六匹，牛一百四头。 戊午，东征所获瓦尔喀新满洲男子六百九十二名，妇人五百五十七口，幼穉二百口。赐伊等衣服、居室、器用、耕牛、牲畜等物俱全。
崇德四年（1639）	十月，先是东方库尔喀叛入熊岛。上命朝鲜以兵讨之，擒叛首加哈禅、额益都里至。 十一月，往征索伦部落。
崇德五年（1640）	二月，往征兀扎喇部落。六月，获一百一十人。 三月，己丑，往征虎尔哈部落，生擒四百人。既败博穆博果尔后，随攻取其营，生擒一百三十人。八旗共获男子二千二百五十四人，妇女幼稚共四千四百五十名口。貂、猞狸狲、狐、狼、水獭、青鼠等皮，共三千一百有奇，貂、猞狸狲、狐、狼等裘，共二十领。 乙巳，往征索伦部落，共获男子三千一百五十四人，妇女二千七百一十三口，幼小一千八十九口，共六千九百五十六名口。马四百二十四，牛七百有四，又先后获貂、猞狸狲、狐、狼、青鼠、水獭等皮，共五千四百有奇，貂、猞狸狲、狐、狼皮等裘，共二十领。 五月，未降者三百三十七户，共男子四百八十一人，来降。 七月，以索海萨穆什喀所获新满洲壮丁二千七百九人，妇女幼小二千九百六十四口，共五千六百七十三人。均隶八旗，编为牛录。 以萨尔纠、英古往征库尔喀部落时所获新满洲壮丁四十二人，充补各旗披甲之缺额者。又以多济里喀柱所获四十三人亦补各旗披甲之缺额者，其两处所获貂皮、猞狸狲水獭等物，即以赏给从征士有差。 十二月，获博穆博果尔及其妻子家属，共男妇幼穉九百五十六名口，马牛八百四十四。
崇德七年（1642）	九月，壬午，往征虎尔哈部落。闰十一月，己酉，往征松阿里江虎尔哈部落将领遣人奏报，喀尔喀木、遮克特库、塔土库、福提希、俄尔浑、洼齐奇、库巴查喇、额提奇、萨里、尼野尔北十屯人民俱已招降。
崇德八年（1643）	正月，往征松阿里江虎尔哈部落师还，计获男子妇女幼穉共一千六百十九名口。马五百八十三，牛四十八，骡驴共四头。命给新获男妇衣服、房屋、及所用器皿。 三月，往征黑龙江虎尔哈部落。五月，俘获男子七百二十五名。小噶尔达苏、大噶尔达苏、绰库禅、能吉尔四处，投顺来归男子三百二十四名，妇人二十九口，又俘获妇女幼穉一百九十九口。获马共三百十有七，牛共四百有二，貂狐、猞狸狲等裘共四领，貂狐、水獭、青鼠等皮共一千五百有奇。
顺治元年（1644）	命甲喇章京沙尔虎达统将士征库尔喀部落。

从上表统计的情况看，清初，入关前9年，出兵达13次之多，俘获人口达30000人以上。其中有三次较大的军事行动。第一次是崇德二年（1637）七月，清军分四路征讨乌苏里江流域及其以东地区的瓦尔喀部，两黄旗一路、两红旗一路、两蓝旗一路、两白旗一路。十二月，两黄旗至瓦尔喀地方，获"男子三十人，家口八十，马七十有三，貂、猞狸狲、狼、水獭、虎、貉、青鼠等皮，共一百四十一张，貉皮裘一领"。两红旗入绥分地方，获"男子二十八人，家口六十五，貂、水獭、猞狸狲、貉等皮，共五十六张"。两白旗下哈什谈满都户于所入汛地，获"男子一百三十人，家口三百三十，马八十有七，貂、狐獭、狼、貉、青鼠、骚鼠等皮，共五百八十二张，貂、狐、青鼠等裘，共七领"①。两蓝旗战绩无载，其他三路共获男子188人，家口475，马匹与各类皮张若干。这次征战之后，清朝在瓦尔喀部地区建立了稳定的统治。

第二次是崇德四年十二月至五年十二月（1639—1640），清出兵征讨黑龙江流域索伦部。索伦部大酋博穆博果尔在索伦各部中很有影响力，黑龙江中上游两岸各部落"俱附之"②。他曾协助清军追击喀木尼汉部落逃人叶雷，并于崇德二年（1637）率人至清都（今沈阳）朝贡，献马匹、貂皮。清廷"赐以鞍马、蟒衣、凉帽、玲珑鞓带、撒袋、弓矢、甲胄、缎布等物有差"③。三年十月，博穆博果尔再次来朝，"贡貂皮、猞狸狲等物"，清太宗御崇政殿召见并赐宴。赐其"衣服、马匹、弓、矢、房屋，及一切器物"④。崇德四年（1639）十一月清朝出兵征讨其他不肯归附的黑龙江索伦部，出师之际，兵部传谕率军将领曰："尔等师行所经屯内，有已经归附纳贡之屯，此屯内又有博穆博果尔取米之屯，恐尔等不知，误行侵扰。特开列屯名数目付尔，毋得违命骚扰侵害。"⑤ 这次战果如清将萨穆什喀、索海上疏云："臣等前奏获二千二百五十四人，后自额苏里屯以西、额尔土屯以东、又获九百人，共获男子三千一百五十四人，妇女二千七百一十三口，幼小一千八十九

---

① 《清太宗实录》卷39，崇德二年十二月癸丑，第520页。
② 万福麟监修，张伯英总纂：《黑龙江志稿》卷54，第2354页。
③ 《清太宗实录》卷35，崇德二年闰四月庚戌，第448页；卷36，崇德二年六月辛丑、壬寅，第462页。
④ 《清太宗实录》卷44，崇德三年十一月丙午，十二月癸巳、戊午，第580、587、590页。
⑤ 《清太宗实录》卷49，崇德四年十一月辛酉，第653页。

口，共六千九百五十六名口。马四百二十四，牛七百有四。又先后获貂、猞
猁狲、狐、狼、青鼠、水獭等皮共五千四百有奇。貂、猞猁狲、狐、狼皮等
裘共二十领"。其后，又获降者三百三十七户，共男子四百八十一人①。然
而，清军大肆掠夺的行径令博穆博果尔为首的索伦部落极为不满。五年三
月，趁清军征黑龙江虎尔哈部之际，博穆博果尔率6000索伦兵来袭，双方
各有胜负。于是，清朝调集蒙古军队与满洲八旗合力征讨博穆博果尔。十
月，清军大败索伦兵，生擒博穆博果尔。皇太极曰："博穆博果尔自叛后，
抗拒我军。彼时朕已定计，欲令其北遁，以便擒获。故阳言我军将于黑龙江
地方牧马，必擒博穆博果尔。彼闻此言果北遁，朕知彼已北遁……遂命席特
库、济席哈率外藩蒙古兵三百五十人，从蒙古北边往追击之。席特库等越两
月十三日，至甘地获其弟及家属。又越十四日，至齐洛台地方，遂获博穆博
果尔及其妻子家属，共男妇幼稚九百五十六名口，马牛八百四十四。"② 这
次征战稳定了清朝在黑龙江中上游的统治秩序。

第三次是崇德七年末到八年初（1642—1643），清朝几次出兵征讨松花
江和黑龙江流域时服时叛的虎尔哈部落。崇德七年九月，清太宗"命沙尔虎
达、叶赫朱玛喇率将士往征虎尔哈部落"。闰十一月，"往征松阿里江虎尔
哈部落将领遣人奏报，喀尔喀木、遮克特库、塔土库、福提希、俄尔浑、洼
齐奇、库巴查喇、额提奇、萨里、尼野尔北十屯人民俱已招降"。这次征讨
的战果"计获男子、妇女、幼稚共一千六百十九名口。马五百八十三，牛四
十八，骡驴共四头"③。崇德八年三月，清太宗再次"命护军统领阿尔津、
哈宁噶等，率将士往征黑龙江虎尔哈部落"，"攻克三屯、招降四屯，并籍
俘获户口数目"，"俘获男子七百二十五名。小噶尔达苏、大噶尔达苏、绰
库禅、能吉尔四处，投顺来归男子三百二十四名，妇人二十九口，又俘获妇
女幼稚一百九十九口。获马共三百十有七，牛共四百有二，貂、狐、猞猁狲
等裘共四领，貂、狐、水獭、青鼠等皮共一千五百有奇"④。自努尔哈赤首
次出兵征讨东海渥集虎尔哈部，到崇德八年清朝最后一次加大规模征讨虎尔

---

① 《清太宗实录》卷51，崇德五年三月乙巳、五月戊戌，第679、687页。
② 《清太宗实录》卷53，崇德五年十二月庚申，第715页。
③ 《清太宗实录》卷62，崇德七年九月壬午，第857页；卷63，崇德七年闰十一月己酉，第875
页；卷64，崇德八年正月辛亥，第880页。
④ 《清太宗实录》卷64，崇德八年三月庚戌、五月丁巳，第885、890页。

哈部落为止，前后用了 33 年的时间，最终在虎尔哈地区确立了稳固的统治。

清初，统治者仍然十分重视东北边远部落归附内迁的人口，如崇德二年（1637）十月，"东海虎尔哈部落分齐喀及俄莫什与其妻携马四匹来归，赐奴仆、牛只、衣服、米粮、房屋器皿等物，并给分齐喀妻室"①。对来归的虎尔哈人，不仅给房屋、牲畜、粮食和日用品，还赐给奴仆，为单身男子娶妻，希望能以此吸引虎尔哈人相率而来，缓解清朝人力缺乏的问题。皇太极将这些归附内迁的人口分别补充到满洲八旗之中。如《清太宗实录》崇德五年十一月壬辰条记载：

> 先是索海、萨穆什喀携来新满洲男子二千七百五十一名，妇女三千九百八十九口，编入八旗。至是，均赏衣服、布匹，复令较射，分别等第，一等者视甲喇章京；二等者视牛录章京；三等者视半个牛录章京。各照等第赐朝服、袍褂等物。

清军征讨平叛东北边民时俘虏、掠来的人口与归附内迁的边地人口，是清朝兵力的重要补充来源，但他们被编入满洲八旗后，时常出现"有将新分给之虎尔哈、瓦尔喀，使之逃亡饥死，致牛录中缺额者"②。为此，皇太极多次要求八旗诸王贝勒和官员们对新满洲抚恤恩养之。如崇德三年（1638）六月皇太极谕诸王、贝勒、贝子等曰：

> 我国家蒙天眷佑。汉人、蒙古、虎尔哈、瓦尔喀，在在归附。皆分给与诸王贝勒贝子令加恩养。因尔等有加恩养者，有不加恩养者。是以朕前此屡经诫谕，乃犹不加抚恤，致降人窃谓曰：我等同来事主，某已富贵，某犹贫困。在外嗟怨者有之，来告于朕者亦有之。夫降附之人，弃其父母之国而来归，诚宜加意抚绥，使之得所。乃朕谕尔等恩养，尔等反以为烦苦，不遵朕旨。今彼来告，朕心恻然，无言可答。③

---

① 《清太宗实录》卷 39，崇德二年十月戊子，第 518 页。
② 《清太宗实录》卷 34，崇德二年二月丁酉，第 445 页。
③ 《清太宗实录》卷 42，崇德三年六月丙子，第 556 页。

在清朝抚恤恩养的政策下，新满洲壮丁对清朝"尽忠效力"，积极"建功立名"①，成为满洲八旗的新生力量。学界关于新满洲有诸多研究，这里不再赘述。

需要注意的是，在清入关以前，努尔哈赤和皇太极将大批东北边地族群内迁的同时，尚有大量边地部落留在当地，受朝贡制度统辖。如天聪八年（1634）二月"上召黑龙江地方来归之嘛尔干、羌图里入中殿。谕之曰：'虎尔哈慢不朝贡。将发大兵往征。尔等勿混与往来，恐致误杀。'"②皇太极要求黑龙江虎尔哈部酋长羌图里遵守朝贡制度，按时朝贡，对"慢不朝贡"的虎尔哈部，将发大兵征之。崇德四年（1639）十一月皇太极嘱咐往征索伦部的清军将领曰："尔等师行所经屯内。有已经归附纳贡之屯……误行侵扰。"③五年，皇太极以"从前库尔喀归降进贡一百四十九人，并新获二百九十二人，俱留置鄂朱屯中。令每年进贡貂皮海豹等物"④。这种"纳贡之屯"与反叛之部共存一地的情况说明，边地各族群并未形成完全控制整个族群的地方政治势力，各部落往往是分散的独立行动，即便有依附某大部的现象，也是很松散的联盟，于是形成一部分部落遣使朝贡，一部分部落由怠慢或反叛行为，遭到清军的打击的现象。尽管崇德年间，清朝年年出兵讨伐反叛的东北边地族群，然边地部落的朝贡活动未曾完全停止过。这从本文统计的后金与清初东北边地族群朝贡活动一览表（表1、表4）可得以证实。

清入关后，再建大一统王朝，进入新的发展时期。顺治—康熙朝，黑龙江下游乃至库页岛上，更为偏远的东北族群也纷纷向清朝遣使朝贡。

顺治十六年（1659），镇守宁古塔梅勒章京尼噶里受命"前往附近东海费牙喀部落温屯村，宣布朝廷德意，并行招抚。于是温屯村以内九村人民皆愿归顺，庄屯头目克尔格孙等进贡黑狐皮貂皮。至是，礼部奏，贡物应送至京师交与户部。此后，费牙喀部落人民进贡，应送至宁古塔，照例宴赏、遣回。今该部落初经降附，有欲赴京来朝者，从其便，报可"⑤。分布于黑龙江下游地区与使犬部为邻的费雅喀部（又作飞牙喀）归顺了

---

① 《清太宗实录》卷47，崇德四年六月丁未，第630页。
② 《清太宗实录》卷17，天聪八年二月己巳，第231页。
③ 《清太宗实录》卷49，崇德四年十一月辛酉，第653页。
④ 《清太宗实录》卷52，崇德五年七月癸未，第695页。
⑤ 《清世祖实录》卷124，顺治十六年三月辛丑，第959页。

清朝。

顺治十七年（1660）黑龙江下游的奇勒尔人首次向清朝贡，这年十月，"新降费牙喀部落头目柴邦阿奴、使犬部落头目巴哈禅、祁勒尔部落头目痕忒克等，初进贡黑狐貂皮，各赏蟒朝衣一袭"①。祁勒尔即奇勒尔，《吉林通志》记载："奇勒尔亦曰奇愣，在宁古塔东北二千余里亨滚河等处，即使鹿鄂伦春游牧处所。"② 亨滚河在黑龙江下游以北地区。奇勒尔人分布地大约在黑龙江以北，外兴安岭以南地区。

康熙二十九年（1690）黑龙江入海口以东库页岛上居民向清朝贡，《清圣祖实录》康熙二十九年十月壬戌条记载："归顺奇勒尔、飞牙喀、库耶、鄂伦春四处头目进贡，赏赉如例。"③ 从记载看，似乎康熙二十九年以前，库页部已经与清朝建立了朝贡关系。

现将《清实录》记载清朝前期，东北边地族群朝贡活动统计如下：

清朝前期东北边地族群朝贡活动一览表

时间	朝贡活动
清太宗 崇德二年（1637）二月	丁亥，黑龙江地方额苏里屯内俄伦、扎尔固齐、克讷布鲁、达尔汉率九人至，奏言额苏里屯东约六日程，有从未通我国者三十九屯。今欲来贡，不知纳贡礼仪，求我等同皇上使臣一人至彼，即备方物，随使臣入贡。为此特遣人来其所献之物，貂狐皮二百有六，貂狐衣服七领。谨奏。 丁亥，虎尔哈部落托科罗氏、克益克勒氏、耨野勒氏头目率六十人至盛京，贡貂狐皮等物。丙申，召虎尔哈部落头目等至崇政殿，赐宴，仍命七家照例以次宴之。
闰四月	黑龙江索伦部落博穆博果尔率八人来朝，贡马匹、貂皮。
六月	遣来朝索伦部落博穆博果尔褚库尼等还，赐以鞍马、蟒衣、凉帽、玲珑鞓带、撒袋、弓矢甲胄、缎布等物有差。
十月	东海虎尔哈部落分齐喀及俄莫什与其妻携马四匹来归，赐奴仆、牛只、衣服、米粮、房屋、器皿等物，并给分齐喀妻室。

---

① 《清世祖实录》卷141，顺治十七年十月己酉，第1088页。

② ［清］长顺修，李桂林纂：《吉林通志》卷12，第221页。

③ 《清圣祖实录》卷149，康熙二十九年十月壬戌，第645页。

续表

时间	朝贡活动
崇德三年（1638）春正月	乙丑朔……次黑龙江朝正进贡之羌图礼雅克舒等一百七十二人。朝贺礼毕，上还宫。
四月	遣萨哈尔察部落额驸巴尔达齐偕所尚公主归，赐衣、帽、玲珑撒袋、弓矢鞍辔、驼马、帐房等物，仍设宴饯巴尔达齐于礼部。
十一月	虎尔哈部落克宜克勒氏达尔汉等十三人、虎习哈礼氏纳木达礼等十人、赖达库等四人来朝，贡元狐、黄狐、貂鼠、青鼠、海豹皮等物。
十二月	上御崇政殿，黑龙江额驸巴尔达齐弟萨哈连等五十一人、索伦部落透特等三人来朝，贡貂皮。遣官迎于演武场，赐宴，入城。朝见，赐宴。仍命七家各宴一次。
	赐索伦部落博穆博果尔等五人衣服、马匹、弓矢、房屋及一切器物。
崇德四年（1639）正月	己未朔……索伦、黑龙江、库尔喀各部落来贡头目，率众朝贺，礼毕。设大宴宴之。
	虎尔哈部落头目来朝，贡貂皮、元狐皮等物。
崇德五年（1640）正月	癸丑朔……次贡貂库尔喀、虎尔哈、索伦等头目率众朝贺，行礼毕，赐大宴。
四月	赐索伦部落充内韩代等各蟒缎、鞓带、画鞍、玲珑鞭辔、马匹、玲珑撒袋等物有差。
十二月	虎尔哈部落头目来朝贡貂皮。
崇德六年（1641）春正月二月	丁丑朔……次萨哈尔察部落巴尔达齐率贡貂虎尔哈人，各行庆贺礼，赐大宴。
	赐索伦部落噶凌阿之弟孟塞尔、塞桑古及瓦代之子额古讷等，镶领缎袍、貂帽、玲珑鞓带、缎布等物有差。
五月	索伦部落蒙塞尔瓦代之子巴尔达齐率其户二百四人来降，命迎至北驿馆，宴之。
	索伦部落一千四百七十一人来降，命迎至北驿馆，宴之。
十二月	库尔喀部落加哈禅等来贡海豹皮，赐宴，赏衣帽缎布等物有差。
崇德七年（1642）三月	赐贡貂之使鹿部落墨滕格等三人，索伦部落牛录章京讷耨克等二十二人宴，并赐鞍马、撒袋、衣帽、缎布等物有差。
八月	虎尔哈部落赖塔库等五十五人来朝，贡海獭皮，宴赉如例。
崇德八年（1643）二月	赐贡貂皮虎尔哈部落精德里额驸等十三人，衣服帽靴等物有差。
清世祖崇德八年（1643）九月	库尔喀部落赖达库等，及炎楮地方库牙喇氏二十六户、索伦部落牛录章京崇内等贡貂狐，宴赉如例。

续表

时间	朝贡活动
顺治元年（1644）春正月 七月	庚寅朔，上诣堂子行礼，还宫拜神毕，御殿，受诸王贝勒贝子公文武群臣、外藩诸蒙古及进贡虎尔哈朝贺。 索伦部落牛录章京敖尔拖木尔等贡貂狐皮，宴赉如例。
顺治三年（1646）六月	索伦部落、使鹿部落喇巴奇等贡貂皮，宴赉如例。
顺治五年（1648）六月	索伦部落牛录章京阿济布等贡貂皮，宴赉如例。
顺治六年（1649）八月	宴索伦部落贡貂博隆科等，及延处乡捕海豹人苏尔考等于礼部。
顺治七年（1650）七月	索伦部落、使鹿国各进贡貂皮，宴赉如例。
顺治八年（1651）七月	宴索伦部落进贡虎尔格、吴尔达尔汉等于礼部。
顺治九年（1652）七月	索伦部落索郎、阿达尔汉等贡貂皮，宴赉如例。
顺治十年（1653）二月 七月	索伦部落富喇村头目宜库达等进贡貂皮，宴赉如例。 索伦部落巴达克图等进贡貂皮，宴赉如例。
顺治十一年（1654）七月	索伦部落索朗噶达尔汉等来贡貂皮，宴赏如例。
顺治十二年（1655）八月	索伦部落马鲁凯等进贡貂皮，宴赉如例。
顺治十三年（1656）十一月 十二月	索伦部落达尔巴等贡貂皮，宴赉如例。 黑龙江郭博尔村头目吴默德遣其子弟，招降索伦部落达尔巴等十户，来贡貂皮，赐朝衣、马匹等物有差。
顺治十四年（1657）六月 七月	索伦部落马鲁喀等贡貂皮，宴赉如例。 索伦部落虎尔格吴尔达尔汉等贡貂皮，宴赉如例。
顺治十五年（1658）十二月	索伦部落达把代等来贡貂皮，宴赉如例。
顺治十六年（1659）七月	索伦部落胡尔格乌尔达尔汉等贡貂皮，宴赉如例。
顺治十七年（1660）三月 四月 七月 十月	虎尔哈部落宜讷克等贡黑狐貂皮，宴赉如例。 使鹿索伦部落头目布勒、苏定噶等来贡貂皮，宴赉如例。 索伦部落索朗阿达尔汉子查木苏等贡貂皮，宴赉如例。 新降费牙喀部落头目柴邦阿奴、使犬部落头目巴哈禅、祁勒尔部落头目痕忒克等，初进贡黑狐貂皮，各赏蟒朝衣一袭。
清圣祖 康熙二年（1663）正月	东部虎尔哈额驸僧额进贡方物，赏赉如例。
康熙三年（1664）八月	索伦头目布勒等进贡貂皮，赏赉如例。
康熙四年（1665）七月	那恩地方二十九索伦佐领温察太、木朱虎等入贡貂皮，给赏缎布等物有差。
康熙八年（1669）六月	索伦噶尔图等进贡，上以伊等自远方慕化来归，命于常例外加赏鞍马等物。

从上表统计的内容看，清崇德年间，已经形成了一套较为完善的东北边地族群朝贡制度。自后金天聪十年（即崇德元年，1636）以来，东北边地朝贡部落的代表有参加清廷正月朔日朝贺大典的资格，继满洲诸王贝勒、文武群臣、外藩诸蒙古、藩王等上表行庆贺礼之后，"贡貂库尔喀、虎尔哈、索伦等头目。率众朝贺。行礼毕。赐大宴"①。这一规定至少实行到顺治元年（1644），《清世祖实录》记载：春正月，"庚寅朔，上诣堂子行礼，还宫拜神毕，御殿，受诸王贝勒贝子公文武群臣、外藩诸蒙古及进贡虎尔哈朝贺"②。

前面论及后金与清初东北边民朝贡时进纳马匹，各色貂、狐、海豹等皮张，统治者根据贡品的数量和品种赏赐其鞍马、撒袋、衣帽、缎布等物有差。崇德七年以后，史官对朝贡者的贡物多简单记载为"贡貂皮"，清廷对朝贡者的赏赐也简言"赏赉如例"。这应是清廷对朝贡者的贡物品种和数量，以及朝廷的回赐，有了具体而详细的规定。直到康熙前期一直是程式化地运作着。

此外，后金和清初统治者继承了自建州女真时期努尔哈赤实行与归附的东北边地部落酋长的通婚关系，在后金与清初朝贡者中经常可以见到具有"额驸"身份边地头目，据《清实录》记载粗略统计有 5 人：

天聪七年（1633）六月	东海使犬部落额驸僧格偕其妻率五十二人来朝，贡方物。
天聪八年（1634）十二月	松阿里地方摆牙喇氏僧格额驸、喇东格率从者五十人来朝，贡貂皮。
天聪十年（1636）四月	索伦部落萨哈尔察地方额驸巴尔达齐率十四人来朝，贡貂皮。
崇德三年（1638）十一月	虎尔哈部落克宜克勒氏达尔汉额驸等十一人等来朝，贡元狐、黄狐、貂鼠、青鼠、海豹皮等物。
崇德八年（1643）二月	赐贡貂皮虎尔哈部落精德里额驸等十三人，衣服帽靴等物有差。
康熙二年（1663）正月	东部虎尔哈额驸僧额进贡方物，赏赉如例。

其中天聪七年与八年的额驸僧格，一处记为东海使犬部人，一处记载为松阿里地方摆牙喇人，松阿里即松花江，摆牙喇即费雅喀，两部比邻，当为

---

① 《清太宗实录》卷 50，崇德五年正月癸丑朔，第 659 页。
② 《清世祖实录》卷 3，顺治元年春正月庚寅朔，第 41 页。

一人，后金史官记载前后不一致，当有一误。在诸额驸中最活跃的是黑龙江地方萨哈尔察部落额驸巴尔达齐，巴尔达齐自天聪八年首次向后金朝贡，大约这年便娶后金宗室女，具有了额驸身份。据《天聪九年档》记载，天聪九年（1635）巴尔达齐等前来朝贡，未到盛京之前，皇太极便下谕："昔巴尔达齐为我婿，照旧礼杀牛迎接，吃食亦照旧例供给。"① 自此巴尔达齐频繁向清朝贡，据不完全统计，从天聪八年到崇德八年（1634—1643），巴尔达齐本人至少亲自至清（后金）都城朝贡9次，派遣其弟额讷布、萨哈莲朝贡4次，对清朝忠心耿耿，在崇德五年清廷对索伦部大酋穆博果尔的战争中，巴尔达齐发挥了重要作用，如《清太宗实录》所载，果博尔屯等七屯之人已归额驸巴尔达齐，别屯之人皆逃。巴尔达齐禀告清廷曰："逃者亦必来归，无劳再举耳。"② 可见，清朝（后金）与东北边地朝贡成员联姻，是运行朝贡制度的一个辅助手段。

东北边地部落到清都城朝贡时，还要带上土产在清都进行贸易，《崇德三年满文档案》记载，崇德三年十一月，"虎尔哈部落克宜克勒氏达尔汉一行十三人来朝，贡奉貂皮十二张，贸易貂皮端罩五件，貂皮料五十二张，黑狐皮一张，玄狐皮二十三张，黄狐皮三张，狐裘二件，银鼠料五张，貂银鼠裘一件"③。而清廷也派满洲八旗人到黑龙江、嫩江等地进行贸易，如这年正黄旗带回貂皮406张，镶黄旗带回貂皮389张，正红旗带回貂皮767张，镶红旗带回貂皮300张，镶白旗带回貂皮286张，正白旗带回貂皮265张，镶蓝旗带回貂皮308张，正蓝旗携回貂241张④。崇德八年十一月（1643）侵入黑龙江上游地区的沙俄头目波雅尔科夫在这一带了解到居民用的"银器、绸缎、布匹、铜器和锡器是从汗（即皇太极）那里运来的"，"他们以貂皮向汗纳贡，并以貂皮在汗那里购买银器、绸缎、布匹、铜器和锡器"⑤。说明朝贡制度的运行有助于改善和提高东北边地居民的社会生活水平。

崇德年间，清朝开始将朝贡地区部落进行编户，如崇德四年（1638）

① 关嘉禄等译：《天聪九年档》，天津古籍出版社，1987年，第47页。
② 《清太宗实录》卷51，崇德五年三月己丑，第676页。
③ 季永梅、刘景宪译编：《崇德三年满文档案译编》，辽沈书社，1988年，第250页。
④ 季永梅、刘景宪译编：《崇德三年满文档案译编》，第251—252页。
⑤ 《关于文书官瓦西里·波雅尔科夫从雅库次克出发航行到鄂霍次克海的文献》，载《历史文献补编（十七世纪中俄关系文件选译）》，第2件，商务印书馆，1989年，第9页。

八月，皇太极遣萨尔纠等率兵征库尔喀部落，谕曰："尔等可于喇发地方饲养马匹，即行前进，尔等兵少宜合为一队以行。如得胜时，勿贪得而轻杀，勿妄取以为俘。抗拒者，谕之使降，杀伤我兵者，诛之。其归附者，编为户口，令贡海豹皮。又须劝谕伊等弃恶从善，共为良民。"① 崇德五年（1640）五月，对归附的索伦部民实行编佐：

> 先是，萨穆什喀、索海往征索伦部落时，未降者三百三十七户，共男子四百八十一人。后闻其来降，上命理藩院参政尼堪，及每旗护军参领各一员，率每牛录护军各一人，携蟒缎、素缎、梭布往迎之。谕曰："尔等可令索伦来归之众，同我国外藩蒙古郭尔罗斯部落，于吴库马尔、格伦额勒苏、昂阿插喀地方，驻扎耕种，任其择便安居。其中有能约束众人、堪为首领者，即授为牛录章京，分编牛录。尔等将携去缎布、以次给赏之。"于是尼堪等各遵谕给赏，分编为八牛录。乃还。②

清廷将归附的索伦部民安置到吴库马尔、格伦额勒苏、昂阿插喀地方，允许其择便安居，分编为八牛录，选有能约束众人、堪为首领者，授为牛录章京。主持这件事的人是理藩院参政尼堪，这或可说明实行编户、设佐的部民，同时又受理藩院的统辖。从表4内容看，崇德七年（1642）开始，连年有索伦部落牛录章京入京贡貂。但同时仍有大量索伦部落头目入京贡貂，这种现象一直延续到顺治末年。从记载看，设立佐领的索伦部，初期仍实行朝贡制度，这是清朝朝贡制度的重要变化。这也预示着随着索伦地区编佐的推行，这一地区朝贡制度最终将为具有民族地区特点的行政建置所取代。

自努尔哈赤时期开始经营对东北边地的统辖，经后金时期建构、确立东北边地族群朝贡制度到清朝初年逐步完善，为建构和巩固东北边疆的统治发挥了重要的作用。皇太极在给明崇祯帝的国书中所说："自东北海滨，迄西北海滨，其间使犬使鹿之邦，及产黑狐黑貂之地，不事耕种，渔猎为生之俗。厄鲁特部落以至斡难河源远迩诸国，在在臣服。"③

---

① 《清太宗实录》卷48，崇德四年八月甲午，第637页。
② 《清太宗实录》卷51，崇德五年五月戊戌，第687页。
③ 《清太宗实录》卷61，崇德七年六月辛丑，第829页。

三 东北边地民族特色建置取代朝贡制度

17 世纪 40 年代，沙俄开始侵入贝加尔湖以东地区。清人关的前一年，1643 年沙俄哥萨克远征队侵入黑龙江流域，黑龙江中上游索伦部落最先受到沙俄的侵掠。顺治八年（1651）沙俄军队占领了黑龙江上游北岸的雅克萨城，沿江东下，大肆烧杀抢掠，杀死大人和小孩 661 人，掠走 361 人，抢走马 237 匹，牛羊 113 头①。清朝军队在驱逐沙俄入侵的战争中有胜有负，九年九月，"以驻防宁古塔章京海塞、遣捕牲翼长希福等率兵往黑龙江与罗刹战，败绩。海塞伏诛，希福革去翼长，鞭一百，仍令留在宁古塔"②。由于黑龙江流域地旷人稀，在朝贡制度之下的东北边地部落活动自由度很大，清朝不能有效地调动朝贡成员守卫乡土。

顺治年间，驻防宁古塔的梅勒章京沙尔虎大开始对"枯儿凯"（虎尔哈）"使狗地方"的居民，按氏族编组"牛录"。顺治十年（1653）当地头目便以牛录章京的身份缴纳貂皮贡赋③。康熙时期，沙俄在黑龙江流域的活动更加猖獗，为有效地阻止沙俄的活动，清朝统治者在派兵对其实行军事打击的同时，开始在朝贡成员地区全面设立行政建置。康熙朝对东北东部和东北部的部落因其社会发展的程度，设立了不同民族特点的行政建置。

东部珲春一带的库尔喀（瓦尔喀）地区，早在崇德三、四年（1638、1939）间已经开始编户，顺治朝这一地区编户制度进一步发展，由初期零星编户，任命噶珊达（村屯长），令其按时朝贡，发展以噶珊组织为特点的地方建置。顺治时朝廷任命的噶珊达已达 16 人，清政府在众噶珊达之上，设置"库雅拉总管"，以管理各噶珊日常事务④。康熙时期，库尔喀人地区又经历了由噶珊组织向编旗设佐制度的转变。康熙十年（1671）将"移来库雅拉人等编设佐领十二员"⑤。康熙五十三年（1714）"设防御二人，骁骑校

---

① 巴赫鲁申：《哥萨克在黑龙江上》。转引自董万仑《东北史纲要》，黑龙江人民出版社，1987 年，第 454 页。

② 《清世祖实录》卷 68，顺治九年九月丙戌，第 537 页。

③ 《礼部尚书臣郎丘等谨题地方颁赏事》，顺治十年三月十二日。中国第一历史档案馆藏。转引自杨余练《简论清代康熙时期的"新满洲"与"布特哈八旗"》，《社会科学战线》1980 年第 4 期。

④ 中国第二历史档案馆藏：《军机处满文月折档》卷 28—32，转引自刘小萌《清前期东北边疆"徙民编旗"考察》，吕一燃主编《中国边疆史地论集》，黑龙江教育出版社，1991 年，第 211 页。

⑤ ［清］阿桂等纂修：《盛京通志》，卷 52，辽海出版社，1997 年，第 853 页。

三人，编库雅拉特丁一百五十人为三旗额兵。又设协领一人驻扎珲春河，管理驻防三旗事务，隶属宁古塔副都统监督指挥"①。

东北部虎尔哈部、使犬部及黑龙江下游一些部落村屯，康熙朝统称为赫哲人，《吉林外纪》载："三姓城东北三千里，松花江下游齐集以上，至乌苏里江东西两岸者，谓之赫哲。"② 赫哲内部因习俗差异分为两部，《宁古塔纪略》载："（三姓）东北五六百里为呼儿喀，又六百里为黑斤。"③ 康熙十二年（1673），清政府在顺治年间编佐的基础上，在靠近宁古塔的部分赫哲人地区编 40 佐领④。第二年，新满洲佐领四十员随镇守宁古塔将军巴海"入觐行礼，上命射，赐茶酒"⑤。40 个佐领先后迁往宁古塔、盛京和京师。康熙五十三年（1714）三姓地区正式编组佐领，雍正九年（1371）设立三姓副都统⑥。

乌苏里江以东和黑龙江下游从事渔猎生产的赫哲人、费雅喀人、库页人，顺治时期，仍保留当地各族原有的氏族、部落组织，设置"噶珊"制度（又称边民姓长制度），以各氏族、部落首领为"哈喇达""噶珊达"，"自宁古塔水程至其所居尽处四千五百余里，各设姓长哈喇达、乡长噶珊达，分户管辖，盖与编户无异云"⑦。使当地民族原有的氏族部落血缘组织，转变为地域性的行政管理组织。尽管噶珊制度具有"因俗而治"的特点，以其原有的自然村落进行设置，但"噶珊"制度建立在编审户籍的基础上，以户为单位向政府缴纳貂皮，服兵役。因此"噶珊"制度已不是羁縻统辖制度，而是具有民族特色的行政管理制度⑧。但清廷对"噶珊"制度的居民实行贡貂、"赏乌绫"的制度，仍具有朝贡制度的某些遗风。

①　林珪监修，徐宗伟总纂：《珲春乡土志》卷5，《中国地方志集成：吉林府县志辑3》，凤凰出版社，2006年，第324页。

②　[清]萨英额：《吉林外纪》卷8，李澍田主编《吉林外纪　吉林志略》，吉林文史出版社，1986年，第119页。

③　[清]吴桭臣撰：《宁古塔纪略》，杨宾等撰《龙江三纪》，黑龙江人民出版社，1985年，第239页。

④　[清]鄂尔泰等修：《八旗通志》卷3，东北师范大学出版社，1985年，第27页。

⑤　《清圣祖实录》卷50，康熙十三年十月乙丑，第661页。

⑥　滕绍箴：《论清代"三姓"八旗设立与副都统考补》，《中央民族大学学报（哲学社会科学版）》2001年第5期。

⑦　[清]张廷玉等：《皇朝文献通考》卷271《舆地考三》，商务印书馆，1936年，第7279页。

⑧　清朝在乌苏里江流域和黑龙江下游建立的"噶珊"制度及其统辖方式，参见程妮娜《古代东北民族地区建置史》，第519—527页。

在黑龙江中上游地区，皇太极崇德年间，索伦部牛录已经达到 22 个以上①，但仅限于原博穆博果尔的辖地②。最晚到康熙初年，清朝已经开始对索伦地区各部落进行大规模编佐。康熙四年（1665）七月，"那恩地方二十九索伦佐领温察太、木朱虎等入贡貂皮，给赏缎布等物有差"③。这当是大规模编佐后，索伦佐领们集体入京朝贡，接受康熙帝的召见。清朝在索伦部中心地区编佐之后，进一步向边远部落地区推进编佐，六年（1667）六月，"理藩院题，查打虎儿有一千一百余口未编佐领，应照例酌量编为十一佐领，设头目管辖。从之"④。达虎儿人即达斡尔人，随着清朝对黑龙江中上游地区统治的深入，满洲人逐渐分辨清楚了索伦部中的各个部落，《黑龙江外记》记载："索伦语多类满洲，达呼尔语多类蒙古。"⑤ 达斡尔人的居住地"在额尔格河、精奇里江之间"⑥。为统辖索伦地区的新设佐领，清朝专门设置了索伦总管衙门，"康熙八年议准，索伦总管定为三品，副总管定为四品"⑦，管理各佐的贡貂与征兵事务。康熙十年（1671）索伦副都统品级布济而代率领属下参领、佐领、骁骑校等 140 多人，入京纳贡貂 3258 张，其中索伦、达斡尔人交纳 2831 张，使鹿喀西器、野尔墨车等 8 佐领交纳 421 张，还有野尔墨车佐领补交"康熙八年遗漏未带貂皮六张"⑧。这里的索伦即指鄂温克人。雍正年间在鄂温克、达斡尔编佐的基础上又设立布特哈八旗。索伦总管不久改称为布特哈总管，康熙、雍正朝两个名称时常混用。

黑龙江流域的鄂伦春人，在康熙以前一直被与鄂温克、达斡尔、虎尔哈等混称为索伦部、打牲部、使鹿部等。康熙八年（1669）设立索伦总管、副总管，对"布特哈打牲部落"进行统辖，其中可能包括一部分鄂伦春人。直到康熙二十二年（1683）鄂伦春才见于《清实录》记载："鄂罗斯国罗刹

---

① 《清太宗实录》卷 59，崇德七年三月癸巳，第 807 页。
② 刘小萌：《清前期东北边疆"徙民编旗"考察》，吕一燃主编《中国边疆史地论集》，第 215 页。
③ 《清圣祖实录》卷 16，康熙四年七月己酉，第 237 页。
④ 《清圣祖实录》卷 22，康熙六年六月甲戌，第 310 页。
⑤ ［清］西清：《黑龙江外记》卷 6，黑龙江人民出版社，1984 年，第 60 页。
⑥ ［清］魏源：《圣武记》卷 1《开国龙兴记一》，中华书局，1984 年，第 8 页。
⑦ ［清］托津等纂：《钦定大清会典事例》（嘉庆朝）卷 740《理藩院十五·设官》，载《近代中国史料丛刊三编》第 70 辑，台湾：文海出版社，1992 年，第 426 页。
⑧ 《户部尚书臣米斯翰谨题为进贡貂皮事》，康熙十年八月初八日。中国第一历史档案馆藏。转引自杨余练《简论清代康熙时期的"新满洲"与"布特哈八旗"》，《社会科学战线》1980 年第 4 期。

等，无端犯我索伦边疆，扰害虞人，肆行抢掠……遣其部下人，于飞牙喀、奇勒尔等处，肆行焚杀。又诱索伦、打虎儿、俄罗春之打貂人额提儿克等二十人入室，尽行焚死。"① 大约此时，清朝已清楚鄂伦春人是单独一部。《清圣祖实录》康熙二十九年（1690）十月壬戌条载："归顺奇勒尔、飞牙喀、库耶、鄂伦春四处头目进贡，赏赉如例。"这里所说的应是分布在黑龙江下游的鄂伦春，应不在索伦总管统辖范围。康熙三十年（1691），设置布特哈总管，雍正十年（1732）设立布特哈八旗，将原"布特哈打牲部落"按八旗旗色和居住围场编成八旗，又称"打牲八旗"，其中包括一部分鄂伦春人②。清朝对于鄂伦春人分两部分进行统治，称为"摩凌阿鄂伦春"的部分"与索伦、达呼尔部落杂居，一体挑差，各安耕凿"③。即是编佐后纳入布特哈八旗的鄂伦春人。称为"雅发罕鄂伦春"的部分，"散居黑龙江右岸一带山野，以捕猎为生，插木为屋，帐以牲畜皮张，游行露处，并无一定住址"④。即是纳貂的鄂伦春猎户，清对其编佐后设五路加以管辖⑤。

清朝将东北边远族群经过编户、设佐，逐步建立各级地方统辖机构，无论是黑龙江中上游的布特哈八旗制度、鄂伦春的路佐制度，还是黑龙江下游和乌苏里江流域的噶珊制度，皆与清朝内地基层行政统辖制度一样，是建立在编审户籍的基础之上的行政建置，清朝对其建立了户籍制度和按照人口征收赋税的制度，凡在户籍的人户都要向清朝交纳貂皮，壮丁要服兵役。到康雍时期，东北边地各具特色的民族建置最后取代了朝贡制度。

东北边疆民族朝贡制度，自秦汉王朝创建以来，历经近 2000 年的发展历程，由草创到确立、发展，又由转型衰落到再次恢复和完备，到清初进入尾声，大约到康雍时期全面废止。

---

① 《清圣祖实录》卷112，康熙二十二年九月丁丑，第147页。
② 陈鹏：《清代东北地区鄂伦春编旗初探》，《东北师大学报（哲学社会科学版）》2011年第2期。
③ 黑龙江档案馆藏：《黑龙江将军衙门档案》07-1882。
④ 中国第一历史档案馆：《军机处录副奏折》，民族类鄂伦春项620卷第1号。
⑤ 秋浦：《鄂伦春社会的发展》，上海人民出版社，1978年，第118页。

第七章

综　论

　　中国自夏商周以来，始终是多民族国家，边疆民族朝贡制度是秦汉以来中央集权王朝统辖边疆地区的重要制度之一。自秦汉建立大一统中央集权王朝以来，中国王朝经历了统一与分裂的几次变化，不仅在分裂时期存在汉人王朝与北族王朝的对峙，而且在统一王朝时期也出现汉人统治者与北族统治者交替统治的现象。然而无论在统一时期还是分裂时期，在汉人王朝时期还是北族王朝时期，中央集权的国家体制始终被传承下来，边疆民族朝贡制度也随之被延续下来。随着中国王朝中央集权制向边疆地区的推进（中间曾出现倒退现象），各族统治者维护和发展边疆民族朝贡制度的政治思想既有同一性又有差异性，这不仅导致边疆民族朝贡制度出现不同的形式，而且也规定了边疆民族朝贡制度的最后归宿。东北民族朝贡制度在历史上存续了近两千年，对古代王朝东北边疆形成、发展与巩固，对东北民族与中华各民族结成一体关系，发挥了重要的历史作用。

一　边疆朝贡制度的理论依据与思想特征

　　中国古代王朝建构、维系、发展边疆民族地区朝贡制度的政治思想发端于传统的"天下观"与"服事制"，其核心是儒家"大一统"思想，在建构和运行朝贡制度过程中"华夷之辨""因俗设制""修德怀柔远夷""厚往薄来""恩威并行"等思想在边疆朝贡制度发展过程中都发挥了程度不同的重要作用。北方民族王朝奉行的强力统治思想对边疆民族地区朝贡制度向民族地区建置的转变，进而实现中央集权对边疆民族地区的统治起到了促进作用。

1. 理论发端与核心思想

中国古代王朝统治集团建构朝贡制度的政治思想发端于先秦以来传统的"天下观"和"服事制"。春秋时期，在华夏文化与其他民族文化的冲突过程中"华夷之辨""尊华攘夷"的观念逐步得以确立，形成了"春秋大一统"的政治理念。孔子云："四海之内皆兄弟也。"① 孟子曰："欲辟土地，朝秦楚，莅中国，而抚四夷也。"② 春秋战国时期"中国"指诸夏国，"四海"所居"四夷"指蛮夷戎狄。《荀子·儒效篇第八》进一步阐述："此君义信乎人矣，通于四海，则天下应之如谨。是何也？则贵名白而天下治也。故近者歌讴而乐之，远者竭蹶而趋之。四海之内若一家，通达之属，莫不从服，夫是之谓人师。诗曰：'自西自东，自南自北，无思不服。'此之谓也。"③ 在荀子看来"天子"居中国与四海之中心，"天下从之如一体，如四胑（肢）之从心，夫是之谓大形"④。中国与四海，即中原与边疆是"一体"之关系，天子是人体之心脏，无论躯干还是四肢皆从之。时人从"华夷有序"的原则出发，形成同服不同制的"服事制"和"天下观"，先秦史籍记载有"五服制""六服制""九服制"之说⑤，《荀子·正论篇第十八》曰：

> 诸夏之国同服同仪，蛮、夷、戎、狄之国同服不同制。封内甸服，封外侯服，侯卫宾服，蛮夷要服，戎狄荒服。甸服者祭，侯服者祀，宾服者享，要服者贡，荒服者终王。日祭、月祀、时享、岁贡、终王，夫是之谓视形埶而制械用，称远近而等贡献，是王者之至也。⑥

① 《论语注疏》卷 12《颜渊》，《十三经注疏》下册，中华书局，1980 年影印本，第 2503 页。

② ［清］焦循：《孟子正义》卷 1《梁惠王章句上》，中华书局，1957 年，第 54 页。

③ ［清］王先谦：《荀子集解》卷 4《儒效篇第八》，《诸子集成》第二册，中华书局，1954 年，第 76—77 页。

④ ［清］王先谦：《荀子集解》卷 8《君道篇第十二》，《诸子集成》第二册，第 185 页。

⑤ 《尚书正义》卷 6《禹贡》，《十三经注疏》上册，中华书局，1980 年影印本，第 153 页；《国语》卷 1《周语上》，上海古籍出版社，1978 年，第 4 页；《周礼注疏》卷 33《夏官司马·职方氏》、卷 37《秋官司寇第五·大行人》，《十三经注疏》上册，中华书局，1980 年影印本，第 863、892 页。

⑥ ［清］王先谦：《荀子集解》卷 12《正论篇第十八》，《诸子集成》第二册，第 220 页。

对于不守服事之制者，周王室并非听之任之，《国语·周语》云："有不祭则修意，有不祀则修言，有不享则修文，有不贡则修名，有不王则修德，序成而有不至则修刑。"[1] "要服"的蛮夷和"荒服"的戎狄要对天子尽服事，如有不贡、不王，则先"修名""修德"。周伟洲认为此即要名尊卑，动之以"德"，若再不贡不王，则将"修刑"，动用"刑罚之辟""攻伐之兵"，这是当时人心目中处理民族关系的理想模式[2]。尽管这种服事之制在当时未能实行，却成为秦汉王朝建构发展朝贡体制的思想发端。

战国时，在一些诸侯国中央集权的政治体制已见雏形[3]，"天下归一"成为各种思想流派的中心话题，《墨子·尚同上》云："天子唯能壹同天下之义，是以天下以治也。"认为天子能一统天下，方可以为治。《孟子·尽心上》说："中天下而立，定四海之民。"《文子·原道》曰："立于中央，神与化游，以抚四方，是故能天运地墠，轮转而无废。"诸子认为实现天子居天地之中，抚定四海之域，统辖四方之民，才符合天地运行之规律，达到天下大治之境地。

先秦诸子的政治理想在秦始皇时代被付诸实行，当秦汉中央集权王朝建立后，中心地区实现了统一。然而，"大一统"的政治目标并没有完成，下一步是要将分布着众多蛮夷戎狄的四海地区纳入王朝的"大一统"范围，于是统一中央集权王朝的朝贡制度应运而生。秦与西汉时期是建构边疆地区朝贡制度的开创期，秉承传统的天下观，以"大一统"为主旨的公羊学派尤其受到汉朝统治集团的推崇和重视。《汉书·艺文志》著录《春秋公羊传》的作者："公羊子，齐人。"师古注："名高。"西汉时期，传习《公羊传》的儒士形成公羊学派，十分兴盛，大师辈出[4]，其中最著名者即是董仲舒。《公羊传》开篇云：隐公"元年，春，王正月。……何言乎王正月？大一统也"。进而言："王者无外。"汉何休注曰："王者以天下为家。"[5] 所谓"天下"包括"诸夏"与"夷狄"，在公羊学派的"大一统"政治思想中主

① 《国语》卷1《周语上》，上海古籍出版社，1978年，第4页。

② 周伟洲：《儒家思想与中国传统民族观》，《民族研究》1995年第6期。

③ 周振鹤：《中国地方行政制度史》，上海人民出版社，2005年，第32—33页。

④ 刘泽华主编：《中国古代政治思想史》，南开大学出版社，1992年，第293页。

⑤ 《春秋公羊传注疏》卷1，隐公元年，《十三经注疏》下册，中华书局，1980年影印本，第2196、2199页。

张内诸夏而外夷狄，传文曰："王者欲一乎天下，曷为以外内之辞言之？言自近者始也。"注云："当先正京师乃正诸夏，诸夏正乃正夷狄，以渐治之。"① 董仲舒进一步阐述曰：

> 臣谨案《春秋》谓一元之意，一者万物之所从始也，元者辞之所谓大也。谓一为元者，视大始而欲正本也。《春秋》深探其本，而反自贵者始。故为人君者，正心以正朝廷，正朝廷以正百官，正百官以正万民，正万民以正四方。四方正，远近莫敢不壹于正，而亡有邪气奸其间者。是以阴阳调而风雨时，群生和而万民殖，五谷孰而草木茂，天地之间被润泽而大丰美，四海之内闻盛德而皆徕臣，诸福之物，可致之祥，莫不毕至，而王道终矣。
>
> 《春秋》大一统者，天地之常经，古今之通谊也。②

儒家公羊学说可谓先秦诸子大一统思想的集大成者。时值西汉王朝正着力建构边疆民族地区的朝贡制度，武帝派遣"严助、朱买臣等招徕东瓯，事两粤，江淮之间萧然烦费矣。唐蒙、司马相如始开西南夷，凿山通道千余里，以广巴蜀，巴蜀之民罢焉。彭吴贾灭朝鲜，置沧海郡，则燕齐之间靡然发动"③。经武帝朝君臣的努力，汉朝边疆民族地区朝贡制度已初具规模，如董仲舒所言："今陛下并有天下，海内莫不率服，广览兼听，极群下之知，尽天下之美，至德昭然，施于方外。夜郎、康居，殊方万里，说德归谊，此太平之致也。"④ 在建构和确立朝贡制度时传统的"天下观"和儒家"大一统"思想不仅为其提供了理论依据，而且成为此后二千年间中国王朝运行发展朝贡制度的核心思想。

此后两千年间，无论在一统时期还是分裂时期，历代王朝都秉承"大一统"的思想积极营建边疆民族朝贡制度。汉、唐、元大一统王朝时，百蛮入贡，八方远夷来朝，被认为是王朝兴盛强大、皇恩远播的体现，对此学界多

---

① 《春秋公羊传注疏》卷 18，隐公十五年，《十三经注疏》下册，中华书局，1980 年影印本，第2297 页。
② 《汉书》卷 56《董仲舒传》，第 2502—2503、2523 页。
③ 《史记》卷 30《平准书》，第 1421 页。
④ 《汉书》卷 56《董仲舒传》，第 2511 页。

有论述①。三国、东晋十六国、南北朝、辽宋夏金的分裂时期，重建大一统王朝仍然是各个王朝与政权追求的目标，朝贡制度是各王朝、政权标榜正统地位，昭示将要一统天下的重要标志。如三国时魏辽东太守公孙渊遣使称藩于孙吴，孙权喜出望外，诏曰："今使持节督幽州领青州牧辽东太守燕王，久胁贼虏，隔在一方，虽乃心于国，其路靡缘。今因天命，远遣二使，款诚显露，章表殷勤，朕之得此，何喜如之！虽汤遇伊尹，周获吕望，世祖未定而得河右，方之今日，岂复是过？普天一统，于是定矣。"于是遣使"将兵万人，金宝珍货，九锡备物，乘海授渊"②。魏元帝景元四年（263）钟会在对蜀檄文中称："（魏）布政垂惠而万邦协和，施德百蛮而肃慎致贡。"③ 孙楚作遗吴主孙皓书中有曰："自兹以降，九野清泰，东夷献其乐器，肃慎贡其楛矢，旷世不羁，应化而至，巍巍荡荡，想所具闻也。"④ 皆以四方称藩，远夷朝贡作为昭显正统地位的标志，并被王朝（政权）统治者认为是将要一统天下的预兆。

由于在当时人的观念中只有具备正统地位的王朝，才有资格建立大一统王朝。当少数民族在中原建立政权后，便向传统观念发起挑战，提出何谓"正统"的问题。东晋十六国时期，前赵（原称汉）刘渊云："夫帝王岂有常哉，大禹生于西戎，文王生于东夷，顾惟德所授耳。"⑤ 认为君有德皆可为正统。前秦苻坚亦曰："今四海事旷，兆庶未宁，黎元应抚，夷狄应和。方将混六合以一家，同有形于赤子。"⑥ 认为非汉人建立的政权也可以建立"混六合以一家"的大一统王朝。后赵、前秦、诸燕等较大的北族政权在争正统地位的同时都积极建构和发展自己的朝贡制度。辽宋夏金时期，华夷强弱之势发生重大变化，辽金以军事强势而居两宋之上。在新的形势下，"大一统"思想与"正统观"的联系更为紧密，司马光曰："苟不能使九州合为一统，皆有天子之名而无其实者也。虽华夏仁暴，大小强弱，或时不同，要

---

① 何芳川：《"华夷秩序"论》，《北京大学学报》1998 年第 6 期；喻常森：《试论朝贡制度的演变》，《南洋问题研究》2000 年第 1 期。等等。
② 《三国志》卷 47《吴书·孙权传》，第 1137—1138 页。
③ 《三国志》卷 28《钟会传》，第 788 页。
④ 《晋书》卷 56《孙楚传》，第 1540 页。
⑤ ［北魏］崔鸿：《十六国春秋》卷 1《前赵录一》，第 320 页。
⑥ 《晋书》卷 113《苻坚载记上》，第 2896 页。

皆与古之列国无异，岂得独尊奖一国谓之正统，而其余皆为僭伪哉!"① 我们看到在魏晋南北朝时期，边疆民族朝贡制度非但没有解体，反而比秦汉时期规模更大，制度更加完善，彰显了"大一统"思想是驱动各族王朝（政权）积极建构、发展朝贡制度的内在核心思想。

明朝取代元朝统治中国，"天下一统，东成辽海，南镇诸番，西控戎夷，北屯沙漠"②。尽管明朝统一了国内大部分地区，却最终也未能完成全部国土的统一，如明成祖所言："太祖高皇帝统一华夏，溥天率土莫不臣妾，惟胡寇余孽奔窜沙漠。"③ 成祖虽几次率大军深入草原却未能消灭故元残余势力，有明一代始终未能在蒙古草原地区建立起真正的政治统治。故有学者认为，北元政权与明朝相始终④。在这种形势下，明朝统治者向边疆各族昭示明朝正统地位显得尤为重要，明朝一面遣使诏谕边疆各族，一面积极建构朝贡制度，如洪武七年（1374）明太祖赐竺监藏等藏区首领的诏书曰：

> 朕受天明命君主华夷，凡诸施设期在安民。是以四夷之长，有能抚其众而悦天心者，莫不因其慕义与之爵赏，以福斯民。曩者西蕃效顺，为置乌思藏行都指挥使司，以官其长使绥镇一方安辑众庶。今复遣使修贡请官，朕如其请特以赏竺监藏等为某官，尔其恪修厥职毋怠。⑤

明朝边疆民族地区建构的朝贡制度较之汉唐有较大发展，不仅具有以羁縻建置（或土司）形式进行朝贡的特点，如上文所言乌斯藏设有行都指挥使司，东北女真、兀良哈蒙古地区设置羁縻卫所，西南地区设有土司，而且对各地区各族朝贡活动分别制定详细而具体的规定，要求各族朝贡成员"各守境土，防护边疆，勉于为善，竭诚报国"⑥，力图实现"华夷万里，地图归一"⑦，如明朝的朝贺乐章《抚安四夷》舞曲中所云："大一统。四夷来

① 《资治通鉴》卷69，文帝黄初二年三月，第2187页。
② 《明太祖实录》卷65，洪武四年五月乙卯，第1225页。
③ 《明太宗实录》卷104，永乐八年五月丙戌，第1351页。
④ 达力扎布：《明代漠南蒙古历史研究》，内蒙古文化出版社，1997年，第149页。
⑤ 《明太祖实录》卷95，洪武七年十二月壬辰，第1642页。
⑥ 《明宪宗实录》卷34，成化二年九月戊寅，第678页。
⑦ 《明太祖实录》卷56，洪武三年九月乙卯，第1110页。

贡，玉帛捧。文轨同，世际昌隆，共听舆人颂。"① 随着君臣关系的加强，中国边疆统治也愈加巩固。

"天下观""大一统"思想、"正统"观念三者密切相关，尤其早期"天下观"与"大一统"思想是中国古代王朝建构边疆民族朝贡制度的核心思想，在这一思想指导下边疆民族朝贡制度为建构、发展、巩固中国古代王朝的疆域发挥着至关重要的作用。

2. 两个基本思想

在古代王朝建构朝贡制度的过程中，"华夷之辨"与"同服不同制"的思想作为"大一统"思想的延伸部分，也是中国古代王朝经营边疆民族朝贡制度的两个基本思想原则。

"华夷之辨"思想形成于春秋时期。西周后期，以行周礼为文化标志的华夏族基本形成。春秋时期，礼崩乐坏，"夷狄也，而亟病中国，南夷与北狄交，中国不绝若线，桓公救中国，而攘夷狄"②。面对这种形势，"华夷之辨"成为春秋战国时期各学派的热门话题，孔子云："裔不谋夏，夷不乱华。"③ 管仲言："戎狄豺狼，不可厌也，诸夏亲昵，不可弃也。"④ 公羊学派主张："内诸夏而外夷狄。"⑤ 还有人认为："非我族类，其心必异。"⑥ 主张严华夷之别，华贵夷贱，是"华夷之辨"思想的核心内容。但"华夷之辨"思想并不是以夷狄为敌，孔子曰："四海之内，皆兄弟也。"⑦ 荀子亦云："四海之内若一家，通达之属莫不从服，夫是之谓人师。诗曰：'自西自东，自南自北，无思不服。'此之谓也。"⑧ 四海之内华夏与夷狄的关系是一统关系⑨，天子居中，华夏居内，夷狄居外。对于天子而言华夏与夷狄的不同，主要是"内服"与"外服"之别，华夷虽贵贱地位不同，但皆为天

---

① 《明史》卷63《乐志三·乐章二》，第1574页。
② 《春秋公羊传注疏》卷10，僖公四年，第2249页。
③ 《春秋左传正义》卷56，定公十年，《十三经注疏》下册，中华书局，1980年影印本，第2148页。
④ 《春秋左传正义》卷11，闵公元年，第1786页。
⑤ 《春秋公羊传注疏》卷1，隐公元年，第2200页。
⑥ 《春秋左传正义》卷26，成公四年，第1901页。
⑦ 《论语注疏》卷12《颜渊》，《十三经注疏》下册，中华书局，1980年影印本，第2503页。
⑧ ［清］王先谦：《荀子集解》卷10《议兵篇第十五》，《诸子集成》第二册，中华书局，1954年，第185页。
⑨ 张博泉：《中华一体的历史轨迹》，辽宁人民出版社，1995年，第118—124页。

子之臣民，这同样是"华夷之辨"的基本思想之一，也反映了"大一统"思想与"华夷之辨"思想的关系。

"同服不同制"的思想在先秦已经存在，《礼记·王制》认为对戎夷五方之民，应"修其教不易其俗，齐其政不易其宜"。荀子在其"五服说"的构想中主张："诸夏之国，同服同仪。蛮夷戎狄之国，同服不同制。"所谓"同服不同制"，唐人杨倞注曰："夷狄遐远，又各在一方，虽同为要荒之服，其制度不同也。"①

到战国后期，秦、楚、吴、越等各诸侯国基本完成了变夷从夏的过程，秦始皇统一诸国建立大一统王朝后，便形成了华夏居内地、夷狄居边疆的民族分布格局。秦汉王朝秉承"天下观"，奉行"大一统"思想，在郡县以外民族地区建构朝贡制度时，体现了以"华夷之辨"与"同服不同制"思想为实施政策的原则。在东北，"辽东太守即约满为外臣，保塞外蛮夷，无使盗边；诸蛮夷君长欲入见天子，勿得禁止"②。"徙乌桓于上谷、渔阳、右北平、辽西、辽东五郡塞外，为汉侦察匈奴动静。其大人岁一朝见，于是始置护乌桓校尉，秩二千石，拥节监领之"③。朝鲜、乌桓、夫余、高句丽、鲜卑相继被纳入朝贡制度之下。在南方、西南，汉高祖"遣陆贾因立（赵）佗为南越王，与剖符通使，和集百越，毋为南边患害"。高后时，赵佗自立为南越帝，孝文帝时再遣陆贾至南越责让之，南越王"乃顿首谢，愿长为藩臣，奉贡职"④。东南闽越、西南滇国、夜郎、钩町等诸夷相继称臣入朝。纳入朝贡制度的边疆各族与中原王朝皇帝的关系，如贾谊所言："凡天子者，天下之首，何也？上也。蛮夷者，天下之足，何也？下也。"⑤ 在这种君臣、华夷有上下等级差别的政治前提下，朝贡制度内实行因俗而治的羁縻政策。西汉司马相如云："盖闻天子之于夷狄也，其义羁縻勿绝而已。"唐司马贞《索隐》曰："案：羁，马络头也。縻，牛纼也。《汉官仪》云：'马云羁，牛云縻。'言制四夷如牛马之受羁縻也。"⑥ 羁縻制的基本特点是天子一般不

① ［清］王先谦：《荀子集解》卷12《正论篇第十八》，《诸子集成》第二册，第220页。
② 《史记》卷115《朝鲜列传》，第2986页。满，即卫满，为朝鲜王。
③ 《后汉书》卷90《乌桓鲜卑传》，第1968页。
④ 《史记》卷113《南越列传》，第2967—2968、2970页。
⑤ 《汉书》卷48《贾谊传》，第2240页。
⑥ 《史记》卷117《司马相如传》，第3049—3050页。

直接干涉四夷内务，由本族首领因本族旧俗管理本族事务，只需对皇朝称臣奉贡，接受边地郡县管理朝贡事务。从秦汉到明清，无论"华夷之辨"思想在不同民族王朝中出现怎样的变化，"同服不同制"思想在各族王朝经营边疆民族朝贡制度中始终得以贯彻。

汉武帝时期，向边疆民族地区拓展郡县制度，"南平氐羌、昆明、瓯骆两越，东定薉、貉、朝鲜，廓地斥境，立郡县，百蛮率服，款塞自至"①。对于建立郡县的少数民族地区采取何种统治政策，以东北地区为例，经历了由直接统治向因俗而治的变化过程。武帝元封三年（前108）灭朝鲜设置乐浪、玄菟、临屯、真番郡，四郡统辖的人口"皆朝鲜、涉貉、句骊蛮夷"②。除了乐浪郡是箕子朝鲜与卫氏朝鲜的中心地区，社会发展水平与内地相近外，其他三郡地区的居民还处于原始社会不同发展阶段。武帝时以内地郡县模式进行统辖，致使少数民族反抗汉朝郡县统治的事件时有发生，一些处于边远地区的郡县城镇，因不堪"夷貊所侵"③，或残破或撤销，临屯、真番两郡省并入乐浪郡，玄菟郡东迁。汉昭帝以后，对乐浪郡下涉貉地区、玄菟郡下句骊蛮夷地区，改行因俗而治的羁縻统辖④。此后东汉至北朝对迁入北方边地郡县内聚族而居的少数民族，也在一定时间段内实行一定程度的因族、因俗统辖的政策，建构了边郡内少数民族的朝贡制度。

经魏晋南北朝数百年南北民族大融合，隋唐时期"华夷之辨"思想发生了新的变化，唐太宗认为："仁孝之性，岂隔华夷？"⑤"夷狄亦人耳，其情与中夏不殊，人主患德泽不加，不必猜忌异类。盖德泽洽，则四夷可使如一家；猜忌多，则骨肉不免为仇敌。""自古皆贵中华，贱夷狄，朕独爱之如一，故其种落皆依朕如父母。"⑥唐太宗基于臣民由多族构成的国情，提出应否定"自古皆贵中华，贱夷狄"的华夷观，明确指出华夷皆有仁孝之性，同为人，夷狄与汉人皆为皇帝之赤子。同样的情形也发生于明朝初年，

---

① 《汉书》卷75《夏侯胜传》，第3156页。
② 《汉书》卷28下《地理志第八下》，第1658页。
③ 《三国志》卷30《东夷传·东沃沮》，第846页。
④ 程妮娜：《中国古代东北民族地区建置史》，第37—43页。
⑤ ［唐］吴兢：《贞观政要》卷5《孝友第十五》，上海古籍出版社，1978年，第162页。
⑥ 《资治通鉴》卷197，贞观十八年十二月，第6215—6216页；卷198，贞观二十一年五月，第6247页。

朱元璋起兵反元时号召中原人起来"驱逐胡虏，恢复中华"，作为汉族王朝统治者的明太祖又告知百姓"蒙古色目虽非华夏族类，然同生天地之间，有能知礼义，愿为臣民者，与中夏之人抚养无异"①。明成祖朱棣亲制碑文中曰："朕君临天下，抚治华夷，一视同仁，无间彼此，推古圣帝明王之道，以合乎天地之心，远邦异域，咸欲使之，各得其所。"② 可见在唐、明之时，传统的"华夷之辨"思想发生一定变化，这与中国王朝内部民族分布状况有关，也与边疆民族地区朝贡制度发展为以羁縻建置形式为主的朝贡制度有密切关系。

　　同时还应注意到在具体经营边疆民族朝贡制度的过程中"尊华攘夷"观念在汉族统治集团中仍根深蒂固，唐太宗贞观四年（630），唐灭东突厥，其部落多来归降者，太宗诏议安边之策，众臣辩论中反映了各自的"华夷观"，魏徵曰："匈奴人面兽心，非我族类，强必寇盗，弱则卑伏，不顾恩义，其天性也。"他坚持"非我族类，其心必异"的传统"华夷观"。温彦博曰："天子之于万物也，天覆地载，有归我者则必养之，今突厥破除，余落归附，陛下不加怜悯，弃而不纳，非天地之道，阻四夷之意，臣愚甚为不可，宜处之河南。所谓死而生之，亡而存之，怀我厚恩，终无叛逆。"主张将归附的突厥部落安置于内地，以君臣之道对待之。杜楚客则持反对意见曰："北狄人面兽心，难以德怀，易以威服。今令其部落散处河南，逼近中华，久必为患。……夷不乱华，前哲明训。存亡继绝，列圣通规。臣恐事不师古，难以长久。"其后，唐太宗谓侍臣曰："中国百姓，实天下之根本，四夷之人，乃同枝叶，扰其根本以厚枝叶，而求久安，未之有也。"③ 可见在唐太宗心目中华夷虽可使如一家，但华夷的地位是有区别的，有如树木的根本与枝叶，稳固根本最为重要。在安置归附的突厥部落时，太宗综合采纳了温彦博和李百药的建议"全其部落，顺其土俗，以实空虚之地，使为中国扞蔽"；"突厥虽云一国，然其种类区分，各有酋帅。今宜因其离散，各即本部署为君长，不相臣属。……请于定襄置都护府，为其节度，此安边之长

---

① 《明太祖实录》卷26，吴元年十月丙寅，第404页。
② 《明太宗实录》卷183，永乐十四年十二月丁卯，第1970页。
③ ［唐］吴兢：《贞观政要》卷9《安边第三十六》，第277页。

策也"①。在归附的突厥部落地区设置羁縻府州，"以其首领为都督、刺史，皆得世袭"，开启了在边疆民族地区大规模推行羁縻府州形式朝贡制度的进程②。这种新形式的边疆民族朝贡制度，是统治集团注重了"华夷之辨"思想中"华夷一体"与以"华"为根本的因素，将内地府州制度与边疆民族朝贡制度相结合的产物。这一思想为明朝统治集团所继承，明宣宗在《驭夷篇》中云："四夷非可以中国概论，天地为之区别，夷狄固自为类矣。夷狄非有诗书之教，礼义之习，好则人，怒则兽，其气习素然。故圣人亦不以中国治之，若中国义声教畅达，彼知慕义而来王斯为善矣。"③ 然在强调"华夷"之别的同时，明代统治者更加强调边疆民族朝贡制度所体现的"华夷一体"下的君臣关系，如英宗敕谕海西女真塔山卫都指挥佥事弗剌出："坚守臣节，遵守礼法，抚绥部属。"④ 翻开《明实录》常见明朝统治者对从东北到西南各族朝贡成员有类似要求。明代边疆民族地区羁縻建置朝贡制度也比唐代更加发展和完善，如《明史·兵志》记载，明朝先后女真地区设置了 384 个卫（其中包括兀良哈蒙古 3 个卫）、24 个所、7 个站、7 个地面、1 个寨。《明会典》中记载了明廷对边疆各族朝贡活动的详细规定，并由中央和边地政府共同管理。

中国古代王朝后期辽金元三朝的建立者契丹人、女真人、蒙古人，属于汉人观念中的"夷狄"，他们摒弃了传统的"华夷之辨"思想，辽道宗作《君臣同志华夷同风诗》进皇太后⑤；金海陵王完颜亮作诗云："万里车书已混同，江南岂有别疆封。屯兵百万西湖上，立马吴山第一峰。"⑥ 元朝统治者更是以"中国"自居，《元史·拜住传》载："时天下晏然，国富民足，远夷有古未通中国者皆朝贡请吏。"元代《宗庙乐章》中亦云："绍天鸿业，

---

① 《资治通鉴》卷 193《唐纪九》，贞观四年四月，第 6075—6076 页。
② 马驰、马文军：《唐代羁縻府州与中央关系初探》，《陕西师范大学学报（哲学社会科学版）》1997 年第 1 期。
③ 《明宣宗实录》卷 38，宣德三年二月，第 951—952 页。
④ 《明英宗实录》卷 147，正统十一年十一月己卯，第 2892 页。
⑤ 《辽史》卷 21《道宗纪》，第 255 页。
⑥ ［宋］徐梦莘：《三朝北盟会编》卷 242 引张棣《正隆事迹记》云，此诗为蔡圭所作，第 1741 页。宋人李心传认为此诗为海陵王完颜亮作，见《建炎以来系年要录》卷 183，绍兴二十九年十二月，第 3067 页。学界一般采用后说。

继世隆平。惠孚中国，威靖边庭。厥功惟茂，清庙妥灵。歆兹明祀，福禄来成。"① 连朱元璋也不得不承认"自宋祚倾移，元以北狄入主中国，四海内外罔不臣服"，认为"此岂人力，实乃天授"②。辽金元三朝统治集团虽然摈弃了"贵华贱夷"的思想观念，但也承认各族社会发展水平不同，文化风俗相异，皆吸收汉族"同服不同制"的思想，以"因俗而治"作为王朝的基本国策。从政治统治层面上看，三朝对其本族（统治民族）、汉人、其他各族（包括边疆民族）均实行因俗而治，形成了不同系统的地方政治制度，在边疆民族地区奉行与内地相似的强力统治，当边疆民族地区某族社会发展水平达到与内地接近的程度时，便适时废止朝贡制度，实行民族地区建置进行直接统辖。他们在由朝贡制度向具有民族特点行政建置的转变与运作中，始终奉行"同服不同制"思想。可以说从古代王朝到近代国家的边疆治理过程中"同服不同制"思想一直发挥着重要作用。

3. 思想的道德化特征

中国古代王朝经营朝贡制度的"修德怀柔远夷"与"厚往薄来"思想源于儒家政治思想，它从一个侧面使朝贡制度思想呈现出道德化特征。在边疆民族朝贡制度的运行过程中，这一思想又与"守在四夷"的政治目的紧密相关。

自汉武帝"罢黜百家，独尊儒术"以来，历代王朝皆以儒家思想为主要治国思想。孔子提倡"爱人""克己"，主张行"仁政"，倡导"有教无类"，曰："远人不服，则修文德以来之。既来之，则安之。"③ 孔子所说的远人包括与华夏不同族类的夷狄，他把政治的实施过程看作是道德感化过程④。董仲舒进一步阐释儒家的"仁爱"思想，云："春秋之所治，人与我也。所以治人与我者，仁与义也。以人安人，以义正我。故仁之为言人也，义之为言我也，言名以别矣。仁之于人，义之于我者，不可不察也。"提出"仁者爱人""王者爱及四夷"⑤。在建构边疆民族地区朝贡制度时，儒家思

① 《元史》卷69《礼乐三》，第1729页。
② 《明太祖实录》卷26，吴元年十月丙寅，第401页。
③ 《论语注疏》卷12《颜渊》、卷15《卫灵公》、卷16《季氏》，第2504、2505、2518、2520页。
④ 刘泽华主编：《中国古代政治思想史》，南开大学出版社，1992年，第54页。
⑤ ［西汉］董仲舒：《春秋繁露》卷8《仁义法第二十九》，中华书局，1975年，第306—307、308、309页。

想主张天子对于夷狄应抚以恩德，管仲曰："招携以礼，怀远以德。"颜师古注曰："携，谓离贰者也。怀，来也。言有离贰者则招集之，恃险远者则怀来之也。"① 这种以仁爱为本，重在恩抚、怀柔的思想，自汉朝以来成为历代汉族王朝经营朝贡制度所奉行的主要思想之一。贾谊认为："强国战智，王者战义，帝者战德……今汉帝中国也，宜以厚德怀服四夷，举明义博示远方，则舟车之所至，人力之所及，莫不为畜，又孰敢忿然不承帝意?"② 天子如何以厚德怀服四夷? 孔子云："君子喻于义，小人喻于利。"③ 以财利招抚四夷，是天子厚德的具体体现，《中庸》亦云："柔远人则四方归之，怀诸侯则天下畏之。""厚往而薄来，所以怀诸侯也。"④ 自汉朝以来，"厚往薄来"成为历代汉族统治集团安抚、招徕四夷，运行朝贡制度的主要方针之一。

汉代边地郡县官员负有建构和经营边疆民族朝贡制度的职责，汉明帝永平年间，益州刺史朱辅"在州数岁，宣示汉德，威怀远夷，自汶山以西，前世所不至，正朔所未加。白狼、盘木、唐菆等百余国，户百三十余万，口六百万以上，举种奉贡，称为臣仆"。朱辅在向明帝的上疏中奏上白狼王唐菆等慕化归义后所作的乐诗三章，《远夷乐德歌诗》曰："大汉是治，与天合意。吏译平端，不从我来。闻风向化，所见奇异。多赐赠布，甘美酒食。昌乐肉飞，屈申悉备。蛮夷贫薄，无所报嗣。愿主长寿，子孙昌炽。"《远夷慕德歌诗》中有曰："圣德深恩，与人富厚。"《远夷怀德歌》中亦有曰："父子同赐，怀抱匹帛。传告种人，长愿臣仆。"⑤ 莋都位于今四川西南山区，土地硗埆，峭危峻险，其人贫薄，食肉衣皮，不见盐谷，朝廷对前来归附的莋都部民赐予布帛、粮食，于是天子恩德传布其地，数百万人慕汉德向化，这无疑对建构、发展西南地区朝贡制度发挥了作用。汉代每年要用大量财物经营朝贡制度，如明帝永平年间"鲜卑大人皆来归附，并诣辽东受赏

---

① 《春秋左传正义》卷13，僖公七年，第1798页。《汉书》卷95《赞》，颜师古注，第3868页。

② 《贾谊新书》卷4《匈奴》，上海古籍出版社，1989年影印本，第30页。

③ 《论语注疏》卷4《里仁》，《十三经注疏》下册，中华书局，1980年影印本，第2471页。

④ 《礼记正义》卷52《中庸第三十一》，《十三经注疏》下册，中华书局，1980年影印本，第1630页。

⑤ 《后汉书》卷86《南蛮传·莋都》，第2856页。

赐，青徐二州给钱岁二亿七千万为常"①。和帝时司徒袁安曾说："汉故事，供给南单于费直岁一亿九十余万，西域岁七千四百八十万。"② 汉朝赏赐鲜卑、南匈奴、西域各族的岁钱达到五亿三千多万，再加上对西南、南方等其他地区朝贡成员的赏赐，其费用是相当可观的。"重义轻利"是儒家的价值观，通过"厚往薄来"使皇恩远播，招徕四夷慕德归义，保塞无事，进而在边疆地区建构起具有羁縻特点的朝贡制度，达到"守在四夷"的政治目的，以实现当时君臣心目中的大一统理想模式，其政治意义不可低估。

历代汉族王朝统治集团在边疆民族朝贡制度的具体运作中奉行"修德怀柔远夷"与"厚往薄来"的思想，伴随着对朝贡成员实行的各种赏赐，政治统辖力度也逐步加强。《册府元龟》云："怀柔之以德，厚其存恤。以至张官置吏，设亭筑塞，锡之以衣冠印绶，振之以缯絮菽粟，因以饵兵息役，开疆拓土。斯皆得来远之道，达御戎之要者焉。"③ 自晋朝以来，中原王朝对边疆民族朝贡成员的怀柔和厚赐，已不仅限于赏赐财物和册封具有褒义的封号，而是开始授予朝贡成员以地方官号和军官号，开疆拓土和守土卫疆的政治目的愈加明显。唐朝在边疆地区普遍设置羁縻府州，张官置吏，授予朝贡成员以羁縻官职，并依据官职的高低进行赏赐，已成为中央王朝对边疆民族"厚往薄来"的主要内容。如唐朝玄宗封契丹大酋李过折为"北平郡王，授特进，检校松漠州都督，赐锦衣一副、银器十事、绢绵三千匹"④。肃宗时，以回纥叶护出兵助平定安史之乱，"诏进司空，爵忠义王，岁给绢二万匹，使至朔方军受赐"。回纥"屡遣使以马和市缯帛，仍岁来市，以马一匹易绢四十匹，动至数万马"⑤。作为政治笼络手段的边疆互市贸易也贯彻了"厚往薄来"方针。

经辽金元三朝，东北民族朝贡制度已经处于向民族地区建置转变的尾声，但深受传统的"华夷之辨"思想影响的明朝统治集团，摈弃了元朝的东北边疆制度，回复到唐代的羁縻建置朝贡制度。五代史家在评论唐朝治边

---

① 《后汉书》卷90《乌桓鲜卑传》，第2986页。
② 《后汉书》卷45《袁安传》，第1521页。
③ ［宋］王钦若等撰：《册府元龟》卷977《外臣部·降附》，周勋初等校对，第11304页。
④ 《旧唐书》卷199下《契丹传》，第5353页。
⑤ 《新唐书》卷217上《回鹘传》，第6116页；《旧唐书》卷195《回纥传》，第5207页。

策略时曰:"夷狄之国,犹石田也,得之无益,失之何伤,必务求虚名,以劳有用。但当修文德以来之,被声教以服之,择信臣以抚之,谨边备之防之,使重译来庭,航海入贡,兹庶得其道也。"① 这种"修德怀柔远夷"思想在明朝君臣中十分普遍,明太祖朱元璋说:"自古人君之得天下,不在地之大小,而在德之修否。"② 明宣宗认为:四夷"若中国义声教畅达,彼知慕义而来王斯为善矣","能安中国者,未有不能驭夷者也。驭夷之道,守备为上。春秋之法,来者不拒,去者不追。盖来则怀之以恩,呼而去者,不穷追之"③。明朝是古代王朝的朝贡制度最为完善的时期,李秉曰:"中国之待夷狄,来则嘉其慕义,而接之以礼,不计其物之厚薄也,若必责其厚薄,则虏性易离,而或以启衅,非圣朝怀远人,厚往薄来之意。"④ 以明朝对东北女真、兀良哈蒙古羁縻卫所朝贡成员的赏赐为例,每年既有定赏,又有流赏;既有贡赏,又有市赏(抚赏);马市贸易皆给善价,赏赐额度不断增加,明末朝廷每年用于女真、兀良哈蒙古朝贡制度的行赏费用已是明初的一百多倍。在讨论明朝对朝贡成员实行"厚往薄来"方针的同时,应注意到明朝对女真、兀良哈蒙古羁縻卫所朝贡成员实行如此丰厚的赏赐,并不仅仅是"修德怀柔远夷",而是在很大程度上有赖于这些羁縻卫所为明朝捍御蒙古,明后期则有更为复杂的政治原因。因此,当边疆出现变故,羁縻卫所朝贡活动减少时,明朝就要派官员到女真、兀良哈蒙古地区招谕来朝,如明宣德六年到九年(1431—1434),兀良哈三卫的不贡和少贡引起了明朝的警觉,担心兀良哈转向投附蒙古部会对明朝构成威胁,于是明宣宗连续 7 次遣使赍敕及金织绛币表里往兀良哈蒙古地区招谕⑤,这表明明朝边疆民族朝贡地区与内地的政治关系已经相当紧密。在历代王朝经营边疆民族朝贡制度过程中,透过"厚往薄来"思想富有较浓厚的伦理化色彩的表象,可看到其实质是历代王朝在不同的国情下经营边疆统治的政治思想。

在朝贡制度建构初期,儒家倡导的"修德怀柔远夷"与"厚往薄来"思想的道德感化的特征,对于边疆民族朝贡成员主动归附愿为中原王朝臣民

① 《旧唐书》卷 199 下《北狄传·史臣曰》,第 5364 页。

② 《明太祖实录》卷 76,洪武五年十一月辛未,第 1406 页。

③ 《明宣宗实录》卷 38,宣德三年二月,第 951—952 页。

④ 《明宪宗实录》卷 35,成化二年十月甲寅,第 698 页。

⑤ 参见本书第六章第三节一"兀良哈三卫朝贡制度的建构"。

具有较强的吸引力，这对王朝统治者在边疆民族中确立和深化君臣观念具有积极作用。随着朝贡制度的发展，边疆与内地政治关系日益紧密，"厚往薄来"成为王朝边疆统治重要的政治思想。以往学界对中国古代王朝奉行的"厚往薄来"思想多从经济利益上加以评论，然李云泉认为"厚往薄来"有更深刻的政治寓意和现实考虑，物质上的付出所换来的不仅是周边民族和属国对宗主地位的承认，更重要的是，彼此之间稳定的朝贡关系使王朝获得了安定的周边环境，从而达到"守在四夷"的政治目的[①]。

4. 思想的文化冲突映像

秦汉中央集权王朝通过"车同轨、书同文"完成了南北诸侯国的文化一统，但自然环境复杂民族众多的边疆地区，文化依然是千姿百态，"其与中国殊章服，异习俗，饮食不同，言语不通，避居北垂塞露之野，逐草随畜，射猎为生，隔以山谷，雍以沙幕"[②]。不同民族在对外发展与交往中，不可避免地出现文化冲突现象，尤其是游牧文化与农耕文化之间冲突不断，绵延二千年。为了解决不同文化碰撞引起的各种矛盾冲突，维护朝贡制度正常运行，汉代统治集团从中央王朝立场出发形成了"恩威并行"的思想。

西汉前期，匈奴边患严重，《汉书·匈奴传下》赞曰："高祖时则刘敬，吕后时樊哙、季布，孝文时贾谊、朝错，孝武时王恢、韩安国、朱买臣、公孙弘、董仲舒，人持所见，各有同异，然总其要，归两科而已。缙绅之儒则守和亲，介胄之士则言征伐，皆偏见一时之利害，而未究匈奴之终始也。自汉兴以至于今，旷世历年，多于春秋，其与匈奴，有修文而和亲之矣，有用武而克伐之矣，有卑下而承事之矣，有威服而臣畜之矣，诎伸异变，强弱相反。"这里班固将各种观点归纳为两类，一是主和，一是主战，他认为皆偏见一时之利害。那么如何才能消弭边患保持边疆稳定？

淮南王刘安提出"威德并行"的思想，武帝发兵伐闽越，刘安上疏云："自三代之盛，胡越不与受正朔，非强弗能服，威弗能制也，以为不居之地，不牧之民，不足以烦中国也。"对于闽越"中国之人不知其势阻而入其地，虽百不当其一。得其地，不可郡县也；攻之，不可暴取也"。越人名为藩臣，但其"贡酎之奉，不输大内，一卒之用不给上事。自相攻击而陛下以兵救

---

① 李云泉：《朝贡制度的理论渊源与时代特征》，《中国边疆史地研究》2006年第3期。
② 《汉书》卷94下《匈奴传》，第3830页。

之，是反以中国而劳蛮夷也"。他认为此时"闽越王弟甲弑而杀之，甲以诛死，其民未有所属。陛下若欲来内，处之中国，使重臣临存，施德垂赏以招致之，此必携幼扶老以归圣德。若陛下无所用之，则继其绝世，存其亡国，建其王侯，以为畜越，此必委质为藩臣，世共贡职。陛下以方寸之印，丈二之组，填抚方外，不劳一卒，不顿一戟，而威德并行"。又说："臣闻天子之兵有征而无战，言莫敢校也。如使越人蒙徽幸以逆执事之颜行，厮舆之卒有一不备而归者。虽得越王之首，臣犹窃为大汉羞之。"① 主张天子重兵，威德并行，对藩臣继绝存亡，册封王侯，授予印绶，使其世供贡职。刘安的"威德并行"的思想是以德为主，秉承先秦"天子之兵有征而无战"② 的观念，认为不到万不得已不要对边疆民族地区出兵。但武帝并不赞同刘安的主张，使严助谕刘安曰："夫兵固凶器，明主之所重出也，然自五帝三王禁暴止乱，非兵，未之闻也。汉为天下宗，操杀生之柄，以制海内之命，危者望安，乱者印治。"③ 从之后武帝四处出兵征讨四夷看，刘安的主张在当时并没有得到重视，但对后世王朝经营朝贡制度则产生了重要影响。

班固提出"来则惩御，去则备守"的观点，主张对夷狄"不与约誓，不就攻伐；约之则费赂而见欺，攻之则劳师而招寇。其地不可耕而食也，其民不可臣而畜也。是以外而不内，疏而不戚，政教不及其人，正朔不加其国；来则惩而御之，去则备而守之。其慕义而贡献，则接之以礼让，羁縻不绝，使曲在彼，盖圣王制御蛮夷之常道也"④。班固主张严华夷之别，"以外而不内"，虽然他赞赏武帝"百蛮是攘，恢我疆宇，外博四荒，武功既抗"⑤，但不主张攻伐夷狄，认为"攻之则劳师而招寇"，主张以抵御和防备为主。对慕义前来朝贡者，应以礼待之，羁縻不绝。班固的思想也具有"恩威并行"的特点，较之刘安的思想，班固更多地强调了军事打击与防御的作用。他的思想对后世王朝治边思想也产生了较大影响。

中国历代王朝在经营朝贡制度时皆体现了"恩威并行"的思想，但因王朝治边方针有所差异，在边疆民族朝贡地区推行的具体政策中"恩"与

---

① 以上引文均见《汉书》卷64上《严助传》，第2777—2778、2782—2784页。
② 《汉书》卷64上《严助传》，第2784页。
③ 《汉书》卷64上《严助传》，第2787页。
④ 《汉书》卷94下《匈奴传》，第3834页。
⑤ 《汉书》卷100下《叙传下》，第4237页。

"威"的比重有所不同。如西晋武帝时，慕容鲜卑出兵攻打晋朝"世守忠孝"的朝贡国夫余，王城沦陷，夫余王自杀。晋朝虽助夫余复国，慕容鲜卑依然掠夺夫余人口，晋以官物为夫余赎还被转卖的人口，对慕容鲜卑采取了宽容的态度①。可见晋武帝接受了刘安以德为主的思想，对藩臣继绝存亡，不轻易出兵讨伐破坏朝贡制度规则的少数民族。唐高宗同样接受了刘安对藩臣继绝存亡的思想，他说："昔齐桓列土诸侯，尚存亡国，况朕万国之主，岂可不恤危藩！"② 但为维护唐朝在东北边疆的统治秩序，高宗出兵灭亡了朝贡成员高丽国，表现出"恩威并重"的治边思想。明宣宗主张："来者不拒，去者不追。盖来者怀之以恩，呼而去者不穷追之。"③ 这应取自于班固的思想，但宣宗对于数次寇边的女真人则抱有比较宽容的态度，主张"夷狄寇边固当诛，然谕之不从而后诛之，彼将无悔"④。总之，"恩威并行"思想始终为历代统治者奉行，虽然治边政策中"恩""威"比重有所变化，却不曾完全偏废一方。

"恩威并行"思想不主张王朝轻易出兵攻伐反叛的朝贡制度成员，一个重要的原因是"中国之人不知其势阻而入其地，虽百不当其一"，那么如何能使王朝不出兵，或少出兵，还能达到维护边疆的统治秩序，保证边疆民族地区朝贡制度的正常运行？

西汉文帝时，晁错提出"以蛮夷攻蛮夷"的策略，他说："小大异形，强弱异势，险易异备。夫卑身以事强，小国之形也；合小以攻大，敌国之形也；以蛮夷攻蛮夷，中国之形也。"所谓"以蛮夷攻蛮夷"，颜师古注曰："不烦华夏之兵，使其同类自相攻击也。"⑤ 东汉章帝时，班超同样主张"以夷狄攻夷狄，计之善者也"，"兵可不费中国而粮食自足"⑥。《册府元龟》对此进一步阐释：

　　　昔晁错有言曰："以蛮夷攻蛮夷，中国之形也。"盖言其同类自相

---

① 《晋书》卷 97《夫余传》，第 2532—2533 页。
② 《旧唐书》卷 199 上《百济传》，第 5330 页。
③ 《明宣宗实录》卷 38，宣德三年二月，第 951 页。
④ 《明宣宗实录》卷 58，宣德四年九月丙午，第 1373 页。
⑤ 《汉书》卷 49《晁错传》，第 2281 页。
⑥ 《后汉书》卷 47《班超传》，第 1576 页。

攻击，不烦华夏之兵，亦御戎之良策，而杂霸之善利也。盖夫裔夷殊俗，天性忿鸷，气类不一，嗜欲靡同，故先王不以臣畜之，而置于度外。然其种族斯众，区落实繁，恃气力以相高，专战斗而为务。以至强凌弱，大侵小，称兵构乱，迭为寇掠，侮亡攻昧，更相吞噬。虽复保塞内附，参与属国；守约来援，闻于有司，然亦荒忽之无常，但可羁縻而不绝，又岂足烦王师之赴救？①

"以蛮夷攻蛮夷"的策略自汉朝形成，便被汉朝君臣运用到经营边疆民族地区朝贡制度的政治活动中，如东汉时，班超在西域"率疏勒、康居、于寘、拘弥兵一万人攻姑墨石城，破之，斩首七百级"②。辽东太守祭肜切断鲜卑与匈奴的联合，以恩义与财利诱鲜卑偏何部击败匈奴左伊秩訾部，偏何获匈奴人二千首级诣辽东郡请赏，于是鲜卑与匈奴岁岁相攻，"自是匈奴衰弱，边无寇警，鲜卑、乌桓并入朝贡"③。在朝贡制度地区，以臣服朝廷的当地民族为王朝出兵打击反叛的民族势力，既省朝廷兵力财力，又可达到平定叛乱的目的。对于中原王朝来说的确是"计之善者也"④，故为历代王朝所承用。翻开史书，可以看到不仅对边疆地理民情了解不多的汉族王朝，在朝贡制度地区实行"以蛮夷攻蛮夷"的实例不胜枚举。而且出自边疆，熟悉边疆的北方民族王朝也奉行"以夷制夷"的策略进行边疆统治。如辽朝，在邻近生女真人地区置隗衍突厥部、奥衍突厥部；以北敌烈部戍隗乌古部；以女真户隶西北路招讨司置招州镇守乌古敌烈地区⑤。金朝中期北方草原上有南北两属部为金朝捍边数十年，在界壕（长城）外以汪古部守关口⑥。可见北方民族统治者吸收汉族"恩威并行"思想的同时更推崇军威，与汉族统治者一样深谙"以夷制夷"的策略在边疆统治中的作用。

5. 思想的强权政治特点

从 10 世纪初到 14 世纪 60 年代，契丹、女真、蒙古建立的辽金元三朝

---

① ［宋］王钦若等撰：《册府元龟》卷 995《外臣部·交侵》，周勋初等校对，第 11516 页。
② 《后汉书》卷 47《班超传》，第 1575 页。
③ 《后汉书》卷 20《祭肜传》，第 745 页。
④ 《后汉书》卷 47《班超传》，第 1576 页。
⑤ 《辽史》卷 37《地理志》第 451 页、卷 33《营卫志》第 390—391 页。
⑥ 《金史》卷 95《董师中传》，第 2114 页。［波斯］拉施特：《史集》第 1 卷第 2 分册，余大钧、周建奇译，商务印书馆，1997 年，第 3—4 页。

均为中央集权制度，三朝统治者同样推崇"大一统"思想，在继承中国王朝政治制度的同时，程度不同地保留了本民族的政治制度，在较为原始的民族地区都设有朝贡制度，形成多种制度并存的政治体系。比较而言，辽朝的朝贡制度地区范围最大，金朝次之，元朝最小。契丹、女真、蒙古统治集团在建构和经营朝贡制度时与汉族王朝统治者的思想观念有明显的不同，一个突出的特点是奉行"重威辅恩"思想，主张主动出击，推行强力统治。

契丹以武立国，太祖耶律阿保机"东征西讨，如折枯拉朽。东自海，西至于流沙，北绝大漠，信威万里"①。太宗继续开创国家规模"甫定多方，远近向化"②。辽朝属国可纪者有59个，初建时皆纳入朝贡制度。契丹人萧韩家奴曰：

> 阻卜诸部，自来有之。曩时北至胪朐河，南至边境，人多散居，无所统壹，惟往来抄掠。及太祖西征，至于流沙，阻卜望风悉降，西域诸国皆愿入贡。因迁种落，内置三部，以益吾国，不营城邑，不置戍兵，阻卜累世不敢为寇。统和间，皇太妃出师西域，拓土既远，降附亦众。自后一部或叛，邻部讨之，使同力相制，正得驭远人之道。……方今太平已久，正可恩结诸部，释罪而归地，内徙戍兵以增堡障，外明约束以正疆界。每部各置酋长，岁修职贡。叛则讨之，服则抚之。诸部既安，必不生衅。③

萧韩家奴所说的"叛则讨之，服则抚之"即是出于契丹统治集团一贯奉行的"重威辅恩"思想。朝贡制度建立起来后，契丹统治集团仍以武力作为统辖朝贡成员的主要手段，如上引萧韩家奴所言："一部或叛，邻部讨之，使同力相制。"并且向朝贡成员征收高额贡品，若有战事，朝廷则遣使至属国、属部征兵，"不从者讨之"④。在契丹统治集团看来这"正得驭远人之道"。

---

① 《辽史》卷2《太祖纪》，第24页。
② 《辽史》卷4《太宗纪》，第60页。
③ 《辽史》卷103《萧韩家奴传》，第1447页。
④ 《辽史》卷36《兵卫志下》，第429页。

　　女真人建国前后，太祖完颜阿骨打奉行"重威辅恩"思想开创王朝基业，对于归顺者，金太祖诏曰："四方来降者众，宜加优恤。自今契丹、奚、汉、渤海、系辽籍女直、室韦、达鲁古、兀惹、铁骊诸部官民，已降或为军所俘获，逃遁而还者，勿以为罪，其酋长仍官之，且使从宜居处。"① 奚王回离保对抗金军自行称帝，对于叛逆者，太祖诏曰："闻汝胁诱吏民，僭窃位号。……倘能速降，尽释汝罪，仍俾主六部族，总山前奚众，还其官属财产。若尚执迷，遣兵致讨，必不汝赦。"② 结果回离保兵败身亡。这一思想为后来的女真皇帝运用到建构和经营朝贡制度之中，章宗朝发生草原朝贡成员反叛事件，完颜宗浩曰："国家以堂堂之势，不能扫灭小部，顾欲藉彼为捍乎？臣请先破广吉刺，然后提兵北灭阻䪁。"③ 有金一代始终以剿抚结合的手段来维持对草原游牧民的朝贡统辖关系。

　　元代朝贡制度地区大为缩小，在东北仅设置在黑龙江下游地区。吉列迷、骨嵬等族群归附元朝后时叛时服，蒙古统治在黑龙江入海口附近置征东招讨司（一度升为征东元帅府）镇守之。《札剌尔公神道碑》记载："斡拙（吾者部）、吉烈灭（吉里迷部）僻居海岛，不知礼义，而镇守之者，抚御乖方，因以致寇。乃檄诸万户，列壁近地，据其要冲。使谕之曰：'朝廷为汝等远人，不霭教化自作弗靖，故遣使来切责，有司而存等令安其生业，苟能改过迁善，则为圣世之良民，否则尽诛无赦。'"④ 显然蒙古统治集团同样奉行"重威辅恩"思想，以强力统治经营边疆民族朝贡制度。

　　努尔哈赤建立后金政权时，效仿明朝在边远的原始部落地区推行朝贡制度，"恩威并行，顺者以德服，逆者以兵临"⑤。乙卯年（1615），努尔哈赤出兵东海渥集部东额黑库伦城，"至顾纳喀库伦，招之不服，遂布阵鸣螺，越壕三层，毁其栅，攻克其城，阵斩八百人，俘获万人，收抚其居民编户口五百，乃班师"⑥。努尔哈赤的后继者同样以"重威辅恩"思想经营边疆民

---

　　① 《金史》卷2《太祖纪》，第29页。
　　② 《金史》卷67《奚王回里保传》，第1588页。
　　③ 《金史》卷93《宗浩传》，第2073页。
　　④ ［元］黄溍：《金华黄先生文集》卷25《札剌尔公神道碑》，《四部丛刊》，商务印书馆，1918年影印本，第22—23页。
　　⑤ 《满洲实录》卷1，第21页。
　　⑥ 《清太祖实录》卷4，乙卯十一月癸酉朔，第61页。

族朝贡制度，皇太极"叛则声罪而讨，顺则加恩而抚"，讨喀尔喀之背盟，收察哈尔之余众，取黑龙江虎尔哈等之旧部，"威震万方，仁均一体"，"自东海暨于北海极之使犬使鹿诸国输诚向化"①。而且自皇太极时起，满族皇帝在边疆推行强力统治政策的过程中，适时将朝贡制度向具有民族特点的行政建置转变，对归附的边疆部民，"任其择便安居，其中有能约束众人堪为首领者，即授为牛录章京，分编牛录"②。到清朝康雍时期，清朝边疆地区基本完成了由羁縻朝贡制度向各种类型民族地区建置的转变过程，实现了中央集权对边疆民族地区的直接统治。

二　古代东北民族朝贡制度的分期与特点

自秦汉开创边疆民族地区朝贡制度以来，伴随着大一统中央集权王朝几度分裂和统一，中国王朝的国家结构由主体中央集权制与边疆羁縻朝贡制并行，向从内地到边疆全面实现中央集权单一制的转变，东北边疆民族地区朝贡制度从初创、发展、成熟、转型、复兴直到终结，经历了不同的发展阶段，呈现出不同的特点。

1. 东北民族朝贡制度初步建构时期

秦朝建立后，便有经营东北边疆朝贡制度的举措。汉取代秦后，将先秦以来形成的"天下观""服事观"运用于边疆治理，以期实现"大一统"的治国理想。两汉时期一直处于摸索营建边疆民族朝贡制度的过程中，虽然开创了东北边疆不同类型的朝贡制度与管理模式，但因处于初步建构阶段，具有鲜明的草创时期特色。

汉朝在东北边疆因时、因地、因族开创了塞内朝贡制度与塞外朝贡制度并行的模式，在运行的过程中允许两种朝贡制度的成员发生转变。如西汉时期塞外朝贡成员有夫余、乌桓，塞内朝贡成员有高句丽、沃沮、涉。东汉时期高句丽、沃沮、涉转变为塞外朝贡成员，乌桓、鲜卑开始不断内迁，成为塞内朝贡成员。所谓"塞内朝贡制度"，是指汉朝统治者允许在边郡地旷人稀处居住的少数民族部落保持其原有的社会组织和畜牧狩猎经济生活，诣所在郡官署、护乌桓校尉府朝贡，如遇战事须服从官府调动，出兵助战。如顺

---

① 《清太宗实录》卷 65，崇德八年十月丁卯，第 911 页。
② 《清太宗实录》卷 51，崇德五年五月戊戌，第 687 页。

帝时，鲜卑频繁寇边郡，护乌桓校尉耿晔"遣司马将胡兵数千人，出塞击破之"，"渔阳太守又遣乌桓兵击之，斩首八百级，获牛马生口。乌桓豪人扶漱官勇健，每与鲜卑战，辄陷敌，诏赐号'率众君'"①。汉朝对塞内朝贡成员和塞外朝贡成员政治统辖疏密程度有所不同，如遇战事，汉朝对塞外朝贡制度成员没有明确出兵助战的要求，其出兵或不出兵，出于自愿。如果汉朝需要或希望塞外朝贡成员出兵，往往采取以物质奖赏的办法，使其主动出兵。

汉朝对朝贡制度成员的册封活动还不很规范，按照汉朝的朝贡制度规定，朝贡成员在得到汉天子的册封后，藩王、首领方能取得为王、为侯、为官的合法地位。《后汉书·百官志》大鸿胪条下曰："拜诸侯、诸侯嗣子及四方夷狄封者，台下鸿胪召拜之。王薨则使吊之，及拜王嗣。"但从东北边疆民族朝贡制度的册封活动看，有时民族政权的老王去世，新王继任，并不一定要重新得到汉朝的册封，由本族内部继承即可，汉朝也给予承认。如两汉时期高句丽政权只有慕本王继位之初，遣使"上貂裘好马，帝辄倍其赏赐"②。其他诸王继位皆不见遣使朝贡的记载。汉朝不仅对上述已建立政权的蕃王封侯、封王，对于弱小的氏族部落酋长、渠帅也封侯、封王，如乌桓率众王、鲜卑亲汉王、沃沮侯等。从封号上看无明显高低等级区别，显然这时的册封制度还不完善。

为凸显汉天子为万国之主的至高无上地位，汉朝要求或希望受册封的蕃王、蕃酋适时诣阙朝贡。顺帝永和元年（136），夫余王来朝京师，"帝作黄门鼓吹、角抵戏以遣之"③。安帝永初中，"鲜卑大人燕荔阳诣阙朝贺，邓太后赐燕荔阳王印绶、赤车参驾"④。从汉帝对诣阙朝贡的夫余王、鲜卑大人的册封活动看，汉朝对至阙廷朝见的蕃王、部落大人很是重视，给予隆重的接待和丰厚的赏赐。对于不肯诣阙朝贡的朝贡成员，汉朝也不强求，体现了"怀柔远夷"的政治思想。然而，如果汉廷因其他原因对朝贡成员发动战

① 《后汉书》卷90《乌桓鲜卑传》，第2988页。
② 《后汉书》卷20《祭肜传》，第745页。
③ 《后汉书》卷85《东夷传·夫余》，第2812页。
④ 《后汉书》卷90《乌桓鲜卑传》，第2986页。

争，这便是罪名之一①。对于朝贡体制下叛服无常的成员，汉朝统治者表现出十分宽容的态度，对于不来朝贡的成员，只要不寇边，一般是听之任之。如果出现朝贡成员反叛寇边的事件，边郡长官和护乌桓校尉、度辽将军等地方官有责任率军反击，或出塞对其给予军事打击。然无论汉朝平叛战争胜负与否，只要反叛者重新愿意归附，汉朝都表示欢迎，重新纳入朝贡体制，并给予册封和赏赐，昭显汉天子怀远招徕的政策，以求边郡的安宁。

汉朝建立了由地方官府和中央共同管理东北边疆民族朝贡制度的统辖模式，通常规定朝贡成员适时诣某郡朝贡，如西汉前期朝鲜国、真番等古族诣辽东郡；两汉期间夫余国、高句丽国主要诣玄菟郡；东汉末夫余改诣辽东郡；高句丽则于东汉初曾一度诣乐浪郡；东汉时沃沮、不耐秽、韩人等诣乐浪郡；两汉时期塞外的乌桓部落诣护乌桓校尉府（少部分乌桓部落诣匈奴中郎将）。但是，汉朝对塞外鲜卑朝贡成员的朝贡地点却没有很严格的规定，塞外鲜卑各部独自活动，朝贡、内附的地点也是自由选择，曾一度出现"鲜卑自敦煌、酒泉以东邑落大人，皆诣辽东受赏赐"的现象②。除了辽东郡以外，也有诣护乌桓校尉府朝贡、诣度辽将军府朝贡、诣使匈奴中郎将府朝贡的鲜卑部落。

汉朝东北边疆朝贡体制下存在亚朝贡体系。两汉时期东北的东部先后建立了夫余国和高句丽国，这两个政权一面向汉朝称臣纳贡，一面努力经营自己的朝贡体系。如夫余国之下存在挹娄人的亚朝贡体系，史载挹娄人"自汉兴已后，臣属夫余"③。东汉中后期高句丽渐强，朝鲜半岛东北部的沃沮人遂臣属高句丽，"句骊复置其中大人遂为使者，以相监领，责其租税，貂布鱼盐，海中食物，发美女为婢妾焉"④。沃沮之南，朝鲜半岛东部的秽人亦"汉末更属句丽"⑤。形成了以高句丽国为中心的亚朝贡体系。夫余、高句丽亚朝贡体系的成员通过宗主国间接地隶属于汉朝。

汉朝通过对边疆朝贡制度的建构，确立了汉天子在边疆各族中至高无上

---

① 汉武帝出兵讨伐朝鲜国，指责朝鲜王的罪名之一"又未尝入见"。参见《史记》卷115《朝鲜列传》，第2986页。
② 《三国志》卷30《魏书·乌丸鲜卑传》，第837页。
③ 《后汉书》卷85《东夷传·挹娄》，第2812页。
④ 《后汉书》卷85《东夷传·沃沮》，第2816页。
⑤ 《三国志》卷30《魏书·东夷传》，第848页。

的地位，对于汉朝东北边疆地区的经营、安边固土，对于东北各族、各国的发展都具有重要意义。尽管汉代东北朝贡制度还很不完善，也很不稳定，但它在一定程度上实现了中国王朝帝王"一统天下""天下共主"的政治追求。而且，汉朝开创的东北民族朝贡制度所体现的基本规则与功能，对后代中国王朝东北朝贡体制的发展具有深远的影响。

2. 东北民族朝贡制度全面发展时期

魏晋南北朝时期王朝更替频繁，虽有西晋短暂的统一，但大多数时间是处于分裂状态。朝贡制度是统一多民族中央集权政治制度的产物，但在以分裂时期为主的魏晋南北朝时期不仅没有瓦解，反而进入一个发展时期，表现出鲜明的时代特色。

魏晋南北朝时期大小王朝、政权为追求正统地位，无一例外都热心建构维系自己的朝贡制度。而且拥有较强政治势力的塞内朝贡者（如慕容鲜卑）和塞外朝贡国（如高句丽国），只要有条件也在经营自己的朝贡体系，亚朝贡体系规模有所扩大。于是出现了大大小小的朝贡圈，东北边疆民族的朝贡活动呈现出单向、双向、多向等多种形式的特点。由于受地理环境的制约，地处东北内陆边疆的夫余、乌桓、鲜卑等族主要向北方王朝进行朝贡。生活地域有海岸线的高句丽、挹娄（肃慎）等族，在向北方王朝、政权朝贡的同时，也向南方王朝进行朝贡，尤以高句丽的朝贡活动最为活跃，先后向曹魏、孙吴、西晋、东晋、前燕、后燕、北燕、后赵、前秦、南燕、宋、齐、梁、陈、北魏、东魏、北齐、西魏、北周等 19 个王朝和政权进行朝贡。

这一时期各王朝与政权对东北边疆朝贡成员的册封活动越来越规范化。曹魏时因册封对象的地位不同，封号内容已有等级差别，除了承用前朝册封朝贡者率众王、归善王、侯、邑长等封号外，对部众较多、势力强大的东部鲜卑大人授以大单于、左贤王等称号。两晋十六国南北朝时期又出现以汉官爵与军官、州郡地方官号册封东北民族朝贡成员的现象，如晋册封段部鲜卑大人为辽西郡公、渤海公、广宁公、抚军大将军[①]；册封慕容鲜卑大人为都督、镇军将军、昌黎辽东二郡公等。东晋授予慕容廆持节都督幽平二州东夷

---

① 《晋书》卷 63《段匹磾传》，第 1710—1712 页。

诸军事、车骑将军、平州牧①。东晋与南朝以北方州郡的地方官官号授予朝贡成员，表达了收复故土的愿望。北魏孝明帝册封高句丽王高云为车骑大将军、领护东夷校尉、辽东郡开国公②。北朝将管理边疆民族的官号"护东夷校尉"授予高句丽王，承认其在东北边疆的地位，也有命其为北朝守边的含义，并非都是虚封官职。

魏晋南北朝时期朝贡成员的朝贡地点，前后出现了明显变化，各王朝不再特别要求朝贡国的国王、部落大人诣阙朝贡。魏晋时期，东北边疆朝贡成员的朝贡地点与两汉时期相同，以诣州郡朝贡为主，塞内成员乌桓、鲜卑至所在地方官府朝贡，塞外成员西部鲜卑等游牧民族主要诣护幽州刺史、护乌桓校尉府朝贡，东部高句丽、夫余与东夷"小国"诣护东夷校尉府朝贡。十六国东晋时期，朝贡地点改为诣京师（王城）朝贡。这是由于北方民族政权的王城即汉魏以来的州郡重镇，所谓诣王城朝贡，与原来诣州郡朝贡，在实际地点上差别不大。东晋南迁，高句丽、挹娄（肃慎）冒险越海至江南，要到京师朝贡。南北朝建立后，朝贡者们自然而然地继续诣京师朝贡了。魏晋南北朝时期不见有朝贡国的国王诣阙朝贡的记载，曹魏时，右北平乌桓单于寇娄敦"遣弟阿罗槃等诣阙朝贡，封其渠率二十余人为侯、王，赐舆马缯采各有差"③。前燕时，"高句骊王钊遣世子来朝"④。北魏时，孝文帝"诏（高句丽王）云遣世子入朝，令及郊丘之礼"⑤。这是所见身份最高的朝贡者，高句丽王琏卒，孝文帝曰："朕虽不尝识此人，甚悼惜之。"⑥ 并为高丽王琏举哀于城东行宫，足以说明北魏并不要求朝贡国的国王诣阙朝贡。

魏晋南北朝是古代中国分裂时期，却是东北边疆民族朝贡制度的发展时期，其重要原因是儒家大一统思想与正统观为各王朝统治集团所奉行。朝贡

---

① ［北魏］崔鸿撰：《十六国春秋》卷23《前燕录一·慕容廆》，文渊阁《四库全书》第463册，第498—506页。

② 《魏书》卷100《高句丽传》，第2213—2217页。

③ 《三国志》卷28《魏书·毌丘俭传》，第762页。

④ ［北魏］崔鸿撰：《十六国春秋》卷25《前燕录三·慕容㑺下》，文渊阁《四库全书》第463册，第513页。

⑤ 《北史》卷94《高句丽传》，第3114页。

⑥ 《魏书》卷108《礼志三》，第2790页。

制度加强了中原与东北各民族的关系，加强了中原王朝对边疆地区的经营与管理，加强了边疆民族对中原王朝的归属意识，对深化多民族王朝的发展具有重要的推动作用。

3. 东北民族朝贡制度成熟时期

隋唐重建大一统中央集权王朝，从中央到地方政治制度更加完善。唐太宗时期开始在边疆地区大规模设置羁縻府州，唐中期东北边疆地区已经普遍设置羁縻府州，各民族地区以羁縻府州形式进行朝贡活动[1]，朝贡制度进入成熟阶段。

隋朝及唐初东北边疆尚未建立羁縻府州之前，东北民族朝贡活动随意性较强，加上受北方草原游牧王国的干扰，有时一年几次朝贡，有时几年才来一次朝贡，朝贡人数也是多少不一。唐太宗朝首先于契丹、奚地区建立松漠都督府、饶乐都督府，玄宗朝于靺鞨地区建立忽汗州都督府、黑水都督府，代宗、德宗朝于室韦地区建立室韦都督府，于是东北各族相继以羁縻府州形式进行朝贡。在唐朝羁縻府州的统辖体系下，东北各朝贡成员遵循唐制定期向朝廷遣使朝贡，朝贡地点以京师为主。如渤海国从唐玄宗开元元年（713）建立忽汗州都督府之后，直到9世纪中叶，除了安史之乱期间，几乎是每岁遣使朝贡。契丹松漠都督府与奚饶乐都督府设置后，虽有几次叛唐投附突厥或回鹘的时期，总体看从贞观二十二年到武宗朝末（648—846）基本保持了与唐朝的朝贡关系，其中玄宗开元年间、代宗朝、宪宗朝每岁遣使朝贡。中央王朝不仅鼓励朝贡成员保持稳定而连续的朝贡活动，而且对朝贡成员的行为也有一定的要求，如朝贡成员得到天子赏赐物品，需遣使谢恩，否则要受到惩罚。如"帝（太宗）以弓服赐盖苏文，受之，不遣使者谢，于是下诏削弃朝贡"[2]。朝贡成员不得私纳反唐叛逃者，如宣宗大中二年（848）春，时回纥名望贵臣数百人逃至室韦，"（幽州节度使）张仲武因贺正室韦经过幽州，仲武却令还蕃，遣送遏捻（回纥人）等来向幽州"[3]。尤其是朝贡成员不得违背朝廷的命令，如隋炀帝与唐太宗出兵征讨高丽，都是

---

① 唐灭高丽国设置安东都护府，不再实行朝贡制度，而是推行具有民族地区特点的行政建置统辖方式。参见程妮娜《古代东北民族地区建置史》，第105—126页。

② 《新唐书》卷220《东夷·高丽传》，第6194页。

③ 《旧唐书》卷195《回纥传》，第5215页。

因其拒不听从天子敕命，前者令高丽王诣阙朝贡；后者命高丽不得攻打新罗。可见朝贡成员不奉朝命，为隋唐帝王所不能容忍。此外，唐中期开始对东北各族朝贡使团赴京朝贡人数有了具体规定，如唐肃宗时规定："每岁朝贺，常各遣数百人至幽州，则选其酋长三五十人赴阙，引见于麟德殿，赐以金帛遣还，余皆驻而馆之，率以为常。"① 东北朝贡成员与皇朝之间保持着严格而分明的君臣礼仪形式，如往来书信中，唐帝自称"朕"，给渤海王的书信曰"敕"，称渤海王为"卿"；渤海对唐帝则自称"臣"，用词恭谨谦卑，表示克尽臣节。敕书格式与唐帝诏内地地方官的敕书完全一致，如张九龄《曲江集·敕书》所载唐玄宗《敕渤海王大武艺书》与《敕平卢使乌知义书》等。可见在羁縻府州朝贡体制下，东北朝贡成员对唐王朝的臣属关系得以强化。

隋唐王朝对前来朝贡的东北民族政权首脑、部落酋长册封的内容更加规范化、制度化。隋唐朝廷对朝贡成员进行册封主要分两种形式，一是对朝贡国的国主进行册封。在朝贡国的新老国主更替时，受朝贡国的请求朝廷派使臣到朝贡国对新国主进行册封。二是对朝贡使团的贵族、官员或部落首领，根据其身份给予各种封授。隋唐朝廷对朝贡成员的册封，除了"国王""王""郡王""县公"等爵号外，唐朝还授予羁縻都督府都督官职。此外最显著的特征是对各种身份的朝贡者（包括番王、番酋）普遍授予武散官、勋官、武官的官号，唐廷封授前来朝贡的羁縻府州官员、少数民族国王、首领的目的是鼓励其不计远近，归附朝廷，"无怠无违，永作藩服"②。期望建立稳固的朝贡制度，以实现边疆的安全与稳定。

唐中宗时期开始在东北边疆朝贡成员中实行留宿卫（质子）制度，首例派遣质子入京师留宿卫的是靺鞨政权③，此后渤海国王即忽汗州都督一直连续不断遣质子入长安留宿卫。玄宗时期，"欲威服四夷"④，着力经略东北边疆，契丹松漠都督府五次派遣质子入京留宿卫，奚饶乐都督府共四次派遣质子入京留宿卫，黑水靺鞨地区大拂涅靺鞨兀异来朝留宿卫。此外玄宗为了

① ［宋］王溥撰：《唐会要》卷96《奚》，第1720页。
② ［唐］元稹：《元氏长庆集》卷49《制诰·青州道渤海慎能至王姪大公则等授金吾将军放还蕃制》，上海古籍出版社，1994年，第245页。
③ 《旧唐书》卷199下《渤海靺鞨传》，第5358—5359页。
④ 《旧唐书》卷93《薛讷传》，第2984页。

笼络、控制契丹、奚首领还一度实行和亲政策，从开元五年到天宝四年（717—745），先后有4位公主下嫁契丹松漠都督，3位公主下嫁奚饶乐都督。但唐朝的和亲政策并没有取得预期的效果，在契丹内部矛盾斗争中，多位公主先后返回唐朝。最后，唐朝因两位公主被契丹、奚杀害而放弃与二番实行和亲政策。

隋唐时期是东北边疆民族朝贡制度日益稳定和成熟的时期，唐廷在朝贡体制中的地位"犹太阳之比列星"，史家赞曰："唐之德大矣！际天所覆，悉臣而属之，薄海内外，无不州县，遂尊天子曰'天可汗'。三王以来，未有以过之。至荒区君长，待唐玺纛乃能国，一为不宾，随辄夷缚，故蛮琛夷宝，踵相逮于廷。"① 羁縻府州的建立，对巩固边疆朝贡制度发挥了重要作用。同时，又开启了中央王朝对边疆地区统辖形式由朝贡制度向新制度转变的进程。

4. 东北民族朝贡制度转型与衰落时期

辽宋夏金时期，中国王朝再次陷于分裂状态，元朝重建大一统中央集权王朝。这一时期，东北边疆始终处于北族王朝的统治之下，金承辽，元承金，在边疆统治方面表现出北方民族统治者一脉相承的强力统治理念，东北民族朝贡制度呈现出由羁縻制向直接统治转型时期的特色。

辽朝在征服东北边疆民族将其纳入朝贡制度之后，很快就在朝贡成员地区建立起属国、属部，各属国、属部的朝贡地点是契丹皇帝所在的四时捺钵②。辽朝对朝贡成员专门制定了属国、属部的各级官号，有大王、王、于越、太师、太保、惕隐、详稳、宰相、夷离堇、右监门卫大将军等③，这在其他朝代不多见。目前仅见一例关于辽朝对属国、属部官赐印绶的记载，道宗太康八年（1082）"三月庚戌，黄龙府女直部长术乃率部民内附，予官，赐印绶"④。这很有可能是术乃内迁后被授予一般地方官的印绶，并非属部官的印绶。另有几例赐旗鼓，如太宗时赐乌古部"夷离堇旗鼓以旌其功"；

---

① 《新唐书》卷219《北狄传·渤海》，第6183页。
② 《辽史》卷32《营卫志中》，第373—382页。傅乐焕：《辽史丛考》之《辽代四时捺钵考》，中华书局，1984年，第88页。
③ 《辽史》卷70《属国表》，第1125—1196页。
④ 《辽史》卷24《道宗纪四》，第287页。

圣宗时"曷苏馆部乞建旗鼓"①。辽廷允许属国、属部官建旗鼓可是一种特别的恩赐。

辽朝通过武力建构起东北民族朝贡制度，并以强力统治政策对其进行管理。辽朝不仅要求朝贡成员谨守臣礼，而且对各属国、属部实行严格的定期②、定额贡纳制度，如《辽史·食货志》记载："东丹国岁贡千匹，女直万匹，直不古等国万匹，阻卜及吾独婉、惕隐各二万匹，西夏、室韦各三百匹，越里笃、剖阿里、奥里米、蒲奴里、铁骊等诸部三百匹。"除了马匹之外，各属国、属部还要贡纳当地土产，如五国部，辽"命东北越里笃、剖阿里、奥里米、蒲奴里、铁骊（越里吉）等五部，岁贡貂皮六万五千"③。"（圣宗）诏阻卜依旧岁贡马千七百，驼四百四十，貂鼠皮万，青鼠皮二万五千"④。如朝贡成员违反规定就会遭到辽朝军队的武力打击。可见辽朝东北朝贡成员是在军事强力统治下交纳数额庞大的贡品，这已经类似国家征收的赋税。辽朝对朝贡制度成员奉行的政策与汉唐王朝一贯实行的"厚往薄来"政策大相径庭，成为辽朝东北民族朝贡制度的显著特点之一。

辽前期东北各属国、属部的朝贡活动比较频繁，至中期辽圣宗朝逐步建立起管理属国、属部的地方机构以后，对分布在州县地区和邻近契丹内地的属国、属部，实行越来越严密的政治统辖机制，这些地区的属国、属部朝贡活动明显减少，只是在当地或邻近地区发生较大的反叛事件或较大的战争时期，契丹统治者才要求其诣阙（捺钵）朝贡，这时属国、属部的长官也会主动派遣酋长（多是曾被辽朝授予官号的部落渠帅）前来朝贡，如系辽籍女真、乌古、敌烈的属国、属部等，表明这些属国、属部已经处于由朝贡制度向以民族地区建置统辖过渡的形态中。辽朝对于边远地区社会发展程度较为落后的属国、属部始终实行羁縻统辖，如铁骊女真部、生女真部等始终保持着较为规律的诣捺钵朝贡活动，一直延续到辽末。

金朝实行朝贡制度的地区大幅度缩小，只是在黑龙江下游吉列迷、兀的改地区和西北部蒙古草原游牧部落地区实行朝贡制度。金廷虽对朝贡成员实

---

① 《辽史》卷4《太宗纪下》，第47页；卷17《圣宗纪八》，第200页。
② 《辽史》卷14《圣宗纪五》，第153—166页。
③ 《辽史》卷16《圣宗纪七》，第183页。
④ 《辽史》卷16《圣宗纪七》，第186页。

行封授，但不允许其诣阙朝贡，甚至不允许朝贡成员进入界壕（长城）以内的州县地区，只是在边地对朝贡成员进行封赏，开设互市进行朝贡贸易，但求边地无战事即可。金朝对东北民族朝贡制度的疏松管理与辽朝对东北民族朝贡制度的严密管理形成巨大的反差。但是，金朝在建国之初，女真人就全面推进和完成了东北东部和北部大部分边疆民族由朝贡制度向行政建置统辖的转变，朝贡制度在边疆统辖制度中仅居辅助地位，这使金朝对东北边疆统治比辽朝更为紧密。从当时的政治形势看，金朝与南宋划淮为界，女真统治者更关注对黄河流域的统治，没有更多的国力和军队去经营实行朝贡制度的边缘地带。因此，从某种角度出发，可视为是分裂时期的政治形势赋予金朝东北民族朝贡制度的特点。

元朝东北边疆实行朝贡制度地区与金朝相比又有大幅度缩小，蒙古统治者力图实现对东北边疆族群最大化的直接统治，但黑龙江下游地区乞烈迷、吉里迷、乌底改、兀者（又作吾者野人）、骨嵬（苦兀）、亦里于、野人女真等原始族群分散在广袤的山海之间，对于彼此没有形成相对稳定联系的原始族群，蒙古统治集团只能实行朝贡制度进行管理。蒙古统治集团是用武力建构起东北民族朝贡制度的，在经营东北民族朝贡制度的过程中，同样奉行对边疆实行强力统治的方针。蒙古统治者要求朝贡成员按期贡纳方物，封授当地原始族群的首领为千户、百户，并授以银牌，其主要职责就是督促各部在规定日期缴纳贡物。对敢于抗命叛乱者，蒙古统治集团给予坚决的镇压。镇守在黑龙江下游的征东招讨司，也负有监督朝贡制度成员的任务。军事统治色彩浓厚是元朝经营东北民族朝贡制度的显著特点。

由于辽金元统治者治理边疆奉行强力统治的政治理念，在这个时期东北民族朝贡制度总体发展趋势是逐步衰落，开始由民族地区行政建置这一新的边疆统治制度所取代，尽管直到元末这一转变尚未最后完成，然而随着中央王朝的集权统治机制逐步扩展到东北边疆民族地区，强化了古代王朝对东北边疆民族地区的统治。

5. 东北民族朝贡制度复兴与终止时期

明灭元后，汉族君臣在奉行"大一统"政治理念的同时，固守传统的"华夷观"，放弃了元朝大力推进以行政建置取代朝贡制度统治东北边疆的政策，重新实行"华夷有别"的朝贡制度。由于元代东北大部分边疆民族地区社会基层组织较为健全，这使明朝重新建立的朝贡制度起点较高，成为东北民族朝贡制度最为发展、最为完备的时期。

明成祖永乐初年很快在女真、兀良哈蒙古地区确立了羁縻卫所形式的朝贡制度，朝贡地点为京师。有明一代，在东北各族地区先后建立 384 卫、24 所、7 个地面、7 个站、1 个寨，各卫所地面站寨的官员从都督、都指挥使、指挥使、千百户到镇抚，共有 13 级，以朝廷颁发的印信敕书为凭证入京朝贡，明朝依照朝贡人员的官职、身份进行赏赐。明英宗、宪宗时期，进一步对东北各羁縻卫所朝贡人数、贡期、贡道、贡物进行了明确规定，如朝贡人数"建州、毛怜等四卫，每卫岁不过百人"①，海西女真每卫一次朝贡 3—5 人，"非有印信公文毋辄令入境"②。建州女真、海西女真每年朝贡一次，兀良哈三卫每年朝贡三次或二次。海西女真诸卫分别由开原南关和北关入关朝贡，建州三卫与毛怜卫由抚顺入关朝贡，兀良哈三卫由喜峰口入关朝贡，不得错乱。明朝对朝贡成员的马市贸易和市赏、抚赏，羁縻卫所官员的任职、升迁、袭职都有具体规定。

明嘉靖中后期，海西女真的卫所建置大部分名存实亡，朝廷以往颁发的近千道卫所敕书被几个强大的女真地方势力所把持，兀良哈蒙古三卫先后被蒙古各部所吞并。明中期东北民族朝贡制度发生重大变化，由"羁縻卫所朝贡制"转变为"敕书朝贡制"，明人瞿九思《万历武功录》记载海西女真敕书的情况："两关皆海西遗种，国初收为属夷，给敕书凡九百九十九道，南关凡六百九十九道，北关凡三百道，每一道验马一匹入贡。中间两关互有强弱，故敕书亦因之以多寡有异耳。"③ 万历十六年（1588），在明朝的主持下，"南关凡五百道，北关凡四百九十九道"，将海西 999 道敕书重新分配给二关首领。然而翻阅《明实录》可看到明末史官记述东北民族朝贡活动时仍以卫所为单位。这大概是由于明朝君臣认为东北民族只有以羁縻卫所形式入京朝贡才符合祖制的原因，然而却容易给后世读史者造成错觉。

明代由中央与地方共同管理东北民族朝贡制度，有一套完善的接待管理

---

① 《明宪宗实录》卷 74，成化五年十二月己巳，第 1428 页。

② 《明英宗实录》卷 35，正统二年十月癸未，第 693 页。

③ ［明］瞿九思：《万历武功录》卷 11《东三边二》，薄音湖编辑点校《明代蒙古汉籍史料汇编》第 4 辑，内蒙古大学出版社，2007 年，第 241 页。

程序。东北诸羁縻卫所朝贡人员入关后由辽东都司、永平府地方官员负责管理，由通事引导经驿传将朝贡人员送至京师。进京后入住会同馆，由中央礼部官员负责接待工作，主持朝见、纳贡等朝贡仪式。兵部负责羁縻卫所官员的袭替之事。朝贡仪式结束后，贡使们离京返回辽东都司时，永乐年间规定"凡鞑靼女直野人来朝者，皆赐赍之遣还，令所经郡县给廪饩厚待之。……自今悉遣人护送出"①。以军队派兵护送朝贡使臣在境内的往来通行，以防途中生事。成化年间，以"行人伴送东北诸夷入贡者出境，并禁其市军器"②，以保证朝贡人员一路无事出关。在管理朝贡成员地区事务方面，也多是由中央官与地方官同时办理。明朝前期和中期，明廷多次派遣中央官与地方员至羁縻卫所地区，但明后期则不见派遣中央官的记载。关于朝贡成员的重要事务，有明一代皆要奏报中央，由礼部或兵部议后，或奏明皇上得到批示后，由辽东都司的官员具体执行。

明朝君臣在"贵华贱夷"的观念影响下，始终视东北民族为未开化的"野人"（女真）、"胡虏"（兀良哈蒙古）。对于东北边疆的社会问题只是消极的应对，抚赏逐年增加，边墙越修越长，结果是朝贡成员寇边愈加频繁。尽管明朝是中国历代王朝中最着力经营朝贡制度的王朝，也是近二千年东北民族朝贡制度史上最为完备和发展的时期，却又是东北民族朝贡制度的最后阶段。显然经元入明，朝贡制度已不适应东北边疆民族社会发展的需要，最后明朝被昔日的朝贡成员女真人努尔哈赤建立的后金政权所推翻。

后金政权建立前后，女真统治者已开始向东北边地扩张势力，努尔哈赤与后继者皇太极采取"叛则声罪而讨，顺则加恩而抚"③的政策，很快便招抚和征服了乌苏里江、松花江和黑龙江流域的虎尔哈、瓦尔喀、索伦、萨哈尔察、库尔喀、鄂伦春和使犬部，并仿照明朝对其实行朝贡制度。到顺治、康熙朝时期，远至黑龙江下游入海口乃至库页岛上的东北部族皆被纳入朝贡制度之下。朝贡成员向清廷贡纳马匹，各色貂、狐、海豹等皮张，清廷赏赐其鞍马、撒袋、衣帽、缎布等物有差。清崇德年间已经形成了一套较为完善的东北边民朝贡制度。

---

① 《明太宗实录》卷63，永乐五年正月乙亥，第905—906页。
② 《明宪宗实录》卷159，成化十二年十一月癸亥，第2915页。
③ 《清太宗实录》卷65，崇德八年十月丁卯，第911页。

在经营朝贡制度的同时，皇太极开始对朝贡地区部落进行编户，任命其头目为牛录章京，开启了东北边地朝贡制度向具有民族特点的行政建置转变的进程，表现了北方民族实行"强力统治"的一贯政治传统。17世纪沙俄入侵东北，加快了清朝统治者在朝贡成员地区设立行政建置的步伐。为有效地阻止沙俄活动，顺治年间开始在虎尔哈地区按氏族编组"牛录"，康熙时分别在东部库尔喀、瓦尔喀地区，西部索伦、达斡尔、鄂伦春地区大规模编佐，在东北部赫哲、费雅喀、库页地区设置"噶珊"制度。随着各地民族地区建置的设立，东北边地部民朝贡活动依次终止，大约到雍正时期东北民族朝贡制度全面废止。

综上，东北边疆民族朝贡制度是中国古代王朝边疆统辖制度的重要组成部分，自秦汉时期开始建构，形成了多种朝贡制度并存和由中央与地方共同管理的统辖模式。魏晋南北朝时期，东北边疆民族朝贡制度进入全面发展的活跃期，为隋唐东北边疆统辖制度的发展奠定了基础。唐朝东北民族羁縻府州朝贡制度，开启了边疆主体统辖制度由朝贡制度向民族建置统辖制度转变的进程，在辽金元北族王朝强力统治边疆政策的推动下，在东北边疆这一转变已经进入尾声。然而，明朝重新实行"华夷有别"的朝贡制度，尽管完备的东北民族羁縻卫所朝贡制度远超过唐朝羁縻府州朝贡制度，但已不适应东北边疆民族社会发展的需要，清朝前期最后完成了以民族地区建置取代朝贡制度的转变。应该说东北民族朝贡制度的兴衰历程反映了王朝中央集权向边疆民族地区渗透、发展与确立的过程，随着古代王朝向近代国家的转变，存续了近二千年的边疆民族朝贡制度最后废止。

三 朝贡制度对古代王朝疆域形成与治理的历史作用

边疆民族地区朝贡制度是秦汉中央集权王朝为实现将"四海"（边疆）纳入"大一统王朝"统辖区而建构的，其后历代王朝和政权同样是为了重建、发展和巩固大一统王朝而努力经营边疆民族朝贡制度。然而，要将边疆民族地区真正纳入中央集权的行政统辖之下，受到王朝政治制度、统治集团的边疆政策、边疆民族社会发展程度等多种因素的制约。在古代中国王朝向近现代单一制中央集权国家发展过程中，东北民族朝贡制度在不同历史时期发挥了不同的历史作用。

1. 确立中原王朝与边疆的隶属关系

中国历代王朝建构和经营边疆民族地区朝贡制度的首要目的是将其纳入王朝（政权）的政治统辖之下，在四海地区确立天子至高无上的地位，明确君臣名分，确立朝贡成员的高下、贵贱等级，是建构朝贡制度的基本原则。四夷藩属的朝贡活动要遵守"礼"的秩序，中原王朝通过册封在政治上确立君臣观念。从秦汉到明清，历代王朝对朝贡成员的册封内容有所变化，这里以东北边疆民族朝贡制度的册封内容变化为例，从一个侧面透视朝贡制度对古代王朝巩固和强化边疆统治的作用。

秦汉时期，中央王朝对于东北朝贡成员的册封主要有三种，一是以藩国名称册封该国主，如"朝鲜王""涉王"（授予涉王、夫余王）、"高句丽侯""高句丽王"，有王、侯等级。二是以具有政治含义的封号册封乌桓、鲜卑等大小游牧民族酋长，如"率众王""亲汉王""率众侯""率众君""率众长"等，有王、侯、君、长不同等级。三是东汉前期在撤销乐浪郡东部都尉时，以原县名册封当地族群酋长，如"沃沮侯"、不耐侯""华丽侯""夫租薉君"等，有侯、君不同等级①。日本学者金子修一将第一种封号称为"本国王"，第二种称为"德化王"。认为"本国王"可传给子孙，"德化王"只限于一代不能继承②。第三种册封可能与第一种册封相同，封号可以继承。汉朝对于受册封者赐予朝服衣帻、印绶"以方寸之印，丈二之组，填抚方外"③。对诣阙朝贡的蕃酋有时赐予"赤车参驾"（鲜卑）。对地位较高的藩王朝廷还赐予死后用的葬服"玉匣"（夫余王）。汉朝通过册封授印确立了皇帝与朝贡者之间的君臣关系，并以封号和赐物规定了朝贡成员的高低地位，开创了一代之制。尽管秦汉时期册封制度还不成熟，但它对以后的王朝产生了深刻影响，其形式与基本规则为历代王朝的朝贡制度所继承。

魏晋南北朝时期，中国陷于分裂状态（只有西晋时出现短暂的统一），与东北边疆民族发生过政治关系的王朝、政权多达 20 有余，其中较大的王朝和政权的统治者，无论是汉族还是北方民族都力图证明自己具有正统地

---

① 参见《三国志》卷 30《魏书·东夷传》《乌丸鲜卑传》，第 834—846 页。

② 参见［日］金子修一《册封体制论与北亚细亚·中亚细亚》，《唐史论丛》第 10 辑，三秦出版社，2008 年。

③ 《汉书》卷 64 上《严助传》，第 2782 页。

位，并皆怀有重建大一统王朝的雄心。在这种形势下，朝贡制度蓬勃发展起来，作为朝贡制度的主要内容之一册封活动出现新变化。以魏晋王朝对慕容鲜卑大人的册封为例，对其曹魏明帝时册封"率义王"；魏齐王册封"大都督、左贤王"，之后进拜"鲜卑单于"；晋武帝册封"鲜卑都督"；愍帝册封"镇军将军、昌黎辽东二郡公"；东晋元帝加封"监平州诸军事、安北将军、平州刺史，增邑一千户"，不久再次"加使持节都督幽平二州东夷诸军事、车骑将军、平州牧，进封辽东郡公、邑一万户，侍中、单于并如故。遣谒者即授印绶、丹书、铁券，承制海东，命备官司，置平州守宰"；成帝册封"使持节、侍中大将军、大都督河北诸军事、幽州牧、大单于、燕王"①。其中"率义王"属于汉代以来传统的册封内容；"左贤王""鲜卑单于"属于北方民族政权的称号；"昌黎郡公""辽东郡公""燕王"是内地郡和地区封爵；"使持节都督幽平二州东夷诸军事、车骑将军、平州牧"，"平州刺史"，则属于王朝地方军政官职。从一般的蛮夷藩王的封号到具有北方民族特点的封号，最后发展为具有汉地封爵和汉官号（汉官职）特点的封号。这个过程伴随着东部鲜卑朝贡制度从塞外为主，转为塞内为主，体现了东部鲜卑对中原王朝的政治隶属关系日益加强。

　　进入南北朝以后，北朝与南朝对东北民族朝贡成员的册封有相同处，也有明显的差异。以高句丽为例，北朝对高句丽王的册封前期主要是持节、都督辽海诸军事、征东将军、领护东夷中郎将、辽东郡开国公、高句丽王。后期则为安东将军（骠骑大将军、车骑将军）、领护东夷校尉。辽东郡开国公、高丽王②。"都督辽海诸军事"与"安东将军"等封号表示北魏统治者赋予高句丽王对东北东部边疆民族有军事镇抚权，"领护东夷中郎将"和"领护东夷校尉"是赋予高句丽王对东北边疆东部民族以统领权。南朝对高句丽王的册封前中期主要是使持节、都督营平二州诸军事、征东将军、高丽王、乐浪公。后期只册封为宁东将军、高丽王、乐浪公③。"都督营平二州诸军事""征东将军"表现了南朝希望高句丽为其收复营州与平州的愿望，

　　①　［北魏］崔鸿：《十六国春秋》卷23《前燕录一·慕容廆》第503页、卷25《前燕录三·慕容皝下》第516页。

　　②　《魏书》卷100《高句丽传》，第2215页；《北齐书》卷4《文宣帝纪》，第44页。

　　③　《宋书》卷97《东夷高句骊国传》，第2392页；《南齐书》卷58《东夷高丽国传》，第1009页。《梁书》卷3《武帝纪下》，第63页。

"高丽王"与"乐浪公"的含义与北朝略同，南朝对高句丽王册封属于虚封并且军事色彩更浓一些。从册封内容上看，东北民族朝贡成员与南北王朝的君臣隶属关系是相同的，然南北王朝对东北民族朝贡成员的政治统辖关系，则是北朝比南朝更为紧密，这主要是地缘政治关系的原因。

隋唐王朝时期，从中央到地方政治制度全面发展，边疆朝贡制度也进入成熟时期。唐朝于东北边疆地区普遍设置羁縻府州后，东北民族进入以羁縻府州形式进行朝贡的发展阶段。隋唐王朝对东北民族朝贡成员的册封更加制度化，形成阶、官、爵、勋四种要素①。如隋文帝册封高丽王为"大将军、辽东郡公"，"上开府仪同三司"②。唐玄宗册封契丹酋长窟哥为"使持节十州诸军事、松漠都督，封无极男，赐氏李"③；册封渤海王大钦茂为"渤海郡王、左金吾大将军、忽汗州都督"，后又进封大钦茂为渤海国王、检校太尉。德宗授渤海王大嵩璘为"银青光禄大夫、检校司空，册为渤海国王，依前忽汗州都督"④，对各羁縻府州的首脑授予羁縻都督府的都督，对其统辖的各部落大人授予羁縻州刺史，羁縻府州官职为世袭职，各族按照本族的习惯法进行继承。对具有较强政治实力的国王、部落联盟首领（他们同时又是羁縻都督府的都督）封王授爵，如渤海郡王、渤海国王，可传子孙；松漠郡王，可为下任继承；辽阳郡王、北平郡王、崇顺王、恭仁王（契丹）、奉诚王、归义王、怀信王、昭信王（奚）等，只限于一代，不能继承。对于各级朝贡成员（包括番王、番酋、大小部落渠帅）授予各种官号，其中武官号有左、右骁卫大将军，左金吾大将军，左监门大将军，左、右武卫大将军，将军，果毅都尉，折冲；武散官号有大将军、将军、镇军大将军、怀化大将军、游击将军；勋官号有大将军、上开府仪同三司、上柱国、中郎将、郎将、员外郎。还有专授少数民族首领的官号，如左、右金吾卫员外大将军，左、右羽林军员外大将军，左骁卫员外大将军，左、右领军卫员外大将军，左威卫员外将军。朝贡成员与中央王朝之间君臣关系进一步被拉紧。

---

① 高明士：《天下秩序与文化圈的探索：以东亚古代的政治与教育为中心》，上海古籍出版社，2008年，第137页。

② 《隋书》卷1《高祖纪上》第16页、卷2《高祖纪下》第40页。

③ 《新唐书》卷219《契丹传》，第6168页。

④ 《旧唐书》卷199下《渤海靺鞨传》，第5361页；[宋]王溥：《唐会要》卷96《靺鞨》，第1723页。

北方民族王朝对东北边疆实行强力统治的政策，辽金元时期不再有地方政权长期存在于东北边疆地区。辽朝将尚处于原始社会发展阶段的各族群相继纳入属国、属部的羁縻建置统辖之下，并专门定制了一套属国、属部封号、官职对朝贡成员进行封授，《辽史·百官志》记载：

> 属国职名总目：某国大王。某国于越。某国左相。某国右相。某国惕隐。亦曰司徒。某国太师。某国太保。某国司空。本名闼林。
>
> 某国某部节度使司。某国某部节度使。某国某部节度副使。
>
> 某国详稳司。某国详稳。某国都监。某国将军。某国小将军。

从生女真部族节度使的任职情况看，各种属国、属部官职可能为世袭职，成为辽朝北面官僚体系中的一部分。如《辽史·百官志》所言，辽朝对"属国、属部官，大者拟王封，小者准部使。命其酋长与契丹人区别而用，恩威兼制，得柔远之道"。金朝关于册封朝贡成员的记载极少，如《元朝秘史》记载，金章宗时曾"与太祖以札兀忽里的名分，脱斡邻王的名分"[1]。元朝东北朝贡制度只限于黑龙江下游与库页岛地区，不见关于册封事迹的记载。

明朝在东北边疆实行羁縻卫所形式的朝贡制度，明宣宗说："鞑官远人以官爵縻之，为中国藩篱耳。"[2] 朝廷对前来朝贡的各部落"官其长，为都督、都指挥、指挥、千百户、镇抚等官"[3]，羁縻卫所的官职共有 13 级：都督、都督同知、都督佥事、都指挥使、都指挥同知、都指挥佥事、指挥使、指挥同知、指挥佥事、正千户、副千户、百户、镇抚，有官无俸，皆为世袭职。明对羁縻卫所各级官员皆赐诰印冠带袭衣，由兵部掌管羁縻卫所朝贡成员的官职升迁、罢黜与袭替，除了正常的叙年升迁外，官职升迁的依据主要是能否捍御北虏、忠顺朝廷、守边有功。《明神宗实录》万历四十三年（1615）四月戊寅条载："兵部请将朵颜卫头目失林看、福余卫头目马哈喇

---

① 《元朝秘史》（校勘本）卷4，乌兰校勘，第124页。[宋] 李心传《建炎以来系年要录》卷155记载，绍兴十六年，金熙宗曾命册蒙古部酋长鄂抡贝勒"为蒙古国王，蒙人不肯"。第2514页。

② 《明宣宗实录》卷22，宣德元年冬十一月乙未，第593页。

③ 《明史》卷90《兵志》，第2193页。

等各升授都指挥佥事，颁给敕书，令其赍捧回卫管束部落，恪守职贡，如或北虏犯边就彼并力截杀，以效忠顺，若统驭无法，致扰地方，就将职级褫革，以示惩戒。"到朝贡制度末期，朝贡成员的身份已经从最初的藩属向中央王朝的官吏转变。

朝贡成员与帝王之间的君臣关系也体现在双方往来的文书和朝贡册封的礼仪上，隋文帝在责让高丽王元的玺书中曰：

> 朕于苍生悉如赤子，赐王土宇，授王官爵，深恩殊泽，彰著遐迩。王专怀不信，恒自猜疑，常遣使人密觇消息，纯臣之义岂若是也？盖当由朕训导不明，王之愆违，一已宽恕，今日以后，必须改革。守藩臣之节，奉朝正之典，自化尔藩，勿忤他国，则长享富贵，实称朕心。彼之一方，虽地狭人少，然普天之下，皆为朕臣。今若黜王，不可虚置，终须更选官属，就彼安抚。王若洒心易行，率由宪章，即是朕之良臣，何劳别遣才彦也？[1]

隋朝皇帝自称"朕"，称高丽国主为"王""藩臣"。皇帝"赐王土宇，授王官爵"，高丽王应"守藩臣之节，奉朝正之典"。否则皇帝就要"黜王"，于其地"更选官属"，另立藩王。于是高丽王遣使谢罪，上表自称"辽东粪土臣元"云云[2]。君臣关系十分明确。到明代，朝贡成员与中央王朝之间的关系更接近君主与官吏的关系，如明宪宗赐兀良哈蒙古三卫敕书曰：

> 尔三卫皆我祖宗所立，授以官职，卫我边境，尔之前人，岁时朝贡，无有二心，尔等正当继体前人之志，感恩图报，却乃随从毛里孩为非，抑不思昔有从也先作歹者，也先今安在哉。今尔等年年来朝，受赏赐升官职，谁与尔耶。今既改悔差人来朝，并奏报事情，特从宽贷仍赐表里，以答尔意并准尔所奏，岁时差人朝贡每卫许放百人，须以本卫印信文书为照。……须效尔前人所为，各守境土，防护边疆，勉于为善，

---

① 《隋书》卷81《东夷·高丽传》，第1815—1816页。

② 《隋书》卷81《东夷·高丽传》，第1815—1816页。

竭诚报国，庶几享太平之福钦哉。①

　　中国古代王朝的朝贡制度通过册封、朝贡礼仪、君臣身份明确的称谓，在政治上确立君臣观念和等级观念，使朝贡者认同自己是王朝的臣民。从秦汉王朝册封蛮夷君长的封号，魏晋以后增加军官与地方官的官号，到隋唐王朝册封内容制度化，授予羁縻府州官职，封号有爵、勋、官、阶，又经辽朝授予属国、属部官职，到元明时期边疆地区已经取消羁縻封号，明代授予羁縻卫所官职，反映了朝贡制度经过近二千年的发展，对确立、加强边疆民族与中原王朝日益紧密的君臣关系起到了重要的作用。

　　2. 建构古代王朝的边疆统辖制度

　　中国古代王朝奉行"君临万邦，四海共主"的边疆观念，积极建构和经营边疆的朝贡体制，形成了符合中国边疆多民族文化共存、社会发展不平衡的实际状况，并且随着古代王朝国家结构形式发展而发展的边疆政治统辖制度。

　　秦汉王朝是建构边疆朝贡制度的初始时期，君臣们采取灵活多样、因俗而治的政策，东北边疆形成了多种形式并存的朝贡制度。其一，在塞外各民族中建立的朝贡制度，其成员既有实力较强的民族政权，如西汉朝鲜国、两汉夫余国、东汉高句丽国；也有桀骜不驯的游牧民族部落，如两汉的乌桓部落、东汉的鲜卑部落；还有弱小的原始氏族部落，如沃沮、秽人等。其二，在民族地区建置（包括羁縻建置）下实行朝贡制度，即在辽东属国、西汉玄菟郡统辖的高句丽地区、乐浪郡东部都尉统辖的秽、沃沮地区实行的朝贡制度。其三，在塞内缘边郡县内少数民族聚居地实行的朝贡制度，两汉时期不仅时有塞外民族要求内迁，而且有几次塞外民族大规模内迁的事件，如东汉时期百余万乌桓人迁入缘边十郡、数万鲜卑人迁入辽东郡等，汉朝令其合族聚居实行具有羁縻统辖特点的朝贡制度。魏晋南北朝时期各王朝皆以"混一六合，天下一统"为最高政治目标，继承了汉代朝贡制度的模式，积极建构、发展各自的朝贡制度。秦汉到南北朝期间，各个王朝通过多种形式的朝贡制度，在东北边疆地区建立起了王朝的统治秩序。

---

　　① 《明宪宗实录》卷34，成化二年九月戊寅，第677—678页。

为了保证有序的政治统治，王朝要求东北朝贡制度下的成员各安其位，不得以强凌弱，不可擅自出兵①，而且从自身利益出发不希望朝贡体制内形成实力强大、对朝廷能构成威胁的政治势力，要求朝贡体制下各成员安守本分，不得彼此兼并，亦不得阻止其他成员朝贡。如汉武帝出兵讨伐朝鲜国时理由之一即是"诱汉亡人滋多"，"真番旁众国欲上书见天子，又拥阏不通"②。但是中央王朝只有在国力较为强盛的时期，才能对不遵守朝贡体制规则的成员施之武力，以维持朝贡体制的秩序。在国力衰弱时期，对于成员间的兼并行为，只能听之任之。魏晋南北朝时期政治形势复杂多变，东北朝贡制度成员由塞外大量流向塞内，各政权推行朝贡制度也呈现出较为复杂的多方面作用。设置在边地的护乌桓校尉、护鲜卑校尉、护东夷校尉与当地州郡官吏具有管理、维护朝贡制度的职责。在诸校尉先后撤销以后，边地州郡官吏便担负起这个职责，使一度中断朝贡活动的边疆民族，重新恢复朝贡，并使之"朝贡不绝"。因此，在分裂时期各王朝对东北边疆的统治不仅没有削弱，反而有所发展。

隋唐王朝并没有停留在前朝边疆朝贡制度的水平上，而是进一步发展和完善。唐代东北民族朝贡制度只建立在塞外民族地区，并逐步在各民族地区建立羁縻府州，实行羁縻府州形式的朝贡制度，加强了朝贡制度的管理，使之更加规范化。在每个羁縻都督府建立后，唐朝都明确规定该羁縻都督府的上级统辖地方机构，如唐朝设立松漠、饶乐都督府后，以营州都督兼护东夷校尉（后改为东夷都护）统领二府③。玄宗时，营州设置平卢节度使，松漠、饶乐二都督府由其统领。肃宗上元二年（761）平卢节度使迁往山东半岛，唐"以范阳节度为押奚、契丹使"，有时也由幽州各级长官统领松漠、饶乐二都督府事，如德宗贞元年间，以刘怦为"幽州大都督府长史、兼御史大夫、幽州卢龙节度副大使、知节度事、管内营田观察、押奚、契丹、经略卢龙军使"④。其他诸羁縻都督府也都有明确的上级统属机构，如初建黑水

① 《汉书》卷64上《严助传》："闽越复兴兵击南越。南越守天子约，不敢擅发兵，而上书以闻。上多其义，大为发兴，遣两将军将兵诛闽越。"第2777页。
② 《史记》卷115《朝鲜列传》，第2986页。
③ 《旧唐书》卷83《张俭传》，第2776页。
④ 《旧唐书》卷143《刘怦传》，第3899页。

都督府时"置长史,就其部落监领之"①。忽汗州都督府、黑水都督府初由营州都督府管辖,其后改由幽州都督府、平卢节度使、淄青平卢节度使等相继管辖。室韦都督府初受平卢节度使管辖,后改由幽州节度使管辖。边地府州与朝贡成员(羁縻府州)之间还时常互派官员进行聘问,沟通军政事务,督促朝贡成员履行对中央王朝应尽的义务,朝贡成员与中央朝廷及州县地区之间的政治、经济关系明显加强。唐朝将羁縻府州朝贡成员纳入了唐朝地方政治制度体系,更加明确了中央王朝对东北边疆的政治统辖关系,将王朝对边疆地区的统治向前推进一大步。

辽金元时期,由于各王朝的国家规模与政治形式不同,边疆朝贡制度的形式与发展也有区别。

辽朝契丹统治者奉行强化边疆统治的政治理念,根据契丹王朝政治制度的特点,在实行朝贡制度的民族地区普遍设置属国、属部制度,并将其纳入五京道,隶属于北面官统辖体系。辽朝对东北民族朝贡制度管理的新形式,最大限度地强化了对东北民族朝贡成员的政治统治,推进了东北民族朝贡体制向行政建置转变的历程,不仅对辽朝建立较为有效的边疆统治起了重大作用,而且对辽朝增加国家实力也发挥了重要的作用。契丹统治集团通过属国、属部朝贡制度所获得的大量贡品成为辽王朝财政收入的一部分,如《辽史》所言:"至于邻国岁币,诸属国岁贡土宜,虽累朝军国经费多所仰给。""诸蕃岁贡方物充于国,自后往来若一家焉。"② 同时还促使辽廷与属国、属部之间经济关系日益加强,推进了朝贡成员向国家直接统辖的编户齐民转变的进程。

发祥于东北白山黑水之间的女真人建立金朝后,很快在东北大部分地区建立起行政建制,实行中央集权的统治。在灭辽、北宋与南宋划淮而治后,金朝主要发展方向是向南统一全国,对在边远民族地区构建和发展朝贡制度的热情不高。女真人是渔猎农业民族,不具备对西北部草原游牧民建立强力统治的优势,以界壕(长城)作为直辖区与草原部族朝贡区的分界线,不允许草原朝贡成员入境,通常在长城各关口接受诸部酋长、使者的朝贡,对其进行回赐,《元史·太祖纪》记载:"初,帝贡岁币于金。金主使卫王允

---

① 《旧唐书》卷199下《北狄·靺鞨传》,第5359页。
② 《辽史》卷60《食货志下》第932页、卷85《萧挞凛传》第1314页。

济受贡于静州。"对黑龙江下游各原始族群，女真统治者则认为"得其人不可用，有其地不可居"，疏于管理①。金代史籍中关于边疆民族朝贡活动的记载极少，这反映金朝在经营边疆民族朝贡制度时，但求边疆稳定，无战事即可。

蒙古人以武力取得天下，在王朝内最大限度地推行直接统辖机制。征服黑龙江下游地区的各原始部落居民后，蒙古统治者采取与契丹统治者相同的政策，建立羁縻建置，实行朝贡制度。所不同的是元朝羁縻建置名称为千户所、百户所，并设置了专门管理朝贡事务的万户府，如兀者吉烈迷万户府、吾者野人乞列迷等处诸军万户府。从而使元朝成为在黑龙江下游地区首次建立起较为稳定朝贡制度的中国王朝，这在中国古代边疆史上具有重要意义。

明朝建立后，统治者坚持传统的"内华夏、外夷狄"的政治理念，朱元璋认为："自古帝王临御天下，中国居内以制夷狄，夷狄居外以奉中国，未闻以夷狄居中国治天下者也。"② 在这种思想的指导下明朝在边疆民族地区重新恢复了朝贡制度，那么采取哪种模式的朝贡制度比较合适？明成祖朱棣说："盖以此辈贪残，自昔数为边患，劳动中国。至宋，岁赂金币，剥及下人膏血，卒为大患。今既畏服来朝，则恩遇之。从所欲授一官，量给赐赉，损小惠以弥重患，亦不得不然。"③ 明朝在女真、兀良哈蒙古地区建立的羁縻卫所朝贡制度，有唐朝羁縻府州朝贡制度的遗制，又有明显的不同，唐朝是在一个民族或政权地区设置一个羁縻都督府，明朝则是在一个民族地区设置若干个羁縻卫所，如在兀良哈蒙古地区设置 3 个羁縻卫，在女真地区设置 300 多个羁縻卫，采取分而治之的政策，政治统治程度比唐朝要紧密得多。为强化对羁縻卫所的管理，永乐七年（1409）到成化中期（或到宣德末），明廷于黑龙江下游设立奴儿干都司，直接隶属中央兵部职方司，中央九次派遣宦官亦失哈率官员与军队巡查黑龙江下游地区。正统年间，中央又派锦衣卫官员出巡海西女真（黑龙江流域）地区。奴儿干都司撤销之后，由辽东都司与中央对羁縻卫所实行双重统辖制度。尽管明朝对边疆的统治力度较元朝有所减弱，但对边疆的政治统属关系是十分明确的。

---

① 《金史》卷 95《马惠迪传》，第 2117 页。
② 《明太祖实录》卷 26，吴元年十月丙寅，第 401 页。
③ 《明太宗实录》卷 113，永乐九年二月甲辰，第 1441 页。

从汉代确立东北民族朝贡制度以来，朝贡制度作为中国古代王朝对东北边疆的政治统辖制度，总体发展趋势是由疏松的羁縻统辖关系向设有特殊建置的羁縻统辖关系发展，进而向具有民族特点的行政建置统辖制度转变。明代重新恢复的羁縻卫所朝贡制度，虽然在形式上具有汉唐朝贡制度的遗制，但中央对边疆的实际政治统辖关系远远超过汉唐时期。清朝初年最后完成了东北民族朝贡制度向东北民族地区建置全面确立的变革。在这个过程中，完成了由古代王朝疆域向近现代国家边界转化的过程。

3. 稳定王朝边疆的统治秩序

自秦汉王朝初建朝贡制度时日起，朝贡成员就负有为王朝保塞安边的任务。所谓"保塞"，是指为朝廷保护边地郡县不受其他少数民族侵扰、掠夺；所谓"安边"，是指为朝廷出力稳定边疆地区的统治秩序。历代王朝在利用朝贡成员为王朝保塞安边时，要求朝贡成员为王朝打击寇边的少数民族，同时要求朝贡成员不得单独或联合侵扰边郡。

然而，在边疆朝贡制度运作过程中，既有朝贡成员为王朝出兵打击反叛寇边势力，也有朝贡成员本身寇抄边郡的事件发生。而且，后者是造成王朝边疆不稳定的主要因素。对于朝贡成员的叛盗行为，臣服于汉朝的匈奴单于曾说："乌桓与匈奴无状黠民共为寇入塞，譬如中国有盗贼耳！"[①] 这反映了当时朝贡成员对寇抄边郡行为的一种认识，寇边行为多数是以贪图财物为目的，与汉人劫掠乡民的盗贼无异。游牧民族较为单一的经济类型使其经常从邻近农业民族那里获得日常必要的粮食、布匹等生活用品，若正常互市达不到要求，就会发生以武力掠夺的事件。寇抄劫掠者不是为了脱离王朝统治，而是在王朝统治下的违法行为。如从这个角度考察朝贡体制下不稳定的现象，便可以在一定程度上说明朝贡制度成员们为何总是朝贡与寇边交替出现。中原王朝平定边疆民族寇盗的战争，拉紧了中原王朝与边疆朝贡成员的关系，而不是分离了彼此的关系。在魏晋南北朝中原陷于分裂，出现战乱时，边州刺史也曾率领包括朝贡成员在内的军队参与中原战争，这一时期时常出现拥兵自重的边地州郡军政长官，其中一个重要原因就是他可以调动塞内外边疆朝贡成员的军队或部落兵。然而，如果朝贡成员提出请求为自己报

---

① 《汉书》卷94下《匈奴下》，第94页。

仇出兵攻打另一朝贡成员，宗主国一般是不会应允的，如慕容廆为报先世之仇请求攻打宇文鲜卑，晋武帝弗许①。勿吉请求与百济共同攻打高句丽，魏孝文帝诏敕："三国同是藩附，宜共和顺，勿相侵扰。"②

保塞护边始终是朝贡制度的主要政治功能之一，为进一步强化朝贡成员"使为中国扞蔽"的义务。在隋唐王朝羁縻府州朝贡制度下，朝廷通常授予羁縻府州首脑以军职官号，如契丹松漠都督为"左金吾卫员外大将军兼静析军经略大使"，奚饶乐都督为"右金吾员外大将军兼保塞军经略大使"，忽汗州都督为"左骁卫员外大将军"，黑水都督为"云麾将军兼黑水经略使"等，这使各朝贡成员（羁縻都督府长官）在职务中有为唐朝防御、打击各种侵扰边地州县势力的职掌。若朝廷发动平定边疆民族或民族政权叛乱的战争，各羁縻都督府的部落兵要随时听从朝廷或边地都督府（东夷都护府）的调遣，出兵助战。当东北边疆发生战乱时，朝贡成员有时会主动出兵，助唐朝平定叛乱，如黑水靺鞨与室韦部等主动派骑兵五千助唐打击反叛的渤海军队③。唐朝调集朝贡成员的军队参加平定叛乱战争，不仅可补充府州军队的不足，而且少数民族熟悉地势，骁勇善战，在平定边疆叛乱的战争中朝贡成员的部落兵往往充当先锋④，可大大提高军队的战斗力。唐朝以蕃兵作战，使少数民族之间厮杀，又是汉族统治者一贯奉行的"以夷制夷"政策的体现。

辽朝经常征调各朝贡成员的部落兵随从征战，属国军已成为辽朝正规军的重要补充力量。辽制规定：对各属国、属部"有事则遣使征兵，或下诏专征；不从者讨之。助军众寡，各从其便，无常额"⑤。如分布在辽东半岛的熟女真，"或遇北主征伐，各量户下差充兵马，兵回，各逐便归本处"⑥。有辽一代，无论是平定边疆属国、属部的反叛行动，还是出兵讨伐邻国，辽朝军队中都有由属国、属部派出的部落兵组成的"属国军"参加。如彰愍宫

---

① ［北魏］崔鸿：《十六国春秋》卷 23《前燕录一·慕容廆》记载："初涉归与宇文鲜卑素有隙，廆将修先君之怨表请讨之，武帝弗许。"第 498 页。

② 《魏书》卷 100《勿吉传》，第 2220 页。

③ ［唐］韩愈：《昌黎先生集》卷 26《乌氏庙碑铭》，张元济等编《四部丛刊》（初编）第 682 册，第 46 页。

④ 《旧唐书》卷 18 上《武宗纪》，第 590 页。

⑤ 《辽史》卷 36《兵卫志下·属国军》，第 417 页。

⑥ ［宋］叶隆礼撰：《契丹国志》卷 22《四至邻国地里远近》，贾敬颜、林荣贵点校，第 212 页。

使萧韩家奴所言，使属国、属部"岁修职贡。叛则讨之，服则抚之。诸部既安，必不生衅"，"一部或叛，邻部讨之，使同力相制，正得驭远人之道"①。可见，朝贡成员组成的属国军成为补充辽朝军队实力、维护辽朝边疆稳定、开拓辽朝疆土不可或缺的力量。

明朝取代元朝统治之后，前朝的残存势力一直是明朝防御的主要对象，"土木堡之变"，英宗北狩，使明朝把蒙古部作为防御的重中之重。东北边疆对于明朝来说其战略地位十分重要，不仅可防止蒙古部势力向东北扩展对明朝形成威胁，而且在东北部可对蒙古部形成一定的牵制作用。如明代君臣所言："祖宗设置朵颜、泰宁、福余三卫为东北藩篱，每年朝贡宴赐特厚。""朝廷设置建州卫，授以官职，俾世守其地，以为我国家藩篱。""永乐间，女直各卫授都督等官，令率所部为中国藩篱。"② 当明朝有大的军事行动时，羁縻卫所朝贡成员要服从明朝调动随军从征。平时无军事活动时，他们有义务随时向明朝奏报边疆各地边事军情，其中最重要的是蒙古部的动向，其次是朝贡成员内部各种异常动向。羁縻卫所常贡人员、奏报人员和马市贸易人员的通报，是明朝获得蒙古部和边疆地区情报最主要的渠道。明英宗敕兀良哈三卫大小头目等曰："倘北虏欲来犯边，尔等风闻即先驰报沿边总兵等官隄备，或同心并力攻杀，有功一体升赏，尔等其钦承之。"③ 足见明朝希望得到边地情报的迫切性。因此东北民族羁縻卫所的朝贡制度不仅为明朝建构了一道防范牵制北元政权的藩篱，也是明朝稳定东北边疆统治的保障，这正是明朝尽力经营东北民族朝贡制度的主要原因。

在古代王朝边疆范围与界限模糊的时代，朝贡制度的"保塞安边"作用主要不是为王朝防御外国的侵略势力，而是为王朝消除边疆的反叛势力，维护边疆稳定和巩固王朝的边疆统治。17 世纪中叶以后，沙俄开始入侵中国东北，当清朝东北民族面临着守土卫疆时，为加强边疆军事守卫力量，清政府在边疆各地相继建立民族地区建置取代了东北民族朝贡制度。

4. 促进边疆地区社会发展

中国古代王朝的边疆民族朝贡制度是基于宗主国与藩属国（部）双方

---

① 《辽史》卷 103《萧韩家奴传》，第 1445 页。

② 《明宪宗实录》卷 34，成化二年九月戊寅，第 677 页；卷 75，成化六年辛卯，第 1442 页；《明孝宗实录》卷 75，弘治六年五月乙亥，第 1422 页。

③ 《明英宗实录》卷 186，正统十四年十二月辛亥，第 3716 页。

政治关系而建立的，边疆民族积极加入朝贡制度，实因朝贡成员可从中获得重要的政治利益和丰厚的经济利益。换言之，朝贡制度对促进边疆民族地区社会发展具有重要作用。

在政治方面，朝贡体制下各属国与族群的王、贵族、酋长们依靠王朝的册封，提高自己的政治地位，加强自身的政治实力，不仅稳固了自身的统治，而且有助于其发展和壮大。如西汉孝惠高后时朝鲜王卫满得到汉朝册封，"以故，满得兵威、财物，侵降其旁小邑，真番、临屯皆来服属，方数千里"①。鲜卑大人其至鞬被汉朝册封"率众侯"之后，实力明显增强②。随着朝贡制度的发展，边疆各族对中原王朝的政治认同普遍加强，不论是地方政权还是称霸一方的政治势力，如果能获得王朝对其进行较高爵位官号的册封，便可在朝贡体制内获取合法的统领地位，得到各朝贡成员的认可，发展自身势力，也出师有名。如东晋初年，鲁昌对慕容廆曰："明公虽雄据海朔跨总一方，而诸部犹怙众称兵，未遵道化者，盖以官非王命，又自以为强故也。今宜通使琅邪，劝承大统，然后敷宣帝命以讨有罪，谁敢不从。"高诩亦曰："宜遣使江东，示有所遵，然后仗大义，以征诸部，不患无辞矣。"③ 后来，慕容皝得到东晋册封燕王后，第二年便出兵讨伐高句丽。

朝贡成员也有打着为上国出兵平叛的旗号，实为自己谋利的现象，如晋永嘉三年（309），辽东太守庞本以私憾杀东夷校尉李臻，辽东附塞鲜卑素喜连、木丸津等，托为李臻报仇，实欲因以为乱，杀掠士民，屡败郡兵。慕容翰言于慕容廆曰："求诸侯莫如勤王，自古有为之君，莫不尊天子，以从民望，成大业者也。今连津跋扈，王师覆败，苍生屠脍，岂甚此乎。竖子外以庞本为名，内实幸灾为寇，封使君以诛本请和，而毒害滋深，辽东倾没。垂已二纪，中原离乱，神州屡败，勤王仗义，今其时也。大单于宜明九伐之威，救倒悬之命，数连津之罪，合义兵以诛之。上则兴复辽东，下则并吞二部，忠义彰于本朝，私利归于吾国，此则吾霸王之基也，终可以得志于诸侯。"廆笑曰："孺子乃能及此乎？"遂率骑东击连津，以慕容翰为前锋破斩

---

① 《史记》卷115《朝鲜列传》，第2987页。
② 《三国志》卷30《魏书·乌丸鲜卑传》，第836页。
③ ［北魏］崔鸿：《十六国春秋》卷23《前燕录一·慕容廆》，第501页。

之，尽并二部之众，得所掠民三千余家，徙之棘城，立辽东郡而归①。在中原王朝衰弱时期，如果边疆民族的国王和首领对汉朝谨守臣礼，则保塞无事；若其另图发展与汉朝为敌，则成为边地祸患，可见册封制度是一把双刃剑，是古代王朝朝贡制度无法摆脱的隐患。

朝贡制度对一些族群由原始社会向文明社会过渡和变革，或由分散的部族到建立政权都具有重要的推动作用。以契丹为例，隋朝时契丹人社会还处于分散的氏族部落时期，进入唐朝才开始逐渐形成部落联盟。唐太宗贞观三年（629），太宗因契丹酋长摩会朝贡，"赐鼓纛，由是有常贡"②。唐朝承认摩会部落联盟长的地位，这对刚刚建立部落联盟的联盟长来说，巩固他在契丹各部落中的地位，无疑是十分重要的。之后，太宗又于契丹部落联盟地区建立了松漠都督府，以契丹部落联盟长为松漠都督，这对提升联盟长及其家族的地位都有重要意义，这恐怕是之后契丹联盟长积极请求唐朝册封的主要原因之一。据《辽史·世表》记载："隋唐之际，契丹之君号大贺氏。"大贺氏部落联盟时期，联盟长在大贺氏家族中产生，"法常三岁代"③。有明确记载唐代大贺氏几届联盟长连续更替，是在玄宗开元年间，失活、娑固（718—720）、郁于（720—722）、咄于（722—725）、邵固（725—730），新、旧《唐书》记载松漠都督的连续更替的原因，是出于军事首长（唐授静析军副使）可突于的擅权。但如果考虑到此时契丹的习惯法为联盟长三年一代，亦有可能是可突于利用"三年一代"的习惯法，用血腥的手段操纵联盟长的更替。尽管这个时期契丹联盟内部矛盾斗争激烈，但始终保持与唐朝的朝贡关系，新联盟长继位后，都积极请求唐朝册封，这说明在当时东北边疆民族中已形成"待唐玺纛乃能国"④的观念，得到唐朝的册封才能取得部民和邻族的认可。这种稳定的朝贡册封制度，加速了契丹社会中具有个人或家族色彩的政治权利的膨胀，当契丹部落联盟的权利由大贺氏转为遥辇氏之后，从遥辇阻午可汗、松漠都督李怀秀开始，"三年一代"的习惯法废止了，从阻午可汗到痕德堇可汗（735—906），170 余年间 8 代可汗，每代少

---

① ［北魏］崔鸿：《十六国春秋》卷 23《前燕录一·慕容廆》，第 500 页。
② 《新唐书》卷 219《契丹传》，第 6168 页。
③ 《辽史》卷 63《世表》，第 950 页。
④ 《新唐书》卷 219《北狄传·赞》，第 6183 页。

则十几年，多则二十几年。从契丹社会发展的状况看，大贺氏部落联盟是具有公选色彩的部落联盟制，遥辇氏已发展为具有个人政治权利色彩的酋邦制联盟，这个发展转变与唐朝在契丹地区建立朝贡制度密切相关，促进了其由原始社会向文明社会发展的进程。同时唐朝发达的中央集权制对契丹发展道路产生了重要影响，10世纪契丹建国时，没有遵循匈奴、突厥等游牧民族汗国的政治道路，而是建立了具有一定中原制度色彩的中央集权国家。在朝贡制度发展的过程中，类似的事例很多，如晋朝的慕容鲜卑建立的燕国、生女真建立的金朝、建州女真建立的清朝等。

在经济方面，朝贡制度给朝贡成员带来了各种经济利益，不仅中原王朝、政权赏赐朝贡者以丰厚的物品，而且在边地开设互市，尤其是汉族王朝奉行"厚往薄来"的政策，对于经济落后的朝贡成员，尤其是经济生产比较单一的游牧民族朝贡成员来说，具有很大的吸引力。朝贡成员们通过朝贡、互市等途径，从王朝获得生活需要的粮食、绢帛和各种手工业用品。史籍中常见中原王朝赏赐朝贡成员"衣食""币帛"的记载，东汉明章时期，对鲜卑的赏赐，"青徐二州给钱岁二亿七千万为常"①。辽朝于宁江州置榷场，"女真以北珠、人参、生金、松实、白附子、蜜蜡、麻布之类为市"②。

明代相关记载比较丰富，女真与兀良哈蒙古羁縻卫所朝贡成员通过朝廷的常贡赏赐、马市贸易、市赏抚赏等形式获得大量的中原物质，朝贡者在京师会同馆和返回的途中，以赏赐的钞币购买铧犁、牛、各类生活用品等。明前期对于朝贡者购买铁器没有严格限制，宪宗成化年间开始对其实行禁购武器和铁器令，引起女真、兀良哈蒙古人的不满而入寇，这从侧面反映朝贡制度地区农业经济已具有一定规模。早在英宗正统八年（1448）四月，锦衣卫指挥佥事吴良奏："臣奉命使海西，见女直野人家多中国人驱使耕作。"③邻近辽东都司的建州、毛怜女真地区农业经济更为发展，15世纪时，"兀剌山北隅吾弥府，见水两岸大野率皆耕垦，农人与牛布散于野"；"婆猪江土地沃饶，（李）满住累岁居住，营建家舍，耕牧自在"④。明朝先后于开原、

① 《后汉书》卷90《乌桓鲜卑传》，第2985页。
② ［宋］叶隆礼撰：《契丹国志》卷10《天祚皇帝上》，贾敬颜、林荣贵点校，第102页。
③ 《明英宗实录》卷103，正统八年四月己酉，第2090页。
④ ［韩］国史编纂委员会编：《朝鲜王朝世宗實録》卷77，世宗十九年六月己巳，第3册，第80页；卷82，世宗二十年八月庚申，第3册，第159页。

广宁、抚顺、清河、瑷阳、宽甸开设马市，义州开设木市，以待兀良哈三卫和女真等族卫所人员，兀良哈蒙古人主要"以马易盐米"①，又市牛及农具等物。女真人以人参、貂皮、兽皮、山货、马匹等交易布匹、丝绸、陶瓷、铁锅等生活用品。东北羁縻卫所朝贡成员的日常生活很大程度上依赖马市贸易，建州女真都督努尔哈赤直到公开反明之前，一直在"抚顺、清河、宽奠、瑷阳四处关口，互市交易，以通商贾。因此满洲民殷国富"②。

在文化方面，随着朝贡活动的开展，中原文化在双方的努力下不断向边疆地区传播与渗透。王朝对边疆民族朝贡成员的上层人物实行儒家学说的教化，力图使朝贡者心甘情愿地接受王朝统治，以加强朝贡制度的稳定性。朝贡成员则希望通过学习、吸收中原文化，来提高本国政治统治水平和社会文化水平，如高句丽小兽林王时期"立太学，教育子弟"③。目前所发现的高句丽国碑刻、墓葬中的墨书都是汉字④。文化的进步，推动了朝贡国自身实力的进一步发展，南北朝后期高句丽国官制、税制、法律、礼乐、经书皆备⑤，成为东北边疆强国。

又如唐代渤海国，唐朝在渤海国地区设立忽汗州都督府的初期，渤海还处于不发达的早期国家阶段。随着渤海与唐朝之间朝贡关系稳定发展，渤海每年派出使团进京朝贡时，还送质子轮流住在长安，而且"其王数遣诸生诣京师太学，习识古今制度"⑥。唐朝先进的政治制度、经济制度、生产技术及文化不断传入渤海，对渤海社会产生了深厚的影响。经过一百多年的发展，到9世纪，渤海王大仁秀（818—829）时期，渤海中央设三省（宣诏省、中台省、政堂省）六部（忠、仁、义、智、礼、信），台、寺、监、局具备，武员有左右猛贲、熊卫、罴卫、南左右卫、北左右卫。地方设有五京、十五府、六十二州，"大抵宪象中国制度"，"至是遂为海东盛国"⑦。

---

① 《明世宗实录》卷376，嘉靖三十年八月壬戌，第6689页。

② 《满洲实录》卷2，戊子年四月，第73页。

③ ［高丽］金富轼撰：《三国史记》卷18《高句丽本纪第六》，杨军校勘，第221页。

④ 吉林省集安市发现的《好太王碑》、韩国忠清北道中原郡发现的高句丽碑；集安高句丽冉牟墓发现的墨书题记，均为汉字隶书。

⑤ 《北史》卷94《高丽传》，第3110页。

⑥ 《新唐书》卷219《北狄·渤海传》，第6182页。

⑦ 《旧唐书》卷199下《北狄·渤海靺鞨传》，第5360页；《新唐书》卷219《北狄·渤海传》，第6182页。

古代王朝建立朝贡制度的主要目的，是为了实现对边疆的政治统治，朝贡制度对促进当地民族社会发展具有重要作用，是毋庸置疑的，但是如果中央政权对边疆控制减弱，便会出现边疆政治势力（政权）坐大，甚至出现独立倾向，导致边疆的不稳定。然而，从长时段看，在二千年的朝贡活动过程中，逐渐形成了边疆与中原无法割断的经济关系，文化的传播和交融，加强边疆民族对中央（中原）王朝的向心力，从深层次上强化了边疆与中原的政治一体关系。

东北边疆民族朝贡制度经历了近两千年的发展史，从中原王朝统辖边疆的主体制度到辅助制度，又恢复为主体制度，几经变化，为中国历代王朝确立、发展、巩固边疆统治，促进边疆与内地各民族共同形成中华一体关系，发挥了十分重要的作用。最后作为明朝东北朝贡制度成员的女真人（满族）建立的清朝，顺应中国历史发展的趋势，选择了全面发展中央集权的道路，逐渐废止边疆民族地区羁縻统治的朝贡制度，确立了具有民族地区特色的行政建置，从而使边疆民族进入新的发展时期，中国边疆也得以更加明确和巩固。

四 中国古代王朝内外两种朝贡体系——以古代东北亚地区为中心

中国古代王朝的朝贡制度建立在传统的"天下观""大一统"理念和"华夏中心论"的基础上，由边疆地区推广到邻国，甚至遥远的国家。中外学者常用同心圆来比喻以中国王朝为中心的具有等级特点的东亚朝贡体系，即以天子所居的京师王畿为中心，其外是州县地区，其外是边疆民族地区，其外是藩属国地区，其外是贸易国地区。朝贡制度主要实行于后三个地区，因此"朝贡制度"涉及古代王朝两个领域的政治制度与活动，一是历代王朝统辖边疆民族的羁縻制度，二是中国王朝与周边国家的外交制度。中国古代王朝建构朝贡制度最核心的部分是政治制度，对于中国王朝而言，无论是作为边疆统治的朝贡制度，还是作为外交关系的朝贡制度，其政治属性居首要地位，经济与文化属性居附属地位。这里以东北亚地区朝贡体系为例，重点从政治关系的角度来讨论两种朝贡体系的区别。

1. 中央与地方：两种朝贡管理体系

朝贡制度发端于秦朝建立大一统王朝之后，形成于西汉王朝时期。秦汉统治者秉承传统的"天下观"，在中央集权确立后，开始着手在郡县以外社会文化风俗各异的边疆民族地区建构具有羁縻特点的朝贡制度。秦与西汉时期被纳入朝贡制度下的主要是先秦以来与中原王朝、诸侯国保持各种政治、经济关系的周边民族政权和部落，也就是《周礼·夏官司马》说的"四夷、八蛮、七闽、九貉、五戎、六狄之人民"；荀子所说"同服不同制"的"蛮、夷、戎、狄之国"①。朝贡制度的建构有一个从内向外的发展过程，在东北亚地区最早被纳入的是西汉孝惠帝时期东南部的朝鲜国及其附近真番等"诸蛮夷"古国、古族，或封朝鲜国王卫满为"朝鲜王"②。汉武帝时纳入东北中部第二松花江流域的夫余国与西部松漠草原地带的游牧部落乌桓人，汉朝封夫余王为"涉王"，册封各部乌桓大人为"亲汉都尉""率众王""率众侯""率众君"等③。接着汉武帝灭朝鲜设四郡，昭帝合并四郡时，将句骊、沃沮等涉貊古族亦纳入朝贡体系，西汉册封高句丽国主为"高句丽侯"。东汉册封高句丽国主为"高句丽王"；册封朝鲜半岛中部与北部的"不耐、华丽、沃沮诸县皆为侯国"，其渠帅封号当为"沃沮侯""不耐涉侯""华丽侯"等，"皆岁时朝贺"④。东汉初年，鲜卑人已由大兴安岭北段南下迁至邻近郡县的塞外地区，光武帝三十年（54）"鲜卑大人内属，朝贺"⑤。被纳入朝贡制度，汉册封其酋长为"率众王""率众侯""率众长"等⑥。

东汉王朝建构的朝贡制度，由内陆扩展到朝鲜半岛南端的三韩地区和日本列岛小国，光武帝"建武二十年，韩人廉斯人苏马諟等诣乐浪贡献"，光武帝封苏马諟为"汉廉斯邑君"，"使属乐浪郡，四时朝谒"⑦。其时日本列岛居民"分为百余国，以岁时来献见"⑧，光武帝"建武中元二年，倭奴国

① 《周礼注疏》卷33《夏官司马·职方氏》，《十三经注疏》上册，第861页；［清］王先谦：《荀子集解》卷12《正论篇第十八》，《诸子集成》第二册，第220页。

② 《史记》卷115《朝鲜列传》，第2986页。

③ 《三国志》卷30《魏书·东夷传·夫余》第842页，《魏书·乌丸鲜卑传》第833页；《后汉书》卷90《乌桓鲜卑传》，第2983页。

④ 《三国志》卷30《魏书传·东夷》，第844、846页。

⑤ 《后汉书》卷1下《光武帝纪下》，第80页。

⑥ 《后汉书》卷90《乌桓鲜卑传》，第2988页。

⑦ 《后汉书》卷85《韩传》，第2820页。

⑧ 《汉书》卷28下《地理志》，第1658页。

奉贡朝贺，使人自称大夫，倭国之极南界也。光武赐以印绶。安帝永初元年，倭国王帅升等献生口百六十人，愿请见"①。1784 年在日本福冈市志贺岛出土了一枚蛇钮金印，印文曰"汉委奴国王"②，这极有可能是《后汉书》所载光武帝赐予的印绶。东北亚封贡体制在西汉时还处于草创状态，到东汉初年已经建构起来，其成员遍布东北亚各个地区。

秦汉初建东北亚朝贡制度时期，主要以边郡和设在边郡的护乌桓校尉府管理各个朝贡成员的朝贡活动：

辽东郡（郡治在今辽宁辽阳）先后掌管朝鲜国、鲜卑、夫余国等族的朝贡活动，孝惠、高后时天下初定，"辽东太守即约满为外臣，保塞外蛮夷，无使盗边；诸蛮夷君长欲入见天子，勿得禁止"③。东汉初年，"鲜卑大人皆来归附，并诣辽东受赏赐，青、徐二州给钱岁二亿七千万为常。明章二世，保塞无事"④。

玄菟郡⑤先后掌管夫余国、高句丽国的朝贡活动，夫余国"其王葬用玉匣。汉朝常豫以玉匣付玄菟郡。王死则迎取以葬焉"。东汉末年，夫余国王"求属辽东云"⑥。高句丽国"汉时赐鼓吹技人，常从玄菟郡受朝服衣帻，高句丽令主其名籍。后稍骄恣，不复诣郡，于东界筑小城，置朝服衣帻其中，岁时来取之"⑦。其中"高句丽令"指玄菟郡郡治所在高句丽县的县令。

乐浪郡（郡治在今朝鲜平壤南）先后管理沃沮、涉、韩人的朝贡活动，汉昭帝正始五年（前 82），朝鲜半岛单单大岭（今朝鲜半岛北大峰山脉与阿虎飞岭山脉）以东"沃沮、涉貊悉属乐浪"，由东部都尉管理其朝贡活动⑧。朝鲜半岛南端三韩人朝贡，"使属乐浪郡，四时朝谒"⑨。

---

① 《后汉书》卷 85《倭传》，第 2821 页。
② ［日］梶山胜：《金印と東アジア世界——"廣陵王璽"金印と"漢委奴國王"金印》，大谷光男编著：《金印研究論文集成》，新人物往来社，1994 年。
③ 《史记》卷 115《朝鲜列传》，第 2986 页。
④ 《后汉书》卷 90《乌桓鲜卑传》，第 2986 页。
⑤ 玄菟郡，初设在朝鲜半岛东北部。汉昭帝五年（前 82）合并四郡，玄菟郡内迁至今辽宁新宾或赫尔苏驿，东汉安帝永初元年（107）玄菟郡再迁至今辽宁抚顺。
⑥ 《后汉书》卷 85《夫余传》，第 2811、2812 页。
⑦ 《三国志》卷 30《魏书·高句丽传》，第 843 页。
⑧ 《后汉书》卷 85《东夷传·涉》、《东沃沮传》，第 2817、2816 页。
⑨ 《后汉书》卷 85《韩传》，第 2820 页。

护乌桓校尉府先后管理乌桓、鲜卑人的朝贡活动，汉武帝元狩年间（前122—前117），迁乌桓于东北五郡塞外，"其大人岁一朝见，于是始置护乌桓校尉，秩二千石，拥节监领之，使不得与匈奴交通"。东汉光武帝时，"置校尉于上谷宁城，开营府，并领鲜卑，赏赐、质子、岁时互市焉"①。

东汉时期，倭国的朝贡活动主要采取直接入京朝贡的形式，但到东汉末年，北方陷于各势力割据状态，公孙氏割据辽东，设带方郡②，"后倭、韩遂属带方"③。曹魏时仍以带方郡管理韩、倭国的朝贡活动，如景初中"诸韩国臣智加赐邑君印绶，其次与邑长。……下户诣郡朝谒"④。景初二年（238）"（倭）女王遣使至带方朝见，其后贡聘不绝"⑤。

两汉东北亚朝贡制度的管理体系是以边地郡县代表朝廷管理朝贡成员的活动，各朝贡成员均以诣州郡朝贡为主，只有东汉时倭国朝贡不由地方政府统辖，直接至京师朝贡，这使东北亚朝贡制度一度出现分层现象，然东汉末倭国则被纳入边郡管理体系。可见在朝贡制度建立初期，内外分层尚不鲜明。

魏晋南北朝时期，东北亚地区政治形势复杂多变，除高句丽、夫余国的名称没有明显变化外，其他朝贡国和古族因其内部的发展变化，国名或族名出现新的变化。两汉时受夫余国统辖的挹娄（肃慎）人，到曹魏时脱离了夫余国的控制，单独遣使向中原王朝朝贡，北朝时改称为勿吉。十六国时期，鲜卑人建立本族政权（诸燕政权），并开始建构和经营自己的朝贡制度。南北朝时期，西部地区又新出现契丹、奚、室韦等古族；朝鲜半岛南部的三韩发展成为新罗、百济二国；日本列岛的倭国由众多分散的小国发展为一个统一国家。魏晋时期中原王朝主要以设在边郡的护乌桓校尉府（初治昌平，后迁幽州即今北京，多由幽州刺史兼任）、护东夷校尉府（治平州，即今辽宁辽阳，由平州刺史兼任）分管东北边疆东、西两地的朝贡成员事务，

---

① 以上引文见《后汉书》卷90《乌桓鲜卑列传》，第2981、2982页。

② 日本学者谷井氏在朝鲜黄海道凤山发现了"带方太守"张氏墓葬，认为凤山郡古"唐城"是带方郡治所在地。参见《朝鲜史大系》第二卷《朝鲜总督府古迹调查报告》，转引自王绵厚《秦汉东北史》，辽宁人民出版社，1994年，第311页。

③ 《三国志》卷30《韩传》，第851页。

④ 《三国志》卷30《韩传》，第851页。

⑤ 《晋书》卷97《倭人传》，第2536页。

朝贡地点以二府所在地为主。如，《晋书·唐彬传》记载："彬为使持节、监幽州诸军事、领护乌丸校尉、右将军。……于是鲜卑二部大莫廆、摘何等并遣侍子入贡。"晋武帝泰始三年（267），"各遣小部献其方物。至太熙初……各遣正副使诣东夷校尉何龛归化"①。晋武帝时慕容鲜卑破夫余国"有司奏护东夷校尉鲜于婴不救夫余，失于机略。诏免婴，以何龛代之"②。东晋十六国与南北朝时期，内陆各朝贡国与朝鲜半岛、日本列岛各国皆至各王朝（政权）的都城朝贡。但是，内陆各朝贡成员如夫余、高句丽、挹娄（勿吉、靺鞨）、契丹、库莫奚、室韦等仍由地方政府幽州、平州、营州、护东夷校尉府管理其朝贡活动。朝鲜半岛的百济、新罗与日本列岛的倭国的朝贡活动，未见受边州地方政府管理的事迹。这一时期东北亚朝贡制度出现内外两种朝贡体系，一是受地方政府管理的朝贡体系，被纳入边疆地方政治体制；二是不受地方政府管理的朝贡体系，并向外交体系发展。对此应给予充分的注意。

隋唐王朝以来，随着古代王朝国家结构形式的发展与变化，东北亚朝贡制度内外两种管理体系的区别日趋鲜明。

隋唐时期两种朝贡体制的朝贡地点仍同为京师，由中央鸿胪寺掌管其朝贡事务，边疆民族朝贡成员的诸种事务同时要受边州、都督府进行管理，如隋营州总管韦冲"宽厚得众心。怀抚靺鞨、契丹，皆能致其死力。奚、霫畏惧，朝贡相续"③。唐玄宗开元二十九年（741）以"安禄山为营州刺史，充平卢军节度副使，押两番、渤海、黑水四府经略使"④。唐代边地都督府、节度使还常派使者至朝贡成员地区，如幽州节度府遣行军司马张建章往聘渤海等⑤。作为朝贡国的日本国主要与中央政府发生朝贡关系，如《新唐书·高智周传》载，高智周子高涣，"永泰初历鸿胪卿，日本使尝遗金帛，不纳，唯取笺一番，为书以贻其副云"。记述了日本使臣与鸿胪寺官员的交往。与前一个时期相同，史籍中未见日本受边州地方政府管理的事迹。

---

① 《晋书》卷97《东夷传》，第2536—2537页。
② 《晋书》卷97《夫余国传》，第2532页。
③ 《隋书》卷47《韦冲传》，第1269页。
④ 《旧唐书》卷9《玄宗纪下》，第213—214页。
⑤ 《唐张建章墓志》，王承礼、张中澍点校：《渤海国志三种》附录，天津古籍出版社，1992年，第773—774页。

北方民族建立的辽金元王朝时期，对边疆民族实行强力统治政策，在加大地方政府管理边疆朝贡成员力度的同时，进一步规范了与邻国的封贡体制。如辽朝前期边疆各族属国、属部的朝贡地点是契丹皇帝所在的捺钵，辽以地方详稳司，都统司与府州管理朝贡成员的事务，甚至以契丹人担任属部长官，辽中期以后大部分属国、属部的朝贡活动骤然减少，甚至不再朝贡，处于由羁縻统辖体制向一般行政建置管理体制转变过程中。金元两朝边疆实行朝贡制度的民族地区越来越小，朝贡活动主要在边地进行，金朝由招讨司、元朝由万户府、宣慰司管理，几乎不见到京师朝贡记载。在外交层面上，辽金时期是东北亚朝贡体制日臻完善时期，辽朝与高丽国的朝贡关系始于辽圣宗统和十二年（994），高丽"始行契丹统和年号"①，确立于圣宗开泰九年（1020），高丽显宗"遣李作仁奉表如契丹，请称藩纳贡如故"②。每年贺正、贺生辰、季节问候，双方互遣使致贺，遇重大丧事互遣使吊祭③。高丽虽是辽朝的朝贡成员，但在外交礼仪上享有独立的国际地位。另外高丽与辽东京（今辽宁辽阳）偶尔会互派"持礼使"和"回礼使"，高丽地接近辽东京辖区，这属于一种礼节性的互访，与地方政府管辖无关。金灭辽后，"高丽以事辽旧礼称臣于金"，"凡遣使往来当尽循辽旧"④。金熙宗皇统二年（1142），高丽受金朝册封，行金朝年号⑤。金朝与高丽的册封朝贡关系较之辽朝更加制度化和完善，因此有学者提出古代东亚国际关系模式的封贡体制确立于辽金时期⑥。

明朝是东北亚内外两种朝贡体系最为完善时期，由中央礼部总理内外朝贡制度事务，对于外交制度层面的朝贡国日本、朝鲜和边疆统辖制度层面的女真、兀良哈蒙古羁縻卫所，在贡道、贡期、人数、贡物、回赐和册封方面均有详细规定⑦。对于后者，明朝又以中央兵部管理羁縻卫所官员的世袭罔替，并在地方先后以奴儿干都司、辽东都司、永平府管理边疆朝贡成员的具

---

① ［朝鲜］《高丽史》卷3《成宗世家》，第45页。

② ［朝鲜］《高丽史》卷4《显宗世家》，第63页。

③ 参见魏志江《辽金与高丽关系考》，天马图书有限公司，2001年，第34—35页。

④ 《金史》卷135《高丽传》，第2881、2885页。

⑤ ［朝鲜］《高丽史》卷17《仁宗世家》，第258页。

⑥ 杨军：《东亚封贡体系确立的时间——以辽金与高丽的关系为中心》，《贵州社会科学》2008年第5期。

⑦ 李云泉：《朝贡制度史论——中国古代对外关系体制研究》，第72—109页。

体事务。后金到清初重建东北亚朝贡体系时，边疆民族朝贡制度逐渐被新制度所取代，到康雍时期全面废止。清代主要经营外交关系的朝贡体制。

综上，中国古代王朝的东亚朝贡体制分为内外两层，或称之为"内圈"和"外圈"，"内圈"为边疆民族朝贡制度，从建构之初就被纳入地方统辖体系，无论其朝贡地点是边郡州还是京师，始终受边地政府或专设机构所管辖，早期主要掌管纳贡、质子、互市和统军作战等事务，随着王朝对边疆地区统辖的加强，逐渐增加了定期巡查、安抚、赈济朝贡成员的行政职责。"外圈"为周边国家的朝贡制度，主要由中央相关部门管理其朝贡活动，一般是诣阙朝贡，在进入中国王朝的口岸时与当地的地方政府打交道，主要是办理入境朝贡手续，也会有些贸易活动，不存在日常的政治统属关系，在外交礼仪上具有独立性，到 10 世纪以后发展成为较完善的外交体制。

2. 羁縻建置与朝贡国：两种朝贡成员身份

隋唐重建大一统王朝后，王朝政治制度进一步改革完善，重建规模更大的一元化东亚朝贡体系，边疆各族、周边属国乃至远自欧洲的国家皆纷纷遣使朝贡，如唐高祖所云"蛮夷率服，古未尝有"[1]。及至"贞观、开元之盛，来朝者多也"[2]。这一时期东北亚朝贡制度也出现了新的变化，内陆边疆民族开始以羁縻建置形式进行朝贡活动，这使东北亚朝贡制度"内圈"与"外圈"两种朝贡成员身份的区别愈加显著。

唐朝为了加强对边疆治理，太宗以灭亡东突厥为契机，在边疆朝贡制度地区大规模设立羁縻府州，"即其部落列置州县。其大者为都督府，以其首领为都督、刺史，皆得世袭。虽贡赋版籍，多不上户部，然声教所暨，皆边州都督、都户所领，著于令式"[3]。唐朝在东北亚内陆设置羁縻府州，首先从西南部西拉木伦河与老哈河地区开始，唐太宗贞观二十二年（648），契丹大贺氏联盟长窟哥"举部内属"，唐于其地"置松漠都督府，以窟哥为使持节十州诸军事、松漠都督，封无极男，赐氏李"[4]。奚部落联盟长可突者亦"率其所部内属"[5]，唐于其地复置饶乐都督府，以可突者为"使持节六

---

① 《旧唐书》卷 1《唐高祖纪》，第 17 页。
② 《旧唐书》卷 197《南蛮西南蛮传》，第 5286 页。
③ 《新唐书》卷 43 下《地理七下》，第 1119 页。
④ 《新唐书》卷 219《契丹传》，第 6168 页。
⑤ 《旧唐书》卷 199 下《奚传》，第 5354 页。

州诸军事、饶乐都督，封楼烦县公，赐李氏"①。唐高宗显庆五年（660），西北部霫人地区设置居延都督府，"以其首领李含珠为居延都督"②。龙朔三年（663），唐朝于朝鲜半岛新罗国设置鸡林州都督府，"以王为鸡林州大都督"③。武则天万岁通天年间，靺鞨人在牡丹江上游建立震国，唐玄宗先天元年（712）册封震国王大祚荣为"左骁卫员外大将军、渤海郡王，仍以其所统为忽汗州，加授忽汗州都督"④。从此震国改国号为"渤海"。玄宗开元十三年（725）进一步在渤海国北面黑龙江流域设置黑水都督府，"以其首领为都督，诸部刺史隶属焉。中国置长史，就其部落监领之。十六年（728），其都督赐姓李氏，名献诚，授云麾将军兼黑水经略使，仍以幽州都督为其押使，自此朝贡不绝"⑤。唐德宗贞元八年（792），"室韦都督和解热素等来朝"⑥。说明最晚此时唐朝在大小兴安岭一带的室韦地区已经设置了室韦都督府。唐朝在东北亚内陆和朝鲜半岛先后设置松漠、饶乐、居延、鸡林州、忽汗州、黑水、室韦等七个都督府，各政权、部落联盟、部落集团以羁縻都督府的形式进行朝贡。上述各羁縻都督府有的始终与唐朝保持稳定的朝贡关系，有的设置时间很短，有的有名无实。而且有的地区羁縻府州撤销后，转变为王朝边疆以外的朝贡国。但值得注意的是，唐朝开启了东北亚朝贡体制下边疆民族以羁縻建置形式进行朝贡的新模式，并为后来的王朝所继承。

辽朝在各族朝贡成员地区建立各种形式的属国、属部羁縻建置⑦，并定制了一套属国、属部封号、官职，如《辽史·百官志》所言："属国、属部官，大者拟王封，小者准部使。命其酋长与契丹人区别而用，恩威兼制，得柔远之道。"辽朝对各属国、属部的贡期、贡物均有明确规定，"诸蕃岁贡方物充于国，自后往来若一家焉"⑧。辽代羁縻建置形式的朝贡制度已出现

① 《新唐书》卷219《奚传》，第6173页。

② ［宋］王溥撰：《唐会要》卷98《霫殊国》，第1755页。

③ ［高丽］金富轼撰：《三国史记》卷6《新罗本纪六·文武王》，杨军校勘，第81页。

④ 《旧唐书》卷199下《渤海靺鞨传》，第5360页。

⑤ 《旧唐书》卷199下《靺鞨传》，第5359页。

⑥ ［宋］王钦若等撰：《册府元龟》卷972《外臣部·朝贡五》，周勋初等校对，第11249页。

⑦ 参见程尼娜《辽代女真属国、属部研究》，《史学集刊》2004年第2期；程尼娜《辽代乌古敌烈地区属国、属部研究》，《中国史研究》2007年第2期。

⑧ 《辽史》卷85《萧挞凛传》，第1314页。

逐步向具有民族特点的行政建置过渡趋势。金元王朝大幅推进设置边疆民族地区建置的进程，元代东北边疆仅在黑龙江下游地区还残存朝贡制度。然而，明朝统治者全面实行"内华夏，外夷狄"的边疆政策，东北边疆大部分地区再次恢复羁縻建置形式的朝贡制度，朝廷对前来朝贡的女真、兀良哈蒙古各部落"官其长，为都督、都指挥、指挥、千百户、镇抚等官"①。与唐朝不同的是明朝在同一边疆民族内以部为单位众建羁縻卫所，如女真地区建300多个羁縻卫所，兀良哈蒙古地区建3个羁縻卫所，羁縻卫所人员持朝廷授予的敕书进行朝贡。明朝对各羁縻卫所的朝贡人数、贡道、贡期、贡物以及羁縻卫所官员升迁、罢黜、袭替都有明确而具体的规定，是羁縻建置朝贡制度最为完善的时期，朝贡成员已具有一定的地方建置官员的特点。

处于东北亚朝贡体系"外圈"的朝贡国具有政治上的独立性，在国际秩序中根据其与中国古代王朝朝贡关系的疏密程度，又可分为不同类型。韩国全海宗将东亚朝贡体系下朝贡国所实行的朝贡制度分为三种形态：一是典型的朝贡关系，两国间具有贡物与回赐的经济关系，以封典为主的礼仪形式关系，相互求兵及出兵的军事关系，朝贡国采用宗主国年号、年历，宗主国干涉朝贡国内政，纳质子等政治关系。二是准朝贡关系，两国间政治上主要是边境界限及越境等政治问题，经济上相互交易，文化上进行思想、宗教、文化、技艺方面的交流。三是非朝贡关系，两国间的敌对关系与和平交往，但非朝贡形式的交易和往来也以朝贡面貌出现，按常例文化交流同朝贡紧密相连，视其情况可归于非朝贡制度②。魏志江对此提出质疑，认为中国与外国的朝贡关系可分为"礼仪性的朝贡关系"和"典型而实质性的朝贡关系"③。纵观两千余年东北亚朝贡制度的发展，至少出现过三种类型的朝贡国。第一种类型，以南北朝时期的百济国为代表，百济与北朝建立朝贡关系主要是政治和军事目的，孝文帝延兴二年（472）"八月丙辰，百济国遣使奉表，请师伐高丽"④。然百济与南朝建立朝贡关系则以经济和文化目的为主，如梁大同七年（541）"求涅盘等经疏及医工、画师、毛诗博士"⑤。南

① 《明史》卷90《兵志》，中华书局，1974年，第2193页。
② ［韩］全海宗：《中韩关系史论集》，全善姬译，中国社会科学出版社，1997年，第133—134页。
③ 魏志江：《关于清朝与朝鲜宗藩关系研究的几个问题》，《东北史地》2007年第1期。
④ 《魏书》卷7上《高祖纪》，第137页。
⑤ 《南史》卷7《梁本纪·武帝下》，第216页。

北朝各国对百济有行册封者，也有未行册封者。类似全氏所言第二类朝贡关系。第二种类型，以隋唐时期的日本国为代表，日本与隋唐王朝建立朝贡关系的目的，由以前寻求中原王朝的庇护变为从中国移植先进的政治、文化、经济等各项文物制度，即从政治角度转到了文化层面，日本频繁派遣"遣隋使""遣唐使"，在隋唐王朝统治者看来是朝贡活动，却没有对日本天皇进行册封，日本与隋唐对等外交的要求也日益强烈。当属全氏所言第三类朝贡国和魏氏所说的礼仪性朝贡关系。第三种类型，以辽金时期高丽和明清时期的朝鲜为代表，以朝鲜为例，《同文汇考》记载朝鲜出使清朝的使行名称主要有："封典（建储、嗣位、册妃、追崇），哀礼（告讣、请谥、赐祭、赐谥），进贺（登极、尊号、尊谥、册立、讨平），陈慰（进香），问安，节使（岁币、方物），陈奏（辩诬、讨逆），表笺式，请求，赐赉，蠲币，饬谕，历书，日月食，交易，疆域，犯越，犯禁，刷还，漂民，推征，军务，赙恤，倭情，杂令，洋舶情形。"[①] 对于朝鲜的朝贡，清朝作为宗主国不仅对朝贡国行册封、回赐，而且在军事上具有保护朝贡国的义务。此当属全氏所言第一类朝贡关系和魏氏所谓典型而实质性的朝贡关系。然上述各种类型的朝贡国在东北亚朝贡体系下都是独立的国家。

综上，东北亚朝贡制度下"内圈"边疆地区羁縻建置朝贡制度，是中国古代王朝由直接统辖（郡县）与羁縻统辖（朝贡）共存的国家结构形式，向全面实行中央集权的单一制国家结构形式发展过程中，由边疆朝贡制度向民族地区建置发展的过渡形式，其与中央政府是政治隶属关系，羁縻建置朝贡成员的身份是王朝统治下的臣民。"外圈"各朝贡国具有政治独立性，他们虽然程度不同地从属于（或仅是在中国王朝统治者的观念中处于从属地位）宗主国，但他们的身份仍然是独立国家，与中国古代王朝之间保持着不平等的外交关系。

3. 君臣与交邻：两种政治关系

东北亚朝贡体系下"内圈""外圈"两种朝贡制度，派生出来两种不同的政治关系，一是王朝内部的君臣关系，另一是王朝与邻国的交邻关系。

所谓"内圈"的边疆民族朝贡制度，是中国古代王朝在"华夷有别"

---

① ［朝鲜］郑昌顺等编纂：《同文汇考》（原编一），珪庭出版社有限公司，1978年，第2—4页。

"华夷有序"的大一统思想指导下，建构的边疆统辖制度。边疆民族朝贡成员作为王朝的臣民，需服从王朝的政令，为王朝保塞安边。如西汉构建边疆朝贡制度之初，汉帝命朝鲜王"保塞外蛮夷，无使盗边"①；令乌桓人"为汉侦察匈奴动静……使不得与匈奴交通"②。唐玄宗命契丹松漠都督李邵固"输忠保塞，乃诚奉国"③。辽朝经常征调各朝贡成员的部落兵随从征战，"一部或叛，邻部讨之，使同力相制"④。明朝规定"诸番都司卫所，各统其官军及其部落，以听征调、守卫、朝贡、保塞之令"⑤。明宪宗赐兀良哈蒙古敕书曰："尔三卫皆我祖宗所立，授以官职，卫我边境，尔之前人，岁时朝贡，无有二心……须效尔前人所为，各守境土，防护边疆，勉于为善，竭诚报国。"⑥ 中央王朝对护边保塞的朝贡成员实行物质奖励，以"厚往薄来"的政策怀远、招徕、安抚朝贡成员。然应注意到辽、金、元、后金等北族建立的王朝，则奉行强力统治边疆的政策，如辽朝若边疆有战事，朝廷则遣使至属国、属部征兵，"不从者讨之"⑦。另一方面，朝贡成员要求中央王朝给予政治保护，希望能够获得物质赏赐，与内地建立贸易关系和文化交流。但当这种要求没有得到满足时，朝贡成员往往采取武力进行抢夺。我们发现一种现象，在与王朝政治关系紧密的边疆朝贡制度地区，各种战事远比外交层面朝贡制度地区的战事多得多，其中游牧民族朝贡制度地区战事尤为频繁。对于朝贡成员的叛盗行为，臣服于汉朝的匈奴单于曾说："乌桓与匈奴无状黠民共为寇入塞，譬如中国有盗贼耳！"⑧ 这反映了当时朝贡成员对寇抄边郡行为的一种认识，寇边行为多数是以贪图财物为目的，与汉人劫掠乡民的盗贼无异。游牧民族的较为单一的经济类型，使其需经常从邻近农业民族那里获得日常必要的粮食、布匹等生活用品，若正常互市达不到要求，就会发生以武力掠夺的事件。因此表现出边疆民族朝贡制度地区大大小小的战事频繁，寇抄劫掠者不是为了脱离王朝统治，而是在王朝统治下的违法行为。如

---

① 《史记》卷115《朝鲜列传》，第2986页。
② 《后汉书》卷90《乌桓鲜卑列传》，第2981页。
③ ［宋］王钦若等撰：《册府元龟》卷979《外臣部·和亲》，周勋初等校对，第11133页。
④ 《辽史》卷103《萧韩家奴传》，第1445页。
⑤ 《明史》卷72《职官志一》，第1752—1753页。
⑥ 《明宪宗实录》卷34，成化二年九月戊寅，第677—678页。
⑦ 《辽史》卷36《兵卫志下》，第429页。
⑧ 《汉书》卷94下《匈奴下》，第94页。

从这个角度考察朝贡体制下不稳定的现象，便可以在一定程度上说明朝贡制度成员们为何总是朝贡与寇边交替出现。王朝对各种经济类型边疆朝贡成员的反叛行为并不手软，在平定朝贡成员叛乱、寇边的过程中采取一系列政治、军事手段，反而进一步拉紧了双方之间的君臣关系。

所谓"外圈"的周边朝贡国的朝贡制度，中国古代王朝从传统的"天下观"出发，认为"际天所覆，悉臣而属之"①，在朝贡制度下奉行"事大字小"的原则，实行"厚往薄来"的交往政策，北族王朝往往初期采取追求利益最大化的政策，在接受儒家治国思想后，也修正为与汉族王朝朝贡制度相似的"交邻之道"。由于中国王朝在东北亚地区与朝贡国相邻的主要是边疆民族，因此边疆摩擦主要表现为朝贡制度的"内圈"与"外圈"的摩擦，当边疆摩擦升级惊动了中央王朝，宗主国通常以遣使责问等外交手段进行交涉。如上文所引《同文汇考》记载，在朝贡国与宗主国之间"疆域、犯越、犯禁、刷还、漂民"等问题，通常是以双方遣使交涉的外交手段解决。如明代女真与朝鲜，明太祖洪武二十六年（1393），遣使诘责朝鲜，令其"将诱女真之人，全家发来，并已往女真大小送回，朕师方不入境"②。在宗主国的要求没有得到满足时，宗主国也可能出兵攻打朝贡国，如辽圣宗时期，因鸭绿江江东六州问题和高丽"越海事宋"之事，几次出兵东伐高丽。在宗主强势扩张时期，曾出现征服藩属国的现象，如元朝征服高丽，于其地设置征东行省。总体看，这一层次朝贡体系下宗主国与朝贡国之间战争很少。当朝贡国受到外来威胁和侵略，宗主国有义务保护朝贡国，如明万历年间即朝鲜宣祖时期（1592—1598），明朝出兵帮助朝鲜击退日本入侵，即著名的"壬辰战争"，朝鲜认为明朝对其有"再造之恩"③。因此，宗主国与朝贡国双方为名义上"君臣"的交邻关系，保持着一种不对等的外交关系。

4. 行政建置与条约体系：两种终结形式

中国古代王朝建构两种朝贡体系的思想，皆发端于传统"天下观"，但两者的最后归宿不同，这是由于随着中国古代王朝国家结构的发展，王朝统治者经营两种朝贡制度的思想、目的、政策有所不同，尤其是隋唐以来这种

① 《新唐书》卷219《北狄传》，第6183页。
② ［韩］国史编纂委员会编：《朝鲜王朝太祖实录》卷3，太祖二年五月丁卯，第1册，第43页。
③ ［韩］国史编纂委员会编：《朝鲜王朝宣祖实录》卷34，宣祖二十六年正月乙丑，第21册，第599页。

差异越来越大，致使"内圈"与"外圈"的朝贡制度走向了两种不同性质的发展道路。随着前近代向近代社会发展，中国王朝的朝贡制度也逐渐走向终结。清代前期边疆民族朝贡制度被民族地区建置所取代；清代后期东北亚国际秩序的朝贡体制为近代国际条约体制所取代。

从唐太宗在边疆推行羁縻府州朝贡制度，到清康雍时期边疆民族朝贡制度终结，"大一统"的思想进一步规定了边疆民族朝贡制度的发展方向，羁縻府州形式的朝贡制度开启了中央王朝集权统治向边疆地区推行的进程，尽管在不同边疆地区表现形式不尽相同并时有曲折，但向"中华一体"发展的大方向是一致的。北方民族王朝在边疆推行强力统治的思想与政策，后金政权建立后，以武力和招抚并用的手段征服了东北黑龙江、乌苏里江和东部沿海地区的原始族群，并效仿明朝建构起朝贡制度，清初东北边疆朝贡制度地区已经很小。17世纪40年代，沙俄开始侵入贝加尔湖以东地区。为有效地阻止沙俄在黑龙江流域日益猖獗的入侵活动，清朝以武力抗击的同时，顺治年间开始在虎尔哈人地区编佐，康熙时进一步在朝贡成员地区全面设立行政建置，先后在黑龙江中上游民族地区设置布特哈八旗制度、鄂伦春地区设置路佐制度、乌苏里江流域与黑龙江下游民族地区设置噶珊制度，对各族人口进行编户、收税、征兵。到雍正朝，民族地区建置全面取代了边疆民族朝贡制度，从而实现了对东北边疆民族地区实行具有"因俗而治"特色的中央集权统治。

鸦片战争以后，随着西方列强对东亚各国经济控制的加强，19世纪80年代以来，随着《朝美条约》《汉城条约》《天津条约》等各项条约的签订，清朝与包括朝鲜国在内的周边朝贡国之间传统的政治、经济联系相继断裂，对等的条约关系开始成为双方的共识。清朝与各属国之间的边界以条约的形式加以确定，主权国家的观念已经形成。中国与各属国之间的关系不再是不平等的朝贡关系，而是主权国家之间的平等关系，东北亚朝贡体系最终瓦解①，近代条约体系取代了中国古代王朝国际秩序的朝贡体制。

综上所述，中国古代王朝朝贡体制具有"内圈"与"外圈"不同政治属性的区别，在二千年的发展史上，在不同的历史时期、不同的区域，两种

---

① 杨军、张乃和主编：《东亚史》，长春出版社，2006年，第362—363页。

朝贡制度的区别呈现出不同的特点，表现形式错综复杂。从东北亚地区朝贡制度的角度出发，对两种朝贡体制的区别进行历时性和全景式的考察，提出"是否被纳入地方行政管理体系""是羁縻建置的君臣身份还是具有独立性的藩属国身份""是否存在政治隶属关系"，以及"是发展为民族地区建置还是被条约体系所取代"，这四个方面是区别中国古代王朝朝贡制度"内圈"与"外圈"的核心标准，大体也可以适用于古代东亚朝贡体系的其他地区。由于东亚周边国家与边疆民族的经济类型、社会制度与文化风俗具有明显的区域性差别，东亚朝贡体系在各个地区的形式也有不同。而且古代王朝的朝贡制度大致以隋唐王朝为界限早期与晚期有明显差别，研究者应对中国古代国家结构形式的发展变化给予充分注意，切不可以晚期的现象与标准用于早期朝贡制度的研究。

附表一

乌桓对东汉王朝朝贡与战争表

汉帝	王朝纪年	朝贡与战争	史料出处
光武帝	建武二十五年（49）	乌丸大人郝旦等922人（九千余人）帅众诣阙，献奴婢牛马及弓虎豹貂皮，封其渠帅为侯王者八十余人，使居塞内。乌桓或愿留宿卫。 自是匈奴衰弱，边无寇警，鲜卑、乌桓并入朝贡。	《三国志》卷30，《后汉书》卷90、卷20
	建武二十六年（50）	时南单于及乌桓来降，边境无事。	《后汉书》卷35
	建武二十七年（51）	时南单于称臣，乌桓、鲜卑并来入朝，帝令蒿典边事，思为久长规。	《后汉书》卷26
光武帝		光武受命，复怀纳之，缘边坏郡得以还复。乌桓、鲜卑咸胁归义，威镇西夷，其效如此。	《后汉书》卷89
明帝	永平元年（58）	初，赤山乌桓数犯上谷，为边害，诏书设购赏，功责州郡，不能禁。肜乃率励偏何，遣往讨之。永平元年，偏何击破赤山，斩其魁帅，持首诣肜，塞外震慑，乃悉罢缘边屯兵。	《后汉书》卷20
	永平二年（59）	宗祀光武皇帝于明堂，帝及公卿列侯始服冠冕、衣裳、玉佩、绚履以行事。……乌桓、涉貊咸来助祭，单于侍子、骨都侯亦皆陪位。	《后汉书》卷2
	永平八年（65）	今乌桓就阙，稽首译官。	《后汉书》卷40
	永平十六年（73）	乌桓、鲜卑追思肜无已，每朝贺京师，常过冢拜谒，仰天号泣乃去。辽东吏人为立祠，四时奉祭焉。	《后汉书》卷20
和帝	永元三年（91）	与匈奴左将军、乌桓大人战，破斩其渠帅，杀三千余人，虏其妻子，获财物甚众。单于脱帽徒跣，面缚稽颡，纳质。	《后汉书》卷47
安帝	永初三年（109）	夏，渔阳乌桓与右北平胡千余寇代郡、上谷。秋，雁门乌桓率众王无何允与鲜卑大人丘伦等，及南匈奴骨都侯，合七千骑寇五原，与太守战于九原高渠谷，汉兵大败，杀郡长吏。乃遣车骑将军何熙、度辽将军梁懂等击，大破之。无何乞降，鲜卑走还塞外。是后乌桓稍复亲附，拜其大人戎朱庑为亲汉都尉。	《后汉书》卷90

汉帝	王朝纪年	朝贡与战争	史料出处
顺帝	建康元年（144）	使匈奴中郎将马寔击南匈奴左部，破之，于是胡羌、乌桓悉诣寔降。	《后汉书》卷6
冲帝	建康元年（144）	中郎将马寔……乌桓七十万余口皆诣寔降，车重牛羊不可胜数。	《后汉书》卷89
桓帝	延熹九年（166）	遣使匈奴中郎将张奂击南匈奴、乌桓、鲜卑，南匈奴、乌桓率众诣张奂降。匈奴、乌桓闻奂至，因相率还降，凡二十万口。	《后汉书》卷65
灵帝	光和元年至光和六年（178—183）	虞初举孝廉，稍迁幽州刺史，民夷感其德化，自鲜卑、乌桓、夫余、秽貊之辈，皆随时朝贡，无敢扰边者，百姓歌悦之。	《后汉书》卷73
灵帝	中平五年（188）	中平四年，前中山太守张纯叛，入丘力居众中，自号弥天安定王，遂为诸郡乌桓元帅，寇掠青、徐、幽、冀四州。五年，以刘虞为幽州牧，虞购募斩纯首，北州乃定。	《后汉书》卷90
献帝	初平四年（193）	北边翕然服其威信，乌桓、鲜卑并各遣使致馈，田畴悉抚纳，令不得为寇。	《资治通鉴》卷60
	建安十二年（207）	曹操至易水，乌桓单于代郡普富卢、上郡那楼皆来贺。代郡乌丸行单于普富卢、上郡乌丸单于那楼将其名王来贺。	《资治通鉴》卷65，《三国志》卷1
	建安二十一年（216）	代郡乌丸行单于普富卢与其侯王来朝。天子命王女为公主，食汤沐邑。	《三国志》卷1

附表二

鲜卑对东汉王朝朝贡与战争表

汉帝	王朝纪年	朝贡与战争	史料出处
武帝	建武二十五年（49）	鲜卑始通驿使。 自是匈奴衰弱，边无寇警，鲜卑、乌桓并入朝贡。	《后汉书》卷90、卷20
	建武二十七年（51）	时南单于称臣，乌桓、鲜卑并来入朝。	《后汉书》卷26
	建武三十年（54）	鲜卑大人于仇贲、满头等率种人诣阙朝贺，慕义内属。帝封于仇贲为王，满头为侯。	《后汉书》卷90
明帝	永平元年（58）	祭肜复赂偏何击歆志贲，破斩之，于是鲜卑大人皆来归附，并诣辽东受赏赐，青徐二州给钱岁二亿七千万为常。明章二世，保塞无事。	《后汉书》卷90
	永平十五年（72）	骑都尉来苗、护乌桓校尉文穆将太原、雁门、代郡、上谷、渔阳、右北平、定襄郡兵及乌桓、鲜卑万一千骑出平城塞。 单于上言：故令乌桓、鲜卑讨北虏，斩单于首级，破坏其国。乌桓、鲜卑咸胁归义，威镇西夷，其效如此。	《后汉书》卷23、卷89
和帝	永元七年（95）	罢遣鲜卑、乌桓、羌胡兵，封苏拔廆为率众王，又赐金帛。	《后汉书》卷89
安帝	永初中 （111年左右）	鲜卑大人燕荔阳诣阙朝贺，邓太后赐燕荔阳王印绶，赤车参驾，令止乌桓校尉所居宁城下，通胡市，因筑南北两部质馆。鲜卑邑落百二十部，各遣入质。	《后汉书》卷90
	永宁元年（120）	辽西鲜卑大人乌伦、其至鞬率众诣（度辽将军）邓遵降，奉贡献。诏封乌伦为率众王，其至鞬为率众侯，赐采缯各有差。	《后汉书》卷90
顺帝	永建元年（126）	时鲜卑寇缘边，杀代郡太守。晔率乌桓及诸郡卒出塞讨击，大破之。鲜卑震怖，数万人诣辽东降。	《后汉书》卷19
灵帝	光和末（183）	稍迁幽州刺史，民夷感其德化，自鲜卑、乌桓、夫余、秽貊之辈，皆随时朝贡，无敢扰边者，百姓歌悦之。	《后汉书》卷73
献帝	建安中（196—219）	太祖破南皮，柔将部曲及鲜卑献名马以奉军。	《三国志》卷8

汉帝	王朝纪年	朝贡与战争	史料出处
献帝	建安中（196—219）	太祖定幽州，步度根与轲比能等因乌丸校尉阎柔上贡献。 素利、弥加、厥机皆为大人，在辽西、右北平、渔阳塞外，道远初不为患，然其种众多于比能。建安中，因阎柔上贡献，通市，太祖皆表宠以为王。厥机死，又立其子沙末汗为亲汉王。延康初，又各遣使献马。	《三国志》卷30
	延康初（220）	轲比能遣使献马。	《三国志》卷30

附表三

契丹对北朝朝贡表

帝王	王朝纪年	月份	朝贡活动	史料出处
北魏太武帝	太延三年 （437）	二月	契丹国并遣使朝献。	《魏书》卷4上
北魏文成帝	兴安二年 （453）	十二月	契丹遣使朝贡。	《魏书》卷5
北魏献文帝	皇兴二年 （468）	四月	契丹、具伏弗、郁羽陵、日连、匹黎尔、叱六手、悉万丹、阿大何、羽真侯各遣使朝献。	《魏书》卷6
	皇兴三年 （469）	二月	契丹国遣使朝献。	《魏书》卷6
	皇兴四年 （470）	二月	契丹国遣使朝献。	《魏书》卷6
北魏孝文帝	延兴三年 （473）	二月 四月	契丹国并遣使朝贡。 契丹国遣使朝贡。	《魏书》卷7上
	延兴四年 （474）	九月	契丹遣使朝献。	《魏书》卷7上
	延兴五年 （475）	五月	契丹遣使献名马。	《魏书》卷7上
	承明元年 （476）	九月	契丹国遣使朝献。	《魏书》卷7上
	太和元年 （477）	二月 三月 十月	契丹国遣使朝献。 契丹国遣使朝献。 契丹国遣使朝献。	《魏书》卷7上
	太和三年 （479）	九月	契丹遣使朝献。	《魏书》卷7上
	太和十七年 （493）	五月	契丹遣使朝献。	《魏书》卷7下
北魏宣武帝	正始四年 （507）	八月	契丹国遣使朝献。	《魏书》卷8
	永平元年 （508）	七月	契丹遣使朝献。	《魏书》卷8
	永平二年 （509）	七月	契丹国遣使朝献。	《魏书》卷8
	永平三年 （510）	闰六月	契丹国遣使朝贡。	《魏书》卷8

续表

帝王	王朝纪年	月份	朝贡活动	史料出处
北魏宣武帝	永平四年（511）	七月	契丹国遣使朝献。	《魏书》卷8
	延昌元年（512）	七月	契丹国遣朝献。	《魏书》卷8
	延昌二年（513）	八月	契丹遣使朝献。	《魏书》卷8
	延昌三年（514）	九月	契丹遣使朝贡。	《魏书》卷8
北魏孝明帝	延昌四年（515）	九月	契丹国遣使朝献。	《魏书》卷9
	熙平二年（517）	二月八月	契丹遣使朝献。契丹国遣使朝贡。	《魏书》卷9
	正光五年（524）	十二月	契丹遣使朝贡。	《魏书》卷9
北魏安定帝	中兴二年（532）	六月	契丹遣使朝贡。	《魏书》卷11
北魏孝武帝	永熙三年（534）	四月	契丹国遣使朝贡。	《魏书》卷11
东魏孝静帝	天平二年（535）	三月	契丹遣使朝贡。	《魏书》卷12
	武定八年（550）	正月	契丹国遣使朝贡。	《魏书》卷12
北魏文宣帝	天保三年（552）	二月	契丹遣使朝贡。	《北齐书》卷4
	天保五年（554）	五月	契丹国遣使朝贡。	《北齐书》卷4
	天保七年（556）	十月	契丹遣使朝贡。	《北齐书》卷4
北齐武成帝	河清二年（563）	是岁	契丹遣使朝贡。	《北齐书》卷7
北齐后主温公	天统元年（565）	是岁	契丹遣使朝贡。	《北齐书》卷8
	天统四年（568）	是岁	契丹遣使朝贡。	《北齐书》卷8

附表四

奚人对北朝朝贡表

帝王	王朝纪年	月份	朝贡活动	史料出处
北魏文成帝	兴安二年（452）	十二月	库莫奚遣使朝贡。	《魏书》卷5
	兴光元年（454）	九月	库莫奚国献名马，有一角，状如麟。	《魏书》卷5
北魏献文帝	皇兴元年（467）	二月	库莫奚遣使朝贡。	《魏书》卷6
	皇兴二年（468）	四月	库莫奚遣使朝献。	《魏书》卷6
	皇兴三年（469）	二月	库莫奚遣使朝献。	《魏书》卷6
	皇兴四年（470）	二月	库莫奚遣使朝献。	《魏书》卷6
北魏孝文帝	延兴二年（472）	八月	库莫奚国遣使朝贡。	《魏书》卷7上
	延兴三年（473）	八月九月	库莫奚国遣使朝献。库莫奚国遣使朝献。	《魏书》卷7上
	延兴四年（474）	九月	库莫奚遣使朝献。	《魏书》卷7上
	延兴五年（475）	五月	库莫奚国遣使献名马。	《魏书》卷7上
	承明元年（476）	二月七月九月	库莫奚遣使朝贡。库莫奚国遣使朝贡。库莫奚遣使朝献。	《魏书》卷7上
	太和元年（477）	二月三月十月	库莫奚国遣使朝献。库莫奚遣使朝献。库莫奚遣使朝献。	《魏书》卷7上
	太和三年（479）	九月	库莫奚遣使朝献。	《魏书》卷7上
	太和十七年（493）	五月	库莫奚遣使朝献。	《魏书》卷7下
北魏宣武帝	正始四年（507）	八月	库莫奚遣使朝献。	《魏书》卷8
	永平元年（508）	八月	库莫奚国遣使朝贡。	《魏书》卷8

续表

帝王	王朝纪年	月份	朝贡活动	史料出处
北魏宣武帝	永平二年（509）	八月	库莫奚国遣使朝献。	《魏书》卷8
	永平三年（510）	十月	库莫奚等国遣使朝献。	《魏书》卷8
	延昌元年（512）	十月	库莫奚国遣使朝献。	《魏书》卷8
	延昌二年（513）	八月	库莫奚诸国遣使朝献。	《魏书》卷8
	延昌三年（514）	十月	库莫奚国遣使朝贡。	《魏书》卷8
北魏孝明帝	延昌四年（515）	九月	库莫奚国遣使朝献。	《魏书》卷9
	正光四年（523）	九月	库莫奚国遣使朝献。	《魏书》卷9
	正光五年（524）	十二月	库莫奚遣使朝贡。	《魏书》卷9
	孝昌二年（526）	四月	库莫奚国遣使朝贡。	《魏书》卷9
安定王	中兴二年（532）	六月	库莫奚国遣使朝贡。	《魏书》卷11
北齐文宣帝	天保元年（550）	十二月	库莫奚国遣使朝贡。	《北齐书》卷4
	天保四年（553）	正月	库莫奚遣使朝贡。	《北齐书》卷4
	天保六年（555）	十二月	库莫奚遣使朝贡。	《北齐书》卷4
	天保七年（556）	九月	库莫奚遣使朝贡。	《北齐书》卷4
	天保八年（557）	八月	库莫奚遣使朝贡。	《北齐书》卷4
北齐武成帝	河清二年（563）		库莫奚遣使朝贡。	《北齐书》卷7

附表五

高句丽对南北朝朝贡表

公元	南朝纪年	北朝纪年	高句丽王	南朝	北朝	史料出处
413	晋安帝义熙九年		长寿王元年	奉表献赭白马。		《宋书》卷97
423	少帝景平元年三月		十一年	遣使朝贡。		《宋书》卷4
424	景平二年正月		十二年	诣阙献方物。		《宋书》卷97、卷4
435		太武帝太延元年六月	二十三年		遣使朝献。	《魏书》卷4上
436	文帝元嘉十三年六月		二十四年	遣使贡献方物。		《宋书》卷5
437		太延三年二月	二十五年		遣使入魏朝贡。	《魏书》卷4上
438	元嘉十五年		二十六年	遣使献方物。		《宋书》卷5
439	元嘉十六年	太延五年十一月十二月	二十七年	遣使献方物。	遣使朝献。遣使朝贡。	《宋书》卷5，《魏书》卷4上
440	元嘉十七年		二十八年	遣使献方物。		《宋书》卷5
441	元嘉十八年		二十九年	遣使献方物。		《宋书》卷5
443	元嘉二十年		三十一年	遣使献方物。		《宋书》卷5
451	元嘉二十八年十月		三十九年	遣使献方物。		《宋书》卷5
454	元嘉三十年十一月		四十二年	遣使献方物。		《宋书》卷6
455	孝武帝孝建二年十一月		四十三年	奉表慰国哀，并献方物。		《宋书》卷97
458	大明二年十月		四十六年	遣使献方物。		《宋书》卷6
459	大明三年		四十七年	遣使献方物。		《宋书》卷97
461	大明五年秋七月		四十九年	遣使献方物。		《宋书》卷6
462		文成帝和平三年三月	五十年		遣使朝献。	《魏书》卷5

续表

公元	南朝纪年	北朝纪年	高句丽王	南朝	北朝	史料出处
463	大明七年六月		五十一年	遣使献方物。		《宋书》卷6
465		和平六年二月	五十三年		遣使朝献。	《魏书》卷5
466		献文帝天安元年三月	五十四年		遣使朝献。	《魏书》卷6
467	明帝泰始三年十一月	皇兴元年二月九月	五十五年	遣使献方物。	遣使朝贡。遣使朝献。	《宋书》卷8，《魏书》卷6
468		皇兴二年四月	五十六年		遣使朝献。	《魏书》卷6
469		皇兴三年二月	五十七年		遣使朝献。	《魏书》卷6
470	明帝泰始六年十一月	皇兴四年二月	五十八年	遣使献方物。	遣使朝献。	《宋书》卷8，《魏书》卷6
472	明帝泰豫元年	孝文帝延兴二年二月七月	六十年	遣使献方物。	遣使朝贡。遣使朝贡。	《宋书》卷9，《魏书》卷7上
473		延兴三年二月八月	六十一年		遣使朝贡。遣使朝献。	《魏书》卷7上
474	后废帝元徽二年	延兴四年三月七月	六十二年	遣使朝贡。	遣使朝贡。遣使朝献。	《魏书》卷7上
475	元徽三年十月	延兴五年二月八月	六十三年	遣使献方物。	遣使朝献。遣使朝献。	《宋书》卷9，《魏书》卷7上
476		孝文帝承明元年二月七月九月	六十四年		遣使朝贡。遣使朝贡。遣使朝献。	《魏书》卷7上
477		孝文帝太和元年二月八月	六十五年		遣使朝献。遣使朝献。	《魏书》卷7上
478	宋顺帝升明二年十二月		六十六年	遣使献方物。		《宋书》卷10

续表

公元	南朝纪年	北朝纪年	高句丽王	南朝	北朝	史料出处
479		太和三年 三月 九月	六十七年		遣使朝献。 遣使朝献。	《魏书》卷7上
480	齐太祖建元二年		六十八年	朝聘南齐。		《三国史记》卷18
481	建元三年 十二月		六十九年	遣使朝贡。		《齐书》卷58
484		太和八年 十月	七十二年		遣使朝贡。	《魏书》卷7上
485		太和九年 五月 十月 十二月	七十三年		遣使朝贡。 遣使朝贡。 遣使朝贡。	《魏书》卷7上
486		太和十年 四月	七十四年		遣使朝贡。	《魏书》卷7下
487		太和十一年 五月	七十五年		遣使朝贡。	《魏书》卷7下
488		太和十二年 二月 四月 闰九月	七十六年		遣使朝贡。 遣使朝贡。 遣使朝贡。	《魏书》卷7下
489		太和十三年 二月 六月 十月	七十七年		遣使朝献。 遣使朝贡。 遣使朝贡。	《魏书》卷7下
490		太和十四年 五月 七月 九月	七十八年		遣使朝贡。 遣使朝贡。 遣使朝贡。	《册府元龟》卷969,《魏书》卷7下
491		太和十五年 五月 九月	七十九年		遣使朝献。 遣使朝献。	《魏书》卷7下
492		太和十六年 三月 六月 八月 十月	文咨明王元年		遣使朝贡。 遣使朝贡。 遣使朝贡。 遣使朝献。	《魏书》卷7下

续表

公元	南朝纪年	北朝纪年	高句丽王	南朝	北朝	史料出处
493		太和十七年六月	二年		遣使朝献。	《魏书》卷7下
494		太和十八年正月七月	三年		遣使朝献。遣使朝贡。	《魏书》卷7下
495		太和十九年二月五月	四年		遣使朝贡。遣使朝贡。	《三国史记》卷19,《魏书》卷7下
496	齐明帝建武三年		五年	遣使贡献。		《册府元龟》卷968
498		太和二十二年八月	七年		遣使朝献。	《魏书》卷7下
499		太和二十三年五月十一月	八年		遣使朝贡。再遣使朝贡。	《魏书》卷8,《册府元龟》卷969
500		宣武帝景明元年八月	九年		遣使朝贡。	《册府元龟》卷969
501		景明二年正月十二月	十年		遣使朝献。遣使朝贡。	《魏书》卷8
502		景明三年十二月	十一年		遣使朝贡。	《三国史记》卷19
504		宣武帝正始元年四月	十三年		遣使朝献。	《魏书》卷8
506		正始三年九月	十五年		遣使朝贡。	《魏书》卷8
507		正始四年十月	十六年		遣使朝献。	《魏书》卷8
508		永平元年五月十二月	十七年		遣使朝献。遣使朝献。	《魏书》卷8
509		永平二年五月	十八年		遣使朝献。	《魏书》卷8

公元	南朝纪年	北朝纪年	高句丽王	南朝	北朝	史料出处
510		永平三年 三月 六月 十一月 十二月	十九年		遣使朝献。 遣使朝贡。 遣使朝贡。 遣使朝献。	《魏书》卷8， 《三国史记》卷19
512	梁武帝天监 十一年三月	延昌元年 五月	二十一年	遣使献方物。	遣使朝献。	《梁书》卷2、 卷54，《魏书》 卷8
513		延昌二年 正月 五月 十二月	二十二年		遣使朝献。 遣使朝献。 遣使朝献。	《魏书》卷8
514		延昌三年 十一月	二十三年		遣使朝献。	《魏书》卷8
515		延昌四年 十月	二十四年		遣使朝献。	《魏书》卷9
516	武帝天监十 五年四月		二十五年	遣使献方物。		《梁书》卷2， 卷54
517		孝明帝熙平 二年四月	二十六年		遣使朝献。	《魏书》卷9
518		神龟元年 二月 五月	二十七年		遣使朝贡。 遣使朝贡。	《魏书》卷9
520	普通元年 正月 九月		安臧王二年	遣使献方物。 遣使朝贡。		《梁书》卷3， 《三国史记》卷19
523		正光四年 十一月	五年		遣使朝贡。	《三国史记》卷19
526	普通七年 三月		八年	遣使献方物。		《梁书》卷3、 卷54
527	大通元年 十一月		九年	遣使献方物。		《梁书》卷3
532	大通四年 四月 十一月	孝武帝（出 帝）永熙元 年六月	安原王二年	遣使入梁朝贡 奉表献方物	遣使朝贡。	《梁书》卷54， 《魏书》卷11

续表

公元	南朝纪年	北朝纪年	高句丽王	南朝	北朝	史料出处
533		永熙二年二月	三年		遣使入魏朝贡。	《三国史记》卷19
534	中大通六年	永熙三年四月	四年	奉表献方物。	遣使朝贡。	《魏书》卷11
535	大同元年三月	东魏孝静帝天平二年三月	五年	奉表献方物。	遣使朝贡。	《册府元龟》卷969,《魏书》卷12
536		天平三年	六年		遣使朝贡。	《魏书》卷12
537		天平四年	七年		遣使朝贡。	《魏书》卷12
538		元象元年七月	八年		遣使朝贡。	《魏书》卷12
539		兴和元年五月	九年		遣使朝贡。	《魏书》卷12
540		兴和二年	十年		遣使朝贡。	《魏书》卷12
541	大同七年三月	兴和三年	十一年	奉表献方物。	遣使朝贡。	《梁书》卷3、卷54,《魏书》卷12
542		兴和四年	十二年		遣使朝贡。	《魏书》卷12
543		武定元年	十三年		遣使朝贡。	《魏书》卷12
544		武定二年	十四年		遣使朝贡。	《魏书》卷12
545		武定三年	十五年		遣使朝贡。	《魏书》卷12
546		武定四年西魏大统十二年	阳原王二年		遣使朝贡。遣使献其方物。	《魏书》卷12,《周书》卷49
547		武定五年	三年		遣使朝贡。	《魏书》卷12
548		武定六年	四年		遣使朝贡。	《魏书》卷12
549		武定七年	五年		遣使朝贡。	《魏书》卷12
550		北齐文宣帝天保元年六月	六年		遣使朝贡。	《北齐书》卷4
551		天保二年五月	七年		遣使朝贡。	《北齐书》卷4

公元	南朝纪年	北朝纪年	高句丽王	南朝	北朝	史料出处
555		天保六年十一月	十一年		遣使朝贡。	《北齐书》卷4
561	陈文帝天嘉二年十一月		平原王三年	遣使献方物。		《册府元龟》卷969
564		武成帝河清三年	六年		遣使朝贡。	《北齐书》卷7
565		后主天统元年	七年		遣使朝贡。	《北齐书》卷8
566	文帝天康元年十二月		八年	遣使献方物。		《陈书》卷4
570	宣帝太建二年十一月		十二年	遣使献方物。		《陈书》卷5
573		武平四年	十五年		遣使朝贡。	《北齐书》卷8
574	宣帝太建六年正月		十六年	遣使献方物。		《陈书》卷5
577		北周武帝建德六年	十九年		遣使朝贡。	《周书》卷49
581		隋文帝开皇元年十二月	二十三年		遣使朝贡。	《隋书》卷1
582		隋文帝开皇二年正月十一月	二十四年		遣使贡方物。遣使献方物。	《隋书》卷1
583		开皇三年正月四月五月			遣使来朝。遣使来朝。遣使来朝。	《隋书》卷1
585	后主至德三年十二月			遣使献方物。		《陈书》卷6

此表据刘文健《高句丽与南北朝朝贡关系研究》文中表一、表二、表三制作，吉林大学硕士学位论文，2007年，第5—7、13—16、21—23页。

附表六

勿吉对北朝朝贡表

帝王	王朝纪年	月份	朝贡活动	史料出处
北魏孝文帝	延兴中 （471—475）		遣使乙力支朝献。	《魏书》卷100
	太和二年 （478）	八月	勿吉国遣使朝献。	《魏书》卷7上
	太和九年 （485）		复遣使侯尼支朝。	《魏书》卷100
	太和十年 （486）	十二月	勿吉国遣使朝贡。	《魏书》卷7下
	太和十二年 （488）	八月	勿吉国贡楛矢、石砮。	《魏书》卷7下
	太和十三年 （489）		勿吉复遣使贡楛矢方物于京师。	《文献通考》卷326
	太和十七年 （493）	正月	勿吉国遣使朝献。	《魏书》卷7下
北魏宣武帝	景明四年 （503）	八月	勿吉国贡楛矢。	《魏书》卷8
	正始四年 （507）	二月	勿吉国贡楛矢。	《魏书》卷8
	永平元年 （508）	二月	勿吉遣使朝献。	《魏书》卷8
	永平二年 （509）	八月	勿吉遣使朝献。	《魏书》卷8
	永平三年 （510）	八月	勿吉国遣使朝贡。	《魏书》卷8
	永平四年 （511）	八月	勿吉国献楛矢。	《魏书》卷8
	延昌元年 （512）	八月	勿吉国贡楛矢。	《魏书》卷8
	延昌二年 （513）	九月	勿吉遣使朝贡。	《魏书》卷8
	延昌三年 （514）	七月 九月	勿吉国遣使朝贡。 勿吉遣使朝贡。	《魏书》卷8

帝王	王朝纪年	月份	朝贡活动	史料出处
北魏孝明帝	延昌四年（515）	正月 十月	勿吉遣使朝献。 勿吉国贡楛矢。	《魏书》卷9
	熙平二年（517）	正月 十月	勿吉国遣使朝贡。 勿吉国贡楛矢。	《魏书》卷9
	神龟元年（518）	二月 八月	勿吉遣使朝献。 勿吉国遣使朝贡。	《魏书》卷9
	正光二年（521）	六月	勿吉国遣使朝贡。	《魏书》卷9
东魏孝静帝	天平三年（536）	十二月	勿吉国遣使朝贡。	《魏书》卷12
	兴和二年（540）		勿吉国并遣使朝贡。	《魏书》卷12
	兴和三年（541）		勿吉国并遣使朝贡。	《魏书》卷12
	武定二年（544）		勿吉国并遣使朝贡。	《魏书》卷12
	武定四年（546）		勿吉遣使朝贡。	《魏书》卷12
	武定五年（547）		勿吉国并遣使朝贡。	《魏书》卷12
北齐后主	武平三年（572）		勿吉遣使朝贡。	《北史》卷8

附表七

靺鞨对北朝朝贡表

帝王	王朝纪年	月份	朝贡活动	史料出处
北齐武成帝	河清二年（563）		靺羯遣使朝贡。	《北齐书》卷7
	河清三年（564）		靺鞨并遣使朝贡。	《北史》卷8
北齐后主	天统元年（565）		靺鞨并遣使朝贡。	《北齐书》卷8
	天统二年（566）		靺鞨国并遣使朝贡。	《北齐书》卷8
	天统三年（567）	十月	靺鞨等国各遣使朝贡。	《北齐书》卷8
	天统四年（568）		靺鞨国并遣使朝贡。	《北齐书》卷8
	武平元年（570）	七月	靺鞨国遣使朝贡。	《北齐书》卷8
	武平三年（572）		勿吉遣使朝贡。	《北史》卷8
	武平四年（573）		靺鞨并遣使朝贡。	《北齐书》卷8
	武平六年（575）	四月	靺鞨遣使朝贡。	《北齐书》卷8

附表八

高丽对隋唐王朝朝贡表

帝王	王朝纪年	高丽纪年	月份	朝贡活动	史料出处
隋文帝	开皇元年（581）	平原王二十三年	十二月	壬寅，高丽王高阳遣使朝贡，授阳大将军、辽东郡公。太子太保柳敏卒。	《隋书》卷1
	开皇二年（582）	二十四年	正月 十一月	高丽、百济并遣使贡方物。 高丽遣使献方物。	《隋书》卷1
	开皇三年（583）	二十五年	正月 四月 五月	高丽遣使来朝。 高丽遣使来朝。 高丽遣使来朝。	《隋书》卷1
	开皇四年（584）	二十六年	二月	宴高丽使者于大兴殿。	《隋书》卷1
	开皇十年（590）	婴阳王元年	七月	高丽王高阳（汤）卒，拜其子元为上开府仪同三司，袭爵辽东郡公。	《隋书》卷2、卷81
	开皇十一年（591）	二年	正月 五月	高丽王高元奉表谢恩，因请封王，高祖优诏策元为王。 高丽遣使贡方物。	《隋书》卷81、卷2
	开皇十二年（592）	三年	正月	帝在仁寿宫，突厥、高丽、契丹并遣使献方物。	《册府元龟》卷970
	开皇十七年（597）	八年	五月	高丽遣使贡方物。	《隋书》卷2
	开皇十八年（598）	九年	六月	下诏黜高丽王高元官爵。	《隋书》卷2
	开皇二十年（600）	十一年	正月	高丽遣使贡方物。	《隋书》卷2
隋炀帝	大业五年（609）	二十年		高丽遣使来朝。	《册府元龟》卷970
唐高祖	武德二年（619）	荣留王二年	二月	高丽王高建武遣使来朝。	《册府元龟》卷970
	武德四年（621）	四年	七月	遣使如唐朝贡。	《三国史记》卷20
	武德五年（622）	五年		高丽遣使朝贡。	《册府元龟》卷970
	武德六年（623）	六年	十二月	高丽遣使朝贡。	《册府元龟》卷970

帝王	王朝纪年	高丽纪年	月份	朝贡活动	史料出处
唐高祖	武德七年（624）	七年	正月 十二月	封高丽王高武为辽东郡王。 高丽国并遣使来贡方物。	《旧唐书》卷1，《册府元龟》卷970
	武德九年（626）	九年	十一月	高丽遣使朝贡。	《旧唐书》卷2
唐太宗	贞观二年（628）	十一年	九月	高丽王建武遣使奉贺破突厥颉利可汗，并上封域图。	《册府元龟》卷970
	贞观三年（629）	十二年	九月	高丽遣使朝贡。	《册府元龟》卷970
	贞观五年（631）	十四年	七月	遣使毁高丽所立京观，收隋人骸骨，祭而葬之。	《旧唐书》卷3
	贞观十三年（639）	二十二年		高丽遣使朝贡。	《旧唐书》卷3
	贞观十四年（640）	二十三年	十二月	高丽世子相权来朝。	《旧唐书》卷3
	贞观十六年（642）	宝藏王元年	正月	遣使献方物。	《册府元龟》卷970
	贞观十七年（643）	二年	正月 闰六月	遣使入唐朝贡。 遣使献方物。	《三国史记》卷21，《册府元龟》卷970
	贞观十八年（644）	三年	正月	高丽莫离支遣使贡白金。	《旧唐书》卷80
	贞观二十年（646）	五年	五月	藏遣使者上方物，且谢罪；献二姝口，帝敕还之。初，师还，帝以弓服赐盖苏文，受之，不遣使者。于是下诏削弃朝贡。	《新唐书》卷220
	贞观二十一年（647）	六年	十二月	藏遣子莫离支高任武来朝，因谢罪。	《新唐书》卷220
	贞观二十二年（648）	七年	正月	遣使入唐朝贡。	《三国史记》卷22
唐高宗	永徽三年（652）	十一年	正月	遣使朝贡。	《册府元龟》卷970
	显庆元年（656）	十五年	十二月	高丽王高藏遣使奉表贺册皇太子。	《册府元龟》卷970

续表

帝王	王朝纪年	高丽纪年	月份	朝贡活动	史料出处
高宗	麟德二年（665）	二十四年	十月	高丽王藏遣其子福男来朝。	《旧唐书》卷4
	乾封元年（666）	二十五年	六月	高丽泉男生使其子献诚诣阙请降。	《新唐书》卷5、卷220
			九月	藏遣子男福从天子封泰山。男生率师来会。诏拜同善特进、辽东大都督兼平壤道安抚大使，封玄菟郡公。	

附表九

靺鞨对隋唐王朝朝贡表

帝王	王朝纪年	月份	朝贡活动	史料出处
隋文帝	开皇元年（581）	七月	靺鞨酋长贡方物。	《隋书》卷1
	开皇三年（583）	五月 八月	靺鞨贡方物。 靺鞨贡方物。	《隋书》卷1
	开皇四年（584）	二月	靺鞨贡方物。	《隋书》卷1
	开皇十一年（591）	十二月	靺鞨遣使贡方物。	《隋书》卷2
	开皇十二年（592）	十二月	靺鞨并遣使贡方物。	《隋书》卷2
	开皇十三年（593）	七月	靺鞨遣使贡方物。	《隋书》卷2
隋炀帝	大业十一年（615）	正月	靺鞨等国并遣使朝贡。	《隋书》卷4
唐高祖	武德元年（618）	十月	靺鞨酋帅突地稽遣使朝贡。	《册府元龟》卷970
	武德二年（619）		靺鞨酋长突地稽遣使朝贡，以其部置燕州。	《唐会要》卷96
	武德五年（622）	十一月	靺鞨渠帅阿固郎来朝。	《册府元龟》卷970
	武德七年（624）	七月	靺鞨渠帅阿固郎来朝。	《册府元龟》卷970
	武德九年（626）	四月	靺鞨遣使朝贡。	《册府元龟》卷970
唐太宗	贞观二年（628）	二月	靺鞨内属。	《旧唐书》卷2
	贞观三年（629）	十二月	靺鞨别部并遣使朝贡。	《册府元龟》卷970
	贞观五年（631）	十一月	黑水靺鞨并遣使朝贡。	《册府元龟》卷970
	贞观六年（632）	十一月	靺鞨并遣使朝贡。	《册府元龟》卷970
	贞观八年（634）	四月	吐谷浑遣使朝贡，室韦、靺鞨渠帅并来朝。	《册府元龟》卷970

帝王	王朝纪年	月份	朝贡活动	史料出处
唐太宗	贞观十四年（640）		黑水靺鞨遣使朝贡，以其地为黑水州。自后或酋长自来，或遣使朝贡，每岁不绝。	《唐会要》卷96
	贞观十九年（645）	正月	靺鞨、霫等遣使来贺各贡方物。	《册府元龟》卷970
	永淳元年（682）		自后或有酋长自来，或遣使来朝贡，每岁不绝。	《旧唐书》卷199下
唐睿宗	景云二年（711）	十一月	靺鞨、室韦并遣使献方物。	《册府元龟》卷970
唐玄宗	开元元年（713）	十二月	靺鞨王子来朝，奏曰："臣请就市交易，入寺礼拜。"许之。	《册府元龟》卷971
	开元二年（714）	二月 十二月	拂涅靺鞨首领失异蒙、越喜大首领乌施可蒙、铁利部落大首领闷许离等来朝。 拂涅来朝。	《册府元龟》卷971
	开元四年（716）	闰十二月	靺鞨部落、拂涅部落皆遣大首领来朝。并赐物三十段，放还蕃。	《册府元龟》卷974
	开元五年（717）	三月 五月	拂涅靺鞨遣使献方物。 靺鞨遣使来朝并献方物。	《册府元龟》卷971
	开元六年（718）	二月	靺鞨、铁利靺涅蕃守并遣使来朝。	《册府元龟》卷971
		二月	靺鞨、铁利、拂涅蕃守并遣使来朝，各授守中郎将，还蕃。	《册府元龟》卷974
	开元七年（719）	正月 二月 八月	拂涅靺鞨、铁利靺鞨、越喜靺鞨并遣使来朝。各赐帛五十匹。 拂涅靺鞨遣使献方物。 大拂涅靺鞨遣使献鲸、鲵、鱼睛、貂鼠皮、白兔、猫皮。	《册府元龟》卷974、卷971
	开元九年（721）	十一月	渤海郡靺鞨大首领、铁利大首领、拂涅大首领、契丹蕃郎将俱来朝。	《册府元龟》卷971

续表

帝王	王朝纪年	月份	朝贡活动	史料出处
唐玄宗	开元十年 （722）	闰五月	黑水酋长亲属利稽来朝，授勃州刺史，放还蕃。	《册府元龟》卷 975
		九月	大拂涅靺如价及铁利大首领买取利等六十八人来朝，并授折冲，放还蕃。	
		十月	越喜、铁利靺鞨可娄计来朝，授郎将，放还蕃。	
		十二月	黑水靺鞨大酋长倪属利稽等十人来朝，并授中郎将，放还蕃。	
	开元十一年 （723）	十一月	越喜靺鞨勃施计、拂涅靺鞨朱施蒙、铁利靺鞨倪处梨俱来朝，并授郎将，放还蕃。	《册府元龟》卷 975
	开元十二年 （724）	二月	丙申，铁利靺鞨溟池蒙来朝，授将军，放还蕃。越喜靺鞨奴布利等十二人来朝，并授郎将，放还蕃。拂涅靺鞨大首领鱼可蒙来朝，授郎将，放还蕃。 丙辰，黑水靺鞨大首领屋作箇来朝，达莫娄大首领诺皆诸来朝，并授折冲，放还蕃。	《册府元龟》卷 975、卷 971
		五月	铁利来朝，并授折冲，放还蕃。	
		十二月	越喜靺鞨遣使破支蒙来贺正并献方物。	
	开元十三年 （725）	正月	黑水靺鞨遣其将五郎子来贺正旦献方物。且献方物，授将军，赐紫袍金带、鱼袋，放还蕃。	《册府元龟》卷 975
		三月	铁利靺鞨大首领封阿利等一十七人来朝，越喜靺鞨苾利施来朝，黑水靺鞨大首领乌素可蒙来朝，拂涅靺鞨薛利蒙来朝，并授折冲，放还蕃。	
		四月	黑水靺鞨诺箇蒙来朝，并授果毅，放还蕃。	
		五月	黑水部落职纥蒙等二人来朝，授中郎将，赐紫袍银带、金鱼袋，放还蕃。	
	开元十四年 （726）		渤海靺鞨王遣其子义信来朝并献方物。黑水靺鞨遣使来朝，诏以其地为黑水州，仍置长史，遣使镇押。	《册府元龟》卷 971，《旧唐书》卷 199 下

帝王	王朝纪年	月份	朝贡活动	史料出处
唐玄宗		十月	靺鞨遣使来朝并献方物。	《册府元龟》卷971
	开元十五年（727）	二月 十一月	铁利靺鞨米象来朝，授郎将，放还蕃。 铁利靺鞨首领失伊蒙来朝，授果毅，放还蕃。	《册府元龟》卷975
			自此朝贡不绝。	《旧唐书》卷199下
	开元十七年（729）	二月	渤海靺鞨遣使献鹰。是月渤海靺鞨遣使献鲻鱼。	《册府元龟》卷971
	开元十八年（730）	正月 五月 六月 九月	靺鞨遣其弟大郎雅来朝贺正献方物。大拂涅靺鞨兀异来朝，献马四十匹，授左武卫折冲，赐帛三十段，留宿卫。 壬午，黑水靺鞨遣使阿布思利来朝，献方物，赐帛，放还蕃。 戊午，黑水靺鞨大首领倪属利稽等十人来朝，并授中郎将，放还蕃。 靺鞨新罗国并遣使朝贡。	《册府元龟》卷971、卷975
	开元二十三年（735）	八月	铁利部落、拂涅部落、越喜部落俱遣使来朝，献方物。	《册府元龟》卷971
	开元二十四年（736）	九月	越喜靺鞨遣使献方物。	《册府元龟》卷971
	开元二十五年（737）	正月	大拂涅靺鞨首领九异来朝，授中郎将，放还蕃。	《册府元龟》卷975
	开元二十七年（739）	二月	拂涅靺鞨遣使献方物。	《册府元龟》卷971
	开元二十八年（740）	二月	越喜靺鞨遣其臣野古利来献方物，铁利靺鞨遣其臣绵度户来献方物。牂柯大酋长遣使献蜡。	《册府元龟》卷971
	开元二十九年（741）	二月 三月	越喜靺鞨遣其部落乌舍利来贺正，黑水靺鞨遣其臣阿布利稽来贺正，皆授郎将，放还蕃。 拂涅靺鞨遣首领那弃……来朝贺正具献方物。	《册府元龟》卷975、卷971
	天宝六年（747）	正月	黑水靺鞨并遣使来贺正，各献方物。	《册府元龟》卷971
	天宝七年（748）	正月	黑水靺鞨等并遣使朝贡。	《册府元龟》卷971

帝王	王朝纪年	月份	朝贡活动	史料出处
唐玄宗	天宝九年（750）	正月	黑水靺鞨黄头室韦并遣使贺正。	《册府元龟》卷 971
	天宝十一年（752）	十一月	黑水靺鞨遣使来朝。	《册府元龟》卷 971
唐肃宗	永泰二年（766）	九月	靺鞨遣使朝贡。	《册府元龟》卷 972
	大历二年（767）	九月	靺鞨使来朝。	《旧唐书》卷 11
	大历七年（772）		靺鞨遣使朝贡。	《旧唐书》卷 11
	大历九年（774）	十二月	靺鞨遣使来朝。	《册府元龟》卷 972
	大历十年（775）	正月 十二月	靺鞨遣使朝贡。 靺鞨遣使朝贡。	《册府元龟》卷 972
	大历十二年（777）	四月	靺鞨遣使来朝献方物。	《册府元龟》卷 972
	贞元八年（792）	十二月	靺鞨皆遣使朝贡。	《旧唐书》卷 13
	贞元十八年（802）	正月	虞娄、越喜等首（领）钦见。	《册府元龟》卷 972
	元和十年（815）	二月	黑水首长十一人朝贡。	《唐会要》卷 96

附表十

渤海国（忽汗州都督府）对中原王朝朝贡表

唐帝	王朝纪年	渤海纪年	月份	朝贡活动	史料出处
中宗	神龙元年（705）	高王八年		遣子大门艺留宿卫。	《新唐书》卷219
睿宗玄宗	先天二年开元元年（713）	十六年	十二月	遣郎将崔忻往册拜祚荣为左骁卫员外大将军、渤海郡王，加授忽汗州都督。门艺自唐归国。遣子朝唐，请就市交易，入寺礼拜。	《旧唐书》卷199下
玄宗	开元四年（716）	十九年	闰十二月	靺鞨遣大首领朝唐。	《册府元龟》卷971
	开元五年（717）	二十年	五月	靺鞨遣使朝唐。	《册府元龟》卷971
	开元六年（718）	二十一年	二月	渤海王子大述艺来朝，授怀化大将军、行左卫大将军，员外置，留宿卫。中郎将授官还蕃。	《册府元龟》卷974
	开元七年（719）	武王仁安元年		王薨，告哀。	《册府元龟》卷974
	开元九年（721）	三年	十一月	渤海郡靺鞨大首领俱来朝，并拜折冲，放还蕃。	《册府元龟》卷971
	开元十年（722）	四年	十一月	渤海遣其大臣味勃计来朝，并献鹰。授大将军，赐锦袍、金鱼袋，放还蕃。	《册府元龟》卷971、卷975
	开元十二年（724）	六年	二月	渤海靺鞨遣其臣贺作庆来贺正，并进阶游击将军，各赐帛五十匹，放还蕃。	《册府元龟》卷971、卷975
	开元十三年（725）	七年	正月四月五月	渤海遣大首领乌借芝蒙……来贺正旦，献方物。渤海首领谒德……来朝，并授果毅，放还蕃。渤海王大武艺之弟大冒勃价来朝，授左威卫员外将军，赐紫袍金带、鱼袋，留宿卫。	《册府元龟》卷971、卷975
	开元十四年（726）	八年	四月十一月	渤海王子大都利来朝，授左武卫大将军，员外置，留宿卫。渤海靺鞨遣其子义信来朝，并献方物。遣李尽彦朝唐，上表悔过。	《册府元龟》卷975、卷971，《曲江集》卷9

唐帝	王朝纪年	渤海纪年	月份	朝贡活动	史料出处
玄宗	开元十五年（727）	九年	四月 八月	先是渤海王大武艺遣男利行来朝，并献貂鼠，至是乃降书与武艺慰劳之，赐采练一百匹。 渤海王遣其弟大宝方来朝。	《册府元龟》卷975、卷971
	开元十六年（728）	十年	九月	渤海靺鞨猋夫须计来朝，授果毅，放还蕃。	《册府元龟》卷975
	开元十七年（729）	十一年	二月 三月 八月	渤海靺鞨王大武艺使其弟大胡雅来朝，授游记将军，赐紫袍金带，留宿卫。渤海遣使献鹰、鲻鱼。 渤海靺鞨遣使献鲻鱼，赐帛二十匹，遣之。 渤海靺鞨王遣其弟大琳来朝，授中郎将，留宿卫。	《册府元龟》卷975、卷971
	开元十八年（730）	十二年	正月 二月 五月	靺鞨王遣其弟大郎雅贺正献方物。 渤海靺鞨遣使智蒙来朝，且献方物，马三十匹，授中郎将，赐绢三十匹，绯袍银带，放还蕃。 渤海靺鞨遣使乌那达利来朝，献海豹皮五张，貂鼠皮三张，玛瑙杯一，马三十匹，授以果毅，赐帛，放还蕃。	《册府元龟》卷975
	开元十九年（731）	十三年	二月 十月	渤海靺鞨遣使来朝正，授将军，赐帛一百匹，还蕃。 渤海靺鞨王其大姓取珍等百二十人来朝，并授果毅，各赐帛三十匹，放还蕃。	《册府元龟》卷975
	开元二十一年（733）	十五年		遣大戍庆朝唐，上表悔过。 遣多蒙固所送水手及承前没落人等来。	《曲江集》卷9
	开元二十三年（735）	十七年	二月	渤海靺鞨王遣其弟蕃来朝。赐太子舍人员外，赐帛三十匹，放还蕃。	《册府元龟》卷971
	开元二十五年（737）	十九年文王大兴元年	一月 四月 八月	渤海靺鞨大首领木智蒙朝贡。 渤海遣其臣公伯计来献鹰鹃，授将军，放还蕃。 渤海靺鞨大首领多蒙固来朝，授左武卫将军，赐紫袍金带及帛一百匹，放还蕃。	《册府元龟》卷971、卷975

唐帝	王朝纪年	渤海纪年	月份	朝贡活动	史料出处
玄宗	开元二十六年（738）	二年	闰八月	渤海靺鞨遣使献豹鼠皮一千张，乾文鱼一百口。	《册府元龟》卷971
	开元二十七年（739）	三年	二月	渤海王弟大勖进来朝，宴于内殿，授左武卫大将军，员外置同正，赐紫袍金带及帛一百匹，留宿卫。遣使献鹰。	《册府元龟》卷975、卷971
			十月	渤海遣使其臣优福子来谢恩，授果毅，赐紫袍银带，放还蕃。	
	开元二十八年（740）	四年	十月	渤海靺鞨遣使献貂鼠皮、昆布。	《册府元龟》卷971
	开元二十九年（741）	五年	二月	渤海靺鞨遣其臣失阿利来贺正，授郎将，放还蕃。	《册府元龟》卷975、卷971
			四月	渤海靺鞨献鹰鹘。	
	天宝二年（743）	七年	七月	渤海王遣其弟蕃来朝，授左领军卫员外大将军，留宿卫。	《册府元龟》卷975
	天宝五年（746）	十年	三月	渤海遣使来贺正。	《册府元龟》卷971
	天宝六年（747）	十一年	正月	渤海遣使来贺正，献方物。	《册府元龟》卷971
	天宝八年（749）	十三年	三月	渤海遣使献鹰。	《册府元龟》卷971
	天宝九年（750）	十四年	三月	渤海遣使献鹰。	《册府元龟》卷971
	天宝十二年（753）	十七年	三月	渤海并遣使贺正。	《册府元龟》卷971
	天宝十三年（754）	十八年	正月	渤海遣使贺正。	《册府元龟》卷971
肃宗	乾元二年（759）	二十三年		贺正杨承庆，与日本使高元度同行。	《续日本纪》
代宗	广德二年（764）	二十八年		遣王诞朝唐。	《全唐诗》卷245
	大历二年（767）	三十一年	七月	渤海遣使朝贡。	《册府元龟》卷972
			八月	渤海遣使朝贡。	
			九月	渤海遣使朝贡。	
			十一月	渤海遣使朝贡。	
			十二月	渤海遣使朝贡。	

续表

唐帝	王朝纪年	渤海纪年	月份	朝贡活动	史料出处
代宗	大历四年（769）	三十三年	三月 十二月	渤海靺鞨遣使朝贡。 渤海靺鞨遣使朝贡。	《册府元龟》卷972
	大历七年（772）	三十六年	十二月	渤海靺鞨遣使朝贡。	《册府元龟》卷972
	大历八年（773）	三十七年	四月 六月 十一月 闰十一月 十二月	渤海遣使来朝，并献方物。 渤海遣使贺正，并引见于延英殿。 渤海遣使朝贡。 渤海并遣使来朝。 渤海并遣使来朝。	《册府元龟》卷972
	大历九年（774）	宝历元年 三十八年	正月 十二月	渤海来朝。 渤海遣使来朝。	《册府元龟》卷972
	大历十年（775）	三十九年	正月 五月 六月 十二月	渤海遣使朝贡。 渤海遣使朝贡。 渤海遣使朝贡。 渤海遣使朝贡。	《册府元龟》卷972
	大历十二年（777）	四十一年	正月 二月 四月 十二月	渤海遣使来朝，并献日本国舞女一十一人及方物。 渤海遣使献鹰。 渤海并遣使来朝，各献方物。 渤海靺鞨并遣使来朝，各献方物。	《册府元龟》卷972
德宗	建中元年（780）	四十四年	十月	渤海并遣使朝贡。	《册府元龟》卷972
	建中三年（782）	四十六年	五月	渤海国并遣使朝贡。	《册府元龟》卷972
德宗	贞元七年（791）	五十五年	正月 八月	渤海贺正使大常靖朝贡。五月以渤海贺正使大常靖为卫尉卿同正，令归国。 王子大贞翰来朝，请备宿卫。	《册府元龟》卷972、卷976，《旧唐书》卷199下
	贞元八年（792）	五十六年	四月 闰十二月	渤海遣使朝贡。 渤海押靺鞨使杨吉福等三十五人来朝贡。	《渤海国志长编》卷3，《唐会要》卷96

唐帝	王朝纪年	渤海纪年	月份	朝贡活动	史料出处
德宗	贞元十年（794）	成王中兴二年康王正历元年	二月	以来朝渤海王子大清允为右卫将军，同正，其下拜官三十余人。	《册府元龟》卷975
	贞元十四年（798）	五年	十一月	遣大能信、茹富仇朝唐。以渤海国王大嵩邻（璘）侄能信为左骁骑卫中郎将，虞侯娄蕃长都督茹富仇为右武卫将军，并放还蕃。	《唐会要》卷96，《册府元龟》卷975
	贞元二十年（804）	十一年	十一月	渤海遣使来朝。	《册府元龟》卷972
	贞元二十一年（805）	十二年		遣使来朝，顺宗加嵩璘金紫光禄大夫，检校司空。	《旧唐书》卷199下
宪宗	元和元年（806）	十三年	十二月	渤海遣使朝贡。	《旧唐书》卷14
	元和二年（807）	十四年	十二月	渤海遣使朝贡。杨光信进奉端午，逃归国。	《册府元龟》卷972
	元和四年（809）	十六年定王永德元年	正月	帝御麟德殿，引渤海使谒见，赐物有差。	《册府元龟》卷976
	元和五年（810）	二年	正月十一月	渤海遣使高才南等来朝。渤海遣子大延真等来献方物。	《册府元龟》卷972
	元和六年（811）	三年		遣使朝唐。	《册府元龟》卷972
	元和七年（812）	四年僖王朱雀元年	正月十二月	帝御麟德殿，对渤海等使，赐物有差。赐渤海使官告三十五通，衣各一袭。渤海遣使朝贡。	《册府元龟》卷976，《唐会要》卷96
	元和八年（813）	二年	十二月	渤海王子辛文德等九十七人来朝。	《册府元龟》卷972
	元和九年（814）	三年	正月十一月十二月	渤海使高礼进等三十七人朝贡，献金银佛像各一。渤海遣使献鹰鹊。渤海遣使大孝真等五十九人来朝。	《册府元龟》卷972

唐帝	王朝纪年	渤海纪年	月份	朝贡活动	史料出处
宪宗	元和十年 （815）	四年	正月 二月 三月 七月	诏赐渤海使者卯贞寿等官告放还蕃。及召见新罗及南诏蛮使宴赐有差。 赐渤海使大吕庆等官告归之。 赐渤海使者官告归之。 渤海王子大延俊等一百一人来朝贡。	《册府元龟》卷976、卷972
	元和十一年 （816）	五年	二月 三月 十一月	授渤海使国信以归。高宿满授官，20人，赐绵绨银器。 渤海靺鞨遣使朝贡。 渤海遣使朝贡。	《册府元龟》卷980、卷972
	元和十二年 （817）	六年	二月 三月	渤海遣使朝贡。 以锦赐渤海使大诚慎等。	《册府元龟》卷972、卷976
	元和十三年 （818）	七年 简王太始元年 宣王建兴元年	三月	渤海国遣使李继常等二十六人来朝。遣使告哀。	《册府元龟》卷980
	元和十五年 （820）	三年	闰正月 十二月	穆宗即位，于麟德殿宴赐渤海朝贡使等有差。 对渤海等使于麟德殿，宴赐有差。	《册府元龟》卷976
穆宗	长庆元年 （821）	四年		遣慎能至、王侄大公则朝唐，授金吾将军，放还蕃。	《元氏长庆集》卷49
	长庆二年 （822）	五年	正月	对渤海使者于麟德殿宴赐有差。	《旧唐书》卷199下
	长庆三年 （823）	六年		遣大宝顺、王侄大多英朝唐，授诸卫将军，放还藩。	《元氏长庆集》卷49
	长庆四年 （824）	七年	二月	渤海送备宿卫大聪叡等五十人入朝。	《旧唐书》卷199下
敬宗	宝历元年 （825）	八年	三月	渤海遣使朝贡。	《册府元龟》卷972
	宝历二年 （826）	九年	正月	渤海遣使朝贡。	《册府元龟》卷972
文宗	太和元年 （827）	十年	四月	御麟德殿，对渤海使者十一人，宴赐有差。	《册府元龟》卷976

续表

唐帝	王朝纪年	渤海纪年	月份	朝贡活动	史料出处
文宗	太和二年（828）	十一年	十二月	渤海遣使朝贡，并诏对于麟德殿，宴赐有差。	《册府元龟》卷976
	太和三年（829）	十二年	十二月	渤海遣使朝贡。	《册府元龟》卷972
	太和四年（830）	十三年	十二月	渤海遣使朝贡。	《册府元龟》卷972
	太和五年（831）	彝震咸和元年	十一月	渤海遣使朝贡。	《册府元龟》卷972
	太和六年（832）	二年	二月	麟德殿对入朝渤海王子大俊明等六人，宴赐有差。	《册府元龟》卷976
	太和七年（833）	三年	正月 二月	渤海同中书平章事高赏英谢策命，学士解楚卿、赵孝昭、刘宝俊同行。 麟德殿对渤海王子大光晟等六人宴赐有差。	《册府元龟》卷972、卷999、卷976
文宗	开成元年（836）	六年	十二月	渤海遣使朝贡。	《册府元龟》卷972
	开成二年（837）	七年	正月	上御麟德殿，对贺正渤海王子大俊明等一十九人，宴赐有差。	《册府元龟》卷976
	开成三年（838）	八年	二月	上御麟德殿对入朝渤海使，各赐锦绦、银器有差。	《册府元龟》卷976
	开成四年（839）	九年	十二月	渤海王子大延广来朝贡。	《册府元龟》卷972
武宗	会昌六年（846）	十六年	正月	己未，渤海遣使入朝，对于麟德殿。己丑，渤海王子大之萼入朝。	《旧唐书》卷18上
宣宗	大中十二年（858）	虔晃元年		彝震卒，遣使告哀。册封大虔晃为银青光禄大夫、检校秘书监、渤海国王、忽汗州都督。	《旧唐书》卷18下
懿宗	咸通十三年（872）	玄锡元年	春	遣崔宗佐、大陈润朝唐。海中遇风，漂到日本。	《日本三代实录》卷23
昭宗	乾宁元年（894）	玮瑎元年		遣使朝唐，告哀。	《唐会要》卷57
唐昭宗	天祐三年（906）	玮瑎十三年		遣国相乌炤度朝唐。	《渤海国志长编》卷19

唐帝	王朝纪年	渤海纪年	月份	朝贡活动	史料出处
梁太祖	开平元年（907）	𬤇撰元年	五月	渤海王子大昭顺贡海东物产。	《册府元龟》卷972
	开平二年（908）	二年	正月	渤海国朝贡使殿中少令崔礼光已下，各加爵秩，并赐金帛有差。	《册府元龟》卷976
	开平三年（909）	三年	三月	渤海王大𬤇撰差其相大诚谔朝贡，进儿女口及物貂鼠皮、熊皮等。	《册府元龟》卷972
	乾化元年（911）	五年	八月	渤海国遣使朝贺且献方物。	《册府元龟》卷972
	乾化二年（912）	六年	五月	渤海王大𬤇撰差王子大光赞景帝表，并进方物。	《册府元龟》卷972、卷976
			闰五月	戊申，诏以分物，银器赐渤海进贡首领以下，遣还其国。	
后唐庄宗	同光二年（924）	十八年	正月	渤海王子大禹谟来朝贡。	《册府元龟》卷972、卷976
			五月	渤海国王大𬤇撰遣使侄元让贡方物。赐渤海朝贡使大元让等分物有差。	
			八月	渤海朝贡使王侄学堂亲卫大元谦可试国子监丞。	
	同光三年（925）	十九年	二月	渤海国王大𬤇撰遣使裴璆贡人参、松子、昆布、黄明细布、貂鼠皮被一、褥六、发、靴、革、奴子二。	《册府元龟》卷972、卷976
			五月	乙卯以渤海国入朝使政当省守和部少卿、赐紫金鱼袋裴璆可右赞善大夫。	
明宗	天成元年（926）	二十年	四月	渤海国王大𬤇撰遣使大陈林等一百一十六人朝贡，进儿口女口各三人，人参、昆布、白附子及虎皮等。	《册府元龟》卷972
			七月	渤海使人大昭佐等六人朝贡。	

此表参考金毓黻《渤海国志长编》卷5《年表》（社会科学战线杂志社，1982年，第149—167页）、王承礼《中国东北的渤海国与东北亚》中《渤海与唐王朝遣使往来表》（吉林文史出版社，2000年，第180—191页），又有所补充制成。

附表十一

契丹（松漠都督府）对隋唐王朝朝贡表

帝王	王朝纪年	月份	朝贡活动	史料出处
隋文帝	开皇四年（584）	五月	契丹主莫贺弗遣使请降，拜大将军。	《隋书》卷1
	开皇四年（584）	九月	契丹内附。	《隋书》卷1
	开皇五年（585）	四月	契丹主多弥遣使贡方物。	《隋书》卷1
	开皇十年（590）	十一月	契丹遣使朝贡。	《隋书》卷2
	开皇十三年（593）	正月	契丹遣使贡方物。	《隋书》卷2
	开皇二十年（600）	正月	契丹并遣使贡方物。	《隋书》卷2
	开皇末年		契丹别部四千余家背突厥来降。	《隋书》卷84
隋炀帝	大业十一年（615）	正月	契丹等国遣使朝贡，炀帝设鱼龙曼延之乐，颁赐各有差。	《隋书》卷4
唐高祖	武德二年（619）	二月	遣使贡名马、丰貂。	《唐会要》卷96
	武德四年（621）		孙敖曹与靺鞨酋长突地稽俱遣使内附，诏令于营州城傍安置，授云麾将军，行辽州总管。	《旧唐书》卷199下
	武德六年（623）		契丹君长咄罗遣使贡名马、丰貂。	《旧唐书》卷199下
唐太宗	贞观二年（628）	四月	契丹内属。	《旧唐书》卷2
	贞观三年（629）		摩会复入朝，赐鼓纛，由是有常贡。	《新唐书》卷219
	贞观五年（631）		契丹俟斤并来朝。	《册府元龟》卷970
	贞观六年（632）	六月闰八月	契丹渠帅来朝。契丹遣使朝贡。	《册府元龟》卷970
	贞观七年（633）	正月	契丹渠帅并来朝。	《册府元龟》卷970

续表

帝王	王朝纪年	月份	朝贡活动	史料出处
唐太宗	贞观十九年（645）	正月	契丹遣使来贺，各贡方物。	《册府元龟》卷970
	贞观二十年（646）	八月	车驾幸灵州，次浮阳顿，契丹、奚各遣使朝贡。愿赐哀怜，乞置汉官司养育奴等。帝遣黄门侍郎褚遂良引于县廨，浮觞积戴以礼之，夜分乃已。	《册府元龟》卷977
	贞观二十二年（648）	十一月	契丹帅窟哥率其部内属，以契丹部为松漠都督府，拜窟哥为持节、十州诸军事、松漠都督，于营州兼置东夷都护，以统松漠、饶乐之地，罢护东夷校尉官。	《通典》卷200
唐高宗	永徽五年（654）	十月	高丽遣其将安固率高丽、靺鞨兵侵契丹，松漠都督李窟哥发骑御之，战于新城。契丹杀高丽人马甚众，聚其尸筑为京观，遣使来告捷。帝使宣其露布于朝，以示百僚。	《册府元龟》卷995
唐中宗	神龙二年（706）	十一月	赐丹书铁券于奚都督乌褐颉利发、契丹伊健啜。	《册府元龟》卷981
唐玄宗	开元二年（714）		李尽忠从父弟都督失活以默啜政衰，率部落与颉利发、伊健咄来归，玄宗赐丹书铁券。	《新唐书》卷219
	开元三年（715）	十二月	首领李失活以默啜政衰，率种落内附。又以将军薛泰督军以镇抚之。契丹东谢渠帅来朝。	《旧唐书》卷199下，《册府元龟》卷970
	开元四年（716）	八月	李失活来朝，诏复置松漠府，以失活为都督，授左金吾卫大将军。	《新唐书》卷219
	开元五年（717）	三月 十一月	诏曰：……奚饶乐郡王李大酺，赐婚来朝，已纳呼韩之拜；契丹松漠郡王李失活遣子入侍，弥嘉稽侯之节。 奚、契丹俟斤并来朝。	《册府元龟》卷992、卷970
	开元六年（718）	二月 五月 六月	契丹遣使来朝，授守中郎将还蕃。 契丹部落孙骨讷等十八人内属，并授游击将军，赐绯袍银带，留宿卫。甲子，以契丹松漠都督李失活卒，帝深加悯悼，亲为举哀，使使吊祭。 契丹渠帅来朝。	《册府元龟》卷974、卷970

帝王	王朝纪年	月份	朝贡活动	史料出处
唐玄宗	开元七年 （719）	三月 四月 十一月	帝御丹凤楼宴九姓同罗及契丹，各赐一百段；小妻主友三十段。 契丹松漠都督李婆固遣使献马十匹。 壬申，松漠郡王李婆固宴与公主俱来朝，命有司借宅给食。己未，宴于内殿，赐物一千五百段，锦袍、钿带、鱼袋七事。	《册府元龟》卷974、卷971
	开元八年 （720）	正月	己巳，契丹遣蕃中郎将张少免俱等三百五十四人来朝，并授游击将军、果毅都尉，赐绯袍银带物各二千段，放还蕃。	《册府元龟》卷974
	开元九年 （721）	十一月	契丹蕃郎将俱来朝，并拜折冲，放还蕃。	《册府元龟》卷971
	开元十年 （722）	四月 七月	契丹首领松漠府都督李郁干为松漠郡王，奚首领饶乐府都督李鲁苏为饶乐郡王，各赐物一千匹银器七十事及锦袍钿带等。 契丹遣使大首领稽落来朝，授郎将，放还蕃。 契丹松漠郡王郁于入朝请婚，封从妹夫，帝更令慕容嘉宾女燕郡主以妻之。	《册府元龟》卷975、卷979
	开元十二年 （724）	二月 三月 五月	契丹遣使涅礼来贺正并献方物。 遣使赍绢绵八万段分赐奚及契丹。契丹遣使来朝且谢恩，往岁契丹使木据离奉国信归蕃，是以来也。 松漠府契丹遣使来朝，饶乐府奚遣使献麝香，并授折冲，放还蕃。	《册府元龟》卷971、卷975
	开元十三年 （725）		吐于携公主来奔，便不敢还，改封辽阳郡王，因留宿卫。可突于立李尽忠弟邵固为主。 契丹王邵固来朝，从封东岳，诏授左羽林大将军，改封广化郡王。 是年契丹遣其臣可突于朝贡方物。	《旧唐书》卷199下，《册府元龟》卷971、卷999

续表

帝王	王朝纪年	月份	朝贡活动	史料出处
唐玄宗	开元十四年（726）	正月	契丹衙官执苏进阶镇军大将军，契丹县令属固蒙进位右领军员外大将军，契丹部落冤离等百余人并授郎将，各赐紫袍，放还蕃，以陪位泰山，修行赏之典也。	《册府元龟》卷975、卷971
		三月	契丹遣其臣邵固来朝，授郎将，放还。	
		四月	契丹遣大首领李阔池等六人来朝，皆授折冲，留宿卫。	
		七月	契丹部落刺史出利县令苏固多等来朝。	
	开元十五年（727）	三月	契丹遣首领诺括来送质子，并献方物，授郎将，放还蕃。	《册府元龟》卷975，《新唐书》卷219
		十一月	契丹大首领承嗣来朝，授中郎将，放还蕃。可突于复来，不为宰相李元纮所礼，鞅鞅去。	
	开元十六年（728）	八月	契丹广化王李邵固遣其子诺括来朝，授大将军，赐紫袍金带，放还蕃。	《册府元龟》卷975
	开元十七年（729）	三月	契丹遣使来朝，皆赐紫袍金带，放还蕃。	《册府元龟》卷975
		五月	契丹遣衙前将军粹来朝，授怀化大将军，赐紫袍金带，放还蕃。	
	开元十八年（730）	五月	契丹遣使献马十二匹，赐帛，放还蕃。	《册府元龟》卷975
		十一月	契丹奚遣使来朝，且献方物，赐帛，放还蕃。	
	开元十九年（731）	正月	契丹等遣使来贺，各贡方物。	《册府元龟》卷970
	开元二十三年（735）	十二月	契丹遣使渴胡等来朝，授果毅，留宿卫。	《册府元龟》卷975
	天宝二年（743）	正月	契丹刺史匐从之等一百二十人，奚刺史达利胡等一百八十人，并来朝，册勋，皆授中郎将，赐紫袍、金钿带、金鱼袋，放还蕃。契丹刺史八十人并来朝。	《册府元龟》卷975、卷971
	天宝四年（745）		契丹大酋李怀秀降，拜松漠都督，封崇顺王，以宗室出女独孤为静乐公主妻。是岁，杀公主叛去，范阳节度使安禄山讨破之。更封其酋楷落为恭仁王，代松漠都督。	《新唐书》卷219

续表

帝王	王朝纪年	月份	朝贡活动	史料出处
唐玄宗	天宝九年（750）	六月	契丹遣使谢恩。	《册府元龟》卷971
	天宝十二年（753）		契丹又降附，迄于贞元，常间岁来修蕃礼。	《旧唐书》卷199下
唐肃宗	至德二年（757）	十月	契丹首领摽括等入朝、赐食、金帛、锦绣衣服等，使还蕃。	《册府元龟》卷976
唐代宗	宝应元年（762）	八月	契丹来朝，宴于三殿。	《册府元龟》卷976
	大历二年（767）	八月 十二月	契丹遣使朝贡。 契丹遣使朝贡。	《册府元龟》卷972
	大历四年（769）	十二月	契丹遣使朝贡。	《册府元龟》卷972
	大历六年（771）	十一月	契丹并遣使来朝。	《册府元龟》卷972
	大历七年（772）		契丹遣使朝贡。	《旧唐书》卷11
	大历八年（773）	十二月	契丹并遣使朝。	《册府元龟》卷972
	大历九年（774）	十二月	契丹遣使来朝。	《册府元龟》卷972
	大历十年（775）	正月 十二月	契丹遣使朝。 契丹遣使朝贡。	《册府元龟》卷972
	大历十二年（777）	四月 十二月	契丹遣使朝贡。 契丹遣使来朝，献方物。	《旧唐书》卷11，《册府元龟》卷972
唐德宗	贞元九年（793）	十二月	契丹遣使朝贡。	《唐会要》卷96
	贞元十年（794）	正月 二月	契丹遣使朝贡。 敕，幽州道入朝契丹大首领悔落拽何等五人，并可果毅都尉，次首领王下诏活薛于君等一十六人，并可别将，放还国。	《唐会要》卷96
	贞元十一年（795）	十月	契丹大首领热苏等二十五人来朝。	《唐会要》卷96
	贞元十七年（801）		契丹朝见。	《册府元龟》卷972

续表

帝王	王朝纪年	月份	朝贡活动	史料出处
唐宪宗	元和元年（806）	十二月	契丹遣使朝贡。	《册府元龟》卷972
	元和二年（807）	十二月	契丹并遣使朝贡。	《册府元龟》卷972
	元和五年（810）	十一月	契丹遣使朝贡。	《册府元龟》卷972
	元和八年（813）	十一月 十二月	契丹达干可葛等二十九人朝贡。 壬辰，帝御麟德殿，召见契丹使达干可葛等，赐锦绮有差。	《册府元龟》卷972、卷976
	元和九年（814）	十一月	契丹大首领梅落鹘劣来朝。	《唐会要》卷96
	元和十年（815）	二月 十一月	契丹大首领梅落河授果毅都尉，令归国。丁酉，归契丹使，以告身十九通赐其贵人。 契丹遣使梅落饶劣等十九人来朝贡。	《册府元龟》卷976，《唐会要》卷96
	元和十一年（816）	正月 十一月	归契丹使，以告身十九通赐其贵人。 契丹遣使朝贡。	《册府元龟》卷976、卷972
	元和十二年（817）	十一月	契丹首领介落等朝贡，以告身十九通赐其贵人。	《唐会要》卷96
	元和十三年（818）		契丹朝贡。	《旧唐书》卷15下
	元和之后		自元和之后至于会昌，朝贡不绝。	《太平寰宇记》卷199
唐穆宗	元和十五年（820）	十一月	契丹等使于麟德殿，赐以银器锦绮。	《册府元龟》卷976
	长庆二年（822）	十二月	契丹遣使朝贡。	《册府元龟》卷972
	长庆四年（824）	十二月	契丹遣使朝贡。	《旧唐书》卷17上
唐文宗	太和元年（827）	十一月	麟德殿对契丹使宴赐有差。	《册府元龟》卷976
	太和二年（828）	十二月	契丹遣使朝贡，并诏对于麟德殿，宴赐有差。	《册府元龟》卷975
	太和四年（830）	十二月	契丹并遣使朝贡。	《册府元龟》卷972

帝王	王朝纪年	月份	朝贡活动	史料出处
唐文宗	太和五年（831）	十一月	契丹并遣使朝贡。	《册府元龟》卷 972
	太和八年（834）	正月	麟德殿对契丹等使，颁赐有差。	《册府元龟》卷 976
	太和九年（835）	十一月	契丹大首领二十九人来朝，赐物各有差。	《唐会要》卷 96
	开成元年（836）	十一月十二月	契丹大首领涅列坏等三十一人来朝。契丹各遣使朝贡。	《唐会要》卷 96，《册府元龟》卷 972
	开成二年（837）	十一月	契丹朝贡。	《旧唐书》卷 17 下
	开成三年（838）	二月	上麟德殿对入朝契丹等，各赐锦绦银器有差。	《册府元龟》卷 976
	开成四年（839）	十二月	契丹大首领薛葛等三十人来朝。	《唐会要》卷 96
唐武宗	会昌二年（842）		回鹘破，契丹酋屈戍始复内附，拜云麾将军、守右武卫将军。于是幽州节度使张仲武为易回鹘所与旧印，赐唐新印，曰"奉国契丹之印"。	《新唐书》卷 219
	会昌六年（846）	正月	契丹朝于宣政殿，对于麟德殿，赐食于内亭子，仍赉锦绦、器皿有差。	《册府元龟》卷 976
唐懿宗	咸通中（860—873）		契丹王习尔之再遣使者入朝，部落寖强。	《新唐书》卷 219

附表十二

奚（饶乐都督府）对隋唐王朝朝贡表

帝王	王朝纪年	月份	朝贡活动	史料出处
隋文帝	开皇十三年（593）		奚遣使贡方物。	《隋书》卷2
唐高祖	武德中（622年左右）		遣使朝贡。	《旧唐书》卷199下
唐太宗	贞观三年（629）		始来朝。阅十七岁，凡四朝贡。	《新唐书》卷219
	贞观四年（630）		奚内附。	《资治通鉴》卷193
	贞观十九年（645）	正月	奚遣使来贺，各贡方物。	《册府元龟》卷970
	贞观二十二年（648）		酋长可度者率其所部内属，乃置饶乐都督府，以可度者为右领军，兼饶乐都督，封楼烦县公，赐姓李氏。	《旧唐书》卷199下
唐中宗	神龙二年（706）	十一月	己酉，赐丹书铁券于奚都督乌褐颉利发。	《册府元龟》卷981
唐睿宗	景云元年（710）		首领李大辅遣使贡方物。睿宗嘉之，宴赐甚厚。	《旧唐书》卷199下
唐玄宗	开元二年（714）	二月	奚王李大辅等来朝。	《册府元龟》卷999
	开元三年（715）		李大辅遣其大臣粤苏梅落来请降。诏复立其地为饶乐州，封大辅为饶乐郡王，仍拜左金吾员外大将军，饶乐州都督。	《旧唐书》卷199下
	开元四年（716）	八月	奚长李大酺来朝。	《新唐书》卷219
	开元五年（717）	二月 十一月	奚首领李大辅入朝，封从外甥女辛氏为固安公主以妻之。 奚俟斤并来朝。	《通典》卷200，《册府元龟》卷970
	开元七年（719）	正月 二月	奚王李大辅遣使来贺正。 奚遣使献方物。	《册府元龟》卷971
	开元十年（722）	四月 七月	李大辅入朝，诏令袭其兄饶乐郡王。右金吾员外大将军，兼保塞军经略大使，赐物一千段，仍以固安公主为妻。 奚遣其兄奴默俱及砮锁高来朝，皆授将军，赐紫袍、银钿带、金鱼袋，留宿卫。	《旧唐书》卷199下，《册府元龟》卷975

帝王	王朝纪年	月份	朝贡活动	史料出处
唐玄宗	开元十年 （722）	是年	奚饶乐郡王鲁苏入朝，仍以固安公主为妻，而公主与嫡母不和，递相论告，诏令离婚。复以成安公主之女韦氏为东光公主，以妻之。	《册府元龟》卷979
	开元十一年 （723）	四月	奚首领李日越等来朝，授员外折冲，留宿卫。	《册府元龟》卷975
	开元十二年 （724）	二月 五月	奚遣大首领李奚奴等十人贺正。 饶乐府奚遣使献麝香，并授折冲，放还蕃。	《册府元龟》卷971、卷975
	开元十三年	正月	奚遣使来贺正旦，献方物，并授中郎将，赐紫袍银钿带，放还蕃。	《册府元龟》卷975
	开元十四年 （726）	正月 十一月	丙午，奚御史郡王父李缀进位右武卫员外大将军，及奚弱水州刺史李高进阶镇军，大首领曰走等二百余人并授郎将，各赐紫袍，放还蕃，以陪位泰山，修行赏之典也。 奚遣使阿布高来朝。	《册府元龟》卷971、卷975
	开元十六年 （728）	八月 十月	奚大首领特没干来朝，授中郎将，赐紫袍金带，放还蕃。 奚首领李窟何来朝，授左威卫将军，赐紫袍金带，放还蕃。	《册府元龟》卷975
	开元十七年 （729）	三月	奚遣使来朝，皆赐紫袍金带，放还蕃。	《册府元龟》卷975
	开元十八年 （730）	十一月	奚遣使来朝，且献方物，赐帛，放还蕃。	《册府元龟》卷975
	开元十九年 （731）	正月	奚遣使来贺，贡方物。	《册府元龟》卷970
	开元二十年 （732）	正月	奚国义王遣其首领佃苏等来朝，并授将军，赐帛有差，放还蕃。 奚遣使贺正，并授部将，赐帛有差，放还蕃。	《册府元龟》卷975
	开元二十一年 （733）	四月	壬戌，奚首领属鹘留来朝，授果毅，赐绢四十匹，留宿卫。	《册府元龟》卷975

续表

帝王	王朝纪年	月份	朝贡活动	史料出处
唐玄宗	天宝二年（743）	正月	奚刺史达利胡等一百八十人，并来朝，册勋皆授中郎将，赐紫袍、金钿带、金鱼袋，放还蕃。 契丹刺史八十人并来朝。	《册府元龟》卷975、卷971
	天宝五年（746）		封奚王娑固为昭信王，仍授饶乐都督。	《旧唐书》卷199下
	天宝八年（749）	正月	奚遣使贺正。	《册府元龟》卷971
唐肃宗	至德二年（757）	十月	奚首领白越入朝，赐食、金帛锦绣衣服等，使还蕃。	《册府元龟》卷976
	乾元三年760	正月	奚王主罗遣大首领上阶将军等十二人来朝。	《册府元龟》卷971
唐代宗	宝应元年（762）	八月	奚遣使朝贡。	《册府元龟》卷972
	大历四年（769）	十二月	奚遣使朝贡。	《册府元龟》卷972
	大历六年（771）	十一月	奚遣使来朝。	《册府元龟》卷972
	大历七年（772）	十二月	奚遣使朝贡。	《册府元龟》卷972
	大历八年（773）	十二月	奚遣使朝贡。	《册府元龟》卷972
	大历九年（774）	十二月	奚遣使来朝。	《册府元龟》卷972
	大历十年（775）	正月 十二月	奚遣使朝贡。 奚遣使朝贡。	《册府元龟》卷972
	大历十二年（777）	四月 十二月	奚遣使来朝。 奚遣使来朝，献方物。	《册府元龟》卷972
	大历中（766—779）		自大历后，朝贡时至。	《旧唐书》卷199下
唐德宗	贞元十年（794）	二月	奚大首领梅落隘都等皆授果毅都尉，令归国。	《册府元龟》卷976
	贞元十七年（801）		奚梅落索低、契丹皆见。	《册府元龟》卷972
唐宪宗	元和元年（806）		奚王饶乐府都督，袭归诚王梅落来朝，加检校司空，放还蕃。	《旧唐书》卷199下

帝王	王朝纪年	月份	朝贡活动	史料出处
唐宪宗	元和二年（807）		奚朝贡。	《旧唐书》卷 15 上
	元和三年（808）		以奚首领索低为右武威卫将军同正，充檀、蓟两州游奕兵马使，仍赐姓李氏。	《旧唐书》卷 199 下
	元和四年（809）	十月	以投来奚王没辱孤为右领军卫将军员外同正，充幽州卢龙军节度使、平林游弈兵马使，仍赐姓李氏。	《册府元龟》卷 976
	元和五年（810）	十一月	奚遣使朝贡。	《册府元龟》卷 972
	元和六年（811）	六月	三殿对回鹘及奚使者颁赐有差。	《册府元龟》卷 976
	元和八年（813）		遣使来朝。	《旧唐书》卷 199 下
	元和十年（815）		奚遣使朝贡。	《旧唐书》卷 15 下
	元和十一年（816）		遣使献名马。尔后每岁朝贡不绝，或岁中二三至。	《旧唐书》卷 199 下
	元和十三年（818）		奚朝贡。	《旧唐书》卷 15 下
	元和十五年（820）	十一月	对奚等使于麟德殿，赐以银器锦绿。	《册府元龟》卷 976
唐穆宗	长庆二年（822）	十二月	奚遣使朝贡。	《册府元龟》卷 972
	长庆四年（824）	十二月	奚遣使朝贡。	《旧唐书》卷 17 上
唐敬宗	宝历元年（825）	十二月	奚遣使朝贡。	《册府元龟》卷 972
唐文宗	太和四年（830）	十二月	奚遣使朝贡。	《册府元龟》卷 972
	太和五年（831）		奚首领索低为左卫将军同正，充檀、蓟两州游奕兵马使，仍赐姓李氏。	《唐会要》卷 96
	太和八年（834）		遣使朝贡。	《唐会要》卷 96
	太和九年（835）	十二月	奚大首领匿舍郎等并三十人来朝。	《册府元龟》卷 972

续表

帝王	王朝纪年	月份	朝贡活动	史料出处
唐文宗	开成元年（836）	十二月	奚来朝贡。	《册府元龟》卷972
	开成二年（837）	二月	赐奚等告身八十九通。	《册府元龟》卷976
	开成三年（838）	二月	上御麟德殿对入朝奚等，各赐帛锦、银器有差。	《册府元龟》卷976
	开成四年（839）	十二月	奚大首领温讷骨等来朝贡。	《册府元龟》卷972
唐懿宗	咸通九年（868）		奚王突董苏使大都督萨葛入朝。是后契丹方强，奚不敢抗，而举部役属。	《新唐书》卷219

附表十三

室韦（室韦都督府）对隋唐王朝朝贡表

帝王	王朝纪年	月份	朝贡活动	史料出处
隋文帝	开皇十三年（593）	正月	室韦遣使贡方物。	《隋书》卷2
隋炀帝	大业六年（610）	六月	室韦遣使贡方物。	《隋书》卷3
唐高祖	武德八年（625）		室韦遣使朝贡。	《唐会要》卷96
唐太宗	贞观三年（629）		室韦遣使贡丰貂，自此朝贡不绝。	《旧唐书》卷199下
	贞观四年（630）	七月	室韦遣使贡方物。	《册府元龟》卷970
	贞观五年（631）	十一月	室韦遣使朝贡。	《册府元龟》卷970
	贞观六年（632）	十一月	室韦遣使朝贡。	《册府元龟》卷970
	贞观八年（634）	四月	室韦渠帅并来朝。	《册府元龟》卷970
	贞观九年（635）	九月	室韦遣使来朝，贡方物。	《册府元龟》卷970
唐中宗	景龙元年（707）	十一月	室韦首领遣使朝贡。	《册府元龟》卷970
	景龙三年（709）	十月	室韦并遣使贡方物。	《册府元龟》卷970
唐睿宗	景云二年（711）	十一月	室韦遣使贡方物。	《册府元龟》卷970
唐玄宗	先天二年（713）	二月	室韦遣使朝贡。	《册府元龟》卷971
	开元十三年（725）	七月	室韦遣使来朝。	《册府元龟》卷971
	开元十九年（731）	二月十月	室韦遣使贺正，授将军，放还蕃。领（岭）西室韦遣使来朝，赐帛五十匹，放还蕃。	《册府元龟》卷975
	开元二十年（732）	三月	室韦大首领薛渤海恍来朝，授郎将，赐帛五十匹，放还蕃。	《册府元龟》卷975

帝王	王朝纪年	月份	朝贡活动	史料出处
唐玄宗	天宝四年 （745）	二月	黄头室韦遣使献方物。	《册府元龟》卷971
	天宝六年 （747）	正月 十二月	黄头室韦遣使来贺正，各献方物。 室韦献马六十匹，令西受降城使印而纳之。	《册府元龟》卷971
	天宝七年 （748）	正月 三月	黄头室韦、和解室韦、赂丹室韦、如者室韦等并遣使朝贡。 黄头室韦、和解室韦、如者室韦、赂丹室韦并遣使献金银及六十综布、鱼牙绸、朝霞绸、牛黄、头发、人参。	《册府元龟》卷971
	天宝九年 （750）	正月	黄头室韦并遣使贺正。	《册府元龟》卷971
唐代宗	大历二年 （767）	九月 十二月	室韦等国各遣使贺正。 室韦等国各遣使贺正。	《册府元龟》卷972
	大历四年 （769）	十二月	室韦遣使朝贡。	《册府元龟》卷972
	大历七年 （772）	十二月	室韦遣使朝贡。	《册府元龟》卷972
	大历八年 （773）	闰十一月 十二月	室韦遣使来朝。 室韦遣使来朝。	《册府元龟》卷972
	大历九年 （774）	正月 十二月	室韦遣使来朝。 室韦遣使来朝。	《册府元龟》卷972
	大历十年 （775）	正月 十二月	室韦遣使朝贡。 室韦遣使朝贡。	《册府元龟》卷972
	大历十二年 （777）	四月 十二月	室韦遣使来朝，各献方物。 室韦遣使来朝，各献方物。	《册府元龟》卷972
唐德宗	贞元八年 （792）	十二月 闰十二月	室韦遣使朝贡。 室韦都督和解热素等一十人来朝贡。	《旧唐书》卷13， 《唐会要》卷96
唐文宗	太和二年 （828）	正月 十二月	对入朝室韦于麟德殿，宴赐有差。 室韦遣使朝贡，并诏对于麟德殿，宴赐有差。	《册府元龟》卷976
	太和三年 （829）	十二月	室韦遣使朝贡。	《册府元龟》卷972

帝王	王朝纪年	月份	朝贡活动	史料出处
唐文宗	太和七年 （833）	十二月	对室韦大都督阿朱等二十人，颁赐有差。	《册府元龟》卷 976
	太和五年至八年 （831—834）		室韦凡三遣使来。	《旧唐书》卷 199 下
	太和八年 （834）	正月	麟德殿对室韦等使，颁赐有差。	《册府元龟》卷 976
	太和九年 （835）	十二月	室韦大都督阿朱等三十人来朝。	《旧唐书》卷 199 下
	开成元年 （836）	十二月	室韦大都督阿朱等来朝，进马五十匹。	《唐会要》卷 96
	开成二年 （837）	二月 十二月	赐奚、契丹、室韦等告身八十九通。 室韦朝贡。	《册府元龟》卷 976、卷 972
	开成三年 （838）		上御麟德殿对入朝室韦等，各赐锦綵、银器有差。	《册府元龟》卷 976
	开成四年 （839）	正月 十二月	上御麟德殿，对入朝贺正室韦阿朱等十五人。 室韦大都督袄虫等三十人来朝贡。	《唐会要》卷 96
唐武宗	会昌元年 （841）	十一月	帝御麟德殿，见室韦大首领督热论一十五人，赐物有差。	《册府元龟》卷 976
	会昌二年 （842）	二月 八月 十二月	室韦大首领热论等来朝。 上御麟德殿，见室韦首领督热论等十五人，宴赐有差。 帝御麟德殿，引见室韦大首领热论一十五人，宴赐有差。	《册府元龟》卷 972、卷 976，《旧唐书》卷 18 上
	会昌六年 （846）	正月	室韦等使并朝于宣政殿，对于麟德殿，赐食于内亭子，仍赍锦綵、器皿有差。	《册府元龟》卷 976
唐宣宗	大中 （847—860）		室韦入贡大中中一来。	《新唐书》卷 219
唐懿宗	咸通元年 （860）	正月	上御紫宸殿受朝，对室韦使。	《唐会要》卷 96，《旧唐书》卷 19

附表十四

乌古对辽朝朝贡表

辽帝	王朝纪年	月份	辽帝行在	朝贡活动	史料出处
辽太祖	阿保机八年（914）	正月		于骨里部人特离敏执逆党怖胡、亚里只等十七人来献，上亲鞫之。	《辽史》卷1
辽太宗	天显五年（930）	七月	五月如沿柳湖	乌古来贡。	《辽史》卷3
	天显六年（931）	六月	凉陉	乌古来贡。	《辽史》卷3
	天显七年（932）	六月	五月幸祖州，谒太祖陵	乌古、敌烈德来贡。	《辽史》卷3
	天显八年（933）	十月	沿柳湖	乌古吐鲁没来贡。	《辽史》卷3
	天显十一年（936）	七月	五月清暑沿柳湖	辛卯，乌古来贡。壬辰，蒲割领公主率三河乌古来朝。	《辽史》卷3
	会同三年（940）	二月		乌古遣使献伏鹿国俘，赐其部夷离堇旗鼓以旌其功。	《辽史》卷4
	会同四年（941）	二月	三年冬驻跸于伞淀	乌古来贡。于厥里来贡。	《辽史》卷69
	会同五年（942）	七月	六月告太祖庙，幸菩萨堂	乌古来贡。于厥里来贡。	《辽史》卷4、卷69
	会同五年（942）	八月		乌古各贡方物。	《辽史》卷4
	会同九年（946）	八月	六月谒祖陵	乌古来贡。	《辽史》卷4
辽穆宗	应历三年（953）	八月		三河乌古遣使来贡。	《辽史》卷6
辽圣宗	统和六年（988）	五月		诏乌隈于厥部却贡貂鼠、青鼠皮，止以马牛入贡。	《辽史》卷69
	统和二十一年（1003）	七月	五月清暑炭山	乌古来贡。	《辽史》卷14
	统和二十三年（1005）	七月	六月清暑炭山	乌古来贡。	《辽史》卷14
辽兴宗	重熙十八年（1049）	三月		乌古遣使送款。	《辽史》卷20
	重熙二十二年（1054）	闰七月	七月如黑岭	乌古来贡。	《辽史》卷20

附表十五

女真对辽朝朝贡表

辽帝	王朝纪年	月份	辽帝行在	朝贡活动	史料出处
辽太祖	天显元年（926）	二月	渤海上京	高丽、秽貊、铁骊靺鞨来贡。	《辽史》卷3
辽太宗	天显二年（927）	十二月	上京近郊	女直遣使来贡。	《辽史》卷3
	天显三年（928）	正月 二月 五月	上京 幸长泺 猎索剌山	黄龙府罗涅河女直、达卢古来贡。 达卢古来贡。 女直来贡。	《辽史》卷3
	天显四年（929）	五月 十二月	祖州太祖行宫 南京（辽阳）	女直来贡。 女直来贡。	《辽史》卷3
	天显六年（931）	七月 十月	自凉陉东幸 八月告太祖庙	女直来贡。 铁骊来贡。	《辽史》卷3
	天显七年（932）	四月	上京一带	女直来贡。	《辽史》卷3
	天显八年（933）	正月 七月	平地松林 沿柳湖	女直来贡。 铁骊、女直、阻卜来贡。	《辽史》卷3
	天显九年（934）	正闰月 三月 五月	自土河东幸 德陵附近 沿柳湖	女直来贡。 女直来贡。 女直来贡。	《辽史》卷3
	天显十一年（936）	三月 四月	潢河 上京	女直来贡。 女直诸部来贡。	《辽史》卷3
	天显十二年（937）	九月 十一月	七月幸怀州 十月庚辰朔皇太后永宁节	术不姑、女直来贡。 铁骊来贡。	《辽史》卷3
	会同元年（938）	二月 三月 四月 六月 八月 十一月	猎松山 辽河以东 南京（辽阳） 上京	铁骊来贡。 女直来贡。 甲申,女直来贡;丁酉,女直贡弓矢。 女直来贡。 女直来贡。 铁骊来贡。	《辽史》卷4
	会同二年（939）	三月	猎裹潭侧	女直来贡。	《辽史》卷4

续表

辽帝	王朝纪年	月份	辽帝行在	朝贡活动	史料出处
辽太宗	会同三年（940）	二月 九月	土河 内地？	壬寅，女直来贡。乙卯，鸭绿江女直遣使来觐。 女直遣使来贡。	《辽史》卷4
	会同四年（941）	二月 十一月	去岁冬驻跸伞淀 九月幸归化州	铁骊来贡。 鸭绿江女直来贡。	《辽史》卷4
	会同五年（942）	四月 八月	驻跸阳门 上京一带	铁骊来贡，以其物分赐群臣。 女直贡方物。	《辽史》卷4
	会同六年（943）	六月 十一月	汴京 十二月如南京	铁骊来贡。 铁骊来贡。	《辽史》卷4
	会同八年（945）	十一月	上京一带	女直、铁骊来贡。	《辽史》卷4
	会同九年（946）	正月 七月	上京 六月谒祖陵	女直来贡。 女直来贡。	《辽史》卷4
辽穆宗	应历元年（951）	十二月	南京	铁骊来贡。	《辽史》卷6
	应历二年（952）	二月 四月		女直来贡。 铁骊进鹰鹘。	《辽史》卷6
	应历三年（953）	四月	三月如应州	铁骊来贡。	《辽史》卷6
	应历五年（955）	十月	谒太宗庙	女直来贡。	《辽史》卷6
	应历十二年（962）	八月	秋，如黑山、赤山射鹿	女直国贡鼻上有毛小儿。	《辽史》卷70
	应历十八年（968）	九月	是秋猎于京西诸山	女直详稳夏陌为本部夷离堇。	《辽史》卷7
辽景宗	保宁五年（973）	六月	三月幸新城，七月驻燕子城	女直宰相及夷离堇来朝。	《辽史》卷8
	保宁九年（977）	正月 五月 十月	上京一带	女直遣使来贡。 女直二十一人来请宰相、夷离堇之职，以次授之。 女直遣使来贡。	《辽史》卷9
	保宁十年（978）	四月	三月祭显陵	女直部来贡。	《辽史》卷9
	乾亨元年（979）	三月	去岁冬驻跸金川	女直国宰相遣使来贡。	《辽史》卷70

辽帝	王朝纪年	月份	辽帝行在	朝贡活动	史料出处
辽圣宗	统和二年（984）	八月	五月驻跸沿柳湖。九月驻跸土河	女直宰相海里等八族内附。	《辽史》卷70
	统和三年（985）	闰九月	辽西显陵附近	女直宰相术不里来贡。	《辽史》卷10
	统和四年（986）	十一月	南京（幽州）	（时圣宗南征宋）女直请以兵从征，许之。	《辽史》卷11
	统和六年（991）	八月	易州附近黎园温汤	濒海女直遣使速鲁里来朝。	《辽史》卷12、卷70
	统和七年（989）	二月	南京	赏南征女直军，使东还。丙子，以女直活骨德为本部相。	《辽史》卷12
	统和八年（990）	二月四月	正月如沈子泺	女直遣使来贡。女直遣使来贡。	《辽史》卷13
	统和八年（993）	五月六月九月十二月	清暑胡土白山 十月驻大王川	女直宰相阿海来贡，封顺化王。女直遣使来贡。北女直四部请内附。女直遣使来贡。	《辽史》卷13
	统和九年（991）	正月八月	如台湖 猎于盘道岭、炭山	女直遣使来贡。女直进唤鹿人。	《辽史》卷13
	统和十年（992）	三月七月十月	由台湖如炭山 九月幸五台山	铁骊来贡。铁骊来贡。铁骊来贡。	《辽史》卷13
	统和十二年（994）	七月十一月十二月	五月如炭山清暑 十月猎可汗州之西山 猎于顺西州甸；丁未，幸南京	女直遣使来贡。铁骊来贡。女直以宋人浮海赂本国及兀惹叛来告。	《辽史》卷13、卷70
	统和十三年（995）	二月七月十二月	幸延芳淀 是夏清暑炭山 九月在延芳淀	女直遣使来贡。女直遣使来贡。铁骊遣使来贡鹰、马。	《辽史》卷13、卷70
	统和十四年（996）	六月	如炭山清暑	铁骊来贡。	《辽史》卷13

辽帝	王朝纪年	月份	辽帝行在	朝贡活动	史料出处
辽圣宗	统和十五年（997）	正月 六月	幸延芳淀 四月如炭山清暑	女直遣使来贡。	《辽史》卷13
	统和十六年（998）	三月 五月	正月如长泺 祠木叶山	女直遣使来贡。 铁骊来贡。	《辽史》卷14
	统和十九年（1001）	八月	九月驻跸昌平	达卢骨部来贡。	《辽史》卷14
	统和二十年（1002）	正月 二月 四月	如延芳淀 三月驻跸鸳鸯淀	女直宰相夷离底来贡。 女直遣其子来朝。 铁骊来贡。	《辽史》卷14
	统和二十一年（1003）	三月 四月	正月如鸳鸯泺 五月清暑炭山	铁骊来贡。 女直遣使来贡。	《辽史》卷14
	统和二十二年（1004）	二月 九月	正月如鸳鸯泺 幸南京	女直遣使来贡。 女直遣使献所获乌昭庆妻子。	《辽史》卷14
	统和二十三年（1005）	四月 七月	正月还次南京 六月清暑炭山	女直遣使来贡。铁骊来贡。 女直遣使来贡。	《辽史》卷14
	统和二十八年（1010）	十月	八月幸中京	女直进良马万匹，乞从征高丽，许之。	《辽史》卷15
	开泰元年（1012）	正月 八月	甲申驻王子院；戊子猎于买曷鲁林；庚寅祠木叶山 六月驻跸上京	癸未，长白山三十部女直酋长来贡，乞授爵秩。丁亥，女直太保蒲捻等来朝。辛卯，曷苏馆大王曷里喜来朝。 铁骊那沙等送兀惹百余户至宾州，赐丝绢。	《辽史》卷15
	开泰三年（1014）	正月	如浑河；丙午畋潢河	女直及铁骊各遣使来贡。	《辽史》卷15
	开泰四年（1015）	四月	驻沿柳湖	曷苏馆部请括女直王殊只你户旧无籍者，会其丁入赋役，从之。	《辽史》卷15
	开泰八年（1019）	正月 三月 五月 七月 九月	中京 阅飞龙院马 猎于桦山、浅岭山等秋山 观市 壬午驻土河川	铁骊来贡。 回跋部太师踏剌葛来贡。 曷苏馆惕隐阿不葛、宰相赛剌来贡。 回跋部太保麻门来贡。 庚辰曷苏馆惕隐阿不割来贡。	《辽史》卷16、卷68

续表

辽帝	王朝纪年	月份	辽帝行在	朝贡活动	史料出处
辽圣宗	太平元年（1021）	四月	是月清暑缅山	东京留守奏女直三十部酋长请各以其子诣阙祗候，诏与其父俱来受约。	《辽史》卷16
	太平二年（1022）	五月	四月如缅山清暑	铁骊遣使献兀惹十六户。	《辽史》卷16
	太平六年（1026）	四月 十月 十二月	四月丙寅，如永安山 九月驻辽河浒 庚子驻辽河	蒲卢毛朵部多兀惹户，诏索之。 曷苏馆诸部长来朝。 庚辰曷苏馆部乞建旗鼓，许之。	《辽史》卷17
	太平七年（1027）	正月	如混同江	以女直白缕为惕隐，蒲马为岩母部太师。	《辽史》卷17
		三月	四月猎黑岭	女直部、蒲卢毛朵部送来州收管。	《辽史》卷69
辽兴宗	重熙二年（1033）	正月	由中京东幸	女直详稳台押率所部来贡。	《辽史》卷18
	重熙十年（1041）	二月 十月	去岁十月驻跸中会川 九月猎于马盂山；十月甲午幸中京	诏蒲卢毛朵部归曷苏馆户之没入者使复业。 以女直太师台押为曷苏馆都大王。	《辽史》卷19、卷69、卷68
	重熙十二年（1043）	四月 五月	三月幸南京	置回跋部详稳、都监。 以斡朵、蒲卢毛朵部二使来贡不时，释其罪，遣之。	《辽史》卷19、卷69
	重熙十三年（1044）	四月	二月如鱼儿泺	遣东京留守耶律侯哂、知黄龙府事耶律欧里斯，将兵攻蒲卢毛朵部。	《辽史》卷19
	重熙十五年（1046）	二月 四月 七月	如长春河 清暑永安山 如秋山	蒲卢毛朵部界曷懒河户来附，诏抚之。 蒲卢毛朵曷懒河80户来附。 女直部长遮母率众来附，加太师。	《辽史》卷19
	重熙十六年（1047）	十月 十二月	幸中京谒祖庙	铁骊仙门来朝，以始贡，加右监门卫大将军。 女直遣使来贡。	《辽史》卷20

续表

辽帝	王朝纪年	月份	辽帝行在	朝贡活动	史料出处
辽兴宗	重熙十七年 （1048）	四月 六月	闰一月射虎于 候里吉	蒲卢毛朵部大王蒲莘以造舟人 来献。 长白山太师柴葛、回跋部太师 撒刺都来贡方物。	《辽史》卷20
辽兴宗	重熙十八年 （1049）	五月	正月猎霸特山	回跋部长兀迭台扎等来朝。	《辽史》卷20
辽兴宗	重熙十九年 （1050）	四月 六月	鱼儿泺 庆州	蒲卢毛朵部惕隐信笃来贡。 曷苏馆、蒲卢毛朵部各遣使贡 马。	《辽史》卷20
辽道宗	咸雍初年			生女直完颜部石鲁时，部落渐 强，辽以惕隐官之。	《金史》卷1
辽道宗	咸雍五年 （1069）			女直岁贡马万匹（后为定制）。	《辽史》卷60
辽道宗	咸雍七年 （1071）	二月	正月如鸭子河	女直进马。	《辽史》卷22， 卷68
辽道宗	咸雍中		鸭子河、混同 江	生女直完颜部乌古乃以乌林答 部石显阻绝海东路告于辽主。 生女直乌林答部石显乃遣其子 婆诸刊入朝见辽主于春搜。	《金史》卷1、 卷67
辽道宗	咸雍中		鸭子河、混同 江	明年石显入见于春搜，流石显 于边地。	《金史》卷67
辽道宗	咸雍中			完颜部乌古乃擒拔乙门，献于 辽主。辽主召见于寝殿，燕赐 加等，以为生女直部族节度使。	《金史》卷1
辽道宗	大康六年 （1080）	六月	驻纳葛泺	女直遣使来贡。	《辽史》卷24
辽道宗	大康七年 （1081）	正月	混同江	女直贡良马。	《辽史》卷24
辽道宗	大康八年 （1082）	正月 三月	混同江 二月如山榆淀	铁骊、五国部诸长各贡方物。 黄龙府女直部长术乃率民内 附，予官，赐印绶。	《辽史》卷24
辽道宗	大康十年 （1084）	四月	一月如山榆 淀，五月驻散 水原	女直国贡良马及犬。	《辽史》卷70
辽道宗	大安二年 （1086）	三月	二月驻山榆淀	女直国来贡良马。	《辽史》卷70

续表

辽帝	王朝纪年	月份	辽帝行在	朝贡活动	史料出处
辽道宗	大康三年（1087）	三月	正月如鱼儿泺，四月如凉陉	女直贡良马。	《辽史》卷25
	大康六年（1090）	三月	二月驻双山	女直国来贡。	《辽史》卷25
	大安七年（1091）			生女直内乱，世祖遣肃宗求援于辽。生女直平乱后，献馘于辽。辽命阿骨打为详稳，仍命盈哥、辞不失、欢都皆为详稳。	《金史》卷1、卷2
	大安八年（1092）			生女直以平乱，献于辽。生女直部族节度使劾里钵遣使以事如辽统军司。	《金史》卷1、卷2
	寿隆元年（1095）	四月十一月	二月驻鱼儿泺十月驻藕丝淀	女直遣使来贡。女直遣使进马。	《辽史》卷26
	寿隆二年（1096）			生女直纥石烈阿疏朝辽。	《金史》卷1
	寿隆六年（1100）	十二月	九月驻藕丝淀	乙未，女直遣使来贡。庚申，铁骊来贡。	《辽史》卷26
辽天祚帝	乾统元年（1101）	七月	六月如庆州	铁骊来贡。	《辽史》卷27
	乾统二年（1103）	正月	朔如混同江	女直函萧海里首，遣使来献。生女直部族节度使盈哥执斡达剌，朝辽主于渔所，大被嘉赏，授以使相，锡予加等。	《辽史》卷27，《金史》卷1
	天庆二年（1112）	二月	如春州，幸混同江	生女直酋长在千里内者以故事皆来朝。	《辽史》卷27
	天庆三年（1113）	十月	九月驻藕丝淀	生女直节度使阿骨打使蒲家奴如辽取阿疏。	《金史》卷72
	天庆四年（1114）	正月	如春州	女直遣使来索阿苏，不发。	《辽史》卷27

附表十六

鼻骨德对辽朝朝贡表

辽帝	王朝纪年	月份	辽帝行在	朝贡活动	史料出处
辽太宗	天显三年 （928）	十一月	十月上御五鸾殿	鼻骨德来贡。	《辽史》卷3
	天显六年 （931）	八月	上京（告太祖庙）	鼻骨德来贡。	《辽史》卷3
	天显九年 （934）	六月	五月如沿柳湖	鼻骨德来贡。	《辽史》卷3
	天显十一年 （936）	六月	五月沿柳湖	鼻骨德来贡。	《辽史》卷3
	天显十二年 （937）	九月	七月幸怀州	鼻骨德来贡。	《辽史》卷3
	会同五年 （942）	二月 七月	南京 六月太后病告太祖庙	鼻骨德来贡。 鼻骨德来贡。	《辽史》卷4、卷69
	会同七年 （944）	十月	九月北幸	鼻骨德来贡。	《辽史》卷4
	会同八年 （945）	六月 八月	四月如凉陉 七月猎平地松林	鼻骨德皆来贡。 鼻骨德来贡。	《辽史》卷4、卷69
辽穆宗	应历元年 （951）	十二月	九月如南京	鼻骨德皆来贡。	《辽史》卷6
	应历三年 （953）	八月		鼻骨德皆遣使来贡。	《辽史》卷6
	应历五年 （955）	正月	去岁冬，驻跸杏埚	鼻骨德来贡。	《辽史》卷6
	应历六年 （956）	十一月	九月谒祖陵	鼻骨德来贡。	《辽史》卷6
	应历七年 （957）	正月	去岁十二月谒太祖庙	鼻骨德来贡。	《辽史》卷6
辽景宗	保宁三年 （971）	十月	九月如南京	鼻骨德、吐谷浑来贡。	《辽史》卷8
	保宁四年 （972）	七月	云州	鼻骨德来贡。	《辽史》卷8
	保宁五年 （973）	九月	七月驻跸燕子城	壬子，鼻骨德部长曷鲁挞览来贡。	《辽史》卷8

辽帝	王朝纪年	月份	辽帝行在	朝贡活动	史料出处
辽景宗	保宁八年（976）	九月 十月	谒怀陵	乙亥，鼻骨德来贡。 鼻骨德来贡。	《辽史》卷8
辽圣宗	统和九年（991）	九月	驻跸庙城	鼻骨德来贡。	《辽史》卷13
	统和十三年（995）	十月	九月在延芳淀	鼻骨德来贡。	《辽史》卷13
	统和十六年（998）	三月	正月如长泺	鼻骨德酋长来贡。	《辽史》卷14
	统和十九年（1001）	闰十一月	十一月观渔儒门泺	鼻骨德来贡。	《辽史》卷14
	统和二十三年（1005）	十月	七渡河	鼻骨德来贡。	《辽史》卷14
	开泰五年（1016）	三月	二月如萨堤泺	鼻骨德长撒保特、赛剌等来贡。	《辽史》卷15
辽天祚帝	乾统四年（1104）	二月	正月戊子，幸鱼儿泺。壬寅，猎木岭	鼻骨德遣使来贡。	《辽史》卷27

附表十七

五国部对辽朝朝贡表

辽帝	王朝纪年	月份	辽帝行在	朝贡活动	史料出处
辽圣宗	统和二十一年（1003）	四月	正月如鸳鸯泺，五月清暑炭山	兀惹、渤海、奥里米、越里笃、越里古等五部遣使来贡	《辽史》卷14
	统和二十二年（1004）	七月	五月清暑炭山	兀惹、蒲奴里、剖阿里、越里笃、奥里米等部来贡。	《辽史》卷14
辽兴宗	重熙元年（1032）	十一月	十月幸中京	五国酋长来贡。	《辽史》卷18
辽道宗	清宁三年（1057）	正月	鸭子河	五国部长来贡方物。	《辽史》卷21
	咸雍五年（1069）	十二月	十月驻跸藕丝淀	五国酋长来降，仍献方物。	《辽史》卷69
	咸雍六年（1070）	十月	九月幸藕丝淀	五国部长来朝。	《辽史》卷22
	大康四年（1078）	九月	藕丝淀	五国部长来贡。	《辽史》卷23
	大康七年（1081）	正月	混同江	五国部长来贡。	《辽史》卷24
	大康八年（1082）	正月	混同江	五国诸酋长贡方物。	《辽史》卷69
	大康九年（1083）	九月	射熊于白石山	五国部长来贡。	《辽史》卷24
	大安元年（1085）	正月	混同江	五国酋长来贡良马。	《辽史》卷69
	大安四年（1088）	正月	混同江	五国部长来贡。	《辽史》卷25
	寿隆三年（1097）	九月	藕丝淀	五国部长来贡。	《辽史》卷26
	寿隆五年（1099）	六月	五月驻跸沿柳湖	五国部长来朝。	《辽史》卷26
	寿隆六年（1100）	十月	九月驻跸藕丝淀	五国诸部长来贡。	《辽史》卷69

辽帝	王朝纪年	月份	辽帝行在	朝贡活动	史料出处
辽天祚帝	乾统九年 （1109）	四月	二月如春州	五国部来贡。	《辽史》卷27
	乾统十年 （1110）	四月	二月驻跸大鱼泺，四月癸巳猎于北山	五国部长来贡。	《辽史》卷27
	天庆元年 （1111）	三月	二月如春州	五国部长来贡。	《辽史》卷27
	天庆二年 （1112）	正月	鸭子河	五国部长来贡。	《辽史》卷27

参考文献

古籍

《尚书正义》，《十三经注疏》本，北京：中华书局，1980 年影印本。

《尚书大传补注》，北京：中华书局，1991 年。

《周易正义》，《十三经注疏》本，北京：中华书局，1957 年影印本。

《春秋左传正义》，《十三经注疏》本，北京：中华书局，1980 年影印本。

《春秋公羊传注疏》，《十三经注疏》本，北京：中华书局，1980 年影印本。

《毛诗正义》，《十三经注疏》本，北京：中华书局，1980 年影印本。

《周礼注疏》，《十三经注疏》本，北京：中华书局，1980 年影印本。

《论语注疏》，《十三经注疏》本，北京：中华书局，1980 年影印本。

《礼记正义》，《十三经注疏》本，北京：中华书局，1980 年影印本。

《国语》，上海：上海古籍出版社，1978 年。

《大戴礼记》，《四部丛刊初编》本，上海：商务印书馆，1929 年影印本。

《孟子正义》，北京：中华书局，1957 年。

《管子校正》，《诸子集成》本，北京：中华书局，1954 年。

《荀子集解》，《诸子集成》本，[清] 王先谦注，北京：中华书局，1954 年。

《墨子》，《四库全书》本，台湾：商务印书馆，1986 年影印本。

《文子》，《四库全书》本，台湾：商务印书馆，1986 年影印本。

《逸周书》，《四部备要》本，清乾隆五十一年（1786）《抱经堂丛书》本影印本。

《春秋繁露》，北京：中华书局，1975 年。

《山海经》，杭州：浙江人民出版社，1984 年。

［汉］司马迁：《史记》，北京：中华书局，1959 年。

［汉］班固：《汉书》，北京：中华书局，1962 年。

［南朝·宋］范晔：《后汉书》，北京：中华书局，1965 年。

［晋］陈寿：《三国志》，北京：中华书局，1959 年。

［唐］房玄龄等：《晋书》，北京：中华书局，1974 年。

［北齐］魏收：《魏书》，北京：中华书局，1974 年。

［南朝·梁］沈约：《宋书》，北京：中华书局，1974 年。

［南朝·梁］萧子显：《南齐书》，北京：中华书局，1972 年。

［唐］姚思廉：《梁书》，北京：中华书局，1973 年。

［唐］姚思廉：《陈书》，北京：中华书局，1972 年。

［唐］李百药：《北齐书》，北京：中华书局，1972 年。

［唐］令狐德棻：《周书》，北京：中华书局，1971 年。

［唐］李延寿：《南史》，北京：中华书局，1975 年。

［唐］李延寿：《北史》，北京：中华书局，1974 年。

［唐］魏徵等：《隋书》，北京：中华书局，1973 年。

［后晋］刘昫等：《旧唐书》，北京：中华书局，1975 年。

［宋］欧阳修等：《新唐书》，北京：中华书局，1975 年。

［宋］欧阳修：《新五代史》，北京：中华书局，1974 年。

［元］脱脱等：《宋史》，北京：中华书局，1977 年。

［元］脱脱等：《辽史》，北京：中华书局，1974 年。

［元］脱脱等：《金史》，北京：中华书局，1975 年。

［明］宋濂等：《元史》，北京：中华书局，1976 年。

［清］张廷玉等：《明史》，北京：中华书局，1974 年。

柯劭忞：《新元史》，长春：吉林人民出版社，1998 年。

《汉官仪》，《丛书集成新编》本，台湾：新文丰出版公司，1985 年。

［汉］贾谊：《贾谊新书》，上海：上海古籍出版社，1989 年。

［汉］刘安等：《淮南子》，保定：莲池书社，民国辛酉（1921）年。

［汉］王充：《论衡》，北京：中华书局，1985 年。

［北魏］崔鸿：《十六国春秋》，《四库全书》本，台湾：商务印书馆，

1985 年影印本。

　　［北魏］崔鸿：《别本十六国春秋》，《四库全书》本，台湾：商务印书馆，1985 年影印本。

　　［北魏］阚骃：《十三州志》，北京：中华书局，1985 年。

　　［北魏］杨衒之：《洛阳伽蓝记》，北京：北京燕山出版社，1998 年。

　　［唐］杜佑：《通典》，北京：中华书局，1988 年。

　　［唐］吴兢：《贞观政要》，上海：上海古籍出版社，1978 年。

　　［唐］韩愈：《昌黎先生集》，《四部丛刊初编》本，上海：商务印书馆，1929 年。

　　［唐］张九龄：《曲江集》，上海：上海古籍出版社，1992 年。

　　［唐］元稹：《元氏长庆集》，上海：上海古籍出版社，1994 年。

　　［唐］白居易：《白氏长庆集》，《摛藻堂四库全书荟要》本，台湾：世界书局，1988 年。

　　［唐］许敬宗编：《文馆词林》，北京：中华书局，1985 年。

　　［唐］李林甫等撰：《唐六典》，陈仲夫点校，北京：中华书局，2014 年。

　　［宋］王溥：《唐会要》，北京：中华书局，1955 年。

　　［宋］司马光：《资治通鉴》，北京：中华书局，1956 年。

　　［宋］王钦若等：《册府元龟》，南京：凤凰出版社，2006 年。

　　［宋］乐史：《太平寰宇记》，北京：中华书局，2007 年。

　　［宋］陈均：《九朝编年备要》，《四库全书》本，台湾：商务印书馆，1984 年影印本。

　　［宋］李焘：《续资治通鉴长编》，北京：中华书局，2004 年。

　　［宋］李心传：《建炎以来朝野杂记》，北京：中华书局，2006 年。

　　［宋］李心传：《建炎以来系年要录》，北京：中华书局，1988 年。

　　［宋］徐梦莘：《三朝北盟会编》，上海：上海古籍出版社，1987 年。

　　［宋］叶隆礼：《契丹国志》，贾敬颜、林荣贵点校，上海：上海古籍出版社，1985 年。

　　［宋］宇文懋：《大金国志校证》，崔文印校证，北京：中华书局，1986 年。

　　［宋］曾巩：《元丰类稿》，上海：商务印书馆，民国二十六年（1937）。

　　［宋］李昉等撰：《太平御览》，台湾：国泰文化事业有限公司，1980 年。

［宋］洪皓：《松漠纪闻》卷上，金毓黻主编《辽海丛书》第 1 册，沈阳：辽沈书社，1985 年。

［宋］楼钥：《北行日录》，曾枣庄、刘琳主编《全宋文》第 265 册，上海辞书出版社、安徽教育出版社，2006 年。

［金］赵秉文：《闲闲老人滏水文集》，上海：商务印书馆，1937 年缩印本。

［金］元好问：《中州集》，长春：吉林出版集团有限责任公司，2005 年。

《元朝秘史》，乌兰校勘，北京：中华书局，2012 年。

［元］马端临：《文献通考》，北京：中华书局，2011 年。

［元］苏天爵编：《元文类》，上海：商务印书馆，1958 年。

［元］黄潽：《金华黄先生文集》，《四部丛刊》本，上海：商务印书馆，1918 年影印本。

［元］熊梦祥：《析津志辑佚》，北京：北京古籍出版社，1983 年。

《明实录》，台湾"中央研究院"历史语言研究所校勘本，上海：上海书店，1982 年。

［明］陈循等：《寰宇通志》，郑振铎辑，《玄览堂丛书续集》本，台湾："中央"图书馆，1947 年影印本。

［明］徐溥等：《明会典》（正德），李东阳等重修，《四库全书》本，台湾：商务印书馆，1985 年影印本。

［明］申时行等：《大明会典》（万历），《续修四库全书》本，上海：上海古籍出版社，2001 年。

［明］张溥辑：《汉魏六朝百三名家集》，南京：江苏古籍出版社，2002 年。

［明］刘效祖：《四镇三关志》，《四库禁毁书丛刊》本，北京：北京出版社，1977 年。

［明］俞汝楫等：《礼部志稿》，《四库全书》本，台湾：商务印书馆，1985 年影印本。

［明］冯瑗辑：《九边图说》，台湾：正中书局，1981 年。

［明］于燕芳：《建州考》，潘哲编《清入关前史料选辑》第 1 辑，北京：中国人民大学出版社，1984 年。

［明］马文升：《抚安东夷记》，北京：中华书局，1991 年。

［明］茗上愚公：《东夷考略》，台湾：广文书局，1966年。

［明］王在晋：《三朝辽事实录》，《续修四库全书》本，上海：上海古籍出版社，2001年。

［明］严从简：《殊域周咨录》，余思黎点校，北京：中华书局，1993年。

［明］冯瑷辑：《九边图说》，台湾：正中书局，1981年。

［明］方孔炤：《全边略记》，王雄编辑点校《明代蒙古汉籍史料汇编》第3辑，呼和浩特：内蒙古大学出版社，2006年。

［明］陈建辑：《皇明从信录》，沈国元订，上海：上海古籍出版社，1995年。

［明］毕恭等：《辽东志》，金毓黻主编《辽海丛书》第1册，沈阳：辽沈书社，1985年。

［明］王之诰：《全辽志》，金毓黻主编《辽海丛书》第1册，沈阳：辽沈书社，1985年。

［明］吕维祺辑：《四译馆增定馆则》，《续修四库全书》本，上海：上海古籍出版社，2001年。

［明］瞿九思：《万历武功录》，薄音湖编辑点校《明代蒙古汉籍史料汇编》第4辑，呼和浩特：内蒙古大学出版社，2007年。

《清实录》，北京：中华书局，1985年、1986年、1987年影印本。

［清］徐松：《宋会要辑稿》，北京：中华书局，1957年。

［清］昆冈等：《钦定大清会典事例》，《续修四库全书》本，上海：上海古籍出版社，2001年。

张廷玉等：《皇朝文献通考》，上海：商务印书馆，1936年。

［清］于敏中：《钦定日下旧闻考》，《四库全书》本，台湾：商务印书馆，1985年影印本。

［清］傅恒等：《皇清职贡图》，《四库全书》本，台湾：商务印书馆，1985年影印本。

［清］谷应泰：《明史纪事本末》，北京：中华书局，1977年。

［清］阿桂等：《满洲源流考》，沈阳：辽宁民族出版社，1988年。

［清］海滨野史辑：《建州私志》，潘哲编《清入关前史料选辑》第1辑，北京：中国人民大学出版社，1984年。

〔清〕吴承志：《唐贾耽记边州入四夷道里考实》，台湾：文海出版社，1968年。

〔清〕吴桭臣：《宁古塔纪略》，杨宾等撰《龙江三纪》，哈尔滨：黑龙江人民出版社，1985年。

〔清〕杨宾：《柳边纪略》，金毓黻主编《辽海丛书》第1册，沈阳：辽沈书社，1985年。

〔清〕曹廷杰：《东三省舆地图说》，金毓黻主编《辽海丛书》第4册，沈阳：辽沈书社，1985年。

〔清〕萨英额：《吉林外纪》，李澍田主编《吉林外纪　吉林志略》，长春：吉林文史出版社，1986年。

〔清〕屠寄：《黑龙江舆图》第五册，光绪二十五年（1899）石印套色本。

〔清〕屠寄：《蒙兀尔史记》，北京：中国书店，1984年。

〔清〕西清：《黑龙江外纪》，哈尔滨：黑龙江人民出版社，1984年。

〔清〕魏源：《圣武记》，韩锡铎、孙文良点校，北京：中华书局，1984年。

〔清〕曾公亮、丁度：《武经总要》，《四库全书》本，台湾：商务印书馆，1986年影印本。

〔清〕顾祖禹：《读史方舆纪要》，上海：商务印书馆，1937年。

〔清〕西清：《黑龙江外记》，哈尔滨：黑龙江人民出版社，1984年。

〔清〕阿桂等：《盛京通志》，沈阳：辽海出版社，1997年。

〔清〕鄂尔泰等：《八旗通志》，长春：东北师范大学出版社，1985年。

〔清〕托津等：《钦定大清会典事例》（嘉庆朝），《近代中国史料丛刊三编》第70辑，台湾：文海出版社，1992年。

〔清〕瞿中溶：《集古官印考证》，新加坡：东方学会出版社，1924年。

〔清〕和珅等：《热河志》，台湾：文海出版社，1966年。

〔清〕长顺等：《吉林通志》，长春：吉林文史出版社，1986年。

〔清〕曹寅等编：《全唐诗》，北京：中华书局，1960年。

金毓黻：《渤海国志长编》，长春：社会科学战线杂志社，1982年。

唐晏等：《渤海国志三种》，天津：天津古籍出版社，1992年。

李修生主编：《全元文》第30册，南京：凤凰出版社，2004年。

中国第一历史档案馆、辽宁省档案馆编：《中国明朝档案总汇》，桂林：

广西师范大学出版社，2001 年。

辽宁省档案馆、辽宁社会科学院历史研究所编：《明代辽东档案汇编》，沈阳：辽沈书社，1985 年。

中国第一历史档案馆：《军机处录副奏折》。

黑龙江省档案馆藏：《黑龙江将军衙门档案》。

季永梅、刘景宪译编：《崇德三年满文档案译编》，沈阳：辽沈书社，1988 年。

向南编：《辽代石刻文编》，石家庄：河北教育出版社，1995 年。

李澍田主编：《金碑汇释》，长春：吉林文史出版社，1989 年。

罗福颐辑校：《满洲金石志》，《历代碑志丛书》第 23 册，江苏古籍出版社，1998 年。

[高丽] 金富轼：《三国史记》，杨军校勘，长春：吉林大学出版社，2015 年。

[朝鲜] 郑麟趾：《高麗史》，平壤：朝鲜人民共和国科学院，1957 年。

[朝鲜] 徐居正编：《東文選》，《朝鲜群书大繫》续第 9 辑，汉城：朝鲜古书刊行会，1994 年。

[朝鲜] 郑昌顺等编纂：《同文汇考》，台湾：珪庭出版社有限公司，1978 年。

[韩] 国史编纂委员会编：《朝鲜王朝實録》，汉城：国史编纂委员会，1968 年。

[日] 圆仁：《入唐求法巡礼行记》，上海：上海古籍出版社，1986 年。

[日]《續日本紀》，东京：吉川弘文馆，昭和四十七年（1972）。

[波斯] 拉施特：《史集》，余大钧、周建奇译，北京：商务印书馆，1983 年。

中国现代论著

著作

《中国历史地图集》中央民族学院编辑组：《〈中国历史地图集〉东北地区资料汇编》，内部发行，1979 年。

安作璋、熊铁基：《秦汉官制史稿》，济南：齐鲁书社，1984年。

程妮娜：《古代中国东北民族地区建置史》，北京：中华书局，2011年。

程妮娜：《金代政治制度研究》，长春：吉林大学出版社，1999年。

丛佩远、赵鸣岐编：《曹廷杰集》，北京：中华书局，1985年。

崔明德：《中国古代和亲史》，北京：人民出版社，2005年。

达力扎布：《明代漠南蒙古历史研究》，海拉尔：内蒙古文化出版社，1997年。

丁谦：《后汉书东夷传地理考证》，杭州：浙江图书馆，民国四年（1915）。

丁谦：《晋书四夷传地理考证》，北京：北京图书馆出版社，2008年。

董万仑：《东北史纲要》，哈尔滨：黑龙江人民出版社，1987年。

傅乐焕：《辽史丛考》，北京：中华书局，1984年。

高敏：《魏晋南北朝兵制研究》，郑州：大象出版社，1998年。

高明士：《天下秩序与文化圈的探索：以东亚古代的政治与教育为中心》，上海：上海古籍出版社，2008年。

顾颉刚：《古史辩》第1册，上海：上海古籍出版社，1982年。

韩儒林：《穹庐集》，石家庄：河北教育出版社，2000年。

黄枝连：《亚洲的华夷秩序——中国与亚洲国家关系形态论》《东亚的礼义世界——中国封建王朝与朝鲜半岛关系形态论》《朝鲜的儒化情境构造——朝鲜王朝与满清王朝的关系形态论》，北京：中国人民大学出版社，1992年、1994年、1995年。

贾敬颜：《东北古代民族古代地理丛考》，北京：中国社会科学出版社，1993年。

蒋秀松：《东北民族史研究》（三），郑州：中州古籍出版社，1994年。

金毓黻：《东北通史》，重庆：五十年代出版社，1944年。

黎虎：《汉唐外交制度史》，兰州：兰州大学出版社，1998年。

李大龙：《汉唐藩属体制研究》，北京：中国社会科学出版社，2006年。

李健才：《东北史地考略》、《东北史地考略》续集、《东北史地考略》第三集，长春：吉林文史出版社，1986年、1995年、2001年。

李健才：《明代东北》，沈阳：辽宁人民出版社，1986年。

李云泉：《朝贡制度史论——中国古代对外关系体制研究》，北京：新华出版社，2004 年。

林珪监修，徐宗伟总纂：《珲春乡土志》，《中国地方志集成：吉林府县志辑 3》，南京：凤凰出版社，2006 年。

林沄：《林沄学术文集》，北京：中国大百科全书出版社，1998 年。

刘泽华主编：《中国古代政治思想史》，天津：南开大学出版社，1992 年。

马大正、杨保隆等：《古代中国高句丽历史论丛》，哈尔滨：黑龙江教育出版社，2001 年。

马长寿：《乌桓与鲜卑》，桂林：广西师范大学出版社，2006 年。

马一虹：《靺鞨、渤海与周边国家、部族关系史研究》，北京：中国社会科学出版社，2011 年。

梅文昭总纂：《宁安县志》，台湾：成文出版社，1952 年影印本。

秋浦：《鄂伦春社会的发展》，北京：民族出版社，1978 年。

孙进己、王绵厚主编：《东北历史地理》第一、二卷，哈尔滨：黑龙江人民出版社，1989 年。

孙进己：《东北民族史研究》（一），郑州：中州古籍出版社，1994 年。

孙进己等：《女真史》，长春：吉林文史出版社，1987 年。

孙秀仁、干志耿：《黑龙江古代民族史纲》，哈尔滨：黑龙江人民出版社，1987 年。

孙秀仁等：《室韦史研究》，哈尔滨：北方文物杂志社，1985 年。

孙玉良编著：《渤海史料全编》，长春：吉林文史出版社，1992 年。

谭其骧主编：《中国历史地图集》，北京：中国地图出版社，1982 年。

陶文钊编：《费正清集》，林海、符致兴等译，天津：天津人民出版社，1992 年。

田余庆：《拓跋史探》，上海：三联书店，2003 年。

佟冬主编：《中国东北史》第一、二、三卷，长春：吉林文史出版社，1998 年。

王承礼：《中国东北的渤海国与东北亚》，长春：吉林文史出版社，2000 年。

王国维：《观堂集林》，见彭林整理《观堂集林（外二种）》，石家庄：河北教育出版社，2001 年。

王健群：《好太王碑研究》，长春：吉林人民出版社，1984 年。

王绵厚、李健才：《东北古代交通》，北京：沈阳出版社，1990 年。

王绵厚：《高句丽古城研究》，北京：文物出版社，2002 年。

王绵厚：《秦汉东北史》，沈阳：辽宁人民出版社，1994 年。

王明珂：《游牧者的抉择》，桂林：广西师范学院出版社，2008 年。

王新英编：《金代石刻辑校》，长春：吉林人民出版社，2009 年。

王锺翰主编：《中国民族史》，北京：中国社会科学出版社，1994 年。

王锺翰：《清史新考》，沈阳：辽宁大学出版社，1997 年。

魏存成：《高句丽考古》，长春：吉林大学出版社，1994 年。

魏存成：《渤海考古》，北京：文物出版社，2008 年。

魏志江：《辽金与高丽关系考》，香港：天马图书有限公司，2001 年。

翁独健主编：《中国民族关系史纲要》，北京：中国社会科学出版社，2001 年。

夏宇旭：《金代契丹人研究》，北京：中国社会科学出版社，2014 年。

谢维扬：《中国早期国家》，杭州：浙江人民出版社，1995 年。

薛虹、李澍田主编：《中国东北通史》，长春：吉林文史出版社，1991 年。

杨军、张乃和主编：《东亚史》，长春：长春出版社，2006 年。

杨旸主编：《明代东北疆域研究》，长春：吉林人民出版社，2008 年。

张伯英总纂：《黑龙江志稿》，哈尔滨：黑龙江人民出版社，1992 年。

张博泉：《东北地方史稿》，长春：吉林大学出版社，1985 年。

张博泉：《箕子与朝鲜论集》，长春：吉林文史出版社，1994 年。

张博泉：《中华一体的历史轨迹》，沈阳：辽宁人民出版社，1995 年。

张博泉：《夫余与高句丽论集》，长春：吉林文史出版社，2011 年。

张博泉、苏金源、董玉瑛：《东北历代疆域史》，长春：吉林人民出版社，1981 年。

张博泉等：《金史论稿》第一卷，长春：吉林文史出版社，1986 年。

张久和：《原蒙古人的历史——室韦-达怛研究》，北京：高等教育出版社，1998 年。

赵宾福：《中国东北地区夏至战国时期的考古学文化研究》，北京：科学出版社，2009 年。

周伟洲：《敕勒与柔然》，上海：上海人民出版社，1983 年。

周振鹤：《中国地方行政制度史》，上海：上海人民出版社，2005 年。

考古发掘报告

北洞文物发掘小组：《辽宁喀左县北洞村出土的殷周铜器》，《考古》1974 年第 6 期。

郭文魁：《和龙渤海古墓出土的几件金饰》，《文物》1973 年第 8 期。

黑龙江省文物管理委员会：《黑龙江友谊县凤林古城址的发掘》，《考古》2004 年第 12 期。

黑龙江省文物考古研究所、中国社会科学院考古研究所：《黑龙江绥滨同仁遗址发掘报告》，《考古学报》2006 年第 1 期。

黑龙江省文物考古研究所：《黑龙江省宾县索离沟遗址发掘简报》，《北方文物》2010 年第 1 期。

黑龙江省文物考古研究所：《黑龙江省双鸭山市滚兔岭遗址发掘报告》，《北方文物》1997 年第 2 期。

黑龙江省文物考古研究所：《黑龙江双鸭山市保安村汉魏城址的试掘》，《考古》2003 年第 2 期。

黑龙江省文物考古研究所杨志军、郝思德、李陈奇编：《平阳墓葬》，北京：文物出版社，1990 年。

吉林省文物考古研究所李东主编：《扶余明墓——吉林扶余油田砖厂明代墓地发掘报告》，北京：文物出版社，2011 年。

吉林省文物考古研究所、集安市博物馆：《丸都山城——2001—2003 年集安丸都山城调查试掘报告》，北京：文物出版社，2004 年。

吉林省文物考古研究所、延边朝鲜族自治州文化局、延边朝鲜族自治州博物馆、和龙市博物馆编著：《西古城——2000~2005 年度渤海国中京显德府故址田野发掘报告》，北京：文物出版社，2007 年。

吉林省文物考古研究所：《吉林永吉查里巴靺鞨墓地》，《文物》1995 年第 9 期。

吉林省文物考古研究所：《田野考古集萃——吉林省文物考古研究所成立二十五周年纪念》，北京：文物出版社，2008 年。

吉林省文物考古研究所：《榆树老河深》，北京：文物出版社，1987 年。

吉林市博物馆：《吉林永吉杨屯大海猛遗址》，《考古学集刊》第五集，北京：中国社会科学出版社，1987年。

贾洲杰：《金代长城》，《中国长城遗迹调查报告集》，北京：文物出版社，1981年。

靳维柏、王学良、黄星坤：《黑龙江省友谊县凤林古城调查》，《北方文物》1999年第3期。

辽宁省文物考古研究所：《五女山城——1996—1999、2003年桓仁五女山城调查发掘报告》，北京：文物出版社，2004年。

辽宁省文物考古研究所等：《辽宁北票喇嘛洞墓地1998年发掘报告》，《考古学报》2004年第2期。

刘振华：《永吉杨屯遗址试掘简报》，《文物》1973年第8期。

牡丹江市文物管理站：《牡丹江边墙调查简报》，《北方文物》1986年第3期。

内蒙古自治区博物馆文物工作队编著：《和林格尔汉墓壁画》，北京：文物出版社，1978年。

内蒙古自治区文物工作队：《内蒙古扎赉诺尔古墓群发掘简报》，《考古》1961年第12期。

绥化地区文物管理站：《呼兰河中游考古调查简报》，《黑龙江文物丛刊》1982年第2期。

唐山市文物管理处等：《滦县塔坨鲜卑墓群清理简报》，《文物春秋》1994年第3期。

唐山市文物管理所等：《河北玉田县大李庄村汉墓清理简报》，《文物春秋》1991年第1期。

佟柱臣：《喜见中国出土的第一块乌丸石刻》，《辽海文物学刊》1996年第2期。

王承礼、曹正榕：《吉林敦化六顶山渤海古墓》，《考古》1961年第6期。

王立新、塔拉、朱永刚主编：《林西井沟子——晚期青铜时代墓地的发掘与综合研究》，北京：科学出版社，2010年。

许永杰：《黑龙江七星河流域汉魏遗址群聚落考古计划》，《考古》2000

年第 11 期。

延边博物馆编：《延边文物简编》，延吉：延边人民出版社，1988 年。

运铎：《朝鲜发现渤海二十四块石建筑址》，《博物馆研究》1984 年第 2 期。

张柏忠：《哲里木盟发现的鲜卑遗存》，《文物》1981 年第 2 期。

郑绍宗：《河北省战国、秦、汉时期古长城和城障遗址》，《中国长城遗迹调查报告集》，北京：文物出版社，1981 年。

中国社会科学院、河北省文物管理处编：《满城汉墓发掘报告》，北京：文物出版社，1980 年。

中国社会科学院考古研究所：《六顶山与渤海镇》，北京：中国大百科全书出版社，1997 年。

论文

拜根兴：《唐李他仁墓志研究中的几个问题》，《陕西师范大学学报》2010 年第 1 期。

陈得芝：《秦汉时期的北疆》，《元史及民族与边疆研究集刊》第 21 辑，上海：上海古籍出版社，2009 年。

陈国灿：《魏晋间的乌丸与"护乌丸校尉"》，武汉大学历史系魏晋南北朝隋唐史研究室编《魏晋南北朝隋唐史资料》第 1 期，武汉：武汉大学出版社，1979 年。

陈金生：《试论质子在加强宗藩关系中的作用》，《甘肃联合大学学报（社会科学版）》2010 年第 6 期。

陈鹏：《清代东北地区鄂伦春编旗初探》，《东北师大学报（哲学社会科学版）》2011 年第 2 期。

陈巍：《论唐与奚、契丹的和亲》，《黑龙江民族丛刊》2007 年第 1 期。

程民生：《海上之盟前的宋朝与女真关系》，《社会科学战线》2012 年第 3 期。

程尼娜：《渤海与日本交聘中"高丽国"的辨析》，《吉林大学社会科学学报》2001 年第 4 期。

程尼娜：《辽代女真属国、属部研究》，《史学集刊》2004 年第 2 期。

程妮娜：《辽朝乌古敌烈地区属国、属部研究》，《中国史研究》2007 年第 2 期。

丛佩远：《扈伦四部形成概述》，《民族研究》1984 年第 2 期。

崔明德：《唐与契丹、奚和亲公主考述》，《西北民族大学学报（哲学社会科学版）》1988 年第 2 期。

达力扎布：《清代内扎萨克六盟和蒙古衙门设立时间蠡测》，《黑龙江民族丛刊》1996 年第 2 期。

董万仑：《清初瓦尔喀部安楚拉库、内河二路考异——兼谈也塔喇氏源流》，《清史论文集》，沈阳：辽宁大学出版社，1987 年。

董万仑：《关于粟末靺鞨几个问题的探讨——兼与靺鞨新说商榷》，《黑河学刊》1989 年第 1 期。

董万仑：《古代东方秽与貊研究的反思》，《北方论丛》1998 年第 3 期。

董万仑：《明末清初图们江内外瓦尔喀研究》，《民族研究》2003 年第 1 期。

都兴智：《略论东北古代族名与山水之名的关系》，《社会科学战线》2001 年第 1 期。

冯承钧：《辽金北边部族考》，《西域南海史地考证论著汇辑》，北京：中华书局，1957 年。

冯恩学：《黑龙江中游地区靺鞨文化的区域性及族属探讨》，《吉林大学社会科学学报》2005 年第 3 期。

冯恩学：《特罗伊茨基靺鞨墓地的陶器来源》，《北方文物》2006 年第 4 期。

冯恩学：《黑水靺鞨的装饰品及渊源》，《华夏考古》2011 年第 1 期。

冯家昇：《豆莫娄国考》，《禹贡》半月刊，1937 年第 7 卷，第 1、2、3 合期。

冯家昇：《述肃慎系之民族》，《禹贡》半月刊，1935 年第 3 卷，第 7 期。

冯永谦：《辽代边防城考》，冯永谦《北方史地研究》，郑州：中州古籍出版社，1994 年。

冯永谦：《金长城的考古发现与研究》，《中国长城博物馆》2006 年第

4 期。

冯永谦：《金长城修筑年代辨》，《东北史地》2008 年第 3 期。

干志耿：《古代橐离研究》，《民族研究》1984 年第 2 期。

干志耿：《靺鞨族及黑龙江流域的靺鞨遗存》，《北方文物》1985 年第 1 期。

干志耿：《三江平原汉魏城址和聚落址的若干问题——黑龙江考古千里行随笔》，《北方文物》1999 年第 3 期。

葛承雍：《对西安市东郊唐墓出土契丹王墓志的解读》，《考古》2003 年第 9 期。

韩宝兴：《辽东属国考——兼论昌黎移地》，《辽海文物学刊》1992 年第 2 期。

韩昇：《论魏晋南北朝对高句丽的册封》，《东北史地》2008 年第 6 期。

韩昇：《隋炀帝伐高丽之谜》，《漳州师院学报》1996 年第 1 期。

何川芳：《"华夷秩序"论》，《北京大学学报》1998 年第 6 期。

何天明：《两汉北方重要建制"度辽将军"探讨》，《北方文物》1988 年第 3 期。

胡秀杰、刘晓东：《渤海陶器类型学传承渊源的初步探索》，《北方文物》2001 年第 4 期。

黄今言：《东汉末季之家兵与世兵制的初步形成》，《南昌大学学报（人文社会科学版）》2008 年第 5 期。

贾敬颜：《从金朝的北征、界壕、榷场和宴赐看蒙古的兴起》，《元史及北方民族史研究集刊》1985 年第 9 期。

贾伟明、魏国忠：《论挹娄的考古学文化》，《北方文物》1989 年第 3 期。

姜玉珂、赵永军：《渤海国北界的考古学观察》，《北方文物》2008 年第 2 期。

蒋秀松：《明代女真的敕贡制》，《民族研究》1984 年第 4 期。

蒋秀松：《高丽末期的东西女真》，《黑龙江民族丛刊》1994 年第 3 期。

蒋秀松：《明代建州女真兴起原因略探》，《东北史地》2008 年第 5 期。

金景芳：《商文化起源于我国北方说》，朱润东主编《中华文史论丛》

第 7 辑，上海：上海古籍出版社，1978 年。

金毓黻：《金史所纪部族详稳群牧考》，《东北集刊》1942 年第 4 期。

靳枫毅：《夏家店上层文化及其族属问题》，《考古学报》1987 年第 2 期。

李大龙：《东汉王朝使匈奴中郎将略论》，《中国边疆史地研究》1994 年第 4 期。

李大龙：《关于高句丽侯骀的几个问题》，《学习与探索》2003 年第 5 期。

李大龙：《关于藩属体制的几个理论问题——对中国古代疆域理论发展的理论阐释》，《学习与探索》2007 年第 4 期。

李德山：《试论唐朝初年的唐丽关系》，《北华大学学报》2006 年第 6 期。

李殿福：《高句骊金铜、石雕佛造像及中原郡碑——兼谈高句骊易名高丽之始》，《考古》1993 年第 8 期。

李鸿彬：《简论三万卫》，《社会科学战线》1990 年第 1 期。

李健才：《夫余的疆域和王城》，《社会科学战线》1982 年第 4 期。

李健才：《夫余王城新考——前期夫余王城的发现》，《黑龙江文物丛刊》1983 年第 4 期。

李健才：《二十四块石考》，《北方文物》1992 年第 2 期。

李玲、东青：《也谈"靺鞨"名称之始见》，《北方文物》1997 年第 2 期。

李文信：《吉林市附近之史迹及遗物》，《历史与考古》1946 年沈阳博物馆专刊第 1 号。

李新全：《高句丽建国传说史料辨析》，《东北史地》2010 年第 5 期。

李学智：《辽代之兀惹城及曷苏馆考》，《大陆杂志》1960 年第 20 卷，第 8、9 期。

李延铁、于建华：《从索离沟的考古发现看古索离国的地望》，《北方文物》2010 年第 2 期。

李彦平：《唐朝与东北少数民族契丹、奚的和亲》，《社会科学战线》1996 年第 3 期。

李逸友：《内蒙古出土古代官印的新资料》，《文物》1961 年第 9 期。

李银德：《徐州发现西汉早期银缕玉衣》，《东南文化》2000 年第 2 期。

李云泉：《朝贡体制的理论渊源与时代特征》，《中国边疆史地研究》2006 年第 3 期。

林幹：《两汉时期"护乌桓校尉"略考》，《内蒙古社会科学》1987 年第 1 期。

林沄：《论团结文化》，《北方文物》1985 年第 1 期。

林沄：《甲骨文中的商代方国联盟》，《吉林大学学报》1986 年第 6 期。

林沄：《东胡与山戎的考古探索》，《林沄学术文集》，北京：中国大百科全书出版社，1998 年。

林沄：《肃慎、挹娄和沃沮》，《林沄学术文集》，北京：中国大百科全书出版社，1998 年。

刘国祥、白劲松：《论谢尔塔拉文化及相关问题》，中国社会科学院考古研究所、呼伦贝尔民族博物馆、海拉尔区文物管理所编《海拉尔谢尔塔拉墓地》，北京：科学出版社，2006 年。

刘小萌：《清前期东北边疆"徙民编旗"考察》，吕一燃主编《中国边疆史地论集》，哈尔滨：黑龙江教育出版社，1991 年。

刘晓东：《渤海纪年再考订》，《历史研究》1996 年第 4 期。

刘志伟：《中国历史上第一部"英雄"传记——试论王粲〈英雄记〉》，《兰州大学学报》2002 年第 3 期。

刘志扬、李大龙：《"藩属"与"宗藩"辨析——中国古代疆域形成理论研究之四》，《中国边疆史地研究》2006 年第 3 期。

卢兆荫：《南越王墓玉器与满城汉墓玉器比较研究》，《文物与考古》1998 年第 1 期。

马驰、马文军：《唐代羁縻府州与中央关系初探》，《陕西师范大学学报（哲学社会科学版）》1997 年第 1 期。

马一虹：《靺鞨部族分布地域考述》，《中国文化研究》2004 年第 2 期。

马一虹：《渤海与后东突厥汗国的关系——兼及渤海建国初期的周边环境》，《民族研究》2007 年第 1 期。

孟广耀：《辽代乌古敌烈部初探》，《中国蒙古史学会成立大会纪念集刊》，呼和浩特：内蒙古人民出版社，1979 年。

米文平：《鲜卑石室的发现与初步研究》，《文物》1981 年第 2 期。

米文平、冯永谦：《岭北长城考》，《辽海文物学刊》1990 年第 1 期。

莫任南：《匈奴、乌桓的"落"究竟指什么?》，《民族研究》1994 年第 1 期。

潘玲：《西汉时期乌桓历史辨析》，《史学集刊》2011 年第 1 期。

朴灿奎：《王莽朝高句丽记事的诸史料辨析——王莽朝高句丽记事与高句丽侯驺考（上）》，《延边大学学报（社会科学版）》2000 年第 3 期。

奇文瑛：《论明朝内迁女真安置政策——以安乐、自在州为例》，《中央民族大学学报》2002 年第 2 期。

奇文瑛：《论明后期辽东安乐、自在州的变化——兼及辽东行政问题》，《中国边疆史地研究》2012 年第 3 期。

乔梁：《靺鞨陶器分期初探》，《北方文物》1994 年第 2 期。

乔梁：《靺鞨陶器的分区、分期及相关问题研究》，《边疆考古研究》第 9 辑，科学出版社，2010 年。

孙进己：《室韦及其先人和我国各族的关系》，《黑河学刊》1985 年第 4 期。

孙守道：《汉代辽东长城列燧遗迹考》，《辽海文物学刊》1992 年第 2 期。

孙铁山：《唐李他仁墓志铭考释》，陕西省考古研究所编《远望集》，西安：陕西人民美术出版社，1998 年。

孙秀仁：《黑龙江历史考古述论》（上），《社会科学战线》1979 年第 1 期。

孙秀仁、朱国忱：《渤海国上京京畿南北交通道与德理镇》，《黑龙江民族丛刊》1994 年第 3 期。

孙玉良：《渤海纪年补订》，《社会科学战线》1982 年第 1 期。

谭其骧：《元代的水达达路和开元路》，《历史地理》1981 年创刊号。

唐长孺：《魏晋杂胡考》，《魏晋南北朝史论丛》，上海：三联书店，1955 年。

特勒木：《"庚戌之变"与朵颜卫的变迁》，齐木德道尔吉、中国蒙古史学会主编《蒙古史研究》第 7 辑，呼和浩特：内蒙古大学出版社，2003 年。

滕绍箴：《论清代"三姓"八旗设立与副都统考补》，《中央民族大学学报（哲学社会科学版）》2001 年第 5 期。

田立坤：《关于北票喇嘛洞三燕文化墓地的几个问题》，辽宁省文物考古研究所编《辽宁考古文集》，沈阳：辽宁人民出版社，2003 年。

田立坤：《三燕文化遗存的初步研究》，《辽海文物学刊》1991 年第 1 期。

田立坤：《三燕与唐昌黎考》，《辽海文物学刊》1993 年第 1 期。

田立坤：《鲜卑文化源流的考古学考察》，吉林大学考古学系编《青果集——吉林大学考古专业成立二十周年考古论文集》，北京：知识出版社，1993 年。

田立坤：《棘城新考》，《辽海文物学刊》1996 年第 2 期。

田余庆：《代北地区拓跋与乌桓的共生关系——〈魏书·序纪〉有关史实解析》（上、下），《中国史研究》2000 年第 3、4 期。

佟柱臣：《我国历史上对黑龙江流域的管辖和其他》，《文物》1976 年第 7 期。

佟柱臣：《喜见中国出土的第一块乌丸石刻》，《辽海文物学刊》1996 年第 2 期。

王乐文：《"肃慎族系"略论》，《历史教学》2008 年第 2 期。

王利华：《〈广志〉成书年代考》，《古今农业》1995 年第 2 期。

王绵厚：《东北古代夫余部的兴衰及王城变迁》，《辽海文物学刊》1990 年第 2 期。

王绵厚：《关于汉以前东北"貊"族考古学文化的考察》，《文物春秋》1994 年第 1 期。

王绵厚：《试论桓仁"望江楼积石墓"与"卒本夫余"——兼论高句丽起源和早期文化的内涵与分布》，《东北史地》2009 年第 6 期。

王雪萍、吴树国：《辽代东北路统军司考论》，《中国边疆史地研究》2014 年第 1 期。

王禹浪、李彦君：《北夷"索离"国及其夫余初期王城新考》，《黑龙江民族丛刊》2003 年第 1 期。

王禹浪：《乌裕尔河流域的历史与文化——以北安市为中心》，《哈尔滨学院学报》2011 年第 7 期。

魏存成：《中原、南方政权对高句丽的管辖册封及高句丽改称高丽时间考》，《史学集刊》2004 年第 1 期。

魏存成：《渤海政权的对外交通及其遗迹发现》，《中国边疆史地研究》2007 年第 3 期。

魏存成：《靺鞨族起源发展的考古学观察》，《史学集刊》2007 年第 4 期。

魏国忠：《渤海疆域变迁考略》，《求是学刊》1984 年第 6 期。

魏国忠、孙正甲：《唐与黑水靺鞨之战》，《社会科学战线》1985 年第 3 期。

魏国忠：《渤海质子侍唐述略》，《求是学刊》1986 年第 1 期。

魏志江：《关于清朝与朝鲜宗藩关系研究的几个问题》，《东北史地》2007 年第 1 期。

武国勋：《夫余王城新考——前期夫余王城的发现》，《黑龙江文物丛刊》1983 年第 4 期。

项春松：《昭乌达盟燕秦长城遗址调查报告》，《中国长城遗迹调查报告集》，北京：文物出版社，1981 年。

辛迪：《段氏鲜卑起源考》，《内蒙古社会科学》2005 年第 1 期。

熊义民：《略论先秦畿服制与华夷秩序的形成》，《东南亚纵横》2002 年 Z1 期。

宿白：《东北、内蒙古地区的鲜卑遗迹》，《文物》1977 年第 5 期。

许永杰、赵永军：《七星河流域汉魏遗址群聚落考古的理论与实践》，吉林大学边疆考古研究中心编《庆祝张忠培先生七十岁论文集》，北京：科学出版社，2004 年。

阎万章：《〈大彝震遣使聘日年代考〉商榷》，《北方文物》1992 年第 2 期。

杨保隆：《勿吉地域西南部边至考》，《北方文物》1985 年第 4 期。

杨保隆：《高句骊族族源与高句骊人流向》，《民族研究》1998 年第 4 期。

杨军：《东亚封贡体系确立的时间——以辽金与高丽的关系为中心》，《贵州社会科学》2008 年第 5 期。

杨茂盛：《赫哲族的源流、分布与变迁》，《黑龙江民族丛刊》1988 年第 2 期。

杨余练：《明代后期的辽东马市与女真族的兴起》，《民族研究》1980 年第 2 期。

杨余练：《简论清代康熙时期的"新满洲"与"布特哈八旗"》，《社会科学战线》1980 年第 4 期。

亦邻真：《中国北方民族与蒙古族族源》，《内蒙古大学学报（哲学社会科学版）》1979 年第 2 期。

余大钧：《阻卜考》，内蒙古自治区哲学社会科学学会联合会编《内蒙古社联各学会 1981 年论文选编》（下），呼和浩特：内蒙古哲学社会科学学会联合会出版，1982 年。

喻常森：《试论朝贡制度的演变》，《南洋问题研究》2000 年第 1 期。

张碧波、庄鸿雁：《关于黑龙江流域文明研究的几个问题的思考——从凤林古城址族属说起》，《北方文物》2010 年第 1 期。

张博泉：《夫余史地丛说》，《社会科学辑刊》1981 年第 6 期。

张博泉：《〈魏书·豆莫娄传〉中的几个问题》，《黑龙江文物丛刊》1982 年第 2 期。

张博泉：《乌桓的起源地与赤山》，《黑龙江文物丛刊》1984 年第 2 期。

张甫白：《肃慎·挹娄·女真考辨》，《史学集刊》1992 年第 1 期。

张国庆：《西晋至北魏时期"护东夷校尉"初探》，《中央民族学院学报》1989 年第 3 期。

张久和：《北朝至唐末五代室韦部落的构成和演替》，《内蒙古社会科学（文史哲版）》1997 年第 5 期。

张全超等：《俄罗斯远东地区特罗伊茨基靺鞨墓地人骨研究》，《人类学学报》2008 年第 2 期。

张士尊：《明初辽东吸引少数民族南下定居政策述略》，《鞍山师范学院学报》2002 年第 4 期。

张世尊、赵毅：《明辉发部先世南迁考》，《明史研究》第 8 辑，北京：

黄山书社，2003 年。

张韬：《略考同渤海历史与考古有关的两方官印》，《北方文物》2008 年第 3 期。

张亚红、鲁延召：《唐代黑水靺鞨地区思慕诸部地望新考》，《中国历史地理论丛》2010 年第 1 期。

赵东升：《明末乌拉部是否源于塔山左卫?》，《黑龙江民族丛刊》1994 年第 1 期。

赵评春：《震国立号年代考》，《北方文物》1989 年第 4 期。

赵永军：《黑龙江东部地区汉魏时期文化遗存研究》，《边疆考古研究》第 3 辑，北京：科学出版社，2004 年。

郑君雷：《辽宁锦县昌盛石椁墓与辽东属国》，《北方文物》1997 年第 2 期。

郑君雷：《乌桓遗存的新线索》，《文物春秋》1999 年第 2 期。

郑君雷：《早期东部鲜卑与早期拓跋鲜卑族源关系概论》，吉林大学考古系编《青果集——吉林大学考古系建系十周年纪念文集》，北京：知识出版社，1998 年。

郑天挺：《明代在东北黑龙江的地方行政组织奴儿干都司》，《史学集刊》1982 年第 3 期。

郑永振：《渤海文化考古学新探——以陶器为中心》，《东疆学刊》2008 年第 4 期。

郑永振：《对渤海的建国年代和建国地的讨论》，《北方文物》2010 年第 2 期。

周良霄：《鞑靼杂考》，《文史》第 8 辑，北京：中华书局，1980 年。

周伟洲：《儒家思想与中国传统民族观》，《民族研究》1995 年第 6 期。

朱泓、曾雯、张全超、陈山、周慧：《喇嘛洞三燕文化居民族属问题的生物考古学考察》，《吉林大学社会科学学报》2012 年第 1 期。

朱泓、张全超、李法军：《内蒙古林西县井沟子遗址西区墓地人骨研究》，《人类学学报》2007 第 2 期。

朱永刚：《东北青铜文化的发展阶段与文化区系》，《考古学报》1998 年第 2 期。

范恩实：《靺鞨兴嬗史研究》，北京大学博士学位论文，2006 年。

宋卿：《唐代羁縻府州朝贡制度研究》，吉林大学硕士学位论文，2002 年。

刘文健：《高句丽与南北朝朝贡关系研究》，吉林大学硕士学位论文，2007 年。

外国现代论著

著作

［日］白鸟库吉：《東胡民族考》，上海：商务印书馆，1934 年。

［日］池内宏：《滿鮮史研究》上世第一册，东京：吉川弘文馆，1979 年。

［日］和田清：《明代蒙古史论集》，潘世宪译，北京：商务印书馆，1984 年。

［日］堀敏一：《中國と古代東アジア——中華的世界と諸民族》，东京：岩波书店，1993 年。

［日］堀敏一著，韩昇编：《隋唐帝国与东亚》，韩昇、刘建英译，昆明：云南人民出版社，2002 年。

［日］日野开三郎：《東北アジア民族史》（上、下），东京：三一书房，1988 年、1990 年。

［日］外山军治：《金朝史研究》，李东源译，牡丹江：黑龙江朝鲜民族出版社，1988 年。

［日］片冈一忠：《中國官印制度研究》，东京：东方书店，2008 年。

［日］西嶋定生：《西嶋定生東アジア史論集》第 3 卷《東アジア世界と冊封體制》，东京：岩波书店，2002 年。

［日］信夫清三郎编：《日本外交史》，天津社会科学院日本问题研究所译，北京：商务印书馆，1980 年（内部发行）。

［日］浜下武志：《朝貢システムと近代アジア》，东京：岩波书店，1997 年。

［日］滨下武志：《近代中国的国际契机朝贡贸易体系与近代亚洲经济圈》，朱荫贵、欧阳菲译，虞和平校审，北京：中国社会科学出版社，1999 年。

［美］Henry Serruys，*Sino - Mongol Relations During the Ming*，*II. the Tribute System and Diplomatic Missions*（1400-1600），Bruxelles，1967.

［美］亨利·赛瑞斯：《明蒙关系 Ⅲ——贸易关系：马市（1400 - 1600）》，王苗苗译，北京：中央民族大学出版社，2011 年。

［美］巴菲尔德：《危险的边疆——游牧帝国与中国》，袁剑译，南京：江苏人民出版社，2011 年。

［美］费正清编：《中国的世界秩序：中国传统的对外关系》，杜继东译，北京：中国社会科学出版社，2010 年。

［法］雷纳·格鲁塞：《蒙古帝国史》，龚钺译，北京：商务印书馆，2005 年。

［俄］E. N. 杰列维扬科：《黑龙江沿岸的部落》，林树山、姚凤译，长春：吉林文史出版社，1987 年。

［俄］《历史文献补编：十七世纪中俄关系文件选译》，郝建恒等译，北京：商务印书馆，1989 年。

［英］崔瑞德编：《剑桥中国隋唐史（589-906）》，北京：中国社会科学出版社，1990 年。

［韩］全海宗：《中韩关系史论集》，全善姬译，北京：中国社会科学出版社，1997 年。

论文

［日］箭内亘：《元明時代の滿洲交通路》，《滿洲歷史地理》第 2 卷，南满洲铁道株式会社，大正二年（1913）。

［日］箭内亘：《兀良哈三衛名稱考》，《東洋學報》第 4 卷第 1 号，大正三年（1914）。

［日］箭内亘：《元代の東蒙古》，《滿鮮地理歷史研究報告》第六，东京帝国大学文学部，大正九年（1920）。

［日］津田左右吉：《勿吉考》，《滿鮮地理歷史研究報告》第一，东京帝国大学文科大学，大正四年（1915）。

［日］津田左右吉：《渤海考》，《滿鮮地理歷史研究報告》第一，东京帝国大学文科大学，大正四年（1915）。

［日］津田左右吉：《遼代烏古敵烈考》，《滿鮮地理歷史研究報告》第二，东京帝国大学文科大学，大正五年（1916）。

［日］津田左右吉：《尹瓘征略考》，《津田左右吉全集》第 11 卷，《滿鮮歷史地理研究——朝鮮歷史地理》，东京：岩波书店，昭和三十九年（1964）。

［日］池内宏：《鐵利考》，《滿鮮地理歷史研究報告》第三，东京帝国大学文科大学，大正五年（1916）。

［日］池内宏：《朝鮮高麗朝に於ける女真の海寇》，《滿鮮地理歷史研究報告》第八，东京帝国大学文学部，大正十年（1921）。

［日］池内宏：《肅慎考》，《滿鮮地理歷史研究報告》第十三，东京帝国大学文学部，昭和七年（1932）。

［日］池内宏：《曹魏の東方經略》，《滿鮮史研究》上世第一册，东京：吉川弘文馆，1979 年。

［日］和田清：《明初の滿洲經略》（上），《滿鮮地理歷史研究報告》第十四，东京帝国大学文学部，昭和九年（1934）。

［日］和田清：《察哈爾部の變遷》（上），《東洋学報》第 41 卷第 1 号，昭和三十三年（1958）。

［日］和田清：《兀良哈三衛の本據について》，《史學雜誌》第 40 编第 6 号，昭和四年（1929）。

［日］小川裕人：《三十部女真に就いて》，《東洋學報》第 24 卷第 4 号，昭和十二年（1937）。

［日］内田吟风：《烏桓族に関する研究——上代蒙古史の一部として》，《滿蒙史論叢》第四，昭和十八年（1943）。

［日］栗原朋信：《文獻にあらわれたゐ秦漢璽印の研究》，《秦漢史研究》，东京：吉川弘文馆，1960 年。

［日］三上次男：《古代の西北朝鮮と衛氏朝鮮國の政治・社會的性格》，《古代東北アジア史研究》，东京：吉川弘文馆，1966 年。

［日］梅原末治：《晉率善穢伯長銅印》，《考古美術》1967 年 8 卷第 1 号。

［日］鸟居龙藏：《南滿洲調查報告》，《鳥居龍藏全集》第 10 卷，东京：朝日新闻出版社，1976 年。

〔日〕日野开三郎：《宋初女真の山東來航の大勢とその由來》，《朝鮮學報》第 33 辑，1964 年。

〔日〕吉田金一：《十七世纪中叶黑龙江流域的原住民》，古清尧摘译、邓锐龄校，《黑龙江文物丛刊》1982 年第 2 期。

〔日〕船木胜马：《关于匈奴、乌桓、鲜卑的"大人"》，古清尧摘译，《民族译丛》1984 年第 2 期。

〔日〕荊木计男：《衛滿朝鮮冊封について》，《朝鮮學報》第 115 辑，1985 年。

〔日〕渡边谅：《鸿胪井考》，姚义田译，《辽海文物学刊》1991 年第 1 期。

〔日〕菊池俊彦：《黑龙江省萝北县的靺鞨遗迹》，于建华、丰收译，《北方文物》1992 年第 2 期。

〔日〕加藤晋平：《モンゴル人民共和國ヘンティ縣バヤンホトクの碑文について》，载《平井尚志先生古稀紀念考古學論考》第 1 集，大阪：邮政考古学会，1992 年。

〔日〕梶山胜：《漢魏晋代の蛮夷印の用法——西南夷の印を中心として》，大谷光男编《金印研究論文集成》，东京：新人物往来社，1994 年。

〔日〕梶山胜：《金印と東アジア世界——"廣陵王璽"金印と"漢委奴國王"金印》，大谷光男编《金印研究論文集成》，东京：新人物往来社，1994 年。

〔日〕神崎胜：《夫餘の歷史に関する覺書》（上），《立命館文學》1995 年第 542 号。

〔日〕三崎良章：《東夷校尉考——その設置と"東夷"への授与》，《東アジア史の展開と日本》，东京：山川出版社，2000 年。

〔日〕白石典之：《チンギス＝カンの考古學》，东京：同成社，2001 年。

〔日〕吉本道雅：《肃慎考》，《满语研究》2006 年第 2 期。

〔日〕松田孝一：《セルベン・ハールガ漢文銘文とオルジャ河の戦い》，《モンゴル国所在の金代碑文遺跡の研究》，平成 16-17 年度科学研究费补助金基盘研究（C）研究成果报告书，研究代表者白石典之，2006 年。

〔日〕金子修一：《册封体制论与北亚细亚·中亚细亚》，杜文玉主编

《唐史论丛》第 10 辑,西安:三秦出版社,2008 年。

[俄] K. A. 热列兹涅柯夫:《阿什河下游河湾地带考古调查收获》,孙秀仁译,《黑龙江文物丛刊》1983 年第 2 期。

[俄] A. Π. 杰列维扬科、E. C. 博格丹诺夫、C. Π. 涅斯捷罗夫:《奈费尔德古墓地》(上、下),王德厚译,《北方文物》2002 年第 1、2 期。

[俄] 季亚科娃:《滨海地区的靺鞨遗存》,裴实译,《东北亚考古资料译文集》第 5 集,哈尔滨:北方文物杂志社,2004 年。

[俄] 包诺索夫:《成吉思汗边墙初步调查》,胡秀杰译,吴文衔主编《黑龙江考古民族资料译文集》第 1 辑,哈尔滨:北方文物杂志社,1991 年。

后　记

　　"古代东北民族朝贡制度"的研究选题，是在著名历史学家林甘泉先生的指导下确定的。当时，一直困惑我的是如何区别中国古代王朝封贡体制下的边疆民族朝贡制度（内圈）与邻国封贡制度（外圈）。曾想以古代东北亚地区封贡体制为选题进行探索。在向林先生请教时，林先生认为应把研究重点放在东北民族的朝贡制度上，这是国内外学界研究的薄弱环节，如果弄清了古代东北民族朝贡制度的实态，两种制度的区别就容易辨清了。2006 年"东北古代民族朝贡制度研究"立为国家社科基金的重点项目，至今已经过去了 10 个春秋。课题研究伊始，我从细化研究入手，对古代东北 20 多个大小民族的每一次朝贡活动进行统计，从中央与边疆的互动关系、东北民族彼此的互动关系入手，兼顾邻近地区的民族、国家的影响，将东北民族朝贡制度置于中国古代王朝国家结构形式由传统国家逐步向近代国家演进的历史大背景下进行探讨，在对东北民族朝贡制度进行贯通性研究的同时，不仅探明了东北民族朝贡制度的实态，也基本厘清了区别内外两种朝贡制度的核心标准。十年间，围绕着这个课题，我先后发表了 25 篇学术论文，其中有 17 篇发表在《民族研究》等 CSSCI 来源期刊上，为本书打下了比较坚实的学术基础。应该说，这部书也是我从事东北史研究三十多年的一个学术总结。

　　在本书即将付梓之际，很想对曾为我提供过各种帮助的师友和学生表示真诚的感谢，然十年的研究过程中需要感谢的人太多，已不能一一列出。这里我仅向尊敬的林甘泉先生致以深深的谢意！向 2007 年在东京大学做合作研究期间，为我搜集资料提供帮助的黑住真教授，先后赠我多本考古学报告的王培新教授、宋玉彬教授，为我在美国搜集资料的程兵先生、艾晓妮女士表示感谢！向书稿最后完成时帮助翻译英文目录的陈俊达同学、宋卿副教授，帮助核对史料的博士后辛时代，博士生姚敏、张万东、田晓雷，硕士生王晓静、郭晓冬、宋心雨致以谢意！对在撰写书稿过程中，照顾我的日常生活的史英平先生、时常予以各种关照的程露霞女士表示感谢！中华书局的吴爱兰女士细心而高水平的编辑工作，使本书避免了若干失误，在此表示诚挚的感谢！

程妮娜

2016 年 2 月 22 日

于吉林大学寓所

图书在版编目（CIP）数据

古代东北民族朝贡制度史/程妮娜著. —北京：中华书局，
2016.3
（国家哲学社会科学成果文库）
ISBN 978-7-101-11554-3

Ⅰ.古… Ⅱ.程… Ⅲ.少数民族–朝贡贸易–研究–东北地区
–古代 Ⅳ.F752.92

中国版本图书馆 CIP 数据核字（2016）第 035019 号

书　　名	古代东北民族朝贡制度史	
著　　者	程妮娜	
丛 书 名	国家哲学社会科学成果文库	
责任编辑	吴爱兰	
出版发行	中华书局	
	（北京市丰台区太平桥西里 38 号　100073）	
	http://www.zhbc.com.cn	
	E-mail：zhbc@ zhbc.com.cn	
印　　刷	北京瑞古冠中印刷厂	
版　　次	2016 年 3 月北京第 1 版	
	2016 年 3 月北京第 1 次印刷	
规　　格	开本/710×1000 毫米　1/16	
	印张 46¼　插页 3　字数 720 千字	
印　　数	1-2000 册	
国际书号	ISBN 978-7-101-11554-3	
定　　价	179.00 元